TEXTES ESSENTIELS

LA PHILOSOPHIE

LAROUSSE - 17, RUE DU MONTPARNASSE - 75298 PARIS CEDEX 06

TEXTES ESSENTIELS

LA PHILOSOPHIE

BERTRAND VERGELY
professeur de philosophie en Lettres supérieures

LAROUSSE

Directeur de collection
Emmanuel de Waresquiel

Correction-révision
Annick Valerde – Edith Zha

Maquette et mise en page
Delacroix Assistance Graphique

Composition
Michel Vizet

Couverture
Simone Matuszek

Fabrication
Michel Paré

Distributeur exclusif au Canada : les Éditions Françaises Inc.

ISBN 2-03-741011-5
ISSN - 1160-3097

Remerciements

Cet ouvrage est né grâce à Pierre Jacerme, professeur en première supérieure au lycée Henri IV, qui en a eu l'idée et qui nous a généreusement invité à lui donner vie.

Je tiens aussi à remercier personnellement Marc B. de Launay et François Azouvi qui ont aidé de leurs conseils, mais aussi, Emmanuel de Waresquiel, mon éditeur, directeur de la Collection *Textes essentiels* chez Larousse. C'est grâce à son attention constante et son professionnalisme que cet ouvrage, qu'il n'a pas lâché une seconde, a pu voir le jour.

Je tiens également à remercier ma mère, ainsi que Armelle de La Noue, Marie-Aude de Boutbien, Aurélie et Pierre Vergely, qui m'ont soutenu de leur affection tout au long de ce travail.

SOMMAIRE

Cet ouvrage est dédié à tous ceux
qui font le beau métier d'enseigner la philosophie
ainsi qu'à tous ceux qui font effort de l'étudier.

INTRODUCTION

« On peut vivre sans philosophie, écrivait Vladimir Jankélévitch, mais on vit moins bien. » Cette phrase résume bien ce qu'est la philosophie. Celle-ci n'est ni la vie ni autre chose que la vie, mais cette vie dans la vie que procure la réflexion qui porte la vie à la plus haute puissance d'elle-même en redoublant de vie grâce à la pensée.

La vie, en effet, qui se contente de vivre sans faire effort pour faire vivre ce qu'elle est, n'est pas la vie, mais une apparence de vie trompant celui qui la vit. Aussi est-elle non pas dans la vie simple, mais dans l'effort pour se dépasser afin de trouver autre chose, plus et mieux que ce qui est. Une telle recherche renvoie à ce que l'on désigne sous le nom d'*appel* de la pensée, des valeurs ou de la création. C'est lui qui pousse, comme on dit, « à se poser des questions », à éprouver un sursaut moral, à désirer exprimer quelque chose, à créer, agir, transformer le monde, bref, à avoir une inquiétude qui réveille et qui éveille en réveillant ainsi.

Toutefois, si ce qui fait la vitalité d'une conscience vient de ce que celle-ci est assoiffée d'une vie qui n'existe pas encore, cette vie rêvée ne réside pas dans une *autre vie,* mais dans une *vie autre,* que la réflexion s'efforce de mettre en place ici et maintenant en entreprenant de vivre avec davantage d'attention et d'acuité grâce à la pensée. Car la vie qui croit vivre en vivant autre chose que ce qui lui est donné de vivre n'est pas la vie, mais une fuite dans un ailleurs imaginaire qui se trompe de vie.

Ni simple vie, donc, ni autre chose que la vie, la philosophie est une manière pensante de vivre qui consiste à vivre en rappelant qu'il nous importe de penser si nous ne voulons pas vivre d'une vie sans vie ou d'une vie qui nous trompe. Aussi, tous les procès qu'on lui intente ont-ils quelque chose de faux.

Couramment, en effet, beaucoup ne cachent pas qu'ils tiennent la philosophie pour inutile, parce que trop théorique, trop abstraite, trop hermétique en son langage, face aux urgences de l'action et du « concret ». De leur côté, certains théologiens lui reprochent d'être trop rationnelle et de réduire la part de l'existence par où la transcendance vient à s'exprimer. À l'inverse, certains hommes de science lui reprochent d'être insuffisamment rationnelle et de se livrer à des extrapolations sans fondement là où il conviendrait de bâtir une science rigoureuse dotée d'un objet et d'une méthode. Enfin, il n'y a pas jusqu'aux philosophes eux-mêmes qui ne soient pris de doute à l'égard de la philosophie et qui ne lui reprochent son discours. Discours trop sage, selon certains, qui voudraient voir les philosophes s'engager davantage et se révolter contre les injustices qui déchirent le monde. Discours trop peu sage, selon d'autres, pour qui le drame de la philosophie occidentale est de ne plus donner naissance à des sages, mais à des techniciens du concept, de l'histoire de la philosophie ou des sciences humaines.

Ne nous voilons pas la face, il y a dans toutes ces critiques une part de vérité. Mais n'ayons pas la mémoire courte non plus. Ce sont bien souvent les philosophes eux-mêmes qui ont été les premiers à formuler celles-ci envers eux-mêmes et à indiquer également que tous les procès que l'on fait à la philosophie ne portent pas tant tort à celle-ci qu'à ceux qui les lui font.

La philosophie n'est pas une science ! Certes ! Mais il faut quand même ne pas perdre de vue que la science est née de la philosophie. Car, ainsi que l'ont montré Heidegger, Jaspers et d'autres penseurs, la science est née de la décision de réfléchir rationnellement sur le monde, ce qui en soi est une décision philosophique. De plus, le problème qui se pose aujourd'hui ne vient pas du fait que la philosophie n'est pas une science, mais plutôt qu'il manque une sagesse à la science.

À l'autre extrême, la philosophie n'est pas une religion ! Certes, là encore ! Mais n'oublions pas quand même, là non plus, que c'est grâce à la culture philosophique que la patristique a pu forger sa synthèse et se procurer ainsi les instruments de son déploiement dans la culture. N'oublions pas non plus que l'interrogation sur le sens de la vie qui conduit parfois certains à la dimension de la foi naît de la pensée et qu'il s'entretient avec elle. Tant il est vrai que le croyant véritable est moins celui qui se contente de croire, que celui qui entreprend, entre autres, de déchiffrer le sens de l'existence afin d'y déceler l'ouverture sur le Tout-Autre qu'elle peut contenir. Pascal, pourtant peu suspect de complaisance envers la philosophie, l'a compris, puisque, se méfiant des dévots, il a fermement rappelé que toute la dignité de l'homme réside dans le fait de penser. « L'homme n'est qu'un roseau, le plus faible de la nature, mais c'est un roseau pensant. Il ne faut pas que l'univers entier s'arme pour l'écraser, une vapeur, une goutte d'eau suffit pour le tuer. Mais quand l'univers l'écraserait, l'homme serait encore plus noble que ce qui le tue, puisqu'il sait qu'il meurt et l'avantage que l'univers a sur lui. L'univers n'en sait rien. Toute notre dignité consiste donc en la pensée. »[1]

Quant à l'action, la philosophie n'est pas l'action ! Mais, qu'est-ce qu'agir ? Spinoza, avec raison, nous a rappelé que le concret comme l'action ne sont pas des choses opposées à des idées, mais un progrès opposé à une passivité. L'histoire est là pour nous le montrer. C'est à un tel progrès que les conquêtes de la liberté doivent leur existence. Sans l'invitation faite par la philosophie depuis Socrate à penser par soi-même, jamais sans doute celles-ci n'auraient vu le jour.

Si les idées ne sont pas tout, elles ne sont pas rien non plus. Hier comme aujourd'hui, ce sont elles qui font bouger le monde et qui révèlent nos vies. D'autant qu'avec l'obsession de l'utile qui conduit de plus en plus à traiter le monde comme une chose et comme un instrument, un moment de pensée s'avère nécessaire et indispensable afin de redonner à l'existence la gratuité qu'elle ne sait plus avoir.

Philosopher dans ces conditions pour dire qu'il ne faut pas philosopher n'a pas grand sens. Car cette philosophie qui n'ose pas se taire et qui philosophe quand même se contredit.

Agir, connaître et croire sont, en l'occurrence, les gestes humains les plus essentiels par lesquels l'homme peut adhérer à lui-même. Toutefois, on a beau pratiquer une science, lorsque celle-ci est sans pensée, elle s'égare en elle-même et se transforme en idéologie. On a beau agir, lorsque l'action se laisse aller, elle n'agit plus, elle s'agite. On a beau avoir une foi dans l'avenir et entreprendre de maîtriser le monde, lorsque cette maîtrise n'est pas

1. Pascal, *Pensées*, (pensée 200), Éditions Lafuma, Paris, Seuil, 1962.

réfléchie, elle ne maîtrise rien et se confond avec la violence. Aussi avons-nous besoin de cette deuxième vie dans la vie qu'est la vie de la pensée. Car c'est grâce à elle que la vie demeure vivante et que notre science, notre action comme nos idéaux évitent de se défigurer en idéologies, en agitations diverses et en violence.

La philosophie n'est pas la vie simple ni un substitut à la vie qui nous dispenserait de vivre. Elle nous encourage, au contraire, à le faire, mais à le faire avec pensée, afin que, devenant les gardiens et les veilleurs de nos vies, nous ne laissions pas celles-ci se disperser en dormant.

Ce recueil de textes philosophiques dont le principe même peut paraître, à première vue, une gageure, s'est efforcé d'être fidèle à cette exigence. Tous les textes rassemblés ont été et sont encore, à quelques exceptions près, fondateurs de notre culture pensante comme de beaucoup de nos savoirs. Afin d'éviter une démarche trop historique, qui se fait souvent au détriment de la pensée, nous avons jugé préférable d'avoir recours à une présentation thématique en essayant de trouver une cohérence entre les textes. L'étudiant y trouvera quelques suggestions sur une progression possible de la pensée. L'homme cultivé y découvrira peut-être quelques éléments propices à sa propre réflexion.

Il nous a semblé qu'une telle approche pouvait avoir pour avantage de ménager une rencontre entre l'histoire de la philosophie et la philosophie, afin de montrer de la façon la plus vivante qui soit comment l'histoire de la pensée peut venir éclairer des questions qui demeurent encore les nôtres.

Quand cela s'est avéré nécessaire, comme pour la question de l'Être, nous avons pris le parti de laisser parler l'histoire. Parfois, nous avons légèrement dialectisé les notions — comme avec la question de Dieu ou avec celle du sujet —, tout en respectant des lignées de pensée. Parfois encore, nous avons tenté de bâtir une problématique ne devant rien à l'histoire, quoique ici et là nous ayons regroupé certains textes par famille de pensée afin de mieux faire rebondir la réflexion.

L'Être, Dieu, le Sujet, la Nature, le Temps, le Langage, la Connaissance scientifique, la Politique, l'Art et la Morale, qui sont les dix thèmes que nous avons retenus, correspondent à la volonté de donner le tour d'horizon le plus large possible de la philosophie.

Au fur et à mesure de notre progression en eux, il nous est apparu qu'ils s'agençaient un peu à la manière de l'arbre décrit par Descartes dans sa lettre préface des *Principes de la philosophie,* pour désigner la philosophie. Ainsi, l'Être et Dieu peuvent être considérés comme étant les racines, car la métaphysique et la théologie ont été et sont encore pour une part à la base de la constitution même de la philosophie. Questions originaires, questions ultimes aussi, elles portent en elles l'interrogation même de la pensée sur ses sources comme sur sa destination.

Le Sujet, la Nature, le Temps et le Langage en sont le tronc. Car l'homme, le monde, la parole, le déroulement de la vie sont l'étoffe même de notre quotidienneté. Étoffe dure et âpre d'une réalité qui résiste à nos efforts. Étoffe palpable et consistante toutefois qui fait la densité de nos vies.

Enfin, Connaissance scientifique, Politique, Art et Morale en sont les branches. Car ces disciplines témoignent de la floraison de l'existence, qui n'a pas simplement des sources ainsi qu'une consistance, mais aussi un agir.

Il est clair que tous ces thèmes ne font que passer en revue ce qui s'est efforcé d'être l'étendue la plus large possible de la pensée. Aussi, pour enrichir et préciser davantage celle-ci, a-t-il été nécessaire de diviser certains thèmes en sous-thèmes, afin que le lecteur puisse trouver des précisions comme certains repères plus maniables.

Chacun des grands thèmes de ce recueil a été précédé d'une introduction générale, chacun des textes a été précédé d'une introduction relativement courte. Dans ces introductions générales, nous avons tenté de présenter chaque notion en montrant comment s'organisait autour d'elle tout un jeu de tensions dynamiques contribuant à sa richesse. À chaque texte, nous avons eu pour parti pris de défendre la philosophie en montrant comment une notion redoublait de sens à l'occasion des débats qui pouvaient se mener autour d'elle. Malgré leurs oppositions, il nous a semblé que tous les philosophes avaient en commun d'être philosophes et de participer, à ce titre, à l'édification de la philosophie. Aussi avons-nous tenté de lire leurs divergences dans la perspective de la construction d'une mémoire visant à combler les oublis et les ignorances, dont toute pensée peut être frappée au cours de son développement. Il est clair que tous les philosophes n'ont pas dit la même chose. Toutefois, parce qu'ils ont tous pensé et défendu la pensée en pensant comme ils l'ont fait, ils ont tous œuvré malgré leurs différences à l'œuvre commune de la pensée, et c'est de cette œuvre dont nous avons cherché à rendre compte dans nos introductions comme dans nos notes.

À quelques exceptions près, tous les grands penseurs de l'histoire de la philosophie sont présents dans ce recueil. Nous aurions voulu davantage étoffer les chapitres sur l'Être ou sur Dieu avec des références plus nourries à la philosophie arabe du Moyen Âge (Avicenne, Averroès), à la philosophie juive (Maimonide) ou au néoplatonisme (Proclus). Mais la place nous a manqué et, s'agissant de chapitres déjà fort longs, il nous a fallu opérer des choix que nous avons estimé prioritaires.

À l'occasion de la question du Sujet, nous n'avons pas mentionné Freud. Qu'on ne se méprenne pas sur une telle absence. La psychanalyse est l'un des événements majeurs du XXe siècle et ses effets philosophiques ont été considérables. Toutefois, Freud n'est pas un philosophe, comme il l'a lui-même reconnu. Aussi convenait-il de se tourner vers le véritable philosophe de l'inconscient que Freud lui-même a salué, à savoir Schopenhauer, dont la réflexion a constitué ce que Michel Foucault a appelé l'*epistémé* de la pensée freudienne. Nous aurions voulu aussi davantage ouvrir la pensée à des auteurs moins connus. Mais, là encore, il fallait choisir.

Le but qui nous a guidé a été celui de penser à ce que l'étudiant ainsi que l'homme cultivé d'aujourd'hui avaient besoin d'emporter dans leur besace afin d'avoir des éléments de culture philosophique pour mieux entreprendre *Le Voyage qui mène aux étapes sur le chemin de la vie*, pour reprendre le titre célèbre d'un ouvrage de Kierkegaard. Cela a été aussi de faire de ce recueil une promenade. Une promenade conceptuelle. Une promenade au sens où les disciples d'Aristote, dits les «péripapéticiens», se promenaient tout en pensant. Une promenade au sens où *méthode*, ne l'oublions pas, veut dire cheminer, trouver sa voie, pour celui qui fait l'effort de se mettre en route et, comme Descartes, de suivre résolument une direction. Une promenade aussi où, comme dans ces chemins qui ne mènent nulle part dont parle Heidegger, il nous arrive parfois, au détour de quelque sentier, de déboucher sur une clairière, ce lieu où quelque chose de notre vie vient à s'éclairer, grâce à ces moments de joie gratuite volés au temps que donne la pensée.

Paris, 14 juin 1993.

I

L'ÊTRE

La notion d'être possède deux sens majeurs. Le premier est celui qui en fait une copule reliant un sujet à ses prédicats comme dans la phrase : « Socrate est *un homme. » Le second est celui qui en fait un caractère existentiel fondamental comme dans la phrase : « Dieu* est. »

Médiation pour pouvoir dire ce que sont les choses, la notion d'être est utilisée pour répondre à la question : « Qu'est-ce que... ? », qui est la question du quid, *la question de l'essence.*

Affirmation d'une existence, celle-ci est employée pour répondre à la question : « Cela existe-t-il ? », qui est la question du quod, *la question de l'existence.*

Force est de le constater, il n'est pas étonnant que la question de l'Être soit devenue la question essentielle de la philosophie et qu'elle ait rythmé l'histoire de celle-ci, de Parménide à Heidegger puis Sartre, en passant par Aristote, saint Thomas, Duns Scot, Leibniz et Schelling, car une telle notion nous met en face de l'énigme même de la pensée comme de l'existence.

Sur un plan proprement spéculatif, ainsi que l'a fait remarquer Pascal dans son opuscule De l'esprit géométrique *(Paris, Garnier-Flammarion, 1985, p. 72), l'Être fait partie de ces notions que nous ne pouvons pas définir, puisque c'est par elles que nous définissons. Pour dire ce qu'est l'Être, il nous faut nécessairement présupposer celui-ci. Aussi touchons-nous là à l'énigme de la pensée. Toujours déjà là, l'Être indique que quelque chose nous est donné dans la pensée, que nous n'avons pas pensé et qui nous permet néanmoins de penser.*

Sur un plan existentiel, ce fait est encore plus patent. Si la pensée est bien obligée d'admettre qu'elle se déploie sur le fond d'une pensée déjà là, cela est encore plus vrai de l'existence. Nous nous découvrons sur fond d'une existence qui est déjà là.

Quelque chose, donc, nous fait penser et exister, qui ne vient pas de nous. Cet écart entre nous et nous-mêmes qui rend notre existence étonnante et énigmatique nous renvoie plus généralement au caractère énigmatique et étonnant de la pensée et de l'existence tout court. En étant sans que nous sachions vraiment d'où elles sont, il y a en elles quelque chose qui est aussi miraculeux qu'obscur. Et le comble, c'est qu'en méditant cet obscur miracle de l'existence de la pensée comme de l'existence, devenant présents au mystère de celles-ci, les philosophes qui pratiquent une telle méditation acquièrent un sens de la présence à la pensée et à la vie, qui fait d'eux des « résistants » à un monde d'avoir et de banalisation. Singulièrement, non seulement l'Être possède quelque chose d'insondable, mais, en se laissant habiter par celui-ci, s'échappant à lui-même, le penseur devient un de ces veilleurs essentiels évitant à la cité de sombrer, en conservant pour elle le sens des étonnements qu'elle ne sait pas toujours avoir. Est-ce à dire toutefois que celui-ci épuise tout ce que la philosophie doit ou peut penser? Parce que l'Être est une question qui concerne la philosophie comme la cité tout entière, il importe que l'intérêt qu'il suscite ne soit pas détourné par la fascination dont il peut être l'objet.

Ainsi, s'il est vrai qu'il exprime le mystère de ces premières notions et de ces semences de pensée qui permettent l'exercice de celle-ci, il n'en demeure pas moins que, en conduisant à rechercher ce que sont les choses, la question de l'Être aboutit à mettre en place une quête d'identité qui étouffe paradoxalement le mystère des choses. De même, s'il est également vrai que l'Être est synonyme du miracle de l'existence, il n'en demeure pas moins que dire d'une chose qu'elle est, ça n'est pas dire grand-chose sur elle. Et pour cause. Il y a dans l'existence qui se contente d'être, une clôture sur soi qui renvoie à la passivité et à l'idiotie quand elle ne relève pas de l'égoïsme de la brute. L'Être à l'état pur serait-il une forme du néant? Des penseurs aussi différents que Hegel, Sartre ou Emmanuel Levinas n'ont pas hésité à le dire, en opposant à l'étonnement devant la présence, l'effroi devant le vide. Faut-il dès lors conclure que la philosophie se serait trompée en essayant de faire la science d'un tel être? N'a-t-elle fait tout au long des siècles que mettre en place une logique de domination reposant sur du vide? Aucun des penseurs qui ont critiqué l'Être comme l'ontologie qui en est la science, ne s'est laissé aller à des conclusions si hâtives. Si le miracle de la pensée et de l'existence demeure une énigme, le combat qui se déroule dans l'Être entre ses divers sens est une autre énigme, dont il appartient à la pensée de se saisir, si elle veut pouvoir être au fait de sa propre vigilance. Et d'ailleurs, c'est bien ce que celle-ci a fait.

C'est par respect pour le mystère des choses que Kant a préféré procéder à une analytique de l'entendement plutôt qu'à une ontologie. Comme c'est par souci de penser l'Être véritable qui ne se lasse pas d'être que Hegel a critiqué le formalisme vide de l'Être qui se contente d'être. Même Ferdinand Alquié et Emmanuel Levinas, pourtant peu suspects de complaisance vis-à-vis de l'ontologie, n'ont point songé à la supprimer, mais seulement à la soumettre à la métaphysique afin que, ancrée dans une transcendance irréductible, celle-ci ne soit pas tentée de basculer dans une logique de domination.

Étienne Gilson l'a souligné fortement à plusieurs reprises: tous les problèmes liés à la question de l'Être seraient résolus si nous pouvions réconcilier l'essence et l'existence. Car, si l'on pouvait concevoir un être dont l'essence résiderait dans un pur sens de l'existence et dont l'existence consisterait à créer des essences à l'infini, le mystère des choses ne serait pas menacé par la raison, ni la raison par le mystère des choses. Or, une telle identité n'appartient qu'à Dieu. Et c'est bien là peut-être que réside toute la difficulté de l'ontologie. Comme l'avait vu Aristote, sans Dieu, elle est impensable, mais, avec lui, elle s'abolit quand elle ne l'abolit pas. Aussi Jacques Derrida a-t-il raison de dire que l'on ne peut penser l'Être avec rigueur que dans les termes d'une pensée qui n'est plus et qui n'est pas encore. Quelque chose en provenance du mystère de la pensée et de l'existence nous invite à penser, mais ce quelque chose, nous ne le sommes pas. Il est pour nous quelque part à jamais disparu et toujours à venir. Ce que nous pouvons donc simplement faire en cette absence, c'est nous servir de tous les philosophes qui ont pensé l'Être, afin que, dans la pluralité des sens de ce dernier conjurant toute tentation de croire pouvoir le posséder, nous puissions, dans le refus de banaliser ce qui est, vivre l'absence non plus comme tristesse de ce qui a fui, mais comme joie de ce qui devient toujours.

L'Être est

(ve siècle av. J.-C.)

PARMÉNIDE

(vers 544-450 av. J.-C.)

La philosophie est née sur les pourtours de la Méditerranée vers le VIe *siècle av. J.-C. Issue primitivement d'Ionie – la côte ouest de l'actuelle Turquie –, elle s'est développée en Sicile à Élée, avant de venir s'installer à Athènes avec Anaxagore (500-428 av. J.-C.).*

Marquée par des philosophes comme Thalès, Héraclite ou Xénophane (fin du VIe *siècle av. J.-C.), l'école dite ionienne est célèbre pour avoir tenté, la première, de rendre compte de la nature* (phusis) *par un principe* (arché) *et non par un recours au mythe, comme c'était traditionnellement le cas. C'est tout du moins en ce sens que l'on a interprété et que l'on interprète encore la célèbre sentence de Thalès: «Tout est eau», ainsi que l'aphorisme bien connu d'Héraclite disant: «Le feu gouverne toutes choses.»*

L'école éléatique, elle, est demeurée dans les mémoires pour avoir été la première à placer une «idée» à la source des choses. Ainsi Pythagore a-t-il fait du nombre la réalité première gouvernant la nature.

Enfin, Athènes est rentrée dans la postérité pour avoir été le premier espace de libre discussion grâce, entre autres, aux sophistes, ces personnages brillants enseignant le maniement du discours et de la culture, contre lesquels Socrate ne cessera de s'élever, en leur reprochant leur démagogie.

Parménide, qui se rattache à l'école éléatique, fut le disciple de Xénophane, le premier à avoir soutenu que Dieu ne pouvait être qu'unique. Pour la tradition philosophique, il est considéré comme le père de la métaphysique. Certes, avant lui, Pythagore a été le premier à user du terme «philosophe» et Thalès, le génial inventeur de la notion de principe. Mais c'est avec lui, néanmoins, que l'on trouve une véritable formulation de la question métaphysique à travers son affirmation sans ambiguïté de la réalité de l'Être ainsi que de l'inséparabilité entre l'Être et la pensée.

Le poème dans lequel se trouve concentrée toute sa pensée est issu d'une œuvre intitulée «De la nature». Toutefois, comme pour toute la pensée présocratique, nous n'en possédons que des fragments rapportés par des auteurs comme Platon, Aristote, Clément d'Alexandrie, Proclus ou Simplicius, à quoi s'ajoutent les renseignements fournis par des biographes comme Diogène Laërce.

On peut diviser ce poème en trois parties. La première traite d'un voyage initiatique. On y voit un jeune homme enlevé par des cavales et conduit sur un char jusqu'aux pieds d'une déesse, après que les portes du jour et de la nuit gardées par Diké et Thémis ont été entrouvertes. La déesse lui révèle alors qu'il existe deux voies: la voie de la vérité et la voie de l'opinion.

La deuxième partie (fr. II-VIII) traite de la voie de la vérité. Décrivant l'univers comme une sphère avec, en son centre, la présence de la nécessité, celle-ci articule une cosmologie sur une ontologie soutenant l'identité de l'Être avec lui-même ainsi que l'égalité entre l'Être et la pensée.

Enfin, la troisième partie (fr. VIII-jusqu'à la fin) traite de la voie de l'opinion, qui est celle qu'il faut ne pas suivre, car elle conduit à tout envisager sous l'angle du «périr» et non de l'être.

Bien que Parménide ait été contesté par des penseurs comme Hegel, pour qui l'affirmation de l'identité de l'Être avec lui-même est une tautologie vide, nous lui devons deux affirmations essentielles sans lesquelles la philosophie cesse d'être. La première concerne l'affirmation de l'Être et l'accent mis sur son incompatibilité avec le néant. Loin d'être une tautologie vide, celle-ci rappelle que l'Être précède toujours le néant et non l'inverse. Comme l'ont montré Spinoza et Bergson par des voies différentes, il importe de rappeler une telle précession de l'Être vis-à-vis du néant, car elle guérit de l'erreur qui s'empare de la pensée, dès que celle-ci est tentée de s'oublier dans le moi. Plaçant l'individu au centre de toutes choses et niant tout ce qui n'est pas lui, elle a tendance à faire exister le néant et à oublier ainsi l'Être. En rappelant, comme le fait Parménide, que l'Être est et que le néant n'est pas, la philosophie guérit d'un tel oubli et restitue la pensée dans l'horizon de l'Être, en lui évitant les pièges dans lesquels il lui arrive de se perdre.

La seconde affirmation essentielle que nous devons à Parménide est celle de l'égalité entre la pensée et l'Être. Elle est tout aussi importante que la première, car si l'Être est toujours antérieur au néant, il n'est pas indifférent ni muet, mais pensant. Le fait qu'il soit irréductiblement identique à lui-même témoigne d'une pensée et d'une logique interne, ainsi que l'ont souligné tous ceux qui ont vu en Parménide le premier penseur du principe d'identité (A = A) par lequel la science ainsi que la pensée logique se sont construites.

Certes, Platon est venu nous montrer que, pour penser le rapport des hommes et du monde à la pensée, il fallait transgresser l'exigence parménidienne. Car une pensée figée dans une pure identité avec elle-même cesse de penser. Toutefois, encore faut-il avoir le sens de la pensée pour parvenir à un tel stade. Et c'est ce à quoi nous invite Parménide dans sa méditation sur l'Être[1].

Sources: *Jean-Paul Dumont,* les Présocratiques, *Parménide, Bibliothèque de la Pléiade, Gallimard, 1988.*

Bibliographie: *Pierre Aubenque,* Études sur Parménide, *2 vol., Paris, Vrin, 1988; Jean Baufret,* le Poème de Parménide, *Paris, P.U.F., 1988; Dominique Dubarle,* Dieu avec l'Être, *article intitulé* Le poème de Parménide, *Paris, Beauchesne, 1985; G.W.F. Hegel,* Leçons sur l'histoire de la philosophie, *t. 1,* La philosophie grecque, *trad. P. Garniron, Paris, Vrin, 1971; Martin Heidegger,* Essais et conférences, *article intitulé* Moïra, Parménide VIII, *trad. A. Préau, Paris, Gallimard, 1978; Micheline Sauvage,* Parménide, *Paris, Seghers, 1973.*

LES CAVALES qui m'emportent, m'ont entraîné
Aussi loin que mon cœur en formait le désir,
Quand, en me conduisant, elles m'ont dirigé
Sur la voie renommée de la Divinité,
Qui, de par les cités, porte l'homme qui sait.
J'en ai suivi le cours; sur elles m'ont porté,
Attelés à mon char, les sagaces coursiers.
Des jeunes filles nous indiquaient le chemin.
L'essieu brûlant des roues grinçait dans les moyeux,

1. Dans le même chapitre, voir la critique platonicienne ainsi que la reprise de la question de l'Être par Heidegger.

Jetant des cris de flûte. (Car, de chaque côté,
Les deux cercles des roues rapidement tournaient),
Cependant que déjà les filles du Soleil,
Qui avaient délaissé les palais de la Nuit,
Couraient vers la lumière en me faisant cortège,
Écartant de la main les voiles qui masquaient
L'éclat de leur visage.
Là se dresse la porte
Donnant sur les chemins de la Nuit et du Jour.
Un linteau et un seuil de pierre la limitent.
Quant à la porte même, élevée vers le ciel,
C'est une porte pleine, aux battants magnifiques,
Et Dike[1], aux nombreux châtiments, en détient
Les clefs, dans les deux sens contrôlant le passage.
Pour la séduire et la gagner, les jeunes filles
Usèrent à son chef de caressants propos,
Afin d'habilement la persuader d'ôter,
Rien qu'un petit instant, le verrou de la porte.
La porte bascula, ouvrant un large espace
Entre les deux battants, en faisant pivoter
Les gonds de bronze ciselé sur leurs paumelles
Retenues par des clous et d'épaisses chevilles.
C'est alors que, par là, tout droit, les jeunes filles
Poussèrent à s'engouffrer le char et les cavales
Sur la route déjà tracée par des ornières.
La déesse, avec bienveillance, me reçut.
Elle prit ma main droite en sa main et me dit:
« Jeune homme, toi qui viens ici, accompagné
De cochers immortels, porté par des cavales,
Salut! Car ce n'est point une Moir ennemie,
Qui t'a poussé sur cette voie (hors des sentiers
Qu'on voit communément les hommes emprunter),
Mais Thénis et Dike[2]. Apprends donc toutes choses,
Et aussi bien le cœur exempt de tremblement
Propre à la vérité bellement circulaire,
Que les opinions des mortels, dans lesquelles
Il n'est rien qui soit vrai ni digne de crédit;
Mais cependant aussi j'aurai soin de t'apprendre
Comment il conviendrait que soient, quant à leur être,
En toute vraisemblance, lesdites opinions,
Qui toutes vont passant toujours. »

1. *Diké* désigne la justice humaine.
2. *Thémis* désigne la justice divine. Dans l'Olympe, Diké et Thémis sont assises à côté du trône de Zeus.

II

Viens, je vais t'indiquer – retiens bien les paroles
Que je vais prononcer – quelles sont donc les seules
Et concevables voies s'offrant à la recherche.
La première, à savoir qu'il est et qu'il ne peut
Non être, c'est la voie de la persuasion,
Chemin digne de foi qui suit la vérité;
La seconde, à savoir qu'il n'est pas, et qu'il est
Nécessaire au surplus qu'existe le non-être,
C'est là, je te l'assure, un sentier incertain
Et même inexplorable: en effet le non-être
(Lui qui ne mène à rien) demeure inconnaissable
Et reste inexprimable.

III

Car même chose sont et l'être et le penser.

IV

Mais vois pourtant comme les choses absentes
Du fait de l'intellect imposent leur présence;
De l'être auquel il tient on ne pourra jamais
Séparer l'être, soit pour le laisser aller
S'éparpiller un peu partout de par le monde,
Soit pour le rassembler...

V

Il m'est égal
De devoir commencer par un point ou un autre:
À ce point de nouveau je reviendrai encore.

VI

Ce qui peut être dit et pensé se doit d'être:
Car l'être est en effet, mais le néant n'est pas.
À cela, je t'en prie, réfléchis fortement,
Cette voie de recherche est la première dont
Je te tiens éloigné. Ensuite écarte-toi
De l'autre voie: c'est celle où errent des mortels
Dépourvus de savoir et à la double tête;
En effet, dans leur cœur, l'hésitation pilote
Un esprit oscillant: ils se laissent porter
Sourds, aveugles et sots, foule inepte, pour qui
Être et non-être sont pris tantôt pour le même

Et tantôt le non-même, et pour qui tout chemin
Retourne sur lui-même.

VII

On ne pourra jamais par la force prouver
Que le non-être a l'être. Écarte ta pensée
De cette fausse voie qui s'ouvre à ta recherche;
Résiste à l'habitude, aux abondants prétextes,
Qui pourrait t'entraîner à suivre ce chemin,
Où œil aveugle, sourde oreille et langue encore
Régentent tout; plutôt, juge avec ta raison
La réfutation pleine de controverse
Que je viens d'exposer.

VIII

Mais il ne reste plus à présent qu'une voie
Dont on puisse parler: c'est celle du «il est».
Sur cette voie il est de fort nombreux repères,
Indiquant qu'échappant à la génération,
Il est en même temps exempt de destruction:
Car il est justement formé tout d'une pièce,
Exempt de tremblement et dépourvu de fin.
Et jamais il ne fut, et jamais ne sera,
Puisque au présent il est, tout entier à la fois,
Un et un continu. Car comment pourrait-on
Origine quelconque assigner au «il est»?
Comment s'accroîtrait-il et d'où s'accroîtrait-il?
Je t'interdis de dire ou même de penser
Que le «il est» pourrait provenir du non-être.
Car on ne peut pas dire ou penser qu'il n'est pas.
Quelle nécessité l'aurait poussé à être
Ou plus tard ou plus tôt, si c'était le néant
Qu'il avait pour principe? Aussi faut-il admettre
Qu'il est absolument, ou qu'il n'est pas du tout.
Jamais non plus la force attachée au discours
Ne pourra concéder que du néant procède
Un être susceptible à lui de s'ajouter;
Aussi Dike lui a, l'enserrant dans ses liens,
De naître ou de périr ôté toute licence:
En fait elle le tient. L'arrêt en la matière
Stipule simplement: il est ou il n'est pas.
Il est donc notifié, de par nécessité,
Qu'il faut abandonner la voie de l'impensé,
Que l'on ne peut nommer (car celle-ci n'est pas
La voie qui conduirait jusqu'à la vérité),

Et tenir l'autre voie pour la voie authentique,
Réelle et existante. Et comment aussi l'être
Pourrait-il donc périr? Comment pourrait-il naître?
S'il est né en effet, c'est qu'alors il n'est pas,
Et il n'est pas non plus, s'il lui faut être un jour:
Son naître s'évanouit, et sa disparition
Apparaît impossible.
Et il n'est pas non plus
Divisible en effet, puisqu'il est en entier,
Sans avoir çà ou là quelconque chose en plus
Qui pourrait s'opposer à sa cohésion,
Ou quelque chose en moins. Il est tout rempli d'être.
Aussi est-il tout continu. En effet, l'être
Embrasse au plus près l'être.
Or il est immobile,
Pris dans les limites de formidables liens;
Il est sans commencement et il est sans fin,
Car la génération comme la destruction
Ont été écartées loin de lui, et la foi
Véridique les a, elle aussi, rejetées.
Identique à lui-même en lui-même il repose,
Il est là en lui-même immobile en son lieu;
Car la Nécessité puissante le retient
Dans les liens l'enchaînant à sa propre limite;
C'est pourquoi la sentence a été décrétée
Que l'être ne saurait se dispenser de fin.
Il ne manque de rien, en effet. À rebours,
En n'étant pas, de tout il serait dépourvu.
Or le penser est identique à ce en vue
De quoi une pensée singulière se forme.
On chercherait en vain le penser sans son être,
En qui il est un être à l'état proféré.
Car rien d'autre jamais et n'est et ne sera
À l'exception de l'être, en vertu du décret
Dicté par le Destin de toujours demeurer
Immobile en son tout. C'est pourquoi ne sera
Qu'entité nominale (et pur jeu de langage)
Tout ce que les mortels, croyant que c'était vrai,
Ont d'un mot désigné : tel maître ou bien périr,
Être et puis n'être pas, changer de position,
Et changer d'apparence au gré de la couleur.
Mais puisque existe aussi une limite extrême,
Il est de toutes parts borné et achevé,
Et gonflé à l'instar d'une balle bien ronde[1],
Du centre vers les bords en parfait équilibre.

1. Dans un certain nombre de traductions de Parménide, « balle » est traduit par « sphère ».

Car aussi bien en plus et aussi bien en moins,
Aucune variation ici ou là n'existe.
Car il n'est nul non-être à même d'empêcher
Qu'il atteigne partout son parfait équilibre,
Ni êre qui en lui soit en plus ou en moins,
Étant donné qu'il est tout entier inviolable.
En toutes directions il s'égale à lui-même,
Et de même façon il touche à ses limites.
Mais ici je mets fin au discours assuré
Ainsi qu'à la pensée visant la vérité.
Désormais apprends donc l'opinion des mortels
En ouvrant ton oreille à l'ordre harmonieux
Du discours composé pour ton enchantement.
Ils ont, par convention, en effet assigné
À deux formes des noms; mais des deux cependant
Une n'en est pas digne – et c'est bien en cela
Qu'ils se sont fourvoyés. Car ils ont estimé
Contraires leurs aspects, et leur ont assigné
Des signes qui fondaient leur distinction mutuelle.
Des deux, l'une est le feu éthéré de la flamme,
C'est le feu caressant et c'est le feul subtil,
Identique à lui-même en toutes directions,
Mais qui à l'autre forme identique n'est pas;
L'autre par son essence à l'exact opposé,
C'est la nuit sans clarté, dense et lourde d'aspect.
Voici, tel qu'il nous semble en sa totalité,
Le système du monde et son arrangement
Que je vais te décrire, afin que nul mortel
N'en sache plus que toi.

IX

Puisque toutes choses ont nom lumière et nuit,
Et puisque telle ou telle a, selon sa puissance,
Reçu tel ou tel nom, toute chose est remplie
À la fois de lumière et de nuit obscure,
L'une et l'autre ayant part égale en sa nature,
Puisque rien ne saurait exister qui n'ait part
À l'une ni à l'autre.

X

Tu connaîtras aussi la nature du ciel,
Et la totalité des signes qu'il contient,
Les effets consumants de la tache brillante
Et pure du Soleil, et d'où vient qu'ils sont nés.
Tu connaîtras aussi les travaux vagabonds

De la Lune à l'œil rond, ainsi que sa nature ;
Tu connaîtras enfin l'enveloppe céleste,
Avec son origine, et comment, dirigée
Par la Nécessité, elle a dû contenir
Les limites des astres.

XI

Comment la Terre et le Soleil, avec la Lune,
Le ciel commun à tous, la Voie lactée, l'Olympe
Reculé et la force ardente des étoiles
S'élancèrent à naître.

XII

Ceux qui viennent après, de nuit; dans l'intervalle
Une portion de feu se trouve répandue.
Au milieu des anneaux est la Divinité
Qui régit toutes choses. Partout elle est principe,
À la fois de naissance aux cruelles douleurs
Comme d'accouplement, projetant la femelle
À l'encontre du mâle, afin de s'accoupler,
Et, de même, le mâle auprès de la femelle.

XIII

Avant les autres dieux elle conçut Éros.

XIV

Brillante dans la nuit d'un éclat emprunté
Elle va autour de la Terre.

XV

Sans cesse elle regarde en direction des rais
Du Soleil.

XVI

Car tout comme chacun a son propre mélange,
Donnant leur qualité aux membres qui se meuvent,
De même l'intellect se rencontre chez l'homme.
Car la chose consciente et la chair (ou substance)
Dont nos membres sont faits, sont une même chose
En chacun comme en tout : l'en-plus est la pensée.

XVII

À droite les garçons et à gauche les filles.

XVIII

Quand ensemble homme et femme en même temps mélangent
Les semences d'amour, ou présents de Vénus,
La puissance versant dans la veine un mélange
Des deux sangs différents, doit savoir conserver
Un parfait équilibre, afin que leur enfant
Ait un corps bien bâti. Si les puissances propres
Aux semences mêlées se livrent un combat,
Renonçant à s'unir dans le corps de l'enfant,
Elles mettent à mal l'embryon assailli
Par le conflit des sexes.

XIX

C'est de cette façon qu'aux yeux de l'opinion
Les choses sont ainsi venues à existence,
Existent à présent et désormais devront
Croître encore et périr. Chaque chose a reçu,
De par le fait de l'homme, un nom déterminé
En signe distinctif.

Dépasser Parménide

(IVe siècle av. J.-C.)

PLATON

(427-347 av. J.-C.)

Le poème de Parménide a mis la philosophie à la fois en place et en crise. En affirmant l'Être ainsi que l'identité de l'Être et de la pensée comme il l'a fait, il a montré quelles devaient être les conditions ontologiques et logiques pour que celle-ci puisse exister. Il a aussi indiqué que sa finalité résidait dans un oui éternel adressé à elle-même, puisqu'une pensée véritable se conserve en ne cessant de penser et de se penser. Toutefois, ainsi que l'a fait remarquer Hegel, une pensée qui ne pense qu'elle-même étant ou bien une pensée vide ou bien autre chose qu'une pure identité, l'exigence parménidienne s'est heurtée à des objections l'invitant à sortir d'elle-même pour se donner des objets ainsi qu'à rentrer en elle-même pour examiner sa nature.

La plus célèbre de ces objections nous vient de Platon. Si celui-ci a conservé de Parménide son affirmation de l'Être ainsi que son exigence d'identité logique, il a néanmoins été conscient du fait que la pensée de la pensée se heurtait à la contradiction de devoir devenir multiple en se dédoublant pour devenir une. Il a également clairement aperçu que si l'Être considéré du point de vue de l'essence était une pure identité, considéré du point de vue de l'existence, il était en revanche multiple, mouvant et contradictoire.

Comment rendre compte d'une pensée qui devient double en voulant devenir une, ainsi que d'un être qui est concrètement contradictoire alors qu'il est logiquement identique à lui-même ? Platon s'est efforcé de résoudre ces paradoxes par sa théorie de la participation (methexis), *montrant comment le sensible participe de l'intelligible en étant l'image de celui-ci. Comment également la pensée peut se penser elle-même grâce aux idées, ces formes originaires présentes avant toute pensée qui permettent à celle-ci de se modeler.*

Le Parménide *nous présente une réflexion critique sur la pensée de l'Être. Divisé en deux parties, ce dialogue débute par un examen de la théorie des idées défendue par Socrate, avant d'aborder les difficultés soulevées par la notion d'Être. Bien qu'il y ait plusieurs façons d'ordonner les objections adressées à cette idée, on peut ramener celles-ci à quatre « hypothèses », comme le fait Michel Alexandre* (Lecture de Platon, *Bordas, 1968, p. 264*).

1re hypothèse : affirmation de l'Un. – L'Un est absolument et n'est qu'un. S'il est un, il faut exclure de lui tout. On aboutit au néant.

2e hypothèse : attribution de l'Être à l'Un. L'Un est l'Être. Si l'Un est, il est multiple. Il est tout sauf l'Être.

3e hypothèse : refus de l'Être à l'Un. (Symétrique de la 2e hypothèse.)

4e hypothèse : négation de l'Un. (Symétrique de la 1re hypothèse.) Négation de l'unité de l'Un.

Dans le Sophiste, *réfléchissant sur les conditions de la vérité, Platon a montré qu'il fallait enfreindre les prescriptions de Parménide. Car tout jugement nécessite des corrections. Il appelle d'aller contre lui-même afin de se reprendre. Quant au mouvement, il importe pour le penser qu'on ait recours au non-être.*

L'opposition entre Platon et Parménide a donné lieu au fameux parricide de la part de Platon. Pour faire rentrer la pensée dans la voie de la relation et l'affranchir des sortilèges comme des impasses de l'identité, celui-ci a dû pratiquer un véritable « meurtre du père ». Ce meurtre symbolique, qui montre que la philosophie n'est pas un acte innocent, provient de ce que celle-ci n'est pas de l'Être. Elle n'est que relation à celui-ci. Aussi doit-elle se séparer de toute fusion avec lui si elle veut pouvoir devenir elle-même comme pensée.

Sources : *Platon,* Parménide, *trad. E. Chambry, Paris, Garnier-Flammarion, 1967, 137 b-166 c.*

Bibliographie : *Michel Alexandre,* Lecture de Platon, *Paris, Bordas-Mouton, 1968 ; Victor Brochard,* Études de philosophie ancienne et de philosophie moderne, *4e éd., Paris, Vrin, 1974 ; Victor Goldschmidt,* les Dialogues de Platon, *3e éd., Paris, P.U.F., 1971 ; Léon Robin,* les Rapports de l'Être et de la connaissance d'après Platon, *Paris, 1957.*

Première hypothèse : affirmation de l'Un en tant qu'Un

— ALORS QUI ME RÉPONDRA ? demanda Parménide ; le plus jeune ? c'est lui en effet qui soulèvera le moins de difficultés et qui répondra le plus simplement ce qu'il pense, et puis je me reposerai à l'entendre répondre.

— Me voilà prêt à le faire, dit Aristote ; car c'est moi que tu désignes en parlant du plus jeune. Interroge donc : je répondrai.

PARMÉNIDE — Soit, dit-il. Si l'un existe, il ne saurait être plusieurs, n'est-ce pas?
ARISTOTE — Comment le pourrait-il?
PARMÉNIDE — Il n'a donc pas de parties et ne peut être un tout.
ARISTOTE — Pourquoi donc?
PARMÉNIDE — La partie, j'imagine, est partie d'un tout.
ARISTOTE — Oui.
PARMÉNIDE — Et le tout, n'est-ce pas ce à quoi aucune partie ne manque?
ARISTOTE — Assurément.
PARMÉNIDE — D'une façon comme de l'autre, l'un serait formé de parties, et comme tout et comme ayant des parties.
ARISTOTE — Nécessairement.
PARMÉNIDE — Donc, d'une façon comme de l'autre, l'un serait alors plusieurs, et non un.
ARISTOTE — C'est vrai.
PARMÉNIDE — Mais il faut qu'il soit un, et non multiple.
ARISTOTE — Il le faut.
PARMÉNIDE — X. — Donc l'un, s'il doit être un, ne sera pas un tout et n'aura pas de parties.
ARISTOTE — Non, en effet.
PARMÉNIDE — Si donc il n'a point de parties, il n'aura ni commencement, ni fin, ni milieu; car ces sortes de divisions seraient des parties de lui.
ARISTOTE — C'est juste.
PARMÉNIDE — Or, commencement et fin sont les limites d'une chose.
ARISTOTE — Incontestablement.
PARMÉNIDE — L'un est donc illimité, s'il n'a ni commencement ni fin.
ARISTOTE — Il est illimité.

Deuxième hypothèse: attribution de l'Être à l'Un

PARMÉNIDE — Je recommence donc: prête-moi ton attention. Si l'un est, se peut-il qu'il soit sans participer de l'Être?
ARISTOTE — Non, c'est impossible.
PARMÉNIDE — L'être de l'un existe donc, sans être identique à l'un; autrement, cet être ne serait pas celui de l'un, et l'un ne participerait point de cet être et il reviendrait au même de dire *l'un est* ou *l'un est un*. Or notre hypothèse actuelle n'est pas: si l'un est un, qu'en doit-il résulter? mais: si l'un est. C'est bien cela, n'est-ce pas?
ARISTOTE — Parfaitement.
PARMÉNIDE — Donc le *est* signifie pour nous autre chose que *l'un*?
ARISTOTE — Nécessairement.
PARMÉNIDE — Ainsi, quand nous employons cette formule concise: l'un est, n'est-ce pas comme si nous disions que l'un participe de l'Être?
ARISTOTE — Absolument.
PARMÉNIDE — Revenons donc à la question: si l'un est, qu'en résultera-t-il? Examine donc si notre hypothèse ne signifie pas nécessairement que l'un, étant ce qu'il est, doit avoir des parties.
ARISTOTE — Comment cela?
PARMÉNIDE — Voici: si *il est* se dit de l'un qui est, et *un* de l'Être un, et si l'Être et l'un ne sont pas la même chose, mais appartiennent également à cette chose que nous avons

supposée, je veux dire l'un qui est, ne suit-il pas nécessairement que l'un qui est est un tout et que l'un et l'Être en sont les parties?
ARISTOTE — Nécessairement.
PARMÉNIDE — Mais chacune de ces deux parties, l'appellerons-nous simplement partie, ou bien faut-il dire que la partie est partie de tout?
ARISTOTE — Partie du tout.
PARMÉNIDE — Alors ce qui est un est un tout et a des parties?
ARISTOTE — Certainement.
PARMÉNIDE — Mais quoi? ces deux parties de l'un qui est, l'un et l'Être, se séparent-elles l'une de l'autre, l'un de la partie être, et l'Être de la partie un?
ARISTOTE — Non, elles ne sont pas séparables.
PARMÉNIDE — Ainsi chacune des deux parties contient encore l'un et l'Être, et la plus petite partie est aussi composée de deux parties, et, en vertu du même raisonnement indéfiniment poursuivi, toute partie qui se forme contient toujours ces deux parties; l'un contient toujours l'Être et l'Être toujours l'un, et il s'ensuit nécessairement que chacun est toujours deux, jamais un.
ARISTOTE — Parfaitement.
PARMÉNIDE — Ainsi l'un qui est sera donc une pluralité infinie.
ARISTOTE — Il semble.
PARMÉNIDE — Considère encore la question de ce biais.
ARISTOTE — De quel biais?
PARMÉNIDE — Nous disons que l'un participe de l'Être, ce qui fait qu'il est.
ARISTOTE — Oui.
PARMÉNIDE — C'est précisément pour cela que l'un qui est nous est apparu multiple.
ARISTOTE — C'est exact.
PARMÉNIDE — Mais l'un lui-même, que nous disons participer de l'Être, si nous le considérons par la pensée seul et en lui-même, séparément de cet être dont il participe, nous apparaîtra-t-il comme simplement un, ou ce même un nous apparaîtra-t-il comme multiple?
ARISTOTE — Comme un, du moins à mon avis.

Troisième hypothèse: refus de l'Être à l'Un

PARMÉNIDE — Remontons donc au commencement et disons ce qui doit s'ensuivre, si l'un n'existe pas. Il faut d'abord lui reconnaître cette propriété, semble-t-il, qu'il est objet de science; autrement, on ne sait même pas ce qu'on dit, quand on dit: si l'un n'existe pas.
ARISTOTE — C'est vrai.
PARMÉNIDE — Et que les autres choses sont différentes de lui, sans quoi l'on ne pourrait pas dire que lui-même est différent des autres.
ARISTOTE — Certainement.
PARMÉNIDE — XXIV. — Il faut donc lui attribuer la différence, outre la science; car ce n'est pas de la différence des autres qu'on parle, quand on dit que l'un est différent des autres, mais de la sienne propre.
ARISTOTE — Apparemment.
PARMÉNIDE — En outre, l'un qui n'est pas participe du *celui-là*, du *quelque chose*, du *celui-ci*, du *à celui-ci*, du *de ceux-ci* et de tous les déterminants analogues; car on ne saurait parler de l'un ni des choses autres que l'un, il n'y aurait rien à celui-là ni de celui-là, on ne

pourrait pas dire qu'il est quelque chose, s'il ne participait pas du *quelque chose* ni de toutes les autres choses que je viens de mentionner.
ARISTOTE — C'est juste.
PARMÉNIDE — Ainsi il n'est pas possible que l'un soit, s'il n'est pas, mais rien ne l'empêche de participer de beaucoup de choses, et il faut même qu'il en participe, si c'est cet un et non autre chose, qui n'existe pas. Que si ce n'est pas l'un, si ce n'est pas celui-là qui n'existe pas, et qu'il soit question d'autre chose, il ne faut même plus dire un mot. Mais si c'est cet un-là, et non autre chose qu'on pose comme non-existant, il faut qu'il participe et du *celui-là* et de beaucoup d'autres choses.
ARISTOTE — Oui, certainement.
PARMÉNIDE — Il a donc aussi la dissemblance relativement aux autres choses; car les autres choses, étant autres que l'un, seront aussi d'autre sorte.
ARISTOTE — Oui.
PARMÉNIDE — D'autre sorte, n'est-ce pas dire divers?
ARISTOTE — Sans doute.
PARMÉNIDE — Et divers, n'est-ce pas dissemblable?
ARISTOTE — Si, certainement.
PARMÉNIDE — Et s'il y a des choses dissemblables à l'un, il est évident que ces choses dissemblables sont dissemblables à quelque chose de dissemblable.
ARISTOTE — Évidemment.
PARMÉNIDE — Il y a donc aussi dans l'un une dissemblance par rapport à laquelle les autres choses lui sont dissemblables.
ARISTOTE — Il semble.
PARMÉNIDE — Or, s'il a en lui une dissemblance à l'égard des autres choses, n'aura-t-il pas forcément une ressemblance avec lui-même?
ARISTOTE — Comment?
PARMÉNIDE — S'il y avait dissemblance de l'un à l'égard de l'un, il ne serait plus question, je pense, d'une chose telle que l'un, et notre hypothèse ne porterait plus sur l'un, mais sur autre chose que l'un.
ARISTOTE — Certainement.
PARMÉNIDE — Or il ne le faut pas.
ARISTOTE — Certainement non.
PARMÉNIDE — Il faut donc que l'un ait de la ressemblance avec lui-même.
ARISTOTE — Il le faut.
PARMÉNIDE — Il n'est pas non plus égal aux autres choses; car, s'il leur était égal, il serait par là même, et il leur serait semblable en vertu de cette égalité, deux choses impossibles, si l'un n'est pas.
ARISTOTE — Oui, impossibles.
PARMÉNIDE — Mais, puisqu'il n'est pas égal aux autres choses, n'est-il pas forcé que les autres choses non plus ne lui soient pas égales?
ARISTOTE — C'est forcé.
PARMÉNIDE — Et ce qui n'est pas égal, n'est-il pas inégal?
ARISTOTE — Si.
PARMÉNIDE — Et ce qui est inégal n'est-il pas inégal à l'inégal?
ARISTOTE — Sans contredit.
PARMÉNIDE — Ainsi l'un participe encore de l'inégalité par rapport à laquelle les autres choses sont inégales à lui?

ARISTOTE — Il en participe.
PARMÉNIDE — Mais dans l'inégalité il y a grandeur et petitesse.
ARISTOTE — En effet.
PARMÉNIDE — Il y a donc aussi grandeur et petitesse dans un tel un?
ARISTOTE — Il y a apparence.
PARMÉNIDE — Mais la grandeur et la petitesse sont toujours à distance l'une de l'autre.
ARISTOTE — Certainement.
PARMÉNIDE — Il y a donc toujours entre elles quelque chose d'intermédiaire.
ARISTOTE — Oui.
PARMÉNIDE — Peux-tu citer quelque intermédiaire entre elles, en dehors de l'égalité?
ARISTOTE — Non, aucun autre que celui-là.
PARMÉNIDE — Là donc où il y a grandeur et petitesse, il y a aussi entre les deux l'égalité.
ARISTOTE — C'est évident.
PARMÉNIDE — Ainsi l'un qui n'est pas, participe, semble-t-il, et de l'égalité et de la grandeur et de la petitesse.
ARISTOTE — Comment?
PARMÉNIDE — Il faut qu'il en soit de l'un comme nous disons; sinon, nous ne dirions pas vrai, quand nous disons que l'un n'est pas. Mais, si nous disons vrai, il est évident que nous disons ce qui est. N'en va-t-il pas ainsi?
ARISTOTE — Assurément si.
PARMÉNIDE — Puisque nous prétendons dire vrai, nous prétendons aussi nécessairement dire ce qui est.
ARISTOTE — Nécessairement.
PARMÉNIDE — L'un est donc, ce semble, non-existant, car s'il n'était pas non-existant, et s'il laissait pénétrer quelque chose de l'être dans le non-être, il serait aussitôt existant.
ARISTOTE — Sans aucun doute.
PARMÉNIDE — Donc, s'il doit continuer à ne pas exister, il doit avoir, comme lien qui l'attache à la non-existence, l'être du non-être, exactement comme ce qui existe doit avoir le non-être du non-être, pour posséder parfaitement l'être. La condition pour que ce qui est puisse le plus complètement exister, et ce qui n'est pas ne pas exister, c'est que ce qui est participe de l'existence de l'être étant et de la non-existence de l'être non-étant, s'il doit exister parfaitement, et que ce qui n'est pas participe de la non-existence du ne pas être non-étant et de l'être de l'être non-étant, si ce qui n'est pas doit à son tour être un parfait non-être.
ARISTOTE — C'est on ne peut plus vrai.
PARMÉNIDE — Donc, puisque ce qui est participe du non-être et ce qui n'est pas, de l'être, l'un aussi, puisqu'il n'est pas, doit nécessairement participer de l'être pour ne pas être.

Quatrième hypothèse: négation de l'Un

PARMÉNIDE — Maintenant revenons encore une fois au commencement et disons, si l'un n'est pas et que les autres choses que l'un soient, ce qui doit advenir.
ARISTOTE — Disons-le.
PARMÉNIDE — Les autres choses alors ne seront point unes.
ARISTOTE — Comment, en effet, le seraient-elles?
PARMÉNIDE — Ni plusieurs non plus; car si elles étaient plusieurs, l'un aussi serait en elles,

et si aucune d'elles n'est une, toutes ne seront rien, et par conséquent il n'y aura pas non plus de pluralité.
ARISTOTE — C'est vrai.
PARMÉNIDE — Elles ne paraissent même pas être plusieurs, ni un.
ARISTOTE — Pourquoi cela?
PARMÉNIDE — Parce que les autres choses n'ont jamais de rapport d'aucune sorte avec aucune des choses qui ne sont pas, et qu'aucune des choses qui ne sont pas ne se trouve dans l'une quelconque des autres; car les choses qui ne sont pas n'ont pas de parties.
ARISTOTE — C'est vrai.
PARMÉNIDE — Il n'y a donc pas non plus dans les autres choses ni opinion ni apparence de ce qui n'est pas, et ce qui n'est pas n'est jamais en aucune manière conçu par les autres.
ARISTOTE — En effet.
PARMÉNIDE — Si donc l'un n'est pas, aucune des autres choses n'est conçue ni comme un, ni comme plusieurs; car, sans l'un, il est impossible de concevoir la pluralité.
ARISTOTE — Impossible, en effet.
PARMÉNIDE — Si donc l'un n'est pas, les autres choses ni ne sont ni ne sont conçues, ni comme unité ni comme pluralité.
ARISTOTE — Il paraît bien que non.
PARMÉNIDE — Ni par conséquent comme semblables ni dissemblables.
ARISTOTE — Non, en effet.
PARMÉNIDE — Ni comme identiques ni comme différentes, ni comme se touchant ni comme isolées, ni avec les autres manières d'être énumérées précédemment qu'elles nous ont paru avoir: les autres choses ne sont ni ne paraissent être rien de tout cela, si l'un n'est pas.
ARISTOTE — C'est vrai.
PARMÉNIDE — Donc si nous disions, pour nous résumer, que rien n'est, si l'un n'est pas, nous parlerions juste.
ARISTOTE — Tout à fait.
PARMÉNIDE — Disons-le donc et ajoutons que, à ce qu'il semble, soit que l'un existe, soit qu'il n'existe pas, lui et les autres choses, relativement à eux-mêmes et les uns aux autres, sont absolument tout et ne le sont pas, paraissent tout et ne le paraissent pas.
ARISTOTE — C'est parfaitement vrai.

La métaphysique, science de l'Être en tant qu'être

(IVe siècle av. J.-C.)

ARISTOTE
(384-322 av. J.-C.)

Si Platon a clairement montré que la pensée ne pouvait pas se réduire à une pure identité, sa théorie de la participation pour tenter de conférer un contenu à celle-ci, en faisant des idées le modèle des réalités empiriques, n'a pas pour autant supprimé toute difficulté. Ainsi que l'a profondément vu Aristote, le fait de placer de telles idées-modèles au fondement de la réalité des choses se heurte à des obscurités. Car il existe un fossé entre celles-ci et le réel.

Si l'on conçoit aisément que la présence de choses actuellement existantes puisse produire des idées dans notre intellect qui les pense, l'inverse n'est pas vrai. La pensée n'a pas le pouvoir de faire exister des choses en dehors d'elle. Aussi convient-il de partir des êtres réellement existants afin de penser l'Être comme la pensée.

Ainsi que l'a montré Étienne Gilson, un tel renversement a été capital. Car, en partant de la réalité des choses, Aristote a transformé la question sur l'Être (« ce qui est ») en question sur l'essence (« ce que la chose est »). Ce qui l'a conduit à définir l'Être lui-même comme substance (« structure sous-jacente », sub-stans) et à trouver dans l'essence la pleine substantialité de l'Être (l'Être et l'Essence, *Vrin, 1972, p. 58*).

Grâce à ce changement de perspective, il a dès lors développé une conception partant des êtres particuliers et concrets afin de remonter de proche en proche jusqu'à l'Être premier, par l'analyse des causes de ceux-ci. En montrant ainsi comment la nature s'ordonne de l'indéterminé au déterminé par l'actualisation croissante d'une Forme conférant de plus en plus d'intelligence aux êtres jusqu'à l'Intelligence première, il a donné naissance à une vision hiérarchique du monde.

Définie comme Être et comme Cause première, cette Intelligence a pu laisser croire qu'Aristote hésitait entre une ontologie (science de l'Être) et une théologie (science de Dieu). En fait, il n'y a chez lui aucune ambiguïté, car théologie et ontologie sont les deux faces d'une même médaille. L'Être premier, objet de la philosophie première, est Cause première. Aussi est-il Dieu et relève-t-il d'une théologie. Toutefois, un tel Dieu appelle une ontologie au lieu de la censurer. Car, situé au sommet de la hiérarchie des êtres, il ne cesse pas d'être lui-même un être.

Il importe à un tel niveau de ne pas opérer de confusion quant au type de savoir mis en œuvre par l'ontologie. Car Aristote n'a jamais fait de l'Être un élément commun à tous les êtres débouchant sur un genre. L'Être demeure avant tout pour lui l'Être premier sur lequel se règlent tous les autres êtres par analogie. Il est non pas une chose que l'on possède comme la partie d'un Tout, mais un rapport que l'on exerce. Aussi importe-t-il d'estimer à sa juste valeur la définition de la métaphysique comme « science de l'être en tant qu'être ». Il ne s'agit pas là de réduire l'Être à un objet, mais plutôt d'évaluer les rapports des êtres à l'Être.

Aristote a défini la philosophie comme effort pour tenter de penser l'Être en tant que tel à travers la saisie des rapports analogiques que les êtres de la nature entretiennent avec lui. Son geste illustre bien la nature de la pensée qui consiste à tenter de penser le donné à la lumière du « don » originaire de l'Être[1].

Source : *Aristote,* la Métaphysique, *trad. J. Tricot, éditio minor de 1933, Paris, Vrin, 1991, Livre.*

Bibliographie : *Pierre Aubenque,* le Problème de l'être chez Aristote, *Paris, P.U.F., 1972.*

I. La Métaphysique, science de l'Être en tant qu'être

Il y a une science qui étudie l'Être en tant qu'être, et les attributs qui lui appartiennent essentiellement. Elle ne se confond avec aucune des sciences dites particulières, car

1. Dans le même chapitre, voir les critiques de la métaphysique comme science de l'Être par Bergson et Levinas.

aucune de ces autres sciences ne considère en général l'Être en tant qu'être, mais, découpant une certaine partie de l'Être, c'est seulement de cette partie qu'elles étudient l'attribut: tel est le cas des sciences mathématiques. Et puisque nous recherchons les principes premiers et les causes les plus élevées, il est évident qu'il existe nécessairement quelque réalité à laquelle ces principes et ces causes appartiennent en vertu de sa nature propre. Si donc ceux qui cherchaient les éléments des êtres cherchaient, en fait, les principes absolument premiers, ces éléments qu'ils cherchaient étaient nécessairement aussi les éléments de l'Être en tant qu'être et non de l'Être par accident. C'est pourquoi nous devons, nous aussi, appréhender les causes premières de l'Être en tant qu'être.

II. La Métaphysique, science de la Substance, de l'Un et du Multiple, et des contraires qui en dérivent

L'Être se prend en plusieurs acceptions, mais c'est toujours relativement à un terme unique, à une seule nature déterminée. Ce n'est pas une simple homonymie, mais de même que tout ce qui est sain se rapporte à la santé, telle chose parce qu'elle la conserve, telle autre parce qu'elle la produit, telle autre parce qu'elle est le signe de la santé, telle autre enfin parce qu'elle est capable de la recevoir; de même encore que le médical a trait à la Médecine, et se dit, ou de ce qui possède l'art de la médecine, ou de ce qui y est naturellement propre, ou enfin de ce qui est l'œuvre de la Médecine, et nous pouvons prendre encore d'autres exemples semblables: de même aussi, l'Être se prend en de multiples acceptions, mais, en chaque acception, toute dénomination se fait par rapport à un principe unique. Telles choses, en effet, sont dites des êtres parce qu'elles sont des substances, telles autres parce qu'elles sont des déterminations de la substance, telles autres parce qu'elles sont un acheminement vers la substance, ou, au contraire, des corruptions de la substance, ou parce qu'elles sont des privations, ou des qualités de la substance, ou bien parce qu'elles sont des causes efficientes ou génératrices, soit d'une substance, soit de ce qui est nommé relativement à une substance, ou enfin parce qu'elles sont des négations de quelqu'une des qualités d'une substance, ou des négations de la substance même; c'est pourquoi nous disons que même le Non-Être est: il est Non-Être. Et de même donc que de tout ce qui est sain, il n'y a qu'une seule science, ainsi en est-il aussi pour les autres cas. Non seulement, en effet, l'étude des choses ayant communauté de notion relève d'une seule science, mais encore l'étude des choses simplement relatives à une seule et même nature, car même ces choses-là ont, en quelque manière, communauté de notion. Il est donc évident qu'il appartient aussi à une seule science d'étudier tous les êtres en tant qu'êtres. Or la science a toujours pour objet propre ce qui est premier, ce dont toutes les autres choses dépendent, et en raison de quoi elles sont désignées. Si donc c'est la substance, c'est des substances que le philosophe devra appréhender les principes et les causes.
Mais, pour chaque genre, de même qu'il n'y a qu'une seule sensation, ainsi il n'y a qu'une seule science, comme par exemple, une science unique, la Grammaire, étudie tous les sons articulés. C'est pourquoi une science génériquement traitera de toutes les espèces de l'Être en tant qu'être, et ses divisions spécifiques, des différentes espèces de l'Être. — Maintenant, l'Être et l'Un sont identiques et d'une même nature, en ce qu'ils sont corrélatifs l'un de l'autre, comme le principe et la cause sont corrélatifs, sans qu'ils soient cependant exprimés dans une unique notion (peu importe, au surplus, que nous considérions l'Être et l'Un comme identiques aussi par la notion; notre tâche en serait même facilitée); et, en effet, il y a identité entre *un homme, homme existant,* et *homme,* et on n'exprime pas quelque chose

de différent en employant le redoublement de mots *un homme est*, au lieu de dire simplement *homme est* (il est évident que l'être de l'homme ne se sépare de son unité, ni dans la génération, ni dans la corruption, et, pareillement aussi, l'Un ne se sépare pas de l'Être). On voit ainsi clairement que l'addition, dans tous ces cas, ne modifie nullement l'expression, et que l'Un n'est rien d'autre en dehors de l'Être. De plus, la substance de chaque être est une, et cela non par accident, et de même elle est aussi, essentiellement, quelque chose qui existe. Conclusion: autant il y a précisément d'espèces de l'Un, autant il y a d'espèces de l'Être. L'étude de l'essence de ces différentes espèces sera l'objet d'une science génériquement une: je veux dire que, par exemple, une même science étudiera l'Identique et le Semblable, et les autres espèces de l'Un de cette sorte, ainsi que leurs opposés. Presque tous les contraires se réduisent d'ailleurs à cette opposition principale: bornons-nous, sur ce point, à l'étude que nous en avons faite dans le *Choix des contraires* [1]. — Et la Philosophie a exactement autant de parties qu'il y a de substances; il y a donc nécessairement, au nombre de ces parties, une Philosophie première, et, après, une Philosophie seconde. L'Être et l'Un se divisent, en effet, immédiatement, en certains genres, et cette division entraînera une division correspondante des sciences: il en est du philosophe comme du mathématicien, au sens où ce mot est employé, car il y a aussi des parties dans les Mathématiques, où l'on distingue une science première, une science seconde, et d'autres sciences dérivées, dans ce domaine.

Essence et existence
(1256 et 1266-1273)

SAINT THOMAS D'AQUIN
(1225-1274)

Neuf siècles séparent saint Thomas d'Aristote. S'il demeure vrai que celui-ci s'est largement inspiré de celui-là pour forger une œuvre que l'on a souvent comparée à une cathédrale tout entière dédiée à la gloire de Dieu (cf. E. Panofsky, Architecture gothique et pensée scolastique, *Minuit, 1967), un monde sépare ces deux penseurs.*

Chez Aristote, la Cause première ne crée pas le monde à proprement parler. Agissant à partir de ce qui est, elle est la fin vers laquelle tendent tous les êtres et non leur origine. Les attirant à elle en se laissant aimer par ceux-ci, elle n'est pas un acte d'amour de Dieu envers la création.

Chez saint Thomas, au contraire, Dieu est la cause de tout ce qui est. Qui plus est, principe d'amour, il n'est pas tant celui qui attire à lui toute la création que celui qui s'engage en elle pour l'aimer.

Dans l'Esprit de la philosophie médiévale *(Vrin, 1969, p.76), Étienne Gilson résume bien cette distinction lorsqu'il écrit que: «Le Dieu de saint Thomas et de Dante est un Dieu qui aime, celui d'Aristote un Dieu qui se laisse aimer; l'amour qui meut le ciel et les astres chez Aristote est l'amour du ciel et des astres pour Dieu, au lieu que celui qui les*

1. L'ouvrage auquel renvoie ici Aristote a été perdu.

meut chez saint Thomas et Dante est l'amour de Dieu pour le monde ; entre ces deux causes motrices, il y a toute la différence qui sépare la cause finale de la cause efficiente.»

M. Heidegger a soutenu que saint Thomas avait identifié Dieu et l'Être et par là même faussé le sens de l'Être en invitant à comprendre sous ce terme un étant suprême situé au sommet de la hiérarchie des êtres. Le Moyen Âge, écrit-il dans son Nietzsche *(t. 2., Gallimard, 1971, p. 334), a fait de Dieu un être suprême* (summum ens). *En fait, cela s'avère inexact, car Dieu apparaît au contraire comme étant par-delà ce qui est, l'exister pur qui est la cause créatrice de celui-ci. Comme l'écrit Étienne Gilson, il a évité de faire de Dieu une essence et de le figer dans une définition en soutenant que: «L'essence de Dieu est son acte même d'exister. De quelque manière qu'on s'exprime, le fait reste ce qu'il est: l'*esse *pur n'est déterminé par aucune essence qui le ferait être tel. Au niveau suprême de l'être où nous tentons de nous élever, le problème du rapport de l'essence à l'existence s'évanouit par réduction de l'essence à l'acte pur d'exister.»* (l'Être et l'Essence, *Vrin, 1972, p. 115*).

L'Être et l'Essence, *écrit autour de 1256, montre cette approche originale définissant l'Être premier comme exister pur. Texte capital qui contient toute une conception qui sera reprise dans* la Somme théologique *(1266-1273), il traduit bien le bouleversement de la pensée d'Aristote par la Révélation. Avec le christianisme apparaît l'idée que la nature n'est pas à elle-même sa propre raison d'être. Plus profonde que l'essence qui énonce ce que sont les choses (le* quid*), il y a l'existence (le* quod*) qui fait qu'elles sont. Aussi la réflexion doit-elle se dépasser en un acte de foi et d'émerveillement. Plus qu'un voilement de l'Être, la pensée théologique apparaît ici comme une fracture de celui-ci, introduisant en lui toute la distance qui sépare l'essence de l'existence.*

Toutefois, respectant la transcendance de Dieu, saint Thomas n'a pas pour autant brisé tout lien entre celui-ci et l'homme, comme le montre la Somme théologique *dans un texte, lui aussi, important. Si Dieu n'est pas accessible en tant que tel, il s'exprime néanmoins par ses œuvres et a créé l'homme à son image. Aussi peut-on l'approcher par analogie* [1].

Sources: *Saint Thomas d'Aquin,* l'Être et l'Essence, *trad. C. Capelle, 3ᵉ éd., Vrin, 1965, chap. 1ᵉʳ et chap. 5 ;* Somme théologique, *trad. A. Raulin, A.M. Roguet, Le Cerf, 1984, Question 13, article 5.*

Bibliographie: *Marie-Dominique Chenu,* Introduction à l'étude de saint Thomas d'Aquin, *Paris, Vrin, 1974 ; Étienne Gilson,* le Thomisme, *Paris, Vrin, 1965 ;* l'Être et l'Essence, *Paris, Vrin, 1972.*

I. Définition du mot Être

Il faut savoir que, comme le dit Aristote, *l'être* au sens strict se dit en deux acceptions:
1° l'être qui est divisé en dix catégories,
2° l'être qui signifie la vérité des jugements.

Voici la différence entre ces deux significations: à la seconde on appelle *être* tout ce au sujet de quoi on peut former une proposition affirmative, même si cela ne correspond à rien dans la réalité — c'est en ce sens que les privations et les négations sont appelées des êtres; nous disons, en effet, que l'affirmation *est* l'opposé de la négation, que la cécité *est*

1. Dans le même chapitre, voir la définition de la métaphysique par Aristote ainsi que l'analyse d'Étienne Gilson.

dans l'œil. Mais selon la première signification, on ne peut appeler *être* qu'une chose qui existe dans la réalité. C'est pourquoi, en ce sens-là, la cécité et autres choses semblables ne sont pas des *êtres*. Le terme *essence* n'est pas pris de *être* au second sens : en effet, ce qui est appelé *être* en ce sens n'a pas d'essence comme il apparaît dans les privations ; mais *essence* est pris de *être* au premier sens. C'est pourquoi, Averroès[1], en commentant le texte d'Aristote, dit que « l'être employé au premier sens est ce qui signifie la substance de la chose ».

Mais, comme il a été dit, l'être en ce premier sens, désigne ce qui est divisé en dix catégories ; c'est pourquoi, il faut que l'essence signifie quelque chose de commun à toutes les natures par lesquelles les divers êtres sont classés en divers genres et espèces, comme l'humanité est l'essence de l'homme, et ainsi des autres. Or, la définition indiquant ce qu'*(quid)*) est la chose signifie ce par quoi les êtres sont constitués dans leur genre ou espèce propre ; c'est pour cela que le terme *essence* a été changé par les philosophes en celui de *quiddité*, et c'est là ce qu'Aristote appelle souvent le *quod quid erat esse*, c'est-à-dire le *ce qui fait qu'une chose est ce qu'elle est*.

On l'appelle aussi *forme*, car c'est par la forme qu'est signifiée la détermination de chaque chose, comme le dit Avicenne[2]. On l'appelle encore d'un autre nom : *nature*, en prenant le mot *nature* dans le premier des quatre sens énumérés par Boèce[3] : à savoir, en tant que par *nature* est exprimé tout ce que l'intelligence peut saisir d'une manière quelconque. En effet, une chose n'est intelligible que par sa définition et son essence. Et c'est ainsi qu'Aristote dit : toute substance est nature. Cependant, le terme *nature* pris en ce sens semble signifier l'essence de la chose selon qu'elle soutient une relation à son opération propre. Tandis que le terme *quiddité* est tiré de ce qui est signifié par la définition. L'*essence* enfin énonce que, par elle et en elle, l'être possède l'existence.

II. Dieu, le premier Être, est exister pur

Maintenant il reste à voir comment il peut y avoir essence dans les substances séparées, à savoir dans les âmes, les anges et la cause première. Si tous concèdent la simplicité de la cause première, certains cependant s'efforcent d'introduire dans les anges et les âmes une composition de matière et de forme, position qui semble avoir été inaugurée par Avicebron, l'auteur de la *Source de la vie*[4]. Mais cela s'oppose, en général, aux dires de philosophes, qui qualifient ces substances de séparées, et prouvent qu'elles sont dénuées de toute matière. La démonstration la plus adéquate de cette vérité argue du pouvoir d'intellection qui se trouve en elles. Nous voyons en effet que les formes ne sont intelligibles en acte qu'en tant que séparées de la matière et de ses conditionnements ; elles ne deviennent intelligibles en acte que par le dynamisme d'une substance en acte de connaissance intellectuelle, à proportion qu'elle les reçoive et les travaille. C'est pourquoi il est nécessaire qu'en toute

1. Averroès (1126-1196), philosophe arabe, grand commentateur d'Aristote, célèbre pour son rationalisme.
2. Avicenne (980-1037), philosophe et médecin arabe, grand commentateur d'Aristote. C'est par son œuvre que le Moyen Âge a appris à lire celui-ci.
3. Boèce (480-525), philosophe à la croisée des cultures antique et chrétienne, auteur d'un grand poème philosophique, *la Consolation de la philosophie*, ainsi que de commentaires sur la logique d'Aristote (voir plus haut dans la question de Dieu le texte qui lui est consacré).
4. Avicebron (Ibn Gabirol), philosophe juif du XIe siècle, auteur d'une théorie des formes joignant l'influence de Plotin à l'influence de la Bible.

substance de cette sorte il y ait, à tous égards, immunité par rapport à la matière : cette immunité exclut la matière comme partie, elle l'exclut également comme sujet, car la substance intelligente ne saurait être une forme imprimée dans la matière comme le sont les formes matérielles.

L'objectant serait mal venu de prétendre que ce n'est pas toute matière qui empêche l'intelligibilité mais seulement la matière corporelle. Si, en effet, ce résultat ne venait que de la matière corporelle, puisque la matière n'est déclarée corporelle que parce qu'elle subsiste sous la forme corporelle, il faudrait qu'elle tienne cette opacité à l'intellection précisément de la forme corporelle. Et cela ne peut être parce que cette forme corporelle est, elle aussi, intelligible en acte, comme les autres formes, dans la mesure où elles sont abstraites de la matière. C'est pourquoi dans l'âme et dans l'ange, il n'y a nulle composition de matière et de forme, au sens où l'on prend matière dans les substances corporelles ; mais en eux, il y a composition de forme et d'existence. C'est pourquoi au Commentaire de la IXe proposition du *Livre des causes*[1] il est dit que l'intelligence est ce qui possède forme et être ; et l'on prend ici forme pour la quiddité elle-même ou nature simple.

Il est facile de voir qu'il en est ainsi. En effet, chaque fois que des choses se réfèrent l'une à l'autre en sorte que l'une soit cause de l'autre, ce qui a valeur de cause peut exister sans l'autre, mais non inversement. Or telle est la relation de la matière et de la forme que la forme donne l'être à la matière, et c'est pourquoi il est impossible qu'il y ait matière sans forme, mai non qu'il y ait une forme sans matière. La forme, en effet, en tant que forme, n'est pas dépendante de la matière ; mais s'il se trouve des formes qui ne peuvent exister sans être incarnées dans la matière, c'est là une conséquence de la distance où elles sont du premier principe qui est acte premier et pur. De là suit que les formes les plus proches du premier principe sont des formes subsistantes par elles-mêmes sans matière. La forme, en effet, n'a pas besoin de la matière selon tout son genre, comme il a été dit ; et de telles formes sont des intelligences. C'est pourquoi il n'est pas nécessaire que les essences ou quiddités de ces substances soient autre chose que la forme elle-même.

En ceci diffèrent par conséquent l'essence de la substance composée et celle de la substance simple, que l'essence de la substance simple est forme seulement. Et de là émanent deux autres différences. L'une, c'est que l'essence de la substance composée peut être signifiée comme tout ou comme partie — ce qui arrive à cause de la désignation de la matière, comme il a été dit. Aussi n'est-ce pas en toute manière que l'essence du composé s'attribue à celui-ci : on ne peut dire, en effet, que l'homme soit sa quiddité. Mais l'essence de la chose simple, qui est sa forme, ne peut être signifiée qu'à la manière d'un tout puisqu'il n'y a là rien en dehors de la forme qui soit comme un réceptacle pour celle-ci ; et c'est pourquoi l'essence de la substance simple, prise de n'importe quelle manière, peut lui être attribuée. Avicenne dit en conséquence que la quiddité de la substance simple est le simple lui-même puisqu'il n'y a pas autre chose qui la reçoive. La seconde différence, c'est que les essences des choses composées, du fait qu'elles sont reçues dans la matière désignée, sont multipliées selon la division de celle-ci — d'où il arrive que des choses de même espèce soient individuellement diverses. Mais parce que l'essence de l'être simple n'est pas reçue dans une matière, une telle multiplication en est exclue ; et c'est pourquoi il est impossible de trouver, dans ces substances, plusieurs individus de la même espèce, mais autant il y a d'individus, autant il y a d'espèces, comme le dit Avicenne expressément.

1. *Livre des causes* (IXe siècle), adaptation arabe des *Éléments de théologie* de Proclus (412-485). Complément de l'œuvre d'Aristote au Moyen Âge.

De telles substances, par conséquent, bien qu'elles soient formes pures sans matière, ne sont cependant pas d'une simplicité absolue : elles ne sont pas des actes purs, mais ont un mélange de puissance. Voici comment apparaît cette vérité. Tout ce qui, en effet, n'appartient pas au concept d'essence ou de quiddité lui advient de l'extérieur et compose avec l'essence, parce que nulle essence ne peut être conçue sans ses parties. Or, toute essence ou quiddité peut être conçue sans que soit conçue son existence : je puis en effet concevoir ce qu'est l'homme ou le phénix, tout en ignorant si cela existe dans la nature des choses. Il est donc évident que l'existence est autre chose que l'essence ou quiddité, sauf peut-être s'il y a un être dont la quiddité soit son propre exister lui-même. Cette réalité alors ne pourrait être qu'unique et première, parce qu'il est impossible qu'une multiplication se produise si ce n'est par l'addition d'une autre différence — comme on multiplie la nature du genre en espèces, ou par la réception d'une forme dans des matières diverses — comme la nature de l'espèce est multipliée dans les individus divers, ou enfin par la distinction entre une forme prise absolument et la même forme reçue dans autre chose — comme, s'il existait une chaleur séparée, elle serait distincte de la chaleur non séparée du fait de sa séparation même. Mais si l'on admet une réalité qui ne soit qu'existence pure en sorte qu'elle soit l'exister même subsistant, elle ne recevrait pas l'adjonction d'une différence parce qu'alors elle ne serait pas l'exister seul, mais y ajouterait une forme quelconque ; bien moins encore, ne pourrait-elle recevoir l'adjonction de la matière parce qu'alors elle ne serait pas subsistante mais matérielle. C'est pourquoi il reste qu'une réalité qui soit son exister propre ne peut être qu'unique. Il faut donc qu'en tout ce qui n'est pas cette réalité, autre soit son exister et autre sa quiddité, ou nature, ou forme. C'est bien pourquoi dans les intelligences pures, il y a l'exister en outre de la forme ; aussi, a-t-on dit que l'intelligence est forme et exister.

Par ailleurs, tout ce qui convient à une chose est, soit produit par les principes de sa nature — comme la propriété du rire dans l'homme, soit reçu d'un principe extrinsèque — comme la lumière dans l'air l'est de l'influence du soleil. Or l'exister lui-même ne peut être causé par la forme ou quiddité de la chose — j'entends à titre de cause efficiente — parce que cette chose serait alors sa propre cause et une réalité se produirait elle-même, ce qui est impossible. Il faut donc que tout ce dont l'existence est distincte de la nature soit produit par autre chose. Et parce que tout ce qui est *par autrui* doit être ramené à ce qui est *par soi* comme à la cause première, il est nécessaire qu'il y ait une réalité qui soit cause d'existence pour toutes les autres choses de là qu'elle est elle-même pur exister ; autrement on irait à l'infini dans les causes, puisque tout ce qui n'est pas exister pur a une cause de son existence, comme on vient de dire. Il est donc évident que l'intelligence pure est forme et existence, et qu'elle tient son existence du premier être qui est exister pur, et telle est la cause première qui est Dieu.

III. La connaissance de Dieu se fait par analogie

Rien ne peut être attribué univoquement à Dieu et aux créatures. Car un effet qui n'égale pas la vertu de sa cause agente reçoit la similitude de l'agent, non pas selon la même raison formelle, mais de façon déficiente : de sorte que ce qui est dans les effets divisé et multiple se trouve dans la cause simple et un ; ainsi le soleil, par sa vertu, qui est une, produit sur la terre des formes d'existence variées et multiples. De la même manière, comme on l'a dit plus haut, les perfections de toutes choses qui se trouvent divisées et multiformes dans les créatures, préexistent en Dieu en étant unifiées. Ainsi donc, lorsqu'un nom de perfection est dit d'une créature, il signifie cette perfection comme distincte, et selon la raison formelle par quoi elle se distingue des autres. Par exemple, si nous donnons à un homme le nom de sage, nous signifions une perfection distincte de l'essence de l'homme, de sa puissance, de son être et de tous ses autres attributs. Au contraire, quand nous donnons ce même nom à Dieu, nous n'entendons pas signifier en lui quelque chose qui soit distinct de son essence, de sa puissance ou de son existence. Et ainsi lorsque le mot « sage » est donné à l'homme, il circonscrit en quelque sorte et contient la réalité signifiée, tandis que lorsqu'il est dit de Dieu, il laisse la réalité signifiée hors de toute limite et débordant la signification du nom. Il est donc évident que ce mot « sage » n'est pas dit de Dieu et de l'homme selon la même raison formelle. Et il en est ainsi de toutes les autres. De sorte qu'aucun nom n'est attribué univoquement à Dieu et à la créature. Mais pas non plus tout à fait équivoquement comme certains l'ont dit. Dans ce cas, en effet, on ne pourrait, à partir des créatures, rien connaître de Dieu, rien en démontrer; on ne pourrait jamais éviter le sophisme de l'équivocité, et cela irait contre le témoignage tant des philosophes qui démontrent au sujet de Dieu beaucoup de choses, que de l'Apôtre lui-même disant aux Romains (1, 20): « Les attributs invisibles de Dieu nous sont rendus manifestes au moyen de ses œuvres. » Il faut donc dire que les noms en question sont attribués à Dieu et aux créatures selon l'analogie, c'est-à-dire selon une certaine proportion.

Et cela arrive dans les mots de deux façons. Ou bien plusieurs termes sont référés à un seul, comme « sain » se dit du remède et de l'urine, parce que l'un et l'autre sont en relation avec la santé de l'animal, l'un comme cause et l'autre comme signe; ou bien un terme est référé à l'autre, comme « sain » se dit du médicament et de l'animal, en tant que le médicament est cause de la santé qui, elle, appartiendra à l'animal.

C'est de cette dernière façon que certains termes sont attribués à Dieu et à la créature par analogie, ni tout à fait équivoquement ni univoquement. En effet, nous ne pouvons nommer Dieu que d'après les créatures, comme on l'a expliqué. Ainsi, tout ce qui est dit et de Dieu et de la créature est dit pour cette raison qu'il y a une relation de la créature à Dieu comme à son principe et à sa cause, en qui préexistent excellemment toutes les perfections des choses. Et cette sorte de communauté du nom tient le milieu entre la pure équivocité et la pure univocité. Car dans les noms dits de plusieurs par analogie il n'y a ni unité de la raison formelle, comme dans le cas des noms univoques, ni diversité pure et simple des raisons formelles, comme dans le cas des noms équivoques; mais le nom qui est ainsi pris en plusieurs sens signifie des rapports divers à quelque chose d'un, comme par exemple « saine » dit de l'urine signifie un signe de la santé; dit du remède il signifie une cause de la même santé.

L'Être a un sens univoque

(vers 1301)

JEAN DUNS SCOT

(1265-1308)

Le Moyen Âge a été dominé par plusieurs controverses. L'une d'entre elles a opposé l'école thomiste à l'école du théologien franciscain Duns Scot, surnommé «le docteur subtil». Plaçant l'amour et non l'intelligence au fondement de toute sa conception de Dieu, celui-ci a radicalement distingué la théologie de la métaphysique. Aussi a-t-il été conduit à opérer une refonte complète de la notion d'être.

Non plus définie comme sommet de la hiérarchie des êtres, mais comme possible élaboré par l'intellect divin, cette notion a été caractérisée par le concept d'univocité. Ainsi que l'écrit É. Gilson: «Pris en tant que tel, ce terme signifie que l'être est antérieur à toutes les déterminations concevables» (Jean Duns Scot. Introduction à ses positions fondamentales, *Vrin, 1952). «Ni universel, ni singulier, celui-ci précède toute caractérisation, si bien que la communauté de l'être déborde et inonde tout le domaine de l'intelligible. Tout baigne dans l'être.»* (ibid.)

Si une telle démarche tranche par la rupture qu'elle a opérée avec l'héritage thomiste, elle a surtout débouché sur une autonomie de la notion d'être, qui annonce la métaphysique moderne. Ainsi que le rappelle J.L. Marion, dans la métaphysique d'Aristote comme dans celle de saint Thomas, l'Être n'avait pas d'autonomie. «L'étant en tant qu'il est voulait dire, l'étant en tant qu'il n'est pas lui-même, mais en tant qu'il est selon l'être et par lui.» (Jean Duns Scot ou la révolution subtile. *Entretiens sous la direction de C. Goémé, Fac, 1982). «Avec Duns Scot au contraire, l'objet de la métaphysique, à savoir l'être, va être interrogé pour lui-même. D'une façon remarquable, celui-ci va se demander en quel sens il peut offrir un objet à la métaphysique. Il va même de façon tout à fait originale introduire l'expression d'objet à son propos. Ainsi, sa théorie va énoncer que l'étant en tant qu'étant est le premier objet de l'entendement. Ce qui est une révolution, à bien y réfléchir, car cela a deux implications:*

— Un objet au sens moderne du terme se caractérise par le fait qu'on peut se le représenter. Duns Scot apparaît bien comme étant celui qui dit que l'étant n'est rien d'autre qu'un objet que l'on peut se représenter. Représentable, l'étant est soumis aux conditions de possibilité de la connaissance. Ce qui constitue l'un des moments essentiels du déploiement de l'essence de la représentation qui nous conduit jusqu'à la modernité, en passant par G. d'Ockham, Suarez et Descartes.

*— L'*ens *(la chose) devient un objet en devenant un quasi-rien (cf. Hegel). Il est avant tout parce qu'il n'est rien. Il est déterminé à partir du concept et non plus du monde. Pour déterminer l'*ens commune *nous passons du "cosmos" au concept.»*

Aussi comprend-on aisément pourquoi Duns Scot est l'un des tournants de la pensée métaphysique et pourquoi M. Heidegger lui a consacré sa thèse de jeunesse (cf. Traité des catégories et de la signification chez Duns Scot, *Gallimard, 1970).*

Le texte présenté ici montre clairement le problème que se pose Duns Scot. Cherchant à prendre ses distances avec la métaphysique aristotélicienne à qui il reproche de réduire l'Être à l'étant physique, on voit celui-ci clairement formuler l'idée d'un autre concept d'être sous la forme d'une essence incluant l'étant au lieu d'en dériver. Ce nouveau concept — l'être commun — s'opposant au concept précédent — l'Être par analogie — on voit alors se préciser l'alternative que Duns Scot va discuter: soit l'Être est un être par analogie, en conséquence de quoi l'Être se ramène à l'étant, ce qui est réducteur pour la théologie, soit l'Être est un être commun, en conséquence de quoi c'est l'étant qui est inclus dans l'Être et la théologie recouvre sa primauté.

En reprenant l'idée avicénienne d'un Être univoque n'étant réductible à rien d'autre qu'à lui-même tout en étant commun à tous les existants, Duns Scot a fondé la métaphysique comme science autonome de l'Être tout en libérant la théologie de l'emprise de la physique[1].

Sources: *Duns Scot,* Sur la connaissance de Dieu et l'univocité de l'étant, *recueil de textes traduits par Olivier Boulnois, Paris, P.U.F., 1988, Ordinatio, Livre 1, questions 1 et 2.*

Bibliographie: *Étienne Gilson,* Duns Scot. Introduction à ses positions fondamentales, *Paris, Vrin, 1952;* l'Être et l'Essence, *Paris, Vrin, 1972.*

1. En ce qui concerne la troisième distinction, je m'enquiers d'abord de la cognoscibilité de Dieu. Et je cherche d'abord si Dieu est naturellement connaissable par l'intellect du voyageur.

— J'argue que non:

Le Philosophe[2], *De l'âme* III, dit: «Les fantasmes se rapportent à l'intellect comme les sensibles au sens», mais le sens ne sent que le sensible, donc l'intellect n'entend rien que ce dont il peut appréhender le fantasme par l'entremise des sens. Or Dieu n'a pas de fantasme et n'est pas quelque chose de fantasmable. Donc, etc.

2. De plus, *Métaphysique* II: «Ce qu'est l'œil de la chauve-souris à la lumière du soleil, notre intellect l'est aux réalités qui sont les plus manifestes de nature.» Mais il y a là une impossibilité. Donc ici aussi.

3. De plus, *Physique* I: «L'infini en tant qu'infini est inconnu», et *Métaphysique* II: «Il n'arrive pas qu'on connaisse les [réalités] infinies»; donc l'infini non plus, car il semble y avoir la même disproportion de l'intellect fini à l'infini et aux [réalités] infinies, car il y a un excès égal, ou non moindre.

4. De plus, Grégoire[3], *Sur Ézéchiel:* «Aussi loin que notre esprit sera avancé dans la contemplation de Dieu, il n'atteint pas à ce qu'il est lui-même mais à ce qui est au-dessous de lui».

5. — Au contraire:

Métaphysique VI: la métaphysique est une théologie à propos de Dieu, et concernant principalement les réalités divines; donc, etc. Et c'est dans son acte, à savoir la considération actuelle des substances séparées, qu'il met la félicité de l'homme, *Éthique* X.

6. Après cela, je recherche si Dieu est le premier connu par nous naturellement dans cet état-ci.

— On argue que oui:

---

1. Dans le même chapitre, voir la position de saint Thomas.
2. Le Philosophe désigne Aristote. Les œuvres mentionnées sont *la Métaphysique, la Physique, l'Éthique à Nicomaque,* le *De anima* dit *De l'âme,* le *De l'interprétation,* les *Secondes Analytiques,* les *Topiques.*
3. Grégoire le Grand (mort en 604), pape qui envoya saint Augustin évangéliser l'Angleterre et à qui on doit les *Moraliia in Job.*

«Comme chaque chose se rapporte à l'être, elle se rapporte à la connaissance», d'après la *Métaphysique* II. Mais Dieu est le premier étant. Donc il est le premier connu.
7. De plus, rien n'est connu parfaitement si [Dieu] n'est pas connu parfaitement; donc rien n'est connu absolument s'il n'est pas connu absolument. La conséquence apparaît, car dans les réalités qui sont par soi, «ce que le maximum est au maximum, l'absolu l'est à l'absolu», et réciproquement, d'après les *Topiques* II.
8. De plus, l'acte le plus parfait d'une puissance est envers son objet absolument premier. Or l'acte le plus parfait est envers Dieu, selon l'*Éthique* X. Donc Dieu est absolument le premier objet connaissable.
9. — Au contraire:
Toute notre connaissance provient des sens, *Métaphysique* I et *Analytiques postérieures* II, à la fin. Donc Dieu, qui est le plus éloigné des sens, n'est pas premièrement connu par notre intellect.
10. Dans la première question, il n'est pas nécessaire de distinguer si Dieu peut être connu négativement ou affirmativement car la négation n'est connue que par l'affirmation, *Peri hermeneias* II, à la fin, et *Métaphysique* IV.

Il est manifeste aussi que nous ne connaissons aucune négation de Dieu, sinon par le moyen d'affirmations, par l'entremise desquelles nous écartons de ces affirmations d'autres incompossibles.

Et nous n'aimons pas souverainement des négations.

Et pareillement, ou bien la négation est conçue exclusivement, ou bien en tant que dite de quelque chose. Si c'est exclusivement que la négation est conçue, comme «non-pierre», cela convient également au néant et à Dieu, puisque la pure négation est dite de l'étant et du non-étant; donc en cela Dieu n'est pas plus entendu que le néant ou la chimère. Si elle est entendue comme une négation dite de quelque chose, alors je recherche ce concept substrat dont il est entendu que cette négation est vraie.

Ou bien ce sera un concept affirmatif, ou bien un concept négatif. S'il est affirmatif, on a notre propos. S'il est négatif, je recherche comme auparavant; ou bien la négation est conçue exclusivement, ou bien en tant que dite de quelque chose. Si c'est de la première manière, cela convient également au néant et à Dieu: si c'est en tant que dite de quelque chose, [je recherche] comme auparavant. Et aussi loin que l'on s'avance dans les négations, ou bien on n'entendra pas plus Dieu que le néant, ou bien on s'arrêtera dans quelque concept affirmatif qui est premier.
11. Et deuxièmement, il n'est pas nécessaire de distinguer la connaissance en «ce que c'est» et en «si c'est», car dans mon propos, je recherche un concept simple dont on connaisse l'être par un acte de l'intellect qui compose et qui divise. En effet, je ne connais jamais de quelque chose «s'il est» à moins d'avoir un certain concept de cet extrême dont je connais l'être; et c'est ce concept qu'on recherche ici.
12. Et troisièmement, il n'est pas nécessaire de distinguer [la question] «si c'est» en tant que question *sur* la vérité de la proposition et en tant que question *sur* l'être de Dieu. Car s'il peut être question de la vérité d'une proposition dans laquelle l'être est en tant que prédicat du sujet, pour concevoir la vérité de cette question ou de cette proposition, il faut concevoir auparavant les termes de cette question: et il est dans ce cas question du concept simple de ce sujet [et de savoir] s'il est possible.
13. Et quatrièmement, il est vain de distinguer concept naturel et surnaturel, car on recherche le [concept] naturel.
14. Et cinquièmement, il est vain de distinguer le naturel, s'agissant de la nature absolument

ou de la nature dans cet état-ci puisque la question porte exclusivement sur la connaissance dans cet état-ci.

15. Et sixièmement, il est vain de distinguer la connaissance de Dieu dans la créature ou en soi, car si la connaissance est obtenue par l'entremise de la créature, de façon que la connaissance discursive commence par la créature, je recherche à quel terme cette connaissance s'arrête. Si c'est en Dieu en soi, j'ai mon propos, car je recherche ce concept de Dieu en soi. Si elle ne s'arrête pas en Dieu en soi, mais dans la créature, alors le terme et le principe du discours seront identiques, et ainsi on n'aura aucune connaissance de Dieu — du moins il n'y a pas d'intellection du dernier terme du discours tant qu'elle s'arrête dans un certain objet qui est le principe du discours.

16. — À propos de la connaissance de Dieu, «si c'est» et «ce que c'est» (Godefroid[1], VII, II, réfute Henri[2] sur la distinction du «si c'est» et réfute que la connaissance de «ce que c'est» soit possible), remarque: ce «quoi» qui est dit par l'entremise d'un nom est le «quoi» qui appartient à la chose et il inclut le «si c'est», car selon la *Métaphysique* IV: «La raison dont le nom est le signe est la définition.»

Cependant l'«être-quoi» nominal est plus commun que l'«être» et que le «quoi» de la chose, car il convient à plus de choses d'être signifiées par un nom que d'être. Pourtant, là où ils sont conjoints ils sont identiques, de même que toute couleur n'est pas la blancheur, mais que cette couleur qui est la blancheur est identique à la blancheur. Cependant, l'exemple n'est pas totalement semblable car la couleur est prise d'une certaine perfection partielle. Ce n'est pas le cas ici, mais tout le «quoi» a une relation au nom comme au signe qui a tout entier une relation à la chose, comme la quiddité envers un suppôt. Mais je connais, pour un même «quoi», la première relation avant la seconde.

Et l'ordre de ces connaissances n'est pas dans le seul fait de connaître pour le même concept simple une relation avant l'autre, mais aussi dans le fait que le concept simple est en quelque sorte autre dans plusieurs, à savoir dans les définissables, puisque le premier est confus et le second distinct. Car le premier ou bien ne déploie pas les parties du concept, ou bien s'il les déploie, ce n'est pas distinctement, sous le mode de la compossibilité ou de l'incompossibilité; le second déploie la compossibilité, et montre que la notion est vraie, et à partir de là, que le «quoi» qu'il exprime est l'être-quoi d'une chose possible.

17. En second lieu, remarque que l'on connaît au préalable le sujet de la première science en même temps qu'elle: le «quoi» est dit par un nom, et il dit «si c'est» et «ce que c'est». Puisque aucune science ne recherche à propos de son sujet premier s'il est ni ce qu'il est ou bien on ne peut absolument pas le chercher, ou bien seulement dans une science antérieure. À la première, aucune n'est antérieure. Donc on ne peut d'aucune façon chercher à propos de son sujet premier, «si c'est» ou «ce que c'est». Donc c'est un concept absolument simple. Donc c'est l'étant.

Puisque, pour l'«étant par soi», on peut douter de la compossibilité des parties du concept — pour la même raison [que] Dieu n'est pas [un concept absolument simple] car on n'a aucune raison absolument simple de Dieu qui le distingue des autres —, il y a pour tout ce qui est [étant par soi], une question «si c'est», et une démonstration que la raison

1. Godefroid de Fontaines, théologien de langue latine mort en 1306. De tendance thomiste, il a été critiqué par Duns Scot.
2. Henri de Gand, théologien de langue latine mort en 1293. D'inspiration platonicienne, il a emprunté à Avicenne sa notion fondamentale d'essence, ni universelle, ni particulière, ni dans l'âme, ni dans la nature, seulement définissable comme contenu intelligible.

n'est pas fausse en soi. Donc Dieu n'est le premier sujet de la métaphysique selon aucun concept possible au voyageur.

De plus, tout ce qu'on prouve à propos de Dieu est contenu d'emblée et de manière virtuelle dans la raison d'étant; en effet, de même que la passion simple convertible est incluse d'emblée dans son sujet, de même la passion disjointe. Donc il est inclus d'emblée dans un sujet que quelque partie de la [passion] disjointe convienne à quelque étant. Donc l'étant inclut d'emblée et de manière virtuelle cette [proposition]: «quelque étant est premier», donc à la fois «s'il est» et «ce qu'il est». À partir de cette raison, l'étant premier est inclus premièrement dans l'étant. Donc aussi tout ce qui est conclu de l'étant premier par l'entremise de la raison de ce tout ou par la raison d'étant. Donc la métaphysique est une théologie par sa fin et son principe, car de même qu'elle touche la substance de manière plus principale que l'accident (*Métaphysique* VII), de même — par une analogie ultérieure — elle touche principalement Dieu, car l'antérieur dans l'ordre de la perfection est toujours inclus dans la raison du sujet premier, et particulièrement la partie de la passion disjointe qui est la plus parfaite absolument.

18. — Au contraire: aucune connaissance plus parfaite absolument n'est incluse virtuellement dans une moins parfaite, mais c'est l'inverse. Donc aucune connaissance de Dieu naturellement possible au voyageur n'est plus parfaite que le concept d'étant. Donc c'est dans cette spéculation que réside la félicité.

Si ce raisonnement est concluant, à plus forte raison ce que les raisonnements de la première partie supposent à propos du concept non simple. Ceci est nié selon Henri; au contraire [il y a selon lui] un concept propre de Dieu, et simple, par le biais de la mise en mouvement de l'effet. Dans ce cas, l'étant n'[est] pas commun mais analogue, et ainsi la première science de l'étant sera la science du premier auquel toutes choses sont attribuées.

19. L'esprit de la question est donc le suivant: l'intellect du voyageur peut-il avoir naturellement un certain concept simple, concept simple dans lequel Dieu soit conçu?

La conscience et l'Être

(1627 et 1628, 1630, 1644)

RENÉ DESCARTES

(1596-1650)

Si le Moyen Âge a fait subir un tournant important à la métaphysique en identifiant l'Être à Dieu, celle-ci a subi un deuxième changement important avec Descartes, lorsque celui-ci a conféré une valeur ontologique au sujet. Qu'il n'y ait toutefois pas de méprise à cet égard. Si Descartes a introduit une dimension nouvelle en philosophie en faisant de la conscience la première vérité irréductible rencontrée dans l'ordre des raisons, cette découverte ne constitue pas tant une clôture qu'une charnière entre l'ancien et le nouveau.

S'agissant de l'ancien, il se situe à la terminaison de ce long travail de la pensée qui, de saint Thomas à Suarez en passant par Duns Scot et Cajetan, va conduire à dégager l'Être de son ancrage dans la physique et la cosmologie, afin de lui conférer une valeur purement autonome et intuitive[1].

S'agissant du nouveau, il est, comme l'a dit Hegel, le héros de la pensée moderne, car, en dégageant la sphère du sujet autonome comme nouvelle sphère métaphysique, il va rendre possible de nouvelles analyses. Ainsi que l'a sougliné Ferdinand Alquié, grâce à lui, l'homme est découvert[2]. *Certes, si c'est avec Kant et Hegel que cette découverte donnera tous ses fruits par le biais d'une vision de l'histoire humaine comme porteuse de sens, il n'en reste pas moins que c'est à la découverte cartésienne de la valeur métaphysique de l'homme que l'on doit la possibilité d'avoir pu ainsi envisager l'histoire.*

Le fait d'avoir doté le sujet d'une telle portée métaphysique n'a pas été sans conséquences. En partant de la conscience pour comprendre l'Être, Descartes a refusé tout ordre préconstitué de l'univers, pour n'accepter que celui mis en œuvre par la pensée. Aussi a-t-on eu raison de voir en lui le premier des empiristes.

Bien que refusant toute idée d'une conscience une pour ne s'attacher qu'à l'expérience, Hume n'a pas fait autre chose que se comporter en véritable cartésien lorsqu'il a remis en cause la pseudo-évidence, selon lui, d'une causalité donnée dans les choses. Faut-il pour autant en conclure que Descartes est devenu par là le père de l'individualisme sceptique moderne, doutant de tout ce qui échappe au moi et à sa volonté de domination?

C'est la critique que Heidegger a adressée au sujet cartésien en qui il a décelé la source du nihilisme moderne dissolvant tout rapport à l'Être afin d'asseoir la suprématie de la conscience. Faisons, toutefois, remarquer que le cartésianisme n'est pas tant un individualisme qu'une reformulation de la métaphysique tenant compte de l'irréductibilité du sujet. Comme l'a fait remarquer Ferdinand Alquié, si celui-ci a fait du sujet la première vérité, il n'en a pas fait l'unique vérité. Car, s'il est évident qu'il y a une irréductibilité du sujet, il est tout aussi évident que, pour qu'une telle irréductibilité soit, encore faut-il qu'il y ait de l'Être.

Avec Descartes, l'Être n'annule pas la conscience, pas plus que la conscience n'annule l'Être. Donnés ensemble, ils ont pour trait d'union la liberté. Et c'est sur ce point qu'il convient d'insister. Car c'est là l'essentiel de l'apport ontologique cartésien.

Si l'Être n'annule pas la conscience, c'est que, sous la forme d'un Dieu créateur et bon, celui-ci veut que la conscience soit. Toute l'argumentation montrant que Dieu est un Dieu vérace en témoigne. L'Être étant Dieu et Dieu ne pouvant vouloir tromper la conscience sans controvenir à sa bonté, on en conclut que Dieu veut que la conscience soit.

Inversement, si la conscience n'annule pas l'Être, c'est qu'elle ne peut s'affirmer comme conscience sans poser l'Être en même temps. C'est en ce sens qu'il convient d'interpréter le fameux je pense donc je suis. *Loin d'être un syllogisme déduisant l'Être de la conscience, celui-ci signifie que la conscience est simplement ce dans quoi il est fait pour la première fois l'expérience du caractère indubitable de l'Être. Aussi Descartes écrit-il dans les* Méditations *non pas* «je pense donc je suis», *mais* je pense, je suis.

L'Être posant la conscience, la conscience se posant en posant l'Être face à elle, il existe une profonde cohérence allant de la conscience à l'Être. Produite par la liberté, c'est elle qui a conféré au cartésianisme toute sa portée.

Les textes présentés ici tentent de résumer les principaux points de ce tournant. Ainsi, le Discours de la méthode *fait clairement percevoir la refondation de la métaphysique par*

1. Jean-Luc Marion, *Sur la théologie blanche de Descartes*, Paris, P.U.F., 1981.
2. Ferdinand Alquié, *la Découverte métaphysique de l'homme chez Descartes*, Paris, P.U.F., 1950.

Descartes à partir du sujet. C'est à ce titre que ce texte a été choisi et non certains passages plus longs des Méditations *où il est question du sujet et de Dieu. On pourra néanmoins s'y reporter dans les rubriques concernées.*

En complément, la première des Règles pour la direction de l'esprit *(1628) présente toute la révolution cartésienne lorsque celui-ci situe d'emblée l'esprit comme étant le foyer de la science. Enfin, deux lettres, l'une à Mersenne du 27 mai 1630 et l'autre à Mesland du 2 mai 1644, mettent bien en évidence l'appartenance de Descartes à une métaphysique de la liberté, à l'occasion de la doctrine de la libre création des vérités éternelles et de la caractérisation de la liberté humaine*[1].

Sources: *Descartes,* Œuvres, *Bibliothèque de la Pléiade, Paris, Gallimard, 1953:* Règles pour la direction de l'esprit, Règle 1; Discours de la méthode, *4e partie;* Lettres, *Lettre à Mersenne du 27 mai 1630, Lettre à Mesland du 2 mai 1644.*

Bibliographie: *Ferdinand Alquié,* la Découverte métaphysique de l'homme chez Descartes, *Paris, P.U.F., 1950; Jean-Luc Marion,* Sur la théologie blanche chez Descartes, *Paris, P.U.F., 1981.*

RÈGLE I. *Le but des études doit être de diriger l'esprit pour qu'il porte des jugements solides et vrais sur tout ce qui se présente à lui.*

LES HOMMES ont l'habitude, chaque fois qu'ils découvrent une ressemblance entre deux choses, de leur attribuer à l'une et à l'autre, même en ce qui les distingue, ce qu'ils ont reconnu vrai de l'une d'elles. Ainsi, faisant une comparaison fausse entre les sciences, qui résident tout entières dans la connaissance qu'a l'esprit, et les arts, qui requièrent un certain exercice et une certaine disposition du corps, et voyant, par ailleurs, que tous les arts ne sauraient être appris en même temps par le même homme, mais que celui qui n'en cultive qu'un seul devient plus facilement un excellent artiste, parce que les mêmes mains ne peuvent pas se faire à la culture des champs et au jeu de la cithare, ou à plusieurs travaux de ce genre tous différents, aussi aisément qu'à l'un d'eux, ils ont cru qu'il en est de même pour les sciences elles aussi, et, les distinguant les unes des autres selon la diversité de leurs objets, ils ont pensé qu'il faut les cultiver chacune à part, sans s'occuper de toutes les autres. En quoi certes ils se sont trompés. Car, étant donné que toutes les sciences ne sont rien d'autre que la sagesse humaine, qui demeure toujours une et toujours la même, si différents que soient les objets auxquels elle s'applique, et qui ne reçoit pas plus de changement de ces objets que la lumière du soleil de la variété des choses qu'elle éclaire, il n'est pas besoin d'imposer de bornes à l'esprit: la connaissance d'une vérité ne nous empêche pas en effet d'en découvrir une autre, comme l'exercice d'un art nous empêche d'en apprendre un autre, mais bien plutôt elle nous y aide. En vérité il me semble étonnant que presque tout le monde étudie avec le plus grand soin les mœurs des hommes, les propriétés des plantes, les mouvements des astres, les transformations des métaux et d'autres objets d'étude semblables, tandis que presque personne ne songe au bon sens ou à cette sagesse universelle, alors que cependant toutes les autres choses doivent être appréciées moins pour elles-mêmes que parce qu'elles y ont quelque rapport. Ce n'est donc pas sans raison que nous posons cette règle comme la première de toutes, car rien ne nous éloigne plus du droit chemin pour la recherche de la vérité, que d'orienter nos études, non

1. Dans le même chapitre, voir Ferdinand Alquié: *De l'ontologie à la métaphysique.*

vers cette fin générale, mais vers des buts particuliers. Je ne parle pas des buts mauvais et condamnables, comme la vaine gloire ou l'amour honteux du gain: il est évident que l'imposture et la ruse propre aux esprits vulgaires y conduisent par un chemin beaucoup plus court que ne pourrait le faire la connaissance solide de la vérité. Mais je veux parler des buts honnêtes et louables, car ils nous égarent souvent d'une façon plus détournée: ainsi, quand nous voulons cultiver les sciences utiles, soit pour les avantages qu'on en retire dans la vie, soit pour le plaisir qu'on trouve dans la contemplation du vrai, et qui en cette vie est presque le seul bonheur qui soit pur et que ne trouble aucune douleur. Ce sont là, en effet, des fruits légitimes que nous pouvons attendre de la pratique des sciences; mais si nous y pensons au milieu de nos études, ils nous font souvent omettre bien des choses nécessaires pour l'acquisition d'autres connaissances, soit parce qu'au premier abord ces choses paraissent de peu d'utilité, soit parce qu'elles semblent de peu d'intérêt. Il faut donc bien se convaincre que toutes les sciences sont tellement liées ensemble, qu'il est plus facile de les apprendre toutes à la fois, que d'en isoler une des autres. Si quelqu'un veut chercher sérieusement la vérité, il ne doit donc pas choisir l'étude de quelque science particulière: car elles sont toutes unies entre elles et dépendent les unes des autres; mais il ne doit songer qu'à accroître la lumière naturelle de sa raison, non pour résoudre telle ou telle difficulté d'école, mais pour qu'en chaque circonstance de la vie son entendement montre à sa volonté le parti à prendre; et bientôt il s'étonnera d'avoir fait de plus grands progrès que ceux qui s'appliquent à des études particulières, et d'être parvenu, non seulement à tout ce que les autres désirent, mais encore à de plus beaux résultats qu'ils ne peuvent espérer.

Preuves de l'existence de Dieu et de l'âme humaine ou fondements de la métaphysique

Je ne sais si je dois vous entretenir des premières méditations que j'y ai faites; car elles sont si métaphysiques et si peu communes, qu'elles ne seront peut-être pas au goût de tout le monde. Et, toutefois, afin qu'on puisse juger si les fondements que j'ai pris sont assez fermes, je me trouve en quelque façon contraint d'en parler. J'avais dès longtemps remarqué que, pour les mœurs, il est besoin quelquefois de suivre des opinions qu'on sait être fort incertaines, tout de même que si elles étaient indubitables, ainsi qu'il a été dit ci-dessus; mais pour ce qu'alors je désirais vaquer seulement à la recherche de la vérité, je pensai qu'il fallait que je fisse tout le contraire, et que je rejetasse comme absolument faux tout ce en quoi je pourrais imaginer le moindre doute, afin de voir s'il ne resterait point, après cela, quelque chose de ma créance qui fût entièrement indubitable. Ainsi, à cause que nos sens nous trompent quelquefois, je voulus supposer qu'il n'y avait aucune chose qui fût telle qu'ils nous la font imaginer. Et, parce qu'il y a des hommes qui se méprennent en raisonnant, même touchant les plus simples matières de géométrie, et y font des paralogismes, jugeant que j'étais sujet à faillir autant qu'aucun autre, je rejetai comme fausses toutes les raisons que j'avais prises auparavant pour démonstrations. Et enfin, considérant que toutes les mêmes pensées que nous avons étant éveillés, nous peuvent aussi venir quand nous dormons, sans qu'il y en ait aucune pour lors qui soit vraie, je me résolus de feindre que toutes les choses qui m'étaient jamais entrées en l'esprit n'étaient non plus vraies que les illusions de mes songes. Mais, aussitôt après, je pris garde que, pendant que je voulais ainsi penser que tout était faux, il fallait nécessairement que moi, qui le pensais, fusse quelque chose. Et remarquant que cette vérité: *Je pense, donc je suis,* était si ferme et si assurée que toutes les plus extravagantes suppositions des sceptiques n'étaient pas capables de l'ébranler, je jugeai que je pouvais la recevoir sans scrupule pour le premier principe de la philosophie que je cherchais.

Puis, examinant avec attention ce que j'étais, et voyant que je pouvais feindre que je n'avais aucun corps, et qu'il n'y avait aucun monde ni aucun lieu où je fusse; mais que je ne pouvais pas feindre pour cela que je n'étais point; et qu'au contraire, de cela même que je pensais à douter de la vérité des autres choses, il suivait très évidemment et très certainement que j'étais; au lieu que, si j'eusse seulement cessé de penser, encore que tout le reste de ce que j'avais imaginé eût été vrai, je n'avais aucune raison de croire que j'eusse été; je connus de là que j'étais une substance dont toute l'essence ou la nature n'est que de penser, et qui, pour être, n'a besoin d'aucun lieu, ni ne dépend d'aucune chose matérielle. En sorte que ce moi, c'est-à-dire l'âme, par laquelle je suis ce que je suis, est entièrement distincte du corps, et même qu'elle est plus aisée à connaître que lui, et qu'encore qu'il ne fût point, elle ne laisserait pas d'être tout ce qu'elle est.

Après cela, je considérai en général ce qui est requis à une proposition pour être vraie et certaine; car puisque je venais d'en trouver une que je savais être telle, je pensai que je devais aussi savoir en quoi consiste cette certitude. Et ayant remarqué qu'il n'y a rien du tout en ceci: *je pense, donc je suis,* qui m'assure que je dis la vérité, sinon que je vois très clairement que, pour penser, il faut être, je jugeai que je pouvais prendre pour règle générale, que les choses que nous concevons fort clairement et fort distinctement sont toutes vraies, mais qu'il y a seulement quelque difficulté à bien remarquer quelles sont celles que nous concevons distinctement.

En suite de quoi, faisant réflexion sur ce que je doutais, et que, par conséquent, mon être n'était pas tout parfait, car je voyais clairement que c'était une plus grande perfection de connaître que de douter, je m'avisai de chercher d'où j'avais appris à penser à quelque chose de plus parfait que je n'étais; et je connus évidemment que ce devait être de quelque nature qui fût en effet plus parfaite. Pour ce qui est des pensées que j'avais de plusieurs autres choses hors de moi, comme du ciel, de la terre, de la lumière, de la chaleur et de mille autres, je n'étais point tant en peine de savoir d'où elles venaient, à cause que, ne remarquant rien en elles qui me semblât les rendre supérieures à moi, je pouvais croire que, si elles étaient vraies, c'étaient des dépendances de ma nature, en tant qu'elle avait quelque perfection; et si elles ne l'étaient pas, que je les tenais du néant, c'est-à-dire qu'elles étaient en moi pour ce que j'avais du défaut. Mais ce ne pouvait être le même de l'idée d'un être plus parfait que le mien; car, de la tenir du néant, c'était chose manifestement impossible; et pour ce qu'il n'y a pas moins de répugnance que le plus parfait soit une suite et une dépendance du moins parfait, qu'il y en a que de rien procède quelque chose, je ne la pouvais tenir non plus de moi-même. De façon qu'il restait qu'elle eût été mise en moi par une nature qui fût véritablement plus parfaite que je n'étais, et même qui eût en soi toutes les perfections dont je pouvais avoir quelque idée, c'est-à-dire, pour m'expliquer en un mot, qui fût Dieu. À quoi j'ajoutai que, puisque je connaissais quelques perfections que je n'avais point, je n'étais pas le seul être qui existât (j'userai, s'il vous plaît, ici librement des mots de l'École); mais qu'il fallait de nécessité qu'il y en eût quelque autre plus parfait, duquel je dépendisse, et duquel j'eusse acquis tout ce que j'avais. Car si j'eusse été seul et indépendant de tout autre, en sorte que j'eusse eu de moi-même tout ce peu que je participais de l'Être parfait, j'eusse pu avoir de moi, par même raison, tout le surplus que je connaissais me manquer, et ainsi être moi-même infini, éternel, immuable, tout connaissant, tout puissant, et enfin avoir toutes les perfections que je pouvais remarquer être en Dieu. Car suivant les raisonnements que je viens de faire, pour connaître la nature de Dieu autant que la mienne en était capable, je n'avais qu'à considérer, de toutes les choses dont je trouvais en moi quelque idée, si c'était perfection ou non de les posséder, et j'étais assuré qu'aucune de celles qui marquaient quelque imperfection n'était en lui, mais que toutes les autres y étaient. Comme je voyais que le doute, l'inconstance, la tristesse et choses semblables n'y pouvaient être, vu que j'eusse été moi-même bien aise d'en être exempt. Puis, outre cela, j'avais des idées de plusieurs choses sensibles et corporelles; car, quoique je supposasse que je rêvais et que tout ce que je voyais ou imaginais était faux, je ne pouvais nier toutefois que les idées n'en fussent véritablement en ma pensée; mais, pour ce que j'avais déjà connu en moi très clairement que la nature intelligente est distincte de la corporelle, considérant que toute composition témoigne de la dépendance, et que la dépendance est manifestement un défaut, je jugeais de là que ce ne pouvait être une perfection en Dieu d'être composé de ces deux natures, et que, par conséquent, il ne l'était pas; mais que s'il y avait quelques corps dans le monde, ou bien quelques intelligences ou autres natures qui ne fussent point toutes parfaites, leur être devait dépendre de sa puissance, en telle sorte qu'elles ne pouvaient subsister sans lui un seul moment.

Je voulus chercher, après cela, d'autres vérités, et m'étant proposé l'objet des géomètres, que je concevais comme un corps continu, ou un espace indéfiniment étendu en longueur, largeur, et hauteur ou profondeur, divisible en diverses parties qui pouvaient avoir diverses figures et grandeurs, et être mues ou transposées en toutes sortes, car les géomètres supposent tout cela en leur objet, je parcourus quelques-unes de leurs plus simples démonstrations. Et, ayant pris garde que cette grande certitude que tout le monde leur attribue n'est fondée que sur ce qu'on les conçoit évidemment, suivant la règle que j'ai tantôt dite, je pris garde aussi qu'il n'y avait rien du tout en elles qui m'assurât de l'existence de leur objet. Car, par exemple, je voyais bien que, supposant un triangle, il fallait que ses trois angles fussent égaux à deux droits; mais je ne voyais rien pour cela qui m'assurât qu'il y eût au monde aucun triangle. Au lieu que, revenant à examiner l'idée que j'avais d'un Être parfait, je trouvais que l'existence y était comprise en même façon qu'il est compris en celle d'un triangle que ses trois angles sont égaux à deux droits, ou en celle d'une sphère que toutes ses parties sont également distantes de son centre, ou même encore plus évidemment; et que, par conséquent il est pour le moins aussi certain que Dieu, qui est cet Être parfait, est ou existe, qu'aucune démonstration de géométrie le saurait être.

Lettre à Mersenne

[Amsterdam, 27 mai 1630]

Vous me demandez *in quo genere causæ Deus disposuit æternas veritates* [1]. Je vous réponds que c'est *in eodem genere causæ* [2] qu'il a créé toutes choses, c'est-à-dire *ut efficiens et totalis causa* [3]. Car il est certain qu'il est aussi bien auteur de l'essence comme de l'existence des créatures: or cette essence n'est autre chose que ces vérités éternelles,

1. Par quel genre de causalité Dieu a formé les vérités éternelles.
2. Par le même genre de causalité.
3. Comme cause efficiente et totale.

lesquelles je ne conçois point émaner de Dieu, comme les rayons du soleil; mais je sais que Dieu est auteur de toutes choses, et que ces vérités sont quelque chose, et par conséquent qu'il en est auteur. Je dis que je le sais, et non pas que je le conçois ni que je le comprends; car on ne peut savoir que Dieu est infini et tout-puissant, encore que notre âme étant finie ne le puisse comprendre ni concevoir; de même que nous pouvons bien toucher avec les mains une montagne, mais non pas l'embrasser comme nous ferions un arbre, ou quelque autre chose que ce soit, qui n'excédât point la grandeur de nos bras: car comprendre, c'est embrasser de la pensée; mais pour savoir une chose, il suffit de la toucher de la pensée. Vous demandez aussi qui a nécessité Dieu à créer ces vérités; et je dis qu'il a été aussi libre de faire qu'il ne fût pas vrai que toutes les lignes tirées du centre à la circonférence fussent égales, comme de ne pas créer le monde. Et il est certain que ces vérités ne sont pas plus nécessairement conjointes à son essence que les autres créatures. Vous demandez ce que Dieu a fait pour les produire. Je dis que *ex hoc ipso quod illas ab æterno esse voluerit et intellexerit, illas creavit*[1], ou bien (si vous n'attribuez le mot de *creavit* qu'à l'existence des choses) *illas disposuit et fecit*[2]. Car c'est en Dieu une même chose de vouloir, d'entendre, et de créer, sans que l'un précède l'autre, *ne quidem ratione*[3].

2. Pour la question *an Dei bonitati sit conveniens homines in æternum damnare*[4], cela est de théologie: c'est pourquoi absolument vous me permettrez, s'il vous plaît, de n'en rien dire; non pas que les raisons des libertins en ceci aient quelque force, car elles me semblent frivoles et ridicules; mais parce que je tiens que c'est faire tort aux vérités qui dépendent de la foi, et qui ne peuvent être prouvées par démonstration naturelle, que de les vouloir affermir par des raisons humaines, et probables seulement.

3. Pour ce qui touche la liberté de Dieu, je suis tout à fait de l'opinion que vous me mandez avoir été expliquée par le P. Gibbieu. Je n'avais point su qu'il eût fait imprimer quelque chose, mais je tâcherai de faire.

Lettre au Père Mesland

Leyde, 2 mai 1644 (?)

Pour le libre arbitre, je n'ai point vu ce que le R.P. Petau[5] en a écrit; mais de la façon que vous expliquez votre opinion sur ce sujet, il ne me semble pas que la mienne en soit fort éloignée. Car, premièrement, je vous supplie de remarquer, que je n'ai point dit que l'homme ne fût indifférent que là où il manque de connaissance; mais bien, qu'il est d'autant plus indifférent, qu'il connaît moins de raisons qui le poussent à choisir un parti plutôt que l'autre; ce qui ne peut, ce me semble, être nié de personne. Et je suis d'accord avec vous, en ce que vous dites qu'on peut suspendre son jugement; mais j'ai tâché d'expliquer le moyen par lequel on le peut suspendre. Car il est, ce me semble, certain que, *ex magna luce in intellectu sequitur magna propensio in voluntate*[6]; en sorte que, voyant très clairement qu'une chose nous est propre, il est très mal aisé, et même,

1. Par le fait même qu'il les a de toute éternité voulues et comprises, il les a créées.
2. Il les a formées et faites.
3. Pas même dans l'ordre théorique.
4. S'il convient à la bonté de Dieu de damner les hommes pour l'éternité.
5. Auteur d'un traité en trois livres sur le libre arbitre.
6. D'une grande lumière dans l'entendement suit une grande inclination dans la volonté.

comme je crois, impossible, pendant qu'on demeure en cette pensée, d'arrêter le cours de notre désir. Mais, parce que la nature de l'âme est de n'être quasi qu'un moment attentive à une même chose, sitôt que notre attention se détourne des raisons qui nous font connaître que cette chose nous est propre, et que nous retenons seulement en notre mémoire qu'elle nous a paru désirable, nous pouvons représenter à notre esprit quelque autre raison qui nous en fasse douter, et ainsi suspendre notre jugement, et même aussi peut-être en former un contraire. Ainsi, puisque vous ne mettez pas la liberté dans l'indifférence précisément, mais dans une puissance réelle et positive de se déterminer, il n'y a de différence entre nos opinions que pour le nom; car j'avoue que cette puissance est en la volonté. Mais parce que je ne vois point qu'elle soit autre, quand elle est accompagnée de l'indifférence, laquelle vous avouez être une imperfection, que quand elle n'en est point accompagnée, et qu'il n'y a rien dans l'entendement que de la lumière, comme dans celui des bienheureux qui sont confirmés en grâce, je vous nomme généralement libre, tout ce qui est volontaire, et vous voulez restreindre ce nom à la puissance de se déterminer, qui est accompagnée de l'indifférence. Mais je ne désire rien tant, touchant les noms, que de suivre l'usage et l'exemple.

Pour les animaux sans raison, il est évident qu'ils ne sont pas libres, à cause qu'ils n'ont pas cette puissance positive de se déterminer; mais c'est en eux une pure négation, de n'être pas forcés ni contraints.

Rien ne m'a empêché de parler de la liberté que nous avons à suivre le bien ou le mal, sinon que j'ai voulu éviter, autant que j'ai pu, les controverses de la théologie, et me tenir dans les bornes de la philosophie naturelle. Mais je vous avoue qu'en tout ce où il y a occasion de pécher, il y a de l'indifférence; et je ne crois point que, pour mal faire, il soit besoin de voir clairement que ce que nous faisons est mauvais; il suffit de le voir confusément, ou seulement de se souvenir qu'on a jugé autrefois que cela l'était, sans le voir en aucune façon, c'est-à-dire sans avoir attention aux raisons qui le prouvent; car, si nous le voyions clairement, il nous serait impossible de pécher, pendant le temps que nous le verrions en cette sorte; c'est pourquoi on dit que *omnis peccans est ignorans* [1]. Et on ne laisse pas de mériter, bien que, voyant très clairement ce qu'il faut faire, on le fasse infailliblement, et sans aucune indifférence, comme a fait Jésus-Christ en cette vie. Car l'homme pouvant n'avoir pas toujours une parfaite attention aux choses qu'il doit faire, c'est une bonne action que de l'avoir, et de faire, par son moyen, que notre volonté suive si fort la lumière de notre entendement, qu'elle ne soit point du tout indifférente. Au reste, je n'ai point écrit que la Grâce empêchât entièrement l'indifférence; mais seulement qu'elle nous fait pencher davantage vers un côté que vers l'autre, et ainsi qu'elle la diminue, bien qu'elle ne diminue pas la liberté; d'où il suit, ce me semble, que cette liberté ne consiste point en l'indifférence.

Pour la difficulté de concevoir, comment il a été libre et indifférent à Dieu de faire qu'il ne fût pas vrai, que les trois angles d'un triangle fussent égaux à deux droits, ou généralement que les contradictoires ne peuvent être ensemble, on la peut aisément ôter, en considérant que la puissance de Dieu ne peut avoir aucunes bornes; puis aussi, en considérant que notre esprit est fini, et créé de telle nature qu'il peut concevoir comme possibles les choses que Dieu a voulu être véritablement possibles, mais non pas de telle qu'il puisse aussi concevoir comme possibles celles que Dieu aurait pu rendre possibles, mais qu'il a toutefois voulu rendre impossibles. Car la première considération nous fait connaître que Dieu ne

1. Tout pécheur l'est par ignorance.

peut avoir été déterminé à faire qu'il fût vrai, que les contradictoires ne peuvent être ensemble, et que, par conséquent, il a pu faire le contraire; puis l'autre nous assure que, bien que cela soit vrai, nous ne devons point tâcher de le comprendre, parce que notre nature n'en est pas capable. Et encore que Dieu ait voulu que quelques vérités fussent nécessaires, ce n'est pas à dire qu'il les ait nécessairement voulues; car c'est tout autre chose de vouloir qu'elles fussent nécessaires, et de le vouloir nécessairement, ou d'être nécessité à le vouloir. J'avoue bien qu'il y a des contradictions qui sont si évidentes, que nous ne les pouvons représenter à notre esprit, sans que nous les jugions entièrement impossibles, comme celle que vous proposez: *Que Dieu aurait pu faire que les créatures ne fussent point dépendantes de lui*. Mais nous ne nous les devons point représenter, pour connaître l'immensité de sa puissance, ni concevoir aucune préférence ou priorité entre son entendement et sa volonté; car l'idée que nous avons de Dieu nous apprend qu'il n'y a en lui qu'une seule action, toute simple et toute pure; ce que ces mots de St. Augustin expriment fort bien: *Quia vides ea, sunt,* etc.[1], parce qu'en Dieu *videre* et *velle*[2] ne sont qu'une même chose.

Substance et individualité
(1714)

GOTTFRIED WILHELM LEIBNIZ
(1646-1716)

En conférant au sujet une valeur ontologique, Descartes a beau avoir renouvelé la métaphysique, il l'a aussi mise en crise. Certains, comme Pascal, lui ont reproché de faire de l'homme une réalité auto-suffisante conduisant celui-ci à un orgueil délirant. D'autres, comme Spinoza, lui ont reproché de faire de ce même homme « un empire dans un empire », coupé du reste de la nature au point de rendre incompréhensible le lien qui relie l'un à l'autre.

Si la solution pascalienne face à la rupture instaurée par le sujet a consisté à montrer comment l'homme ne peut se comprendre que par Dieu, la solution spinoziste a consisté à reconstruire le concept de nature afin de montrer comment celle-ci procède afin de produire de l'« homme » et de la « singularité ». En faisant toutefois du sujet un effet et non plus une substance, force est de constater que si celles-ci ont rétabli les pouvoirs déchus de Dieu comme de la nature, elles n'en ont pas moins réduit l'« invention » cartésienne du sujet, au point de faire voler en éclats son caractère substantiel considéré par Descartes comme son trait essentiel. C'est à cet égard que la position de Leibniz est unique.

Esprit profondément conciliateur et positif, celui-ci a eu conscience que l'on ne pouvait ni sacrifier le sujet à la nature ou à Dieu, ni sacrifier la nature ou Dieu au sujet. Aussi a-t-il cherché à les réconcilier. Comment? En étendant la notion d'individualité à toute la nature, de sorte que la nature devienne quelque chose d'individuel et l'individu quelque chose de naturel.

Constatant, en effet, qu'un même objet pouvait être entrevu sous de multiples points de vue possibles au point de s'identifier à la limite à la somme de ceux-ci, Leibniz en a conclu

1. Puisque tu vois ces choses, elles sont (*Confessions*, XIII, 38).
2. Voir et vouloir.

que la nature n'était en définitive que la somme des points de vue uniques — les monades — que l'on pouvait avoir sur elle. Points mathématiques reflétant chacune à leur manière la totalité de cette nature, les monades lui ont permis ainsi de montrer que, loin de réduire l'individualité, la nature développe au contraire celle-ci à l'infini. De plus, ainsi que l'a montré Gilles Deleuze (cf. le Pli), *elles lui ont permis de montrer également que l'individualité est quelque chose de naturel, puisque, loin d'être des abstractions inertes, les monades sont au contraire dotées d'un dynamisme spirituel qui les pousse à vouloir exister et à se donner pour cela non seulement une âme représentative mais un corps.*

En posant donc d'une part que tout est individuel et vivant — « Tout est plein d'âmes », dira Victor Hugo dans Ce que dit la bouche d'ombre (les Contemplations) — *et, par ailleurs, que le spirituel veut s'incarner, Leibniz a installé une réciprocité entre la nature cherchant à se spiritualiser et l'esprit cherchant à se concrétiser, qui lui a permis de résoudre les difficiles paradoxes du fini et de l'infini, de l'un et du multiple ainsi que de la matière et de l'esprit. Cela explique pourquoi son ontologie est d'une modernité proprement étonnante. Toutes les tentatives qui sont venues après lui pour dépasser le dualisme installé par la conscience ont toujours eu recours soit à l'idée d'un dynamisme universel, soit à l'idée d'une valeur spirituelle de la matière et du corps* [1].

Source : *G.W. Leibniz,* la Monadologie, *Paris, Delagrave, 1968.*

Bibliographie : *Michel Serres,* le Système de Leibniz et ses modalités mathématiques, *Paris, P.U.F., 1968 ; Gilles Deleuze,* le Pli, *Paris, Minuit, 1987.*

Définition de la Monade

1. LA MONADE, dont nous parlerons ici, n'est autre chose qu'une substance *simple*, qui entre dans les composés ; simple, c'est-à-dire, sans parties. (*Théod.*, § 10).

2. Et il faut qu'il y ait des substances simples, puisqu'il y a des composés : car le composé n'est autre chose qu'un amas ou *aggregatum* des simples.

3. Or, là où il n'y a point de parties, il n'y a ni étendue, ni figure, ni divisibilité possible. Et ces Monades sont les véritables Atomes de la Nature et en un mot les Éléments des choses.

4. Il n'y a aussi point de dissolution à craindre, et il n'y a aucune manière concevable par laquelle une substance simple puisse périr naturellement (§ 89).

5. Par la même raison il n'y en a aucune par laquelle une substance simple puisse commencer naturellement.

6. Ainsi on peut dire que les Monades ne sauraient commencer, ni finir, que tout d'un coup, c'est-à-dire, elles ne sauraient commencer que par création et finir que par annihilation ; au lieu que ce qui est composé commence ou finit par parties.

7. Il n'y a pas moyen aussi d'expliquer comment une Monade puisse être altérée, ou changée dans son intérieur par quelque autre créature ; puisqu'on n'y saurait rien transposer, ni concevoir en elle aucun mouvement interne, qui puisse être excité, dirigé, augmenté ou diminué là-dedans ; comme cela se peut dans les composés, où il y a des changements entre les parties. Les Monades n'ont point de fenêtres, par lesquelles quelque chose y puisse entrer ou sortir. Les accidents ne sauraient se détacher, ni se promener hors des substances,

1. Dans le même chapitre, voir Descartes, *La conscience et l'Être.*

comme faisaient autrefois les espèces sensibles des Scolastiques. Ainsi ni substance, ni accident peut entrer de dehors dans une Monade.

8. Cependant il faut que les Monades aient quelques qualités, autrement ce ne seraient pas même des êtres. Et si les substances simples ne différaient point par leurs qualités, il n'y aurait pas de moyen de s'apercevoir d'aucun changement dans les choses; puisque ce qui est dans le composé ne peut venir que des ingrédients simples; et les Monades étant sans qualités, seraient indistinguables l'une de l'autre, puisqu'aussi bien elles ne diffèrent point en quantité: et par conséquent le plein étant supposé, chaque lieu ne recevrait toujours, dans le mouvement, que l'Équivalent de ce qu'il avait eu, et un état des choses serait *indiscernable* de l'autre.

9. Il faut même, que chaque Monade soit différente de chaque autre. Car il n'y a jamais dans la nature, deux Êtres, qui soient parfaitement l'un comme l'autre et où il ne soit possible de trouver une différence interne, ou fondée sur une dénomination intrinsèque.

Tout conspire

57. Et comme une même ville regardée de différents côtés paraît tout autre, et est comme *multipliée perspectivement;* il arrive de même que, par la multitude infinie des substances simples, il y a comme autant de différents univers, qui ne sont pourtant que les perspectives d'un seul selon les différents points de vue de chaque Monade.

58. Et c'est le moyen d'obtenir autant de variété qu'il est possible, mais avec le plus grand ordre, qui se puisse, c'est-à-dire, c'est le moyen d'obtenir autant de perfection qu'il se peut (§ 120, 124, 241, sqq., 214, 243, 275).

59. Aussi n'est-ce que cette hypothèse (que j'ose dire démontrée) qui relève comme il faut la grandeur de Dieu: c'est ce que Monsieur Bayle reconnut, lorsque dans son Dictionnaire (article *Rorarius*) il y fit des objections, où même il fut tenté de croire, que je donnais trop à Dieu, et plus qu'il n'est possible. Mais il ne put alléguer aucune raison, pourquoi cette harmonie universelle, qui fait que toute substance exprime exactement toutes les autres par les rapports qu'elle y a, fût impossible.

60. On voit d'ailleurs dans ce que je viens de rapporter, les raisons *a priori* pourquoi les choses ne sauraient aller autrement. Parce que Dieu en réglant le tout a eu égard à chaque partie, et particulièrement à chaque monade, dont la nature étant représentative, rien ne la saurait borner à ne représenter qu'une partie des choses; quoiqu'il soit vrai que cette représentation n'est que confuse dans le détail de tout l'univers, et ne peut être distincte que dans une petite partie des choses, c'est-à-dire, dans celles qui sont ou les plus prochaines, ou les plus grandes par rapport à chacune des Monades; autrement chaque monade serait une Divinité. Ce n'est pas dans l'objet, mais dans la modification de la connaissance de l'objet, que les monades sont bornées. Elles vont toutes confusément à l'infini, au tout; mais elles sont limitées et distinguées par les degrés des perceptions distinctes.

61. Et les composés symbolisent en cela avec les simples. Car, comme tout est plein, ce qui rend toute la matière liée, et comme dans le plein tout mouvement fait quelque effet sur les corps distants, à mesure de la distance, de sorte que chaque corps est affecté non seulement par ceux qui le touchent, et se ressent en quelque façon de tout ce qui leur arrive, mais aussi par leur moyen se ressent de ceux qui touchent les premiers, dont il est touché immédiatement: il s'ensuit, que cette communication va à quelque distance que ce soit. Et par conséquent tout corps se ressent de tout ce qui se fait dans l'univers; tellement que celui qui voit tout, pourrait lire dans chacun ce qui se fait partout et même ce qui s'est fait ou se fera ; en remarquant dans le présent ce qui est éloigné, tant selon les temps, que selon les lieux : σύμπνοια πάντα, disait Hippocrate[1]. Mais une Âme ne peut lire en elle-même que ce qui y est représenté distinctement, elle ne saurait développer tout d'un coup tous ses replis, car ils vont à l'infini.

62. Ainsi quoique chaque monade créée représente tout l'univers, elle représente plus distinctement le corps qui lui est affecté particulièrement et dont elle fait l'Entéléchie : et comme ce corps exprime tout l'univers par la connexion de toute la matière dans le plein, l'âme représente aussi tout l'univers en représentant ce corps, qui lui appartient d'une manière particulière (§ 400).

63. Le corps appartenant à une Monade, qui en est l'Entéléchie ou l'Âme, constitue avec l'entéléchie ce qu'on peut appeler un *vivant*, et avec l'âme ce qu'on appelle un *animal*. Or ce corps d'un vivant ou d'un animal est toujours organique ; car toute Monade étant un miroir de l'univers à sa mode, et l'univers étant réglé dans un ordre parfait, il faut qu'il y ait aussi un ordre dans le représentant, c'est-à-dire dans les perceptions de l'âme, et par conséquent dans le corps, suivant lequel l'univers y est représenté (§ 403).

64. Ainsi chaque corps organique d'un vivant est une espèce de machine divine, ou d'un automate naturel, qui surpasse infiniment tous les automates artificiels. Parce qu'une machine faite par l'art de l'homme, n'est pas machine dans chacune de ses parties. Par exemple : la dent d'une roue de laiton a des parties ou fragments qui ne nous sont plus quelque chose d'artificiel et n'ont plus rien, qui marque de la machine par rapport à l'usage, où la roue était destinée. Mais les machines de la nature, c'est-à-dire les corps vivants, sont encore machines dans leurs moindres parties, jusqu'à l'infini. C'est ce qui fait la différence entre la Nature et l'Art, c'est-à-dire, entre l'art Divin et le nôtre (§ 134, 146, 194, 483).

65. Et l'auteur de la nature a pu pratiquer cet artifice divin et infiniment merveilleux, parce que chaque portion de la matière n'est pas seulement divisible à l'infini comme les anciens ont reconnu, mais encore sous-divisée actuellement sans fin, chaque partie en parties, dont chacune a quelque mouvement propre, autrement il serait impossible, que chaque portion de la matière pût exprimer tout l'univers (Prélim. [Disc. d. l. conform.], § 70. *Théod.*, § 195).

66. Par où l'on voit qu'il y a un monde de créatures, de vivants, d'animaux, d'entéléchies, d'âmes dans la moindre partie de la matière.

67. Chaque portion de la matière peut être conçue, comme un jardin plein de plantes, et comme un étang plein de poissons. Mais chaque rameau de la plante, chaque membre de l'animal, chaque goutte de ses humeurs est encore un tel jardin, ou un tel étang.

68. Et quoique la terre et l'air interceptés entre les plantes du jardin, ou l'eau interceptée entre les poissons de l'étang, ne soient point plante, ni poisson ; ils en contiennent pourtant encore, mais le plus souvent d'une subtilité à nous imperceptible.

69. Ainsi il n'y a rien d'inculte, de stérile, de mort dans l'univers, point de chaos, point de confusion qu'en apparence ; à peu près comme il en paraîtrait dans un étang à une distance dans laquelle on verrait un mouvement confus et grouillement, pour ainsi dire, de poissons de l'étang, sans discerner les poissons mêmes (Préf., 5,b, 6).

70. On voit par là, que chaque corps vivant a une entéléchie dominante qui est l'âme dans l'animal ; mais les membres de ce corps vivant sont pleins d'autres vivants, plantes, animaux, dont chacun a encore son entéléchie ou son âme dominante.

71. Mais il ne faut point s'imaginer avec quelques-uns, qui avaient mal pris ma pensée, que chaque âme a une masse ou portion de la matière propre ou affectée à elle pour toujours,

1. *Sumpnoia panta*, tout conspire.

et qu'elle possède par conséquent d'autres vivants inférieurs, destinés toujours à son service. Car tous les corps sont dans un flux perpétuel comme des rivières; et des parties y entrent et en sortent continuellement.

Révolutionner la métaphysique

(1787)

EMMANUEL KANT
(1724-1804)

Kant représente un tournant dans l'histoire de la philosophie, car il est celui qui a mis en question de façon radicale et rigoureuse la possibilité même d'une métaphysique. Il est vrai que Descartes est celui qui lui a fait subir une première révolution, puisque, avec la découverte du cogito *comme première vérité indubitable dans l'ordre des raisons, il a fait basculer la métaphysique du côté du sujet, l'Être étant désormais questionné à partir de celui-ci et non plus à partir des étants de la nature. Toutefois, bien que pratiquant un doute, il n'a pas mis en question les objets mêmes de la métaphysique comme l'âme ou Dieu, puisqu'il les a retrouvés au terme de sa démarche.*

Avec Kant, en revanche, ces derniers sont contestés dans leur possibilité même de posséder quelque caractère fondateur s'agissant de la connaissance. Car, instruit par D. Hume (1711-1776) et les philosophes empiristes sur l'irréductibilité du sensible à toute logique a priori, il conclut que c'est très faussement que l'on confère à la nature un ordre causal qui n'est instauré de fait que par notre esprit.

Entre l'homme et la nature, il n'y a pas une identité telle que celui-ci n'ait qu'à analyser ses pensées pour en déduire spontanément l'ordre. Il y a, au contraire, un écart requérant le travail de l'entendement qui synthétise les impressions sensibles fournies par l'expérience par l'entremise des concepts. Aussi convient-il de repenser toute la philosophie à la lumière de ce constat afin de se délivrer d'un certain nombre d'illusions, mais surtout de faire pratiquer quelques progrès à la métaphysique. Car, si le scepticisme d'un D. Hume peut avoir pour vertu de réveiller les esprits de leur sommeil dogmatique, livré à lui-même, il conduit à une dissolution de la philosophie, alors qu'il s'agit de la rénégérer.

La vocation de cette dernière réside, en l'occurrence, dans le fait d'être critique. Au-delà du sens qu'il a d'être un discernement, un tel terme signifie avant tout l'acte de séparer. Penser, au sens critique, consiste à mettre fin à des confusions, sources d'illusions, en opérant des séparations dont le but est de redonner à l'esprit les limites qui lui manquent pour pouvoir être conforme à sa nature.

Plus qu'une destruction de la métaphysique, une telle pratique de la pensée en est la refonte. Car, loin de tourner le dos à la philosophie, elle aboutit à retrouver sa fonction socratique d'être ce taon réveillant la cité de ses sommeils dogmatiques ou de ses dérives sceptiques. Plus profondément, si l'ontologie est critiquée quand elle prétend passer pour la science de l'Être, elle est intégrée dans la pensée dès lors qu'elle permet de contribuer à une analytique de l'entendement. Si, de même, Dieu, l'âme et le monde sont contestés quand on prétend résorber toute science en eux, ils reprennent tout leur sens dès lors qu'on se contente d'en faire des idéaux régulateurs du savoir au niveau théorique ainsi que des postulats de la raison pratique au niveau de l'action morale.

La préface de la seconde édition de la Critique de la raison pure *(1787) présente les éléments essentiels d'une telle refonte de la philosophie. On y voit clairement se dessiner les contours d'une métaphysique de la liberté, dont Kant a dit qu'elle était la clef de tout son système. D'où le changement de sens dévolu à la philosophie qui, de théorique qu'elle était, devient pratique et critique, afin de ménager la réalisation de la liberté et de la morale dans l'histoire. Bien que Kant n'ait pas procédé comme Hegel à une véritable métaphysique de l'histoire, la fin de la* Critique de la raison pure *contient toute une réflexion sur la Raison et son histoire. Selon Y. Yohvel (voir bibliographie), il est le premier parmi les penseurs à avoir entrevu l'idée d'une temporalité de la raison, ouvrant ainsi la voie à une métaphysique du temps, comme domaine d'apparition de l'Être* [1].

Source: *Emmanuel Kant,* Critique de la raison pure, *préface de la seconde édition, d'après la traduction de Jules Barni, 1909, Paris, Garnier-Flammarion, 1987.*

Bibliographie: *Ferdinand Alquié,* la Critique kantienne de la métaphysique, *Paris, P.U.F., 1968; Y. Yohvel,* Kant et la philosophie de l'histoire, *Méridien-Klincksieck, 1990.*

La métaphysique est une connaissance rationnelle spéculative tout à fait à part, qui s'élève entièrement au-dessus des leçons de l'expérience, en ne s'appuyant que sur de simples concepts (et non en appliquant comme les mathématiques ces concepts à l'intuition), et où, par conséquent, la raison doit être son propre élève. Cette connaissance n'a pas encore été assez favorisée du sort pour pouvoir entrer dans le sûr chemin de la science, et pourtant elle est plus vieille que toutes les autres, et elle subsisterait toujours, alors même que celles-ci disparaîtraient toutes ensemble dans le gouffre d'une barbarie dévastatrice. La raison s'y trouve continuellement dans l'embarras, ne fût-ce que pour apercevoir *a priori* (comme elle en a la prétention) ces lois que confirme la plus vulgaire expérience. Il y faut revenir indéfiniment sur ses pas, parce qu'on trouve que la route (qu'on a suivie) ne conduit pas où l'on veut aller. Quant à mettre ses adeptes d'accord dans leurs assertions, elle en est tellement éloignée qu'elle semble plutôt être une arène exclusivement destinée à exercer les forces des jouteurs en des combats de parade, et où aucun champion n'a jamais pu se rendre maître de la plus petite place et fonder sur sa victoire une possession durable. Il n'y a donc pas de doute que sa marche n'ait été jusqu'ici qu'un pur tâtonnement, et, ce qu'il y a de pire, un tâtonnement au milieu de simples concepts.

Or, d'où vient qu'ici la science n'a pu ouvrir encore un chemin sûr? Cela serait-il par hasard impossible? Pourquoi donc la nature aurait-elle inspiré à notre raison cette infatigable ardeur à en rechercher la trace, comme s'il s'agissait d'un de ses intérêts les plus importants? Bien plus, comme nous avons peu de motifs de confiance en notre raison, si, quand il s'agit de l'un des objets les plus importants de notre curiosité, elle ne nous abandonne pas seulement, mais nous leurre de fausses espérances et finit par nous tromper! Peut-être jusqu'ici a-t-on fait fausse route, mais sur quels motifs fonder l'espérance qu'en nous livrant à de nouvelles recherches nous serons plus heureux que ne furent les autres avant nous? En voyant comment les mathématiques et la physique sont devenues, par l'effet d'une révolution subite, ce qu'elles sont aujourd'hui, je devais juger l'exemple assez remarquable pour [être amené] à réfléchir au caractère essentiel d'un changement de méthode qui a été si avantageux à ces sciences, et à les imiter ici, du moins à titre

1. Dans le même chapitre, voir l'analyse de Ferdinand Alquié. Au chapitre concernant *La question de Dieu*, voir la réfutation de l'argument ontologique par Kant.

d'essai, autant que le comporte leur analogie, comme connaissances rationnelles, avec la métaphysique. On a admis jusqu'ici que toutes nos connaissances devaient se régler sur les objets; mais, dans cette hypothèse, tous nos efforts pour établir à l'égard de ces objets quelque jugement *a priori* et par concept qui étendit notre connaissance n'ont abouti à rien. Que l'on cherche donc une fois si nous ne serions pas plus heureux dans les problèmes de la métaphysique, en supposant que les objets se règlent sur notre connaissance, ce qui s'accorde déjà mieux avec ce que nous désirons [démontrer], à savoir la possibilité d'une connaissance *a priori* de ces objets qui établisse quelque chose à leur égard, avant même qu'ils nous soient donnés. Il en est ici comme de la première idée de *Copernic :* voyant qu'il ne pouvait venir à bout d'expliquer les mouvements du ciel en admettant que toute la multitude des étoiles tournait autour du spectateur, il chercha s'il n'y réussirait pas mieux en supposant que c'est le spectateur qui tourne et que les astres demeurent immobiles. En métaphysique, on peut faire un essai du même genre au sujet de l'*intuition* des objets. Si l'intuition se réglait nécessairement sur la nature des objets, je ne vois pas comment on en pourrait savoir quelque chose *a priori;* que si l'objet au contraire (comme objet des sens) se règle sur la nature de notre faculté intuitive, je puis très bien alors m'expliquer cette possibilité. Mais, comme je ne saurais m'en tenir à ces intuitions, dès le moment qu'elles doivent devenir des connaissances; comme il faut, au contraire, que je les rapporte, en tant que représentations, à quelque chose qui en soit l'objet et que je détermine par leur moyen, je puis admettre [l'une de ces hypothèses]: ou bien les *concepts* à l'aide desquels j'opère cette détermination se règlent aussi sur l'objet, mais alors je me retrouve dans le même embarras sur la question de savoir comment je puis en connaître quelque chose *a priori;* ou bien les objets ou, ce qui revient au même, l'*expérience* dans laquelle seule ils sont connus (comme objets donnés) se règle sur ces concepts, et dans ce cas, j'aperçois aussitôt un moyen plus simple de sortir d'embarras. En effet, l'expérience elle-même est un mode de connaissance qui exige le concours de l'entendement, dont je dois présupposer la règle en moi-même, avant que des objets me soient donnés, par conséquent *a priori;* et cette règle s'exprime en des concepts *a priori*, sur lesquels tous les objets de l'expérience doivent nécessairement se régler, et avec lesquels ils doivent s'accorder. Pour ce qui regarde les objets, en tant qu'ils sont conçus simplement par la raison, et cela d'une façon nécessaire, mais sans pouvoir être donnés dans l'expérience (du moins tels que la raison les conçoit), nous trouverons en essayant de les concevoir (car il faut bien pourtant qu'on les puisse concevoir), [nous trouverons, dis-je] plus tard une excellente pierre de touche de ce que nous regardons comme un changement de méthode dans la façon de penser: c'est que nous ne connaissons *a priori* des choses que ce que nous y mettons nous-mêmes.

Cette tentative[1] réussit à souhait et elle promet la marche assurée d'une science à la

1. Cette méthode, empruntée au physicien, consiste donc à rechercher les éléments de la raison pure dans *ce que l'on peut confirmer ou rejeter au moyen de l'expérimentation.* Or on ne peut, pour éprouver les propositions de la raison pure, soumettre leurs *objets* à l'expérimentation (comme cela a lieu en physique), surtout si elles sont hasardées en dehors des limites de toute expérience possible. Cette épreuve ne pourra donc se faire que sur des *concepts* et des *principes* admis *a priori :* on les envisagera de telle sorte qu'on puisse considérer les mêmes objets sous deux points de vue différents : *d'un côté* comme des objets des sens et de l'entendement, c'est-à-dire comme des objets d'expérience, *d'un autre côté* comme des objets que l'on ne fait que concevoir, c'est-à-dire comme des objets de la raison isolée et s'efforçant de s'élever au-dessus des limites de l'expérience. Or, il se trouve que, en envisageant les choses à ce double point de vue, on tombe d'accord avec le principe de la raison pure, tandis qu'envisagées sous un seul elles donnent lieu à un inévitable conflit de la raison avec elle-même; alors l'expérimentation décide en faveur de l'exactitude de cette distinction.

première partie de la métaphysique, à celle où l'on n'a affaire qu'à des concepts *a priori*, dont les objets correspondants peuvent être donnés dans une expérience conforme à ces concepts. En effet, à l'aide de ce changement de méthode, on peut très bien expliquer la possibilité d'une connaissance *a priori*, et ce qui est encore plus [important], munir de preuves suffisantes les lois qui servent *a priori* de fondement à la nature, considérée comme l'ensemble des objets de l'expérience; deux choses qui étaient impossibles avec la méthode usitée jusqu'ici. Mais cette déduction de notre faculté de connaître *a priori* conduit, dans la première partie de la métaphysique, à un résultat étrange, et, en apparence, tout à fait contraire au but que poursuit la seconde partie: c'est que nous ne pouvons, avec cette faculté, dépasser les bornes de l'expérience possible, ce qui est pourtant l'affaire essentielle de la métaphysique. D'un autre côté, l'expérimentation nous fournit ici même une contre-épreuve de la vérité du résultat auquel nous arrivons dans cette première appréciation de notre faculté de connaître *a priori :* c'est que cette faculté n'atteint que des phénomènes et laisse de côté les choses en soi qui, bien que réelles en elles-mêmes, nous restent inconnues. En effet, ce qui nous pousse nécessairement à sortir des limites de l'expérience et de tous les phénomènes, c'est l'*inconditionné*, que la raison exige nécessairement et à juste titre, dans les choses en soi, pour tout ce qui est conditionné, afin d'achever ainsi la série des conditions. Or, en admettant que notre connaissance expérimentale se règle sur les objets, comme sur des choses en soi, on trouve que l'absolu ne peut *se concevoir sans contradiction;* au contraire, si l'on admet que notre représentation des choses, telles qu'elles nous sont données, ne se règle pas sur ces objets, [considérés] comme choses en soi, mais que ce sont eux plutôt qui, comme phénomènes, se règlent sur notre mode de représentation, alors *la contradiction disparaît*. Si en conséquence [on se convainc que] l'inconditionné ne saurait se trouver dans les choses en tant que nous les connaissons (qu'elles nous sont données), mais en tant que nous ne les connaissons pas, c'est-à-dire dans les choses en soi, tout cela est la preuve que ce que nous n'avions d'abord admis qu'à titre d'essai est véritablement fondé[1]. Mais, après avoir refusé à la raison spéculative tout progrès dans le champ du suprasensible, il nous reste encore à chercher s'il n'y a pas dans sa connaissance pratique certaines données qui lui permettent de déterminer le concept transcendant de l'inconditionné et de pousser ainsi, conformément au vœu de la métaphysique, notre connaissance *a priori* au-delà de toute expérience possible, mais seulement au point de vue pratique. En procédant comme on vient de voir, la raison spéculative nous a du moins laissé la place libre pour cette extension [de notre connaissance], bien qu'elle n'ait pu la remplir elle-même. Il nous est donc encore permis de la remplir, si nous le pouvons, par ses données pratiques, et elle-même nous y invite[2].

1. Cette expérimentation de la raison a beaucoup d'analogie avec ce que les *chimistes* nomment souvent essai de *réduction*, et en général *procédé synthétique*. L'*analyse* du *métaphysicien* divise la connaissance pure *a priori* en deux éléments très différents, celui des choses comme phénomènes et celui des choses en soi. La *dialectique* les réunit de nouveau pour les *accorder* avec l'idée rationnelle et nécessaire de l'*inconditionné*, et elle trouve que cet accord n'est possible que par cette distinction, laquelle par conséquent est la vraie.

2. C'est ainsi que les lois centrales des mouvements des corps célestes démontrèrent avec une parfaite certitude ce que *Copernic* n'avait d'abord admis que comme une hypothèse, et prouvèrent en même temps la force invisible qui lie le système du monde (l'attraction *newtonienne*), et qui n'aurait jamais été découverte, si, contrairement au témoignage des sens, mais avec vérité cependant, Copernic n'avait eu l'idée de chercher dans le spectateur des corps célestes, et non des ces objets eux-mêmes, l'explication des mouvements observés. Quoique le changement de méthode que j'expose dans la critique et qui est analogue à l'hypothèse de Copernic se trouve justifié, dans le

C'est dans cette tentative de changer la méthode suivie en métaphysique et d'y opérer ainsi, suivant l'exemple des géomètres et des physiciens, une révolution complète, que consiste l'œuvre de cette Critique de la raison pure spéculative. Cette critique est un traité de la méthode, et non un système de la science elle-même ; mais elle en décrit pourtant toute la circonscription, et elle en fait connaître à la fois les limites et toute l'organisation intérieure. C'est que la raison spéculative a ceci de particulier qu'elle peut et doit mesurer son pouvoir propre suivant les diverses manières dont elle choisit les objets de sa pensée, faire aussi un dénombrement complet de toutes les façons différentes de se poser des problèmes, et se tracer ainsi tout le plan d'un système de métaphysique. En effet, en ce qui regarde le premier point, rien dans la connaissance *a priori* ne peut être attribué aux objets, que ce que le sujet pensant tire de lui-même ; et, pour ce qui est du second, la raison pure constitue au point de vue des principes de la connaissance, une unité à part et indépendante où, comme dans un corps organisé, chaque membre existe pour tous les autres et tous pour chacun, et où aucun principe ne peut être pris pour certain sous *un* point de vue, sans avoir été examiné dans l'*ensemble* de ses rapports à l'usage entier de la raison pure. Aussi la métaphysique a-t-elle ce rare bonheur, qui ne saurait être le partage d'aucune science rationnelle ayant affaire à des objets (car la *logique* ne s'occupe que de la forme de la pensée en général), qu'une fois mise par cette critique dans le sûr chemin de la science, elle peut embrasser complètement tout le champ des connaissances qui relèvent d'elle, achever ainsi son œuvre et l'abandonner à l'usage de la postérité comme une possession qui ne peut plus être augmentée, puisqu'il ne s'agit que de déterminer les principes et les limites de leur usage, et que c'est elle-même qui les détermine. Elle est donc tenue à cette perfection comme science fondamentale et c'est d'elle qu'on doit pouvoir dire :

Nil actum reputans, si quid superesset agendum [1].

Mais quel est donc, demandera-t-on, ce trésor que nous pensons léguer à la postérité dans une métaphysique ainsi épurée par la critique et par elle aussi ramenée à un état fixe ? Un coup d'œil rapide jeté sur cette œuvre donnera d'abord à penser que l'utilité en est toute *négative*, [ou qu'elle sert seulement à nous empêcher] de pousser jamais la raison spéculative au-delà des limites de l'expérience, et c'est là dans le fait sa première utilité. Mais cette utilité apparaîtra *positive* aussi à qui remarquera que les principes sur lesquels s'appuie la raison spéculative pour se hasarder hors de ses limites ont en réalité pour conséquence inévitable non pas l'*extension*, mais, à y regarder de plus près, la *restriction* de l'usage de notre raison. C'est qu'en effet ces principes menacent de tout faire rentrer dans les limites de la sensibilité, de laquelle ils relèvent proprement, et de réduire ainsi à néant l'usage pur (pratique) de la raison. Or une critique qui limite la raison dans son usage spéculatif est à cet égard bien *négative*, mais en supprimant du même coup l'obstacle qui en limite l'usage pratique, ou menace même de l'anéantir, elle a une utilité positive de la plus haute importance. [On le reconnaîtra] dès qu'on sera convaincu que la raison pure a un usage pratique absolument nécessaire (l'usage moral), où elle s'étend inévitablement au-delà des bornes de la sensibilité ; car si elle n'a besoin pour cela d'aucun secours de la raison spéculative, elle veut pourtant être assurée contre toute opposition de sa part, afin de ne pas tomber en contradiction avec elle-même. Nier que la critique, en nous rendant

traité même non pas hypothétiquement, mais apodictiquement, par la nature de nos représentations du temps et de l'espace et par les concepts élémentaires de l'entendement, je ne le présente dans cette préface que comme une hypothèse, afin de faire ressortir le caractère essentiellement hypothétique des premiers essais d'une réforme de ce genre.

1. « Pensant n'avoir rien fait s'il reste quelque chose à faire. »

ce service, ait une utilité *positive*, reviendrait à dire que la police n'a pas d'utilité positive, parce que sa fonction consiste uniquement à mettre obstacle à la violence que les citoyens pourraient craindre les uns des autres, afin que chacun puisse faire ses affaires tranquillement et en sûreté. Que l'espace et le temps ne soient que des formes de l'intuition sensible, et, par conséquent, des conditions de l'existence des choses comme phénomènes; qu'en outre, nous n'ayons point de concepts de l'entendement, et partant point d'éléments pour la connaissance des choses, sans qu'une intuition correspondante nous soit donnée; que, par conséquent, nous ne puissions connaître aucun objet comme chose en soi, mais seulement en tant qu'objet de l'intuition sensible, c'est-à-dire en tant que phénomène: c'est ce qui sera prouvé dans la partie analytique de la Critique. Il en résultera que toute connaissance spéculative de la raison se réduit aux seuls objets de l'*expérience*.

Mais, il faut bien le remarquer, il y a ici une réserve à faire: c'est que, si nous ne pouvons *connaître* ces objets comme choses en soi, nous pouvons du moins les *penser* comme tels[1]. Autrement, on arriverait à cette absurde proposition qu'il y a des phénomènes [ou des apparences] sans qu'il y ait rien qui apparaisse. Qu'on suppose maintenant que la distinction faite nécessairement par notre Critique entre les choses comme objets d'expérience et ces mêmes choses comme choses en soi n'ait pas été établie, alors il faut étendre à toutes les choses en général, considérées comme causes efficientes, le principe de causalité et, par conséquent, le mécanisme naturel, [comme élément essentiel] de leur détermination. Je ne saurais donc dire du même être, par exemple de l'âme humaine, que sa volonté est libre, et que pourtant il est soumis à la nécessité physique, c'est-à-dire non libre, sans tomber dans une évidente contradiction, puisque, dans les deux propositions, j'ai pris l'âme *dans le même sens*, c'est-à-dire comme chose en général (comme chose en soi), ne pouvant d'ailleurs, sans une critique préalable, la prendre autrement. Que si, par contre, la Critique ne s'est pas trompée en nous apprenant à prendre l'objet *en deux sens différents*, c'est-à-dire comme phénomène et comme chose en soi; que si sa déduction des concepts de l'entendement est exacte, et si, par conséquent, le principe de causalité ne s'applique aux choses que dans le premier sens, c'est-à-dire en tant qu'elles sont des objets d'expérience, tandis que, dans le second sens, ces mêmes choses ne lui sont pas soumises; alors la même volonté peut être conçue sans contradiction, d'une part, dans l'ordre des phénomènes (des actions visibles), comme nécessairement soumise à la loi physique et par conséquent comme *non libre* et d'autre part, en tant qu'appartenant à une chose en soi, comme échappant à cette loi et par conséquent comme *libre*. Or quoique, sous ce dernier point de vue, je ne puisse *connaître* mon âme par la raison spéculative (et moins encore par l'observation empirique), ni par conséquent la liberté comme propriété d'un être auquel j'attribue des effets dans le monde sensible, puisqu'il me faudrait la connaître d'une manière déterminée dans son existence et non cependant dans le temps (chose impossible, car je ne puis [dans ces conditions] appuyer mon concept sur aucune intuition), je puis cependant *penser* la liberté, c'est-à-dire que l'idée n'en contient du moins aucune contradiction, dès que l'on admet

1. Pour *connaître* un objet, il faut pouvoir prouver sa possibilité (soit par le témoignage de l'expérience de sa réalité, soit *a priori* par la raison). Mais je puis *penser* ce que je veux, pourvu que je ne tombe pas en contradiction avec moi-même, c'est-à-dire pourvu que mon concept soit une pensée possible, quoique je ne puisse répondre que, dans l'ensemble de toutes les possibilités, un objet corresponde ou non à ce concept. Pour [être en droit] d'attribuer à tel concept une valeur objective (une possibilité réelle, car la première n'est que logique), il faudrait quelque chose de plus, il n'est pas besoin de le chercher dans les sources théoriques de la connaissance, il peut bien se rencontrer dans les sources pratiques.

notre distinction critique de deux modes de représentation (le sensible et l'intellectuel), ainsi que la limitation qui en découle relativement aux concepts purs de l'entendement, et, par conséquent, aux principes découlant de ces concepts. Admettons maintenant que la morale suppose nécessairement la liberté (dans le sens le plus strict), comme propriété de notre volonté, en posant *a priori* comme *données* de la raison des principes pratiques qui en tirent leur origine, et qui, sans cette supposition de la liberté, seraient absolument impossibles; admettons aussi que la raison spéculative ait prouvé que la liberté ne se laisse point penser; il faut alors nécessairement que cette supposition, la supposition morale, cède à celle dont le contraire renferme une évidente contradiction, c'est-à-dire que la *liberté,* et avec elle la moralité (dont le contraire ne renferme pas de contradiction, quand on ne suppose pas préalablement la liberté) cèdent la place au *mécanisme de la nature.* Mais comme il me suffit, au point de vue de la morale, que la liberté ne soit point contradictoire en elle-même et que par conséquent elle puisse du moins être pensée; comme aussi, dès qu'elle ne fait point obstacle au mécanisme naturel de la même action (prise en un autre sens), il n'est pas besoin d'en avoir une connaissance plus étendue, la morale peut garder sa position pendant que la physique conserve la sienne. C'est ce qui n'aurait pas eu lieu, si la critique ne nous avait pas instruits préalablement de notre inévitable ignorance relativement aux choses en soi, et si elle n'avait pas borné à de simples phénomènes toute notre *connaissance* théorique. On peut encore montrer cette utilité des principes critiques de la raison pure en envisageant les concepts de *Dieu* et de la *simplicité* de notre *âme,* mais je laisse cela de côté pour être court. Je ne saurais donc *admettre Dieu,* la *liberté* et l'*immortalité* selon le besoin qu'en a ma raison dans son usage pratique nécessaire, sans *repousser* en même temps les prétentions de la raison pure à des vues transcendantes, car pour atteindre à ces vues, il lui faut se servir de principes qui ne s'étendent en réalité qu'à des objets de l'expérience possible et qui, si on les applique à une chose qui ne peut être objet d'une expérience, la transforment réellement et toujours en phénomène, et déclarent ainsi impossible toute *extension pratique* de la raison pure. J'ai donc dû supprimer le *savoir* pour lui substituer la *croyance.* Le *dogmatisme* de la métaphysique, ce préjugé qui consiste à vouloir avancer dans cette science sans commencer par une critique de la raison pure, voilà la véritable source de toute cette incrédulité qui s'oppose à la morale, et qui elle-même est toujours très dogmatique. — Si donc il n'est pas impossible de léguer à la postérité une métaphysique systématique construite sur le plan de la critique de la raison pure, ce n'est pas un présent de peu de valeur à lui faire; soit que l'on songe simplement à la culture que la raison peut recevoir en général en entrant dans les voies certaines de la science, au lieu de tâtonner dans le vide et de se livrer à de vaines divagations [comme elle le fait] en l'absence de la critique; soit qu'on cherche un meilleur emploi du temps pour une jeunesse avide de savoir, que le dogmatisme ordinaire encourage de si bonne heure et si fortement à raisonner à perte de vue sur des choses où elle n'entend rien et où elle n'entendra jamais rien, non plus que personne au monde, ou à négliger l'étude des sciences solides pour courir à la recherche de pensées et d'opinions nouvelles; soit surtout qu'on tienne compte de l'inappréciable avantage d'en finir une bonne fois avec toutes les objections dirigées contre la moralité et la religion, en suivant la méthode de *Socrate,* c'est-à-dire en démontrant clairement l'ignorance des adversaires. En effet, il y a toujours eu et il y aura toujours une métaphysique dans le monde, mais toujours aussi on verra s'élever à côté d'elle une dialectique de la raison pure, car celle-ci lui est naturelle. La première et la plus importante affaire de la philosophie est donc d'enlever une fois pour toutes à cette dialectique toute pernicieuse influence en détruisant la source [même] des erreurs.

De l'Être au devenir

(1830)

GEORG WILHELM FRIEDRICH HEGEL

(1770-1831)

L'Encyclopédie des sciences philosophiques, *publiée en 1830, est la dernière œuvre de Hegel. Rassemblant tout le système de sa pensée, elle montre comment l'Idée, en se présentant sous la forme de la Logique, sort de son abstraction pour s'incarner dans la Nature, avant de s'en extraire afin de se recueillir sous la forme de l'Esprit. Aussi mérite-t-elle bien son nom d'Encyclopédie, puisqu'elle présente un* cycle *de figures dialectiquement articulées aboutissant à un Tout.*

Odyssée grandiose montrant comment l'Idée vient à se produire sous la forme d'un esprit vivant dans l'histoire à travers les formes concrètes de la culture, de l'État, de la religion, de l'art et de la philosophie, son objet n'est pas tant de créer un système supposé tout expliquer, comme on l'a trop souvent dit, que de libérer la pensée de tout ce qui la réduit à une particularité aveugle ou à une généralité vide. Libre parce que infinie, soufflant partout comme l'esprit, celle-ci est tout et rien, parce qu'elle n'est rien de ce que l'on suppose à son sujet. Toujours au-delà d'elle-même, éternellement renaissante et inventive, elle est essentiellement une fluidité brisant tout ce qui vient entraver son cours. Aussi est-elle systématique et négative. Et ce, afin d'être conforme à sa créativité et non afin de régner en dominant le sens par un concept prétendument irréfutable.

Les paragraphes 86, 87 et 88 forment le début de la Logique, tout de suite après un texte célèbre intitulé Le concept préliminaire, *dans lequel sont résumées les trois positions de la pensée vis-à-vis de l'objectivité. Prenant à revers toute la tradition philosophique, Hegel y développe la contradiction de l'Être, qui interdit de voir en lui le commencement véritable de la pensée. Car l'Être qui n'est rien que lui-même n'étant rien qu'un néant et le néant ne pouvant exister qu'en étant un être pur, l'Être comme le néant témoignent, en n'étant pas ce qu'ils sont, que seul le devenir constitue le commencement de la pensée. Absente de l'Être comme du néant, celle-ci est présente dans le devenir, car la pensée, comme fluidité qui ne se lasse pas d'être, est à l'image de celui-ci qui n'est jamais ce qu'il est.*

Soupçonnée souvent d'être une sophistique, la dialectique hégélienne est en fait rigoureuse. Considérant les choses concrètement, comme il a l'habitude de le faire, Hegel ne fait que tirer les implications de l'identité de l'Être avec lui-même. Ainsi, dépourvue de contenu lorsqu'elle est pensée de façon formelle comme pure identité, cette catégorie en acquiert une, lorsque, sous l'égide du devenir, elle est pensée comme ce qui ne se lasse pas d'être. Aussi n'est-elle pas tant supprimée que conservée.

Au travers d'un passage de l'Être au devenir, le début de la Logique est avant tout un passage de l'abstrait au concret. Car, pour Hegel, est logique non pas tant ce qui est formellement rigoureux que ce qui possède une effectivité du fait du mouvement auto-producteur de la raison. S'agissant donc de la pensée de l'Être, son originalité consiste à dissoudre l'idée que l'Être puisse être un problème pour la pensée. L'Être étant dans la pensée même toutes les fois que celle-ci pense effectivement, l'Être ne devient un problème que quand la pensée cesse de penser.

Aux propositions spéculatives hégéliennes ont été ajoutés les additifs (du moins, un, celui du § 88 concernant le devenir). Notes de cours rédigées par les auditeurs des cours de Hegel, ceux-ci ne sont pas directement de sa main. Toutefois, fidèles à sa pensée et précieux parce que véhiculant des explications souvent pleines de souffle, ils sont un outil indispensable pour comprendre sa pensée [1].

Source : *Hegel,* Encyclopédie des sciences philosophiques, *troisième édition de 1830, traduction Bernard Bourgeois, Paris, Vrin, 1970.*

Bibliographie : *Bernard Bourgeois,* Introduction à l'Encyclopédie des sciences philosophiques, *Paris, Vrin, 1970.*

§ 86

L'ÊTRE PUR constitue le commencement, parce qu'il est aussi bien pensée pure que l'immédiat indéterminé, simple, et que le premier commencement ne peut rien être de médiatisé et de davantage déterminé.

Tous les doutes et toutes les observations qui pourraient être dirigés contre le fait de commencer la science par *l'être* vide abstrait, se dissolvent grâce à la conscience simple de ce que comporte la nature du commencement. L'être peut être déterminé comme le « Moi = Moi », comme l'*absolue indifférence* ou *identité,* etc. Dans le besoin [où l'on se trouve] de commencer ou bien par quelque chose d'absolument *certain,* c'est-à-dire la certitude de soi-même, ou bien par une définition ou une intuition du *Vrai absolu,* ces formes et d'autres du même genre peuvent être regardées comme devant nécessairement être les éléments premiers. Mais en tant qu'à l'intérieur de chacune de ces formes il y a déjà de la *médiation,* elles ne sont pas véritablement les éléments premiers ; la médiation consiste à être sorti d'un premier terme pour passer à un second, et à provenir de termes différents. Si le « Moi = Moi » — ou encore l'intuition intellectuelle — est pris véritablement comme [étant] seulement ce qui est premier, il n'est dans cette immédiateté pure rien d'autre que l'*être,* de même qu'inversement l'être pur, en tant qu'il n'est plus cet être abstrait, mais l'être contenant en lui-même la médiation, est pur penser ou intuitionner.
Si l'*être* est énoncé comme prédicat de l'absolu, cela donne la première définition de celui-ci : « *L'absolu est l'être.* » C'est là la définition (dans l'élément de la pensée) absolument initiale, la plus abstraite et la plus indigente. Elle est la définition des *Éléates,* mais en même temps aussi le thème bien connu selon lequel Dieu est le *concept inclusif de toutes les réalités.* On doit faire, en effet, abstraction du caractère borné qui est en chaque réalité, de telle sorte que Dieu soit seulement ce qu'il y a de *réel* en toute réalité, l'*être le plus réel de tous.* En tant que la réalité contient déjà une réflexion, ce thème est exprimé d'une manière plus immédiate dans ce que dit Jacobi [2] du Dieu de Spinoza, à savoir qu'il est le principe *de l'être dans tout être-là.*

---

1. Dans le même chapitre, voir l'analyse de Sartre sur le néant.
2. Jacobi (1743-1819), philosophe critique des Lumières et défenseur de la foi, n'a cessé de critiquer le rationalisme en général ainsi que Fichte et Schelling en particulier, en dénonçant le nihilisme de toute rationalisation du divin. Hegel, après l'avoir critiqué, lui a concédé d'avoir su mettre en place la distinction entre la Raison *(Vernunft)* et l'entendement *(Verstand).* Si la première est la faculté de la raison d'être et du sens, la seconde est celle du calcul.

§ 87

Or, cet être pur est l'*abstraction pure*, partant l'*absolument-négatif* qui, pris pareillement en son immédiateté, est le *néant*.

1. Il s'en est ensuivi la deuxième définition de l'absolu, à savoir qu'il est le *néant;* en fait, elle est contenue dans ce qu'on énonce lorsqu'on dit que la chose-en-soi est ce qui est indéterminé, absolument sans forme et par là sans contenu; — ou encore que Dieu *est seulement l'Être suprême* et rien d'autre en plus, car en tant que tel il est exprimé comme exactement la même négativité; le néant dont les *Bouddhistes* font le principe de tout ainsi que l'ultime but final et terme de tout, est la même abstraction.

2. Lorsque l'opposition en cette immédiateté est exprimée comme *être* et *néant*, il paraît trop choquant qu'elle soit du néant, pour que l'on n'ait pas dû tenter de fixer l'être et de le garantir contre le passage [en autre chose]. La réflexion, eu égard à cela, doit nécessairement s'aviser de chercher pour l'être une détermination ferme, par laquelle il serait différent du néant. On le prend, par exemple, comme ce qui persiste en tout changement, comme la matière infiniment déterminable, etc., ou encore, sans réflexion, comme une quelconque existence singulière, la première réalité sensible ou spirituelle venue. Mais toutes les déterminations ultérieures et plus concrètes de ce genre ne laissent plus l'être comme l'*être pur*, tel qu'il est ici au commencement en son immédiateté. C'est seulement dans cette indéterminité pure et à cause d'elle qu'il est *néant;* quelque chose d'*ineffable;* ce qui le différencie du néant est quelque chose de simplement visé. — La seule chose précisément qui importe, c'est la conscience de ces commencements, à savoir qu'ils ne sont rien d'autre que ces abstractions vides, et que chacune des deux est aussi vide que l'autre; l'*impulsion* incitant à trouver, dans l'être ou dans les deux termes, une signification ferme, est cette *nécessité* même qui emporte plus loin l'être et le néant et leur donne une signification vraie, c'est-à-dire concrète. Cette progression est le développement logique et le cours [de pensées] qui s'expose dans ce qui suit. La *réflexion* qui *trouve* pour eux des déterminations plus profondes est la pensée logique, moyennant laquelle de telles déterminations se produisent au jour non pas du tout d'une manière contingente, mais d'une manière nécessaire. — Chaque signification subséquente qu'ils reçoivent est pour cette raison à regarder seulement comme une *détermination plus approchée* et une *définition plus vraie de l'absolu;* une telle signification est alors, non plus une abstraction vide comme être et néant, mais bien plutôt un concret dans lequel tous deux, être et néant, sont des moments. — La forme la plus haute du néant [pris] pour lui-même serait la *liberté*, mais elle est la négativité en tant qu'elle s'approfondit en elle-même jusqu'à la plus haute intensité, et qu'elle est elle-même affirmation et, à la vérité, affirmation absolue.

§ 88

Le *néant*, en tant que ce néant immédiat, égal à soi-même, est de même, inversement, *la même chose* que l'*être*. La vérité de l'être ainsi que du néant est par suite l'*unité* des deux; cette unité est le *devenir*.

1. La proposition: «*être et néant sont la même chose*» apparaît pour la représentation, ou l'entendement, comme une proposition si paradoxale que peut-être elle ne la tient pas pour sérieusement pensée. En réalité, elle fait partie aussi de ce qu'il y a de plus dur dans ce que la pensée exige d'elle-même, car être et néant sont l'opposition dans toute son *immédiateté*, c'est-à-dire sans que dans l'un d'eux ait déjà été *posée* une détermination qui contiendrait sa relation à l'autre. — Mais ils *contiennent* cette détermination, comme cela est montré dans le paragraphe précédent, la détermination qui justement est la même dans les deux. La déduction de leur unité est, dans cette mesure, entièrement *analytique ;* comme en général la progression tout entière de la démarche philosophique, en tant que progression méthodique, c'est-à-dire en tant que progression *nécessaire,* n'est rien d'autre que simplement la *position* de ce qui est déjà contenu dans un concept. — Mais tout aussi juste qu'est l'unité de l'être et du néant, il l'est *également* qu'ils sont *absolument divers,* — que l'un *n'*est *pas* ce que l'autre est. Mais parce que la différence, ici, ne s'est pas encore déterminée, car précisément l'être et le néant sont encore l'immédiat, — elle est, telle qu'elle est en eux, ce qui est *ineffable*, ce qui est simplement *visé.*

2. Cela n'exige pas une grande dépense d'esprit, de tourner en ridicule la proposition qu'être et néant sont la même chose, ou plutôt d'avancer des absurdités en assurant contre la vérité, qu'elles sont des conséquences et applications de cette proposition; par exemple que, suivant celle-ci, c'est la même chose, que ma maison, ma fortune, l'air pour respirer, cette ville-ci, le soleil, le droit, l'esprit, Dieu *soient* ou *ne soient pas.* En de tels exemples, pour une part, sont introduits subrepticement des *buts particuliers,* l'*utilité* que quelque chose a pour *moi,* et l'on demande s'il *m*'est indifférent que la Chose utile soit ou ne soit pas. En réalité, la philosophie est précisément cette doctrine qui enseigne à libérer l'homme d'une foule infinie de buts et desseins finis, et à le rendre indifférent à leur égard, de telle sorte que ce soit pour lui assurément la même chose, si de telles Choses sont ou ne sont pas. Mais en général dès qu'il est question d'un *contenu,* avec lui est posée une connexion avec d'*autres* existences, buts, etc., qui sont *présupposés* comme ayant une valeur; c'est de *telles présuppositions* que l'on fait alors dépendre si l'être ou le non-être d'un *contenu déterminé* sont *la même chose* ou *non.* On substitue subrepticement une différence *pleine de contenu* à la différence vide de l'être et du néant. — Mais, pour une autre part, ce sont des buts en soi essentiels, des existences et des Idées absolues, qui sont posés simplement sous la détermination de l'*être* ou du non-être. De tels objets concrets sont tout autre chose encore que seulement des *étants* ou bien des *non-étants ;* des déterminations indigentes comme être et néant, — et elles sont, parce qu'elles sont précisément seulement les déterminations du commencement, les plus indigentes qu'il y ait, — sont tout à fait inadéquates pour la nature de ces objets; un contenu vrai est très loin au-delà de ces abstractions mêmes et de leur opposition. — Lorsque en général quelque chose de concret est substitué subrepticement à l'être et au néant, il arrive à l'absence de pensée ce qui lui est habituel, c'est-à-dire de recevoir dans la représentation et de viser en ses paroles quelque chose de tout autre que ce dont il est question, et ici il est question simplement de l'être et du néant abstraits.

3. On peut facilement dire que l'on ne *conçoit* pas l'unité de l'être et du néant. Son concept, cependant, est indiqué dans les paragraphes précédents, et il n'est rien de plus que ce qui est indiqué là; la concevoir ne signifie rien d'autre qu'appréhender ce qui est indiqué là. Mais on entend aussi par l'acte de concevoir, encore quelque chose de plus que le concept proprement dit; on réclame une conscience plus diversifiée, plus riche, une représentation, de façon qu'un tel concept soit exhibé comme un cas concret avec lequel la pensée en sa *praxis* [1] habituelle serait plus familiarisée. Dans la mesure où le ne-pas-pouvoir-concevoir exprime seulement l'absence de l'habitude de tenir ferme des pensées abstraites sans y rien mêler de sensible, et de saisir des propositions spéculatives, il n'y a rien d'autre à dire si

1. *Praxis*, terme qui désigne la pratique, par opposition à *theoria*, la théorie.

ce n'est que le genre du savoir philosophique est sans aucun doute différent du genre du savoir auquel on est habitué dans la vie courante, comme aussi de celui qui prédomine dans d'autres sciences. — Mais si le ne-pas-concevoir signifie seulement que l'on ne peut pas se *représenter* l'unité de l'être et du néant, c'est là en réalité si peu le cas, que chacun, bien plutôt, a des représentations infiniment nombreuses de cette unité; et que l'on n'ait pas une telle représentation, cela peut seulement vouloir dire ceci, à savoir que l'on ne reconnaît pas le concept proposé, dans l'une quelconque de ces représentations, et qu'on ne la sait pas comme un exemple de lui-même. L'exemple le plus proche en est le *devenir*. Chacun a une représentation du devenir et accordera aussi bien que c'est une représentation *une;* puis, que si on l'analyse, on y trouve contenue la détermination de l'*être,* mais aussi de son Autre absolu, du *néant;* puis, que ces deux déterminations sont, inséparées, dans cette représentation une; de telle sorte que le devenir est ainsi l'unité de l'être et du néant. — Un exemple également proche en est le *commencement;* la Chose, dans son commencement, *n'est pas encore,* cependant il n'est pas simplement son *néant,* mais en lui il y a déjà aussi son *être.* Le commencement est lui-même aussi devenir, il exprime pourtant déjà la référence à la progression ultérieure.

— On pourrait, pour s'accommoder à la marche plus habituelle des sciences, commencer la Logique par la représentation du commencement purement pensé, donc du commencement en tant que commencement, et analyser cette représentation; ainsi, on admettrait peut-être plus volontiers comme résultat de l'analyse, qu'être et néant se montrent comme inséparés en un terme un.

4. Mais il y a encore à remarquer que l'expression: «être et néant sont *la même chose*», ou: «l'*unité* de l'être et du néant», — et de même toutes les autres *unités* de ce genre, celle du sujet et de l'objet, etc., sont à bon droit choquantes, parce que ce qu'il y a de boiteux et d'incorrect réside en ceci, que l'on fait ressortir l'*unité,* et que si la diversité, à vrai dire, s'y trouve (puisque c'est, par exemple, de l'être et du néant que l'unité est posée), cette diversité, pourtant, n'est pas en même temps exprimée et reconnue, qu'on fait donc abstraction d'elle seulement d'une manière indue, qu'elle semble ne pas être prise en considération. En réalité, une détermination spéculative ne se laisse pas exprimer de façon correcte dans la forme d'une telle proposition; l'unité doit être saisie dans la diversité en même temps *présente* et *posée.* Le *devenir* est l'expression vraie du résultat de l'être et du néant, en tant qu'il est leur unité; il n'est pas seulement l'*unité* de l'être et du néant, mais il est en lui-même le *non-repos,* — l'unité qui n'est pas simplement, en tant que relation-à-soi, immobile, mais, du fait de la diversité de l'être et du néant, qui est en lui, est en elle-même [tournée] contre elle-même. — L'*être-là,* par contre, est cette *unité* ou le devenir dans cette forme de l'unité; c'est pourquoi l'être-là est *unilatéral* et *fini.* L'opposition est comme si elle était disparue; elle est contenue seulement *en soi* dans l'unité, mais non pas *posée* dans l'unité.

5. À la proposition que l'être est le passage dans le néant, et le néant le passage dans l'être, — à la proposition du *devenir,* s'oppose la proposition: «De rien, rien ne vient», «Quelque chose vient seulement de quelque chose», la proposition de l'éternité de la matière, du panthéisme. Les Anciens ont fait la réflexion simple, que la proposition: «De quelque chose vient quelque chose», ou: «De rien, rien ne vient», supprime en fait le devenir; car ce à partir de quoi il y a devenir et ce qui devient sont une seule et même chose; c'est seulement la proposition de l'abstraite identité d'entendement qui est présente. Mais on doit nécessairement être frappé d'étonnement à voir les propositions: «De rien, rien ne vient», ou: «Quelque chose vient seulement de quelque chose», exposées encore à notre époque tout à fait naïvement, sans qu'on ait quelque conscience qu'elles [sont] l'assise fondamentale du panthéisme, et de même sans qu'on ait connaissance du fait que les Anciens ont épuisé l'examen de ces propositions.

(Add. § 88)

Le devenir est la première pensée concrète, et par là le premier concept, alors qu'au contraire l'être et le néant sont des abstractions vides. Si nous parlons du concept de l'être, il ne peut consister qu'à être devenir, car, en tant qu'être, c'est le néant vide, mais, en tant que celui-ci, l'être vide. Dans l'être nous avons donc le néant, et dans celui-ci, l'être; mais cet être qui dans le néant reste chez soi est le devenir. Dans l'unité du devenir, la différence ne peut être abandonnée, car sans elle on retournerait de nouveau à l'être abstrait. Le devenir n'est que l'être-posé de ce que l'être est suivant sa vérité.

On entend très souvent affirmer que la pensée est opposée à l'être. Dans le cas d'une telle affirmation, il y aurait cependant tout d'abord à demander ce que l'on entend par l'être. Si nous prenons l'être tel que la réflexion le détermine, nous pouvons seulement énoncer de lui qu'il est ce qui est absolument identique et affirmatif. Si nous considérons maintenant la pensée, il ne peut pas nous échapper qu'elle est pour le moins pareillement ce qui est absolument identique à soi. À tous les deux, l'être et la pensée, échoit donc la même détermination. Or, cette identité de l'être et de la pensée n'est pas à prendre concrètement, et il ne faut donc pas dire que la pierre, en tant que pierre qui est, est la même chose que l'homme pensant. Un concret est tout autre chose encore que la détermination abstraite comme telle. Mais dans le cas de l'être, il n'est question d'aucun concret, car l'être n'est précisément que ce qui est totalement abstrait. D'après cela, la question de l'être de Dieu, qui est ce qui est en soi-même infiniment concret, est alors elle aussi d'un mince intérêt.

Le devenir, en tant qu'il est la première détermination-de-pensée concrète, est en même temps la première qui soit vraie. Dans l'histoire de la philosophie, c'est le système d'Héraclite qui correspond à ce degré de l'Idée logique. Quand Héraclite dit: «Tout coule» («πάντα ῥεῖ»), le devenir est par là exprimé comme la détermination fondamentale de tout ce qui est, alors qu'au contraire, comme on l'a remarqué précédemment, les Éléates appréhendaient l'être, l'être immobile non-pris dans un processus, comme ce qui seul est vrai. En rapport avec le principe des Éléates, il est dit ensuite chez Héraclite: «L'être n'est pas plus que le non-être» («οὐδέν μᾶλλον τὸ ὂν τοῦ μὴ ὄντος ἐστὶ»), par quoi se trouvent alors exprimées précisément la négativité de l'être abstrait et son identité — posée dans le devenir — avec le néant tout aussi privé de consistance dans son abstraction. — Nous avons ici en même temps un exemple de la véritable réfutation d'un système philosophique par un autre, laquelle réfutation consiste précisément en ce que le principe de la philosophie réfutée est montré en sa dialectique et rabaissé au moment idéel d'une forme concrète plus haute de l'Idée. — Mais il faut ajouter que le devenir en et pour soi est lui aussi encore une détermination extrêmement pauvre, et qu'il doit s'approfondir et se remplir davantage en lui-même. C'est un tel approfondissement du devenir en lui-même, que nous avons par exemple dans la vie. *Celle-ci est un devenir, mais son concept n'est pas épuisé par là. Dans une forme plus haute, nous trouvons encore le devenir dans l'esprit.* Celui-ci est aussi un devenir, mais un devenir plus intensif, plus riche que le devenir simplement logique. Les moments dont l'esprit est l'unité ne sont pas les simples abstractions de l'être et du néant, mais le système de l'Idée logique et de la nature.

Le faux problème de la question de l'Être
(1934)

HENRI BERGSON
(1859-1941)

En 1934, Bergson publie la Pensée et le Mouvant, *qui est l'une de ses dernières œuvres. Cet ouvrage qui est un recueil d'articles récapitule les thèmes majeurs de sa philosophie, dont une critique de l'ontologie développée à l'occasion d'une réflexion sur le possible. Alors que Kant reproche à celle-ci de négliger le sujet qui la pense et Hegel, d'être un objet vide, Bergson la met en question au nom de la vie.*

Selon lui, la philosophie qui s'interroge sur le pourquoi de l'être et de l'ordre que l'on trouve dans les choses commet une double erreur. En premier lieu, se demander, comme Leibniz, Schelling ou Heidegger, pourquoi il y a de l'être et non rien, conduit à supposer un néant précédant l'être, dont celui-ci serait issu. Outre que le néant ne saurait être quelque chose sans se contredire, faire de l'être la négation du néant revient à concevoir celui-ci de façon négative, alors qu'il est une affirmation positive et créatrice.

Par ailleurs, s'interroger pour savoir d'où vient l'ordre que l'on trouve dans les choses conduit à supposer avant les choses un possible dont celles-ci ne seraient que l'actualisation. Outre que l'idée d'une pensée des choses avant les choses n'a pas grand sens, concevoir l'existence comme le réceptacle du possible revient à gommer toute autonomie créatrice de celle-ci.

Qu'il s'agisse donc de penser le pourquoi de l'Être comme de l'ordre des choses, dans les deux cas la pensée commet la même erreur. Au lieu de penser l'ordre se faisant, elle pense un ordre tout fait donné dès le départ une fois pour toutes. Du coup, gommant la nouveauté imprévisible de la vie ainsi que sa capacité d'être à la fois riche et multiple, elle finit par se perdre dans la fiction d'une idée abstraite modelant le réel de l'extérieur.

La vie qui est une création d'imprévisible nouveauté échappe à toute attente en se possibilisant sans cesse sous forme de productions singulières et non en se précédant elle-même sous la forme d'un ordre préconçu. Aussi la rencontre-t-on en se risquant au-delà de tout ordre.

Les détracteurs de Bergson, comme Georges Politzer, ont reproché à ce dernier l'irrationalité de son concept de vie. En fait, c'est Gilles Deleuze qui a raison lorsqu'il souligne que l'usage qu'il en fait est sérieux. En entreprenant de critiquer l'Être afin d'aller vers la vie, Bergson ne nous propose pas de nous évader hors du réel, mais d'y retourner afin d'y découvrir sa puissance créatrice immanente, que le sujet inquiet de ne pas maîtriser tend à refouler pour lui substituer un ordre abstrait et sans vie[1].

Source : *Henri Bergson,* la Pensée et le Mouvant, *Paris, P.U.F., 1958.*

Bibliographie : *Gilles Deleuze,* le Bergsonisme, *Paris, P.U.F., 1966 ; Vladimir Jankélévitch,* Henri Bergson, *Paris, P.U.F., 1959.*

1. Dans le même chapitre, voir la question de l'Être selon Heidegger. Dans le chapitre concernant *La question de Dieu,* voir l'analyse de Leibniz consacrée à la preuve physico-téléologique.

JE DIS QU'IL Y A DES PSEUDO-PROBLÈMES, et que ce sont les problèmes angoissants de la métaphysique. Je les ramène à deux. L'un a engendré les théories de l'être, l'autre les théories de la connaissance.

Le premier consiste à se demander pourquoi il y a de l'être, pourquoi quelque chose ou quelqu'un existe... Ce problème ne se pose que si l'on se figure un néant qui précéderait l'être. On se dit: «il pourrait ne rien y avoir», et l'on s'étonne alors qu'il y ait quelque chose — ou Quelqu'un. Mais analysez cette phrase: «Il pourrait ne rien y avoir». Vous verrez que vous avez affaire à des mots, nullement à des idées, et que «rien» n'a ici aucune signification. «Rien» est un terme du langage usuel, qui ne peut avoir de sens que si l'on reste sur le terrain, propre à l'homme, de l'action et de la fabrication. «Rien» désigne l'absence de ce que nous cherchons, de ce que nous désirons, de ce que nous attendons. À supposer, en effet, que l'expérience nous présentât jamais un vide absolu, il serait limité, il aurait des contours, il serait donc encore quelque chose. Mais en réalité il n'y a pas de vide. Nous ne percevons et même ne concevons que du plein. Une chose ne disparaît que parce qu'une autre l'a remplacée. Suppression signifie substitution...

J'en dirais autant de l'idée de désordre. Pourquoi l'univers est-il ordonné? Comment la règle s'impose-t-elle à l'irrégulier, la forme à la matière? D'où vient que notre passé se retrouve dans les choses? Ce problème, qui est devenu chez les modernes le problème de la connaissance après avoir été chez les anciens, le problème de l'être, est né d'une illusion du même genre. Il s'évanouit si l'on considère que l'idée du désordre a un sens défini dans le domaine de l'industrie humaine ou, comme nous disons, de la fabrication, mais non pas dans celui de la création. Le désordre est simplement l'ordre que nous ne cherchons pas. Vous ne pouvez pas supprimer un ordre, même par la pensée, sans en chercher un autre. S'il n'y a pas finalité ou volonté, c'est qu'il y a mécanisme; si le mécanisme fléchit, c'est au profit de la volonté, du caprice, de la finalité. Mais lorsque vous vous attendez à l'un de ces deux ordres et que vous trouvez l'autre, vous dites qu'il y a désordre, formulant ce qui est en termes de ce qui pourrait ou devrait être, et objectivant votre regret. Tout désordre comprend ainsi deux choses: en dehors de nous, un ordre; en nous, la représentation d'un ordre différent qui est seul à nous intéresser. Suppression signifie donc encore substitution...

Les deux illusions que je viens de signaler n'en font réellement qu'une. Elles consistent à croire qu'il y a *moins* dans l'idée du vide que dans celle du plein, *moins* dans le concept de désordre que dans celui d'ordre. En réalité, il y a plus de contenu intellectuel dans les idées de désordre et de néant, quand elles représentent quelque chose, que dans celles d'ordre et d'existence, parce qu'elles impliquent plusieurs ordres, plusieurs existences et, en outre, un jeu de l'esprit qui jongle inconsciemment avec eux.

Eh bien, je retrouve la même illusion dans le cas qui nous occupe. Au fond des doctrines qui méconnaissent la nouveauté radicale de chaque moment de l'évolution il y a bien des malentendus, bien des erreurs. Mais il y a surtout l'idée que le possible est *moins* que le réel, et que, pour cette raison, la possibilité des choses précède leur existence. Elles seraient ainsi représentables par avance; elles pourraient être pensées avant d'être réalisées. Mais c'est l'inverse qui est la vérité. Si nous laissons de côté les systèmes clos, soumis à des lois purement mathématiques, isolables parce que la durée ne mord pas sur eux, si nous considérons l'ensemble de la réalité concrète ou tout simplement le monde de la vie, et à plus forte raison celui de la conscience, nous trouvons qu'il y a plus, et non pas moins, dans la possibilité de chacun des états successifs que dans leur réalité. Car le possible n'est que le réel avec, en plus, un acte de l'esprit qui en rejette l'image dans le passé une fois qu'il s'est produit. Mais c'est ce que nos habitudes intellectuelles nous empêchent d'apercevoir.

Au cours de la grande guerre, des journaux et des revues se détournaient parfois des terribles inquiétudes du présent pour penser à ce qui se passerait plus tard, une fois la paix rétablie. L'avenir de la littérature, en particulier, les préoccupait. On vint un jour me demander comment je me le représentais. Je déclarai, un peu confus, que je ne me le représentais pas. « N'apercevez-vous pas tout au moins, me dit-on, certaines directions possibles ? Admettons qu'on ne puisse prévoir le détail ; vous avez du moins, vous philosophes, une idée de l'ensemble. Comment concevez-vous, par exemple, la grande œuvre dramatique de demain ? » Je me rappellerai toujours la surprise de mon interlocuteur quand je lui répondis : « Si je savais ce que sera la grande œuvre dramatique de demain, je la ferais. » Je vis bien qu'il concevait l'œuvre future comme enfermée, dès alors, dans je ne sais quelle armoire aux possibles ; je devais, en considération de mes relations déjà anciennes avec la philosophie, avoir obtenu la clef de l'armoire. « Mais, lui dis-je, l'œuvre dont vous parlez n'est pas encore possible. » — « Il faut pourtant bien qu'elle le soit, puisqu'elle se réalisera. » — « Non, elle ne l'est pas. Je vous accorde, tout au plus, qu'elle l'*aura été*. » — « Qu'entendez-vous par là ? » — « C'est bien simple. Qu'un homme de talent ou de génie surgisse, qu'il crée une œuvre : la voilà réelle et par là même elle devient rétrospectivement ou rétroactivement possible. Elle ne le serait pas, elle ne l'aurait pas été, si cet homme n'avait pas surgi. C'est pourquoi je vous dis qu'elle aura été possible aujourd'hui, mais qu'elle ne l'est pas encore. » — « C'est un peu fort ! Vous n'allez pas soutenir que l'avenir influe sur le présent, que le présent introduit quelque chose dans le passé, que l'action remonte le cours du temps et vient imprimer sa marque en arrière ? » — Cela dépend. Qu'on puisse insérer du réel dans le passé et travailler ainsi à reculons dans le temps, je ne l'ai jamais prétendu. Mais qu'on y puisse loger du possible, ou plutôt que le possible aille s'y loger lui-même à tout moment, cela n'est pas douteux. Au fur et à mesure que la réalité se crée, imprévisible et neuve, son image se réfléchit derrière elle dans le passé indéfini ; elle se trouve ainsi avoir été, de tout temps, possible...

Prenez le monde concret et complet, avec la vie et la conscience qu'il encadre ; considérez la nature entière, génératrice d'espèces nouvelles aux formes aussi originales et aussi neuves que le dessin de n'importe quel artiste ; attachez-vous, dans ces espèces, aux individus, plantes ou animaux, dont chacun a son caractère propre... Haussez-vous, par-dessus l'homme individuel, jusqu'aux sociétés qui déroulent des actions et des situations comparables à celles de n'importe quel drame : comment parler encore de possibles qui précéderaient leur propre réalisation ? Comment ne pas voir que si l'évènement s'explique toujours, après coup, par tels ou tels des évènements antécédents, un évènement tout différent se serait aussi bien expliqué, dans les mêmes circonstances, par des antécédents autrement choisis — que dis-je ? par les mêmes antécédents autrement découpés, autrement distribués, autrement aperçus enfin par l'attention rétrospective ? D'avant en arrière se poursuit un remodelage constant du passé par le présent, de la cause par l'effet.

Nous ne le voyons pas, toujours pour la même raison, toujours en proie à la même illusion, toujours parce que nous traitons comme du plus ce qui est du moins, comme du moins ce qui est du plus. Remettons le possible à sa place : l'évolution devient tout autre chose que la réalisation d'un programme ; les portes de l'avenir s'ouvrent toutes grandes ; un champ illimité s'offre à la liberté. Le tort des doctrines — bien rares dans l'histoire de la philosophie —, qui ont su faire une place à l'indétermination et à la liberté dans le monde, est de n'avoir pas su ce que leur affirmation impliquait. Quand elles parlaient d'indétermination, de liberté, elles entendaient par indétermination une compétition entre des possibles, par liberté un choix entre les possibles, — comme si la possibilité n'était pas créée par la liberté même ! Comme si toute autre hypothèse, en posant une préexistence idéale du possible au réel, ne réduisait pas le nouveau à n'être qu'un réarrangement d'éléments anciens ! Comme si elle ne devait pas être amenée ainsi, tôt ou tard, à le tenir pour calculable et prévisible ! En acceptant le postulat de la théorie adverse, on introduisait l'ennemi dans la place. Il faut en prendre son parti : c'est le réel qui se fait possible, et non pas le possible qui devient réel.

Mais la vérité est que la philosophie n'a jamais franchement admis cette création continue d'imprévisible nouveauté. Les anciens y répugnaient déjà, parce que, plus ou moins platoniciens, ils se figuraient que l'Être était donné une fois pour toutes, complet et parfait, dans l'immuable système des Idées : le monde qui se déroule à nos yeux ne pouvait donc rien y ajouter ; il n'était au contraire que diminution ou dégradation ; ses états successifs mesureraient l'écart croissant ou décroissant entre ce qu'il est, ombre projetée dans le temps, et ce qu'il devrait être. Idée assise dans l'éternité ; ils dessineraient les variations d'un déficit, la forme changeante d'un vide. C'est le Temps qui aurait tout gâté. Les modernes se placent, il est vrai, à un tout autre point de vue. Ils ne traitent plus le Temps comme un intrus, perturbateur de l'éternité ; mais volontiers ils le réduiraient à une simple apparence. Le temporel n'est alors que la forme confuse du rationnel. Ce qui est perçu par nous comme une succession d'états est conçu par notre intelligence, une fois le brouillard tombé, comme un système de relations. Le réel devient encore une fois l'éternel, avec cette seule différence que c'est l'éternité des Lois en lesquelles les phénomènes se résolvent, au lieu d'être l'éternité des Idées qui leur servent de modèle. Mais, dans un cas comme dans l'autre, nous avons affaire à des théories. Tenons-nous-en aux faits. Le Temps est immédiatement donné. Cela nous suffit, et, en attendant qu'on nous démontre son inexistence ou sa perversité, nous constaterons simplement qu'il y a jaillissement effectif de nouveauté imprévisible.

La philosophie y gagnera de trouver quelque absolu dans le monde mouvant des phénomènes. Mais nous y gagnerons aussi de nous sentir plus joyeux et plus forts. Plus joyeux, parce que la réalité qui s'invente sous nos yeux donnera à chacun de nous, sans cesse, certaines des satisfactions que l'art procure de loin en loin aux privilégiés de la fortune ; elle nous découvrira, par delà la fixité et la monotonie qu'y apercevaient d'abord nos sens hypnotisés par la constance de nos besoins, la nouveauté sans cesse renaissante, la mouvante originalité des choses. Mais nous serons surtout plus forts, car à la grande œuvre de création qui est à l'origine et qui se poursuit sous nos yeux nous nous sentirons participer, créateurs de nous-mêmes. Notre faculté d'agir, en se ressaisissant, s'intensifiera. Humiliés jusque-là dans une attitude d'obéissance, esclaves de je ne sais quelles nécessités naturelles, nous nous redresserons, maîtres associés à un plus grand Maître. Telle sera la conclusion de notre étude. Gardons-nous de voir un simple jeu dans une spéculation sur les rapports du possible et du réel. Ce peut être une préparation à bien vivre.

Retour à la question de l'Être
(1929)

MARTIN HEIDEGGER
(1889-1976)

Alors qu'une grande partie de la pensée moderne s'efforce de rompre avec l'ontologie, l'originalité de Martin Heidegger est d'y faire retour. Pourquoi un tel geste? Pour apaiser quelque nostalgie? En fait, il s'agit là avant tout d'un acte de rigueur de sa pensée.

Husserl, dont Heidegger fut le disciple, a été l'initiateur d'un regain d'intérêt de sa part pour la question de l'Être. En soulignant que la culture européenne était en crise du fait de l'opposition sujet-objet pratiquée par le rationalisme, il a tenté de retrouver l'unité vivante de l'homme avec le monde, par-delà une séparation rendant l'homme étranger au monde et le monde étranger à l'homme. Aussi a-t-il mis l'accent sur la notion de présence, notion selon lui fondatrice, étant donné que seule la présence de l'homme au monde permet à l'objectivation pratiquée par celui-ci d'avoir un support vivant.

Entreprenant de décrire la structuration progressive de la rationalité à partir des différents niveaux de sens déployés par la présence de l'homme au monde, Husserl a conféré un nouveau départ à la philosophie. Toutefois, selon Heidegger, prisonnier du point de vue de la conscience, son analyse est demeurée limitée. Car, pour être une conscience, encore faut-il être.

Interrogeant cette structure d'être, Heidegger a procédé à des analyses nouvelles de la notion de présence. Il a bien sûr conservé à la présence son sens qui est d'être la manifestation de l'être de l'existence, tel que le sujet peut en faire l'expérience, dès qu'il se met à être à son contact. Mais il a aussi relié ce sens avec le côté temporel de la présence, qui réside dans ce qui vient à être présent pour un sujet qui vit ce qui lui est donné. Enfin, il a mis en rapport la présence et le présent temporel avec ce qui vient à se présenter dans la re-présentation spatiale. Associant donc les sens existentiels, temporels et spatiaux de la présence, Martin Heidegger a défini celle-ci comme étant fondamentalement événement, en concentrant en elle la triple signification de l'avoir lieu qui renvoie à 1) l'avoir lieu de ce qui se passe dans la présence, 2) l'avoir lieu de ce qui a un lieu dans l'espace, et enfin, 3) l'avoir lieu de ce qui marque un moment du temps.

Dans le paragraphe 1 de Être et Temps *(1929) qui est présenté ici, Martin Heidegger revient sur la nécessité de repenser l'Être. Prologue célèbre tiré de l'une des œuvres majeures de la philosophie, on y voit celui-ci s'élever contre l'oubli de l'Être pratiqué par la philosophie et la pensée en général, qui pensent sans s'interroger sur le fait même qu'*il y ait *de la pensée.*

L'originalité d'Heidegger est de nous donner à entendre ce que nous ne savons plus entendre. Tout son questionnement a pour but de nous faire renouer avec l'énigmatique présence de ce qui est, dont le caractère «parlant» se déploie dès lors qu'on résiste à la tentation de vouloir réduire son opacité[1]*.*

Source: *Martin Heidegger,* Être et Temps, *premier chapitre, traduction F. Vezin, Paris, Gallimard, Bibliothèque de philosophie, 1986.*

1. Dans le même chapitre, voir Parménide, Aristote, Hegel, Bergson, Sartre, Gilson, Levinas.

Bibliographie : *Jean Beaufret,* Dialogues avec Heidegger, *tome 3,* Approche de Heidegger, *tome 4,* le Chemin de Heidegger, *Éditions de Minuit, 1974-1985.*

§ 1. Nécessité d'une franche répétition expresse de la question de l'être

La question de l'être est aujourd'hui tombée dans l'oubli; notre époque, certes, met à son compte comme un progrès de tenir à nouveau en faveur la « métaphysique ». Toutefois l'effort, la peine que cela demanderait d'engager une nouvelle γιγαντομαχία περὶ τῆς οὐσίας, on s'en tient pour dispensé. La question que nous touchons là n'est pourtant pas une question quelconque. Elle a tenu en haleine Platon et Aristote dans leur investigation, il est vrai aussi qu'elle s'est tue à partir de là — *en tant que question et thème d'une recherche véritable.* Ce qu'ils ont tous deux atteint s'est néanmoins conservé à travers toute une variété de décalages et de « repeints » jusque dans la *Logique* de Hegel. Et ce que la pensée a, autrefois enlevée de haute lutte aux phénomènes, fût-ce par fragment et dans de premiers pas, le voilà depuis longtemps trivialisé.

Ce n'est pas tout. Là même où les Grecs avaient jeté les bases d'une interprétation de l'être, un dogme s'est constitué qui non seulement déclare superflue la question du sens de être, mais, de plus, légitime qu'elle soit purement et simplement chômée. On dit : l'« être » est le concept le plus général et le plus vide. Comme tel il résiste à tout essai de définition. Ce concept d'être, le plus général et donc indéfinissable, n'a d'ailleurs pas à être défini. Chacun en fait constamment usage et entend déjà aussi ce qu'il veut dire chaque fois par là. Ainsi ce dont l'énigme incita les anciens à philosopher sans plus leur laisser de répit se trouve devenu pour nous un lieu commun, clair comme le jour, à tel point que celui qui questionne encore en ce sens se voit reprocher une erreur de méthode.

Ce n'est pas au commencement de cette recherche que peuvent être expliqués dans tous leurs détails les préjugés qui continuellement implantent et entretiennent en se renouvelant l'idée qu'un questionnement qui porte sur l'être ne répond à aucun besoin. Ils ont leur racine dans l'ontologie antique elle-même. Et celle-ci à son tour — quant au sol d'où sont sortis les concepts ontologiques fondamentaux et pour savoir jusqu'où la mise en évidence des catégories est pertinente et exhaustive — ne saurait être interprétée de façon pleinement satisfaisante qu'au fil de la question de l'être, une fois celle-ci éclaircie et munie de réponse. Aussi voulons-nous limiter la discussion critique de ces préjugés à ce qui peut mettre en lumière la nécessité d'une répétition de la question du sens de être. Ces préjugés sont au nombre de trois.

1. L'« être » est le concept « le plus général : τὸ ὂν ἐστι καθόλου μάλιστα πάντων[1]. *Illud quod primo cadit sub apprehensione est ens, cujus intellectus includitur in omnibus, quaecumque quis apprehendit.* « Une entente de l'être est chaque fois déjà comprise dans tout ce que quelqu'un saisit de l'étant [2] ». Mais la « généralité » de l'« être » n'est pas celle du *genre.* L'« être » ne circonscrit pas la région la plus élevée de l'étant en tant que celui-ci s'articule conceptuellement en genre et en espèce : οὔτε τὸ ὂν γένος[3]. La « généralité » de l'être *outrepasse* toute généralité d'ordre générique. L'« être » est, selon la dénomination de l'ontologie médiévale, un *transcendens.* L'unité de cette « généralité » transcendantale par opposition à la multiplicité des concepts de genre sous lesquels se range une réalité

1. Aristote, *Mét.*, B 4, 1001 *a* 21.
2. Thomas d'Aquin, *S. th.*, II[1], qu. 94 a. 2.
3. Aristote, *Mét.*, B 3, 998 *b* 22.

donnée, Aristote l'avait déjà reconnue comme l'*unité de l'analogie*. En la dévoilant ainsi Aristote, tout en restant dépendant de Platon et de sa mise en question ontologique, a posé le problème de l'être sur une base neuve quant à ses principes. Mais pour ce qui est d'éclairer ce qu'ont d'obscur ces complexes catégoriaux, lui non plus n'alla pas jusque-là. L'ontologie médiévale, surtout dans les courants thomistes et scotistes, a multiplié les discussions sur ce problème sans arriver à en clarifier les principes. Et quand finalement Hegel détermine l'« être » comme l'« immédiat indéterminé », lorsqu'il place cette détermination à la base de toutes les explications catégoriales qu'il développe ensuite dans sa *logique*, il se maintient dans la même optique que l'ontologie antique, à ceci près qu'il laisse tomber le problème de l'être face à la multiplicité des « catégories » de réalité. Par conséquent, si l'on dit : « l'être » est le concept le plus général, cela peut signifier que ce concept soit le plus clair et qu'il n'est pas besoin d'êetre expliqué davantage. Le concept d'« être » est bien plutôt le plus obscur.

2. Le concept « être » est indéfinissable. Cela se concluait de sa suprême généralité [1]. Et à juste titre — si *definitio fit per genus proximum et differentiam*. L'« être » ne peut en effet être conçu comme un étant ; *enti non additur aliqua natura* : la détermination d'« être » ne saurait s'obtenir en lui donnant un étant pour attribut. L'être, pour ce qui est de le défininr, ne peut être déduit de concepts supérieurs pas plus qu'il n'est présentable à partir de concepts inférieurs. Mais s'ensuit-il que l'« être » ne peut plus offrir aucun problème ? Pas du tout ; on en peut seulement inférer ceci : « être » n'est pas quelque chose de tel qu'un étant. C'est pourquoi, bien que valable dans certaines limites, la manière ordinaire de déterminer l'étant — la « définition » de la logique traditionnelle qui a elle-même ses soubassements dans l'ontologie antique — n'est pas applicable à l'être. L'impossibilité de définir l'être ne dispense pas de questionner sur son sens, au contraire elle y conduit impérativement.

3. L'« être » est le concept qui va de soi. Il n'est pas de connaissance, d'énoncé, d'attitude envers un étant, de comportement à l'égard de soi-même où il n'en soit fait usage et l'expression s'entend alors « sans aller plus loin ». Chacun entend : « le ciel *est* bleu », « je *suis* joyeux », etc. Mais cette intelligibilité courante ne démontre rien d'autre que l'inintelligibilité. Elle fait voir que toute attitude et tout être par rapport à l'étant comme étant recèle *a priori* une énigme. Que nous visions chaque fois déjà dans une certaine entente de l'être et qu'en même temps le sens de être demeure enveloppé d'obscurité, c'est ce qui prouve la nécessité par principe de répéter la question du sens de « être ».

En appeler au « cela va de soi » dans le registre des concepts philosophiques fondamentaux, surtout lorsqu'il s'agit du concept d'« être », est un procédé douteux, alors que le « cela va de soi » et lui seul, « les jugements secrets de la raison commune » (Kant), est ce qui doit devenir et demeurer le thème expressément fixé de l'analytique (« affaire des philosophes »).

Mais l'examen de ces préjugés a rendu clair à la fois que, non seulement toute *réponse* à la question de l'être fait défaut, mais encore que cette question elle-même est obscure et qu'elle laisse désorienté. Répéter la question de l'être veut donc dire : commencer par élaborer une bonne fois et autant qu'elle l'exige la *position* même de la question.

1. Cf. Pascal, *Pensées et Opuscules* (éd. Brunschvicg), Paris, 1912, p. 169 : « On ne peut entreprendre de définir l'être sans tomber dans cette absurdité : car on ne peut définir un mot sans commencer par celui-ci, *c'est*, soit qu'on l'exprime ou qu'on le sous-entende. Donc, pour définir l'être, il faudrait dire *c'est*, et ainsi employer le mot défini dans sa définition. »

§ 2. La structure formelle de la question de l'être

La question du sens de être doit être posée. Si elle est une, voire *la* question fondamentale, alors que le questionnement réclame un degré de limpidité approprié. Aussi faut-il expliquer brièvement ce qui appartient en général à une question afin de pouvoir à partir de là mettre en évidence ce que la question de l'être a *d'exceptionnel.*

Tout questionner est un chercher. Tout chercher tire de ce qu'il recherche la direction qui précède et guide sa démarche. Questionner, c'est, sur le plan de la connaissance, chercher l'étant quant au fait qu'il soit et quant à son être tel. Chercher, sur le plan de la connaissance, s'appelle « recherche » quand est dégagé pour le déterminer ce après quoi la question se pose. En tant que questionnement après... le questionner a son *questionné.* Tout questionner après... consiste d'une manière ou d'une autre à s'enquérir auprès... Au questionner appartient, outre son questionné, un *interrogé.* Dans la recherche, c'est-à-dire dans la question qui est spécifiquement théorique, le questionné se trouve alors en tant que ce qui est proprement visé le *point en question* avec lequel le questionnement parvient à son but. En tant que comportement d'un étant, le questionneur, le questionnement est marqué en son être d'un caractère propre. Il peut être opéré soit comme « simple question pour voir », soit comme position en bonne et due forme de celle-ci. L'essentiel reste ici que le questionnement se rende d'abord limpide à lui-même en se réglant sur tous les caractères constitutifs de la question tels qu'ils ont été passés en revue.

La question à *poser* est celle du sens de être. Elle nous met dans la nécessité de débattre la question de l'être par rapport aux moments structuraux qui viennent d'être introduits.

Du moment qu'il cherche, le questionnement a besoin d'une direction qui précède et guide sa démarche à partir de ce qu'il recherche. Le sens de être doit donc être déjà d'une certaine manière à notre disposition. On l'a indiqué : nous nous mouvons toujours déjà dans une entente de l'être. C'est d'elle que part la question qui s'enquiert expressément du sens de être, c'est d'elle que se nourrit la tendance à le conceptualiser. Nous ne *savons* pas ce que « être » veut dire. Mais dès l'instant où nous posons la question : « Qu'*est*-ce que « être ? », nous nous tenons dans une entente de « est », sans pouvoir fixer conceptuellement ce que signifie le « est ». Nous ne connaissons pas même l'horizon à partir duquel nous devrions en saisir et en fixer le sens. *Cette entente courante et vague de l'être est un fait.*

Mais aussi mal assurée, aussi floue que puisse être cette entente de l'être, si proche qu'elle soit d'une connaissance purement verbale qu'elle frise en effet, l'interdétermination de cette entente de l'être, qui se trouve chaque fois déjà à notre disposition, est en soi un phénomène positif qui réclame élucidation. Une recherche sur le sens de être ne peut pourtant vouloir donner celle-ci au départ. L'interprétation de l'entente courante de l'être n'aura son nécessaire fil directeur qu'une fois pleinement développé le concept d'être. À la lumière de ce concept et grâce aux possibilités qu'il a de s'entendre lui-même d'une manière explicite se dégagera ce que veut dire cette entente de l'être pleine d'obscurité ou plutôt non encore mise en lumière, quels genres d'obscurcissement, quels obstacles à une mise en lumière explicite du sens d'être sont possibles et nécessaires.

La vague entente de l'être qui a lieu couramment peut en outre être entremêlée de théories et d'opinions traditionnelles sur l'être, mais de telle sorte qu'il est impossible d'apercevoir dans ces théories les sources de l'entente dominante. — Ce qui est recherché quand on questionne après l'être n'est pas complètement inconnu, même s'il est de prime abord tout à fait insaisissable.

Dans la question que nous avons à élaborer, le *questionné* est l'être, ce qui détermine l'étant comme étant, ce en direction de quoi l'étant, quelle qu'en soit l'explication, est chaque fois déjà entendu. L'être de l'étant n'« est » pas lui-même un étant. Philosophiquement le premier pas à faire pour arriver à entendre le problème de l'être, c'est déjà de ne pas μῦθόν τινα διηγεῖσθαι[1], ne pas « raconter une histoire », c'est-à-dire ne pas déterminer l'étant en tant qu'étant en sa provenance par reconduction à un autre étant, comme si l'être avait le caractère d'un étant possible. Il faut donc à l'être, en tant que questionné, un genre de monstration propre et essentiellement différent de celui par lequel l'étant est dévoilé. La conséquence, c'est que le *point en question*, le sens de être, va réclamer, lui aussi, un appareil conceptuel à lui, qui se démarque encore essentiellement des concepts grâce auxquels l'étant parvient à être déterminé en sa signification.

Dans la mesure où l'être constitue le questionné et où être veut dire être de l'étant, la question de l'être va avoir pour *interrogé* l'étant lui-même. Soumis à interrogation, celui-ci a, en quelque sorte, à répondre de son être, encore faut-il qu'il soit devenu, à son tour, accessible tel qu'il est en lui-même. En ce qui concerne son interrogé, la question de l'être est dans la nécessité de trouver et de commencer par s'assurer le bon moyen d'accès à l'étant. Mais « étant », nous le disons de beaucoup de choses et en des sens différents. Est étant tout ce dont nous parlons, tout ce que nous pensons, tout ce à l'égard de quoi nous nous comportons de telle ou de telle façon; ce que nous sommes et comment nous le sommes, c'est encore étant. L'être se trouve dans le fait d'être comme dans l'être tel, il se trouve dans la réalité, dans l'être-là-devant, dans le fonds subsistant, dans la valeur, dans l'*existentia (Dasein)*, dans le « il y a ». Sur *quel* étant le sens de être s'inscrit-il où l'on doive aller le lire, de quel étant la détection de l'être doit-elle partir ? N'importe quel étant peut-il servir de point de départ ou bien y a-t-il un étant déterminé à qui revient une primauté dans l'élaboration de la question de l'être ? Quel est cet étant exemplaire et en quel sens a-t-il une primauté ?

Si la question de l'être doit être expressément posée et si elle doit, en se posant, être pleinement lucide sur elle-même, alors il découle des éclaircissements donnés jusqu'à maintenant qu'une élaboration de cette question exige que soit expliquée la manière de regarder dans la direction de l'être, d'entendre et de saisir conceptuellement son sens; elle exige que soit ménagée la possibilité de bien choisir l'étant pris pour exemple, elle réclame tout le travail requis pour frayer l'accès menant spécialement à cet étant. Regarder vers, entendre et concevoir, choisir, accéder à, sont des comportements constitutifs du questionnement en même temps que des modes d'être d'un étant bien précis, *cet* étant que nous, les questionnants, sommes chaque fois nous-mêmes. Qui dit élaboration de la question de l'être dit par conséquent qu'un étant, celui qui questionne, se rend transparent à lui-même en son être. Dès lors que poser cette question est un mode d'*être* d'un étant, le questionnement qu'elle instaure doit lui-même l'essentiel de sa détermination au questionné qui est visé en lui, à l'être. Cet étant que nous sommes chaque fois nous-mêmes et qui a, entre autres possibilités d'être, celle de questionner, nous lui faisons place dans notre terminologie sous le nom de *Dasein*. Pour poser expressément et en toute clarté la question du sens de être, il est requis d'en passer d'abord par une explication d'un étant (Dasein) en considérant justement son être.

Mais pareille entreprise ne tombe-t-elle pas, de toute évidence, dans un cercle ? Devoir d'abord déterminer un étant *en son être* et, sur cette base, ne vouloir poser qu'ensuite la question de l'être, qu'est-ce d'autre que tourner en rond ? Ne « présuppose »-t-on pas déjà

1. Platon, *Sophiste*, 242 *c*.

pour élaborer la question ce que seule la réponse à cette question serait en mesure de fournir? Des objections de forme — et rien ne prête mieux le flanc à l'accusation de «cercle dans le raisonnement» que l'investigation au niveau des principes — sont, quand on est à examiner les voies concrètes de la recherche, toujours stériles. Sur le fond de la question, elles ne font rien comprendre de plus et elles empêchent d'avancer dans le champ de la recherche.

Mais factivement poser la question, telle qu'elle a été définie, ne comporte pas le moindre cercle. (Un) étant peut être déterminé dans son être sans que, pour ce faire, le concept explicite du sens de être doive être déjà disponible. Sinon, il n'aurait encore pu y avoir aucune connaissance ontologique; or personne ne peut sérieusement nier qu'il y en ait factivement une. Il est vrai que, jusqu'à nouvel ordre, en toute ontologie l'«être» est «présupposé» mais non pas en tant que *concept* disponible — non comme ce en tant que quoi il est recherché. «Présupposer» l'être consiste dans ces conditions en un aperçu anticipé sur l'être, grâce auquel l'étant préalablement donné sera provisoirement articulé en son être. Cet aperçu sur l'être indiquant la direction à suivre naît de l'entente courante de l'être dans laquelle nous nous mouvons toujours déjà *et qui relève en fin de compte de ce qui constitue l'essence du Dasein lui-même.* «Présupposer» ainsi n'a rien à voir avec la mise en place initiale d'un principe indémontré d'où serait ensuite tirée par déduction une série de propositions. Telle qu'elle se pose, la question du sens de être ne peut comporter nul «cercle dans le raisonnement» parce que, pour donner à la question sa réponse, il ne s'agit pas d'établir une base de départ pour des déductions mais au contraire de dégager le fond à partir duquel elle se manifestera.

Il n'y a pas du tout de «cercle dans le raisonnement» là où la question s'enquiert du sens de être mais bien une remarquable réciprocité de rapport, sorte de «va-et-vient» du questionné (être) au questionnement en tant qu'il est mode d'être d'un étant. Que le questionnement soit atteint au plus intime de lui-même par son questionné appartient au sens le plus propre de la question de l'être. Mais tout ceci revient à dire: l'étant qui se caractérise comme Dasein a un rapport à la question même de l'être — peut-être bien un rapport insigne. Mais autant dire alors qu'un étant bien précis est désigné dans sa primauté d'être et n'est-ce pas là l'étant exemplaire auquel revient prioritairement le rôle d'être l'*interrogé* de la question de l'être qui s'est d'avance donné? Tout ce qui a été expliqué jusqu'ici ne permet ni d'assigner la primauté au Dasein, ni de rien trancher quant à sa possible, voire sa nécessaire aptitude à remplir la fonction de l'étant à interroger en priorité. Mais une certaine primauté du Dasein s'est quand même annoncée.

§ 3. La primauté ontologique de la question de l'être

Caractériser la question de l'être, en se guidant sur la structure formelle de toute question en tant que telle, a déjà élucidé cette question dans ce qu'elle a de particulier; d'où il ressort que l'élaborer, voire la résoudre exige une série de considérations fondamentales. Mais pour que la question de l'être arrive dans ce qu'elle a d'exceptionnel en pleine lumière, encore faut-il l'avoir suffisamment circonscrite quant à sa fonction, son intention et ses motifs.

Parmi les motifs appelant jusqu'ici et rendant nécessaire une répétition de la question, il y a bien sûr son origine vénérable, mais avant tout le défaut d'une réponse déterminée et même l'absence criante d'une suffisante mise en question. À quoi s'ajoute qu'on peut désirer savoir à quoi doit servir cette question. Reste-t-elle seulement, n'*est*-elle, tout compte fait, que l'affaire d'une spéculation planant dans l'éther des généralités les plus générales — *ou bien n'est-elle pas plutôt la question de principe par excellence et du même coup la question la plus concrète ?*

Être est chaque fois être d'un étant. Le tout de l'étant, avec les différents secteurs qu'il comporte, peut devenir un champ où des domaines précis à étudier seront dégagés et délimités. De leur côté, ceux-ci, comme par exemple l'histoire, la nature, l'espace, la vie, le Dasein, la langue, etc., sont susceptibles d'être thématisés en autant d'objets pour des recherches scientifiques correspondant à chacun d'eux. Quand elle en dresse le relevé, l'investigation scientifique fixe en gros et non sans naïveté un premier découpage des domaines à étudier.L'élaboration d'un domaine dans ses structures fondamentales est en quelque sorte déjà opérée par l'expérience et l'explication préscientifiques du secteur d'être dans lequel le domaine à étudier trouve lui-même sa délimitation. Les «concepts de base» ainsi émergés restent d'abord acquis, c'est sur eux que se guide la première détection concrète de ce domaine. Quant à savoir si l'investigation doit désormais tout son poids à cette positivité, disons qu'elle ne progresse pas tellement quand elle accumule des résultats et les engrange dans des «manuels» mais que, presque toujours en réaction à une telle inflation de connaissances sur la question, son progrès véritable consiste à mettre en question ce qui constitue en son fond chacun des domaines envisagés.

Le véritable «mouvement» scientifique se joue quand les sciences soumettent leurs concepts de base à une révision plus ou moins radicale et qui ne leur est pas transparente. Jusqu'à quel point elle est *capable* d'une crise de ses concepts de base, voilà ce qui détermine le niveau d'une science. Quand surviennent de telles crises à l'intérieur des sciences, le rapport qu'entretient le questionnement de la recherche positive avec les choses mêmes qu'il interroge est ébranlé. De toutes parts on voit s'éveiller de nos jours dans les différentes disciplines des tendances à déplacer la recherche en l'amenant sur de nouveaux fondements.

La science apparemment la plus rigoureuse et la plus solide en ses assises, la *mathématique*, est en proie à une «crise des fondements». Dans le combat du formalisme et de l'intuitionnisme, ce qui est en jeu c'est la façon dont on atteint et s'assure l'accès premier à ce qui doit être l'objet de cette science. La théorie de la relativité en *physique* naît de la tendance à dégager la cohésion propre à la nature telle qu'elle subsiste «en soi». En tant que théorie des conditions d'accès à la nature même, elle cherche, en déterminant tous les rapports de relativité, à sauvegarder le caractère immuable des lois du mouvement; par là elle se confronte à la question de la structure du domaine qui lui est donné à étudier, au problème de la matière. En *biologie* les questions qui commencent à se poser ont tendance à revenir en deçà des déterminations de l'organisme et de la vie données par le mécanisme et le vitalisme et à déterminer de façon neuve le genre d'être du vivant en tant que tel. Dans les *sciences historisantes de l'esprit* la tendance à atteindre la réalité historiale elle-même, en passant par ce qu'en transmettent les documents qui l'exposent et la tradition, s'est renforcée: l'histoire de la littérature se doit de devenir une histoire des problèmes. La *théologie* est la recherche d'une explicitation de l'être de l'homme dans son rapport à Dieu qui soit plus originale en ce qu'elle se calquerait sur le sens de la foi elle-même et se cantonnerait en elle. Elle commence lentement à recomprendre ce qu'avait vu Luther à savoir que son système de dogmes repose sur un «fondement» qui n'a pas pris naissance d'un questionnement d'abord propre à la foi et dont l'appareil conceptuel est non seulement insuffisant pour la problématique théologique mais la recouvre et la défigure.

Des concepts de base sont ces déterminations dans lesquelles le domaine à étudier, qui se tient à la base de tous les objets qu'une science a pour thème, parvient à l'entente sur laquelle se guidera toute la recherche positive. Leur véritable production et leur « légitimation », ces concepts ne les reçoivent en conséquence que lors d'une investigation non moins anticipatrice à travers le domaine même à étudier. Mais dans la mesure où chacun de ces domaines est atteint à partir du secteur de l'étant lui-même, cette investigation anticipatrice et créatrice de concepts de base n'est rien d'autre que l'explication de cet étant sur le fond que constitue son être. Une telle investigation doit prendre les devants et ouvrir la voie aux sciences positives; et elle le *peut*. Le travail de Platon et Aristote en apporte la preuve. Une telle manière de poser les fondations des sciences se distingue par principe de la « logique » qui, boitant derrière une science, en examine, aux fins de dégager sa méthode, un stade fortuit. Elle est une logique productive en ce sens qu'elle se propulse pour ainsi dire dans un domaine déterminé d'être qu'elle commence alors seulement à découvrir dans ce qui constitue son être pour mettre les structures ainsi conquises à la disposition des sciences positives comme autant de claires incitations à questionner. Ce qui est, par exemple, philosophiquement premier, ce n'est pas une théorie de la formation des concepts historiographiques, pas plus qu'une théorie de la connaissance historisante, pas non plus la théorie de l'histoire comme objet de l'historiographie, mais bien l'interprétation de l'étant proprement historial et son historialité. C'est ainsi que l'apport positif de la *Critique de la raison pure* de Kant réside aussi dans la mise en route d'un travail pour dégager ce qui appartient en général à une nature et non dans une « théorie » de la connaissance. Sa logique transcendantale est une logique apriorique s'appliquant au domaine d'être à étudier, la nature.

Mais un tel questionnement, l'ontologie — ce mot pris en son sens le plus large et indépendamment des courants et tendances ontologiques — a lui-même encore besoin d'un fil directeur. Comparé au questionnement ontique des sciences positives, le questionnement ontologique est plus original. Il n'en demeure pas moins naïf et sans limpidité tant que ses investigations portent sur l'être de l'étant sans avoir fait de mise au point au sujet du sens de être en général. Et ce dont a justement besoin la tâche ontologique d'une généalogie des diverses manières possibles d'être sans les construire par déduction, c'est un accord préalable permettant de s'entendre sur « ce que nous voulons dire au juste par le mot "être" ».

Le but que vise la question de l'être est donc une condition *a priori* de possibilité, pas seulement celle des sciences dont l'investigation mesure un étant de part en part comme tel ou tel et qui, ce faisant, se meuvent toujours déjà dans une entente de l'être, mais bien la condition de possibilité des ontologies qui se trouvent en deçà des sciences ontiques et en sont la base. *Toute ontologie, si richement et solidement agencé que puisse être le système de catégories dont elle dispose, demeure au fond aveugle et pervertit son intention la plus propre tant qu'elle n'a pas d'abord suffisamment tiré au clair le sens de être et n'a pas conçu cette clarification comme sa tâche fondamentale.*

Quand elle est bien entendue, l'investigation ontologique donne elle-même à la question de l'être sa primauté ontologique qui laisse loin derrière elle la simple reprise d'une tradition vénérable et le désir de faire avancer un problème resté jusqu'ici impénétrable. Mais cette primauté dans l'ordre des matières scientifiques n'est pas la seule.

§ 4. La primauté ontique de la question de l'être

Est science en général ce qui peut se déterminer comme le tout formé par des propositions vraies qui se lient entre elles en étant fondées les unes sur les autres. Cette définition, loin d'être complète, n'atteint pas la science dans son sens. Comme elles sont des comportements de l'homme, les sciences ont le genre d'être de cet étant (homme). Cet étant, nous lui donnons place dans notre terminologie sous le nom de Dasein. L'investigation scientifique n'est pas le seul ni le plus immédiat des genres d'être possibles de cet étant. Le Dasein, en outre, se distingue lui-même de tout autre étant. Ce qui le distingue ainsi, il faut en donner tout de suite un premier aperçu. Ce qui ne peut se faire qu'en anticipant sur les analyses à venir qui, seules, en effectueront la véritable monstration.

Le Dasein est un étant qui n'apparaît pas seulement parmi d'autres étants. Ce qui le distingue ontiquement, c'est que, dans son être, il y va pour cet étant *de* cet être. Or s'il est ainsi constitué en son être, il appartient au Dasein d'avoir en son être un rapport d'être à cet être. Et cela veut aussi dire que le Dasein, d'une manière quelconque qui peut être plus ou moins explicite, s'entend dans son être. Cet étant a ceci de propre qu'il n'a qu'à être pour que cet être qui est le sien lui soit découvert. *L'entente de l'être est elle-même une détermination d'être du Dasein.* Ce qui distingue ontiquement le Dasein, c'est qu'il *est* ontologique.

Être-ontologique ne veut pas encore dire ici : mettre sur pied une ontologie au questionnement théorique portant explicitement sur l'être de l'étant, l'être-ontologique du Dasein auquel nous pensons se caractérise comme pré-ontologique. Mais cela ne signifie pas quelque chose d'aussi simple qu'être ontique ; pré-ontologique signifie, qu'il entre dans la manière d'être du Dasein une entente de être.

L'être même, par rapport auquel le Dasein peut se comporter de telle ou telle manière et vis-à-vis duquel il a toujours une certaine attitude, *existence*. Et comme la détermination de cet étant dans son essence ne peut s'accomplir en donnant de lui une définition qui exprimerait sa réalité ; comme son essence repose bien plutôt en ce qu'il a, chaque fois, à être son être en tant que celui-ci n'est qu'à lui, c'est le terme Dasein, pure expression d'être, qui est choisi comme marque distinctive de cet étant.

Le Dasein s'entend soi-même toujours à partir de son existence, une possibilité de soi-même, possibilité d'être soi-même ou de ne pas l'être. Ces possibilités, ou bien le Dasein les a choisies lui-même, ou bien y est tombé, ou bien il a chaque fois déjà grandi en elles. Se prendre en main ou négliger de le faire, ces manières d'exister, il appartient chaque fois au Dasein et à lui seul d'en décider. La question de l'existence ne se clarifie jamais qu'en en passant par l'exister lui-même. L'entente de soi-même qui *en ce cas* montre la voie, nous l'appelons l'entente existentielle. La question de l'existence est une « affaire » ontique pour le Dasein. Cela ne requiert pas pour autant que la structure ontologique de l'existence soit dégagée théoriquement en toute clarté. Si en revanche le but visé par la question est cette structure, ce sont les structures constituant l'existence qu'il s'agit de dégager l'une après l'autre. L'ensemble que forment ces structures réunies, nous l'appelons l'*existentialité.* Son analytique a le caractère d'une entente non pas existentielle mais *existentiale.* Se fixer pour tâche une analytique existentiale du Dasein, voilà qui est, quant à sa possibilité et à sa nécessité, inscrit d'avance dans la constitution ontique du Dasein.

Or dans la mesure où l'existence détermine le Dasein, l'analytique ontologique de cet étant ne saurait commencer sans avoir chaque fois déjà en vue l'existentialité. Mais nous entendons celle-ci comme constituant l'être de l'étant qui existe. Or, dans l'idée d'une telle constitution d'être, il y a bien déjà l'idée d'être. Et pour pouvoir être menée à bien, l'analytique du Dasein dépend donc aussi de l'élaboration préalable de la question du sens de être en général.

Les sciences sont des manières d'être du Dasein dans lesquelles il se rapporte également à l'étant qu'il n'a pas par ailleurs lui-même à être. Mais au Dasein il appartient essentiellement de : être en un monde. L'entente de l'être qui appartient au Dasein intéresse donc, de façon tout aussi originaire, l'entente de quelque chose de tel que « monde », y compris l'entente de l'être de l'étant accessible à l'intérieur du monde. Les ontologies qui ont pour thème l'étant, dont le caractère d'être n'est pas de l'ordre du Dasein, sont par suite fondées dans et motivées par la structure ontique du Dasein qui renferme en elle, entre autres déterminations, une entente pré-ontologique de l'être.

C'est pourquoi l'*ontologie fondamentale*, dans laquelle seulement les autres ontologies peuvent prendre source, doit être cherchée dans l'*analytique existentiale du Dasein.*

Le Dasein, on le voit, a sur tout autre étant une primauté qui se retrouve à plusieurs niveaux. La première est une primauté *ontique :* cet étant est déterminé en son être par l'existence. La seconde est une primauté *ontologique :* sur la base de sa détermination par l'existence, le Dasein est en lui-même « ontologique ». Mais, de façon également originale, il appartient au Dasein — et cela entre dans ce qui constitue l'entente de l'existence — d'avoir une entente de l'être de tout étant qui n'est pas de l'ordre du Dasein. Le Dasein a donc une troisième fois la primauté, puisqu'il est la condition ontique et ontologique de possibilité de toutes les ontologies. Le Dasein a maintenant fait ses preuves, il est bien avant tout autre étant celui à interroger ontologiquement en priorité.

Quant à l'analytique existentiale, son ultime racine n'en est pas moins *existentielle*, c'est-à-dire *ontique*. C'est seulement quand le questionnement inhérent à l'investigation philosophique, tel que le Dasein chaque fois existant en a la possibilité dans son être, est saisi existentiellement qu'il y a possibilité d'une détection de l'existentialité de l'existence et par là même possibilité de mettre en œuvre une problématique ontologique assurée dans ses bases. Du même coup, la primauté ontique de la question de l'être se trouve elle aussi élucidée.

La primauté ontique-ontologique du Dasein a déjà été vue de bonne heure, mais sans que le Dasein lui-même fût pour autant saisi dans sa structure ontologique spécifique ou qu'il fît au moins problème d'une façon qui aurait pris cette structure pour but. Aristote dit : ἡ ψυχὴ τὰ ὄντα πῶς ἐστιν[1]. L'âme (de l'homme) est d'une certaine manière l'étant ; l'« âme » qui constitue l'être de l'homme, dévoile dans les manières d'être qui sont les siennes, l'αἴυθησις et νόησις, tout étant par rapport au fait qu'il soit et par rapport à son être tel, c'est-à-dire le dévoile toujours aussi dans son être. Cette phrase, qui renvoie à la thèse ontologique de Parménide, a été relevée par Thomas d'Aquin qui en donne une explication caractéristique. Le contexte où elle intervient est une déduction des « transcendantaux », c'est-à-dire des caractères d'être qui, par-delà toute détermination possible d'un étant par le genre et par l'essence, dépassent tout *modus specialis entis* et s'attribuent nécessairement à tout quelque chose, quoi qu'il puisse être ; dans ce cadre il faut aussi démontrer que le *verum* est un tel *transcendens.* Ce qui se fait en recourant à un étant qui, de par son genre d'être, a la particularité d'« aller de pair », c'est-à-dire de s'accorder avec n'importe quel étant. Cet étant insigne, l'*ens, quod natum est convenire cum omni ente*, est l'âme *(anima*[2]*)*. Telle qu'elle émerge ici et même si elle est ontologiquement non clarifiée, la primauté du Dasein sur tout autre étant n'a manifestement rien de commun avec une piètre subjectivisation du tout de l'étant.

1. *De anima*, I, 8, 431b 21 ; cf. *id.*, 5, 430a 14 *sqq.*
2. *Quaestiones de veritate* qu. 1, a. 1c, à comparer avec une « déduction » des transcendantaux dont la démarche est, par certains côtés, plus rigoureuse et s'écarte sensiblement de celle qui a été mentionnée et qu'on trouve dans l'opuscule *De natura generis.*

Ce qu'a d'ontiquement et d'ontologiquement exceptionnel la question de l'être se démontre sur la base de la primauté à la fois ontique et ontologique du Dasein telle qu'elle vient d'être indiquée de façon provisoire. Toutefois l'analyse de la question de l'être comme telle en sa structure de question (§ 2) a rencontré dans sa position même de question une fonction insigne de cet étant. Le Dasein s'est alors révélé comme l'étant qui doit être d'abord élaboré ontologiquement de façon suffisante pour que le questionnement se fasse en toute clarté. Or il est maintenant apparu que c'est en somme l'analytique ontologique du Dasein qui constitue l'ontologie fondamentale, de même que c'est le Dasein qui constitue l'ontologie fondamentale, de même que c'est le Dasein qui, dans son principe et en priorité, est l'étant à *interroger* sur son être.

Quand la tâche qui s'impose est l'interprétation du sens de être, le Dasein n'est pas seulement le premier étant à interroger, il est plus encore l'étant qui chaque fois déjà se rapporte en son être à *ce* sur quoi porte le questionnement dans cette question. Mais la question de l'être appartenant par essence au Dasein lui-même, l'entente pré-ontologique de l'être.

Réconcilier la métaphysique et la phénoménologie
(1972)

ÉTIENNE GILSON
(1884-1978)

Dans l'analyse critique qu'il a faite de la philosophie occidentale, Martin Heidegger n'a cessé de voir dans le Moyen Âge un moment de l'oubli de l'Être. À part Maître Eckart qu'il a longuement médité, il a reproché à cette époque de la pensée d'occulter le sens de l'Être en identifiant celui-ci à Dieu. Déjà avec Aristote transformant, selon lui, le déploiement de l'Être dans la phusis *(nature) en causalité pleinement en acte, la pensée de l'Être avait eu à subir un premier déplacement. Avec l'identification de Dieu et de l'Être par la théologie du Moyen Âge, celle-ci avait été complètement déformée.*

Quels que soient les griefs que l'on peut avoir contre la pensée scolastique, il s'est trouvé des penseurs pour s'élever contre ce genre d'interprétations. Ainsi, selon Étienne Gilson, il n'est pas exact de voir dans le Moyen Âge un oubli de l'Être. Le fait que saint Thomas ait fait de Dieu un «pur exister» donnant naissance à une création structurée selon des formes essentielles accessibles à l'intelligence témoigne d'une réconciliation entre essence et existence dont la modernité ferait bien de s'inspirer pour surmonter les conflits qui sont les siens. Car, pour É. Gilson, la philosophie se trouve tiraillée entre les philosophies de l'essence et les philosophies de l'existence.

Si les premières ont pour pertinence de penser la rationalité de l'existence, elles ont contre elles d'aboutir à l'extrême à une pensée se pensant toute seule, comme la pensée spinoziste. Ce qui est un non-sens, car, jusqu'à preuve du contraire, il n'y a pas de pensée sans penseur, sinon dans les pensées folles d'elles-mêmes. S'il revient à Kierkegaard d'avoir su nous le rappeler, son approche purement subjective et existentielle, selon

É. Gilson, a le tort de passer d'un extrême à un autre et d'oublier que, si une pensée peut être dite ma *pensée, c'est parce qu'il y a de* la *pensée dans* ma *pensée. Pour être, la subjectivité a besoin d'un sens de l'universalité et donc de l'essence.*

Pour É. Gilson, essence et existence ne sont pas contradictoires. Par le passé, il revient à saint Thomas de nous l'avoir appris, en faisant de Dieu celui dont l'essence réside dans un « pur exister ». Par le présent, c'est Bergson qui fraye une voie en ce sens, par l'entremise de sa métaphysique de la création multipliant les essences singulières comme autant de possibles. Aussi importe-t-il, selon É. Gilson, de s'inspirer de l'un comme de l'autre, afin de retrouver une unité entre essence et existence, dont la division entraîne la séparation contemporaine entre scientisme et subjectivité.

Source : *Étienne Gilson,* l'Être et l'Essence, *Paris, Vrin, 1972, 2e édition.*

Bibliographie : Christianisme et Philosophie, *Paris, Vrin, 1949 ;* l'Être et l'Essence, *Paris, Vrin, 1972 ;* les Constantes philosophiques de l'Être, *Paris, Vrin, 1983.*

Le philosophe a le choix entre deux possibilités: ou bien s'assigner comme but la conquête d'une connaissance totalement satisfaisante pour la pensée, quitte à sacrifier les éléments du réel que la pensée abstraite ne peut accueillir sans renoncer à ses exigences; ou bien au contraire accueillir le réel total, quitte à limiter les exigences de la pensée abstraite. Bien des noms ont été déjà donnés à l'une et l'autre de ces deux attitudes, mais il importe plus de les identifier que de les nommer. La première s'allierait plus spontanément à ce qu'on nomme idéalisme et la seconde à ce qu'on nomme réalisme, mais ce n'est pas exactement de cela qu'il s'agit ici. Car s'il est vrai que les divers degrés de l'idéalisme, de l'idéalisme méthodique à l'idéalisme critique, puis à l'idéalisme absolu, sont les moments d'un même effort de la pensée abstraite pour se donner un objet fait à son image et ressemblance, donc assuré de la satisfaire, il l'est aussi que la plupart des réalismes ne retiennent du réel qu'ils posent comme un en-soi, que ce que la pensée conceptuelle peut soumettre à ses propres lois et faire tenir dans ses formules. Tel est éminemment le cas des ontologies de l'essence qui, plus encore que celles de la substance, élaguent du réel, au moyen de ce qu'elles nomment des « abstractions précisives », ce que la raison raisonnante échoue à réduire au concept.

De ces éléments rebelles, celui que ces métaphysiques ont écarté le plus soigneusement est l'existence. La raison en est simple. C'est que, si l'on accorde une place à l'existence, ce ne peut être que la première, si bien que l'ontologie tout entière, avec la philosophie qui en dépend, se trouve commandée par du non-conceptualisable. Il n'en va pas de même si l'on part de l'essence réelle, et moins encore si l'on part de la pensée. Assurément, il reste alors inévitable que l'on rencontre tôt ou tard l'existence, mais ce ne sera plus que dans ses manifestations secondaires et après s'être assuré de principes qui permettront plus ou moins heureusement de l'assimiler. Tels sont notamment les problèmes relatifs au devenir, à la causalité et à la qualité sensible, qui ne se posent que postérieurement au problème de l'être même et dont on peut toujours se débarrasser par un artifice quelconque, ne serait-ce qu'en les ignorant ou en les déclarant sans objet. Il est au contraire impossible de situer l'existence à la seule place qui lui convienne, sans se heurter dès le début à ce qui restera désormais pour la pensée conceptuelle un donné irréductible et refusera toujours, sous quelque forme dérivée qu'on le rencontre, de se laisser ni déduire ni ignorer. En suivant jusqu'au bout ces tendances antagonistes, on en est naturellement venu à deux types de spéculation qui, pris sous leurs formes pures, s'opposent de point en point. D'une part, les grands systèmes analytiques du type Spinoza, Wolff et Hegel, où le réel tout entier se distribue en concepts dont les articulations et les liaisons intelligibles sont celles de l'être même; d'autre part, les revendications passionnées de l'existence, qui protestent contre ces systématisations conceptuelles, au nom de ce qui, dans le réel, refuse de se laisser conceptualiser. Philosophies sans existence, existence sans philosophie, telles semblent donc finalement les options auxquelles nous nous trouvons aujourd'hui condamnés.

Il y a pourtant eu, au cours de l'histoire, au moins une tentative pour conserver l'existence sans renoncer à la philosophie. Il est vrai qu'elle s'est produite au XIIIe siècle, mais les conclusions philosophiques auxquelles on aboutit dépendent des principes dont on part, non de l'époque où l'on part de ces principes. Car eux-mêmes n'ont pas d'âge; dès qu'ils sont conçus, ils se trouvent posés hors du temps. On pourrait aussi trouver surprenant que, si la solution de ce problème fondamental a été si tôt découverte, elle ne se soit pas immédiatement imposée à l'attention de tous. Assurément, le fait a de quoi surprendre et, plus on le scrute, plus il soulève lui-même de problèmes. Pour ne pas nous engager plus loin qu'il n'est ici nécessaire, remarquons d'abord que la position philosophique dont il s'agit n'a pas été formulée par un philosophe de profession, mais par un théologien. Saint Thomas d'Aquin, dont la pensée témoigne d'un sentiment si vif du primat de l'existence, a souvent eu recours à ce principe; il l'a même si souvent invoqué qu'on ne peut se dispenser d'en tenir compte sans méconnaître le sens ultime de son œuvre; mais il n'en a pourtant pas fait la cheville ouvrière d'une métaphysique de l'être et des causes complètement développée. À cela s'ajoute que la répugnance naturelle de la raison raisonnante pour ce qui se dérobe aux prises du concept a de bonne heure invité certains de ceux mêmes qui se réclamaient de ces principes à transformer la métaphysique de l'être en une ontologie de l'essence, en réduisant à cette dernière tout ce qu'il avait dit de l'exister. Enfin, il n'est pas impossible que l'attitude requise de toute pensée soucieuse de respecter l'existence exige une soumission au réel et impose une modestie dans la démarche, qui la rendront toujours impopulaire. Le sentiment de l'existence ne prive certes pas du plaisir d'admirer les autres systèmes créés par le génie des métaphysiciens, mais il ne permet pas qu'on s'y laisse prendre, et il peut même ôter, à tel de ceux qui tenteraient pareille entreprise, le goût de s'y engager.

Que ce soit pour ces raisons ou pour d'autres encore, c'est un fait que l'exemple donné par saint Thomas d'Aquin n'a trouvé que peu d'imitateurs. On l'a beaucoup commenté, mais fort peu suivi. La seule manière de le suivre vraiment serait de refaire son œuvre telle que lui-même la ferait aujourd'hui à partir des mêmes principes et d'aller plus loin que lui dans le sens et sur la voie même qu'il a jadis ouverte. Si ces principes sont vrais, leur fécondité n'est certainement pas épuisée. Il n'y a donc rien d'absurde à les remettre en œuvre, dans l'espoir qu'ils jetteront quelque lumière sur les aspects du réel qu'ils furent, dès leur formulation première, destinés à éclairer.

Le premier et le plus fondamental de ces aspects de l'être est sa répugnance invincible à se laisser exhaustivement réduire à ce qu'il est. Définir l'être par l'essence seule reste assurément une tentation permanente de la raison, mais c'est une gageure, et ceux qui l'ont tenue jusqu'au bout n'ont pas été sans voir ce qu'elle a d'arbitraire. Elle suppose en effet, soit que l'on mette l'existence entre parenthèses, par une abstraction précisive que rien ne justifie, sinon qu'on ne sait que faire de l'existence; soit que l'on remplace l'existence par un succédané qui, non moins inassimilable qu'elle à la pensée conceptuelle, soit en outre complètement étranger à l'être. En fait, le seul au-delà de l'essence auquel on puisse penser, sans être contraint de le penser comme radicalement étranger à l'essence même, c'est l'existence. Pour accepter le réel dans son intégrité, il faut donc concevoir l'être, au sens plein de ce terme, comme la communauté de l'essence et de l'existence, si bien qu'il n'y ait pas d'être réel, dans l'ordre de notre expérience, qui ne soit une essence actuellement existante et un existant concevable par l'essence qui le définit.

De ces deux éléments du réel, il convient de situer au premier rang celui sans lequel le problème de son intelligibilité ne pourrait même pas se poser. C'est l'existence, sans laquelle il ne saurait être question de rien, pas même du possible. En revanche, dans les limites de notre expérience, il semble que l'existence pure demeure insaisissable et qu'elle ne se laisse concevoir qu'à travers telle ou telle de ses modalités. C'est même sans doute pourquoi les philosophies qui se réclament aujourd'hui le plus vigoureusement de l'existence parlent en réalité de tout autre chose et se contentent d'analyser sous son nom les modalités propres du *Dasein* humain, qui n'est lui-même qu'une de celles de l'existence en général. Il faut donc en revenir à cette intuition fondamentale de Platon, complètement éclaircie plus tard par Plotin et Scot Érigène, que l'être inclut la manifestation première et immédiate d'un au-delà de l'essence qu'il révèle sans l'épuiser. Le choix de cet au-delà constitue précisément la position rationnelle initiale, qui décide de ce que seront notre métaphysique de l'être et des causes, notre philosophie de la nature et notre morale, en un mot, notre philosophie. L'être intelligible peut se concevoir, soit, avec Platon, comme une « agathophanie », soit, avec Plotin, comme une « énophanie », soit encore, avec Scot Érigène, comme une « théophanie »; quelque décision que l'on prenne, on engage une fois pour toutes la métaphysique dans une voie dont il lui sera désormais impossible de s'écarter.

Ce qu'il y a de commun à ces diverses décisions, c'est le sentiment, pleinement justifié nous semble-t-il, que l'on ne peut scruter attentivement l'essence intelligible sans la relier à un au-delà de l'essence qui échappe aux prises du concept. Il est en effet remarquable que Platon, Plotin et Érigène aient pareillement considéré les termes ultimes auxquels les conduisait leur dialectique, comme autant de symboles d'un suprême inconnaissable, ou, pour mieux dire, d'un ultime transcendant sur l'intelligible. Ce n'est pas seulement pour nous, c'est pour lui-même que le Dieu d'Érigène est inconnaissable, et c'est par excès qu'il n'est pas intelligible, non par défaut. De même pour l'Un de Plotin, et pour ce Bien que Platon situait au-delà de l'être. Seulement, quand tout est dit, le fait demeure que, dans ces diverses doctrines, l'au-delà de l'être que l'on évite si soigneusement de concevoir, réussit toujours insidieusement à se laisser imaginer. Plus scrupuleusement on l'élève au-dessus de l'intelligible et de l'être, pour en mieux assurer la transcendance, plus inévitablement on en arrive à se le représenter comme une sorte de chose dont, si l'on peut dire, l'essence serait de n'en avoir aucune. De toute manière, on ne peut isoler de l'être ce principe pour en faire « une chose » sans en faire du même coup « une autre chose » et, puisqu'il s'agit nécessairement alors d'une chose « autre que l'être », sans en parler comme d'un néant.

L'impossibilité d'en parler disparaîtrait peut-être si l'on posait l'existence à la racine même de l'être. Adopter cette solution du problème, c'est assurément reconnaître une fois de plus la nécessité de poser un au-delà de l'essence, mais non pas nécessairement un au-delà de l'être. Un au-delà de l'essence n'est un au-delà de l'être que dans les ontologies qui, comme celles de Platon, de Plotin et d'Érigène, commencent par identifier l'intelligible à l'essence et l'essence elle-même à l'être. Il n'en va pas ainsi dans une métaphysique de l'exister, car l'essence et l'existence y entrant l'une et l'autre dans la structure de l'être réel, et le primat de l'existence sur l'essence s'y posant *dans* l'être, il ne saurait être entendu comme un primat de l'existence *sur* l'être, mais *en* lui. Là où il n'y a pas plus d'être sans essence que sans existence, l'être demeure donc le seul réel vrai et la philosophie y reste donc, ce qu'elle n'aurait jamais dû cesser d'être depuis Aristote, la science de l'être en tant qu'être et des propriétés qui lui appartiennent comme tel.

Ce qui s'est au contraire modifié depuis Aristote, c'est la notion de l'être lui-même. Aristote savait déjà que ce qui mérite au degré suprême le titre d'être ne doit pas être conçu comme une chose ou comme une essence, mais comme un acte; seulement il avait identifié l'acte suprême à celui de la pensée pure et l'être absolu à la vie bienheureuse d'une pensée qui se contemple éternellement elle-même. Rien n'est plus caractéristique de sa position que cette divinisation de la pensée et cette béatification de la connaissance objective. Peut-être ne mesure-t-on pas toujours correctement l'immense portée de la révolution intellectuelle qui s'est accomplie, lorsque l'acte suprême d'être fut conçu comme l'acte absolu d'exister. La Pensée contient certainement une fois pour toutes la totalité du connaissable et la moindre ombre de nouveauté l'entacherait d'une imperfection mortelle à son essence; l'Exister, lui aussi, est tout d'une manière éminente, et il l'est une fois pour toutes, mais il est acte d'une infinité d'essences finies et puissance toujours libre d'en multiplier à son gré les existences. Bien plus, si l'on suppose que sa liberté crée certaines de ces existences, les êtres qui en résulteront seront tout autre chose que des Idées abstraites concrètement réalisées. L'Idée divine d'un être réel inclut l'existence sans laquelle il ne serait qu'un pur possible et l'idée divine d'un être possible inclut aussi l'existence par laquelle, s'il était créé, il serait un être. C'est pourquoi tout être réel est, dans son intimité la plus secrète et la plus profonde, une délégation de la fécondité créatrice suprême à laquelle il doit, à la fois et inséparablement, d'être et d'être ce qu'il est. Ici, la métaphysique des causes et celle de l'être coïncident, car chaque être se comporte à son tour comme un acte d'existence et, dans les limites de son essence, il coopère comme cause à la fécondité de l'univers au sein duquel il se trouve lui-même situé. Le monde issu d'une telle cause présente ce caractère propre d'être et de rester ce que ne furent jamais ceux d'Aristote, de Leibniz, ni de Wolff, l'un d'entre une infinité d'autres univers possibles dont la structure nous est imprévisible. Une liberté suprême préside à sa naissance et jusqu'au choix des essences dont il tient sa structure intelligible. Cette liberté, il ne l'a pas simplement subie une fois pour toutes, il y participe à sa manière. Son histoire n'en est que le déploiement au cours du temps.

Pour qui préfère cette interprétation de l'être comme la plus compréhensive et par suite la plus réellement intelligible, la métaphysique n'est pas le résidu abstrait que l'on obtiendrait en traitant le concret par une dialectique purement conceptuelle; il se présente au contraire comme étant, dans le physique même, la cause ultime de son existence et de ce qu'il est. C'est par sa présence et son efficace qu'il y a de l'être et des êtres. Il est vrai que ces êtres sont des choses et que nous ne pouvons pas ne pas imaginer l'être lui-même, quelles que soient nos prétentions à l'intellection pure, autrement que comme une sorte de chose qui ne serait rien d'autre qu'une chose, sans être ni celle-ci, ni celle-là, bref, la chose en soi. Mais si les multiples expériences métaphysiques qui jalonnent l'histoire de l'ontologie comportent un enseignement, c'est assurément qu'en dernière analyse les choses ne peuvent pas être conçues comme faites de choses. L'acte d'exister n'en est pas une et l'essence, pas davantage. *Res* et *essentia,* ces deux notions qui tombent les premières dans la pensée, ne sont pourtant pas les dernières auxquelles elle s'arrête dans son effort pour concevoir l'être. Tout être existe grâce à la fécondation d'une essence par un acte d'exister.

Si l'on peut ici parler d'un véritable progrès métaphysique, c'est que, sans rien sacrifier des résultats obtenus par la spéculation grecque, cette position semble être la seule qui puisse faire droit aux conquêtes les plus précieuses de la philosophie moderne. Platon, Aristote et Plotin ont fort bien vu, chacun à sa manière, que l'Idée, l'essence, l'intelligible et l'intellection même qui les appréhende, présupposent un au-delà dont ils dépendent; mais ils n'ont pas discerné moins clairement que cet au-delà trouve dans l'idée et dans l'essence intelligible sa manifestation première et la plus immédiate. Il n'y aurait ici rien de changé, sauf la manière de concevoir le principe même dont l'essence et l'Idée sont les manifestations. L'Exister, que nous posons à l'origine de tout, n'est pas lui-même une Idée, ni, au sens que ce terme reçoit lorsqu'on l'applique aux objets donnés dans l'expérience, une essence. Si l'on tient absolument à ce qu'il en *soit* une, il n'en *a* certainement pas. En revanche, puisque nous ne pouvons concevoir l'Être qu'à partir des êtres connus de nous, il semble que nous ne puissions éviter de le concevoir comme intelligible et si l'intelligibilité n'a de sens qu'en fonction d'un intellect, comme intelligent. L'exister de chaque être lui est plus intime que son intelligibilité, mais tout se passe comme si chaque acte d'exister requérait nécessairement cette détermination complémentaire, l'essence intelligible qu'il actualise dans la synthèse dont jaillit l'être.

Nous n'avons pas à nous demander ici quel peut être le rapport des essences à l'Exister suprême, mais on peut du moins prévoir à quelle conclusion la discussion de ce problème théorique, donc méta-ontologique, devrait probablement aboutir. Si l'Exister prime tout, il doit être au-delà des essences mêmes. On ne peut donc concevoir les Idées divines que comme les conditions idéales d'actes finis d'exister, qui sont possibles en vertu de l'Exister pur. C'est du moins ainsi que s'offre à nous le rapport de l'essence à l'existence dans les seuls êtres que nous connaissions empiriquement. L'intelligible apparaît donc, dans l'être concret, comme la détermination nécessairement requise pour qu'un acte fini d'exister se distingue de l'Exister. Ces déterminations intelligibles, qu'elles soient actuelles ou simplement possibles, l'Exister lui-même les transcende toutes et, puisqu'elles sont infinies en nombre, on ne conçoit pas qu'elles puissent l'épuiser. Pour lui, le mot « toutes » n'a pas de sens; mais le problème que nous posons ne se poserait même pas si certaines des essences possibles n'avaient été en fait actualisées, car chacune de celles qui le sont s'offre à nous comme l'union, dans l'être, d'un acte d'exister et de l'essence intelligible qui le détermine. L'intelligibilité se présente donc comme la limite même de l'exister fini. Que l'on supprime cette limite par la pensée, on ne pourra poser qu'un acte pur d'exister qui sera l'Exister lui-même; que l'on accepte au contraire les êtres tels qu'ils nous sont donnés, on les verra se hiérarchiser selon leur proximité plus ou moins immédiate à l'Exister pur, chaque genre se distinguant des autres par l'aire plus ou moins ample de ce qu'il est, c'est-à-dire de son essence même. Pour les seuls êtres qui nous soient connus, cette hiérarchie ontologique est manifeste. De l'inorganique à l'organique, on en discerne au premier regard les degrés principaux, et tout s'y passe comme si la hiérarchie des êtres y attestait le lent effort d'une marche vers la connaissance. Rien de surprenant à cela, puisque l'intelligibilité nous est apparue comme la manifestation première de l'exister. Entre l'Exister pur, de ce qui naît tout intelligible, et les actes finis d'exister, passe la coupure qui sépare l'infini du fini; mais une infinité d'approximations finies de l'infini sont possibles; chaque essence est l'un de leurs degrés et chacune d'elles approche d'autant plus de la perfection par son origine que, par la connaissance, elle participe davantage à l'intelligibilité.

Un univers ainsi conçu relèverait assurément d'une métaphysique de l'être. La philosophie dont il se réclame prendrait ainsi la suite de beaucoup d'autres, et il y a d'ailleurs quelque consolation à penser que, dès l'origine, la pensée humaine s'est engagée sur le chemin du vrai, ses erreurs mêmes n'étant que les défaillances passagères d'une volonté constante de l'atteindre. Ce ne serait pourtant pas l'univers de n'importe quelle philosophie, ni même de n'importe quelle philosophie de l'être. On devrait en effet renoncer à tout espoir de le réduire, autrement que pour le plaisir de notre imagination la plus haute, en aucun système déductible *a priori*. La notion même de l'être dont il dépend s'y oppose. L'Exister dont il tient d'être, et d'être ce qu'il est, s'est pour ainsi dire communiqué à lui, car bien qu'il ne le soit pas, il en participe. Né d'une création, cet univers garde empreinte au plus intime de lui-même l'énergie novatrice dont il tire son origine, et non seulement il la garde, mais, à sa manière, il la continue. L'existence n'est pas une maladie de l'essence, elle en est au contraire la vie, et comme cette vie ne peut se propager qu'en d'autres déterminations intelligibles, elle est à son tour source d'essences nouvelles. C'est d'ailleurs pourquoi l'univers a une durée et une histoire dont, comme tout ce qui relève de l'existence, les moments se laissent plutôt observer que déduire. Au terme de toute ontologie de l'existence on rencontre une phénoménologie qui s'éclaire de ses principes, mais aussi la complète, car la phénoménologie commence au point précis où la pensée s'efforce de saisir l'exister dans sa fonction propre de cause de l'être, c'est-à-dire dans son activité vitale et toujours inventive. C'est sans doute une erreur grave que de vouloir constituer une phénoménologie qui serait en quelque sorte elle-même sa propre métaphysique. Coupée de l'existence qu'elle actualise dans le temps, l'existence reste en une ignorance fatale de son origine et de sa nature la plus intime. Elle est littéralement dénuée de *sens*. Il n'est donc pas surprenant qu'elle ne s'en découvre jamais aucun, et c'est pourquoi le terme vers lequel elle se dirige peut être prédit avec certitude, une morale du désespoir ou de la résignation et un nihilisme ontologique compensé par l'arbitraire pur dans la création des valeurs. Si l'on renie l'être, où peut-on se réfugier ailleurs que dans le néant ? Mais il n'est pas moins nécessaire à la métaphysique de l'être de s'appuyer sur une phénoménologie qu'elle dépasse sans pour autant s'en séparer. C'est pour avoir manqué de ce lest salutaire, qu'elle s'est si souvent perdue dans le vide de l'abstraction pure et qu'elle a cru user du concept comme d'un équivalent du réel. La phénoménologie qui se prend pour une ontologie se trompe souvent, en tant même que phénoménologie, sur l'existence qu'elle décrit ; l'ontologie qui se prend pour une phénoménologie se méprend sur la nature vraie de l'être en tant qu'être, qu'elle revendique pourtant comme son propre objet. L'histoire de la philosophie n'est pas close ; le récit de tant d'aventures courues par la pensée invite au contraire à en courir de nouvelles, et le moment est peut-être venu de tenter la plus belle. Nul ne pourrait se flatter avec sagesse de la mener seul à son terme. Comme la science positive, à laquelle elle ressemblerait à tant d'égards, elle n'aurait pas de terme. Elle serait l'œuvre commune de générations se relayant les unes les autres, dans un effort incessamment repris pour cerner de plus près le mystère de l'existence, à l'aide de concepts dont on sait qu'il les transcendera toujours.

De l'ontologie à la métaphysique
(1964)

FERDINAND ALQUIÉ
(1906-1985)

Professeur à la Sorbonne, historien de la philosophie, Ferdinand Alquié a eu une pensée qui s'est déployée selon deux pôles : Descartes et le surréalisme. Du premier, il a retenu que l'on ne pouvait pas éliminer le sujet de la pensée. Sauf à devenir une logique folle d'elle-même broyant tout sur son passage, la pensée ne se pense pas toute seule. Elle ne se délègue point à un système, comme l'a dit Alain. Quand il y a pensée, il y a toujours un penseur qui, en son nom propre, réfléchit sur l'Être avec lequel il ne peut jamais se confondre.

Du surréalisme, Ferdinand Alquié a retenu toute l'importance qu'il faut accorder au sentiment. Suspect pour la tradition rationaliste, qui n'a cessé d'opposer raison et sensibilité, celui-ci est néanmoins essentiel. Car, si l'homme n'est pas l'Être, il se relie à lui par le sentiment.

Jouant sur le double sens spatial et affectif du terme comprendre, *Pascal disait que l'homme est compris par l'infini. Il entendait par là que, en perdant pied face à l'immensité de l'univers, celui-ci découvrait en même temps la grâce qui le faisait exister malgré tout. Toutes proportions gardées, l'expérience affective revendiquée par Ferdinand Alquié recèle quelque analogie avec la démarche pascalienne. Quelle que soit la distance qui nous sépare de l'Être, celui-ci parle en nous sous la forme d'une irrépressible nostalgie qui nous pousse à dépasser notre condition pour penser et nous interroger sur la condition humaine.*

Attaché à l'idée de conscience affective comme fondement originaire de la pensée, Ferdinand Alquié a, par là même, déployé une critique originale de l'ontologie, la situant à égale distance d'un sujet sans Être et d'un être sans sujet. Si, d'un côté, il s'est avoué cartésien en refusant tout ce qui venait entamer l'irréductibilité du sujet, jamais il n'a fait de celui-ci une réalité refermée sur elle-même. D'un autre côté, s'il a soutenu l'idée d'un Dieu-substance comme fondement ultime de toute existence, jamais il n'a fait, comme Spinoza, de l'homme, un simple mode de celui-ci. Luttant ainsi sur deux fronts, c'est dans la réalité de la conscience affective qu'il a trouvé le point de rencontre entre le sujet et Dieu. Car celle-ci témoigne tout à la fois du côté « divin » de l'homme, qui pressent le mystère de l'Être et du côté humain de l'Être, qui s'adresse à l'homme, semble-t-il, au travers de certaines expériences métaphysiques, qui ne relèvent pas que de la simple imagination.

Refusant tour à tour l'irrationalisme et la banalité, il a ainsi assigné à la pensée la tâche d'être un chemin de vigilance et de veille faisant l'aller et retour de l'homme à l'Être, afin d'aller à la rencontre de ce que l'on nomme communément le cœur [1].

Source : *Ferdinand Alquié,* la Conscience affective, *Paris, Vrin, 1964.*

Bibliographie : *Ferdinand Alquié,* le Désir d'éternité, *Paris, P.U.F., 1943 ;* la Nostalgie de l'être, *Paris, P.U.F., 1960 ;* Signification de la philosophie ; la conscience affective, *Paris, Vrin, 1964.*

1. Dans le même chapitre, voir *La conscience et l'Être* selon Descartes.

NOTRE PREMIÈRE CERTITUDE est celle de l'être... Pourtant la conviction ontologique ne se réduit pas à la certitude d'exister... Pour qu'un raisonnement ontologique ait un sens, il faut que, dès le départ, le moi ait la notion d'un être le dépassant. Le cogito s'inscrit dans cette évidence bien plus qu'il ne la fonde et qu'il ne la mesure. Il ne pose pas l'être, il se pose sur fond d'être.

En parlant de l'être, nous nous référons à une évidence spontanée, évidence non-scientifique puisqu'elle n'a pour objet aucun concept rationnel, évidence propre à tous les hommes qui, sans se montrer capables de proposer une définition de l'être, savent ce qu'ils disent en disant que quelque chose est. Et nous croyons que Descartes, quand il parle de substance, Kant, quand il pense à la chose en soi, reviennent à une certitude commune...

Les choses cependant ne sont pas aussi simples. Si le sens du mot «être» se manifestait avec évidence, tous les philosophes se trouveraient d'accord sur ce qu'il faut entendre par être. On pourrait croire qu'il en est ainsi en voyant Henri Birault écrire en son ouvrage sur *Heidegger et l'expérience de la pensée* [1]: «L'être, le plus primitif des mots primitifs, la plus commune des notions communes... compréhension sans concept, compréhension de l'inconcevable, intelligence à nous-mêmes inintelligible.» Un cartésien souscrirait à ces propos. Mais il cesserait d'être d'accord en poursuivant sa lecture. Car, dit ensuite Birault, «l'être est le *il y a*, ou plutôt c'est le *il y a* qui est l'être même, parce qu'il faut penser l'être à partir du *il y a* et non pas le *il y a* à partir de l'être.» Assurément, Descartes ne pense pas l'être à partir du *il y a*, mais le *il y a* à partir de l'être... La différence essentielle est là. Pour Descartes et les cartésiens le mot est pris comme substantif. La méditation de Heidegger porte sur l'être pris comme verbe... et les analyses de l'être n'ont pas le même sens quand elles considèrent le mot être comme verbe et quand elles le tiennent pour un substantif. Pris comme verbe, le mot reste intérieur au jugement et désigne, par conséquent, la position de l'objet comme vrai.... Quand un cartésien affirme l'être, la pensée n'a que l'apparence et la forme d'un jugement. Elle ne pose rien, mais rattache sa représentation à une réalité qu'elle croit exister hors d'elle, indépendemment d'elle. La différence est donc radicale...

L'être que rencontre Descartes ne saurait résulter d'un concept ou d'un jugement. Il n'est pas ce *il y a*, ... selon nous relatif à une conscience intellectuelle. Il est une substance... Descartes parvenant à la certitude, ne pose pas l'objet comme un étant, mais rattache la représentation qu'il avait d'abord mise en doute à une «chose».

Tout cela, dira-t-on, est croyance... En effet... Birault remarque excellement que l'on pourrait, que l'on devrait parler «d'une théorie fidésite du jugement chez Descartes». Car Descartes... distingue ce que nous connaissons des choses, et qu'en termes modernes nous appellerions objet, et les choses elles-mêmes, que l'on ne saurait atteindre directement, mais seulement à partir des idées que nous en avons. C'est bien par croyance que Descartes passe aux choses, sans se soucier de la classique objection selon laquelle tout au-delà de la pensée est impensable. Car la croyance implique, non certes la connaissance, mais la pensée de ce qui est en dehors de la pensée...

Aujourd'hui, la conscience de l'être est passée du côté de l'objet. C'est pourquoi la philosophie contemporaine confond souvent l'être et le monde: il est significatif de la voir considérer comme fondement de toute conscience ce qu'elle appelle «l'être dans le monde» alors qu'il est pour l'homme plusieurs mondes. Elle accepte les leçons de la science. Elle oublie la parole du poète: «Nous ne sommes pas au monde.»

1. Paris, Gallimard, 1978.

Que l'on soit poète ou religieux, que l'on soit fou ou que l'on rêve, que l'on prie ou que l'on aille consulter les voyantes, que l'on scrute les symboles ou que l'on pratique l'occultisme, toujours on témoigne du fait que l'objet scientifique ne saurait combler les exigences de notre cœur, et que notre rapport à l'être ne saurait être réduit à notre « être-dans le monde ». Ce que nous voulons atteindre, même lorsque nous ne savons pas le vouloir, c'est la Substance dont, selon Spinoza ou Malebranche, tout amour est l'amour.

La signification du néant
(1943)

JEAN-PAUL SARTRE
(1905-1980)

Le néant a longtemps été rejeté hors de la philosophie pour des raisons logiques qui ne sont pas difficiles à comprendre. Quand, en effet, on prétend faire du néant quelque chose qui existe et possède une réalité, ce n'est plus du néant dont on parle. Quand, à l'inverse, on renonce à faire de celui-ci quelque chose d'existant, n'étant rien il devient impossible d'en dire quoi que ce soit. Aussi la tradition philosophique a-t-elle rejeté une telle idée en arguant, comme Descartes dans sa preuve de Dieu par les effets (cf. La question de Dieu), *que rien ne peut venir de rien* (ex nihil nihil fuerit), *selon l'expression des Anciens. Ou bien, en posant, comme Bergson, que le néant dont on parle désigne un ordre que l'on s'attendait à trouver dans les choses et que l'on ne trouve pas.*

Toutefois, le néant n'a pas pu être complètement rejeté de la philosophie. Théologiquement d'abord, il a été utilisé pour désigner l'infini de Dieu que l'on rencontre en perdant pied et en abolissant toute mesure humaine (cf. Denys l'Aréopagite et la théologie négative dans La question de Dieu). *Afin de ne pas idolâtrer Dieu en le ramenant à l'Être, il a été jugé plus adéquat par les mystiques de qualifier celui-ci par les termes d'abîme ou de néant. Sur un plan proprement philosophique, se saisissant de cette relation à l'infini pour en déployer tout le contenu spéculatif, Hegel a fait de la négativité la forme concrète de l'infini dans l'histoire, en montrant comment celui-ci se développait à partir d'un processus de négations successives.*

Sans emprunter les voies de la théologie ni celles de l'hégélianisme, Sartre a conféré, à son tour, une valeur métaphysique au néant. Ainsi que le montrent les textes présentés ici, toute sa démonstration débute par le fait de désolidariser les notions d'Être et de néant du couple d'opposés être-néant, tel qu'il est habituellement donné dans le langage. À ses yeux, l'Être n'est pas plus l'opposé du néant que le néant n'est l'opposé de l'Être. Et ce, parce que chacun de ces termes recouvre une tout autre réalité que celle qui consiste à ne pas être ce qu'est l'autre.

Ainsi, l'Être n'est pas le contraire du néant, pour la bonne raison qu'il n'a pas jailli ex nihilo *par un acte de création. Faire de l'Être le contraire du néant, c'est adopter de fait une vision créationniste et miraculeuse de celui-ci. Ce qu'il n'est pas. Au contraire! Ce qui est et qui se contente d'être est « empâté » en lui-même au point de s'expulser hors de soi-même.*

En des pages célèbres de son roman la Nausée, *Sartre a montré la répulsion que pouvait engendrer la conscience de l'Être, lorsque celle-ci survenait. Pour son héros comme pour lui, en effet, la révélation de l'Être ne conduit pas à Dieu, comme c'est le cas pour Aristote ou pour saint Thomas, mais à son absence. Au lieu de dire la joie de la contemplation, elle dit au contraire un vertigineux sentiment d'engluement dans le monde et d'absence de liberté. Aussi peut-on comprendre toute la valeur assignée au néant.*

Quand, en effet, l'univers non seulement se repousse mais nous repousse, c'est en repoussant celui-ci qu'on en vient à être. Si la répulsion peut être l'expérience du malaise ressenti face à une vie pâteuse, elle est aussi la solution à ce malaise sous la forme d'une répulsion vis-à-vis de la répulsion débouchant sur la liberté.

Conscient des apories logiques dans lesquelles se meut la catégorie du néant, Sartre n'a jamais prétendu réduire ces dernières. Toutefois, désireux de ne pas abandonner la valeur positive de la négativité, il s'est attaché à resituer celle-ci sur son plan véritable, qui est celui de la liberté. Aussi le couple Être-néant prend-il tout son sens dès lors qu'on le réfère au couple aliénation-liberté.

Sartre, ici, se réclame explicitement de Descartes. Ce qui est étonnant, puisque jamais ce dernier n'a conféré une quelconque valeur au néant ni identifié la liberté à cette catégorie. Au contraire! Toutefois, ce rapprochement n'est pas aussi gratuit qu'il en a l'air. Lorsqu'en effet Descartes tente de mettre à l'épreuve ses certitudes par un doute méthodique utilisant entre autres l'hypothèse d'un malin génie qui cherche à le tromper en toutes choses, il se sert de sa volonté contre sa volonté afin de purifier celle-ci de toutes ses croyances. Tout comme il se sert du néant contre l'Être afin d'éprouver l'Être. Par le jeu tout entier négatif du doute, il fait jaillir la conscience et sa liberté comme vérités indubitables. Si bien qu'il n'est pas fortuit de voir Sartre, près de trois siècles après lui, se réclamer de sa pensée. On trouve déjà chez lui la présence de cette métaphysique de la liberté qui a conduit la pensée moderne d'une façon audacieuse à donner du sens au néant[1].

Source : *Jean-Paul Sartre,* l'Être et le Néant, *Paris, Gallimard, 1943 et 1976 pour la présente édition.*

Bibliographie : *F. Jeanson,* le Problème moral et la pensée de Sartre, *Paris, Seuil, 1966.*

La claire vision du phénomène d'être a été obscurcie souvent par un préjugé très général que nous nommerons le créationnisme. Comme on supposait que Dieu avait donné l'être au monde, l'être paraissait toujours entaché d'une certaine passivité. Mais une création *ex nihilo* ne peut expliquer le surgissement de l'être, car si l'être est conçu dans une subjectivité, fût-elle divine, il demeure un mode d'être intrasubjectif. Il ne saurait y avoir, dans cette subjectivité, même la *représentation* d'une objectivité et par conséquent elle ne saurait même s'affecter de la *volonté* de créer de l'objectif. D'ailleurs l'être, fût-il posé soudain hors du subjectif par la fulguration dont parle Leibniz, il ne peut s'affirmer comme être qu'envers et contre son créateur, sinon il se fond en lui : la théorie de la création continuée, en ôtant à l'être ce que les Allemands appellent la « selbstständigkeit », le fait s'évanouir dans la subjectivité divine. Si l'être existe en face de Dieu, c'est qu'il est son propre support, c'est qu'il ne conserve pas la moindre trace de la création divine. En un mot, même s'il avait été créé, l'être-en-soi serait *inexplicable* par la création, car il reprend

1. Dans le même chapitre, voir Descartes, *La conscience et l'Être,* ainsi que Hegel, *De l'Être au devenir.*

son être par delà celle-ci. Cela équivaut à dire que l'être est incréé. Mais il ne faudrait pas en conclure que l'être se crée lui-même, ce qui supposerait qu'il est antérieur à soi. L'être ne saurait être *causa sui* à la manière de la conscience. L'être est *soi*. Cela signifie qu'il n'est ni passivité ni activité. L'une et l'autre de ces notions sont *humaines* et désignent des conduites humaines ou les instruments des conduites humaines. Il y a activité lorsqu'un être conscient dispose des moyens en vue d'une fin. Et nous appelons passifs les objets sur lesquels s'exerce notre activité, en tant qu'ils ne visent pas spontanément la fin à laquelle nous les faisons servir. En un mot, l'homme est actif et les moyens qu'il emploie sont dits passifs. Ces concepts, portés à l'absolu, perdent toute signification. En particulier, l'être n'est pas actif: pour qu'il y ait une fin et des moyens, il faut qu'il y ait de l'être. À plus forte raison ne saurait-il être passif, car pour être passif il faut être. La consistance-en-soi de l'être est par delà l'actif comme le passif. Il est également par delà la négation comme l'affirmation. L'affirmation est toujours affirmation *de* quelque chose, c'est-à-dire que l'acte affirmatif se distingue de la chose affirmée. Mais si nous supposons une affirmation dans laquelle l'affirmé vient remplir l'affirmant et se confond avec lui, cette affirmation ne peut pas s'affirmer, par trop de plénitude et par inhérence immédiate du noème à la noèse. C'est bien là ce qu'est l'être, si nous le définissons, pour rendre les idées plus claires, par rapport à la conscience: il est le noème dans la noèse, c'est-à-dire l'inhérence à soi sans la moindre distance. De ce point de vue, il ne faudrait pas l'appeler «immanence», car l'immanence est malgré tout *rapport* à soi, elle est le plus petit recul qu'on puisse prendre de soi à soi. Mais l'être n'est pas rapport à soi, il est soi. Il est une immanence qui ne peut pas se réaliser, une affirmation qui ne peut pas s'affirmer, une activité qui ne peut pas agir, parce qu'il s'est empâté de soi-même. Tout se passe comme si pour libérer l'affirmation *de* soi du sein de l'être il fallait une décompression d'être. N'entendons pas d'ailleurs que l'être est *une* affirmation de soi indifférenciée: l'indifférenciation de l'en-soi est par delà une infinité d'affirmations de soi, dans la mesure où il y a une infinité de manières de s'affirmer. Nous résumerons ces premiers résultats en disant que *l'être est en soi.*

Mais si l'être est en soi, cela signifie qu'il ne renvoie pas à soi, comme la conscience (de) soi: ce *soi,* il l'est. Il l'est au point que la réflexion perpétuelle qui constitue le soi se fond en une identité. C'est pourquoi l'être est, au fond, par delà le *soi* et notre première formule ne peut être qu'une approximation due aux nécessités du langage. En fait, l'être est opaque à lui-même précisément parce qu'il est rempli de lui-même. C'est ce que nous exprimerons mieux en disant que *l'être est ce qu'il est.* Cette formule, en apparence, est strictement analytique. En fait, elle est loin de se ramener au principe d'identité, en tant que celui-ci est le principe inconditionné de tous les jugements analytiques. D'abord, elle désigne une région singulière de l'être: celle de *l'être en soi.* Nous verrons que l'être du *pour soi* se définit au contraire comme étant ce qu'il n'est pas et n'étant pas ce qu'il est. Il s'agit donc ici d'un principe régional et, comme tel, synthétique. En outre, il faut opposer cette formule: l'être en soi *est* ce qu'il est, à celle qui désigne l'être de la conscience: celle-ci, en effet, nous le verrons, *a à être* ce qu'elle est. Ceci nous renseigne sur l'acception spéciale qu'il faut donner au «est» de la phrase l'être *est* ce qu'il est. Du moment qu'il existe des êtres qui ont à être ce qu'ils sont, le fait d'être ce qu'on est n'est nullement une caractéristique purement axiomatique: il est un principe contigent de l'être en soi. En ce sens, le principe d'identité, principe des jugements analytiques, est aussi un principe régional synthétique de l'être. Il désigne l'opacité de l'être-en-soi. Cette opacité ne tient pas de notre *position* par rapport à l'en-soi, au sens où nous serions obligés de *l'apprendre* et de *l'observer* parce que nous sommes «dehors». L'être-en-soi n'a point de *dedans* qui s'opposerait à un *dehors* et qui serait analogue à un jugement, à une loi, à une conscience de soi. L'en-soi n'a pas de secret : il est *massif.* En un sens, on peut le désigner comme une synthèse. Mais c'est la plus indissoluble de toutes : la synthèse de soi avec soi. Il en résulte évidemment que l'être est isolé dans son être et qu'il n'entretient aucun rapport avec ce qui n'est pas de lui. Les passages, les devenirs, tout ce qui permet de dire que l'être n'est pas encore ce qu'il sera et qu'il est déjà ce qu'il n'est pas, tout cela lui est refusé par principe. Car l'être est l'être du devenir et de ce fait il est par delà le devenir. Il est ce qu'il est, cela signifie que, par lui-même, il ne saurait même pas ne pas être ce qu'il n'est pas ; nous avons vu en effet qu'il n'enveloppait aucune négation. Il est pleine positivité. Il ne connaît donc pas *l'altérité :* il ne se pose jamais comme *autre* qu'un autre être ; il ne peut soutenir aucun rapport avec l'autre. Il est lui-même indéfiniment et il s'épuise à l'être. De ce point de vue nous verrons plus tard qu'il échappe à la temporalité. Il est, et quand il s'effondre on ne peut même pas dire qu'il n'est plus. Ou, du moins, c'est une conscience qui peut prendre conscience de lui comme n'étant plus, précisément parce qu'elle est temporelle. Mais lui-même n'existe pas comme un manque là où il était : la pleine positivité d'être s'est reformée sur son effondrement. Il était et à présent d'autres êtres sont : voilà tout.

Enfin — ce sera notre troisième caractéristique — l'être-en-soi *est.* Cela signifie que l'être ne peut être ni dérivé du possible, ni ramené au nécessaire. La nécessité concerne la liaison des propositions idéales mais non celle des existants. Un existant phénoménal ne peut jamais être dérivé d'un autre existant, en tant qu'il est existant. C'est ce qu'on appelle la *contingence* de l'être-en-soi. Mais l'être-en-soi ne peut pas non plus être dérivé d'un *possible.* Le possible est une structure du *pour-soi,* c'est-à-dire qu'il appartient à l'autre région d'être. L'être-en-soi n'est jamais ni possible ni impossible, il *est.* C'est ce que la conscience exprimera — en termes anthropomorphiques — en disant qu'il est *de trop,* c'est-à-dire qu'elle ne peut absolument le dériver de *rien,* ni d'un autre être, ni d'un possible, ni d'une loi nécessaire. Incréé, sans raison d'être, sans rapport aucun avec un autre être, l'être-en-soi est de trop pour l'éternité.

L'origine du néant

Il convient à présent de jeter un coup d'œil en arrière et de mesurer le chemin parcouru. Nous avons posé d'abord la question de l'être. Puis, nous retournant sur cette question même, conçue comme un type de *conduite* humaine, nous l'avons interrogée à notre tour. Nous avons alors dû reconnaître que, si la négation n'existait pas, aucune question ne saurait être posée, en particulier celle de l'être. Mais cette négation elle-même, envisagée de plus près, nous a renvoyés au Néant comme son origine et son fondement : pour qu'il y ait de la négation dans le monde et pour que nous puissions, par conséquent, nous interroger sur l'Être, il faut que le Néant soit donné en quelque façon. Nous nous sommes aperçus qu'on ne pouvait concevoir le Néant *en dehors* de l'être, ni comme notion complémentaire et abstraite, ni comme milieu infini où l'être serait en suspens. Il faut que le Néant soit donné au cœur de l'Être, pour que nous puissions saisir ce type particulier de réalités que nous avons appelées des Négatités. Mais ce Néant intra-mondain, l'Être-en-soi ne saurait le produire : la notion d'Être comme pleine positivité ne contient pas le Néant comme une de ses structures. On ne peut même pas dire qu'elle en est exclusive : elle est sans rapport aucun avec lui. De là la question qui se pose à nous à présent avec une urgence particulière : si le Néant ne peut être conçu ni en dehors de l'Être ni à partir de l'Être et si, d'autre part, étant non-être, il ne peut tirer de soi la force nécessaire pour «se néantiser», *d'où vient le Néant?*

Si l'on veut serrer de près le problème, il faut d'abord reconnaître que nous ne pouvons concéder au néant la propriété de «se néantiser». Car, bien que le verbe «se néantiser» ait été conçu pour ôter au Néant jusqu'au moindre semblant d'être, il faut avouer que seul *l'Être* peut se néantiser, car, de quelque façon que ce soit, pour se néantiser il faut être. Or, le Néant *n'est pas*. Si nous pouvons en parler, c'est qu'il possède seulement une apparence d'être, un être emprunté, nous l'avons noté plus haut. Le Néant n'est pas, le Néant *«est été»;* le Néant ne se néantise pas, le Néant *«est néantisé»*. Reste donc qu'il doit exister un Être — qui ne saurait être l'En-soi — et qui a pour propriété de néantiser le Néant, de le supporter de son être, de l'étayer perpétuellement de son existence même, *un être par quoi le néant vient aux choses*. Mais comment cet Être doit-il être par rapport au Néant pour que, par lui, le Néant vienne aux choses? Il faut observer d'abord que l'être envisagé ne peut être passif par rapport au Néant: il ne peut le recevoir; le Néant ne pourrait *venir* à cet être, sinon par un autre Être — ce qui nous renverrait à l'infini. Mais, d'autre part, l'Être par qui le Néant vient au monde ne peut *produire* le Néant en demeurant indifférent à cette production, comme la cause stoïcienne qui produit son effet sans s'altérer. Il serait inconcevable qu'un Être qui est pleine positivité maintienne et crée hors de soi un Néant d'être transcendant, car il n'y aurait rien en l'Être par quoi l'Être puisse se dépasser vers le Non-Être. L'Être par qui le Néant arrive dans le monde doit néantiser le Néant dans son Être, et, même ainsi, il courrait encore le risque d'établir le Néant comme un transcendant au cœur même de l'immanence, s'il ne néantisait le Néant dans son être *à propos de son être*. L'Être par qui le Néant arrive dans le monde est un être en qui, dans son Être, il est question du Néant de son Être: *l'être par qui le Néant vient au monde doit être son propre Néant*. Et par là il faut entendre non un acte néantisant, qui requerrait à son tour un fondement dans l'Être, mais une caractéristique ontologique de l'Être requis. Reste à savoir dans quelle région délicate et exquise de l'Être nous rencontrerons l'Être qui est son propre Néant.

Nous serons aidés dans notre recherche par un examen plus complet de la conduite qui nous a servi de point de départ. Il faut donc revenir à l'interrogation. Nous avons vu, on s'en souvient, que toute question pose, par essence, la possibilité d'une réponse négative. Dans la question on interroge un être sur son être ou sur sa manière d'être. Et cette manière d'être ou cet être est voilé: une possibilité reste toujours ouverte pour qu'il se dévoile comme un Néant. Mais du fait même qu'on envisage qu'un Existant peut toujours se dévoiler comme *rien,* toute question suppose qu'on réalise un recul néantisant par rapport au donné, qui devient une simple *présentation,* oscillant entre l'être et le Néant. Il importe donc que le questionneur ait la possibilité permanente de se décrocher des séries causales qui constituent l'être et qui ne peuvent produire que de l'être. Si nous admettons en effet que la question est déterminée dans le questionneur par le déterminisme universel, elle cesserait non seulement d'être intelligible, mais même concevable. Une cause réelle en effet produit un effet réel et l'être causé est tout entier engagé par la cause dans la positivité: dans la mesure où il dépend dans son être de la cause, il ne saurait y avoir en lui le moindre germe de néant, en tant que le questionneur doit pouvoir opérer par rapport au questionné une sorte de recul néantisant, il échappe à l'ordre causal du monde, il se désenglue de l'Être. Cela signifie que, par un double mouvement de néantisation, il néantise le questionné par rapport à lui, en le plaçant dans un état *neutre,* entre l'être et le non-être — et qu'il se néantise lui-même par rapport au questionné en s'arrachant à l'être pour pouvoir sortir de soi la possibilité d'un non-être. Ainsi, avec la question, une certaine dose de négatité est introduite dans le monde : nous voyons le néant iriser le monde, chatoyer sur les choses. Mais, en même temps, la question émane d'un questionneur qui se motive lui-même dans son être comme questionnant, en décollant de l'être. Elle est donc, par définition, un processus humain. L'homme se présente donc, au moins dans ce cas, comme un être qui fait éclore le Néant dans le monde, en tant qu'il s'affecte lui-même de non-être à cette fin.

Ces remarques peuvent nous servir de fil conducteur pour examiner les négatités dont nous parlions précédemment. À n'en point douter ce sont des réalités transcendantes : la distance, par exemple, s'impose à nous comme quelque chose dont il faut tenir compte, qu'il faut franchir avec effort. Pourtant ces réalités sont d'une nature très particulière : elles marquent toutes immédiatement un rapport essentiel de la réalité humaine au monde. Elles tirent leur origine d'un acte de l'être humain, ou d'une attente ou d'un projet, elles marquent toutes un aspect de l'être en tant qu'il apparaît à l'être humain qui s'engage dans le monde. Et les rapports de l'homme au monde qu'indiquent les négatités n'ont rien de commun avec les relations *a posteriori* qui se dégagent de notre activité empirique. Il ne s'agit pas non plus de ces rapports *d'ustensilité* par quoi les objets du monde se découvrent, selon Heidegger, à la « réalité humaine ». Toute négatité apparaît plutôt comme une des conditions essentielles de ce rapport d'ustensilité. Pour que la totalité de l'être s'ordonne autour de nous en ustensiles, pour qu'elle se morcelle en complexes différenciés qui renvoient les uns aux autres et qui peuvent *servir*, il faut que la négation surgisse, non comme une chose parmi d'autres choses, mais comme une rubrique catégorielle présidant à l'ordonnance et à la répartition des grandes masses d'être en choses. Ainsi la surrection de l'homme au milieu de l'être qui « l'investit » fait que se découvre un monde. Mais le moment essentiel et primordial de cette surrection, c'est la négation. Ainsi avons-nous atteint le terme premier de cette étude : l'homme est l'être par qui le néant vient au monde. Mais cette question en provoque aussitôt une autre : que doit être l'homme en son être pour que par lui le néant vienne à l'être ?

L'être ne saurait engendrer que l'être et, si l'homme est englobé dans ce processus de génération, il ne sortira de lui que de l'être. S'il doit pouvoir interroger sur ce processus, c'est-à-dire le mettre en question, il faut qu'il puisse le tenir sous sa vue comme un ensemble, c'est-à-dire se mettre lui-même *en dehors de l'être* et du même coup affaiblir la structure d'être de l'être. Toutefois il n'est pas donné à la « réalité humaine » d'anéantir, même provisoirement, la masse d'être qui est posée en face d'elle. Ce qu'elle peut modifier, c'est son *rapport* avec cet être. Pour elle, mettre hors de circuit un existant particulier, c'est se mettre elle-même hors de circuit par rapport à cet existant. En ce cas elle lui échappe, elle est hors d'atteinte, il ne saurait agir sur elle, elle s'est retirée *par delà un néant*. Cette possibilité pour la réalité humaine de sécréter un néant qui l'isole, Descartes, après les Stoïciens, lui a donné un nom : c'est la *liberté*. Mais la liberté n'est ici qu'un mot. Si nous voulons pénétrer plus avant dans la question, nous ne devons pas nous contenter de cette réponse et nous devons nous demander à présent : que doit être la liberté humaine si le néant doit venir par elle au monde ?

Il ne nous est pas encore possible de traiter dans toute son ampleur le problème de la liberté. En effet les démarches que nous avons accomplies jusqu'ici montrent clairement que la liberté n'est pas une faculté de l'âme humaine qui pourrait être envisagée et décrite isolément. Ce que nous cherchions à définir, c'est l'être de l'homme en tant qu'il conditionne l'apparition du néant et cet être nous est apparu comme liberté. Ainsi la liberté comme condition requise à la néantisation du néant n'est pas une *propriété* qui appartiendrait, entre autres, à l'essence de l'être humain. Nous avons déjà marqué d'ailleurs que le rapport de l'existence à l'essence n'est pas chez l'homme semblable à ce qu'il est pour les choses du monde. La liberté humaine précède l'essence de l'homme et la rend possible, l'essence de l'être humain est en suspens dans sa liberté. Ce que nous appelons liberté est donc impossible à distinguer de *l'être* de la «réalité humaine». L'homme n'est point *d'abord* pour être libre *ensuite*, mais il n'y a pas de différence entre l'être de l'homme et son *«être-libre»*. Il ne s'agit donc pas ici d'aborder de front une question qui ne pourra se traiter exhaustivement qu'à la lumière d'une élucidation rigoureuse de l'être humain; mais nous avons à traiter de la liberté en liaison avec le problème du néant et dans la stricte mesure où elle conditionne son apparition.

De l'Être à l'autre
(1961)

EMMANUEL LEVINAS
(né en 1906)

Totalité et Infini *(1961) est, avec* Autrement qu'être, au-delà de l'essence *(1974), l'une des deux œuvres majeures d'Emmanuel Levinas. Dans cet ouvrage, il développe une critique sévère de l'ontologie. Pourquoi? Parce que, selon lui, en subordonnant l'Éthique à l'Être, elle débouche sur une institutionnalisation de la violence.*

Selon E. Levinas, toute pensée authentique prend sa source dans un rapport à l'autre. Car penser, c'est être, avant tout, attiré par un irréductible besoin d'ailleurs. Le penseur véritable a ceci de remarquable que, inexpliquablement, il aspire à autre chose qu'à la vie qui lui est offerte par la condition humaine. Désigné sous le nom de transcendance, c'est à ce désir de l'autre que nous devons les grandes pensées et les grandes œuvres qui ont réveillé l'humanité. Mais, surtout, c'est à lui que nous devons l'existence d'une Éthique. Car, s'il témoigne du désir d'échapper à la banalité de la condition humaine, l'autre est aussi le besoin de faire exister l'irréductible qui est en tout homme et qui se révèle à chaque fois qu'il y a relation de visage à visage au sein d'un rapport humain. L'autre est d'ailleurs une réalité si essentielle et si profonde que c'est souvent à travers lui que l'on en vient à découvrir la transcendance.

Alors que la métaphysique, qui nous invite à aller au-delà (meta) *de la nature, préserve le sens de l'autre, l'ontologie le nie, selon E. Levinas. Et ce, parce que l'Être est une notion fondamentalement réductrice. Là où l'on se met en quête de l'Être, on aboutit à vouloir savoir ce que sont les êtres et donc à leur conférer une identité qui nie leur irréductibilité. Qui plus est, l'Être est une notion égoïste. Qui s'efforce d'être et de persévérer dans son être, comme le désir selon Spinoza, s'inscrit de fait dans une logique de conservation de soi et non de l'ouverture à autrui. Aussi n'est-ce pas un hasard si la philosophie qui pense l'Être aboutit à forger un système intellectuel qui nie l'autre théoriquement avant de le faire pratiquement, par l'entremise de la tyrannie des appétits individuels, donnant libre cours à leur passion de se conserver.*

Dans ce texte qui signifie le congé donné à l'Être afin de faire prévaloir l'autre, c'est en définitive la théorie pure qui se trouve être remise en question. Utilisant la phénoménologie comme méthode tout en se laissant inspirer par le judaïsme, Emmanuel Levinas aboutit à un véritable renversement de perspective posant l'Éthique au commencement de tout. Sauf à céder à la tentation de l'oubli de l'autre pour se laisser envahir par la magie de la présence de l'Être, il invite à lutter contre les pensées qui se cachent derrière elles-mêmes pour s'affranchir de toute responsabilité éthique[1].

Source: *Emmanuel Levinas,* Totalité et Infini, *Nijhof-Lahaye, 1961 et 1974 pour la présente édition.*

Bibliographie: *Emmanuel Levinas,* Autrement qu'être, au-delà de l'essence, *Nijhof-Lahaye, 1974 ; Cahier de l'Herne n° 60 sous la direction de Catherine Chalier,* Emmanuel Levinas, *Paris, L'Herne, 1991.*

Métaphysique et transcendance

1. Désir de l'invisible

« La vraie vie est absente ». Mais nous sommes au monde. La métaphysique surgit et se maintient dans cet alibi. Elle est tournée vers l'« ailleurs », et l'« autrement », et l'« autre ». Sous la forme la plus générale qu'elle a revêtue dans l'histoire de la pensée, elle apparaît, en effet, comme un mouvement partant d'un monde qui nous est familier — quelles que soient les terres encore inconnues qui le bordent ou qu'il cache — d'un « chez soi » que nous habitons, vers un hors-de-soi étranger, vers un là-bas.

Le terme de ce mouvement — l'ailleurs ou l'autre — est dit *autre* dans un sens éminent. Aucun voyage, aucun changement de climat et de décor ne sauraient satisfaire le désir qui y tend. L'Autre métaphysiquement désiré n'est pas « autre » comme le pain que je mange, comme le pays que j'habite, comme le paysage que je contemple, comme, parfois, moi-même à moi-même, ce « je », cet « autre ». De ces réalités, je peux « me repaître » et, dans une très large mesure, me satisfaire, comme si elles m'avaient simplement manqué. Par là même, leur *altérité* se résorbe dans mon identité de pensant ou de possédant. Le désir métaphysique tend vers *tout autre chose*, vers l'*absolument autre.* L'analyse habituelle du désir ne saurait avoir raison de sa singulière prétention. À la base du désir communément interprété, se trouverait le besoin; le désir marquerait un être indigent et incomplet ou déchu de sa grandeur passée. Il coïnciderait avec la conscience de ce qui a été perdu. Il serait essentiellement nostalgie, mal du retour. Mais ainsi il ne soupçonnerait même pas ce qui est le véritablement autre.

Le désir métaphysique n'aspire pas au retour, car il est désir d'un pays où nous ne naquîmes point. D'un pays étranger à toute nature, qui n'a pas été notre patrie et où nous ne nous transporterons jamais. Le désir métaphysique ne repose sur aucune parenté préalable. Désir qu'on ne saurait satisfaire. Car on parle à la légère de désirs satisfaits ou de besoins sexuels ou, encore, de besoins moraux et religieux. L'amour, lui-même, est ainsi considéré comme la satisfaction d'une faim sublime. Si ce langage est possible, c'est que la plupart de nos désirs ne sont pas purs et l'amour non plus. Les désirs que l'on peut satisfaire, ne ressemblent au désir métaphysique que dans les déceptions de la satisfaction

1. Dans le même chapitre, voir la question de l'Être selon Heidegger.

ou dans l'exaspération de la non-satisfaction et du désir, qui constitue la volupté même. Le désir métaphysique a une autre intention — il désire l'au-delà de tout ce qui peut simplement le compléter. Il est comme la bonté — le Désiré ne le comble pas, mais le creuse.

Générosité nourrie par le Désiré et, dans ce sens, relation qui n'est pas disparition de la distance, qui n'est pas rapprochement, ou, pour serrer de plus près l'essence de la générosité et de la bonté, rapport dont la positivité vient de l'éloignement, de la séparation, car elle se nourrit, pourrait-on dire, de sa faim. Éloignement qui n'est radical que si le désir n'est pas la possibilité d'anticiper le désirable, s'il ne le pense pas au préalable, s'il va vers lui à l'aventure, c'est-à-dire comme vers une altérité absolue inanticipable, comme on va à la mort. Le désir est absolu, si l'être désirant est mortel et le Désiré, invisible. L'invisibilité n'indique pas une absence de rapport; elle implique des rapports avec ce qui n'est pas donné, dont il n'y a pas idée. La vision est une adéquation entre l'idée et la chose: compréhension qui englobe. L'inadéquation ne désigne pas une simple négation ou une obscurité de l'idée, mais, en dehors de la lumière et de la nuit, en dehors de la connaissance mesurant des êtres, la démesure du Désir. Le Désir est désir de l'absolument Autre. En dehors de la faim qu'on satisfait, de la soif qu'on étanche et des sens qu'on apaise, la métaphysique désire l'Autre par delà les satisfactions, sans que, par le corps aucun geste soit possible pour diminuer l'aspiration, sans qu'il soit possible d'esquisser aucune caresse connue, ni inventer aucune caresse nouvelle. Désir sans satisfaction qui, précisément, *entend* l'éloignement, l'altérité et l'extériorité de l'Autre. Pour le Désir, cette altérité, inadéquate à l'idée, a un sens. Elle est entendue comme altérité d'Autrui et comme celle du Très-Haut. La dimension même de la hauteur est ouverte par le Désir métaphysique. Que cette hauteur ne soit plus le ciel, mais l'Invisible, est l'élévation même de la hauteur et sa noblesse. Mourir pour l'invisible — voilà la métaphysique. Mais cela ne veut pas dire que le désir puisse se passer d'actes. Seulement ces actes ne sont ni consommation, ni caresse, ni liturgie.

Folle prétention à l'invisible alors qu'une expérience aiguë de l'humain enseigne, au vingtième siècle, que les pensées des hommes sont portées par les besoins, lesquels expliquent société et histoire; que la faim et la peur peuvent avoir raison de toute résistance humaine et de toute liberté. De cette misère humaine — de cet empire que les choses et les méchants exercent sur l'homme — de cette animalité — il ne s'agit pas de douter. Mais être homme, c'est savoir qu'il en est ainsi. La liberté consiste à savoir que la liberté est en péril. Mais savoir ou avoir conscience, c'est avoir du temps pour éviter et prévenir l'instant de l'inhumanité. C'est cet ajournement perpétuel de l'heure de la trahison — infime différence entre l'homme et le non-homme — qui suppose le désintéressement de la bonté, le désir de l'absolument Autre ou la noblesse, la dimension de la métaphysique. [...]

4. La métaphysique précède l'ontologie

La relation théorique n'a pas été par hasard le schéma préféré de la relation métaphysique. Le savoir ou la théorie signifie d'abord une relation avec l'être telle, que l'être connaissant laisse l'être connu se manifester en respectant son altérité et sans le marquer, en quoi que ce soit, par cette relation de connaissance. En ce sens, le désir métaphysique serait l'essence de la théorie. Mais théorie signifie aussi intelligence — logos de l'être — c'est-à-dire une façon telle d'aborder l'être connu que son altérité par rapport à l'être connaissant s'évanouit. Le processus de la connaissance se confond à ce stade avec la liberté de l'être connaissant, ne rencontrant rien qui, autre par rapport à lui, puisse le limiter. Cette façon de priver l'être connu de son altérité, ne peut s'accomplir que s'il est visé à travers un troisième terme — terme neutre — qui lui-même n'est pas un être. En lui, viendrait s'amortir le choc de la rencontre entre le Même et l'Autre. Ce troisième terme peut apparaître comme concept pensé. L'individu qui existe abdique alors dans le général pensé. Le troisième terme peut s'appeler sensation où se confondent qualité objective et affection subjective. Il peut se manifester comme l'*être* distingué de l'*étant:* être qui, à la fois, n'est pas (c'est-à-dire ne se pose pas comme étant) et cependant correspond à l'œuvre à laquelle s'exerce l'étant, et ce n'est pas un rien. Être, sans l'épaisseur de l'étant, il est la lumière où les étants deviennent intelligibles. À la théorie, comme intelligence des êtres, convient le titre général d'ontologie. L'ontologie qui ramène l'Autre au Même, promeut la liberté qui est l'identification du Même, qui ne se laisse pas aliéner par l'Autre. Ici, la théorie s'engage dans une voie qui renonce au Désir métaphysique, à la merveille de l'extériorité, dont vit ce Désir. — Mais la théorie comme respect de l'extériorité, dessine une autre structure essentielle de la métaphysique. Elle a le souci de critique dans son intelligence de l'être — ou ontologie. Elle découvre le dogmatisme et l'arbitraire naïf de sa spontanéité et met en question la liberté de l'exercice ontologique. Elle cherche alors à l'exercer de façon à remonter, à tout moment, à l'origine du dogmatisme arbitraire de ce libre exercice. Ce qui mènerait à une régression à l'infini, si cette remontée devait elle-même rester une marche ontologique, un exercice de la liberté, une théorie. De sorte que son intention critique l'amène au-delà de la théorie et de l'ontologie: la critique ne réduit pas l'Autre au Même comme l'ontologie, mais met l'exercice du Même en question. Une mise en question du Même — qui ne peut se faire dans la spontanéité égoïste du Même — se fait par l'Autre. On appelle cette mise en question de ma spontanéité par la présence d'Autrui, éthique. L'étrangeté d'Autrui — son irréductibilité à Moi — à mes pensées et à mes possessions, s'accomplit précisément comme une mise en question de ma spontanéité, comme éthique. La métaphysique, la transcendance, l'accueil de l'Autre par le Même, d'Autrui par Moi se produit concrètement comme la mise en question du Même par l'Autre, c'est-à-dire comme l'éthique qui accomplit l'essence critique du savoir. Et comme la critique précède le dogmatisme, la métaphysique précède l'ontologie.

La philosophie occidentale a été le plus souvent une ontologie: une réduction de l'Autre au Même, par l'entremise d'un terme moyen et neutre qui assure l'intelligence de l'être.

Cette primauté du Même fut la leçon de Socrate. Ne rien recevoir d'Autrui sinon ce qui est en moi, comme si, de toute éternité, je possédais ce qui me vient du dehors. Ne rien recevoir ou être libre. La liberté ne ressemble pas à la capricieuse spontanéité du libre arbitre. Son sens ultime tient à cette permanence dans le Même, qui est Raison. La connaissance est le déploiement de cette identité. Elle est liberté. Que la raison soit en fin de compte la manifestation d'une liberté, neutralisant l'autre et l'englobant, ne peut surprendre, depuis qu'il fut dit que la raison souveraine ne connaît qu'elle-même, que rien d'autre ne la limite. La neutralisation de l'Autre, devenant thème ou objet — apparaissant, c'est-à-dire, se plaçant dans la clarté — est précisément sa réduction au Même. Connaître ontologiquement, c'est surprendre dans l'étant affronté, ce par quoi il n'est pas cet étant-ci, cet étranger-ci, mais ce par quoi il se trahit en quelque manière, se livre, se donne à l'horizon où il se perd et apparaît, donne prise, devient concept. Connaître revient à saisir l'être à partir de rien ou à le ramener à rien, lui enlever son altérité. Ce résultat s'obtient dès le premier rayon de lumière. Éclairer, c'est enlever à l'être sa résistance, parce que la lumière ouvre un horizon et vide l'espace — livre l'être à partir du néant. La médiation (caractéristique de la philosophie occidentale) n'a de sens que si elle ne se limite pas à réduire les distances.

Car comment entre termes infiniment distants, des intermédiaires réduiraient-ils les intervalles ? N'apparaîtront-ils pas aussi infranchissables entre les jalons, à l'infini ? Il faut que se produise quelque part une grande « trahison » pour qu'un être extérieur et étranger se livre à des intermédiaires. Pour les choses, une reddition s'accomplit dans leur conceptualisation. Pour l'homme elle peut s'obtenir par la terreur qui amène un homme libre sous la domination d'un autre. Pour les choses, l'œuvre de l'ontologie consiste à saisir l'individu (qui seul existe) non pas dans son individualité, mais dans sa généralité (la seule dont il y a science). La relation avec l'Autre ne s'y accomplit qu'à travers un troisième terme que je trouve en moi. L'idéal de la vérité socratique repose donc sur la suffisance essentielle du Même, sur son identification d'ipséité, sur son égoïsme. La philosophie est une égologie.

L'idéalisme berkeleyen, qui passe pour une philosophie de l'immédiat, répond aussi au problème ontologique. Berkeley trouvait dans les qualités mêmes des objets, la prise qu'ils offraient en moi : en reconnaissant dans les qualités qui éloignaient de nous le plus les choses, leur essence vécue, il parcourait la distance séparant le sujet de l'objet. La coïncidence du vécu avec lui-même se révélait comme coïncidence de la pensée avec l'étant. L'œuvre de l'intelligence résidait dans cette coïncidence. Aussi Berkeley replonge-t-il toutes les qualités sensibles dans le vécu de l'affection.

La médiation phénoménologique emprunte une autre voie où l'« impérialisme ontologique » est encore plus visible. C'est l'être de l'étant qui est le *medium* de la vérité. La vérité concernant l'étant suppose l'ouverture préalable de l'être. Dire que la vérité de l'étant tient à l'ouverture de l'être, c'est dire, en tout cas, que son intelligibilité ne tient pas à notre coïncidence avec lui, mais à notre non-coïncidence. L'étant se comprend dans la mesure où la pensée le transcende, pour le mesurer à l'horizon où il se profile. La phénoménologie tout entière, depuis Husserl, est la promotion de l'idée de l'*horizon* qui, pour elle, joue un rôle équivalent à celui du *concept* dans l'idéalisme classique ; l'étant surgit sur un fond qui le dépasse comme l'individu à partir du concept. Mais ce qui commande la non-coïncidence de l'étant et de la pensée — l'être de l'étant qui garantit l'indépendance et l'extranéité de l'étant — est une phosphorescence, une luminosité, un épanouissement généreux. L'exister de l'existant se convertit en intelligibilité, son indépendance est une reddition par rayonnement. Aborder l'étant à partir de l'être, c'est, à la fois, le laisser être et le comprendre. C'est par le vide et le néant de l'exister — tout lumière et phosphorescence — que la raison s'empare de l'existant. A partir de l'être, à partir de l'horizon lumineux où l'étant a une silhouette, mais a perdu sa face, il est l'appel même adressé à l'intelligence. *Sein und Zeit* n'a peut être soutenu qu'une seule thèse : l'être est inséparable de la compréhension de l'être (qui se déroule comme temps), l'être est déjà appel à la subjectivité.

Le primat de l'ontologie heideggerienne[1] ne repose pas sur le truisme : « pour connaître l'*étant*, il faut avoir compris l'être de l'étant ». Affirmer la priorité de l'*être* par rapport à l'*étant*, c'est déjà se prononcer sur l'essence de la philosophie, subordonner la relation avec *quelqu'un* qui est un étant (la relation éthique) à une relation avec l'*être de l'étant* qui, impersonnel, permet la saisie, la domination de l'étant (à une relation de savoir), subordonne la justice à la liberté. Si la liberté dénote la façon de demeurer le Même au sein de l'Autre, le savoir (où l'étant, par l'entremise de l'être impersonnel, se donne)

1. Cf. notre article dans la *Revue de Métaphysique et de Morale*, janvier 1951 : « L'ontologie est-elle fondamentale ? »

contient le sens ultime de la liberté. Elle s'opposerait à la justice qui comporte des obligations à l'égard d'un étant qui refuse à se donner, à l'égard d'Autrui qui, dans ce sens, serait étant par excellence. L'ontologie heideggerienne subordonnant à la relation avec l'être, toute relation avec l'étant — affirme le primat de la liberté par rapport à l'éthique. Certes la liberté que l'essence de la vérité met en œuvre n'est pas, chez Heidegger, un principe de libre arbitre. La liberté surgit à partir d'une obéissance à l'être : ce n'est pas l'homme qui tient la liberté, c'est la liberté qui tient l'homme. Mais la dialectique qui concilie ainsi la liberté et l'obéissance, dans le concept de vérité, suppose la primauté du Même où mène son train toute la philosophie occidentale et par laquelle elle se définit.

La relation avec l'être, qui se joue comme ontologie, consiste à neutraliser l'étant pour le comprendre ou pour le saisir. Elle n'est donc pas une relation avec l'autre comme tel, mais la réduction de l'Autre au Même. Telle est la définition de la liberté : se maintenir contre l'autre, malgré toute relation avec l'autre, assurer l'autarcie d'un moi. La thématisation et la conceptualisation, d'ailleurs inséparables, ne sont pas paix avec l'Autre, mais suppression ou possession de l'Autre. La possession, en effet, affirme l'Autre, mais au sein d'une négation de son indépendance. « Je pense » revient à « je peux » — à une appropriation de ce qui est, à une exploitation de la réalité. L'ontologie comme philosophie première est une philosophie de la puissance. Elle aboutit à l'État et à la non-violence de la totalité, sans se prémunir contre la violence dont cette non-violence vit et qui apparaît dans la tyrannie de l'État. La vérité qui devrait réconcilier les personnes, existe ici anonymement. L'universalité se présente comme impersonnelle et il y a là une autre inhumanité.

L'« égoïsme » de l'ontologie se maintient même lorsque, dénonçant la philosophie socratique comme déjà oublieuse de l'être et comme déjà en marche vers la notion du « sujet » et de la puissance technique, Heidegger trouve, dans le présocratisme, la pensée comme obéissance à la vérité de l'être. Obéissance qui s'accomplirait comme exister bâtisseur et cultivateur, faisant l'unité du lieu qui porte l'espace. En réunissant la présence sur terre et sous le firmament du ciel, l'attente des dieux et la compagnie des mortels, dans la présence auprès des choses, qui équivaut à bâtir et à cultiver, Heidegger, comme toute l'histoire occidentale, conçoit la relation avec autrui comme se jouant dans la destinée des peuples sédentaires, possesseurs et bâtisseurs de la terre. La possession est la forme par excellence sous laquelle l'Autre devient le Même en devenant mien. En dénonçant la souveraineté des pouvoirs techniques de l'homme, Heidegger exalte les pouvoirs pré-techniques de la possession. Ses analyses ne partent certes pas de la chose-objet, mais elles portent la marque des grands paysages auxquels les choses se réfèrent. L'ontologie devient ontologie de la nature, impersonnelle fécondité, mère généreuse sans visage, matrice des êtres particuliers, matière inépuisable des choses.

Philosophie du pouvoir, l'ontologie, comme philosophie première qui ne met pas en question le Même, est une philosophie de l'injustice. L'ontologie heideggerienne qui subordonne le rapport avec Autrui à la relation avec l'être en général — même si elle s'oppose à la passion technique, issue de l'oubli de l'être caché par l'étant — demeure dans l'obédience de l'anonyme et mène, fatalement, à une autre puissance, à la domination impérialiste, à la tyrannie. Tyrannie qui n'est pas l'extension pure et simple de la technique à des hommes réifiés. Elle remonte à des « états d'âme » païens, à l'enracinement dans le sol, à l'adoration que des hommes asservis peuvent vouer à leurs maîtres. L'*être* avant l'*étant*, l'ontologie avant la métaphysique — c'est la liberté (fût-elle celle de la théorie) avant la justice. C'est un mouvement dans le Même avant l'obligation à l'égard de l'Autre.

Il faut intervertir les termes. Pour la tradition philosophique, les *conflits* entre le Même et l'Autre se résolvent par la théorie où l'Autre se réduit au Même ou, concrètement, par la communauté de l'État où sous le pouvoir anonyme, fût-il intelligible, le Moi retrouve la guerre dans l'oppression tyrannique qu'il subit de la part de la totalité. L'éthique où le Même tient compte de l'irréductible Autrui, relèverait de l'opinion. L'effort de ce livre tend à apercevoir dans le discours, une relation non allergique avec l'altérité, à y apercevoir le Désir — où le pouvoir, par essence, meurtrier de l'Autre, devient, en face de l'Autre et « contre tout bon sens », impossibilité du meurtre, considération de l'Autre ou justice. Notre effort consiste, concrètement, à maintenir, dans la communauté anonyme, la société de Moi avec Autrui — langage et bonté. Cette relation n'est pas pré-philosophique, car elle ne violente pas le moi, ne lui est pas imposée brutalement du dehors, malgré lui, ou à son insu comme une opinion; plus exactement, elle lui est imposée, par delà toute violence, d'une violence qui le met entièrement en question. Le rapport éthique, opposé à la philosophie première de l'identification de la liberté et du pouvoir, n'est pas contre la vérité, il va vers l'être dans son extériorité absolue et accomplit l'intention même qui anime la marche à la vérité.

La relation avec un être infiniment distant — c'est-à-dire débordant son idée — est telle que son autorité d'étant est déjà *invoquée* dans toute question que nous puissions nous poser sur la signification de son être. On ne s'interroge pas sur lui, on l'interroge. Il fait toujours face. Si l'ontologie — compréhension, embrassement de l'être — est impossible, ce n'est pas parce que toute définition de l'être suppose déjà la connaissance de l'être, comme l'avait dit Pascal que Heidegger réfute dans les premières pages de *Sein und Zeit;* c'est parce que la compréhension de l'être en général ne peut pas *dominer* la relation avec Autrui. Celle-ci commande celle-là. Je ne peux m'arracher à la société avec Autrui, même quand je considère l'être de l'étant qu'il est. La compréhension de l'être déjà se dit à l'étant qui ressurgit derrière le thème où il s'offre. Ce « dire à Autrui » — cette relation avec Autrui comme interlocuteur, cette relation avec un *étant* — précède toute ontologie. Elle est la relation ultime dans l'être. L'ontologie suppose la métaphysique.

II

DIEU

La théologie est, comme son nom l'indique, le discours qui concerne Dieu. Faut-il la considérer comme la reine des sciences, ainsi que l'a fait le Moyen Âge, ou, au contraire, poser qu'elle n'a pas sa place en philosophie, comme l'ont fait les Lumières? Il n'est guère aisé de répondre à une telle question, car, si le refus d'entendre parler de Dieu en philosophie est, pour le moins, problématique, le fait de tenir un discours à son sujet ne l'est pas moins.

Il est, en effet, difficile de déclarer, comme l'ont fait certains penseurs, que la question de Dieu relève du type même des faux problèmes, dont il conviendrait que la pensée se débarrasse au plus vite. Qu'on le veuille ou non, nous sommes issus d'une culture chrétienne. Parmi les hommes qui se sont interrogés sur le sens de la vie, certains ont cru légitime de penser que celle-ci n'avait pas pu jaillir de rien et qu'elle n'allait pas nulle part. Outre qu'il leur a paru sensé de faire dériver celle-ci de l'Être et non pas du néant ou du hasard, il leur a semblé également pertinent de dépasser la notion d'Être par celle de Dieu. Car, l'Être renvoyant au désir égoïste de vivre alors que Dieu renvoie à la dimension de la personne et de l'éthique, seule l'idée de Dieu pouvait expliquer, selon eux, que l'homme ne soit pas seulement un être égoïste mais un être tâchant de faire advenir un monde personnel par le biais de la réflexion, de l'action ainsi que de la création. Faut-il rappeler que c'est grâce à cette vision ordonnée des choses que la science ainsi que l'État de droit ont pu se construire? Est-il sérieux, comme cela s'est fait parfois, de prétendre faire des études de philosophie et d'ignorer ce pan entier de la culture en passant directement de Plotin à Descartes? Quand bien même on ne reconnaîtrait aucune pertinence à la question de Dieu ni aucune valeur aux arguments qui plaident en faveur de son existence, il n'en demeure pas moins que la raison qui peut nous inciter à ne pas y croire nous demande de dire néanmoins pourquoi on n'y croit pas, sous peine de transformer un tel refus de croire en préjugé. Est-ce à dire pour autant que le discours sur Dieu possède une légitimité inattaquable? Répondre oui serait s'aveugler et gommer un peu rapidement toutes les difficultés qu'un tel discours induit.

Passons sur l'argument qui veut que toute culture digne de ce nom se doive de connaître aussi *un peu de théologie, ne serait-ce que pour mieux s'en démarquer. Il est clair que cette politesse de l'homme cultivé adressée à la théologie ne résout rien et qu'à force, non seulement elle finit par se confondre avec de l'hypocrisie, mais elle aboutit à faire passer pour de la sincérité son refus brutal.*

De fait, c'est le discours même que la théologie peut tenir qui fait problème. Si, en effet, il est légitime de poser que la vie a un sens, étant donné que l'affirmation de son non-sens relève encore d'un sens, il y a manière et manière de penser celui-ci. À trop vouloir tout comprendre par Dieu, on risque d'en pervertir la signification. Ainsi que l'a montré Bergson, si l'on veut pouvoir comprendre l'idée d'un Dieu créateur, il faut accepter de ne pas tout comprendre et de tolérer cette part d'imprévu dans l'existence qui est le signe de son invention. De même, si l'on veut pouvoir comprendre l'idée d'un Dieu d'amour, il faut accepter une part de « sans raison » dans la vie, à l'image de l'élan amoureux qui est sans calcul. Pour avoir oublié ces préceptes, la théologie rationnelle a tourné le dos au Dieu de création et d'amour dont elle prétendait se faire le porte-parole. D'autant que, comme l'a vu Kierkegaard, lorsqu'il s'interroge sur le sens de l'existence, un homme n'attend pas simplement qu'on lui explique le mécanisme de la *vie, mais qu'on apporte une réponse au sens de* sa *vie. La violence qui règne dans le monde, la souffrance ainsi que la mort sont autant de questions vitales, qui requièrent des réponses vitales et non abstraites. Aussi le discours* sur *Dieu de la théologie est-il impuissant, quand il n'est pas tout simplement déplacé. Face à la souffrance, à l'angoisse et à la mort, seule une parole émanant des profondeurs mêmes de la vie afin de redonner un peu d'espoir et de force possède du sens. Seule une parole inspirée est à même de pouvoir répondre aux attentes des hommes.*

Comment accède-t-on à une telle parole ? En ne cherchant plus à parler, ont répondu les mystiques, mais en étant parlé. En se dépouillant, donc, du vouloir dire bavard par un exercice de silence intérieur. En appelant aussi la grâce par la prière.

Ainsi que l'a montré Michel Foucault dans la Volonté de savoir *(Gallimard, 1976), la culture occidentale depuis le* XVI*e siècle ne nous a pas habitués à une telle démarche, dans la mesure où elle a plutôt cherché à vouloir dire afin de déployer son pouvoir sur le monde ainsi que sur la société, en reléguant par là même bien loin le discours inspiré et sa passivité créatrice. Aussi peut-on comprendre pourquoi Nietzsche a pu proclamer que Dieu était mort. Loin d'être un appel au meurtre de celui-ci, cette proclamation a au contraire cherché à souligner que l'humanisme prométhéen avait tué le caractère divin de l'existence en remplaçant le discours inspiré par un discours de maîtrise. Toutefois, en incriminant l'humanisme ainsi que la théologie pour cette disparition, comme il l'a fait, il n'a pas résolu tous les problèmes pour autant. Car, si, comme l'a vu Simone Weil, l'athéisme se révèle être « purificateur » quand la théologie se transforme en idole, en nous faisant passer du Dieu sans divin de la théologie rationnelle, au divin sans Dieu de l'athéisme existentiel, celui-ci ne nous fait guère sortir de l'horizon de l'idole. N'est-il pas, en effet, tout aussi trompeur de croire pouvoir tout ordonner à partir de l'athéisme, après avoir cru pouvoir tout ordonner à partir de Dieu ?*

L'ironie des choses est tenace. Quand on n'y prend pas garde, on tombe dans le piège que l'on voudrait éviter. Ainsi, pertinente quand elle est une parole inspirée, la théologie fait le jeu de ses adversaires quand elle se prétend science. Inversement, « force d'esprit » comme dirait Pascal, quand il est discours de révolte, l'athéisme devient une idole quand il se fait système. Aussi est-il quelque peu superficiel d'imaginer que la question de Dieu puisse se réduire à la simple confrontation entre partisans de son affirmation ou de sa négation. Si confrontation il y a, c'est bien plutôt celle qui met aux prises la parole ouverte et vivante et la parole close et morte.

La parole ouverte, en l'occurrence, c'est celle qui ne cesse de s'enrichir de toutes les paroles que les hommes tiennent, en conjuguant leur apport, afin de pouvoir construire un rapport parlant et plein de sens à l'existence. Aussi est-elle celle qui sait faire quelque chose des affirmations comme des négations concernant Dieu, afin de se délivrer des idoles religieuses ou athées.

En son temps, Denys l'Aréopagite a frayé les voies menant à une telle parole en enseignant par l'entremise de sa théologie négative qu'on ne pouvait pas savoir où la négation de ce qu'est Dieu pouvait mener. Avec Maître Eckhart, cette théologie négative a conduit à penser l'âme ainsi que Dieu comme étant irréductibles, en indiquant que l'on ne pouvait pas savoir où leur affirmation pouvait nous mener. Avec Nicolas de Cues, elle a amené la pensée à se penser comme « docte ignorance », c'est-à-dire comme fait de se mettre en route sans savoir où l'on va, en se laissant guider. Partout et sans cesse, la théologie négative a enseigné à se confronter à l'inconnu et à s'enrichir à son contact, sans se préoccuper de ce que l'on est. N'est-ce pas là en définitive la leçon que nous pourrions tirer avec profit de notre histoire théologique ?

Présentement, il demeure une différence profonde entre la foi et l'athéisme. À bien des égards, celle-ci se révèle salutaire et il importe que nous ne la comblions pas trop vite. Car, dans la lutte contre les idoles, nous avons besoin autant d'affirmer que de nier. Toutefois, être homme et le devenir consistant à se confronter à l'inconnu afin d'en faire jaillir du nouveau, c'est en définitive par le mouvement et la création qu'une telle progression est possible. Aussi n'est-il pas complètement vain de relire quelques fragments de notre histoire théologique, afin de puiser, dans ses affirmations comme dans ses doutes, les moyens d'aller de l'avant.

Dans les textes dont nous proposons la lecture, nous avons choisi de partir de la classification kantienne des preuves de l'existence de Dieu — preuve ontologique, preuve cosmologique et preuve physico-téléologique — afin de montrer comment la rationalité de la théologie dite « rationnelle » s'est constituée. Puis, il nous a semblé pertinent de montrer comment celle-ci avait été critiquée. Par Kant d'abord. Par Nietzsche et Marx ensuite, dont les propos, il est vrai, concernent l'ensemble de la religion. Enfin, il nous a paru utile de montrer comment le courant de la théologie dite négative pouvait offrir une voie de dépassement possible entre « croyance » et « incroyance », par le fait de montrer que si Dieu échappe à tout être définissable, sa négation ne débouche pas forcément sur l'athéisme. Il nous a semblé également que, au-delà du dépassement qu'elle propose, la théologie négative était intéressante du fait de sa dynamique inventive. En tentant en effet de préserver l'irréductibilité de Dieu, elle a non seulement mis en valeur les notions de négation et d'intériorité, mais aussi celles de paradoxe et d'humour, comme en témoigne Kierkegaard.

Il nous a paru dès lors que l'enjeu d'une réflexion sur la théologie était lié à ce que l'on appelle dans le langage religieux « l'homme intérieur ». Aussi était-il normal de se tourner vers des penseurs comme saint Bonaventure ou Érasme qui à travers la figure du Christ ont défendu l'irréductibilité de Dieu comme de l'homme.

Pour finir, nous avons eu recours à des penseurs comme Bergson, Rosenzweig ou Jaspers, qui, chacun à leur manière, se sont efforcés d'avoir une vue inventive et non militante de la mystique.

LA PREUVE ONTOLOGIQUE DE L'EXISTENCE DE DIEU

Pour ou contre l'insensé

(vers 1078)

SAINT ANSELME
(1033-1109)

Il est d'usage de distinguer deux courants en théologie : l'augustinisme et le thomisme. L'augustinisme est caractérisé comme une voie intérieure, voire existentielle, de découverte de Dieu, ainsi que le montrent les Confessions *qui figurent l'itinéraire d'une âme se convertissant. Le thomisme, lui, est caractérisé comme une voie réaliste et « scientifique » concluant à l'existence de Dieu à partir d'une observation réaliste de la réalité.*

Fortement marqué par l'augustinisme, saint Anselme a développé dans le Proslogion *(vers 1078) une preuve de l'existence de Dieu. Pour quelle raison ? Afin, comme le suggère Étienne Gilson dans* la Philosophie du Moyen Âge *(Payot), de résoudre le conflit opposant les dialecticiens et les théologiens.*

Héritiers de la raison grecque, d'Athènes et d'Aristote, les dialecticiens pensaient pouvoir démontrer Dieu par la raison en recourant à une analyse des causes afin de remonter jusqu'à une Cause première. Héritiers de la Bible, de l'Évangile et de Jérusalem, les théologiens ne voulaient, eux, s'appuyer que sur la foi. Pouvait-on concilier ces deux voies ? Le problème n'était pas simple à résoudre. Car, refuser de rationaliser Dieu, c'était sans aucun doute respecter sa transcendance, mais lui supprimer toute sagesse. Le rendre à l'inverse rationnel, c'était satisfaire les exigences de l'intelligence, mais réduire sa transcendance.

La « preuve » développée par saint Anselme s'est efforcée de dépasser cette opposition. Répondant à l'insensé de la Bible soutenant qu'il n'y a pas de Dieu (« L'insensé a dit dans son cœur : Il n'y a point de Dieu », Psaume *13.1), son objet n'a pas tant été de démontrer l'existence de Dieu que de soutenir par la raison qu'il ne pouvait pas ne pas exister. Si, en effet, Dieu est défini comme étant l'être le plus grand qui se puisse concevoir, un tel être existe nécessairement. Car, s'il n'en va pas ainsi, un tel être ne peut être défini comme étant le plus grand.*

En se donnant la notion de « plus grand », saint Anselme s'est donné l'existence, parce que, selon lui, ne pas exister relevait d'une limitation. Aussi n'a-t-il pas déduit l'existence, à proprement parler. Montrant que l'idée que l'homme a en lui de Dieu correspond à quelque chose hors de lui, il a plutôt indiqué que Dieu faisait partie de ces « choses » que l'homme trouve en lui. Sauf à ne pas savoir ce que l'on dit, il était impossible de remettre une telle idée en cause.

Hubert Grenier, dans la Connaissance philosophique, *a eu donc bien raison de dire que l'on a fait un faux procès à saint Anselme en lui reprochant d'avoir trop rationalisé Dieu. Car c'est plutôt l'inverse qui est vrai. La preuve anselmienne ne nous donne finalement que peu d'intelligence de Dieu. Aussi est-ce pour cela, entre autres, que saint Thomas reviendra à son sujet, afin de donner plus de « contenu » à celui-ci.*

Source: *Œuvres philosophiques de saint Anselme. Proslogion*, trad. P. Rousseau, Paris, Aubier, 1947.

Bibliographie: Étienne Gilson, *la Philosophie au Moyen Âge*, Paris, Payot, 1947; Hubert Grenier, *la Connaissance philosophique*, chap. 7, Paris, Masson, 1973; Jules Vuillemin, *le Dieu d'Anselme et les apparences de la raison*, Paris, Aubier, 1971; Joseph Moreau, *le Dieu des philosophes*, Paris, Vrin, 1969; *Pour ou contre l'insensé ?*, Paris, Vrin, 1967.

Chapitre II
Que Dieu existe véritablement, bien que l'insensé ait dit dans son cœur: «Il n'y a pas de Dieu»

DONC, SEIGNEUR, Toi qui donnes l'intelligence de la foi, fais, dans la mesure où tu le sais convenable, que je comprenne que Tu es comme nous le croyons et que Tu es tel que nous croyons. Or nous croyons que Tu es quelque chose tel que rien de plus grand ne peut être conçu. Une nature pareille n'existe-t-elle donc pas pour que «l'insensé ait dit dans son cœur: Il n'y a pas de Dieu»? (Ps XIII,1). Mais certainement cet insensé, lorsqu'il entend ce que je dis: «Quelque chose dont rien de plus grand ne peut être pensé», comprend ce qu'il entend — et ce qu'il comprend est dans son intelligence, même s'il ne comprend pas que cela existe. Car c'est une chose d'avoir un objet dans l'intelligence et une autre de comprendre que cet objet existe. Lorsque le peintre élabore son œuvre, il l'a dans son esprit mais il ne saisit pas encore l'existence de ce qu'il n'a pas encore réalisé. Mais après l'avoir peint, il l'a dans son intelligence et il comprend aussi l'existence de ce qu'il a maintenant créé. L'insensé, lui aussi, doit convenir qu'il y a au moins dans l'intelligence quelque chose dont on ne peut rien concevoir de plus grand, puisque, lorsqu'il l'entend, il le comprend et que tout ce qui est compris est dans l'intelligence. Mais certainement ce dont rien de plus grand ne peut être conçu ne peut exister seulement dans l'intelligence. En effet, si cela existait seulement dans l'esprit, on pourrait le concevoir comme étant aussi dans la réalité; ce qui serait supérieur. Donc si ce dont on ne peut concevoir rien de plus grand est seulement dans l'esprit, cela dont on ne peut rien concevoir de plus grand est quelque chose dont on peut concevoir quelque chose de plus grand; — ce qui est certainement impossible. Il existe donc, sans aucun doute, quelque chose dont on ne peut rien concevoir de plus grand, et dans l'intelligence et dans la réalité. [...]

Chapitre III
Que l'on ne peut pas penser que Dieu n'existe pas

ET CELA EXISTE SI RÉELLEMENT qu'on ne peut même pas penser sa non-existence. On peut, en effet, concevoir quelque chose qu'il serait impossible de penser comme non-existant, donc supérieur à ce que l'on peut penser comme non-existant. C'est pourquoi, si ce dont rien de plus grand ne peut être conçu peut être pensé comme n'existant pas, ceci même dont rien de plus grand ne peut être pensé n'est pas ce dont on ne peut rien penser de plus grand; — ce qui est contradictoire. Ainsi ce dont on ne peut rien concevoir de plus grand existe si véritablement qu'on ne peut même pas penser qu'il n'existe pas. Et cela, c'est Toi, Seigneur notre Dieu. Tu existes donc si réellement, Seigneur mon Dieu, que Tu ne pourrais pas être pensé comme n'existant pas; et c'est justice. Si quelque esprit, en effet, pouvait concevoir quelque chose de meilleur que Toi, la créature prendrait le pas sur le Créateur et jugerait son Créateur; — ce qui est parfaitement sot. En vérité, tout ce qui est autre chose que Toi seul peut être conçu comme n'existant pas. Seul, Tu as d'être le plus vraiment de tout et d'être au maximum, parce que tout ce qui est autre n'est pas aussi vraiment et possède donc un être moindre. Pourquoi donc l'insensé a-t-il dit dans son cœur : « Il n'y a pas de Dieu », alors qu'il est si évident à l'esprit raisonnable que Tu existes plus que tout? Pourquoi, sinon parce qu'il est sot et insensé? [...]

Chapitre IV
Pourquoi l'insensé a-t-il dit dans son cœur ce qui ne peut être pensé?

Mais comment l'insensé a-t-il dit dans son cœur ce qu'il n'a pu penser ou comment n'a-t-il pas pu penser ce qu'il a dit dans son cœur, puisque dire dans son cœur est une même chose que penser? Que si vraiment il a pensé — et il l'a fait puisqu'il l'a dit dans son cœur — et aussi qu'il ne l'a pas dit dans son cœur, puisqu'il n'a pas pu le penser, c'est qu'il y a plusieurs façons de dire que quelque chose est pensé ou dit dans le cœur. On pense en effet différemment une chose suivant que l'on pense le mot qui l'exprime ou que l'on comprend ce qu'est la chose elle-même. Dans le premier cas, on peut penser que Dieu n'est pas; mais non dans le second. Personne comprenant ce que sont le feu et l'eau, ne peut évidemment penser que le feu soit de l'eau « secundum rem », bien que cela soit possible « secundum vocem ». Personne comprenant ce qu'est Dieu, ne peut donc penser que Dieu n'existe pas, bien qu'il le dise dans son cœur, sans aucune signification ou avec une signification autre.

Dieu est en effet ce dont on ne peut rien concevoir de plus grand. Celui qui comprend bien cela comprend aussi qu'Il est de telle sorte qu'on ne puisse penser qu'Il n'est pas. Celui donc qui comprend que Dieu est ainsi, ne peut penser qu'Il n'existe pas.

Je te rends grâces, Bon Maître, car ce que j'ai cru d'abord par don de Toi, je le comprends maintenant par ta Lumière de telle façon que, si je ne voulais pas croire à ton Existence, je ne pourrais pas ne pas comprendre [que Tu es]. [...]

Livre de Gaunilon : Pour la défense de l'insensé

V. — Que cet Être soit nécessairement aussi dans la réalité, on me le prouve [en disant] que, s'Il n'était pas ainsi, tout ce qui existe en réalité Lui serait supérieur et qu'Il ne serait donc pas plus grand que tout — ce qu'Il est dans l'intelligence, a-t-on déjà prouvé. À cela je réponds: « S'il faut reconnaître comme étant dans l'intelligence ce qui ne peut même pas être conçu d'après la vérité d'une quelconque réalité, je ne nie pas que cela soit aussi dans la mienne. Mais comme, par là, on ne peut absolument pas obtenir aussi l'existence dans la réalité, je ne peux absolument pas la lui concéder tant qu'on ne me la démontre d'une façon indubitable. Car celui qui affirme son existence du fait que, s'il en était autrement, le plus grand de tout ne serait pas tel, ne tient pas suffisamment compte de celui à qui il parle. Pour moi, en effet, je ne dis pas encore — bien plus même, je nie ou au moins je doute qu'Il soit plus grand que n'importe quel objet existant vraiment; et je ne Lui concède pas d'autre existence — si l'on peut parler d'existence — que celle d'un objet encore inconnu, que l'esprit s'efforce de se représenter à l'audition du simple mot. Comment donc me prouvera-t-on de cette manière que ce plus grand existe en réalité parce qu'il est évident qu'Il est plus grand que tous, alors que, jusqu'ici, je Le nie — ou du moins en doute —, si bien que je ne puis dire que ce plus grand soit dans mon intelligence ou ma pensée même au titre où y sont beaucoup de choses fausses ou douteuses? Il faut, en effet, que l'on me convainque d'abord que ce «plus grand» existe quelque part en réalité — alors seulement de ce qu'Il est plus grand que tout, il sera certain qu'Il existe aussi réellement.

VI. — Prenons un exemple: Certains disent qu'il y a, quelque part dans l'Océan, une île qui, en raison de la difficulté ou mieux de l'impossibilité de trouver ce qui n'existe pas — est appelée «perdue». On raconte que, beaucoup plus que les îles fortunées, elle possède en une abondance inestimable des richesses et des délices de toutes sortes et que, sans possesseur ni habitant, elle dépasse par l'opulence toutes les autres terres habitées par les hommes. Que quelqu'un me dise qu'il en est ainsi et je comprendrai aisément son dire, qui n'offre aucune difficulté. Mais qu'alors il ajoute, comme à titre de conséquence: Tu ne peux pas plus douter que cette île supérieure à toutes les terres existe réellement quelque part que tu ne doutes qu'elle soit dans ton intelligence; et, parce qu'il est supérieur de n'être pas seulement dans l'intelligence mais aussi en réalité, il est nécessaire qu'elle soit parce que, si elle n'était pas, n'importe quelle terre existant en réalité lui serait supérieure et que celle que tu avais ainsi conçue comme supérieure ne le serait pas; si, dis-je, on voulait par de semblables propos me convaincre de l'existence de cette île et que je n'en doive plus douter, je croirais que l'on plaisante ou je ne sais lequel je devrais estimer le plus sot, de moi lui donnant raison ou de lui, pensant établir avec quelque certitude l'existence de cette île, sans avoir d'abord montré que sa supériorité même était dans mon intelligence comme une chose existant réellement et indubitablement — et non pas comme quelque chose de faux ou d'incertain. [...]

Apologie de saint Anselme contre Gaunilon répondant pour l'insensé

Chapitre II

Le raisonnement proposé est serré de plus près. Il est montré que Celui dont on ne peut concevoir de plus grand peut être pensé, donc existe

J'ai donc dit dans l'argumentation que tu critiques que, lorsque l'insensé entend énoncer «Celui dont on ne peut concevoir de plus grand», il comprend ce qu'il entend. Celui qui ne le comprend pas, si on parle dans une langue connue, n'a aucune intelligence ou l'a fort obscure. J'ai dit ensuite que si [cette énonciation] est comprise, elle est dans l'intelligence. Est-ce que n'existe en aucune intelligence ce qui fut démontré nécessairement exister dans la vérité de la réalité? Mais tu dis que, même si elle est dans l'intelligence, il ne s'ensuit pas qu'on la comprenne. Vois plutôt que, si elle est dans l'intelligence, c'est parce qu'on la comprend. En effet, tout comme ce qui est pensé est pensé par la pensée et que ce qui est pensé par la pensée est dans la pensée de la façon même dont il est pensé, ainsi ce qui est compris est compris par l'intelligence et ce qui est compris par l'intelligence est dans l'intelligence de la façon même dont il est compris. Quoi de plus net?

J'ai dit ensuite que s'il n'est que dans la seule intelligence, on peut le concevoir comme étant aussi en réalité — ce qui est plus. Donc si Ce dont on ne peut concevoir de plus grand n'est que dans la seule intelligence, il est quelque chose dont on peut concevoir de plus grand. Quoi de plus rigoureux, je le demande? — En effet, s'il n'est que dans la seule intelligence, ne peut-il être conçu comme existant aussi en réalité? Mais si on le peut, celui qui le pense ne pense-t-il pas quelque chose de supérieur à ce qui est dans la seule intelligence? Quoi donc de plus logique que ceci: Si Celui dont on ne peut penser de plus grand est seulement dans l'intelligence [...].

Chapitre III
Réponse à l'objection de l'adversaire: l'existence réelle de l'île imaginaire découlerait de ce qu'elle est pensée

Mais tu dis qu'il en serait de même si quelqu'un prétendait qu'une île de l'océan, dépassant en fertilité toutes les terres et surnommée «perdue» en raison de la difficulté, voire même de l'impossibilité de trouver ce qui n'est pas, doit être considérée comme existant réellement, du fait que chacun comprend aisément sa description verbale.

Moi je dis en toute sûreté: Si quelqu'un me trouve quelque chose existant réellement ou seulement en pensée — excepté Celui dont on ne peut concevoir de plus grand — à quoi puisse s'appliquer la logique de mon argumentation, je trouverai et lui donnerai l'île perdue pour qu'il ne la perde jamais.

Mais il paraît déjà évident que Ce dont on ne peut concevoir de plus grand ne peut être pensé comme n'existant pas qu'Il existe en vertu d'une raison certaine de la vérité. Autrement, Il ne pourrait aucunement exister.

Aussi, que si quelqu'un prétend qu'il pense qu'Il n'existe pas, je dis que lorsqu'il le pense, ou bien il pense Celui dont on ne peut penser de plus grand ou bien il ne Le pense pas. S'il ne Le pense pas, il ne pense pas la non-existence de ce qu'il ne pense pas. Mais s'il Le pense, il pense assurément quelque chose qui ne peut être conçu comme n'existant pas. En effet, si cet objet pouvait être conçu comme n'existant pas, il pourrait être pensé comme ayant un commencement et une fin; or il ne le peut pas. Donc celui qui pense le premier cas pense quelque chose qui ne peut être conçu comme n'existant pas; celui qui pense le second cas ne pense pas que cela n'est pas; autrement il penserait ce qui est impensable. Donc on ne peut penser la non-existence de Celui dont on ne peut concevoir de plus grand.

Existence et infini
(1641)

RENÉ DESCARTES
(1596-1650)

L'argument ontologique de saint Anselme a influencé en profondeur la philosophie puisqu'il a été repris et défendu par saint Bonaventure, Descartes et Hegel. Selon Claude Bruaire (Pour la métaphysique, *Communio, Fayard, 1980, p. 58), cela s'explique par des raisons qui ne sont pas tant théologiques que philosophiques. Car il s'agit là de l'affirmation même de la pensée. Ce que celle-ci trouve en elle comme étant Dieu ne renvoie pas tant à sa limite qu'à sa faculté de pouvoir nous faire déboucher sur la transcendance et donc sur une dimension fondamentale. Toutefois, il existe des différences de taille entre les penseurs et leur commun ralliement à cet argument ne suffit pas à supprimer le traitement spécifique que chacun a fait de celui-ci.*

Ainsi, alors que pour saint Anselme la preuve ontologique est une façon de réconcilier la foi et la raison en se servant de la raison contre l'athéisme, chez Descartes, cette preuve a un tout autre sens.

Située à la cinquième de ses Méditations métaphysiques *(1641), elle vient après la première preuve, dite preuve par les effets, située dans la troisième* Méditation. *Pourquoi Descartes a-t-il eu besoin de deux preuves et non d'une seule? Il ne s'agit là nullement d'une hésitation de sa part, mais d'une progression nécessaire au sein de l'économie des* Méditations. *Cherchant en effet la vérité dans les sciences, Descartes procède à un doute méthodique afin de ne retenir que l'indubitable. Doutant systématiquement de tout, il est ainsi conduit à s'apercevoir qu'il peut douter de tout sauf du fait qu'il pense, car pour douter il faut penser. Cette vérité irréductible de la conscience se heurte néanmoins à un obstacle majeur. S'il demeure vrai, en effet, que la pensée ne se délègue point, qu'est-ce qui nous prouve, quand le moi pense, qu'il correspond quelque chose à ce que celui-ci conçoit? La preuve par les effets a pour fonction de montrer que le sujet n'a pas pu tout imaginer. Car, si parmi les idées humaines beaucoup d'entre elles relèvent de l'expérience ou de l'imagination, tout ne s'y réduit pas. L'infini qui dépasse toute expérience comme toute imagination montre à l'évidence que nous possédons en nous des pensées que nous n'avons pas pensées. Preuve que nous n'avons pas tout inventé et qu'il existe une pensée autre qui ne peut être que celle de Dieu.*

Toutefois, une chose est de montrer que le sujet n'est point seul et une autre de montrer que les objets extérieurs existent réellement. Toute la fonction de la preuve ontologique est de réduire cet écart et de nous assurer de la pleine et entière « existence » de l'existence à travers la preuve de l'existence de Dieu. Idée résistant à l'idée que toutes les idées n'ont point d'existence, l'idée de Dieu est la démonstration par l'intérieur, si l'on peut dire, que l'existence extérieure existe. Aussi est-elle le fondement même de la science.

Sachant qu'il existe une réalité pleinement existante hors de lui, le sujet peut désormais connaître. La science moderne s'est ainsi fondée avec le concours de Dieu et non contre lui, comme on le croit trop souvent.

Source: Descartes, *Méditations métaphysiques*, Paris, P.U.F., 1979. Cette traduction est la traduction du duc de Luynes faite en 1647 et revue par Descartes lui-même. C'est la traduction qui figure dans l'édition Adam et Tannery.

Bibliographie : Martial Guéroult, *Descartes selon l'ordre des raisons*, Aubier, 1953 ; Henri Gouhier, *la Pensée métaphysique de Descartes*, Paris, Vrin, 1978 ? ; Jean-Luc Marion, *Sur la théologie blanche de Descartes*, Paris, P.U.F., 1981.

Méditation troisième
De Dieu ; qu'il existe

Mais il se présente encore une autre voie pour rechercher si entre les choses dont j'ai en moi les idées, il y en a quelques-unes qui existent hors de moi. À savoir, si ces idées sont prises en tant seulement que ce sont de certaines façons de penser, je ne reconnais entre elles aucune différence ou inégalité, et toutes me semblent procéder de moi d'une même sorte ; mais les considérant comme des images, dont les unes représentent une chose et les autres une autre, il est évident qu'elles sont fort différentes les unes des autres. Car, en effet, celles qui me représentent des substances sont sans doute quelque chose de plus, et contiennent en soi (pour ainsi parler) plus de réalité objective, c'est-à-dire participent par représentation à plus de degrés d'être ou de perfection, que celles qui me représentent seulement des modes ou accidents. De plus, celle par laquelle je conçois un Dieu souverain, éternel, infini, immuable, tout connaissant, tout-puissant, et créateur universel de toutes les choses qui sont hors de lui ; celle-là, dis-je, a certainement en soi plus de réalité objective, que celles par qui les substances finies me sont représentées.

Maintenant c'est une chose manifeste par la lumière naturelle, qu'il doit y avoir pour le moins autant de réalité dans la cause efficiente et totale que dans son effet ; car d'où est-ce que l'effet peut tirer sa réalité, sinon de sa cause ? et comment cette cause la lui pourrait-elle communiquer si elle ne l'avait en elle-même ?

Et de là il suit, non seulement que le néant ne saurait produire aucune chose, mais aussi que ce qui est plus parfait, c'est-à-dire qui contient en soi plus de réalité, ne peut être une suite et une dépendance du moins parfait. Et cette vérité n'est pas seulement claire et évidente dans les effets qui ont cette réalité que les Philosophes appellent actuelle ou formelle, mais aussi dans les idées où l'on considère seulement la réalité qu'ils nomment objective : par exemple, la pierre qui n'a point encore été, non seulement ne peut pas maintenant commencer d'être, si elle n'est produite par une chose qui possède en soi formellement, ou éminemment, tout ce qui entre en la composition de la pierre, c'est-à-dire qui contienne en soi les mêmes choses, ou d'autres plus excellentes que celles qui sont dans la pierre ; et la chaleur ne peut être produite dans un sujet qui en était auparavant privé, si ce n'est par une chose qui soit d'un ordre, d'un degré ou d'un genre au moins aussi parfait que la chaleur, et ainsi des autres. Mais encore, outre cela, l'idée de la chaleur ou de la pierre, ne peut pas être en moi, si elle n'y a été mise par quelque cause, qui contienne en soi pour le moins autant de réalité que j'en conçois dans la chaleur ou dans la pierre. Car encore que cette cause-là ne transmette en mon idée aucune chose de sa réalité actuelle ou formelle, on ne doit pas pour cela s'imaginer que cette cause doive être moins réelle ; mais on doit savoir que toute idée étant un ouvrage de l'esprit, sa nature est telle qu'elle ne demande de soi aucune autre réalité formelle, que celle qu'elle reçoit et emprunte de la pensée ou de l'esprit, dont elle est seulement un mode, c'est-à-dire une manière ou façon de penser. Or, afin qu'une idée contienne une telle réalité objective plutôt qu'une autre, elle doit sans doute avoir cela de quelque cause, dans laquelle il se rencontre pour le moins autant de réalité formelle que cette idée contient de réalité objective. Car si nous supposons qu'il se trouve quelque chose dans l'idée, qui ne se rencontre pas dans la cause, il faut donc qu'elle tienne cela du néant; mais, pour imparfaite que soit cette façon d'être, par laquelle une chose est objectivement ou par représentation dans l'entendement par son idée, certes on ne peut pas néanmoins dire que cette façon et manière-là ne soit rien, ni par conséquent que cette idée tire son origine du néant. Je ne dois pas aussi douter qu'il ne soit nécessaire que la réalité soit formellement dans les causes de mes idées, quoique la réalité que je considère dans ces idées soit seulement objective, ni penser qu'il suffit que cette réalité se rencontre objectivement dans leurs causes; car, tout ainsi que cette manière d'être objectivement appartient aux idées, de leur propre nature, de même aussi la manière ou la façon d'être formellement appartient aux causes de ces idées (à tout le moins aux premières et principales) de leur propre nature. Et encore qu'il puisse arriver qu'une idée donne la naissance à une autre idée, cela ne peut pas toutefois être à l'infini, mais il faut à la fin parvenir à une première idée, dont la cause soit comme un patron ou un original, dans lequel toute la réalité ou perfection soit contenue formellement et, en effet, qui se rencontre seulement objectivement ou par représentation dans ces idées. En sorte que la lumière naturelle me fait connaître évidemment que les idées sont en moi comme des tableaux ou des images qui peuvent à la vérité facilement déchoir de la perfection des choses dont elles ont été tirées, mais qui ne peuvent jamais rien contenir de plus grand ou de plus parfait.

Et d'autant plus longuement et soigneusement j'examine toutes ces choses, d'autant plus clairement et distinctement je connais qu'elles sont vraies. Mais enfin que conclurai-je de tout cela? C'est à savoir que, si la réalité objective de quelqu'une de mes idées est telle, que je connaisse clairement qu'elle n'est point en moi, ni formellement ni éminemment, et que par conséquent je ne puis moi-même en être la cause, il suit de là nécessairement que je ne suis pas seul dans le monde, mais qu'il y a encore quelque autre chose qui existe et qui est la cause de cette idée, au lieu que, s'il ne se rencontre point en moi de telle idée, je n'aurai aucun argument qui me puisse convaincre et rendre certain de l'existence d'aucune autre chose que de moi-même; car je les ai tous soigneusement recherchés, et je n'en ai pu trouver aucun autre jusqu'à présent.

Or entre ces idées, outre celle qui me représente à moi-même, de laquelle il ne peut y avoir ici aucune difficulté, il y en a une autre qui me représente un Dieu, d'autres des choses corporelles et inanimées, d'autres des anges, d'autres des animaux, et d'autres enfin qui me représentent des hommes semblables à moi. Mais pour ce qui regarde les idées qui me représentent d'autres hommes ou des animaux, ou des anges, je conçois facilement qu'elles peuvent être formées par le mélange et la composition des autres idées que j'ai des choses corporelles et de Dieu, encore que hors de moi il n'y eût point d'autres hommes dans le monde, ni aucuns animaux, ni aucuns anges. Et pour ce qui regarde les idées des choses corporelles, je n'y reconnais rien de si grand ni de si excellent qui ne me semble pouvoir venir de moi-même; car si je les considère de plus près, et si je les examine de la même façon que j'examinai hier l'idée de la cire, je trouve qu'il ne s'y rencontre que fort peu de chose que je conçoive clairement et distinctement: à savoir, la grandeur ou bien l'extension en longueur, largeur et profondeur; la figure qui est formée par les termes et les bornes de cette extension; la situation que les corps diversement figurés gardent entre eux; et le mouvement ou le changement de cette situation; auxquelles on peut ajouter la substance, la durée et le nombre. Quant aux autres choses, comme la lumière, les couleurs, les sons, les odeurs, les saveurs, la chaleur, le froid, et les autres qualités qui tombent sous l'attouchement, elles se rencontrent dans ma pensée avec tant d'obscurité et de confusion, que j'ignore même si elles sont véritables, ou fausses et seulement apparentes, c'est-à-dire si les idées que je conçois de ces qualités, sont en effet les idées de quelques choses réelles, ou bien si elles ne me représentent que des êtres chimériques, qui ne peuvent exister. Car, encore que j'aie remarqué ci-devant, qu'il n'y a que dans les jugements que se puisse rencontrer la vraie et formelle fausseté, il se peut néanmoins trouver dans les idées une certaine fausseté matérielle, à savoir, lorsqu'elles représentent ce qui n'est rien comme si c'était quelque chose. Par exemple, les idées que j'ai du froid et de la chaleur sont si peu claires et si peu distinctes, que par leur moyen je ne puis pas discerner si le froid est seulement une privation de la chaleur, ou la chaleur une privation du froid, ou bien si l'une et l'autre sont des qualités réelles, ou si elles ne le sont pas; et d'autant que, les idées étant comme des images, il n'y en peut avoir aucune qui ne nous semble représenter quelque chose, s'il est vrai de dire que le froid ne soit autre chose qu'une privation de la chaleur, l'idée qui me le représente comme quelque chose de réel et de positif, ne sera pas mal à propos appelée fausse, et ainsi des autres semblables idées; auxquelles certes il n'est pas nécessaire que j'attribue d'autre auteur que moi-même. Car, si elles sont fausses, c'est-à-dire si elles représentent des choses qui ne sont point, la lumière naturelle me fait connaître qu'elles procèdent du néant, c'est-à-dire qu'elles ne sont en moi, que parce qu'il manque quelque chose à ma nature, et qu'elle n'est pas toute parfaite. Et si ces idées sont vraies, néanmoins, parce qu'elles me font paraître si peu de réalité, que même je ne puis pas nettement discerner la chose représentée d'avec le non être, je ne vois point de raison pourquoi elles ne puissent être produites par moi-même, et que je n'en puisse être l'auteur.

Quant aux idées claires et distinctes que j'ai des choses corporelles, il y en a quelques-unes qu'il semble que j'ai pu tirer de l'idée que j'ai de moi-même, comme celle que j'ai de la substance, de la durée, du nombre, et d'autres choses semblables. Car lorsque je pense que la pierre est une substance, ou bien une chose qui de soi est capable d'exister, puis que je suis aussi moi-même une substance, quoique je conçoive bien que je suis une chose qui pense et non étendue, et que la pierre au contraire est une chose étendue et qui ne pense point, et qu'ainsi entre ces deux conceptions il se rencontre une notable différence, toutefois elles semblent convenir en ce qu'elles représentent toutes deux des substances. De même, quand je pense que je suis maintenant, et que je me ressouviens outre cela d'avoir été autrefois, et que je conçois plusieurs diverses pensées dont je connais le nombre, alors j'acquiers en moi les idées de la durée et du nombre, lesquelles, par après, je puis transférer à toutes les autres choses que je voudrai.

Pour ce qui est des autres qualités dont les idées des choses corporelles sont composées, à savoir, l'étendue, la figure, la situation et le mouvement de lieu, il est vrai qu'elles ne sont point formellement en moi, puisque je ne suis qu'une chose qui pense; mais parce que ce sont seulement de certains modes de la substance et comme les vêtements sous lesquels la substance corporelle nous paraît, et que je suis moi-même une substance, il semble qu'elles puissent être contenues en moi éminemment.

Partant il ne reste que la seule idée de Dieu, dans laquelle il faut considérer s'il y a quelque chose qui n'ait pu venir de moi-même. Par le nom de Dieu j'entends une substance infinie, éternelle, immuable, indépendante, toute connaissante, toute-puissante, et par laquelle moi-même, et toutes les autres choses qui sont (s'il est vrai qu'il y en ait qui existent) ont été créées et produites. Or ces avantages sont si grands et si éminents, que plus attentivement je les considère, et moins je me persuade que l'idée que j'en ai puisse tirer son origine de moi seul. Et par conséquent il faut nécessairement conclure de tout ce que j'ai dit auparavant, que Dieu existe; car encore que l'idée de la substance soit en moi, de cela même que je suis une substance, je n'aurais pas néanmoins l'idée d'une substance infinie, moi qui suis un être fini, si elle n'avait été mise en moi par quelque substance qui fût véritablement infinie.

Et je ne me dois pas imaginer que je ne conçois pas l'infini par une véritable idée, mais seulement par la négation de ce qui est fini, de même que je comprends le repos et les ténèbres par la négation du mouvement et de la lumière: puisqu'au contraire je vois manifestement qu'il se rencontre plus de réalité dans la substance infinie que dans la substance finie, et partant que j'ai en quelque façon premièrement en moi la notion de l'infini, que du fini, c'est-à-dire de Dieu, que de moi-même. Car comment serait-il possible que je pusse connaître que je doute et que je désire, c'est-à-dire qu'il me manque quelque chose et que je ne suis pas tout parfait, si je n'avais en moi aucune idée d'un être plus parfait que le mien, par la comparaison duquel je connaîtrais les défauts de ma nature?

Méditation cinquième
De l'essence des choses matérielles; et derechef de Dieu qu'il existe

Or, maintenant, si de cela seul que je puis tirer de ma pensée l'idée de quelque chose, il s'ensuit que tout ce que je reconnais clairement et distinctement appartenir à cette chose lui appartient en effet, ne puis-je pas tirer de ceci un argument et une preuve démonstrative de l'existence de Dieu? Il est certain que je ne trouve pas moins en moi son idée, c'est-à-dire l'idée d'un être souverainement parfait, que celle de quelque figure ou de quelque nombre que ce soit. Et je ne connais pas moins clairement et distinctement qu'une actuelle et éternelle existence appartient à sa nature que je connais que tout ce que je puis démontrer de quelque figure, ou de quelque nombre, appartient véritablement à la nature de cette figure ou de ce nombre. Et partant, encore que tout ce que j'ai conclu dans les méditations précédentes, ne se trouvât point véritable, l'existence de Dieu doit passer en mon esprit au moins pour aussi certaine que j'ai estimé jusques ici toutes les vérités des mathématiques qui ne regardent que les nombres et les figures: bien qu'à la vérité cela ne paraisse pas d'abord entièrement manifeste, mais semble avoir quelque apparence de sophisme. Car ayant accoutumé dans toutes les autres choses de faire distinction entre l'existence et l'essence, je me persuade aisément que l'existence peut être séparée de l'essence de Dieu, et qu'ainsi on peut concevoir Dieu comme n'étant pas actuellement. Mais néanmoins, lorsque j'y pense avec plus d'attention, je trouve manifestement que l'existence ne peut non plus être séparée de l'essence de Dieu, que de l'essence d'un triangle rectiligne la grandeur de ses trois angles égaux à deux droits, ou bien de l'idée d'une montagne l'idée d'une vallée; en sorte qu'il n'y a pas moins de répugnance de concevoir un Dieu (c'est-à-dire un être souverainement parfait) auquel manque l'existence (c'est-à-dire auquel manque quelque perfection) que de concevoir une montagne qui n'ait point de vallée.

Mais encore qu'en effet je ne puisse pas concevoir un Dieu sans existence, non plus qu'une montagne sans vallée, toutefois, comme de cela seul que je conçois une montagne avec une vallée, il ne s'ensuit pas qu'il y ait aucune montagne dans le monde, de même aussi, quoique je conçoive Dieu avec l'existence, il semble qu'il ne s'ensuit pas pour cela qu'il y en ait aucun qui existe : car ma pensée n'impose aucune nécessité aux choses ; et comme il ne tient qu'à moi d'imaginer un cheval ailé, encore qu'il n'y en ait aucun qui ait des ailes, ainsi je pourrais peut-être attribuer l'existence à Dieu, encore qu'il n'y eût aucun Dieu qui existât. Tant s'en faut, c'est ici qu'il y a un sophisme caché sous l'apparence de cette objection : car de ce que je ne puis concevoir une montagne sans vallée, il ne s'ensuit pas qu'il y ait au monde aucune montagne, ni aucune vallée, mais seulement que la montagne et la vallée, soit qu'il y en ait, soit qu'il n'y en ait point, ne se peuvent en aucune façon séparer l'une d'avec l'autre ; au lieu que, de cela seul que je ne puis concevoir Dieu sans existence, il s'ensuit que l'existence est inséparable de lui, et partant qu'il existe véritablement : non pas que ma pensée puisse faire que cela soit de la sorte, et qu'elle impose aux choses aucune nécessité ; mais au contraire parce que la nécessité de la chose même, à savoir de l'existence de Dieu, détermine ma pensée à le concevoir de cette façon. Car il n'est pas en ma liberté de concevoir un Dieu sans existence (c'est-à-dire un être souverainement parfait sans une souveraine perfection) comme il m'est libre d'imaginer un cheval sans ailes, ou avec des ailes.

LA PREUVE COSMOLOGIQUE DE L'EXISTENCE DE DIEU

De l'être à Dieu

(1711)

GOTTFRIED WILHELM LEIBNIZ
(1646-1716)

La preuve cosmologique de l'existence de Dieu est, selon Kant, la deuxième preuve possible que l'on peut avancer à son sujet. Considérant le monde et constatant qu'il y a de la contingence en lui, comme celle-ci ne saurait être la cause de ce qui est, elle conclut que l'existence du monde ne peut s'expliquer que par un être nécessaire. Reprise de la preuve dite a contingentia mundi, *elle revient à se servir des imperfections contenues dans la réalité afin de démontrer que le monde ne peut être auto-suffisant du fait de ces dernières et qu'il ne peut s'expliquer que par une cause parfaite située en dehors de lui.*

Fondée apparemment sur l'expérience, une telle preuve renvoie en fait à un développement logique. Car, partant de ce qui est (en l'occurrence le monde) pour constater que le contingent (ce qui n'est pas parce qu'il est sans être pleinement) n'a pas pu produire ce qui est, elle conclut logiquement que seul un être nécessaire peut être à l'origine de ce qui est. Ce qui revient à ne pas sortir de l'identité de l'Être et à déduire analytiquement de celui-ci l'existence de Dieu.

Leibniz ne s'est jamais caché de vouloir ainsi tout ramener à une logique. Toutefois, on comprend que son rationalisme ait pu être considéré comme étant ravageur pour la théologie. Car, tout en voulant conforter celle-ci, force est de constater qu'il a quelque peu assujetti Dieu à la raison.

On a dit de Leibniz qu'il était le penseur à avoir le mieux pensé l'identité, puisque son analyse de l'Être l'a conduit non seulement à prouver Dieu mais à démontrer pourquoi les choses sont ce qu'elles sont du fait d'une finalité interne à ce qui est. Toutefois, cela ne s'est-il pas fait au détriment de la liberté et de la transcendance de Dieu? C'est la question que se sont posée les cartésiens partisans d'un Dieu libre de créer les vérités éternelles. Il n'est pas exagéré en tout cas de dire que le Dieu de Leibniz est par excellence le Dieu des savants et des philosophes. Ne pouvant pas ne pas être sage il est autant la sagesse même que contraint à la sagesse. Aussi comprend-t-on pourquoi Pascal et Kierkegaard seront amenés à critiquer ce Dieu des savants et des philosophes, qu'ils qualifieront d'idole mettant Dieu au service de la sagesse, alors que c'est à l'inverse qu'il faut procéder selon eux.

Entre la sagesse et la transcendance il semble que la philosophie ait eu du mal à trancher et qu'elle a encore du mal à le faire. Car, si un Dieu sage risque toujours de plier la transcendance aux normes de la sagesse, un Dieu purement transcendant risque toujours de faire s'évanouir la sagesse dans une pure transcendance.

Sources: *Principes de la nature et de la grâce*. Leibniz, *Œuvres*, Aubier, 1972, p. 393 et suiv.

Bibliographie: Yvon Bélaval, *Leibniz. Introduction à sa philosophie*, Vrin, 1969; J. Jalabert, *le Dieu de Leibniz*, P.U.F., 1960.

7. — JUSQU'ICI nous n'avons parlé qu'en simples *physiciens:* maintenant il faut s'élever à la *métaphysique*, en nous servant du *grand principe*, peu employé communément, qui porte que *rien ne se fait sans raison suffisante;* c'est-à-dire que rien n'arrive sans qu'il soit possible à celui qui connaîtrait assez les choses de rendre une raison qui suffise pour déterminer pourquoi il en est ainsi, et non pas autrement. Ce principe posé, la première question qu'on a droit de faire sera: *Pourquoi il y a plutôt quelque chose que rien?* Car le rien est plus simple et plus facile que quelque chose. De plus, supposé que des choses doivent exister, il faut qu'on puisse rendre raison *pourquoi elles doivent exister ainsi*, et non autrement.

8. — Or, cette raison suffisante de l'existence de l'univers ne se saurait trouver dans la suite des choses contingentes, c'est-à-dire des corps et de leurs représentations dans les âmes; parce que la matière étant indifférente en elle-même au mouvement et au repos, et à un mouvement tel ou tel autre, on n'y saurait trouver la raison du mouvement, et encore moins d'un tel mouvement. Et quoique le présent mouvement qui est dans la matière vienne du précédent, et celui-ci encore d'un précédent, on n'en est pas plus avancé, quand on irait aussi loin que l'on voudrait; car il reste toujours la même question. Ainsi, il faut que la *raison suffisante*, qui n'ait plus besoin d'une autre raison, soit hors de cette suite des choses contingentes, et se trouve dans une substance qui en soit la cause, et qui soit un être nécessaire, portant la raison de son existence avec soi; autrement on n'aurait pas encore une raison suffisante où l'on puisse finir. Et cette dernière raison des choses est appelée *Dieu*.

9. — Cette substance simple primitive doit renfermer éminemment les perfections contenues dans les substances dérivatives qui en sont les effets; ainsi elle aura la puissance, la connaissance et la volonté parfaites, c'est-à-dire elle aura une toute-puissance, une omniscience et une bonté souveraines. Et comme la justice, prise fort généralement, n'est autre chose que la bonté conforme à la sagesse, il faut bien qu'il y ait aussi une justice souveraine en Dieu. La raison qui a fait exister les choses par lui, les fait encore dépendre de lui en existant et en opérant: et elles reçoivent continuellement de lui ce qui les fait avoir quelque perfection; mais ce qui leur reste d'imperfection vient de la limitation essentielle et originale de la créature.

10. — Il suit de la perfection suprême de Dieu qu'en produisant l'univers il a choisi le meilleur plan possible où il y ait la plus grande variété, avec le plus grand ordre, le terrain, le lieu, le temps les mieux ménagés: le plus d'effet produit par les voies les plus simples; le plus de puissance, le plus de connaissance, le plus de bonheur et de bonté dans les créatures que l'univers en pouvait admettre. Car tous les possibles prétendant à l'existence dans l'entendement de Dieu à proportion de leurs perfections, le résultat de toutes ces prétentions doit être le monde actuel le plus parfait qui soit possible. Et sans cela il ne serait pas possible de rendre raison pourquoi les choses sont allées plutôt ainsi qu'autrement.

11. — La sagesse suprême de Dieu lui a fait choisir surtout les *lois du mouvement* les mieux ajustées et les plus convenables aux raisons abstraites ou métaphysiques. Il s'y conserve la même quantité de la force totale et absolue ou de l'action; la même quantité de la force respective ou de la réaction; la même quantité enfin de la force directive. De plus, l'action est toujours égale à la réaction, et l'effet entier est toujours équivalent à sa cause pleine. Et il est surprenant que, par la seule considération des *causes efficientes* ou de la matière, on ne saurait rendre raison de ces lois du mouvement découvertes de notre temps et dont une partie a été découverte par moi-même. Car j'ai trouvé qu'il y faut recourir aux *causes finales*, et que ces lois ne dépendent point du principe de la nécessité comme les vérités logiques, arithmétiques et géométriques; mais du *principe de la convenance*, c'est-à-dire du choix de la sagesse. Et c'est une des plus efficaces et des plus sensibles preuves de l'existence de Dieu pour ceux qui peuvent approfondir ces choses.

12. — Il suit encore de la perfection de l'auteur suprême que non seulement l'ordre de l'univers entier est le plus parfait qui se puisse, mais aussi que chaque miroir vivant représentant l'univers suivant son point de vue, c'est-à-dire que chaque *monade*, chaque centre substantiel, doit avoir ses perceptions et ses appétits les mieux réglés qu'il est compatible avec tout le reste. D'où il s'ensuit encore que les *âmes*, c'est-à-dire les monades les plus dominantes, ou plutôt les animaux mêmes, ne peuvent manquer de se réveiller de l'état d'assoupissement où la mort ou quelque autre accident les peut mettre.

13. — Car tout est réglé dans les choses une fois pour toutes avec autant d'ordre et de correspondance qu'il est possible; la suprême sagesse et bonté ne pouvant agir qu'avec une parfaite harmonie. Le présent est gros de l'avenir: le futur se pourrait lire dans le passé; l'éloigné est exprimé dans le prochain. On pourrait connaître la beauté de l'univers dans chaque âme si l'on pouvait déplier tous ses replis, qui ne se développent sensiblement qu'avec le temps. Mais, comme chaque perception distincte de l'âme comprend une infinité de perceptions confuses qui enveloppent tout l'univers, l'âme même ne connaît les choses dont elle a perception qu'autant qu'elle en a des perceptions distinctes et relevées; et elle a de la perfection à mesure de ses perceptions distinctes.

Chaque âme connaît l'infini, connaît tout, mais confusément. Comme en me promenant sur le rivage de la mer, et entendant le grand bruit qu'elle fait, j'entends les bruits particuliers de chaque vague dont le bruit total est composé, mais sans les discerner; nos perceptions confuses sont le résultat des impressions que tout l'univers fait sur nous. Il en est de même de chaque monade. Dieu seul a une connaissance distincte de tout; car il en est la source.

On a fort bien dit qu'il est comme centre partout; mais que sa circonférence n'est nulle part, tout lui étant présent immédiatement, sans aucun éloignement de ce centre.

LA PREUVE PHYSICO-TÉLÉOLOGIQUE DE L'EXISTENCE DE DIEU

De la nature à Dieu

(vers 335 av. J.-C.)

ARISTOTE
(384-322 av. J.-C.)

Observant la réalité et constatant que celle-ci est ordonnée et finalisée selon un principe d'intelligence et d'autonomie croissantes, Aristote a logiquement conclu qu'un tel ordre ne pouvait pas exister sans cause. Aussi lui est-il apparu que l'on pouvait définir celle-ci sous la forme d'une cause première attirant à elle l'ensemble des êtres existants. Du fait d'une longue tradition chrétienne nous avons pris l'habitude d'associer la théologie à la religion ou à la morale et d'envisager la cause première comme une cause créatrice. Or, nous ne trouvons rien de tel chez Aristote. Loin d'avoir un sens religieux ou moral, la théologie est avant tout chez lui un aboutissement de la physique. Quand Dieu est invoqué, c'est afin de comprendre la nature (phusis) *et son ordre et non afin de répondre à des préoccupations morales ou sociales. Qui plus est, jamais celui-ci ne crée le monde. S'il l'ordonne, il ne le fait pas jaillir de rien comme le Dieu de la Bible.*

Aristote comme tous les Grecs a cru en l'éternité du cosmos et n'a fait de Dieu qu'un artisan de celui-ci. Aussi a-t-il rejeté toute idée de vide. On peut — comme l'a fait Claude Tresmontant (Comment se pose aujourd'hui le problème de l'existence de Dieu, *Paris, Seuil, 1966*)*, considérer que l'absence d'un Dieu créateur ainsi que l'éternisation du monde ont freiné la science grecque en la figeant dans un ordre atemporel, bien qu'Aristote ait eu raison de poser le problème de la théologie en termes cosmologiques. On peut aussi comme l'a fait Kant souligner que la confusion entre théologie et physique a conduit à enliser la physique dans la théologie et la théologie dans la physique. Car il est vrai que, à trop vouloir lier Dieu et la nature, on court le risque de projeter sur la nature la vie intérieure des hommes tout en réduisant par ailleurs cette même vie intérieure à la nature. Toutefois, la séparation complète entre Dieu et la nature n'a-t-elle pas consacré l'avènement d'une nature banalisée et d'une vie intérieure désincarnée? Chez Aristote, nous ne trouvons pas ce problème. Il est le dernier grand témoin de l'esprit grec qui, en contemplant la nature, remontait jusqu'à Dieu.*

Source: Aristote, *la Métaphysique*, trad. J. Tricot, Vrin, 1974, Livres 6 et 7.

Bibliographie: Pierre Aubenque, *le Problème de l'être chez Aristote*, P.U.F., 1984; A. Mansion, *Introduction à la physique d'Aristote*, Louvain, 1945.

Nécessité d'un Premier Moteur éternel

La nuit et le chaos n'ont pas existé pendant un temps infini, mais les mêmes [...] choses ont toujours existé, soit selon un cycle, soit en vertu d'une autre loi, puisque l'acte est antérieur à la puissance. Si donc il y a un cycle constant, il doit persister toujours quelque cause, agissant de la même manière. Qui plus est, s'il doit y avoir génération et corruption, il faut qu'il y ait une autre cause encore, éternellement agissante, tantôt dans un sens, tantôt dans un autre. Il faut donc que cette nouvelle cause agisse, dans un sens par elle-même, et, dans un autre sens, en vertu d'une autre chose; et cette autre chose, ce sera par conséquent, ou bien une troisième cause, ou bien la première cause. Mais c'est nécessairement en vertu de la première cause, sinon la première cause devrait encore être la cause et de la seconde et de la troisième: c'est pourquoi il est préférable de dire que c'est la première cause. C'est elle, en effet, qui est la cause de l'éternelle uniformité, tandis que l'autre est la cause de la diversité, et les deux réunies sont évidemment la cause de la diversité éternelle...

Nature du Premier Moteur

Puisqu'il est possible qu'il en soit ainsi, et que, s'il n'en était pas ainsi, le monde viendrait de la Nuit, de la «Confusion Universelle» (1) et du Non-Être, ces difficultés peuvent être considérées comme résolues. Il existe donc quelque chose, toujours mû d'un mouvement sans arrêt, et ce mouvement est le mouvement circulaire. Cela est évident, non seulement en vertu du raisonnement, mais en fait. Il s'ensuit que le Premier Ciel doit être éternel. Il y a donc aussi quelque chose qui le meut, et puisque ce qui est mû et meut est un moyen terme, il doit y avoir un extrême qui meut sans être mû, être éternel, substance et acte pur.

C'est bien ainsi que meuvent le désirable *(to orecton)* et l'intelligible *(to noeton)*; ils meuvent sans être mus. Le suprême Désirable est identique au suprême Intelligible. En effet, l'objet du désir est le bien apparent, et l'objet premier de la volonté raisonnable est le Bien réel. Nous désirons une chose parce qu'elle nous semble bonne, plutôt qu'elle ne nous semble bonne parce que nous la désirons: le principe, c'est la pensée. Or l'intellect est mû par l'intelligible, et la série positive des opposés est intelligible par soi. Dans cette série positive, la substance est première, et, dans la substance, ce qui est simple et en acte est premier. (L'Un et le simple ne sont d'ailleurs pas identiques: l'Un signifie une mesure de quelque chose, le simple signifie un certain état de la chose même). Mais le Bien en soi et le Désirable en soi rentrent aussi l'un et l'autre dans la même série, et ce qui est premier dans cette série est toujours le meilleur, ou analogue au meilleur.

Que la cause finale puisse résider parmi les êtres immobiles, c'est ce que démontre la distinction de ses significations. La cause finale, en effet, est l'être pour qui elle est une fin et c'est aussi le but lui-même; en ce dernier sens la fin peut exister dans les êtres immobiles, mais non au premier sens. La cause finale, prise en ce sens, meut donc comme objet de l'amour, et toutes les autres choses meuvent parce qu'elles sont mues elles-mêmes. — Maintenant, l'être qui est mû est susceptible d'être autrement qu'il n'est. Si donc son acte est la première espèce du mouvement de translation, c'est en tant qu'il est sujet au changement, qu'il peut être autrement, savoir selon le lieu, même s'il ne le peut quant à la substance. Mais puisqu'il y a un moteur lui-même immobile, existant en acte, cet être ne peut être d'aucune manière autrement qu'il n'est. La translation est en effet le premier des changements et la première translation est la translation circulaire; or ce mouvement circulaire, c'est le Premier Moteur qui le produit. Le Premier Moteur est donc un être nécessaire, et, en tant que nécessaire, il est le Bien, et ainsi il est principe du mouvement. On sait que le nécessaire présente les sens suivants: il y a la nécessité qui résulte de la contrainte, en ce qu'elle force notre inclinaison naturelle; puis celle qui est la condition du Bien; enfin le nécessaire, c'est ce qui n'est pas susceptible d'être autrement, et qui existe seulement d'une seule manière.

Tel est le Principe auquel sont suspendus le Ciel et la nature. Sa vie, à lui, réalise la plus haute perfection, mais nous ne la vivons, nous, que pour peu de temps. Cette vie-là, en effet, c'est toujours qu'il l'a, lui (chose qui pour nous est impossible), puisque sa jouissance, c'est son acte même. C'est parce qu'elles sont des actes que la veille, la sensation, la pensée sont nos plus grandes jouissances; l'espérance et le souvenir ne sont des jouissances que par celles-là. Or la Pensée, celle qui est par soi, est la pensée de ce qui est le meilleur par soi, et la Pensée souveraine est celle du Bien souverain. L'intelligence se pense elle-même en saisissant l'intelligible, car elle devient elle-même intelligible, en entrant en contact avec son objet et en le pensant, de sorte qu'il y a identité entre l'intelligence et l'intelligible, car le réceptacle de l'intelligible et de l'essence, c'est l'intelligence et l'intelligence en acte est la possession de l'intelligible. Aussi la possession plutôt que la faculté est-elle l'élément divin que l'intelligence semble renfermer, et l'acte de contemplation est la jouissance parfaite et souveraine. Si donc DIEU a toujours la joie que nous ne possédons qu'à certains moments, cela est admirable, mais s'il l'a bien plus grande, cela est plus admirable encore. Or c'est ainsi qu'il l'a. — La vie aussi appartient à DIEU, car l'acte de l'intelligence est vie, et DIEU est cet acte même; cet acte subsistant en soi, telle est sa vie parfaite et éternelle. Ainsi appelons-nous DIEU un Vivant éternel et parfait; la vie et la durée continue et éternelle appartient donc à DIEU, car c'est cela même qui est DIEU.

Nature de l'Intelligence divine

La nature de l'Intelligence divine soulève quelques problèmes. L'intelligence semble bien être la plus divine des choses qui apparaissent comme divines. Mais, pour présenter ce caractère, quel doit être son mode d'existence? Il y a là quelques difficultés. — Ou bien elle ne pense rien: mais que devient alors sa dignité? Elle est comme celui qui dort. — Ou bien elle pense, mais si la pensée dépend d'un autre principe... elle n'est pas la substance suprême, car sa dignité consiste dans le penser. — En outre, que son essence soit l'Intelligence ou qu'elle soit la Pensée, que pense-t-elle? En effet, ou elle se pense elle-même, ou elle pense quelque autre objet. Si elle pense un autre objet, ou bien c'est toujours le même, ou bien tantôt l'un, tantôt l'autre. Importe-t-il donc, ou non, que l'objet de sa pensée soit le Bien, ou la première chose venue? ou plutôt, ne serait-il pas absurde que certaines choses fussent l'objet de sa pensée? Il est donc évident qu'elle pense ce qu'il y a de plus divin et de plus digne, et qu'elle ne change pas d'objet, car ce serait un changement vers le pire, et une pareille chose serait déjà un mouvement...

L'Intelligence suprême se pense donc elle-même, puisqu'elle est ce qu'il y a de plus excellent, et sa Pensée est la Pensée de la Pensée *(e noesis noeseos noesis)*. Pourtant, dira-t-on, la science, la sensation, l'opinion et la pensée discursive paraissent bien avoir un objet toujours différent d'elles-mêmes, elles ne s'occupent d'elles-mêmes qu'accessoirement. — De plus si c'était autre chose que penser et être pensé, auquel des deux se rapporterait l'excellence de la pensée? Car il n'y a pas identité entre être un acte de la pensée et être ce qui est pensé. — Mais est-ce que dans certains cas, la science ne se confond pas avec son objet même ? Dans les sciences poétiques, la science c'est la substance et la quiddité de l'objet, abstraction faite de la matière ; dans les sciences théorétiques, c'est la définition et l'acte de la pensée qui est l'objet véritable de la science. Puisque donc il n'y a pas de différence entre ce qui est pensé et la pensée pour les objets immatériels, la Pensée divine et son objet seront identiques, et la pensée sera une avec l'objet de la pensée.

Du Destin à la Providence
(524)

BOÈCE
(480-525)

En 525, accusé de magie et de conspiration, Manlius Severenius Boethius, dit Boèce, meurt, exécuté par le roi goth Théodoric, dont il avait pourtant été le consul ainsi que le maître du palais. Peu avant de mourir, il compose dans sa prison la Consolation de la philosophie, *grand poème philosophique mêlant prose et vers.*

Cet ouvrage est l'un des sommets littéraires de la culture occidentale. Il est aussi une œuvre philosophique singulière marquant la fin de l'Antiquité et le début du Moyen Âge. Boèce, en effet, que l'on a désigné comme étant « le dernier des Romains et le premier des scolastiques », s'y livre à une longue méditation sur la condition humaine au cours de laquelle il se demande comment le mal peut être compatible avec Dieu. Comment aussi la liberté humaine peut s'accorder avec la prescience de celui-ci. Car, dès lors que l'on postule l'existence de Dieu, si celle-ci permet de rendre compte de l'existence du monde ainsi que de l'ordre qui s'y trouve, elle pose aussi la question de savoir comment un Dieu peut tolérer le mal et si l'omniscience de celui-ci ne porte pas atteinte à sa liberté.

Avant lui déjà, dans un contexte religieux certes différent, les stoïciens s'étaient posé des problèmes analogues et y avaient répondu de façon adroite en faisant du monde un être divin, dont il suffisait qu'on s'accorde au cours des événements qui s'y déroulent, pour que, « devenant le monde même », on devienne soi-même divin et par là même libre. Ainsi, Marc Aurèle écrira à ce sujet : « Tout ce qui nous arrive s'harmonise avec nous... Car, somme toute, il n'y a qu'une unique harmonie... De même que le monde, ce si grand corps, se parfait de tous les corps, de même, la Destinée, cette si grande cause, se parfait de toutes les causes... Recevons donc ce qui nous arrive comme ce qu'ordonne Asclépios. » (Pensées pour moi-même, *Livre V, VIII*).

La perspective de Boèce est ici différente, car, s'il reprend l'idée stoïcienne du Destin, qui, sur un plan horizontal de l'existence, procède à l'enchaînement causal qui ordonne les choses, il fait dépendre celui-ci de la Providence, qui est la capacité qu'a Dieu d'embrasser d'un seul regard ce qui, sur le plan du Destin, se déroule selon la succession.

Par delà le fait que ce double point de vue nous montre l'effort d'un esprit pour tenter d'accorder la rationalité antique avec la révélation chrétienne, le texte qui suit nous met en face d'une ressaisie du temps par l'éternité. Il permet ainsi d'entrevoir comment a pu se constituer l'idée chrétienne d'une nature finalisée par Dieu, qui servira de fondement à la preuve physico-téléologique.

Source : Boèce, *Consolation de la philosophie*, trad. Louis Judicis de Mirandol, Paris, s.d. éditions de la Maisnie, Liv. IV, XI.

Bibliographie : P. Courcelle, *la Consolation de la philosophie dans la tradition littéraire. Antécédents et postérité de Boèce*, Paris, Desclée de Brouwer, 1967.

La génération de toutes choses, les changements successifs qui se produisent dans la nature, tous les mouvements enfin que l'on y remarque, tirent leurs causes, leur arrangement et leurs formes de l'immutabilité de l'intelligence divine. Celle-ci, retirée et comme retranchée dans son unité, gouverne néanmoins le monde par des moyens multiples. Au simple point de vue de sa divine intelligence, l'action de Dieu se nomme Providence ; au point de vue des mouvements et des effets qu'elle produit, c'est ce que les anciens nommaient le Destin. Que la Providence et le Destin diffèrent, c'est ce qu'il est facile de reconnaître en considérant l'action de l'une et de l'autre. La Providence, en effet, c'est cette divine intelligence qui, placée au faîte de toutes choses, les règle toutes ; le Destin n'est qu'une certaine disposition nécessaire des choses variables, et le moyen dont la Providence se sert pour assigner à chaque objet la place qui lui convient. La Providence, en effet, embrasse à la fois tous les êtres, si divers, si innombrables qu'ils soient ; quant au Destin, c'est l'un après l'autre qu'il met les êtres en mouvement, et les distribue sous la forme qui leur convient à travers l'espace et le temps. Aussi, quand l'intelligence divine embrasse d'un seul regard, comme une unité, cet ensemble d'êtres qui se déroulent dans le temps, il faut l'appeler la Providence ; mais quand cette unité se divise pour se répartir dans le temps, il faut dire le Destin. Encore qu'il y ait de la différence entre les deux, pourtant l'un dépend de l'autre. En effet, les modes successifs du Destin dépendent de l'unité de la Providence. Comme l'artiste arrête d'abord dans son esprit la forme de l'œuvre qu'il veut créer, et l'exécute ensuite en réalisant, par une série d'opérations successives, l'idée qu'il avait conçue complète et d'un seul jet ; de même, la Providence divine arrête du premier coup et d'une manière irrévocable ce qu'elle se propose de faire ; puis, par le ministère du Destin, elle exécute son plan à diverses reprises et dans la succession des temps. Soit donc que certains esprits de nature divine viennent en aide au Destin, soit qu'il ait à ses ordres l'âme, la nature tout entière, les mouvements des corps célestes, la puissance des anges et la fertile adresse des démons ; soit enfin que toutes ces puissances réunies, ou quelques-unes seulement, concourent à la marche du Destin, il n'en est pas moins certain que la Providence, toujours une et immuable, est comme le moule de tout ce qui doit se faire, et que le Destin représente seulement l'enchaînement mobile et la succession dans le temps des choses décrétées une fois pour toutes par la Providence. Il suit de là que tout ce qui est subordonné au Destin l'est également à la Providence, puisque celle-ci commande au Destin lui-même ; tandis qu'au contraire certaines choses qui dépendent immédiatement de la Providence échappent à l'action du Destin. Ce sont celles qui, étant plus immédiatement rapprochées de la divinité, demeurent immuables, et sont en dehors de la sphère mobile du Destin. Supposons, par exemple, un certain nombre de cercles concentriques tournant autour du même point : le plus rapproché du centre participe de l'unité du point central, et devient lui-même, relativement aux autres, comme un point autour duquel ils se meuvent ; le cercle le plus distant, au contraire, décrit dans sa révolution une courbe plus étendue, et embrasse d'autant plus d'espace qu'il est plus éloigné du centre indivisible ; tandis que la circonférence qui adhérerait de toutes parts à son point central, ne ferait qu'un avec lui et cesserait de s'étendre et de se mouvoir au dehors. Par la même raison, pour peu qu'un être s'éloigne de l'intelligence, qui est le centre de tout, le Destin l'enveloppe dans le cercle déjà plus grand de ses révolutions; et toute chose est d'autant plus indépendante du Destin qu'elle se rapproche davantage de Dieu, ce pivot de tout l'univers; toute chose qui adhère de tout point à l'Intelligence suprême, immuable de sa nature, est immobile comme elle, et échappe à la domination du Destin. Ainsi, ce que le raisonnement est à l'intelligence, l'être engendré à l'être absolu, le temps à l'éternité, la circonférence au centre, voilà précisément ce qu'est l'ordre variable du Destin comparé à l'unité immuable de la Providence. C'est cet ordre du Destin qui fait mouvoir le ciel et les astres, qui maintient l'harmonie entre les éléments, et qui établit entre eux un échange alternatif de qualités et de formes. Tous les êtres lui doivent leur naissance, et ceux qui périssent, il les renouvelle par la multiplication féconde d'êtres semblables; c'est lui encore qui règle les actions et le sort des hommes par des causes intimement liées l'une à l'autre; et comme ces causes ont leur origine dans une Providence immuable, il faut nécessairement qu'elles soient immuables elles-mêmes. De cette façon, le monde est parfaitement gouverné, puisque l'unité, qui est l'essence même de l'intelligence divine, produit les causes dont l'enchaînement est indestructible, et que cet enchaînement immuable retient à son tour les choses créées qui, sans cela, flotteraient au hasard. Que vous ne puissiez vous rendre raison de cet ordre admirable, et que le monde vous paraisse livré au trouble et à la confusion, il n'en suit pas moins que chaque chose va dans le sens de sa nature, qui la dirige vers le bien. Et, en effet, rien ne s'accomplit en vue du mal, pas même par le fait des méchants; car, ainsi que je l'ai surabondamment prouvé, c'est le bien qu'ils poursuivent; et s'ils s'en écartent, c'est par erreur de jugement. Jamais, en effet, l'ordre qui émane du souverain bien ne saurait détourner une créature de son principe.

Les cinq voies
(1266)

SAINT THOMAS D'AQUIN
(1225-1274)

Saint Thomas s'est opposé à l'argument ontologique de saint Anselme en jugeant celui-ci insuffisant. Partisan de dire qu'une preuve de l'existence de Dieu est nécessaire étant donné que celui-ci ne va pas de soi quand on se place du point de vue strictement humain, il n'a pas pour autant admis que la seule idée de Dieu suffise à démontrer son existence. Et ce, parce que fermement attaché à montrer que les créatures ne sont pas autocréatrices mais dépendantes vis-à-vis de Dieu, il soupçonnait l'argumentation anselmienne de prêter le flanc à une conception autosuffisante de l'intellect humain.

Le célèbre texte dit des cinq voies *présente cette argumentation réaliste dont le point central consiste à montrer que la nature n'est pas autosuffisante et autoproductrice.*

Ainsi, comme le montre la première voie, l'être qui se meut ne peut pas être à la fois moteur et mû. Aussi faut-il chercher hors de lui son moteur, sans toutefois régresser ainsi à l'infini. Car admettre une série infinie de causes reviendrait à poser une série de causes sans cause. Ce qui serait contradictoire et contribuerait à faire du mouvement un effet sans cause. Or, l'existence même du mouvement démontre l'inanité d'une telle position puisque, à l'évidence, quelque chose l'a fait être.

La deuxième voie est proche de la première. Fondée sur l'idée que rien ne peut se mouvoir soi-même et constatant que le monde est ordonné par des causes efficientes, elle conclut logiquement que cet ordre n'a pas pu surgir de rien et qu'il existe donc une cause première.

La troisième voie se fonde, elle, sur l'idée de nécessité. Les choses naissant et périssant, celles-ci démontrent paradoxalement qu'elles sont sans être nécessaires. D'où la conclusion logique que seul un être nécessaire situé en dehors d'elles a pu les faire être.

La quatrième voie utilise en revanche la notion de comparaison. Les choses étant inégalement vraies, bonnes ou nobles, celles-ci impliquent un terme de comparaison contenant suprêmement toutes ces qualités. D'où l'existence d'un être supérieur fondant toutes ces différences.

Enfin, cinquième voie, la tendance harmonieuse des êtres vers une fin intelligente exclut tout hasard.

Aristotélicien par sa méthode réaliste, saint Thomas n'en est pas moins demeuré distinct d'Aristote. Car, alors que le Dieu d'Aristote est une finalité qui attire tout à elle, le Dieu de saint Thomas est un créateur brisant l'indifférence et le néant pour faire jaillir le monde. Si le monde de saint Thomas est, comme celui d'Aristote, un monde ordonné et finalisé, le fait qu'il soit dépend non pas de l'Être, mais d'un Dieu transcendant. Malgré leur proximité, de l'un à l'autre il y a toute la distance qu'introduit la Révélation.

Source: Saint Thomas, *la Somme théologique,* trad. A. Raulin et A.M. Roguet, Paris, le Cerf, 1984, Question 2, article 33.

Bibliographie: Sous la direction de Dominique Bourg, *l'Être et Dieu,* Paris, le Cerf, 1986; Dominique Dubarle, *Dieu avec l'Être,* Paris, Beauchesne, 1986; Étienne Gilson, *le Thomisme,* Paris, Vrin, 1972.

RÉPONSE: Que Dieu existe, on peut prendre cinq voies pour le prouver.

La première et la plus manifeste est celle qui se prend du mouvement. Il est évident, nos sens nous l'attestent, que dans ce monde certaines choses se meuvent. Or, tout ce qui se meut est mû par un autre. En effet, rien ne se meut qu'autant qu'il est en puissance par rapport au terme de son mouvement, tandis qu'au contraire, ce qui meut le fait pour autant qu'il est en acte; car mouvoir, c'est faire passer de la puissance à l'acte, et rien ne peut être amené à l'acte autrement que par un être en acte, comme un corps chaud en acte, tel le feu, rend chaud en acte le bois qui était auparavant chaud en puissance, et par là il le meut et l'altère. Or il n'est pas possible que le même être, envisagé sous le même rapport, soit à la fois en acte et en puissance; il ne le peut que sous des rapports divers; par exemple, ce qui est chaud en acte ne peut pas être en même temps chaud en puissance; mais il est, en même temps, froid en puissance. Il est donc impossible que sous le même rapport et de la même manière quelque chose soit à la fois mouvant et mû, c'est-à-dire qu'il se meuve lui-même. Il faut donc que tout ce qui se meut soit mû par un autre. Donc, si la chose qui meut est mue elle-même, il faut qu'elle aussi soit mue par une autre, et celle-ci par une autre encore. Or, on ne peut ainsi continuer à l'infini, car dans ce cas il n'y aurait pas de moteur premier, et il s'ensuivrait qu'il n'y aurait pas non plus d'autres moteurs, car les moteurs seconds ne meuvent que selon qu'ils sont mus par le moteur premier, comme le bâton ne meut que s'il est mû par la main. Donc il est nécessaire de parvenir à un moteur premier qui ne soit lui-même mû par aucun autre, et un tel être, tout le monde comprend que c'est Dieu.

La seconde voie part de la notion de cause efficiente. Nous constatons, à observer les choses sensibles, qu'il y a un ordre entre les causes efficientes; mais ce qui ne se trouve pas et qui n'est pas possible, c'est qu'une chose soit la cause efficiente d'elle-même, ce qui la supposerait antérieure à elle-même, chose impossible. Or, il n'est pas possible non plus qu'on remonte à l'infini dans les causes efficientes; car, parmi toutes les causes efficientes ordonnées entre elles, la première est cause des intermédiaires et les intermédiaires sont causes du dernier terme, que ces intermédiaires soient nombreux ou qu'il n'y en ait qu'un seul. D'autre part, supprimez la cause, vous supprimez aussi l'effet. Donc, s'il n'y a pas de premier, dans l'ordre des causes efficientes, il n'y aura ni dernier ni intermédiaire. Mais si l'on devait monter à l'infini dans la série des causes efficientes, il n'y aurait pas de cause première; en conséquence, il n'y aurait ni effet dernier, ni cause efficiente intermédiaire, ce qui est évidemment faux. Il faut donc nécessairement affirmer qu'il existe une cause efficiente première, que tous appellent Dieu.

La troisième voie se prend du possible et du nécessaire, et la voici. Parmi les choses, nous en trouvons qui peuvent être et ne pas être: la preuve, c'est que certaines choses naissent et disparaissent, et par conséquent ont la possibilité d'exister et de ne pas exister. Mais il est impossible que tout ce qui est de telle nature existe toujours; car ce qui peut ne pas exister n'existe pas à un certain moment. Si donc tout peut ne pas exister, à un moment donné, rien n'a existé. Or, si c'était vrai, maintenant encore rien n'existerait; car ce qui n'existe pas ne commence à exister que par quelque chose qui existe. Donc, s'il n'y a eu aucun être, il a été impossible que rien commençât d'exister, et ainsi, aujourd'hui, il n'y aurait rien, ce qu'on voit être faux. Donc, tous les êtres ne sont pas seulement possibles, et il y a du nécessaire dans les choses. Or, tout ce qui est nécessaire, ou bien tire sa nécessité d'ailleurs, ou bien non. Et il n'est pas possible d'aller à l'infini dans la série des nécessaires ayant une cause de leur nécessité, pas plus que pour les causes efficientes, comme on vient de le prouver. On est donc contraint d'affirmer l'existence d'un Être nécessaire par lui-même, qui ne tire pas d'ailleurs sa nécessité, mais qui est cause de la nécessité que l'on trouve hors de lui, et que tous appellent Dieu.

La quatrième voie procède des degrés que l'on trouve dans les choses. On voit en effet dans les choses du plus ou moins bon, du plus ou moins vrai, du plus ou moins noble, etc. Or, une qualité est attribuée en plus ou en moins à des choses diverses selon leur proximité différente à l'égard de la chose en laquelle cette qualité est réalisée au suprême degré; par exemple, on dira plus chaud ce qui se rapproche davantage de ce qui est superlativement chaud. Il y a donc quelque chose qui est souverainement vrai, souverainement bon, souverainement noble, et par conséquent aussi souverainement être, car, comme le fait voir Aristote dans la *Métaphysique,* le plus haut degré du vrai coïncide avec le plus haut degré de l'être. D'autre part, ce qui est au sommet de la perfection dans un genre donné, est cause de cette même perfection en tous ceux qui appartiennent à ce genre: ainsi le feu, qui est superlativement chaud, est cause de la chaleur de tout ce qui est chaud, comme il est dit au même livre. Il y a donc un être qui est, pour tous les êtres, cause d'être, de bonté et de toute perfection. C'est lui que nous appelons Dieu.

La cinquième voie est tirée du gouvernement des choses. Nous voyons que des êtres privés de connaissance, comme les corps naturels, agissent en vue d'une fin, ce qui nous est manifesté par le fait que, toujours ou le plus souvent, ils agissent de la même manière, de façon à réaliser le meilleur; il est donc clair que ce n'est pas par hasard, mais en vertu d'une intention qu'ils parviennent à leur fin. Or, ce qui est privé de connaissance ne peut tendre à une fin que dirigé par un être connaissant et intelligent, comme la flèche par l'archer. Il y a donc un être intelligent par lequel toutes choses naturelles sont ordonnées à leur fin, et cet être, c'est lui que nous appelons Dieu.

Du Dieu de la Nature au Dieu du cœur

(1762)

JEAN-JACQUES ROUSSEAU

(1712-1778)

Rousseau est bien plus réputé pour ses talents de penseur politique que pour ses talents de théologien. Toutefois, la Profession de foi du vicaire savoyard *tirée de* l'Émile *nous offre une illustration exemplaire et toujours actuelle de la preuve physico-téléologique. Car, en soulignant que le mouvement requiert une volonté préalable et que l'intelligence présente dans le monde comme dans les hommes ne peut s'expliquer que par une intelligence divine, il utilise une argumentation toujours en vigueur aujourd'hui. L'un des arguments invoqués, en effet, en faveur de l'existence de Dieu, ne pose-t-il pas que, s'il est hautement improbable que celui-ci existe, il est encore plus improbable qu'il n'existe pas, car on ne saurait comprendre comment a pu surgir du hasard une intelligence capable de concevoir* la Divine Comédie?

Au-delà de l'exclusion du hasard qui conduit à supposer une cause efficiente comme une cause finale à la base de l'univers, la démarche de Rousseau conduit à une double innovation, dont l'effet n'est pas tant de conduire à Dieu que de délivrer l'homme. L'univers de Rousseau n'est pas en effet celui de saint Thomas. Quand il s'efforce de démontrer l'existence de Dieu, c'est pour montrer que les lois de la nature ne sauraient être conçues sans un législateur et que sa perfection qui la rend semblable à une horloge requiert un horloger. Loin d'être un « exister pur » à quoi tout se ramène, le Dieu de Rousseau est un Dieu humain qui fait tourner la nature, comme un mécanicien fait tourner sa machine. Par ailleurs, la description qu'il nous offre de la nature montre à l'évidence que celle-ci est exempte de toute corruption. De fait, celle-ci n'appartient qu'à l'homme. Aussi n'est-elle point une fatalité et pour peu que les hommes en acceptent la responsabilité, il devient possible de s'en délivrer.

En recourant donc à une finalité dans la nature, Rousseau s'est paradoxalement donné les moyens de penser la nature de façon autonome et de procéder par là même à une émancipation de l'homme.

Source : Jean-Jacques Rousseau, *Émile ou De l'éducation*, Paris, Garnier-Flammarion, 1966.

Bibliographie : Henri Gouhier, *les Méditations métaphysiques de Jean-Jacques Rousseau*, Paris, Vrin, 1970.

L'UNIVERS VISIBLE est matière, matière éparse et morte[1], qui n'a rien dans son tout de l'union, de l'organisation, du sentiment commun des parties d'un corps animé, puisqu'il est certain que nous qui sommes parties ne nous sentons nullement dans le tout. Ce même univers est en mouvement, et dans ses mouvements réglés, uniformes, assujettis à des lois constantes, il n'a rien de cette liberté qui paraît dans les mouvements spontanés de

1. J'ai fait tous mes efforts pour concevoir une molécule vivante, sans pouvoir en venir à bout. L'idée de la matière sentant sans avoir des sens me paraît inintelligible et contradictoire. Pour adopter ou rejeter cette idée, il faudrait commencer par la comprendre, et j'avoue que je n'ai pas ce bonheur-là.

l'homme et des animaux. Le monde n'est donc pas un grand animal qui se meuve de lui-même; il y a donc de ses mouvements quelque cause étrangère à lui, laquelle je n'aperçois pas; mais la persuasion intérieure me rend cette cause tellement sensible, que je ne puis voir rouler le soleil sans imaginer une force qui le pousse, ou que, si la terre tourne, je crois sentir une main qui la fait tourner.

S'il faut admettre des lois générales dont je n'aperçois point les rapports essentiels avec la matière, de quoi serai-je avancé? Ces lois, n'étant point des êtres réels, des substances, ont donc quelque autre fondement qui m'est inconnu. L'expérience et l'observation nous ont fait connaître les lois du mouvement; ces lois déterminent les effets sans montrer les causes; elles ne suffisent point pour expliquer le système du monde et la marche de l'univers. Descartes avec des dés fermait le ciel et la terre; mais il ne put donner le premier branle à ces dés, ni mettre en jeu sa force centrifuge qu'à l'aide d'un mouvement de rotation. Newton a trouvé la loi de l'attraction; mais l'attraction seule réduirait bientôt l'univers en une masse immobile: à cette loi il a fallu joindre une force projectile pour faire décrire des courbes aux corps célestes. Que Descartes nous dise quelle loi physique a fait tourner ses tourbillons; que Newton nous montre la main qui lança les planètes sur la tangente de leurs orbites.

Les premières causes du mouvement ne sont point dans la matière; elle reçoit le mouvement et le communique, mais elle ne le produit pas. Plus j'observe l'action et réaction des forces de la nature agissant les unes sur les autres, plus je trouve que, d'effets en effets, il faut toujours remonter à quelque volonté pour première cause; car supposer un progrès de causes à l'infini, c'est n'en point supposer du tout. En un mot, tout mouvement qui n'est pas produit par un autre ne peut venir que d'un acte spontané, volontaire; les corps inanimés n'agissent que par le mouvement, et il n'y a point de véritable action sans volonté. Voilà mon premier principe. Je crois donc qu'une volonté meut l'univers et anime la nature. Voilà mon premier dogme, ou mon premier article de foi.

Comment une volonté produit-elle une action physique et corporelle? je n'en sais rien, mais j'éprouve en moi qu'elle la produit. Je veux agir, et j'agis; je veux mouvoir mon corps, et mon corps se meut; mais qu'un corps inanimé et en repos vienne à se mouvoir de lui-même ou produise le mouvement, cela est incompréhensible et sans exemple. La volonté m'est connue par ses actes, non par sa nature. Je connais cette volonté comme cause motrice; mais concevoir la matière productrice du mouvement, c'est clairement concevoir un effet sans cause, c'est ne concevoir absolument rien.

Il ne m'est pas plus possible de concevoir comment ma volonté meut mon corps, que comment mes sensations affectent mon âme. Je ne sais pas même pourquoi l'un de ces mystères a paru plus explicable que l'autre. Quant à moi, soit quand je suis passif, soit quand je suis actif, le moyen d'union des deux substances me paraît absolument incompréhensible. Il est bien étrange qu'on parte de cette incompréhensibilité même pour confondre les deux substances, comme si des opérations de natures si différentes s'expliquaient mieux dans un seul sujet que dans deux. [...]

Si la matière mue me montre une volonté, la matière mue selon de certaines lois me montre une intelligence: c'est mon second article de foi. Agir, comparer, choisir, sont les opérations d'un être actif et pensant: donc cet être existe. Où le voyez-vous exister? m'allez-vous dire. Non seulement dans les cieux qui roulent, dans l'astre qui nous éclaire; non seulement dans moi-même, mais dans la brebis qui paît, dans l'oiseau qui vole, dans la pierre qui tombe, dans la feuille qu'emporte le vent.

Je juge de l'ordre du monde quoique j'en ignore la fin, parce que pour juger de cet ordre il me suffit de comparer les parties entre elles, d'étudier leur concours, leurs rapports, d'en remarquer le concert. J'ignore pourquoi l'univers existe; mais je ne laisse pas de voir comment il est modifié: je ne laisse pas d'apercevoir l'intime correspondance par laquelle les êtres qui le composent se prêtent un secours mutuel. Je suis comme un homme qui verrait pour la première fois une montre ouverte, et qui ne laisserait pas d'en admirer l'ouvrage, quoiqu'il ne connût pas l'usage de la machine et qu'il n'eût point vu le cadran. Je ne sais, dirait-il, à quoi le tout est bon; mais je vois que chaque pièce est faite pour les autres; j'admire l'ouvrier dans le détail de son ouvrage, et je suis bien sûr que tous ces rouages ne marchent ainsi de concert que pour une fin commune qu'il m'est impossible d'apercevoir.

Comparons les fins particulières, les moyens, les rapports ordonnés de toute espèce, puis écoutons le sentiment intérieur; quel esprit sain peut se refuser à son témoignage? À quels yeux non prévenus l'ordre sensible de l'univers n'annonce-t-il pas une suprême intelligence? Et que de sophismes ne faut-il point entasser pour méconnaître l'harmonie des êtres et l'admirable concours de chaque pièce pour la conservation des autres? Qu'on me parle tant qu'on voudra de combinaisons et de chances; que vous sert de me réduire au silence, si vous ne pouvez m'amener à la persuasion? Et comment m'ôterez-vous le sentiment involontaire qui vous dément toujours malgré moi? Si les corps organisés se sont combinés fortuitement de mille manières avant de prendre des formes constantes, s'il s'est formé d'abord des estomacs sans bouches, des pieds sans têtes, des mains sans bras, des organes imparfaits de toute espèce qui sont péris faute de pouvoir se conserver, pourquoi nul de ces informes essais ne frappe-t-il plus nos regards? Pourquoi la nature s'est-elle enfin prescrit des loix auxquelles elle n'était pas d'abord assujettie? Je ne dois point être surpris qu'une chose arrive lorsqu'elle est possible, et que la difficulté de l'événement est compensée par la quantité des jets; j'en conviens. Cependant, si l'on venait me dire que des caractères d'imprimerie projetés au hasard ont donné l'*Énéide* tout arrangée, je ne daignerais pas faire un pas pour aller vérifier le mensonge. Vous oubliez, me dira-t-on, la quantité des jets. Mais de ces jets-là combien faut-il que j'en suppose pour rendre la combinaison vraisemblable? Pour moi, qui n'en vois qu'un seul, j'ai l'infini à parier contre un que son produit n'est point l'effet du hasard. Ajoutez que des combinaisons et des chances ne donneront jamais que des produits de même nature que les éléments combinés, que l'organisation et la vie ne résulteront point d'un jet d'atomes, et qu'un chimiste combinant des mixtes ne les fera point sentir et penser dans son creuset. [...]

CRITIQUE DE LA THÉOLOGIE

Les impasses de toute théologie rationnelle
(1787)

EMMANUEL KANT
(1724-1804)

Si Kant a fait subir à la philosophie ce que l'on a appelé un tournant critique, c'est avec la question de Dieu que l'on peut mesurer toute l'étendue de la mutation produite par lui. Influencé par David Hume qui, dans ses Dialogues sur la religion naturelle *(1779), montre que, Dieu dépassant l'expérience, on ne saurait en faire la science, il va reformuler cette idée autrement. En définissant la science à partir de la possibilité de l'expérience, il va souligner que, si l'on peut parler de Dieu comme possible, on ne peut passer du possible, qui se trouve dans la pensée, au réel, sans contradictions.*

Cet argument, qui est le nerf de la critique qu'il adresse à l'argument ontologique, vaut pour toutes les autres preuves de Dieu, qui ne sont à ses yeux que des variantes de celui-ci. Ainsi, la preuve cosmologique selon laquelle si le monde existe, il existe un être nécessaire qui en est la cause, repose, selon lui, sur le passage illégitime d'une idée à une existence. De même, la preuve physico-téléologique concluant de l'ordre qui règne dans la nature à Dieu relève d'un usage abusif de l'impression d'ordre qu'elle donne et qui conduit à supposer un artiste à son origine.

Ainsi que l'a souligné Ferdinand Alquié (cf. la Critique kantienne de la métaphysique, *P.U.F., 1968), il ne faut pas perdre de vue, s'agissant de ces critiques, que Kant était piétiste et qu'à ce titre il s'est méfié de tout ce qui pouvait réduire Dieu au sensible ou à une fin particulière. Le respect que l'on doit à celui-ci impliquait qu'on ne prétende jamais pouvoir le posséder.*

Kant est sans aucun doute le penseur qui a mené l'un des premiers une critique radicale afin que nous ne confondions pas notre pensée avec la pensée de Dieu. Limitant toute pensée à son sujet à ne pouvoir être qu'un idéal régulateur de la connaissance fixant un but à atteindre, tout en restreignant l'entendement dans ses limites, il a toutefois transféré toute l'importance liée à la notion de Dieu dans la morale.

Celle-ci étant, en effet, la détermination de la volonté par elle-même par le biais d'un acte libre et responsable de soumission de soi à une loi, seul un modèle de volonté sainte permet aux hommes de pouvoir accéder à une telle autodétermination d'eux-mêmes. Aussi est-il indispensable que Dieu soit pour que la volonté puisse parvenir à être.

À l'idée que l'homme dépend de Dieu, Kant a ainsi substitué l'idée que celui-ci est, au contraire, fonction de l'intériorité. Si un tel renversement s'explique par la volonté de penser toute relation à celui-ci dans le cadre de la liberté afin d'éviter toute soumission aveugle et fanatique, il n'en est pas moins vrai qu'en faisant de Dieu un postulat de la raison pratique, il a porté un coup fatal à la théologie. Tout le champ de l'intériorité humaine qui était auparavant le domaine de la théologie est désormais devenu celui de la morale. Aussi Nietzsche n'a-t-il pas eu tort de déclarer que le Dieu moral avait eu raison quelque part de Dieu.

Source : E. Kant, *Critique de la raison pure,* Paris, Garnier-Flammarion, 1987. Cette traduction est reprise de la traduction de Jules Barni, Paris, Garnier, 1909.

Bibliographie : Ferdinand Alquié, *la Critique kantienne de la métaphysique,* P.U.F., 1968 ; Gérard Lebrun, *Kant et la fin de la métaphysique*, Armand Colin, 1970.

De l'impossibilité d'une preuve ontologique de l'existence de Dieu

Je vous le demande, cette proposition : *telle ou telle chose* (que je vous accorde comme possible, quelle qu'elle soit) *existe,* est-elle une proposition analytique ou une proposition synthétique ? Dans le premier cas, par l'existence de la chose vous n'avez rien ajouté à votre pensée de cette chose ; mais en ce cas, ou bien la pensée qui est en vous devrait être la chose même, ou bien vous avez supposé une existence comme appartenant à la possibilité, et alors l'existence est soi-disant conclue de la possibilité interne, ce qui n'est qu'une misérable tautologie. Le mot *réalité,* qui dans le concept de la chose sonne tout autrement que l'existence dans le concept du prédicat, ne résout pas la question. Car, si vous appelez réalité tout ce que vous posez (sans que soit déterminé ce que vous posez), vous avez déjà posé et admis comme réelle, dans le concept du sujet, la chose même avec tous ses prédicats, et vous ne faites que vous répéter dans le prédicat. Si vous avouez au contraire, comme doit raisonnablement le faire tout être raisonnable, que toute proposition d'existence est synthétique, comment voulez-vous soutenir que le prédicat de l'existence ne peut se supprimer sans contradiction, puisque cet avantage n'appartient proprement qu'aux propositions analytiques, dont le caractère repose précisément là-dessus ?

Je pourrais espérer avoir directement anéanti cette vaine argutie par une exacte détermination du concept de l'existence, si je n'avais éprouvé que l'illusion qui naît de la confusion d'un prédicat logique avec un prédicat réel (c'est-à-dire avec la détermination d'une chose) repousse presque tout éclaircissement. Tout peut servir indistinctement de prédicat logique, et le sujet peut se servir à lui-même d'attribut, car la logique fait abstraction de tout contenu. Mais la *détermination* est un prédicat qui s'ajoute au concept du sujet et l'étend. Elle ne doit donc pas y être déjà contenue.

Être n'est évidemment pas un prédicat réel, c'est-à-dire un concept de quelque chose qui puisse s'ajouter au concept d'une chose. C'est simplement la position d'une chose ou de certaines déterminations en soi. Dans l'usage logique il n'est que la copule d'un jugement. La proposition : *Dieu est tout-puissant,* contient deux concepts qui ont leurs objets : Dieu et toute-puissance ; le petit mot *est* n'est point un prédicat, mais seulement ce qui met le prédicat *en relation* avec le sujet. Si je prends le sujet (Dieu) avec tous ses prédicats (parmi lesquels est comprise la toute-puissance), et que je dise : *Dieu est,* ou, il est un Dieu, je n'ajoute pas un nouveau prédicat au concept de Dieu, mais je pose seulement le sujet en lui-même avec tous ses prédicats, et en même temps l'*objet* qui correspond à mon *concept.* Tous deux doivent contenir exactement la même chose ; et, de ce que (par l'expression : il est) je conçois l'objet comme absolument donné, rien de plus ne peut s'ajouter au concept qui en exprime simplement la possibilité. Et ainsi le réel ne contient rien de plus que le simplement possible. Cent thalers réels ne contiennent rien de plus que cent thalers possibles. Car, comme les thalers possibles expriment le concept, et les thalers réels l'objet et sa position en lui-même, si celui-ci contenait plus que celui-là, mon concept n'exprimerait plus l'objet tout entier, et par conséquent il n'y serait plus conforme. Mais je suis plus riche avec cent thalers réels que si je n'en ai que l'idée (c'est-à-dire s'ils sont simplement possibles). En effet l'objet en réalité n'est pas simplement contenu d'une manière analytique dans mon concept, mais il s'ajoute synthétiquement à mon concept (qui est une détermination de mon état), sans que les cent thalers conçus soient eux-mêmes le moins du monde augmentés par cet être placé en dehors de mon concept.

Quand donc je conçois une chose, quels que soient et si nombreux que soient les prédicats au moyen desquels je la conçois (même en la déterminant complètement), par cela seul que j'ajoute que cette chose existe, je n'ajoute absolument rien à la chose. Autrement il n'existerait plus la même chose, mais quelque chose de plus que je n'ai pensé dans le concept, et je ne pourrais plus dire que c'est exactement l'objet de mon concept qui existe. Si dans une chose je conçois toute réalité, à l'exception d'une seule, et si je dis que cette chose défectueuse existe, la réalité qui lui manque ne s'y ajoute pas pour cela; mais elle existe précisément aussi défectueuse que je l'ai conçue, autrement il existerait quelque autre chose que ce que j'ai conçu. Si donc je conçois un être comme la suprême réalité (sans défaut), il reste toujours à savoir si cet être existe ou non. En effet, bien qu'à mon concept il ne manque rien du contenu réel possible d'une chose en général, il manque cependant encore quelque chose au rapport à tout mon état intellectuel, à savoir que la connaissance d'un objet soit possible aussi *a posteriori*. Et ici se montre la cause de la difficulté qui règne sur ce point. S'il s'agissait d'un objet des sens, je ne pourrais pas confondre l'existence de la chose avec le simple concept de la chose. En effet, le concept ne me fait concevoir l'objet que comme conforme aux conditions universelles d'une connaissance empirique possible en général, tandis que l'existence me le fait concevoir comme compris dans le contexte de toute l'expérience; et, si le concept de l'objet n'est nullement augmenté par sa liaison avec le contenu de toute l'expérience, notre pensée en reçoit de plus une perception possible. Si au contraire nous voulons penser l'existence par le seul moyen de la pure catégorie, il n'est pas étonnant que nous ne puissions indiquer aucun critérium qui serve à la distinguer de la simple possibilité.

Quelle que soit la nature et l'étendue du contenu de notre concept d'un objet, nous sommes obligés de sortir de ce concept pour lui attribuer l'existence. À l'égard des objets des sens cela se fait au moyen de leur enchaînement à quelqu'une de mes perceptions suivant des lois empiriques; mais pour les objets de la pensée pure il n'y a aucun moyen de reconnaître leur existence, puisqu'il faudrait la reconnaître tout à fait *a priori*, mais que notre conscience de toute existence (qu'elle résulte soit immédiatement de la perception, soit de raisonnements qui rattachent quelque chose à la perception), appartient entièrement à l'unité de l'expérience, et que, si une existence hors de ce champ ne doit pas être tenue pour absolument impossible, elle n'en est pas moins une supposition que rien ne peut justifier.

Le concept d'un être suprême est une idée très utile à beaucoup d'égards; mais, précisément parce qu'il n'est qu'une idée, il est tout à fait incapable d'étendre à lui seul notre connaissance par rapport à ce qui existe. Il ne peut même pas nous instruire davantage relativement à la possibilité. Le caractère analytique de la possibilité, qui consiste en ce que de simples positions (des réalités) n'engendrent pas de contradiction, ne peut pas sans doute lui être contesté; mais, comme la liaison de toutes les propriétés réelles en une chose est une synthèse dont nous ne pouvons juger *a priori* la possibilité, puisque les réalités ne nous sont pas données spécifiquement et que, quand même cela arriverait, il n'en résulterait aucun jugement, le caractère de la possibilité des connaissances synthétiques devant toujours être cherché dans l'expérience, à laquelle l'objet d'une idée ne peut appartenir, il s'en faut de beaucoup que l'illustre Leibniz ait fait ce dont il se flattait, c'est-à-dire qu'il soit parvenu à connaître *a priori* la possibilité d'un être idéal aussi élevé.

Cette preuve ontologique (cartésienne) si vantée, qui prétend démontrer par des concepts l'existence d'un être suprême, fait donc perdre toute la peine et le travail, et l'on ne deviendra pas plus riche en connaissances avec de simples idées qu'un marchand ne le deviendrait en argent si, dans la pensée d'augmenter sa fortune, il ajoutait quelques zéros à son livre de caisse. [...]

De l'impossibilité d'une preuve cosmologique de l'existence de Dieu

Aussi bien est-ce cette preuve qui a visiblement fourni à tous les arguments de la théologie naturelle les premiers linéaments, que l'on a toujours suivis et que l'on suivra toujours, de quelques guirlandes et ornements qu'on les décore ou qu'on les déguise. Cette preuve, que *Leibniz* appelait aussi la preuve *a contingentia mundi,* nous allons l'exposer et la soumettre à notre examen.

Elle se formule ainsi: si quelque chose existe, il doit exister aussi un être absolument nécessaire. Or j'existe au moins moi-même; donc un être absolument nécessaire existe.

Tout ce qu'il y a de fallacieux dans le raisonnement se découvre aisément, quand on expose l'argument sous sa forme scolastique. C'est ce que nous allons faire.

Si cette proposition: tout être absolument nécessaire est en même temps l'être souverainement réel (ce qui est le *pervus probandi* de la preuve cosmologique), est juste, elle doit, comme tous les jugements affirmatifs, pouvoir se convertir, au moins *per accidens* [ce qui donnerait]: quelques êtres souverainement réels sont en même temps des êtres absolument nécessaires. Mais un *ens realissimum* ne se distingue d'un autre sous aucun rapport, et par conséquent ce qui s'applique à *quelques* êtres renfermés sous ce concept s'applique aussi à *tous.* Je pourrais donc (dans ce cas) convertir aussi la proposition *absolument,* en disant: tout être souverainement réel est un être nécessaire. Or, comme cette proposition est déterminée *a priori* par ses seuls concepts, le simple concept de l'être souverainement réel doit impliquer aussi l'absolue nécessité de cet être. C'est précisément ce qu'affirmait la preuve ontologique, mais ce que la preuve cosmologique ne voulait pas reconnaître, et ce qu'elle n'en supposait pas moins dans ses conclusions, bien que d'une manière cachée.

Ainsi la seconde voie que suit la raison spéculative pour démontrer l'existence de l'être suprême n'est pas seulement aussi fausse que la première, mais elle a de plus ce défaut de tomber dans le sophisme appelé *ignoratio elenchi,* en nous promettant de nous ouvrir un nouveau sentier, et en nous ramenant, après un léger détour, à celui que nous avions quitté pour elle.

J'ai dit plus haut brièvement que dans cet argument cosmologique se cachait toute une nichée de prétentions dialectiques que la critique transcendantale peut aisément découvrir et détruire. Je vais me borner à les indiquer, en laissant au lecteur déjà exercé le soin de scruter plus à fond et de réfuter les principes trompeurs.

On y trouve donc, par exemple: 1° le principe transcendantal [qui permet] de conclure du contingent à une cause, principe qui n'a de valeur que dans le monde sensible, et qui n'a plus même aucun sens en dehors de ce monde. En effet le concept purement intellectuel du contingent ne peut produire aucune proposition synthétique telle que celle de la causalité, et le principe de celle-ci n'a de valeur et d'usage indiqué que dans le monde sensible; or il devrait ici servir précisément à sortir de ce monde. 2° Le raisonnement qui consiste à conclure de l'impossibilité d'une série infinie de causes données les unes au-dessus des autres dans le monde sensible à une cause première. Les principes de l'usage rationnel ne nous autorisent pas à conclure ainsi même dans l'expérience; à plus forte raison ne nous autorisent-ils pas à étendre ce principe au-delà de l'expérience (là où cette chaîne ne peut pas être prolongée). 3° Le faux contentement de soi-même qu'éprouve la raison en croyant achever cette série par cela seul qu'elle écarte à la fin toute condition, quoique cependant sans condition aucun concept d'une nécessité ne puisse avoir lieu. Comme alors on ne peut plus rien comprendre, on prend cette impuissance pour l'achèvement de son concept. 4° La confusion de la possibilité logique de toute la réalité réunie (sans contradiction interne) avec la possibilité transcendantale. Celle-ci a besoin d'un principe qui rende une telle synthèse praticable, mais ce principe à son tour ne peut porter que sur le champ des expériences possibles, etc.

L'artifice de la preuve cosmologique a uniquement pour but d'éviter la preuve qui prétend démontrer *a priori* par de simples concepts l'existence d'un être nécessaire, et qui devrait être déduite ontologiquement, chose dont nous nous sentons tout à fait incapables. Dans ce but nous concluons, autant qu'on peut le faire, d'une existence réelle pour fondement (d'une expérience en général) à une condition absolument nécessaire de cette existence. Nous n'avons pas besoin alors d'en expliquer la possibilité. Car, s'il est démontré qu'elle existe, toute question relative à sa possibilité devient absolument inutile. Voulons-nous déterminer avec plus de précision la nature de cet être nécessaire, nous ne cherchons pas ce qui est suffisant pour comprendre par son concept la nécessité de l'existence, car si nous pouvions le faire, nous n'aurions besoin d'aucune supposition empirique; non, nous ne cherchons que la condition négative *(conditio sine qua non)* sans laquelle un être ne serait pas absolument nécessaire. Or cela irait bien dans toute autre espèce de raisonnement concluant d'une conséquence donnée à son principe; mais il se trouve malheureusement ici que la condition exigée pour la nécessité absolue ne peut se rencontrer que dans un seul être, qui devrait ainsi renfermer dans son concept tout ce qui est requis pour la nécessité absolue, et qui par conséquent permet de conclure *a priori* à cette nécessité. Ce qui revient à dire que je devrais pouvoir aussi conclure réciproquement que la chose à laquelle convient ce concept (de la suprême réalité) est absolument nécessaire, et que, si je ne puis conclure ainsi (ce qu'il faut bien que j'avoue si je veux éviter la preuve ontologique), je ne serai pas plus heureux dans cette nouvelle voie, et me retrouverai toujours au point d'où je suis parti. Le concept de l'être suprême satisfait bien *a priori* à toutes les questions qui peuvent être élevées sur les déterminations internes d'une chose, et c'est aussi pour cette raison un idéal sans pareil, puisque le concept universel le désigne en même temps comme un individu entre toutes les choses possibles; mais il ne satisfait pas à la question de sa propre existence, ce qui était pourtant le point capital; et, si quelqu'un, admettant l'existence d'un être nécessaire, voulait seulement savoir quelle chose entre toutes les autres devrait être regardée comme telle, on ne saurait lui répondre: voilà l'être nécessaire.

Il peut bien être permis d'*admettre* l'existence d'un être souverainement suffisant comme cause de tous les effets possibles, afin de faciliter à la raison l'unité des principes d'explication qu'elle cherche. Mais d'aller jusqu'à dire qu'*un tel être existe nécessairement,* ce n'est plus là la modeste expression d'une hypothèse permise, mais l'orgueilleuse prétention d'une certitude apodictique, car la connaissance de ce que l'on présente comme absolument nécessaire doit emporter aussi une nécessité absolue. [...]

De l'impossibilité de la preuve physico-théologique

Les principaux moments de la preuve physico-théologique en question sont les suivants: 1° Il y a partout dans le monde des signes manifestes d'une ordonnance [réglée] sur un dessein déterminé, exécutée avec une grande sagesse et formant un tout d'une variété inexprimable tant par son contenu que par la grandeur infinie de son étendue. 2° Cette ordonnance conforme à un but n'est pas inhérente aux choses du monde, mais elle ne leur appartient que d'une manière contingente, c'est-à-dire que la nature de choses diverses ne pouvait pas s'accommoder d'elle-même, par tant de moyens concordants, à des fins déterminées, si ces moyens n'avaient pas été choisis tout exprès et appropriés à ce but par un principe raisonnable, ordonnant le monde suivant certaines idées. 3° Il existe donc une (ou plusieurs) cause sublime et sage, qui doit produire le monde, non pas seulement, comme une nature toute-puissante agissant aveuglément, par sa *fécondité,* mais comme une *intelligence,* par sa *liberté.* 4° L'unité de cette cause se conclut de celle des rapports mutuels des parties du monde, envisagés comme les diverses pièces d'une œuvre d'art; elle s'en déduit avec certitude dans la sphère qu'atteint notre observation, et au-delà avec vraisemblance, suivant tous les principes de l'analogie.

Nous ne chicanerons pas ici la raison naturelle sur ce raisonnement où, se fondant sur l'analogie de quelques productions de la nature avec ce que produit l'art humain, quand il fait violence à la nature et la force à se plier à nos fins au lieu d'agir suivant les siennes, (sur l'analogie de ces productions avec nos maisons, nos vaisseaux, nos montres), elle conclut que la nature doit avoir pour principe une causalité du même genre, c'est-à-dire qui soit intelligence et volonté, et où elle dérive la possibilité interne de la nature agissant spontanément (laquelle rend d'abord possible tout art et peut-être même la raison d'un autre art encore, mais d'un art surhumain). Peut-être ce raisonnement ne soutiendrait-il pas un examen sévère de la critique transcendantale; il faut pourtant avouer que, dès qu'une fois nous devons nommer une cause, nous ne pouvons pas procéder ici plus sûrement qu'en suivant l'analogie avec des œuvres intentionnelles de ce genre, les seules dont nous connaissions pleinement les causes et le mode de production. La raison se rendrait blâmable à ses propres yeux, si elle voulait passer de la causalité qu'elle connaît à des principes d'explication obscurs et indémontrables qu'elle ne connaît pas.

Suivant ce raisonnement, la finalité et l'harmonie de tant de dispositions de la nature ne prouveraient que la contingence de la forme, mais non celle de la matière, c'est-à-dire de la substance du monde. Il faudrait en effet, pour établir ce dernier point, qu'il pût être démontré que les choses du monde seraient par elles-mêmes et suivant des lois générales impropres à un tel ordre et à une telle harmonie, si elles n'étaient pas, même dans leur *substance,* le produit d'une sagesse suprême; et pour cela il faudrait une tout autre preuve que celle qui se fonde sur l'analogie avec l'art humain. Cette preuve pourrait donc tout au plus démontrer un *architecte du monde,* qui serait toujours très limité par les aptitudes de la matière qu'il travaillerait, mais non un *créateur du monde,* à l'idée duquel tout serait soumis, ce qui est loin de suffire pour le grand but que l'on a en vue, qui est de démontrer un être suprême suffisant à tout. Que si nous voulions démontrer la contingence de la matière même, il nous faudrait recourir à un argument transcendantal, qui a dû précisément être écarté ici.

Le raisonnement conclut donc de l'ordre et de la finalité que l'on peut observer partout dans le monde, comme d'une disposition entièrement contingente, à l'existence d'une cause *qui y soit proportionnée*. Mais le concept de cette cause doit nous en faire connaître quelque chose de tout à fait *déterminé*, et il ne peut être autre par conséquent que celui d'un être possédant toute puissance, toute sagesse, etc., en un mot toute perfection, ou d'un être suffisant à tout. En effet les prédicats de puissance et d'excellence *très grandes*, étonnantes, incommensurables, ne donnent pas du tout un concept déterminé et ne disent pas proprement ce que la chose est en soi; mais ils ne sont que des représentations relatives de la grandeur de l'objet, que l'observateur (du monde) compare à lui-même et à sa faculté de compréhension, et ils ont toujours la même valeur d'estimation, soit que l'on grandisse l'objet, ou que l'on rapetisse, par rapport à lui, le sujet qui observe. Dès qu'il s'agit de la grandeur (de la perfection) d'une chose en général, il n'y a de concept déterminé que celui qui comprend toute la perfection possible, et il n'y a que le tout *(omnitudo)* de la réalité qui soit complètement déterminé dans le concept.

Or je ne veux pas croire que quelqu'un puisse se vanter d'apercevoir le rapport de la grandeur du monde par lui observé (quant à l'étendue et au contenu) à la toute-puissance, de l'ordre du monde à la suprême sagesse, de l'unité du monde à l'absolue unité de son auteur, etc. La théologie physique ne saurait donc nous donner un concept déterminé de la cause suprême du monde, et c'est pourquoi elle est hors d'état de fournir un principe suffisant à la théologie, laquelle à son tour doit former le fondement de la religion.

Le pas qui conduit à l'absolue totalité est absolument impossible par la voie empirique. C'est cependant ce pas que l'on fait dans la preuve physico-théologique. Quel est donc le moyen qu'on emploie pour franchir un tel abîme?

Après en être venu à admirer la grandeur de la sagesse, de la puissance, etc., de l'auteur du monde, ne pouvant aller plus loin, on abandonne tout à coup cet argument qui se fondait sur des preuves empiriques, et l'on passe à la contingence du monde, conclue, dès le début, de l'ordre et de la finalité qui s'y trouvent. De cette contingence seule on s'élève maintenant, au moyen de concepts purement transcendantaux, jusqu'à l'existence d'un être absolument nécessaire, et du concept de l'absolue nécessité de la cause première on s'élève à un concept de cet être qui est universellement déterminé ou déterminant, c'est-à-dire au concept d'une réalité qui embrasse tout. La preuve physico-théologique se trouve donc arrêtée au milieu de son entreprise; dans son embarras elle saute tout à coup à la preuve cosmologique; et, comme celle-ci n'est qu'une preuve ontologique déguisée, la première n'atteint réellement son but qu'au moyen de la raison pure, quoiqu'elle ait commencé par repousser toute parenté avec elle, et qu'elle ait voulu tout fonder sur des preuves tirées de l'expérience.

Les partisans de la théologie physique ont donc tort de traiter si dédaigneusement la preuve transcendantale, et de la regarder de haut, avec la présomption de naturalistes clairvoyants, comme une toile d'araignée ourdie par des esprits obscurs et subtils. En effet, s'ils voulaient seulement s'examiner eux-mêmes, ils trouveraient qu'après avoir fait une bonne traite sur le sol de la nature et de l'expérience, se voyant toujours également éloignés de l'objet qui apparaît en face de leur raison, ils abandonnent tout à coup ce terrain et se précipitent dans la région des pures possibilités, où ils espèrent s'approcher, sur les ailes des idées, de ce qui avait échappé à toutes leurs recherches empiriques. Une fois qu'ils se sont imaginé, grâce à un si grand saut, avoir enfin le pied ferme, ils étendent sur tout le champ de la création le concept maintenant déterminé (en possession duquel ils sont arrivés sans savoir comment); et cet idéal, qui n'était qu'un produit de la raison pure, ils l'expliquent, d'une manière, il est vrai, assez pénible et bien indigne de son objet, par l'expérience, sans toutefois vouloir avouer qu'ils sont arrivés à cette connaissance ou à cette hypothèse par un autre sentier que par celui de l'expérience.

C'est ainsi que dans la démonstration d'un seul être premier comme être suprême, la preuve cosmologique sert de fondement à la preuve physico-théologique, tandis qu'elle s'appuie elle-même sur la preuve ontologique; et, comme en dehors de ces trois voies il n'y en a plus une seule ouverte à la raison spéculative, la preuve ontologique qui se fonde sur des concepts purement rationnels est la seule preuve possible, si tant est qu'il y ait une preuve possible d'une proposition si extraordinairement élevée au-dessus de tout usage empirique de l'entendement [...].

Critique de toute théologie fondée sur les principes spéculatifs de la raison

Or je soutiens que tous les essais d'un usage purement spéculatif de la raison en matière de théologie sont absolument infructueux, et qu'ils sont en eux-mêmes nuls et de nulle valeur; que, d'un autre côté, les principes de son usage naturel ne conduisent à aucune théologie, et que par conséquent, si l'on ne prend pas pour base les lois morales, ou si l'on ne s'en sert pas comme d'un fil conducteur, il ne peut y avoir de théologie de la raison. En effet, l'usage de tous les principes synthétiques de l'entendement est *immanent*, mais la connaissance d'un être suprême exige un usage *transcendant* de ces principes, auquel notre entendement n'est point propre. Pour que la loi de la causalité, dont la valeur est empirique, pût conduire à l'être premier, il faudrait que celui-ci appartînt à la chaîne des objets de l'expérience, mais alors il serait lui-même à son tour conditionné, comme tous les phénomènes. Mais nous permît-on de sauter hors des limites de l'expérience au moyen de la loi dynamique du rapport des effets à leurs causes, quel concept cette manière de procéder pourrait-elle nous fournir? Ce n'est pas certainement celui d'un être suprême, puisque l'expérience ne nous présente jamais le plus grand de tous les effets possibles (comme devant témoigner de sa cause). Que s'il est permis, uniquement pour ne pas laisser de lacune dans notre raison, de combler ce défaut de complète détermination par une simple idée de perfection suprême et de nécessité originaire, c'est une faveur qui nous est accordée, ce n'est pas un droit qui puisse être exigé au nom d'une preuve irrésistible. La preuve physico-théologique pourrait donc bien donner de la force aux autres preuves (s'il y en a), en unissant la spéculation avec l'intuition; mais par elle-même elle prépare plutôt l'entendement à la connaissance théologique et lui donne plutôt à cet effet une direction droite et naturelle qu'elle n'est capable d'achever l'œuvre *à elle seule*.

On voit donc bien par là que les questions transcendantales ne permettent que des réponses transcendantales, c'est-à-dire des réponses fondées uniquement sur des concepts *a priori*, sans le moindre mélange empirique. Mais la question ici est évidemment synthétique et veut que notre connaissance s'étende au-delà de toutes les limites de l'expérience, c'est-à-dire qu'elle s'élève jusqu'à l'*existence d'un être* qui doit seulement répondre à notre idée, mais auquel aucune expérience ne saurait être adéquate. Or, d'après nos précédentes preuves, toute connaissance synthétique *a priori* n'est possible qu'autant qu'elle exprime les conditions formelles d'une expérience possible, et par conséquent tous les principes n'ont qu'une valeur immanente, c'est-à-dire qu'ils se rapportent simplement à des objets de connaissance empirique ou à des phénomènes. Il n'y a donc rien non plus à espérer de la méthode transcendantale, par rapport à la théologie d'une raison purement spéculative.

Si l'on aimait mieux révoquer en doute toutes les démonstrations précédentes de l'analytique, que de se laisser enlever toute confiance dans la valeur de preuves depuis si longtemps employées, on ne saurait cependant refuser de satisfaire à ma réclamation, quand je demande qu'on justifie du moins les moyens et les lumières auxquels on se fie pour dépasser toute expérience possible par la puissance des seules idées. Je prierai que l'on me fasse grâce de nouvelles preuves, ou d'un remaniement des anciennes. En effet, bien qu'on n'ait pas ici beaucoup de choix, puisque enfin toutes les preuves purement spéculatives aboutissent à une seule, à la preuve ontologique, et qu'ainsi je n'aie point à craindre d'être extrêmement accablé par la fécondité des défenseurs dogmatiques de cette raison affranchie des sens; bien qu'en outre, sans me croire pour cela très batailleur, je ne veuille reculer devant le défi de découvrir dans chaque essai de ce genre le paralogisme caché et d'en rabattre ainsi les prétentions; comme l'espérance d'un meilleur succès n'abandonnera jamais entièrement ceux qui sont une fois accoutumés à la persuasion dogmatique, je m'en tiens à cette unique et juste réclamation: c'est que l'on justifie par des raisons générales et tirées de la nature de l'entendement humain, ainsi que de toutes les autres sources de connaissance, la manière dont on prétend s'y prendre pour étendre tout à fait *a priori* sa connaissance, et la pousser jusqu'à un point où aucune expérience possible et par conséquent aucun moyen ne sauraient plus garantir à un concept formé par nous-mêmes sa réalité objective. De quelque manière que l'entendement soit arrivé à ce concept, l'existence de l'objet n'y peut être trouvée analytiquement, puisque la connaissance de l'*existence* de l'objet consiste précisément en ce qu'il est posé en soi *hors de la pensée*. Mais il est absolument impossible de sortir par soi-même d'un concept, et, en abandonnant la liaison empirique (qui ne nous donne jamais que des phénomènes), de parvenir à la découverte de nouveaux objets et d'êtres transcendants.

Mais, bien que la raison dans son usage purement spéculatif ne soit pas à beaucoup près capable d'atteindre un but si élevé, je veux dire l'existence d'un être suprême, elle n'en a pas moins ce très grand avantage d'en *rectifier* la connaissance, dans le cas où cette connaissance pourrait être puisée quelque part ailleurs, de la mettre d'accord avec elle-même et avec toute fin intelligible, de la purifier de tout ce qui pourrait être contraire au concept d'un être premier, et d'en exclure tout mélange de limitations empiriques.

La théologie transcendantale conserve donc, malgré toute son insuffisance, une utilité négative très importante: elle est une censure continuelle de notre raison, quand celle-ci n'a affaire qu'à des idées pures, qui par là même ne permettent pas une autre mesure qu'une mesure transcendantale. En effet, si jamais, à un autre point de vue, peut-être au point de vue pratique, l'*hypothèse* d'un être suprême et absolument suffisant, comme intelligence suprême, établissait sa valeur sans contradiction, il serait alors de la plus grande importance de déterminer exactement ce concept par son côté transcendantal, comme celui d'un être nécessaire et souverainement réel, d'en écarter ce qui est contraire à la suprême réalité, ce qui appartient au simple phénomène (à l'anthropomorphisme dans le sens le plus large), et en même temps d'écarter toutes les assertions contraires, qu'elles soient *athées, déistes* ou *anthropomorphiques*, ce qui est très aisé dans un examen critique de ce genre, puisque les mêmes preuves qui démontrent l'impuissance de la raison humaine à l'endroit de l'*affirmation* de l'existence d'un tel être, suffisent nécessairement aussi pour démontrer la vanité de toute assertion contraire. En effet, comment veut-on s'assurer par la pure spéculation de la raison qu'il n'y a pas d'être suprême, comme principe premier de tout, ou qu'aucune des propriétés que nous nous représentons, d'après leurs effets, comme analogues aux réalités dynamiques d'un être pensant, ne lui convient, ou que, au cas où elles lui conviendraient, elles seraient soumises aussi à toutes les limitations que la sensibilité impose inévitablement aux intelligences que nous connaissons par expérience ?

L'être suprême demeure donc pour l'usage purement spéculatif de la raison un simple idéal, mais un idéal *exempt de défauts*, un concept qui termine et couronne toute la connaissance humaine. La réalité objective de ce concept ne peut sans doute être prouvée par cette voie, mais elle ne peut pas non plus être réfutée ; et, s'il y a une théologie morale capable de combler cette lacune, la théologie transcendantale, qui jusque-là n'était que problématique, montre alors combien elle est indispensable en déterminant le concept de cette théologie et en soumettant à une censure incessante une raison assez souvent abusée par la sensibilité, et qui n'est pas toujours d'accord avec ses propres idées. La nécessité, l'infinité, l'unité, l'existence hors du monde (non comme âme du monde), l'éternité sans les conditions du temps, l'omniprésence sans les conditions de l'espace, la toute-puissance, etc., ce sont là des prédicats purement transcendantaux, et par conséquent le concept épuré de ces prédicats, dont a besoin toute théologie, ne peut être tiré que de la théologie transcendantale [...].

Dieu est mort
(1882)

FRIEDRICH NIETZSCHE
(1844-1900)

Le texte de Nietzsche sur la mort de Dieu est l'un de ses textes les plus connus. Marquant assurément une rupture entre la philosophie et la théologie, il n'est pas pour autant une proclamation nihiliste, comme on le croit trop souvent, et il est pour le moins erroné de confondre la mort de Dieu avec le meurtre de Dieu.

Il convient avant tout de rappeler que ce thème de la mort de Dieu n'est pas un thème inventé par Nietzsche. C'est en fait un thème chrétien. Dans la théologie chrétienne, en effet, il correspond à la mort du Christ sur la croix, qui est l'acte suprême de l'incarnation de Dieu. Si le christianisme occidental a eu tendance à accentuer le côté tragique de la crucifixion, le christianisme oriental a parlé, en revanche, de triomphe de la croix. Non par exaltation morbide de la souffrance, mais afin de souligner que jamais Dieu n'est aussi aimant et vivant que quand, sortant de son éternité, il assume pleinement la temporalité et donc la mort. Renvoyant au passage de l'éternité dans le temps, la mort de Dieu a été ainsi entrevue comme une sortie hors de la sempiternalité vers la vie. Aussi n'a-t-elle rien de scandaleux pour le chrétien. Ce qui serait scandaleux, au contraire, c'est à la limite que Dieu ne mourût point et qu'il soit une statue immortelle et pétrifiée.

Chez Nietzsche, la mort de Dieu n'a pas de sens. Le Dieu qui meurt n'est pas le Dieu chrétien qui s'incarne, mais le Dieu divin de l'extase dionysiaque. Dieu est mort, parce que le Dieu moral a triomphé. Au poète tragique se laissant traverser par l'ivresse poétique de l'existence afin de créer a succédé le prêtre jugeant la vie comme un censeur.

Nullement chrétien, au sens où, selon lui, c'est le christianisme qui a tué Dieu en procédant à l'avènement du Dieu moral, Nietzsche n'est pas pour autant nihiliste. Faut-il rappeler qu'il n'a cessé de combattre toute sa vie toute forme de dépréciation de l'existence afin que triomphe un grand oui adressé à celle-ci ? Aussi convient-il de ne pas se méprendre sur la portée de son geste philosophique. Loin de vouloir remplacer la transcendance d'un

Dieu moral qui déprécie la vie par un désenchantement désabusé et cynique jouant avec le néant, il vise au contraire à revenir au dieu divin. Nietzsche, en l'occurrence, a entendu par divin ce caractère débordant de la vie qui ne se lasse pas d'être en pratiquant un éternel retour sur elle-même. Et il a voulu faire de la philosophie une affirmation de cette vie en invitant la volonté à ne pas se lasser d'être par un éternel retour du oui adressé à l'existence.

Source: F. Nietzsche, *Le Gai Savoir,* trad. A. Vialatte, Paris, Gallimard, 1950, § 125.

Bibliographie: Gilles Deleuze, *Nietzsche et la philosophie,* Paris, P.U.F., 1962; Martin Heidegger, *le Mot de Nietzsche,* « Dieu est mort » dans *les Chemins qui ne mènent nulle part,* Paris, Gallimard, 1962; Paul Valadier, *Nietzsche, l'athée de rigueur,* Paris, Desclée de Brouwer, 1975.

L'INSENSÉ. — N'avez-vous pas entendu parler de ce fou qui allumait une lanterne en plein jour et se mettait à courir sur la place publique en criant sans cesse: « Je cherche Dieu! Je cherche Dieu! » Mais comme il y avait là beaucoup de ceux qui ne croient pas en Dieu son cri provoqua un grand rire. S'est-il perdu comme un enfant? dit l'un. Se cache-t-il? A-t-il peur de nous? S'est-il embarqué? A-t-il émigré? Ainsi criaient et riaient-ils pêle-mêle. Le fou bondit au milieu d'eux et les transperça du regard. « Où est allé Dieu? s'écria-t-il, je vais vous le dire. *Nous l'avons tué,...* vous et moi! C'est nous, nous tous, qui sommes ses assassins! Mais comment avons-nous fait cela? Comment avons-nous pu vider la mer? Qui nous a donné une éponge pour effacer tout l'horizon? Qu'avons-nous fait quand nous avons détaché la chaîne qui liait cette terre au soleil? Où va-t-elle maintenant? Où allons-nous nous-mêmes? Loin de tous les soleils? Ne tombons-nous pas sans cesse? En avant, en arrière, de côté, de tous côtés? Est-il encore un en-haut, un en-bas? N'allons-nous pas errant comme par un néant infini? Ne sentons-nous pas le souffle du vide sur notre face? Ne fait-il pas plus froid? Ne vient-il pas toujours des nuits, de plus en plus de nuits? Ne faut-il pas dès le matin allumer des lanternes? N'entendons-nous encore rien du bruit que font les fossoyeurs qui enterrent Dieu? Ne sentons-nous encore rien de la décomposition divine?... les dieux aussi se décomposent! Dieu est mort! Dieu reste mort! Et c'est nous qui l'avons tué! Comment nous consolerons-nous, nous, meurtriers entre les meurtriers! Ce que le monde a possédé de plus sacré et de plus puissant jusqu'à ce jour a saigné sous notre couteau;... qui nous nettoiera de ce sang? Quelle eau pourrait nous en laver? Quelles expiations, quel jeu sacré serons-nous forcés d'inventer? La grandeur de cet acte est trop grande pour nous. Ne faut-il pas devenir dieux nous-mêmes pour, simplement, avoir l'air dignes d'elle? Il n'y eut jamais action plus grandiose et, quels qu'ils soient, ceux qui pourront naître après nous appartiendront, à cause d'elle, à une histoire plus haute que, jusqu'ici, ne fut jamais aucune histoire! » L'insensé se tut à ces mots et regarda de nouveau ses auditeurs: ils se taisaient eux aussi, comme lui, et le regardaient avec étonnement. Finalement il jeta sa lanterne sur le sol, en sorte qu'elle se brisa en morceaux et s'éteignit. « J'arrive trop tôt », dit-il alors, « mon temps n'est pas encore venu. Cet événement énorme est encore en chemin, il marche, et il n'est pas encore parvenu jusqu'à l'oreille des hommes. Il faut du temps à l'éclair et au tonnerre, il faut du temps à la lumière des astres, il faut du temps aux actions, même quand elles sont accomplies, pour être vues et entendues. Cette action leur demeure encore plus lointaine que les plus lointaines constellations; *et ce sont eux pourtant qui l'ont accomplie!* » On rapporte encore que ce fou entra le même jour en diverses églises et y entonna son *Requiem æternam Deo.*

Expulsé et interrogé il n'aurait cessé de répondre toujours la même chose : « Que sont donc encore les églises sinon les tombeaux et les monuments funèbres de Dieu ? »

La religion est l'opium du peuple
(1843)

KARL MARX
(1818-1883)

Célèbre pour avoir taxé la religion d'opium du peuple, la critique marxiste de la religion ne saurait se réduire à cette formule trop de fois utilisée comme slogan. Car, plongeant ses racines dans l'hégélianisme, elle véhicule le conflit des interprétations que l'on trouve à son sujet.

En faisant, en effet, de la religion la manifestation de l'esprit valant pour lui-même à travers des hommes se réunissant autour d'un principe spirituel, Hegel a donné lieu à deux possibilités d'interprétation du fait religieux : 1) celle consistant à dire que l'histoire est la vérité du fait religieux qui n'a de sens que par elle ainsi que par la société qu'il contribue à fonder, 2) celle consistant à dire, au contraire, que la religion est la vérité de l'histoire puisque celle-ci n'a pas d'autre sens que d'aboutir à une humanité capable de vie spirituelle.

La première interprétation a donné naissance au courant des hégéliens dits de droite, la seconde aux hégéliens dits de gauche, comme en particulier Feuerbach (1804-1872).

D'une façon distincte mais analogue, on trouve chez Marx une double interprétation du fait religieux. À la suite, en effet, des hégéliens de gauche, celui-ci a eu une approche historique de la religion. Comme Feuerbach, il a pensé que la religion était l'essence aliénée de l'homme, que celui-ci projette en dehors de lui, faute de pouvoir vivre dans une humanité pleinement réconciliée. Avec cette différence, toutefois, que pour lui l'aliénation religieuse relevait avant tout d'un phénomène économique. Si quelque chose comme la religion et la mystique existait dans la société, c'est parce qu'il existait une mystification de l'échange rendant équivalentes des choses qui ne le sont pas. L'opération magique de l'échange marchand était la cause de l'irrationnel dans la société. Aussi serait-on délivré du fait religieux dès lors que l'on serait libéré d'un mode d'échange aliéné.

Toutefois, Marx a eu clairement conscience que les choses n'étaient pas si simples et qu'il y avait un caractère dialectique dans le phénomène religieux. Car, si celui-ci est un effet de l'irrationalité qui préside aux échanges, il n'en véhicule pas moins la positivité même de l'échange. Permettant d'échanger même dans l'irrationalité, il possède la réalité propre à l'échange face à l'irréalité des rapports marchands. Aussi comprend-on pourquoi Marx a pu dire que la religion était la conscience d'une société sans conscience. Car, si l'échange peut donner lieu à l'irrationnel, il n'en possède pas moins aussi la possibilité de se retourner contre un tel irrationnel.

Marx a pensé que, avec l'avènement du socialisme mettant en œuvre des échanges désaliénés, l'autoréalisation de la société entraînerait l'autosuppression de la religion, l'humanité n'ayant plus besoin de recourir à l'altérité du religieux pour dire l'échange absent. Toutefois, il convient de distinguer, comme il l'a fait, différents types d'idéologie. Dans le texte présenté ici, la religion n'est pas réduite à un pur mensonge, sans être pour autant une théorie. Tout se passe comme si elle était un troisième terme qu'on ne peut nommer ni réduire et qui sert malgré tout à la production de l'histoire. Renvoyant aux échanges sociaux, elle en véhicule l'épaisseur qui est faite de violence, mais aussi d'une singulière capacité créatrice[1].

Source: K. Marx, *Contribution à la critique de la philosophie du droit de Hegel*, Introduction, trad. A. Baraquin, Paris, Éditions sociales, 1975.

Bibliographie: J.Y. Calvez, *la Pensée de Karl Marx*, Paris, Le Seuil, 1956; J. d'Hondt, *De Hegel à Marx*, P.U.F., 1972.

En ce qui concerne l'Allemagne, la *critique de la religion* est pour l'essentiel terminée, et la critique de la religion est la condition préliminaire de toute critique.

L'existence *profane* de l'erreur est compromise dès que son *oratio pro aris et focis céleste* est réfutée. L'homme qui n'aura trouvé, dans la réalité fantasmagorique du ciel où il cherchait un surhomme, que le *reflet* de lui-même, n'inclinera plus à trouver seulement l'*apparence* de lui-même, le non-homme, là où il cherche et doit nécessairement chercher sa vraie réalité.

Le fondement de la critique irréligieuse est : *c'est l'homme qui fait la religion*, ce n'est pas la religion qui fait l'homme. C'est-à-dire que la religion est la conscience de soi et le sentiment de soi qu'a l'homme qui ne s'est pas encore atteint lui-même, ou bien s'est déjà reperdu. Mais *l'homme*, ce n'est pas une essence abstraite blottie quelque part hors du monde. L'homme, c'est *le monde de l'homme*, l'État, la société. Cet État, cette société produisent la religion, *conscience inversée du monde*, parce qu'ils sont eux-mêmes un *monde à l'envers*. La religion est la théorie universelle de ce monde, sa somme encyclopédique, sa logique sous forme populaire, son *point d'honneur* spiritualiste, son enthousiasme, sa sanction morale, son complément solennel, le fondement universel de sa consolation et de sa justification. Elle est la *réalisation fantasmagorique* de l'essence humaine, parce que l'*essence humaine* ne possède pas de réalité véritable. Lutter contre la religion, c'est donc indirectement lutter contre *le monde* dont la religion est l'*arôme* spirituel.

La détresse *religieuse* est, pour une part, l'*expression* de la détresse réelle et, pour une autre, la *protestation* contre la détresse réelle. La religion est le soupir de la créature opprimée, la chaleur d'un monde sans cœur, comme elle est l'esprit de conditions sociales d'où l'esprit est exclu. Elle est l'*opium* du peuple.

Abolir la religion en tant que bonheur *illusoire* du peuple, c'est exiger son bonheur *réel*. Exiger qu'il renonce aux illusions sur sa situation, c'est *exiger qu'il renonce à une situation qui a besoin d'illusions*. La critique de la religion est donc *en germe* la *critique de cette vallée de larmes* dont la religion est l'*auréole*.

La critique a dépouillé les chaînes des fleurs imaginaires qui les recouvraient, non pour que l'homme porte des chaînes sans fantaisie, désespérantes, mais pour qu'il rejette les chaînes et cueille la fleur vivante. La critique de la religion détruit les illusions de l'homme pour qu'il pense, agisse, façonne sa réalité comme un homme désillusionné parvenu à l'âge de la raison, pour qu'il gravite autour de lui-même, c'est-à-dire de son soleil réel. La religion n'est que le soleil illusoire qui gravite autour de l'homme tant que l'homme ne gravite pas autour de lui-même.

C'est donc la *tâche de l'histoire*, après la disparition de l'*Au-delà de la vérité*, d'établir

1. Voir *La mort de l'homme*, Michel Foucault, dans le chapitre III.

la *vérité de ce monde-ci*. C'est en premier lieu la *tâche de la philosophie*, qui est au service de l'histoire, une fois démasquée la *forme sacrée* de l'auto-aliénation de l'homme, de démasquer l'auto-aliénation dans ses *formes non sacrées*. La critique du ciel se transforme par là en critique de la terre, la *critique de la religion* en *critique du droit*, la *critique de la théologie* en *critique de la politique*.

Sans doute, l'arme de la critique ne peut-elle remplacer la critique des armes, la puissance matérielle ne peut être abattue que par la puissance matérielle, mais la théorie aussi, dès qu'elle s'empare des masses, devient une puissance matérielle. La théorie est capable de s'emparer des masses dès qu'elle démontre *ad hominem*[1], et elle démontre *ad hominem* dès qu'elle devient radicale. Être radical, c'est prendre les choses à la racine. Or la racine, pour l'homme, c'est l'homme lui-même. La preuve évidente du radicalisme de la théorie allemande, donc de son énergie pratique, est qu'elle a pour point de départ l'abolition résolue et *positive* de la religion. La critique de la religion aboutit à cet enseignement que l'*homme est pour l'homme l'être suprême*, c'est-à-dire à l'*impératif catégorique de renverser tous les rapports* qui font de l'homme un être humilié, asservi, abandonné, méprisable, rapports qu'on ne saurait mieux caractériser que par cette exclamation d'un Français à l'occasion d'un projet de taxe sur les chiens : « Pauvres chiens ! On veut vous traiter comme des hommes ! »

Même historiquement, l'émancipation théorique a pour l'Allemagne une signification spécifiquement pratique. Le passé *révolutionnaire* de l'Allemagne est en effet théorique, c'est la *Réforme*. Comme jadis dans le cerveau du *moine*, c'est maintenant dans celui du *philosophe* que commence la révolution.

Luther a, sans doute, vaincu la servitude par dévotion en lui substituant la servitude par *conviction*. Il a brisé la foi dans l'autorité en restaurant l'autorité de la foi. Il a transformé les clercs en laïcs en transformant les laïcs en clercs. Il a libéré l'homme de la religiosité extérieure, en faisant de la religiosité l'homme intérieur. Il a émancipé le corps de ses chaînes, en en chargeant le cœur.

Mais si le protestantisme n'était pas la vraie solution, il était la vraie façon de poser le problème. Il ne s'agissait plus désormais du combat du laïc contre le *clerc extérieur à lui*, mais du combat contre son *propre clerc intime*, avec sa *nature cléricale*. Et de même que la métamorphose des laïcs allemands en clercs — œuvre du protestantisme — a émancipé ces papes laïcs, les *princes*, avec tout leur clergé de privilégiés et de philistins, de même la métamorphose par la philosophie des Allemands cléricalisés en hommes émancipera le *peuple*. Mais pas plus que l'émancipation ne s'arrêta aux princes, la *sécularisation* des biens ne s'arrêtera à la *spoliation de l'Église* qu'a surtout pratiquée l'hypocrite Prusse. Jadis la guerre des paysans, le fait le plus radical de l'histoire allemande, échoua sur l'obstacle de la théologie. Aujourd'hui que la théologie elle-même a échoué, le fait le moins libre de l'histoire allemande, notre *statu quo*, se brisera sur la philosophie. À la veille de la Réforme, l'Allemagne officielle était le valet le plus soumis de Rome. À la veille de sa Révolution, elle est le valet le plus soumis de bien moins que Rome, de la Prusse, et de l'Autriche, le valet de hobereaux et de philistins.

Il semble cependant qu'une difficulté essentielle barre la route à une révolution allemande *radicale*.

Les révolutions ont en effet besoin d'un élément *passif*, d'une base *matérielle*. La théorie

1. Démontrer *« ad hominem »*, c'est fonder la démonstration sur les propres paroles ou actes de celui à qui on s'adresse.

ne se réalise jamais dans un peuple que dans la mesure où elle est la réalisation de ses besoins. L'énorme fossé qui sépare les exigences de la pensée allemande et les réponses que lui fournit la réalité allemande aura-t-il pour pendant le même fossé qui sépare la société civile-bourgeoise de l'État et d'elle-même? Les besoins théoriques seront-ils immédiatement des besoins pratiques? Il ne suffit pas que la pensée pousse à se réaliser, il faut que la réalité pousse elle-même à penser.

Or l'Allemagne n'a pas gravi en même temps que les peuples modernes les échelons intermédiaires de l'émancipation politique. Même les échelons qu'elle a dépassés en théorie, elle ne les a pas encore atteints dans la pratique. Comment franchirait-elle, d'un seul *salto mortale* [saut de la mort], non seulement ses propres barrières, mais en même temps les barrières qui retiennent les peuples modernes, barrières qui doivent en réalité lui apparaître comme la libération de ses barrières réelles et qu'elle doit donc s'efforcer de gagner? Une révolution radicale ne peut être que la révolution des besoins radicaux à qui semblent précisément faire défaut les conditions préalables et le terrain propice.

Mais si l'Allemagne s'est bornée à accompagner par l'activité abstraite de sa pensée l'évolution des peuples modernes, sans activement prendre parti dans les combats réels qui ont marqué cette évolution, elle a d'autre part partagé les *souffrances* de cette évolution sans en partager les jouissances, la satisfaction partielle. À l'activité abstraite d'une part correspond la souffrance abstraite de l'autre. Aussi l'Allemagne se trouvera-t-elle, un beau matin, au niveau de la décadence européenne, avant d'avoir jamais été au niveau de l'émancipation européenne. On pourra la comparer à un *fétichiste* rongé par les maladies du christianisme.

Si l'on considère tout d'abord les *gouvernements allemands,* on trouvera que les circonstances, la situation de l'Allemagne, l'état de la culture allemande, enfin un heureux instinct les ont poussés à allier les *défauts civilisés* de l'*État moderne,* dont nous ne possédons pas les avantages, aux *défauts barbares* de l'**ancien régime,** dont nous jouissons pleinement; en sorte que l'Allemagne doit participer de plus en plus, sinon à la raison, du moins à la déraison, même des formes d'État qui sont au-delà de son propre *statu quo.* Y a-t-il par exemple un autre pays au monde que l'Allemagne dite constitutionnelle pour partager avec autant de naïveté toutes les illusions du régime constitutionnel sans avoir part à ses réalités? Ou bien est-ce que ce ne devait pas être, de toute nécessité, la trouvaille d'un gouvernement allemand que d'allier la géhenne de la censure à celle des lois françaises de septembre[1], qui présupposent l'existence de la liberté de la presse? Tout comme on trouvait, au Panthéon romain, les *dieux* de toutes les nations, on trouvera, dans le Saint Empire Romain Germanique, les *péchés* de toutes les formes de gouvernement. Cet éclectisme atteindra un niveau jusqu'ici insoupçonné: c'est surtout la *gourmandise politico-esthétique* d'un roi allemand[2] qui en est le garant; ce monarque songe à jouer tous les rôles de la royauté, féodale ou bureaucratique, absolue ou constitutionnelle, sinon par le truchement du peuple, du moins en sa *propre* personne, sinon pour le peuple, du moins pour *lui-même. L'Allemagne — c'est-à-dire les déficiences de la réalité politique présente*

1. Le ministère de Thiers, sous Louis-Philippe, prenant le prétexte de l'attentat commis contre le roi le 28 juillet, déposa sur le bureau de l'Assemblée en août 1835, des projets de loi particulièrement réactionnaires qui furent adoptés le mois suivant et portent le nom de *Lois de septembre*. La justice recevait le droit d'abréger la procédure dans les cas de rébellion et de faire appel à des jurés, choisis par elle, et dont elle fixait le nombre; la presse fut intimidée par des menaces d'amendes énormes et la censure introduite au moins en ce qui concernait l'illustration et les dessins.
2. Il s'agit du roi de Prusse Frédéric-Guillaume IV.

faites monde — ne pourra jeter bas les barrières spécifiquement allemandes sans jeter bas la barrière générale de la réalité politique actuelle.

Ce qui est un rêve utopique pour l'Allemagne, ce n'est pas la révolution *radicale*, ce n'est pas l'émancipation *humaine universelle*, mais au contraire la révolution partielle, la révolution *uniquement* politique, la révolution qui laisserait debout les piliers de l'édifice. Quelle est la base d'une révolution partielle, uniquement politique? Celle-ci: une *partie de la société civile-bourgeoise* s'émancipe et parvient à dominer l'*ensemble* de la société, une classe déterminée entreprend, à partir de sa *situation particulière*, l'émancipation générale de la société. Cette classe libère la société entière, mais seulement à la condition que la société entière se trouve dans la situation de cette classe, donc possède par exemple argent et culture, ou puisse les acquérir à son gré.

Aucune classe de la société civile-bourgeoise ne peut jouer ce rôle sans susciter, en son sein et dans la masse, un moment d'enthousiasme, un moment où elle fraternise et converge avec la société en général, où celle-ci sent et reconnaît en elle son *représentant universel*, où ses revendications et ses droits sont véritablement les droits et les revendications de la société elle-même, où elle est réellement la tête et le cœur de la société. Ce n'est qu'au nom des droits généraux de la société qu'une classe particulière peut revendiquer la domination générale. Pour prendre d'assaut cette position émancipatrice, et, par là, pour parvenir à exploiter politiquement toutes les sphères de la société dans l'intérêt de la sienne propre, l'énergie révolutionnaire et le sentiment de sa valeur intellectuelle ne suffisent pas. Pour que la *révolution d'un peuple* et l'*émancipation d'une classe particulière* de la société civile-bourgeoise coïncident, pour qu'*un* de ses états sociaux passe pour l'état social de la société tout entière, il faut, à l'inverse, que tous les défauts de la société se concentrent dans une autre classe, il faut qu'un état social déterminé soit un sujet de scandale universel, l'incarnation de la barrière universelle, il faut qu'une sphère sociale particulière personnifie le *crime notoire* de toute la société, en sorte que se libérer de cette sphère apparaisse comme se libérer soi-même de toutes chaînes. Pour qu'*un* état social soit **par excellence** l'état social libérateur, il faut qu'à l'inverse un autre état soit, de toute évidence, l'état qui asservit. Le caractère négatif général de la noblesse française et du clergé français ont été la condition du caractère positif général de la classe qui était la plus proche d'eux, et s'opposait le plus à eux: la *bourgeoisie*.

Mais ce qui manque à chaque classe particulière en Allemagne, ce n'est pas seulement la conséquence, le mordant, le courage, le cynisme qui pourraient faire d'elles les représentants négatifs de la société. Il manque tout autant à chaque état social cette largeur d'esprit qui lui permette de s'identifier, ne fût-ce que momentanément, avec l'âme du peuple, ce génie qui exalte la puissance matérielle et la mue en pouvoir politique, cette audace révolutionnaire qui lance comme un défi à l'adversaire ce mot d'ordre: *Je ne suis rien et je devrais être tout*[1]. L'élément principal de la morale et de l'honnêteté allemandes, non seulement des individus mais encore des classes, c'est au contraire cet *égoïsme modeste* qui fait parade de son étroitesse et la laisse utiliser contre soi. C'est pourquoi les rapports des différentes sphères de la société allemande ne sont pas de nature dramatique mais épique. Chacune d'elles commence à prendre conscience de soi et à s'installer à côté des autres avec ses ambitions particulières, non pas dès qu'elle subit une pression, mais dès

1. Allusion au titre de la fameuse brochure publiée par Sieyès en 1789: *Qu'est-ce que le Tiers État? Tout. Qu'a-t-il été jusqu'à présent dans l'ordre politique? Rien. Que demande-t-il? Devenir quelque chose.*

que les circonstances, sans qu'elle y soit pour quelque chose, créent une couche sociale plus basse sur laquelle elle peut, elle, exercer une pression. Même le *sentiment moral qu'a d'elle-même la classe moyenne allemande* ne repose que sur la conscience d'être le représentant universel de la médiocrité philistine de toutes les autres classes. Ce ne sont pas seulement les rois allemands qui accèdent au trône **mal à propos,** ce sont toutes les sphères de la société civile-bourgeoise qui connaissent la défaite avant d'avoir fêté leur victoire, qui élèvent leur propre barrière avant d'avoir dépassé la barrière qui les arrête, dont l'essence se montre dans son étroitesse avant d'avoir pu se montrer dans sa grandeur, si bien que même l'occasion de jouer un grand rôle est toujours passée avant de s'être présentée, si bien que chaque classe, dès qu'elle engage la lutte avec la classe au-dessus d'elle, est déjà empêtrée dans la lutte qui l'oppose à la classe au-dessous. Les princes se trouvent donc en lutte avec la royauté, le bureaucrate en lutte avec la noblesse, le bourgeois en lutte avec eux tous, tandis que le prolétaire entre déjà en lutte avec le bourgeois. À peine la classe moyenne[1] ose-t-elle, de son point de vue, s'emparer de l'idée d'émancipation, que, déjà, l'évolution des conditions sociales, comme le progrès de la théorie politique, proclament que ce point de vue lui-même est périmé, ou au moins problématique.

En France, il suffit qu'on soit quelque chose pour vouloir être tout. En Allemagne, il faut n'être rien pour ne pas devoir renoncer à tout. En France, l'émancipation partielle est le fondement de l'émancipation universelle. En Allemagne, l'émancipation universelle est la *conditio sine qua non* [condition décisive] de toute émancipation partielle. En France, c'est de la réalité d'une libération par étapes, en Allemagne de son impossibilité, que naîtra la liberté totale. En France, toute classe du peuple est un *idéaliste politique* et ne prend pas d'abord conscience de soi en tant que classe particulière, mais en tant que représentant des besoins sociaux en général. Le rôle d'*émancipateur* revient donc, par un mouvement dramatique, tour à tour aux différentes classes du peuple français, avant d'aboutir enfin à la classe qui réalise la liberté sociale non plus en supposant remplies au préalable certaines conditions extérieures à l'homme et pourtant créées par la société humaine, mais au contraire en organisant toutes les conditions de l'existence humaine en partant de la liberté sociale. En Allemagne par contre, où la vie pratique est aussi dépourvue d'esprit que la vie de l'esprit est dépourvue de pratique, pas une classe de la société civile-bourgeoise n'éprouve le besoin ni n'a la capacité de promouvoir l'émancipation générale, avant d'y être contrainte par sa situation *immédiate,* par la nécessité *matérielle,* par ses *chaînes elles-mêmes.*

Où réside donc la possibilité positive de l'émancipation allemande?

Réponse : dans la formation d'une classe aux *chaînes radicales,* d'une classe de la société civile qui ne soit pas une classe de la société civile-bourgeoise, d'un état social qui soit la dissolution de tous les états sociaux, d'une sphère qui possède un caractère d'universalité par l'universalité de ses souffrances et ne revendique pas de *droit particulier,* parce qu'on lui fait subir non une *injustice particulière* mais l'*injustice tout court,* qui ne puisse plus se targuer d'un titre *historique,* mais seulement du titre *humain,* qui ne soit pas en contradiction par un côté avec les conséquences, mais en contradiction de tous les côtés avec les conditions préalables du régime politique allemand, d'une sphère enfin qui ne puisse s'émanciper sans s'émanciper de toutes les autres sphères de la société et sans émanciper de ce fait toutes les autres sphères de la société, qui soit en un mot, la *perte totale* de

1. Il s'agit de la bourgeoisie. Ce terme est également employé par Engels dans *la Situation de la classe laborieuse en Angleterre.*

l'homme et ne puisse donc se reconquérir elle-même sans une *reconquête totale de l'homme*. Cette dissolution de la société réalisée dans un état social particulier, c'est le *prolétariat*.

Le prolétariat commence seulement à se former en Allemagne, grâce aux débuts du développement *industriel*, car ce n'est pas la pauvreté *résultant de facteurs naturels*, mais la pauvreté *artificiellement produite*, ce n'est pas l'écrasement des états sociaux provoqué mécaniquement par le poids de la société, mais la masse humaine provenant de la *dissolution brutale* de celle-ci, et, en premier lieu, de la dissolution des couches moyennes, qui forme le prolétariat, bien que peu à peu, comme il va de soi, les pauvres naturellement pauvres et les serfs de la société germano-chrétienne rejoignent également ses rangs.

En annonçant la *dissolution de l'ordre antérieur du monde*, le prolétariat ne fait qu'énoncer le *secret de sa propre existence*, car il *est* la dissolution *de fait* de cet ordre. En réclamant la *négation de la propriété privée*, le prolétariat ne fait qu'élever *en principe de la société* ce que la société a posé en principe *pour lui*, ce qu'il personnifie, sans qu'il y soit pour quelque chose, puisqu'il est le résultat négatif de la société. Le prolétaire se trouve alors, par rapport au monde à venir, avoir même droit que le *roi allemand* par rapport au monde existant, quand il dit du peuple qu'il est *son* peuple, comme il dit du cheval qu'il est *son* cheval. Le roi, en proclamant que le peuple est sa propriété privée, ne fait qu'énoncer que le propriétaire privé est roi.

La philosophie trouve dans le prolétariat ses armes *matérielles* comme le prolétariat trouve dans la philosophie ses armes *intellectuelles*, et dès que l'éclair de la pensée aura frappé jusqu'au cœur ce sol populaire vierge, s'accomplira l'émancipation qui fera des *Allemands* des *hommes*.

Résumons le résultat obtenu :

La seule libération de l'Allemagne possible dans la *pratique* est sa libération du point de vue de *la* théorie qui proclame que l'homme est l'essence suprême de l'homme. En Allemagne, s'émanciper du *Moyen Âge* n'est possible que si on s'émancipe, en même temps, des dépassements *partiels* du Moyen Âge. En Allemagne *aucune* forme de servitude ne peut être brisée sans briser *toute* forme de servitude. L'Allemagne, qui va au fond des choses, ne peut faire de révolution sans faire de révolution de *fond en comble*. L'*émancipation de l'Allemand*, c'est l'*émancipation de l'homme*. La *tête* de cette émancipation est la *philosophie*, son *cœur* le *prolétariat*. La philosophie ne peut se réaliser sans abolir le prolétariat, le prolétariat ne peut s'abolir sans réaliser la philosophie.

Quand toutes les conditions internes seront remplies, le *jour de la résurrection allemande* sera annoncé par le *chant éclatant du coq gaulois*.

L'athéisme purificateur
(1941)

SIMONE WEIL
(1909-1943)

Née en 1909, décédée en 1943, Simone Weil fait partie de ces comètes qui ont traversé le ciel de la philosophie. Élève d'Alain, militante politique afin de dénoncer la misère de la condition ouvrière à l'époque, elle s'est tournée vers la foi sans jamais abandonner pour autant l'exigence philosophique puisée à la source grecque.

Si être mystique signifie vivre de Dieu intensément de toute sa pensée et de tout son être, Simone Weil a été une mystique. Mais là n'est pas sa seule originalité. Outre une personnalité aiguë et des écrits aussi variés que profonds, on lui doit la notion d'athéisme purificateur.

Déjà, Alain avait frayé les voies d'un tel concept en rappelant que la foi n'est pas la croyance ni le doute l'incroyance. Car, là où nous avons affaire à la transcendance d'un Dieu infini, l'adhésion à un tel Dieu infini requiert que l'on extirpe avec une rigueur sans mélange toute adhésion à des fabrications humaines nous faisant prendre le fini pour de l'infini.

La démarche de Simone Weil emprunte la voie tracée par Alain et, avant lui, par Descartes, en montrant qu'il ne suffit pas de croire pour avoir la foi. Car, si croire c'est, par un certain côté, poser l'Être à travers Dieu et refuser le néant, cela peut aussi donner lieu à un obscur besoin d'adhérer et d'admirer se servant de Dieu afin de combler un manque. Aussi la foi véritable se trouve-t-elle au-delà de toute croyance dans le geste d'oser perdre pied dans l'infini de Dieu.

Situant la foi au-delà du couple croyance-incroyance, la démarche de Simone Weil revêt une triple originalité. En dissociant d'abord la foi de la croyance afin de rapprocher celle-ci du doute qui cherche toujours, elle conduit à voir en celle-ci une attitude active de la pensée et de la volonté dotant l'attitude religieuse d'une portée spéculative et critique. En séparant par ailleurs le doute de l'incroyance afin de le rapprocher de la foi, elle aboutit à voir en celui-ci une attitude «spirituelle» et non plus une simple expression négative. En opposant enfin d'une façon générale le couple foi-doute au couple croyance-incroyance, elle a pour conséquence de dépasser la confrontation dogmatisme religieux-scepticisme rationaliste pour une opposition plus fine entre transcendance et idolâtrie, l'idolâtrie étant le confort intellectuel de la croyance ou de l'incroyance refusant l'infini.

Loin d'être une récupération habile de l'athéisme, cette démarche est plutôt l'invitation à se délivrer du faux problème qui consiste à opposer une idole religieuse à une idole antireligieuse et inversement, afin de confronter la pensée à la transcendance en situant l'homme vis-à-vis de cette altérité absolue qu'est le mystère de la vie. Elle ouvre de ce fait sur une approche originale de la modernité dont l'incroyance peut être lue comme une critique positive des idoles.

Source: S. Weil, *La Pesanteur et la Grâce*, Paris, Plon, 1947.

Bibliographie: M.M. Davy, *Introduction au message de Simone Weil*, Paris, 1954; *Simone Weil*, collection Témoins du XXᵉ siècle, Paris, 1956.

L'athéisme purificateur

Cas de contradictoires vrais. Dieu existe, Dieu n'existe pas. Où est le problème ? Je suis tout à fait sûre qu'il y a un Dieu, en ce sens que je suis tout à fait sûre que mon amour n'est pas illusoire. Je suis tout à fait sûre qu'il n'y a pas de Dieu, en ce sens que je suis tout à fait sûre que rien de réel ne ressemble à ce que je peux concevoir quand je prononce ce nom. Mais cela que je ne puis concevoir n'est pas une illusion.

Il y a deux athéismes dont l'un est une purification de la notion de Dieu.

Peut-être que tout ce qui est mal a un autre aspect qui est une purification au cours du progrès vers le bien et un troisième qui est le bien supérieur.

Trois aspects à bien distinguer, car les confondre est un grand danger pour la pensée et pour la conduite effective de la vie.

Entre deux hommes qui n'ont pas l'expérience de Dieu, celui qui le nie en est peut-être le plus près.

Le faux Dieu qui ressemble en tout au vrai, excepté qu'on ne le touche pas, empêche à jamais d'accéder au vrai.

Croire en un Dieu qui ressemble en tout au vrai, excepté qu'il n'existe pas, car on ne se trouve pas au point où Dieu existe.

Les erreurs de notre époque sont du christianisme sans surnaturel. Le laïcisme en est la cause — et d'abord l'humanisme.

La religion en tant que source de consolation est un obstacle à la véritable foi : en ce sens l'athéisme est une purification. Je dois être athée avec la partie de moi-même qui n'est pas faite pour Dieu. Parmi les hommes chez qui la partie surnaturelle d'eux-mêmes n'est pas éveillée, les athées ont raison et les croyants ont tort.

Un homme dont toute la famille aurait péri dans les tortures, qui lui-même aurait été longtemps torturé dans un camp de concentration. Ou un Indien du XVIe siècle échappé seul à l'extermination complète de tout son peuple. De tels hommes, s'ils ont cru à la miséricorde de Dieu, ou bien n'y croient plus, ou bien la conçoivent tout autrement qu'auparavant. Je n'ai pas passé par de telles choses. Mais je sais qu'elles existent : dès lors, quelle différence ?

Je dois tendre à avoir de la miséricorde divine une conception qui ne s'efface pas, qui ne change pas, quelque événement que le destin envoie sur moi, et qui puisse être communiquée à n'importe quel être humain.

L'intelligence et la grâce

Nous savons au moyen de l'intelligence que ce que l'intelligence n'appréhende pas est plus réel que ce qu'elle appréhende.

La foi, c'est l'expérience que l'intelligence est éclairée par l'amour.

Seulement l'intelligence doit reconnaître par les moyens qui lui sont propres, c'est-à-dire la constatation et la démonstration, la prééminence de l'amour. Elle ne doit se soumettre qu'en sachant pourquoi, et d'une manière parfaitement précise et claire. Sans cela, sa soumission est une erreur, et ce à quoi elle se soumet, malgré l'étiquette, est autre chose que l'amour surnaturel. C'est par exemple l'influence sociale.

Dans le domaine de l'intelligence, la vertu d'humilité n'est pas autre chose que le pouvoir d'attention.

La mauvaise humilité amène à croire qu'on est néant en tant que soi, en tant que tel être humain particulier.

L'humilité vraie est la connaissance qu'on est néant en tant qu'être humain et, plus généralement, en tant que créature.

L'intelligence y a une grande part. Il faut concevoir l'universel.

Quand on écoute du Bach ou une mélodie grégorienne, toutes les facultés de l'âme se tendent et se taisent, pour appréhender cette chose parfaitement belle, chacune à sa façon. L'intelligence entre autres: elle n'y trouve rien à affirmer et à nier, mais elle s'en nourrit.

La foi ne doit-elle pas être une adhésion de cette espèce?

On dégrade les mystères de la foi en en faisant un objet d'affirmation ou de négation, alors qu'ils doivent être un objet de contemplation.

Le rôle privilégié de l'intelligence dans le véritable amour vient de ce que la nature de l'intelligence consiste en ce qu'elle est une chose qui s'efface du fait même qu'elle s'exerce. Je peux faire effort pour aller aux vérités, mais quand elles sont là, elles sont et je n'y suis pour rien.

Il n'y a rien de plus proche de la véritable humilité que l'intelligence. Il est impossible d'être fier de son intelligence au moment où on l'exerce réellement. Et quand on l'exerce on n'y est pas attaché. Car on sait que, deviendrait-on idiot l'instant suivant, et pour le reste de sa vie, la vérité continue à être.

Les mystères de la foi catholique ne sont pas faits pour être crus par toutes les parties de l'âme. La présence du Christ dans l'hostie n'est pas un fait à la manière de la présence de l'âme de Paul dans le corps de Paul (l'un et l'autre d'ailleurs sont complètement incompréhensibles, mais pas de la même façon). L'Eucharistie ne doit donc pas être un objet de croyance pour la partie de moi-même qui appréhende les faits. Là est la part de vérité du protestantisme. Mais cette présence du Christ dans l'Hostie n'est pas un symbole, car un symbole est la combinaison d'une abstraction et d'une image, c'est quelque chose de représentable pour l'intelligence humaine, ce n'est pas surnaturel. En cela les catholiques ont raison, non les protestants. Seule la partie de soi-même qui est faite pour le surnaturel doit adhérer à ces mystères.

La part de l'intelligence — de la partie de nous-même qui affirme et nie, qui pose des opinions — est seulement la soumission. Tout ce que je conçois comme vrai est moins vrai que ces choses dont je ne puis concevoir la vérité, mais que j'aime. Saint Jean de la Croix appelle la foi une nuit. Chez ceux qui ont eu une éducation chrétienne, les parties inférieures de l'âme s'attachent à ces mystères alors qu'elles n'y ont aucun droit. C'est pourquoi ils ont besoin d'une purification dont saint Jean de la Croix décrit les étapes. L'athéisme, l'incrédulité constituent un équivalent à cette purification.

Le désir de découvrir du nouveau empêche d'arrêter la pensée sur la signification transcendante, irreprésentable de ce qui est déjà découvert. Mon manque total de talent m'interdisant ce désir est une grande faveur que j'ai reçue. L'absence reconnue et acceptée de dons intellectuels contraint à l'exercice désintéressé de l'intelligence.

L'objet de la recherche ne doit pas être le surnaturel, mais le monde. Le surnaturel est la lumière: si on en fait un objet, on l'abaisse.

Le monde est un texte à plusieurs significations, et l'on passe d'une signification à une autre par un travail. Un travail où le corps a toujours part, comme lorsqu'on apprend l'alphabet d'une langue étrangère: cet alphabet doit rentrer dans la main à force de tracer les lettres. En dehors de cela, tout changement dans la manière de penser est illusoire.

Il n'y a pas à choisir entre les opinions: il faut les accueillir toutes, mais les composer verticalement et les loger à des niveaux convenables.

Ainsi hasard, destin, Providence.

L'intelligence ne peut jamais pénétrer le mystère, mais elle peut et peut seule rendre compte de la convenance des mots qui l'expriment. Pour cet usage, elle doit être plus aiguë, plus perçante, plus précise, plus rigoureuse et plus exigeante que pour tout autre.

Les Grecs croyaient que la vérité seule convient aux choses divines, non l'erreur ou l'à-peu-près, et le caractère divin de quelque chose les rendait plus exigeants à l'égard de l'exactitude. (Nous faisons exactement le contraire, déformés que nous sommes par l'habitude de la propagande.) C'est parce qu'ils ont vu dans la géométrie une révélation divine qu'ils ont inventé la démonstration rigoureuse...

Il faut, dans le domaine des rapports entre l'homme et le surnaturel, chercher une précision plus que mathématique; cela doit être plus précis que la science[1].

Le rationnel au sens cartésien, c'est-à-dire le mécanisme, la nécessité humainement représentable, doit être supposé partout où on le peut, afin de mettre en lumière ce qui lui est irréductible.

L'usage de la raison rend les choses transparentes à l'esprit. Mais on ne voit pas le transparent. On voit l'opaque à travers le transparent, l'opaque qui était caché quand le transparent n'était pas transparent. On voit ou les poussières sur la vitre, ou le paysage derrière la vitre, mais jamais la vitre elle-même. Nettoyer la poussière ne sert qu'à voir le paysage. La raison ne doit exercer sa fonction que pour parvenir aux vrais mystères, aux vrais indémontrables qui sont le réel. L'incompris cache l'incompréhensible, et pour ce motif doit être éliminé.

La science, aujourd'hui, cherchera une source d'inspiration au-dessus d'elle ou périra.

La science ne présente que trois intérêts: 1° les applications techniques; 2° jeu d'échecs; 3° chemin vers Dieu. (Le jeu d'échecs est agrémenté de concours, prix et médailles.)

Pythagore. Seule cette conception mystique de la géométrie a pu fournir le degré d'attention nécessaire aux débuts de cette science. N'est-il pas reconnu d'ailleurs que l'astronomie sort de l'astrologie, la chimie de l'alchimie? Mais on interprète cette filiation comme un progrès alors qu'il y a dégradation de l'attention. L'astrologie et l'alchimie transcendantes sont la contemplation des vérités éternelles dans les symboles fournis par les astres et les combinaisons de substances. L'astronomie et la chimie en sont des dégradations. L'astrologie et l'alchimie comme magies en sont des dégradations encore plus basses. Il n'y a plénitude de l'attention que dans l'attention religieuse.

Galilée. Ayant à son principe le mouvement droit illimité, et non plus le mouvement circulaire, la science moderne ne pouvait plus être un pont vers Dieu.

Le nettoyage philosophique de la religion catholique n'a jamais été fait. Pour le faire, il faudrait être dedans *et* dehors.

1. C'est là encore une de ces contradictions qui ne se dénouent que dans l'ineffable: la vie mystique, qui ne relève que de l'arbitraire divin, est pourtant soumise à des lois rigoureuses. Saint Jean de la Croix a pu donner un schéma géométrique de l'itinéraire de l'âme vers Dieu. *(Note de l'éditeur).*

AU-DELÀ DE LA MORT DE DIEU
LA THÉOLOGIE NÉGATIVE

La ténèbre divine
(vers 525)

DENYS L'ARÉOPAGITE
(VIe siècle)

Souvent confondu avec un autre Denys dont parle saint Paul dans ses épîtres, Denys l'Aréopagite est en fait un auteur ayant vécu autour du VIe siècle avant Jésus-Christ, dont les écrits ont profondément marqué le Moyen Âge. Néo-platonicien et chrétien, il est l'illustration même de la théologie dite négative. Comme son nom l'indique, celle-ci met en œuvre une négation. Par opposition à la théologie positive dite cataphatique *prétendant pouvoir affirmer positivement ce qu'est Dieu, celle-ci souligne que l'on ne peut pas dire ce qu'il est, mais seulement ce qu'il n'est pas.*

Dieu étant de par sa transcendance et son infinité au-delà de toute détermination humaine par le langage et la pensée, tout en étant néanmoins autre chose qu'un néant ou une pure vacuité, seul un discours négatif, antinomique et paradoxal dans sa façon de dire ce qu'il n'est pas, peut approcher sa réalité sans réduire celle-ci.

Parlant ainsi de Dieu tout en ne prétendant pas réduire son altérité, la théologie négative de Denys se tient en fait à égale distance de l'affirmation qui réduit et de la négation qui débouche sur le néant, en opposant une connaissance limitée à la prétention de tout connaître ou de tout nier au sujet de Dieu. Aussi est-elle une voie médiane dépassant l'opposition entre croyance et incroyance. Car affirmer comme le fait Denys que l'on connaît Dieu en ne le connaissant point conduit à s'ouvrir à un autre type de connaissance de celui-ci, conjuguant la foi qui refuse le néant à la raison négative qui refuse d'identifier Dieu.

Si la théologie dionysienne a inspiré toute la théologie du christianisme oriental et, en particulier, celle de Grégoire de Nysse avec son thème de la ténèbre lumineuse, on retrouve son inspiration chez Maître Eckhart, Nicolas de Cues et Pascal.

Au sein de la modernité, elle ne perd rien de son actualité, car, Dieu se rencontrant dans la ténèbre et la parole négative, le refus de Dieu peut se comprendre comme étant le travail de l'esprit refusant de tout réduire à l'unité afin de mieux s'ouvrir sur l'infini.

Source : *Œuvres complètes du pseudo-Denys l'Aréopagite*, trad. M. de Gandillac, Paris, Aubier, 1943.

Bibliographie : R. Roques, *l'Univers dionysien*, Paris, le Cerf, 1983 ; J. Vanneste, *le Mystère de Dieu. Essai sur la structure rationnelle de la doctrine mystique du pseudo-Denys l'Aréopagite*, Paris, Desclée de Brouwer, 1959.

En quoi consiste la Ténèbre divine

§ 1. — Trinité suressentielle et plus que divine et plus que bonne, toi qui présides à la divine sagesse chrétienne, conduis-nous non seulement par delà toute lumière, mais au delà même de l'inconnaissance jusqu'à la plus haute cime des Écritures mystiques, là où les mystères simples, absolus et incorruptibles de la théologie se révèlent dans la Ténèbre plus que lumineuse du Silence : c'est dans le Silence en effet qu'on apprend les secrets de cette Ténèbre dont c'est trop peu dire que d'affirmer qu'elle brille de la plus éclatante lumière au sein de la plus noire obscurité, et que, tout en demeurant elle-même parfaitement intangible et parfaitement invisible, elle emplit de splendeurs plus belles que la beauté les intelligences qui savent fermer les yeux.

Telle est ma prière. Pour toi, cher Timothée, exerce-toi sans cesse aux contemplations mystiques, abandonne les sensations, renonce aux opérations intellectuelles, rejette tout ce qui appartient au sensible et à l'intelligible, dépouille-toi totalement du non-être et de l'être, et élève-toi ainsi, autant que tu le peux, jusqu'à t'unir dans l'ignorance avec Celui qui est au delà de toute essence et de tout savoir. Car c'est en sortant de tout et de toi-même, de façon irrésistible et parfaite que tu t'élèveras, dans une pure extase jusqu'au rayon ténébreux de la divine Suressence, ayant tout abandonné et t'étant dépouillé de tout.

§ 2. — Mais prends garde que personne ne t'entende de ceux qui ne sont pas initiés, je veux dire de ceux[1] qui s'attachent aux êtres, qui n'imaginent pas que rien puisse exister suressentiellement au delà des êtres et qui croient pouvoir connaître par voie de connaissance *« Celui qui a pris la Ténèbre pour retraite »*[2]. Mais si la révélation du mystère divin dépasse la portée de ces hommes, que dire alors des vrais profanes[3], de ceux qui pour définir la Cause transcendante de toutes choses, s'appuient sur les réalités les plus basses, et ne la croient nullement supérieure aux idoles impies dont ils façonnent les formes multiples, alors qu'en vérité, s'il convient de lui attribuer et d'affirmer d'elle tout ce qui se dit des êtres, parce qu'elle est leur cause à tous, il convient davantage encore de nier d'elle tous ces attributs, parce qu'elle transcende tout être, sans croire pour autant que les négations contredisent aux affirmations, mais bien qu'en soi elle demeure parfaitement transcendante à toute privation, puisqu'elle se situe au delà de toute position, soit négative soit affirmative ?

§ 3. — C'est donc en ce sens que le divin Barthélemy affirme que la théologie est tout ensemble abondante et fort brève, que si l'Évangile est vaste et copieux il n'est pas moins concis. Il me semble que c'est là une merveilleuse pensée, car si la Cause universelle et bienfaisante s'exprime en beaucoup de paroles, elle n'en exclut pas moins tout raisonnement, puisqu'elle n'est ni rationnelle ni intelligible, puisqu'elle transcende toutes choses de façon suressentielle et ne se manifeste à découvert et véritablement qu'à ceux-là seuls qui vont au delà de toute consécration rituelle[4] et de toute purification, qui dépassent toute ascension des cimes les plus saintes, qui abandonnent toutes les lumières divines, toutes

---

1. *« de ces profanes »* (M. d'après Hilduin et Scot, car ce passage du manuscrit est perdu).
2. *Ps. XVII*, 12.
3. « de ces *autres profanes* » (M.)
4. *Enagès* est traduit traditionnellement par *impur*. Le mot signifie *consacré*, quelquefois *maudit*. Il est clair que le mystique a dépassé toute malédiction, même toute impureté. Mais il s'élève également au delà du plan légal des consécrations rituelles.

les paroles et toutes les raisons célestes, pour pénétrer ainsi dans cette Ténèbre où, selon l'Écriture, Celui qui est totalement transcendant existe d'une existence absolue.

Aussi n'est-ce pas sans motifs que le divin Moïse reçoit d'abord l'ordre de se purifier, puis de s'écarter des impurs, qu'après la purification il entend les trompettes aux sons multiples, qu'il voit des feux nombreux dont les innombrables rayons répandent un vif éclat, que, séparé de la foule, il atteint alors, avec l'élite des prêtres, au sommet des ascensions divines[1]. À ce degré pourtant, il n'est pas encore en relations avec Dieu, il ne contemple pas Dieu, car Dieu n'est pas visible, mais seulement le lieu où Dieu réside[2], ce qui signifie, je pense, que dans l'ordre visible et dans l'ordre intelligible les objets les plus divins et les plus sublimes ne sont que les raisons hypothétiques des attributs qui conviennent véritablement à Celui qui est totalement transcendant, raisons qui révèlent la présence de Celui qui dépasse toute saisie mentale, au-dessus des sommets intelligibles de ses lieux les plus saints.

C'est alors seulement que, dépassant le monde où l'on est vu et où l'on voit, Moïse pénètre dans la Ténèbre véritablement mystique de l'inconnaissance; c'est là qu'il fait taire[3] tout savoir positif, qu'il échappe entièrement à toute saisie et à toute vision, car il appartient tout entier à Celui qui est au-delà de tout, car il ne s'appartient plus lui-même ni n'appartient à rien d'étranger, uni par le meilleur de lui-même à Celui qui échappe à toute connaissance, ayant renoncé à tout savoir positif, et grâce à cette inconnaissance même connaissant par delà toute intelligence.

Chapitre II
Comment il faut s'unir et rendre hommage à l'Auteur transcendant de toutes choses.

Puissions-nous pénétrer nous aussi, dans cette Ténèbre plus lumineuse que la lumière et, renonçant à toute vision et à toute connaissance, puissions-nous ainsi voir et connaître qu'on ne peut ni voir ni connaître Celui qui est au delà de toute vision et de toute connaissance! Car c'est là une vision véritable et une véritable connaissance, et par le fait même qu'on abandonne tout ce qui existe on célèbre le Suressentiel selon un mode suressentiel. De même, pour façonner une statue de leurs propres mains les sculpteurs dépouillent d'abord [le marbre] de toute la matière superflue qui s'opposait à la pure vision de la forme cachée; et leur seule opération propre, c'est précisément ce dépouillement qui seul révèle la beauté latente.

Mais il convient, je pense, pour célébrer les négations, de procéder de façon inverse de celle dont on use pour célébrer les affirmations. Pour celles-là, en effet, partant des plus primitives comme de principes, nous sommes passés aux moyennes puis aux dernières. Ici c'est des dernières que nous partirons nécessairement pour nous élever vers les plus primitives, par un total dépouillement, afin de connaître sans voiles cette inconnaissance que dissimule en tout être la connaissance qu'on peut avoir de cet être[4], afin de voir ainsi cette Ténèbre suressentielle que dissimule toute la lumière contenue dans les êtres.

1. *Ex.* XIX, 10, 20. Cf. la *Vie de Moïse*, de Grégoire de Nysse, 376 A sq. (tr. Daniélou, p. 108 sq).
2. *Ex.* XXXIII, 20 à 23.
3. *«ferme les yeux à»* (M.).
4. M. dit le contraire: «*l'ignorance* qu'on...», ce qui ne correspond pas au sens de l'apophase.

Chapitre III
Ce que signifient théologie affirmative et théologie négative.

Dans nos *Esquisses théologiques*, nous avons célébré les principales affirmations de la théologie affirmative, montrant en quel sens l'excellente nature de Dieu est dite une, en quel sens elle est dite trine, ce qu'on appelle en elle Paternité et Filiation, ce que la théologie entend signifier lorsqu'elle parle d'Esprit, comment du cœur même du Bien immatériel et indivisible ont jailli les lumières de la bonté, comment ces lumières se sont répandues tout en demeurant, grâce à leur éternelle renaissance, en lui-même, chacune en soi et toutes mutuellement les unes dans les autres, comment Jésus suressentiel a revêtu en toute vérité la nature humaine, et tous les autres mystères que les *Esquisses théologiques* ont célébrés d'après l'enseignement des Écritures.

Dans le Traité des *Noms divins*, on a montré pourquoi Dieu est nommé Bien, Être, Vie, Sagesse, Force, et ainsi de suite pour tous les noms intelligibles de Dieu. Dans la *Théologie symbolique*, on a traité des métonymies du sensible au divin, on a dit ce que signifient en Dieu les formes, les figures, les parties, les organes, ce que signifient en Dieu les lieux et les ornements, ce que signifient les colères, les douleurs, les ressentiments, ce que signifient les enthousiasmes et les ivresses, ce que signifient les serments, les malédictions, les sommeils et les veilles, et toutes les formes dont on revêt la sainteté divine pour lui donner une figure[1]. Je pense que tu auras noté combien ces symboles exigent plus de paroles que le reste, en sorte que la *Théologie symbolique* a été nécessairement beaucoup plus volumineuse que les *Esquisses théologiques* et que les *Noms divins*. Plus haut nous nous élevons en effet, et plus nos paroles deviennent concises, car les intelligibles se présentent de façon de plus en plus synoptique.

Maintenant donc que nous allons pénétrer dans la Ténèbre qui est au delà de l'intelligible, il ne s'agira même plus de concision, mais bien d'une cessation totale de la parole et de la pensée. Là où notre discours descendait du supérieur à l'inférieur, à mesure qu'il s'éloignait des hauteurs, son volume augmentait. Maintenant que nous remontons de l'inférieur au transcendant, à mesure même que nous nous approcherons du sommet, le volume de nos paroles se rétrécira; au terme dernier de l'ascension nous serons totalement muets et pleinement unis à l'Ineffable.

Mais, diras-tu, pourquoi donc partir des plus hautes quand il s'agit des affirmations, des plus basses quand il s'agit des négations? Je réponds que, pour parler affirmativement de Celui qui transcende toute affirmation, il fallait que nos hypothèses affirmatives prissent appui sur ce qui est le plus proche de lui. Mais pour parler négativement de Celui qui transcende toute négation, on commence nécessairement par nier de lui ce qui est le plus éloigné de lui. N'est-il pas vrai, en effet, qu'il est plutôt *vie* ou *bien* qu'*air* ou *pierre* et qu'on fait davantage erreur en le nommant *rancunier* ou *coléreux* qu'en le supposant *exprimable* ou *pensable ?*

1. Cf. Ép. IX.

Chapitre IV
Que la Cause transcendante de toute réalité sensible n'est elle-même rien de sensible.

Nous disons donc que la Cause universelle, située au delà de l'univers entier, n'est ni matière exempte d'essence, de vie, de raison ou d'intelligence, ni corps; qu'elle n'a ni figure ni forme, ni qualité ni quantité ni masse; qu'elle n'est dans aucun lieu, qu'elle échappe à toute saisie des sens; qu'elle ne perçoit ni n'est perçue; qu'elle n'est sujette ni au trouble ni au désordre sous le choc des passions matérielles; que les accidents sensibles ne l'asservissent ni ne la réduisent à l'impuissance; qu'elle n'est point privée de lumière; qu'elle n'est elle-même ni ne possède ni mutation, ni destruction, ni partage, ni privation, ni écoulement, ni rien en un mot de ce qui appartient au sensible.

Chapitre V
Que la Cause transcendante de tout intelligible n'est rien d'intelligible.

Nous élevant plus haut, nous disons maintenant que cette Cause n'est ni âme ni intelligence; qu'elle ne possède ni imagination, ni opinion, ni raison, ni intelligence; qu'elle ne se peut exprimer ni concevoir; qu'elle n'a ni nombre, ni ordre, ni grandeur, ni petitesse, ni égalité, ni inégalité, ni similitude, ni dissimilitude; qu'elle ne demeure immobile ni ne se meut; qu'elle ne se tient au calme, ni ne possède de puissance; qu'elle n'est ni puissance, ni lumière; qu'elle ne vit ni n'est vie; qu'elle n'est ni essence, ni perpétuité, ni temps; qu'on ne peut la saisir intelligiblement; qu'elle n'est ni science, ni vérité, ni royauté, ni sagesse, ni un, ni unité, ni déité, ni bien, ni esprit au sens où nous pouvons l'entendre; ni filiation, ni paternité, ni rien de ce qui est accessible à notre connaissance ni à la connaissance d'aucun être; qu'elle n'est rien de ce qui appartient au non-être, mais rien non plus de ce qui appartient à l'être; que personne ne la connaît telle qu'elle est, mais qu'elle-même ne connaît personne en tant qu'être; qu'elle échappe à tout raisonnement, à toute appellation, à tout savoir; qu'elle n'est ni ténèbre, ni lumière, ni erreur, ni vérité; que d'elle on ne peut absolument ni rien affirmer ni rien nier; que, lorsque nous posons des affirmations et des négations qui s'appliquent à des réalités inférieures à elle, d'elle-même nous n'affirmons ni ne nions rien, car toute affirmation reste en deçà de la Cause unique et parfaite de toutes choses, car toute négation demeure en deçà de la transcendance de Celui qui est simplement dépouillé de tout et qui se situe au delà de tout.

Négation et intériorité
(vers 1325)

MAÎTRE ECKHART
(1260-1328)

Après Denys l'Aréopagite, Maître Eckhart est l'autre grande figure en Occident de la théologie négative. Élevé comme saint Thomas à la distinction exceptionnelle, à l'époque, de magister actus regens *qui lui fut attribuée vers 1311-1312, ses thèses furent néanmoins poursuivies et firent l'objet d'une condamnation posthume par Jean XXII en 1329 (bulle* In agno dominico). *Que lui a-t-on reproché ?*

La tradition a coutume de dire qu'à force d'exalter l'intériorité mystique, la spiritualité de Maître Eckhart a débouché purement et simplement sur un individualisme athée annihilant Dieu en l'homme. Aussi est-ce en ce sens qu'elle a interprété la fameuse phrase du Sermon 12 reproduite ci-après : « L'œil dans lequel je vois Dieu est l'œil même dans lequel Dieu me voit ; mon œil et l'œil de Dieu ne sont qu'un œil, et une vision, et une connaissance, et un amour. »

Toutefois, on ne peut réduire sa pensée à une telle interprétation. Quand, en effet, on ne perd pas de vue que, pour Maître Eckhart, Dieu qui est Un est unique, singulier et irréductible, bien des choses s'éclairent. Dieu étant irréductible, on comprend pourquoi c'est en épousant l'irréductibilité de l'âme et de la vie intérieure que non seulement l'homme se trouve en Dieu, mais que Dieu se fait Dieu. Par ailleurs, du fait encore de l'irréductibilité de Dieu, on comprend pourquoi c'est en se dépouillant de tout que l'âme comme Dieu accèdent à leur être.

De fait, en développant toute une théologie de l'irréductible, Maître Eckhart a fait de l'intériorité et du dépouillement les deux faces d'une même médaille. Aussi est-il erroné de le rabattre sur une mystique de l'intériorité conduisant à l'individualisme ou sur une mystique du dépouillement débouchant sur une forme d'auto-anéantissement de type bouddhiste, voire sur une forme de nihilisme. Ni individualiste ni bouddhiste, celui-ci a eu le tort d'exprimer sa théologie non pas en latin, mais en allemand. Ce qui a conduit en réalité à structurer celui-ci. Par ailleurs, il a développé une spiritualité originale consistant à penser le religieux comme dynamique incessante d'invention du sens face à l'enlisement de celui-ci dans des formes pétrifiées.

Ainsi que l'a vu Ernst Cassirer[1]*, la mystique de Maître Eckhart doit être comprise comme l'une de ces tentatives singulières dans laquelle on voit le religieux se dialectiser de l'intérieur pour donner naissance à un rapport dynamique au sens qui, tout en ne trahissant point la dimension religieuse, ne bascule point pour autant dans la mythologisation de celle-ci.*

En termes plus contemporains, cette mystique donne raison à l'expression de Marcel Gauchet qualifiant le christianisme de « religion de la fin de la religion[2] *», du fait d'une*

1. Ernst Cassirer, *la Philosophie des formes symboliques*, tome 2, *la Pensée mythique*, trad. J. Lacoste, Paris, Minuit, 1972, p. 292.
2. Marcel Gauchet, *le Désenchantement du monde*, Paris, Gallimard, 1985. « Le christianisme aura été *la religion de la sortie de la religion* » (p. 2), « Fille infidèle de la médiation christique par l'excès, justement, de sa prétention médiatrice, l'Église aura été néanmoins un instrument décisif du passage dans la réalité d'une des grandes virtualités inscrites dans la venue du dieu-homme : le pouvoir de l'intériorité » (p. 194).

relation à Dieu dépassant tout caractère figé grâce à un sens de l'intériorité comme de l'irréductibilité. Aussi la mystique eckhartienne revêt-elle une singulière actualité à l'heure où l'homme contemporain s'interroge tant sur la liberté que sur le sens, afin de trouver un sens qui ne sacrifie point la liberté et une liberté qui ne sacrifie point le sens.

Étienne Gilson a fait remarquer qu'il a existé deux métaphysiques au Moyen Âge[1] *: une métaphysique de l'Exode méditant sur l'être de Dieu à partir de la fameuse phrase énoncée en Exode 3. 14 : « Je suis celui qui suis », et une métaphysique de la conversion axée sur l'intériorité et l'irréductibilité de Dieu. Selon Alain de Libera, c'est à ce deuxième courant qu'il convient de rattacher Maître Eckhart*[2]*. En opposant l'intériorité à la métaphysique de l'Exode, il a non seulement libéré la figure de l'homme noble qui dresse l'approche de l'esprit libre. Il a aussi dressé celle d'un Dieu autre dont le caractère irréductible et intérieur conduit non plus à ce que ce soit à l'homme d'aller vers Dieu, mais à Dieu de venir en l'homme.*

Source : Maître Eckhart, *Sermons et Traités,* trad. Jeanne Hancelet-Eustache, Paris, Seuil, 1973.

Bibliographie : Alain de Libera, *Introduction à la mystique rhénane,* Paris, O.E.I.L., 1985 ; *Penser au Moyen Âge,* Paris, Seuil, 1991.

Sermon n° 12

Le plus élevé et le plus extrême à quoi l'homme puisse renoncer, c'est de renoncer à Dieu pour Dieu ; or saint Paul renonçait à Dieu pour Dieu ; il renonçait à tout ce qu'il pouvait prendre de Dieu, il renonçait à tout ce que Dieu pouvait lui donner et à tout ce qu'il pouvait recevoir de Dieu. Lorsqu'il y renonça, il renonça à Dieu pour Dieu et Dieu lui resta, tel qu'il est présent à lui-même, non pas reçu ou acquis, mais dans l'être pur que Dieu est en lui-même. Il ne donna jamais rien à Dieu, il ne reçut jamais rien de Dieu, c'est un un et une union pure. Ici, l'homme est un homme véritable, et aucune souffrance ne peut s'abattre sur cet homme, pas plus qu'elle ne peut s'abattre sur l'être de Dieu ; ainsi que je l'ai dit souvent, il est dans l'âme quelque chose de si apparenté à Dieu que c'est un et non uni. C'est un, cela n'a rien de commun avec rien et cela n'a non plus rien de commun avec tout le créé. Tout ce qui est créé est néant. Or cela est loin de toute chose créée et étranger à elle. Si l'homme était tout entier ainsi, il serait totalement incréé et incréable ; si tout ce qui est corporel et déficient était ainsi compris dans l'Unité, ce ne serait rien d'autre que ce qu'est l'Unité elle-même. Si je me trouvais un instant dans cet être, je n'attacherais pas plus d'importance à moi-même qu'à un vermisseau de fumier.

Dieu donne autant à toutes choses et lorsqu'elles fluent de Dieu, elles sont égales ; oui, anges et hommes et toutes les créatures fluent de Dieu, égaux dans leur première diffusion. Qui prendrait les choses dans leur première diffusion prendrait toutes choses comme égales. Si déjà elles sont égales dans le temps, elles sont beaucoup plus égales en Dieu dans l'éternité. Si l'on considère une mouche en Dieu, elle est beaucoup plus noble en Dieu que l'ange le plus élevé ne l'est en lui-même. Donc toutes choses sont égales en Dieu et sont Dieu lui-même. Dieu éprouve tant de joie dans cette égalité qu'il répand complètement sa

1. Étienne Gilson, *la Philosophie du Moyen Âge*, Paris, Payot, 1975, p. 137.
2. Alain de Libera, *Introduction à la mystique rhénane*, Paris, O.E.I.L., 1985, p. 33.

nature et son être dans cette égalité en lui-même. Il en éprouve de la joie de la même manière que celui qui fait courir un cheval de bataille dans une campagne verte totalement plate et unie: la nature du cheval serait de se dépenser totalement avec toute sa force en bondissant dans la campagne; ce serait pour lui une joie et ce serait sa nature. De même c'est pour Dieu une joie et une satisfaction quand il trouve l'égalité; c'est pour lui une joie de répandre pleinement sa nature et son être dans l'égalité parce qu'il est l'égalité même.

Or une question se pose au sujet des anges; les anges qui résident parmi nous, nous servent et nous gardent, ont-ils de quelque manière une moindre égalité dans leurs joies que ceux qui sont dans l'éternité, ou bien sont-ils frustrés de quelque manière par les œuvres qu'ils accomplissent pour nous garder et nous servir? Je dis: non pas! Leur joie n'est en rien amoindrie, ni leur égalité, car l'œuvre de l'ange est la volonté de Dieu et la volonté de Dieu est l'œuvre de l'ange; c'est pourquoi il n'est frustré ni dans sa joie ni dans son égalité ni dans ses opérations. Si Dieu ordonnait à l'ange d'aller enlever les chenilles d'un arbre, l'ange serait prêt à enlever les chenilles, et ce serait sa béatitude et ce serait la volonté de Dieu.

L'homme qui est ainsi établi dans la volonté de Dieu ne veut rien d'autre que ce qu'est Dieu et ce qu'est la volonté de Dieu. S'il était malade, il ne voudrait pas être bien portant. Toute peine lui est une joie, toute multiplicité est pour lui une simplicité et une unité, s'il est vraiment établi dans la volonté de Dieu. Oui, si même un tourment d'enfer y était attaché, ce lui serait une joie et une béatitude. Il est affranchi et sorti de lui-même et il lui faut s'affranchir de tout ce qu'il doit recevoir. Si mon œil doit voir la couleur, il doit être dégagé de toute couleur. Si je vois une couleur bleue ou blanche, la vision de mon œil qui voit la couleur, cela même qui voit, est identique à ce qui est vu par l'œil. L'œil dans lequel je vois Dieu est l'œil même dans lequel Dieu me voit: mon œil et l'œil de Dieu ne sont qu'un œil, et une vision, et une connaissance, et un amour.

L'homme qui ainsi établi dans l'amour de Dieu doit être mort à lui-même et à toutes choses créées, en sorte qu'il ne prête pas plus attention à lui-même qu'à celui qui est à plus de mille lieues. Cet homme demeure dans l'égalité, il demeure dans l'unité et demeure totalement égal; il n'y a en lui aucune inégalité. Cet homme doit s'être renoncé lui-même et avoir renoncé à tout ce monde. S'il existait un homme à qui appartienne ce monde tout entier et s'il y renonçait pour Dieu aussi intact qu'il le reçut, Notre-Seigneur lui rendrait ce monde tout entier et de plus la vie éternelle. Et si un autre homme, n'ayant rien qu'une bonne volonté, pensait: «Seigneur, si ce monde était à moi et que j'aie encore un monde différent et encore un autre — c'en seraient trois — et si cet homme avait ce désir: «Seigneur, je veux y renoncer ainsi qu'à moi-même, aussi intacts que je les ai reçus de toi», Dieu donnerait à cet homme autant que s'il avait tout donné de sa main. Un autre homme qui n'aurait absolument rien de corporel ni de spirituel à quoi renoncer ni à donner, aurait le plus renoncé. À qui renoncerait absolument rien qu'un instant, tout serait donné. Et si un homme s'était renoncé pendant vingt ans et se reprenait lui-même un instant, il ne se serait jamais encore renoncé. L'homme qui a renoncé, qui s'est renoncé, et qui jamais plus ne regarde un instant ce à quoi il a renoncé et demeure constant, impassible en lui-même et immuable — seul cet homme s'est renoncé.

Instruction spirituelle n° 4

De l'utilité de l'abandon que l'on doit accomplir intérieurement et extérieurement

Tu dois savoir que jamais encore personne ne s'est assez renoncé en cette vie qu'il ne trouve à se renoncer davantage encore. Peu de personnes prennent vraiment cela en considération et s'y maintiennent. C'est une équitable compensation et un juste échange: dans la mesure où tu quittes toutes choses, dans cette même mesure, ni plus ni moins, Dieu pénètre en toi avec tout ce qu'il a, tout comme tu as quitté complètement toutes choses qui sont en toi. Commence par là et paye pour cela autant que tu peux. C'est là que tu trouveras la véritable paix, et nulle part ailleurs.

Les gens ne devraient pas tant penser à ce qu'ils font, ils devraient penser à ce qu'ils sont. Si les gens étaient bons ainsi que leur manière d'être, leurs œuvres pourraient vivement rayonner. Si tu es juste, tes œuvres aussi sont justes. Ne pense pas que la sainteté se fonde sur les actes, on doit fonder la sainteté sur l'être, car ce ne sont pas les œuvres qui sanctifient, c'est nous qui devons sanctifier les œuvres. Si saintes que soient les œuvres, elles ne nous sanctifient absolument pas en tant qu'œuvres, mais dans la mesure où sont saints notre être et notre nature, dans cette mesure, nous sanctifions toutes nos œuvres, que ce soit manger, dormir, veiller ou autre chose. Ceux qui ne sont pas d'une nature élevée, quelles que soient les œuvres qu'ils accomplissent, elles ne valent rien. Remarque par là tout le zèle qu'il faut apporter à être bon, non pas tant pour ce que l'on fait ou par la nature des œuvres, mais bien par le fondement des œuvres.

Sermon n° 42

On lit dans l'Évangile que Messire saint Luc parle d'un jeune homme qui était mort. Alors Notre-Seigneur passa, s'approcha, eut pitié de lui, le toucha et dit: «Jeune homme, je te le dis et te l'ordonne: Lève-toi!»

Or sachez-le: dans toutes les personnes bonnes, Dieu est totalement, et il est dans l'âme quelque chose où Dieu vit; il est un «quelque chose» dans l'âme où l'âme vit en Dieu. Mais quand l'âme se tourne vers les choses extérieures, elle meurt, et Dieu meurt aussi pour l'âme; il ne meurt pas pour autant en lui-même, et il vit en lui-même. Quand l'âme se sépare du corps, le corps est mort mais l'âme vit; de même, Dieu est mort pour l'âme, mais il vit en lui-même. Or sachez-le: il est dans l'âme une puissance plus vaste que le ciel qui est incroyablement vaste, si vaste qu'on ne peut vraiment pas l'exprimer, mais cette même puissance est encore beaucoup plus vaste.

Eh bien! appliquez là votre attention! Dans cette noble puissance, le Père céleste dit à son Fils unique: «Jeune homme, lève-toi!» L'union de Dieu à l'âme est si grande que c'est incroyable, et Dieu est si élevé en lui-même qu'aucune connaissance ni aucun désir ne peuvent parvenir jusque-là. Le désir va plus loin que tout ce que l'on peut saisir par la connaissance. Il est plus vaste que tous les cieux, même que tous les anges, et pourtant tout ce qui est sur terre vit grâce à une étincelle de l'ange. Le désir est vaste, immensément vaste. Cependant, tout ce que peut saisir la connaissance et que peut désirer le désir n'est pas Dieu. Là où prennent fin la connaissance et le désir, ce sont les ténèbres, et là brille Dieu.

Or Notre-Seigneur dit: «Jeune homme, je te le dis, lève-toi!» Eh bien! pour que je perçoive en moi «le dire» de Dieu, il faut que je sois complètement étranger à tout ce qui est à moi, tout comme m'est étranger ce qui est de l'autre côté de la mer, mais particulièrement ce qui est dans le temps. En elle-même, l'âme est aussi jeune que lorsqu'elle fut créée et la vieillesse qui lui arrive est due au corps par lequel elle meut les sens. Un maître dit: «Si une vieille personne avait les yeux d'un jeune homme, elle verrait aussi bien qu'un jeune.» J'étais hier en un lieu où je prononçai une parole qui semble vraiment incroyable; je dis: Jérusalem est aussi proche de mon âme que le lieu où je me tiens maintenant. Oui, en toute vérité, ce qui est à plus de mille lieues plus loin que Jérusalem est aussi proche de mon âme que mon propre corps; j'en suis aussi sûr que d'être un homme, et c'est facile à comprendre pour les clercs instruits. Sachez-le: mon âme est aussi jeune que lorsqu'elle fut créée, oui, et encore bien plus jeune! Et sachez-le: je ne serais pas surpris qu'elle soit demain plus jeune encore qu'aujourd'hui!

L'âme a deux puissances qui n'ont rien à faire avec le corps: l'intellect et la volonté; elles opèrent au-dessus du temps. Ah! si les yeux de l'âme étaient donc ouverts pour que la connaissance contemple clairement la vérité! Sachez-le: pour une telle personne, il serait aussi facile de laisser toutes choses qu'un pois ou une lentille ou un petit rien. Oui, sur mon âme, toutes choses seraient pour cette personne autant que rien. Or certaines gens laissent toutes choses par amour, elles considèrent que ce sont de très grandes choses qu'elles ont laissées. Mais celui qui reconnaît qu'en vérité, même avoir renoncé à soi-même et à toutes choses n'est encore absolument rien, eh bien! à celui qui vit ainsi, toutes choses appartiennent en vérité.

Il est dans l'âme une puissance pour laquelle toutes choses sont également délectables: oui, la pire et la meilleure sont pour cette puissance absolument égales, elle saisit toutes choses au-dessus d'«ici» et de «maintenant». «Maintenant» c'est le temps, «ici» c'est le lieu — le lieu où je me trouve maintenant. Si donc j'étais sorti de moi-même et absolument détaché, eh bien! le Père engrendrerait son Fils unique dans mon esprit aussi purement que l'esprit l'engendrerait en retour. Oui, en toute vérité, si mon âme était aussi prête que l'âme de Notre-Seigneur Jésus-Christ, le Père opérerait aussi purement en moi qu'en son Fils unique et non pas moins, car il m'aime du même amour dont il s'aime lui-même. Saint Jean dit: «Au commencement était le Verbe, et le Verbe était près de Dieu et Dieu était le Verbe.» Eh bien! celui qui doit entendre cette parole dans le Père — où règne un grand silence — celui-là doit être très silencieux et détaché de toutes les images et même de toutes les formes. L'homme devrait s'en tenir si fidèlement à Dieu qu'en toutes choses rien ne pourrait le réjouir ou l'attrister. Il doit prendre toutes choses en Dieu, telles qu'elles sont là.

Or il dit: «Jeune homme, je te le dis, lève-toi!» Il veut lui-même opérer l'œuvre. Celui qui m'ordonnerait de porter une seule pierre pourrait bien m'ordonner de porter mille pierres au lieu d'une s'il voulait s'en charger lui-même. Ou si quelqu'un m'ordonnait de porter un quintal, il pourrait m'ordonner d'en porter mille aussi bien qu'un s'il voulait le faire lui-même. Eh bien! Dieu veut lui-même opérer cette œuvre, l'homme n'a qu'à suivre et ne pas résister. Ah! et si seulement l'âme ne vivait qu'au-dedans, elle aurait présentes toutes choses. Il est une puissance dans l'âme, et non seulement une puissance, un être, et non seulement un être, mais qui sépare de l'être; c'est si pur et si élevé et si noble en soi-même qu'aucune créature ne peut y pénétrer, mais Dieu seul y réside. Oui, en toute vérité, Dieu lui-même ne peut y pénétrer selon qu'il a un mode, selon qu'il est sage, ni selon qu'il est bon, ni selon qu'il est riche. Oui, Dieu ne peut y pénétrer avec aucun mode, Dieu peut seulement y pénétrer avec la nudité de sa nature divine.

Eh bien! notez qu'il dit: «Jeune homme, je te le *dis,* lève-toi!» Et qu'est-ce que «le dire» de Dieu? C'est l'œuvre de Dieu, et l'œuvre est si noble et si élevée que Dieu seul l'opère. Or sachez-le: toute notre perfection et toute notre béatitude, c'est que l'homme fasse la percée et dépasse tout le créé et toute la temporalité et tout l'être, et pénètre dans le fond qui est sans fond.

Nous demandons à notre cher Seigneur Dieu de devenir un et de résider à l'intérieur, et que Dieu nous aide à parvenir à ce même fond. Amen.

Savoir ne pas savoir
(1440)

NICOLAS DE CUES
(1401-1464)

Selon Ernst Cassirer, l'originalité de la mystique chrétienne a consisté à libérer le religieux de l'emprise des éléments mythiques de la religion, par l'entremise d'une intériorité accédant à l'irréductibilité de Dieu, par la voie du dépouillement et de l'abandon[1]*. Aussi la théologie négative a-t-elle joué un rôle profondément créateur dans cette démarche. En procédant de façon négative afin de qualifier Dieu, elle a véritablement inventé un mode de discours paradoxal tenant compte de l'irréductibilité de celui-ci.*

Parmi les paradoxes auxquels une telle démarche a donné lieu, l'un des plus célèbres est celui qui a consisté à qualifier Dieu comme étant «une sphère infinie dont le centre est partout et la circonférence nulle part». Formulée dans le Livre des vingt-quatre philosophes[2]*, un manuscrit anonyme du* XIII*e siècle, cette approche a influencé non seulement tout le Moyen Âge, mais aussi Giordano Bruno et Pascal*[3]*.*

À l'évidence, une telle formule a d'abord servi à désigner l'idée que Dieu comprend tout sans être compris par rien. Aussi a-t-elle revêtu une signification spirituelle et mystique. Et c'est en ce sens qu'il convient de comprendre la notion de docte ignorance *élaborée par Nicolas de Cues. Paradoxale à l'image de Dieu, celle-ci signifie qu'en matière spirituelle on accède à celui-ci en se laissant comprendre par lui et non en cherchant à le*

1. Ernst Cassirer, *la Philosophie des formes symboliques,* tome 2, *La pensée mythique,* traduction Jean Lacoste, Paris, Minuit, 1972, p. 291. «Ce sont les mystiques qui ont entrepris d'accéder à la signification religieuse pure, indépendamment de tout lien avec l'« altérité » de l'existence empirique et de l'univers des images et des représentations sensibles. En eux s'exprime le dynamisme pur du sentiment religieux qui s'efforce d'écarter et de dissoudre tout donné stable externe. Le rapport entre l'âme humaine et Dieu ne trouve son expression adéquate ni dans la langue métaphysique de l'intuition empirique ou mythique, ni dans l'univers de l'existence « actuelle », ni dans les phénomènes empiriquement réels. C'est seulement si le moi abandonne totalement cette sphère et habite dans son essence et son fondement (pour ainsi laisser venir à lui, sans la médiation d'une image, l'essence simple de Dieu), que la vérité et l'intériorité de ce rapport à Dieu peuvent se dévoiler à lui. La mystique écarte du contenu de la foi les éléments historiques autant que les éléments mythiques.»
2. *Le Livre des XXIV philosophes,* traduction Françoise Hudry, Grenoble, Jérôme Millon, 1989.
3. Voir à ce sujet l'ouvrage de Pierre Magnard, *Nature et histoire dans l'apologétique de Pascal,* Paris, les Belles Lettres, 1975, p. 67 et suiv.

comprendre. D'où l'accolement de docte à ignorance et d'ignorance à docte, afin de souligner que la science de Dieu n'est ni pure ignorance ni pur savoir, mais retournement du savoir en son contraire sous la forme du passage de l'action (comprendre) à la passivité (se laisser comprendre). Toutefois, à côté de cette signification mystique, la docte ignorance a revêtu également une signification scientifique.

Nicolas de Cues a en effet élaboré ce concept de docte ignorance exprimant le fait de « se laisser comprendre » parce qu'il a pensé Dieu comme infini. Et pas n'importe quel infini ! Avec une rare audace pour l'époque, il a conféré à l'infinité de Dieu un caractère spatial. Ou pour être plus précis, comme l'a fait remarquer Alexandre Koyré[1]*, il a fait de Dieu un être infini s'exprimant à travers un univers « interminé », insaisissable par la connaissance, sinon sous forme de « docte ignorance ».*

Outre que cette vision de l'univers a eu pour effet de rompre avec l'univers clos et hiérarchisé de l'Antiquité grecque en lui substituant un univers infini dépourvu de toute hiérarchie interne, elle s'est aussi accompagnée par la découverte de la notion de coïncidence des opposés. Dès lors en effet qu'en matière de connaissance on entrevoit les choses sous le point de vue de l'infini, les rapports s'inversent. Ainsi, à l'infini le maximum et le minimum coïncident puisque le maximum étant tout ce qui peut être, il est forcément aussi le minimum. Quant au minimum, à l'infini, n'ayant rien de plus petit que lui, forcément, il est le maximum.

En d'autres termes, l'originalité de la pensée de Nicolas de Cues réside dans la relation que l'on trouve chez lui entre mystique et science. Celles-ci sont les deux faces d'une même médaille. En cherchant à respecter l'irréductibilité de Dieu, celui-ci a découvert le sens positif de la notion de « passivité » en matière d'anthropologie religieuse, comme il a opéré une révolution dans le champ scientifique en introduisant l'infini dans l'espace ainsi que dans le discours.

Stanislas Breton a une belle expression pour caractériser ce double aspect existentiel et spéculatif que l'on trouve dans la pensée mystique. Il parle à son sujet de pensée en transit, puisque le mystique, dans l'expérience qu'il pratique, est littéralement transi par Dieu dont le caractère infini le dote d'une « transitivité » qui le fait être toujours au-delà. Les textes qui suivent témoignent de l'appartenance de Nicolas de Cues à cette pensée en transit[2]*.*

Source : Nicolas de Cues, *De la docte ignorance*, Paris, éditions de la Maisnie, 1979. Cette traduction est reprise de la traduction L. Moulinier, Paris, 1930.

Bibliographie : Ernst Cassirer, *Individu et Cosmos dans la philosophie de la Renaissance*, traduction P. Quillet, Paris, Minuit, 1983 ; Maurice de Gandillac, *la Philosophie de Nicolas de Cues*, Paris, Aubier, 1941.

1. Alexandre Koyré, *Du monde clos à l'univers infini*, traduction Raissa Karr, Paris, Gallimard, 1973, p. 17 et suiv.
2. Stanislas Breton, *Deux Mystiques de l'excès : Jean-Joseph Surin et Maître Eckhart*, Paris, le Cerf, 1985, p. 167 et suiv.

I. Comment «savoir» est «ignorer»

NOUS VOYONS QUE, par une grâce divine, toutes les choses ont en elles un désir spontané d'exister d'une meilleure manière, autant que le permet la condition naturelle de chacune; et que, de plus, agissent à cette fin et ont les instruments qu'il leur faut les êtres en qui le jugement est inné: celui-ci correspond au but de la connaissance, afin que le besoin n'en soit pas vain et que, là où l'entraîne la tendance de sa propre nature, il puisse trouver le repos. Si par hasard il n'en va pas ainsi, cela provient nécessairement d'un accident: par exemple la maladie fausse le goût ou la simple opinion, le raisonnement. C'est pourquoi l'intelligence saine et libre, qui, sans relâche, d'une recherche innée en elle, désire atteindre la vérité en explorant tout, la connaît, disons-nous, lorsqu'elle l'a appréhendée d'une étreinte amoureuse, car nous ne mettons pas en doute la parfaite vérité de ce qui s'impose à l'assentiment de tous les esprits sains. Or, tous ceux qui recherchent jugent de l'incertain, en le comparant à un présupposé certain par un système de proportions. Toute recherche est donc comparative, et elle use du moyen de la proportion; si l'objet de la recherche se laisse comparer au présupposé par une réduction proportionnelle peu étendue, le jugement d'appréhension est aisé; mais si nous avons besoin de beaucoup d'intermédiaires, alors naissent la difficulté et la peine. Cela est bien connu dans les mathématiques: les premières propositions s'y ramènent aisément aux premiers principes très bien connus, tandis que les suivantes, parce qu'il leur faut l'intermédiaire des premières, y ont plus de difficulté. Donc, toute recherche consiste en une proportion comparative facile ou difficile, et c'est pourquoi l'infini qui échappe, comme infini, à toute proportion, est inconnu. Or, la proportion qui exprime accord en une chose d'une part et altérité d'autre part, ne peut se comprendre sans le nombre. C'est pourquoi le nombre enferme tout ce qui est susceptible de proportions. Donc il ne crée pas une proportion en quantité seulement, mais en tout ce qui, d'une façon quelconque, par substance ou par accident, peut concorder et différer. Aussi Pythagore jugeait-il avec vigueur que tout était constitué et compris par la force des nombres. Or, la précision des combinaisons dans les choses matérielles et l'adaptation exacte du connu à l'inconnu sont tellement au-dessus de la raison humaine que Socrate estimait qu'il ne connaissait rien, que son ignorance; en même temps que le très sage Salomon affirme que toutes les choses sont difficiles et que le langage ne peut les expliquer. Et un autre inspiré de l'Esprit de Dieu dit que la sagesse est cachée et qu'il n'est homme vivant qui puisse voir le siège de l'intelligence. Si donc il en est ainsi, comme l'affirme le très profond Aristote dans sa *Philosophie première*, pour les choses qui sont les plus manifestes dans la nature, si nous rencontrons une telle difficulté, comme des hiboux qui essaient de voir le soleil, alors que le désir que nous avons en nous n'est pas vain, il nous faut connaître notre ignorance. Si nous atteignons tout à fait ce but, nous atteindrons la docte ignorance. En effet l'homme dont le zèle est le plus ardent ne peut arriver à une plus haute perfection de sagesse que s'il est trouvé très docte dans l'ignorance même, qui est son propre, et l'on sera d'autant plus docte, que l'on saura mieux qu'on est ignorant. Tel est mon but: la docte ignorance, c'est à en parler quelque peu que j'ai consacré mes efforts.

II. Éclaircissement préliminaire des pages qui suivent

AVANT DE TRAITER DE LA PLUS GRANDE DES DOCTRINES: celle de l'ignorance, je tiens pour nécessaire d'étudier ce que c'est que d'être le plus grand.

J'appelle maximum une chose telle qu'il ne puisse pas y en avoir de plus grande. Or, la plénitude convient à un seul être; c'est pourquoi l'unité coïncide avec la maximité et elle est aussi entité. Or, si une telle unité est absolue d'une façon universelle, hors de tout rapport et de toute restriction, il est manifeste, puisqu'elle est la maximité absolue, que rien ne lui est opposé. C'est pourquoi le maximum absolu est une chose unique qui est tout, en qui tout est, parce qu'il est le maximum. Comme rien ne lui est opposé, avec lui, en même temps, coïncide le minimum; c'est pourquoi il est ainsi dans tout. Et parce qu'il est absolu il est en acte tout l'être possible, ne subit des choses aucune restriction et en impose à toutes. Ce maximum que la foi indubitable de toutes les nations révère aussi comme Dieu, sera, dans mon livre premier sur la raison humaine, l'objet que, sans jamais pouvoir le comprendre, je m'efforcerai de rechercher, sous la conduite de celui qui, seul, habite dans une lumière inaccessible. En second lieu comme la maximité absolue est l'entité absolue, par laquelle toutes les choses sont ce qu'elles sont, ainsi est-ce d'elle, que l'on nomme maximum absolu, que vient l'unité universelle d'essence, et, par suite, elle existe à l'état restreint comme univers, parce que son unité s'est restreinte en une pluralité, sans laquelle elle ne peut pas être. Mais bien que, dans son unité universelle, ce maximum embrasse toute chose, de sorte que tout ce qui provient de l'aboslu est en lui et que lui est en tout, il ne saurait cependant pas subsister en dehors de la pluralité, dans laquelle il est, parce qu'il n'existe pas sans la restriction et qu'il ne peut pas en être affranchi. Sur ce maximum, qui apparaît comme l'univers, j'ajouterai des remarques: et ce sera mon livre second. En troisième lieu le maximum montrera la nécessité d'un troisième ordre de considérations. En effet, comme l'univers ne subsiste que d'une façon restreinte dans la pluralité, nous rechercherons, dans les choses multiples elles-mêmes, le maximum un, dans lequel l'univers subsiste au degré maximum et le plus parfait, dans sa réalisation et dans sa fin. Et comme cet univers s'unit avec l'absolu, qui est le but universel, parce qu'il est la fin la plus parfaite et qui dépasse toutes nos possibilités, nous ajouterons, sur ce maximum à la fois restreint et absolu, que nous appelons du nom à jamais béni de Jésus, nous ajouterons, dis-je, quelques mots, autant que Jésus lui-même nous aura inspiré. Mais si l'on veut atteindre le sens de ce que je vais dire, il faut élever son intelligence plus haut que la force des mots eux-mêmes, et non pas insister sur les propriétés de vocable, car les mots ne peuvent pas être adaptés avec propriété à de si grands mystères intellectuels. Il est nécessaire de se servir d'une façon transcendante des exemples que tracera ma main; que le lecteur, laissant là les choses sensibles, s'élève aisément à l'intellectualité simple; j'ai travaillé à chercher cette voie, avec un talent médiocre, mais aussi clairement que j'ai pu, pour ouvrir, en évitant toute rudesse de plume, et mettre au jour aussitôt la racine même de la docte ignorance, quelqu'impossible qu'il soit d'en saisir la vérité précise.

III. La vérité précise est insaisissable

PARCE QU'IL VA DE SOI qu'il n'y a pas de proportion de l'infini au fini, il est aussi très clair, de ce chef, que, là où l'on peut trouver quelque chose qui dépasse et quelque chose qui est dépassé, on ne parvient pas au maximum simple; en effet ce qui dépasse et ce qui est dépassé sont des objets finis; au contraire le maximum simple est nécessairement infini. Quelque objet que l'on me donne, si ce n'est pas le maximum simple lui-même, il est manifeste qu'on pourra toujours m'en donner un plus grand. Et, parce que nous voyons que l'égalité comporte des degrés, de sorte que telle chose soit plus égale à celle-ci qu'à celle-là, à cause des convenances et différences génériques, spécifiques, de lieu, d'influence et de temps, avec les choses qui lui ressemblent, il est clair qu'on ne peut pas trouver deux ou plusieurs objets semblables et égaux à tel point que des objets plus semblables encore ne puissent pas exister en nombre infini. Que les mesures et les objets mesurés soient aussi égaux que l'on voudra, il subsistera toujours des différences. Donc, notre intelligence finie ne peut pas, au moyen de la similitude, comprendre avec précision la vérité des choses. En effet, la vérité n'est pas susceptible de plus ou de moins, mais elle est d'une nature indivisible, et tout ce qui n'est pas le vrai lui-même est incapable de la mesurer avec précision; ainsi ce qui n'est pas cercle ne peut pas mesurer le cercle, car son être consiste en quelque chose d'indivisible. Donc l'intelligence, qui n'est pas la vérité, ne saisit jamais la vérité avec une telle précision qu'elle ne puisse pas être saisie d'une façon plus précise par l'infini; c'est qu'elle est à la vérité ce que le polygone est au cercle: plus grand sera le nombre des angles du polygone inscrit, plus il sera semblable au cercle, mais jamais on ne le fait égal au cercle, même lorsqu'on aura multiplié les angles à l'infini, s'il ne se résout pas en identité avec le cercle. Donc, il est clair que tout ce que nous savons du vrai, c'est que nous savons qu'il est impossible à saisir tel qu'il est exactement; car la vérité, qui est une nécessité absolue, qui ne peut pas être plus ou moins qu'elle est, se présente à notre intelligence comme une possibilité. Donc, la quiddité des choses, qui est la vérité des êtres, est impossible à atteindre dans sa pureté; tous les philosophes l'ont cherchée, aucun ne l'a trouvée, telle qu'elle est; et plus nous serons profondément doctes dans cette ignorance, plus nous approcherons de la vérité elle-même.

IV. Le maximum absolu est compris sans être saisi; avec lui coïncide le minimum

Le maximum simple et absolu qui est ce qu'il peut y avoir de plus grand, parce qu'il est trop grand pour pouvoir être saisi par nous puisqu'il est la vérité infinie, est atteint par nous sans que nous puissions le saisir. En effet, comme il n'est pas de nature à admettre un excédent et un excès, il est au-dessus de tout ce qui peut être conçu par nous; car tous les objets qui sont appréhendés par les sens, la raison ou l'intelligence, diffèrent tellement entre eux et de l'un à l'autre, qu'il n'y a pas entre eux d'égalité précise. Donc l'égalité maxima, celle qui n'a de diversité et de différence avec rien, dépasse toute intelligence; c'est pourquoi le maximum absolu, puisqu'il est tout ce qui peut être, est tout entier en acte, et, comme il est ce qu'il peut y avoir de plus grand, pour la même raison il est ce qu'il peut y avoir de plus petit: n'est-il pas tout ce qui peut être? Or, le minimum est une chose telle qu'il ne puisse y en avoir de plus petite. Et, comme le maximum est ainsi, il est évident que le minimum coïncide avec le maximum. Pour que cela soit plus clair, que l'on restreigne le maximum et le minimum à la quantité: la quantité maxima est grande au maximum; la quantité minima est petite au maximum. Que l'on purifie de la quantité le maximum et le minimum en enlevant par l'intelligence le *grand* et le *petit,* et l'on voit clairement que le maximum et le minimum coïncident. Ainsi en effet le maximum est un superlatif, comme le minimum un superlatif. Donc la quantité absolue n'est pas maxima plutôt que minima, puisqu'en elle le minimum et le maximum coïncident. Donc, les oppositions n'existent que pour les objets qui admettent un excédent et un excès, elles leur conviennent avec des différences, mais en aucune façon elles ne conviennent au maximum absolu, car il est au-dessus de toute opposition. Par suite, comme le maximum absolu est absolument en acte, toutes les choses qui peuvent être, tellement en dehors de n'importe quelle opposition que le minimum coïncide dans le maximum, il est, de la même manière, au-dessus de toute affirmation et de toute négation. Et tout ce dont on conçoit l'existence, est et n'est pas, tout aussi bien. Et tout ce dont on conçoit l'inexistence, n'est pas et est, tout aussi bien. Mais alors tel objet particulier se trouve être toutes les choses réunies; toutes les choses réunies se trouvent n'être rien du tout, et ce qui est au maximum est en même temps au minimum. En effet il n'y a aucune différence entre l'affirmation: «Dieu qui est la maximité absolue elle-même, est la lumière» et l'affirmation: «Dieu est au maximum la lumière, lui qui est au minimum la lumière». En effet la maximité absolue ne serait pas tout le possible en acte, si elle n'était pas infinie, si elle ne bornait pas toutes les choses, et si elle pouvait être bornée par l'une d'elles. Nous allons l'expliquer dans les pages suivantes, grâce à la bonté de Dieu lui-même.

Or, cela dépasse toute notre intelligence, car elle ne peut pas, dans son principe, combiner les contradictoires par la voie de la raison, parce que nous cheminons parmi les objets que nous manifeste la nature elle-même; et notre intelligence, trébuchant parce qu'elle est loin de cette force infinie, ne peut pas lier des contradictoires, séparés par un infini. Donc, au-dessus de toute démarche de la raison, nous voyons, d'une façon incompréhensible, que la maximité absolue est infinie, que rien ne lui est opposé, et qu'avec elle coïncide le minimum. Mais le *maximum* et le *minimum*, tels qu'ils sont employés dans cet ouvrage, sont des termes d'une valeur transcendante, d'une signification absolue, de telle sorte que toutes les choses sont embrassées dans leur simplicité absolue, au-dessus de toute restriction à une quantité de masse ou de force.

Dieu est un Dieu caché
(1670)

PASCAL
(1623-1662)

Réputé pour sa foi, on pourrait penser que Pascal n'a rien à voir avec les démarches spirituelles ayant intégré la négation de Dieu dans le processus d'affirmation de celui-ci. En fait, il n'en est rien. Car, si celui-ci s'est opposé aux esprits forts qu'étaient les athées et les libertins de son temps, il ne s'est pas moins opposé également aux dévots. Pourquoi de telles oppositions? Fondamentalement parce que ces deux attitudes contradictoires conduisent à nier le Christ et la charité qui sont au cœur de toute existence.

Si le dévot a raison de croire en Dieu qui a créé le monde et qui comprend tout, Dieu ne saurait être une entité scientifique et politique servant à expliquer la nature et à régler la société, sans se nier. Aussi convient-il, pour approcher sa réalité, non point d'en faire un principe naturel ou social abstrait, mais de se laisser comprendre par lui et de comprendre à son tour les autres par un mouvement de charité. Car c'est en se laissant ainsi « comprendre » dans tous les sens du terme que l'on en vient à approcher le créateur qui comprend tout par son infinité comme par sa charité, l'infinité spatiale étant une figure de la charité et la charité une figure de l'infinité.

De son côté, si l'esprit fort n'a pas tort de dénoncer la supercherie des ordres que les dévots tentent d'instaurer dans le savoir comme dans la société afin d'en maîtriser le pouvoir, ils ont tort d'imaginer avoir tout compris de la religion en l'assimilant à une tromperie. Car le sceptique qui ne croit en rien et qui dénonce toutes les illusions est un homme qui n'existe que parce que « quelque chose » qui le dépasse le fait exister, le comprend et lui donne les premières notions pour comprendre.

Qu'il s'agisse donc de l'esprit fort comme du dévot, tous deux commettent l'erreur de disjoindre l'homme et Dieu en posant soit un Dieu qui n'aime pas (le Dieu sans humanité du dévot), soit un homme qui n'aime pas (l'homme sans charité de l'esprit fort). Tous deux ignorent le Christ qui est le Dieu aimant et l'humanité pleinement charitable. Aussi convient-il pour faire retour à celui-ci d'ébranler tant les positions du dévot que celles de l'esprit fort.

Dans les textes qui suivent, le texte sur le pari pourrait laisser penser que Pascal adopte une démarche calculatrice en défendant l'idée qu'avec Dieu on gagne à tous les coups, si l'on ose dire. En fait, ce texte vaut surtout par le retournement qu'il met en œuvre, afin que le libertin qu'il tente de convertir soit à nouveau saisi par l'infini de Dieu. Le texte sur le Dieu caché, en revanche, restitue davantage l'image d'un Dieu que l'on trouve en se perdant par l'acte de se laisser comprendre entièrement par lui[1]*. Enfin, le texte sur les trois ordres est celui qui conduit le plus efficacement à se laisser comprendre par Dieu, en figurant la disproportion qui règne entre la force, l'intelligence et la grâce.*

Source : Pascal, *Pensées*, édition Lafuma, Pensées 418, 427 et 308, Paris, Seuil, 1962.

Bibliographie : Pierre Magnard, *Nature et Histoire chez Pascal*, Paris, les Belles Lettres ; Jean-Luc Marion, *le Prisme métaphysique chez Descartes*, P.U.F., 1986 ; Vincent Carraud, *Pascal et la philosophie*, Paris, P.U.F., 1992 ; Michel Serres, *le Système de Leibniz et ses modèles mathématiques*, Paris, P.U.F., 1971.

Le pari. Pensée 418

INFINI RIEN.

Notre âme est jetée dans le corps où elle trouve nombre, temps, dimensions, elle raisonne là-dessus et appelle cela nature, nécessité, et ne peut croire autre chose.

L'unité jointe à l'infini ne l'augmente de rien, non plus que un pied à une mesure infinie ; le fini s'anéantit en présence de l'infini et devient un pur néant. Ainsi notre esprit devant

1. À propos du Dieu caché, on peut citer Angelus Silesius (1642-1677) :
« Le Dieu inconnu
On ne sait ce qu'est Dieu : Il n'est ni lumière ni esprit,
Ni vérité, ni unité, ni ce qu'on nomme divinité,
Ni sagesse, ni raison, ni amour, volonté ou bonté,
Ni chose, ni non-chose, ni essence ou affect,
Il est ce que ni moi, ni toi, ni nulle créature
Jamais n'éprouvent qu'en devenant ce qu'il est. »
(Silesius, *La rose est sans pourquoi*, traduction Roger Munier, Paris, Arfuyen, p. 47).

Dieu, ainsi notre justice devant la justice divine. Il n'y a pas si grande disproportion entre notre justice et celle de Dieu qu'entre l'unité et l'infini.

Il faut que la justice de Dieu soit énorme comme sa miséricorde. Or la justice envers les réprouvés est moins énorme et doit moins choquer que la miséricorde envers les élus.

Nous connaissons qu'il y a un infini, et ignorons sa nature comme nous savons qu'il est faux que les nombres soient finis. Donc il est vrai qu'il y a un infini en nombre, mais nous ne savons ce qu'il est. Il est faux qu'il soit pair, il est faux qu'il soit impair, car en ajoutant l'unité il ne change point de nature. Cependant c'est un nombre, et tout nombre est pair ou impair. Il est vrai que cela s'entend de tout nombre fini.

Ainsi on peut bien connaître qu'il y a un Dieu sans savoir ce qu'il est.

N'y a(-t-)il point une vérité substantielle, voyant tant de choses vraies qui ne sont point la vérité même ?

Nous connaissons donc l'existence et la nature du fini parce que nous sommes finis et étendus comme lui.

Nous connaissons l'existence de l'infini et ignorons sa nature, parce qu'il a étendue comme nous, mais non pas des bornes comme nous.

Mais nous ne connaissons ni l'existence ni la nature de Dieu, parce qu'il n'a ni étendue, ni bornes.

Mais par la foi nous connaissons son existence, par la gloire, nous connaîtrons sa nature.

Or j'ai déjà montré qu'on peut bien connaître l'existence d'une chose sans connaître sa nature.

Parlons maintenant selon les lumières naturelles.

S'il y a un Dieu il est infiniment incompréhensible, puisque n'ayant ni parties ni bornes, il n'a nul rapport à nous. Nous sommes donc incapables de connaître ni ce qu'il est, ni s'il est. Cela étant, qui osera entreprendre de résoudre cette question ? ce n'est pas nous qui n'avons aucun rapport à lui.

Qui blâmera donc les chrétiens de ne pouvoir rendre raison de leur créance, eux qui professent une religion dont ils ne peuvent rendre raison ; ils déclarent en l'exposant au monde que c'est une sottise, *stultitiam,* et puis vous vous plaignez de ce qu'ils ne la prouvent pas. S'ils la prouvaient ils ne tiendraient pas parole. C'est en manquant de preuve qu'ils ne manquent pas de sens. Oui mais encore que cela excuse ceux qui l'offrent telle, et que cela les ôte du blâme de la produire sans raison cela n'excuse pas ceux qui la reçoivent. Examinons donc ce point. Et disons : Dieu est ou il n'est pas ; mais de quel côté pencherons-nous ? la raison n'y peut rien déterminer. Il y a un chaos infini qui nous sépare. Il se joue un jeu à l'extrémité de cette distance infinie, où il arrivera croix ou pile. Que gagerez-vous ? par raison vous ne pouvez faire ni l'un ni l'autre ; par raison vous ne pouvez défaire nul des deux.

Ne blâmez donc pas de fausseté ceux qui ont pris un choix, car vous n'en savez rien. Non, mais je les blâmerai d'avoir fait non ce choix, mais un choix, car encore que celui qui prend croix et l'autre soient en pareille faute, ils sont tous deux en faute ; le juste est de ne point parier.

Oui, mais il faut parier. Cela n'est pas volontaire, vous êtes embarqués. Lequel prendrez-vous donc ? Voyons ; puisqu'il faut choisir, voyons ce qui vous intéresse le moins. Vous avez deux choses à perdre : le vrai et le bien, et 2 choses à engager : votre raison et votre volonté, votre connaissance et votre béatitude, et votre nature deux choses à fuir : l'erreur et la misère. Votre raison n'est pas plus blessée puisqu'il faut nécessairement choisir, en choisissant l'un que l'autre. Voilà un point vidé. Mais votre béatitude ? Pesons le gain et la perte en prenant croix que Dieu est. Estimons ces deux cas : si vous gagnez vous gagnez tout, et si vous perdez vous ne perdez rien : gagez donc qu'il est sans hésiter. Cela est admirable. Oui il faut gager, mais je gage peut-être trop. Voyons puisqu'il y a pareil hasard de gain et de perte, si vous n'aviez qu'à gagner deux vies pour une vous pourriez encore gager, mais s'il y en avait 3 à gagner ?

Il faudrait jouer (puisque vous êtes dans la nécessité de jouer) et vous seriez imprudent lorsque vous êtes forcé à jouer de ne pas hasarder votre vie pour en gagner 3 à un jeu où il y a parail hasard de perte et de gain. Mais il y a une éternité de vie et de bonheur. Et cela étant quand il y aurait une infinité de hasards dont un seul serait pour vous, vous auriez encore raison de gager un pour avoir deux, et vous agirez de mauvais sens, en étant obligé à jouer, de refuser de jouer une vie contre trois à un jeu où d'une infinité de hasards il y en a un pour vous, s'il y avait une infinité de vie infiniment heureuse à gagner : mais il y a ici une infinité de vie infiniment heureuse à gagner, un hasard de gain contre un nombre fini de hasards de perte et ce que vous jouez est fini. Cela ôte tout parti partout où est l'infini et où il n'y a pas infinité de hasards de perte contre celui de gain. Il n'y a point à balancer, il faut tout donner. Et ainsi quand on est forcé à jouer, il faut renoncer à la raison pour garder la vie plutôt que de la hasarder pour le gain infini aussi prêt à arriver que la perte du néant.

Car il ne sert de rien de dire qu'il est incertain si on gagnera, et qu'il est certain qu'on hasarde, et que l'infinie distance qui est entre la certitude de ce qu'on expose et l'incertitude de ce qu'on gagnera égale le bien fini qu'on expose certainement à l'infini qui est incertain. Cela n'est pas ainsi. Tout joueur hasarde avec certitude pour gagner avec incertitude, et néanmoins il hasarde certainement le fini pour gagner incertainement le fini, sans pécher contre la raison. Il n'y a pas infinité de distance entre cette certitude de ce qu'on expose et l'incertitude du gain : cela est faux. Il y a, à la vérité, infinité entre la certitude de gagner et la certitude de perdre, mais l'incertitude de gagner est proportionnée à la certitude de ce qu'on hasarde selon la proportion des hasards de gain et de perte. Et de là vient que s'il y a autant de hasards d'un côté que de l'autre le parti est à jouer égal contre égal. Et alors la certitude de ce qu'on s'expose est égale à l'incertitude du gain, tant s'en faut qu'elle en soit infiniment distante. Et ainsi notre proposition est dans une force infinie, quand il y a le fini à hasarder, à un jeu où il y a pareils hasards de gain que de perte, et l'infini à gagner.

Cela est démonstratif et si les hommes sont capables de quelque vérité, celle-là l'est.

Je le confesse, je l'avoue, mais encore n'y a(-t-)il point moyen de voir le dessous du jeu ? oui l'Écriture et le reste, etc. Oui mais j'ai les mains liées et la bouche muette, on me force à parier, et je ne suis pas en liberté, on ne me relâche pas et je suis fait d'une telle sorte que je ne puis croire. Que voulez-vous donc que je fasse ? — Il est vrai, mais apprenez au moins que votre impuissance à croire vient de vos passions. Puisque la raison vous y porte et que néanmoins vous ne le pouvez, travaillez donc non pas à vous convaincre par l'augmentation des preuves de Dieu, mais par la diminution de vos passions. Vous voulez aller à la foi et vous n'en savez pas le chemin. Vous voulez vous guérir de l'infidélité et vous en demandez les remèdes, apprenez de ceux, etc. qui ont été liés comme vous et qui parient maintenant tout leur bien. Ce sont gens qui savent ce chemin que vous voudriez suivre et guéris d'un mal dont vous voulez guérir ; suivez la manière par où ils ont commencé. C'est en faisant tout comme s'ils croyaient, en prenant de l'eau bénite, en faisant dire des messes, etc. Naturellement même cela vous fera croire et vous abêtira. Mais c'est ce que je crains. — Et pourquoi ? qu'avez-vous à perdre ? mais pour vous montrer que cela y mène, c'est que cela diminue les passions qui sont vos grands obstacles, etc.

Fin de ce discours

Or quel mal vous arrivera(-t-)il en prenant ce parti? vous serez fidèle, honnête, humble, reconnaissant, bienfaisant, ami, sincère, véritable... À la vérité vous ne serez point dans les plaisirs empestés, dans la gloire, dans les délices, mais n'en aurez-vous point d'autres?

Je vous dis que vous y gagnerez en cette vie, et que à chaque pas que vous ferez dans ce chemin, vous verrez, tant de certitude de gain, et tant de néant de ce que vous hasardez, que vous connaîtrez à la fin que vous avez parié pour une chose certaine, infinie, pour laquelle vous n'avez rien donné.

O ce discours me transporte, me ravit, etc. Si ce discours vous plaît et vous semble fort, sachez qu'il est fait par un homme qui s'est mis à genoux auparavant et après, pour prier cet être infini et sans parties, auquel il soumet tout le sien, de se soumettre aussi le vôtre pour votre propre bien et pour sa gloire; et qu'ainsi la force s'accorde avec cette bassesse.

Le Dieu caché. Pensée 427

... Qu'ils apprennent au moins quelle elle est la religion qu'ils combattent avant que de la combattre. Si cette religion se vantait d'avoir une vue claire de Dieu, et de le posséder à découvert et sans voile, ce serait la combattre que de dire qu'on ne voit rien dans le monde qui le montre avec cette évidence. Mais puisqu'elle dit, au contraire, que les hommes sont dans les ténèbres et dans l'éloignement de Dieu, qu'il s'est caché à leur connaissance, que c'est même le nom qu'il se donne dans les Écritures, *Deus absconditus;* et, enfin, si elle travaille également à établir ces deux choses: que Dieu a établi des marques sensibles dans l'Église pour se faire reconnaître à ceux qui le chercheraient sincèrement; et qu'il les a couvertes néanmoins de telle sorte qu'il ne sera aperçu que de ceux qui le cherchent de tout leur cœur, quel avantage peuvent-ils tirer, lorsque dans la négligence où ils font profession d'être de chercher la vérité, ils crient que rien ne la leur montre, puisque cette obscurité où ils sont, et qu'ils objectent à l'Église, ne fait qu'établir une des choses qu'elle soutient, sans toucher à l'autre, et établit sa doctrine, bien loin de la ruiner?

Il faudrait, pour la combattre, qu'ils criassent qu'ils ont fait tous leurs efforts pour la chercher partout, et, même dans ce que l'Église propose pour s'en instruire, mais sans aucune satisfaction. S'ils parlaient de la sorte, ils combattraient à la vérité une de ses prétentions. Mais j'espère montrer ici qu'il n'y a personne raisonnable qui puisse parler de la sorte; et j'ose même dire que jamais personne ne l'a fait. On sait assez de quelle manière agissent ceux qui sont dans cet esprit. Ils croient avoir fait de grands efforts pour s'instruire, lorsqu'ils ont employé quelques heures à la lecture de quelque livre de l'Écriture, et qu'ils ont interrogé quelque ecclésiastique sur les vérités de la foi. Après cela, ils se vantent d'avoir cherché sans succès dans les livres et parmi les hommes. Mais, en vérité, je leur dirais ce que j'ai dit souvent, que cette négligence n'est pas supportable. Il ne s'agit pas ici de l'intérêt léger de quelque personne étrangère, pour en user de cette façon; il s'agit de nous-mêmes, et de notre tout.

L'immortalité de l'âme est une chose qui nous importe si fort, qui nous touche si profondément, qu'il faut avoir perdu tout sentiment pour être dans l'indifférence de savoir ce qui en est. Toutes nos actions et nos pensées doivent prendre des routes si différentes, selon qu'il y aura des biens éternels à espérer ou non, qu'il est impossible de faire une démarche avec sens et jugement, qu'en les réglant par la vue de ce point, qui doit être notre dernier objet.

Ainsi notre premier intérêt et notre premier devoir est de nous éclaircir sur ce sujet, d'où dépend toute notre conduite. Et c'est pourquoi, entre ceux qui n'en sont pas persuadés, je fais une extrême différence de ceux qui travaillent de toutes leurs forces à s'en instruire, à ceux qui vivent sans s'en mettre en peine et sans y penser.

Je ne puis avoir que de la compassion pour ceux qui gémissent sincèrement dans ce doute, qui le regardent comme le dernier des malheurs, et qui, n'épargnant rien pour en sortir, font de cette recherche leurs principales et leurs plus sérieuses occupations.

Mais pour ceux qui passent leur vie sans penser à cette dernière fin de la vie, et qui, par cette seule raison qu'ils ne trouvent pas en eux-mêmes les lumières qui les en persuadent, négligent de les chercher ailleurs, et d'examiner à fond si cette opinion est de celles que le peuple reçoit par une simplicité crédule, ou de celles qui, quoique obscures d'elles-mêmes, ont néanmoins un fondement très solide et inébranlable, je les considère d'une manière toute différente.

Cette négligence en une affaire où il s'agit d'eux-mêmes, de leur éternité, de leur tout, m'irrite plus qu'elle ne m'attendrit; elle m'étonne et m'épouvante: c'est un monstre pour moi. Je ne dis pas ceci par le zèle pieux d'une dévotion spirituelle. J'entends au contraire qu'on doit avoir ce sentiment par un principe d'intérêt humain et par un intérêt d'amour-propre: il ne faut pour cela que voir ce que voient les personnes les moins éclairées.

Il ne faut pas avoir l'âme fort élevée pour comprendre qu'il n'y a point ici de satisfaction véritable et solide, que tous nos plaisirs ne sont que vanité, que nos maux sont infinis, et qu'enfin la mort, qui nous menace à chaque instant, doit infailliblement nous mettre, dans peu d'années, dans l'horrible nécessité d'être éternellement ou anéantis ou malheureux.

Il n'y a rien de plus réel que cela, ni de plus terrible. Faisons tant que nous voudrons les braves: voilà la fin qui attend la plus belle vie du monde. Qu'on fasse réflexion là-dessus et qu'on dise ensuite s'il n'est pas indubitable qu'il n'y a de bien en cette vie qu'en l'espérance d'une autre vie, qu'on n'est heureux qu'à mesure qu'on s'en approche, et que, comme il n'y aura plus de malheurs pour ceux qui avaient une entière assurance de l'éternité, il n'y a point aussi de bonheur pour ceux qui n'en ont aucune lumière.

C'est donc assurément un grand mal que d'être dans ce doute; mais c'est au moins un devoir indispensable de chercher, quand on est dans ce doute; et ainsi celui qui doute et qui ne recherche pas est tout ensemble et bien malheureux et bien injuste. Que s'il est avec cela tranquille et satisfait, qu'il en fasse profession, et enfin qu'il en fasse le sujet de sa joie et de sa vanité, je n'ai point de termes pour qualifier une si extravagante créature.

Où peut-on prendre ces sentiments? Quel sujet de joie trouve-t-on à n'attendre plus que des misères sans ressources? Quel sujet de vanité de se voir dans des obscurités impénétrables, et comment se peut-il faire que ce raisonnement se passe dans un homme raisonnable?

«Je ne sais qui m'a mis au monde, ni ce que c'est que le monde, ni que moi-même; je suis dans une ignorance terrible de toutes choses; je ne sais ce que c'est que mon corps, que mes sens, que mon âme et cette partie même de moi qui pense ce que je dis, qui fait réflexion sur tout et sur elle-même, et ne se connaît non plus que le reste.

«Je vois ces effroyables espaces de l'univers qui m'enferment, et je me trouve attaché à un coin de cette vaste étendue, sans que je sache pourquoi je suis plutôt placé en ce lieu qu'en un autre, ni pourquoi ce peu de temps qui m'est donné à vivre m'est assigné à ce point plutôt qu'à un autre de toute l'éternité qui m'a précédé et de toute celle qui me suit. Je ne vois que des infinités de toutes parts, qui m'enferment comme un atome et comme une ombre qui ne dure qu'un instant sans retour. Tout ce que je connais est que je dois bientôt mourir; mais ce que j'ignore le plus est cette mort même que je ne saurais éviter.

«Comme je ne sais d'où je viens, aussi je ne sais où je vais; et je sais seulement qu'en sortant de ce monde je tombe pour jamais ou dans le néant, ou dans les mains d'un Dieu irrité, sans savoir à laquelle de ces deux conditions je dois être éternellement en partage. Voilà mon état, plein de faiblesse et d'incertitude. Et, de tout cela, je conclus que je dois donc passer tous les jours de ma vie sans songer à chercher ce qui doit m'arriver. Peut-être que je pourrais trouver quelque éclaircissement dans mes doutes; mais je n'en veux pas prendre la peine, ni faire un pas pour le chercher; et après, en traitant avec mépris ceux qui se travailleront de ce soin, — (quelque certitude qu'ils en eussent, c'est un sujet de désespoir, plutôt que de vanité) — je veux aller, sans prévoyance et sans crainte, tenter un si grand événement, et me laisser mollement conduire à la mort, dans l'incertitude de l'éternité de ma condition future.»

Qui souhaiterait d'avoir pour ami un homme qui discourt de cette manière? qui le choisirait entre les autres pour lui communiquer ses affaires? qui aurait recours à lui dans ses afflictions? et enfin à quel usage de la vie on le pourrait destiner?

En vérité, il est glorieux à la religion d'avoir pour ennemis des hommes si déraisonnables; et leur opposition lui est si peu dangereuse, qu'elle sert au contraire à l'établissement de ses vérités. Car la foi chrétienne ne va presque qu'à établir ces deux choses: la corruption de la nature, et la rédemption de Jésus-Christ. Or, je soutiens que s'ils ne servent pas à montrer la vérité de la rédemption par la sainteté de leurs mœurs, ils servent au moins admirablement à montrer la corruption de la nature, par des sentiments si dénaturés.

Rien n'est si important à l'homme que son état; rien ne lui est si redoutable que l'éternité. Et ainsi, qu'il se trouve des hommes indifférents à la perte de leur être et au péril d'une éternité de misères, cela n'est point naturel. Ils sont tout autres à l'égard de toutes les autres choses: ils craignent jusqu'aux plus légères, ils les prévoient, ils les sentent; et ce même homme qui passe tant de jours et de nuits dans la rage et dans le désespoir pour la perte d'une charge ou pour quelque offense imaginaire à son honneur, c'est celui-là même qui sait qu'il va tout perdre par la mort, sans inquiétude et sans émotion. C'est une chose monstrueuse de voir dans un même cœur et en même temps cette sensibilité pour les moindres choses et cette étrange insensibilité pour les plus grandes. C'est un enchantement incompréhensible, et un assoupissement surnaturel, qui marque une force toute-puissante qui le cause.

Il faut qu'il y ait un étrange renversement dans la nature de l'homme pour faire gloire d'être dans cet état, dans lequel il semble incroyable qu'une seule personne puisse être. Cependant l'expérience m'en fait voir un si grand nombre, que cela serait surprenant si nous ne savions que la plupart de ceux qui s'en mêlent se contrefont et ne sont pas tels en effet. Ce sont des gens qui ont ouï dire que les belles manières du monde consistent à faire ainsi l'emporté. C'est ce qu'ils appellent avoir secoué le joug, et qu'ils essayent d'imiter. Mais il ne serait pas difficile de leur faire entendre combien ils s'abusent en cherchant par là de l'estime. Ce n'est pas le moyen d'en acquérir, je dis même parmi les personnes du monde qui jugent sainement des choses et qui savent que la seule voie d'y réussir est de se faire paraître honnête, fidèle, judicieux et capable de servir utilement son ami, parce que les hommes n'aiment naturellement que ce qui peut leur être utile. Or, quel avantage y a-t-il pour nous à ouïr dire à un homme qu'il a donc secoué le joug, qu'il ne croit pas qu'il y ait un Dieu qui veille sur ses actions, qu'il se considère comme seul maître de sa conduite, et qu'il ne pense en rendre compte qu'à soi-même? Pense-t-il nous avoir porté par là à avoir désormais bien de la confiance en lui, et en attendre des consolations, des conseils et des secours dans tous les besoins de la vie? Prétendent-ils nous avoir bien réjoui, de nous dire qu'ils tiennent que notre âme n'est qu'un peu de vent et de fumée, et encore de nous le dire d'un ton de voix fier et content? Est-ce donc une chose à dire gaiement? et n'est-ce pas une chose à dire tristement, au contraire, comme la chose du monde la plus triste?

S'ils y pensaient sérieusement, ils verraient que cela est si mal pris, si contraire au bon sens, si opposé à l'honnêteté, et si éloigné en toutes manières de ce bon air qu'ils cherchent, qu'ils seraient plutôt capables de redresser que de corrompre ceux qui auraient quelque inclination à les suivre. Et, en effet, faites-leur rendre compte de leurs sentiments et des raisons qu'ils ont de douter de la religion; ils vous diront des choses si faibles et si basses, qu'ils vous persuaderont du contraire. C'était ce que leur disait un jour fort à propos une personne: «Si vous continuez à discourir de la sorte, leur disait-il, en vérité vous me convertirez.» Et il avait raison, car qui n'aurait horreur de se voir dans des sentiments où l'on a pour compagnons des personnes si méprisables?

Ainsi ceux qui ne font que feindre ces sentiments seraient bien malheureux de contraindre leur naturel pour se rendre les plus impertinents des hommes. S'ils sont fâchés dans le fond de leur cœur de n'avoir pas plus de lumière, qu'ils ne le dissimulent pas: cette déclaration ne sera point honteuse. Il n'y a de honte qu'à n'en point avoir. Rien n'accuse davantage une extrême faiblesse d'esprit que de ne pas connaître quel est le malheur d'un homme sans Dieu; rien ne marque davantage une mauvaise disposition du cœur que de ne pas souhaiter la vérité des promesses éternelles; rien n'est plus lâche que de faire le brave contre Dieu. Qu'ils laissent donc ces impiétés à ceux qui sont assez mal nés pour en être véritablement capables; qu'ils soient au moins honnêtes gens s'ils ne peuvent être chrétiens, et qu'ils reconnaissent enfin qu'il n'y a que deux sortes de personnes qu'on puisse appeler raisonnables: ou ceux qui servent Dieu de tout leur cœur parce qu'ils le connaissent, ou ceux qui le cherchent de tout leur cœur parce qu'ils ne le connaissent pas.

Mais pour ceux qui vivent sans le connaître et sans le chercher, ils se jugent eux-mêmes si peu dignes de leur soin, qu'ils ne sont pas dignes du soin des autres et qu'il faut avoir toute la charité de la religion qu'ils méprisent pour ne pas les mépriser jusqu'à les abandonner dans leur folie. Mais, parce que cette religion nous oblige de les regarder toujours, tant qu'ils seront en cette vie, comme capables de la grâce qui peut les éclairer, et de croire qu'ils peuvent être dans peu de temps plus remplis de foi que nous ne sommes, et que nous pouvons au contraire tomber dans l'aveuglement où ils sont, il faut faire pour eux ce que nous voudrions qu'on fît pour nous si nous étions à leur place, et les appeler à avoir pitié d'eux-mêmes, et à faire au moins quelque pas pour tenter s'ils ne trouveront pas de lumières. Qu'ils donnent à cette lecture quelques-unes de ces heures qu'ils emploient si inutilement ailleurs: quelque aversion qu'ils y apportent, peut-être rencontreront-ils quelque chose, et pour le moins ils n'y perdront pas beaucoup. Mais pour ceux qui y apporteront une sincérité parfaite et un véritable désir de rencontrer la vérité, j'espère qu'ils auront satisfaction, et qu'ils seront convaincus des preuves d'une religion si divine, que j'ai ramassées ici, et dans lesquelles j'ai suivi à peu près cet ordre...

Les trois ordres. Pensée 308

La distance infinie des corps aux esprits figure la distance infiniment plus infinie des esprits à la charité, car elle est surnaturelle.

Tout l'éclat des grandeurs n'a point de lustre pour les gens qui sont dans les recherches de l'esprit.

La grandeur des gens d'esprit est invisible aux rois, aux riches, aux capitaines, à tous ces grands de chair.

La grandeur de la sagesse, qui n'est nulle sinon de Dieu, est invisible aux charnels et aux gens d'esprit. Ce sont trois ordres différents, de genre.

Les grands génies ont leur empire, leur éclat, leur grandeur, leur victoire et leur lustre, et n'ont nul besoin des grandeurs charnelles où elles n'ont pas de rapport. Ils sont vus, non des yeux mais des esprits. C'est assez.

Les saints ont leur empire, leur éclat, leur victoire, leur lustre et n'ont nul besoin des grandeurs charnelles ou spirituelles, où elles n'ont nul rapport, car elles n'y ajoutent ni ôtent. Ils sont vus de Dieu et des anges et non des corps ni des esprits curieux. Dieu leur suffit.

Archimède sans éclat serait en même vénération. Il n'a pas donné des batailles pour les yeux, mais il a fourni à tous les esprits ses inventions. O qu'il a éclaté aux esprits.

J.-C. sans biens, et sans aucune production au-dehors de science, est dans son ordre de sainteté. Il n'a point donné d'inventions. Il n'a point régné, mais il a été humble, patient, saint, saint, saint à Dieu, terrible aux démons, sans aucun péché. O qu'il est venu en grande pompe et en une prodigieuse magnificence aux yeux du cœur et qui voyent la sagesse.

Il eût été inutile à Archimède de faire le prince dans ses livres de géométrie, quoiqu'il le fût.

Il eût été inutile à N.-S. J.-C. pour éclater dans son règne de sainteté, de venir en roi, mais il y est bien venu avec l'éclat de son ordre.

Il est bien ridicule de se scandaliser de la bassesse de J.-C., comme si cette bassesse était du même ordre duquel est la grandeur qu'il venait faire paraître.

Qu'on considère cette grandeur-là dans sa vie, dans sa passion, dans son obscurité, dans sa mort, dans l'élection des siens, dans leur abandonnement, dans sa secrète résurrection et dans le reste. On la verra si grande qu'on n'aura pas sujet de se scandaliser d'une bassesse qui n'y est pas.

Mais il y en a qui ne peuvent admirer que les grandeurs charnelles comme s'il n'y en avait pas de spirituelles. Et d'autres qui n'admirent que les spirituelles comme s'il n'y en avait pas d'infiniment plus hautes dans la sagesse.

Tous les corps, le firmament, les étoiles, la terre et ses royaumes, ne valent pas le moindre des esprits. Car il connaît tout cela, et soi, et les corps rien.

Tous les corps ensemble et tous les esprits ensemble et toutes leurs productions ne valent pas le moindre mouvement de charité. Cela est d'un ordre infiniment plus élevé.

De tous les corps ensemble on ne saurait en faire réussir une petite pensée. Cela est impossible et d'un autre ordre. De tous les corps et esprits on n'en saurait tirer un mouvement de vraie charité, cela est impossible, et d'un autre ordre surnaturel.

Le paradoxe de l'existence

(1846)

SÖREN KIERKEGAARD

(1813-1855)

En cherchant à dire l'irréductibilité de Dieu, la théologie négative n'a pas fait qu'œuvre de théologie. Elle a engendré un certain nombre d'effets spéculatifs. Elle a, en particulier, contribué à dégager les notions de négation et d'intériorité en leur conférant une valeur telle que la philosophie s'en est servie pour d'autres usages. Sans une telle insistance de sa part, il y a fort à parier qu'un certain nombre de notions seraient restées inaperçues.

Kierkegaard peut être, lui aussi, rangé dans la lignée des penseurs qui ont tenté de penser l'irréductible et dont cette tentative s'est traduite par l'apport de notions nouvelles. Pour celui-ci, en effet, l'existence est irréductible. C'est là d'ailleurs son paradoxe. Elle est *tout en échappant à toute définition. Et ce parce que, toujours déjà présente en nous comprenant, elle ne peut être comprise, sinon par la procédure artificielle qui consiste, comme le fait la pensée abstraite, à s'en extraire pour en faire un objet et faire illusoirement croire qu'il s'agit là de l'existence, alors que ce n'est pas le cas.*

S'agissant de l'homme, cette irréductibilité se traduit par le fait que celui-ci n'a que faire de réponses abstraites et générales en philosophie. Face à la violence qui règne dans le monde ainsi qu'à la souffrance et à la mort, il n'a pas besoin qu'on lui explique la *vie. Il a besoin qu'on réponde aux attentes de* sa *vie, qui sont celles d'une existence pleine et entière. Aussi seule une existence comme celle de Dieu peut-elle répondre à son attente.*

Kierkegaard a souligné que Dieu s'adressait au particulier de l'homme et que le côté particulier de celui-ci ne pouvait trouver un apaisement qu'en Dieu. Reliant l'homme et Dieu par le biais de l'existence, il a, ce faisant, assigné à la philosophie la tâche de se faire « existentielle ». Comment? En partant de questions particulières afin d'y apporter des réponses particulières. En témoignant surtout du particulier par un style *propre.*

L'un des traits originaux de Kierkegaard et non des moindres réside là, dans le fait d'avoir voulu que la pensée retrouve une forme et un style, *afin de témoigner par l'existence de la marque propre de la subjectivité s'imprimant dans le langage. Cela l'a conduit à prêter une attention particulière à l'esthétique et, en particulier, à la séduction de Don Juan, en qui il a vu une expression héroïque de la subjectivité cherchant à vivre totalement. Cela l'a également conduit à réhabiliter le* pathos *de la philosophie contre le* logos *mis en avant par celle-ci.*

Toutefois, qu'il n'y ait pas de confusions à ce sujet. Kierkegaard s'est défendu de n'être qu'un simple esthète. Résumant « les étapes sur le chemin de la vie *», pour reprendre le titre de l'un de ses ouvrages, il a ramené celles-ci à la succession de trois stades :* le stade esthétique, le stade éthique *et* le stade religieux. *S'il a fait de l'esthétique la base de son édifice, il n'en a pas fait le sommet. Et ce, parce qu'il a bien perçu l'ambiguïté de celle-ci. Quelle qu'en soit la pertinence en étant la marque de la subjectivité, elle n'en est pas moins limitée à l'instant et à sa superficialité.*

*Plus profondément, il y a dans l'ivresse de l'*instant *que cultive l'esthète qui s'adonne au « carpe diem » non seulement une irresponsabilité devant le fait de devoir les responsabilités de l'action dans le* temps *(stade esthétique), mais surtout une angoisse devant le fait de dépasser l'existence du moi pour se confronter à l'existence tout court sous la forme* *d'un rapport à l'éternité (stade religieux). Aussi ne saurait on résoudre la question formulée par Hamlet — être ou ne pas être ? — en s'engageant comme Don Juan, dans la passion de l'instant. Car l'ivresse de l'existence n'est point l'existence mais une manière de la tromper. Si l'on ne veut point se tromper de vie en trompant la vie, il convient, écrira le penseur danois, de devenir un « chevalier de la foi » et de se tourner vers l'éternité, dont la présence affleure dans l'irréductibilité d'une existence qui est sans que jamais l'on sache ce qu'elle est.*

Kierkegaard dans toute sa philosophie s'est opposé à Hegel en qui il a vu le penseur même du système abstrait. Bon nombre d'hégéliens ont vu dans Kierkegaard le penseur même de la subjectivité immédiate, confondant les élans du cœur avec l'absolu. Peut-on toutefois réduire cette confrontation majeure de la philosophie à cette opposition ? Paradoxalement, l'idéalisme absolu de Hegel débouche sur l'existence, puisque la spiritualité n'est nullement l'abstraction, mais ce qui pousse au contraire l'esprit à s'incarner et à se concrétiser toujours davantage. D'où son intérêt pour le politique, forme concrète de l'esprit prenant possession de lui-même à travers une humanité historiquement constituée.

Inversement, comme l'a fait remarquer Jean Wahl, il y a, quoi qu'on en dise, une dialectique chez Kierkegaard, puisque ce sont les contradictions propres à l'instant et au temps qui vont inciter l'esprit à se tourner vers l'éternité. Est-ce à dire pour autant que ces deux penseurs se confondent ? Nullement. Chacun a sa spécificité, mais tous deux se sont efforcés de penser l'existence, sur laquelle la modernité se penche encore aujourd'hui.

Source : Sören Kierkegaard, *Post-scriptum définitif et non scientifique aux miettes philosophiques,* trad. Pierre-Henri Tisseau et Else-Marie Jacquet-Tisseau, Paris, éditions de l'Orante, 1943, tome XI, volume II.

Bibliographie : Jean Wahl, *Études kierkegaardiennes,* Paris, Aubier, 1949.

L'EXISTENCE CONCERNE TOUJOURS LE PARTICULIER ; l'abstrait n'*existe* pas. En déduire que l'abstrait n'a pas de réalité, c'est se méprendre comme on se méprend encore et sème la confusion quand on s'informe de l'existence rapportée à l'abstrait ou de la réalité au sens d'existence. Quand donc *un existant* s'informe du rapport de la pensée et de l'être, du fait de penser et du fait d'exister, et que la philosophie voit là un rapport d'identité, la philosophie ne répond pas à la question, puisqu'elle ne répond pas à l'existant qui s'informe. La pensée et l'être sont une seule et même chose, explique-t-elle, non toutefois concernant ce qui est uniquement ce qu'il est du fait qu'il est, comme par exemple une rose qui n'a en elle aucune idée, non pas donc concernant les choses où l'on voit le plus nettement ce qu'est l'existence opposée à la pensée : la pensée et l'être sont identiques concernant les choses dont l'existence est complètement indifférente, car elles sont si abstraites que leur existence relève uniquement de la pensée. Mais l'on omet ainsi de répondre à la question proprement débattue, celle d'exister comme homme particulier. Exister comme tel, en effet, ce n'est pas être au sens où une pomme de terre est, et pas davantage au sens où l'idée est. L'existence humaine comporte l'idée sans être pourtant l'existence propre à l'idée. Platon donnait à l'idée une place intermédiaire, comme trait d'union entre Dieu et la matière, et il faut bien que, comme existant, l'homme participe à l'idée, mais il n'est pas lui-même l'idée. — En Grèce comme d'ailleurs dans la jeunesse de la philosophie, la difficulté était de gagner l'abstrait, de quitter l'existence qui donne toujours le particulier ; aujourd'hui, au contraire, la difficulté est d'atteindre l'existence. Par l'abstraction, c'est assez facile, mais l'on s'éloigne ainsi toujours plus de l'existence et la pensée pure est aux antipodes de cette dernière. — Philosopher était en Grèce un acte; celui qui philosophait était un existant; il savait peu, mais utilement, parce qu'il ne s'occupait jamais que de la même chose. Qu'est-ce, aujourd'hui, que philosopher; de quoi un philosophe est-il proprement instruit, car je reconnais qu'il sait tout? — La thèse philosophique de l'identité de la pensée et de l'être est exactement le contraire de ce qu'elle paraît; elle signifie que la pensée a complètement abandonné l'existence, qu'elle a émigré et découvert un sixième continent où elle se suffit absolument à elle-même dans l'identité absolue de la pensée et de l'être.

Qu'est-ce que l'exercice d'une pensée abstraite? C'est le raisonnement où il n'y a pas de sujet pensant. Il fait abstraction de tout ce qui n'est pas pensée, et seule la pensée est dans son propre milieu. L'existence n'est pas dépourvue de pensée, mais dans l'existence, la pensée se trouve dans un milieu étranger. Que signifie alors, dans le langage du raisonnement abstrait, s'informer de la réalité au sens d'existence, dont l'abstraction précisément ne tient pas compte? — Qu'est-ce que l'exercice d'une pensée concrète? C'est le raisonnement où il y a un sujet pensant et une chose précise (au sens de particulière) qui est pensée, où l'existence donne au penseur existant pensée, temps et espace. [...]

Quand on dit par exemple: Dieu ou l'Être suprême doit nécessairement avoir toutes les perfections; or, c'est aussi une perfection que d'être; donc Dieu, ou l'Être suprême doit nécessairement être: tout ce mouvement est fictif. Si, en effet, dans la première partie de ce raisonnement, Dieu n'est pas réellement pensé comme étant, il est absolument impossible à la démonstration de s'établir. On raisonnera alors ainsi: un Être suprême qui, notons-le, n'existe pas, doit nécessairement posséder toutes les perfections, entre autres celle d'exister; *ergo* [donc], un Être suprême qui n'existe pas, existe. La conclusion est singulière. Il faut nécessairement, ou bien que l'Être suprême n'existe pas au début du raisonnement pour se poser dans la conclusion, et dans ce cas, il ne peut pas se poser, ou bien qu'il ait existé, et dans ce cas, il ne peut davantage se poser: la conclusion est une forme fallacieuse du développement du prédicat, une fallacieuse périphrase d'une présupposition. Autrement, la conclusion doit prendre une forme purement hypothétique: si un Être suprême est censé être, il doit aussi être censé posséder toutes les perfections; or, être est une perfection; *ergo* [donc], l'Être suprême doit être — si en effet il est censé être. En concluant dans le cadre d'une hypothèse, on ne peut jamais arriver à conclure en dehors de ce cadre. Par exemple: si tel homme est un hypocrite, il agira en hypocrite; un hypocrite fera telle chose, *ergo* [donc] tel homme a fait telle chose. De même aussi pour la conclusion relative à Dieu. Quand la conclusion est tirée, l'être de Dieu reste exactement aussi hypothétique qu'il l'était, mais entre-temps, on a fait intervenir pour en tirer une conclusion une relation entre un Être suprême et être comme perfection, comme dans l'autre cas entre être hypocrite et telle manifestation de l'hypocrisie [...].

Il est impossible de penser de façon existentielle l'existence sans se passionner; l'existence est en effet une immense contradiction dont le penseur subjectif n'a pas à faire abstraction pour s'en tirer à son aise; il a pour tâche d'y demeurer. Pour une dialectique de l'histoire universelle, les individus sont absorbés dans l'humanité. Il est impossible à une pareille dialectique de découvrir le toi et le moi, un homme particulier existant, même si elle disposait de nouveaux verres grossissants à l'usage du concret.

Le penseur subjectif est dialecticien de l'existentiel; il dispose de la passion de la pensée pour maintenir la disjonction qualitative. D'autre part, s'il recourt purement et simplement à cette disjonction, s'il l'applique de façon toute abstraite à l'homme particulier, il s'expose au danger et au ridicule de dire des choses d'une portée capitale et décisive et, tout en ayant en cela raison, de ne rien dire du tout. Il est aussi vraiment remarquable de voir en psychologie la disjonction absolue utilisée bel et bien comme frauduleux subterfuge. Quand la peine de mort est appliquée à tous les délits, à la fin, aucun crime n'est puni. De même pour l'absolue disjonction; appliquée purement et simplement, elle devient lettre morte; elle ne se prête pas à formules ou, si elle le fait, elle ne dit rien. Le penseur subjectif, avec sa passion de la pensée, possède donc l'absolue disjonction comme partie intégrante de l'existence, mais il la possède comme la décision dernière empêchant toute la pensée de s'étaler dans le quantitatif. Il l'a bien ainsi sous la main, mais non de façon telle qu'en y recourant abstraitement il empêche l'existence. Aussi le penseur subjectif dispose-t-il en même temps de la passion esthétique et de la passion éthique qui lui permettent d'obtenir le concret. Tous les problèmes de l'existence sont animés de passion, car l'existence, lorsqu'on en a conscience, confère la passion. Penser ces problèmes en omettant la passion, ce n'est pas les penser, mais oublier la pointe, oublier que l'on est un existant. Cependant, le penseur subjectif n'est pas poète, bien qu'il le soit aussi; il n'est pas éthicien, bien qu'il le soit aussi, mais encore dialecticien et essentiellement existant, alors qu'au contraire l'existence du poète n'est pas essentielle à son poème, pas plus que celle de l'éthicien ne l'est à sa doctrine, et celle du dialecticien à son raisonnement. Le penseur subjectif est suffisamment esthéticien pour que sa vie prenne un contenu esthétique, suffisamment éthicien pour la soumettre aux normes, suffisamment dialecticien pour la dominer de sa pensée.

Le penseur subjectif a pour tâche de *se comprendre lui-même dans l'existence*. [...]

Se comprendre soi-même dans l'existence: tel était *le principe grec;* et, en dépit du faible contenu qu'offrait parfois sa doctrine, un philosophe grec avait du moins l'avantage de ne jamais être comique. Et je le sais bien: si quelqu'un aujourd'hui voulait vivre comme un philosophe grec et se plonger de façon existentielle dans ce qu'il lui faudrait appeler sa conception de la vie pour l'exprimer de façon existentielle, on le prendrait pour un fou. Soit. Mais faire preuve d'intelligence, d'une extrême intelligence, telle même que le très honorable philosophe qui spécule pourtant sur les problèmes de l'existence (par exemple sur le christianisme) n'a jamais l'idée de se demander qui ces questions pourraient bien concerner, et moins encore si elles le concernent lui-même: voilà ce que je trouve ridicule.

Se comprendre soi-même dans l'existence, c'est aussi *le principe chrétien,* sauf que ce «soi-même» a reçu des déterminations beaucoup plus riches et profondes qu'il est encore plus difficile de comprendre mêlées à l'existence. Le croyant est un penseur subjectif et toute la différence, comme on l'a montré plus haut, se réduit à celle du simple et du sage qui a gardé sa simplicité. Ici encore, ce «soi-même» n'est pas l'humanité pure et autres semblables notions où tout devient facile, puisque la difficulté est éliminée et que toute la question est portée dans le domaine de l'abstraction et de ses «Schattenspiel» [fantasmagories]. La difficulté est plus grande que pour le Grec parce que les oppositions encore plus fortes se trouvent réunies, que l'existence est paradoxalement accentuée comme étant le péché, et l'éternité paradoxalement aussi comme étant le dieu dans le temps. La difficulté est d'exister dans ces conditions, et non de se penser abstraitement comme si l'on en était dégagé, ou de penser abstraitement par exemple un devenir éternel du dieu et autres questions analogues qui se posent lorsqu'on supprime la difficulté. L'existence du croyant est donc encore plus passionnée que celle du philosophe grec (qui, même dans son ataraxie, avait grandement besoin de passion), car si l'existence donne de la passion, l'existence dans le paradoxe la porte à son plus haut degré. [...]

Qu'est-ce au juste qu'un homme particulier existant? Certes, notre époque ne sait que trop combien c'est peu de chose, et elle témoigne ainsi de l'immoralité qui la caractérise. Chaque siècle a son vice; celui du nôtre n'est peut-être pas le plaisir, la jouissance et la sensualité, mais bien plutôt un mépris panthéiste et sans bornes des Individus. Au milieu de toute cette allégresse sur notre époque et le XIXe siècle, on perçoit un mépris secret pour le fait d'être un homme; au milieu de cette importance que s'octroie la génération, on discerne un désespoir au sujet de la condition humaine. Tous veulent être dans le courant; on veut s'éblouir aux visions de l'histoire universelle en sa totalité. Personne ne veut être un existant individuel. De là s'expliquent peut-être aussi toutes ces tentatives de s'en tenir à Hegel, même chez ceux qui ont vu les points faibles de sa philosophie. On craint, en devenant un existant individuel, de disparaître sans laisser de traces et de passer ainsi inaperçu même des quotidiens, pour ne pas parler des revues critiques et des fervents de la spéculation historique universelle. On craint, si l'on devient un existant particulier, de vivre plus oublié ou abandonné qu'un rustre. [...]

L'existence est une synthèse d'infini et de fini, et de même l'existant. Si donc la félicité éternelle est pour lui le bien suprême, cela revient à dire que les moments qui composent le fini sont une fois pour toutes rabaissés au rang de choses auxquelles il importe de renoncer pour la félicité éternelle. Celle-ci concerne de façon pathétique l'existant proprement dit et non le discoureur qui a la courtoisie de la noter *aussi* parmi les bonnes choses qu'il sollicite. On répugne en général à nier qu'il y ait un pareil bien; on l'inclut donc parmi tous les autres. Mais, en l'incluant de la sorte, on montre justement qu'on l'en a exclu. Je ne sais s'il faut rire ou pleurer de cette litanie: un bon métier, une belle femme, la santé, le titre de conseiller de justice — et puis la félicité éternelle c'est comme si l'on rangeait le royaume *des cieux* parmi les autres *sur la terre*, pour s'en instruire géographiquement. Il est assez étrange qu'un homme parlant d'une chose puisse montrer qu'il n'en traite pas; car on ne saurait le montrer, semble-t-il, qu'en s'abstenant d'en parler. S'il en était ainsi, un certain nombre de choses seraient traitées de la félicité éternelle; mais, à en parler comme on fait, on n'en dit rien ou, plus exactement, on n'en traite pas. Dans le domaine esthétique, on peut fort bien désirer la richesse, le bonheur, la plus belle fille du monde, bref tout ce qui ressortit à la dialectique de l'esthétique; mais *désirer de surcroît* la félicité éternelle, c'est double galimatias, d'abord parce qu'on le fait *de surcroît* et qu'on transforme ainsi la félicité éternelle en un cadeau de plus accroché à l'arbre de Noël, et ensuite, parce que l'on *désire*, puisque la félicité éternelle se rapporte essentiellement à un être essentiellement existant, et non à un être digne des contes qui formule des vœux suivant la dialectique de l'esthétique. Mais la félicité éternelle doit assez fréquemment se contenter d'être rangée parmi les autres bonbons et l'on considère comme *très bien* de la part d'un homme de l'ajouter au reste; on tient presque cette conduite pour le maximum de ce qu'il convient de faire en la matière. Et l'on va plus loin; car, pour les autres biens, on n'admet pourtant pas qu'ils vous échoient parce qu'on les désire; mais pour la félicité éternelle, elle vous échoit presque à coup sûr, pourvu seulement que vous la désiriez. Car l'homme d'expérience le sait bien: le bonheur, la chance (suivant la dialectique de la différence qui lui est propre) distribue ses présents d'inégale façon; mais pour la félicité éternelle (dont, je le souligne, on a aussi fait un présent de l'heureuse chance), elle est distribuée d'égale façon à MM. les amateurs. La confusion est double; car c'en est une, d'abord, de faire de la félicité éternelle un bien de ce genre (en l'envisageant comme une situation matérielle exceptionnellement avantageuse, etc.); et une autre, de dire qu'elle est distribuée d'*égale façon,* ce qui est contradictoire pour un présent de la chance. On a en effet brouillé l'esthétique et l'éthique en un jargon: à l'esthétique, on a pris l'idée de nature réelle, et à l'éthique, celle de l'égalité dans la répartition.

Mais, dira peut-être l'un de nos amateurs de félicité éternelle, «un homme sérieux» qui la désire et voudrait bien faire quelque chose pour l'obtenir: «Ne peut-on savoir exactement, en termes clairs et concis, en quoi cette félicité éternelle consiste; ne pourriez-vous pas, "pendant que je me rase", me la dépeindre comme on décrit le charme d'une femme, la pourpre royale ou des pays lointains?» Quelle chance que je ne le puisse ou n'aie pas un tempérament de poète, ou ne sois pas encore un brave homme de prêtre; car je serais alors capable de me mettre à la tâche et réussirais peut-être... du moins à ranger encore la félicité éternelle parmi les données esthétiques; mon pathos culminerait dans la magnificence de ma description, bien que, sur le plan esthétique, il soit désespérant de tirer quelque effet d'une abstraction comme la félicité éternelle. Sur ce terrain, il est parfaitement dans l'ordre que je subisse comme spectateur les enchantements de la mise en scène et des clairs de lune d'opéra, et que je rentre chez moi après une soirée extrêmement agréable; mais sur le terrain de l'éthique, il importe qu'il n'y ait pas d'autre transformation que la mienne propre. Dans le domaine de l'éthique, il est parfaitement normal que, pour qui y existe essentiellement, le pathos suprême corresponde à ce qui se prête en esthétique à la plus pauvre des figurations, comme c'est le cas pour la félicité éternelle. On a dit avec esprit et justesse (du point de vue esthétique) que les anges étaient les plus ennuyeux de tous les êtres, et l'éternité, la plus interminable et la plus assommante de toutes les journées: si un dimanche est déjà passablement ennuyeux, une félicité éternelle est bien une sempiternelle monotonie à laquelle l'enfer même est préférable. Mais pour l'éthique, il est dans l'ordre que l'existant ne soit pas incité à perdre son temps en de continuelles figurations imaginaires, — mais soit poussé à l'action.

Si donc un existant doit pathétiquement se rapporter à une félicité éternelle, il importe que son existence traduise ce rapport. Dès qu'on connaît le mode d'existence d'un individu, on sait aussi comment il se rapporte à une félicité éternelle, c'est-à-dire s'il s'y rapporte ou non, *tertium non datur* [sans tierce possibilité], et justement parce que le telos absolu ne peut *s'inclure avec le reste.* Mais nul ne le sait, sinon l'individu lui-même en lui-même, et c'est pourquoi nul n'a besoin d'entendre le discours d'un autre, de lire les écrits d'un autre, d'aller au cours de catéchisme, à la comédie, ou à la comédie chez le prêtre — pour voir les clairs de lune d'opéra dans l'au-delà et entendre le murmure du ruisseau dans les verts pâturages de l'éternité. Il suffit à l'individu de prendre garde à sa propre existence pour s'instruire à ce sujet. Si la félicité éternelle ne transforme pas *absolument* son existence, il n'a pas de rapport avec elle; et de même s'il refuse de renoncer à quelque chose pour elle. [...]

Toutes les conceptions de l'existence se classent suivant le degré d'intériorisation dialectique de l'individu. Me référant à ce sujet aux vues développées dans le présent ouvrage, je vais maintenant simplement récapituler; mais je rappelle que la spéculation est naturellement hors de jeu, puisque objectivement abstraite, elle est indifférente à la catégorie de sujet existant et qu'elle s'occupe tout au plus de l'humanité pure; par contre, dans les formules *unum noris omnes* et «connais-toi toi-même», les communications existentielles entendent par *unum* et par *toi-même* autre chose; elles entendent un homme réel et montrent par là qu'elles ne s'occupent pas de différences anecdotiques entre Pierre et Paul. — Si l'individu, non dialectique en lui-même, a sa dialectique en dehors de lui, nous avons *les conceptions esthétiques*. Si l'individu, dialectique en lui-même, emploie intérieurement le dialectique à l'affirmation de sa personne, sans donc que son motif dernier devienne dialectique en soi puisque le moi fondamental s'emploie à se surmonter et à s'affirmer lui-même, nous avons alors *la conception éthique*. Si l'individu a une dialectique intérieure qui s'emploie à l'anéantissement du moi devant Dieu, nous avons *la religiosité*. Si l'individu a la dialectique du paradoxe, si tout reste d'immanence foncière est anéanti, si toute liaison est coupée et si l'individu se trouve ainsi au point extrême de l'existence, nous avons *le caractère religieux du paradoxe*. Cette intériorité paradoxale est la plus grande possible, car même la détermination la plus dialectique qui demeure dans le cadre de l'immanence a pour ainsi dire une possibilité de faux-fuyant, de dérobade, de retour à l'éternel situé en arrière; il semble que l'on n'ait pas tout engagé. Mais la rupture porte l'intériorité à sa plus grande intensité possible.

Les diverses sortes de communications existentielles se classent à leur tour suivant la conception de l'existence. (La spéculation, abstraite et objective, fait totalement abstraction de l'existence et de l'intériorité; et quand le christianisme accentue paradoxalement l'existence, la spéculation est la plus grande méprise possible du christianisme.) *L'immédiateté, la sphère esthétique* ne voient aucune contradiction dans le fait d'exister; exister est une chose, et la contradiction, une autre qui vient du dehors. *La sphère éthique* voit la contradiction, mais dans le cadre de l'affirmation de soi. *La sphère de la religiosité* conçoit la contradiction comme souffrance de l'anéantissement de soi, mais dans l'immanence; cependant, en mettant l'accent de l'éthique sur l'existence, elle empêche l'existant de demeurer abstraitement l'immanence ou de rester abstrait en voulant demeurer dans l'immanence. *La sphère du paradoxe religieux* rompt avec l'immanence et elle fait de l'existence la contradiction absolue, non dans le cadre de l'immanence, mais en l'opposant à celle-ci. Il n'y a aucune affinité immanente et fondamentale entre le temporel et l'éternel, parce que l'éternel est lui-même venu dans le temps où il veut établir cette parenté. [...]

Il y a trois sphères d'existence, esthétique, éthique, religieuse. Deux zones frontières y correspondent: l'ironie confine à l'esthétique et à l'éthique; l'humour confine à l'éthique et au religieux.

Voyons l'ironie. Dès qu'un observateur découvre un ironiste, il fait attention, car il se peut qu'un ironiste soit un éthicien, mais l'observateur peut aussi être dupe, car il n'est pas dit que l'ironiste soit un éthicien. L'homme de l'immédiat se reconnaît tout de suite et, dès lors, il est certain qu'il n'est pas un éthicien; car il n'a pas fait le mouvement de l'infini. L'observateur est censé être un homme averti, habile à mystifier et à plonger dans l'embarras son interlocuteur pour voir s'il récite par cœur ou paie largement en monnaie d'ironie, comme un ironiste existant fait toujours: alors, si la repartie ironique est correcte, elle trahit que son auteur a opéré le mouvement de l'infini, mais rien de plus. L'ironie paraît quand on rapporte sans cesse les particularités du monde fini à l'exigence éthique infinie et qu'on laisse éclater la contradiction. Celui qui le peut avec habileté sans se laisser prendre à quelque relativité capable d'effaroucher sa virtuosité doit avoir exécuté un mouvement de l'infini, dans l'éventualité où il serait un éthicien. L'observateur ne pourra donc pas même le surprendre à son incapacité de se voir lui-même sous un jour comique, car son interlocuteur est aussi capable de parler de soi comme d'un tiers, de *se rattacher* comme infime détail à l'exigence absolue; de se rattacher, dis-je, et qu'il est étrange de voir ce terme désignant la dernière difficulté de l'existence, celle de mettre en liaison des choses absolument différentes (comme l'idée de Dieu et celle d'une promenade à Dyrehaven), s'appliquer aussi dans le langage à l'art de taquiner! Mais s'il est établi que notre homme est ironiste, il ne l'est pas qu'il soit éthicien. Il ne l'est que s'il se rapporte en son for intérieur à l'exigence absolue. Un pareil éthicien fait de l'ironie son incognito. C'est en ce sens que Socrate était éthicien, mais qui, je le souligne, tendait à la limite du religieux; aussi bien avons-nous montré précédemment (Deuxième section, chap. II) l'analogie que son existence présentait avec la foi. Qu'est-ce donc que l'ironie, si l'on appelle Socrate un ironiste et si l'on ne se contente pas d'en mettre un relief un seul aspect comme l'a fait à dessein ou non le Mag. Kierkegaard? L'ironie est la synthèse de la passion éthique qui accentue infiniment dans l'intériorité le je individuel rapporté à l'exigence éthique —, et de la culture qui, dans le monde extérieur, fait infiniment abstraction de ce je individuel comme d'une chose finie parmi toutes les autres choses finies et particulières. Cette abstraction a pour effet, et c'est l'art de l'ironiste, que personne ne remarque le premier aspect du je dont la véritable infinitisation se trouve ainsi conditionnée. Une foule de gens vivent de la façon inverse; ils s'empressent d'être quelque chose quand on les regarde et de se donner si possible de l'importance à leurs propres yeux dès qu'ils se voient observés; mais tout au fond d'eux-mêmes sous le regard de l'exigence absolue, ils n'ont aucune envie d'accentuer leur moi propre.

L'ironie est une détermination existentielle; aussi, rien n'est-il plus ridicule que d'y voir une façon de parler, ou que de voir un écrivain tout heureux d'avoir de temps à autre le ton ironique. Celui qui possède essentiellement l'ironie la possède tout le long du jour sans qu'elle soit liée à aucune forme, parce qu'elle est en lui l'infinité.

L'ironie est la culture de l'esprit; elle succède à l'immédiateté; puis vient l'éthicien, puis l'humoriste, et enfin, l'esprit religieux.

Mais pourquoi l'éthicien fait-il de l'ironie son incognito? Parce qu'il saisit la contradiction entre son mode profond d'existence et son manque à le traduire au-dehors; sans doute, il se manifeste dans la mesure où il se livre dans la réalité des occupations matérielles; mais l'homme de l'immédiat le fait aussi; ce qui fait de l'éthicien un éthicien, c'est le mouvement grâce auquel il infléchit vers l'intérieur sa vie extérieure pour la rattacher à l'exigence infinie de l'éthique, et c'est ce qu'on ne voit pas de prime abord. Pour éviter d'être troublé par le monde fini, par tout ce qu'il comporte de relatif, l'éthicien interpose le comique entre le monde et lui; il s'assure ainsi de ne pas devenir lui-même comique par une naïve méprise sur sa passion éthique.

De même aussi pour l'humoriste et l'esprit religieux puisque, d'après ce qui précède, la dialectique propre à la sphère religieuse interdit la manifestation directe, la différence perceptible, et s'élève contre toute tentative de la mesurer à l'extérieur, tout en honorant, au pis-aller, le mouvement monastique qu'elle met bien au-dessus de la médiation. L'humoriste rattache toujours (et non au sens où le prêtre prend ce mot, mais à tout moment du jour, où qu'il soit, quoi qu'il pense ou entreprenne) l'idée de Dieu à autre chose et fait surgir la contradiction; — mais il ne se rapporte pas lui-même à Dieu dans la passion religieuse *(stricte sic dictus)*; il se transforme en une sorte de bureau de transit où s'opèrent sur un ton badin, mais pourtant profond, toutes ces transactions; mais il ne se rapporte pas lui-même à Dieu. L'esprit religieux fait de même; il rattache l'idée de Dieu à tout et voit la contradiction, mais en son for intérieur il se rapporte à Dieu; par contre, la religiosité immédiate repose sur la pieuse superstition de voir Dieu directement en tout, et «le revivaliste exalté» invite insolemment Dieu à se trouver où il est lui-même, de sorte qu'à sa seule vue on peut être sûr que Dieu est là aussi, puisque notre homme l'a dans sa poche. La religiosité qui fait de l'humour son incognito consiste donc dans la synthèse de la passion religieuse absolue (dialectiquement intériorisée) et de la maturité spirituelle qui ramène la religiosité de toute extériorité à l'intériorité où elle est de nouveau la passion religieuse absolue. L'esprit religieux découvre que ce qui le préoccupe absolument ne semble guère intéresser les autres, mais il ne tire aucune conclusion; il n'en a pas le temps et, d'autre part, il ne peut exactement savoir si tous ces hommes ne sont pas malgré tout des chevaliers de l'intériorité cachée; il se laisse contraindre par le monde qui l'entoure à faire ce que son travail d'intériorisation dialectique exige de lui, à interposer entre les hommes et lui un rempart secret afin de défendre et de protéger l'intériorité de la souffrance et de son rapport avec Dieu. Mais il n'en résulte pas qu'un pareil esprit religieux reste inactif; au contraire, loin de se retirer du monde, il y demeure, et c'est justement son incognito. Mais il infléchit son activité extérieure vers le for intérieur en avouant devant Dieu qu'il ne peut rien, en rompant avec toute recherche de fin extérieure, avec tout profit qu'il pourrait retirer dans le monde fini de son activité, tout en s'appliquant pourtant à son travail avec une extrême énergie; et c'est en cela que consiste son enthousiasme.

DE DIEU À L'HOMME: LA THÉOLOGIE

Le Christ, prince des philosophes
(1254)

SAINT BONAVENTURE
(1217-1274)

En s'opposant à la théologie positive afin de préserver l'irréductibilité de Dieu, la théologie a débouché sur l'intériorité. Aussi a-t-elle établi que la connaissance de Dieu que l'on pouvait avoir était fonction de l'homme que l'on est. Ce lien de l'homme et de Dieu mis en évidence par la mystique explique pourquoi, à un moment de l'histoire de la philosophie, le Christ est apparu comme le «prince des philosophes» et le maître par excellence. Comment, en effet, ne pas établir une correspondance entre le Dieu fait homme de la révélation chrétienne et le fait de devoir passer par l'homme intérieur pour accéder à Dieu? La médiation du Christ tant de fois reprochée au christianisme n'a pas d'autre sens. Loin d'être l'expression d'une contrainte empêchant de se relier immédiatement et directement à Dieu, elle est en réalité l'expression du fait que s'agissant des «choses divines», rien ne peut se faire sans la médiation de l'homme intérieur. Sans le Christ donc, figure de l'homme intérieur pleinement réalisée.

C'est dans cette perspective en tout cas qu'il convient d'aborder l'œuvre de saint Bonaventure. Franciscain né en Italie en 1217, promu Docteur en Théologie en 1257, le même jour que saint Thomas, il s'est opposé à la théologie rationnelle de ce dernier, à laquelle il a reproché d'être un intermédiaire superflu entre l'homme et Dieu. À la médiation métaphysique, il a opposé la médiation du Christ et de ce que l'on a appelé « la voie illuminative », à savoir l'ensemencement de l'intelligence par le contact de l'homme intérieur avec la lumière divine.

C'est à ce titre que saint Bonaventure s'est opposé à la philosophie. Toutefois, paradoxalement, cette opposition est loin d'avoir été sans effets philosophiques. En envisageant l'intelligence comme il l'a fait, on peut se demander si saint Bonaventure n'a pas été sur la voie du « moi transcendantal », dont il est vrai que la phénoménologie donnera une tout autre interprétation. Tout comme on peut se demander s'il n'a pas opéré une refonte complète de la problématique théologique en situant comme enjeu majeur de celle-ci non plus de savoir si Dieu existe ou pas, mais de faire exister l'homme intérieur à travers la figure du Christ.

Ainsi, à l'opposition croyance-incroyance, saint Bonaventure a substitué le couple intérieur-extérieur, comme nombre de mystiques, en ayant l'audace de rabattre une certaine forme de théologie spéculative sur le plan de l'extériorité. Attaché à ce que la relation de l'homme à Dieu fasse l'objet d'une intériorisation, il a privilégié le pratique sur le théorique, ouvrant ainsi la voie à l'idée que seul l'acte fait la pensée. En développant également l'intériorité comme il l'a fait, il a conféré une place au Christ dans la philosophie, comme le fera, d'une tout autre façon, un penseur aussi peu suspect de complaisance envers la religion que Spinoza. Celui-ci n'a-t-il pas écrit en effet : « Je ne crois pas que personne se soit jamais élevé à une perfection le plaçant à ce point au-dessus des autres hommes — excepté le Christ. Car le Christ a eu la révélation des desseins divins concernant le salut des hommes, non par l'intermédiaire de paroles et de visions, mais immédiatement » (Traité théologico-politique, *Pléiade, p. 680-681*).

Tous les problèmes et les conflits qui sont nés autour de la théologie n'auraient-ils pas pour source la méconnaissance du Christ compris comme figure de l'intériorité ? Le texte qui suit de saint Bonaventure nous aide à nous poser une telle question.

Source : Saint Bonaventure, *le Christ Maître*, trad. Goulven Madec, Paris, Vrin, 1990.
Bibliographie : Étienne Gilson, *la Philosophie de saint Bonaventure*, Paris, Vrin, 1923; Xavier Tilliette, *le Christ de la philosophie*, Paris, Le Cerf, 1990; Alexandre Matheron, *le Christ et le salut des ignorants chez Spinoza*, Paris, Aubier, 1971.

Le Christ vérité

6. — Il est aussi le maître de la connaissance qui s'acquiert par la raison; et cela, en tant qu'il est la Vérité. En effet, pour la connaissance scientiale, sont nécessairement requises la vérité immuable de la part de l'objet de la science et la certitude infaillible de la part du sujet de la science. En effet, tout ce qui est de science est nécessaire en soi et certain pour le sujet de science. Nous avons, en effet, la science, lorsque nous estimons connaître la cause qui fait qu'une chose existe et que nous savons que c'en est la cause et qu'il est impossible qu'il en soit autrement.

7. — L'objet de la science requiert donc la vérité immuable. Or la vérité créée n'est pas, simplement et absolument, de cette sorte; car toute chose créée est sujette à la variation et au changement. Mais c'est la Vérité créante qui a l'immutabilité plénière. C'est pourquoi il est dit dans le *Psaume* 101, 26-28 : « Et toi, Seigneur, dans le principe tu as fondé la terre, et les cieux sont l'ouvrage de tes mains; eux périront, mais toi tu demeures; tous vieilliront comme un vêtement; et comme un habit tu les changeras et ils seront changés. Mais toi tu es le même et tes années ne défailliront pas». Or cela, comme le dit l'Apôtre dans la *Lettre aux Hébreux*, 1, 10, s'adresse au Fils de Dieu qui est la Parole, l'Art et la Raison de Dieu tout-puissant et, de ce fait, la Vérité éternelle, selon cette déclaration du *Psaume* 118, 19 : «Ta Parole, Seigneur, demeure pour l'éternité et ta Vérité pour le siècle du siècle».

Puis donc que les choses ont l'être dans leur genre propre, qu'elles ont aussi l'être dans l'esprit et qu'elles ont encore l'être dans la Raison éternelle, et puisque leur être n'est parfaitement immuable ni selon le premier mode, ni selon le deuxième, mais seulement selon le troisième, à savoir en tant qu'elles sont dans la Parole éternelle, il reste que rien ne peut rendre les choses parfaits objets de science, si ce n'est la présence du Christ, Fils de Dieu et Maître.

8. — C'est pourquoi Augustin écrit dans le livre II *Sur le libre arbitre*, 12, 33: «Tu ne saurais, en aucune façon, nier l'existence de la Vérité immuable qui contient tout cela qui est immuablement vrai; et tu ne pourrais dire qu'elle est à toi, à moi ou à quiconque; mais elle se présente et s'offre en commun à tous ceux qui voient les vérités immuables».

La même affirmation se trouve au livre XIV *Sur la Trinité*, 15, 21 : «Puisque les impies voient les règles selon lesquelles chacun doit vivre, où les voient-ils? Ce n'est pas dans leur nature, puisque sans aucun doute semblables choses sont vues par l'esprit, et qu'il est évident que leur esprit est muable, tandis qu'il voit ces règles immuables, quiconque a pu voir en elles et voir cela. Ce n'est pas davantage dans la disposition de leur esprit, puisque ces règles sont celles de la justice, par lesquelles l'injuste lui-même reconnaît ce qui est juste et voit qu'il faut avoir ce qu'il n'a pas. Où donc sont-elles écrites, si ce n'est dans le livre de cette Lumière qu'on appelle la Vérité, d'où toute loi juste est transcrite et d'où la justice est transposée dans le cœur de l'homme, non pas par déplacement, mais comme par impression?».

La même doctrine se trouve encore dans le livre *Sur la vraie religion* et dans le livre VI de *La musique* et dans le livre des *Révisions*.

9. — Mais cette sorte de connaissance requiert en second lieu la certitude de la part du sujet de la science. Or cela ne peut provenir de la partie qui peut se tromper ou de la lumière qui peut s'obscurcir. Or une telle Lumière n'est pas la lumière de l'intelligence créée, mais celle de la Sagesse incréée qui est le Christ.

C'est pourquoi il est écrit dans la *Sagesse*, 7, 17-18: «Dieu m'a donné la science véritable des choses qui existent, afin que je sache arranger l'univers terrestre, les puissances des éléments, le commencement, la fin et le milieu des temps»; et plus bas, 7, 21 : «La Sagesse, artisane de toutes choses, m'a enseigné». Et la raison en est précisée (7, 25 – 8, 1): «C'est, en effet, le souffle de la force de Dieu et une émanation pure de Dieu tout-puissant; et, de ce fait, rien d'impur ne se trouve en elle. Elle est la splendeur de la Lumière éternelle et le miroir sans tache de la majesté de Dieu. Elle est plus resplendissante que le soleil et au-dessus de tout l'arrangement des étoiles. Comparée à la lumière elle s'avère supérieure. Elle atteint donc tout d'un bout à l'autre avec force et elle arrange tout avec douceur».

C'est pourquoi Jean dit, 1, 9: «C'était la Lumière véritable qui illumine tout homme venant en ce monde». À propos de quoi la *Glose* dit que la lumière qui luit, non d'elle-même, mais par ailleurs, n'est pas la Lumière véritable.

10. — Or la lumière de l'intelligence créée ne se suffit pas pour la connaissance certaine de quoi que ce soit, sans la Lumière de la Parole éternelle.

D'où cette déclaration d'Augustin dans le premier livre des *Soliloques*, 8, 15: «De même qu'on peut distinguer dans ce soleil-ci trois aspects: qu'il existe, qu'il brille, qu'il illumine, de même aussi en ce Dieu très secret il y a trois aspects : qu'il existe, qu'il comprend et qu'il fait comprendre le reste». C'est pourquoi aussi Augustin déclare plus haut que «la terre, si elle n'est éclairée par la lumière, ne peut être vue; et pareillement les enseignements des diverses disciplines, bien que chacun concède sans nul doute qu'ils sont parfaitement vrais, il faut croire qu'on ne pourrait les comprendre, s'ils n'étaient éclairés par Dieu, comme par leur soleil».

Et encore, dans le traité *Sur la Trinité*, livre XII, dernier chapitre (15), 24, parlant de l'enfant qui répondait correctement, sans maître, sur des problèmes de géométrie et réprouvant la thèse de Platon qui soutenait que les âmes sont instruites des sciences, avant d'être introduites dans les corps, Augustin dit que ce n'est pas vrai. «Mais il faut plutôt croire, dit-il, que la nature de l'esprit intellectuel a été créée de telle sorte qu'elle est soumise aux réalités intelligibles, selon l'ordre naturel arrangé par le Créateur, et qu'elle les voit dans une lumière incorporelle spécifique, de la même manière que l'œil de la chair voit les objets qui sont, pour moi, exposés à cette lumière corporelle, à laquelle il est, par création, adapté et proportionné».

Quant à l'essence de cette Lumière, elle est décrite dans le livre II *Sur le libre arbitre*, 14, 38: «Cette beauté de la Vérité et de la Sagesse ne passe pas avec le temps, ni ne s'en va dans l'espace; elle n'est pas interceptée par la nuit, elle n'est pas enveloppée par l'ombre, elle n'est pas soumise aux sens du corps; pour ceux qui, dans le monde entier, se tournent vers elle et qui l'aiment, pour tous elle est proche, pour tous éternelle; elle n'est nulle part, elle ne fait défaut nulle part; elle avertit au-dehors, elle enseigne au-dedans; personne ne la juge, personne sans elle ne juge bien. Et partant il est évident qu'elle est, sans conteste, supérieure à vos esprits, dont chacun lui doit, à elle seule, sa sagesse et le don de juger, non pas elle, mais par elle tout le reste».

Les mêmes déclarations se trouvent dans le livre *Sur la vraie religion*, dans le livre VIII *Sur la Trinité* et dans le livre *Sur le maître* où Augustin prouve, tout au long, que nous avons un seul Maître, le Christ.

Vers la folie transcendantale
(1511)

ÉRASME
(1467-1536)

En faisant dépendre la relation à Dieu de l'homme que l'on est, la mystique a intégré la figure du Christ dans le champ de la philosophie. Si cet apport s'est traduit par un renversement de perspectives faisant de la pensée un acte, il s'est aussi traduit par un changement de sens de la notion même de raison. La raison véritable étant censée être l'intériorité, la raison théorique dépourvue d'intériorité a été taxée de folie aux yeux de la sagesse authentique, l'intériorité devenant par là même une folie aux yeux de la raison théorique.

Déjà chez saint Paul, on trouve les bases d'une telle interprétation de la sagesse, lorsqu'il dit dans l'Épître aux Corinthiens*: «Que nul ne s'abuse lui-même: si quelqu'un parmi vous pense être sage selon ce siècle, qu'il devienne fou afin de devenir sage. Car la* *sagesse de ce monde est une folie devant Dieu* (Corinthiens *1, 18-19*). *À la suite de saint Paul, toute la mystique s'est inscrite dans cette même lignée, en soulignant qu'il était pure folie de vouloir fonder une sagesse qui ne passe point par l'intériorité. Ce qui est singulier, toutefois, c'est qu'une telle idée ait pu se retrouver véhiculée par l'humanisme, qui n'est guère réputé pour son intérêt envers les choses mystiques. Pourtant, c'est le cas, en ce qui concerne Érasme.*

Désigné comme «le prince des humanistes», on lui doit des ouvrages politiques et pédagogiques défendant la paix et la liberté (Complainte de la paix, *1517;* Essai sur le libre-arbitre, *1524;* De l'éducation des enfants, *1529*). *Mais on lui doit aussi* l'Éloge de la folie *(1511), ainsi que des lettres dans lesquelles, comme l'a fait remarquer Xavier Tilliette (op. cit., plus haut), il a développé toute une philosophie du Christ* (philosophia Christi) *dont Nicolas de Cues ainsi que des romantiques comme Hamman ont été les continuateurs. Distincte de la démarche de saint Bonaventure, pour qui la référence au Christ est purement mystique, chez Érasme, celle-ci est avant tout un instrument contre la scolastique. Au dogmatisme théologique, celui-ci a opposé l'intériorité humaine qualifiée de folie par opposition à la raison des doctes. Aussi Michel Foucault a-t-il eu raison de souligner, dans son* Histoire de la folie, *que la folie (comme le Christ d'ailleurs) chez Érasme n'était pas tant l'autre de la raison, qu'une figure de celle-ci sous la forme d'une raison humaine opposée au dogmatisme de la raison théologique. «Avec Érasme, en effet, écrit-il, on assiste à la découverte d'une folie immanente à la raison, puis, à partir de là, à un dédoublement: d'une part une «folle folie» qui refuse cette folie propre à la raison, et qui, la rejetant, la redouble, et dans ce redoublement tombe dans la plus simple, la plus close, la plus immédiate des folies; d'autre part, une «sage folie» qui accueille la folie de la raison, l'écoute, reconnaît ses droits de cité et se laisse pénétrer par ses forces vives»* (Histoire de la folie, *Gallimard, 1972, p. 47*).

Toutefois, si ce couplage raison-folie a pu avoir pour effet une intériorisation de la folie dans la raison débouchant sur la réduction de son altérité, il ne faut pas perdre de vue que, face à une théologie dogmatique, celle-ci a eu pour effet de régénérer une thématique de l'intériorité et de la liberté, en émancipant l'imagination à travers ce que l'on pourrait appeler une «folie transcendantale» (cf. Xavier Tilliette, op. cit., note p. 56).

Ainsi, par le biais d'une volonté de conserver à Dieu son irréductibilité, l'histoire spirituelle de l'Occident en est venue à s'intéresser non seulement à l'intériorité et au Christ, mais à la folie. Loin de n'avoir été qu'une réaction contre la théologie prise en bloc, l'humanisme est, semble-t-il, né d'une crise au sein même de la théologie, en mettant aux prises la scolastique et une quête de liberté. Certes, en se développant par la suite comme il l'a fait, il a revêtu une autonomie qui l'a conduit à se séparer nettement de la théologie. Mais il n'est pas interdit d'apercevoir dans la folie érasmienne de la «philosophia Christi» une tentative pour le moins originale et singulière de concilier théologie et liberté.

Dans le texte qui suit, le Christ est comparé à un certain moment à un Silène. *Le Silène en l'occurrence était cette boîte dans laquelle les artistes grecs de l'Antiquité avaient l'habitude de ranger leurs plus belles statues. Par extension, il en est venu à désigner une chose qui en cache une autre. En comparant ainsi le Christ à un Silène, Érasme ne procède pas de façon neutre, car Platon l'utilise déjà dans* le Banquet *pour désigner Socrate. «Personne de vous, dit Alcibiade, ne connaît Socrate; moi, je vais vous le faire connaître puisque j'ai commencé. En apparence, Socrate est amoureux des beaux garçons et tourne sans cesse autour d'eux avec des yeux ravis; d'autre part, il ignore tout et ne sait rien, il en a l'air du moins. Cela n'est-il pas d'un silène? Tout à fait. Ce sont en effet des dehors sous lesquels il se cache, comme le silène sculpté, mais si vous l'ouvrez, mes chers convives, de quelle sagesse vous le trouverez rempli.»* (le Banquet, *trad. Chambry, Garnier, 216 a, p. 78*).

Michel Foucault a vu dans ce recours à la figure du Silène, fréquemment employée par Érasme, un signe de son pessimisme vis-à-vis du monde, qualifié d'obscur. Car, dit-il, Érasme écrit: «Chaque chose montre deux faces. La face extérieure montre la mort; regardez à l'intérieur, il y a la vie ou inversement. La beauté recouvre la laideur, la richesse l'indigence, l'infamie la gloire, le savoir l'ignorance... En somme, ouvrez le Silène, vous rencontrerez le contraire de ce qu'il montre.» (Histoire de la folie, *p. 42*). *Toutefois, comment ne pas voir là aussi le trait unissant Socrate et le Christ? Contre l'aristotélisme de la scolastique, il semble qu'Érasme ait voulu préserver l'irréductibilité de Dieu comme la liberté des hommes en recourant à ces figures de l'intériorité que sont Socrate et le Christ, reliées sous la forme d'un Silène, afin de mieux souligner la liberté comme l'irréductibilité de toutes choses.*

Source: Érasme, *Lettre à Martin Dorpius,* trad. Pierre de Nolhac, Paris, Garnier-Flammarion, 1964.

Bibliographie: Johann Huizinga, *Érasme,* Paris, Gallimard, 1955; Jean-Claude Margolin, *Érasme par lui-même,* Paris, Le Seuil, 1965; Léon-E. Halkin, *Érasme parmi nous,* Paris, Fayard, 1987; Michel Foucault, *Histoire de la folie à l'âge classique,* Paris, Gallimard, 1972; Xavier Tilliette, *le Christ de la philosophie,* Paris, Le Cerf, 1990.

XIX. — EN EFFET, pour répondre aux seuls théologiens, puisque j'apprends qu'ils sont les seuls à être choqués, qui ne sait tout le mal qu'on dit communément des mœurs des mauvais théologiens? La *Folie* ne touche à rien de cette sorte. Elle raille seulement leurs discussions oiseuses; elle ne se contente pas de les désapprouver, elle condamne encore ceux qui placent en elles seules, comme on dit, «la poupe et la proue» de la science théologique, et qui s'occupent tellement de logomachies de ce genre, pour employer l'appellation de saint Paul, qu'ils n'ont le temps de lire ni les Évangiles ni les Prophètes ni les Apôtres. Et plût au ciel, mon cher Dorpius, qu'un tout petit nombre d'entre eux fût en butte à ce reproche! Je pourrais te citer des vieillards de quatre-vingts ans passés qui ont perdu tant de temps à des futilités de ce genre qu'ils n'ont jamais ouvert le livre l'Évangile; j'en ai la preuve, et ils l'ont finalement avoué. Je n'ai pas osé dire, même sous le masque de la *Folie,* ce que j'entends plus d'une fois déplorer par beaucoup de théologiens, mais de vrais théologiens, c'est-à-dire des hommes intègres, pondérés, érudits, et qui ont puisé profondément aux sources mêmes la doctrine du Christ: chaque fois qu'ils sont devant des personnes, devant qui ils peuvent dire librement ce qu'ils pensent, ils déplorent ce nouveau genre de théologie qui s'est introduit dans le monde et regrettent l'ancien. Qu'est-il en effet de plus saint, de plus auguste, et qui reflète et réfléchit aussi bien les dogmes célestes du Christ? Or, sans parler de l'ignominie et des monstruosités d'un langage barbare et factice, sans parler de l'ignorance totale des belles-lettres ni de l'inintelligence des langues, Aristote, les inventions humaines, les lois profanes même ont si bien perverti cet état premier que je ne sais s'il exprime encore le pur et le vrai Christ. Il arrive, en effet, qu'à trop tourner les yeux vers les traditions humaines on ne rejoint plus l'archétype. De là vient que souvent les théologiens éclairés sont forcés de tenir en public un langage différent de ce qu'ils pensent ou de ce qu'ils disent dans l'intimité. Et quelquefois ils ne sauraient que répondre à ceux qui les consultent, en découvrant que le Christ a enseigné une chose, et que les traditions humaines en prescrivent une autre. Je le demande, quel rapport y a-t-il entre le Christ et Aristote? entre les subtilités sophistiques et les mystères de l'éternelle sagesse? À quoi bon les labyrinthes de toutes ces questions? Combien entre autres n'en est-il pas d'oiseuses, de pernicieuses, ne fût-ce qu'à cause des disputes et des dissidences qu'elles font naître? — Mais, dira-t-on, il y a des points à élucider, d'autres à résoudre. — Je ne dis pas non; mais en revanche il y en a beaucoup qu'il vaut mieux négliger que rechercher: il appartient à la science d'en ignorer certains; il y en a beaucoup aussi sur lesquels il est plus sage de douter que de décider. S'il fallait finalement décider, je voudrais qu'on le fît avec respect, non avec arrogance, et d'après les saintes Écritures, non d'après les ratiocinations artificielles des hommes. Aujourd'hui on n'en finit pas avec ces petites questions, qui sont pourtant le prétexte d'un si grand désaccord des sectes et des partis. Chaque jour un décret succède à un décret. Bref, on en est arrivé au point que l'essentiel de la religion dépend moins de la prescription du Christ que des définitions des scolastiques et du pouvoir des évêques, quels qu'ils soient. De cette façon tout a été si bien embrouillé qu'il n'y a même plus le moindre espoir de ramener le monde au vrai Christianisme. C'est cela et beaucoup d'autres choses que découvrent et déplorent les hommes les plus vénérables et les plus savants, qui en rejettent la cause première de toute cette situation sur la race effrontée et irrévérencieuse des modernes théologiens.

XXII. — Mais, dis-tu, je ne combats pas le fond; ce sont les termes mêmes qui effarouchent les oreilles pieuses. Pourquoi alors ces mêmes oreilles ne sont-elles pas choquées, en entendant Paul dire «le côté fou de Dieu» et «la folie de la croix»? Pourquoi ne font-elles pas de procès à saint Thomas, qui, sur l'extase de Pierre, s'exprime de la sorte: «Dans son pieux égarement, il commence un sermon sur les tabernacles.» Il qualifie ce sacré et heureux ravissement d'égarement. Et pourtant cela se chante dans les églises. Pourquoi ne dirai-je pas que j'ai traité autrefois dans une prière le Christ de «mage» et d'«enchanteur»? Saint Jérôme appelle le Christ samaritain, bien qu'il ait été juif. Paul le nomme le «péché», comme si c'était plus que de dire le pécheur; il le nomme le «maudit». Quel outrage impie, si on veut l'interpréter méchamment! Quel pieux éloge, si on le prend dans le sens où l'a écrit Paul! Se conformant à cette mode, si on appelait le Christ voleur, adultère, ivrogne, hérétique, n'arriverait-il pas que tous les gens de bien se boucheraient les oreilles? Mais si l'on exprimait cela en termes avantageux, si par la progression du discours on conduisait insensiblement le lecteur, comme par la main, à voir comment le Christ, triomphant par la croix, a ramené à son Père la proie qu'il avait arrachée aux Enfers; comment il s'est allié à la synagogue de Moïse comme à l'épouse d'Urie pour en faire naître le peuple pacifique; comment, ivre du vin doux de la Charité, il s'est dévoué lui-même pour nous; comment il a introduit un nouveau genre de doctrine, fort éloigné des décrets de tous: sages et fous, qui, je le demande, pourrait s'en choquer, surtout quand nous trouvons parfois dans les saintes Écritures chacun de ces mots employé en bonne part? Dans les *Chiliades* (il nous en souvient en passant), nous avons appelé les Apôtres des Silènes, et nous avons même dit que le Christ lui-même était une sorte de Silène. Qu'il se présente un malhonnête interprète pour expliquer odieusement cela en trois mots, quoi de plus intolérable? Mais qu'un pieux et honnête lecteur lise ce que j'ai écrit, il approuvera l'allégorie.

PHILOSOPHIE ET THÉOLOGIE

Philosophie et mystique
(1932)

HENRI BERGSON
(1859-1941)

Bergson a souvent été présenté comme un philosophe «mystique» et on l'a accusé de vouloir faire dériver la philosophie vers l'irrationnel. En fait, s'il est effectivement mystique — chose qu'il n'a jamais niée —, il convient de remarquer qu'il a donné à ce terme une définition qui n'autorise pas que l'on réduise celui-ci à de l'irrationnel.

Certes, en définissant la religion comme le moyen de lutter contre les effets dissolvants de l'intelligence, il prête le flanc à la critique d'irrationalité dont il a été l'objet. Toutefois, une telle définition de la religion n'a pas tant pour sens de déclarer la guerre à l'intelligence que d'introduire à un ordre plus profond des choses. En effet, à la rationalité de l'intelligence, du calcul et de la froide lucidité, il oppose la rationalité de la vie utilisant la fable et le mythe pour assurer sa survie.

Si la religion est anti-intellectuelle, c'est qu'elle obéit à l'exigence de la vie qui a besoin de croire avant de savoir afin de s'assurer. Aussi convient-il de ressaisir celle-ci à la lumière de la vie. Incohérente lorsqu'on l'appréhende du point de vue de la seule intelligence, elle devient sensée dès qu'on l'éclaire par la vie. Car c'est comme réflexe vital qu'il faut comprendre la foi religieuse.

Fondamentalement cohérente du fait de l'économie de la vie, la religion chez Bergson renvoie à une ontologie de cette dernière, dont elle est l'émanation. Toutefois, parce que la religion est vivante, il convient de ne pas enfermer celle-ci, comme est tentée de le faire la religion close. Issue de la vie, la religion n'a de sens que par celle-ci. Aussi importe-t-il qu'elle se transforme en religion dynamique en dépassant la religion close. Ce que réalise la mystique. Loin d'être donc irrationnel, le domaine religieux est ordonné à la rationalité de la vie au point d'être une critique religieuse de la religion.

Les textes qui suivent s'efforcent de montrer la pertinence philosophique de la mystique. Pour Bergson, en effet, celle-ci est infiniment plus cohérente dans sa démarche que le rationalisme. Car, en partant de l'intuition vivante de Dieu, comme elle le fait, afin de s'en imprégner et d'en déployer tous les effets par une exploration intérieure, elle va de l'avant, alors que la métaphysique fait du surplace ou régresse. Dans sa volonté d'expliquer ce qui est, supposant qu'il y a une cause hors des choses, elle est conduite à diviser artificiellement le réel. Suite à quoi, elle est amenée à ressouder tout aussi artificiellement celui-ci avec sa cause. Plutôt que de vouloir justifier la vie, la démarche bergsonienne s'efforce de vouloir explorer celle-ci. Selon lui, l'Être étant création, c'est en se faisant créateur comme les mystiques et les artistes que l'on s'inscrit en lui.

Source : H. Bergson, *les Deux Sources de la morale et de la religion*, Paris, P.U.F., 1984.

Bibliographie : Gilles Deleuze, *le Bergsonisme*, Paris, P.U.F., 1966 ; V. Jankélévitch, *Henri Bergson*, Paris, P.U.F., 1959.

III. La religion dynamique

Valeur philosophique du mysticisme

Si le mysticisme est bien ce que nous venons de dire, il doit fournir le moyen d'aborder en quelque sorte expérimentalement le problème de l'existence et de la nature de Dieu. Nous ne voyons pas, d'ailleurs, comment la philosophie l'aborderait autrement. D'une manière générale, nous estimons qu'un objet qui existe est un objet qui est perçu ou qui pourrait l'être. Il est donc donné dans une expérience, réelle ou possible. Libre à vous de construire l'idée d'un objet ou d'un être, comme fait le géomètre pour une figure géométrique; mais l'expérience seule établira qu'il existe effectivement en dehors de l'idée ainsi construite. Direz-vous que toute la question est là, et qu'il s'agit précisément de savoir si un certain Être ne se distinguerait pas de tous les autres en ce qu'il serait inaccessible à notre expérience et pourtant aussi réel qu'eux? Je l'admets un instant, encore qu'une affirmation de ce genre, et les raisonnements qu'on y joint, me paraissent impliquer une illusion fondamentale. Mais il restera à établir que l'Être ainsi défini, ainsi démontré, est bien Dieu. Alléguerez-vous qu'il l'est par définition, et qu'on est libre de donner aux mots qu'on définit le sens qu'on veut? Je l'admets encore, mais si vous attribuez au mot un sens radicalement différent de celui qu'il a d'ordinaire, c'est à un objet nouveau qu'il s'applique; vos raisonnements ne concerneront plus l'ancien objet; il sera donc entendu que vous nous parlez d'autre chose. Tel est précisément le cas, en général, quand la philosophie parle de Dieu. Il s'agit si peu du Dieu auquel pensent la plupart des hommes que si, par miracle, et contre l'avis des philosophes, Dieu ainsi défini descendait dans le champ de l'expérience, personne ne le reconnaîtrait. Statique ou dynamique, en effet, la religion le tient avant tout pour un Être qui peut entrer en rapport avec nous: or c'est précisément de quoi est incapable le Dieu d'Aristote, adopté avec quelques modifications par la plupart de ses successeurs. Sans entrer ici dans un examen approfondi de la conception aristotélicienne de la divinité, disons simplement qu'elle nous paraît soulever une double question: 1° pourquoi Aristote a-t-il posé comme premier principe un Moteur immobile, Pensée qui se pense elle-même, enfermée en elle-même, et qui n'agit que par l'attrait de sa perfection; 2° pourquoi, ayant posé ce principe, l'a-t-il appelé Dieu? Mais à l'une et à l'autre la réponse est facile: la théorie platonicienne des Idées a dominé toute la pensée antique, en attendant qu'elle pénétrât dans la philosophie moderne; or, le rapport du premier principe d'Aristote au monde est celui même que Platon établit entre l'Idée et la chose. Pour qui ne voit dans les idées que des produits de l'intelligence sociale et individuelle, il n'y a rien d'étonnant à ce que des idées en nombre déterminé, immuables, correspondent aux choses indéfiniment variées et changeantes de notre expérience: nous nous arrangeons en effet pour trouver des ressemblances entre les choses malgré leur diversité, et pour prendre sur elles des vues stables malgré leur instabilité; nous obtenons ainsi des idées sur lesquelles nous avons prise tandis que les choses nous glissent entre les mains. Tout cela est de fabrication humaine. Mais celui qui vient philosopher quand la société a déjà fort loin poussé son travail, et qui en trouve les résultats emmagasinés dans le langage, peut être frappé d'admiration pour ce système d'idées sur lesquelles les choses semblent se régler. Ne seraient-elles pas, dans leur immutabilité, des modèles que les choses changeantes et mouvantes se bornent à imiter? Ne seraient-elles pas la réalité vraie, et changement et mouvement ne traduiraient-ils pas l'incessante et inutile tentative de choses quasi inexistantes, courant en quelque sorte après elles-mêmes, pour coïncider avec l'immutabilité de l'Idée? On comprend donc qu'ayant mis au-dessus du monde sensible une hiérarchie d'Idées dominées par cette Idée des Idées qu'est l'Idée du Bien, Platon ait jugé que les Idées en général, et à plus forte raison le Bien, agissaient par l'attrait de leur perfection. Tel est précisément, d'après Aristote, le mode d'action de la Pensée de la Pensée, laquelle n'est pas sans rapport avec l'Idée des Idées. Il est vrai que Platon n'identifiait pas celle-ci avec Dieu: le Démiurge du *Timée,* qui organise le monde, est distinct de l'Idée du Bien. Mais le Timée est un dialogue mythique; le Démiurge n'a donc qu'une demi-existence; et Aristote, qui renonce aux mythes, fait coïncider avec la divinité une Pensée qui est à peine, semble-t-il, un Être pensant, que nous appellerions plutôt Idée que Pensée. Par là, le Dieu d'Aristote n'a rien de commun avec ceux qu'adoraient les Grecs; il ne ressemble guère davantage au Dieu de la Bible, de l'Évangile. Statique ou dynamique, la religion présente à la philosophie un Dieu qui soulève de tout autres problèmes. Pourtant c'est à celui-là que la métaphysique s'est attachée généralement, quitte à le parer de tel ou tel attribut incompatible avec son essence. Que ne l'a-t-elle pris à son origine! Elle l'eût vu se former par la compression de toutes les idées en une seule. Que n'a-t-elle considéré ces idées à leur tour! Elle eût vu qu'elles servent avant tout à préparer l'action de l'individu et de la société sur les choses, que la société les fournit pour cela à l'individu, et qu'ériger leur quintessence en divinité consiste tout simplement à diviniser le social. Que n'a-t-elle analysé, enfin, les conditions sociales de cette action individuelle, et la nature du travail que l'individu accomplit avec l'aide de la société! Elle eût constaté que si, pour simplifier le travail et aussi pour faciliter la coopération, on commence par réduire les choses à un petit nombre de catégories ou d'idées traduisibles en mots, chacune de ces idées représente une propriété ou un état stable cueilli le long d'un devenir: le réel est mouvant, ou plutôt mouvement, et nous ne percevons que des continuités de changement; mais pour agir sur le réel, et en particulier pour mener à bien le travail de fabrication qui est l'objet propre de l'intelligence humaine, nous devons fixer par la pensée des stations, de même que nous attendons quelques instants de ralentissement ou d'arrêt relatif pour tirer sur un but mobile. Mais ces repos, qui ne sont que des accidents du mouvement et qui se réduisent d'ailleurs à de pures apparences, ces qualités qui ne sont que des instantanés pris sur le changement, deviennent à nos yeux le réel et l'essentiel, justement parce qu'ils sont ce qui intéresse notre action sur les choses. Le repos devient ainsi pour nous antérieur et supérieur au mouvement, lequel ne serait qu'une agitation en vue de l'atteindre. L'immutabilité serait ainsi au-dessus de la mutabilité, laquelle ne serait qu'une déficience, un manque, une recherche de la forme définitive. Bien plus, c'est par cet écart entre le point où la chose est et celui où elle devrait, où elle voudrait être, que se définira et même se mesurera le mouvement et le changement. La durée devient par là une dégradation de l'être, le temps une privation d'éternité. C'est toute cette métaphysique qui est impliquée dans la conception aristotélicienne de la divinité. Elle consiste à diviniser et le travail social qui est préparatoire du langage, et le travail individuel de fabrication qui exige des patrons ou des modèles: l'*eidos* (Idée ou Forme) est ce qui correspond à ce double travail; l'Idée des Idées ou Pensée de la Pensée se trouve donc être la divinité même. Quand on a ainsi reconstitué l'origine et la signification du Dieu d'Aristote, on se demande comment les modernes traitent de l'existence et de la nature de Dieu en s'embarrassant de problèmes insolubles qui ne se posent que si l'on envisage Dieu du point de vue aristotélique et si l'on consent à appeler de ce nom un être que les hommes n'ont jamais songé à invoquer. [...]

Dieu est amour, et il est objet d'amour: tout l'apport du mystique est là. De ce double amour la mystique n'aura jamais fini de parler. Sa description est interminable parce que la chose à décrire est inexprimable. Mais ce qu'elle dit clairement, c'est que l'amour divin n'est pas quelque chose de Dieu: c'est Dieu lui-même.

Cet amour a-t-il un objet? Remarquons qu'une émotion d'ordre supérieur se suffit à elle-même. Telle musique sublime exprime l'amour. Ce n'est pourtant l'amour de personne. Une autre musique sera un autre amour. Il y a aura là deux atmosphères de sentiment distincts, deux parfums différents, et dans les deux cas l'amour sera qualifié par son essence, non par son objet. Toutefois il est difficile de concevoir un amour agissant, qui ne s'adresserait à rien. Par le fait, les mystiques sont unanimes à témoigner que Dieu a besoin de nous, comme nous avons besoin de Dieu. Pourquoi aurait-il besoin de nous, sinon pour nous aimer? Telle sera bien la conclusion du philosophe qui s'attache à l'expérience mystique. La Création lui apparaîtra comme une entreprise de Dieu pour créer des créateurs, pour s'adjoindre des êtres dignes de son amour.

On hésiterait à l'admettre, s'il ne s'agissait que des médiocres habitants du coin d'univers qui s'appelle la Terre. Mais, nous le disions jadis, il est vraisemblable que la vie anime toutes les planètes suspendues à toutes les étoiles. Elle y prend sans doute, en raison de la diversité des conditions qui lui sont faites, les formes les plus variées et les plus éloignées de ce que nous imaginons; mais elle a partout la même essence, qui est d'accumuler graduellement de l'énergie potentielle pour la dépenser brusquement en actions libres. On pourrait encore hésiter à l'admettre, si l'on tenait pour accidentelle l'apparition, parmi les animaux et les plantes qui peuplent la terre, d'un être vivant tel que l'homme, capable d'aimer et de se faire aimer. Mais nous avons montré que cette apparition, si elle n'était pas prédéterminée, ne fut pas non plus un accident. Bien qu'il y ait eu d'autres lignes d'évolution à côté de celle qui conduit à l'homme, et malgré ce qu'il y a d'incomplet dans l'homme lui-même, on peut dire, en se tenant très près de l'expérience, que c'est l'homme qui est la raison d'être de la vie sur notre planète. Enfin il y aurait lieu d'hésiter encore, si l'on croyait que l'univers est essentiellement matière brute, et que la vie s'est surajoutée à la matière. Nous avons montré au contraire que la matière et la vie, telle que nous la définissons, sont données ensemble et solidairement. Dans ces conditions, rien n'empêche le philosophe de pousser jusqu'au bout l'idée, que le mysticisme lui suggère, d'un univers qui ne serait que l'aspect visible et tangible de l'amour et du besoin d'aimer, avec toutes les conséquences qu'entraîne cette émotion créatrice, je veux dire avec l'apparition d'êtres vivants où cette émotion trouve son complément, et d'une infinité d'autres êtres vivants sans lesquels ceux-ci n'auraient pas pu apparaître, et enfin d'une immensité de matérialité sans laquelle la vie n'eût pas été possible.

Nous dépassons ainsi, sans doute, les conclusions de «l'Évolution créatrice». Nous avions voulu rester aussi près que possible des faits. Nous ne disions rien qui ne pût être confirmé un jour par la biologie. En attendant cette confirmation, nous avions des résultats que la méthode philosophique, telle que nous l'entendons, nous autorisait à tenir pour vrais. Ici nous ne sommes plus que dans le domaine du vraisemblable. Mais nous ne saurions trop répéter que la certitude philosophique comporte des degrés, qu'elle fait appel à l'intuition en même temps qu'au raisonnement, et que si l'intuition adossée à la science est susceptible d'être prolongée, ce ne peut être que par l'intuition mystique. De fait, les conclusions que nous venons de présenter complètent naturellement, quoique non pas nécessairement, celles de nos précédents travaux. Une énergie créatrice qui serait amour, et qui voudrait tirer d'elle-même des êtres dignes d'être aimés, pourrait ainsi semer des mondes dont la matérialité, en tant qu'opposée à la spiritualité divine, exprimerait simplement la distinction entre ce qui est créé et ce qui crée, entre les notes juxtaposées de la symphonie et l'émotion indivisible qui les a laissées tomber hors d'elle. Dans chacun de ces mondes, élan vital et matière brute seraient les deux aspects complémentaires de la création, la vie tenant de la matière qu'elle traverse sa subdivision en êtres distincts, et les puissances qu'elle porte en elle restant confondues ensemble dans la mesure où le permet la spatialité de la matière qui les manifeste. Cette interpénétration n'a pas été possible sur notre planète; tout porte à croire que la matière qui s'est trouvée ici complémentaire de la vie était peu faite pour en favoriser l'élan. L'impulsion originelle a donc donné des progrès évolutifs divergents, au lieu de se maintenir indivisée jusqu'au bout. Même sur la ligne où l'essentiel de cette impulsion a passé, elle a fini par épuiser son effet, ou plutôt le mouvement s'est converti, rectiligne, en mouvement circulaire. L'humanité, qui est au bout de cette ligne, tourne dans ce cercle. Telle était notre conclusion. Pour la prolonger autrement que par des suppositions arbitraires, nous n'aurions qu'à suivre l'indication du mystique. Le courant vital qui traverse la matière, et qui en est sans doute la raison d'être, nous le prenions simplement pour donné. De l'humanité, qui est au bout de la direction principale, nous ne nous demandions pas si elle avait une autre raison d'être qu'elle-même. Cette double question, l'intuition mystique la pose en y répondant. Des êtres ont été appelés à l'existence qui étaient destinés à aimer et à être aimés, l'énergie créatrice devant se définir par l'amour. Distincts de Dieu qui est cette énergie même, ils ne pouvaient surgir que dans un univers, et c'est pourquoi l'univers a surgi. Dans la portion d'univers qu'est notre planète, probablement dans notre système planétaire tout entier, de tels êtres, pour se produire, ont dû constituer une espèce, et cette espèce en nécessita une foule d'autres, qui en furent la préparation, le soutien ou le déchet: ailleurs il n'y a peut-être que des individus radicalement distincts, à supposer qu'ils soient encore multiples, encore mortels; peut-être aussi ont-ils été réalisés alors d'un seul coup, et pleinement. Sur la terre, en tout cas, l'espèce qui est la raison d'être de toutes les autres n'est que partiellement elle-même. Elle ne penserait même pas à le devenir tout à fait si certains de ses représentants n'avaient réussi, par un effort individuel qui s'est surajouté au travail général de la vie, à briser la résistance qu'opposait l'instrument, à triompher de la matérialité, enfin à retrouver Dieu. Ces hommes sont les mystiques. Ils ont ouvert une voie où d'autres hommes pourront marcher. Ils ont, par là même, indiqué au philosophe d'où venait et où allait la vie.

Philosophie et théologie
(1921)

FRANZ ROSENZWEIG
(1886-1929)

Penseur méconnu, F. Rosenzweig n'en est pas moins l'un des grands philosophes du XXe siècle. Allemand et juif, il est à la croisée de deux héritages. Celui de la philosophie allemande en général et de Hegel en particulier, auquel il a consacré une thèse publiée en 1920, Hegel et l'État. *Celui du judaïsme, auquel il reste fidèle après avoir été tenté à un moment donné de se convertir au christianisme, à la suite d'une crise intérieure.*

L'Étoile de la rédemption, *publié en 1921, demeure son ouvrage majeur. Si celui-ci a pour souci de montrer que christianisme et judaïsme sont deux voies parallèles conduisant au même but, il n'en est pas moins une vigoureuse réaction contre la métaphysique rationaliste. Selon Rosenzweig, en effet, la tentation de l'objectivité absolue qui se veut sans présupposés débouche sur le nihilisme. Sous le prétexte de vouloir rendre compte de tout sans aucun parti pris, elle présuppose en fait le rien. Aussi convient-il de se tourner vers la religion. Car, quand la pensée du tout qui se veut sans présupposés aboutit au néant, seul le fait de croire en quelque chose demeure raisonnable.*

Structurée en trois parties: création, révélation et rédemption, l'œuvre s'efforce de montrer comment l'humanité en vient à s'accomplir grâce aux trois miracles qui jalonnent son histoire, à savoir: l'existence d'un monde structuré mathématiquement (création), l'existence d'une humanité parlante (révélation) et l'existence d'une humanité réconciliée grâce à l'éthique (rédemption).

Alors que le rationalisme n'a cessé de réduire le miracle à la raison, il nous est proposé ici de resituer la raison dans la perspective du miracle, en apercevant comment celle-ci se déploie et s'amplifie grâce à ces ruptures fondatrices que sont la création, la révélation et la rédemption. Comment, dès lors, opposer théologie et philosophie? Selon Rosenzweig, tout étant structuré en vue de la rédemption qui est l'humanité réconciliée par l'éthique, il n'est pas exagéré de dire que, pour accéder à celle-ci, il importe d'être aussi incroyant que croyant. Car, l'incroyance étant le sens de l'individu et la croyance celui de la communauté, il n'est pas plus possible de penser pouvoir arriver à la communauté sans passer par l'individu que d'imaginer un individu privé de toute communauté.

Si toute rationalité suppose une croyance préalable pour préserver son sens en dehors du néant, toute foi suppose une individualité authentique ayant entrepris de se séparer de la croyance passive. Aussi l'opposition foi-raison est-elle inadéquate face à l'enjeu plus profond qui consiste à se délivrer de totalisations destructrices afin de mettre en œuvre les conditions d'accès à une humanité réconciliée.

Source: F. Rosenzweig, *l'Étoile de la rédemption,* trad. J.L. Schlegel, Paris, Seuil, 1982.

Bibliographie: Emmanuel Levinas, *À l'heure des nations,* Paris, éditions de Minuit, 1985; Stéphane Moses, *Système et Révélation,* Paris, Seuil, 1982; *Cahier des exercices de la patience consacré à Franz Rosenzweig,* Paris, éditions de l'Herne, 1988.

La prière est la force qui transporte au-delà du seuil, hors du mystère, muet depuis la Création, de la vie qui croît par elle-même et hors du miracle de l'amour, doué du langage, jusqu'à l'illumination silencieuse de la fin totalement accomplie. C'est pourquoi, dans cette troisième partie, la liturgie prendra rang d'organon, à l'instar des mathématiques dans la première partie et de la grammaire dans la seconde. Certes, le rapport entre l'organon et l'être qu'il s'agit de connaître grâce à lui sera nécessairement autre que pour les mathématiques et la grammaire, qui déjà entretenaient par elles-mêmes un rapport différent à l'objet à connaître grâce à elles.

Les symboles mathématiques n'étaient vraiment que des symboles; ils étaient le mystère dans le mystère, des clés muettes qui à l'intérieur même de ce coffre du monde originel étaient conservées dans un compartiment secret; elles étaient enfouies dans et derrière les choses, et pour ce monde créé aux origines, c'était quelque chose de passé, l'héritage «a priori» d'une pré-création. En revanche, les formes de la grammaire énoncent immédiatement le miracle, elles ne sont plus enfouies dans quelque arrière-plan mystérieux du monde auquel elles appartiennent; au contraire, elles sont totalement réunies à lui; au sein du miracle, elles sont à leur tour le miracle, les signes révélés d'un monde révélé. Elles sont exactement contemporaines de leur monde; où est le monde, là est aussi le langage; il n'y a pas de monde sans parole; bien plus, le monde n'existe que dans la parole, et sans la parole, le monde ne serait pas. Cependant, les figures de la liturgie ne possèdent pas cette contemporanéité avec ce qui est l'objet de leur connaissance; car elles anticipent; c'est d'une réalité à venir qu'elles font un aujourd'hui. Elles ne sont donc pas des clés ni la bouche de leur monde, elles en sont un substitut. Pour la connaissance, elles se substituent au monde supérieur de la Rédemption; la connaissance ne connaît qu'elles; elle ne voit pas au-delà; l'éternel se cache derrière elles. Elles sont la lumière par laquelle nous voyons la lumière, l'anticipation silencieuse d'un monde qui brille dans le silence de l'avenir.

Le pré-monde ne contenait que les éléments silencieux à partir d'où s'édifiait la voie de l'Étoile; la voie elle-même était une réalité, mais à aucun moment elle n'était visible à l'œil; car l'Étoile qui parcourt la voie ne s'arrête pas le moindre instant. L'œil ne verra jamais que ce qui dure plus d'un instant; c'est seulement l'instant immobilisé parce qu'il est devenu éternel qui permet aux yeux d'apercevoir la figure qu'il recèle. La figure est donc ce qui dépasse l'élémentaire et le réel, elle est ce qui s'offre immédiatement à la vue. Tant que nous connaissons seulement des éléments de la voie et les lois qui gouvernent la voie d'une étoile, nos yeux ne l'ont pas encore vue; c'est seulement un point matériel qui se meut dans l'espace. C'est uniquement lorsque le télescope et le spectroscope la font venir à nous que nous la connaissons comme nous connaissons un ustensile dont nous nous servons ou une image dans notre chambre: par un regard familier. Seul ce qui se donne à voir achève l'état de fait: là on n'entend plus parler ni d'état ni de fait.

Ce qu'on peut voir dépasse le langage, va plus loin que lui. La lumière ne parle pas, elle luit. Elle ne se referme absolument pas sur elle-même: car elle ne rayonne pas vers l'intérieur, mais au-dehors. Mais son rayonnement n'est pas pour autant un délaissement de soi-même, comme l'est le langage; la lumière ne se livre pas, elle ne s'exprime pas au-dehors comme le langage quand il s'exprime: non, elle est visible tout en restant totalement chez soi-même; à proprement parler, elle ne rayonne pas au-dehors, elle se met seulement à rayonner; elle ne rayonne pas comme une fontaine, mais comme un visage, comme un œil, un œil qui devient éloquent sans que les lèvres aient eu besoin de s'ouvrir. Il y a là un mutisme sans comparaison avec le mutisme du pré-monde, qui n'a pas encore de parole, tandis que lui n'a plus besoin de la parole. C'est le silence de la compréhension accomplie. Là, un regard dit tout. Que le monde ne soit pas encore entré dans la Rédemption, rien ne l'apprend plus clairement que la multiplicité des langues. Entre des hommes qui parlent une langue commune, un regard suffit à coup sûr pour se faire comprendre; justement parce qu'ils ont une langue commune, ils sont au-delà de la langue. Mais entre différentes langues, seul le mot balbutié fournit une médiation, et le geste cesse d'être le moyen de compréhension immédiat qu'il était dans le clin d'œil muet, pour se réduire au balbutiement du langage gestuel, cette pauvre passerelle de fortune pour se faire comprendre. De là vient que le point suprême de la liturgie n'est pas la parole commune, mais le geste commun. La liturgie libère le geste des chaînes qui en font le domestique emprunté du langage, pour l'élever à un rang supérieur au langage. C'est seulement dans le geste liturgique qu'est anticipée la « lèvre pure » promise pour « ce jour-là » aux peuples perpétuellement divisés par leurs langues. En lui, le silence aride des membres incroyants devient éloquent, et la faconde débordante du cœur croyant devient silencieuse. Incroyance et foi unissent alors leur prière.

La vérité

Ils l'unissent dans le silence du geste liturgique — mais ne l'unissent-ils jamais dans la parole profane ? N'y a-t-il point une œuvre vivante — fût-ce une œuvre singulière, un simple témoignage d'appartenance commune — où les deux prières, celle de l'homme de la vie et celle de l'homme de Dieu, se rejoignent pour devenir une seule ? Souvenons-nous de ce que nous disions dans l'introduction de la partie précédente sur la théologie et la philosophie. Elles nous semblaient mutuellement ordonnées l'une à l'autre. C'était une exigence de réciprocité entre deux sciences. N'y a-t-il pas davantage ? Qui s'occupe de science est plus que ce dont il s'occupe. Le philosophe est nécessairement plus que la philosophie. Nous l'avions vu : il est nécessairement homme, c'est-à-dire chair et sang. Mais il ne suffit pas qu'il soit seulement cela. Comme chair et comme sang qu'il est, il doit prier la prière des créatures, la prière à son propre destin où précisément la créature se reconnaît à son insu comme créature. La sagesse qui l'habite, qui habite sa chair et son sang, Dieu la lui a donnée en le créant ; la voilà suspendue comme un fruit mûr à l'arbre de la vie. Et à son tour, le théologien est nécessairement plus que la théologie. Nous l'avons vu : il doit être véridique, il doit aimer Dieu. Et il ne suffit pas qu'il le fasse pour soi dans sa cellule. Comme amant solitaire qu'il est, il doit dire la prière des enfants de Dieu, la prière de la communauté qui craint Dieu, où il se reconnaît consciemment comme un membre de son corps immortel. La sagesse qui l'habite, qui habite son cœur rempli de crainte, Dieu l'a éveillée en lui par la Révélation de son amour ; comme étincelle allumée issue de la lumière éternelle, voilà qu'elle sort de sa bouche, prête à louer Dieu dans les assemblées.

La vérité divine se dérobe à celui qui voudrait ne la saisir que d'une main, et peu importe que cette main tendue soit celle du réalisme philosophique, qui s'imagine libre de tout présupposé, planant souverainement au-dessus des choses, ou celle de l'aveuglement théologique, qui, fort de son expérience vécue, se ferme au monde. Mais à qui l'invoque de la double prière du croyant et de l'incroyant, cette vérité ne fera pas défaut. Dieu donne de sa sagesse à l'une et à l'autre, à l'incroyance et à la foi, mais à tous deux il ne donne que si leur prière est réunie pour venir devant lui. C'est le même homme qui vient avec sa double supplique et qui doit venir, enfant incroyant du monde et enfant croyant de Dieu tout à la fois, pour lui présenter une double action de grâce, à lui qui fait don de sa sagesse à la chair et au sang comme à ceux qui le craignent.

Le Chiffre en héritage

(1951)

KARL JASPERS

(1883-1969)

Si Heidegger a, dans sa philosophie, posé la question de l'Être en se dégageant de la question de Dieu, qualifiée par lui comme étant « le mauvais destin de la question de l'Être », Karl Jaspers s'est, lui, détaché de la question de l'Être, afin de se tourner vers la question de Dieu. Pourquoi une telle démarche de sa part ? Parce que, selon lui, à la question « qu'est-ce que l'Être ? », toutes les philosophies n'ont fait que répondre en recourant à un objet et, qui plus est, à un objet mondain. Or, ce qui est n'est pas plus un objet qu'un objet mondain. Il suffit d'analyser notre condition, pour apercevoir que ce qui nous fait être est non seulement inobjectivable, mais situé hors du monde.

En tant que sujets, en effet, nous ne pouvons pas faire de nous-mêmes des objets sous peine de ne plus avoir affaire à des sujets, mais à des objets. L'objectivité vis-à-vis de nous-mêmes implique que nous ne nous saisissions jamais que comme des sujets. Quant aux objets face à nous, ils ne sont pas plus objectivables, eux aussi. Car, ne pouvant nous parvenir que par le biais du prisme de la représentation, ils sont entachés de subjectivité, en ne nous délivrant jamais qu'une « coupe » de ce qu'ils sont.

Donnée, donc, sans pouvoir jamais être objectivée, notre relation au monde traduit ce que Jaspers appelle une « scission fondamentale » entre sujet et objet. Loin de pouvoir nous comprendre ainsi que comprendre le monde comme un objet, il convient au contraire de constater que nous sommes bien plutôt compris par « quelque chose » dont le monde comme le sujet ne sont que les symboles, ou plus exactement, les chiffres. *Ce « quelque chose », Jaspers l'appelle* l'englobant, *pour caractériser le fait qu'il nous comprend. Mais, plus fondamentalement, il le désigne sous le terme de Dieu. Pourquoi une telle identification? Parce que, dit-il, cet Être qui nous comprend n'est pas un être anonyme. En des* situations limites *où l'homme n'a plus rien sur quoi s'appuyer, il s'aperçoit qu'un être le fait être et le soutient. Comme il s'aperçoit à différents moments de son existence qu'il est appelé, à travers les événements qui se déroulent dans sa vie, à devenir un, libre et responsable.*

Autrement dit, l'Être, qui s'annonce à travers le monde comme le sujet, n'a pas le mutisme des choses qui sont avec le pouvoir d'indifférence des pierres. Il parle à la vie des hommes pour leur donner la force de continuer à vivre, comme il parle à leur liberté. Aussi est-il plus que l'Être, comme l'a vu la Bible, qui l'a désigné sous le nom de Dieu et qui en a fait cette Parole jalonnant l'histoire tant individuelle que collective, à travers toutes sortes de révélations.

Au cours de l'histoire, souligne Jaspers, il a existé plusieurs modes d'accès à Dieu. Ainsi la mystique s'est-elle efforcée d'accéder à celui-ci en surmontant toute dualité, par le fait de se laisser passivement comprendre en lui. Si une telle démarche a pu conduire à des sommets d'élévation spirituelle, elle s'est aussi accompagnée d'une autodissolution du discours, quand cela n'a pas été d'une autodissolution des individus tout court. Aussi convient-il de conserver la voie philosophique qui consiste à témoigner de l'être comme Dieu, en déchiffrant les symboles qui parcourent l'histoire de l'humanité.

Débouchant sur une herméneutique (philosophie de l'interprétation), la démarche de Jaspers invite à envisager l'existence comme un livre à déchiffrer. En invitant à interpréter continuellement le sens de cette dernière, qui ne cesse de se renouveler, elle dépasse le conflit entre foi et raison, qui n'a cessé d'embarrasser la culture. Si l'intelligence et l'élan de la foi ont un sens, selon lui, c'est en faisant œuvre de lecture vigilante et attentive de l'existence pour en scruter le sens qu'elles en font preuve. Aussi est-ce dans la figure du veilleur à qui il est donné de pouvoir parfois éveiller que s'accomplit, en définitive, le dialogue, quelquefois difficile, qui met aux prises la pensée et la transcendance.

Source : Karl Jaspers, *Introduction à la philosophie,* trad. Jeanne Hersch, Paris, Plon, 1965.

Bibliographie : Paul Ricœur et Mikel Dufrenne, *Karl Jaspers et la philosophie de l'existence,* Paris, Seuil, 1957.

L'englobant

Quand par la pensée je me prends moi-même pour objet, je deviens autre chose pour moi. En même temps, il est vrai, je suis présent en tant que moi-qui-pense, qui accomplis cette pensée de moi-même; mais ce moi, je ne peux pas le penser de façon adéquate comme objet, car il est toujours la condition préalable de toute objectivation. Ce trait fondamental de notre vie pensante, nous l'appelons la scission sujet-objet. Nous sommes toujours en elle, pour peu que nous soyons éveillés et conscients. Nous aurons beau tourner et retourner notre pensée sur elle-même, nous n'en resterons pas moins toujours dans cette scission entre le sujet et l'objet et braqués sur l'objet; peu importe que l'objet soit une réalité perçue par nos sens, une représentation idéale telle que chiffres et figures, un produit de la fantaisie, ou même la conception purement imaginaire d'une chose impossible. Toujours les objets qui occupent notre conscience sont, extérieurement ou intérieurement, en face de nous. Comme l'a dit Schopenhauer, il n'y a ni objet sans sujet, ni sujet sans objet.

Quel est donc le sens de ce mystère impliqué à tout instant par la scission sujet-objet? Manifestement, c'est que l'être en tant que totalité ne peut être ni objet ni sujet, mais qu'il doit être l'« englobant » qui se manifeste dans cette scission.

Il est évident que l'être en soi ne peut pas être objet. Tout ce qui est objet pour moi vient à moi du fond de l'englobant et c'est du fond de l'englobant que je surgis comme sujet. L'objet est un être défini pour le moi. L'englobant, pour ma conscience, reste obscur. Il ne s'éclaire que par les objets, et il devient d'autant plus clair que les objets sont plus nettement présents à la conscience. L'englobant ne devient pas lui-même objet, mais il se manifeste dans la scission du moi et de l'objet. Lui-même reste un arrière-plan qui s'éclaire sans cesse à travers la manifestation des objets, tout en demeurant l'englobant.

Mais il y a encore dans toute pensée une seconde scission. Tout objet clairement pensé et défini se trouve en relation avec d'autres. Définir, c'est distinguer une chose d'une autre. Même lorsque je pense l'être en général, je le pense par opposition au néant.

Ainsi toute chose, tout contenu de la pensée, tout objet, se trouve subir une double scission: d'une part d'avec moi, le sujet pensant, et de l'autre, d'avec d'autres objets; en tant qu'objet de pensée, il ne peut jamais être tout, jamais la totalité de l'être, jamais l'être même. Être pensé, c'est tomber hors de l'englobant. L'objet pensé est toujours particulier et il s'oppose à la fois au sujet et aux autres objets.

L'englobant, c'est donc ce qui, à travers la pensée, ne fait que s'annoncer. Nous ne le rencontrons jamais lui-même, mais tout ce que nous rencontrons, nous le rencontrons en lui.

Quel est le sens d'une telle constatation?

Pour le bon sens ordinaire que nous mettons dans nos rapports avec les choses, cette pensée paraît antinaturelle. Notre entendement, braqué dans le monde sur des buts pratiques, fait résistance.

L'opération fondamentale, qui nous permet de dépasser par la pensée même tout contenu de pensée, n'est peut-être pas difficile, mais elle nous paraît très étrange. C'est qu'elle ne nous fait pas connaître quelque objet nouveau que l'on pourrait ensuite saisir. Elle ne recourt à la réflexion que pour transformer la conscience que nous avons de nous-mêmes.

Elle ne dévoile à nos yeux aucun objet nouveau et reste donc pour nous, en ce qui concerne la connaissance du monde au sens usuel, vide de tout contenu. Mais par sa forme, elle ouvre les possibilités infinies qui sont celles de l'être se manifestant à nous, et en même temps elle rend toute possibilité transparente. Elle transforme la signification même de l'objectivité en éveillant en nous la capacité de percevoir dans les apparences ce qui véritablement *est* [...].

La démarche philosophique fondamentale qui vient d'être exposée rompt les liens qui nous attachent aux objets comme s'ils étaient l'être même. Il devient dès lors possible de comprendre le sens de la *mystique*. Depuis des millénaires, en Chine, aux Indes, dans l'Occident, des philosophes ont énoncé certaines choses, semblables partout et en tout temps, même si l'expression en est diverse : l'homme, disent-ils, est capable de dépasser la scission sujet-objet jusqu'à en fondre complètement les deux termes ; il abolit ainsi toute objectivité et il éteint le moi. Alors s'ouvre à lui l'être absolu, qui au réveil laisse subsister la conscience d'une signification plus profonde que toute autre, inépuisable. Mais pour celui qui a passé par là, cette identification du sujet et de l'objet représente vraiment le réveil, et c'est la conscience soumise à la scission sujet-objet qui est bien plutôt le sommeil. C'est ce qu'écrit Plotin, le plus grand philosophe mystique de l'Occident : « Souvent, lorsque j'échappe à la somnolence du corps et que je m'éveille à moi-même, je contemple une beauté étonnante. C'est alors que je crois le plus fermement appartenir à un monde meilleur et plus élevé, que je sens se déployer en moi dans toute sa force la vie la plus splendide, et que je me sens un avec la divinité. »

On ne peut pas mettre en doute les expériences mystiques, ni davantage le fait suivant : par quelque langage que le mystique cherche à s'exprimer, l'essentiel reste indicible. Le mystique perd pied dans l'englobant. Ce qui est exprimable se trouve pris dans la scission sujet-objet; même si le processus d'élucidation est poursuivi à l'infini par la conscience, il n'atteint jamais la plénitude de l'origine. Mais nous ne pouvons parler que de ce qui prend une figure objective. Le reste est incommunicable. Pourtant ce reste persiste à l'arrière-plan de ces pensées philosophiques que nous appelons spéculatives, et c'est lui qui leur donne leur poids et leur signification.

L'examen philosophique de l'englobant nous aide aussi à mieux comprendre les grandes ontologies et les grandes *métaphysiques*, millénaires, celle du feu, de la matière, de l'esprit, du devenir universel, etc. Souvent leurs auteurs leur ont attribué la portée d'un savoir objectif, alors que, vues sous cet angle, elles sont complètement fausses. Elles avaient en réalité une autre signification : elles désignaient l'être au moyen d'une écriture chiffrée ; le philosophe, après l'avoir tracée en présence de l'englobant pour éclairer son être propre et l'être même, s'est laissé aller à l'erreur de la considérer comme une réalité objective définie qui serait en même temps l'être en soi.

Tandis que notre pensée se meut parmi les phénomènes du monde, nous prenons conscience du fait que l'être en soi ne peut être saisi ni dans la réalité objective, toujours limitative, ni dans l'horizon de notre monde, toujours limité, même s'il embrasse la totalité des phénomènes. Il ne se trouve que dans l'englobant, qui reste au-delà de tous les objets et de tous les horizons, au-delà de la scission sujet-objet.

Quand nous nous sommes assimilé l'opération philosophique fondamentale qui nous révèle l'englobant, nous voyons s'effondrer les métaphysiques énumérées plus haut, avec toutes les théories qui apportent soi-disant une connaissance de l'être, dans la mesure où elles prétendent faire de telle ou telle réalité particulière l'être en soi, si grande et si essentielle que soit cette réalité. Pourtant, elles restent pour nous le seul langage possible quand nous tentons de dépasser toutes les réalités : objets, pensées, horizons universels, pour apercevoir, au-delà de toutes les apparences, l'être en tant qu'être.

Ce but, en effet, nous ne l'atteignons pas en nous détournant du monde, à moins que ce ne soit par la voie mystique, qui demeure incommunicable. Ce n'est que dans le savoir distinct, objectif, que notre conscience reste claire. Lui seul peut donner à la conscience son poids et sa portée en lui faisant faire l'expérience de ses limites, de façon qu'elle perçoive ce que la limite même révèle. Alors même que nous dépassons par la pensée tout objet, nous sommes encore et toujours soumis aux conditions de l'objectivité. Lorsque l'apparence devient pour nous transparente, nous n'en sommes pas moins liés à elle.

La métaphysique nous fait percevoir l'englobant de la transcendance et nous l'interprétons comme une écriture chiffrée. Son sens nous échappe cependant si nous nous laissons aller à jouir esthétiquement de ces spéculations sans nous engager. Elle ne prend pour nous toute sa portée que si nous percevons la réalité à travers le chiffre, et cela n'est possible que par la réalité de notre existence, non par le seul entendement, pour lequel tout cela n'a guère de sens.

Mais il faut à plus forte raison se défendre de prendre le chiffre (le symbole) de la réalité pour une réalité tangible, semblable aux choses que nous manions, dont nous nous servons et que nous consommons. Prendre l'objet comme tel pour l'être même, c'est là l'essence de tout dogmatisme, et réduire des symboles à leur réalité matérielle et charnelle, c'est de la superstition. En effet, être superstitieux, c'est être asservi à l'objet; la foi, elle, s'enracine dans l'englobant.

III

LE SUJET

La philosophie est fille d'étonnement, disait Platon, et nul ne peut contester que c'est avec un sursaut émerveillé devant le fait qu'il y ait quelque chose et non pas rien que s'éveille la pensée. Pour paradoxal que cela soit, celle-ci jaillit en déssaisissant le sujet de lui-même afin de le placer face à l'impensable miracle de l'Être, en qui une partie de la philosophie a vu l'expression d'un Tout-Autre venant transparaître en sa présence.

Toutefois, si la pensée surgit en dépossédant le sujet de lui-même afin de le confronter à une saisissante manifestation de l'Être, elle ne peut se concevoir sans lui. Car, pour se relier à l'impensable de la sorte, encore faut-il penser. Et, pour cela, entreprendre de penser par soi.

L'Être n'ayant de sens que comme Être pensé, c'est en devenant soi que l'on accède à celui-ci. Et donc, c'est en se donnant une intériorité et un moi que l'on fait route vers lui.

De ce point de vue, l'exigence d'un sujet pensant n'est nullement l'illusion destructrice de la philosophie, comme cela a été dit tant de fois, mais sa condition. Il y a dans la mise en avant du moi pensant, non pas un obscurcissement de l'Être, mais une expression achevée de celui-ci. Car, outre le fait que la philosophie ne se pense pas seule mais par l'intermédiaire de philosophes en chair et en os, elle tient tout son sens de donner sens et vie à des moi pensants.

À bien des égards, le philosophe vivant est la vérité de la philosophie. Et c'est en ce sens peut-être qu'il nous faut comprendre la fameuse formule du temple d'Apollon à Delphes : «Connais-toi toi-même» (Gnotis eauton). *Loin d'être une invitation à un savoir total de soi, elle est bien plutôt une invitation à comprendre qu'il nous faut être en pensant par nous-mêmes, si nous voulons pouvoir comprendre quelque chose à l'Être.*

Cette exigence d'être par soi, nous dit Hegel, est ce qui a fait passer l'humanité du mythe (muthos) *à la raison* (logos). *Et Jaspers de confirmer : «Vers le VIe siècle avant Jésus-Christ se situe ce que l'on pourrait appeler* "la période axiale" *de l'humanité... La nouveauté de cette époque, c'est que partout l'homme prend conscience de l'être dans sa totalité, de lui-même et de ses limites... Tout en prenant conscience de ses limites, il se propose les buts les plus élevés. Il rencontre l'absolu dans la profondeur du sujet conscient et dans la clarté de la transcendance... À la suite de cette évolution, les conceptions, les conditions sociales, jusqu'alors inconsciemment reconnues et incontestées se trouvèrent mises en question. Tout entra dans un tourbillon. L'âge mythique et ses rassurantes évidences avait pris fin... Les mythes se transformèrent, leur sens gagna en profondeur au moment où le mythe dans sa totalité fut détruit... Pour la première fois, il y eut des philosophes... Des hommes isolément osèrent ne s'appuyer que sur eux-mêmes.»* (Introduction à la philosophie, *Plon, p. 106-107*).

Par ailleurs, c'est cette aspiration consciente à l'Être qui confirme tout le caractère concret de l'Être. Car quelle plus belle démonstration du caractère concret de celui-ci y a-t-il que celle d'une humanité désirant devenir consciente d'elle-même ? Le besoin de penser, de créer et de donner du sens à sa vie n'est-il pas le témoignage éclatant de la transcendance ?

Toute la Phénoménologie de l'Esprit *s'est employée à nous le montrer. La Substance, dira Hegel, est sujet. Tout comme le concept d'ailleurs. Car, la pensée ne se pense pas sans penseur, elle est le penseur même s'affirmant dans l'histoire.*

Quel que soit cependant le caractère incontournable du sujet dans la pensée, une pensée rigoureuse se doit d'apercevoir que ce dernier ne saurait se refermer sur lui-même sans se détruire. Un certain nombre de penseurs l'ont fait remarquer, comme Nietzsche : si le moi peut être, c'est que quelque chose le fait être. Pour vivre comme tel, encore faut-il que le moi se conforme à la vie, sous peine de n'être plus qu'une illusion et une abstraction.

Qui plus est, la même rigueur nous invite à apercevoir qu'une réflexion sur la subjectivité ne saurait s'arrêter en route. Car, il n'est pas suffisant de dire qu'il ne peut pas y avoir de pensée sans un sujet qui la pense. Quand le sujet pensant demeure au stade d'un moi transcendantal posé comme simple condition de possibilité de la pensée, on court le risque de demeurer dans le « on ». Et donc, dans le mirage d'une pensée se pensant toute seule.

La prise au sérieux de la subjectivité implique que l'on aille vers une subjectivité charnelle. Car, seul le corps en sa sensibilité irréductible d'une personne à l'autre, signifie ce que le sujet peut être. Il n'est donc pas étonnant que dans sa logique la pensée du sujet nous conduise à dépasser la subjectivité de la conscience pour se tourner vers les profondeurs de la vie et du corps. Il se pourrait, en effet, que ce soit le corps en sa tremblante et fragile existence qui soit non seulement le sol de toute subjectivité, mais l'expression la plus ténue, la plus bouleversante et la plus émerveillante de l'Être. C'est tout du moins ce que laisse entendre Jean-Toussaint Desanti dans la belle préface qu'il consacre à la Lecture de Kant *de Maurice Clavel, lorsqu'il écrit : « Tout ce qui peut se dire, se penser, se savoir et se faire, s'enracine seulement dans l'ici de ce corps et de ce monde... C'est au cœur du sensible qu'il convient de prendre racine et dans la spatialité du corps que s'assume tout le poids de la pensée. » (Flammarion, p. 8).*

Les textes qui sont présentés ici s'efforcent de ressaisir le mouvement qui conduit à une telle approche singulière du corps et de son caractère transcendantal. Loin de situer le sujet comme négation de l'Être, et la critique de la conscience comme prémisse de la mort de l'homme, ils ont, au contraire, pour but de faire apercevoir que la subjectivité est un approfondissement de la question de l'Être et l'ouverture à la question du corps, un approfondissement de la subjectivité.

L'HOMME ET LA CONSCIENCE

L'homme intérieur
(397)

SAINT AUGUSTIN
(354-430)

Si l'on doit à l'humanisme depuis la Renaissance d'avoir su peu à peu conférer une valeur autonome à la notion d'homme, celle-ci n'aurait pas été possible sans un travail préparatoire. Il semble en l'occurrence que les Grecs aient joué un grand rôle à ce sujet. Ainsi que l'a fait remarquer Hegel, l'épisode d'Œdipe et du sphinx incarne de façon exemplaire le passage du mythe à la pensée individuelle[1]*. Car le mythe, dit-il, était porteur d'une pensée développée sur un mode symbolique, comme le montre la question du sphinx demandant à Œdipe qui est à quatre pattes le matin, à deux pattes à midi et à trois pattes le soir. En répondant qu'il s'agit là de l'homme, Œdipe a montré que si l'on voulait pouvoir accéder à l'être des dieux il fallait commencer avant tout par son propre être. Et donc cesser de se laisser penser par le discours mythique afin de penser par soi.*

Œdipe, souligne Hegel, représente l'intériorisation du mythe sous forme de conscience de soi. On trouve, d'une certaine façon, une intériorisation analogue chez Socrate. Car, qu'est-ce que le « daïmon *» dont celui-ci n'a cessé de se réclamer sinon un oracle intériorisé? «Il peut paraître étrange, dit Socrate, dans* l'Apologie[2]*, que j'aille par les rues, donnant des conseils et me mêlant des affaires des autres... Cela tient à ce qu'un signe divin et démonique se manifeste à moi... Il s'agit là d'une voix qui, lorsqu'elle se fait entendre, me détourne toujours de ce que je me propose de faire.» (Garnier, p. 43).*

Pratiquement parlant, Michel Foucault a souligné, dans son Histoire de la sexualité[3]*, qu'en entreprenant d'élaborer un «usage des plaisirs» l'Antiquité avait mis en place un «souci de soi», qui peut être considéré comme l'une des premières manifestations d'une pensée du sujet. Toutefois, malgré toutes ces avancées tant théoriques que pratiques, ce n'est pas avec l'Antiquité que s'est véritablement constituée une telle pensée. Car, comme l'a souligné Bernard Groethuysen, si celle-ci a eu conscience du «il», elle n'a pas eu conscience du «je»*[4]*. «L'âme grecque», ainsi que le rappelle Jean-Pierre Vernant, «est restée en chacun des hommes une entité impersonnelle ou suprapersonnelle. Elle a été* l'âme *en moi plutôt que* mon âme*. D'abord parce qu'elle s'est définie par son opposition radicale au corps et qu'elle a exclu tout ce qui relève des particularités individuelles. Ensuite, parce qu'elle a été définie comme un* daïmon*, un être divin, dont la place et la fonction dépassent notre personne singulière.*[5]*»*

En fait, c'est avec le christianisme que l'individualité va prendre toute sa valeur. En posant en effet la réalité de l'incarnation, celui-ci a conféré à celle-ci une dignité inédite

1. Hegel, *l'Art symbolique*, trad. S. Jankélévitch, Paris, Aubier, 1964, p. 104.
2. Platon, *Apologie de Socrate*, trad. E. Chambry, Paris, Garnier-Flammarion, 1965, p. 43.
3. Michel Foucault, *Histoire de la sexualité*, Paris, Gallimard, 1984.
4. Bernard Groethuysen, *Anthropologie philosophique*, Paris, Gallimard, 1980, p. 61.
5. Jean-Pierre Vernant, *l'Individu, la mort, l'amour*, Paris, Gallimard, 1989, p. 228.

jusqu'alors. Au-delà de ce fait, mais toujours dans la même perspective, l'idée que Dieu se trouve en chaque homme a grandement contribué à son déploiement. Les textes de saint Augustin présentés ici en sont la marque. Textes relatant une conversion, ils procèdent d'un je prenant la parole afin de narrer les circonstances d'un retournement intérieur qui a conduit celui-ci de l'homme extérieur à l'homme intérieur. Plus précisément, à l'occasion d'une méditation sur la mémoire, ils s'efforcent de montrer comment celle-ci ne se comprend que par l'âme que l'homme a reçue de Dieu.

Certes, l'âme telle que l'a conçoit saint Augustin n'est pas pleinement autonome, puisque l'homme n'en est pas le maître. Décrite comme procédant d'une source plus intime à elle-même qu'elle-même, elle n'est pas toutefois un daïmon. *Car, tout son sens réside dans une invitation faite à l'homme afin qu'il s'intériorise davantage.*

Source : Saint Augustin, *les Confessions*, trad. J. Trabucco, Paris, Garnier-Flammarion, Livre X, chap. VI, X, XI, p. 207 à 208, 213 à 214.

Bibliographie : Étienne Gilson, *Introduction à l'étude de saint Augustin*, Paris, Vrin, 1982, 2e éd.

Qu'est-ce que Dieu ?

Ce qui n'est pas douteux, ce dont ma conscience est certaine, Seigneur, c'est que je vous aime. Vous avez frappé mon cœur de votre parole, et je vous ai aimé. Mais le ciel, la terre et tout ce qu'ils renferment, de toutes parts me disent de vous aimer, et ils ne cessent de le dire à tous les hommes, « afin qu'ils soient sans excuse ». Vous aurez plus profondément pitié de celui dont vous avez déjà eu pitié, et vous témoignerez votre miséricorde à celui pour qui vous vous serez montré miséricordieux. Autrement le ciel et la terre ne raconteraient vos louanges qu'à des sourds.

Mais qu'est-ce que j'aime, en vous aimant ? Ce n'est pas la beauté des corps, ni leur éclat qui passe, ni la clarté du jour qu'aiment tant ces pauvres yeux, ni les douces mélodies des cantilènes variées, ni l'odeur suave des fleurs, des parfums et des aromates, ni la manne, ni le miel, ni les membres, délices des enlacements de la chair. Non ce n'est pas cela que j'aime, quand j'aime mon Dieu. Pourtant j'aime une clarté, une voix, un parfum, une nourriture, un enlacement quand j'aime mon Dieu : c'est la clarté, la voix, le parfum, l'enlacement de « l'homme intérieur » que je porte en moi, là où brille pour mon âme une clarté que ne borne aucun espace, où chantent des mélodies que le temps n'emporte pas, où embaument des parfums que ne dissipe pas le vent, où la table a des saveurs que n'émousse pas la voracité, et l'amour des enlacements que ne dénoue aucune satiété ; voilà ce que j'aime en aimant mon Dieu !

Qu'est-ce donc que ce Dieu ? J'ai interrogé la terre et elle m'a dit : « Je ne suis point Dieu. » Tout ce qui s'y rencontre m'a fait le même aveu. J'ai interrogé la mer et ses abîmes, les êtres vivants qui s'y meuvent et ils m'ont répondu : « Nous ne sommes pas ton Dieu ; cherche au-dessus de nous. » J'ai interrogé les vents qui soufflent, et le nom de l'air avec ses habitants m'a dit : « Anaximène se trompe, je ne suis point Dieu. » J'ai interrogé le ciel, le soleil, la lune et les étoiles : « Nous ne sommes pas davantage le Dieu que tu cherches », m'ont-ils déclaré. Et j'ai dit à tous les êtres qui assaillent les portes de mes sens : « Entretenez-moi de mon Dieu, puisque vous ne l'êtes point, dites-moi quelque chose de lui. » Ils m'ont crié d'une voix éclatante : « C'est Lui qui nous a créés. » Pour les interroger je n'avais qu'à les contempler, et leur réponse, c'était leur beauté.

Alors je me suis tourné vers moi-même et je me suis dit : « Mais toi, qui es-tu ? » Et j'ai répondu : « Un homme. » Pour me servir j'ai un corps et une âme ; l'un appartient au monde extérieur, l'autre est au-dedans de moi. À laquelle de ces deux parts de moi-même aurais-je pû demander de me faire connaître mon Dieu, ce Dieu que j'avais déjà cherché avec mon corps depuis la terre jusqu'au ciel, aussi loin que je pouvais envoyer les rayons de mes yeux, ces messagers ? Mais meilleure est la part intérieure de moi-même. Car c'est à elle que tous les messagers de mon corps rendaient compte, comme à un président et à un juge, des réponses du ciel, de la terre et de tout ce qu'ils renferment et qui proclame : « Ce n'est pas nous qui sommes Dieu » et « c'est Lui qui nous a créés ». L'homme intérieur connaît ces choses par le ministère de l'homme extérieur ; moi, l'homme intérieur, moi l'âme, je les ai connues par les sens de mon corps. J'ai interrogé sur mon Dieu la masse de l'univers qui m'a répondu : « Je ne suis point Dieu, je suis son œuvre. »

À tous ceux qui ont des sens intacts, cette beauté de l'univers n'apparaît-elle donc pas ? Mais pourquoi ne parle-t-elle pas à tous le même langage ? C'est que les animaux, petits et grands, la voient, mais ne peuvent l'interroger, car il n'est point chez eux de raison chargée, comme un juge, de recueillir les messages des sens. Les hommes, eux, en ont le pouvoir, afin « que les perfections invisibles de Dieu se manifestent à l'intelligence à travers ses œuvres. » Mais l'amour qu'ils ont pour les choses créées les y asservit, et cet asservissement les rend incapables de les juger. Or, elles ne répondent qu'à ceux qui les interrogent en les jugeant. Elles ne changent pas leur langage, j'entends leur beauté, lorsque l'un se borne à les voir, tandis que l'autre les interroge en les voyant ; elles ne leur présentent pas des apparences différentes ; mais, tout en gardant le même aspect à leurs yeux, elles demeurent muettes pour l'un, alors qu'elles parlent à l'autre. Ou plutôt elles parlent à tous, mais ne sont comprises que de ceux qui comparent leur voix du dehors avec la vérité qui est en eux. Car la vérité me dit : « Ton Dieu n'est ni le ciel, ni la terre, ni aucune espèce de corps. » Leur nature le dit. Pour qui sait voir, une masse est moindre dans ses éléments que dans son tout. Déjà tu es meilleure, ô mon âme, je te le dis, puisque tu animes la masse du corps où tu es unie en lui communiquant la vie, qu'aucun corps ne peut donner à un autre corps. Mais ton Dieu est pour toi aussi la vie de ta vie.

Il y a dans la mémoire un savoir qui ne vient pas des sens

Mais quand j'entends dire qu'il y a trois genres de questions : si une chose existe ? quelle en est la nature ? quelle en est la qualité ? je retiens l'image des sons qui composent ces mots, je sais que ces sons ont traversé l'air en vibrant, et qu'ils ont déjà cessé d'être. Mais les réalités elles-mêmes, signifiées par ces sons, je ne les ai atteintes par aucun sens et je ne les ai vues nulle part que dans mon esprit. Ce que j'ai mis en réserve dans ma mémoire, ce ne sont pas leurs images, mais elles-mêmes.

D'où sont-elles entrées en moi ? qu'elles le disent si elles le peuvent. Je parcours en vain toutes les portes de ma chair, je n'en trouve point par où elles auraient pu entrer. Les yeux disent : « Si elles ont une couleur, c'est nous qui avons apporté ces messages. » Les oreilles disent : « Si elles sont sonores, c'est de nous que viennent leurs révélations. » Les narines disent : « Si elles sont odorantes, c'est par nous qu'elles ont passé. » Et le goût dit encore : « Si elles n'ont pas de saveur, ne me demandez rien. » Le tact prononce : « Si elles sont sans corps, je ne les ai pas touchées, je ne les ai pas révélées. »

D'où, par où sont-elles donc entrées dans ma mémoire ? Je n'en sais rien. Je ne les ai pas apprises en m'en remettant à l'intelligence d'un autre : c'est dans mon esprit que je les ai reconnues et admises comme vraies; je les lui ai confiées comme un dépôt d'où je les tirerais quand je le voudrais. Elles s'y trouvaient donc même avant que je les apprisse; mais elles ne se trouvaient pas encore dans ma mémoire. Où étaient-elles, et pourquoi, lorsqu'on m'en a parlé, les ai-je reconnues et ai-je déclaré: «Parfaitement, cela est vrai»? Point d'autre raison que celle-ci: elles étaient déjà dans ma mémoire, mais si loin et enfouies dans de si secrètes profondeurs que, sans les leçons qui les en ont arrachées, je n'aurais pas pu peut-être les concevoir.

Ces notions sont le produit de l'activité de la pensée

Ainsi, nous constatons qu'acquérir de telles connaissances, dont nous n'empruntons pas les images aux sens, mais que nous percevons en nous sans l'aide d'images, telles qu'elles sont en elles-mêmes, ce n'est pas autre chose qu'en rassembler par la pensée les éléments épars, désordonnés que renfermait la mémoire; et grâce à l'attention, les avoir bien en main dans cette mémoire, où elles se cachaient à l'état de fragments à l'abandon, de sorte qu'elles accourent facilement, à l'appel d'un effort familier.

Combien de connaissances de cette espèce porte ma mémoire, connaissances déjà toutes trouvées, et, je l'ai dit, en quelque sorte, à portée de notre main; voilà ce que nous nommons «apprendre» et «savoir». Si je reste un peu de temps sans les évoquer, elles se replongent et se dispersent dans leurs mystérieuses retraites; force est alors pour la pensée d'aller les y chercher – elles n'ont pas d'autre habitacle – comme si elles étaient nouvelles et de les réunir une seconde fois *(cogenda)* pour qu'elles puissent faire l'objet d'un savoir; c'est-à-dire qu'il faut les tirer de leur état de dispersion et les rassembler. De là, l'expression *cogitare*, car *cogo* et *cogito* sont entre eux comme *ago* et *agito*, *facio* et *factito*. Cependant l'intelligence a revendiqué ce mot *(cogito)* en propre; si bien que cette opération de *rassembler*, de *réunir* dans l'esprit et non point ailleurs, c'est proprement ce qu'on nomme penser *(cogitare)*.

Je pense, je suis
(1641 et 1643)

DESCARTES
(1596-1650)

En 1641, désireux de trouver une vérité qui soit fermement établie dans les sciences, Descartes décide de rejeter toutes les connaissances incertaines, pour ne retenir que celles capables d'évidence. Aussi entreprend-il de douter systématiquement de tout. Ce qui le conduit, comme le souligne Martial Guéroult[1]*, à douter de la nature matérielle, de la nature intellectuelle ainsi que de l'existence.*

Si, en effet, les sens nous permettent d'appréhender le monde, beaucoup de choses leur échappent, en particulier l'infiniment grand et l'infiniment petit. Si, par ailleurs, l'expérience que nous avons de nous-mêmes nous laisse penser que nous existons, celle-ci est impuissante à nous prouver que nous ne rêvons pas quand nous sommes éveillés, car le sentiment d'exister est aussi fort en rêve que durant la veille. Quand bien même enfin la vie ne serait pas un songe, puisqu'il faut bien admettre que la réalité du rêve n'est possible

1. Martial Guéroult, *Descartes selon l'ordre des raisons*, Paris, Aubier, 1968, chap. III et chap. IV.

que grâce à la réalité de la réalité, qu'est-ce qui nous prouve qu'il n'existe pas un quelconque trompeur nous faisant croire que le réel existe alors qu'il n'existe pas ?

Tout est douteux, conclut Descartes. Aussi importe-t-il que nous suspendions notre jugement et, pour cela, que nous exorcisions en nous toute volonté d'adhérer à quoi que ce soit (monde, vérité, existence), en nous imaginant qu'un rusé trompeur se joue de nous en tout et partout. Toutefois, alors même que toute vérité semble condamnée, un retournement se produit. Car, si les connaissances héritées de la mémoire et de la tradition recèlent une confusion qui légitime le doute dont elles font l'objet, le doute lui-même comporte une extravagance dont il importe qu'on s'en délivre. Aussi ne saurions-nous longtemps douter de tout sans nous contredire. Car, pour douter, encore faut-il penser. Qui plus est, seule une conscience pouvant être trompée, force est de constater que, si on cherche à nous tromper, c'est bien la preuve que nous sommes comme conscience.

Constatant donc que la pensée du sceptique est la plus belle réfutation qui soit du scepticisme, Descartes pose le sujet non pas comme une entité abstraite, mais comme ce que la pensée ne saurait éliminer d'elle-même sans se nier. Aussi le reproche d'abstraction qu'on lui a adressé est-il injuste. Tout comme est injuste l'accusation de dualisme sans cesse rebattue contre lui. Car, jamais Descartes n'a prétendu que l'âme était comme un pilote dans un vaisseau. Comme l'a vu Merleau-Ponty, celui-ci a au contraire considéré que l'homme était un tout. S'il a distingué l'âme du corps, c'est afin de mieux penser le corps « qui est très embrouillé ».

Si saint Augustin a ouvert la voie à une émancipation de la subjectivité par le biais de sa notion d'homme intérieur, c'est avec Descartes que la notion de sujet va recevoir sa pleine autonomie. On a attribué à saint Augustin la paternité de la découverte du cogito. *Et il est vrai que l'on trouve dans* la Cité de Dieu *des formules qui vont en ce sens*[1]. *Ne dit-il pas en effet : « Si je me trompe, je suis. Qui n'existe pas, certes, ne peut pas non plus se tromper ; par suite, si je me trompe, c'est que je suis. Du moment donc que je suis si je me trompe, comment me tromper en croyant que je suis, quand il est certain que je suis si je me trompe ? »*

Toutefois, il y a une grande différence entre le cogito augustinien et le cogito cartésien. Ainsi que le fait remarquer Descartes lui-même dans une lettre à Mersenne : « Vous m'avez obligé de m'avertir du passage de Saint Augustin, auquel mon je pense, donc je suis *a quelque rapport ; je l'ai été lire aujourd'hui en la bibliothèque de cette ville, et je trouve véritablement qu'il s'en sert pour prouver la certitude de notre être, et ensuite, pour faire voir qu'il y a en nous quelque image de la Trinité ; en ce que nous sommes, nous savons que nous sommes et nous aimons cet être et cette science qui est en nous ; au lieu que je m'en sers pour faire connaître que ce* moi *qui pense est une* substance immatérielle, *et qui n'a rien de corporel ; qui sont deux choses fort différentes.*[2] *»*

Sources : Descartes, *Méditations métaphysiques*, Paris, P.U.F., 1979, p. 36 à 45 ; Lettre à la princesse Élisabeth du 28 juin 1643, Paris, Garnier-Flammarion, 1989, p. 73 à 75.

Bibliographie : Martial Guéroult, *Descartes selon l'ordre des raisons*, Paris, Aubier, 1968 ; Pierre Guénancia, *Descartes*, Paris, Bordas, 1986.

1. Saint Augustin, *la Cité de Dieu*, trad. de G. Combès, Paris, Desclée de Brouwer, 1959, chap. XI, XXVI, p. 115.
2. Descartes, *Lettre à Mersenne*, novembre 1640, Paris, Bibliothèque de la Pléiade, Gallimard, p. 1 097.

Méditations métaphysiques

Méditation seconde
De la nature de l'esprit humain
et qu'il est plus aisé à connaître que le corps

La méditation que je fis hier m'a rempli l'esprit de tant de doutes, qu'il n'est plus désormais en ma puissance de les oublier. Et cependant je ne vois pas de quelle façon je les pourrai résoudre; et comme si tout à coup j'étais tombé dans une eau très profonde, je suis tellement surpris que je ne puis ni assurer mes pieds dans le fond, ni nager pour me soutenir au-dessus. Je m'efforcerai néanmoins, et suivrai derechef la même voie où j'étais entré hier, en m'éloignant de tout ce en quoi je pourrai imaginer le moindre doute, tout de même que si je connaissais que cela fût absolument faux; et je continuerai toujours dans ce chemin jusqu'à ce que j'aie rencontré quelque chose de certain, ou du moins, si je ne puis autre chose, jusqu'à ce que j'aie appris certainement qu'il n'y a rien au monde de certain.

Archimède, pour tirer le globe terrestre de sa place et le transporter en un autre lieu, ne demandait rien qu'un point qui fût fixe et assuré. Ainsi j'aurai droit de concevoir de hautes espérances, si je suis assez heureux pour trouver seulement une chose qui soit certaine et indubitable.

Je suppose donc que toutes les choses que je vois sont fausses; je me persuade que rien n'a jamais été de tout ce que ma mémoire remplie de mensonges me représente; je pense n'avoir aucun sens; je crois que le corps, la figure, l'étendue, le mouvement et le lieu ne sont que des fictions de mon esprit. Qu'est-ce donc qui pourra être estimé véritable? Peut-être rien autre chose, sinon qu'il n'y a rien au monde de certain.

Mais que sais-je s'il n'y a point quelque autre chose différente de celles que je viens de juger incertaines, de laquelle on ne puisse avoir le moindre doute? N'y a-t-il point quelque Dieu ou quelque autre puissance qui me met en l'esprit ces pensées? Cela n'est pas nécessaire; car peut-être que je suis capable de les produire de moi-même. Moi donc à tout le moins ne suis-je point quelque chose? Mais j'ai déjà nié que j'eusse aucun sens ni aucun corps. J'hésite néanmoins, car que s'ensuit-il de là? Suis-je tellement dépendant du corps et des sens que je ne puisse être sans eux? Mais je me suis persuadé qu'il n'y avait rien du tout dans le monde, qu'il n'y avait aucun ciel, aucune terre, aucuns esprits ni aucuns corps; ne me suis-je donc pas aussi persuadé que je n'étais point? Non, certes; j'étais sans doute, si je me suis persuadé, ou seulement si j'ai pensé quelque chose. Mais il y a un je ne sais quel trompeur très puissant et très rusé, qui emploie toute son industrie à me tromper toujours. Il n'y a donc point de doute que je suis, s'il me trompe; et qu'il me trompe tant qu'il voudra, il ne saurait jamais faire que je ne sois rien tant que je penserai être quelque chose. De sorte qu'après y avoir bien pensé et avoir soigneusement examiné toutes choses, enfin il faut conclure, et tenir pour constant que cette proposition: *Je suis, j'existe,* est nécessairement vraie, toutes les fois que je la prononce ou que je la conçois en mon esprit.

Mais je ne connais pas encore assez clairement ce que je suis, moi qui suis certain que je suis; de sorte que désormais il faut que je prenne soigneusement garde de ne prendre pas imprudemment quelque autre chose pour moi, et ainsi de ne me point méprendre dans cette connaissance, que je soutiens être plus certaine et plus évidente que toutes celles que j'ai eues auparavant.

C'est pourquoi je considérerai derechef ce que je croyais être avant que j'entrasse dans ces dernières pensées; et de mes anciennes opinions je retrancherai tout ce qui peut être combattu par les raisons que j'ai tantôt alléguées, en sorte qu'il ne demeure précisément rien que ce qui est entièrement certain et indubitable. Qu'est-ce donc que j'ai cru être ci-devant? Sans difficulté, j'ai pensé que j'étais un homme. Mais qu'est-ce qu'un homme? Dirai-je que c'est un animal raisonnable? Non, certes: car il me faudrait par après rechercher ce que c'est qu'animal, et ce que c'est que raisonnable, et ainsi d'une seule question nous tomberions insensiblement en une infinité d'autres plus difficiles et embarrassées, et je ne voudrais pas abuser du peu de temps et de loisir qui me reste, en l'employant à démêler de semblables subtilités. Mais je m'arrêterai plutôt à considérer ici les pensées qui naissent ci-devant d'elles-mêmes en mon esprit, et qui ne m'étaient inspirées que de ma seule nature, lorsque je m'appliquais à la considération de mon être. Je me considérais, premièrement, comme ayant un visage, des mains, des bras, et toute cette machine composée d'os et de chair, telle qu'elle paraît en un cadavre, laquelle je désignais par le nom de corps. Je considérais, outre cela, que je me nourrissais, que je marchais, que je sentais et que je pensais, et je rapportais toutes ces actions à l'âme; mais je ne m'arrêtais point à penser ce que c'était que cette âme, ou bien, si je m'y arrêtais, j'imaginais qu'elle était quelque chose extrêmement rare et subtile, comme un vent, une flamme ou un air très délié, qui était insinué et répandu dans mes plus grossières parties. Pour ce qui était du corps, je ne doutais nullement de sa nature; car je pensais la connaître fort distinctement, et, si je l'eusse voulu expliquer suivant les notions que j'en avais, je l'eusse décrite en cette sorte: par le corps, j'entends tout ce qui peut être terminé par quelque figure; qui peut être compris en quelque lieu, et remplir un espace en telle sorte que tout autre corps en soit exclu; qui peut être senti, ou par l'attouchement, ou par la vue, ou par l'ouïe, ou par le goût, ou par l'odorat; qui peut être mû en plusieurs façons, non par lui-même, mais par quelque chose d'étranger duquel il soit touché et dont il reçoive l'impression. Car d'avoir en soi la puissance de se mouvoir, de sentir et de penser, je ne croyais aucunement que l'on dût attribuer ces avantages à la nature corporelle; au contraire, je m'étonnais plutôt de voir que de semblables facultés se rencontraient en certains corps.

Mais moi, qui suis-je, maintenant que je suppose qu'il y a quelqu'un qui est extrêmement puissant, et, si je l'ose dire, malicieux et rusé, qui emploie toutes ses forces et toute son industrie à me tromper? Puis-je m'assurer d'avoir la moindre de toutes les choses que j'ai attribuées ci-dessus à la nature corporelle? Je m'arrête à y penser avec attention, je passe et repasse toutes ces choses en mon esprit, et je n'en rencontre aucune que je puisse dire être en moi; il n'est pas besoin que je m'arrête à les dénombrer. Passons donc aux attributs de l'âme, et voyons s'il y en a quelques-uns qui soient en moi. Les premiers sont de me nourrir et de marcher; mais s'il est vrai que je n'ai point de corps, il est vrai aussi que je ne puis marcher ni me nourrir. Un autre est de sentir; mais on ne peut aussi sentir sans le corps: outre que j'ai pensé sentir autrefois plusieurs choses pendant le sommeil, que j'ai reconnu à mon réveil n'avoir point en effet senties. Un autre est de penser, et je trouve ici que la pensée est un attribut qui m'appartient: elle seule ne peut être détachée de moi. *Je suis, j'existe,* cela est certain; mais combien de temps? À savoir autant de temps que je pense; car peut-être même qu'il se pourrait faire, si je cessais de penser, que je cesserais en même temps d'être ou d'exister. Je n'admets maintenant rien qui ne soit nécessairement vrai: je ne suis donc, précisément parlant, qu'une chose qui pense, c'est-à-dire un esprit, un entendement ou une raison, qui sont des termes dont la signification m'était auparavant inconnue. Or je suis une chose vraie et vraiment existante; mais quelle chose? Je l'ai dit: une chose qui pense. Et quoi davantage? J'exciterai mon imagination pour voir si je ne suis point encore quelque chose de plus. Je ne suis point cet assemblage de membres que l'on appelle le corps humain; je ne suis point un air délié et pénétrant répandu dans tous ces membres; je ne suis point un vent, un souffle, une vapeur, ni rien de tout ce que je puis feindre et imaginer, puisque j'ai supposé que tout cela n'était rien, et que, sans changer cette supposition, je trouve que je ne laisse pas d'être certain que je suis quelque chose.

Mais aussi peut-il arriver que ces mêmes choses que je suppose n'être point, parce qu'elles me sont inconnues, ne sont point en effet différentes de moi, que je connais? Je n'en sais rien; je ne dispute pas maintenant de cela; je ne puis donner mon jugement que des choses qui me sont connues: j'ai reconnu que j'étais, et je cherche quel je suis, moi que j'ai reconnu être. Or il est très certain que cette notion et connaissance de moi-même, ainsi précisément prise, ne dépend point des choses dont l'existence ne m'est pas encore connue; ni par conséquent, et à plus forte raison, d'aucunes de celles qui sont feintes et inventées par l'imagination. Et même ces termes de feindre et d'imaginer m'avertissent de mon erreur; car je feindrais en effet, si j'imaginais être quelque chose, puisque imaginer n'est autre chose que contempler la figure ou l'image d'une chose corporelle. Or je sais déjà certainement que je suis, et que tout ensemble il se peut faire que toutes ces images-là, et généralement toutes les choses que l'on rapporte à la nature du corps, ne soient que des songes ou des chimères. En suite de quoi je vois clairement que j'aurais aussi peu de raison en disant: j'exciterai mon imagination pour connaître plus distinctement qui je suis, que si je disais: je suis maintenant éveillé, et j'aperçois quelque chose de réel et de véritable; mais, parce que je ne l'aperçois pas encore assez nettement, je m'endormirai tout exprès, afin que mes songes me représentent cela même avec plus de vérité et d'évidence. Et ainsi, je reconnais certainement que rien de tout ce que je puis comprendre par le moyen de l'imagination, n'appartient à cette connaissance que j'ai de moi-même, et qu'il est besoin de rappeler et détourner son esprit de cette façon de concevoir, afin qu'il puisse lui-même reconnaître bien distinctement sa nature.

Mais qu'est-ce donc que je suis? Une chose qui pense. Qu'est-ce qu'une chose qui pense? C'est-à-dire une chose qui doute, qui conçoit, qui affirme, qui nie, qui veut, qui ne veut pas, qui imagine aussi, et qui sent. Certes ce n'est pas peu si toutes ces choses appartiennent à ma nature. Mais pourquoi n'y appartiendraient-elles pas? Ne suis-je pas encore ce même qui doute presque de tout, qui néanmoins entends et conçois certaines choses, qui assure et affirme celles-là seules être véritables, qui nie toutes les choses, qui veux et désire d'en connaître davantage, qui ne veux pas être trompé, qui imagine beaucoup de choses, même quelquefois en dépit que j'en aie, et qui en sens aussi beaucoup, comme par l'entremise des organes du corps? Y a-t-il rien de tout cela qui ne soit aussi véritable qu'il est certain que je suis, et que j'existe, quand même je dormirais toujours, et que celui qui m'a donné l'être se servirait de toutes ses forces pour m'abuser? Y a-t-il aussi aucun de ces attributs qui puisse être distingué de ma pensée, ou qu'on puisse dire être séparé de moi-même? Car il est de soi si évident que c'est moi qui doute, qui entends et qui désire, qu'il n'est pas ici besoin de rien ajouter pour l'expliquer. Et j'ai aussi certainement la puissance d'imaginer; car, encore qu'il puisse arriver (comme j'ai supposé auparavant) que les choses que j'imagine ne soient pas vraies, néanmoins cette puissance d'imaginer ne laisse pas d'être réellement en moi, et fait partie de ma pensée. Enfin, je suis le même qui sens, c'est-à-dire qui reçois et connais les choses comme par les organes des sens, puisqu'en effet je vois la lumière, j'ois le bruit, je ressens la chaleur. Mais l'on me dira que ces apparences sont fausses et que je dors. Qu'il soit ainsi; toutefois, à tout le moins, il est très certain qu'il me semble que je vois, que j'ois, et que je m'échauffe; et c'est proprement ce qui en moi s'appelle sentir, et cela, pris ainsi précisément, n'est rien autre chose que penser. D'où je commence à connaître quel je suis, avec un peu plus de lumière et de distinction que ci-devant.

Lettre à la princesse Élisabeth

Egmond du Hoef, 28 juin 1643

Madame,

J'AI TRÈS GRANDE OBLIGATION à Votre Altesse de ce que, après avoir éprouvé que je me suis mal expliqué en mes précédentes, touchant la question qu'il lui y a plu me proposer, elle daigne encore avoir la patience de m'entendre sur le même sujet, et me donner occasion de remarquer les choses que j'avais omises. Dont les principales me semblent être qu'après avoir distingué trois genres d'idées ou de notions primitives qui se connaissent chacune d'une façon particulière et non par la comparaison de l'une à l'autre, à savoir la notion que nous avons de l'âme, celle du corps, et celle de l'union qui est entre l'âme et le corps, je devais expliquer la différence qui est entre ces trois sortes de notions, et entre les opérations de l'âme par lesquelles nous les avons, et dire les moyens de nous rendre chacune d'elles familière et facile; puis ensuite, ayant dit pourquoi je m'étais servi de la comparaison de la pesanteur, faire voir que, bien qu'on veuille concevoir l'âme comme matérielle (ce qui est proprement concevoir son union avec le corps), on ne laisse pas de connaître, par après, qu'elle en est séparable. Ce qui est, comme je crois, toute la matière que Votre Altesse m'a ici prescrite.

Premièrement, donc, je remarque une grande différence entre ces trois sortes de notions, en ce que l'âme ne se conçoit que par l'entendement pur; le corps, c'est-à-dire l'extension, les figures et les mouvements, se peuvent aussi connaître par l'entendement seul, mais beaucoup mieux par l'entendement aidé de l'imagination; et enfin, les choses qui appartiennent à l'union de l'âme et du corps, ne se connaissent qu'obscurément par l'entendement seul, ni même par l'entendement aidé de l'imagination; mais elles se connaissent très clairement par les sens. D'où vient que ceux qui ne philosophent jamais, et qui ne se servent que de leurs sens, ne doutent point que l'âme ne meuve le corps, et que le corps n'agisse sur l'âme; mais ils considèrent l'un et l'autre comme une seule chose, c'est-à-dire, ils conçoivent leur union; car concevoir l'union qui est entre deux choses, c'est les concevoir comme une seule. Et les pensées métaphysiques, qui exercent l'entendement pur, servent à nous rendre la notion de l'âme familière; et l'étude des mathématiques, qui exerce principalement l'imagination en la considération des figures et des mouvements, nous accoutume à former des notions du corps bien distinctes; et enfin, c'est en usant seulement de la vie et des conversations ordinaires, et en s'abstenant de méditer et d'étudier aux choses qui exercent l'imagination, qu'on apprend à concevoir l'union de l'âme et du corps.

J'ai quasi peur que Votre Altesse ne pense que je ne parle pas ici sérieusement; mais cela serait contraire au respect que je lui dois, et que je ne manquerai jamais de lui rendre. Et je puis dire, avec vérité, que la principale règle que j'ai toujours observée en mes études et celle que je crois m'avoir le plus servi pour acquérir quelque connaissance, a été que je n'ai jamais employé que fort peu d'heures, par jour, aux pensées qui occupent l'imagination, et fort peu d'heures, par an, à celles qui occupent l'entendement seul, et que j'ai donné tout le reste de mon temps au relâche des sens et au repos de l'esprit ; même je compte, entre les exercices de l'imagination, toutes les conversations sérieuses, et tout ce à quoi il faut avoir de l'attention. C'est ce qui m'a fait retirer aux champs ; car encore que, dans la ville la plus occupée du monde, je pourrais avoir autant d'heures à moi, que j'en emploie maintenant à l'étude, je ne pourrais pas toutefois les y employer si utilement, lorsque mon esprit serait lassé par l'attention que requiert le tracas de la vie. Ce que je prends la liberté d'écrire ici à Votre Altesse, pour lui témoigner que j'admire véritablement que, parmi les affaires et les soins qui ne manquent jamais aux personnes qui sont ensemble de grand esprit et de grande naissance, elle ait pu vaquer aux méditations qui sont requises pour bien connaître la distinction qui est entre l'âme et le corps.

Mais j'ai jugé que c'était ces méditations, plutôt que les pensées qui requièrent moins d'attention, qui lui ont fait trouver de l'obscurité en la notion que nous avons de leur union ; ne me semblant pas que l'esprit humain soit capable de concevoir bien distinctement, et en même temps, la distinction d'entre l'âme et le corps, et leur union ; à cause qu'il faut, pour cela, les concevoir comme une seule chose, et ensemble les concevoir comme deux, ce qui se contrarie. Et pour ce sujet (supposant que Votre Altesse avait encore les raisons qui prouvent la distinction de l'âme et du corps fort présentes à son esprit, et ne voulant point la supplier de s'en défaire, pour se représenter la notion de l'union que chacun éprouve toujours en soi-même sans philosopher ; à savoir qu'il est une seule personne, qui a ensemble un corps et une pensée, lesquels sont de telle nature que cette pensée peut mouvoir le corps, et sentir les accidents qui lui arrivent), je me suis servi ci-devant de la comparaison de la pesanteur et des autres qualités que nous imaginons communément être unies à quelques corps, ainsi que la pensée est unie au nôtre ; et je ne me suis pas soucié que cette comparaison clochât en cela que ces qualités ne sont pas réelles, ainsi qu'on les imagine, à cause que j'ai cru que Votre Altesse était déjà entièrement persuadée que l'âme est une substance distincte du corps.

Mais, puisque Votre Altesse remarque qu'il est plus facile d'attribuer de la matière et de l'extension à l'âme, que de lui attribuer la capacité de mouvoir un corps et d'en être mue, sans avoir de matière, je la supplie de vouloir librement attribuer cette matière et cette extension à l'âme ; car cela n'est autre chose que la concevoir unie au corps. Et après avoir bien conçu cela, et l'avoir éprouvé en soi-même, il lui sera aisé de considérer que la matière qu'elle aura attribuée à cette pensée, n'est pas la pensée même, et que l'extension de cette matière est d'autre nature que l'extension de cette pensée, en ce que la première est déterminée à certain lieu, duquel elle exclut toute autre extension de corps, ce que ne fait pas la deuxième. Et ainsi Votre Altesse ne laissera pas de revenir aisément à la connaissance de la distinction de l'âme et du corps, nonobstant qu'elle ait conçu leur union.

Enfin, comme je crois qu'il est très nécessaire d'avoir bien compris, une fois en sa vie, les principes de la métaphysique, à cause que ce sont eux qui nous donnent la connaissance de Dieu et de notre âme, je crois aussi qu'il serait très nuisible d'occuper souvent son entendement à les méditer, à cause qu'il ne pourrait si bien vaquer aux fonctions de l'imagination et des sens ; mais que le meilleur est de se contenter de retenir en sa mémoire et en sa créance les conclusions qu'on en a une fois tirées, puis employer le reste du temps qu'on a pour l'étude, aux pensées où l'entendement agit avec l'imagination et les sens.

L'extrême dévotion que j'ai au service de Votre Altesse, me fait espérer que ma franchise ne lui sera pas désagréable, et elle m'aurait engagé ici en un plus long discours, où j'eusse tâché d'éclaircir à cette fois toutes les difficultés de la question proposée ; mais une fâcheuse nouvelle que je viens d'apprendre d'Utrecht, où le magistrat me cite, pour vérifier ce que j'ai écrit d'un de leurs ministres, combien que ce soit un homme qui m'a calomnié très indignement, et que ce que j'ai écrit de lui, pour ma juste défense, ne soit que trop notoire à tout le monde, me contraint de finir ici, pour aller consulter les moyens de me tirer, le plus tôt que je pourrai, de ces chicaneries. Je suis,

Madame,

De V. A.

Le très humble et très obéissant serviteur,

Descartes

Du sujet à l'homme
(1762)

JEAN-JACQUES ROUSSEAU (1712-1778)

Quoique Rousseau définisse la conscience comme une substance à l'instar de Descartes, deux choses le distinguent de celui-ci. En premier lieu, c'est à la suite d'une méditation mettant à distance toutes les données sensibles de l'expérience que l'auteur des Méditations *débouche sur la réalité de la conscience que la pensée ne saurait remettre en question sans se nier elle-même. Avec Rousseau, c'est au sein de l'expérience que la conscience est découverte, comme pouvoir actif de liaison des sensations. En second lieu, Descartes ne tire pas de conclusions morales de la conscience. Car, jugeant qu'il faudrait pour cela pouvoir disposer d'une science sûre, il se garde de tenir un discours à ce sujet, sinon sous la forme d'une « morale provisoire ». Chez Rousseau, la conscience est la voix de Dieu en l'homme, invitant celui-ci à être pleinement homme en empruntant pour cela les médiations du remords et de la pitié.*

Les textes qui suivent témoignent de cette approche anthropologique de la conscience. On remarquera que Rousseau y apporte une solution originale au fameux problème de Molyneux qui a occupé tout le XVIIIe siècle et sur lequel se sont prononcés Condillac, Voltaire, Locke, Berkeley, mais aussi Diderot. Il s'agissait de savoir, comme le rappelle Ernst Cassirer, si la conscience était un effet ou une cause dans la nature et si, donc, « un aveugle de naissance qui aurait acquis grâce à l'expérience du toucher la connaissance exacte de certaines formes corporelles et qui saurait faire entre elles à coup sûr la différence, posséderait encore ce même don de distinction, lorsqu'une heureuse opération lui aurait rendu le sens de la vue et qu'il devrait dès lors juger de ces formes sur la base de données purement optiques. Aurait-il d'emblée le pouvoir de distinguer, par le seul moyen de la vue, un cube d'une boule, ou lui faudrait-il un long et difficile effort de conciliation avant de parvenir à établir la liaison entre les impressions tactiles et la forme visible de l'un et de l'autre ?[1] »

Rousseau répond ici à ce problème en utilisant l'idée du caractère absurde de toute passivité. La perception du monde comme l'existence sociale de l'humanité démontrent que la conscience n'est pas un pur produit des circonstances. En définissant ainsi la

1. Ernst Cassirer, *la Philosophie des Lumières,* trad. Pierre Quillet, Paris, Fayard, 1986, p. 163.

conscience comme un pouvoir de liaison des sensations et d'action dans le monde, il annonce Kant, pour qui le sujet se caractérise également tout entier par son activité, puisque comme le montre la préface de la seconde édition de la Critique de la raison pure: *celui-ci ne connaît jamais de la nature que « ce qu'il y a mis ».*

Source: Jean-Jacques Rousseau, *Émile ou De l'éducation,* La profession de foi du vicaire savoyard, Paris, Garnier-Flammarion, 1966.

Bibliographie: Bernard Groethuysen, *Jean-Jacques Rousseau,* Paris, Gallimard, 1983.

MAIS QUI SUIS-JE ? quel droit ai-je de juger les choses? et qu'est-ce qui détermine mes jugements? S'ils sont entraînés, forcés par les impressions que je reçois, je me fatigue en vain à ces recherches, elles ne se feront point, ou se feront d'elles-mêmes sans que je me mêle de les diriger. Il faut donc tourner d'abord mes regards sur moi pour connaître l'instrument dont je veux me servir, et jusqu'à quel point je puis me fier à son usage.

J'existe, et j'ai des sens par lesquels je suis affecté. Voilà la première vérité qui me frappe et à laquelle je suis forcé d'acquiescer. Ai-je un sentiment propre de mon existence, ou ne la sens-je que par mes sensations? Voilà mon premier doute, qu'il m'est, quant à présent, impossible de résoudre. Car, étant continuellement affecté de sensations, ou immédiatement, ou par la mémoire, comment puis-je savoir si le sentiment du *moi* est quelque chose hors de ces mêmes sensations, et s'il peut être indépendant d'elles?

Mes sensations se passent en moi, puisqu'elles me font sentir mon existence; mais leur cause m'est étrangère, puisqu'elles m'affectent malgré que j'en aie, et qu'il ne dépend de moi ni de les produire ni de les anéantir. Je conçois donc clairement que ma sensation qui est en moi, et sa cause ou son objet qui est hors de moi, ne sont pas la même chose.

Ainsi, non seulement j'existe, mais il existe d'autres êtres, savoir, les objets de mes sensations; et quand ces objets ne seraient que des idées, toujours est-il vrai que ces idées ne sont pas moi.

Or, tout ce que je sens hors de moi et qui agit sur mes sens, je l'appelle matière; et toutes les portions de matière que je conçois réunies en êtres individuels, je les appelle des corps. Ainsi toutes les disputes des idéalistes et des matérialistes ne signifient rien pour moi: leurs distinctions sur l'apparence et la réalité des corps sont des chimères.

Me voici déjà tout aussi sûr de l'existence de l'univers que de la mienne. Ensuite je réfléchis sur les objets de mes sensations; et, trouvant en moi la faculté de les comparer, je me sens doué d'une force active que je ne savais pas avoir auparavant.

Apercevoir, c'est sentir; comparer, c'est juger; juger et sentir ne sont pas la même chose. Par la sensation, les objets s'offrent à moi séparés, isolés, tels qu'ils sont dans la nature; par la comparaison, je les remue, je les transporte pour ainsi dire, je les pose l'un sur l'autre pour prononcer sur leur différence ou sur leur similitude, et généralement sur tous leurs rapports. Selon moi la faculté distinctive de l'être actif ou intelligent est de pouvoir donner un sens à ce mot *est.* Je cherche en vain dans l'être purement sensitif cette force intelligente qui superpose et puis qui prononce; je ne la saurais voir dans sa nature. Cet être passif sentira chaque objet séparément, ou même il sentira l'objet total formé des deux; mais, n'ayant aucune force pour les replier l'un sur l'autre, il ne les comparera jamais, il ne les jugera point.

Voir deux objets à la fois, ce n'est pas voir leurs rapports ni juger de leurs différences;

apercevoir plusieurs objets les uns hors des autres n'est pas les nombrer. Je puis avoir au même instant l'idée d'un grand bâton et d'un petit bâton sans les comparer, sans juger que l'un est plus petit que l'autre, comme je puis voir à la fois ma main entière, sans faire le compte de mes doigts. Ces idées comparatives, *plus grand, plus petit,* de même que les idées numériques d'*un,* de *deux,* etc., ne sont certainement pas des sensations, quoique mon esprit ne les produise qu'à l'occasion de mes sensations.

On nous dit que l'être sensitif distingue les sensations les unes des autres par les différences qu'ont entre elles ces mêmes sensations : ceci demande explication. Quand les sensations sont différentes, l'être sensitif les distingue par leurs différences ; quand elles sont semblables, il les distingue parce qu'il sent les unes hors des autres. Autrement, comment dans une sensation simultanée distinguerait-il deux objets égaux ? il faudrait nécessairement qu'il confondît ces deux objets et les prît pour le même, surtout dans un système où l'on prétend que les sensations représentatives de l'étendue ne sont point étendues.

Quand les deux sensations à comparer sont aperçues, leur impression est faite, chaque objet est senti, les deux sont sentis, mais leur rapport n'est pas senti pour cela. Si le jugement de ce rapport n'était qu'une sensation, et me venait uniquement de l'objet, mes jugements ne me tromperaient jamais, puisqu'il n'est jamais faux que je sente ce que je sens.

Pourquoi donc est-ce que je me trompe sur le rapport de ces deux bâtons, surtout s'ils ne sont pas parallèles ? Pourquoi dis-je, par exemple, que le petit bâton est le tiers du grand, tandis qu'il n'en est que le quart ? Pourquoi l'image, qui est la sensation, n'est-elle pas conforme à son modèle, qui est l'objet ? C'est que je suis actif quand je juge, que l'opération qui compare est fautive, et que mon entendement, qui juge les rapports, mêle ses erreurs à la vérité des sensations, qui ne montrent que les objets.

Ajoutez à cela une réflexion qui vous frappera, je m'assure, quand vous y aurez pensé ; c'est que, si nous étions purement passifs dans l'usage de nos sens, il n'y aurait entre eux aucune communication ; il nous serait impossible de connaître que le corps que nous touchons et l'objet que nous voyons sont le même. Ou nous ne sentirions jamais rien hors de nous, ou il y aurait pour nous cinq substances sensibles, dont nous n'aurions nul moyen d'apercevoir l'identité.

Qu'on donne tel ou tel nom à cette force de mon esprit qui rapproche et compare mes sensations ; qu'on l'appelle attention, méditation, réflexion, ou comme on voudra ; toujours est-il vrai qu'elle est en moi et non dans les choses, que c'est moi seul qui la produis, quoique je ne la produise qu'à l'occasion de l'impression que font sur moi les objets. Sans être maître de sentir ou de ne pas sentir, je le suis d'examiner plus ou moins ce que je sens.

Je ne suis donc pas simplement un être sensitif et passif, mais un être actif et intelligent, et, quoi qu'en dise la philosophie, j'oserai prétendre à l'honneur de penser [...].

Après avoir découvert ceux de ses attributs par lesquels je conçois mon existence, je reviens à moi, et je cherche quel rang j'occupe dans l'ordre des choses qu'elle gouverne, et que je puis examiner. Je me trouve incontestablement au premier par mon espèce ; car, par ma volonté et par les instruments qui sont en mon pouvoir pour l'exécuter, j'ai plus de force pour agir sur tous les corps qui m'environnent, ou pour me prêter ou me dérober comme il me plaît à leur action, qu'aucun d'eux n'en a pour agir sur moi malgré moi par la seule impulsion physique ; et, par mon intelligence, je suis le seul qui ait inspection sur le tout. Quel être ici-bas, hors l'homme, sait observer tous les autres, mesurer, calculer, prévoir leurs mouvements, leurs effets, et joindre, pour ainsi dire, le sentiment de l'existence commune à celui de son existence individuelle? Qu'y a-t-il de si ridicule à penser que tout est fait pour moi, si je suis le seul qui sache tout rapporter à lui?

Il est donc vrai que l'homme est le roi de la terre qu'il habite; car non seulement il dompte tous les animaux, non seulement il dispose des éléments par son industrie, mais lui seul sur la terre en sait disposer, et il s'approprie encore, par la contemplation, les astres mêmes dont il ne peut approcher. Qu'on me montre un autre animal sur la terre qui sache faire usage du feu, et qui sache admirer le soleil. Quoi! je puis observer, connaître les êtres et leurs rapports? je puis sentir ce que c'est qu'ordre, beauté, vertu; je puis contempler l'univers, m'élever à la main qui le gouverne; je puis aimer le bien, le faire; et je me comparerais aux bêtes! Âme abjecte, c'est ta triste philosophie qui te rend semblable à elles: ou plutôt tu veux en vain t'avilir, ton génie dépose contre tes principes, ton cœur bienfaisant dément ta doctrine, et l'abus même de tes facultés prouve leur excellence en dépit de toi.

Pour moi qui n'ai point de système à soutenir, moi, homme simple et vrai, que la fureur d'aucun parti n'entraîne et qui n'aspire point à l'honneur d'être chef de secte, content de la place où Dieu m'a mis, je ne vois rien, après lui, de meilleur que mon espèce; et si j'avais à choisir ma place dans l'ordre des êtres, que pourrais-je choisir de plus que d'être homme?

Cette réflexion m'enorgueillit moins qu'elle ne me touche; car cet état n'est point de mon choix, et il n'était pas dû au mérite d'un être qui n'existait pas encore. Puis-je me voir ainsi distingué sans me féliciter de remplir ce poste honorable, et sans bénir la main qui m'y a placé? De mon premier retour sur moi naît dans mon cœur un sentiment de reconnaissance et de bénédiction pour l'auteur de mon espèce, et de ce sentiment mon premier hommage à la Divinité bienfaisante. J'adore la puissance suprême et je m'attendris sur ses bienfaits. Je n'ai pas besoin qu'on m'enseigne ce culte, il m'est dicté par la nature elle-même. N'est-ce pas une conséquence naturelle de l'amour de soi, d'honorer ce qui nous protège, et d'aimer ce qui nous veut du bien?

Mais quand, pour connaître ensuite ma place individuelle dans mon espèce, j'en considère les divers rangs et les hommes qui les remplissent, que deviens-je? Quel spectacle! Où est l'ordre que j'avais observé? Le tableau de la nature ne m'offrait qu'harmonie et proportions, celui du genre humain ne m'offre que confusion, désordre! Le concert règne entre les éléments, et les hommes sont dans le chaos! Les animaux sont heureux, leur roi seul est misérable! O sagesse, où sont tes lois? O Providence, est-ce ainsi que tu régis le monde? Être bienfaisant, qu'est devenu ton pouvoir? Je vois le mal sur la terre.

Croiriez-vous, mon bon ami, que de ces tristes réflexions et de ces contradictions apparentes se formèrent dans mon esprit les sublimes idées de l'âme, qui n'avaient point jusque-là résulté de mes recherches? En méditant sur la nature de l'homme, j'y crus découvrir deux principes distincts, dont l'un l'élevait à l'étude des vérités éternelles, à l'amour de la justice et du beau moral, aux régions du monde intellectuel dont la contemplation fait les délices du sage, et dont l'autre le ramenait bassement en lui-même, l'asservissait à l'empire des sens, aux passions qui sont leurs ministres, et contrariait par elles tout ce que lui inspirait le sentiment du premier. En me sentant entraîné, combattu par ces deux mouvements contraires, je me disais: Non, l'homme n'est point un: je veux et je ne veux pas, je me sens à la fois esclave et libre; je vois le bien, je l'aime, et je fais le mal; je suis actif quand j'écoute la raison, passif quand mes passions m'entraînent; et mon pire tourment quand je succombe est de sentir que j'ai pu résister.

Jeune homme, écoutez avec confiance, je serai toujours de bonne foi. Si la conscience est l'ouvrage des préjugés, j'ai tort, sans doute, et il n'y a point de morale démontrée; mais si se préférer à tout est un penchant naturel à l'homme, et si pourtant le premier sentiment de la justice est inné dans le cœur humain, que celui qui fait de l'homme un être simple lève ces contradictions, et je ne reconnais plus qu'une substance.

Vous remarquerez que, par ce mot de *substance,* j'entends en général l'être doué de quelque qualité primitive, et abstraction faite de toutes modifications particulières ou secondaires. Si donc toutes les qualités primitives qui nous sont connues peuvent se réunir dans un même être, on ne doit admettre qu'une substance; mais s'il y en a qui s'excluent mutuellement, il y a autant de diverses substances qu'on peut faire de pareilles exclusions. Vous réfléchirez sur cela; pour moi, je n'ai besoin, quoi qu'en dise Locke, de connaître la matière que comme étendue et divisible, pour être assuré qu'elle ne peut penser; et quand un philosophe viendra me dire que les arbres sentent et que les roches pensent[1], il aura beau m'embarrasser dans ses arguments subtils, je ne puis voir en lui qu'un sophiste de mauvaise foi, qui aime mieux donner le sentiment aux pierres que d'accorder une âme à l'homme.

Supposons un sourd qui nie l'existence des sons, parce qu'ils n'ont jamais frappé son oreille. Je mets sous ses yeux un instrument à corde, dont je fais sonner l'unisson par un autre instrument caché: le sourd voit frémir la corde; je lui dis: C'est le son qui fait cela. Point du tout, répond-il; la cause du frémissement de la corde est en elle-même; c'est une qualité commune à tous les corps de frémir ainsi. Montrez-moi donc, reprends-je, ce frémissement dans les autres corps, ou du moins sa cause dans cette corde. Je ne puis, réplique le sourd; mais, parce que je ne conçois pas comment frémit cette corde, pourquoi faut-il que j'aille expliquer cela par vos sons, dont je n'ai pas la moindre idée? C'est expliquer un fait obscur par une cause encore plus obscure. Ou rendez-moi vos sons sensibles, ou je dis qu'ils n'existent pas.

Plus je réfléchis sur la pensée et sur la nature de l'esprit humain, plus je trouve que le raisonnement des matérialistes ressemble à celui de ce sourd. Ils sont sourds, en effet, à la voix intérieure qui leur crie d'un ton difficile à méconnaître: Une machine ne pense point, il n'y a ni mouvement ni figure qui produise la réflexion: quelque chose en toi cherche à briser les liens qui le compriment; l'espace n'est pas ta mesure, l'univers entier n'est pas

1. Il me semble que, loin de dire que les rochers pensent, la philosophie moderne a découvert au contraire que les hommes ne pensent point. Elle ne reconnaît plus que des êtres sensitifs dans la nature; et toute la différence qu'elle trouve entre un homme et une pierre, est que l'homme est un être sensitif qui a des sensations, et la pierre un être sensitif qui n'en a pas. Mais s'il est vrai que toute matière sente, où concevrai-je l'unité sensitive ou le moi individuel? sera-ce dans chaque molécule de matière ou dans des corps agrégatifs? Placerai-je également cette unité dans les fluides et dans les solides, dans les mixtes et dans les éléments? Il n'y a, dit-on, que des individus dans la nature! Mais quels sont ces individus? Cette pierre est-elle un individu ou une agrégation d'individus? Est-elle un seul être sensitif, ou en contient-elle autant que de grains de sable? Si chaque atome élémentaire est un être sensitif, comment concevrai-je cette intime communication par laquelle l'un se sent dans l'autre, en sorte que leurs deux *moi* se confondent en un? L'attraction peut être une loi de la nature dont le mystère nous est inconnu; mais nous concevons au moins que l'attraction, agissant selon les masses, n'a rien d'incompatible avec l'étendue et la divisibilité. Concevez-vous la même chose du sentiment? Les parties sensibles sont étendues, mais l'être sensitif est indivisible et un; il ne se partage pas, il est tout entier ou nul; l'être sensitif n'est donc pas un corps. Je ne sais comment l'entendent nos matérialistes, mais il me semble que les mêmes difficultés qui leur ont fait rejeter la pensée leur devraient faire aussi rejeter le sentiment; et je ne vois pas pourquoi, ayant fait le premier pas, ils ne feraient pas aussi l'autre; que leur en coûterait-il de plus? et puisqu'ils sont sûrs qu'ils ne pensent pas, comment osent-ils affirmer qu'ils sentent? (note de Rousseau).

assez grand pour toi : tes sentiments, tes désirs, ton inquiétude, ton orgueil même, ont un autre principe que ce corps étroit dans lequel tu te sens enchaîné.

Nul être matériel n'est actif par lui-même, et moi je le suis. On a beau me disputer cela, je le sens, et ce sentiment qui me parle est plus fort que la raison qui le combat. J'ai un corps sur lequel les autres agissent et qui agit sur eux ; cette action réciproque n'est pas douteuse ; mais ma volonté est indépendante de mes sens ; je consens ou je résiste, je succombe ou je suis vainqueur, et je sens parfaitement en moi-même quand je fais ce que j'ai voulu faire, ou quand je ne fais que céder à mes passions. J'ai toujours la puissance de vouloir, non la force d'exécuter. Quand je me livre aux tentations, j'agis selon l'impulsion des objets externes. Quand je me reproche cette faiblesse, je n'écoute que ma volonté ; je suis esclave par mes vices, et libre par mes remords ; le sentiment de ma liberté ne s'efface en moi que quand je me déprave, et que j'empêche enfin la voix de l'âme de s'élever contre la loi du corps. [...]

Il est donc au fond des âmes un principe inné de justice et de vertu, sur lequel, malgré nos propres maximes, nous jugeons nos actions et celles d'autrui comme bonnes ou mauvaises, et c'est à ce principe que je donne le nom de conscience.

Mais à ce mot j'entends s'élever de toutes parts la clameur des prétendus sages : Erreurs de l'enfance, préjugés de l'éducation ! s'écrient-ils tous de concert. Il n'y a rien dans l'esprit humain que ce qui s'y introduit par l'expérience, et nous ne jugeons d'aucune chose que sur des idées acquises. Ils font plus : cet accord évident et universel de toutes les nations, ils l'osent rejeter ; et, contre l'éclatante uniformité du jugement des hommes, ils vont chercher dans les ténèbres quelque exemple obscur et connu d'eux seuls ; comme si tous les penchants de la nature étaient anéantis par la dépravation d'un peuple, et que, sitôt qu'il est des monstres, l'espèce ne fût plus rien. Mais que servent au sceptique Montaigne les tourments qu'il se donne pour déterrer en un coin du monde une coutume opposée aux notions de la justice ? Que lui sert de donner aux plus suspects voyageurs l'autorité qu'il refuse aux écrivains les plus célèbres ? Quelques usages incertains et bizarres fondés sur des causes locales qui nous sont inconnues, détruiront-ils l'induction générale tirée du concours de tous les peuples, opposés en tout le reste, et d'accord sur ce seul point ? O Montaigne ! toi qui te piques de franchise et de vérité, sois sincère et vrai, si un philosophe peut l'être, et dis-moi s'il est quelque pays sur la terre où ce soit un crime de garder sa foi, d'être clément, bienfaisant, généreux ; où l'homme de bien soit méprisable, et le perfide honoré.

Chacun, dit-on, concourt au bien public pour son intérêt. Mais d'où vient donc que le juste y concourt à son préjudice ? Qu'est-ce qu'aller à la mort pour son intérêt ? Sans doute nul n'agit que pour son bien ; mais s'il est un bien moral dont il faut tenir compte, on n'expliquera jamais par l'intérêt propre que les actions des méchants. Il est même à croire qu'on ne tentera point d'aller plus loin. Ce serait une trop abominable philosophie que celle où l'on serait embarrassé des actions vertueuses ; où l'on ne pourrait se tirer d'affaire qu'en leur controuvant des intentions basses et des motifs sans vertu ; où l'on serait forcé d'avilir Socrate et de calomnier Régulus. Si jamais de pareilles doctrines pouvaient germer parmi nous, la voix de la nature, ainsi que celle de la raison, s'élèveraient incessamment contre elles, et ne laisseraient jamais à un seul de leurs partisans l'excuse de l'être de bonne foi.

Mon dessein n'est pas d'entrer ici dans des discussions métaphysiques qui passent ma portée et la vôtre, et qui, dans le fond, ne mènent à rien. Je vous ai déjà dit que je ne voulais pas philosopher avec vous, mais vous aider à consulter votre cœur. Quand tous les philosophes prouveraient que j'ai tort, si vous sentez que j'ai raison, je n'en veux pas davantage.

Il ne faut pour cela que vous faire distinguer nos idées acquises de nos sentiments naturels; car nous sentons avant de connaître; et comme nous n'apprenons point à vouloir notre bien et à fuir notre mal, mais que nous tenons cette volonté de la nature, de même l'amour du bon et la haine du mauvais nous sont aussi naturels que l'amour de nous-mêmes. Les actes de la conscience ne sont pas des jugements, mais des sentiments. Quoique toutes nos idées nous viennent du dehors, les sentiments qui les apprécient sont au dedans de nous, et c'est par eux seuls que nous connaissons la convenance ou disconvenance qui existe entre nous et les choses que nous devons respecter ou fuir.

Exister pour nous, c'est sentir; notre sensibilité est incontestablement antérieure à notre intelligence, et nous avons eu des sentiments avant des idées. Quelle que soit la cause de notre être, elle a pourvu à notre conservation en nous donnant des sentiments convenables à notre nature; et l'on ne saurait nier qu'au moins ceux-là ne soient innés. Ces sentiments, quant à l'individu, sont l'amour de soi, la crainte de la douleur, l'horreur de la mort, le désir du bien-être. Mais si, comme on n'en peut douter, l'homme est sociable par sa nature, ou du moins fait pour le devenir, il ne peut l'être que par d'autres sentiments innés, relatifs à son espèce; car, à ne considérer que le besoin physique, il doit certainement disperser les hommes au lieu de les rapprocher. Or c'est du système moral formé par ce double rapport à soi-même et à ses semblables que naît l'impulsion de la conscience. Connaître le bien, ce n'est pas l'aimer: l'homme n'en a pas la connaissance innée, mais sitôt que sa raison le lui fait connaître, sa conscience le porte à l'aimer: c'est ce sentiment qui est inné.

Je ne crois donc pas, mon ami, qu'il soit impossible d'expliquer par des conséquences de notre nature le principe immédiat de la conscience, indépendant de la raison même. Et quand cela serait impossible, encore ne serait-il pas nécessaire: car, puisque ceux qui nient ce principe admis et reconnu par tout le genre humain ne prouvent point qu'il n'existe pas, mais se contentent de l'affirmer; quand nous affirmons qu'il existe, nous sommes tout aussi bien fondés qu'eux, et nous avons de plus le témoignage intérieur, et la voix de la conscience qui dépose pour elle-même. Si les premières lueurs du jugement nous éblouissent et confondent d'abord les objets à nos regards, attendons que nos faibles yeux se rouvrent, se raffermissent; et bientôt nous reverrons ces mêmes objets aux lumières de la raison, tels que nous les montrait d'abord la nature: ou plutôt soyons plus simples et moins vains; bornons-nous aux premiers sentiments que nous trouvons en nous-mêmes, puisque c'est toujours à eux que l'étude nous ramène quand elle ne nous a point égarés.

Conscience! conscience! instinct divin, immortelle et céleste voix; guide assuré d'un être ignorant et borné, mais intelligent et libre; juge infaillible du bien et du mal, qui rends l'homme semblable à Dieu, c'est toi qui fais l'excellence de sa nature et la moralité de ses actions; sans toi je ne sens rien en moi qui m'élève au-dessus des bêtes, que le triste privilège de m'égarer d'erreurs en erreurs à l'aide d'un entendement sans règle et d'une raison sans principe.

Théâtre et identité
(1941)

ALAIN
(1868-1951)

Alain, qui fut le maître de toute une génération, a été cartésien. Ce qui pourrait laisser penser qu'il fut désuet. Or, ce n'est nullement le cas. Car, si celui-ci s'est effectivement inscrit dans la lignée de Descartes, il n'en a pas moins été un lecteur de Kant et de Hegel, comme en témoignent ses Idées[1].

En quoi est-il cartésien ? Sans aucun doute en ce qu'il demeure fidèle à la rigueur de ce dernier. Descartes pensait que l'on ne pouvait douter de tout, étant donné que pour douter il faut penser. Pour Alain, tous les doutes que l'on peut nourrir envers la conscience et le moi, loin de déstabiliser ceux-ci, prouvent au contraire leur existence. Car, dire comme Hume que le moi est une fiction, puisque nous changeons tout le temps, se heurte au fait que, pour qu'il y ait changement, il faut qu'il y ait changement du moi et, donc, qu'il y ait un moi. Faute de quoi, tout changement s'avère dénué de sens.

De même, poser comme Freud que l'identité de la personne n'est pas une, puisque celle-ci est en partie pensée et agie par une logique du désir utilisant toutes sortes de ruses pour parvenir à se dire, se heurte au fait que ce désir qui nous pense et nous meut n'en est pas moins notre *désir.*

Autrement dit, tout ce que l'on tente de faire pour montrer que la conscience n'est qu'une illusion, se heurte à une réfutation. Car, quand bien même on avance que le moi est divers et double, il n'en demeure pas moins que cette diversité et ce dédoublement ne sont pensables que parce qu'ils se rapportent à un moi initial qui se diversifie et qui se dédouble. Toutefois, si le moi n'est pas une fiction, il n'est pas pour autant une abstraction. Et c'est là que réside toute l'originalité d'Alain. Selon lui, en effet, la véritable identité de l'être humain n'est pas dans le moi logique qui rassemble toute la diversité de l'expérience, mais dans la Personne qui sort de l'abstraction pour s'engager dans la vie et les relations avec les autres, au point de se charger d'histoire et d'affects. Le propre d'un acteur est de jouer un rôle et de le jouer d'autant mieux qu'il conserve sa conscience d'acteur en ne se confondant pas avec son propre personnage. Il en va de même du moi. Le sens de celui-ci réside dans le fait de jouer son rôle en épousant l'existence et ses changements tout en ne demeurant pas dupe des identités qu'il peut être conduit à emprunter.

Nous avons pris l'habitude d'opposer conscience et inconscient en dénonçant les illusions de la conscience. Alain nous invite à penser le moi comme action théâtrale d'un sujet capable de se dédoubler volontairement et de dépasser, par là même, tout ce qui réduit le moi à une fiction ou à une abstraction. Car, beaucoup de difficultés que nous avons à penser le moi proviennent, semble-t-il selon lui, de notre inaptitude à pouvoir aborder l'existence d'une façon théâtrale, en faisant preuve, comme les acteurs, d'un jeu doué de conscience et d'une conscience qui « joue le jeu ».

Source : *Éléments de philosophie*, Paris, Gallimard, 1966, p. 216 à 218.
Bibliographie : O. Reboul, *l'Homme et ses passions d'après Alain*, P.U.F., 1968.

1. Alain, *Idées*, Paris, Plon, 1964.

Le moi

Tout change en moi sous mon regard et par mon regard. Et l'on voudrait maintenant expliquer comment je me saisis et comment je me reconnais, en ce contenu où le rêve le plus absurde peut rester attaché aux perceptions les plus raisonnables, où la superstition résiste autant que les idées, où tant de souvenirs sont oubliés, tant d'autres décolorés, où tout change enfin par le temps et l'âge. Mais il se trouve que le problème n'a point de sens, et que je n'ai pas à me retrouver, parce que je ne puis me perdre moi-même un seul instant. Toute pensée, confuse ou claire, de doctrine, de sentiment, de chose, de vision, de résolution, d'hésitation, de négation, de doute, de souvenir, de remords, d'espérance, de crainte, vraie ou non, durable ou non, en rêve ou non, a pour sujet constant le Moi, ou pour mieux parler le Je. Quand je voudrais feindre quelque nébuleuse inconnue où je ne sois pas, quelque autre monde séparé, quelque passé avant moi, quelque avenir après moi, le sujet de ces pensées est toujours moi. Je pense tout ce qui est pensé, tout ce qui est et tout ce qui peut être, tout le possible et l'impossible; c'est pourquoi je ne puis penser que *« je ne suis pas »*, comme Descartes a su le mettre au jour. Telle est sans doute la loi suprême de toute logique, puisque n'importe quelle pensée, même absurde, la suppose. Je ne suis qu'un; car si je suis deux, l'un et l'autre c'est toujours moi; et quand je me dédouble, il m'apparaît encore mieux que je ne suis qu'un; car l'un est moi, et l'autre est moi. Je reste le même; car si je suis tel, et puis autre, c'est toujours moi qui suis tel, et puis autre. Je ne saurai jamais que je suis autre, si ce n'est point moi, le même, qui suis autre. De toute pensée je suis le sujet. Toute connaissance, toute expérience forme ainsi un tout avec toute connaissance et toute expérience; que ce soit passé ou imaginaire il n'importe; c'est d'abord et ensuite de moi et pour moi. Cette forme liante m'interdit de couper l'expérience, d'interrompre le temps, de penser deux univers. Aussitôt les deux temps sont parties d'un seul temps, et les deux univers sont parties d'un seul univers. Après avoir considéré cette nécessité de logique, au-delà de laquelle on ne peut remonter, puisque l'extravagante pensée de deux Moi fait aussitôt paraître le Moi unique en qui et pour qui ils sont deux, l'illustre Kant pouvait écrire: « À ce principe est suspendue la connaissance humaine tout entière. » Et certes, en partant de là, l'esprit le plus scrupuleux trouve une merveilleuse assurance à décrire cette unité formelle de l'expérience qui ne permet jamais que rien soit séparé, soit de ce qui est en même temps, soit de ce qui précède, soit de ce qui suit. Seulement, ces belles spéculations sur les principes ne sont pas directement mon objet. Je m'en tiens au Moi lui-même, et je le tiens bien. Mais réellement je ne tiens rien. Cette forme abstraite et inflexible du *Je pense* est indifférente à son contenu; elle lie tout. Le rêve le plus étranger à moi est de moi puisque je m'en souviens. Que mon rêve s'ajuste à mes perceptions comme il pourra; il est d'abord de moi, sans quoi je n'en penserais rien. C'est pourquoi il faut dire que le Moi psychologique est abstrait et sans puissance. Il peut se contredire ou se jouer de lui-même; l'unité formelle n'est jamais menacée un seul moment; si différent de moi-même que je sois, c'est moi-même qui suis ce Moi-là et l'Autre. Le vrai Moi les reprend aussitôt tous deux. L'unité est faite avant d'être comprise. Cette loi suprême, si on la considère avec suite, explique assez l'Idée, qui lie toujours les choses malgré les choses, et tend d'abord son fil, donnant loi à l'entre-deux de s'ordonner comme il pourra. Mais puisque le Moi est ainsi impossible à rompre, d'avance impossible à rompre, étendu d'avance au-delà du possible, on voit bien qu'il y a beaucoup de différence entre un Moi et une Personne. Car il me semble que celui qui s'efforce de rester d'accord avec soi, exige de lui-même quelque chose de plus que l'identité abstraite du *Je pense*.

«Je suis ainsi; telle est ma nature», voilà une pensée qui est toujours vraie, quelque fantastique qu'en soit le contenu. Comme on voit dans les passions, où l'on réalise en parlant, où l'on change par les discours. Et telle est la vérité du théâtre, que les personnages, après qu'ils ont dit, sont autres.

Du moi substance au moi transcendantal
(1787)

EMMANUEL KANT
(1724-1804)

En conférant à la conscience le caractère d'une substance, Descartes a doté celle-ci d'une faculté de pouvoir être par soi. Toutefois, il l'a aussi placée dans une position délicate. Car, si la conscience est ainsi par soi, qu'est-ce qui nous prouve, quand nous pensons, qu'à l'idée que nous pensons correspond quelque chose dans le domaine des objets extérieurs? À n'être que la seule garantie de ce qui se pense, la conscience ne risque-t-elle pas de penser une idée en s'imaginant que celle-ci renvoie à un existant, alors qu'il ne lui correspond rien? Qu'est-ce qui peut nous garantir que l'objectivité dont elle revêt ses pensées ne relève pas de sa propre autopersuasion?

Descartes, on le sait, a répondu à ce danger de solipsisme de la conscience par sa preuve de l'existence de Dieu. Si, en effet, la conscience-substance risque de tourner à vide, ce risque n'est pas constant. Car, toutes les idées qui se trouvent en elle ne se ressemblent pas. Quand on prend, en particulier, l'idée de Dieu, on s'aperçoit que cette idée est telle que l'homme n'a pas pu l'inventer. Car, comme être fini, force est de constater qu'il n'a pas pu engendrer une idée infinie. Aussi est-ce à une cause extérieure infinie comme Dieu qu'il convient d'attribuer la présence en lui d'une telle idée. Ce qui revient à dire que, de l'intérieur de la conscience, l'idée de Dieu est la démonstration même que toutes les idées de la conscience ne sont pas que des «idées».

Toutefois, est-ce suffisant pour démontrer que la conscience échappe au solipsisme? Est-ce penser la conscience humaine que de ne pouvoir la fonder en définitive que dans la conscience divine? Beaucoup de penseurs après Descartes en ont douté, en lui reprochant d'ôter d'une main à celle-ci tout ce qu'il avait pu lui donner de l'autre.

Kant qui s'est rendu compte de toutes ces difficultés a tenté de surmonter celles-ci en critiquant le substantialisme cartésien, sans pour autant abandonner les acquis de sa découverte de la conscience. Ainsi, contre les adversaires de Descartes, a-t-il maintenu l'idée que la conscience est le pilier de la connaissance. Comme il le souligne dans la préface de la seconde édition de la Critique de la raison pure, *c'est parce que des hommes comme Thalès ont entrepris de penser par eux-mêmes, que le «miracle» de la science a été possible.*

Toutefois, une chose est de reconnaître que la science n'a pu et ne peut être possible que par la conscience, une autre est de conférer à celle-ci un être et d'en faire une substance. Entre les deux demeure un fossé qu'on ne saurait franchir sous peine d'illusions. Car, s'il nous est donné de pouvoir penser sur *l'Être, il ne nous est pas donné d'avoir une pensée qui soit une pensée* de *l'Être. Sauf à nous imaginer être l'Être même. Ce que nous ne sommes pas.*

Dans tout ce que nous pensons s'agissant de l'Être, notre pensée est toujours soumise aux conditions de possibilités de la réflexion, dont l'un des traits majeurs, et non des moindres, réside dans le fait de limiter notre pensée à ne pouvoir être qu'une pensée sur *et non une pensée* de. *Aussi ne pouvons-nous pas plus faire de la pensée un être que prétendre saisir l'être de la pensée. Face à la conscience, en particulier, notre conscience se doit de ne point céder à la tentation d'en faire un être, sous peine de verser dans l'illusion qui consiste à prendre pour un objet hors de nous le fait d'avoir fait en réalité de nous un objet.*

C'est donc en conférant une simple valeur logique à la conscience, comme condition de possibilité de l'unité du divers qui se trouve en nous, qu'on s'éloigne encore le moins du vrai. Certes, en montrant ainsi que notre pensée de la pensée n'est en définitive qu'une pensée, Kant opère une critique dont l'effet aboutit à priver celle-ci de toute valeur ontologique. Toutefois, en lui fermant la porte de l'Être, il lui ouvre celle du monde. Car, penser n'ayant de sens qu'en pensant quelque chose, c'est en pensant le monde des objets face à lui que le sujet s'assure de sa propre pensée.

Descartes, en faisant de la conscience une substance, s'était placé dans l'obligation de recourir à Dieu pour pouvoir penser l'objectivité des contenus de celle-ci. Kant va éviter cet écueil en se contentant de faire de la conscience une condition logique dont l'identité lui provient non pas de Dieu, mais du fait qu'elle se pose comme conscience pour un objet. De lui à Descartes, il y a, certes, l'unité que trace une conscience dont tous deux se réclament. Toutefois, de l'un à l'autre, il y a aussi toute la distance qui sépare une conscience qui se sait de se savoir en Dieu, d'une conscience qui se sait de penser grâce au monde qui lui fait face.

Source : Emmanuel Kant, *Critique de la raison pure*, trad. Jules Barni, Paris, Garnier-Flammarion, 1976, p. 154 à 158.

Bibliographie : Émile Boutroux, *la Philosophie de Kant*, Paris, 1926, rééd. Vrin.

De l'unité ordinairement synthétique de l'aperception

LE *JE PENSE* doit pouvoir accompagner toutes mes représentations; car autrement il y aurait en moi quelque chose de représenté, qui ne pourrait pas être pensé, ce qui revient à dire ou que la représentation serait impossible, ou du moins qu'elle ne serait rien pour moi. La représentation qui peut être donnée antérieurement à toute pensée se nomme *intuition*. Toute diversité d'éléments de l'intuition a donc un rapport nécessaire au *je pense*. Mais cette représentation [: je pense] est un acte de la *spontanéité*, c'est-à-dire qu'on ne saurait la regarder comme appartenant à la sensibilité. Je la nomme *aperception pure* pour la distinguer de l'*aperception empirique*, ou encore *aperception originaire*, parce que cette conscience de soi-même qui, en produisant la représentation *je pense*, doit pouvoir accompagner toutes les autres et qui est une et identique en toute conscience, ne peut plus être elle-même accompagnée d'aucune autre. Je désigne encore l'unité de cette représentation sous le nom d'unité *transcendantale* de la conscience de soi, pour indiquer la possibilité de la connaissance *a priori* qui en dérive. En effet, les représentations diverses, données dans une certaine intuition, ne seraient pas toutes ensemble *mes* représentations, si toutes ensemble n'appartenaient à une conscience de soi. En tant qu'elles sont mes représentations (bien que je n'en aie pas conscience à ce titre), elles sont donc nécessairement conformes à la condition qui seule leur permet de se réunir en une conscience générale de soi, puisque autrement elles ne seraient pas pour moi. De cette liaison originaire découlent plusieurs conséquences.

Cette identité totale de l'aperception de divers éléments donnés dans une intuition contient une synthèse de représentations, et elle n'est possible que par la conscience de cette synthèse. En effet, la conscience empirique qui accompagne différentes représentations est par elle-même éparpillée et sans relation avec l'identité du sujet. Cette relation ne s'opère donc pas encore par cela seul que chaque représentation est accompagnée de conscience ; il faut pour cela que *j'unisse* l'une à l'autre et que j'aie conscience de leur synthèse. Ce n'est donc qu'à la condition de pouvoir lier *en une conscience* une diversité de représentations données qu'il m'est possible de me représenter *l'identité de la conscience dans ces représentations* mêmes, c'est-à-dire que l'unité *analytique* de l'aperception n'est possible que dans la supposition de quelque unité *synthétique*[1]. Cette pensée que telles représentations données dans l'intuition *m*'appartiennent toutes signifie donc que je les unis ou que je puis du moins les unir en une conscience de soi ; et quoiqu'elle ne soit pas encore la conscience de la *synthèse* des représentations, elle présuppose cependant la possibilité de cette synthèse. En d'autres termes, c'est uniquement parce que je puis saisir en une conscience la diversité de ces représentations, que je les appelle toutes *mes* représentations ; autrement le moi serait aussi divers et aussi bigarré que les représentations dont j'ai conscience. L'unité synthétique des éléments divers des intuitions, en tant qu'elle est donnée *a priori*, est donc le principe de l'identité de l'aperception même, laquelle précède *a priori* toute ma pensée déterminée. Toutefois la liaison n'est pas dans les objets et n'en peut pas être tirée par la perception, pour être ensuite reçue dans l'entendement ; mais elle est uniquement une opération de l'entendement, qui n'est lui-même autre chose que la faculté de former des liaisons *a priori*, et de ramener la diversité des représentations données à l'unité de l'aperception. C'est là le principe le plus élevé de toute la connaissance humaine.

Ce principe de l'unité nécessaire de l'aperception est à la vérité identique, et par conséquent il forme une proposition analytique, mais il explique néanmoins la nécessité de la synthèse donnée dans une intuition, puisque sans cette synthèse cette identité totale de la conscience de soi ne peut être conçue. En effet le *moi*, comme représentation simple, ne donne point de diversité d'éléments : cette diversité ne peut être donnée que dans l'intuition, qui est distincte de cette représentation, et elle ne peut être pensée qu'à la condition d'être liée en une conscience. Un entendement dans lequel tous les éléments divers seraient en même temps donnés par la conscience de soi serait *intuitif* ; le nôtre ne peut que *penser*, et il doit chercher dans les sens l'intuition. J'ai donc conscience d'un moi

1. L'unité analytique de la conscience s'attache à tous les concepts communs comme tels. Lorsque, par exemple, je conçois le *rouge* en général, je me représente par là une qualité qui (comme caractère) peut être trouvée quelque part ou être liée à d'autres représentations ; ce n'est donc qu'à la condition de concevoir d'avance une unité synthétique possible que je puis me représenter l'unité analytique. Pour concevoir une représentation comme commune à *différentes* choses, il faut la regarder comme appartenant à des choses qui, malgré ce caractère commun, ont encore quelque chose de différent ; par conséquent il faut la concevoir comme formant une unité synthétique avec d'autres représentations (ne fussent-elles que possibles), avant de pouvoir concevoir l'unité analytique de la conscience qui en fait un *conceptus communis*. L'unité synthétique de l'aperception est donc le point le plus élevé auquel il faut rattacher tout usage de l'entendement, la logique même tout entière et, après elle, la philosophie transcendantale ; bien plus, cette faculté est l'entendement lui-même.

identique, par rapport à la diversité des représentations qui me sont données dans une intuition, puisque je les nomme toutes *mes* représentations et qu'elles n'en constituent qu'*une seule*. Or cela revient à dire que j'ai conscience d'une synthèse nécessaire *a priori* de ces représentations, et c'est là ce qui constitue l'unité synthétique originaire de l'aperception, à laquelle sont soumises toutes les représentations qui me sont données, mais à laquelle elles doivent être ramenées par le moyen d'une synthèse.

«Toute conscience est conscience de quelque chose» *(1929)*

EDMUND HUSSERL (1859-1938)

En 1929, Husserl écrit les Méditations cartésiennes. *Comme l'indique le titre de cet ouvrage, celui-ci s'inscrit dans la lignée de Descartes. Car, comme Descartes, il pense que c'est la conscience entendue comme acte radical de penser par soi, qui constitue le fondement de toute démarche de connaissance. À la différence de ce dernier, toutefois, il ne fait pas de la conscience une substance ni même un* je pense *au sens kantien. Car, pense-t-il, si l'on doit savoir gré à Kant d'avoir su montrer qu'il n'y a pas de sujet sans objet ni d'objet sans sujet, celui-ci n'est pas allé au bout des implications d'une telle remarque.*

S'agissant, en effet, de la relation sujet-objet, il ne suffit pas de dire que sujet et objet sont relatifs l'un à l'autre. Encore faut-il apercevoir que l'objet qui donne un contenu à la pensée du sujet produit du sens parce qu'il ne cesse de faire sens pour un sujet sous toutes sortes d'angles. *Comment? Par les multiples visées que celui-ci ne cesse d'avoir avec lui. À commencer par les plus simples.*

Ainsi, un objet fait sens à partir de l'angle sous lequel je le vois. Aussi ce sens s'enrichit-il quand je multiplie les angles le concernant. Si bien que, au bout du compte, l'objet spatialement vécu ne se donne en sa totalité que sur le fond d'une histoire. En l'occurrence, celle de tous les sens égrenés les uns à la suite des autres de façon à déployer toute la richesse possible de l'objet. Celle aussi des sens que l'objet peut être amené à revêtir dans la communication avec autrui, où, tour à tour, celui-ci est amené à endosser une signification fonctionnelle, économique, politique ou affective, selon les cas. Car, il ne faut point négliger cette dimension, si l'objet qui nous fait face recèle une multiplicité de sens possibles selon notre position spatiale, affective ou historique, il ne faut point oublier que nous revêtons nous-mêmes également une multiplicité de sens. Aussi est-ce lesté de sa propre histoire ainsi que de la nôtre que l'objet qui nous fait face fait sens.

*Dans les textes qui suivent, Husserl parle d'un flux de sens, à propos de l'activité de sens qu'il s'efforce de ressaisir. Ce terme définit mieux qu'aucun autre ce qu'il faut entendre par la notion d'*intentionnalité, *considérée traditionnellement comme étant l'apport original de la phénoménologie à la compréhension de la conscience. Si, en effet, l'intentionnalité peut se définir comme le fait que «toute conscience est conscience de quelque chose», il convient d'aller au-delà d'une interprétation disant que la conscience est tournée vers l'extérieur et non pas vers l'intérieur. De ce fait, si la conscience est ainsi extériorisation, c'est qu'elle ne cesse de viser l'objet qui lui fait face sous de multiples angles, au point de constituer autour de lui toute une stratification de sens étagés sur* *plusieurs niveaux. Aussi l'intentionnalité a-t-elle son équivalent dans le fait de dire que les choses ne cessent de «faire sens pour une conscience». Sartre, à cet égard, décrit bien ce que peut être la conscience intentionnelle lorsqu'il écrit dans* Situations 1 *(Gallimard, p. 32): «L'arbre que vous regardez n'est pas vous... Il vous repousse... Vous ne pouvez pas le faire rentrer dans vos estomacs et la connaissance ne peut pas se comparer sans malhonnêteté à une possession... Ainsi, la conscience est claire comme un grand vent. Il n'y a plus rien en elle, sauf un mouvement pour se fuir, un glissement hors de soi; si, par impossible, on entrait "dans" une conscience, on serait saisi par un tourbillon et rejeté dehors, près de l'arbre, en pleine poussière, car la conscience n'a pas de "dedans", elle n'est rien que le dehors d'elle-même, et c'est cette fuite absolue, ce refus d'être substance qui la constituent comme une conscience.»*

On comprend dès lors pourquoi Husserl ait été pris d'enthousiasme devant sa propre découverte. En faisant, en effet, de l'intentionnalité la clef de la conscience, c'est toute une richesse de sens qu'il a amenée à la surface et offert à l'investigation de la connaissance. La phénoménologie s'est efforcée d'en ordonner le cours en se donnant une méthode rigoureuse afin d'en déployer les structures sans se disperser dans l'impressionnisme d'une subjectivité prenant ses élans pour un savoir. On lui doit d'avoir su nous montrer qu'on n'en a jamais fini d'être une conscience, tant la conscience réside dans le fait d'enrichir de sens ce qui lui est donné de vivre.

Source: Edmund Husserl, *Méditations cartésiennes,* trad. G. Peiffer et E. Levinas, Paris, Vrin, p. 23 à 39.

Bibliographie: Jean-Toussaint Desanti, *Introduction à la phénoménologie,* Paris, Gallimard, 1976; Jean-François Lyotard, *la Phénoménologie,* Paris, P.U.F., 7e éd., 1969.

Deuxième méditation
Le champ d'expérience transcendantal
et ses structures générales

12. Idée d'un fondement transcendantal de la connaissance

DONNONS MAINTENANT à notre méditation une direction nouvelle. C'est par là seulement que les résultats de nos considérations précédentes pourront porter leurs fruits. Moi qui médite selon le mode cartésien, que puis-je tirer du moi transcendantal au point de vue philosophique? Certes, du point de vue de la connaissance, l'être de ce moi précède toute existence objective. Il est en un certain sens le domaine où se forme toute connaissance objective au sens habituel donné à ce terme. Mais ce fait de «précéder» toute connaissance objective veut-il dire simplement en former une «prémisse»? Non qu'il s'agisse d'abandonner la grande idée cartésienne d'aller chercher dans la subjectivité transcendantale la justification ultime de toutes les sciences, voire de l'existence d'un monde objectif. Dans ce cas-là nous n'aurions pas donné une modification critique à la marche des *Méditations;* nous n'en suivrions plus du tout la trace. Mais il se peut que la découverte cartésienne du moi transcendantal révèle aussi une *idée nouvelle du fondement de la connaissance,* à savoir d'un fondement d'ordre transcendantal. En effet, au lieu d'utiliser l'*ego cogito* comme une prémisse apodictiquement certaine pour des raisonnements devant nous mener à une subjectivité transcendante, voici sur quoi nous porterons notre attention: aux yeux du philosophe qui médite, l'ἐποχή phénoménologique dégage *une sphère nouvelle et infinie d'existence* que peut atteindre une expérience nouvelle, l'expérience transcendantale. Remarquons une chose: à chaque genre d'expérience réelle et aux modes généraux de sa spécification — perception, rétention, souvenir et autres, — correspond aussi une fiction pure, une «quasi-expérience» *(eine «Erfahrung als ob»)*, possédant des modes de spécification parallèles (perception, rétention, souvenir fictifs). S'il en est ainsi, nous sommes en droit de nous attendre à ce qu'il existe aussi, dans le domaine de la possibilité pure (pure représentation ou imagination), une science spéciale d'ordre apriorique, dont les jugements portent non sur des réalités transcendantales, mais sur des possibilités aprioriques, et qui prescrit ainsi à ces réalités des règles *a priori*.

Mais en nous laissant aller de la sorte à concevoir l'idée d'une science phénoménologique appelée à devenir *philosophie*, nous retrouvons bien vite, avec la prétention méthodique fondamentale d'une évidence qui serait apodictique, les difficultés mentionnées plus haut. Car, nous l'avons vu, si absolue que soit cette évidence pour l'existence de l'*ego* et pour cet *ego* lui-même, il n'en est pas de même pour les multiples données de l'expérience transcendantale. En effet, les *cogitationes* données dans l'attitude de la réduction transcendantale comme objets de perception, de souvenir, etc., ne sauraient pas être tenues pour absolument certaines quant à leur être présent ou passé. Il est cependant possible de montrer que l'évidence absolue du *je suis* s'étend aussi, nécessairement, aux multiplicités de l'expérience interne que nous avons de *la vie transcendantale et des particularités habituelles* du moi, bien qu'elle se tienne dans certaines limites déterminées par la portée de telles évidences (par exemple, celles du souvenir médiat ou immédiat,... etc.). Précisons notre pensée. Le contenu absolument certain qui nous est donné dans l'expérience interne transcendantale ne se réduit pas uniquement à l'identité du «je suis». À travers toutes les données singulières de l'expérience interne réelle et possible — quoiqu'elles ne soient pas absolument certaines dans le détail — s'étend une *structure universelle et apodictique de l'expérience du moi*, ainsi, par exemple, la forme temporelle immanente du courant de conscience. En vertu de cette structure, — et c'est un de ses caractères propres, — le moi possède de lui-même un schéma apodictique, schéma indéterminé qui le fait apparaître à lui-même comme moi concret, existant avec un contenu individuel d'états vécus, de facultés et de tendances, donc comme un objet d'expérience, accessible à une expérience interne possible, qui peut être élargie et enrichie à l'infini.

13. Qu'il est nécessaire d'exclure provisoirement les problèmes concernant la portée de la connaissance transcendantale

La réalisation effective de cette «découverte» serait la *tâche éminente d'une critique de l'expérience interne transcendantale*, critique qui porterait sur les formes individuelles et déterminées de cette expérience. *Cette tâche*, on le voit, est *d'ordre supérieur* et supposerait l'accomplissement d'une première démarche: il faudrait que, en suivant l'évidence concordante de l'expérience transcendantale, dans son jeu pour ainsi dire naïf, nous nous soyons d'abord orienté dans ses données et les ayons décrites dans leurs caractères généraux.

L'élargissement des méditations cartésiennes que nous venons d'effectuer va déterminer corrélativement nos démarches futures. Nous prévoyons dès maintenant que les travaux scientifiques groupés sous le titre collectif de *phénoménologie transcendantale* devront s'effectuer en *deux étapes.*

Dans la première, il faudra parcourir une première fois le domaine — immense, comme nous allons voir — *de l'expérience transcendantale du moi.* Nous allons tout d'abord *nous abandonner purement et simplement à l'évidence propre au déroulement concordant de cette expérience.* Nous réserverons donc pour l'avenir les problèmes d'une critique de la portée des principes apodictiques. Cette première étape n'est *pas encore philosophique au sens plein du terme.* Nous y procéderons à la manière du naturaliste qui s'abandonne à l'évidence de l'expérience naturelle, et qui, en tant que naturaliste, exclut du thème de ses recherches les questions ayant trait à une critique générale de cette expérience même.

La *seconde étape* aurait pour objet la *critique même de l'expérience transcendantale,* et consécutivement celle de la *connaissance transcendantale en général.*

Ainsi s'offre à nous une *science d'une singularité inouïe.* Elle a pour objet la subjectivité transcendantale concrète en tant que donnée dans une expérience transcendantale effective ou possible. Elle *s'oppose radicalement aux sciences telles qu'on les concevait jusqu'ici,* c'est-à-dire aux sciences *objectives.* Celles-ci comprennent également une science de la subjectivité, mais de la subjectivité objective, animale, faisant partie du monde. Mais ici il s'agit d'une science en quelque sorte « absolument subjective », dont l'objet est indépendant de ce que nous pouvons décider quant à l'existence ou à la non-existence du monde. Ce n'est pas tout. Il semblerait que mon moi, le moi transcendantal du philosophe, qui est le premier objet de cette science, en soit aussi nécessairement l'objet unique. Certes, il est conforme au sens de la réduction transcendantale de ne pouvoir poser au début aucun autre être que le moi et ce qui lui est inhérent, et cela avec un halo de déterminations possibles, mais non encore effectuées. La dite science commencera donc à coup sûr comme *égologie* pure, et, de ce fait, elle semble nous condamner au solipsisme, du moins transcendantal. Nous ne voyons nullement encore comment, dans l'attitude de la réduction, d'autres « moi » pourraient être posés — non comme simples phénomènes du « monde », mais comme d'autres « moi » transcendantaux, — donc comment de tels « moi » pourraient devenir à leur tour sujets qualifiés d'une égologie phénoménologique.

Novices en philosophie, des doutes de ce genre ne doivent pas nous effrayer. La réduction au moi transcendantal n'a peut-être que l'apparence d'un solipsisme; le développement systématique et conséquent de l'analyse égologique nous conduira peut-être, bien au contraire, à une phénoménologie de l'intersubjectivité transcendantale, et — par là même — à une philosophie transcendantale en général. Nous verrons, en effet, qu'un solipsisme transcendantal n'est qu'un échelon inférieur de la philosophie. Il faut le développer en tant que tel pour des raisons méthodiques, notamment pour poser d'une manière convenable les problèmes de l'intersubjectivité transcendantale. Ceux-ci appartiennent, en effet, à un ordre supérieur. Mais, au stade actuel de nos méditations, nous ne pouvons encore donner là-dessus de précisions quelconques. D'ailleurs, les anticipations que nous venons de faire ne prendront tout leur sens que dans la suite.

En tous cas, nous venons de marquer très nettement le point où nous nous écartons de manière essentielle de la marche des *Méditations* cartésiennes, ce qui sera d'une portée décisive pour le développement ultérieur de nos méditations. Contrairement à Descartes, nous nous proposerons pour tâche de *dégager le champ infini de l'expérience transcendantale.* Si l'évidence cartésienne — celle de la proposition: *Ego cogito, ego sum* — est demeurée stérile, c'est parce que Descartes a négligé deux choses: d'abord d'élucider une fois pour toutes le sens purement méthodique de l'ἐποχή transcendantale, — et, ensuite, de tenir compte du fait que l'*ego* peut, grâce à l'expérience transcendantale, s'expliciter lui-même indéfiniment et systématiquement; que, de ce fait, ce moi constitue un *champ d'investigation* possible, particulière et propre. En effet, tout en se rapportant à l'ensemble du monde et des sciences objectives, l'expérience transcendantale du moi n'en présuppose pourtant pas l'existence et la valeur; — elle se distingue par là même de toutes ces sciences, sans pourtant qu'elles se limitent jamais mutuellement.

14. Le courant des «cogitationes». «Cogito» et «cogitatum»

Nous n'allons pas, pour le moment, nous occuper des questions touchant la portée de l'apodicticité du «je suis». Nous allons donc diriger la lumière de l'évidence transcendantale non plus sur l'*ego cogito*, — ce terme pris au sens cartésien le plus large —, mais sur les *cogitationes* multiples, c'est-à-dire sur le courant de la conscience qui forme la vie de ce moi (mon moi, le moi du sujet méditant). Le moi identique peut à tout moment porter son regard réflexif sur cette vie, qu'elle soit perception ou représentation, jugement d'existence, de valeur, ou volition. Il peut à tout moment l'observer, en expliciter et en décrire le contenu.

Mais, dira-t-on peut-être, suivre cette direction de recherches, c'est faire tout simplement de la *description psychologique*, fondée sur l'expérience purement interne de ma propre vie consciente; bien entendu, pour être pure, cette description doit exclure toute position d'une réalité psychophysique. Mais une *psychologie purement descriptive*, encore que nous devions à la nouvelle science phénoménologique d'en avoir révélé le sens méthodique véritable, *n'est pas elle-même phénoménologie transcendantale*, au sens où nous avons défini celle-ci par la réduction phénoménologique transcendantale. La psychologie pure forme, il est vrai, un *parallèle strict* à la phénoménologie transcendantale de la conscience. Néanmoins il faut bien les distinguer; leur confusion caractérise le *psychologisme transcendantal*, qui rend toute philosophie véritable impossible. Il s'agit ici d'une de ces nuances — négligeables en apparence — qui décident de l'orientation de la philosophie. L'ensemble de la recherche phénoménologique transcendantale est lié, ne l'oublions pas, à l'observance inviolable de la réduction transcendantale, réduction qu'il ne faut pas confondre avec la limitation par abstraction de l'investigation anthropologique à la seule vie psychique. En conséquence, l'investigation phénoménologique transcendantale de la conscience et l'investigation psychologique diffèrent profondément, encore que les éléments à décrire de part et d'autre puissent coïncider. D'un côté, nous avons des données qui appartiennent au «monde», au monde posé comme existant, conçues comme des éléments psychiques de l'homme. De l'autre, même avec des données parallèles et de contenu identique, il n'y a rien de tel; le monde, dans l'attitude phénoménologique, n'est pas une existence, mais un simple phénomène.

Mais si nous évitons cette confusion psychologique, il reste un autre point d'une importance décisive. (Il joue, d'ailleurs, *mutatis mutandis*, un rôle tout aussi important dans le domaine de l'expérience naturelle, *psychologie de la conscience véritable*). Il est une chose que l'ἐποχή concernant l'existence du monde ne saurait changer: c'est que les multiples *cogitationes* qui se rapportent au «monde» portent *en elles-mêmes* ce rapport; ainsi, par exemple, la perception de cette table est, avant comme après, perception *de* cette table. Ainsi, tout état de conscience en général est, en lui-même, conscience *de* quelque chose, quoi qu'il en soit de l'existence réelle de cet objet et quelque abstention que je fasse, dans l'attitude transcendantale qui est mienne, de la position de cette existence et de tous les actes de l'attitude naturelle. Par conséquent, il faudra élargir le contenu de l'*ego cogito* transcendantal, lui ajouter un élément nouveau et dire que tout *cogito* ou encore tout état de conscience «vise» quelque chose, et qu'il porte en lui-même, en tant que «visé» (en tant qu'objet d'une intention), son *cogitatum* respectif. Chaque *cogito*, du reste, le fait à sa manière. La perception de la «maison» «vise» (se rapporte à) une maison — ou, plus exactement, telle maison individuelle — de la manière perceptive; le souvenir de la maison «vise» la maison comme souvenir; l'imagination, comme image; un jugement prédicatif ayant pour objet la maison «placée là devant moi» la vise de la façon propre au jugement prédicatif; un jugement de valeur surajouté la viserait encore à sa manière, et ainsi de suite. Ces états de conscience sont aussi appelés états *intentionnels*. Le mot *intentionnalité* ne signifie rien d'autre que cette particularité foncière et générale qu'a la conscience d'être conscience *de* quelque chose, de porter, en sa qualité de *cogito*, son *cogitatum* en elle-même.

15. Réflexion naturelle et réflexion transcendantale

Ajoutons pour plus de clarté qu'il faut distinguer deux choses; d'une part, les actes de conscience — perception extérieure, souvenir, prédication, jugement de valeur, position d'une fin, etc. — *accomplis spontanément*, et, d'autre part, les *réflexions* (actes réflexifs) qui nous révèlent ces actes spontanés et qui sont elles-mêmes des actes perceptifs *(erfassend)* d'un ordre nouveau. Dans la perception spontanée, nous saisissons la maison, non la perception de la maison. Dans la réflexion seulement, nous nous «tournons vers» cet acte lui-même et son orientation perceptive «sur» la maison. Dans la *réflexion naturelle* qui s'effectue dans la vie courante, mais aussi en psychologie (donc dans l'expérience psychologique de mes propres états psychiques), nous sommes placés sur le terrain du monde, du monde posé comme existant. C'est ainsi que nous énonçons dans la vie courante: «Je vois là-bas une maison», ou encore: «Je me rappelle avoir entendu cette mélodie», et ainsi de suite. Au contraire, *dans la réflexion phénoménologique transcendantale*, nous quittons ce terrain, en pratiquant l'ἐποχή universelle quant à l'existence ou la non-existence du monde. On peut dire que l'expérience ainsi modifiée, l'*expérience transcendantale*, consiste alors en ceci: nous *examinons* le *cogito* transcendantalement réduit et nous le décrivons sans effectuer, par surcroît, la position d'existence naturelle impliquée dans la perception spontanément accomplie (ou dans quelque autre *cogito*), position d'existence que le moi «naturel» avait en fait spontanément effectué. Un état essentiellement différent vient remplacer ainsi, il est vrai, l'état primitif, et on peut dire en ce sens que la réflexion altère l'état primitif. Mais cela est vrai de chaque réflexion, donc aussi de la réflexion naturelle. L'altération est essentielle, car l'état vécu, naïf d'abord, perd sa «spontanéité» primitive précisément du fait que la réflexion prend pour objet ce qui d'abord était *état* et non *objet*. La réflexion a pour tâche non de reproduire une seconde fois l'état primitif, mais de l'observer, et d'en expliciter le contenu. Le passage à cette attitude réflexive donne naturellement naissance à un nouvel état intentionnel, état qui, dans la singularité intentionnelle qui lui est propre de «se rapporter à l'état antérieur», rend conscient, voire évident, non pas quelque autre état, mais cet état lui-même. Et c'est par là seulement que devient possible cette expérience descriptive, à laquelle nous sommes redevables de tout savoir et de toute connaissance concevables touchant notre vie intentionnelle. Il en est de même pour la réflexion phénoménologique transcendantale. Le fait que le moi réflexif n'effectue pas l'affirmation existentielle *(die Seinsstellungnahme)* de la perception spontanée de la maison, ne change rien au fait que cette expérience réflexive est expérience réflexive de la perception «de la maison», avec tous les éléments qui lui étaient et qui continuent à lui être propres. Or, parmi ces éléments, figurent, dans notre exemple, et les éléments de la perception elle-même en tant que flux vécu, et ceux de la maison perçue en tant que telle. Il y a bien, d'un côté, la position existentielle propre à la perception normale (c'est-à-dire la certitude inhérente à la perception), de même qu'il y a bien, du côté de la maison qui apparaît, le caractère de l'«existence» pure et simple. L'ἐποχή, l'abstention du moi dans l'attitude phénoménologique, est son affaire à lui, non l'affaire de la perception qu'il observe dans et par la réflexion. Elle est du reste accessible elle-même à une réflexion de ce genre, et par elle seulement nous en savons quelque chose.

Ce qui a lieu ici peut aussi se décrire de la façon suivante: Si nous disons du moi qui perçoit le «monde» et y vit tout naturellement, qu'il est *intéressé au monde,* alors nous aurons, dans l'attitude phénoménologiquement modifiée, un *dédoublement du moi;* au-dessus du moi naïvement intéressé au monde s'établira en *spectateur désintéressé* le moi phénoménologique. Ce *dédoublement du moi* est à son tour accessible à une réflexion nouvelle, réflexion qui, en tant que transcendantale, exigera encore une fois l'attitude «désintéressée du spectateur», préoccupé seulement de voir et de décrire de manière adéquate.

C'est ainsi que les événements de la vie (psychique) «tournée vers le monde», avec toutes leurs affirmations existentielles primaires et médiates et les modes existentiels corrélatifs — tels que: être certain, possible, probable, être beau et bon, utile, etc., — sont rendus accessibles à la description pure. C'est dans cette pureté seulement qu'elles pourront fournir des éléments à une *critique générale de la conscience,* comme l'exigent avec nécessité nos préoccupations philosophiques. Rappelons-nous le radicalisme inhérent à l'idée cartésienne de la philosophie, en tant que science universelle, fondée jusqu'en ses dernières démarches sur l'évidence apodictique. Ainsi conçue, cette science exige une critique générale et absolue; mais cette critique devra, de son côté, en s'abstenant de toutes les attitudes affirmatives d'existence, se créer tout d'abord une attitude d'absolue indépendance de toute pré-conception. L'universalité de l'expérience et de la description transcendantales atteint ce but, du fait qu'elle inhibe le «préjugé» universel de l'expérience du monde (c'est-à-dire la croyance au monde qui, insensiblement, pénètre tout acte et toute attitude naturels). Ayant atteint la sphère égologique absolue non touchée par la réduction — sphère des intentions pures — elle aspire à en donner une description universelle, qui, à son tour, devra constituer la base d'une critique radicale et universelle. Tout dépendra évidemment de l'observation stricte de l'impartialité absolue de cette description, c'est-à-dire de la fidélité au principe de l'évidence pure posé plus haut. Autrement dit, il faudra s'en tenir strictement aux données pures de la réflexion transcendantale, les prendre exactement comme elles se donnent dans l'intuition de l'évidence directe, et écarter d'elles toutes les interprétations dépassant ce donné.

Si nous observons ce principe méthodique en ce qui concerne la corrélation *cogito-cogitatum* (en tant que *cogitatum*), nous découvrons en premier lieu quelles descriptions générales doivent être exécutées d'abord, et cela toujours sur les *cogitationes particulières,* et dans les directions *corrélatives.* À ces descriptions appartiennent d'un côté celles de l'objet intentionnel comme tel, quant aux déterminations que le moi lui attribue dans des modalités de la conscience déterminées et aux modes propres, qui apparaissent au regard investigateur quand celui-ci se pose sur ces modalités. Exemple: les «modes» existentiels tels que: «existence certaine, existence possible ou supposée», etc., ou encore les «modes temporels subjectifs»: existence présente, passée, future. Cette direction de la description s'appelle *noématique*. À elle s'oppose la direction *noétique*. Elle concerne les modalités du *cogito* lui-même, par exemple les modalités de la conscience telles que: perception, souvenir, mémoire immédiate, avec les différences modales qui leur sont inhérentes, telles la clarté et la distinction.

Nous comprenons maintenant que par l'ἐποχή universelle quant à l'existence ou à l'inexistence du monde, la phénoménologie ne nous a pas, en réalité, fait perdre le monde comme objet phénoménologique. Nous le gardons en tant que *cogitatum*, et cela non seulement quant aux réalités *particulières* visées et telles qu'elles sont visées, ou, mieux, objectivées dans tels actes particuliers de la conscience. Car leur particularisation est une particularisation au sein d'un *univers*, univers dont l'unité nous «apparaît» toujours, même lorsque nous sommes tournés, dans la perception, vers le singulier. En d'autres termes: la conscience de cet univers est toujours présente *(mitbewusst)* dans l'unité d'une conscience, qui peut elle-même devenir perceptive et, en fait, le devient souvent. L'ensemble du monde est ici objet de conscience sous la forme de l'infinité spatiale et temporelle qui lui est propre. À travers toutes les fluctuations de la conscience, cet univers, un et unique — encore que ses particularités perçues ou autrement objectivées soient soumises à variation —, demeure comme le fond sur lequel se projette notre vie naturelle. Donc, en effectuant la réduction phénoménologique dans toute sa rigueur, nous gardons à titre noétique le champ libre et illimité de la vie pure de la conscience, et, du côté de son corrélatif noématique, le monde-phénomène, en tant que son objet intentionnel. Ainsi le moi de la méditation phénoménologique peut devenir en toute universalité *spectateur impartial de lui-même*, non seulement dans des cas particuliers, mais en général, et ce «lui-même» *comprend toute objectivité qui* «existe» pour lui, telle qu'elle existe pour lui. Donc il sera possible de dire: Moi, qui demeure dans l'attitude naturelle, je suis *aussi* et à tout instant moi transcendantal, mais je ne m'en rends compte qu'en effectuant la réduction phénoménologique. Or, cette attitude nouvelle me fait voir que l'ensemble du monde et tout ce qui est en général n'est pour moi que quelque chose qui «vaut» pour moi, c'est-à-dire n'existe pour moi que comme *cogitatum* de mes *cogitationes* variables et liées entre elles dans cette variation même. C'est dans cette acception seulement que je lui attribue une validité. Par conséquent, moi phénoménologue transcendantal, je ne possède, comme objets de mes observations descriptives universelles — qu'elles concernent des particularisations ou des ensembles généraux, — *que des corrélatifs intentionnels de modalités de la conscience*.

16. Digression. Nécessité, pour la réflexion «purement psychologique» comme pour la réflexion «transcendantale», de commencer par l'«ego cogito»

D'après ces développements le «je suis» transcendantal embrasse dans l'universalité de sa vie une multiplicité indéfinie et inachevée d'états concrets individuels. «Révéler» ces états et saisir par la description leurs structures variables, telle sera une de ses premières tâches. Il en sera de même pour les modes de «liaison» propres à ces états, qui en forment des unités complexes, jusqu'à l'unité du moi concret lui-même. Ce moi n'est concret, bien entendu, que dans l'ensemble infini et illimité de sa vie intentionnelle qui forme une unité bien «liée», et qui implique à titre de *cogitata* les objets intentionnels corrélatifs, qui forment à leur tour des ensembles bien liés, des touts, jusques et y compris le monde phénoménal en tant que tel. Le moi concret lui-même est le sujet universel de la description. Ou, pour mieux dire: la tâche que je propose à mes méditations phénoménologiques, c'est de *me révéler moi-même* comme moi transcendantal et cela *dans ma pleine concrétion*, donc *y compris* tous les objets intentionnels corrélatifs des actes de ce moi. Comme nous l'avons mentionné déjà, cette « révélation » transcendantale de mon moi a pour *parallèle* la *révélation psychologique de mon moi à lui-même,* j'entends de mon être purement psychique (âme) au sein de ma vie psychique. Mais, dans ce cas-là, cet être est « l'objet » d'une aperception naturelle, comme élément constitutif de mon être psychophysique réel (animal), donc comme élément constitutif du monde, du monde valable pour moi, naturellement.

On le voit, pour une égologie transcendantale descriptive, comme aussi pour une *psychologie de l'intériorité pure,* c'est-à-dire une psychologie descriptive basée réellement et exclusivement sur l'expérience interne (indispensable comme discipline psychologique fondamentale), il n'est de commencement possible que par l'*ego cogito.* Étant donné l'échec de toutes les tentatives modernes pour distinguer entre théorie psychologique et théorie philosophique de la conscience, cette remarque est d'une importance capitale. Commencer par une théorie de la sensation, en cédant à l'influence de la tradition du sensualisme, encore si puissante, c'est donc se fermer l'accès à ces deux disciplines. Partir des sensations, en effet, implique une interprétation — qui semble à tort toute naturelle — de la vie psychique comme un complexus de données du sens « externe » et — à la rigueur — « interne », données pour l'unification desquelles on fera intervenir ensuite les qualités de forme *(Gestaltqualitäten).* On ajoute encore, pour réfuter l'« atomisme », que les formes *(Gestalten)* sont nécessairement impliquées dans ces données, donc que les touts sont en soi antérieurs aux parties. Mais la théorie descriptive de la conscience, si elle procède avec un radicalisme absolu, ne connaît pas de données et de touts de ce genre, sauf à titre d'idées préconçues. Le début, c'est l'expérience pure et, pour ainsi dire, muette encore, qu'il s'agit d'amener à l'expression pure de son propre sens. Or l'expression véritablement première, c'est celle du « je suis » cartésien ; par exemple : je perçois — cette maison ; je me souviens — de tel rassemblement, etc., et la tâche première et générale de la description consiste à distinguer *cogito,* d'une part, et *cogitatum* en tant que *cogitatum,* de l'autre. Mais dans quel cas et dans quelles significations différentes les données sensorielles pourront-elles être envisagées comme des éléments constitutifs de la conscience ? La réponse à cette question présuppose un travail descriptif spécial de « découverte », dont la psychologie traditionnelle, à son grand dommage, s'est entièrement désintéressée. Ayant laissé dans l'obscurité les principes de sa méthode, elle a totalement perdu de vue l'immense tâche que représente la description des *cogitata* en tant que *cogitata.* Elle a perdu en même temps la notion exacte du *sens* de la description des *cogitationes* elles-mêmes, conçues comme formes de la conscience, et des tâches particulières qui incombent à cette description.

17. Le caractère bi-latéral de l'investigation de la conscience ; le caractère corrélatif de ses problèmes. Directions de la description. La synthèse, forme originelle de la conscience

Mais si, dès le début, nous possédons la clarté sur le point initial et les directions de nos recherches, il est possible d'en tirer, dans l'attitude transcendantale qui est la nôtre, d'importantes directives pour la position ultérieure des problèmes. Sans toucher encore au problème de l'identité du moi, on pourra caractériser le caractère bilatéral de l'investigation de la conscience en le décrivant comme une coordination inséparable. De plus, on pourra caractériser le mode de liaison qui unit un « état » de conscience à un autre en le décrivant comme une « synthèse », forme de liaison appartenant exclusivement à la région de la conscience. Je prends, par exemple, pour objet de description la perception d'un cube. Je vois alors, dans la réflexion pure, que «ce» cube individuel m'est donné d'une façon continue comme une unité objective, et cela dans une multiplicité variable et multiforme d'aspects (modes de présentations) liés par des rapports déterminés. Ces modes ne sont pas, dans leur écoulement, une suite d'états vécus sans liaison entre eux. Ils s'écoulent, au contraire, dans l'unité d'une «synthèse», conformément à laquelle c'est toujours du même objet — en tant qu'il se présente — que nous prenons conscience. Le cube un et identique se présente de façon et sous des aspects divers: tantôt de «proximité», tantôt d'«éloignement» *(Nah- und Fernerscheinungen),* dans des modes variables, «d'ici» et «là-bas», opposés à un «ici» absolu (qui se trouve — pour moi — dans «mon propre corps» qui m'apparaît en même temps), dont la conscience, encore qu'elle reste inaperçue, les accompagne toujours. Chaque «aspect» que retient l'esprit, par exemple «ce cube-ci dans la sphère de proximité», se révèle à son tour comme unité synthétique d'une multiplicité de modes de présentation correspondants. L'objet proche *(das Nahding)* peut se présenter comme «le même» mais sous telle ou telle «face»; il peut y avoir variation non seulement des «perspectives visuelles», mais des phénomènes «tactiles», «acoustiques» et autres «modes de présentation», comme nous pouvons l'observer en donnant à notre attention la direction convenable. Si maintenant, dans la description de ce cube, nous considérons spécialement tel de ses caractères, par exemple sa forme, sa couleur, ou une de ses surfaces prise à part, ou encore la forme carrée de cette surface, ou sa couleur à part, et ainsi de suite, le même phénomène se répète. Toujours ledit caractère se présente comme «unité» de «multiplicités» qui s'écoulent. Dans la vision dirigée sur l'objet, nous aurons, par exemple, une forme ou une couleur qui reste identiquement la même. Dans l'attitude réflexive, nous aurons les aspects ou «apparences» correspondants, modalités d'orientation, de perspective, etc., qui se succèdent en une suite continue. Chacun de ces «aspects», considéré en lui-même, par exemple la forme ou la nuance en elle-même, est, de plus, *représentation de* sa forme, *de* sa couleur, etc. Ainsi le *cogito* a conscience *de* son *cogitatum* non pas en un acte non différencié, mais en une «structure de multiplicités» à caractère noétique et noématique bien déterminé, structure coordonnée de façon essentielle à l'identité de ce *cogitatum* déterminé.

Les descriptions faites pour la perception sensible, nous pouvons les faire parallèlement pour toutes les modalités de l'intuition, et leurs *cogitata* corrélatifs (tel, par exemple, le souvenir reproducteur d'une intuition ancienne, et l'attente qui guette d'avance une intuition à venir). L'objet remémoré apparaît, lui aussi, sous diverses faces, dans diverses perspectives, etc. Comme on s'en rend compte lorsqu'on en entreprend l'exécution, ces descriptions vont extrêmement loin. Mais, pour pouvoir différencier les modalités de l'intuition (par exemple le donné de la mémoire et celui de la perception), la description devrait faire appel à des dimensions nouvelles. Un fait général subsiste néanmoins, qui vaut pour toute conscience en général, entendue comme «conscience de quelque chose». Ce quelque chose, à savoir son «objet intentionnel comme tel» qui est «en elle», nous en avons conscience comme d'une unité identique d'une multiplicité de modalités de conscience noémato-noétiques, peu importe qu'il s'agisse de modalités intuitives ou non.

Une fois que la tâche phénoménologique d'une description concrète de la conscience a été bien prise en main, nous voyons s'ouvrir à nous de véritables mondes de faits. Jamais ces faits n'avaient été étudiés avant l'apparition de la phénoménologie. — Tous ces faits peuvent aussi être appelés «faits de la structure synthétique», appelés ainsi parce qu'ils confèrent l'unité noémato-noétique non seulement aux *cogitationes* particulières (prises en elles-mêmes, comme des touts synthétiques concrets), mais la leur confèrent aussi dans leur rapport avec d'autres.

La «démonstration» *(Aufweisung)* que le *cogito*, c'est-à-dire l'état intentionnel, est conscience *de* quelque chose n'est rendue féconde que par l'élucidation du caractère originel de cette synthèse. C'est dire que seule cette «démonstration» rend féconde l'importante découverte de Franz Brentano, à savoir que l'intentionnalité est le caractère descriptif fondamental des «phénomènes psychiques». Seule elle permet de dégager réellement la méthode d'une science descriptive de la conscience, tant philosophique et transcendantale que psychologique.

18. L'identification, forme fondamentale de la synthèse La synthèse universelle du temps transcendantal

Examinons la forme fondamentale de la synthèse, à savoir celle de l'identification. Elle se présente d'abord comme synthèse d'une portée universelle s'écoulant *passivement*, sous forme de la *conscience interne continue du temps*. Tout état vécu a sa durée vécue. S'il s'agit d'un état de conscience dont le *cogitatum* est un objet du monde — comme dans la perception du cube —, il y a lieu de distinguer la durée objective qui apparaît (par exemple, celle de ce cube) de la durée «interne» du processus de la conscience (par exemple, celle de la perception du cube). Celle-ci s'«écoule» en des périodes et des phases temporelles qui sont siennes, et qui sont elles-mêmes des présentations, se modifiant d'une façon continue, *du* seul et même cube. *Leur unité est celle d'une synthèse.*
Elle n'est pas une simple liaison continue de *cogitationes* pour ainsi dire extérieurement accolées les unes aux autres, mais elle est une unité de *conscience une*, et dans cette conscience se *constitue* l'unité d'une entité *(Gegenständlichkeit)* intentionnelle, précisément comme étant la même entité se présentant de manières variées et multiples. L'existence réelle d'un monde — donc celle du cube ici présent — est mise, par l'ἐποχή, «entre parenthèses»; mais le cube donné apparaissant comme un et identique est toujours «immanent» au courant de conscience, est descriptivement «en» lui, comme l'est descriptivement le caractère d'être «identiquement le même». Cette immanence à la conscience a un caractère tout particulier. Le cube n'est pas contenu dans la conscience à titre d'élément réel, il l'est «idéalement» comme objet intentionnel, comme ce qui apparaît ou, en d'autres termes, comme son «sens objectif» immanent. L'objet de la conscience, qui garde son identité «avec lui-même» pendant que s'écoule la vie psychique, ne lui vient pas du dehors. Cette vie elle-même l'implique à titre de *sens*, c'est-à-dire d'«opération intentionnelle» *(intentionale Leistung)* de la synthèse de la conscience.

Mais le même cube — le même pour la conscience — peut être présent à la conscience (en même temps ou successivement), en des modes de conscience *séparés* et très différents, par exemple dans des perceptions, souvenirs, attentes, jugements de valeur, etc., isolés les uns des autres. Là encore c'est une synthèse qui réalise la conscience de l'identité dans l'unité d'une conscience, dépassant et embrassant ses états isolés, et rend ainsi possible toute connaissance de l'identité.

Mais finalement, en ce sens, toute conscience — (par exemple, toute conscience que nous pouvons avoir d'une multiplicité, d'une relation, etc.) — où du non-identique est perçu par la conscience comme un ensemble, peut être qualifiée de synthèse, constituant synthétiquement — ou, dirons-nous encore, *syntaxiquement*, — le *cogitatum* qui lui est propre (multiplicité, relation, etc.), que cette opération syntaxique soit à caractériser d'ailleurs comme une pure passivité ou comme une activité du moi. Même les contradictions et les incompatibilités sont des formes de «synthèses», encore que d'une tout autre espèce.

Mais la synthèse n'est pas seulement le propre de chaque état de conscience individuel, et elle ne lie pas seulement par occasion des états individuels à d'autres. Au contraire, nous l'avons dit dès le début, toute la vie psychique dans son ensemble est unifiée de manière synthétique. Il s'ensuit que cette vie est un *cogito* universel, qui embrasse de manière synthétique tous les états de la conscience individuels pouvant émerger de cette vie, et qui a son *cogitatum* universel, fondé de manières différentes dans de multiples *cogitata* particuliers. Mais ce fait d'être fondé ne doit pas s'entendre dans le sens de la succession temporelle, d'une genèse; car chaque état individuel que nous pouvons concevoir n'émerge que sur le fond d'une conscience globale, unifiée, qu'il présuppose toujours. Le *cogito* universel, c'est la vie universelle elle-même dans son unité et sa totalité indéfinies et illimitées. C'est parce qu'elle apparaît toujours comme une totalité qu'on peut l'« observer » de la manière expresse dans des actes perceptifs de l'attention, et qu'on peut en faire le thème d'une connaissance universelle. *La forme fondamentale* de cette synthèse universelle, qui rend possibles toutes les autres synthèses de la conscience, est *la conscience immanente du temps.* Corrélativement lui correspond la durée immanente elle-même, en vertu de laquelle tous les états du moi, accessibles à la réflexion, doivent se présenter comme ordonnés dans le temps — simultanés ou successifs, — ayant un commencement et une fin dans le temps, au sein de l'horizon infini et permanent du temps immanent « lui-même ». La distinction entre la conscience du temps et le temps lui-même peut aussi s'exprimer comme une distinction entre *l'état de conscience* intra-temporel (respectivement sa *forme temporelle*) et ses *modes temporels d'apparition,* en tant que « multiplicités » correspondantes. Étant donné que ces modes de présentation de la conscience temporelle interne sont eux-mêmes des « états intentionnels », ils doivent nécessairement — dans la réflexion — se présenter à leur tour comme des durées. Nous rencontrons ici une particularité fondamentale et paradoxale de la vie de la conscience, qui semble ainsi être affectée d'une régression à l'infini. L'élucidation de ce fait et sa compréhension créent des difficultés extraordinaires. Mais, quoi qu'il en soit, ce fait est évident, voire apodictique, et il désigne un des côtés du merveilleux « être pour soi-même » de l'*ego,* à savoir en premier lieu que la vie de la conscience *se rapporte intentionnellement à elle-même.*

19. Actualité et potentialité de la vie intentionnelle

La multiplicité inhérente à l'intentionnalité de tout *cogito,* — et de tout *cogito* se rapportant au monde du seul fait qu'il a conscience non seulement d'un monde, mais aussi de lui-même, en tant que *cogito* dans la conscience immanente du temps, — cette multiplicité n'est pas épuisée par la description des *cogitata* actuels. Au contraire, chaque actualité implique ses potentialités propres. Celles-ci, loin d'être des possibilités absolument indéterminées, sont, quant à leur contenu, intentionnellement *pré-tracées* dans l'état actuel lui-même. Elles ont en plus le caractère de « devoir être réalisées par le moi ».

Ceci désigne un *nouveau trait essentiel de l'intentionnalité.* Chaque état de conscience possède un « horizon » variant conformément à la modification de ses connexions avec d'autres états et avec ses propres phases d'écoulement. C'est un *horizon intentionnel, dont le propre est de renvoyer* à des potentialités de la conscience qui appartiennent à cet horizon même. Ainsi, par exemple, dans chaque perception extérieure, les côtés de l'objet qui sont « réellement perçus » renvoient aux côtés qui ne le sont pas encore et ne sont qu'anticipés dans l'attente d'une façon non-intuitive comme aspects « à venir » dans la perception. C'est là une « protention » continuelle qui, pour chaque nouvelle phase perceptive, prend un sens nouveau. De plus, la perception possède des horizons qui embrassent d'autres possibilités perceptives, j'entends les possibilités que nous *pourrions* avoir, si, *activement*, nous donnions au cours de la perception une autre direction, si, par exemple, au lieu de tourner les yeux de cette manière, nous les tournions autrement, si nous faisions un pas en avant ou sur le côté, et ainsi de suite. Dans le souvenir correspondant nous retrouvons toutes ces variations en une certaine modification; ainsi j'ai conscience que j'eusse pu, alors, percevoir d'autres côtés que ceux que j'ai vus en fait, — *si*, évidemment, j'avais autrement dirigé mon activité perceptive. De plus — et nous allons ici combler une lacune — à chaque perception appartient toujours un halo de perceptions passées, qu'il faut concevoir comme une potentialité de souvenirs susceptibles d'être rappelés, et à chaque souvenir lui-même appartient, en tant que «halo», l'intentionnalité médiate et continue de souvenirs possibles (réalisables par moi activement), souvenirs qui s'échelonnent jusqu'à l'instant de ma perception actuelle. Partout ici se mêle à ces possibilités un «je puis» et un «j'agis», un «je puis agir autrement que je n'agis en fait», — peu importe, d'ailleurs, les inhibitions toujours possibles qui peuvent enrayer cette «liberté», comme toute «liberté» en général.

Les «halos» ou «horizons» sont des potentialités *pré-tracées*. Nous dirons aussi *qu'on peut interroger chaque horizon sur «ce qui est impliqué en lui»*, qu'on peut l'*expliciter, dévoiler* les potentialités éventuelles de la vie psychique. Or, justement par là nous dévoilons aussi *son sens objectif* qui n'est jamais qu'indiqué dans le *cogito* actuel et n'est jamais présent que d'une manière implicite. Ce sens objectif, c'est-à-dire le *cogitatum* en tant que *cogitatum*, ne se présente jamais comme *définitivement donné;* il ne *s'éclaire* qu'à mesure que s'explicite l'horizon et les horizons nouveaux (et cependant pré-tracés) qui se découvrent sans cesse. Certes, ce «tracé» lui-même est toujours imparfait, mais il a, en dépit de son *indétermination*, une certaine *structure de détermination (Struktur der Bestimmtheit).* Ainsi le cube — vu d'un côté — ne «dit» rien sur la détermination concrète de ses côtés non visibles; néanmoins il est d'avance «saisi» comme cube, puis en particulier comme coloré, rugueux, etc., chacune de ces déterminations laissant toujours d'autres particularités dans l'indétermination. Ce «laisser dans l'indétermination» des particularités, — antérieurement aux déterminations effectives plus précises qui, peut-être, n'auront jamais lieu, — est un moment contenu dans la conscience perceptive elle-même; il est précisément ce qui constitue l'«horizon».

C'est par le progrès réel de la *perception* — opposée au simple «éclaircissement» par des «représentations» anticipantes — que s'effectue la détermination plus précise, en confirmant ou en informant les «anticipations», mais toujours impliquant de nouveaux «horizons», et ouvrant des perspectives nouvelles. À toute conscience qui est conscience *de* quelque chose appartient donc cette propriété essentielle: non seulement elle peut, d'une manière générale, se transformer dans des modes de conscience toujours nouveaux, tout en restant conscience d'un objet *identique*, objet intentionnellement inhérent, comme sens objectif identique, à ses modes dans l'unité de la synthèse, mais toute «conscience de quelque chose» peut le faire et ne peut le faire que dans et par ces horizons d'intentionnalité. L'objet est pour ainsi dire un *pôle d'identité*, donné toujours avec un «sens» «pré-conçu» et «à» réaliser. Il est, dans chaque moment de la conscience, *l'index d'une intentionnalité noétique lui appartenant de par son sens, intentionnalité qu'on peut rechercher, et qui peut être explicitée*. Tout cela est accessible à l'investigation concrète.

CRITIQUE DE LA CONSCIENCE

«Nul ne sait ce que peut le corps»
(1677)

BARUCH DE SPINOZA
(1632-1677)

Il est incontestable que Descartes et le cartésianisme ont su rappeler avec force que, pour que la science soit, encore fallait-il qu'on la veuille. En faisant toutefois ainsi dépendre l'être de la science d'un acte de volonté préalable, ils n'ont pas tant levé son énigme que suscité toutes sortes de questions. Car, peut-on vouloir la science à partir de rien? Si l'être de celle-ci dépend d'une volonté, la volonté elle-même ne doit-elle pas se conformer à l'ordre de l'Être afin de pouvoir être? N'est-ce pas parce que la nature pousse le sujet pensant à désirer être et vivre, que celui-ci est amené à désirer la science et à vouloir qu'elle vive?

L'une des grandes originalités de Spinoza est d'avoir réalisé que la volonté ne pouvait à elle seule rendre compte de la science et qu'il fallait questionner son être même si l'on voulait pouvoir comprendre celle-ci, autrement que comme l'effet d'un coup de force ou d'un miracle. Aussi est-ce la raison pour laquelle il a entrepris une critique de la conscience. Loin de relever d'un préjugé, celle-ci est née d'un désir d'avoir une vision cohérente de la connaissance en remontant par-delà les décisions individuelles jusqu'à l'Être même gouvernant ces dernières.

Cet être, Spinoza l'a situé dans la vie même de la nature, dont le dynamisme producteur ne cesse de s'exprimer, afin d'affirmer son être. S'agissant de l'homme, il l'a situé au niveau de son corps.

*Comment comprendre une telle interprétation? Cela signifie-t-il qu'il a voulu réduire purement et simplement l'esprit à la matière? Nullement. En soulignant que l'âme est l'idée du corps (Proposition XII de la partie II de l'*Éthique*), il n'a pas voulu dire que l'âme est l'effet du corps, mais que celle-ci pense ce qui lui est donné de vivre et rien d'autre.*

Spinoza s'est fondamentalement tenu à distance de toute abstraction comme de toute confusion. S'agissant de l'âme, il n'a pas plus fait de celle-ci une entité abstraite planant au-dessus du corps, qu'il n'a émis l'idée que le corps pouvait penser. Plus simplement, il s'est contenté de rappeler que, quand l'âme pense, celle-ci ne pense pas sur rien. Et quand le corps se meut, celui-ci n'est pas sans idée et donc sans signification.

Donc, dans sa façon de définir l'âme par rapport au corps, Spinoza a avant tout voulu souligner que, s'agissant de l'homme, tout est «plein». Tout est vivant. Rien n'est vide. Rien n'est insignifiant. Il n'a référé l'âme au corps que pour mieux référer l'homme au sens. Aussi peut-on comprendre pourquoi il a conclu que l'âme et le corps n'étaient en définitive que deux points de vue sur cet existant plein de sens qu'est l'homme.

*Le texte présenté ici se trouve dans le Scolie de la proposition II de la partie III de l'*Éthique*. Texte principalement méthodique, il vise avant tout à rappeler que tous les phénomènes singuliers dont l'âme peut être le théâtre, trouvent leur signification en elle* *et non au-delà de sa vie. Loin de référer ceux-ci à une magie de l'existence pétrifiant toute pensée, il s'efforce de les relier à un inconnu que nous ne pensons pas encore.*

Spinoza n'a pas pensé que l'homme était un dieu. Il a, en revanche, perçu l'homme comme étant en Dieu. Aussi a-t-il critiqué la conscience, afin que l'homme puisse se délivrer d'un moi qui l'empêche d'être lui-même à force d'étouffer la vie. Tant il est vrai que c'est parfois le moi qui peut être le plus grand obstacle empêchant d'être soi.

Source: Baruch de Spinoza, *Éthique*, trad. Charles Appuhn, d'après l'édition de 1909, Paris, Garnier-Flammarion, 1965, Scolie de la proposition II de la partie III, p. 137 à 140.

Bibliographie: Gilles Deleuze, *Spinoza et le problème de l'expression*, Paris, 1968; Sylvain Zac, *l'Idée de vie dans la philosophie de Spinoza*, Paris, P.U.F., 1963.

PERSONNE, il est vrai, n'a jusqu'à présent déterminé ce que peut le Corps, c'est-à-dire l'expérience n'a enseigné à personne jusqu'à présent ce que, par les seules lois de la Nature considérée en tant seulement que corporelle, le Corps peut faire et ce qu'il ne peut pas faire à moins d'être déterminé par l'Âme. Personne en effet ne connaît si exactement la structure du Corps qu'il ait pu en expliquer toutes les fonctions, pour ne rien dire ici de ce que l'on observe maintes fois dans les Bêtes qui dépasse de beaucoup la sagacité humaine, et de ce que font très souvent les somnambules pendant le sommeil, qu'ils n'oseraient pas pendant la veille, et cela montre assez que le Corps peut, par les seules lois de sa nature, beaucoup de choses qui causent à son Âme de l'étonnement. Nul ne sait, en outre, en quelle condition ou par quels moyens l'Âme meut le Corps, ni combien de degrés de mouvement elle peut lui imprimer et avec quelle vitesse elle peut le mouvoir. D'où suit que les hommes, quand ils disent que telle ou telle action du Corps vient de l'Âme, qui a un empire sur le Corps, ne savent pas ce qu'ils disent et ne font rien d'autre qu'avouer en un langage spécieux leur ignorance de la vraie cause d'une action qui n'excite pas en eux d'étonnement. Mais, dira-t-on, que l'on sache ou que l'on ignore par quels moyens l'Âme meut le Corps, on sait cependant, par expérience, que le Corps serait inerte si l'Âme humaine n'était apte à penser. On sait de même, par expérience, qu'il est également au seul pouvoir de l'Âme de parler et de se taire et bien d'autres choses que l'on croit par suite dépendre du décret de l'Âme. Mais, quand au *premier* argument, je demande à ceux qui invoquent l'expérience, si elle n'enseigne pas aussi que, si de son côté le Corps est inerte, l'Âme est en même temps privée d'aptitude à penser? Quand le Corps est au repos dans le sommeil, l'Âme en effet reste endormie avec lui et n'a pas le pouvoir de penser comme pendant la veille. Tous savent aussi par expérience, à ce que je crois, que l'Âme n'est pas toujours également apte à penser sur un même objet et qu'en proportion de l'aptitude du Corps à se prêter au réveil de l'image de tel ou tel objet, l'Âme est aussi plus apte à considérer tel ou tel objet. Dira-t-on qu'il est impossible de tirer des seules lois de la Nature, considérée seulement en tant que corporelle, les causes des édifices, des peintures et des choses de cette sorte qui se font par le seul art de l'homme, et que le Corps humain, s'il n'était déterminé et conduit par l'Âme, n'aurait pas le pouvoir d'édifier un temple? J'ai déjà montré qu'on ne sait pas ce que peut le Corps ou ce qui se peut tirer de la seule considération de sa nature propre et que, très souvent, l'expérience oblige à le reconnaître, les seules lois de la Nature peuvent faire ce qu'on n'eût jamais cru possible sans la direction de l'Âme; telles sont les actions des somnambules pendant le sommeil, qui les étonnent eux-mêmes quand ils sont éveillés. Je joins à cet exemple la structure même du Corps humain qui surpasse de bien loin en artifice tout ce que l'art humain peut bâtir, pour ne rien dire ici de ce que j'ai montré plus haut: que de la Nature considérée sous un attribut quelconque suivent une infinité de choses. Pour ce qui est maintenant du *second* argument, certes les affaires des hommes seraient en bien meilleur point s'il était également au pouvoir des hommes tant de se taire que de parler, mais, l'expérience l'a montré surabondamment, rien n'est moins au pouvoir des hommes que de tenir leur langue, et il n'est rien qu'ils puissent moins faire que de gouverner leurs appétits; et c'est pourquoi la plupart croient que notre liberté d'action existe seulement à l'égard des choses où nous tendons légèrement, parce que l'appétit peut en être aisément contraint par le souvenir de quelque autre chose fréquemment rappelée; tandis que nous ne sommes pas du tout libres quand il s'agit de choses auxquelles nous tendons avec une affection vive que le souvenir d'une autre chose ne peut apaiser. S'ils ne savaient d'expérience cependant que maintes fois nous regrettons nos actions et que souvent, quand nous sommes dominés par des affections contraires, nous voyons le meilleur et faisons le pire, rien ne les empêcherait de croire que toutes nos actions sont libres. C'est ainsi qu'un petit enfant croit librement appéter le lait, un jeune garçon en colère vouloir la vengeance, un peureux la fuite. Un homme en état d'ébriété aussi croit dire par un libre décret de l'Âme ce que, sorti de cet état, il voudrait avoir tu; de même le délirant, la bavarde, l'enfant et un très grand nombre d'individus de même farine croient parler par un libre décret de l'Âme, alors cependant qu'ils ne peuvent contenir l'impulsion qu'ils ont à parler; l'expérience donc fait voir aussi clairement que la Raison que les hommes se croient libres pour cette seule cause qu'ils sont conscients de leurs actions et ignorants des causes par où ils sont déterminés; et, en outre, que les décrets de l'Âme ne sont rien d'autre que les appétits eux-mêmes et varient en conséquence selon la disposition variable du Corps. Chacun, en effet, gouverne tout suivant son affection, et ceux qui, de plus, sont dominés par des affections contraires, ne savent ce qu'ils veulent; pour ceux qui sont sans affection, ils sont poussés d'un côté ou de l'autre par le plus léger motif. Tout cela certes montre clairement qu'aussi bien le décret que l'appétit de l'Âme, et la détermination du Corps sont de leur nature choses simultanées, ou plutôt sont une seule et même chose que nous appelons Décret quand elle est considérée sous l'attribut de la Pensée et expliquée par lui. Détermination quand elle est considérée sous l'attribut de l'Étendue et déduite des lois du mouvement et du repos, et cela se verra encore plus clairement par ce qui me reste à dire. Je voudrais en effet que l'on observât particulièrement ce qui suit: nous ne pouvons rien faire par décret de l'Âme que nous n'en ayons d'abord le souvenir. Par exemple, nous ne pouvons dire un mot à moins qu'il ne nous en souvienne. D'autre part, il n'est pas au libre pouvoir de l'Âme de se souvenir d'une chose ou de l'oublier. On croit donc que ce qui est au pouvoir de l'Âme, c'est seulement quand nous pouvons dire ou taire suivant son décret la chose dont il nous souvient. Quand cependant nous rêvons que nous parlons, nous croyons parler par le seul décret de l'Âme, et néanmoins nous ne parlons pas ou, si nous parlons, cela se fait par un mouvement spontané du Corps. Nous rêvons aussi que nous cachons aux hommes certaines choses, et cela par le même décret de l'Âme en vertu duquel pendant la veille nous taisons ce que nous savons. Nous rêvons enfin que nous faisons par un décret de l'Âme ce que, pendant la veille, nous n'osons pas. Je voudrais bien savoir, en conséquence, s'il y a dans l'Âme deux genres de décrets, les Imaginaires et les Libres? Que si l'on ne veut pas aller jusqu'à ce point d'extravagance, il faudra nécessairement accorder que ce décret de l'Âme, cru libre, ne se distingue pas de l'imagination elle-même ou du souvenir, et n'est rien d'autre que l'affirmation nécessairement enveloppée dans l'idée en tant qu'elle est idée *(voir Prop.* 49, *p. II).* Et ainsi ces décrets se forment dans l'Âme avec la même nécessité que les idées des choses existant en acte. Ceux donc qui croient qu'ils parlent, ou se taisent, ou font quelque action que ce soit, par un libre décret de l'Âme, rêvent les yeux ouverts.

Conscience et passion
(1740)

DAVID HUME
(1711-1776)

La passion a toujours été définie comme l'opposé de la raison. Et elle l'est effectivement, quand on entend par elle, comme Platon, cette ivresse de l'existence (ubris) *qui s'oppose à toute mesure. Toutefois, elle cesse de l'être, quand on s'aperçoit que toute élaboration rationnelle passe nécessairement par une «passivité» consistant dans la réception de données sensibles, sans lesquelles toute représentation forgée par la raison n'est rien. Qu'il s'agisse de la raison comme de la conscience et du moi, on doit à Hume de nous avoir montré que la passion n'en saurait être exclue.*

Tout homme, en effet, qui possède un moi éprouve l'impression d'une continuité de sa part. Il existe néanmoins un fossé entre une telle impression et le fait de conclure qu'il s'agit là d'un trait de sa nature substantielle et l'on ne saurait franchir celui-ci sans s'abuser. Car, dès lors que l'on consulte l'expérience, on s'aperçoit que l'impression de continuité donnée dans l'esprit n'a aucun équivalent dans les choses. En elles, c'est au contraire la discontinuité qui règne sans partage. Loin d'être une pure continuité, le moi est, au contraire, comme le dit Hume, un théâtre où toutes sortes de choses ne cessent d'apparaître et de disparaître. Aussi n'est-ce que par une simulation que celui-ci parvient à se donner une impression de continuité, en faisant semblant d'être le même afin de pouvoir s'adapter au jeu social, où l'artifice de l'identité offre un certain nombre d'avantages.

Gilles Deleuze souligne à propos de Hume que celui-ci a entrevu l'existence comme un vaste désordre où les hommes tissent un semblant d'ordre et de continuité par commodité sociale. «L'entendement, dit-il, n'est que le mouvement de la passion qui devient sociale.» (Empirisme et Subjectivité, *Paris, P.U.F., 2e édition, 1973, p. 2*).

Une telle vision des choses pourrait laisser penser que Hume n'est qu'un sceptique désabusé. En fait, il y a tout autre chose qui se profile en filigrane derrière une telle approche. Quand, en effet, Hume fait du moi un théâtre, c'est parce que, pense-t-il, la vie elle-même est un théâtre. Devant faire effort pour être parce que son être ne lui est pas donné, il lui faut simuler celui-ci et le paraître afin de pouvoir le faire être. Aussi le théâtre renvoie-t-il en elle à sa dynamique inventive. S'agissant du moi, il en va de même. Sa théâtralité a pour revers son caractère dynamique. N'étant pas donné, il lui faut se construire et, donc, simuler ce qu'il n'est pas, afin d'être. Aussi faut-il considérer la critique humienne de la conscience comme une façon d'aborder celle-ci de façon dynamique et inventive.

Source: David Hume, *Traité de la nature humaine,* trad., A. Leroy, Paris, Aubier, 1973, tome 1, p. 342 à 346.

Bibliographie: Gilles Deleuze, *Empirisme et Subjectivité,* Paris, P.U.F., 1953.

L'identité personnelle

Il y a certains philosophes qui imaginent que nous avons à tout moment la conscience intime de ce que nous appelons notre *moi ;* que nous sentons son existence et sa continuité d'existence; et que nous sommes certains, plus que par l'évidence d'une démonstration, de son identité et de sa simplicité parfaites. La plus forte sensation et la plus violente passion, disent-ils, au lieu de nous distraire de cette vue, ne font que l'établir plus intensément; elles nous font considérer leur influence sur le *moi* par leur douleur ou leur plaisir. Essayer d'en fournir une preuve plus complète serait en affaiblir l'évidence; car aucune preuve ne peut se tirer d'aucun fait dont nous ayons une conscience aussi intime; et il n'y a rien dont nous puissions être certains si nous doutons de ce fait.

Malheureusement toutes ces affirmations positives sont contraires à l'expérience elle-même, qu'on invoque en leur faveur; et nous n'avons aucune idée du *moi* à la manière qu'on vient d'expliquer ici. En effet, de quelle impression pourrait dériver cette idée? À cette question, il est impossible de répondre sans contradiction ni absurdité manifestes; pourtant c'est une question à laquelle il faut nécessairement répondre, si nous voulons que l'idée du moi passe pour claire et intelligible. Il doit y avoir une impression qui engendre toute idée réelle. Mais le moi, ou la personne, n'est pas une impression, c'est ce à quoi nos diverses impressions et idées sont censées se rapporter. Si une impression engendre l'idée du moi, cette impression doit demeurer invariablement identique pendant tout le cours de notre existence: car le moi est censé exister de cette manière. Or il n'y a pas d'impression constante et invariable. La douleur et le plaisir, les passions et les sensations se succèdent les unes aux autres et jamais elles n'existent toutes en même temps. Ce ne peut donc être d'aucune de ces impressions, ni d'aucune autre qu'est dérivée l'idée du moi; par conséquent une telle idée n'existe pas.

Mais en outre, quel doit être le sort de toutes nos perceptions particulières dans cette hypothèse? Elles sont toutes différentes, discernables et séparables les unes des autres; on peut les considérer séparément et elles peuvent exister séparément: elles n'ont besoin de rien pour soutenir leur existence. De quelle manière appartiennent-elles donc au moi et comment sont-elles en connexion avec lui? Pour ma part, quand je pénètre le plus intimement dans ce que j'appelle *moi,* je bute toujours sur une perception particulière ou sur une autre, de chaud ou de froid, de lumière ou d'ombre, d'amour ou de haine, de douleur ou de plaisir. Je ne peux jamais me saisir, *moi,* en aucun moment sans une perception et je ne peux rien observer que la perception. Quand mes perceptions sont écartées pour un temps, comme par un sommeil tranquille, aussi longtemps je n'ai plus conscience de *moi* et on peut dire vraiment que je n'existe pas. Si toutes mes perceptions étaient supprimées par la mort et que je ne puisse ni penser, ni sentir, ni voir, ni aimer, ni haïr après la dissolution de mon corps, je serais entièrement annihilé et je ne conçois pas ce qu'il faudrait de plus pour faire de moi un parfait néant. Si quelqu'un pense, après une réflexion sérieuse et impartiale, qu'il a, de *lui-même,* une connaissance différente, il me faut l'avouer, je ne peux raisonner plus longtemps avec lui. Tout ce que je peux lui accorder, c'est qu'il peut être dans le vrai aussi bien que moi et que nous différons essentiellement sur ce point. Peut-être peut-il percevoir quelque chose de simple et de continu qu'il appelle *lui:* et pourtant je suis sûr qu'il n'y a pas en moi de pareil principe.

Mais, si je laisse de côté quelques métaphysiciens de ce genre, je peux m'aventurer à affirmer du reste des hommes qu'ils ne sont rien qu'un faisceau ou une collection de perceptions différentes qui se succèdent les unes aux autres avec une rapidité inconcevable et qui sont dans un flux et un mouvement perpétuels. Nos yeux ne peuvent tourner dans leurs orbites sans varier nos perceptions. Notre pensée est encore plus variable que notre vue; tous nos autres sens et toutes nos autres facultés contribuent à ce changement: il n'y a pas un seul pouvoir de l'âme qui reste invariablement identique peut-être un seul moment. L'esprit est une sorte de théâtre où diverses perceptions font successivement leur apparition; elles passent, repassent, glissent sans arrêt et se mêlent en une infinie variété de conditions et de situations. Il n'y a proprement en lui ni *simplicité* à un moment, ni *identité* dans les différents moments, quelque tendance naturelle que nous puissions avoir à imaginer cette simplicité et cette identité. La comparaison du théâtre ne doit pas nous égarer. Ce sont les seules perceptions successives qui constituent l'esprit; nous n'avons pas la connaissance la plus lointaine du lieu où se représentent ces scènes ou des matériaux dont il serait constitué.

Quelle est donc la cause qui produit en nous une aussi forte tendance à attribuer l'identité à ces perceptions successives et à admettre que nous possédons l'existence invariable et ininterrompue pendant tout le cours de notre existence? Pour répondre à cette question, nous devons distinguer l'identité personnelle en tant qu'elle touche notre pensée ou notre imagination et cette même identité en tant qu'elle touche nos passions ou l'intérêt que nous prenons à nous-mêmes. La première, c'est notre sujet actuel; pour l'expliquer parfaitement, nous devons prendre la question d'assez loin et rendre compte de l'identité que nous attribuons aux plantes et aux animaux: car il y a beaucoup d'analogie entre cette identité et celle d'un moi ou d'une personne.

Nous avons une idée distincte d'un objet qui reste invariable et ininterrompu à travers une variation supposée du temps; cette idée, nous l'appelons idée d'*identité* ou du *même*. Nous avons aussi une idée distincte de plusieurs objets différents qui existent successivement et sont unis les uns aux autres par une relation étroite; cette succession apporte à une vue attentive une notion de *diversité* aussi parfaite que s'il n'y avait aucune manière de relation entre les objets. Or, bien que ces deux idées d'identité et de succession d'objets reliés soient en elles-mêmes parfaitement distinctes et même contraires, il est pourtant certain que, dans notre manière courante de penser, nous les confondons généralement l'une avec l'autre. L'action de l'imagination, par laquelle nous considérons l'objet ininterrompu et invariable, et celle, par laquelle nous réfléchissons à la succession des objets reliés, sont presque identiques à la conscience; et il ne faut pas beaucoup plus d'effort de pensée dans le deuxième cas que dans le premier. La relation facilite la transition de l'esprit d'un objet à un autre et rend son passage aussi égal que s'il contemplait un seul objet continu. Cette ressemblance est la cause de la confusion et de la méprise et elle nous fait substituer la notion d'identité à celle d'objets reliés. Certes, à un moment, nous pouvons considérer la succession liée comme variable ou interrompue, mais, au suivant, certainement nous lui attribuons une parfaite identité et la regardons comme invariable et ininterrompue. La ressemblance indiquée ci-dessus nous pousse si fort à cette méprise que nous y tombons avant d'y prendre garde; et, bien que, sans cesse, nous nous corrigions par la réflexion et que nous revenions à une méthode plus soigneuse de penser, nous ne pouvons pourtant pas soutenir longtemps notre philosophie, ou arracher ce penchant de notre imagination. Notre dernière ressource est d'y céder et d'affirmer avec confiance que ces différents objets reliés sont effectivement identiques en dépit de leur interruption et de leur variabilité. Pour justifier à nos yeux cette absurdité, nous imaginons souvent l'existence d'un principe nouveau et inintelligible qui relie les objets les uns aux autres et s'oppose à leur interruption ou à leur variation. C'est ainsi que nous imaginons l'existence continue de nos perceptions sensibles pour supprimer leur interruption; c'est ainsi que nous donnons dans la notion d'*âme*, de *moi* et de *substance* pour masquer la variation. Et nous pouvons noter en outre que, lorsque nous ne créons pas cette fiction, notre tendance à confondre l'identité et la relation est si grande que nous sommes portés à imaginer un quelque chose d'inconnu et de mystérieux qui unisse les parties en sus de leur relation; c'est le cas, je pense, de l'identité que nous attribuons aux plantes et aux végétaux. Et même quand cette imagination n'intervient pas, nous sentons encore une tendance à confondre ces idées, bien que nous soyons incapables de nous satisfaire pleinement sur ce point et que nous ne trouvions rien d'invariable ni d'ininterrompu pour justifier notre notion d'identité.

La conscience est un résultat
(1807)

GEORG WILHELM FRIEDRICH HEGEL
(1770-1831)

La dialectique du maître et de l'esclave que l'on trouve dans la Phénoménologie de l'esprit *de Hegel décrit comment la conscience se transforme en conscience de soi. Faisant de celle-ci un résultat et non une réalité spontanée, elle apparaît comme une critique de la conscience-substance. Toutefois, elle n'invite pas pour autant à se délivrer de toute conscience. Car, si l'être de celle-ci est une illusion, son devenir ne l'est pas. Dépourvue de sens comme nature, elle en possède un comme action.*

Comme Descartes, Hegel s'accorde à reconnaître une importance au moi. Celui-ci pose l'homme et l'homme se pose par lui. Toutefois, si ce moi est par un biais celui d'une conscience réfléchissante, par un autre, il véhicule une passion d'être unique et, donc, d'absorber ou d'exclure tout ce qui n'est pas lui. Aussi ne faut-il pas s'étonner qu'il y ait conflit et violence dès lors que le moi surgit. Car, si son individualité est source de conscience, elle est aussi source d'égoïsme et de passion.

Certes, qui dit conflit à ce niveau, dit duel à mort. Car, comment distinguer deux ego dont chacun aspire à une exclusivité sans partage? Toutefois, la passion de vouloir faire vivre le moi est plus complexe qu'il ne semble. Car, elle peut donner lieu à deux attitudes: a) celle qui consiste à aller jusqu'au bout de la passion en plaçant le moi au-dessus de la vie; b) celle qui consiste à refréner une telle passion, en plaçant la vie au-dessus du moi.

Hegel a désigné la première attitude sous le nom d'attitude du maître et la seconde sous celle de l'esclave. Par un certain côté, il est juste de souligner que la distance qui les sépare est celle qui sépare le courage de la peur. Pour placer le moi au-dessus de tout, ne faut-il pas courir le risque absolu de la mort? Toutefois, comme la violence, la relation entre domination et servitude est double. Car, si le maître est courageux, il n'en reste pas moins qu'à force de se faire servir par l'esclave, il finit par dépendre de lui, au point de devenir peu à peu l'esclave de celui-ci par paresse. À l'inverse, si l'esclave est peureux et préfère se soumettre au maître que mourir, il n'en reste pas moins qu'à force d'obéir et de travailler pour celui-ci, il finit par acquérir une discipline et un savoir-faire qui font de lui le maître du maître.

Hegel appelle ce retournement la ruse de la raison. Par celle-ci, il a voulu montrer comment la raison advenait à l'humanité en se servant de son contraire et, en particulier, des passions. Car, convaincu du fait que l'humanité n'est pas spontanément raisonnable, il n'en a pas moins pensé que la raison demeure sa vocation. Ainsi, sa réflexion nous enseigne à voir le revers de toutes choses.

Si, en effet, l'histoire humaine est parcourue de passions, de violences et de lâchetés, de tyrannies et de servitudes, c'est avec ces passions néanmoins que l'on fait de la raison. Car, c'est avec la passion du moi dont la volonté de vivre l'amène à l'orgueil et à la peur avant de le conduire à la prudence, la discipline et au travail, que le moi s'affirme.

Autrement dit, pour parvenir à la maîtrise de soi, il faut s'être intériorisé. Or, l'on s'intériorise d'autant mieux qu'on sait pourquoi on le fait. Aussi la passion n'est-elle pas négative. Car, outre que c'est par elle que le moi vient à s'affirmer pour la première fois, la conscience de soi se sait d'autant mieux elle-même qu'elle a connu la passion et qu'elle a appris pourquoi il convenait de s'en affranchir.

Hölderlin, qui fut le compagnon de Hegel à Iéna, disait que « là où croît le danger, croît aussi ce qui sauve ». On trouve chez Hegel les échos d'une telle inspiration, car sa vision de l'histoire est celle qui consiste à faire du fait que rien n'est donné (le négatif) la condition qui pousse les hommes à se donner leur être et leur liberté. Certes, en envisageant ainsi l'histoire comme le lieu du négatif, il a opéré une critique radicale de toute métaphysique. Toutefois, critique ne veut pas dire destruction. Car, tout ce qui chez Hegel n'existe pas comme donnée naturelle se retrouve au niveau de l'homme et de sa liberté. Ainsi, la conscience n'est pas déterminée chez lui comme une donnée que l'on a, parce qu'elle est fondamentalement quelque chose que l'on se donne et que l'on est. Certains ont dès lors conclu qu'il demeurait prisonnier de la métaphysique qu'il critiquait. En fait, il y a en celle-ci une cohérence qui consiste à rappeler qu'on change de conscience et non pas la conscience. Sauf, bien sûr, quand on s'en débarrasse. Ce que Hegel renonce à faire. Lucide sur le fait qu'il fallait opérer une critique de la conscience, il n'a pas moins été également lucide sur le fait qu'il fallait avoir une conscience si l'on voulait pouvoir critiquer la conscience. Aussi est-il parvenu à la conclusion que la critique la plus pertinente que l'on pouvait faire de celle-ci résidait encore dans le fait de l'envisager comme devenir et non comme être.

Source : Georg Wilhelm Friedrich Hegel, *Phénoménologie de l'esprit,* trad. J. Hippolyte, Paris, Aubier, 1947, p. 158 à 166.

Bibliographie : Pierre-Jean Labarrière, *Introduction à une lecture de la Phénoménologie de l'esprit de Hegel,* Paris, Aubier, 1979.

La lutte des consciences de soi opposées

D'ABORD, la conscience de soi est être-pour-soi simple égal à soi-même en excluant *de soi* tout ce qui est *autre ;* son essence et son objet absolu lui sont *le Moi ;* et dans cette *immédiateté* ou dans cet *être* de son être-pour-soi, elle est quelque chose de *singulier.* Ce qui est autre pour elle est objet comme objet inessentiel, marqué du caractère du négatif. Mais l'autre est aussi une conscience de soi. Un individu surgit face à face avec un autre individu. Surgissant ainsi *immédiatement,* ils sont l'un pour l'autre à la manière des objets quelconques ; ils sont des figures *indépendantes* et, parce que l'objet étant s'est ici déterminé comme vie, ils sont des consciences enfoncées dans l'être de la vie, des consciences qui n'ont pas encore accompli l'une pour l'autre le mouvement de l'abstraction absolue, mouvement qui consiste à extirper de soi tout être immédiat, et à être seulement le pur être négatif de la conscience égale-à-soi-même. En d'autres termes, ces consciences ne sont pas encore présentées réciproquement chacune comme pur *être-pour-soi*, c'est-à-dire comme *conscience de soi*. Chacune est bien certaine de soi-même, mais non de l'autre; et ainsi sa propre certitude de soi n'a encore aucune vérité; car sa vérité consisterait seulement en ce que son propre être-pour-soi se serait présenté à elle comme objet indépendant, ou, ce qui est la même chose, en ce que l'objet se serait présenté comme cette pure certitude de soi-même. Mais selon le concept de la reconnaissance, cela n'est possible que si l'autre objet accomplit en soi-même pour le premier, comme le premier pour l'autre, cette pure abstraction de l'être-pour-soi, chacun l'accomplissant par sa propre opération et à nouveau par l'opération de l'autre.

Se présenter soi-même comme pure abstraction de la conscience de soi consiste à se montrer comme pure négation de sa manière d'être objective, ou consiste à montrer qu'on n'est attaché à aucun *être-là* déterminé, pas plus qu'à la singularité universelle de l'être-là en général, à montrer qu'on n'est pas attaché à la vie. Cette présentation est la *double* opération: opération de l'autre et opération par soi-même. En tant qu'elle est opération de l'autre, chacun tend donc à la mort de l'autre. Mais en cela est aussi présente la seconde opération, l'opération sur soi et par soi; car la première opération implique le risque de sa propre vie. Le comportement des deux consciences de soi est donc déterminé de telle sorte qu'elles se *prouvent* elles-mêmes et l'une à l'autre au moyen de la lutte pour la vie et la mort. Elles doivent nécessairement engager cette lutte, car elles doivent élever leur certitude d'être *pour soi* à la vérité, en l'autre et en elles-mêmes. C'est seulement par le risque de sa vie qu'on conserve la liberté, qu'on prouve que l'essence de la conscience de soi n'est pas l'*être*, n'est pas le mode immédiat dans lequel la conscience de soi surgit d'abord, n'est pas son enfoncement dans l'expansion de la vie; on prouve plutôt par ce risque que dans la conscience de soi il n'y a rien de présent qui ne soit pour elle un moment disparaissant, on prouve qu'elle est seulement un pur *être-pour-soi*. L'individu qui n'a pas mis sa vie en jeu peut bien être reconnu comme *personne;* mais il n'a pas atteint la vérité de cette reconnaissance comme reconnaissance d'une conscience de soi indépendante. Pareillement, chaque individu doit tendre à la mort de l'autre quand il risque sa propre vie; car l'autre ne vaut pas plus pour lui que lui-même; son essence se présente à lui comme un Autre, il est à l'extérieur de soi, et il doit supprimer son être-à-l'extérieur-de-soi; l'Autre est une conscience embarrassée de multiple façon et qui vit dans l'élément de l'être; or il doit intuitionner son être-autre, comme pur être-pour-soi ou comme absolue négation.

Mais cette suprême preuve par le moyen de la mort supprime précisément la vérité qui devait en sortir, et supprime en même temps la certitude de soi-même en général. En effet, comme la vie est la *position naturelle* de la conscience, l'indépendance sans l'absolue négativité, ainsi la mort est la négation *naturelle* de cette même conscience, la négation sans l'indépendance, négation qui demeure donc privée de la signification cherchée de la reconnaissance. Par le moyen de la mort est bien venue à l'être la certitude que les deux individus risquaient leur vie et méprisaient la vie en eux et en l'autre; mais cette certitude n'est pas pour ceux mêmes qui soutenaient cette lutte. Ils suppriment leur conscience posée dans cette essentialité étrangère, qui est l'être-là naturel, ou ils se suppriment eux-mêmes, deviennent supprimés en tant qu'*extrêmes* voulant être pour soi. Mais de ce jeu d'échange disparaît également le moment essentiel, celui de se décomposer en extrêmes avec des déterminabilités opposées; et le moyen terme coïncide avec une unité morte, qui est décomposée en extrêmes morts, seulement étant et non-opposés. Les deux extrêmes ne s'abandonnent pas, ni ne se reçoivent, l'un l'autre et l'un de l'autre à travers la conscience; mais ils se concèdent l'un à l'autre seulement une liberté faite d'indifférence, comme celle des choses. Leur opération est la négation abstraite, non la négation de la conscience qui *supprime* de telle façon qu'elle *conserve* et *retient* ce qui est supprimé; par là même elle survit au fait de devenir-supprimée.

Dans cette expérience, la conscience de soi apprend que la Vie lui est aussi essentielle que la pure conscience de soi. Dans la conscience de soi immédiate, le Moi simple est l'objet absolu, mais qui pour nous ou en soi est l'absolue médiation et a pour moment essentiel l'indépendance subsistante. Le résultat de la première expérience est la dissolution de cette unité simple; par cette expérience sont posées, d'une part, une pure conscience de soi et, d'autre part, une conscience qui n'est pas purement pour soi, mais qui est pour une autre conscience, c'est-à-dire une conscience dans l'*élément de l'être* ou dans la forme de la *choséité*. Ces deux moments sont essentiels; mais puisque d'abord ils sont inégaux et opposés, puisque leur réflexion dans l'unité ne s'est pas encore produite comme résultat, alors ces deux moments sont comme deux figures opposées de la conscience: l'une est la conscience indépendante pour laquelle l'être-pour-soi est essence, l'autre est la conscience dépendante qui a pour essence la vie ou l'être pour un autre; l'une est le maître, l'autre l'esclave.

Maître et esclave

a) (La domination.) Le maître est la conscience qui est *pour soi*, et non plus seulement le concept de cette conscience. Mais c'est une conscience étant pour soi, qui est maintenant en relation avec soi-même par la médiation d'une *autre* conscience, d'une conscience à l'essence de laquelle il appartient d'être synthétisée avec l'*être* indépendant ou la choséité en général. Le maître se rapporte à ces deux moments, à une *chose* comme telle, l'objet du désir, et à une conscience à laquelle la choséité est l'essentiel. Le maître est: 1) comme concept de la conscience de soi, rapport immédiat de l'*être-pour-soi*, mais en même temps il est: 2) comme médiation ou comme un être-pour-soi, qui est pour soi seulement par l'intermédiaire d'un Autre et qui, ainsi, se rapporte: a) immédiatement aux deux moments, b) médiatement à chacun par le moyen de l'autre. Le maître se rapporte *médiatement* à l'esclave par l'*intermédiaire de l'être indépendant;* car c'est là ce qui lie l'esclave, c'est là sa chaîne dont celui-ci ne put s'abstraire dans le combat; et c'est pourquoi il se montra dépendant, ayant son indépendance dans la choséité. Mais le maître est la puissance qui domine cet être, car il montra dans le combat que cet être valait seulement pour lui comme une chose négative; le maître étant la puissance qui domine cet être, cet être étant la puissance qui domine l'autre individu, dans ce syllogisme le maître subsume par là cet autre individu. Pareillement, le maître se rapporte *médiatement à la chose par l'intermédiaire de l'esclave;* l'esclave, comme conscience de soi en général, se comporte négativement à l'égard de la chose et la supprime; mais elle est en même temps indépendante pour lui, il ne peut donc par son acte de nier venir à bout de la chose et l'anéantir; l'esclave la *transforme donc seulement par son travail.* Inversement, par cette médiation, le rapport *immédiat devient* pour le maître la pure négation de cette même chose ou la *jouissance;* ce qui n'est pas exécuté par le désir est exécuté par la jouissance du maître; en finir avec la chose: l'assouvissement dans la jouissance. Cela n'est pas exécuté par le désir à cause de l'indépendance de la chose; mais le maître, qui a interposé l'esclave entre la chose et lui, se relie ainsi seulement à la dépendance de la chose, et purement en jouit. Il abandonne le côté de l'indépendance de la chose à l'esclave, qui l'élabore.

Dans ces deux moments, pour le maître, sa reconnaissance par le moyen d'une autre conscience devient effective; car cette autre conscience se pose dans ces moments comme quelque chose d'inessentiel; une première fois dans l'élaboration de la chose, et une autre fois dans sa dépendance à l'égard d'un être-là déterminé. Dans ces deux moments, cette conscience ne peut pas maîtriser l'être et parvenir à la négation absolue. Est donc ici présent ce moment de la reconnaissance dans lequel l'autre conscience se supprime comme être-pour-soi et fait ainsi elle-même ce que la première fait sur elle. Est pareillement présent l'autre moment dans lequel cette opération de la seconde est la propre opération de la première; car ce que fait l'esclave, c'est proprement là opération du maître; c'est à ce dernier seulement qu'appartient l'être-pour-soi, qu'appartient l'essence; il est la pure puissance négative à l'égard de laquelle la chose est néant, et il est donc l'opération pure et essentielle dans cette relation; et l'opération de l'esclave n'est pas une pure opération, c'est une opération inessentielle. Cependant, pour la reconnaissance au sens propre du terme il manque encore un moment, celui dans lequel le maître fait sur lui-même ce qu'il fait sur l'autre individu, et celui dans lequel l'esclave fait sur le maître ce qu'il fait sur soi. A donc pris seulement naissance une reconnaissance unilatérale et inégale.

La conscience inessentielle est ainsi, pour le maître, l'objet qui constitue la *vérité* de sa certitude de soi-même. Il est pourtant clair que cet objet ne correspond pas à son concept; mais il est clair que là où le maître s'est réalisé complètement il trouve tout autre chose qu'une conscience indépendante; ce qui est pour lui, ce n'est pas une conscience indépendante, mais plutôt une conscience dépendante. Il n'est donc pas certain de l'*être-pour-soi,* comme vérité, mais sa vérité est au contraire la conscience inessentielle et l'opération inessentielle de cette conscience.

En conséquence, la *vérité* de la conscience indépendante est la conscience *servile.* Sans doute, cette conscience *servile* apparaît tout d'abord *à l'extérieur* de soi et comme n'étant pas la vérité de la conscience de soi. Mais de même que la domination montre que son essence est l'inverse de ce qu'elle veut être, de même la servitude deviendra plutôt dans son propre accomplissement le contraire de ce qu'elle est immédiatement; elle ira en soi-même comme conscience *refoulée* en soi-même et se transformera, par un renversement, en véritable indépendance.

b) (La peur.) Nous avons vu seulement ce qu'est la servitude dans le comportement de la domination. Mais la servitude est conscience de soi, et il nous faut alors considérer ce qu'elle est en soi et pour soi-même. Tout d'abord, pour la servitude, c'est le maître qui est l'essence; sa *vérité* lui est donc la *conscience qui est indépendante et est pour soi,* mais cette vérité qui est *pour elle* n'est pas encore *en elle-même.* Toutefois, elle a *en fait en elle-même* cette vérité de la pure négativité et de l'*être-pour-soi;* car elle a fait en elle l'*expérience* de cette essence. Cette conscience a précisément éprouvé l'angoisse non au sujet de telle ou telle chose, non durant tel ou tel instant, mais elle a éprouvé l'angoisse au sujet de l'intégralité de son essence, car elle a ressenti la peur de la mort, le maître absolu. Dans cette angoisse, elle a été dissoute intimement, a tremblé dans les profondeurs de soi-même, et tout ce qui était fixe a vacillé en elle. Mais un tel mouvement, pur et universel, une telle fluidification absolue de toute subsistance, c'est là l'essence simple de la conscience de soi, l'absolue négativité, le pur *être-pour-soi,* qui est donc *en* cette conscience même. Ce moment du pur être-pour-soi est aussi *pour elle,* car, dans le maître, ce moment est son *objet.* De plus, cette conscience n'est pas seulement cette dissolution universelle *en général;* mais dans le service elle accomplit cette dissolution et la *réalise effectivement*. En servant, elle supprime dans tous les moments singuliers son adhésion à l'être-là naturel, et en travaillant l'élimine.

c) (La culture ou [formation].) Mais le sentiment de la puissance absolue, réalisé en général et réalisé dans les particularités du service, est seulement la dissolution *en soi*. Si la crainte du maître est le commencement de la sagesse, en cela la conscience est bien *pour elle-même*, mais elle n'est pas encore l'*être-pour-soi;* mais c'est par la médiation du travail qu'elle vient à soi-même. Dans le moment qui correspond au désir dans la conscience du maître, ce qui paraît échoir à la conscience servante, c'est le côté du rapport inessentiel à la chose, puisque la chose dans ce rapport maintient son indépendance. Le désir s'est réservé à lui-même la pure négation de l'objet, et ainsi le sentiment sans mélange de soi-même. Mais c'est justement pourquoi cette satisfaction est elle-même uniquement un état disparaissant, car il lui manque le côté *objectif* ou la *subsistance*. Le travail, au contraire, est désir *réfréné*, disparition *retardée :* le travail *forme*. Le rapport négatif à l'objet devient *forme* de cet objet même, il devient quelque chose de permanent, puisque justement, à l'égard du travailleur, l'objet a une indépendance. Ce moyen négatif, ou l'*opération* formatrice, est en même temps la *singularité* ou le pur être-pour-soi de la conscience. Cet être-pour-soi, dans le travail, s'extériorise lui-même et passe dans l'élément de la permanence; la conscience travaillante en vient ainsi à l'intuition de l'être indépendant, comme intuition de *soi-même*.

La formation n'a pas seulement cette signification positive selon laquelle la conscience servante, comme pur *être-pour-soi*, devient à soi-même l'*étant*, mais elle a aussi une signification négative à l'égard de son premier moment, la peur. En effet, dans la formation de la chose, la négativité propre de cette conscience, son être-pour-soi, ne lui devient objet que parce qu'elle supprime la *forme* existante qui lui est opposée. Mais cet élément *négatif* et objectif est précisément l'essence étrangère devant laquelle la conscience a tremblé. Or, maintenant elle détruit ce négatif étranger, elle se pose elle-même comme négative dans l'élément de la permanence et devient ainsi *pour soi-même quelque chose qui est pour soi*. Dans le maître, la conscience servile a l'être-pour-soi, comme *un autre*, ou il est seulement pour elle; dans la peur l'être-pour-soi est *en elle-même ;* dans la formation l'être-pour-soi devient *son propre* être pour elle, et elle parvient à la conscience d'être elle-même en soi et pour soi. La forme par le fait d'être extériorisée ne devient pas pour la conscience travaillante un autre qu'elle; car précisément cette forme est son pur être-pour-soi qui s'élève ainsi pour elle à la vérité. Dans le travail précisément où il semblait qu'elle était un *sens étranger* à soi, la conscience servile, par l'opération de se redécouvrir elle-même par elle-même, devient *sens propre*. — Pour une telle réflexion sont nécessaires ces deux moments, celui de la peur et du service en général, comme celui de la formation; et tous les deux doivent aussi exister d'une façon universelle. Sans la discipline du service et de l'obéissance, la peur reste formelle et ne s'étend pas sur toute la réalité effective consciente de l'être-là. Sans l'activité formatrice, la peur reste intérieure et muette, et la conscience ne devient pas conscience pour elle-même. Si la conscience forme sans avoir éprouvé cette peur primordiale absolue, alors elle est seulement un sens propre vain; car sa forme, ou sa négativité, n'est pas la négativité *en soi ;* et son opération formatrice ne peut pas lui donner la conscience de soi-même comme essence. Si la conscience ne s'est pas trempée dans la peur absolue, mais seulement dans quelque angoisse particulière, alors l'essence négative lui est restée extérieure, sa substance n'a pas été intimement contaminée par elle. Quand tout le contenu de la conscience naturelle n'a pas chancelé, cette conscience appartient encore *en soi* à l'être déterminé ; alors le sens propre est simplement *entêtement*, une liberté qui reste encore au sein de la servitude. Aussi peu, dans ce cas, la pure forme peut devenir son essence, aussi peu cette forme considérée comme s'étendant au-dessus du singulier peut être formation universelle, concept absolu ; elle est seulement une habileté particulière, qui domine quelque chose de singulier, mais ne domine pas la puissance universelle et l'essence objective dans sa totalité.

LA MORT DE L'HOMME

L'homme passe l'homme
(1670)

BLAISE PASCAL
(1623-1662)

Pascal, dans les Pensées, *n'a cessé de lutter contre deux « fronts » et non point un, comme on le croit trop souvent. Il ne s'est pas contenté de vouloir « retourner » le libertin sceptique et d'inciter celui-ci à croire. Il s'est également opposé au sage stoïcien prétendant pouvoir se maîtriser. Aussi a-t-il utilisé la méthode dite du « branle » jouant sur le pour et le contre afin de faire vaciller ces positions jugées inacceptables, selon lui.*

Face au stoïcien, en l'occurrence, il s'est servi de l'argumentation sceptique, afin de montrer que « tout branle », comme il le dit. Car, que ce soit en lui comme autour de lui, l'homme ne maîtrise rien. Tout lui échappe. S'agissant de la nature, il est illusoire d'imaginer pouvoir en comprendre l'ordre, étant donné que plus on découvre plus il reste à découvrir. Dans l'infiniment grand comme dans l'infiniment petit (le ciron), un univers ne cesse d'en cacher un autre. S'agissant de l'homme, au niveau de sa pensée, force est de constater que celle-ci repose sur le fond de quelque chose d'impensable. Le temps, l'espace, le nombre, l'Être et l'homme qui lui permettent de penser sont des données intuitives et non construites dont l'origine le dépasse visiblement. La conscience que l'on est conscient et éveillé est elle-même également impensable. Car, seule, là encore, une intuition nous permet de distinguer le rêve de la veille, qui présentent tous deux la manifestation d'un sentiment d'être éveillé, puisque l'on peut rêver que l'on est éveillé et que bien souvent la conscience comme la vie laissent l'impression d'être des rêves.

Toutefois, si l'homme ne peut rien maîtriser, cela ne signifie pas pour autant que le scepticisme a raison. L'ordre de la nature a beau nous échapper, celle-ci n'en existe pas moins pour autant. Aussi est-elle un mystère de par la disproportion qui existe en elle entre l'ordre des faits où son existence s'impose et celui de la raison où tout nous échappe. Conclure, à cet égard, comme le fait le sceptique, que tout est illusion, puisque toute raison est vaine, c'est demeurer enfermé en soi-même et prendre l'échec de la raison pour la réalité des choses.

De même, l'ordre de la pensée a beau ne pas être pensable, encore faut-il penser pour pouvoir s'en rendre compte. Aussi le mystère de l'existence est-il présent au cœur même de la pensée, de par la disproportion qui existe en elle entre le fait qu'elle soit, et l'impossibilité pour elle de pouvoir se penser. À cet égard, l'existence même de la pensée du sceptique est une réfutation du scepticisme.

Qu'il s'agisse donc de la nature comme de la pensée, la réflexion ne cesse de se débattre dans le faux problème de savoir si c'est l'ordre ou l'illusion qui prévaut en elles, parce que le moi a tendance à se substituer au mystère de l'existence en prenant les victoires ou les échecs de la raison pour la réalité des choses. Aussi la question pertinente n'est-elle pas de savoir à quoi la réalité se réduit, mais à quoi elle ne se réduit pas, en mettant à distance le moi du sage comme le moi du sceptique.

À cet égard, si l'homme ne peut rien maîtriser, cela ne signifie pas pour autant qu'il n'est rien et que tout est illusion. Car, le scepticisme ne doit pas nous conduire à la dissolution de l'homme, mais à son mystère, qui le fait être malgré le fait qu'il ne puisse se comprendre.

Le texte de Pascal qui suit est une illustration de cette démarche de pensée. Il y a en lui une visée profondément théologique, qui aboutit à voir en l'homme une figure de l'incarnation puisque, à l'image de celle-ci, il est un incompréhensible qui existe. C'est ce qui fait toute son actualité. En effet, en un temps où l'on ne cesse de s'interroger sur l'homme et le moi, il est permis de se demander si, en définitive, la remise en question contemporaine de l'homme n'est pas sourdement traversée par une soif d'existence qui cherche encore son nom.

Source : Pascal, *Pensées*, Paris, Seuil, édition Lafuma, 1962, Pensée 199, p. 115 à 122, Pensée 131, p. 83 à 88.

Bibliographie : Pierre Magnard, *Nature et Histoire dans l'apologétique de Pascal*, Paris, les Belles Lettres, 1975.

Pensée 199

QUE L'HOMME CONTEMPLE DONC la nature entière dans sa haute et pleine majesté, qu'il éloigne sa vue des objets bas qui l'environnent. Qu'il regarde cette éclatante lumière mise comme une lampe éternelle pour éclairer l'univers, que la terre lui paraisse comme un point au prix du vaste tour que cet astre décrit, et qu'il s'étonne de ce que ce vaste tour lui-même n'est qu'une pointe très délicate à l'égard de celui que ces astres, qui roulent dans le firmament, embrassent. Mais si notre vue s'arrête là que l'imagination passe outre, elle se lassera plutôt de concevoir que la nature de fournir. Tout le monde visible n'est qu'un trait imperceptible dans l'ample sein de la nature. Nulle idée n'en approche, nous avons beau enfler nos conceptions au-delà des espaces imaginables, nous n'enfantons que des atomes au prix de la réalité des choses. C'est une sphère infinie dont le centre est partout, la circonférence nulle part. Enfin c'est le plus grand caractère sensible de la toute-puissance de Dieu que notre imagination se perde dans cette pensée.

Que l'homme étant revenu à soi considère ce qu'il est au prix de ce qui est, qu'il se regarde comme égaré, et que de ce petit cachot où il se trouve logé, j'entends l'univers, il apprenne à estimer la terre, les royaumes, les villes, les maisons et soi-même, son juste prix.

Qu'est-ce qu'un homme, dans l'infini ?

Mais pour lui présenter un autre prodige aussi étonnant, qu'il recherche dans ce qu'il connaît les choses les plus délicates, qu'un ciron lui offre dans la petitesse de son corps des parties incomparablement plus petites, des jambes avec des jointures, des veines dans ses jambes, du sang dans ses veines, des humeurs dans ce sang, des gouttes dans ces humeurs, des vapeurs dans ces gouttes, que divisant encore ces dernières choses il épuise ses forces en ces conceptions et que le dernier objet où il peut arriver soit maintenant celui de notre discours. Il pensera peut-être que c'est là l'extrême petitesse de la nature.

Je veux lui faire voir là-dedans un abîme nouveau. Je lui veux peindre non seulement l'univers visible, mais l'immensité qu'on peut concevoir de la nature dans l'enceinte de ce raccourci d'atome, qu'il y voie, une infinité d'univers, dont chacun a son firmament, ses planètes, sa terre, en la même proportion que le monde visible, dans cette terre des animaux, et enfin des cirons dans lesquels il retrouvera ce que les premiers ont donné, et trouvant encore dans les autres la même chose sans fin et sans repos, qu'il se perdra dans ces merveilles aussi étonnantes dans leur petitesse, que les autres par leur étendue, car qui n'admirera que notre corps, qui tantôt n'était pas perceptible dans l'univers imperceptible lui-même dans le sein du tout, soit à présent un colosse, un monde ou plutôt un tout à l'égard du néant où l'on ne peut arriver. Qui se considérera de la sorte s'effraiera de soi-même et se considérant soutenu dans la masse que la nature lui a donnée entre ces deux abîmes de l'infini et du néant, il tremblera dans la vue de ces merveilles et je crois que sa curiosité se changeant en admiration il sera plus disposé à les contempler en silence qu'à les rechercher avec présomption.

Car enfin qu'est-ce que l'homme dans la nature? Un néant à l'égard de l'infini, un tout à l'égard du néant, un milieu entre rien et tout, infiniment éloigné de comprendre les extrêmes; la fin des choses et leurs principes sont pour lui invinciblement cachés dans un secret impénétrable.

Les philosophes ont bien plutôt prétendu d'y arriver, et c'est là où tous ont achoppé. C'est ce qui a donné lieu à ces titres si ordinaires, *Des principes des choses, Des principes de la philosophie,* et aux semblables aussi fastueux en effet, quoique moins en apparence que cet autre qui crève les yeux: *De omni scibili.*

On se croit naturellement bien plus capable d'arriver au centre des choses que d'embrasser leur circonférence, et l'étendue visible du monde nous surpasse visiblement. Mais comme c'est nous qui surpassons les petites choses nous nous croyons plus capables de les posséder, et cependant il ne faut pas moins de capacité pour aller jusqu'au néant que jusqu'au tout. Il la faut infinie pour l'un et l'autre, et il me semble que qui aurait compris les derniers principes des choses pourrait aussi arriver jusqu'à connaître l'infini. L'un dépend de l'autre et l'un conduit à l'autre. Ces extrémités se touchent et se réunissent à force de s'être éloignées et se retrouvent en Dieu, et en Dieu seulement.

Connaissons donc notre portée. Nous sommes quelque chose et ne sommes pas tout. Ce que nous avons d'être nous dérobe la connaissance des premiers principes qui naissent du néant, et le peu que nous avons d'être nous cache la vue de l'infini.

Notre intelligence tient dans l'ordre des choses intelligibles le même rang que notre corps dans l'étendue de la nature.

Borné en tout genre, cet état qui tient le milieu entre deux extrêmes se trouve en toutes nos puissances. Nos sens n'aperçoivent rien d'extrême, trop de bruit nous assourdit, trop de lumière éblouit, trop de distance et trop de proximité empêche la vue. Trop de longueur et trop de brièveté de discours l'obscurcit, trop de vérité nous étonne. J'en sais qui ne peuvent comprendre que qui de zéro ôte 4 reste zéro. Les premiers principes ont trop d'évidence pour nous; trop de plaisir incommode, trop de consonances déplaisent dans la musique, et trop de bienfaits irritent. Nous voulons avoir de quoi surpasser la dette. *Beneficia eo usque laeta sunt dum videntur exsolvi posse. Ubi multum antevenere pro gratia odium redditur.* Nous ne sentons ni l'extrême chaud, ni l'extrême froid. Les qualités excessives nous sont ennemies et non pas sensibles, nous ne les sentons plus, nous les souffrons. Trop de jeunesse et trop de vieillesse empêche l'esprit; trop et trop peu d'instruction.

Enfin les choses extrêmes sont pour nous comme si elles n'étaient point et nous ne sommes point à leur égard; elles nous échappent ou nous à elles.

Voilà notre état véritable. C'est ce qui nous rend incapables de savoir certainement et d'ignorer absolument. Nous voguons sur un milieu vaste, toujours incertains et flottants, poussés d'un bout vers l'autre; quelque terme où nous pensions nous attacher et nous affermir, il branle, et nous quitte, et si nous le suivons il échappe à nos prises, nous glisse et fuit d'une fuite éternelle; rien ne s'arrête pour nous. C'est l'état qui nous est naturel et toutefois le plus contraire à notre inclination. Nous brûlons du désir de trouver une assiette ferme, et une dernière base constante pour y édifier une tour qui s'élève à (l')infini, mais tout notre fondement craque et la terre s'ouvre jusqu'aux abîmes.

Ne cherchons donc point d'assurance et de fermeté; notre raison est toujours déçue par l'inconstance des apparences: rien ne peut fixer le fini entre les deux infinis qui l'enferment et le fuient.

Cela étant bien compris je crois qu'on se tiendra en repos, chacun dans l'état où la nature l'a placé.

Ce milieu qui nous est échu en partage étant toujours distant des extrêmes, qu'importe qu'un autre ait un peu plus d'intelligence des choses s'il en a, et s'il les prend un peu de plus haut, n'est-il pas toujours infiniment éloigné de bout et la durée de notre vie n'est-elle pas également infime de l'éternité pour durer dix ans davantage.

Dans la vue de ces infinis tous les finis sont égaux et je ne vois pas pourquoi asseoir son imagination plutôt sur un que sur l'autre. La seule comparaison que nous faisons de nous au fini nous fait peine.

Si l'homme s'étudiait il verrait combien il est incapable de passer outre. Comment se pourrait-il qu'une partie connût le tout? mais il aspirera peut-être à connaître au moins les parties avec lesquelles il a de la proportion. Mais les parties du monde ont toutes un tel rapport et un tel enchaînement l'une avec l'autre que je crois impossible de connaître l'une sans l'autre et sans le tout.

L'homme par exemple a rapport à tout ce qu'il connaît. Il a besoin de lieu pour le contenir, de temps pour durer, de mouvement pour vivre, d'éléments pour le composer, de chaleur et d'aliments pour se nourrir, d'air pour respirer. Il voit la lumière, il sent les corps, enfin tout tombe sous son alliance. Il faut donc pour connaître l'homme savoir d'où vient qu'il a besoin d'air pour subsister et pour connaître l'air, savoir par où il a ce rapport à la vie de l'homme, etc...

La flamme ne subsiste point sans l'air; donc pour connaître l'un il faut connaître l'autre.

Donc toutes choses étant causées et causantes, aidées et aidantes, médiates et immédiates et toutes s'entretenant par un lien naturel et insensible qui lie les plus éloignées et les différentes, je tiens impossible de connaître les parties sans connaître le tout, non plus que de connaître le tout sans connaître particulièrement les parties.

(*L'éternité des choses en elles-mêmes ou en Dieu doit encore étonner notre petite durée.*

L'immobilité fixe et constante de la nature, comparaison ou changement continuel qui se passe en nous doit faire le même effet.)

Et ce qui achève notre impuissance — à connaître les choses est qu'elles sont simples en elles-mêmes et que nous sommes composés de deux natures opposées et de divers genres, d'âme et de corps. Car il est impossible que la partie qui raisonne en nous soit autre que spirituelle et quand on prétendrait que nous serions simplement corporels cela nous exclurait bien davantage de la connaissance des choses, n'y ayant rien de si inconcevable que de dire que la matière se connaît soi-même. Il ne nous est pas possible de connaître comment elle se connaîtrait.

Et ainsi, si nous (*sommes*) simples matériels nous ne pouvons rien du tout connaître, et si nous sommes composés d'esprit et de matière nous ne pouvons connaître parfaitement les choses simples spirituelles ou corporelles.

De là vient que presque tous les philosophes confondent les idées des choses et parlent des choses corporelles spirituellement et des spirituelles corporellement, car ils disent hardiment que les corps tend(ent) en bas, qu'ils aspirent à leur centre, qu'ils fuient leur destruction, qu'ils craignent le vide, qu'ils (ont) des inclinations, des sympathies, des antipathies, toutes choses qui n'appartiennent qu'aux esprits. Et en parlant des esprits ils les considèrent comme en un lieu, et leur attribuent le mouvement d'une place à une autre, qui sont choses qui n'appartiennent qu'aux corps.

Au lieu de recevoir les idées de ces choses pures, nous les teignons de nos qualités et empreignons notre être composé (de) toutes les choses simples que nous contemplons.

Qui ne croirait à nous voir composer toutes choses d'esprit et de corps que ce mélange-là nous serait bien compréhensible. C'est néanmoins la chose qu'on comprend le moins; l'homme est à lui-même le plus prodigieux objet de la nature, car il ne peut concevoir ce que c'est que corps et encore moins ce que c'est qu'esprit, et moins qu'aucune chose comment un corps peut être uni avec un esprit. C'est là le comble de ses difficultés et cependant c'est son propre être: *modus quo corporibus.*

Pensée 131

Les principales forces des pyrrhoniens[1], je laisse les moindres, sont que nous n'avons aucune certitude de la vérité de ces principes, hors la foi et la révélation, sinon en (ce) que nous les sentons naturellement en nous. Or ce sentiment naturel n'est pas une preuve convaincante de leur vérité, puisque n'y ayant point de certitude hors la foi, si l'homme est créé par un dieu bon, par un démon méchant ou à l'aventure il est en doute si ces principes nous sont donnés ou véritables, ou faux, ou incertains selon notre origine.

De plus que personne n'a d'assurance, hors de la foi — s'il veille ou s'il dort, vu que durant le sommeil on croit veiller aussi fermement que nous faisons. Comme on rêve souvent, qu'on rêve entassant un songe sur l'autre. Ne se peut-il faire que cette moitié de la vie n'est elle-même qu'un songe, sur lequel les autres sont entés, dont nous nous éveillons à la mort, pendant laquelle nous avons aussi peu les principes du vrai et du bien que pendant le sommeil naturel. Tout cet écoulement du temps, de la vie, et ces divers corps que nous sentons, ces différentes pensées qui nous y agitent n'étant peut-être que des illusions pareilles à l'écoulement du temps et aux vains fantômes de nos songes. On croit voir les espaces, les figures, les mouvements, on sent couler le temps, on le mesure, et enfin on agit de même qu'éveillé. De sorte que la moitié de la vie se passant en sommeil, par notre propre aveu ou quoi qu'il nous en paraisse. Nous n'avons aucune idée du vrai, tous nos sentiments étant alors des illusions. Qui sait si cette autre moitié de la vie où nous pensons veiller n'est pas un autre sommeil un peu différent du premier. (*Et qui doute sur lequel nos songes sont entés comme*

1. Pascal fait ici allusion à Pyrrhon, l'un des fondateurs du scepticisme grec au IVe siècle av. J.-C.

notre sommeil paraît — dont nous nous éveillons quand nous pensons dormir — et qui doute que si on rêvait en compagnie et que par hasard les songes s'accordassent ce qui est — assez — ordinaire et qu'on veillât en solitude on ne crût les choses renversées.)

Voilà les principales forces de part et d'autre, je laisse les moindres comme les discours qu'ont faits les pyrrhoniens contre les impressions de la coutume, de l'éducation, des mœurs des pays, et les autres choses semblables qui quoiqu'elles entraînent la plus grande partie des hommes communs qui ne dogmatisent que sur ces vains fondements sont renversés par le moindre souffle des pyrrhoniens. On n'a qu'à voir leurs livres: si l'on n'en est pas assez persuadé on le deviendra bien vite, et peut-être trop.

Je m'arrête à l'unique fort des dogmatistes qui est qu'en parlant de bonne foi et sincèrement on ne peut douter des principes naturels.

Contre quoi les pyrrhoniens opposent, en un mot, l'incertitude de notre origine qui enferme celle de notre nature. À quoi les dogmatistes sont encore à répondre depuis que le monde dure.

(*Qui voudra s'éclaircir plus au long du pyrrhonisme voie leurs livres. Il en sera bientôt persuadé et peut-être trop.*)

Voilà la guerre ouverte entre les hommes, où il faut que chacun prenne parti, et se range nécessairement ou au dogmatisme ou au pyrrhonisme. Car qui pensera demeurer neutre sera pyrrhonien par excellence. Cette neutralité est l'essence de la cabale. Qui n'est pas contre eux est excellemment pour eux: en quoi paraît leur avantage. Ils ne sont pas pour eux-mêmes, ils sont neutres, indifférents, suspendus à tout sans s'excepter.

Que fera donc l'homme en cet état? doutera(-t-)il de tout, doutera(-t-)il s'il veille, si on le pince, si on le brûle, doutera(-t-)il s'il doute, doutera(-t-)il s'il est.

On n'en peut venir là, et je mets en fait qu'il n'y a jamais eu de pyrrhonien effectif parfait. La nature soutient la raison impuissante et l'empêche d'extravaguer jusqu'à ce point.

Dira(-t-)il donc au contraire qu'il possède certainement la vérité lui qui, si peu qu'on le pousse, ne peut en montrer aucun titre et est forcé de lâcher prise.

Quelle chimère est-ce donc que l'homme? quelle nouveauté, quel monstre, quel chaos, quel sujet de contradictions, quel prodige? Juge de toutes choses, imbécile ver de terre, dépositaire du vrai, cloaque d'incertitude et d'erreur, gloire et rebut de l'univers.

Qui démêlera cet embrouillement? (*Certainement cela passe le dogmatisme et pyrrhonisme, et toute la philosophie humaine. L'homme passe l'homme. Qu'on accorde donc aux pyrrhoniens ce qu'ils ont tant crié, que la vérité n'est pas de notre portée, ni de notre gibier, qu'elle ne demeure pas en terre, qu'elle est domestique du ciel, qu'elle loge dans le sein de Dieu, et que l'on ne la peut connaître qu'à mesure qu'il lui plaît de la révéler. Apprenons donc de la vérité incréée et incarnée notre véritable nature.*

On ne peut éviter en cherchant la vérité par la raison, l'une de ces trois sectes — On ne peut être pyrrhonien ni académicien sans étouffer la nature, on ne peut être dogmatiste sans renoncer à la raison.

La nature confond les pyrrhoniens (*et les académiciens*) et la raison confond les dogmatiques. Que deviendrez-vous donc, ô homme qui cherchez quelle est votre véritable condition par votre raison naturelle, vous ne pouvez fuir une de ces (*trois*) sectes ni subsister dans aucune.

Connaissez donc, superbe, quel paradoxe vous êtes à vous-même. Humiliez-vous, raison impuissante! Taisez-vous nature imbécile, apprenez que l'homme passe infiniment l'homme et entendez de votre maître votre condition véritable que vous ignorez.

Écoutez Dieu.

(*N'est-il donc pas clair comme le jour que la condition de l'homme est double?*) Car enfin si l'homme n'avait jamais été corrompu il jouirait dans son innocence et de la vérité et de la félicité avec assurance. Et si l'homme n'avait jamais été que corrompu il n'aurait aucune idée ni de la vérité, ni de la béatitude. Mais malheureux que nous sommes et plus que s'il n'y avait point de grandeur dans notre condition, nous avons une idée du bonheur et nous ne pouvons y arriver. Nous sentons une image de la vérité et ne possédons que le mensonge. Incapables d'ignorer absolument et de savoir certainement, tant il est manifeste que nous avons été dans un degré de perfection dont nous sommes malheureusement déchus.

(*Concevons donc que la condition de l'homme est double.*)

(*Concevons donc que l'homme passe infiniment l'homme, et qu'il était inconcevable à soi-même sans le secours de la foi. Car qui ne voit que sans la connaissance de cette double condition de la nature on était dans une ignorance invincible de la vérité de sa nature.*)

Chose étonnante cependant que le mystère le plus éloigné de notre connaissance qui est celui de la transmission du péché soit une chose sans laquelle nous ne pouvons avoir aucune connaissance de nous-même.

Car il est sans doute qu'il n'y a rien qui choque plus notre raison que de dire que le péché du premier homme ait rendu coupables ceux qui étant si éloignés de cette source semblent incapables d'y participer. Cet écoulement ne nous paraît pas seulement impossible. Il nous semble même très injuste car qu'y a(-t-)il de plus contraire aux règles de notre misérable justice que de damner éternellement un enfant incapable de volonté pour un péché où il paraît avoir si peu de part, qu'il est commis six mille ans avant qu'il fût en être. Certainement rien ne nous heurte plus rudement que cette doctrine. Et cependant sans ce mystère, le plus incompréhensible de tous nous sommes incompréhensibles à nous-mêmes. Le nœud de notre condition prend ses replis et ses tours dans cet abîme. De sorte que l'homme est plus inconcevable sans ce mystère, que ce mystère n'est inconcevable à l'homme.

(*D'où il paraît que Dieu voulant nous rendre la difficulté de notre être inintelligible à nous-mêmes en a caché le nœud si haut ou pour mieux dire si bas que nous étions bien incapables d'y arriver. De sorte que ce n'est pas par les superbes agitations de notre raison mais par la simple soumission de la raison que nous pouvons véritablement nous connaître.*)

(*Ces fondements solidement établis sur l'autorité inviolable de la religion nous font connaître qu'il y a deux vérités de foi également constantes.*

L'une que l'homme dans l'état de la création, ou dans celui de la grâce est élevé au-dessus de toute la nature, rendu comme semblable à Dieu et participant de la divinité. L'autre qu'en l'état de la corruption, et du péché, il est déchu de cet état et rendu semblable aux bêtes. Ces deux propositions sont également fermes et certaines.

L'Écriture nous les déclare manifestement lorsqu'elle dit en quelques lieux — deliciae meae esse cum filiis hominum — effundam spiritum meum super omnen carnem, etc. — dii estis. Et qu'elle dit en d'autres: omnis caro foenum, homo assimilatus est jumentis insipientibus et similis factus est illis, dixi in corde meo de filiis hominum — eccle. 3 —

Par où il paraît clairement que l'homme par la grâce est rendu comme semblable à Dieu et participant de sa divinité, et que sans la grâce il est censé semblable aux bêtes brutes.)

La fin de l'homme?
(1966)

MICHEL FOUCAULT
(1926-1984)

Avec l'apparition de la conscience et du sujet comme fondements de la connaissance, l'homme est devenu objet de science pour lui-même. Les sciences de la nature se sont chargées de comprendre son corps et sa vie ; l'économie, la politique et l'histoire, d'aborder son comportement et son organisation en société ; la psychologie, la linguistique, la logique et la philosophie, de lever l'énigme de sa pensée. Toutefois, en occupant ainsi une place centrale au sein de la connaissance, celui-ci n'en a pas moins posé une double question : celle de savoir si l'on pouvait faire de celui-ci un objet de connaissance, celle de savoir également si l'on pouvait faire une science de cette saisie objective.

Peut-on, en effet, faire de l'homme un objet *de connaissance ? Alors qu'il est essentiellement un* sujet, *quand on fait de lui un* objet, *est-ce bien encore de lui qu'il s'agit ? Ne se condamne-t-on pas à le faire disparaître en cherchant ainsi à lui conférer une portée objective ?*

Par ailleurs, quand bien même l'homme serait représentable comme objet, un second problème se pose. Celui qui cherche à se représenter l'homme de façon objective n'est, après tout, lui-même qu'un homme et, donc, un sujet. N'est-ce pas là contradictoire ? Pour bien faire, ne faudrait-il pas que l'on possède une science de la science de l'homme que l'on fait ? Et donc, procéder à une représentation de la représentation que l'on opère ? Est-ce néanmoins possible ? Peut-on faire la science de sa science en même temps que l'on fait sa science ? Cela ne revient-il pas à clore celle-ci au moment même où on l'ouvre ? Et quand bien même cela serait possible, tout ne restera-t-il pas à recommencer une fois cette science faite ? Ne faudra-t-il pas à nouveau s'enquérir d'une science de la science de cette science ? Que reste-t-il, autrement dit, à une science de l'homme pour être scientifique en dehors d'une forme close toujours déjà donnée ou d'une tâche infinie ? Force est de le constater, peu de chose, et, à vrai dire, rien.

Par quelque biais qu'on le considère, l'homme n'est pas plus objectivable comme objet d'une science que comme sujet de celle-ci. Aussi, est-ce au prix d'une fiction faisant disparaître celui-ci comme sujet tout en le faisant apparaître comme objet dans un discours, que les sciences humaines parviennent à le faire exister. En quoi, souligne Michel Foucault, elles sont à l'image des Ménines *de Vélasquez.*

En effet, dans ce tableau dont il analyse la structure au début de son ouvrage, on y voit l'atelier de Vélasquez, avec, au centre de la toile, le peintre en train de se peindre, peignant le fait de se peindre. Cette scène figure très exactement la position impossible du sujet dans les sciences humaines. Car, pour se peindre, le peintre est obligé de se regarder dans un miroir. Aussi, ne voyons-nous pas le peintre se regardant pour se peindre, comme le tableau nous le laisse croire. L'image du peintre qui nous arrive est une image achevée et non en train de se faire et ce n'est que par un leurre, en l'occurrence le leurre que l'art installe, que nous pouvons avoir l'illusion d'être les contemporains du peintre se peignant.

De même, la scène que nous voyons n'est pas la représentation de ce qui se passe dans l'atelier, mais l'image de cette représentation réfléchie par un miroir situé en face du peintre. Aussi est-ce par une autre illusion, encore une, que nous nous croyons en face d'une réalité par le biais d'une représentation. De fait, le tableau ne nous représente pas tant un réel qu'une image. Celui-ci, à proprement parler, n'existe pas, sinon sous forme d'image d'image.

Quand, donc, nous avons l'impression d'être les contemporains du peintre se peignant, il s'agit là d'un leurre. Nous ne coïncidons pas plus avec lui, qu'il ne coïncide lui-même avec ce qu'il fait. Dans les sciences humaines, selon Michel Foucault, il en va de même. C'est par le leurre du discours que nous imaginons pouvoir objectiver l'homme. D'où les difficultés que rencontre toute théorie du sujet en voulant se fonder. Car, à chaque fois qu'elle parvient à déterminer les conditions qui rendent un sujet possible, elle se trouve confrontée à la question des conditions de ces conditions, à laquelle ni les conditions empiriques ni les conditions transcendantales ne sont à même d'apporter une réponse, puisque l'une comme l'autre posent la question de leurs propres conditions, à chaque fois qu'elles s'énoncent.

Quand, dans ces conditions, Michel Foucault a proclamé qu'il se pourrait bien que nous assistions à une mort prochaine de l'homme, il n'a pas tant opéré une prophétie que constaté une réalité. Nous assistons, en effet, dans le dispositif théorico-pratique mis en œuvre par les idéologies qui se réclament de l' homme en général, à la mise en place d'un leurre théorique dont la fonction consiste à légitimer une pratique du pouvoir ainsi que du contrôle social. Aussi parler de mort de l'homme ne renvoie-t-il pas tant à une forme de nihilisme qu'à une critique du pouvoir invitant à retrouver un sujet qui pourrait se dire en plusieurs sens dans un espace politique minimisant les relations de pouvoir et de contrôle, à défaut de pouvoir les abolir.

Source : Michel Foucault, *les Mots et les Choses*, Paris, Gallimard, 1966, p. 329 à 333.
Bibliographie : Gilles Deleuze, *Foucault*, Paris, Minuit, 1986.

IV. L'empirique et le transcendantal

L'HOMME, dans l'analytique de la finitude, est un étrange doublet empirico-transcendantal, puisque c'est un être tel qu'on prendra en lui connaissance de ce qui rend possible toute connaissance. Mais la nature humaine des empiristes ne jouait-elle pas, au XVIIIe siècle, le même rôle ? En fait, ce qu'on analysait alors, c'étaient les propriétés et les formes de la représentation qui permettaient la connaissance en général (c'est ainsi que Condillac définissait les opérations nécessaires et suffisantes pour que la représentation se déploie en connaissance : réminiscence, conscience de soi, imagination, mémoire) ; maintenant que le lieu de l'analyse, ce n'est plus la représentation, mais l'homme en sa finitude, il s'agit de mettre au jour les conditions de la connaissance à partir des contenus empiriques qui sont donnés en elle. Peu importe, pour le mouvement général de la pensée moderne, où ces contenus se sont trouvés localisés : le point n'est pas de savoir si on les a cherchés dans l'introspection ou dans d'autres formes d'analyse. Car le seuil de notre modernité n'est pas situé au moment où on a voulu appliquer à l'étude de l'homme des méthodes objectives, mais bien le jour où s'est constitué un doublet empirico-transcendantal qu'on a appelé l'*homme*. On a vu naître alors deux sortes d'analyses : celles qui se sont logées dans l'espace du corps, et qui par l'étude de la perception, des mécanismes sensoriels, des schémas neuro-moteurs, de l'articulation commune aux choses et à l'organisme, ont fonctionné comme une sorte d'esthétique transcendantale : on y découvrait que la connaissance avait des conditions anatomo-physiologiques, qu'elle se formait peu à peu dans la nervure du corps, qu'elle y avait peut-être un siège privilégié, que ses formes en tout cas ne pouvaient pas être dissociées des singularités de son fonctionnement; bref, qu'il y avait une *nature* de la connaissance humaine qui en déterminait les formes et qui pouvait en même temps lui être manifestée dans ses propres contenus empiriques. Il y a eu aussi les analyses qui par l'étude des illusions, plus ou moins anciennes, plus ou moins difficiles à vaincre de l'humanité, ont fonctionné comme une sorte de dialectique transcendantale; on montrait ainsi que la connaissance avait des conditions historiques, sociales, ou économiques, qu'elle se formait à l'intérieur des rapports qui se tissent entre les hommes et qu'elle n'était pas indépendante de la figure particulière qu'ils pouvaient prendre ici ou là, bref qu'il y avait une *histoire* de la connaissance humaine, qui pouvait à la fois être donnée au savoir empirique et lui prescrire ses formes.

Or, ces analyses ont ceci de particulier qu'elles n'ont, semble-t-il, aucun besoin les unes des autres; bien plus, qu'elles peuvent se dispenser de tout recours à une analytique (ou à une théorie du sujet): elles prétendent pouvoir ne reposer que sur elles-mêmes, puisque ce sont les contenus eux-mêmes qui fonctionnent comme réflexion transcendantale. Mais, en fait, la recherche d'une nature ou d'une histoire de la connaissance, dans le mouvement où elle rabat la dimension propre de la critique sur les contenus d'une connaissance empirique, suppose l'usage d'une certaine critique. Critique qui n'est pas l'exercice d'une réflexion pure, mais le résultat d'une série de partages plus ou moins obscurs. Et d'abord des partages relativement élucidés, même s'ils sont arbitraires: celui qui distingue la connaissance rudimentaire, imparfaite, mal équilibrée, naissante, de celle qu'on peut dire sinon achevée, du moins constituée dans ses formes stables et définitives (ce partage rend possible l'étude des conditions naturelles de la connaissance); celui qui distingue l'illusion de la vérité, la chimère idéologique de la théorie scientifique (ce partage rend possible l'étude des conditions historiques de la connaissance); mais il y a un partage plus obscur, et plus fondamental: c'est celui de la vérité elle-même; il doit exister, en effet, une vérité qui est de l'ordre de l'objet, — celle qui peu à peu s'esquisse, se forme, s'équilibre et se manifeste à travers le corps, et les rudiments de la perception, celle également qui se dessine à mesure que les illusions se dissipent, et que l'histoire s'instaure dans un statut désaliéné; mais il doit exister aussi une vérité qui est de l'ordre du discours, — une vérité qui permet de tenir sur la nature ou l'histoire de la connaissance un langage qui soit vrai. C'est le statut de ce discours vrai qui demeure ambigu. De deux choses l'une: ou ce discours vrai trouve son fondement et son modèle en cette vérité empirique dont il retrace la genèse dans la nature et dans l'histoire, et on a une analyse de type positiviste (la vérité de l'objet prescrit la vérité du discours qui en décrit la formation); ou le discours vrai anticipe sur cette vérité dont il définit la nature et l'histoire, il l'esquisse à l'avance et la fomente de loin, et alors on a un discours de type eschatologique (la vérité du discours philosophique constitue la vérité en formation). À dire vrai, il s'agit là moins d'une alternative que de l'oscillation inhérente à toute analyse qui fait valoir l'empirique au niveau du transcendantal. Comte et Marx sont bien témoins de ce fait que l'eschatologie (comme vérité objective à venir du discours sur l'homme) et le positivisme (comme vérité du discours définie à partir de celle de l'objet) sont archéologiquement indissociables: un discours qui se veut à la fois empirique et critique ne peut être que, d'un seul tenant, positiviste et eschatologique; l'homme y apparaît comme une vérité à la fois réduite et promise. La naïveté précritique y règne sans partage.

C'est pourquoi la pensée moderne n'a pas pu éviter — et à partir justement de ce discours naïf — de chercher le lieu d'un discours qui ne serait ni de l'ordre de la réduction ni de l'ordre de la promesse : un discours dont la tension maintiendrait séparés l'empirique et le transcendantal, en permettant pourtant de viser l'un et l'autre en même temps ; un discours qui permettrait d'analyser l'homme comme sujet, c'est-à-dire comme lieu de connaissances empiriques mais ramenées au plus près de ce qui les rend possibles, et comme forme pure immédiatement présente à ces contenus ; un discours en somme qui jouerait par rapport à la quasi-esthétique et à la quasi-dialectique le rôle d'une analytique qui à la fois les fonderait dans une théorie du sujet, et leur permettrait peut-être de s'articuler en ce terme troisième et intermédiaire où s'enracineraient à la fois l'expérience du corps et celle de la culture. Un rôle si complexe, si surdéterminé et si nécessaire, il a été tenu dans la pensée moderne par l'analyse du vécu. Le vécu, en effet, est à la fois l'espace où tous les contenus empiriques sont donnés à l'expérience ; il est aussi la forme originaire qui les rend en général possibles et désigne leur enracinement premier ; il fait bien communiquer l'espace du corps avec le temps de la culture, les déterminations de la nature avec la pesanteur de l'histoire, à condition cependant que le corps et, à travers lui, la nature soient d'abord donnés dans l'expérience d'une spatialité irréductible, et que la culture, porteuse d'histoire, soit d'abord éprouvée dans l'immédiat des significations sédimentées. On peut bien comprendre que l'analyse du vécu s'est instaurée, dans la réflexion moderne, comme une contestation radicale du positivisme et de l'eschatologie ; qu'elle a essayé de restaurer la dimension oubliée du transcendantal ; qu'elle a voulu conjurer le discours naïf d'une vérité réduite à l'empirique, et le discours prophétique qui promet naïvement la venue à l'expérience d'un homme enfin. Il n'en reste pas moins que l'analyse du vécu est un discours de nature mixte : elle s'adresse à une couche spécifique mais ambiguë, assez concrète pour qu'on puisse lui appliquer un langage méticuleux et descriptif, assez en retrait cependant sur la positivité des choses pour qu'on puisse, à partir de là, échapper à cette naïveté, la contester et lui quérir des fondements. Elle cherche à articuler l'objectivité possible d'une connaissance de la nature sur l'expérience originaire qui s'esquisse à travers le corps ; et à articuler l'histoire possible d'une culture sur l'épaisseur sémantique qui à la fois se cache et se montre dans l'expérience vécue. Elle ne fait donc que remplir avec plus de soin les exigences hâtives qui avaient été posées lorsqu'on avait voulu, en l'homme, faire valoir l'empirique pour le transcendantal. On voit quel réseau serré relie, malgré les apparences, les pensées de type positiviste ou eschatologique (le marxisme étant au premier rang) et les réflexions inspirées de la phénoménologie. Le rapprochement récent n'est pas de l'ordre de la conciliation tardive : au niveau des configurations archéologiques, elles étaient nécessaires les unes et les autres — et les unes aux autres — dès la constitution du postulat anthropologique, c'est-à-dire dès le moment où l'homme est apparu comme doublet empirico-transcendantal.

La vraie contestation du positivisme et de l'eschatologie n'est donc pas dans un retour au vécu (qui à vrai dire les confirme plutôt en les enracinant) ; mais si elle pouvait s'exercer, ce serait à partir d'une question qui sans doute semble aberrante, tant elle est en discordance avec ce qui a rendu historiquement possible toute notre pensée. Cette question consisterait à se demander si vraiment l'homme existe. On croit que c'est jouer le paradoxe que de supposer, un seul instant, ce que pourraient être le monde et la pensée et la vérité si l'homme n'existait pas. C'est que nous sommes si aveuglés par la récente évidence de l'homme, que nous n'avons même plus gardé dans notre souvenir le temps cependant peu reculé où existaient le monde, son ordre, les êtres humains, mais pas l'homme. On comprend le pouvoir d'ébranlement qu'a pu avoir, et que garde encore pour nous la pensée de Nietzsche, lorsqu'elle a annoncé sous la forme de l'événement imminent, de la Promesse-Menace, que l'homme bientôt ne serait plus, — mais le surhomme; ce qui, dans une philosophie du Retour, voulait dire que l'homme, depuis bien longtemps déjà, avait disparu et ne cessait de disparaître, et que notre pensée moderne de l'homme, notre sollicitude pour lui, notre humanisme dormaient sereinement sur sa grondante inexistence. Nous qui nous croyons liés à une finitude qui n'appartient qu'à nous et qui nous ouvre, par le connaître, la vérité du monde, ne faut-il pas nous rappeler que nous sommes attachés sur le dos d'un tigre?

DE L'ESPRIT À LA CHAIR

Vers une pensée du corps
(1805)

MAINE DE BIRAN
(1766-1824)

S'agissant de la conscience, la pensée a eu tendance à se figer dans une alternative mettant aux prises « conscience-substance » et « conscience-épiphénomène ». Aussi a-t-on vu une opposition sans fin s'installer entre les défenseurs de la conscience, rappelant qu'il existe en celle-ci une irréductibilité fondant l'existence même de la personne humaine, et les « déterministes » rétorquant que la conscience n'est pas un phénomène isolé, mais conditionné par des structures naturelles, sociales et psychologiques.

De fait, formulée ainsi, la question de la conscience reste mal posée. Car, s'il demeure indéniable, comme l'ont montré Descartes et Rousseau, qu'il y a dans le moi quelque chose d'irréductible, lisible dans le fait qu'aucune structure ne saurait faire penser quelqu'un malgré lui, il n'en demeure pas moins que le moi humain n'est pas décrit par les notions de volonté et de conscience. Celles-ci sont, en effet, trop abstraites et ne rendent pas compte du fait que la subjectivité vivante se traduit par quelque chose de charnel, d'intime et de fort. Aussi n'est-il pas exagéré de dire que c'est dans le corps qu'il nous faut aller chercher la clef du sujet. C'est tout du moins ce qu'a soutenu Maine de Biran et ce qui fait toute son originalité.

Celui-ci est généralement peu connu et quand il l'est, il existe une tendance tenace à l'inscrire dans une lignée de penseurs comme Lachelier, Boutroux, Ravaisson et Lagneau, remontant jusqu'à Bergson. Or, comme le souligne Michel Henry, il n'est pas tant un annonciateur de ce dernier, qu'un précurseur de la phénoménologie. Car, outre sa critique originale du moi cartésien, auquel il a reproché, non pas son existence, mais son peu de subjectivité, on lui doit surtout une déduction originale de la notion de causalité à partir du corps. On peut parler à cet égard d'une annonce de la phénoménologie, car, comme l'écrit Michel Henry, à travers une telle démarche, « ce que nous demande Maine de Biran, c'est d'identifier la science avec l'existence, *c'est de comprendre que l'existence est déjà une science, non pas imparfaite et provisoire, mais l'origine de toute science, l'origine de la vérité »* (Philosophie et Phénoménologie du corps, *Paris, P.U.F., 1987, p. 36*).

Autrement dit, s'agissant de la conscience, le grand tort des débats que nous pouvons entretenir à son sujet, provient du fait qu'on ne la pense pas assez. Si, en effet, le rationalisme déterministe ne tient pas suffisamment compte du fait que la conscience requiert pour pouvoir être, non pas d'être déterminée, mais de ne pas l'être, la philosophie de la conscience ne tient pas compte du fait qu'une subjectivité se vit avant tout de toute sa chair. Aussi Maine de Biran fraye-t-il la voie vers une pensée neuve partant à la rencontre du sujet, au lieu de se demander si celui-ci est une réalité ou une illusion.

Source: Maine de Biran, *Mémoire sur la décomposition de la pensée,* Paris, Vrin, 1988, p. 424 à 428.

Bibliographie: Michel Henry, *Philosophie et Phénoménologie du corps,* Paris, P.U.F., 1965.

Le métaphysicien qui parle de l'âme, abstraite du sentiment de moi, parle d'une *chose,* et, si on le presse bien, on voit qu'il est conduit à objectiver cette chose dans un point du cerveau. En quoi donc alors la notion qu'il se fait de l'âme avant le *moi* senti diffère-t-elle de l'image à laquelle le physiologiste veut ramener toutes ses conceptions? Où est donc le sujet de cette opposition si tranchée qui subsiste depuis des siècles? Sur quoi peut-on fonder, je ne dis pas des dogmes absolus, mais même des doutes? Car pour douter, il faut avoir quelque idée, et ici, il n'y en a point. C'est la différence du signe donné à l'inconnue qui fait tout le partage.

Le *moi* ne s'objective point dans une image; il ne se conçoit non plus sous une abstraction ontologique. Toute son existence réelle est dans l'aperception de l'effort dont il se sent sujet ou *cause.* Mais lorsque nous voulons remonter à l'origine de cet effort senti, il faut bien nous placer nécessairement dans un point de vue extérieur au moi, et alors nous n'embrassons plus réellement que l'image ou qu'une notion de force abstraite du sentiment d'elle-même, à qui il faut donner un nom sous ce rapport, comme nous en donnons à toutes les causes ou les sujets d'inhérence que nous concevons actuellement d'après le type intérieur, distincts de leurs effets ou aux sujets d'attribution que nous nommons également à part des modes *attribués* (nous verrons dans la suite comment ces deux notions se correspondent). Servons-nous donc, dans ce point de vue, du terme *âme* et supposons, puisque nous ne pouvons faire autrement, une force qui préexiste au sentiment d'elle-même et cause agissante de ce sentiment sans nous attacher à cette notion ontologique.

Le métaphysicien cherchera la constitution originelle de cette faculté dans la nature du *sujet* à qui il l'attribue. Il affirmera qu'elle y réside avant même qu'il y ait quelque condition de son exercice et quelque mouvement *senti* ou quelque effort voulu, et suivant les procédés ontologiques, il dira que l'âme existe avant d'agir et qu'elle peut agir sans connaître ses actes, sans se connaître elle-même. La faculté dont il est question n'aura donc pas d'autre origine que celle de l'âme même, et ici, on est bien évidemment hors des limites de toutes les idées positives.

Le physiologiste à son tour ne peut pas davantage échapper à la supposition de quelque chose qui précède l'action ou l'exercice senti de la volonté, et qui en est le sujet d'inhérence, mais ce sujet, il le conçoit sous l'image du centre organique, qui agit ou réagit déjà sur d'autres parties de l'organisation matérielle, *avant* que le sentiment d'effort naisse, puisque c'est de là qu'il ressort.

Mais d'une part, le *moi,* ou le véritable sujet d'attribution des actes ou de l'effort voulu ne peut se concevoir sous une notion ontologique pas plus que sous une image. L'idée de son individualité et de tout ce qui lui appartient en propre ne peut être tirée d'ailleurs que de sa réflexion intime ou du sentiment de ce même effort, dont il est à la fois le sujet et la cause identique; donc la détermination de cette idée, quant à sa valeur et son origine, ne peut appartenir à une science ontologique abstraite ni à une science objective des phénomènes.

Mais d'autre part, pour concevoir comment le *moi* peut naître, il faut bien supposer quelque chose constituée avant lui, ou hors du sentiment de son *vouloir* naissant, quelque chose à quoi nous puissions attribuer le mouvement ou l'action, avant que l'effort soit senti. Or sous quelle espèce d'idée ou de notion concevrons-nous cette chose préexistante au sentiment d'effort ou de *moi ?* Il paraît bien plus naturel d'abord de la représenter sous l'image d'une organisation matérielle et de son jeu et de prendre cette image comme le symbole de l'idée réflexible qui lui correspond, car ainsi nous ne sortons point, ce semble, du cercle des idées positives, les seules qui puissent entrer dans l'entendement humain, savoir celles de sensation ou les images et celles de réflexion que l'observation intérieure peut limiter.

Mais ce point central ou individuel de l'organisation matérielle, qui tient la place de l'âme (non encore moi) dans l'hypothèse métaphysique, est conçu par les physiologistes comme agissant ou réagissant, non comme un mobile inerte, par une impulsion communiquée, mais comme un agent véritable qui a une énergie, une force propre. Or cette force, comment est-elle conçue? Quel est le fondement de l'attribution que nous en faisons à l'organisation matérielle? Pouvons-nous la considérer comme une *modalité* de cette organisation, ou comme une propriété, de l'ordre de celles qui constituent notre idée complexe de corps? Ce que nous avons déjà vu et ce que nous verrons encore mieux dans la suite nous fera sentir les difficultés de cette opinion.

D'un autre côté les hypothèses précédentes nous ont appris qu'en admettant même la propriété de réaction comme inhérente au centre cérébral, il pouvait y avoir plusieurs mouvements ainsi produits dans l'organisation sans effort voulu ni senti. D'où nous avons conclu la nécessité d'admettre une force *hyperorganique*, que l'imagination peut bien localiser dans un point du cerveau différent de celui d'où partent les déterminations instinctive et automatique, mais qui par la manière même dont elle se conçoit ou se sent doit échapper à toute représentation.

Maintenant donc, donnons un signe à cette *force* véritable, qui n'est pas encore le *moi* tant qu'elle ne s'exerce pas suivant certaines conditions, mais qui le deviendra en se sentant dans tel mode d'exercice; ce nom est indifférent: ce sera *âme, entéléchie, centre,* x, y, tant qu'il ne correspond qu'à une notion ontologique, indéterminée et indéterminable, par la nature même du procédé intellectuel, qui fonde son titre et nécessite son admission.

Servons-nous du terme usité dans la langue vulgaire et métaphysique. Admettons l'*âme,* comme force virtuelle préexistante au mouvement fait, senti et voulu. Cette force agit sur l'organisation et ne se connaît pas, ne se sent pas encore.

Supposons que cette force agisse sur l'organisation sans se connaître, sans se sentir comme agissante, sans se distinguer de son terme d'action. Dans cet état, c'est l'âme des *stahliens,* le *principe vital,* la *forme plastique,* etc., et on ne conçoit point la différence qui sépare le métaphysicien du physiologiste, lorsqu'ils remontent à la cause première d'un mouvement qui n'est pas encore l'*effort senti.* Mais s'agit-il uniquement de l'origine de ce sentiment effectif ou des conditions et des circonstances qui peuvent le faire naître? Alors on rentre dans le cercle des idées intelligibles, et il ne sera plus impossible de s'entendre sur des faits d'observation pas plus que sur une hypothèse commune, et qui, revêtue des formes physiologiques ou métaphysiques, reviendra peut-être au même, pour le fond des idées.

En admettant en effet, sous un titre quelconque, la cause ou force absolue (x) qui donne aux organes cette première impulsion d'où naît le sentiment d'*effort*, soit qu'on la regarde comme inhérente à ces organes, ou comme en étant séparée, soit qu'on suppose l'identité de cette force nouménale lorsqu'elle agit sans se connaître, soit qu'on la distingue d'une autre force qui a seule la propriété d'agir avec le sentiment d'elle-même dans son effort, toujours faudra-t-il convenir: 1° que cet effort senti a une origine et des conditions; 2° qu'en subsistant toujours le même dans l'état de veille pendant que les affections varient sans cesse, c'est en lui que peut se fonder l'individualité persévérante; 3° que ce sentiment est sujet à s'envelopper dans certaines circonstances et à se développer ou à s'éclaircir dans d'autres; 4° que les circonstances où il s'enveloppe et s'obscurcit ne peuvent être celles d'où il a pu originairement ressortir; donc 5° qu'il n'y a point eu d'effort voulu ou d'individualité constituée dans l'instinct et que le vouloir ni aucun autre acte intellectuel ne peut prendre son origine dans l'état affectif ou la sensation pure; 6° mais pourtant il y a dans cet état des mouvements faits, et qui peuvent être même confusément sentis, et nous savons physiologiquement que le cerveau fonctionne dès lors pour les produire, comme il continue encore à fonctionner dans plusieurs cas, où il y a des mouvements effectués dans l'organisation sans être sentis, ou sentis sans être voulus. Donc 7° il y a quelque autre chose que le cerveau qui commence le mouvement lorsque celui-ci est voulu et accompagné d'effort. Cette force que je ne puis localiser ni confondre avec un point du cerveau, ni concevoir hors du *moi* sans en dénaturer l'idée, je l'appelle *âme* en tant que je la conçois comme virtuelle et dans l'attente de l'acte, et *moi* dès qu'elle commence d'agir avec le sentiment d'elle-même, et c'est ce commencement qu'il m'importe uniquement de fixer; c'est là et ce n'est que là qu'est pour moi l'origine de la science identifiée avec l'existence même, non *ontologique* ou abstraite mais réelle ou *sentie*.

Vers une métaphysique de l'inconscient
(1859)

ARTHUR SCHOPENHAUER
(1788-1860)

«Le moi n'est pas maître dans sa propre maison», *écrit Freud* (Essais de psychanalyse appliquée, *Une difficulté de la psychanalyse, traduction M. Bonaparte et E. Marty, Paris, Gallimard, 1971, p. 146*)... *«Peu d'hommes, sans doute, s'en rendent compte: ce serait une démarche lourde de conséquences pour la science comme pour la vie pratique que d'accepter l'hypothèse de processus psychiques inconscients. Mais, hâtons-nous d'ajouter que ce n'est pas la psychanalyse qui, la première, a fait ce pas. D'éminents philosophes peuvent être cités pour ses devanciers, avant tout autre, le grand Schopenhauer, dont la «volonté» inconsciente équivaut aux instincts psychiques de la psychanalyse. C'est ce même penseur d'ailleurs qui, en des paroles d'une inoubliable rigueur, a rappelé aux hommes l'importance toujours sous-estimée de leurs pratiques sexuelles. La psychanalyse n'a que l'unique avantage de ne pas affirmer sur un mode abstrait ces deux propositions si pénibles au narcissisme, celle de l'importance psychique de la sexualité comme celle de l'inconscience de la vie psychique.»*

En écrivant ces phrases, Freud reconnaît explicitement qu'il ne fait que dire sur un mode plus concret ce que Schopenhauer dit en philosophe. Toutefois, s'il y a une communauté d'inspiration entre eux, qui les conduit à situer les fondements de la vie de l'âme au-delà de la conscience, dans les replis du corps et de la vie, il n'en demeure pas moins qu'il existe entre eux une différence. Freud, en effet, n'est pas philosophe. Et, si nous lui devons d'avoir su nous montrer et nous expliquer les processus des phénomènes inconscients qui traversent nos vies (rêves, lapsus, actes manqués, obsessions névrotiques), il n'en demeure pas moins qu'il n'a pas fait la philosophie de sa découverte. Il n'a pas su, en particulier, penser le corps comme sujet et réévaluer les enjeux de la pensée à partir de cette perspective. Praticien avant tout, il lui a manqué de tirer les conséquences ontologiques de sa découverte. Aussi est-il difficile de le compter parmi les philosophes, même si sa doctrine a eu des effets philosophiques, comme l'a montré Paul Ricœur dans son ouvrage sur Freud, De l'interprétation *(Paris, Seuil, 1965).*

Quelles perspectives ontologiques l'inconscient a-t-il ouvertes ? Pour le comprendre, il faut revenir en arrière et revenir à Kant. Car, c'est avec lui que tout bascule. En effet, lorsque celui-ci a montré contre la conscience-substance séparée de Descartes, qu'il n'y avait pas de sujet sans objet et d'objet sans sujet, il a procédé à une révolution. Car, d'une part, il a rappelé que c'est la représentation qui est première, étant donné que je ne pense jamais à rien (pas de sujet sans objet) et que l'objet qui m'apparaît est toujours un objet médiatisé par ma pensée (pas d'objet sans sujet). Mais, surtout, il a invité la pensée à s'interroger sur le sens de cette représentation. Car, si l'objet qui nous fait face est toujours un objet pensé, et, si, d'autre part, notre pensée pense toujours quelque chose, d'où vient le fait que tout représente ainsi quelque chose et que tout fasse sens ?

Kant, on le sait, n'a pas voulu spéculer sur le fondement originaire de la représentation. Aussi s'est-il contenté d'indiquer que celle-ci renvoie à la chose en soi du côté de l'objet et au moi transcendantal du côté du sujet, en laissant ainsi à la fois ouvert et inachevé le champ de la réflexion. Après lui, toutefois, la philosophie ne l'a pas entendu de cette oreille et, jugeant — ainsi que l'a fait toute une tradition allant de Hegel à Heidegger — qu'il n'avait pas su tirer profit de sa découverte, elle s'est saisie de celle-ci afin de la penser.

C'est là qu'intervient Schopenhauer. Son coup de génie est d'avoir postulé que le flux de représentations qui constitue la relation de l'homme au monde n'est ni purement subjectif, ni transcendant, mais ancré dans une volonté, en l'occurrence la volonté de la nature se voulant elle-même. On peut parler à cet égard de coup d'éclat, car, une telle solution a l'avantage de lever bien des énigmes. La volonté est, en effet, ce qui explique mieux que toute autre chose, pourquoi il n'y a pas de sujet sans objet ni d'objet sans sujet. Par la volonté d'une vie voulant vivre en nous comme dans la nature, il est devenu possible de comprendre pourquoi nous ne pensons jamais à rien. Pourquoi, également, rien n'est insignifiant, neutre ou muet dans la nature.

En procédant ainsi à une ontologie de la volonté, Schopenhauer a répondu à l'énigme du fait de la représentation mis en évidence par Kant, tout en mettant à profit le nouveau champ d'investigation ouvert par celui-ci. À cet égard, loin de condamner la psychanalyse, il nous permet d'en apprécier toute la valeur, sans que la philosophie soit pour autant sacrifiée. Aussi est-ce à l'aune de cette ontologie de la volonté que l'on pourrait aussi bien qualifier d'ontologie de l'inconscient ou de la vie, qu'il convient de comprendre la relation établie entre la conscience et le corps. Loin d'être une réduction de celle-là à celui-ci, il s'agit là d'une ouverture méthodologique. En effet, c'est en partant du corps que l'on se donne les moyens les plus efficaces pour aborder la volonté qui règne dans la nature. Ainsi que l'écrit Michel Henry: «Mon corps est pour moi, dans ma connaissance du monde, ce que la stèle de Rosette fut pour le déchiffrement des hiéroglyphes. Mon corps est une table sur laquelle sont gravés deux textes, l'un parfaitement intelligible et que je connais par cœur, l'autre obscur, encore composé de caractères étranges et de formes surprenantes, et dont le sens pourtant va m'apparaître brusquement. Car le sens de ces pieds et de ces mains, de ces ongles et de ces dents, de cette bouche vorace, de ce sexe et de cet œil, c'est ce que je sais depuis toujours, c'est ce que je suis, c'est le vouloir-vivre qui fuse à travers moi et auquel je m'abandonne. Mais comme le premier texte inscrit sur mon corps me permet de lire le second, c'est le livre du monde tout entier dont il me dévoile le secret: les mouvements de ces mains et de ces pieds qui sont les miens, de ces doigts, de ce regard, ces ongles et ces dents, comme ils sont semblables à ceux que je vois autour de moi chez les animaux, aux contractions et aux déplacements de ces pédoncules, de ces tentacules, de ces antennes, de ces griffes, à toutes ces bouches et à tous ces sexes à travers lesquels déferle la même force obstinée, le même vouloir qui ne cesse de vouloir ce qu'en apparence il n'obtient jamais. Et même dans le monde minéral la structuration des choses, la stratification des roches, des terrains, l'aimantation des champs magnétiques, les configurations des cristaux trahissent partout à l'œuvre la même force de cohérence que celle qui fait la cohésion des groupes sociaux et des sociétés tout entières.» (Généalogie de la psychanalyse, *Paris, P.U.F., 1985, p. 171-172*).

Source: Arthur Schopenhauer, *le Monde comme volonté et comme représentation*, trad. A. Burdeau, Paris, P.U.F., 1966, p. 898 à 899, 900 à 903, 909 à 912.

Bibliographie: Alexis Philonenko, *Schopenhauer. Une philosophie de la tragédie*, Paris, Vrin, 1980; Michel Henry, *Généalogie de la psychanalyse*, Paris, P.U.F., 1985.

XIX. Du primat de la volonté dans la conscience de nous-mêmes

La volonté, comme chose en soi, constitue l'essence intime, vraie et indestructible de l'homme; mais en elle-même elle est sans conscience. Car la conscience est déterminée par l'intellect qui n'est qu'un simple accident de notre essence: l'intellect est en effet une fonction du cerveau, et celui-ci avec les nerfs ambiants et la moelle épinière n'est qu'un fruit, qu'un produit, je dirai même un parasite du reste de l'organisme, puisqu'il ne s'engrène pas directement dans les rouages intimes de cet organisme et ne sert à la conservation du moi que parce qu'il en règle les rapports avec le monde extérieur. Au contraire, l'organisme lui-même est la volonté individuelle devenue visible, objectivée; il est l'image de cette volonté telle qu'elle se dessine dans le cerveau (lequel, comme nous l'avons vu au premier livre, est la condition du monde objectif, en tant que tel): par conséquent il est conditionné par les formes de connaissance de ce cerveau, par l'espace, le temps et la causalité; il se présente comme une chose étendue, se manifestant par des actes successifs; matérielle, c'est-à-dire agissante. L'impression directe de nos membres et l'intuition sensible que nous en avons n'a lieu que dans le cerveau. En conséquence, on peut dire: l'intellect est le phénomène secondaire, l'organisme le phénomène primaire, à savoir le phénomène immédiat de la volonté; la volonté est métaphysique, l'intellect physique; l'intellect est, tout comme ses objets, un pur phénomène, la volonté seule est chose en soi — nous pouvons dire encore en termes plus métaphoriques, et symboliques en quelque sorte: — la volonté est la substance de l'homme, l'intellect en est l'accident; la volonté est la matière, l'intellect la forme; la volonté est la chaleur, l'intellect la lumière.

I. – Tout comme la conscience d'autre chose, c'est-à-dire la perception du monde extérieur, la *conscience de nous-mêmes* contient, ainsi qu'il est dit ci-dessus, un élément connaissant et un élément connu: sans quoi ce ne serait plus une *conscience*. Car la conscience consiste dans la connaissance: or la connaissance implique un sujet qui connaît et un objet qui est connu; c'est pourquoi la conscience de nous-mêmes serait impossible, sans cette opposition de la partie qui connaît et d'une autre partie essentiellement distincte, qui est connue. De même qu'il n'y a pas d'objet sans sujet, de même il n'y a pas de sujet sans objet, c'est-à-dire qu'il n'y a pas de connaissance, sans quelque chose qui diffère du sujet qui le connaît. Une conscience donc, qui ne serait qu'intelligence, est impossible. L'intelligence ressemble au soleil qui n'éclaire l'espace que grâce à la présence d'un corps, qui en reflète les rayons. Le sujet connaissant, comme tel, ne saurait être connu: sans quoi il serait l'*objet connu* d'un autre sujet connaissant. Comme *élément connu* dans la conscience de nous-mêmes, nous trouvons exclusivement la *volonté*. Sont, en effet, des impulsions et des modifications de la volonté, non seulement la volition et la résolution, au sens étroit du terme, mais encore toute aspiration, tout désir, toute répulsion, toute espérance, toute crainte, tout amour, toute haine, bref tout ce qui constitue immédiatement le bonheur ou la souffrance, le plaisir ou la douleur; tous ces états d'âme sont précisément l'acte de volonté, en tant qu'il agit au dehors. Or, dans toute connaissance, c'est la partie connue et non la partie connaissante qui est l'élément premier et essentiel; celle-là est le πρωτότυπος[1], celle-ci le ἔκτυπος[2]. Dans la conscience donc c'est la volonté, élément connu, qui est première et essentielle; le sujet connaissant est la partie secondaire, venue par surcroît: c'est le miroir. Volonté et connaissance sont l'une à l'autre ce qu'est le corps lumineux par lui-même au corps réfléchissant, ce qu'est la corde vibrante à la table d'harmonie: le son produit dans cette dernière peut servir de symbole à la conscience. — Un autre terme de comparaison nous sera fourni par la plante. Celle-ci a, comme on sait, deux pôles, la racine et la partie aérienne, celle-là recherchant l'obscurité, l'humidité et le frais, celle-ci le jour, la sécheresse et la chaleur: le point d'indifférence des deux, où elles se séparent, est le collet qui se trouve au ras du sol. La racine est l'élément essentiel et primitif dont la mort entraîne celle de la fleur, elle est donc primaire; la fleur, elle, est l'élément apparent mais dérivé, elle meurt sans que la racine disparaisse, elle est donc secondaire. La racine représente la volonté, la fleur l'intellect; quant au point d'indifférence des deux au collet, ce serait le *moi*, point terminal commun à l'une et à l'autre. Ce moi est le sujet identique *pro tempore* du connaître et du vouloir, identité qui a été mon premier étonnement philosophique et que j'ai appelée dans le premier de mes écrits philosophiques, *Du principe de raison*, le miracle κατ' ἐξοχήν[3]. C'est le point de départ et d'attache, dans le temps, de l'ensemble des phénomènes, c'est-à-dire de l'objectivation de la volonté, déterminant ces phénomènes et en étant déterminé à son tour. [...]

1. Le prototype.
2. La copie.
3. Ce qui est à la source.

Nous ne connaissons guère la conscience que comme une qualité des êtres animés; donc nous pouvons, nous devons même la concevoir comme *conscience animale*, et trouver une tautologie dans cette dernière expression même. — Or, ce qui se rencontre toujours dans chaque conscience animale, même la plus imparfaite et la plus faible, ce qui en constitue la base, c'est le sentiment immédiat d'une *appétition* tour à tour satisfaite et contrariée à des degrés divers. Nous savons cela en quelque sorte *a priori*. Car si étonnamment différentes que soient les innombrables espèces animales, si étrange que nous en apparaisse au premier abord une espèce inconnue jusqu'alors, toutefois nous considérons d'ores et déjà comme nous étant connue et même familière l'essence intime de leur nature. Nous savons en effet que l'animal *veut*, nous savons même *ce qu'il* veut, l'être et le bien-être, la vie et la persistance dans l'espèce; et comme les objets de cette volonté sont identiques à ceux de la nôtre, nous n'hésitons pas à attribuer à l'animal toutes les affections de la volonté que nous observons en nous-mêmes, et nous parlons de ses désirs, de ses répugnances, de ses craintes, de sa colère, de sa haine, de son amour, de sa joie, de sa tristesse, de sa langueur, etc. Au contraire, s'agit-il des phénomènes de la connaissance animale, nous voilà dans l'incertitude. Nous n'osons pas affirmer que l'animal conçoive, pense, juge, sache, nous ne lui attribuons avec certitude que des représentations, parce que sans elles sa volonté ne se prêterait pas aux modifications ci-dessus énoncées. Quant à la forme précise de la connaissance animale, à ses limites exactes dans une espèce donnée, nous n'en avons que des notions vagues et nous sommes réduits aux conjectures; c'est pourquoi il nous est si difficile de nous entendre avec les animaux : nous n'arrivons guère à ce résultat que grâce aux données de l'expérience et par une éducation artificielle. C'est donc la connaissance qui différencie les consciences. Au contraire le désir, les aspirations, la volonté, la répugnance, l'aversion, le non-vouloir sont propres à toute conscience : l'homme les a en commun avec les polypes. Ce sont donc ces états qui constituent l'essence et la base de toute conscience. Sans doute ils se manifestent différemment dans les diverses espèces animales; mais cette différence tient au plus ou moins d'étendue de leur sphère de connaissance : car c'est dans la connaissance que se trouvent les motifs qui provoquent ces états. Tous les actes et tous les gestes qui, chez les animaux, expriment des mouvements de la volonté, nous les comprenons immédiatement, par analogie avec notre propre être. Aussi avons-nous pour eux une sympathie aussi profonde que variée dans ses formes. L'abîme au contraire qui nous sépare d'eux, c'est uniquement la différence d'intellect qui le creuse. Cet abîme qui se trouve entre un animal très intelligent et un homme très borné n'est peut-être pas moins profond entre un imbécile et un homme de génie; aussi sommes-nous tout surpris de constater parfois entre ces deux hommes une ressemblance qui tient à la similitude des penchants et des passions. — De cette considération il résulte clairement que la *volonté* est dans tous les êtres animaux l'élément primaire et substantiel; l'*intellect* au contraire est l'élément secondaire, greffé sur le premier; ce n'est même que l'instrument de la volonté, instrument plus ou moins parfait et compliqué suivant les exigences de ce service. Les mêmes fins directrices de la volonté d'une espèce animale, qui arment cette espèce de sabots, de griffes, de mains, d'ailes, de cornes ou de dents, la dotent aussi d'un cerveau plus ou moins développé, dont la fonction est l'intelligence nécessaire à la conservation de l'espèce. En effet, dans l'échelle ascendante des animaux, plus l'organisation devient complexe, plus multiples aussi deviennent les besoins, plus variés et plus spécialement déterminés les objets nécessaires à leur satisfaction; les voies qui mènent à ces objets et qui doivent toutes être cherchées et connues deviennent de plus en plus enchevêtrées, éloignées; par conséquent les représentations de l'animal doivent gagner dans la même mesure en complexité, en précision et en cohésion; son attention s'éveillera plus facilement, sera plus tendue et plus durable, en un mot son intellect sera plus développé et plus parfait. Nous voyons donc que l'instrument de l'intelligence, c'est-à-dire le système cérébral et les organes des sens, suit pas à pas dans son développement l'extension des besoins et la complication de l'organisme; l'augmentation de la partie *représentative* (par opposition à la partie *voulante*) de la conscience, reçoit son expression physique dans la prédominance du cerveau sur le reste du système nerveux d'abord, et ensuite dans la prédominance du cerveau proprement dit sur le cervelet, le premier étant d'après Flourens l'atelier des représentations, l'autre le directeur et l'ordonnateur des mouvements. Le dernier pas fait en ce sens par la nature est véritablement énorme. Car dans l'homme non seulement la faculté de *représentation intuitive*, à laquelle seule participent les autres espèces animales, atteint son plus haut degré de perfection, mais il vient s'y ajouter la représentation *abstraite*, la pensée, c'est-à-dire la *raison*, et avec elle la réflexion. Cet accroissement considérable de l'intellect, c'est-à-dire de la partie secondaire de la conscience, lui confère dès lors une certaine prédominance sur la partie primaire, en ce sens que son activité sera dorénavant prépondérante. Chez l'animal, en effet, c'est le sentiment immédiat des appétitions satisfaites ou bien contrariées qui constitue le fonds essentiel de la conscience, et cela est surtout vrai, à mesure qu'on descend dans la hiérarchie animale, si bien que les animaux inférieurs ne se distinguent guère de la plante que par la possession supplémentaire de sourdes représentations; chez l'homme, c'est le contraire qui se produit. Les appétitions ont beau dépasser en violence celles de tout autre animal et dégénérer en passion, la conscience sera constamment occupée de représentations et de pensées qui la remplissent et la dominent. C'est à ce fait sans doute qu'il faut attribuer principalement cette erreur fondamentale des philosophes, qui leur fait considérer la pensée comme l'élément primaire et essentiel de ce qu'ils appellent âme, c'est-à-dire de la vie intérieure ou spirituelle de l'homme, et qui ne leur fait voir dans la volonté qu'un résultat de l'intellect, produit après coup. Mais, s'il était vrai que la volonté émanât de l'intelligence, comment les animaux, même dans les espèces inférieures, pourraient-ils à une connaissance extrêmement pauvre joindre une volonté si souvent indomptable et violente? Cette erreur fondamentale, faisant en quelque sorte de l'accident la substance, a engagé les philosophes dans des chemins faux dont il leur a été impossible de sortir. — Chez l'homme, cette prépondérance relative seulement du connaître sur le vouloir, donc de la partie secondaire sur la partie primaire, peut aller très loin; dans certains individus, extraordinairement favorisés, la connaissance, c'est-à-dire la partie secondaire de la conscience, arrivée à son maximum de développement, se détache entièrement de la partie voulante; elle agit librement, à son propre compte, c'est-à-dire sans recevoir l'impulsion de la volonté, et de la sorte devient purement objective, miroir lumineux du monde; c'est de la connaissance, arrivée à ce degré d'autonomie, que sortent les conceptions du *génie*. [...]

IV. – L'*intellect* se fatigue, la *volonté* est infatigable. Après un travail de tête soutenu, on ressent une fatigue au cerveau, comme on en ressent une au bras après un travail physique soutenu. Toute *connaissance* est liée à l'effort; la *volonté* au contraire est notre essence la plus intime et les manifestations s'en opèrent sans peine, avec une entière spontanéité. Aussi, quand notre volonté est fortement affectée, et c'est ce qui se produit pour toutes les passions, la colère, la vanité, le désir, la tristesse, et que nous sommes obligés d'exercer nos fonctions de *connaissance, dans l'intention, par exemple, de redresser* les motifs de ces passions, nous sommes en quelque sorte obligés de nous faire violence pour nous livrer à ce travail, violence qui atteste le passage de l'activité originaire, naturelle, autonome, à l'activité dérivée, médiate, forcée. Car la volonté seule est αὐτόματος [se mouvant elle-même] et conséquemment ἀκάματος καὶ ἀγήρατος ἤματα πάντα [pour toujours à l'abri de la lassitude et du vieillissement] (d'après Homère, *Iliade*, VIII, v. 539), elle seule exerce son activité sans provocation, et par cela même souvent trop tôt ou sans mesure, et ne connaît pas la fatigue. Des nourrissons, qui montrent à peine une première et faible trace d'intelligence, sont déjà pleins d'entêtement: ils se démènent furieusement et crient sans raison aucune, tout simplement parce qu'ils débordent d'un besoin de vouloir, tandis que leur volonté n'a pas encore d'objet; ils veulent, sans savoir ce qu'ils veulent. Cabanis remarque dans le même sens « toutes ces passions, qui se succèdent d'une manière si rapide et se peignent avec tant de naïveté sur le visage mobile des enfants. Tandis que les faibles muscles de leurs bras et de leurs jambes savent encore à peine former quelques mouvements indécis, les muscles de leur face expriment déjà par des mouvements distincts presque toute la suite des affections générales propres à la nature humaine; et l'observateur attentif reconnaît facilement dans ce tableau les traits caractéristiques de l'homme futur » (*Rapports du physique et du moral*, vol. I, p. 123). L'intellect, au contraire, se développe lentement, parallèlement à l'évolution du cerveau, à la maturité de l'organisme tout entier, qui sont ses conditions; c'est qu'il est uniquement une fonction corporelle. Comme le cerveau a acquis tout son développement avec la septième année, les enfants se montrent à cet âge d'une intelligence surprenante, avides de savoir et raisonnables. Mais ensuite vient la puberté; elle donne au cerveau un point d'appui, et comme une table d'harmonie où il vibre; d'un coup elle élève l'intellect d'un degré considérable; si la voix à cet âge s'abaisse d'une octave, l'intellect, si je puis dire, devient d'une octave plus haut. Mais, en même temps, le bon sens qui régnait auparavant est battu en brèche par les désirs animaux et les passions qui se font jour maintenant, et cette situation ne fait que s'aggraver. Ce qui atteste encore ce caractère infatigable de la volonté, c'est un défaut plus ou moins commun mais qui existe naturellement chez tous les hommes et dont on ne triomphe que par l'éducation, j'entends la *précipitation*. Il y a précipitation quand la volonté se met prématurément à sa besogne. La volonté est en effet l'élément purement actif et exécutif, qui ne doit faire son apparition que lorsque l'élément investigateur et délibératif, c'est-à-dire la connaissance, a complètement terminé sa tâche. Mais rarement la volonté attend jusque-là. À peine la connaissance a-t-elle superficiellement rassemblé et fugitivement ordonné quelques rares données sur les circonstances qui nous sollicitent, sur l'événement arrivé, sur l'opinion étrangère qu'on vient de rapporter, voici que des profondeurs de l'âme surgit sans qu'on y ait fait appel la volonté toujours prête, jamais fatiguée; elle se manifeste sous forme d'effroi, crainte, espoir, joie, désir, envie, tristesse, ardeur, colère, fureur, et nous pousse à des paroles et à des actions trop promptes, bientôt suivies de remords: car, avec le temps, nous apprenons que l'Ἡγεμονικόν, c'est-à-dire l'intellect, n'a pas même pu faire la moitié de sa besogne; il n'a pas eu le loisir d'étudier les circonstances, d'en examiner le rapport, de délibérer sur ce qu'il convenait de faire, parce que la volonté n'a pas eu la patience d'attendre, parce qu'elle s'est brusquement et prématurément présentée, disant: « À mon tour maintenant », et elle est aussitôt entrée en activité, sans que l'intellect lui ait opposé de résistance; car l'intellect n'est qu'un valet, qu'un serf de la volonté, il n'est pas spontané comme elle et n'éprouve pas par sa propre nature le besoin d'agir. Aussi la volonté s'en débarrasse-t-elle facilement, sur un signe d'elle il se met au repos, tandis que lui-même n'arrive, après des efforts extrêmes, qu'à dicter à la volonté une trêve d'un moment pour prendre à son tour la parole. Aussi sont-ils rares, et ne les trouve-t-on guère que parmi les Espagnols, les Turcs et surtout les Anglais, ceux qui dans les circonstances les plus graves mêmes conservent toujours leur *sang-froid*, continuent imperturbablement à observer et à examiner la position où ils se trouvent, alors que d'autres eussent perdu la tête et se fussent trouvés incapables de rien voir davantage ; cette présence d'esprit ne doit pas être confondue avec ce calme que donnent à beaucoup d'Allemands et de Hollandais le flegme et l'hébétement. Dans le rôle de l'hetman cosaque de *Benjowski*, l'acteur Iffland mettait admirablement en scène cette rare qualité que nous venons de louer. Les conjurés l'ont attiré dans leur tente ; ils lui tiennent un fusil devant la tête avec la menace de tirer au premier cri : Iffland soufflait dans l'embouchure, pour voir si le fusil était bien chargé. Sur dix choses qui nous contrarient, nous pourrions nous épargner neuf fois cette contrariété, si nous comprenions ces choses exactement et par leurs causes, si nous en reconnaissions la nécessité et la vraie nature ; et cette vue exacte nous l'aurions bien plus souvent, si, avant de nous aigrir et de nous exaspérer, nous nous donnions la peine de réfléchir. Car ce que les rênes et le mors sont à un cheval indompté, l'intellect l'est à la volonté humaine ; les instructions, les avertissements, l'éducation donnés par l'intellect doivent la guider et la refréner, puisqu'en elle-même elle est une force aussi sauvage, aussi impétueuse que celle qui se manifeste dans la chute d'une cataracte ; nous savons même qu'en allant au dernier fond des choses, ces deux forces sont identiques. Dans la colère extrême, dans l'ivresse, dans le désespoir, la volonté a pris le mors aux dents et s'est emportée pour suivre sa nature primitive. Dans la *mania sine delirio* elle a complètement perdu les rênes et le mors et alors sa nature essentielle éclate nettement et apparaît aussi profondément distincte de l'intellect que l'est le mors du cheval. Dans cet état, on peut encore comparer la volonté à une montre dont on vient d'ôter une certaine vis ; le mécanisme se met en mouvement avec bruit et ne s'arrête plus.

Sagesse du corps
(1888)

FRIEDRICH NIETZSCHE
(1844-1900)

Lorsque Nietzsche soutient, comme dans les textes présentés ici, que la notion d'intériorité provient d'une volonté de prêter une cause à un phénomène d'irritation nerveuse, son propos n'est pas tant de réduire l'âme au corps que d'éviter une double réduction concernant l'existence ainsi que l'homme. En effet, à trop vouloir expliquer tout ce qui peut nous arriver et avoir ainsi un jugement sur nous-mêmes, on risque d'aboutir à l'illusion dangereuse qui consiste à croire que la vie est faite pour être jugée, alors que c'est l'inverse qui est vrai. C'est le jugement qui est fait pour être vécu. Dès lors, à trop privilégier le jugement par rapport à la vie, ce n'est pas simplement celle-ci qu'on est amené à réduire, c'est l'homme lui-même qu'on est amené à limiter. Car, là où l'on ne cesse de juger la vie, la pensée finit par se muer en tribunal, avec, pour conséquence, un type d'homme dévalué, plus occupé à juger et à censurer la vie qu'à s'interroger sur les moyens de mieux vivre et d'augmenter ainsi sa puissance. D'où le refoulement par un tel homme-juge de l'homme-artiste, qui est l'homme véritable, parce qu'il est tout entier occupé à multiplier les sens possibles de la vie et donc à interpréter celle-ci, au lieu de la réduire et en définitive de la condamner.

De fait, Nietzsche a eu pour visée, tout au long de son œuvre, de faire du philosophe un artiste s'interrogeant sur les possibilités d'accroître les potentialités créatrices de sa vie. « Un philosophe, a-t-il écrit dans Par-delà le bien et le mal, *est un homme qui ressent, voit, entend, soupçonne, espère, rêve sans cesse des choses extraordinaires ; que ses propres pensées, qui sont* ses *événements, frappent pour ainsi dire de l'extérieur, d'en haut et d'en bas, à la manière de coups de foudre ; qui est peut-être lui-même un orage gros de nouveaux éclairs ; un homme de destin autour duquel le ciel gronde et la terre s'entrouvre, qui vit dans une atmosphère de présages. Un philosophe : un être qui, hélas, prend souvent la fuite devant ses pensées et a peur de lui-même, — trop curieux toutefois pour ne pas constamment revenir à soi. »* (Œuvres, *VII, 292, Gallimard, p. 205). Aussi est-ce dans cette perspective qu'il nous faut comprendre son retour au corps. Lorsqu'il nous incite à nous étonner vis-à-vis de celui-ci, c'est plus généralement vers l'existence qu'il nous invite à regarder, afin de juger nos jugements et de faire opérer à ces derniers un retour vers la vie. De même, lorsqu'il nous convie à penser le corps comme multiplicité d'organes dotés chacun d'une existence propre tout en étant miraculeusement capables de donner naissance à une cohésion collective, son propos est avant tout de nous rappeler que tout dans ce corps est vivant et que c'est ce « courant vital » qui assure la cohésion du tout, plus qu'un principe abstrait. Enfin, quand il prend le soin de souligner qu'en parlant du corps il ne cesse de parler de morale, il ne s'agit là nullement d'un paradoxe ou d'une boutade, mais d'une réalité découlant de ce qui précède. Car, outre que le refus d'incarner le rôle d'un juge est en soi un acte moral, le fait d'adhérer à la vie en sa totalité est, en soi, une morale. Schopenhauer, en effet, qui pensait comme le Bouddha, que toute la souffrance provient du désir de vivre, a invité les hommes à y renoncer comme le font les ascètes. Nietzsche ne l'a pas suivi sur ce point et a, au contraire, soutenu que toutes nos souffrances proviennent de notre peu d'adhésion à la vie, étant donné que la violence provient tout entière du fait de s'ériger juge de la vie.*

Avec Nietzsche, comme avec Spinoza, le corps est utilisé comme méthode afin de penser l'existence. Aussi n'est-il pas tant l'opposé de l'âme au sein d'une confrontation figée dans le dualisme âme-corps ou corps-âme, que le point de départ d'une réflexion générale sur la vie nous invitant à nous délivrer du modèle du juge afin d'embrasser celui de l'artiste.

Source : Friedrich Nietzsche, *la Volonté de puissance*, trad. Henri Albert, § 295, p. 292 à 294, § 226, p. 203 à 204, Paris, le Livre de poche, 1991.

Bibliographie : Gilles Deleuze, *Nietzsche et la Philosophie*, Paris, P.U.F., 1962 ; Michel Henry, *Généalogie de la psychanalyse*, Paris, P.U.F., 1985.

Le phénoménalisme du « monde intérieur »

Il y a *renversement chronologique*, de sorte que la cause parvient à la conscience plus tard que l'effet. — Nous avons appris qu'une douleur peut être projetée à un endroit du corps sans y avoir son siège — : nous avons appris que les sensations que l'on tient naïvement pour conditionnées par le monde extérieur sont en réalité conditionnées par le monde intérieur : que la véritable action du monde extérieur se passe toujours d'une façon *inconsciente*... Le fragment du monde extérieur dont nous devenons conscients est né après l'effet exercé sur nous par l'extérieur, est projeté après coup sous forme de « cause » prêtée à cet effet...

Dans le phénoménalisme du « monde intérieur » nous retournons la chronologie de la cause et de l'effet. Le fait fondamental de l'expérience intérieure c'est que la cause est imaginée lorsque l'effet a eu lieu... Il en est de même de la succession des idées... — nous cherchons la raison d'une idée avant qu'elle soit devenue consciente pour nous : et alors la raison, et ensuite sa conséquence, entrent dans notre conscience... Tous nos rêves consistent à interpréter des sentiments d'ensemble, pour en chercher les causes possibles : et de telle sorte qu'un état ne devient conscient que lorsque la chaîne des causalités, inventée pour l'interpréter, est entrée dans la conscience.

Toute « l'expérience intérieure » repose sur ceci qu'à une irritation des centres nerveux on cherche et imagine une cause — et que c'est seulement la cause ainsi trouvée qui pénètre dans la conscience : cette cause n'est absolument pas adéquate à la cause véritable, — c'est une sorte de tâtonnement basé sur d'antérieures « expériences intérieures », c'est-à-dire sur la mémoire. Mais la mémoire conserve aussi l'habitude des interprétations anciennes, c'est-à-dire de la causalité erronée, — en sorte que l'« expérience intérieure » portera encore en elle toutes les anciennes fausses fictions causales. Notre « monde extérieur », tel que nous le projetons à chaque moment, est indissolublement lié aux vieilles erreurs des causes : nous essayons de l'interpréter par le schématisme des « objets », etc.

L'« expérience intérieure » ne parvient à notre conscience qu'après avoir trouvé un langage que l'individu puisse *comprendre,* — c'est-à-dire la transposition d'un état en un état plus *connu.* — « Comprendre » c'est simplement pouvoir exprimer quelque chose de nouveau, dans la langue de quelque chose d'ancien, de connu. Par exemple : « Je me sens mal » — un pareil jugement présuppose une *grande et tardive neutralité de la part de l'observateur :* — l'homme naïf dira toujours : telle ou telle chose fait que je me sente mal, — il ne jugera clairement son malaise que lorsqu'il verra une raison pour se sentir mal... J'appelle cela un *manque de philologie ;* pouvoir lire un texte, en tant que texte, sans y mêler une interprétation, c'est la forme la plus tardive de l'« expérience intérieure », — peut-être est-ce une forme à peine possible...

La conscience, instrument du corps

Nous considérons que c'est par une conclusion prématurée que la conscience humaine a été si longtemps tenue pour le degré supérieur de l'évolution organique et la plus surprenante des choses terrestres, voire comme leur efflorescence suprême et leur terme. Ce qui est plus surprenant, c'est bien plutôt le *corps :* on ne se lasse pas de s'émerveiller à l'idée que le *corps* humain est devenu possible ; que cette collectivité inouïe d'êtres vivants, tous dépendants et subordonnés, mais en un autre sens dominants et doués d'activité volontaire, puisse vivre et croître à la façon d'un tout, et subsister quelque temps ; et, de toute évidence, cela n'est point dû à la conscience. Dans ce « miracle des miracles », la conscience n'est qu'un « instrument », rien de plus — dans le même sens où l'estomac est un instrument du même miracle. La splendide cohésion des vivants les plus multiples, la façon dont les activités supérieures et inférieures s'ajustent et s'intègrent les unes aux autres, cette obéissance multiforme, non pas aveugle, bien moins encore mécanique, mais critique, prudente, soigneuse, voire rebelle — tout ce phénomène du « corps » est, au point de vue intellectuel, aussi supérieur à notre conscience, à notre « esprit », à nos façons conscientes de penser, de sentir et de vouloir, que l'algèbre est supérieure à la table de multiplication.

L'« appareil nerveux et cérébral » n'a pas été construit avec cette « divine » subtilité dans la seule intention de produire la pensée, la sensation, la volonté. Il me semble tout au contraire que justement pour produire le penser, le sentir et le vouloir il n'est nul besoin d'un « appareil », mais que ces phénomènes, et eux seuls, sont « la chose elle-même ». Tout au contraire, cette prodigieuse synthèse d'êtres vivants et d'intellects qu'on appelle « l'homme » ne peut vivre que du moment où a été créé ce système subtil de relations et de transmissions et par là l'entente extrêmement rapide entre tous ces êtres supérieurs et inférieurs — ceci grâce à des intermédiaires tous vivants ; mais ce n'est pas là un problème de mécanique, c'est un problème moral. Nous nous sommes désormais interdit les divagations qui ont trait à l'« unité », à l'« âme », à la « personnalité » ; de pareilles hypothèses *compliquent* le problème, c'est bien clair. Et même ces êtres vivants microscopiques qui constituent notre corps (ou plutôt dont la coopération ne peut être mieux symbolisée que par ce que nous appelons notre « corps ») ne sont pas pour nous des atomes spirituels, mais des êtres qui croissent, luttent, s'augmentent ou dépérissent : si bien que leur nombre change perpétuellement et que notre vie, comme toute vie, est en même temps une mort perpétuelle.

Il y a donc dans l'homme autant de « consciences » qu'il y a d'êtres (à chaque instant de son existence) qui constituent son corps. Ce qui distingue ce « conscient » que d'habitude on s'imagine unique, l'intellect, c'est justement qu'il demeure protégé et exclu de ce qu'il y a d'innombrable et de divers dans l'expérience de ces diverses consciences ; c'est qu'il est une conscience de rang supérieur, une collectivité régnante, une aristocratie, et de ce fait on ne lui présente qu'un *choix* d'expériences, et d'expériences simplifiées, faciles à dominer du regard et à saisir, donc *falsifiées* — afin que de son côté il persiste dans ce travail de simplification et de clarification, donc de falsification, et prépare ce qu'on appelle communément un « vouloir » ; — chacun de ces actes volontaires suppose en quelque sorte l'élection d'un dictateur. Mais ce qui offre ce choix à notre intellect, ce qui a au préalable simplifié, égalisé, interprété les expériences, ce n'est certainement pas ce même intellect, pas plus qu'il n'est celui qui *exécute* la volonté, qui recueille une représentation pâle, diffuse et extrêmement inexacte de la valeur et de la force, pour en faire de la force vivante et d'exactes mesures de la valeur. Et cette même opération qui s'exécute ici doit se répéter sans cesse à tous les degrés inférieurs, dans la relation de tous ces êtres supérieurs et inférieurs entre eux ; ce même choix, cette même présentation d'expériences, cette façon d'abstraire et de grouper, ce vouloir, cette traduction d'un vouloir toujours très vague en activité définie. Guidés par le fil conducteur du corps, comme je l'ai dit, nous apprenons que notre vie n'est possible que grâce au jeu combiné de nombreuses intelligences de valeur très inégale, donc grâce à un perpétuel échange d'obéissance et de commandement sous des formes innombrables — ou, en termes de morale, grâce à l'exercice ininterrompu de nombreuses *vertus*. Et comment pourrait-on cesser de parler de morale ! [...]

Je suis mon corps
(1945)

MAURICE MERLEAU-PONTY
(1908-1961)

En disant, comme il le fait dans la Phénoménologie de la perception, *« je suis un corps », Merleau-Ponty transgresse quelque peu les limites traditionnelles de la philosophie. Car, identifier non seulement le sujet, mais d'une certaine façon l'Être, au corps ne va pas de soi.*

Ainsi que l'a montré Descartes, le corps est divisible, non l'âme. Aussi ne saurait-on les confondre. Comme on ne peut, selon Platon, attribuer de l'Être au corps, étant donné que le premier est identique à lui-même et permanent, alors que le second est, au contraire, changeant et corruptible. Sans compter que, qui se fie au corps en matière de morale cède non seulement au paraître mais à la violence des désirs. Ce qui contribue encore à marquer tout l'écart qui existe entre lui et l'Être. Toutefois, ainsi que le demande Merleau-Ponty, les choses peuvent-elles se réduire à cette opposition ? Rien n'est moins sûr.

Descartes a beau avoir distingué l'âme et le corps, il est néanmoins l'un des premiers à avoir souligné que celle-ci n'est point dans le corps comme un « pilote dans un vaisseau ». Qui plus est, il reconnaît également, dans une lettre adressée à la princesse Élisabeth, que l'homme se vit comme un et non comme l'adjonction d'une âme à un corps. Quant à Platon, s'il a prononcé un jugement moral contre le corps, ce que Descartes n'a pas fait, il est aussi celui qui a fait de la contemplation des beaux corps, la première étape de l'ascension de l'âme vers la contemplation des Idées et du Beau. Ce qui n'est malgré tout pas rien. Aussi s'aperçoit-on que la tradition métaphysique a tempéré son jugement en ce qui concerne le corps.

Elle l'a d'autant plus fait que, avec l'empirisme et Kant, elle a reconnu que celui-ci était sinon la *source, du moins* une *source irréductible de notre connaissance, étant donné que nous pensons ce qui nous est donné par l'expérience et donc par le sensible. Toutefois, c'est à Husserl ainsi qu'à Merleau-Ponty que nous devons un pas décisif. Comme le souligne ce dernier, le corps entendu au sens de* chair *est ce qu'il y a plus de subjectif en nous. Car, comme le souligne le langage lui-même, pour parler de ce que nous vivons, nous utilisons indifféremment les termes d'âme et de chair, puisque nous disons « vivre de toute sa chair » pour « vivre de toute son âme » et inversement.*

L'ensemble de nos activités a tendance à confirmer ce fait. S'agissant, en particulier, de notre activité de penser, celle-ci passe par la chair des mots. Car, c'est en définitive en elle que se déploie la vie de la pensée. Le je *du «* je *pense » prend toute sa force de* je *quand il n'est pas muet comme le* je *logique, mais parlé comme* je *dans le langage. C'est ce* je *parlé du langage qui donne à la pensée tout son côté parlant et pas simplement parlé. C'est à lui qu'elle doit de pouvoir être active et agissante dans le monde des hommes.*

De fait, si selon Merleau-Ponty nous devons à Descartes d'avoir su penser le sujet de la science, il n'en demeure pas moins que le sujet ne se déploie que par une mise à distance de la sensibilité comme du monde, dont la possibilité qu'elle ouvre d'avoir une vue objective des choses a pour contrepartie un dualisme du corps et de l'âme ne rendant pas compte du sujet vivant. Aussi convient-il de se tourner vers la chair afin d'accéder à celui-ci.

Dans les débats qui se nouent autour de la notion de conscience, l'originalité d'une telle analyse est de nous offrir une voie dépassant l'alternative qui oppose le déterminisme naturaliste à la conscience. Car, en faisant de la chair l'étoffe même de la subjectivité, ni le sujet ni la nature ne sont niés. Seul est rejeté le fait de ne pas les penser assez, au point de faire apercevoir aux partisans du déterminisme qu'il n'y a pas plus charnel que le sujet et aux partisans de la conscience qu'il n'y a pas plus subjectif que la chair.

Source : Maurice Merleau-Ponty, *Phénoménologie de la perception*, Paris, Gallimard, 1972, p. 74 à 77, 459 à 461, 231 à 232, 175 à 177.

Bibliographie : B. Sichère, *Merleau-Ponty ou le Corps de la philosophie*, Paris, Grasset, 1982 ; Renaud Barbaras, *De l'être du phénomène*, Grenoble, Jérôme Millon, 1991.

I

Il est frappant de voir que les philosophies transcendantales du type classique ne s'interrogent jamais sur la possibilité d'effectuer l'explicitation totale qu'elles supposent toujours *faite quelque part.* Il leur suffit qu'elle soit nécessaire et elles jugent ainsi de ce qui est par ce qui doit être, par ce qu'exige l'idée du savoir. En fait, l'Ego méditant ne peut jamais supprimer son inhérence à un sujet individuel, qui connaît toutes choses dans une perspective particulière. La réflexion ne peut jamais faire que je cesse de percevoir le soleil à deux cents pas un jour de brume, de voir le soleil «se lever» et «se coucher», de penser avec les instruments culturels que m'ont préparés mon éducation, mes efforts précédents, mon histoire. Je ne rejoins donc jamais effectivement, je n'éveille jamais dans le même temps toutes les pensées originaires qui contribuent à ma perception ou à ma conviction présente. Une philosophie comme le criticisme n'accorde en dernière analyse aucune importance à cette résistance de la passivité, comme s'il n'était pas nécessaire de devenir le sujet transcendantal pour avoir le droit de l'affirmer. Elle sous-entend donc que la pensée du philosophe n'est assujettie à aucune situation. Partant du spectacle du monde, qui est celui d'une nature ouverte à une pluralité de sujets pensants, elle recherche la condition qui rend possible ce monde unique offert à plusieurs moi empiriques et la trouve dans un Je transcendantal auquel ils participent sans le diviser parce qu'il n'est pas un Être, mais une Unité ou une Valeur. C'est pourquoi le problème de la connaissance d'autrui n'est jamais posé dans la philosophie kantienne: le Je transcendantal dont elle parle est aussi bien celui d'autrui que le mien, l'analyse s'est placée d'emblée en dehors de moi, n'a plus qu'à dégager les conditions générales qui rendent possible un monde pour un Je, — moi-même ou autrui aussi bien, — et ne rencontre jamais la question: *qui médite?* Si au contraire la philosophie contemporaine prend le fait pour thème principal, et si autrui devient un problème pour elle, c'est qu'elle veut effectuer une prise de conscience plus radicale. La réflexion ne peut être pleine, elle ne peut être un éclaircissement total de son objet si elle ne prend pas conscience d'elle-même en même temps que de ses résultats. Il nous faut non seulement nous installer dans une attitude réflexive, dans un *Cogito* inattaquable, mais encore réfléchir sur cette réflexion, comprendre la situation naturelle à laquelle elle a conscience de succéder et qui fait donc partie de sa définition, non seulement pratiquer la philosophie, mais encore nous rendre compte de la transformation qu'elle entraîne avec elle dans le spectacle du monde et dans notre existence. À cette condition seulement le savoir philosophique peut devenir un savoir absolu et cesser d'être une spécialité ou une technique. Ainsi on n'affirmera plus une Unité absolue, d'autant moins douteuse qu'elle n'a pas à se réaliser dans l'Être, le centre de la philosophie n'est plus une subjectivité transcendantale autonome, située partout et nulle part, il se trouve dans le commencement perpétuel de la réflexion, à ce point où une vie individuelle se met à réfléchir sur elle-même. La réflexion n'est vraiment réflexion que si elle ne s'emporte pas hors d'elle-même, se connaît comme réflexion-sur-un-irréfléchi, et par conséquent comme un changement de structure de notre existence. Nous reprochions plus haut à l'intuition bergsonienne et à l'introspection de rechercher un savoir par coïncidence. Mais à l'autre extrémité de la philosophie, dans la notion d'une conscience constituante universelle, nous retrouvons une erreur symétrique. L'erreur de Bergson est de croire que le sujet méditant puisse se fondre avec l'objet sur lequel il médite, le savoir se dilater en se confondant avec l'être; l'erreur des philosophies réflexives est de croire que le sujet méditant puisse absorber dans sa méditation ou saisir sans reste l'objet sur lequel il médite, notre être se ramener à notre savoir. Nous ne sommes jamais comme sujet méditant le sujet irréfléchi que nous cherchons à connaître; mais nous ne pouvons pas davantage devenir tout entier conscience, nous ramener à la conscience transcendantale. Si nous étions la conscience, nous devrions avoir devant nous le monde, notre histoire, les objets perçus dans leur singularité comme des systèmes de relations transparentes. Or, même quand nous ne faisons pas de psychologie, quand nous essayons de comprendre dans une réflexion directe et sans nous aider des concordances variées de la pensée inductive ce que c'est qu'un mouvement ou qu'un cercle perçu, nous ne pouvons éclairer le fait singulier qu'en le faisant varier par l'imagination et en fixant par la pensée l'invariant de cette expérience mentale, nous ne pouvons pénétrer l'individuel que par le procédé bâtard de l'*exemple*, c'est-à-dire en le dépouillant de sa facticité. Ainsi c'est une question de savoir si la pensée peut jamais cesser tout à fait d'être inductive et s'assimiler une expérience quelconque au point d'en reprendre et d'en posséder toute la texture. Une philosophie devient transcendantale, c'est-à-dire radicale, non pas en s'installant dans la conscience absolue sans mentionner les démarches qui y conduisent, mais en se considérant elle-même comme un problème, non pas en postulant l'explicitation totale du savoir, mais en reconnaissant comme le problème philosophique fondamental cette *présomption* de la raison.

II

Il y a une conscience de moi-même qui use du langage et qui est toute bourdonnante de mots. Je lis la Deuxième Méditation. C'est bien de moi qu'il y est question, mais d'un moi en idée qui n'est proprement ni le mien, ni d'ailleurs celui de Descartes, mais celui de tout homme réfléchissant. En suivant le sens des mots et le lien des idées, j'arrive à cette conclusion qu'en effet, puisque je pense, je suis, mais c'est là un *Cogito* sur parole, je n'ai saisi ma pensée et mon existence qu'à travers le medium du langage et la vraie formule de ce *Cogito* serait: «On pense, on est.» La merveille du langage est qu'il se fait oublier: je suis des yeux les lignes sur le papier, à partir du moment où je suis pris par ce qu'elles signifient, je ne les vois plus. Le papier, les lettres sur le papier, mes yeux et mon corps ne sont là que comme le minimum de mise en scène nécessaire à quelque opération invisible. L'expression s'efface devant l'exprimé, et c'est pourquoi son rôle médiateur peut passer inaperçu, c'est pourquoi Descartes ne le mentionne nulle part. Descartes, et à plus forte raison son lecteur, commencent de méditer dans un univers déjà parlant. Cette certitude que nous avons d'atteindre, par-delà l'expression, une vérité séparable d'elle et dont elle ne soit que le vêtement et la manifestation contingente, c'est justement le langage qui l'a installée en nous. Il ne paraît être simple signe qu'une fois qu'il s'est donné une signification, et la prise de conscience, pour être complète, doit retrouver l'unité expressive où apparaissent d'abord signes et significations. Quand un enfant ne sait pas parler ou quand il ne sait pas encore parler le langage de l'adulte, la cérémonie linguistique qui se déroule autour de lui n'a pas de prise sur lui, il est près de nous comme un spectateur mal placé au théâtre, il voit bien que nous rions, que nous gesticulons, il entend la mélodie nasillarde, mais il n'y a rien au bout de ces gestes, derrière ces mots, rien n'*arrive* pour lui. Le langage prend sens pour l'enfant quand il *fait situation* pour lui. Dans un ouvrage à l'usage des enfants, on rapporte la déception d'un jeune garçon qui prend les lunettes et le livre de sa grand'mère et croit pouvoir trouver lui-même les histoires qu'elle lui racontait. La fable se termine par ces deux vers :

Mais bernique ! Où donc est l'histoire ?
Je ne vois rien que noir et blanc.

Pour l'enfant l'« histoire » et l'exprimé ne sont pas des « idées » ou des « significations », la parole ni la lecture une « opération intellectuelle ». L'histoire est un monde qu'il doit y avoir moyen de faire apparaître magiquement en mettant des lunettes et en se penchant sur un livre. La puissance qu'a le langage de faire exister l'exprimé, d'ouvrir des routes, de nouvelles dimensions, de nouveaux paysages à la pensée, est, en dernière analyse, aussi obscure pour l'adulte que pour l'enfant. Dans toute œuvre réussie, le sens importé dans l'esprit du lecteur excède le langage et la pensée déjà constitués et s'exhibe magiquement pendant l'incantation linguistique, comme l'histoire sortait du livre de la grand'mère. Si nous croyons communiquer directement par la pensée avec un univers de vérité et rejoindre les autres en lui, s'il nous semble que le texte de Descartes vient seulement réveiller en nous des pensées déjà formées et que nous n'apprenons jamais rien du dehors, et si enfin un philosophe, dans une méditation qui devait être radicale, ne mentionne pas même le langage comme condition du *Cogito lu* et ne nous invite pas plus clairement à passer de l'idée à la pratique du *Cogito*, c'est que pour nous l'opération expressive va de soi et qu'elle compte au nombre de nos acquisitions. Le *Cogito* que nous obtenons en lisant Descartes (et même celui que Descartes effectue en vue de l'expression et quand, se tournant vers sa propre vie, il la fixe, l'objective et la « caractérise » comme indubitable), c'est donc un *Cogito* parlé, mis en mots, compris sur des mots et qui, pour cette raison même, n'atteint pas son but, puisqu'une partie de notre existence, celle qui est occupée à fixer conceptuellement notre vie et à la penser comme indubitable, échappe à la fixation et à la pensée. Allons-nous conclure de là que le langage nous enveloppe, que nous sommes menés par lui comme le réaliste croit être déterminé par le monde extérieur ou le théologien conduit par la Providence ? Ce serait oublier la moitié de la vérité. Car enfin les mots, et par exemple le mot « Cogito », le mot « sum » peuvent bien avoir un sens empirique et statistique, il est vrai qu'ils ne visent pas directement mon expérience et fondent une pensée anonyme et générale, mais je ne leur trouverais aucun sens, pas même dérivé et inauthentique, et je ne pourrais pas même lire le texte de Descartes, si je n'étais, avant toute parole, en contact avec ma propre vie et ma propre pensée et si le Cogito parlé ne rencontrait en moi un Cogito tacite. C'est ce Cogito silencieux que Descartes visait en écrivant les *Méditations*, il animait et dirigeait toutes les opérations d'expression qui, par définition, manquent toujours leur but puisqu'elles interposent, entre l'existence de Descartes et la connaissance qu'il en prend, toute l'épaisseur des acquisitions culturelles, mais qui ne seraient pas même tentées si Descartes n'avait d'abord une vue de son existence. Toute la question est de bien comprendre le Cogito tacite, de ne mettre en lui que ce qui s'y trouve véritablement et de ne pas faire du langage un produit de la conscience sous prétexte que la conscience n'est pas un produit du langage.

III

Nous sommes habitués par la tradition cartésienne à nous déprendre de l'objet : l'attitude réflexive purifie simultanément la notion commune du corps et celle de l'âme en définissant le corps comme une somme de parties sans intérieur et l'âme comme un être tout présent à lui-même sans distance. Ces définitions corrélatives établissent la clarté en nous et hors de nous : transparence d'un objet sans replis, transparence d'un sujet qui n'est rien que ce qu'il pense être. L'objet est objet de part en part et la conscience conscience de part en part. Il y a deux sens et deux sens seulement du mot exister : on existe comme chose ou on existe comme conscience. L'expérience du corps propre au contraire nous révèle un mode d'existence ambigu. Si j'essaye de le penser comme un faisceau de processus en troisième personne — « vision », « motricité », « sexualité » — je m'aperçois que ces « fonctions » ne peuvent être liées entre elles et au monde extérieur par des rapports de causalité, elles sont toutes confusément reprises et impliquées dans un drame unique. Le corps n'est donc pas un objet. Pour la même raison, la conscience que j'en ai n'est pas une pensée, c'est-à-dire que je ne peux le décomposer et le recomposer pour en former une idée claire. Son unité est toujours implicite et confuse. Il est toujours autre chose que ce qu'il est, toujours sexualité en même temps que liberté, enraciné dans la nature au moment même où il se transforme par la culture, jamais fermé sur lui-même et jamais dépassé. Qu'il s'agisse du corps d'autrui ou de mon propre corps, je n'ai pas d'autre moyen de connaître le corps humain que de le vivre, c'est-à-dire de reprendre à mon compte le drame qui le traverse et de me confondre avec lui. Je suis donc mon corps, au moins dans toute la mesure où j'ai un acquis et réciproquement mon corps est comme un sujet naturel, comme une esquisse provisoire de mon être total. Ainsi l'expérience du corps propre s'oppose au mouvement réflexif qui dégage l'objet du sujet et le sujet de l'objet, et qui ne nous donne que la pensée du corps ou le corps en idée et non pas l'expérience du corps ou le corps en réalité. Descartes le savait bien, puisqu'une célèbre lettre à Élisabeth distingue le corps tel qu'il est conçu par l'usage de la vie du corps tel qu'il est conçu par l'entendement[1]. Mais chez Descartes ce savoir singulier que nous avons de notre corps du seul fait que nous sommes un corps resté subordonné à la connaissance par idées parce que, derrière l'homme tel qu'il est en fait, se trouve Dieu comme auteur raisonnable de notre situation de fait. Appuyé sur cette garantie transcendante, Descartes peut accepter paisiblement notre condition irrationnelle : ce n'est pas nous qui sommes chargés de porter la raison et, une fois que nous l'avons reconnue au fond des choses, il ne nous reste plus qu'à agir et à penser dans le monde[2]. Mais si notre union avec le corps est substantielle, comment pourrions-nous éprouver en nous-mêmes une âme pure et de là accéder à un Esprit absolu ? Avant de poser cette question, voyons bien tout ce qui est impliqué dans la redécouverte du corps propre. Ce n'est pas seulement un objet entre tous qui résiste à la réflexion et demeure pour ainsi dire collé au sujet. L'obscurité gagne le monde perçu tout entier.

1. À Élisabeth, 28 juin 1643, AT T, III, p. 690.
2. « Enfin, comme je crois qu'il est très nécessaire d'avoir bien compris, une fois en sa vie, les principes de la métaphysique, à cause que ce sont eux qui nous donnent la connaissance de Dieu et de notre âme, je crois aussi qu'il serait très nuisible d'occuper souvent son entendement à les méditer, à cause qu'il ne pourrait si bien vaquer aux fonctions de l'imagination et des sens ; mais que le meilleur est de se contenter de retenir en sa mémoire et en sa créance les conclusions qu'on a une fois tirées, puis employer le reste du temps qu'on a pour l'étude aux pensées où l'entendement agit avec l'imagination et les sens. » *Ibid.*

IV

Je ne traduis pas «dans le langage de la vue» les «données du toucher» ou inversement, — je n'assemble pas les parties de mon corps une à une; cette traduction et cet assemblage sont faits une fois pour toutes en moi: ils sont mon corps même. Dirons-nous donc que nous percevons notre corps par sa loi de construction, comme nous connaissons d'avance toutes les perspectives possibles d'un cube à partir de sa structure géométrique? Mais — pour ne rien dire encore des objets extérieurs — le corps propre nous enseigne un mode d'unité qui n'est pas la subsomption sous une loi. En tant qu'il est devant moi et offre à l'observation ses variations systématiques, l'objet extérieur se prête à un parcours mental de ses éléments et il peut, au moins en première approximation, être défini comme la loi de leurs variations. Mais je ne suis pas devant mon corps, je suis dans mon corps, ou plutôt je suis mon corps. Ni ses variations ni leur invariant ne peuvent donc être expressément posés. Nous ne contemplons pas seulement les rapports des segments de notre corps et les corrélations du corps visuel et du corps tactile: nous sommes nous-mêmes celui qui tient ensemble ces bras et ces jambes, celui qui à la fois les voit et les touche. Le corps est, pour reprendre le mot de Leibniz, la «loi efficace» de ses changements. Si l'on peut encore parler dans la perception du corps propre d'une interprétation, il faudra dire qu'il s'interprète lui-même. Ici les «données visuelles» n'apparaissent qu'à travers leur sens tactile, les données tactiles qu'à travers leur sens visuel, chaque mouvement local que sur le fond d'une position globale, chaque événement corporel, quel que soit l'«analyseur» qui le révèle, sur un fond significatif où ses retentissements les plus lointains sont au moins indiqués et la possibilité d'une équivalence intersensorielle immédiatement fournie. Ce qui réunit les «sensations tactiles» de ma main et les relie aux perceptions visuelles de la même main comme aux perceptions des autres segments du corps, c'est un certain style des gestes de ma main, qui implique un certain style des mouvements de mes doigts et contribue d'autre part à une certaine allure de mon corps. Ce n'est pas à l'objet physique que le corps peut être comparé, mais plutôt à l'œuvre d'art. Dans un tableau ou dans un morceau de musique, l'idée ne peut pas se communiquer autrement que par le déploiement des couleurs et des sons. L'analyse de l'œuvre de Cézanne, si je n'ai pas vu ses tableaux, me laisse le choix entre plusieurs Cézanne possibles, et c'est la perception des tableaux qui me donne le seul Cézanne existant, c'est en elle que les analyses prennent leur sens plein. Il n'en va pas autrement d'un poème ou d'un roman, bien qu'ils soient faits de mots. Il est assez connu qu'un poème, s'il comporte une première signification, traduisible en prose, mène dans l'esprit du lecteur une seconde existence qui le définit comme poème. De même que la parole signifie non seulement par les mots, mais encore par l'accent, le ton, les gestes et la physionomie, et que ce supplément de sens révèle non plus les pensées de celui qui parle, mais la source de ses pensées et sa manière d'être fondamentale, de même la poésie, si elle est par accident narrative et signifiante, est essentiellement une modulation de l'existence. Elle se distingue du cri parce que le cri emploie notre corps tel que la nature nous l'a donné, c'est-à-dire pauvre en moyens d'expression, tandis que le poème emploie le langage, et même un langage particulier, de sorte que la modulation existentielle, au lieu de se dissiper dans l'instant même où elle s'exprime, trouve dans l'appareil poétique le moyen de s'éterniser. Mais s'il se détache de notre gesticulation vitale, le poème ne se détache pas de tout appui matériel, et il serait irrémédiablement perdu si son texte n'était exactement conservé; sa signification n'est pas libre et ne réside pas dans le ciel des idées : elle est enfermée entre les mots sur quelque papier fragile. En ce sens-là, comme toute œuvre d'art, le poème existe à la manière d'une chose et ne subsiste pas éternellement à la manière d'une vérité. Quant au roman, bien qu'il se laisse résumer, bien que la « pensée » du romancier se laisse formuler abstraitement, cette signification notionnelle est prélevée sur une signification plus large, comme le signalement d'une personne est prélevé sur l'aspect concret de sa physionomie. Le romancier n'a pas pour rôle d'exposer des idées ou même d'analyser des caractères, mais de présenter un événement interhumain, de le faire mûrir et éclater sans commentaire idéologique, à tel point que tout changement dans l'ordre du récit ou dans le choix des perspectives modifierait le sens *romanesque* de l'événement. Un roman, un poème, un tableau, un morceau de musique sont des individus, c'est-à-dire des êtres où l'on ne peut distinguer l'expression de l'exprimé, dont le sens n'est accessible que par un contact direct et qui rayonnent leur signification sans quitter leur place temporelle et spatiale. C'est en ce sens que notre corps est comparable à l'œuvre d'art. Il est un nœud de significations vivantes et non pas la loi d'un certain nombre de termes covariants.

IV

LA NATURE

Face à une vie citadine polluée et à une vie sociale agitée par des rapports de force ou des jeux de paraître, il arrive de penser que la « vraie vie est absente », ainsi que l'a dit Rimbaud[1]*. Et, force est de constater qu'en allant se ressourcer dans la nature on éprouve un véritable bain de jouvence. La paix des champs, le silence des forêts, l'immensité des océans, la majesté des montagnes, « l'azur, l'azur, l'azur », dira Mallarmé*[2] *et le « ciel étoilé au-dessus de la tête », dira Kant*[3]*, possèdent des vertus réparatrices que n'ont cessé de nous décrire les poètes, mais aussi des penseurs comme Rousseau*[4]*, Heidegger*[5] *ou Bachelard*[6]*. D'où cette impression (qui n'est pas qu'une impression) que la Nature est l'Esprit devenu sensible, dira Hegel*[7]*, et, qu'à son contact, c'est l'Être qui vient nous murmurer quelque chose d'essentiel que l'on ne sait plus vivre. Impression confirmée, par ailleurs, par le fait que ceux qui vivent auprès de la nature semblent avoir souvent une fraîcheur ou une sagesse que l'on ne trouve pas, ou rarement, lorsque sévit la pression d'une vie sociale qui incite à simuler et à dissimuler.*

Clichés, dira-t-on, que tout cela ? Pas pour les Anciens, en tout cas, qui n'ont cessé d'inviter à « vivre selon la Nature », comme l'a dit Zénon[8]*. Car, en se donnant pour finalité d'être et en faisant tout pour y parvenir, n'est-ce pas elle, en définitive, qui est la sagesse même ? N'est-ce pas, à l'inverse, l'oubli de l'Être comme de la pensée qui conduit à se moquer des amoureux de la nature et à réduire leur dialogue avec celle-ci à une simple projection de la subjectivité ?*

On a beaucoup critiqué, comme Voltaire, les partisans du retour à la Nature. On n'a pas eu de mots assez durs pour tout ce qui confère une finalité, un langage et un être à celle-ci. Est-ce, toutefois, vraiment si naïf que cela ? N'est-ce pas plutôt le fait de ne pas vouloir entendre cette finalité, ce langage et cet être qui est inquiétant ?

Ainsi que l'a montré Rousseau, dans un contexte où le conflit fait rage, la violence finit par faire illusion et par faire oublier qu'elle est violence. Apparemment efficace, sa ruse consiste à se faire passer pour naturelle, si bien que non seulement elle finit par se faire

1. Arthur Rimbaud, *Poésies, Une saison en enfer,* Délires I, Vierge folle, L'époux infernal, Livre de poche, 1972, p. 180.
2. Stéphane Mallarmé, *Poésies, L'azur,* Livre de poche, 1977, p. 22.
3. Emmanuel Kant, *Critique de la raison pratique,* trad. F. Picavet, P.U.F., 1971, p. 173.
4. Jean-Jacques Rousseau, *les Rêveries du promeneur solitaire,* Paris, Garnier, 1964.
5. Martin Heidegger, *Questions III,* Paris, Gallimard, 1966.
6. Gaston Bachelard, *l'Air et les songes, l'Eau et les rêves, la Terre et les rêveries de la volonté, la Terre et les rêveries du repos,* Paris, José Corti, 1970, 1968, 1969.
7. G.W.F. Hegel, *Encyclopédie des sciences philosophiques,* § 248, voir *supra.*
8. Voir *les Stoïciens,* textes choisis par Jean Brun, Paris, P.U.F., 1968, p. 81 et suiv.

passer pour le langage de la vie, mais, au bout du compte, elle aboutit à effacer de l'esprit l'idée qu'il puisse y en avoir un. Aussi convient-il d'être circonspect quand on juge la nature et ne pas trop vite taxer le langage qu'elle suscite de fantasmagorie anthropomorphique. Car, il n'est pas sûr que ce soit la sagesse qui parle à travers ce jugement. En revanche, rien ne fait plus le jeu d'une naturalisation de la violence qu'une déculturation de la nature.

Descartes, pourtant peu suspect de complaisance envers toute effusion avec la nature, n'est jamais allé jusqu'à la priver de tout langage. Car, s'il lui a refusé le privilège d'être le langage des dieux comme dans la mythologie, il ne lui a pas ôté celui de pouvoir être celui des idées et des nombres, puisque comme Galilée, il a soutenu que « la Nature est écrite en langage mathématique[1] *». Quand, donc, Victor Hugo écrit dans* Ce que dit la bouche d'ombre[2]:

Tout parle, l'air qui passe et l'alcyon qui vogue,
Le brin d'herbe, la fleur, le germe, l'élément...
Tout est une voix et tout est un parfum,
Tout dit dans l'infini quelque chose à quelqu'un.

Il ne s'agit pas là d'un effet de style, mais d'une intuition profonde des liens qui unissent la nature et le langage.

Commentant Héraclite, Heidegger n'a-t-il pas rappelé que, à l'origine, Phusis *et* Logos *étaient confondus? Spinoza n'a-t-il pas, de son côté, construit le concept d'*expression *afin de cerner au plus près la productivité de la nature*[3]*? La science contemporaine n'a-t-elle pas recours à la théorie dite de l'*information, *afin d'élucider les structures de la matière comme celles de la vie*[4]*?*

Certes, s'il demeure vrai qu'il existe une coupure entre nature et culture due principalement à l'interdit de l'inceste, comme l'a montré Claude Lévi-Strauss[5]*, il n'en demeure pas moins que le passage de la nature à la culture ne se confond pas avec celui du néant à l'Être. Ainsi que l'a montré Ernst Cassirer, c'est en s'appuyant sur l'expressivité de la nature que l'humanité a pu accéder à la dimension symbolique*[6]*. C'est aussi, rappelle Michel Henry, parce que le propre de la vie est de cultiver la vie qu'il est devenu naturel pour l'humanité de vivre en se cultivant*[7]*.*

Il est donc bien étrange que Sartre n'ait vu dans la nature que l'empâtement nauséeux de l'Être en lui-même ainsi qu'une essence aliénant la liberté humaine. Comme il est bien étrange qu'Emmanuel Levinas assimile toute communion avec le cosmos à une idolâtrie de l'immanence conduisant droit au nazisme[8]*. S'il est vrai que ce dernier a érigé la nature en idole et qu'il s'en est servi pour justifier ses vues racistes, on ne peut quand même pas confondre la nature avec la mythologie qui s'est servie d'elle, sauf à basculer dans le mythe qui consiste à faire de la nature un mythe. Faut-il rappeler que le nazisme est*

1. Voir Werner Heisenberg, *la Nature dans la physique contemporaine*, Paris, Idées, Gallimard, 1962, p. 98 et suiv.
2. Victor Hugo, *les Contemplations, Ce que dit la bouche d'ombre*, Paris, Gallimard, 1980, p. 386-387.
3. Voir Gilles Deleuze, *Spinoza et le problème de l'expression*, Paris, Minuit, 1968.
4. Voir Edgar Morin, *la Méthode 1 et 2*, Paris, Seuil, 1977 et 1980.
5. Claude Lévi-Strauss, *les Structures élémentaires de la parenté*, Paris, P.U.F., 1949.
6. Ernst Cassirer, *le Langage et la construction du monde des objets, in Essais sur le langage*, Paris, Minuit, 1969.
7. Michel Henry, *la Barbarie*, Paris, Grasset, 1987.
8. Voir dans la question de l'Être, *L'Être et l'Autre*.

l'illustration même de la thèse de Rousseau, selon laquelle la violence n'a pas de plus grande ruse que d'investir l'idée de nature, afin de s'en servir comme alibi?

Contrairement à ce que l'on pense souvent, la violence n'apparaît pas avec la nature, mais quand celle-ci disparaît. Car, comme l'a vu Rousseau (qui est décidément un bon maître), le sensible rend sensible. C'est lui qui fait s'émouvoir et compatir. L'abstraction, comme son nom l'indique, abstrait. Elle sépare et divise. C'est elle qui fait s'opposer et se durcir. Aussi la nature est-elle un rempart contre la violence. Est-ce à dire pour autant qu'elle est cette déesse que l'on a tant de fois célébrée? Nullement, et le respect qu'on lui doit ne doit pas nous aveugler sur son compte.

Si, en effet, elle comporte de l'ordre, elle n'est pas qu'un ordre. Elle est aussi un chaos, comme en témoignent ses cataclysmes, ses tempêtes, ses tornades, ses éruptions et ses tremblements de terre. Comme en témoigne aussi, au niveau humain, la violence d'une vie sans retenue. Aussi est-ce Hegel qui a raison de rappeler que si, par un biais, la nature est l'Esprit devenu sensible, par un autre, elle est le sensible empêchant l'Esprit d'advenir. D'où la contradiction qui fait se côtoyer en elle l'ordre et le chaos, ou, comme le dira Jacques Monod, le hasard et la nécessité[1]*. Celle-ci a beau être traversée par l'Être, celui-ci n'est pas encore auprès de lui-même quand il est en elle. C'est pour cela qu'il gémit, dira Charles Péguy. C'est pour cela aussi qu'il y a dans la vie naturelle une impatience qui gronde et qui explose de ne pas pouvoir être totalement comme elle voudrait être, souligne Michel Serres*[2]*.*

En tout cas, cela explique pourquoi, constatant ces désordres, les hommes ont entrepris l'œuvre de la civilisation, afin de canaliser l'être désordonné de la vie par la technique et la culture. Faut-il pour autant en conclure, comme l'ont fait certains penseurs, que l'art est opposé à la nature et du côté de l'artifice? Quand on voit la civilisation venir au secours du désir naturel des hommes de persévérer dans leur être, comme l'a dit Spinoza[3]*, on peut se demander, au contraire, si ce n'est pas la civilisation qui est naturelle. Car, après tout, un artifice qui fait vivre, cela n'est pas rien et c'est être quelque peu artificiel que de ne voir dans l'art ou la technique que de l'artificiel. De nos jours en tout cas, André Leroi-Gourhan*[4] *comme Georges Canguilhem*[5] *n'ont pas hésité à voir dans la technique une invention de la nature, contrairement à Platon et à Heidegger.*

N'ayons pas, toutefois, la mémoire courte. Le premier à avoir eu cette audace, n'est-ce pas Descartes lui-même? En faisant de la nature une machine, n'a-t-il pas fait de la machine quelque chose de naturel et, par là même, élargi le champ de la nature?

Dans le Cosmos grec, la nature était certes ordonnée, mais en étant ainsi pré-ordonnée, l'homme ne pouvait rien y ajouter. Avec le mécanisme, la nature a cessé d'être ordonnée à une fin pré-établie. En devenant un ensemble de combinaisons et une machine, elle s'est par là même ouverte aux combinaisons et à une direction humaines. Donc, quand on critique la technique, on ne s'aperçoit pas que celle-ci n'est pas tant l'ennemie de la nature que son alliée. Comme on ne s'aperçoit pas qu'elle n'est pas tant l'ennemie de l'homme que le signe de sa liberté. Pour paradoxal que cela puisse paraître, en elle, c'est quelque

1. Jacques Monod, *le Hasard et la nécessité*, Paris, Seuil, 1970.
2. Michel Serres, *Génèse*, Paris, Grasset, 1982.
3. Baruch de Spinoza, *Éthique*, Proposition VII de la partie III, Paris, Garnier-Flammarion, 1965.
4. André Leroi-Gourhan, *le Geste et la parole*, tome II, *La mémoire et les rythmes*, Paris, Albin Michel, 1975, p. 35 et suiv.
5. Georges Canguilhem, *la Connaissance de la vie*, «Machine et organisme», Paris, Vrin, 1975, p. 101 et suiv.

part la vie de la nature qui s'exprime et qui se prolonge. C'est même, d'un certain point de vue, la nature qui se libère, comme en témoignent au-delà d'elle, les œuvres d'art et toutes les expressions du génie et de l'invention. Est-ce, toutefois, une raison pour conclure que la technique se confond avec la liberté ? Quand on aperçoit les prouesses réalisées par celle-ci, on serait tenté de le croire. Mais, quand on perçoit que celles-ci s'accompagnent de désastres, il est permis d'en douter. Faut-il pour autant rejeter toute technique ? Bien évidemment non. En revanche, il convient d'interroger l'humanisme qui a sous-tendu son émancipation. Car, si le fait de faire de l'homme une fin en soi a contribué à libérer sa responsabilité et, par là même, sa capacité d'initiative, le fait de faire de l'homme « l'avenir de l'homme » n'a pas été sans conséquences. Comme l'a en effet montré Michel Serres, cela a abouti au contraire du résultat espéré. Au lieu d'entraîner une humanisation, cela a provoqué une déshumanisation. Car, pour demeurer le but de lui-même, l'homme s'est mis à vouloir être sans fin et à inventer pour cela des moyens infinis afin de détruire toute autre fin que lui-même.

Certes, cela n'explique pas tout, et l'humanisme est un phénomène trop complexe pour que l'on confonde l'homme avec l'idole de l'homme. Toutefois, cela éclaire en partie ce que Heidegger a appelé « l'arraisonnement de la Nature par la technique ». En voulant mettre fin au conflit inhérent à la vie par la technique, la civilisation moderne a tué la vie en tuant le conflit. Aussi ne faut-il pas s'étonner si celle-ci a tendance à revenir au sein de cette civilisation sous forme de conflit sur les lieux mêmes où se noue le rapport de l'homme à la nature, à savoir le travail bien sûr, mais aussi la sexualité ainsi que l'a vu Freud, et, d'une manière générale, la subjectivité, à travers la revendication qui est la sienne de vivre pleinement de toute sa chair une existence qu'elle ressent comme mutilée.

Le Moyen Âge pensait pouvoir parvenir à un accomplissement de l'homme en unissant nature et culture à travers le mariage de la contemplation et de l'action. Aujourd'hui, nous découvrons que cet accomplissement ne s'effectue qu'au prix d'une double illusion. Car, quel que puisse être le bénéfice que l'on retire d'une contemplation de la nature, c'est une nature sans l'homme que l'on contemple quand on se ressource dans la nature. Aussi n'est-ce que par l'illusion qui consiste à prendre sa propre absence pour une présence à soi, que l'on prête à la nature des vertus salvatrices.

Quant au profit que l'action peut procurer, toute maîtrise du monde comme de l'homme ne s'effectue qu'en refoulant la vie qui se trouve en eux. Aussi n'est-ce que par cette autre illusion qui consiste à prendre l'absence de vie dans le monde comme dans l'homme pour la vie même, que l'on prête à la culture des vertus salvatrices.

Comment, dès lors, répondre à la question que le chaos de la nature comme de la technique pose, si la nature ainsi que la technique n'offrent, en définitive, que des illusions ? Est-ce à dire que l'alliance tant rêvée de l'homme avec le monde est une chose irréalisable ?

Il semble qu'en réalité le problème soit mal posé. Car, si la nature comme la culture posent ainsi problème, cela ne tient pas tant à leur nature qu'au fait que nous leur demandons des choses que celles-ci ne peuvent guère nous donner. Nous voudrions qu'elles soient des saluts et pouvoir, grâce à elles, avoir réponse à tout. Or, ni l'une ni l'autre ne peuvent nous sauver. Car, toutes deux sont inachevées.

La vie ne se vit pas avant de vivre, pas plus que la culture ne se découvre avant de se cultiver. Pleinement actives, toutes deux sont des actes et n'ont de sens que dans l'action. Aussi est-ce illusoire de croire que l'on peut avoir une réponse « naturelle » ou « culturelle » à la question que l'existence nous pose. Nous sommes la question que notre vie nous pose parce que nous n'existons pas et que nous attendons une vie qui pourrait nous dispenser de vivre et une culture qui pourrait nous économiser l'effort de nous cultiver. C'est donc en définitive d'existence que nous manquons. Ce ne sont pas tant la nature ou la culture qui nous font défaut que le fait d'avoir une fois sérieusement et vraiment « tenté de vivre » et de nous être une fois sérieusement et vraiment cultivés.

Les Anciens enseignaient à vivre selon la nature. Par delà les siècles, leur message n'a rien perdu de sa vitalité. Car, quand nous comprenons que par nature ils entendaient cet effort inlassable de l'être pour être véritablement et sérieusement, nous mesurons que leur enseignement n'était point un appel à se diluer dans un vague océan d'énergies cosmiques, mais une invitation à rejoindre le sérieux et la plénitude d'une existence authentiquement assumée. En nous servant, comme nous le faisons, de la nature comme de la culture, afin d'avoir des réponses ou des formules qui nous dispensent de vivre comme de nous cultiver, nous faisons le trajet qui va de la création à la peur. Il convient d'inverser le processus et d'aller de la peur à la création. Comment? En empruntant la voie philosophique de l'homme libre et inventif qui s'efforce de vivre vraiment et sérieusement au contact des appels lancés par la nature comme par la culture, sans se préoccuper de savoir à l'avance où cela le conduira.

NATURE ET MYTHE

La Nature comme concept critique

(1969)

GILLES DELEUZE

(né en 1925) (†) 1995 -

Lorsqu'on est confronté à l'idée de nature, celle-ci fait apparaître deux sens : celui d'être la part sensible du monde et de l'homme ; celui d'être également leur part intelligible, puisque nature signifie aussi essence.

Force est de le constater, cela conduit la nature à occuper une position paradoxale. Car, chez un certain nombre de penseurs comme Hume par exemple, la nature sous forme de sensible est invoquée contre l'abstraction et donc l'« essentialisme ». À l'inverse, la nature au sens d'essence est utilisée par des penseurs comme Platon, afin de s'élever au-dessus du sensible et de construire une identité du monde et de l'homme, face au côté multiple, changeant, en un mot « rhapsodique », selon l'expression de Kant, de celui-ci. Faut-il dès lors conclure que la notion de nature n'est qu'un masque que l'on utilise parce qu'il permet de jouer sur les deux tableaux du sensible et de l'intelligible?

En fait, comme le montre Gilles Deleuze, cette contradiction propre à la notion de nature ne renvoie pas tant à sa fonction de leurre idéologique qu'à la structure même de son identité. Si, en effet, celle-ci n'est ni purement sensible ni purement abstraite, c'est qu'elle est avant tout une notion critique dont la fonction consiste à « mettre à distance » tant l'abstraction que le sensible, afin de faire advenir quelque chose comme une dynamique de création, face au statique. Aussi l'idée de nature est-elle de l'ordre de l'affirmation et du multiple, c'est-à-dire de l'ordre du oui adressé à la richesse de l'existence, et non du sensible ou de l'intelligible. On comprend donc pourquoi les premiers philosophes ont été surnommés les «physiologues». Il semble que face à l'ordre figé du mythe, incapable de création et d'enrichissement à force de s'évader vers le monde des dieux, le «retour à la nature» ait été synonyme d'exigence de vie. En affirmant un vouloir être à travers le sérieux d'une étude de ce qui est sous tous ses aspects (sensibles et intelligibles), les physiologues ont manifesté un désir de vivre pour croître et non pour choir et se laisser choir. Aussi, en optant pour leur croissance, ont-ils rencontré la nature, dont Heidegger a souligné que le terme originaire qui sert à la nommer, à savoir phusis, *ne signifie pas autre chose que* croissance.

À travers Hume, Spinoza, Bergson, Leibniz et Nietzsche, entre autres, Gilles Deleuze n'a cessé, au cours de son œuvre, d'interroger la nature, afin de penser la philosophie comme croissance sous la forme d'une affirmation et d'une multiplicité. Le texte proposé ici est tiré de Logique du sens. *Il résume l'inspiration de sa démarche, dont le caractère démystificateur relève avant tout d'une volonté exigeante d'accueillir le bouillonnement du «croître» propre à l'existence au lieu de se prémunir contre lui par toutes sortes de mythes, dont le sens originaire, ne l'oublions pas, signifie, entre autres, mensonge.*

Source: Gilles Deleuze, *Logique du sens*, Paris, Minuit, 1969, p. 322 à 324.
Bibliographie: Vincent Descombes, *le Même et l'Autre*, Paris, Minuit, 1979.

A QUI DEMANDE: «à quoi sert la philosophie?», il faut répondre: qui d'autre a intérêt ne serait-ce qu'à dresser l'image d'un homme libre, à dénoncer toutes les forces qui ont besoin du mythe et du trouble de l'âme pour asseoir leur puissance? Nature ne s'oppose pas à coutume, car il y a des coutumes naturelles. Nature ne s'oppose pas à convention: que le droit dépende de conventions n'exclut pas l'existence d'un droit naturel, c'est-à-dire d'une fonction naturelle du droit qui mesure l'illégitimité des désirs au trouble de l'âme dont ils s'accompagnent. Nature ne s'oppose pas à invention, les inventions n'étant que des découvertes de la Nature elle-même. Mais Nature s'oppose à mythe. Décrivant l'histoire de l'humanité, Lucrèce nous présente une sorte de loi de compensation: le malheur de l'homme ne vient pas de ses coutumes, de ses conventions, de ses inventions ni de son industrie, mais de la part de mythe qui s'y mélange et du faux infini qu'il introduit dans ses sentiments comme dans ses œuvres. Aux origines du langage, à la découverte du feu et des premiers métaux se joignent la royauté, la richesse et la propriété, mythiques dans leur principe; aux conventions du droit et de la justice, la croyance aux dieux; à l'usage du bronze et du fer, le développement des guerres; aux inventions de l'art et de l'industrie, le luxe et la frénésie. Les événements qui font le malheur de l'humanité ne sont pas séparables des mythes qui les rendent possibles. Distinguer dans l'homme ce qui revient au mythe et ce qui revient à la Nature, et, dans la Nature elle-même, distinguer ce qui est vraiment infini et ce qui ne l'est pas: tel est l'objet pratique et spéculatif du Naturalisme. Le premier philosophe est naturaliste: il discourt sur la nature, au lieu de discourir sur les dieux. À charge pour lui de ne pas introduire en philosophie de nouveaux mythes qui retireraient à la Nature toute sa positivité. Les dieux actifs sont le mythe de la religion, comme le destin le mythe d'une fausse physique, et l'Être, l'Un, le Tout, le mythe d'une fausse philosophie toute imprégnée de théologie.

Jamais on ne poussa plus loin l'entreprise de «démystifier». Le mythe est toujours l'expression du faux infini et du trouble de l'âme. Une des constantes les plus profondes du Naturalisme est de dénoncer tout ce qui est tristesse, tout ce qui est cause de tristesse, tout ce qui a besoin de la tristesse pour exercer son pouvoir. De Lucrèce à Nietzsche, le même but est poursuivi et atteint. Le Naturalisme fait de la pensée une affirmation, de la sensibilité une affirmation. Il s'attaque aux prestiges du négatif, il destitue le négatif de toute puissance, il dénie à l'esprit du négatif le droit de parler en philosophie. C'est l'esprit du négatif qui faisait du sensible une apparence, c'est encore lui qui réunissait l'intelligible en un Un ou en un Tout. Mais ce Tout, cet Un, n'était qu'un néant de pensée, comme cette apparence un néant de sensation. Le Naturalisme, selon Lucrèce, est la pensée d'une somme infinie dont tous les éléments ne se composent pas à la fois, mais inversement aussi, la sensation de composés finis qui ne s'additionnent pas comme tels les uns avec les autres. De ces deux manières, le multiple est affirmé. Le multiple en tant que multiple est objet d'affirmation, comme le divers en tant que divers objet de joie. L'infini est la détermination intelligible absolue (perfection) d'une somme qui ne compose pas ses éléments en un tout; mais le fini lui-même est la détermination sensible absolue (perfection) de tout ce qui est composé. La pure positivité du fini est l'objet des sens; la positivité du véritable infini, l'objet de la pensée. Aucune opposition entre ces deux points de vue, mais une corrélation. Lucrèce a fixé pour longtemps les implications du naturalisme: la positivité de la Nature, le Naturalisme comme philosophie de l'affirmation, le pluralisme lié à l'affirmation multiple, le sensualisme lié à la joie du divers, la critique pratique de toutes les mystifications.

Les atomes et le vide
(vers 55 av. J.-C.)

LUCRÈCE
(98-55 av. J.-C.)

Le matérialisme antique n'a cessé de faire l'objet de nombreuses critiques de la part de l'Antiquité, mais aussi du christianisme, de la pensée classique et, curieusement, du matérialisme lui-même. Que lui a-t-on reproché? Deux choses.

D'abord, de placer le hasard à l'origine de toutes choses en concevant la formation de la nature comme l'effet d'atomes chutant dans le vide et inclinant subitement leur trajectoire, au point de provoquer par ce plan d'inclinaison des chocs entre atomes, des tourbillons, puis des amas et finalement de la matière et de la vie. Ensuite, de ruiner toute transcendance et toute valeur, toute morale donc, à force de tout ramener au corps.

Si Lucrèce avait effectivement soutenu de tels propos, on conçoit qu'il aurait pu y avoir un sens à le critiquer, comme on l'a fait. Or, une lecture attentive de son poème montre que ce n'est pas le cas et que ses détracteurs se sont surtout taillé une image conforme à leurs préjugés. Car, ainsi que le rappelle Michel Serres, la physique de Lucrèce ne nous met pas tant en face d'une mécanique, que d'une fluidité universelle. «Il est absurde, écrit-il en effet, qu'un petit poids solide se détourne un instant de son orbe de chute... Qui ne voit par ailleurs qu'un écoulement ne demeure jamais longtemps parallèle?» (la Naissance de la physique, *Paris, Minuit, 1977, p. 14-15*).

De fait, Lucrèce n'a pas tant conçu la nature comme issue du hasard que comme un flux. La déclinaison des atomes (clinamen) *ne décrit rien d'autre. Aussi est-il, par sa vision d'une fluidité universelle de la matière, le véritable pionnier de la physique, puisque le modèle du flux se retrouve dans le calcul des fluxions utilisé par Newton pour comprendre l'univers, mais aussi dans la vision contemporaine d'un flux stochastique de matière structurant la nature.*

Toutefois, la modernité de Lucrèce ne s'arrête pas là. Car, ainsi que le montre le texte proposé ici, sa physique a des conséquences morales. Et ce, parce qu'elle est *une morale. Pourquoi? Parce que pour Lucrèce, la misère morale de l'homme comme sa servitude venant de ses préjugés et de son ignorance, le fait de connaître le monde apparaît comme un acte moral. D'autant que réaliser que la matière est d'une certaine façon « source » d'elle-même, puisqu'elle n'utilise que les atomes et le vide, conduit à être soi-même, en la comprenant, source de soi.*

La pensée de Lucrèce ne nous conduit donc pas à une approche contingente et réductrice des choses. Au contraire! En ne recourant qu'aux atomes et au vide, il a bâti un modèle de la nature tel que, en considérant celui-ci, nous tirions les raisons de devenir indépendants comme elle.

Source: Lucrèce, *De la nature,* trad. H. Clouard, Paris, Garnier-Flammarion, 1964, Livre Ier, p. 22 à 27, 30 à 31.

Bibliographie: Marcel Conche, *Lucrèce et l'expérience,* Paris, P.U.F., 1957; Michel Serres, *la Naissance de la physique,* Paris, Minuit, 1977.

Le principe qui nous servira de point de départ, c'est que rien ne peut être engendré de rien par l'effet d'une puissance divine. Car si la crainte tient enchaînés tous les mortels, c'est que sur la terre et dans le ciel leur apparaissent des phénomènes dont ils ne peuvent aucunement apercevoir les causes, et qu'ils attribuent à une action des dieux. Quand donc nous aurons vu que rien ne se fait de rien, alors ce que nous cherchons se découvrira plus aisément; nous saurons de quoi chaque chose peut recevoir l'être et comment toutes choses se forment, sans intervention des dieux.

Si de rien pouvait se former quelque chose, de tout corps indifféremment pourraient naître toutes les espèces; à aucune il ne faudrait de semence. Ainsi de la mer pourraient sortir les hommes, de la terre les espèces qui portent écaille ou qui volent; du ciel s'élanceraient les grands troupeaux, le petit bétail; les bêtes sauvages, produits du hasard, occuperaient indifféremment régions habitées ou déserts. On ne verrait point constamment les mêmes fruits aux mêmes arbres; l'ordre des productions changerait, tout pourrait tout produire. Comme il n'y aurait point pour chaque être d'éléments générateurs, comment chacun pourrait-il avoir une mère déterminée? Mais à la vérité, comme les êtres ont tous leur semence propre, ils naissent et abordent aux rives de la lumière dès que se trouve prête la matière de chacun, avec ses éléments premiers; et c'est ainsi que tout ne peut s'engendrer de tout, à cause des propriétés distinctes de chaque corps.

En outre, pourquoi voyons-nous fleurir au printemps les roses, les blés mûrir au temps des chaleurs et les fruits de la vigne aux jours de l'automne, sinon parce qu'au temps marqué les germes affluent tous ensemble, et que tout être créé paraît au jour quand la saison est venue, quand la terre vivifiée peut exposer sans crainte ses tendres productions à la lumière? Que si elles sortaient du néant, elles apparaîtraient tout à coup, à des époques indéterminées, et dans d'autres saisons que les leurs, puisqu'il n'y aurait plus de germes dont une saison contraire pût arrêter l'union féconde [...]

Autre vérité: la nature réduit chaque corps en ses parties élémentaires, mais ne le fait point périr, ne l'anéantit point. S'il y en avait de mortels en toutes leurs parties, les choses disparaîtraient tout à coup à nos yeux et cesseraient d'exister; il ne serait, en effet, besoin d'aucune force pour en séparer les parties, pour en délier les nœuds. Tandis qu'étant formées d'éléments éternels, jusqu'au jour où une force les heurte du dehors ou les pénètre par les vides qu'elles présentent, et en détruit l'assemblage, jamais la nature ne nous en laisse voir la fin.

D'ailleurs, tout ce que le temps dérobe à nos yeux, s'il le détruisait tout entier, s'il en consumait toute la matière, comment Vénus pourrait-elle ramener sans cesse à la lumière de la vie les générations des espèces, comment la terre industrieuse pourrait-elle les nourrir et les développer? Où la mer aurait-elle ses sources? D'où viendraient les fleuves qui lui apportent de loin leurs eaux? où l'éther trouverait-il la pâture des astres? Des êtres au corps mortel, la durée infinie du temps et des jours devrait les avoir entièrement consumés. Que si, dans ce vaste espace du passé, il s'est trouvé des éléments propres à réparer sans cesse l'univers, il faut bien que ces éléments soient d'une nature immortelle. Il ne se peut donc pas que quoi que ce soit retourne au néant.

Tous les êtres, enfin, succomberaient indistinctement à l'action d'une même cause, si une matière éternelle ne les maintenait assemblés par des nœuds plus ou moins serrés. Le simple contact en effet serait pour eux une cause suffisante de mort. N'étant point formés d'éléments éternels, toute rencontre pourrait en rompre le tissu. Mais, au contraire, des nœuds de diverses sortes lient leurs parties élémentaires, ces parties étant faites d'une matière éternelle; ils subsistent donc dans leur intégrité jusqu'à ce qu'il survienne quelque atteinte trop forte pour leur tissu. Ainsi nul corps ne retourne au néant, mais tous retournent, après leur dissolution, aux éléments de la matière. [...]

Tu sais donc maintenant que les choses ne s'engendrent point du néant, et qu'une fois produites, elles n'y retournent point. Mais comme des doutes pourraient te venir par cette raison que les éléments des corps échappent à nos yeux, je vais te citer des corps dont il te faut confesser l'existence, bien qu'on ne les puisse voir.

D'abord, c'est le vent qui, de ses coups redoublés, frappe la mer, renverse les plus grands vaisseaux, disperse les nuages; qui, d'autres fois, promenant un tourbillon rapide dans les plaines, les jonche de grands arbres renversés, ou bien balaie de son souffle, fléau des forêts, le sommet des montagnes; tant est redoutable sa force frémissante, aux grondements pleins de menaces! Les vents sont donc des corps invisibles, puisqu'ils balayent et la terre et la mer et les nuages du ciel, qu'ils malmènent et emportent dans leur tourbillon. Leur cours, qui sème au loin la ruine, est pareil à celui de ces eaux d'abord paisibles qui tout à coup se précipitent en flots abondants, grossies par les torrents que les pluies diluviennes précipitent des montagnes, et entraînent avec elles les débris des forêts, des arbres tout entiers. Point de ponts si solides, qu'ils puissent tenir contre cette brusque violence; le fleuve troublé par les grandes pluies vient heurter avec trop de force leurs assises de pierre, il les fait crouler à grand bruit, il en roule les immenses blocs dans ses eaux; il renverse tout ce qui lui fait obstacle. Ainsi doit s'emporter le souffle du vent: partout où il s'abat à la manière d'un fleuve impétueux, il bouscule ce qu'il rencontre, il le renverse par ses assauts répétés; quelquefois il le saisit dans ses tourbillons, il l'emporte en trombe. Les vents sont donc, je le répète, des corps invisibles, puisque par leur action, leurs caractères, ils rivalisent avec les grands fleuves, dont est visible la substance.

De même, la variété des odeurs se fait sentir à nous et cependant nous ne les voyons pas arriver à nos narines; nos yeux ne perçoivent pas davantage la chaleur, le froid, les sons, toutes choses qui sont nécessairement de nature corporelle, puisqu'elles affectent les sens. Car toucher, être touché, les corps seuls en ont le pouvoir.

Sur le rivage où brisent les vagues, suspends des vêtements, ils deviennent humides; étends-les au soleil, ils sèchent; or l'on ne voit ni de quelle manière l'eau y pénètre, ni de quelle manière sous l'action de la chaleur elle s'en retire. Il faut donc qu'elle soit divisée en particules que les yeux ne peuvent d'aucune façon apercevoir. Et même, avec le concours des années, l'anneau que nous portons au doigt s'amincit par-dedans, la chute répétée d'une goutte d'eau creuse la pierre; le fer du soc recourbé s'émousse invisiblement dans le sillon; on voit que se sont usées sous les pas de la foule les pierres qui pavent les rues; et les statues d'airain placées à la porte des villes nous montrent des mains usées aussi par le baiser des passants qui les adorent. Ces objets diminuent donc, nous le voyons, par l'usure. Mais quelles particules s'en retirent à tout instant? La nature nous en a dérobé le spectacle. Enfin, tout ce que jour par jour la nature ajoute lentement aux corps, pour les faire croître par degrés, l'effort de notre vue n'en peut rien atteindre. Nos yeux n'aperçoivent pas davantage ce que le temps enlève aux corps en les vieillissant. Les rochers suspendus au-dessus de la mer, sans cesse rongés par le sel de ses eaux, font à tout instant des pertes que nous ne voyons pas. C'est donc au moyen de corps invisibles que la nature accomplit son œuvre.

Ne crois pas, cependant, qu'il n'y ait partout que matière: car il y a du vide dans la nature. Voilà une connaissance qui te sera utile en bien des cas; qui ne te permettra plus d'erreurs, de doutes, d'incertitudes sur les lois de l'univers, ni de défiance à l'égard de mes paroles. Posons donc en principe qu'il y a un espace intangible et immatériel, le vide. S'il n'y en avait point, les corps ne pourraient absolument se mouvoir; cette propriété qu'a chaque corps de s'opposer, de résister, ferait, à tout moment, obstacle à tous; rien n'avancerait parce que rien ne commencerait à céder. Or les mers et les terres, et les hauteurs du ciel, contiennent des corps sans nombre qui se meuvent de mille manières à nos yeux: s'il n'existait point de vide, ces corps ne connaîtraient point l'agitation de ces mouvements; bien plus, ils ne seraient même pas arrivés à l'existence, parce que la matière, comprimée de toutes parts, serait toujours demeurée en repos.

En outre, bien que les corps nous paraissent pleins, on peut juger qu'en réalité il y a des vides en eux. À travers les rochers et les grottes pénètre la fluidité des eaux, et de toutes parts les pierres y pleurent des larmes abondantes. Par tout le corps des animaux se distribue la nourriture. Les arbres croissent et, le temps venu, prodiguent leurs fruits, parce qu'eux-mêmes, la sève les renouvelle tout entiers, montant de l'extrémité de leurs racines à leur tronc et se répandant jusque dans leurs derniers rameaux. Le son passe à travers les cloisons, et les murailles des maisons n'arrêtent point son vol. Le froid se fait sentir jusqu'à nos os. Or s'il n'y avait point de vide qui livrât passage à la matière, on ne verrait point de tels faits s'accomplir.

Enfin, pourquoi remarquons-nous une différence de poids entre des corps de même dimension? S'il y avait en eux une égale quantité de matière, un flocon de laine, une masse de plomb de même volume, devraient peser également, puisque c'est une propriété de la matière de tendre en bas par sa gravité, tandis que le vide est sans pesanteur. Concluons que si de deux corps égaux, l'un est plus léger, c'est qu'il contient plus de vide. Le plus lourd révèle clairement qu'il renferme moins de vide avec plus de matière. Il existe donc bien, comme nous nous ingénions à le montrer, cet espace mêlé aux choses et que nous nommons le vide. [...]

Dans tous les êtres qui ont un nom, ne vois que propriétés ou accidents soit du vide, soit des corps. Une propriété, c'est ce qu'on ne peut abstraire, séparer d'un être sans que ce divorce n'entraîne sa perte, comme la pesanteur pour la pierre, la chaleur pour le feu, la fluidité pour l'eau, la tangibilité pour les corps, l'intangibilité pour le vide. Quant à la servitude, à la pauvreté et à la richesse, à la liberté, à la guerre, à la concorde, à tout ce dont la présence ou l'absence laisse subsister les êtres dans leur intégrité, c'est là ce qu'on appelle, à juste titre, accidents.

Mais le temps? Il n'a pas d'existence en soi. Ce sont les choses et leur écoulement qui rendent sensibles le passé, le présent, l'avenir. À personne, il le faut avouer, le temps ne se fait sentir indépendamment du mouvement des choses ou de leur repos.

Enfin si, nous parlant d'événements, comme le rapt d'Hélène ou la soumission des Troyens par les armes, on nous dit qu'*ils sont,* gardons-nous de leur attribuer une existence propre, puisque les générations d'hommes qui éprouvèrent ces accidents ont été irrévocablement emportées par le cours des âges. Il n'y a point d'événement qui, à l'égard des hommes comme des pays, ne puisse être qualifié d'accident.

Sans la matière qui forme les corps, sans l'étendue et l'espace où toutes choses s'accomplissent, jamais le feu d'amour allumé par la beauté de la fille de Tyndare au cœur du Phrygien Pâris n'eût fait éclater les fameux combats d'une guerre cruelle, et jamais le cheval de bois dans l'ombre de la nuit, à l'insu des Troyens, n'eût enfanté des guerriers grecs et vomi l'incendie dans Pergame. On peut voir par là que les faits du passé n'ont point d'existence propre comme les corps ni n'existent à la manière du vide, mais qu'il est plus juste de les regarder comme des accidents de la matière et de l'étendue où tout s'accomplit.

Contre l'anthropocentrisme
(1675)

BARUCH DE SPINOZA
(1632-1677)

*Entre Lucrèce et Spinoza, la civilisation est passée du polythéisme au monothéisme. Mais, selon l'auteur de l'*Éthique*, ce changement n'a pas suffi à dissiper les équivoques que comporte la religion. Car, fondamentalement, quand on l'analyse, la transcendance est une notion confuse.*

Comment, en effet, peut-on comprendre que Dieu qui a créé le monde puisse s'en séparer ? Dire qu'il est comme l'artiste vis-à-vis de son œuvre, c'est lui prêter une attitude humaine, alors que l'homme à ce niveau n'existe pas. Mais surtout, c'est une forme de nihilisme. Car, si l'Être est, il ne peut être que pleinement en ne cessant d'être sous la forme d'une puissance expressive. Il ne peut y avoir en lui de rupture entre la cause et l'effet. Sauf à supposer que l'Être puisse être, à un moment, une cause privée d'effets, et donc ressembler à une cause inerte.

*Donc, si Dieu est, il ne peut pas être à l'extérieur de la nature. Il est éternellement agissant en elle. Et elle, de son côté, ne cesse de l'exprimer. Si bien qu'il est absurde de supposer une hiérarchie entre eux deux, comme le montre tout le livre I de l'*Éthique, *dont* *l'appendice final est présenté ici. C'est ce que tente de signifier la fameuse expression* Deus sive Natura, *Dieu* ou *la Nature. Loin d'identifier Dieu à la matière (ce qui serait absurde, puisque cela reviendrait à réduire Dieu à un attribut unique, alors qu'il en possède, selon Spinoza, une infinité), cette expression signifie que tout part de l'expression. Si l'on veut comprendre Dieu, il convient de comprendre qu'il est ce qu'il fait, parce qu'il ne cesse de se faire être. Aussi est-il pouvoir expressif infini.*

Dans ces conditions, parler de transcendance est une forme de nihilisme qui ne renvoie pas tant à la nature de Dieu qu'aux passions humaines. C'est parce qu'en effet l'homme fait de son moi le centre de l'univers en se situant au-dessus de la nature, qu'il a l'impression que celle-ci lui est extérieure et transcendante. L'écart entre Dieu et la nature n'est, en fait, que l'écart entre l'homme et lui-même, que tisse la volonté d'être un moi et la peur d'être multiple et expressif. Aussi Spinoza écrit-il l'Éthique afin de restaurer l'être expressif de l'homme, en montrant tout le malheur que provoque toujours le fait de vouloir plaquer un ordre préconstitué et extérieur sur la nature. Ainsi qu'il l'écrit, il n'y a pas d'ordre des choses, pas d'intentions en elles, car il n'y a pas de vie donnée avant la vie. La vie se fait en se vivant, comme la pensée se pense en pensant. Aussi convient-il de se mettre à vivre et à penser, sans savoir à l'avance ce que l'on vivra et ce que l'on pensera.

*La vie étant productive, c'est en produisant qu'on s'y inscrit et qu'on la comprend et non en occupant une position d'extériorité vis-à-vis d'elle. On l'aura compris, l'*Éthique *est un livre contre la peur de vivre et de penser. C'est à l'aune de ce combat contre la peur que la notion de nature intervient. Comprise comme pouvoir expressif infini, elle est l'image même de la vie qui ne se vit qu'en vivant et en s'exprimant, et non avant de vivre.*

Source: Baruch de Spinoza, *Éthique,* trad. Ch. Appuhn 1909, Paris, Garnier-Flammarion, 1965, appendice de la partie I, p. 61 à 68.

Bibliographie: Martial Guéroult, *Spinoza,* tome I Dieu, Paris, Aubier, 1968; Gilles Deleuze, *Spinoza et le problème de l'expression,* Paris, Minuit, 1969.

J'AI EXPLIQUÉ dans ce qui précède la nature de Dieu et ses propriétés, savoir: qu'il existe nécessairement; qu'il est unique; qu'il est et agit par la seule nécessité de sa nature; qu'il est la cause libre de toutes choses, et en quelle manière il l'est; que tout est en Dieu et dépend de lui de telle sorte que rien ne peut ni être ni être conçu sans lui; enfin que tout a été prédéterminé par Dieu, non certes par la liberté de la volonté, autrement dit par un bon plaisir absolu, mais par la nature absolue de Dieu, c'est-à-dire sa puissance infinie. J'ai eu soin en outre, partout où j'en ai eu l'occasion, d'écarter les préjugés qui pouvaient empêcher que mes démonstrations ne fussent perçues; comme, toutefois, il en reste encore beaucoup qui pouvaient et peuvent aussi, et même au plus haut point, empêcher les hommes de saisir l'enchaînement des choses de la façon que je l'ai exposé, j'ai cru qu'il valait la peine de soumettre ici ces préjugés à l'examen de la raison. Tous ceux que j'entreprends de signaler ici dépendent d'ailleurs d'un seul, consistant en ce que les hommes supposent communément que toutes les choses de la nature agissent, comme eux-mêmes, en vue d'une fin, et vont jusqu'à tenir pour certain que Dieu lui-même dirige tout vers une certaine fin; ils disent, en effet, que Dieu a tout fait en vue de l'homme et qu'il a fait l'homme pour que l'homme lui rendît un culte. C'est donc ce préjugé seul que je considérerai d'abord cherchant *primo* pour quelle cause la plupart s'y tiennent et pourquoi tous inclinent naturellement à l'embrasser. *En second lieu* j'en montrerai la fausseté, et *pour finir* je ferai voir comment en sont issus les préjugés relatifs *au bien et au mal, au mérite et au péché,*

à la louange et au blâme, à l'ordre et à la confusion, à la beauté et à la laideur, et à d'autres objets de même sorte. Il n'appartient pas toutefois à mon objet présent de déduire cela de la nature de l'âme humaine. Il suffira pour le moment de poser en principe ce que tous doivent reconnaître: que tous les hommes naissent sans aucune connaissance des causes des choses, et que tous ont un appétit de rechercher ce qui leur est utile, et qu'ils en ont conscience. De là suit:
1° que les hommes se figurent être libres, parce qu'ils ont conscience de leurs volitions et de leur appétit et ne pensent pas, même en rêve, aux causes par lesquelles ils sont disposés à appéter et à vouloir, n'en ayant aucune connaissance. Il suit:
2° que les hommes agissent toujours en vue d'une fin, savoir l'utile qu'ils appètent. D'où résulte qu'ils s'efforcent toujours uniquement à connaître les causes finales des choses accomplies et se tiennent en repos quand ils en sont informés, n'ayant plus aucune raison d'inquiétude. S'ils ne peuvent les apprendre d'un autre, leur seule ressource est de se rabattre sur eux-mêmes et de réfléchir aux fins par lesquelles ils ont coutume d'être déterminés à des actions semblables, et ainsi jugent-ils nécessairement de la complexion d'autrui par la leur. Comme, en outre, ils trouvent en eux-mêmes et hors d'eux un grand nombre de moyens contribuant grandement à l'atteinte de l'utile, ainsi, par exemple, des yeux pour voir, des dents pour mâcher, des herbes et des animaux pour l'alimentation, le soleil pour s'éclairer, la mer pour nourrir des poissons, ils en viennent à considérer toutes les choses existant dans la Nature comme des moyens à leur usage. Sachant d'ailleurs qu'ils ont trouvé ces moyens, mais ne les ont pas procurés, ils ont tiré de là un motif de croire qu'il y a quelqu'un d'autre qui les a procurés pour qu'ils en fissent usage. Ils n'ont pu, en effet, après avoir considéré les choses comme des moyens, croire qu'elles se sont faites elles-mêmes, mais, tirant leur conclusion des moyens qu'ils ont accoutumé de se procurer, ils ont dû se persuader qu'il existait un ou plusieurs directeurs de la nature, doués de la liberté humaine, ayant pourvu à tous leurs besoins et tout fait pour leur usage. N'ayant jamais reçu au sujet de la complexion de ces êtres aucune information, ils ont dû aussi en juger d'après la leur propre, et ainsi ont-ils admis que les Dieux dirigent toutes choses pour l'usage des hommes afin de se les attacher et d'être tenus par eux dans le plus grand honneur; par où il advint que tous, se référant à leur propre complexion, inventèrent divers moyens de rendre un culte à Dieu afin d'être aimés par lui par-dessus les autres, et d'obtenir qu'il dirigeât la Nature entière au profit de leur désir aveugle et de leur insatiable avidité. De la sorte, ce préjugé se tourna en superstition et poussa de profondes racines dans les âmes; ce qui fut pour tous un motif de s'appliquer de tout leur effort à la connaissance et à l'explication des causes finales de toutes choses. Mais, tandis qu'ils cherchaient à montrer que la Nature ne fait rien en vain (c'est-à-dire rien qui ne soit pour l'usage des hommes), ils semblent n'avoir montré rien d'autre sinon que la Nature et les Dieux sont atteints du même délire que les hommes. Considérez, je vous le demande, où les choses en sont enfin venues! Parmi tant de choses utiles offertes par la Nature, ils n'ont pu manquer de trouver bon nombre de choses nuisibles, telles les tempêtes, les tremblements de terre, les maladies, etc., et ils ont admis que de telles rencontres avaient pour origine la colère de Dieu excitée par les offenses des hommes envers lui ou par les péchés commis dans son culte; et, en dépit des protestations de l'expérience quotidienne, montrant par des exemples sans nombre que les rencontres utiles et les nuisibles échoient sans distinction aux pieux et aux impies, ils n'ont pas pour cela renoncé à ce préjugé invétéré. Ils ont trouvé plus expédient de mettre ce fait au nombre des choses inconnues dont ils ignoraient l'usage, et de demeurer dans leur état actuel et natif d'ignorance, que de renverser tout cet échafaudage et d'en inventer

un autre. Ils ont donc admis comme certain que les jugements de Dieu passent de bien loin la compréhension des hommes : cette seule cause certes eût pu faire que le genre humain fût à jamais ignorant de la vérité, si la mathématique, occupée non des fins mais seulement des essences et des propriétés des figures, n'avait fait luire devant les hommes une autre norme de vérité ; outre la mathématique on peut assigner d'autres causes encore (qu'il est superflu d'énumérer ici), par lesquelles il a pu arriver que les hommes aperçussent ces préjugés communs, et fussent conduits à la connaissance vraie des choses.

J'ai assez expliqué par là ce que j'ai promis en premier lieu. Pour montrer maintenant que la Nature n'a aucune fin à elle prescrite et que toutes les causes finales ne sont rien que des fictions des hommes, il ne sera pas besoin de longs discours. Je crois en effet l'avoir déjà suffisamment établi, tant en montrant de quels principes et de quelles causes ce préjugé tire son origine que par la *Proposition* 16 et les *Corollaires de la Proposition* 32, et en outre par tout ce que j'ai dit qui prouve que tout dans la nature se produit avec une nécessité éternelle et une perfection suprême. J'ajouterai cependant ceci : que cette doctrine finaliste renverse totalement la Nature. Car elle considère comme effet ce qui, en réalité, est cause, et *vice versa*. En outre, elle met après ce qui de nature est avant. Enfin elle rend très imparfait ce qui est le plus élevé et le plus parfait. Pour laisser de côté les deux premiers points (qui sont évidents par eux-mêmes), cet effet, comme il est établi par les *Propositions* 21, 22 et 23, est le plus parfait, qui est produit par Dieu immédiatement et, plus une chose a besoin pour être produite de causes intermédiaires, plus elle est imparfaite. Mais, si les choses immédiatement produites par Dieu avaient été faites pour que Dieu pût atteindre sa fin, alors nécessairement les dernières, à cause desquelles les premières eussent été faites, seraient de toutes les plus excellentes. En outre, cette doctrine détruit la perfection de Dieu ; car, si Dieu agit pour une fin, il appète nécessairement quelque chose de quoi il est privé. Et bien que Théologiens et Métaphysiciens distinguent entre une fin de besoin et une fin d'assimilation, ils conviennent cependant que Dieu a tout fait pour lui-même et non pour les choses à créer ; car ils ne peuvent en dehors de Dieu rien assigner qui fût avant la création et à cause de quoi Dieu eût agi ; ils sont donc contraints aussi de reconnaître que Dieu était privé de tout ce pour quoi il a voulu procurer des moyens et le désirait, comme il est clair de soi. Et il ne faut pas oublier ici que les sectateurs de cette doctrine, qui ont voulu faire montre de leur talent en assignant les fins des choses, ont, pour soutenir leur doctrine, introduit une nouvelle façon d'argumenter : la réduction non à l'impossible, mais à l'ignorance ; ce qui montre qu'il n'y avait pour eux aucun moyen d'argumenter. Si, par exemple, une pierre est tombée d'un toit sur la tête de quelqu'un et l'a tué, ils démontreront de la manière suivante que la pierre est tombée pour tuer cet homme. Si elle n'est pas tombée à cette fin par la volonté de Dieu, comment tant de circonstances (et en effet il y en a souvent un grand concours) ont-elles pu se trouver par chance réunies ? Peut-être direz-vous : cela est arrivé parce que le vent soufflait et que l'homme passait par là. Mais, insisteront-ils, pourquoi le vent soufflait-il à ce moment ? pourquoi l'homme passait-il par là à ce même instant ? Si vous répondez alors : le vent s'est levé parce que la mer, le jour avant, par un temps encore calme, avait commencé à s'agiter ; l'homme avait été invité par un ami ; ils insisteront de nouveau, car ils n'en finissent pas de poser des questions : pourquoi la mer était-elle agitée ? pourquoi l'homme a-t-il été invité pour tel moment ? et ils continueront ainsi de vous interroger sans relâche sur les causes des événements, jusqu'à ce que vous vous soyez réfugié dans la volonté de Dieu, cet asile de l'ignorance. De même, quand ils voient la structure du corps humain, ils sont frappés d'un étonnement imbécile et, de ce qu'ils ignorent les causes d'un si bel arrangement, concluent qu'il n'est point formé mécaniquement, mais par un art divin ou surnaturel, et en telle façon qu'aucune partie ne nuise à l'autre. Et ainsi arrive-t-il que quiconque cherche les vraies causes des prodiges et s'applique à connaître en savant les choses de la nature, au lieu de s'en émerveiller comme un sot, est souvent tenu pour hérétique et impie et proclamé tel par ceux que le vulgaire adore comme des interprètes de la Nature et des Dieux. Ils savent bien que détruire l'ignorance, c'est détruire l'étonnement imbécile, c'est-à-dire leur unique moyen de raisonner et de sauvegarder leur autorité. Mais en voilà assez sur ce chapitre, je passe au *troisième* point que j'ai résolu de traiter.

Après s'être persuadé que tout ce qui arrive, est fait à cause d'eux, les hommes ont dû juger qu'en toutes choses le principal est ce qui a pour eux le plus d'utilité, et tenir pour les plus excellentes celles qui les affectent le plus agréablement. Par là ils n'ont pu manquer de former ces notions par lesquelles ils prétendent expliquer les natures des choses, ainsi le *Bien*, le *Mal*, l'*Ordre*, la *Confusion*, le *Chaud*, le *Froid*, la *Beauté* et la *Laideur ;* et de la liberté qu'ils s'attribuent sont provenues ces autres notions, la *Louange* et le *Blâme*, le *Péché* et le *Mérite ;* j'expliquerai plus tard ces dernières, quand j'aurai traité de la nature humaine, et je rendrai compte ici brièvement des premières. Les hommes donc ont appelé *Bien* tout ce qui contribue à la santé et au culte de Dieu, *Mal* ce qui leur est contraire. Et, comme ceux qui ne connaissent pas la nature des choses, n'affirment rien qui s'applique à elles, mais les imaginent seulement et prennent l'imagination pour l'entendement, ils croient donc fermement qu'il y a en elles de l'*Ordre*, dans l'ignorance où ils sont de la nature tant des choses que d'eux-mêmes. Quand elles sont disposées en effet de façon que, nous les représentant par les sens, nous puissions facilement les imaginer et, par suite, nous les rappeler facilement, nous disons qu'elles sont bien ordonnées; dans le cas contraire, qu'elles sont mal ordonnées ou *confuses*. Et, comme nous trouvons plus d'agrément qu'aux autres, aux choses que nous pouvons imaginer avec facilité, les hommes préfèrent l'ordre à la confusion; comme si, sauf par rapport à notre imagination, l'ordre était quelque chose dans la Nature. Ils disent encore que Dieu a créé toutes choses avec ordre et, de la sorte, sans le savoir, attribuent à Dieu de l'imagination; à moins peut-être qu'ils ne veuillent que Dieu, pourvoyant à l'imagination humaine, ait disposé toutes choses de façon qu'ils pussent les imaginer le plus facilement; et probablement ils ne se laisseraient pas arrêter par cette objection qu'il se trouve une infinité de choses qui passent de beaucoup notre imagination, et un grand nombre qui la confondent à cause de sa faiblesse. Mais assez là-dessus. Pour les autres notions aussi, elles ne sont rien, si ce n'est des modes d'imaginer par lesquels l'imagination est diversement affectée, et cependant les ignorants les considèrent comme les attributs principaux des choses; parce que, comme nous l'avons dit déjà, ils croient que toutes choses ont été faites en vue d'eux-mêmes et disent que la nature d'une chose est bonne ou mauvaise, saine ou pourrie et corrompue, suivant qu'ils sont affectés par elle. Si, par exemple, le mouvement, que reçoivent les nerfs, des objets qui nous sont représentés par les yeux, convient à la santé, alors les objets qui en sont cause sont appelés *beaux*, et l'on dit *laids* ceux qui excitent un mouvement contraire. Ceux qui émeuvent le sens par le nez, on les nomme bien odorants ou fétides; doux ou amers, agréables ou désagréables au goût, ceux qui font impression sur lui par la langue, etc. Ceux qui agissent par le toucher sont durs ou mous, rugueux ou lisses, etc. Et ceux enfin qui ébranlent les oreilles, on dit qu'ils produisent un bruit, un son ou une harmonie, et au sujet de cette dernière qualité l'extravagance des hommes a été jusqu'à croire que Dieu aussi se plaît à l'harmonie. Il ne manque pas de Philosophes qui se sont persuadés que les mouvements célestes composent une harmonie. Tout cela montre assez que chacun juge des choses selon la disposition de son cerveau ou plutôt leur a laissé se substituer les manières d'être de son imagination. Il n'y a donc pas à s'étonner (pour le noter en passant) que tant de controverses se soient, comme nous le voyons, élevées entre les hommes et que le Scepticisme en soit enfin provenu. Si, en effet, les corps humains conviennent en beaucoup de points, ils diffèrent en un très grand nombre et, par suite, ce qui paraît bon à l'un, semble mauvais à l'autre; l'un juge ordonné ce que l'autre trouve confus; ce qui est au gré de l'un, est à l'autre désagréable, et ainsi du reste. Je n'y insisterai pas, et parce que ce n'est pas le moment de traiter avec développement de ces choses, et parce que tout le monde en a assez fait l'expérience. Tout le monde répète: Autant de têtes, autant d'avis; chacun abonde dans son sens; il n'y a pas moins de différence entre les cerveaux qu'entre les palais. Et tous ces dictons montrent assez que les hommes jugent des choses selon la disposition de leur cerveau et les imaginent plutôt qu'ils ne les connaissent. S'ils les avaient clairement connues, elles auraient, comme en témoigne la Mathématique, la puissance sinon d'attirer, du moins de convaincre tout le monde.

Nous voyons ainsi que toutes les notions par lesquelles le vulgaire a coutume d'expliquer la Nature, sont seulement des Modes d'imaginer et ne renseignent sur la nature d'aucune chose, mais seulement sur la façon dont est constituée l'imagination, et, comme elles ont des noms qui semblent s'appliquer à des êtres existant en dehors de l'imagination, je les appelle êtres non de raison mais d'imagination; et ainsi tous les arguments qui sont tirés contre nous de notions semblables, se peuvent facilement réfuter. Beaucoup en effet ont coutume d'argumenter ainsi. Si toutes choses ont suivi de la nécessité de la nature d'un Dieu tout parfait, d'où viennent donc tant d'imperfections existant dans la Nature? c'est-à-dire d'où vient que les choses se corrompent jusqu'à la fétidité, qu'elles soient laides à donner la nausée, d'où viennent la confusion, le mal, le péché, etc. Il est, je viens de le dire, facile de répondre. Car la perfection des choses doit s'estimer seulement par leur nature et leur puissance, et elles ne sont donc pas plus ou moins parfaites parce qu'elles plaisent aux sens de l'homme ou les offensent, conviennent à la nature humaine ou lui répugnent. Quant à ceux qui demandent pourquoi Dieu n'a pas créé tous les hommes de façon que la seule raison les conduisît et les gouvernât, je ne réponds rien, sinon que cela vient de ce que la matière ne lui a pas fait défaut pour créer toutes choses, savoir: depuis le plus haut jusqu'au plus bas degré de perfection; ou, pour parler plus proprement, de ce que les lois de la Nature se sont trouvées assez amples pour suffire à la production de tout ce qui pouvait être conçu par un entendement infini, comme je l'ai démontré *Proposition* 16. Tels sont les préjugés que j'ai voulu signaler ici. S'il en reste encore d'autres de même farine, chacun pourra s'en guérir avec un peu de réflexion.

PHUSIS ET LOGOS

Le Logos gouverne tout
(VIe siècle av. J.-C.)

HÉRACLITE
(vers 576-480 av. J.-C.)

« Un pur esprit s'accroît sous l'écorce des pierres... Homme! libre penseur — te crois-tu seul pensant? », écrit Gérard de Nerval dans son poème les Vers dorés. *Chez presque la totalité des poètes, on trouve une tendance à faire parler la nature. Est-ce là une pure projection de l'imaginaire? Si on imagine que les pierres et les arbres parlent comme l'homme, il s'agit là, bien évidemment, d'une divagation comme l'a fait remarquer Spinoza. En revanche, priver la nature de toute forme d'expression est une autre forme d'erreur. Car, comme manifestation de l'Être et de son énigmatique présence, elle en porte le mystère et la vie. Aussi ne faut-il pas s'étonner que des penseurs comme Héraclite aient identifié la nature* (phusis) *au logos.*

« Le logos gouverne tout », écrit-il. Cette attention au logos présent en toutes choses coïncide avec l'éveil de la pensée. Sans aucun doute, comme l'a fait remarquer Gilles Deleuze, parce que la pensée s'éveille quand on entreprend de vivre sérieusement la vie même qui nous est donnée, sans attendre une réponse venue d'ailleurs. Mais surtout parce que, comme le souligne Heidegger, l'identité de la nature (phusis) *et du logos nous est révélée par l'étymologie elle-même.* Phusis, *en effet, signifie l'épanouissement, l'accroissement, l'extension et, par voie de conséquence, la venue au jour, bref la manifestation. De son côté,* logos *signifie ce qui rassemble, le recueillement. Pour Heidegger, les deux choses sont liées. Car, ce qui s'épanouit rassemble ce qui est et ce qui rassemble ce qui est, s'épanouit. Autrement dit, si* phusis *et* logos *sont liés, c'est que tous deux renvoient en définitive à la manifestation originaire de l'Être qui vient à paraître et à se dire par leur entremise. Ce que nous ne savons pas entrevoir, selon Heidegger, du fait du rationalisme qui nous a plus habitué à opposer nature et langage qu'à envisager la position de l'homme dans la nature comme celle de celui qui, étant à l'écoute de ce qui est, est rassemblé par sa présence et élevé au niveau d'une vie parlante.*

Ainsi, la pensée d'Héraclite sur la nature nous ramène aux sources de l'interrogation philosophique sur l'Être. Aujourd'hui, toutefois, elle n'intéresse pas que les métaphysiciens. Elle intéresse aussi des physiciens comme René Thom. Car, par l'idée qu'on y trouve d'un conflit menant toutes choses (« tout se fait par discorde », fragment 8), elle ouvre la perspective de synthèses plus larges. En envisageant, en effet, une construction de l'ordre des choses par le désordre désordonnant le désordre, on se donne le moyen de comprendre le changement comme le temps. Quel rapport avec le langage, dira-t-on? Pour René Thom, cette logique permet de comprendre la genèse des formes que l'on trouve non seulement dans la matière et dans la vie, mais dans l'ensemble des activités humaines. Ce que Cassirer confirme dans l'analyse qu'il fait d'Héraclite. Car, selon lui, quand on comprend que toute la force du langage provient de la fluidité des mots et de la possibilité qui est la leur de pouvoir articuler plusieurs sens, il devient aisé de comprendre non seulement le lien qui unit mouvement de discorde et langage, mais langage et nature, puisque, comme l'a vu René Thom, c'est un mouvement de discorde qui dote, selon lui, la nature de formes et donc de langage.

La relation entre phusis *et* logos *n'est donc pas une aimable dérive poétique. Pas plus que la pensée d'Héraclite, puisque René Thom concluant ses travaux n'hésite pas à s'écrier : «Nous avons redécouvert Héraclite»* (Paraboles et catastrophes, *Paris, Flammarion, 1983, p. 160).*

Source: Héraclite, *Fragments,* tiré des *Penseurs grecs avant Socrate,* d'après la traduction de J. Voilquin, Paris, Garnier-Flammarion, 1964.

Bibliographie: Marcel Conche, *Héraclite,* Paris, P.U.F., 1985; Martin Heidegger, *Héraclite,* trad. Jean Launay et Patrick Levy, Paris, Gallimard, 1973; *Introduction à la métaphysique,* trad. Gilbert Kahn, Paris, Gallimard, 1985, p. 140 et suiv.; Ernst Cassirer, la Philosophie des formes symboliques, *tome 1,* Le langage, *Paris, Minuit, 1972, p. 61 à 66.*

1. — Ce mot (λόγος), les hommes ne le comprennent jamais, aussi bien avant d'en avoir entendu parler qu'après. Bien que tout se passe selon ce mot, ils semblent n'avoir aucune expérience de paroles et de faits tels que je les expose, en distinguant et en expliquant la nature de chaque chose. Mais les autres hommes ignorent ce qu'ils ont fait en état de veille, comme ils oublient ce qu'ils font pendant leur sommeil.

2 — Aussi faut-il suivre le λόγος commun; mais, bien qu'il appartienne à tous, le vulgaire n'en vit pas moins comme si chacun avait une intelligence particulière.

3 — Le soleil a la largeur d'un pied d'homme.

4 — Si le bonheur résidait dans les plaisirs du corps, nous proclamerions heureux les bœufs quand ils trouvent des pois à manger.

5 — Ils cherchent en vain à se purifier, tout en se souillant du sang des victimes. C'est comme si, après s'être sali avec de la boue, on voulait se nettoyer avec de la boue. Et on tiendrait pour déraisonnable quiconque voudrait leur reprocher leur conduite. Ils adressent encore des prières à des statues et c'est comme si l'on parlait à des maisons, ne sachant pas ce que sont les dieux et les héros.

6 — Le soleil est chaque jour nouveau.

7 — Si toutes choses devenaient fumée, on connaîtrait avec les narines.

8 — Ce qui est contraire est utile et c'est de ce qui est en lutte que naît la plus belle harmonie; tout se fait par discorde.

9 — Les ânes préfèrent la paille à l'or.

10 — Joignez ce qui est complet et ce qui ne l'est pas, ce qui concorde et ce qui discorde, ce qui est en harmonie et ce qui est en désaccord; de toutes choses, une et, d'une, toutes choses.

11 — Tout reptile se nourrit de terre.

12 — Nous nous baignons et nous ne nous baignons pas dans le même fleuve. Et les âmes s'exhalent de l'humide.

15 — Car si ce n'était pas de Dionysos qu'on mène la pompe, en chantant le cantique aux parties honteuses, ce serait l'acte le plus éhonté; mais c'est le même, Hadès ou Dionysos, pour qui on est en folie et en délire.

16 — Qui se cachera du feu qui ne se couche pas?

17 — Ce n'est pas ce que pensent la plupart de ceux qu'on rencontre; on a beau les instruire, ils ne savent pas encore qu'ils se figurent savoir.

18 — Sans l'espérance, on ne trouvera pas l'inespéré, qui est introuvable et inaccessible.

19 — Ces gens qui ne savent ni écouter ni parler.

20 — Quand ils sont nés, ils veulent vivre et trouver la mort, ou plutôt ils veulent se reposer et ils laissent des enfants pour la mort.

21 — Mort, c'est tout ce que nous voyons éveillés; songes, ce que nous voyons en dormant.

22 — Ceux qui recherchent de l'or remuent beaucoup de terre et trouvent peu de métal.

23 — S'il n'y avait pas d'injustice, on ignorerait jusqu'au nom de la justice.

24 — Ceux qui sont morts dans les combats, les dieux et les hommes les honorent.

25 — Les plus grandes morts obtiennent les destinées les plus grandes.

26 — L'homme, dans la nuit, allume une lumière pour lui-même; mort, il s'éteint. Or, au cours de sa vie, quand il dort, les yeux éteints, il ressemble à un mort; éveillé, il semble dormir.

27 — Ce qui attend les hommes après la mort, ce n'est ni ce qu'ils espèrent, ni ce qu'ils croient.

28 — Il y a une chose que les meilleurs préfèrent à tout: la gloire éternelle à ce qui est périssable; mais la foule se rassasie comme un vil bétail.

30 — Ce monde-ci, le même pour tous les êtres, aucun des dieux ni des hommes ne l'a créé; mais il a toujours été et il est, et il sera un feu toujours vivant, s'allumant avec mesure et s'éteignant avec mesure.

31 — Les transformations du feu sont, en tout premier lieu, la mer; et la moitié de la mer est terre, la moitié prestère (vent tourbillonnant). La terre devient mer liquide et est mesurée avec la même mesure qu'avant de devenir terre.

32 — L'un, la sagesse unique, refuse et accepte d'être appelé du nom de Zeus.

33 — La loi, c'est encore d'obéir à la volonté de l'un.

34 — Ils entendent sans comprendre et sont semblables à des sourds. Le proverbe s'applique à eux: présents, ils sont absents.

35 — Il faut que les philosophes soient avertis de bien des choses.

36 — Pour les âmes, mourir c'est se changer en eau; pour l'eau, mourir c'est devenir terre; mais de la terre vient l'eau, et de l'eau vient l'âme.

37 — Les porcs se vautrent dans la boue, les oiseaux dans la poussière ou la cendre.

38 — Thalès, le premier astronome.

39 — À Priène, vivait Bias, fils de Teutamès, dont la renommée dépasse celle des autres.

40 — Le fait d'apprendre beaucoup *(polymathie)* n'instruit pas l'intelligence. Autrement il aurait instruit Hésiode et Pythagore, ainsi que Xénophane et Hécatée.

41 — La sagesse consiste en une seule chose, à connaître la pensée qui gouverne tout et partout.

42 — Homère méritait d'être chassé des jeux et de recevoir les verges, de même qu'Archiloque.

43 — Mieux vaut étouffer une injure qu'un incendie.

44 — Le peuple doit combattre pour la loi comme pour ses murailles.

45 — On ne peut trouver les limites de l'âme, quelque chemin qu'on emprunte, tellement elles sont profondément enfoncées.

46 — La présomption? Une maladie sacrée. La vue? Une tromperie.

47 — Ne nous empressons pas de porter un jugement sur les choses essentielles.

48 — L'arc a pour nom βίος (la vie) et pour œuvre, sa mort.

49 — Un homme vaut à mes yeux dix mille personnes, s'il est le meilleur.

49 *a* — Nous descendons et nous ne descendons pas dans le même fleuve ; nous sommes et nous ne sommes pas.

50 — Il est sage d'écouter non pas moi-même, mais mes paroles et de confesser que toutes choses sont un.

51 — Ils ne comprennent pas comment ce qui lutte avec soi-même peut s'accorder : mouvements en sens contraire, comme pour l'arc et la lyre.

52 — Le Temps (Αἰών) est un enfant qui joue au trictrac : royauté d'un enfant !

53 — La guerre est le père de toutes choses et le roi de toutes choses ; de quelques-uns elle a fait des dieux, de quelques-uns des hommes ; des uns des esclaves ; des autres des hommes libres.

54 — L'harmonie invisible vaut mieux que celle qui est visible.

55 — Tout ce que l'on peut voir, entendre et apprendre, c'est ce que je préfère.

56 — Les hommes se trompent, relativement à la connaissance, de la même manière qu'Homère, qui fut pourtant le plus sage des Hellènes. Des enfants, occupés à se débarrasser de leur vermine, l'abusèrent en lui disant : « Ce que nous voyons et prenons, nous le laissons ; tout ce que nous ne voyons ni ne saisissons, nous l'emportons. »

57 — La foule a pour maître Hésiode. On pense que c'était un grand savant que cet homme qui ne savait pas distinguer le jour de la nuit. Et en effet, c'est une seule et même chose.

58 — Bien et mal sont tout un. Les médecins taillent, brûlent, torturent de toute façon et, faisant aux malades un bien qui ressemble à une maladie, ils réclament une récompense qu'ils ne méritent guère.

59 — Le chemin droit et le contourné, c'est un seul et même chemin.

60 — Le chemin en haut et le chemin en bas sont un et le même.

61 — L'eau de la mer est à la fois très pure et très impure ; pour les poissons, elle est potable ; pour les hommes, elle est imbuvable et nuisible.

62 — Immortels, mortels ; mortels, immortels ; notre vie est la mort des premiers et leur vie notre mort.

63 — De là, ils s'élèvent et deviennent les gardiens vigilants des vivants et des morts.

64 — La foudre gouverne l'univers.

65 — (Feu) : famine et abondance.

66 — Tout sera jugé et dévoré par le feu qui surviendra.

67 — Dieu est jour et nuit, hiver et été, surabondance et famine. Mais il prend des formes variées, tout de même que le feu quand il est mélangé d'aromates et qu'il est nommé suivant le parfum de chacun d'eux.

70 — Héraclite appelait jeux d'enfants les pensées des hommes.

71 — Il faut aussi se rappeler l'homme qui oublie le chemin.

72 — Sur le λόγος qui leur est le plus familier, sur le λόγος qui gouverne tout, ils sont en désaccord et ce qu'ils rencontrent chaque jour leur paraît étranger.

73 — Il ne faut ni agir ni parler comme des dormeurs.

76 — Le feu vit la mort de la terre et l'air vit la mort du feu ; l'eau vit la mort de l'air et la terre celle de l'eau.

77 — Pour les âmes, devenir humides c'est plaisir ou mort. Tous nous vivons la mort, et tous nous vivons notre mort.

78 — L'esprit de l'homme n'a pas de pensées, mais celui de Dieu en a.

80 — Il faut savoir que la guerre est commune, la justice discorde, que tout se fait et se détruit par discorde.

88 — Ce qui est en nous est toujours un et le même: vie et mort, veille et sommeil, jeunesse et vieillesse; car le changement de l'un donne l'autre, et réciproquement.

89 — Pour ceux qui sont en état de veille, il y a un seul et même monde.

90 — Toutes choses s'échangent pour du feu et le feu pour toutes choses, de même que les marchandises pour l'or et l'or pour les marchandises.

91 — On ne peut pas descendre deux fois dans le même fleuve.

92 — La Sybille qui, d'une bouche écumante, fait entendre des paroles sans agrément, sans parure et sans fard, fait retentir ses oracles pendant mille ans; car c'est le dieu qui l'inspire.

93 — Le dieu, dont l'oracle est à Delphes, ne parle pas, ne dissimule pas: il indique.

94 — Le soleil ne franchira pas ses limites; sinon, les Érinnyes, auxiliaires de la Justice, sauront bien le découvrir.

95 — Mieux vaut dissimuler son ignorance; mais la chose est difficile, si l'esprit se relâche et dans les beuveries.

96 — Les morts sont à rejeter plus encore que le fumier.

97 — Les chiens aboient après ceux qu'ils ne connaissent pas.

98 — Les âmes flairent dans l'Hadès.

99 — Sans le soleil, et malgré les autres astres, on aurait la nuit.

101 — Je me suis cherché moi-même.

101 *a* — Les yeux sont de meilleurs témoins que les oreilles.

102 — Pour Dieu, tout est beau et bon et juste; les hommes tiennent certaines choses pour justes et d'autres pour injustes.

103 — Dans la circonférence d'un cercle, le commencement et la fin se confondent.

104 — Quel est leur esprit ou leur compréhension? ils font confiance à des aèdes de carrefour et prennent comme maître la foule, car ils ne savent pas que la majorité des hommes est mauvaise, qu'il n'y a de bon qu'une minorité.

107 — Ce sont des mauvais témoins pour les hommes que les yeux et les oreilles, quand ils ont des âmes barbares.

108 — Aucun de tous ceux que j'ai entendus n'est arrivé à savoir que ce qui est sage est séparé de toutes choses.

109 — Mieux vaut cacher son ignorance.

110 — Il n'en vaudrait pas mieux pour les hommes qu'arrivât ce qu'ils désirent.

111 — C'est la maladie qui rend la santé agréable; le mal qui engendre le bien; c'est la faim qui fait désirer la satiété, et la fatigue le repos.

112 — La pensée est la plus haute vertu; et la sagesse consiste à dire des choses vraies et à agir selon la nature, en écoutant sa voix.

113 — La pensée est commune à tous.

114 — Ceux qui parlent avec intelligence doivent s'appuyer sur l'intelligence commune à tous, comme une cité sur la loi, et même beaucoup plus fort. Car toutes les lois humaines sont nourries par une seule loi divine, qui domine tout, autant qu'il lui plaît, suffit en tout et surpasse tout.

115 — À l'âme appartient le λόγος, qui s'augmente lui-même.

116 — À tous les hommes, il est accordé de se connaître eux-mêmes et de faire preuve de sagesse.

117 — L'homme ivre titube et se laisse conduire par un jeune enfant; c'est qu'il ne sait où il va et que son âme est humide.

118 — Où la terre est sèche, l'âme est aussi la plus sage et la meilleure.

119 — Pour chaque homme, son caractère est son daimone.

120 — De l'aurore et du soir les limites sont l'Ourse et, en face de l'Ourse, le gardien de Zeus sublime (l'Arcture).

121 — Les Éphésiens adultes méritent tous la mort; leurs enfants méritent tous d'être expulsés de la cité, puisqu'ils ont chassé Hermodôre, le meilleur d'entre eux, en disant: «qu'aucun d'entre nous ne soit le meilleur; s'il y en a un, qu'il aille vivre ailleurs et avec d'autres.»

123 — La nature aime à se dérober à nos yeux.

124 — Le plus bel arrangement est semblable à un tas d'ordures rassemblées au hasard.

125 — Même un breuvage se décompose, si on ne l'agite pas.

125 *a* — Puisse, ô Éphésiens, la fortune ne vous manquer jamais, afin d'être bien convaincus de votre méchante conduite.

126 — Le froid devient chaud, le chaud froid, l'humide sec et le sec humide.

Signification de la «Phusis»
(1935)

MARTIN HEIDEGGER
(1889-1976)

Si la nature est l'objet d'une passion fervente, elle est aussi l'objet d'une crainte. Du fait, bien sûr, de ses désordres, mais aussi de l'ordre technologique lui-même mis en place pour l'apprivoiser. Car, l'image d'une nature chaotique et menaçante souvent mise en avant par celui-ci n'est pas neutre. Elle a tendance à servir d'instrument pour justifier ou faire oublier les propres désordres engendrés par la maîtrise technologique de la nature.

Selon Heidegger, non seulement l'emprise de cette maîtrise technologique a conduit à faire de la nature l'autre de l'homme, non seulement, également, elle a abouti à réduire celle-ci pour en faire un système de forces organisé selon la loi d'un déterminisme causal, mais elle a pénétré la langue elle-même et débouché sur le fait que celle-ci, quand elle parle de la nature, ne parle plus sa langue, mais la langue de ce pouvoir technologique. Si bien que, en croyant parler d'elle, nous sommes en réalité parlés par autre chose. Cet autre chose, Heidegger le désigne sous le nom d'oubli de l'Être, qui est l'expression du langage de la violence dans la violence inconsciente du langage. D'où son travail sur l'étymologie, afin de retrouver, par-delà le poids de l'histoire et de ses déformations, une expression parlante de la nature qui, selon lui, est fondamentalement parlante, et non muette comme le laisse supposer le parlé du pouvoir technologique.

Ce travail effectué par Heidegger nous ramène aux présocratiques, lorsque celui-ci décèle avant tout la tentative inouïe d'envisager la nature comme parlante, au sens ou celle-ci (Phusis) est le Logos. Aussi se refuse-t-il à considérer cette école présocratique comme une science primitive balbutiante ou comme une science achevée et éternelle. Car, ce sont là deux façons de gommer la singularité de la pensée présocratique, qui réside, en l'occurrence, dans le fait d'avoir eu un rapport parlant à la nature considérée comme parlante et d'avoir, par là même, rendu possible une pensée sur son sens.

Source : Martin Heidegger, *Introduction à la métaphysique*, trad. Gilbert Kahn, Paris, Gallimard, 1985, p. 25 à 28.

Bibliographie : Michel Haar, *Heidegger*, Les Cahiers de l'Herne, Paris, 1983.

[...] A L'ÉPOQUE DU PREMIER ET DÉCISIF déploiement de la philosophie occidentale chez les Grecs, par lequel le questionner sur l'étant comme tel prit son véritable départ, on nommait l'étant φύσις *(phusis)*. Ce mot de base des Grecs pour l'étant, on a coutume de le traduire par « nature ». On utilise la traduction latine *natura*, ce qui signifie proprement « naître », « naissance ». Mais, par cette traduction latine, on s'est déjà détourné du contenu originaire du mot grec φύσις *(phusis)*, l'authentique force d'appellation philosophique du mot grec est détruite. Cela ne vaut pas seulement pour la traduction latine de *ce* mot, mais pour toutes les autres traductions de la langue philosophique grecque en « romain ». Cette traduction du grec en romain n'est pas indifférente ni anodine, c'est au contraire la première étape d'un processus de fermeture et d'aliénation de ce qui constitue l'essence originaire de la philosophie grecque. La traduction romaine fit ensuite autorité pour le christianisme et le Moyen Âge chrétien. Celui-ci se transmit dans la philosophie moderne, qui se meut dans le monde des concepts du Moyen Âge, et crée alors les idées et notions courantes qu'on emploie aujourd'hui encore pour se rendre compréhensible le commencement de la philosophie occidentale. Ce commencement est considéré comme quelque chose que les gens d'aujourd'hui sont censés avoir dépassé et laissé depuis longtemps derrière eux.

Mais il s'agit maintenant pour nous de sauter par-dessus ce processus de déformation et de dégradation, et de chercher à reconquérir la force d'appellation intacte de la langue et des mots ; car les mots et la langue ne sont pas de petits sachets dans lesquels les choses seraient simplement enveloppées pour le trafic des paroles et des écrits. C'est seulement dans le mot, dans la langue, que les choses deviennent et sont. C'est pourquoi aussi le mauvais usage de la langue dans le simple bavardage, dans les slogans de la phraséologie, nous fait perdre la relation authentique aux choses. Or, que dit le mot φύσις *(phusis)?* Il dit ce qui s'épanouit de soi-même (par exemple l'épanouissement d'une rose), le fait de se déployer en s'ouvrant et, dans un tel déploiement, de faire son apparition, de se tenir dans cet apparaître et d'y demeurer, bref il dit la perdominance perdurant dans un s'épanouir. Selon le dictionnaire, φύειν *(phuein)* veut dire croître, faire croître. Mais que signifie croître ? Cela désigne-t-il seulement le fait de s'agrandir selon la quantité, de devenir plus, et plus grand ?

La φύσις *(phusis)* conçue comme épanouissement peut être partout, par exemple dans les phénomènes célestes, dans la houle marine, dans la croissance des plantes, dans la sortie de l'animal et de l'homme du ventre de leur mère. Mais φύσις *(phusis)*, la perdominance de ce qui s'épanouit, ne signifie pas seulement ces phénomènes que nous attribuons aujourd'hui encore à la « nature ». Cet épanouissement, ce se tenir-en-soi-vers-le-dehors, cela ne peut être considéré comme un processus observé parmi d'autres, dans l'étant. La φύσις *(phusis)* est l'être même, grâce auquel l'étant devient observable.

Les Grecs n'ont pas commencé par apprendre des phénomènes naturels ce qu'est la φύσις *(phusis)*, mais inversement : c'est sur la base d'une expérience fondamentale poétique et pensante *(dichtenddenkend)* de l'être, que s'est ouvert à eux ce qu'ils ont dû nommer φύσις *(phusis)*. Ce n'est que sur la base de cette ouverture qu'ils purent être à même de comprendre la nature au sens restreint. φύσις désigne donc originairement aussi bien le ciel que la terre, aussi bien la pierre que la plante, aussi bien l'animal que l'homme, et l'histoire humaine en tant qu'œuvre des hommes et des dieux, enfin, et en premier lieu, des dieux mêmes dans le pro-destin. φύσις *(phusis)* désigne la perdominance de ce qui s'épanouit, et le demeurer *(Währen)* per-dominé *(durchwaltet)* par cette perdominance. Dans cette perdominance qui perdure dans l'épanouissement se trouvent inclus aussi bien le «devenir» que «l'être» au sens restreint de la persistance immobile. φύσις *(phusis)* est la *venue au jour*, la *pro-sistance (Ent-stehen)*, le fait de s'é-mettre *(sich herausbringen)* hors du latent *(das Verborgene)*, et par là de porter celui-ci à stance *(in den Stand bringen)*.

Mais si, comme il arrive le plus souvent, on ne comprend pas φύσις *(phusis)* dans le sens originaire de perdominance de ce qui s'épanouit et perdure, mais dans le sens ultérieur et actuel de nature, et si l'on pose en outre que la nature se manifeste fondamentalement par les mouvements des choses matérielles, des atomes, des électrons, c'est-à-dire par ce que la physique moderne soumet à ses investigations comme «physis», alors la philosophie originaire des Grecs devient une philosophie de la nature, une représentation de toutes choses, selon laquelle elles sont proprement de nature matérielle. Le commencement de la philosophie grecque fait alors — et c'est tout à fait conforme à l'idée que le sens commun se fait d'un commencement — l'impression de quelque chose de primitif, comme nous disons encore d'après le latin. Les Grecs deviennent ainsi en somme une espèce un peu améliorée de Hottentots, et par rapport à eux la science moderne est infiniment avancée. Abstraction faite de toutes les absurdités qui se trouvent dans cette façon de concevoir l'origine de la philosophie occidentale comme quelque chose de «primitif», il faut remarquer de cette interprétation oublie qu'il s'agit de la philosophie, qui appartient aux rares grandes choses de l'homme. Or tout ce qui est grand ne peut commencer que grand. C'est même toujours son commencement qui est le plus grand. Ce qui commence petit, c'est seulement le petit, dont la grandeur douteuse consiste à tout rapetisser; ce qui commence petit, c'est la décadence, qui à son tour peut devenir grande au sens de la démesure de l'anéantissement total.

Ce qui est grand commence grand, ne se maintient dans sa persistance que par un libre retour de la grandeur, et, si c'est grand, finit aussi dans la grandeur. Il en est ainsi de la philosophie des Grecs. Elle a fini dans la grandeur avec Aristote. Seul le sens commun et l'homme médiocre s'imaginent que ce qui est grand devrait durer indéfiniment, et en outre identifient cette durée avec l'éternel.

Nature et rêverie
(1960)

GASTON BACHELARD
(1884-1962)

L'œuvre de Bachelard possède deux faces, comme l'a fait remarquer Dominique Lecourt (Bachelard, le jour et la nuit, *Grasset, 1975*), *une face diurne et une face nocturne. La face diurne est celle de la raison et de l'action, de la maîtrise du monde comme de soi-même. La face nocturne est celle du rêve et de la poésie, du cœur et du sentiment.*

Si, pour Bachelard, la raison ne peut se déployer que contre l'expérience et la séduction des images suscitées par elle, le rêve, lui, ne peut se déployer que grâce à elle. Car, c'est en s'imprégnant de matière que non seulement le langage vient à naître, mais que l'âme vient à apparaître.

Pourquoi ce lien entre matière et âme, alors que traditionnellement depuis Platon on tend plutôt à les opposer ? Parce que, avant tout, la matière a de fait une âme. Comme l'indique le langage, l'âme renvoie, en effet, à ce qui est animé, c'est-à-dire doué de mouvement. Aussi n'est-il pas étonnant que tout ce qui est doué de mouvement ou de repos éveille une image, une rêverie et finalement une âme. Bachelard a ainsi montré toutes les rêveries que pouvaient susciter la terre avec son mouvement et son repos, mais aussi l'air, l'eau ou le feu. Toutefois, si la matière animée possède une dynamique qui vient naturellement nous émouvoir et provoquer ces mouvements de l'âme que sont les émotions et les sentiments, l'inverse n'en est pas moins vrai. L'âme n'est pas séparable d'une matière, au sens où toute émotion recherche un mouvement matériel pour pouvoir se transporter mais aussi transporter. C'est par le *monde qu'elle crée* son *monde. Aussi s'articule-t-elle de façon privilégiée sur les mouvements de la nature, dans lesquels il lui semble trouver la réplique de ce qu'elle possède en elle. Mais aussi, sur les mouvements du corps, dont la sexualité porte tout le mouvement de la vie. On comprend dès lors que l'âme et la matière ne soient pas simplement associées entre elles, mais qu'elles soient toutes deux intimement liées au langage. Car, le sens de la métaphore qui en est le fond n'est-il pas de transporter ?*

Il semble donc, qu'il faille peut-être corriger quelque peu l'image dualiste que Bachelard nous offre de son œuvre. Certes, s'il est vrai qu'il s'est toujours gardé de confondre science et poésie, son analyse du mouvement qui ne cesse d'induire des effets dans l'âme et dans le langage ouvre sur une fascinante unité de la nature et du langage mise en évidence par la poésie, qui semble être bien autre chose qu'un simple effet de langage.

Source : Gaston Bachelard, *la Poétique de la rêverie*, Paris, P.U.F., 1968, 4e édition, p. 11 à 14, p. 60 à 63.

Bibliographie : Dominique Lecourt, *Bachelard, le jour et la nuit*, Grasset, 1975.

Introduction

Les métaphysiciens parlent souvent d'une « ouverture au monde ». Mais à les entendre, il semble qu'ils n'aient qu'un rideau à tirer pour se trouver d'un coup, en une seule illumination, en face du Monde. Que d'expériences de métaphysique concrète nous aurions si nous donnions plus d'attention à la rêverie poétique. S'ouvrir au Monde objectif, entrer dans le Monde objectif, constituer un Monde que nous tenons pour objectif, longues démarches qui ne peuvent être décrites que par la psychologie positive. Mais ces démarches pour constituer à travers mille rectifications un monde stable nous font oublier l'éclat des ouvertures premières. La rêverie poétique nous donne le monde des mondes. La rêverie poétique est une rêverie cosmique. Elle est une ouverture à un monde beau, à des mondes beaux. Elle donne au moi un non-moi qui est le bien du moi ; le non-moi mien. C'est ce non mien qui enchante le moi du rêveur et que les poètes savent nous faire partager. Pour mon moi rêveur, c'est ce *non-moi mien* qui me permet de vivre ma confiance d'être au monde. En face d'un monde réel, on peut découvrir en soi-même l'être du souci. Alors on est jeté dans le monde, livré à l'inhumanité du monde, à la négativité du monde, le monde est alors le néant de l'humain. Les exigences de notre fonction du réel nous obligent à nous adapter à la réalité, à nous constituer comme une réalité, à fabriquer des œuvres qui sont des réalités. Mais la rêverie, dans son essence même, ne nous libère-t-elle pas de la fonction du réel ? Dès qu'on la considère en sa simplicité, on voit bien qu'elle est le témoignage d'une *fonction de l'irréel,* fonction normale, fonction utile, qui garde le psychisme humain, en marge de toutes les brutalités d'un non-moi hostile, d'un non-moi étranger.

Il est des heures dans la vie d'un poète où la rêverie assimile le réel lui-même. Ce qu'il perçoit est alors assimilé. Le monde réel est absorbé par le monde imaginaire. Shelley nous livre un véritable théorème de la phénoménologie quand il dit que l'imagination est capable « de nous faire créer ce que nous voyons »[1]. En suivant Shelley, en suivant les poètes, la phénoménologie de la perception elle-même doit céder la place à la phénoménologie de l'imagination créatrice.

Par l'imagination, grâce aux subtilités de la fonction de l'irréel, nous rentrons dans le monde de la confiance, le monde de l'être confiant, le propre monde de la rêverie. Nous donnerons par la suite bien des exemples de ces rêveries cosmiques qui lient le rêveur et son monde. Cette union s'offre d'elle-même à l'enquête phénoménologique. La connaissance du monde réel demanderait des recherches phénoménologiques complexes. Les mondes rêvés, les mondes de la rêverie diurne, en bon éveil, relèvent d'une phénoménologie vraiment élémentaire. Et c'est ainsi que nous en sommes venu à penser que c'est avec la rêverie qu'il faut apprendre la phénoménologie.

La rêverie cosmique, telle que nous l'étudierons, est un phénomène de la solitude, un phénomène qui a sa racine dans l'âme du rêveur. Elle n'a pas besoin d'un désert pour s'établir et croître. Il suffit d'un prétexte — non d'une cause — pour que nous nous mettions « en situation de solitude », en situation de solitude rêveuse. Dans cette solitude, les souvenirs eux-mêmes s'établissent en tableaux. Les décors priment le drame. Les tristes souvenirs prennent du moins la paix de la mélancolie. Et cela encore met une différence entre la rêverie et le rêve. Le rêve reste surchargé des passions mal vécues dans la vie du jour. La solitude dans le rêve nocturne a toujours une hostilité. Elle est étrange. Ce n'est pas vraiment *notre* solitude.

Les rêveries cosmiques nous écartent des rêveries de projets. Elles nous placent dans un monde et non pas dans une société. Une sorte de stabilité, de tranquillité, appartient à la rêverie cosmique. Elle nous aide à échapper au temps. C'est un *état*. Allons au fond de son essence : c'est un état d'âme. Nous disions, dans un livre antérieur, que la poésie nous apporte des documents pour une *phénoménologie de l'âme*. C'est toute l'âme qui se livre avec l'univers poétique du poète.

À l'esprit reste la tâche de faire des systèmes, d'agencer des expériences diverses pour tenter de comprendre l'univers. À l'esprit convient la patience de s'instruire tout le long du passé du savoir. Le passé de l'âme est si loin ! L'âme ne vit pas au fil du temps. Elle trouve son repos dans les univers que la rêverie imagine.

Nous croyons donc pouvoir montrer que les images cosmiques appartiennent à l'âme, à l'âme solitaire, à l'âme principe de toute solitude. Les idées s'affinent et se multiplient dans le commerce des esprits. Les images, dans leur splendeur, réalisent une très simple communion des âmes. Deux vocabulaires devraient être organisés pour étudier, l'un le savoir, l'autre la poésie. Mais ces vocabulaires ne se correspondent pas. Il serait vain de

1. La formule de Shelley pourrait être donnée comme la maxime fondamentale d'une phénoménologie de la peinture. Il faut une tension plus grande pour l'appliquer à une phénoménologie de la poésie.

dresser des dictionnaires pour traduire une langue dans une autre. Et la langue des poètes doit être apprise directement, très précisément comme le langage des âmes.

Sans doute, on pourrait demander à un philosophe qu'il étudiât cette communion des âmes dans des domaines plus dramatiques, en engageant des valeurs humaines ou surhumaines qui passent pour plus importantes que les valeurs poétiques. Mais les grandes expériences d'âme gagnent-elles à être proclamées ? Ne peut-on se confier à la profondeur de tout « retentissement » pour que chacun, lisant des pages sensibles, participe à sa manière à l'invitation d'une rêverie poétique ? Nous croyons quant à nous — nous l'expliquerons dans un chapitre de ce livre — que l'enfance anonyme révèle plus de chose sur l'âme humaine que l'enfance singulière, prise dans le contexte d'une histoire familiale. L'essentiel, c'est qu'une image touche juste. On peut espérer alors qu'elle prendra le chemin de l'âme, qu'elle ne s'embarrassera pas dans les objections de l'esprit critique, qu'elle ne sera pas arrêtée par la lourde mécanique des refoulements. Comme c'est simple de retrouver son âme à fond de rêverie ! La rêverie nous met en état d'âme naissante.

Ainsi, dans notre étude modeste des plus simples images, notre ambition philosophique est grande. C'est de prouver que la rêverie nous donne le monde d'une âme, qu'une image poétique porte témoignage d'une âme qui découvre son monde, le monde où elle voudrait vivre, où elle est digne de vivre.

Rêveries sur la rêverie

Si nous sommes réticents devant l'emploi de la dialectique *animus-anima* en psychologie courante, nous ne cessons d'éprouver son efficacité quand nous suivons Jung dans ses études des grandes rêveries cosmiques de l'alchimie. Tout un champ de rêveries qui pensent et de pensées qui rêvent est ouvert, avec l'alchimie, au psychologue qui veut saisir les principes d'un *animisme studieux*. L'animisme de l'alchimiste ne se contente pas de s'exposer en des hymnes généraux sur la vie. Les convictions animistes de l'alchimiste ne sont pas centrées sur une participation immédiate comme pour l'animisme naïf, naturel. L'animisme studieux est ici un animisme qui s'expérimente, qui se multiplie en d'innombrables expériences. Dans son laboratoire, l'alchimiste met ses rêveries en expérience.

Dès lors, la langue de l'alchimie est une langue de la rêverie, la langue maternelle de la rêverie cosmique. Cette langue, il faut l'apprendre comme elle a été rêvée, dans la solitude. *On n'est jamais si seul que lorsqu'on lit un livre d'alchimie.* On a l'impression qu'on est « seul au monde ». Et aussitôt on rêve le monde, on parle le langage des commencements du monde.

Pour retrouver de tels songes, pour comprendre un tel langage, il faut bien prendre soin de désocialiser les termes du langage quotidien. Un renversement doit alors être fait pour donner pleine réalité à la métaphore. Que d'exercices pour un rêveur de mots ! La métaphore est alors une origine, l'origine d'une image qui agit directement, immédiatement. Si le Roi et la Reine, dans une rêverie alchimiste, viennent assister à la formation d'une substance, ils ne viennent pas seulement présider à un mariage des éléments. Ils ne sont pas simplement des emblèmes pour la grandeur de l'œuvre. Ils sont vraiment les majestés du masculin et du féminin au travail pour une création cosmique. D'un coup, nous sommes transportés au sommet de l'animisme différencié. Dans leurs grandes actions, le masculin et le féminin vivants sont reine et roi.

Sous le signe de la double couronne du roi et de la reine, tandis que le roi et la reine croisent leur fleur de lys, s'unissent les forces féminines et masculines du cosmos. Reine et Roi sont des souverains sans dynastie. Ils sont deux puissances conjointes, sans réalité si on les isole. Le Roi et la Reine des alchimistes sont l'*Animus* et l'*Anima* du Monde, figures agrandies de l'*animus* et de l'*anima* de l'alchimiste songeur. Et ces principes sont tout proches dans le monde comme ils sont proches en nous.

Dans l'alchimie, les conjonctions du masculin et du féminin sont complexes. On ne sait jamais bien à quel niveau se font les unions. Bien des textes reproduits par Jung disent autant de moments de l'incestuosité. Qui nous aidera à réaliser toutes les nuances des rêveries alchimiques, dans un travail des genres, quand il est parlé de l'union du frère et de la sœur, d'Apollon et de Diane, du Soleil et de la Lune? Quel agrandissement des expériences du laboratoire quand on peut mettre l'œuvre sous le signe de si grands noms, quand on peut mettre les affinités des matières sous le signe des parentés les plus chères! Un esprit positif — quelque historien de l'alchimie voulant trouver, sous les textes d'exaltation, des rudiments de science — ne cessera de «réduire» le langage. Mais de tels textes ont été vivants par leur langage. Et le psychologue ne peut pas s'y tromper, le langage de l'alchimiste est un langage passionné, un langage qui ne peut être compris que comme le dialogue d'une *anima* et d'un *animus* unis dans l'âme d'un rêveur.

Une immense rêverie de mots traverse l'alchimie. Ici se révèlent, dans leur toute-puissance, le masculin et le féminin des mots donnés aux êtres inanimés, aux matières originelles.

Quelle action pourraient avoir les corps et les substances s'ils n'étaient pas nommés, en un surcroît de dignité où les noms communs deviennent des noms propres? Rares seront les substances à la sexualité versatile: elles ont un rôle qu'un sexologue averti pourrait élucider. En tout cas l'*animus* a son vocabulaire, l'*anima* a le sien. Tout peut naître de l'union de deux vocabulaires quand on suit les rêveries de l'être parlant. Les choses, les matières, les astres doivent obéir au prestige de leur nom.

Ces noms ce sont des louanges ou des mépris, presque toujours des louanges. De toute façon, le vocabulaire de l'imprécation est plus court. L'imprécation brise la rêverie. Dans l'alchimie, elle signe un échec. Quand il faut éveiller les puissances de la matière, la louange est souveraine. Souvenons-nous que la louange a une action magique. C'est évident en psychologie des hommes. Il doit donc en être de même dans une psychologie de la matière qui donne aux substances des forces et des désirs humains. Dans son livre: *Servius et la fortune,* Dumézil écrit (p. 67): «Ainsi couvert de louanges, Indra se mit à croître.»

La matière à laquelle on parle comme il est de règle quand on la malaxe, se gonfle sous la main du travailleur. Elle accepte, cette *anima,* les flatteries de l'*animus* qui la fait sortir de sa torpeur. Les mains rêvent. De la main aux choses toute une psychologie se déploie. Dans cette psychologie les idées claires ont un faible rôle. Elles restent vraiment dans le pourtour, suivant, comme dit Bergson, le pointillé de nos actions habituelles. Pour les choses, comme pour les âmes, le mystère est à l'intérieur. Une rêverie d'intimité — d'une intimité toujours humaine — s'ouvre pour qui entre dans les mystères de la matière.

Si examinant actuellement les livres alchimiques, on ne reçoit pas toutes les résonances de la rêverie parlée, on risque d'être victime d'une objectivité transposée. Il faut craindre en effet de donner à des substances conçues comme sourdement animées le statut du monde inanimé de la science d'aujourd'hui. On doit donc sans cesse reconstituer le complexe d'idées et de rêveries. Pour cela, il convient de lire deux fois tout livre d'alchimie, en historien des sciences et en psychologue. Jung a heureusement choisi le titre de son étude: *Psychologie und Alchemie.* Et la psychologie de l'alchimiste est celle de rêveries qui s'efforcent de se constituer en expériences sur le monde extérieur. Un double vocabulaire doit être établi entre rêverie et expérience. L'*exaltation* des noms de substance est le préambule des expériences sur les substances «exaltées». L'or alchimique est une réification d'un étrange besoin de royauté, de supériorité, de domination qui anime l'*animus* de l'alchimiste solitaire. Ce n'est pas pour un usage social lointain que le rêveur veut de l'or, c'est pour un usage psychologique *immédiat*, pour être roi dans la majesté de son *animus*. Car l'alchimiste est un rêveur qui veut, qui jouit de vouloir, qui se magnifie dans son «vouloir grand». En invoquant l'or — cet or qui va naître dans la cave du rêveur — l'alchimiste demande à l'or, comme on demandait jadis à Indra, de «faire vigueur». Et c'est ainsi que la rêverie alchimiste détermine un psychisme vigoureux. Ah! combien cet «or» est masculin!

Et les mots vont devant, toujours devant, attirant, entraînant, encourageant — clamant à la fois l'espérance et l'orgueil. La rêverie parlée des substances appelle la matière à la naissance, à la vie, à la spiritualité. La *littérature* est ici directement agissante. Sans elle, tout s'éteint, les faits perdent l'auréole de leurs valeurs.

Et c'est ainsi que l'alchimie est une science *solennelle*. En toutes ses méditations, l'*animus* de l'alchimiste vit dans un monde de solennité.

Nature et alchimie
(1966)

MICHELINE SAUVAGE
(née en 1924)

L'alchimie a souvent été considérée par les philosophes comme un obstacle épistémologique ou bien uniquement pour sa valeur poétique. Dans le texte proposé ici, Micheline Sauvage, à qui on doit des études sur Parménide, Socrate, Calderón et Don Juan, nous invite à aller au-delà de cette approche. Car, selon elle, deux choses incitent à voir dans l'alchimie autre chose qu'une chimie errante ou une poétique déguisée. En premier lieu, il y a dans le geste alchimique de vouloir libérer la matière afin d'en faire de l'or, une volonté de santé aspirant à s'affranchir de la souffrance. Une telle volonté est philosophique. Car, faut-il rappeler que la sagesse est cet art qui consiste à guérir des passions et que, philosopher, c'est toujours, comme l'a montré Nietzsche, interpréter et diagnostiquer les choses afin de faire advenir «une grande santé». Par ailleurs, en posant que la connaissance est double et non une, du fait de son versant positif et de son versant philosophique, il semble que l'alchimie ait une sagesse que la science n'a pas, puisqu'elle ne sait pas ou elle ne sait plus intégrer la positivité du savoir dans une quête plus globale de santé et de vie.

Source: Micheline Sauvage, *l'Aventure philosophique*, Paris, Buchet-Chastel, 1966, p. 244 à 246.

L'ŒUVRE PHILOSOPHALE bouscule un peu nos idées sur l'œuvre philosophique; c'est pourquoi il est dommage qu'il se soit fait oublier de ceux qui font métier de parler sur la philosophie... L'alchimie n'est pas seulement «un symbolisme utilisé pour dévoiler analogiquement le processus de la réalisation spirituelle », mais le processus de la réalisation spirituelle est alchimique. Qu'elle soit des métaux ou de l'homme, l'imperfection est la même, et aussi la médecine qui la guérit... Philosophe, l'alchimiste l'est parce que, ayant commencé comme tout homme mortel par l'expérience du mal et de la souffrance, c'est-à-dire de la *maladie* dans l'être manifesté ou créé, il a résolu de chercher la sagesse libératrice en étudiant la Nature. Et si à la « Philosophie » nulle autre science ne peut être comparée, c'est qu'elle est la science du bonheur, c'est-à-dire de la *santé* au sens unitaire de la sagesse qui ne distingue point le physique du métaphysique ou du moins, lorsqu'elle les distingue, tient que le chemin du second passe par le premier.

Science inséparable d'un art — de l'Art — en tant qu'elle épouse par la connaissance le processus générateur de la réalité vivante, lequel est spirituel. Ainsi, l'Alchimie assure encore, comme toute sagesse, l'unité du savoir et de la pratique. C'est une *praxis*.

Dans un curieux dialogue de son *Traité du Soulphre*, non dépourvu par moments d'une fugitive saveur platonicienne, Sendigovius décrit allégoriquement la captivité et la libération du deuxième principe. Le Soufre (donc l'Âme) est en prison, retenu dans des chaînes à la garde de geôliers. Mais il ne l'a pas toujours été, et la liberté qui fut sienne est susceptible de lui être rendue par ceux-là qui sont dans l'amitié de sa mère, laquelle est avec Hermès « une même chose »... Il y a eu de ces fils d'Hermès libérateur du Soufre, un grand nombre depuis le début des temps, parmi lesquels plusieurs rois et princes... et, ajoute Sendivogius, « beaucoup d'autres Sages, tels qu'estoient en ces temps-là Aristote, Avicenne et autres ». Tous ceux-là ont su délier les liens qui tiennent le Soufre captif et, pour prix de cette œuvre libératrice, ils ont reçu en partage le Royaume repris à ses gardes vaincus par le Soufre délivré. Or en ce royaume est le Miroir universel, où se voit comment toutes choses ont été faites, et s'apprennent « les trois parties de la sapience de tout le monde »; c'est ainsi qu'Aristote, Avicenne et plusieurs autres, aussi bien que leurs prédécesseurs, sont devenus « très savants en ces trois règnes », l'animal, le végétal et le minéral.

La permanence de l'alchimie signifie le maintien et la sauvegarde de ce que nous avons perdu en perdant les anciennes sagesses, et que des sagesses nouvelles projettent de restaurer par d'autres voies que la sienne: une anthropo-cosmologie qui soit en même temps un art de vivre. L'alchimie n'est pourtant pas une simple survivance anhistorique de la philosophie hermétique. Car elle ne peut pas ignorer l'inexorable progrès subséquent de la division du savoir et ce qui s'ensuit. C'est pourquoi elle admet qu'il y a en dehors d'elle une autre science, précieuse et adulée pour les techniques de puissance extérieure qu'elle permet; à cette autre science, à cette science des faits, elle s'oppose alors elle-même comme science des causes ou philosophie. Descartes, qui ne reconnaissait qu'un seul chemin de perfection pour le savoir, ne connaissait aussi qu'une seule voie pour rendre l'homme « maître et possesseur de la Nature ». L'alchimie a dû en reconnaître deux. Elle ignore si peu désormais le fait sans précédent de la science moderne qu'elle va parfois jusqu'à accepter d'effacer sa propre *science* devant l'autre, pour revendiquer alors comme sienne une connaissance d'autre sorte, « esthétique » plutôt que physique, et située « à mi-chemin entre la poésie et les mathématiques[1] »; ce qui est prendre acte, imprudemment peut-être, de la multiplicité et du cloisonnement dont nous souffrons justement par manque de sagesse.

Toutefois, même lorsqu'elle accepte cet effacement, l'alchimie ne cesse de proclamer,

1. Gaston Bachelard, *la Psychanalyse du feu*, Paris, Gallimard, 1949, p. 10.

face à ce qu'elle nomme volontiers la science officielle, la réalité et l'universalité de son propre savoir. La science philosophale est une figure de cette science universelle qui a défini la philosophie presque jusqu'à nos jours. Hegel marie l'*homo socraticus* avec l'*homo aristotelicus* en un nouvel avatar du philosophe, pour lequel l'universalité du savoir passe par la réflexivité et la conscience de soi. La philosophie chimique qui compte Aristote parmi les fils d'Hermès, tente de marier ce même *homo aristotelicus* avec le sage hermétique. D'où son ésotérisme, auquel Hegel, dans sa Préface à la *Phénoménologie de l'Esprit,* oppose l'exotérisme de la science universelle selon sa propre conception, « science ouverte à tous et égale pour tous », qui ne s'atteint pas par la libération du Soufre, mais où s'accomplit le destin de l'Esprit.

NATURE ET SCIENCE

La Nature ne fait rien en vain

(IVe siècle av. J.-C.)

ARISTOTE
(384-322 av. J.-C.)

Ainsi que l'a montré Heidegger, c'est avec Aristote qu'est née la science moderne de la nature. Pourquoi? Parce que c'est à lui qu'on doit la première définition claire des conditions de l'esprit scientifique. Les pré-socratiques avaient, en effet, ouvert le domaine de possibilité de la connaissance en soutenant que le Logos gouverne toutes choses. Aristote a tiré de cet énoncé l'idée que la nature ne fait rien en vain. Idée essentielle, car, n'est-ce pas le fait de dire qu'il n'y a pas de hasard, qui éveille la pensée et qui incite à s'interroger sur les causes des phénomènes?

Paul Mouy rappelle, dans son Manuel de Logique *(Hachette, 1963), que le déterminisme scientifique repose sur trois principes fondamentaux: le refus de la fatalité* « non datur fatum », *le refus du hasard* « non datur casus » *et le refus des sauts* « non facit saltus ». *On comprend donc l'importance de la démarche aristotélicienne. En concevant en effet l'action nécessaire de la nature en toutes choses, celle-ci a contribué à faire émerger l'esprit scientifique, dont le propre est de soutenir qu'il y a une raison à ce qui arrive, la nature n'étant pas un pur désordre.*

*Toutefois, comme l'a souligné Bachelard, l'analyse de l'histoire des sciences fait apparaître que bien souvent les organes de la connaissance ont été des obstacles. Ainsi, le refus du hasard, s'il permet de penser et de faire penser, peut aboutir au travers de « trop penser » et de prêter aux choses des intentions cachées dépourvues de tout fondement. Si bien que, au bout du compte, on aboutit à la thèse absurde consistant à faire d'un effet la cause d'une cause. Comme l'a indiqué Spinoza dans l'appendice de la partie I de l'*Éthique *(voir* infra), *ce n'est pas parce que les dents permettent de croquer une pomme qu'il faut en conclure qu'elles ont été faites dans ce but.*

Les excès du finalisme et en particulier ses conséquences anthropomorphiques ont fait *l'objet de larges critiques. Peut-on toutefois se passer de toute finalité ? Rien n'est moins sûr. Si, en effet, celle-ci est critiquable lorsqu'elle apparaît sous la forme d'un plan prédéterminant toutes choses, sous forme de finalité interne elle ne l'est pas. Car, quand on dit, par exemple, que la vie n'a pas d'autre raison d'être que d'être, n'est-ce pas une façon de dire que la vie n'a pas de finalité parce que celle-ci est tout entière donnée dans le fait même de vivre ? Pour dire comme le grand mystique du XVIIe siècle Angelus Silesius, que Heidegger aime souvent citer : « La rose n'a pas de pourquoi », ne faut-il pas que la rose possède la finalité interne d'être afin de pouvoir être ainsi « pour rien » ?*

Aussi la méditation d'Aristote sur la finalité de la nature n'est-elle pas un archaïsme de la pensée. Car, comprise à la lumière de l'Être, elle incite à voir que la nature ne fait rien en vain, étant donné qu'elle fait tout pour être. Toutefois, il n'en demeure pas moins que, dans sa formulation même, celle-ci inscrit un écart décisif vis-à-vis de la pensée présocratique. Car, ainsi que l'a fait remarquer Heidegger, avec la démarche aristotélicienne quelque chose se tait. Le « parlant » de la nature recueilli par une approche poétique fait place au « parlé » de la science et à son discours causal.

Source : Aristote, *Physique*, Livre II, 192 b, 193 b, 194 b, d'après la traduction d'Henri Carteron, 1926, Paris, Les Belles Lettres, 1973, p. 59 à 62 et p. 65 ; *Traité sur les parties des animaux*, Livre I, 639 b, 641 a, d'après la traduction de J.-M. Le Blond, 1945, Paris, Aubier, 1945.

Bibliographie : G.G. Granger, *la Théorie aristotélicienne de la science*, Paris, Aubier, 1976 ; A. Mansion, *Introduction à la physique d'Aristote*, Paris-Louvain, 1962 ; P. Pellegrin, *la Classification des animaux chez Aristote*, Paris, Les Belles Lettres, 1983.

Physique

Livre II

Définition de la nature

Parmi les êtres, en effet, les uns sont par nature, les autres par d'autres causes ; par nature, les animaux et leurs parties, les plantes et les corps simples, comme terre, feu, eau, air ; de ces choses, en effet, et des autres de même sorte, on dit qu'elles sont par nature. Or, toutes les choses dont nous venons de parler diffèrent manifestement de celles qui n'existent pas par nature ; chaque être naturel, en effet, a en soi-même un principe de mouvement et de fixité, les uns quant au lieu, les autres quant à l'accroissement et au décroissement, d'autres quant à l'altération. Au contraire, un lit, un manteau et tout autre objet de ce genre, en tant que chacun a droit à ce nom, c'est-à-dire dans la mesure où il est un produit de l'art, ne possèdent aucune tendance naturelle au changement, mais seulement en tant qu'ils ont cet accident d'être en pierre ou en bois ou en quelque mixte, et sous ce rapport ; car la nature est un principe et une cause de mouvement et de repos pour la chose en laquelle elle réside immédiatement, par essence et non par accident.

La nature comme matière

Pour certains, la nature et la substance des choses qui sont par nature semblent être le sujet prochain et informe par soi; par exemple, la nature du lit, ce serait le bois; de la statue, l'airain. Une preuve en est, dit Antiphon, que si l'on enfouit un lit et que la putréfaction ait la force de faire pousser un rejeton, c'est du bois, non un lit, qui se produira; cela montre qu'il faut distinguer la façon conventionnelle et artificielle, qui existe par accident dans la chose, et la substance qu'elle est et qui subit tout cela en subsistant d'une façon continue. Si ces projets se trouvent, relativement à d'autres, dans le même rapport d'assujettissement, comme l'airain et l'or sont relativement à l'eau, les os et le bois relativement à la terre, de même dans tout autre cas, alors, dira-t-on, ces sujets sont la nature et la substance des premiers. C'est pourquoi pour les uns le feu, pour d'autres la terre, pour d'autres l'air, pour d'autres l'eau, pour d'autres plusieurs de ces êtres, pour d'autres tous, constituent la nature des êtres. En effet, ce à quoi (unité ou groupe) ils donnent ce rôle, constitue la substance de tout (à lui seul ou à eux tous), tandis que le reste ne serait relativement à ces sujets qu'affections, habitudes, dispositions. Et chacun d'eux serait éternel, car il n'y aurait pas de changement qui les fît sortir d'eux-mêmes, tandis que tout le reste subirait à l'infini la génération et la corruption.

La nature comme forme

En un sens donc, on appelle ainsi nature la matière qui sert de sujet immédiat à chacune des choses qui ont en elles-mêmes un principe de mouvement et de changement.

1er argument

Mais, en un autre sens, c'est le type et la forme, la forme définissable. De même, en effet, qu'on appelle art dans les choses ce qu'elles ont de conforme à l'art et de technique, de même on appelle nature ce qu'elles ont de conforme à la nature et de naturel. Or d'une chose artificielle nous ne dirons pas qu'elle a rien de conforme à l'art, si elle est seulement lit en puissance et ne possède pas encore la forme du lit, ni qu'il y a en elle de l'art; de même d'une chose constituée naturellement: en effet, la chair ou l'os en puissance n'ont pas encore leur propre nature et n'existent pas par nature, tant qu'ils n'ont pas reçu la forme de la chair et de l'os, j'entends la forme définissable, celle que nous énonçons pour définir l'essence de la chair ou de l'os. Par suite, en cet autre sens, la nature doit être, dans les choses qui possèdent en elles-mêmes un principe de mouvement, le type et la forme, non séparables, si ce n'est logiquement.

2e argument

Quant au composé des deux, matière et forme, ce n'est pas une nature, mais un être par nature comme l'homme. Et cela est plus nature que la matière: car chaque chose est dite être ce qu'elle est plutôt quand elle est en acte que quand elle est en puissance.

3e argument

En outre un homme naît d'un homme, mais, objecte-t-on, non un lit d'un lit? C'est pourquoi ils disent que la figure du lit n'en est pas la nature, mais le bois, car, par bourgeonnement, il se produira du bois, non un lit; mais si le lit est bien une forme artificielle, cet exemple prouve, par le bois, que c'est encore la forme qui est nature; dans tous les cas un homme naît d'un homme.

4e argument

En outre, la nature comme naturante est le passage à la nature proprement dite ou naturée. Car, sans doute, le mot guérison ne signifie pas le passage à l'art de guérir, mais à la santé, puisque la guérison vient nécessairement de l'art de guérir au lieu d'y aboutir; mais c'est un autre rapport qu'il y a entre les deux sens de nature: car le naturé en tant qu'il est en train d'être naturé va d'un terme à un autre. Vers lequel? Ce n'est pas vers le point de départ; c'est vers ce à quoi il tend, c'est-à-dire la forme; donc c'est la forme qui est nature.

Nécessité de traiter des causes

Ces points déterminés, il faut faire porter l'examen sur les causes, rechercher ce qu'elles sont et leur nombre. Puisque notre étude a pour objet le connaître et que nous ne croyons connaître rien avant d'en avoir saisi chaque fois le pourquoi (c'est-à-dire saisi la première cause), il est évident que c'est ce que nous devons faire également touchant la génération et la corruption et tout le changement physique, afin que, connaissant les principes de ces choses, nous tâchions d'y ramener chacune de nos recherches.

Les quatre causes

En un sens, la cause, c'est ce dont une chose est faite et qui y demeure immanent, par exemple l'airain est cause de la statue et l'argent de la coupe, ainsi que les genres de l'airain et de l'argent. En un autre sens, c'est la forme et le modèle, c'est-à-dire la définition de la quiddité et ses genres: ainsi le rapport de deux à un pour l'octave, et, généralement, le nombre et les parties de la définition. En un autre sens, c'est ce dont vient le premier commencement du changement et du repos; par exemple, l'auteur d'une décision est cause, le père est cause de l'enfant, et, en général, l'agent est cause de ce qui est fait, ce qui produit le changement de ce qui est changé. En dernier lieu, c'est la fin; c'est-à-dire la cause finale: par exemple la santé est cause de la promenade; en effet, pourquoi se promène-t-il? c'est, dirons-nous, pour sa santé, et, par cette réponse, nous pensons avoir donné la cause. Bien entendu appartient aussi à la même causalité tout ce qui, mû par autre chose que soi, est intermédiaire entre ce moteur et la fin, par exemple pour la santé, l'amaigrissement, la purgation, les remèdes, les instruments; car toutes ces choses sont en vue de la fin, et ne diffèrent entre elles que comme actions et instruments.

Traité sur les parties des animaux

Livre I

PARMI LES SUBSTANCES DE LA NATURE, les unes, sans commencement ni fin, existent pendant toute l'éternité, les autres sont sujettes à naître et à périr. Sur les premières, si élevées — et divines — qu'elles soient, nous ne nous trouvons posséder qu'une somme bien mince de connaissances; en réponse à notre soif de connaître, l'observation sensible ne fournit qu'extrêmement peu d'évidences propres à servir de base à l'étude. Au sujet des substances périssables, au contraire, Plantes et Animaux, nous nous trouvons en meilleure situation pour les connaître, puisque nous vivons avec elles. Des données que nous possédons, on peut tirer beaucoup sur chaque genre, si l'on veut prendre assez de peine. Mais les deux études ont chacune leur attrait. — Pour les êtres éternels, les pauvres connaissances que nous en atteignons nous apportent cependant, en raison de l'excellence de cette contemplation, plus de joie que toutes les choses qui nous entourent, tout juste comme un coup d'œil fugitif et partiel sur des personnes aimées nous donne plus de joie que la connaissance exacte de beaucoup d'autres choses, si considérables qu'elles soient. Mais, d'un autre côté, pour la certitude et l'étendue de la connaissance, la science des choses terrestres a l'avantage. De plus, ces choses sont tout près de nous, elles sont familières, et cela balance, dans une certaine mesure, l'intérêt de la philosophie sur les êtres divins. Et puisque nous avons déjà traité de ces êtres divins, et que nous avons dit ce qui nous en semble, il nous reste à parler de la nature vivante, sans laisser de côté aucun détail, ou bas, ou relevé, selon la mesure de nos forces. À vrai dire, certains de ces êtres n'offrent pas un aspect agréable; mais la connaissance du plan de la Nature en eux réserve à ceux qui peuvent saisir les causes, aux philosophes de race, des jouissances inexprimables. En vérité, il serait déraisonnable et absurde que nous trouvions du plaisir à contempler les images de ces êtres, parce que nous y saisissons en même temps le talent du sculpteur et du peintre, et que, les examinant en eux-mêmes, dans leur organisation par la Nature, nous n'éprouvions pas une joie plus grande encore de cette contemplation, au moins si nous pouvons saisir l'enchaînement des causes. Il ne faut donc pas céder à une répugnance enfantine et nous détourner de l'étude du moindre de ces animaux. En toutes les parties de la Nature il y a des merveilles; on dit qu'Héraclite, à des visiteurs étrangers qui, l'ayant trouvé se chauffant au feu de sa cuisine, hésitaient à entrer, fit cette remarque: «Entrez, il y a des dieux aussi dans la cuisine». Eh bien, de même, entrons sans dégoût dans l'étude de chaque espèce animale: en chacune, il y a de la nature et de la beauté. Ce n'est pas le hasard, mais la finalité qui règne dans les œuvres de la nature, et à un haut degré; or, la finalité qui régit la constitution ou la production d'un être est précisément ce qui donne lieu à la beauté.

L'explication en biologie: mécanisme et finalité

De plus, en tout devenir naturel nous observons plusieurs causes, par exemple, la cause en vue de laquelle et la cause à partir de laquelle se fait le changement; il faut donc déterminer, sur ce point aussi, laquelle se trouve être première et laquelle seconde. Il semble que la première cause soit celle que nous appelons «en vue de quoi»; en effet, elle est «raison» et la raison est principe, aussi bien dans les produits de l'art que dans ceux de la nature. Le médecin commence par déterminer, soit par raisonnement, soit par observation, ce qu'est la santé, l'architecte ce qu'est la maison; ils rendent compte par là des raisons et des causes de leurs démarches et du «pourquoi» de leurs actions. Or, il y a davantage de finalité et de beauté dans les œuvres de la nature que dans les fabrications humaines. D'autre part, la nécessité à laquelle certains s'efforcent de réduire à peu près toute raison, faute de distinguer les acceptions diverses de nécessaire, ne se rencontre pas de façon identique dans toutes les œuvres de la nature: nécessité absolue dans les êtres éternels, nécessité conditionnelle dans tous les êtres soumis au devenir, de même que dans les objets artificiels, maison, ou quoi que ce soit de semblable; telle matière est nécessaire si telle maison doit être réalisée, ou quelque autre fin; il faut que ceci soit produit et transformé, et ceci encore et ainsi de suite sans interruption jusqu'à la fin, jusqu'à ce en vue de quoi chaque chose est produite et existe. Pareillement dans ce que produit la nature. Mais la forme de la démonstration et de la nécessité n'est pas la même dans la science de la nature et dans les sciences théorétiques; on l'a exposé dans d'autres ouvrages sur ce sujet. Alors en effet que dans les unes c'est ce qui est qui est le principe, dans l'autre, c'est ce qui doit être. Ainsi, c'est parce que la santé de l'homme est telle chose qu'il est nécessaire que telle chose existe ou se produise, et ce n'est pas parce que telle chose existe ou se produit que nécessairement la santé s'ensuivra. Il n'est pas possible non plus de ramener à l'éternel la nécessité d'une démonstration de ce genre, de manière à pouvoir dire que puisque telle chose existe, telle chose existe. Cela a été précisé ailleurs, de même qu'ont été déterminés les êtres où se rencontrent nécessité et réciprocité et pour quelles causes. Mais ce qu'on ne doit pas passer sous silence c'est la question de savoir s'il faut exposer, comme ont fait nos prédécesseurs dans cette étude, plutôt la genèse des êtres que leur constitution, car la différence n'est pas petite entre les deux procédés. Il semble donc que le point de départ doit être, comme on l'a dit précédemment de recueillir les faits en chaque genre, pour exposer ensuite leurs causes, et enfin leur genèse. C'est cet ordre qui s'impose plus manifestement en effet dans l'art de construire lui-même: c'est parce que la forme de la maison est telle chose, parce que la maison est telle chose, qu'elle est produite de telle manière. Car la genèse est en raison de la réalité et non la réalité en raison de la genèse. C'est pourquoi Empédocle s'est trompé en disant que beaucoup de traits se rencontrent chez les Animaux, parce que cela est arrivé ainsi dans le processus de genèse: par exemple, ils ont l'épine dorsale ainsi faite parce que, dans un mouvement de torsion, il lui est arrivé de se briser. Il oublie, en premier lieu, qu'il faut que le sperme constituant possède une puissance appropriée, ensuite que le producteur doit exister avant le produit, non seulement selon une priorité logique, mais aussi selon le temps: l'Homme engendre l'Homme, et c'est parce que le producteur est constitué de telle manière qu'une telle genèse se passe de cette façon précise. Pareillement, pour ce qui paraît être le fruit d'une génération spontanée: tout se passe comme pour les produits de l'art.

— Car il y a certaines choses qui se produisent spontanément et qui sont semblables à ce que fait l'art humain, ainsi la santé. — En certaines choses préexiste un agent de même ordre, par exemple l'art du sculpteur dans les statues. Il n'y a pas là de génération spontanée; or l'art, c'est l'idée de l'œuvre, l'idée qui existe sans matière. De même en ce qui provient du hasard; tout s'y produit comme dans l'art. C'est pourquoi il faut dire avant tout que c'est l'essence de l'homme qui commande sa constitution: il n'est pas possible qu'il existe sans telle ou telle partie. — Sans ces parties — à tout le moins sans quelque chose qui s'en rapproche — ou bien il y a impossibilité absolue à ce qu'il existe autrement, ou bien c'est seulement de cette façon qu'il est bien: tout cela se tient. Et c'est précisément parce qu'il a telle nature que sa genèse se produit de telle façon et qu'elle est nécessairement ce qu'elle est. C'est pourquoi telle partie apparaît la première, puis telle autre, et il en est ainsi pour tous les êtres de constitution naturelle. Les Anciens et ceux qui ont commencé à philosopher sur la nature, faisaient porter leur examen sur la matière, sur la cause matérielle, sa nature et ses propriétés; ils se demandaient comment l'être complet en provenait et sous quelle impulsion, — haine, par exemple, ou amitié, ou intelligence, ou mécanisme spontané, — la matière sous-jacente possédant nécessairement telle nature, chaude pour le feu, froide pour la terre, ou légère ou lourde; c'est ainsi qu'ils font la genèse du Monde, et ils exposent de même celle des Animaux et des Plantes: ils disent, par exemple, que le flux de l'eau dans le corps explique la formation de l'estomac et de tout réceptacle de nourriture ou de déchets, que le passage du souffle a percé les narines. Or l'air et l'eau sont la matière des corps et c'est avec ces corps que tous construisent la nature. Si donc l'Homme, les Animaux et leurs parties sont des êtres naturels, il faudrait traiter de la chair, de l'os, du sang et de toutes les parties indifférenciées. De même au sujet des parties différenciées, visage, main, pied: il faudrait dire leur nature propre et leur rôle; il n'est pas suffisant, en effet, de dire de quoi tout cela est fait, feu ou terre; si nous avions en effet à parler d'un lit ou d'un objet de ce genre, nous chercherions à déterminer sa forme plutôt que sa matière, airain ou bois, ou au moins la matière de l'ensemble. Car un lit, c'est telle chose dans telle matière, telle chose caractérisée de telle façon. Il faut donc parler de sa configuration et dire ce qu'est sa forme.

La cause formelle

La nature formelle a plus d'importance que la nature matérielle. À vrai dire, si c'est dans la configuration extérieure et dans la couleur que consistent chacun des Animaux et chacune de leurs parties, Démocrite a raison, — car c'est là, semble-t-il, son postulat. — Il déclare donc que tout le monde voit bien ce qu'est la forme de l'homme, puisque c'est la structure extérieure et la couleur qui la font connaître. Pourtant, le mort aussi présente le même aspect extérieur, et avec cela il n'est pas un homme; impossible, aussi, qu'existe une main qui soit composée de n'importe quoi, une main en airain par exemple, ou en bois, sinon au prix d'une équivoque, de même que pour le médecin en peinture. Cette main ne pourra pas en effet remplir sa fonction, pas plus que des flûtes de pierre ne pourront remplir la leur, ou le médecin dessiné. Pareillement, aucune partie d'un cadavre n'est encore ce qu'elle était, par exemple l'œil ou la main. Ces déclarations sont donc vraiment simplistes: c'est comme si un charpentier parlait d'une main de bois. Et c'est bien ainsi que les physiologues parlent de la genèse et des causes de la structure. Sans doute, c'est à certaines forces qu'est due leur organisation. Le charpentier parlerait également de sa hache et de sa tarière, comme eux font de l'air et de la terre; seulement, il parlerait mieux; il ne lui suffirait pas de dire qu'au contact de son outil se produit tantôt un trou, tantôt une surface plane, mais il dirait aussi pourquoi il a donné tel coup et en vue de quoi — il dirait la cause qui fait que telle ou telle chose prend sa forme. Ce qui manifeste que ces naturalistes ont tort et qu'il faut parler de la nature d'un animal, de ce qu'il est, de ses qualités et de chacune de ses parties, comme on parle de la forme d'un lit.

La Nature comme miroir de l'intelligence
(1307)

DANTE ALIGHIERI
(1265-1321)

Dante, écrit Alain de Libera dans Penser au Moyen Âge *(Seuil, 1991, chap. VII, p. 246 et suiv.), est une figure capitale de la pensée, et pas simplement un poète. Car, situé au carrefour de la théologie d'Aristote et de l'astrologie, il va ouvrir la voie à la modernité, en se servant d'une approche théologique des astres pour conférer une autonomie à la philosophie considérée comme pensée de la nature.*

La chose est connue, mais il convient de ne pas la perdre de vue. Aristote a fait le tour de la Méditerranée avant de parvenir en Europe et d'y être enseigné. Commenté à Bagdad au IXe *siècle, il imprègne toute la théologie arabe et en particulier celle d'Avicenne (980-1037). Repris dans les ouvrages de ce dernier qui sont abondamment discutés, il ne sera traduit systématiquement qu'au* XIIe *siècle.*

L'influence d'Aristote est particulièrement prégnante dans l'une des œuvres majeures du Moyen Âge, le Livre des causes. *Attribué à Proclus, le grand penseur néoplatonicien du* V^e^ *siècle après Jésus-Christ, cet ouvrage est en fait une relecture d'un texte attribué à celui-ci par un théologien arabe anonyme du* IXe *siècle à Bagdad.*

Dans ce texte, on y voit comment la Cause première produit une première intelligence qui, à son tour, engendre une autre intelligence et ainsi de suite. C'est une hiérarchie analogue que l'on retrouve chez Dante. Se servant, comme Platon au Livre VI de la République, *de l'analogie avec le soleil, pour montrer comment l'intelligence divine éclaire toutes choses, il reproduit la hiérarchie à l'œuvre dans* le Livre des causes, *en ramenant tout à une cause unique. Aussi, ce qu'il nous expose n'est-il pas neuf, ainsi que le souligne Alain de Libera. Sa démarche s'inscrit dans le droit fil de celle d'Avicenne, qui écrit : « La perfection de l'âme raisonnable est de devenir un monde intelligible dans lequel se décrive ou se dessine la forme du tout et l'ordre intelligé dans le tout et la bonté s'écoulant en tout. Cette bonté commence à l'origine de tout, s'avance jusqu'aux substances spirituelles très nobles qui sont séparées, puis à celles qui, d'une certaine manière, dépendent des corps, puis aux âmes qui meuvent ces corps, puis à ces corps célestes eux-mêmes, pour que ceux-ci viennent tout ensemble inscrire en l'âme leurs dispositions et leurs puissances, jusqu'à ce que s'accomplisse et s'achève en elle la disposition de l'être de l'univers. C'est ainsi que l'âme se transforme alors en monde intelligé. »* (Métaphysique *IX, 7, cité par A. de Libera, op. cit., p. 290*).

*Par delà cette filiation historique qui nous met en face du travail des influences, l'important réside, semble-t-il, dans le fait que cette cosmothéologie, en naturalisant la théologie, a spiritualisé la nature comme le discours tenu à son sujet, si bien qu'elle a contribué à les émanciper. Le texte qui suit le fait, d'ailleurs, bien sentir, quand il indique que la préscience de Dieu ne condamne pas l'existence de la nature. Car, si Dieu prévoit tout, il a besoin de voir les choses distinctement. Et donc, il faut que celles-ci existent. À côté de ce travail d'émancipation, le texte de Dante montre bien ce qui va devenir le paradigme de la science, à savoir la nature considérée comme miroir de l'esprit. Pour Richard Rorty, c'est à ce paradigme d'une nature spéculaire que nous devons l'émergence de l'*episteme *occidental* (l'Homme spéculaire, *Seuil, 1990*).

Source : Dante, *le Banquet*, trad. André Pézard, Paris, Bibliothèque de la Pléiade, Gallimard, 1965, Livre III, XII, p. 411 à 413.
Bibliographie : Alain de Libera, *Penser au Moyen Âge*, Paris, Seuil, 1991.

Je dis : *Amour en mon esprit toujours fabloie*. Par Amour, j'entends l'étude que je mettais à acquérir l'amour de cette dame : où il faut savoir qu'« étude » se peut doublement considérer dans le cas présent. Il y a une étude qui porte l'homme à l'usage habituel de l'art et de la science ; et une autre étude qui œuvre dans l'habitude acquise en s'aidant d'icelle. Et la première est celle que j'appelle ici Amour, lequel en mon esprit donnait forme à de continuelles, nouvelles et très hautes considérations à l'endroit de cette dame qui est montrée plus haut : comme fait chaque jour l'étude que l'on met à acquérir une amitié, étude qui dès l'abord considère grandes choses en cette amitié qu'elle désire. Celle-ci est l'étude et affection qui habituellement chez les hommes précède l'enfantement de l'amitié, quand déjà d'un côté est né amour, et quand l'on désire et tâche qu'il vienne de l'autre côté ; car, comme est dit plus haut, Philosophie paraît quand l'âme et la sagesse sont rendues amies, si bien que l'une soit tout entière aimée de l'autre de la façon qui ci-dessus est dite. Et il n'est pas besoin dans la présente exposition de deviser davantage ce premier verset que l'on a devisé comme prologue dans l'exposition littérale, pour ce que d'après le premier devisement il est bien aisé de tourner la signifiance à ce second devis.

Il y a donc lieu de passer au second verset qui est commenceur de la présente besogne, là où je dis : *Le soleil, en faisant le tour du monde*. Il faut ici savoir que si, en proposant des figures sensibles pour représenter choses non sensibles, l'on commente convenablement, de la même façon convient-il de traiter des choses non intelligibles par l'intelligible ; et par suite, de même que dans l'exposition littérale le conte partait du soleil corporel et sensible, de même, à présent, il en faut conter la signifiance par le soleil spirituel et intelligible qui est Dieu. Nulle chose sensible dans le monde entier n'est plus digne de se faire exemple de Dieu que le soleil. Lequel, de lumière sensible, éclaire premièrement soi-même, et ensuite tous les corps célestes ou élémentaux : de même Dieu éclaire premièrement soi-même de lumière intellectuelle, et ensuite les créatures célestiales et les autres intelligibles. Le soleil vivifie de sa chaleur toutes les choses, et s'il en corrompt quelqu'une, cela n'est pas dans la cause première, mais c'est un effet accidentel : ainsi Dieu vivifie en bonté toutes les choses, et si quelqu'une est mauvaise, cela n'est pas dans l'intention divine, mais il faut que ce soit par un accident dans la production de l'effet visé. Car si Dieu fit les bons anges et les mauvais, il ne fit pas par intention les uns et les autres, mais seulement les bons. Après coup et hors de son intention s'ensuivit la malice des mauvais, mais non si hors de toute intention que Dieu auparavant n'eût point su prédire en lui leur malice ; mais si grande fut son affection à produire la créature spirituelle, que la prescience d'un certain nombre qui devaient venir à mauvaise fin ne devait mie et ne pouvait mie détourner Dieu de cette production. Car la nature ne serait guère à louer si, sachant avant l'heure qu'en telle ou telle place les fleurs d'un arbre se doivent perdre, elle ne produisait pas de fleurs en cet arbre, et pour les vaines abandonnait la production des fécondes. Je dis donc que Dieu, qui tout embrasse dans son entente (car son « tourner » c'est son « entendre ») ne voit tant gentille chose comme il voit quand il mire là où est cette Philosophie. Car bien que Dieu, soi-même remirant, voie toutes choses ensemblement, néanmoins en tant que la distinction des choses est en lui de la façon que l'effet est dans la cause, il voit ces choses distinctes. Il voit donc absolument cette chose très noble entre toutes, en tant qu'il la voit très parfaitement en lui et dans son essence. Car si l'on reprend en mémoire ce qui a été dit plus haut, Philosophie est un amoureux usage de sagesse, lequel au plus haut point est en Dieu parce qu'en lui est souveraine sagesse et souverain amour et souverain acte: toutes choses qui ne peuvent être ailleurs sinon en tant qu'elles procèdent de lui. Adonc la divine philosophie est part de la divine essence, car en lui ne peut être chose ajoutée à son essence; et elle est très noble pour ce que très noble est l'essence divine; et elle est en lui par manière parfaite et véritable comme par éternel mariage. Dans les autres intelligences, elle est en moindre manière, quasiment comme amie de laquelle nul amant ne prend joie accomplie, mais en son aspect ils contemplent leur désirance. C'est pourquoi l'on peut dire que Dieu ne voit, c'est-à-dire: en lui n'entend, aucune tant gentille chose comme celle-là: je dis aucune chose, en tant qu'il voit et distingue les autres choses, comme a été dit, en se voyant cause de tout. Oh très noble et très excellent cœur, que celui qui a toute son entente en l'épouse de l'Empereur du ciel, et non seulement épouse, mais fille et sœur très chérie!

On ne triomphe de la Nature qu'en lui obéissant
(1620)

FRANCIS BACON
(1561-1626)

«Ses ennemis étaient à la cour, ses admirateurs étaient dans toute l'Europe... Il ne connaissait pas la nature, mais il savait et indiquait tous les chemins qui mènent à elle. Il avait mépris de bonne heure ce que les universités appelaient philosophie, et il faisait tout ce qui dépendait de lui, afin que ces compagnies instituées pour la perfection de l'esprit, ne continuassent pas de la gâter par leurs quiddités, *leur* horreur du vide, *leurs formes substantielles et tous les mots impertinents que non seulement l'ignorance rendait respectables, mais qu'un mélange ridicule avec la religion avait rendus presque sacrés.»*

C'est ainsi que Voltaire parle de Bacon à la lettre XII de ses Lettres philosophiques. *Et force est de constater que les compliments qu'il lui adresse ne sont pas exagérés. Car, celui-ci a effectivement opéré une révolution scientifique en introduisant l'expérience au sein de la théorie. Pourquoi? Parce que l'expérience consiste à ne pas prétendre savoir avant de savoir et donc à récuser tout ordre a priori. Aussi est-elle une porte ouverte sur une autre nature: une nature ouverte, en l'occurrence, dont le trait essentiel consiste à ne jamais être ce que l'on croit, mais à toujours être ce que l'on aurait dû penser, pour reprendre une expression de Bachelard.*

Pascal résume bien cette nouvelle image de la nature, lorsqu'il écrit dans sa préface au Traité du vide *(Garnier-Flammarion, 1985, p. 60-62): «Les secrets de la nature sont cachés; quoiqu'elle agisse toujours, on ne découvre pas toujours ses effets; le temps les révèle d'âge en âge, et, quoique toujours égale à elle-même, elle n'est pas toujours également connue. Les expériences qui nous en donnent l'intelligence multiplient continuellement, et, comme elles sont les seuls principes de la physique, les conséquences multiplient à proportion... De sorte que toute la suite des hommes, pendant le cours des siècles, doit être considérée comme un même homme qui subsiste toujours et qui apprend continuellement.»*

Claude Bernard, dans son Introduction à la médecine expérimentale *(Garnier-*

Flammarion, p. 41, 305-307), a confirmé ce caractère de philosophie instruite qu'est la philosophie expérimentale, lorsqu'il a écrit: «Nous donnerons au mot expérience en médecine expérimentale, le même sens général qu'il conserve partout. Le savant s'instruit chaque jour par l'expérience; par elle, il corrige incessamment ses idées scientifiques, ses théories, les rectifie pour les mettre en harmonie avec un nombre de faits de plus en plus grands, et pour approcher ainsi de plus en plus la vérité [...]» *La médecine expérimentale est la négation de tous les systèmes. S'instruisant continuellement, c'est elle qui a fait dire à Pascal de façon paradoxale: «Nous ne cherchons jamais les choses, mais la recherche des choses.»*

Source: Bacon, *Novum Organum*, trad. Michel Malherbe et Jean-Marie Pousseur, Paris, P.U.F., 1986, p. 101 à 103.

Bibliographie: P.M. Schuhl, *Pour connaître la pensée de Bacon*, Paris, Bordas, 1949.

[157]

1

L'HOMME, ministre et interprète de la nature, n'étend ses actions et ses connaissances qu'à mesure de ses observations, par les choses ou par l'esprit, sur l'ordre de la nature; il ne sait ni ne peut rien de plus.

2

Ni la main nue ni l'entendement laissé à lui-même n'ont beaucoup de force; l'exécution demande des instruments et des aides dont l'entendement n'a pas moins besoin que la main. Et de même que les instruments de la main entraînent ou gouvernent son mouvement, de même les instruments de l'esprit incitent ou gardent l'entendement.

3

Science et puissance humaines aboutissent au même, car l'ignorance de la cause prive de l'effet. On ne triomphe de la nature qu'en lui obéissant; et ce qui dans la spéculation vaut comme cause, vaut comme règle dans l'opération.

4

Pour ses œuvres, l'homme ne peut rien d'autre que conjoindre ou disjoindre les corps naturels. Le reste, la nature l'accomplit intérieurement.

5

Mécaniciens, mathématiciens, médecins, alchimistes et magiciens se mêlent de pénétrer la nature (au niveau des œuvres); mais tous (en l'état actuel) sans grand effort et pour un succès médiocre.

6

Il serait insensé, et contradictoire, de penser que ce qui n'a jamais été fait jusqu'à présent, puisse l'être autrement que par des moyens qui n'ont encore jamais été essayés.

[158]

7

Les productions de l'esprit et de la main paraissent extrêmement nombreuses, à considérer livres et travaux. Mais toute cette variété tient à une rare subtilité et à l'exploitation d'un petit nombre de choses déjà connues, elle ne tient pas au nombre des axiomes.

8

Bien plus, toutes les œuvres inventées à ce jour doivent plus au hasard et à la simple expérience qu'aux sciences: car les sciences qui sont les nôtres aujourd'hui ne sont rien d'autre que certaines combinaisons de découvertes antérieures, et non des moyens d'invention ou des indications pour de nouvelles œuvres.

9

En vérité, l'unique cause, la source de presque tous les maux dans les sciences est celle-ci: tandis que faussement nous admirons et exaltons les forces de l'esprit humain, nous ne lui cherchons pas ses véritables aides.

10

La subtilité de la nature dépasse considérablement la subtilité des sens et de l'entendement; en sorte que ces magnifiques méditations, considérations et controverses humaines sont choses insensées; sauf qu'il n'est personne pour le remarquer.

11

De même que les sciences, qui ont cours aujourd'hui, ne contribuent en rien à l'invention des œuvres, de même la logique, qui a cours aujourd'hui, ne contribue à rien à l'invention des sciences.

12

La logique en usage est plus propre à affermir et à fixer les erreurs (qui ont leur fondement dans les notions communes), qu'à soutenir la recherche de la vérité; elle est ainsi plus nuisible qu'utile.

13

Le syllogisme n'est d'aucun emploi pour les principes des sciences et en vain l'applique-t-on aux axiomes moyens, puisqu'il est loin d'égaler la subtilité de la nature. C'est pourquoi il enchaîne l'assentiment, mais non les choses.

«Comme maîtres et possesseurs de la nature»
(1633-1637-1644)

RENÉ DESCARTES
(1596-1650)

Comme l'a montré Alexandre Koyré, on a assisté au XVIIe *siècle à une véritable révolution. La lunette astronomique mise au point par Galilée faisant apercevoir l'infiniment grand, les premiers microscopes dévoilant l'infiniment petit, on est passé d'un «monde clos à un univers infini». Avec, pour conséquence, une rupture entre voir et savoir. Car, l'infini faisant irruption dans la nature, l'invisible s'est mis de toutes parts à déborder le visible, au point de ne plus faire du monde perçu qu'une infime partie de la réalité.*

On comprend donc que certaines consciences comme Pascal aient été prises de vertige et qu'elles aient été effrayées par le «silence éternel des espaces infinis». Car, la perception cessant de nous délivrer la vérité de la nature, ne fallait-il pas conclure que celle-ci était désormais muette et renoncer à tout savoir à son sujet?

*Le génie de Descartes a été de surmonter cette crise. Comment? En découvrant le rôle de l'*abstraction. *Comme le montre, en effet, la célèbre analyse du morceau de cire, quand on a affaire à un objet de la nature, si l'on en reste au plan de l'expérience, celle-ci nous montre elle-même que la sensation est incapable de déboucher sur un savoir. Car, pour connaître l'identité d'un corps il faut connaître l'identité tout court et pour connaître celle-ci il faut avoir un moi capable de se penser. Or, cela, le sensible ne le peut guère. Car, la matière n'est pas une conscience. Matière, elle ne se sait pas matière, autrement elle ne serait pas matière, mais conscience. Son savoir n'est pas en elle, mais hors d'elle* *dans une conscience capable de se penser et de découvrir grâce à cette identité, non seulement l'identité du moi par-delà le changement, mais l'identité de la nature, par-delà le flux de sensations dont elle est l'objet.*

Muette, donc, quand on en reste au stade de l'expérience, la matière se met à parler quand on se place sur le plan de la pensée. Autrement dit, quand on passe de la simple nature sentie à une nature pour la pensée, c'est-à-dire à une nature intellectualisée et abstraite. Ce qui n'est pas sans importance. Car, si l'on y songe bien, c'est grâce à une telle découverte que Descartes a pu appliquer les mathématiques à la nature, en spatialisant la matière et en géométrisant l'espace, de façon à passer ainsi de façon continue de l'univers de l'esprit à l'unité des choses.

Outre cette découverte, il a réalisé que, face à la nature, il ne fallait pas simplement abstraire mais ruser. Quand, en effet, là encore, on en demeure au plan de l'expérience, l'homme est bien fragile dans la nature. Aussi convient-il de compenser cette fragilité. Comment? En recourant à une analogie.

Dans la nature, force est de le constater, « cela marche », comme on dit. Les choses manifestement fonctionnent, ainsi qu'en témoigne la production de leurs multiples effets. À un niveau proprement humain, c'est la technique qui marche. Ne peut-on pas dès lors supposer qu'en envisageant la nature comme une machine on pourra devenir comme *maître et possesseur de celle-ci, à défaut de pouvoir l'être vraiment? C'est ce que Descartes a pensé, et c'est ce qui l'a conduit à l'image d'une nature-machine, comme l'ont montré Nicolas Grimaldi et Pierre Guénancia.*

Aussi peut-on comprendre dans cette perspective, pourquoi il a envisagé la nature comme soumise à des lois. Comme l'a, en effet, montré Auguste Comte, la loi n'est pas la cause. Alors que la cause renvoie à une pensée s'imaginant pouvoir répondre à la question du pourquoi, la loi renvoie à la conscience que l'on dépend d'une origine que l'on ne peut expliquer. Aussi ne peut-on que reconnaître cette dépendance et se contenter de répondre à la question du « comment ».

On a beaucoup critiqué Descartes en taxant son rationalisme de déraisonnable. Est-ce toutefois le cas? L'homme moderne est-il vraiment différent de l'homme cartésien prenant conscience d'une nature immense et inconnue, avec laquelle il n'est pas possible d'agir autrement qu'en s'appuyant sur soi ainsi que sur l'artifice de la technique afin de faire comme si *on pouvait la maîtriser?*

Source: René Descartes, *Méditations métaphysiques*, Paris, P.U.F., 1979, p. 45 à 49; *Discours de la méthode*, Paris, Bibliothèque de la Pléiade, Gallimard, 1953, p. 168-169; *Traité du Monde*, Paris, Garnier-Flammarion, Éditions F. Alquié, p. 349 à 354.

Bibliographie: Nicolas Grimaldi, *l'Expérience de la pensée dans la philosophie de Descartes*, Paris, Vrin, 1978; Pierre Guénancia, *Descartes*, Paris, Bordas, 1986; Alexandre Koyré, *Du monde clos à l'univers infini*, Paris, Gallimard, 1973.

Méditations métaphysiques

MAIS JE NE ME PUIS EMPÊCHER DE CROIRE que les choses corporelles, dont les images se forment par ma pensée, et qui tombent sous les sens, ne soient plus distinctement connues que cette je ne sais quelle partie de moi-même qui ne tombe point sous l'imagination: quoiqu'en effet ce soit une chose bien étrange, que des choses que je trouve douteuses et éloignées, soient plus clairement et plus facilement connues de moi, que celles qui sont véritables et certaines, et qui appartiennent à ma propre nature. Mais je vois bien ce que c'est: mon esprit se plaît de s'égarer, et ne se peut encore contenir dans les justes bornes de la vérité. Relâchons-lui donc encore une fois la bride, afin que, venant ci-après à la retirer doucement et à propos, nous le puissions plus facilement régler et conduire.

Commençons par la considération des choses les plus communes, et que nous croyons comprendre le plus distinctement, à savoir les corps que nous touchons et que nous voyons. Je n'entends pas parler des corps en général, car ces notions générales sont d'ordinaire plus confuses, mais de quelqu'un en particulier. Prenons pour exemple ce morceau de cire qui vient d'être tiré de la ruche: il n'a pas encore perdu la douceur du miel qu'il contenait, il retient encore quelque chose de l'odeur des fleurs dont il a été recueilli; sa couleur, sa figure, sa grandeur, sont apparentes; il est dur, il est froid, on le touche, et si vous le frappez, il rendra quelque son. Enfin toutes les choses qui peuvent distinctement faire connaître un corps se rencontrent en celui-ci.

Mais voici que, cependant que je parle, on l'approche du feu; ce qui y restait de saveur s'exhale, l'odeur s'évanouit, sa couleur se change, sa figure se perd, sa grandeur augmente, il devient liquide, il s'échauffe, à peine le peut-on toucher, et quoiqu'on le frappe, il ne rendra plus aucun son. La même cire demeure-t-elle après ce changement? Il faut avouer qu'elle demeure et personne ne le peut nier. Qu'est-ce donc que l'on connaissait en ce morceau de cire avec tant de distinction? Certes ce ne peut être rien de tout ce que j'y ai remarqué par l'entremise des sens, puisque toutes les choses qui tombaient sous le goût, ou l'odorat, ou la vue, ou l'attouchement ou l'ouïe, se trouvent changées, et cependant la même cire demeure. Peut-être était-ce ce que je pense maintenant, à savoir que la cire n'était pas ni cette douceur de miel, ni cette agréable odeur de fleurs, ni cette blancheur, ni cette figure, ni ce son, mais seulement un corps qui un peu auparavant me paraissait sous ces formes, et qui maintenant se fait remarquer sous d'autres. Mais qu'est-ce, précisément parlant, que j'imagine, lorsque je la conçois en cette sorte? Considérons-la attentivement, et éloignant toutes les choses qui n'appartiennent point à la cire, voyons ce qui reste. Certes il ne demeure rien que quelque chose d'étendu, de flexible et de muable. Or, qu'est-ce que cela: flexible et muable? N'est-ce pas que j'imagine que cette cire, étant ronde, est capable de devenir carrée, et de passer du carré en une figure triangulaire? Non certes, ce n'est pas cela, puisque je la conçois capable de recevoir une infinité de semblables changements et je ne saurais néanmoins parcourir cette infinité par mon imagination, et par conséquent cette conception que j'ai de la cire ne s'accomplit pas par la faculté d'imaginer.

Qu'est-ce maintenant que cette extension? N'est-elle pas aussi inconnue, puisque dans la cire qui se fond elle augmente, et se trouve encore plus grande quand elle est entièrement fondue, et beaucoup plus encore quand la chaleur augmente davantage? Et je ne concevrais pas clairement et selon la vérité ce que c'est que la cire, si je ne pensais qu'elle est capable de recevoir plus de variétés selon l'extension, que je n'en ai jamais imaginé. Il faut donc que je tombe d'accord, que je ne saurais pas même concevoir par l'imagination ce que c'est que cette cire, et qu'il n'y a que mon entendement seul qui le conçoive; je dis ce morceau de cire en particulier, car pour la cire en général il est encore plus évident. Or quelle est cette cire qui ne peut être conçue que par l'entendement ou l'esprit? Certes c'est la même que je vois, que je touche, que j'imagine, et la même que je connaissais dès le commencement. Mais ce qui est à remarquer, sa perception, ou bien l'action par laquelle on l'aperçoit n'est point une vision, ni un attouchement, ni une imagination, et ne l'a jamais été, quoiqu'il le semblât ainsi auparavant, mais seulement une inspection de l'esprit, laquelle peut être imparfaite et confuse, comme elle était auparavant, ou bien claire et distincte, comme elle est à présent, selon que mon attention se porte plus ou moins aux choses qui sont en elle, et dont elle est composée.

Cependant je ne me saurais trop étonner, quand je considère combien mon esprit a de faiblesse, et de pente qui le porte insensiblement dans l'erreur. Car encore que sans parler je considère tout cela en moi-même, les paroles toutefois m'arrêtent, et je suis presque trompé par les termes du langage ordinaire ; car nous disons que nous voyons la même cire si on nous la présente, et non pas que nous jugeons que c'est la même, de ce qu'elle a même couleur et même figure ; d'où je voudrais presque conclure, que l'on connaît la cire par la vision des yeux, et non par la seule inspection de l'esprit, si par hasard je ne regardais d'une fenêtre des hommes qui passent dans la rue, à la vue desquels je ne manque pas de dire que je vois des hommes, tout de même que je dis que je vois de la cire, et cependant que vois-je de cette fenêtre sinon des chapeaux et des manteaux, qui peuvent couvrir des spectres ou des hommes feints qui ne se remuent que par ressorts, mais je juge que ce sont de vrais hommes ; et ainsi je comprends par la seule puissance de juger qui réside en mon esprit, ce que je croyais voir de mes yeux.

Discours de la méthode

Sitôt que j'ai eu acquis quelques notions générales touchant la physique, et que, commençant à les éprouver en diverses difficultés particulières, j'ai remarqué jusques où elles peuvent conduire et combien elles diffèrent des principes dont on s'est servi jusqu'à présent, j'ai cru que je ne pouvais les tenir cachées sans pécher grandement contre la loi qui nous oblige à procurer autant qu'il est en nous le bien général de tous les hommes. Car elles m'ont fait voir qu'il est possible de parvenir à des connaissances qui soient fort utiles à la vie, et qu'au lieu de cette philosophie spéculative qu'on enseigne dans les écoles, on en peut trouver une pratique, par laquelle, connaissant la force et les actions du feu, de l'eau, de l'air, des astres, des cieux et de tous les autres corps qui nous environnent, aussi distinctement que nous connaissons les divers métiers de nos artisans, nous les pourrions employer en même façon à tous les usages auxquels ils sont propres, et ainsi nous rendre comme maîtres et possesseurs de la nature. Ce qui n'est pas seulement à désirer pour l'invention d'une infinité d'artifices qui feraient qu'on jouirait sans aucune peine des fruits de la terre et de toutes les commodités qui s'y trouvent, mais principalement aussi pour la conservation de la santé, laquelle est sans doute le premier bien et le fondement de tous les autres biens de cette vie ; car même l'esprit dépend si fort du tempérament et de la disposition des organes du corps, que, s'il est possible de trouver quelque moyen qui rende communément les hommes plus sages et plus habiles qu'ils n'ont été jusqu'ici, je crois que c'est dans la médecine qu'on doit le chercher. Il est vrai que celle qui est maintenant en usage contient peu de choses dont l'utilité soit si remarquable ; mais, sans que j'aie aucun dessein de la mépriser, je m'assure qu'il n'y a personne, même de ceux qui en font profession, qui n'avoue que tout ce qu'on y sait n'est presque rien à comparaison de ce qui reste à y savoir ; et qu'on se pourrait exempter d'une infinité de maladies tant du corps que de l'esprit, et même aussi peut-être de l'affaiblissement de la vieillesse, si on avait assez de connaissance de leurs causes et de tous les remèdes dont la nature nous a pourvus. Or, ayant dessein d'employer toute ma vie à la recherche d'une science si nécessaire, et ayant rencontré un chemin qui me semble tel qu'on doit infailliblement la trouver en le suivant, si ce n'est qu'on en soit empêché ou par la brièveté de la vie ou par le défaut des expériences, je jugeais qu'il n'y avait point de meilleur remède contre ces deux empêchements que de communiquer fidèlement au public tout le peu que j'aurais trouvé, et de convier les bons esprits à tâcher de passer plus outre, en contribuant, chacun selon son inclination et son pouvoir, aux expériences qu'il faudrait faire, et communiquant aussi au public toutes les choses qu'ils apprendraient, afin que, les derniers commençant où les précédents auraient achevé, et ainsi joignant les vies et les travaux de plusieurs, nous allassions tous ensemble beaucoup plus loin que chacun en particulier ne saurait faire.

Traité du monde

Des lois de la Nature de ce nouveau Monde

Mais je ne veux pas différer plus longtemps à vous dire par quel moyen la Nature seule pourra démêler la confusion du Chaos dont j'ai parlé, et quelles sont les lois que Dieu lui a imposées.

Sachez donc, premièrement, que par la Nature je n'entends point ici quelque Déesse, ou quelque autre sorte de puissance imaginaire, mais que je me sers de ce mot pour signifier la Matière même en tant que je la considère avec toutes les qualités que je lui ai attribuées comprises toutes ensemble, et sous cette condition que Dieu continue de la conserver en la même façon qu'il l'a créée. Car de cela seul qu'il continue ainsi de la conserver, il suit de nécessité qu'il doit y avoir plusieurs changements en ses parties, lesquels ne pouvant, ce me semble, être proprement attribués à l'action de Dieu, parce qu'elle ne change point, je les attribue à la Nature; et les règles suivant lesquelles se font ces changements, je les nomme les lois de la Nature.

Pour mieux entendre ceci, souvenez-vous qu'entre les qualités de la matière nous avons supposé que ses parties avaient eu divers mouvements dès le commencement qu'elles ont été créées, et outre cela qu'elles s'entretouchaient toutes de tous côtés, sans qu'il y eût aucun vide entre deux. D'où il suit, de nécessité, que dès lors, en commençant à se mouvoir, elles ont commencé aussi à changer et diversifier leurs mouvements par la rencontre l'une de l'autre: et ainsi que, si Dieu les conserve par après en la même façon qu'il les a créées, il ne les conserve pas au même état: c'est-à-dire que Dieu agissant toujours de même, et par conséquent produisant toujours le même effet en substance, il se trouve, comme par accident, plusieurs diversités en cet effet. Et il est facile à croire que Dieu qui, comme chacun doit savoir, est immuable, agit toujours de même façon. Mais, sans m'engager plus avant dans ces considérations métaphysiques, je mettrai ici deux ou trois des principales règles, suivant lesquelles il faut penser que Dieu fait agir la Nature de ce nouveau Monde et qui suffiront, comme je crois, pour vous faire connaître toutes les autres.

La première est: Que chaque partie de la matière, en particulier, continue toujours d'être en un même état, pendant que la rencontre des autres ne la contraint point de le changer. C'est-à-dire que: si elle a quelque grosseur, elle ne deviendra jamais plus petite, sinon que les autres la divisent; si elle est ronde ou carrée, elle ne changera jamais cette figure sans que les autres l'y contraignent; si elle est arrêtée en quelque lieu, elle n'en partira jamais que les autres ne l'en chassent; et si elle a une fois commencé à se mouvoir, elle continuera toujours avec une égale force jusques à ce que les autres l'arrêtent ou la retardent.

NATURE ET VIE

De la nature statique à la nature dynamique
(1769)

DENIS DIDEROT
(1713-1784)

Si avec Descartes, l'abstraction est devenue le moyen de recomposer un savoir de la nature en réduisant celle-ci à ses éléments purement mathématiques, cette abstraction n'en a pas moins été considérée par la suite, en particulier au XVIII*e siècle, comme un obstacle. Car, comme le dira Diderot dans* De l'interprétation de la nature*: « C'est un des préjugés de la philosophie rationnelle, que celui qui ne sait pas* compter *ses écus n'est guère plus riche que celui qui n'en possède qu'un. »*

Selon Ernst Cassirer, cette formule résume bien le reproche que la nouvelle science des Lumières a adressé à Descartes et aux cartésiens. En effet, selon elle, à force de ne considérer que ce qui pouvait être mathématisé, ceux-ci ont fini par manquer la nature, qui relève moins de structures abstraites que d'un dynamisme créateur capable d'invention et de diversité. Car, l'ordre de la nature ne réside pas tant dans le nombre que l'on mesure que dans la diversité d'où jaillit la richesse. D'où, dans le texte proposé ici, qui est tiré de Entretien entre d'Alembert et Diderot, *un renversement du mécanisme cartésien, dont le tort, selon Diderot, est de rendre exsangue la nature à force de la réduire à un mouvement, alors que sa description exacte implique plutôt que l'on procède à l'inverse et que l'on voit comment celle-ci ne cesse de s'enrichir. Témoin l'œuf, qui ne cesse de faire preuve d'enrichissement en partant de l'informe pour donner naissance à un animal capable de toutes sortes d'actions.*

À cet égard, Ernst Cassirer a raison de faire remarquer qu'il ne faut pas reprocher à Diderot d'avoir été mobile comme le neveu de Rameau. Car, sa volubilité a été à l'image de la nature qu'il a tenté de décrire. « Cet univers illimité et mobile, seule une pensée mobile pouvait le concevoir, une pensée qui se laisse emporter et pousser d'un élan à l'autre, qui jamais ne se repose dans la contemplation du présent et du donné, mais s'enivre de la profusion des possibles, *qui veut tous les parcourir et les tenter... Grâce à ce trait fondamental de son esprit, Diderot a été le premier à rompre avec la vision statique du* XVII*e siècle, pour en faire une vision dynamique. »*

Source: Denis Diderot, *Entretien entre d'Alembert et Diderot,* Paris, Garnier-Flammarion, 1964, p. 274 à 277.

Bibliographie: Ernst Cassirer, *la Philosophie des Lumières,* trad.Pierre Quillet, Paris, Fayard, 1966; Élisabeth de Fontenay, *Diderot ou le Matérialisme enchanté,* Paris, Grasset 1981.

VOYEZ-VOUS CET ŒUF? c'est avec cela qu'on renverse toutes les écoles de théologie et tous les temples de la terre. Qu'est-ce que cet œuf? une masse insensible avant que le germe y soit introduit; et après que le germe y est introduit, qu'est-ce encore? une masse insensible, car ce germe n'est lui-même qu'un fluide inerte et grossier. Comment cette masse passera-t-elle à une autre organisation, à la sensibilité, à la vie ? par la chaleur. Qu'y produira la chaleur ? le mouvement. Quels seront les effets successifs du mouvement ? Au lieu de me répondre, asseyez-vous, et suivons-les de l'œil de moment en moment. D'abord c'est un point qui oscille, un filet qui s'étend et qui se colore ; de la chair qui se forme ; un bec, des bouts d'ailes, des yeux, des pattes qui paraissent ; une matière jaunâtre qui se dévide et produit des intestins ; c'est un animal. Cet animal se meut, s'agite, crie ; j'entends ses cris à travers la coque ; il se couvre de duvet ; il voit. La pesanteur de sa tête, qui oscille, porte sans cesse son bec contre la paroi intérieure de sa prison ; la voilà brisée ; il en sort, il marche, il vole, il s'irrite, il fuit, il approche, il se plaint, il souffre, il aime, il désire, il jouit ; il a toutes vos affections ; toutes vos actions, il les fait. Prétendrez-vous, avec Descartes, que c'est une pure machine imitative ? Mais les petits enfants se moqueront de vous, et les philosophes vous répliqueront que si c'est là une machine, vous en êtes une autre. Si vous avouez qu'entre l'animal et vous il n'y a de différence que dans l'organisation, vous montrerez du sens et de la raison, vous serez de bonne foi ; mais on en conclura contre vous qu'avec une matière inerte, disposée d'une certaine manière, imprégnée d'une autre matière inerte, de la chaleur et du mouvement, on obtient de la sensibilité, de la vie, de la mémoire, de la conscience, des passions, de la pensée. Il ne vous reste qu'un de ces deux partis à prendre ; c'est d'imaginer dans la masse inerte de l'œuf un élément caché qui en attendait le développement pour manifester sa présence, ou de supposer que cet élément imperceptible s'y est insinué à travers la coque dans un instant déterminé du développement. Mais qu'est-ce que cet élément ? Occupait-il de l'espace, ou n'en occupait-il point ? Comment est-il venu, ou s'est-il échappé, sans se mouvoir ? Où était-il ? Que faisait-il là ou ailleurs ? A-t-il été créé à l'instant du besoin ? Existait-il ? Attendait-il un domicile ? Était-il homogène ou hétérogène à ce domicile ? Homogène, il était matériel ; hétérogène, on ne conçoit ni son inertie avant le développement, ni son énergie dans l'animal développé. Écoutez-vous, et vous aurez pitié de vous-même ; vous sentirez que, pour ne pas admettre une supposition simple qui explique tout, la sensibilité, propriété générale de la matière, ou produit de l'organisation, vous renoncez au sens commun, et vous précipitez dans un abîme de mystères, de contradictions et d'absurdités.

La Nature romantique
(1799)

FRIEDRICH WILHELM SCHELLING
(1775-1854)

Schelling a été le fondateur de la philosophie romantique de la nature. Comme Diderot, son point de départ a résidé dans une critique des mathématiques. Car, ainsi qu'il l'écrit dans ses Leçons sur la méthode des études académiques : *« Même si du point de vue mécaniste, chaque phénomène était conçu de façon parfaite grâce à cette explication, il en irait à peu près comme si quelqu'un prétendait expliquer Homère ou quelque autre auteur, en commençant par rendre intelligible la forme des caractères typographiques, pour montrer ensuite de quelle façon ils ont été assemblés et finalement imprimés, et enfin comment cette œuvre-ci en est résultée. » (cité par G. Gusdorf dans* le Savoir romantique de la nature, *Paris, Payot, 1985, p. 42).*

Toutefois, à la différence de Diderot, Schelling n'a pas critiqué les mathématiques afin de se tourner vers un pur principe de diversité et de richesse, mais afin d'y trouver une dimension religieuse. Car, ainsi qu'il l'a souligné, pour comprendre la nature, il convient de comprendre que celle-ci agit comme le génie dans l'art, qui ne va pas des parties au tout en sommant celles-ci méticuleusement, mais du tout aux parties sous l'effet d'une force et d'une poussée intérieure. En un mot, d'une inspiration. D'où l'urgence de revenir à l'étude de Newton. Car, si celui-ci a de façon géniale repéré l'existence d'une force agissant dans la nature à travers sa découverte de la gravitation universelle, il n'est pas allé assez loin dans sa découverte. Loin de ne concerner, en effet, que l'astronomie, une telle force est à l'œuvre dans l'électricité, le magnétisme, les phénomènes d'attraction et de répulsion qui sont à la base de la vie et de la mort de toutes les espèces naturelles, végétales ou animales, et finalement chez l'homme dans son effort pour être, penser et créer.

À la différence de Schopenhauer qui a fait de cette force une volonté, Schelling n'a pas subjectivé celle-ci. Au contraire, ainsi que le montre le texte qui marque des distances avec la philosophie transcendantale de Kant et de Fichte, il l'a pensée objectivement comme pouvoir de métamorphose infinie. *D'où l'intérêt de Heidegger pour cette méditation dont l'originalité a résidé dans le fait de nourrir son inspiration au contact de penseurs dits théosophes, comme Jacob Böhme (XVIe s.), Louis-Claude de Saint-Martin (XVIIIe s.) et Franz von Baader (XIXe s.).*

Source: Friedrich Schelling, *Introduction à la première esquisse d'un système de la philosophie de la nature*, trad. S. Jankélévitch, Paris, Aubier, 1946, p. 361 à 368.

Bibliographie: Georges Gusdorf, *le Savoir romantique de la nature*, Paris, Payot, 1985; Xavier Tilliette, *Schelling, une philosophie en devenir*, Paris, Vrin, 1970.

§ 1. — Ce que nous appelons philosophie de la nature est une science nécessaire dans le système du savoir

L'INTELLIGENCE EST DOUBLE : aveugle et inconsciente, ou libre et consciemment productive; inconsciemment productive dans la conception du monde, consciemment productive dans la création d'un monde idéel.

La philosophie supprime cette opposition en affirmant que l'activité consciente est primitivement identique à l'inconsciente et est issue pour ainsi dire de la même racine: elle voit une preuve *directe* de cette identité dans l'activité à la fois consciente et inconsciente qui préside aux créations du *génie;* elle en trouve une preuve *indirecte, en dehors* de la conscience, dans les produits de la nature où elle constate une fusion totale de l'idéel et du réel.

Du fait que la philosophie affirme l'identité de l'activité inconsciente ou, comme on l'appelle encore, réelle, et de la consciente ou idéelle, elle cherchera avant tout et d'une façon générale à ramener le réel à l'idéel, ce qui donnera lieu à ce qu'on appelle la philosophie transcendantale. La régularité qui préside à tous les mouvements de la nature, la sublime géométrie, par exemple, à laquelle se conforment les mouvements des corps célestes, s'explique, d'après cette philosophie, non par le fait que la nature serait la plus parfaite géométrie, mais, au contraire, par le fait que c'est la plus parfaite géométrie qui est la forme productive de la nature; explication, grâce à laquelle le réel lui-même se trouve intégré dans le monde idéel et les mouvements en question sont transformés en intuitions qui ont lieu en nous-mêmes et auxquelles rien ne correspond en dehors de nous.

Nous rappellerons les cas où la nature, livrée à elle-même, produit spontanément, par le passage de l'état liquide à l'état solide, des formations pour ainsi dire régulières, et d'une régularité qui, dans les cristallisations d'ordre supérieur, et notamment dans les organismes, semble même impliquer une certaine finalité; nous rappellerons encore les actions qui s'observent dans le monde animal, ce produit des forces aveugles de la nature, actions qui, par leur régularité, ne diffèrent en rien des actions conscientes, au point d'aboutir souvent à la création d'œuvres d'art parfaites dans leur genre. Tous ces faits ne peuvent guère s'expliquer autrement qu'en admettant l'existence d'une activité inconsciente, très proche primitivement de la consciente, pour ainsi dire manifestation d'une impulsion aveugle dont l'action s'étend des simples cristallisations jusqu'au sommet représenté par les formations organiques (qui peuvent d'ailleurs par certains artifices être ramenées à l'état de simple cristallisation).

D'après cette manière de voir, et étant donné que la nature n'est que l'organisme visible correspondant à celui qui existe invisiblement dans notre entendement, elle ne *peut* agir autrement qu'avec régularité et finalité; et non seulement elle ne peut pas agir autrement, mais elle est pour ainsi dire *obligée* d'agir de la sorte. Mais s'il en est ainsi, si la régularité et la finalité constituent une nécessité imposée à la nature, il en résulte que nous devons retrouver la même nécessité, autrement dit la même régularité et la même finalité, dans la nature, conçue comme indépendante de nous et envisagée dans sa réalité objective, autrement dit que *l'idéel, à son tour, doit avoir sa source dans le réel et s'expliquer par lui.*

Si la tâche de la philosophie transcendantale consiste à subordonner le réel à l'idéel, celle de la philosophie de la nature consiste, au contraire, à expliquer l'idéel par le réel. Ces deux sciences n'en forment donc, au fond, qu'une seule et ne diffèrent l'une de l'autre que par les tâches qu'elles ont à accomplir. Pour cela, elles suivent des directions opposées et comme celles-ci ne sont pas seulement possibles, mais nécessaires, il en résulte que dans le système du savoir l'un et l'autre sont également nécessaires.

§ 2. — Caractère scientifique de la philosophie de la nature

En tant qu'opposée à la philosophie transcendantale, la philosophie de la nature diffère de celle-ci principalement par le fait qu'elle pose la nature (non en tant que produite, mais en tant que produite et productive à la fois) comme étant indépendante et peut, pour cette raison, être désignée comme le *spinozisme de la physique*. Il en résulte que cette science ne se prête à aucune de ces explications idéalistes qui ont cours dans la philosophie transcendantale pour laquelle la nature n'est pas autre chose que l'organe de la conscience et d'après laquelle tout ce qui existe dans la nature ne serait nécessaire que parce que cette nécessité répond aux exigences de la conscience. Mais appliquée à la physique et à notre science qui se place sur le même rang qu'elle, cette explication serait aussi absurde que les explications téléologiques d'autrefois et l'introduction d'une finalité générale des causes dans la science de la nature ainsi déformée. Toute explication idéaliste, transférée de son propre domaine dans celui de la nature, ne tarde pas en effet à dégénérer en un non-sens aventureux, ce dont nous avons de nombreux exemples. La première maxime de toute vraie science de la nature, celle qui consiste à tout expliquer par des forces naturelles, se trouve donc pleinement appliquée dans notre science, et son application s'étend même au domaine devant lequel les explications naturelles s'étaient arrêtées jusqu'ici comme devant une barrière infranchissable, comme par exemple devant les phénomènes organiques qui ont toutes les apparences de phénomènes réglés par la raison. À supposer qu'il y ait, dans les actions des animaux, quelque chose qui présente des analogies, il en résulterait seulement, le réalisme étant admis comme principe, que ce que nous appelons raison serait, elle aussi, l'effet d'un simple jeu de forces de la nature, d'un ordre plus élevé et, nécessairement, inconnues. Étant donné en effet que toute pensée se réduit à la production et à la reproduction, il n'y a rien d'impossible à ce que l'activité par laquelle la nature se reproduit à chaque moment soit également reproductive dans la pensée, mais seulement par l'intermédiaire de l'organisme (à peu près de même que, par l'effet de l'action et du jeu de la lumière, la nature qui en est indépendante devient réellement *immatérielle* et se trouve ainsi comme créée pour la deuxième fois); il est en conséquence également possible que la limite de notre faculté de perception se trouve en dehors de la sphère de cette faculté.

§ 3. — La philosophie de la nature dans la physique spéculative

D'après ce que nous venons de dire, notre science est entièrement et d'un bout à l'autre réaliste; elle n'est autre que la physique, mais seulement la physique *spéculative*. Elle est par sa tendance la même chose que les systèmes de l'ancienne physique et que la physique mécanique de Le Sage qui a ressuscité dans les temps modernes la philosophie épicurienne et grâce auquel l'esprit spéculatif dans la physique a été rappelé à la vie après un long sommeil. Il nous est impossible de démontrer ici (cette démonstration coïncidant avec l'exposé même de notre science) que ce n'est pas en suivant le chemin du mécanisme et de l'atomisme inauguré par Le Sage et ses prédécesseurs les plus heureux, qu'on peut arriver à la réalisation de l'idée d'une physique spéculative. Car étant donné que le premier problème à examiner, celui de la cause *absolue* du mouvement (sans lequel la nature ne représenterait pas un tout fermé et achevé), ne peut être résolu mécaniquement, puisque, du point de vue mécanique, le mouvement est engendré par le mouvement, et cela à l'infini, il ne reste qu'une seule voie ouverte pour la constitution réelle d'une physique spéculative : la voie dynamique, ce qui implique la prémisse que le mouvement peut naître non seulement du mouvement, mais aussi du repos; que, par conséquent, la nature est en mouvement, alors même qu'elle est à l'état de repos, et que tout mouvement mécanique est un mouvement secondaire, découlant d'un seul et unique mouvement primitif, surgi lui-même des premiers facteurs de construction d'une nature en général (forces primitives et fondamentales).

En montrant en quoi notre entreprise diffère de toutes les entreprises analogues qui ont été tentées jusqu'ici, nous indiquons en même temps la différence qui sépare la physique spéculative de la physique empirique, différence qui se réduit essentiellement à ce que celle-là s'occupe uniquement des causes primitives des mouvements qui se produisent dans la nature, donc des phénomènes dynamiques, tandis que celle-ci, qui ne remonte jamais à la source première des mouvements dans la nature, ne s'occupe que des mouvements secondaires, et n'envisage même les mouvements primitifs ou primaires que du point de vue mécanique (donc comme étant capables de construction mathématique); ou, encore, la physique spéculative s'intéresse aux impulsions internes de la nature, à son côté non-objectif, tandis que la physique empirique ne tient compte que de ce qui se passe à sa surface, que de son côté objectif et, pour ainsi dire, extérieur.

§ 4. — De la possibilité d'une physique spéculative

Comme notre recherche porte moins sur les phénomènes naturels eux-mêmes que sur leurs causes premières et que nous nous proposons de déduire non celles-ci de ceux-là, mais ceux-là de celles-ci, notre tâche se réduit à ceci: constituer une *science de la nature,* au sens le plus strict du mot, et pour nous rendre compte si une physique spéculative est possible, nous devons rechercher les conditions de cette possibilité d'une théorie de la nature comme science.

a) Le concept de savoir étant ici pris dans sa signification la plus stricte, il est facile de voir que d'après cette signification, sont seuls accessibles à notre connaissance les objets dont nous connaissons les principes de possibilité; car sans cela, tout ce que je sais d'un objet, d'une machine, par exemple, dont la construction m'est inconnue, se borne à ce que je vois, consiste en une simple conviction de son existence, alors que l'inventeur de cette machine en possède un savoir complet, parce qu'il est pour ainsi dire lui-même l'âme de cet ouvrage, parce que la machine a préexisté dans son cerveau avant de devenir une réalité.

Pénétrer la construction intérieure de la nature serait certes impossible, si l'on ne pouvait y intervenir par un acte de liberté. Sans doute, la nature agit ouvertement et librement, mais jamais en vase clos: elle subit l'influence d'un grand nombre de causes qu'on doit commencer par éliminer, pour obtenir un résultat pur. On doit donc forcer la nature à agir dans certaines conditions qui soit lui sont tout à fait étrangères, soit n'y existent que modifiées par d'autres. Une pareille intervention dans la nature s'appelle expérience. Chaque expérience est une question posée à la nature et à laquelle on l'oblige de répondre. Mais chaque question contient implicitement un jugement *a priori;* chaque expérience, en tant qu'expérience, est une prophétie; expérimenter, c'est provoquer des phénomènes. Le premier pas vers la science consiste donc à produire les objets mêmes de cette science.

b) Nous ne connaissons que les productions spontanées; aussi le savoir, au sens strict du mot, est-il un *pur* savoir *a priori.* La construction au moyen de l'expérience ne peut jamais s'égaler à la production spontanée des phénomènes. Sans doute, beaucoup de choses dans la science de la nature peuvent être connues comparativement *a priori;* les phénomènes électriques, par exemple, les magnétiques et les lumineux sont soumis à une loi tellement simple, dont l'action se manifeste dans tous les phénomènes, que le résultat de chaque expérience peut être prédit à l'avance; ici mon savoir découle directement de la loi connue, sans l'intermédiaire d'une expérience. Mais d'où me vient la connaissance de cette loi? Ce qu'on affirme ici, c'est que tous les phénomènes se rattachent à une seule et même loi, absolue et nécessaire, dont ils peuvent être déduits, autrement dit que tout ce qu'on sait concernant les sciences de la nature, on le sait *a priori.* Or, que l'expérience n'aboutisse jamais à un savoir pareil, cela ressort du fait qu'elle ne peut jamais s'aventurer au-delà des forces de la nature, dont elle se sert comme de moyens.

Comme les causes premières des phénomènes de la nature ne sont pas apparentes par elles-mêmes, on doit ou renoncer à les connaître ou les introduire, les postuler dans la nature. Or, ce que nous introduisons dans la nature n'a que la valeur d'une hypothèse, et la science ainsi constituée doit être aussi hypothétique que le principe sur lequel elle repose. Ceci ne pourrait être évité que dans un seul cas, dans celui notamment où l'hypothèse serait aussi peu arbitraire, voire aussi nécessaire, que la nature elle-même. En admettant, par exemple, ce qui doit d'ailleurs être admis, à savoir que l'ensemble des phénomènes constitue, non un monde pur et simple, mais une Nature, autrement dit que tout cet ensemble n'est pas seulement un produit, mais est aussi productif, il en résulte que cet élément ne pourra jamais présenter une identité complète, parce que cela signifierait un passage absolu de la nature, en tant que productive, à la nature comme produit, ce qui aurait pour conséquence un repos absolu. Cette oscillation de la nature entre la productivité et le produit doit donc être considérée comme l'effet d'une duplicité générale des principes grâce à laquelle la nature est maintenue en constante activité et qui l'empêche de s'épuiser dans son produit: duplicité générale comme principe de tous les phénomènes de la nature et aussi nécessaire que la nature elle-même.

Cette supposition (hypothèse) absolue doit donc avoir sa raison en elle-même, mais elle doit aussi subir l'expérience empirique, car si tous les phénomènes de la nature ne se laissent pas déduire de cette supposition, si, dans l'ensemble de la nature, il en existe un seul dont la nécessité ne découle pas de ce principe, l'hypothèse se révèle par là même fausse et perd toute valeur de principe.

Grâce à cette déduction de tous les phénomènes de la nature d'une seule et même hypothèse absolue, notre savoir se transforme en une contraction *a priori* de la nature même, c'est-à-dire en une science de la nature *a priori*. Si cette déduction est possible, et ceci ne peut être prouvé que par les faits, la théorie de la nature, en tant que science de la nature, la physique spéculative, devient également possible, et c'est ce qu'il fallait démontrer.

Nature et discontinuité
(1919)

HENRI BERGSON
(1859-1941)

Bergson comme Schelling a critiqué le mécanisme afin de montrer que la nature agit comme une artiste en allant du tout aux parties, sous la poussée d'une force inspiratrice. Toutefois, à la différence de ce dernier, il n'a pas envisagé celle-ci d'une façon continue, mais de façon discontinue. Car, s'il s'est accordé à dire qu'il y avait effectivement une force traversant toute la vie, il a en revanche soutenu qu'une telle force conservait son être en ne cessant d'inventer des formes inédites et imprévisibles afin de rebondir. D'où sa relation au temps qui ne cesse de changer et au chaos qui transcende tout ordre.

Ainsi que l'ont indiqué Gilles Deleuze comme Michel Serres, il y a une étonnante modernité de Bergson. Car, sa vision de la nature rejoint celle que l'on trouve dans la science contemporaine. Posant en effet, comme l'a fait Carnot, qu'un système doté d'énergie ne se conserve qu'en s'ouvrant sur l'extérieur afin de s'y renouveler, celle-ci a placé de fait le temps et le chaos au centre de ses préoccupations, puisque ceux-ci sont, par le changement et la discontinuité qui les caractérisent, au cœur de tout renouvellement.

*Dans le texte qui suit, tiré de l'*Énergie spirituelle, *Bergson peut donner l'impression qu'il est dualiste, puisqu'il parle apparemment des relations entre l'esprit et la matière. En fait, son propos est de nous faire sentir comment la vie s'y prend afin de rebondir. Ainsi, pour mieux rejaillir, voit-on celle-ci se séparer entre matière et esprit, afin de provoquer par leur antagonisme une incitation de la conscience à inventer des solutions inédites, propres à démultiplier les possibilités de vie et donc à renforcer celle-ci.*

Source: Henri Bergson, *l'Énergie spirituelle,* Paris, P.U.F., 1967, p. 21 à 23.

Bibliographie: Gilles Deleuze, *le Bergsonisme,* Paris, P.U.F., 1966; Michel Serres, *la Distribution,* Hermès IV, *Boltzmann et Bergson,* Paris, Minuit, 1977, p. 125 et suiv.

I. La conscience et la vie

Que l'effort combiné de la physique et de la chimie aboutisse un jour à la fabrication d'une matière qui ressemble à la matière vivante, c'est probable : la vie procède par insinuation, et la force qui entraîna la matière hors du pur mécanisme n'aurait pas eu de prise sur cette matière si elle n'avait d'abord adopté ce mécanisme : telle, l'aiguille de la voie ferrée se colle le long du rail dont elle veut détacher le train. En d'autres termes, la vie s'installa, à ses débuts, dans un certain genre de matière qui commençait ou qui aurait pu commencer à se fabriquer sans elle. Mais là se fut arrêtée la matière si elle avait été laissée à elle-même ; et là s'arrêtera aussi, sans doute, le travail de fabrication de nos laboratoires. On imitera certains caractères de la matière vivante ; on ne lui imprimera pas l'élan en vertu duquel elle se reproduit et, au sens transformiste du mot, évolue. Or, cette reproduction et cette évolution sont la vie même. L'une et l'autre manifestent une poussée intérieure, le double besoin de croître en nombre et en richesse par multiplication dans l'espace et par complication dans le temps, enfin les deux instincts qui apparaissent avec la vie et qui seront plus tard les deux grands moteurs de l'activité humaine : l'amour et l'ambition. Visiblement une force travaille devant nous, qui cherche à se libérer de ses entraves et aussi à se dépasser elle-même, à donner d'abord tout ce qu'elle a et ensuite plus qu'elle n'a : comment définir autrement l'esprit ? et par où la force spirituelle, si elle existe, se distinguerait-elle des autres, sinon par la faculté de tirer d'elle-même plus qu'elle ne contient ? Mais il faut tenir compte des obstacles de tout genre que cette force rencontre sur son chemin. L'évolution de la vie, depuis ses origines jusqu'à l'homme, évoque à nos yeux l'image d'un courant de conscience qui s'engagerait dans la matière comme pour s'y frayer un passage souterrain, ferait des tentatives à droite et à gauche, pousserait plus ou moins avant, viendrait la plupart du temps se briser contre le roc, et pourtant, dans une direction au moins, réussirait à percer et reparaîtrait à la lumière. Cette direction est la ligne d'évolution qui aboutit à l'homme.

Mais pourquoi l'esprit s'est-il lancé dans l'entreprise ? Quel intérêt avait-il à forer le tunnel ? Ce serait le cas de suivre plusieurs nouvelles lignes de faits, que nous verrions encore converger sur un seul point. Mais il faudrait entrer dans de tels détails sur la vie psychologique, sur la relation psychophysiologique, sur l'idéal moral et sur le progrès social, que nous ferons aussi bien d'aller tout droit à la conclusion. Mettons donc matière et conscience en présence l'une de l'autre : nous verrons que la matière est d'abord ce qui divise et ce qui précise. Une pensée, laissée à elle-même, offre une implication réciproque d'éléments dont on ne peut dire qu'ils soient un ou plusieurs : c'est une continuité, et dans toute continuité il y a de la confusion. Pour que la pensée devienne distincte, il faut bien qu'elle s'éparpille en mots : nous ne nous rendons bien compte de ce que nous avons dans l'esprit que lorsque nous avons pris une feuille de papier, et aligné les uns à côté des autres des termes qui s'entrepénétraient. Ainsi la matière distingue, sépare, résout en individualités et finalement en personnalités des tendances jadis confondues dans l'élan originel de la vie. D'autre part, la matière provoque et rend possible l'effort. La pensée qui n'est que pensée, l'œuvre d'art qui n'est que conçue, le poème qui n'est que rêvé, ne coûtent pas encore de la peine ; c'est la réalisation matérielle du poème en mots, de la conception artistique en statue ou tableau, qui demande un effort. L'effort est pénible, mais il est aussi précieux, plus précieux encore que l'œuvre où il aboutit, parce que, grâce à lui, on a tiré de soi plus qu'il n'y avait, on s'est haussé au-dessus de soi-même. Or, cet effort n'eût pas été possible sans la matière: par la résistance qu'elle oppose et par la docilité où nous pouvons l'amener, elle est à la fois l'obstacle, l'instrument et le stimulant; elle éprouve notre force, en garde l'empreinte et en appelle l'intensification.

Les philosophes qui ont spéculé sur la signification de la vie et sur la destinée de l'homme n'ont pas assez remarqué que la nature a pris la peine de nous renseigner là-dessus elle-même. Elle nous avertit par un signe précis que notre destination est atteinte. Ce signe est la joie. Je dis la joie, je ne dis pas le plaisir. Le plaisir n'est qu'un artifice imaginé par la nature pour obtenir de l'être vivant la conservation de la vie; il n'indique pas la direction où la vie est lancée. Mais la joie annonce toujours que la vie a réussi, qu'elle a gagné du terrain, qu'elle a remporté une victoire: toute grande joie a un accent triomphal.

NATURE ET CRITIQUE DE LA NATURE

De l'essence au phénomène
(1781-1790)

EMMANUEL KANT
(1724-1804)

Si la nature a fait l'objet d'une intense réflexion, elle a aussi fait l'objet de critiques. Témoin Kant, qui, l'un des premiers, a fait apparaître le caractère non évident d'une telle idée. Savons-nous, en effet, de quoi nous parlons quand nous parlons d'une telle notion? Rien n'est moins sûr. Nous avons l'habitude, presque malgré nous, de comprendre par celle-ci une sorte d'épaisseur sensible recélant quelque profondeur spirituelle cachée. Or, c'est là quelque chose de contradictoire, car, force est de constater que nous ne cessons de scruter ce secret spirituel à l'aide de nos sens et que si nous ne le faisions pas nous ne pourrions même pas parler de la nature, étant donné que nous ne pouvons penser que ce que l'expérience nous donne à penser. Il faut donc en convenir, nous avons tendance à prendre le dédoublement que notre esprit opère de la matière pour sa profondeur. Paul Valéry avait donc raison de dire que ce qu'il y a de plus profond en nous réside dans notre peau. Le secret de la nature ne réside pas au-delà d'elle, mais dans ses manifestations qui ne cessent de nous apparaître et que nous ne connaissons pas encore. Outre qu'une telle critique conduit à rompre avec toute fascination afin d'adopter une attitude simplement attentive et ouverte à ce qui se manifeste, elle invite à ne pas prendre la nature qui est l'origine de l'homme, pour la destination de celui-ci qui réside dans son action.

Toutefois, ainsi que le montre un texte présenté ici, issu de la Critique de la faculté de juger *(§ 65), en soulignant que l'organisation de la nature n'a rien à voir avec une causalité connue de nous, et ce, afin de dépasser tant le mécanisme que le vitalisme, Kant n'a pas tant mis fin à toute spéculation sur la nature, que relancé l'interrogation à son sujet. C'est tout du moins ainsi que le liront Hegel ainsi que Heidegger. Car, si la nature n'est ni un mécanisme, ni l'expression d'une force, on peut se demander de quoi elle est l'expression.*

Source : Emmanuel Kant, *Critique de la raison pure*, d'après la traduction de J. Barni, 1909, Paris, Garnier-Flammarion, 1987, p. 291 ; *Critique de la faculté de juger*, trad. A. Philonenko, Paris, Vrin, 1986, p. 193-194.

Bibliographie : Gérard Lebrun, *Kant et la fin de la métaphysique*, Paris, Armand Colin, 1970.

Je procède de même à l'égard des autres concepts de la réflexion. La matière est *substantia phenomenon*. Ce qui lui convient intérieurement, je le cherche dans toutes les parties de l'espace qu'elle occupe et dans les effets qu'elle produit, et qui ne peuvent être à la vérité que des phénomènes des sens extérieurs. Je n'ai donc rien qui soit absolument intérieur, mais quelque chose seulement qui ne l'est que d'une manière relative, et qui lui-même se compose à son tour de rapports extérieurs. Mais ce qui dans la matière serait absolument intérieur n'est qu'une simple chimère, car la matière n'est nulle part un objet pour l'entendement pur, et l'objet transcendantal qui peut être le principe de ce phénomène que nous nommons matière est simplement quelque chose dont nous ne comprenons pas la nature, ni ne savons ce qu'elle peut être, quand même on pourrait nous le dire. En effet, nous ne pouvons comprendre que ce qui implique dans l'intuition quelque chose de correspondant à nos mots. On se plaint de *ne pas apercevoir l'intérieur des choses :* si l'on veut dire par là que nous ne comprenons point par l'entendement pur ce que peuvent être en soi les choses qui nous apparaissent, c'est là une plainte tout à fait injuste et déraisonnable, car on voudrait connaître les choses, par suite les saisir intuitivement, sans le secours des sens ; c'est-à-dire qu'on voudrait avoir une faculté de connaissance toute différente de celle de l'homme, non seulement par le degré, mais aussi par l'intuition et la nature, c'est-à-dire encore qu'on voudrait être non plus des hommes mais des êtres dont nous ne pouvons même pas dire s'ils sont possibles, et à plus forte raison comment ils seraient constitués. Dans l'intérieur de la nature, c'est l'observation et l'analyse des phénomènes qui pénètrent, et l'on ne peut savoir jusqu'où ce progrès peut aller avec le temps. Mais toutes ces questions d'ordre transcendantal qui dépassent la nature ne pourraient jamais être résolues, quand bien même la nature tout entière nous serait dévoilée, puisqu'il ne nous est pas donné d'observer notre propre esprit avec une autre intuition que celle de notre propre sens intime. C'est en effet en lui que réside le secret de l'origine de notre sensibilité. Le rapport de cette sensibilité à un objet et ce qui est le principe transcendantal de cette unité sont sans aucun doute trop profondément cachés pour que nous, qui ne nous connaissons nous-mêmes que par le sens intime, c'est-à-dire comme phénomènes, nous puissions employer un instrument d'investigation si impropre à trouver jamais autre chose que phénomènes sur phénomènes quand nous voudrions en découvrir la cause non sensible. [···]

Dans une montre une partie est l'instrument du mouvement des autres, mais un rouage n'est pas la cause efficiente de la production d'un autre rouage ; certes une partie existe pour une autre, mais ce n'est pas par cette autre partie qu'elle existe. C'est pourquoi ‹Daher› la cause productrice de celles-ci et de leur forme n'est pas contenue dans la nature (de cette matière), mais en dehors d'elle dans un être, qui d'après des Idées peut réaliser un tout possible par sa causalité. C'est pourquoi aussi dans une montre un rouage ne peut en produire un autre et encore moins une montre d'autres montres, en sorte qu'à cet effet elle utiliserait (elle organiserait) d'autres matières ; c'est pourquoi elle ne remplace pas d'elle-même les parties, qui lui ont été ôtées, ni ne corrige leurs défauts dans la première formation par l'intervention des autres parties, ou se répare elle-même, lorsqu'elle est déréglée : or tout cela nous pouvons en revanche l'attendre de la nature organisée. — Ainsi un être organisé n'est pas simplement machine, car la machine possède uniquement *une force motrice ;* mais l'être organisé possède en soi *une force formatrice* ‹bildende Kraft›, qu'il communique aux matériaux, qui ne la possèdent pas (il les organise) : il s'agit ainsi d'une force formatrice qui se propage et qui ne peut pas être expliquée par la seule faculté de mouvoir (le mécanisme).

On dit trop peu de la nature et de sa faculté dans les produits organisés quand on la nomme *un analogon de l'art ;* on imagine en effet alors l'artiste (un être raisonnable) en dehors d'elle. Elle s'organise plutôt elle-même et cela dans chaque espèce ‹Spezies› de ses produits organisés selon un même modèle ‹Exemplar› dans l'ensemble, avec toutefois les modifications convenables, qui sont exigées par la conservation (de l'organisation) selon les circonstances. On s'approche davantage peut-être de cette qualité insondable, lorsqu'on la nomme un *analogon de la vie ;* mais alors il faut ou bien attribuer à la matière en tant que simple matière une propriété (hylozoisme), qui contredit son essence, ou bien lui associer un principe (une âme) qui lui est étranger et qui serait *en communauté avec elle ;* et en ce dernier cas, si un tel produit doit être un produit naturel, ou bien on présuppose déjà la matière organisée comme instrument de cette âme et ainsi on ne la rend pas plus compréhensible, ou bien il faut faire de l'âme l'artiste de cette construction et il faut ôter le produit à la nature (corporelle). Pour parler en toute rigueur l'organisation de la nature n'a rien d'analogue avec une causalité quelconque connue de nous. La beauté de la nature peut à juste titre être nommée un analogon de l'art parce qu'elle n'est attribuée aux objets qu'en relation à la réflexion sur *l'intuition externe* de ceux-ci, c'est-à-dire seulement en raison de la forme de leur surface. Mais la *perfection naturelle interne,* celle que possèdent les choses, qui ne sont possibles que comme *fins naturelles* et qui pour cette raison s'appellent êtres organisés, ne peut être pensée et expliquée par aucune analogie avec un pouvoir physique quelconque connu de nous, c'est-à-dire un pouvoir naturel, et puisque nous appartenons nous-mêmes à la nature au sens large, elle ne peut même pas l'être d'après une analogie exactement proportionnée avec l'art humain.

Le concept d'une chose, comme fin naturelle en elle-même, n'est pas ainsi un concept constitutif de l'entendement ou de la raison; mais il peut être cependant un concept régulateur pour la faculté de juger réfléchissante, pour guider la recherche sur les objets de ce genre et réfléchir sur leur principe suprême d'après une analogie éloignée avec notre causalité suivant des fins en général, cette réflexion servant moins la connaissance de la nature ou de son fondement originaire ‹Urgrund› que celle de la faculté pratique rationnelle en nous, en analogie avec laquelle nous considérons la cause de cette finalité.

La contradiction de la Nature
(1830)

GEORG WILHELM FRIEDRICH HEGEL
(1770-1831)

*Ainsi que le montre la fin de l'*Encyclopédie des sciences philosophiques, *le système hégélien se compose de la Logique, de la Nature et de l'Esprit. Tel quel, il figure la dynamique de l'Idée se posant, rentrant dans la Nature, pour finalement s'en délivrer et se rassembler en elle-même. Toutefois, ainsi que l'a souligné Hegel lui-même, cet ordre* *ne doit pas être envisagé de façon monolithique. Car, il est possible de partir de la Nature ou de l'Esprit, comme il est possible d'arriver à la Nature ou à la Logique. L'Être étant avant tout devenir, qu'importe que l'on saisisse celui-ci sous une forme idéale, sensible ou historique, pourvu qu'on le saisisse. D'où le reproche adressé à Schelling d'avoir manqué la philosophie à force de ne vouloir faire qu'une philosophie de la Nature.*

Si la pensée, qui ne sait pas être sensible au point de savoir deviner les choses, ne pense pas, la sensibilité qui ne sait pas être sensible au point de savoir, elle aussi, deviner, n'est pas sensible. Inachevée, elle est dès lors le théâtre d'un conflit. Sur un plan objectif, il en va de même. Ainsi que le montre Hegel, si la Nature est l'Être devenu sensible, quand cette sensibilité ne va pas jusqu'au bout d'elle-même, elle devient un conflit donnant naissance à la présence simultanée d'ordre et de désordre, de hasard et de nécessité.

Source : Friedrich Hegel, *Encyclopédie des sciences philosophiques*, trad. M. de Gandillac, Paris, Gallimard, 1970, p. 238 à 240.

Bibliographie : Jacques d'Hondt, *Hegel en son temps*, Paris, P.U.F., 1968; Jean Hyppolite, *Logique et existence*, Paris, P.U.F., 1953.

Concept de nature

§ 247

La nature est l'idée sous la forme de l'*altérité*. Étant donné que, de la sorte, l'*idée* est comme son propre négatif, en d'autres termes *extérieure à elle-même*, non seulement la nature n'est extérieurement que relative à l'égard de cette idée (et à l'égard de son existence subjective, l'esprit), mais l'*extériorité* constitue la détermination dans laquelle elle se trouve en tant que nature.

§ 248

Dans cette extériorité les déterminations conceptuelles ont l'apparence d'un *consister indifférent* et de la *singularisation* les-unes-à-l'égard-des-autres; le concept est, pour cette raison, comme quelque chose d'intérieur. Ainsi ce que la nature montre dans sa présence n'est point liberté mais *nécessité* et *contingence*.

C'est pourquoi la nature, selon cette existence déterminée grâce à laquelle justement elle est nature, n'a pas à être divinisée, et le Soleil, la Lune, les animaux, les plantes, etc., n'ont pas à être considérés et présentés, de préférence aux actes et événements humains, comme des ouvrages de Dieu. La nature est divine *auprès d'elle-même*, dans l'idée, mais, telle qu'elle *est*, son être ne correspond pas à son concept; elle est bien plutôt la *contradiction non-résolue*. Sa caractéristique est l'*être-posé*, le négatif, à la manière dont les Anciens ont conçu la matière absolument parlant comme le *non ens*. De la sorte on a aussi énoncé la nature comme la *retombée* de l'idée à partir d'elle-même, étant donné que l'idée, en tant qu'elle est cette structure de l'extériorité, est sa propre inadéquation à elle-même. — C'est seulement à la conscience, d'abord elle-même extérieure et, par conséquent immédiate, que la nature apparaît comme ce qui est premier, comme ce qui est immédiat, comme ce qui est. — Puisque néanmoins, encore que dans un tel élément d'extériorité, la nature soit une représentation *de l'idée*, l'on peut bien, et l'on doit bien, admirer en elle la sagesse de Dieu. Mais s'il est vrai que *Vanini* ait affirmé qu'un simple fétu de paille suffit à connaître l'être de Dieu, toute représentation de l'esprit, la moindre de ses imaginations, le jeu de ses fantaisies les plus contingentes, toute parole est un meilleur fondement pour connaître l'être de Dieu qu'un quelconque objet naturel singulier. Dans la nature, non seulement le jeu des formes a sa contingence débridée et effrénée, mais toute structure pour elle-même échappe à son propre concept. Le plus haut degré auquel atteint la nature dans sa présence est la *vie*, mais, comme idée seulement naturelle, la vie est vouée à la déraison de l'extériorité, et la vitalité individuelle est, à chaque moment de son existence, captive d'une singularité qui est autre qu'elle, alors qu'en revanche toute extériorisation de l'esprit contient le moment de la libre relation universelle avec soi-même.

§ 249

La nature est à considérer comme un *système de niveaux*, chacun d'entre eux procédant nécessairement de l'autre et représentant la plus prochaine vérité de celui dont il est le résultat, non cependant de telle manière que l'un serait naturellement *engendré* par l'autre, mais dans l'idée intérieure, celle qui constitue le fondement de la nature. La *métamorphose* n'appartient qu'au concept comme tel, l'altération de ce dernier étant seule un développement. Mais dans la nature le concept, d'une part, est quelque chose de seulement intérieur, d'autre part, n'existe qu'à titre d'individu vivant; une métamorphose *existante* est donc limitée à ce seul individu vivant.

Antique, et même moderne, la philosophie de la nature s'est représenté les choses de façon maladroite en envisageant la formation-progressive d'une forme-naturelle et d'un domaine dans une forme-naturelle et un domaine supérieurs comme s'il s'agissait d'une production extérieurement-effective, qu'on a cependant, pour la rendre *plus claire*, rejetée dans les *ténèbres* du passé. La nature a précisément pour caractéristique cette extériorité qui consiste à séparer les-unes-des-autres les différences et à les faire intervenir à titre d'existences indifférentes; le concept dialectique qui passe de *niveau* en *niveau* constitue ce qui en eux est l'intérieur. À de nébuleuses représentations, foncièrement sensibles, comme l'est tout particulièrement celle qui consiste, comme on dit, à faire naître, par exemple, les plantes et les bêtes à partir de l'eau, et ensuite les organismes animaux les plus développés à partir des moins développés, etc., la considération pensante ne peut que renoncer.

§ 250

Étant donné que l'idée, en tant que nature, est extérieure à elle-même, qu'elle est plus précisément la contradiction entre, d'une part, engendrée par le concept, la *nécessité* de ses produits et de leur détermination rationnelle dans la totalité organique, et, d'autre part, leur contingence indifférente et leur indéterminable irrégularité. La contingence et la déterminabilité à partir de l'extérieur ont leurs droits dans le domaine de la nature. Cette contingence atteint à son maximum dans celui des productions concrètes, lesquelles, à titre de choses-naturelles, ne sont en même temps concrètes que de façon *immédiate*. En effet, ce qui est concret de façon *immédiate*, c'est un ensemble de propriétés situées les-unes-hors-des-autres et plus ou moins indifférentes les-unes-à-l'égard-des-autres, mais que la simple subjectivité, qui, précisément pour cette raison est pour elle-même tout aussi indifférente à leur égard, abandonne à une détermination extérieure, par conséquent contingente. L'*impuissance* de la nature vient de ce qu'elle ne contient les déterminations conceptuelles que de façon abstraite, et de ce qu'elle expose à une déterminabilité extérieure la réalisation du particulier.

Nature et mauvaise foi
(1946)

JEAN-PAUL SARTRE
(1905-1980)

C'est incontestablement avec Sartre que l'on a affaire à une critique en règle de l'idée de nature. Et comment ne pas lui donner raison, lorsqu'il souligne qu'il y a dans une telle idée l'ombre d'un ordre donné à l'avance qui, non seulement condamne toute liberté, mais rend possible la mauvaise foi, dont on sait combien elle aime à invoquer la nature des choses pour se justifier ou se disculper?

Toutefois, en passant, comme le fait Sartre, de l'ordre d'une nature à celui d'une absolue contingence des choses comme de l'homme, afin de se délivrer de toute mauvaise foi par une liberté qui ne laisse pas de choix, ne court-on pas le risque d'installer un climat de culpabilité peu propice à la liberté que l'on veut défendre? La nature n'a-t-elle pas joué parfois un rôle démystificateur, ainsi que l'a montré Gilles Deleuze?

Ces questions montrent que si on ne peut peut-être pas complètement se passer de concept de nature, celui-ci s'avère d'autant plus pertinent qu'on en mesure les limites, ainsi que Sartre nous invite à le faire.

Source: Jean-Paul Sartre, *l'Existentialisme est un humanisme,* Paris, Nagel, 1946, p. 19 à 22, 36 à 37.

Bibliographie: F. Jeanson, *le Problème moral et la pensée de Sartre,* Paris, Seuil, 1966.

LORSQUE NOUS CONCEVONS UN DIEU CRÉATEUR, ce Dieu est assimilé la plupart du temps à un artisan supérieur... Dieu produit l'homme suivant des techniques et une conception, exactement comme l'artisan fabrique un coupe-papier suivant une définition et une technique. Ainsi l'homme individuel réalise un certain concept qui est dans l'entendement divin. Au XVIIIe siècle, dans l'athéisme des philosophes, la notion de Dieu est supprimée, mais non pas pour autant l'idée que l'essence précède l'existence. Cette idée, nous la retrouvons un peu partout: nous la retrouvons chez Diderot, chez Voltaire et même chez Kant. L'homme est possesseur d'une nature humaine; cette nature humaine, qui est le concept humain, se retrouve chez tous les hommes, ce qui signifie que chaque homme est un exemple particulier d'un concept universel, l'homme; chez Kant, il résulte de cette universalité que l'homme des bois, l'homme de la nature, comme le bourgeois sont astreints à la même définition et possèdent les mêmes qualités de base. Ainsi, là encore, l'essence de l'homme précède cette existence historique que nous rencontrons dans la nature.

L'existentialisme athée, que je représente, est plus cohérent. Il déclare que si Dieu n'existe pas, il y a au moins un être chez qui l'existence précède l'essence, un être qui existe avant de pouvoir être défini par aucun concept, et que cet être c'est l'homme ou, comme dit Heidegger, la réalité humaine. Qu'est-ce que signifie ici que l'existence précède l'essence ? Cela signifie que l'homme existe d'abord, se rencontre, surgit dans le monde, et qu'il se définit après. L'homme tel que le conçoit l'existentialiste, s'il n'est pas définissable, c'est qu'il n'est d'abord rien. Il ne sera qu'ensuite, et il sera tel qu'il se sera fait. Ainsi, il n'y a pas de nature humaine, puisqu'il n'y a pas de Dieu pour la concevoir. L'homme est seulement, non seulement tel qu'il se conçoit, mais tel qu'il se veut, et comme il se conçoit après l'existence, comme il se veut après cet élan vers l'existence ; l'homme n'est rien d'autre que ce qu'il fait...

Dostoïevski a écrit : « Si Dieu n'existe pas, tout est permis ». C'est là le point de départ de l'existentialisme. En effet, tout est permis si Dieu n'existe pas, et par conséquent l'homme est délaissé, parce qu'il ne trouve ni en lui, ni hors de lui une possibilité de s'accrocher. Il ne trouve d'abord pas d'excuses. Si, en effet, l'existence précède l'essence, on ne pourra jamais expliquer par référence à une nature humaine donnée et figée ; autrement dit, il n'y a pas de déterminisme, l'homme est libre, l'homme est liberté. Si, d'autre part, Dieu n'existe pas, nous ne trouvons pas en face de nous des valeurs ou des ordres qui légitimeront notre conduite. Ainsi, nous n'avons ni derrière nous, ni devant nous, dans le domaine lumineux des valeurs, des justifications ou des excuses. Nous sommes seuls, sans excuses. C'est ce que j'exprimerai en disant que l'homme est condamné à être libre. Condamné, parce qu'il ne s'est pas créé lui-même, et par ailleurs cependant libre, parce qu'une fois jeté dans le monde, il est responsable de tout ce qu'il fait...

L'homme, sans aucun appui et sans aucun secours, est condamné à chaque instant à inventer l'homme. Ponge a dit dans un très bel article : « L'homme est l'avenir de l'homme ». C'est parfaitement exact.

NATURE ET CRITIQUE DE LA VIOLENCE

L'idéal du bon sauvage
(1755)

JEAN-JACQUES ROUSSEAU
(1712-1778)

Si la nature, comme l'a vu Sartre, peut servir d'alibi, elle peut être aussi un instrument critique. C'est ce que Rousseau fait apercevoir. Si, en effet, dans le Discours sur l'origine des inégalités, *il fait appel à cette dernière, ce n'est pas tant pour chanter les louanges d'un âge d'or situé derrière nous, que pour tenter de penser la violence et de se donner les moyens d'en comprendre l'apparition, en l'absence de toutes données. Car, comment faire quand on sait que le violent s'efforce toujours d'effacer ses traces.*

Ainsi, le bon sauvage est-il moins un idéal à rejoindre que le moyen le plus raisonnable de se donner un concept d'homme afin de pouvoir mesurer l'écart séparant l'homme tel qu'il est devenu de l'homme tel qu'il est raisonnable de supposer qu'il est. S'il est bon, ce n'est pas qu'il est « bon », c'est surtout qu'il n'est pas spontanément méchant, c'est-à-dire destructeur et autodestructeur. Car, se plaît à répéter Rousseau à plusieurs reprises, la folie ne fait pas plus droit que la raison. Si c'était le cas, l'humanité se serait déjà éteinte à plusieurs reprises. Or, elle subsiste par-delà la violence qui jalonne son histoire. Preuve que celle-ci n'est pas tout et que ce qui lui permet ainsi de subsister relève en elle d'un fond que seule la notion de nature est à même de pouvoir cerner.

Source : Jean-Jacques Rousseau, *Discours sur l'origine et les fondements de l'inégalité parmi les hommes*, Paris, Gallimard, Bibliothèque de la Pléiade, 1964, p. 140, 156, 187-193.

Bibliographie : R. Derathé, *J.-J. Rousseau et la science politique de son temps*, Paris, 4e édition, Vrin, 1988.

SEUL, oisif, et toujours voisin du danger, l'homme Sauvage doit aimer à dormir, et avoir le sommeil léger comme les animaux, qui pensant peu, dorment, pour ainsi dire, tout le temps qu'ils ne pensent point. Sa propre conservation faisant presque son unique soin, ses facultés les plus exercées doivent être celles, qui ont pour objet principal l'attaque et la défense, soit pour subjuger sa proye, soit pour se garantir d'être celle d'un autre animal : Au contraire, les organes qui ne se perfectionnent que par la molesse et la sensualité, doivent rester dans un état de grossiéreté, qui exclud en lui toute espéce de délicatesse ; et ses sens se trouvant partagés sur ce point, il aura le toucher et le goût d'une rudesse extrême ; la veüe, l'oüie et l'odorat de la plus grande subtilité : Tel est l'état animal en général, et c'est aussi, selon le rapport des Voyageurs, celui de la plûpart des Peuples Sauvages. Ainsi il ne faut point s'étonner, que les Hottentots du Cap de Bonne Espérance découvrent, à la simple veüe des Vaisseaux en haute mer d'aussi loin que les Hollandois avec des Lunettes, ni que les Sauvages de l'Amérique sentissent les Espagnols à la piste, comme auroient pu faire les meilleurs Chiens, ni que toutes ces Nations Barbares supportent sans peine leur nudité, aiguisent leur goût à force de Piment, et boivent les Liqueurs Européennes comme de l'eau. [...]

La pitié est un sentiment naturel, qui modérant dans chaque individu l'activité de l'amour de soi même, concourt à la conservation mutuelle de toute l'espéce. C'est elle, qui nous porte sans réflexion au secours de ceux que nous voyons souffrir : c'est elle, qui dans l'état de Nature, tient lieu de Loix, de mœurs, et de vertu, avec cet avantage que nul n'est tenté de désobéir à sa douce voix : C'est elle qui détournera tout Sauvage robuste d'enlever à un foible enfant, ou à un vieillard infirme, sa subsistance acquise avec peine, si lui-même espére pouvoir trouver la sienne ailleurs : C'est elle qui, au lieu de cette maxime sublime de justice raisonnée : *Fais à autrui comme tu veux qu'on te fasse*, inspire à tous les Hommes cette autre maxime de bonté naturelle bien moins parfaite, mais plus utile peut-être que la précédente. *Fais ton bien avec le moindre mal d'autrui qu'il est possible*. C'est en un mot dans ce sentiment Naturel, plutôt que dans des argumens subtils, qu'il faut chercher la cause de la répugnance que tout homme éprouveroit à mal faire, même indépendamment des maximes de l'éducation. [...]

Si nous suivons le progrès de l'inégalité dans ces différentes révolutions, nous trouverons que l'établissement de la Loi et du Droit de propriété fut son premier terme ; l'institution de la Magistrature le second ; que le troisiéme et dernier fut le changement du pouvoir légitime en pouvoir arbitraire ; en sorte que l'état de riche et de pauvre fut autorisé par la premiere Epoque, celui de puissant et de foible par la seconde, et par la troisiéme celui de Maître et d'Esclave, qui est le dernier dégré de l'inégalité, et le terme auquel aboutissent enfin tous les autres, jusqu'à ce que de nouvelles révolutions dissolvent tout à fait le Gouvernement, ou le rapprochent de l'institution légitime.

C'est ici le dernier terme de l'inégalité, et le point extrême qui ferme le Cercle et touche au point d'où nous sommes partis: C'est ici que tous les particuliers redeviennent égaux parce qu'ils ne sont rien, et que les Sujets n'ayant plus d'autre Loi que la volonté du Maître, ni le Maître d'autre regle que ses passions, les notions du bien, et les principes de la justice s'évanouissent de rechef. C'est ici que tout se ramene à la seule Loi du plus fort, et par conséquent à un nouvel État de Nature différent de celui par lequel nous avons commencé, en ce que l'un étoit l'État de Nature dans sa pureté, et que ce dernier est le fruit d'un excès de corruption. Il y a si peu de différence d'ailleurs entre ces deux états, et le Contract de Gouvernement est tellement dissous par le Despotisme, que le Despote n'est le Maître qu'aussi longtems qu'il est le plus fort, et que sitôt qu'on peut l'expulser, il n'a point à réclamer contre la violence. L'émeute qui finit par étrangler ou détrôner un Sultan est un acte aussi juridique que ceux par lesquels il disposoit la veille des vies et des biens de ses Sujets. La seule force le maintenoit, la seule force le renverse; toutes choses se passent ainsi selon l'ordre Naturel; et quel que puisse être l'événement de ces courtes et fréquentes révolutions, nul ne peut se plaindre de l'injustice d'autrui, mais seulement de sa propre imprudence, ou de son malheur. [...]

Ce que la réflexion nous apprend là-dessus, l'observation le confirme parfaitement: L'homme Sauvage et l'homme policé différent tellement par le fond du cœur et des inclinations, que ce qui fait le bonheur suprême de l'un, réduiroit l'autre au désespoir. Le premier ne respire que le repos et la liberté, il ne veut que vivre et rester oisif, et l'ataraxie même du Stoïcien n'approche pas de sa profonde indifférence pour tout autre objet. Au contraire, le Citoyen toujours actif, suë, s'agite, se tourmente sans cesse pour chercher des occupations encore plus laborieuses: il travaille jusqu'à la mort, il y court même pour se mettre en état de vivre, ou renonce à la vie pour acquerir l'immortalité, Il fait sa cour aux grands qu'il hait et aux riches qu'il méprise; il n'épargne rien pour obtenir l'honneur de les servir; il se vante orgueilleusement de sa bassesse et de leur protection, et fier de son esclavage, il parle avec dédain de ceux qui n'ont pas l'honneur de le partager. Quel Spectacle pour un Caraïbe, que les travaux pénibles et enviés d'un Ministre Européen! Combien de morts cruelles ne préféreroit pas cet indolent Sauvage à l'horreur d'une pareille vie qui souvent n'est pas même adoucie par le plaisir de bien faire? Mais pour voir le but de tant de soins, il faudroit que ces mots, *puissance* et *réputation,* eussent un sens dans son esprit, qu'il apprît qu'il y a une sorte d'hommes qui comptent pour quelque chose les regards du reste de l'univers, qui savent être heureux et contens d'eux mêmes sur le témoignage d'autrui plûtôt que sur le leur propre. Telle est, en effet, la véritable cause de toutes ces différences: le Sauvage vit en lui-même; l'homme sociable toûjours hors de lui ne sait vivre que dans l'opinion des autres, et c'est, pour ainsi dire, de leur seul jugement qu'il tire le sentiment de sa propre éxistence. Il n'est pas de mon sujet de montrer comment d'une telle disposition naît tant d'indifférence pour le bien et le mal, avec de si beaux discours de morale; comment tout se réduisant aux apparences, tout devient factice et joüé; honneur, amitié, vertu, et souvent jusqu'aux vices mêmes, dont on trouve enfin le secret de se glorifier; comment, en un mot, demandant toujours aux autres ce que nous sommes et n'osant jamais nous interroger là-dessus nous mêmes, au milieu de tant de Philosophie, d'humanité, de politesse et de maximes Sublimes, nous n'avons qu'un extérieur trompeur et frivole, de l'honneur sans vertu, de la raison sans sagesse, et du plaisir sans bonheur. Il me suffit d'avoir prouvé que ce n'est point-là l'état originel de l'homme, et que c'est le seul esprit de la Société et l'inégalité qu'elle engendre, qui changent et altérent ainsi toutes nos inclinations naturelles. [...]

La vie comme moyen de subsistance
(1844)

KARL MARX
(1818-1883)

Marx n'est pas Rousseau et n'a pas forgé comme lui l'idée d'un état de nature afin de penser l'aliénation de l'homme par la violence. Il a même, au contraire, critiqué l'abstraction d'une telle idée, en y voyant l'effet d'une mythologie humaniste. Toutefois, il est significatif qu'il n'ait pas renoncé à toute nature. Et pour cause. Celle-ci n'est-elle pas le seul repère qui reste à l'homme quand il n'a plus de repères?

Contre la tentation de dire que tout est politique, dont la conséquence est de placer dangereusement la politique au-dessus de la vie, Spinoza avait vu que seul le fait de placer la vie au-dessus de la politique grâce au respect du droit naturel, pouvait éviter de tels errements. On retrouve chez Marx une démarche semblable. Quand, en effet, l'homme n'a plus de nature parce qu'il est complètement aliéné par ses conditions de vie, seul le fait d'avoir un corps et un lien par ce corps avec la vie et la nature lui permet de ne pas se déshumaniser complètement.

Louis Althusser a montré, dans ses écrits sur Marx, que les manuscrits de 1844 étaient prémarxistes du fait d'un aspect encore humaniste, auquel il a attribué la responsabilité d'être la cause de toute une mythologie et de toutes sortes d'errements du marxisme. On peut se demander, au contraire, avec Michel Henry, si cette approche corporelle de l'identité humaine n'est pas une découverte tout à fait originale de Marx. Car, en définitive, n'est-ce pas grâce à la mémoire de la vie que l'homme possède dans son corps, que celui-ci peut lutter contre la violence et son processus de désincarnation?

Source: Karl Marx, *Manuscrits de 1844,* trad. de Émile Bottigelli, Paris, Éditions sociales, 1969, p. 60 à 62.

Bibliographie: L. Althusser, *Pour Marx,* Paris, Maspero/La Découverte, 1965; Michel Henry, *Marx,* Paris, Gallimard, 1976.

OR, EN QUOI CONSISTE l'aliénation du travail?

D'abord, dans le fait que le travail est *extérieur* à l'ouvrier, c'est-à-dire qu'il n'appartient pas à son essence, que donc, dans son travail, celui-ci ne s'affirme pas mais se nie, ne se sent pas à l'aise, mais malheureux, ne déploie pas une libre activité physique et intellectuelle, mais mortifie son corps et ruine son esprit. En conséquence, l'ouvrier n'a le sentiment d'être auprès de lui-même qu'en dehors du travail et, dans le travail, il se sent en dehors de soi. Il est comme chez lui quand il ne travaille pas et, quand il travaille, il ne se sent pas chez lui. Son travail n'est donc pas volontaire, mais contraint, c'est du *travail forcé.* Il n'est donc pas la satisfaction d'un besoin, mais seulement un *moyen* de satisfaire des besoins en dehors du travail. Le caractère étranger du travail apparaît nettement dans le fait que, dès qu'il n'existe pas de contrainte physique ou autre, le travail est fui comme la peste. Le travail extérieur, le travail dans lequel l'homme s'aliène, est un travail de sacrifice de soi, de mortification. Enfin, le caractère extérieur à l'ouvrier du travail apparaît dans le fait qu'il n'est pas son bien propre, mais celui d'un autre, qu'il ne lui appartient pas, que dans le travail l'ouvrier ne s'appartient pas lui-même, mais appartient à un autre. De même que, dans la religion, l'activité propre de l'imagination humaine, du cerveau humain et du cœur humain, agit sur l'individu indépendamment de lui, c'est-à-dire comme une activité étrangère divine ou diabolique, de même l'activité de l'ouvrier n'est pas son activité propre. Elle appartient à un autre, elle est la perte de soi-même.

On en vient donc à ce résultat que l'homme (l'ouvrier) ne se sent plus librement actif que dans ses fonctions animales, manger, boire et procréer, tout au plus encore dans l'habitation, la parure, etc., et que, dans ses fonctions d'homme, il ne se sent plus qu'animal. Le bestial devient l'humain et l'humain devient le bestial.

Manger, boire et procréer, etc., sont certes aussi des fonctions authentiquement humaines. Mais, séparées abstraitement du reste du champ des activités humaines et devenues ainsi la fin dernière et unique, elles sont bestiales.

Nous avons considéré l'acte d'aliénation de l'activité humaine pratique, le travail, sous deux aspects: Premièrement, le rapport de l'ouvrier au *produit du travail* en tant qu'objet étranger et ayant barre sur lui. Ce rapport est en même temps le rapport au monde extérieur sensible, aux objets de la nature, monde qui s'oppose à lui d'une manière étrangère et hostile. Deuxièmement, le rapport du travail à l'*acte de production* à l'intérieur du *travail*. Ce rapport est le rapport de l'ouvrier à sa propre activité en tant qu'activité étrangère qui ne lui appartient pas, c'est l'activité qui est passivité, la force qui est impuissance, la procréation qui est castration, l'énergie physique et intellectuelle *propre* de l'ouvrier, sa vie personnelle — car qu'est-ce que la vie sinon l'activité — qui est activité dirigée contre lui-même, indépendante de lui, ne lui appartenant pas. L'*aliénation de soi* comme, plus haut, l'*aliénation de la chose.*

[XXIV] Or, nous avons encore à tirer des deux précédentes, une troisième détermination du *travail aliéné.*

L'homme est un être générique. Non seulement parce que, sur le plan pratique et théorique, il fait du genre, tant du sien propre que de celui des autres choses, son objet, mais encore — et ceci n'est qu'une autre façon d'exprimer la même chose — parce qu'il se comporte vis-à-vis de lui-même comme vis-à-vis du genre actuel vivant, parce qu'il se comporte vis-à-vis de lui-même comme vis-à-vis d'un être *universel,* donc libre.

La vie générique tant chez l'homme que chez l'animal consiste d'abord, au point de vue physique, dans le fait que l'homme (comme l'animal) vit de la nature non-organique, et plus l'homme est universel par rapport à l'animal, plus est universel le champ de la nature non-organique dont il vit. De même que les plantes, les animaux, les pierres, l'air, la lumière, etc., constituent du point de vue théorique une partie de la conscience humaine, soit en tant qu'objets des sciences de la nature, soit en tant qu'objets de l'art — qu'ils constituent sa nature intellectuelle non-organique, qu'ils sont des moyens de subsistance intellectuelle que l'homme doit d'abord apprêter pour en jouir et les digérer — de même ils constituent aussi au point de vue pratique une partie de la vie humaine et de l'activité humaine. Physiquement, l'homme ne vit que de ces produits naturels, qu'ils apparaissent sous forme de nourriture, de chauffage, de vêtements, d'habitation, etc. L'universalité de l'homme apparaît en pratique précisément dans l'universalité qui fait de la nature entière son corps *non-organique,* aussi bien dans la mesure où, premièrement, elle est un moyen de subsistance immédiat que dans celle où, [deuxièmement], elle est la matière, l'objet et l'outil de son activité vitale. La nature, c'est-à-dire la nature qui n'est pas elle-même le corps humain, est le *corps non-organique* de l'homme. L'homme *vit* de la nature signifie : la nature est son *corps* avec lequel il doit maintenir un processus constant pour ne pas mourir. Dire que la vie physique et intellectuelle de l'homme est indissolublement liée à la nature ne signifie pas autre chose sinon que la nature est indissolublement liée avec elle-même, car l'homme est une partie de la nature.

Tandis que le travail aliéné rend étrangers à l'homme 1° la nature, 2° lui-même, sa propre fonction active, son activité vitale, il rend étranger à l'homme le *genre :* il fait pour lui de la *vie générique* le moyen de la vie individuelle. Premièrement, il rend étrangères la vie générique et la vie individuelle, et deuxièmement il fait de cette dernière, réduite à l'abstraction, le but de la première, qui est également prise sous sa forme abstraite et aliénée.

Car, premièrement, le travail, l'*activité vitale,* la *vie productive* n'apparaissent eux-mêmes à l'homme que comme un *moyen* de satisfaire un besoin, le besoin de conservation de l'existence physique. Mais la vie productive est la vie générique. C'est la vie engendrant la vie. Le mode d'activité vitale renferme tout le caractère d'une espèce, son caractère générique, et l'activité libre, consciente, est le caractère générique de l'homme. La vie elle-même n'apparaît que comme *moyen de subsistance.*

V

LE TEMPS

Le temps qui passe est double en son passage. D'un côté, il est fuyant, volatil, éphémère. Rien ne dure avec lui. Et tout est même si passager, qu'il semble que le temps n'ait qu'un temps et que ce temps soit l'instant.

D'un autre côté, en ne cessant de passer comme il fait, il y a dans le temps quelque chose qui ne passe pas. Tout n'en finit pas avec lui. Et tout dure même si longtemps qu'il semble que le temps est au-delà du temps et que cet au-delà est l'éternité.

Le temps, autrement dit, est un paradoxe. Car, trop rapide et trop long à la fois, instantané et éternel simultanément, on trouve de tout en lui sauf du temps, c'est-à-dire quelque chose qui dure ni trop ni trop peu pour retenir le volatil et faire bouger l'immobile. Aussi comprend-on qu'il laisse à ceux qui le subissent un arrière-goût amer de néant. Trop rapide comme il a l'habitude d'être, il renvoie à l'instabilité des choses et des hommes qui ne savent pas se fixer et fixer les choses. Il renvoie aussi à leur violence, puisque le temps qui passe trop vite arrache les instants de bonheur que nous voudrions voir durer et qu'il y a toujours un relent de violence dans ces plaisirs que l'on tente d'arracher à la vie. Trop long, au contraire, il renvoie à la pesanteur des choses et des hommes qui ne savent pas se libérer. Il renvoie aussi également à leur sourde violence puisque le temps qui s'obstine est cruel en sa marche indifférente qui avance inexorablement. C'est lui qui fait la souffrance de toutes ces douleurs qui souffrent de ne pas voir passer le mal. C'est lui qui fait l'ennui d'une vie où rien ne se passe parce qu'il se passe toujours la même chose. C'est lui qui pousse les hommes à faire subir après avoir subi. Car la passion d'être est aussi obstinée que la passion de l'Être puisque, comme elle, elle avance imperturbablement en provoquant cruauté, souffrance et ennui sur son passage.

Le temps, autrement dit, laisse flotter autour de lui quelque chose du néant, parce qu'il y a en lui un étrange mélange de faiblesse et de violence. Trop rapide et trop lent à la fois, tout se passe comme si au fond il n'avait jamais le temps de lui-même, étant trop figé et trop désordonné pour pouvoir se posséder lui-même. Pour qu'il puisse se maîtriser, il faudrait qu'il puisse marier l'instant et l'éternité qui sont en lui, afin de retenir l'instant par l'éternité et de faire passer l'éternité grâce à l'instant. Or, il y a manifestement en lui trop de faiblesse et trop de violence, trop de passion en un mot, pour pouvoir le faire. Aussi est-il constamment en décalage par rapport à lui-même, inexistant et lourd à la fois, ne cessant de se subir et de se violenter, immobile et volatil.

Singulièrement, toutefois, cette passion qui fait son néant fait aussi son être. Car, heureusement que la vie est passagère ! Heureusement aussi que les hommes savent être un peu légers ! C'est, en effet, le temps qui passe qui nous guérit du temps qui nous blesse. « Attends un peu, dit l'ami secourable, demain, tu verras, cela va passer. » Et cela passe effectivement. Car le temps qui passe nous détache de tous les liens et de tous les attachements qui nous emprisonnent. Il a parfois pour nous l'esprit que nous ne savons pas avoir, en nous signifiant que l'esprit, c'est, entre autres, de savoir passer sur les choses et non de s'arrêter sur elles. De savoir passer aussi sur les idées. Les idées, comme on dit, arrêtées. Plus profondément, plus singulièrement aussi, heureusement que le temps passe, car c'est à la faveur de ce qui passe que nous nous rendons compte de l'essentiel et que nous réalisons qu'il y a de l'éternel. Non pas, comme le dit Vladimir Jankélévitch, au sens de sempiternel, mais au sens d'unique. En effet, le temps qui passe n'est pas simplement ce qui nous fait déboucher sur le vide. Il est aussi ce qui nous fait déboucher sur le rare. En faisant disparaître, il fait apparaître, ou tout du moins transparaître à travers le disparaître, quelque chose du miracle de l'Être et, dans ce miracle de l'Être, cet autre miracle que peut être une pensée de l'Être.

Heureusement aussi que la vie s'immobilise en elle-même. Et heureusement que les hommes sont capables de quelque arrêt. C'est, en effet, la permanence des choses qui permet de remédier au tragique d'une existence où tout passe. Car, la mort qui nous enlève tous ceux et tout ce que nous aimons nous arrache des larmes et nous blesse au plus profond de nous-mêmes. Mais, il suffit que nous regardions la vie pour que, de la permanence de ses cycles qui, chaque année, font refleurir le printemps, monte une sérénité inattendue qui conduit à l'accepter et à mourir sans révolte. D'où vient une telle force ? Sans doute du fait que tout étant passage, l'infinité du passage finit à la longue par se confondre avec l'Être et par doter ainsi chaque passage d'une promesse d'être. Aussi est-ce paradoxalement en passant que l'on s'inscrit dans l'immortalité, comme l'ont si bien pressenti Sénèque, Montaigne, mais aussi la sagesse qui recommande d'être des passants en ce monde et de l'habiter comme Abel le nomade et non Caïn le sédentaire. Heidegger a donc raison de dire qu'en définitive Héraclite qui prône le devenir a dit la même chose que Parménide qui prône l'Être. L'Être n'est-il pas à lui-même son propre devenir et le devenir ne finit-il pas par être à force de devenir ? Sous cet angle d'immobilité, le temps a donc, là encore, l'esprit que nous ne savons pas avoir. En ne passant pas, il nous aide à trouver dans notre propre passage quelque chose qui ne passe pas. Ce que la marche de l'esprit confirme. Car, si l'éphémère révèle en passant l'unique de l'existence, l'éternel en demeurant révèle sa multiplicité foisonnante. Ne suffit-il pas en effet de s'arrêter sur les choses pour voir se passer toute une vie insoupçonnée que nous n'avions pas su voir ? Il suffit de franchir l'immobilité apparente des choses qui passent pour voir tout d'un coup le sol s'effondrer sous nos pieds et une infinité de vie creuser un abîme. L'abîme du multiple d'une existence dansante transparaissant dans les choses.

Donc, heureusement que le temps est passionné comme la vie des hommes. Car c'est cette passion qui permet de remédier à la passion même du temps. Si, en effet, la passion exprime l'incapacité qu'a la vie de se posséder elle-même, livrée à elle-même, cette passion, littéralement possédée par elle-même, finit par se posséder et par faire jaillir ce qui manquait jusqu'alors. Il manquait en l'occurrence au temps, pour être, que le temps puisse se contenir tout en débordant, qu'il puisse se retenir tout en étant sans retenue, qu'il puisse, comme on l'a dit plus haut, se servir de l'instant contre l'éternité et réciproquement, afin de faire jaillir un peu d'éternité qui passe et un peu d'instant qui dure. Autrement dit, il manquait ce redoublement de la vie en elle-même qui s'appelle réflexion. Or, c'est ce que la passion parvient à faire. Car, c'est parce qu'elle est ce redoublement de vie qui n'arrête pas de jaillir sous la forme d'un monotone emportement des choses, qu'elle est aussi cet autre redoublement de la vie qu'est la pensée dont le génie est de faire exister une richesse contenue de la vie. Ce que Héraclite a résumé d'un mot en disant que le temps est un enfant qui joue aux dés. Il joue en effet parce qu'il est comme le jeu qui gaspille de la vie pour rien en perdant son temps. Mais parce qu'il est aussi à force de jouer et de redoubler cette perte de temps un jeu vis-à-vis du jeu, capable de se jouer de lui et de faire jaillir un peu de sérieux.

Tous les adages qui nous disent donc que le temps est un grand médecin et qu'il répond lui-même à la question qu'il nous pose, ont raison. Et c'est cette raison, semble-t-il, qu'Aristote et Kant ont mise en forme en disant que, du point de vue du monde et des choses, « le temps est le nombre du mouvement » et que, du point de vue des hommes, il est « la forme a priori de la sensibilité interne ». Le monde est en effet mouvement et il y a une folie désordonnée du mouvement. Mais il est vrai que le mouvement, à force de se mouvoir, finit par se mesurer lui-même, puisque, on l'a vu, le passage en faisant passer le passage se réfléchit lui-même et débouche sur l'Être comme sur la pensée. De même, il est vrai que l'homme est sensibilité et que celle-ci est chaotique. Mais il est vrai aussi que cette sensibilité, à force de sentir, finit par sentir qu'elle sent et donc par pouvoir retenir son propre écoulement. Toutefois, cette raison du temps ne doit pas nous abuser. Car c'est la passion qui veut la raison et qui se sert d'elle pour mieux vivre et non l'inverse. Nous ne partons pas de la raison, nous y allons. Certes, comme l'ont fait remarquer saint Augustin et Hegel, nous ne partons pas de rien et si de la raison peut se retrouver au bout d'un parcours humain ou mondain, c'est qu'elle se trouve à son début. Ainsi, selon le premier, c'est parce que l'homme a une âme capable d'être présente au temps, qu'il est à même de pouvoir accueillir celui-ci et le voir se présenter à lui. De même, selon le second, c'est parce qu'il y a de l'esprit dans l'histoire que la pensée est capable de se présenter à la conscience en éveillant celle-ci afin qu'elle devienne présente à elle-même. Toutefois, les termes mêmes d'âme et d'esprit sont révélateurs. L'âme qui renvoie au mystère de la présence est une présence voilée qui ne se possède pas encore. Loin d'être une pensée réalisée, elle est une pensée à l'état naissant, à qui tout reste à faire, sous peine de stagner et de demeurer à la longue sans âme. De même, l'esprit est l'état d'une chose ou d'un être qui est prédisposé à elle-même ou à lui-même, mais qui n'est pas encore posé en elle-même ou en lui-même. Quand cette prédisposition demeure une pure intention, elle devient vite sans esprit et, comme toutes les bonnes intentions, elle conduit à l'enfer. Aussi n'est-ce pas l'âme qui importe dans l'âme, ni l'esprit qui importe dans l'esprit, mais le redoublement de l'âme comme de l'esprit, c'est-à-dire l'effort et le courage d'une âme pour être une âme, et l'ingéniosité de l'esprit qui redouble d'esprit. En fait, c'est la passion prenant la forme du courage ou de l'imagination qui fait l'âme de l'âme et l'esprit de l'esprit. Preuve que c'est en définitive vers celle-ci que tout revient. Ce que n'ont d'ailleurs pas nié saint Augustin ni Hegel, puisque le premier réalisera le devenir de l'âme en imitant la passion du Christ, et que le second montrera dans la Phénoménologie de l'esprit *qu'il n'y a de pensée qui pense que dans la voie de la dialectique qui redouble de pensée. La pensée, donc, nous montre elle-même que l'on ne part pas de la pensée, mais qu'on y arrive.*

Toutefois, comme l'a vu Marx, il arrive à celle-ci de marcher la tête en bas et d'être prise à son propre jeu en prêtant à la vie la pensée qu'elle s'en fait. Cet idéalisme la conduit alors à une double impasse. Une impasse théorique, d'abord, que Bergson a décelée. Quand, en effet, on place la raison à la base de la vie et que l'on fait de celle-ci son instrument, inévitablement on enferme les choses dans un schéma préétabli interdisant de voir la vie telle qu'elle s'invente. Si bien qu'au bout du compte, en faisant de celle-ci la répétition d'un modèle donné au départ, on condamne la pensée à la répétition dogmatique.

Pratiquement parlant, les effets d'une telle conduite ne sont pas difficiles à deviner. Lorsqu'on fait de toute la vie l'instrument de la raison, on finit tôt ou tard par justifier l'injustifiable. On finit surtout en se donnant pour maître un modèle qui instrumentalise tout, par devenir soi-même un esclave qui tyrannise tout. Aussi comprend-on que Heidegger et Bergson aient eu une méditation sur le temps qui les ait conduit à une critique de la technique. Il s'est agi là de leur part d'une fidélité à ce qu'ils ont tenu pour l'essence de la vie. Vivre étant le fait de vivre sans raison pour les mille raisons qu'il y a de vivre en trouvant dans ce redoublement tant un état d'éveil qu'un état de générosité, rien n'est plus étranger à cette raison très raisonnable de la vie, que tout ce qui prétend la faire servir à autre chose qu'à elle-même. Car cette mise à la raison de la vie qui veut faire servir celle-ci à la raison d'un État, d'une religion ou d'une idéologie, débouche — et c'est inévitable —, faute de vie comme boussole, sur la folie de la raison étatique, religieuse ou idéologique.

« Le Temps est Esprit », disait Hegel. Cette phrase est vraie quand on ne fait pas procéder le temps de l'esprit mais l'esprit du temps. Car, si le temps devient de l'esprit quand il s'en donne le temps et qu'on lui laisse s'en donner, l'inverse n'est pas évident. Sauf à une condition : que l'esprit ait la présence d'esprit de se taire. Car, quand il veut faire montre de son esprit en planifiant le temps, à force de penser pour lui et de ne plus lui laisser aucun temps à lui, il finit par manquer d'esprit et, plus grave, par en faire manquer. Aussi, est-ce décidément Héraclite qui a raison lorsqu'il dit que le temps est un enfant qui joue aux dés. En plaçant ainsi le jeu à l'origine du temps, il nous montre que le jeu qui est capable de jouer avec tout, y compris avec lui-même, au point de faire jaillir du sérieux, est finalement plus sérieux qu'on croit. Contrairement à la raison qui se croit raisonnable en plaçant à la base du temps une raison qui se sert de tout, y compris du jeu, et qui, elle, n'est pas si sérieuse que cela.

Ferdinand Alquié disait que les philosophies de l'éternité qui veulent nous faire échapper au temps sont des leurres. À ce constat dont on peut désormais évaluer la justesse, il convient d'ajouter, ainsi que l'a dit Étienne Borne dans son livre sur le Mal, que les philosophies qui veulent nous faire échapper à la passion sont autant de leurres, elles aussi. Le moi en effet qui est trop soucieux de lui-même se demande pourquoi il y a le temps et pourquoi les passions existent. Et se mettant en quête d'une vie d'avant le temps et d'avant les passions ou d'au-delà de celles-ci, il finit par vivre en n'ayant jamais le temps comme tout ce qui est volatil et en n'ayant plus de passion comme tout ce qui est immobile. Aussi Bergson a-t-il raison de faire remarquer que la bonne question n'est pas de savoir pourquoi le temps et la passion existent mais pourquoi ils n'existent pas, plus ou pas encore. Car, en voulant fuir le temps et la passion comme Œdipe, on fuit la vie et en fuyant la vie on ne fait que déboucher sur une vie de fuite et une vie en fuite, qui est celle-là même que l'on voulait éviter. En acceptant au contraire la vie, avec son temps et sa passion pour vivre, vivant une vie qui ne vit pas encore, on fait jaillir quelque part une vie de cette vie et, de cette vie ainsi redoublée, ce temps dans le temps qu'est la liberté et cette passion dans la passion qu'est l'attention. Alors surgit avec humour la réponse que le moi inquiet attendait vainement. S'il y a le temps et la passion, c'est parce qu'il n'y a pas de temps ni de passion. Mais il suffit qu'il y ait soudain un temps et une passion pour qu'aussitôt cessent le temps et la passion.

Ce n'est donc pas un hasard si, à la fin de la Recherche du temps perdu, *Proust retrouve le temps et si, à la fin d'*une Saison en enfer, *Rimbaud s'exclame : « Il faut être absolument moderne ! » En retrouvant le temps, c'est eux-mêmes qu'ils ont retrouvés, avec toutefois* *quelque chose en plus. Car, ainsi que le montre le récit de* la Genèse, *quand on accepte le temps, on fait un geste qui va bien au-delà de ce que l'on imagine. On répète le geste originel de la création qui, en redoublant de vie dans la vie, a informé celle-ci. Mais, surtout, on ouvre la porte à toutes sortes d'autres créations. Car de ce redoublement de vie jaillit non seulement le temps, mais les temps, et, à travers eux, ce temps à venir qu'est le temps des temps.*

La croix de la philosophie
(1978)

VLADIMIR JANKÉLÉVITCH
(1903-1985)

Les philosophes ont l'habitude de dire que le temps est le problème majeur de la philosophie. Platon nous a montré pourquoi, en indiquant la contradiction apparemment insoluble qui surgit toutes les fois qu'on essaie de le penser. Alors, en effet, que la pensée cherche à savoir ce que sont les choses en étant insatisfaite par tout ce qui n'accède pas à un tel Être, le temps, lui, par son devenir incessant, vit au contraire de n'être jamais le même et de changer toujours. Si bien que, quand on tente de le penser, on bascule dans un paradoxe. Car, quand on est fidèle aux exigences de la pensée, on perd le temps, quand on est fidèle au temps, on perd la pensée.

Pourtant, en étant un continuel devenir, le temps pour être a besoin de l'Être. Force est de constater que, à l'infini, il se confond avec lui. Dans le temps donc, tel qu'il nous est donné de le vivre, il y a un voilement de l'Être comme origine et comme destination. Mais il y a également un dévoilement de cet Être à travers ce voilement, sous forme de trace et de promesse. Le temps a beau faire peu à peu tout oublier et tout taire, il y a quelque chose en lui qui fait signe et qui rencontre curieusement la connaissance dont les hommes sont capables. Car, la pensée demeurant pensante en pensant sans arrêt est obligée d'emprunter au devenir pour être et, à l'infini, se confond avec lui. Dans la pensée, donc, telle que nous la vivons, il y a un voilement du devenir comme origine et comme destination. Mais il y a aussi un dévoilement de ce devenir à travers ce voilement sous forme de trace et de promesse. Aussi la pensée, à force de penser, rencontre-t-elle en elle-même quelque chose du temps sous forme de trace et de promesse. Vladimir Jankélévitch a pour cela raison de souligner que la philosophie ne peut pas penser le temps. Comme il a raison d'ajouter que, dans le temps, la pensée ne peut même pas se penser elle-même, puisqu'il lui faudrait pouvoir maîtriser le devenir auquel elle emprunte son être, ce qui est impossible. Aussi le temps est-il vraiment la crucifixion de la philosophie. Toutefois, il suffit que la pensée entreprenne de marcher et de redoubler de pensée pour que, en entreprenant ainsi de penser, elle se pense et qu'en se pensant de la sorte quelque chose se mette à transparaître de l'intérieur de la pensée, sous forme de trace et de promesse. Car, penser, n'est-ce pas éprouver de l'intérieur que quelque chose retient *la pensée et que quelque chose* l'appelle ?

Se situer ainsi face à ce qui peut nous retenir et nous appeler, c'est découvrir que la pensée n'a en définitive affaire qu'à des signes et qu'elle n'est qu'une vigilance vis-à-vis de ceux-ci. Aussi n'a-t-elle affaire qu'à des presque-rien et des je-ne-sais-quoi dans lesquels elle sent monter quelque chose d'une origine enfouie et poindre quelque chose d'un avenir qui s'annonce. Mais c'est de ces presque-rien et de ces je-ne-sais-quoi que jaillissent des lueurs et de ces lueurs que la pensée tire toute la lumière qu'elle dispense.

Source: Vladimir Jankélévitch, *Quelque part dans l'inachevé*, Paris, Gallimard, 1978, p. 31 à 33.

Bibliographie: Vladimir Jankélévitch, *le Je-ne-sais-quoi et le presque-rien*, tome II, *La méconnaissance*, chap. III, Paris, Seuil, 1980.

Pour faire semblant de penser le temps, mille ruses doivent être imaginées qui sont le plus souvent des ruses spatialisantes forgées par le langage. Nous ne pensons jamais le temps; le temps ne saurait être le complément direct du verbe «penser», ni en général l'«accusatif» d'aucune manipulation transitive. Aussi faudrait-il parler du temps comme Plotin parle de l'ineffable: recourant à une métaphore, pour ensuite la détruire, puis en trouver une autre plus légère, puis une autre encore, et finalement briser toutes les métaphores les unes contre les autres et, à partir de leurs débris, suggérer un je-ne-sais-quoi qui est l'horizon de l'ineffable. On pourrait dire du temps ce que G. Marcel dit au sujet de Dieu (n'est-ce pas tout simplement la devise de la philosophie négative?): Parler du temps c'est parler d'autre chose. De même que parler de la mort c'est parler de choses et d'autres. Nul ne peut concevoir la fin ou le commencement du temps, et celui qui croit le concevoir, et s'obstine dans cette croyance, parle en réalité de la fin ou du commencement du monde et en revient toujours à la cosmogonie. Nous pouvons imaginer la fin d'un monde qui périrait par l'eau ou par le feu: déluge ou embrasement, les avis divergent à ce sujet; mais comment pourrait-on se représenter la fin *du temps?* Même la fin de notre galaxie ne serait pas la fin du temps; même si le dernier corps céleste venait à disparaître dans la conflagration universelle, le temps continuerait à couler. L'homme ne serait plus là pour nommer les jours de la semaine et les mois de l'année, pour dire à ce dimanche d'été: tu es dimanche; il n'y aurait plus d'horloges pour compter le temps ni de calendriers pour repérer les années et les siècles et localiser le temps présent; mais la temporalité du temps survivrait à l'anéantissement de tous les calendriers et de toutes les horloges de l'univers. Car l'homme est temporel de pied en cap et de part en part; ses rides, ses tissus, son système nerveux sont dans le temps; que dis-je? ses pensées sur le temps elles-mêmes sont déjà temporelles! Mieux encore: c'est l'homme tout entier qui est le temps incarné, un temps à deux pattes, qui va, qui vient et qui meurt: aussi l'homme n'a-t-il aucune prise sur le temps; nous ne pouvons que substituer au temps ce qui n'est pas lui, le confondre avec ces compteurs sociaux que sont les horloges et les calendriers, le confondre avec les choses que nous faisons *dans* le temps, c'est-à-dire avec l'historicité et les événements qui la remplissent. Les rythmes du temps peuvent s'accélérer par l'effet de la technique, mais la technique n'est pas elle-même en prise directe sur le temps, elle ne peut que mesurer, avec ses métronomes, les tempos du temps et les laps de temps de la temporalité, c'est-à-dire la vitesse; elle réduit le temps à la partie compressible et matérialisable de la chronologie, autrement dit à la durée minutée par le chronomètre... Même la lumière, bien que vertigineusement rapide, n'est pas omniprésente et met un certain temps à parcourir les immensités cosmiques. La vitesse, aussi fantastique soit-elle, diffère en nature et du tout au tout de l'instantanéité, qui est ubiquité et intemporalité; entre la vitesse de la lumière et l'instantanéité, la distance est encore infinie. Cette fraction de temps infinitésimale n'est-elle pas la signature de notre finitude? Le temps est consubstantiel à notre pensée, à notre existence, à tous nos actes, il est la chair de notre chair, l'essence invisible de notre être et la quintessence invisible de notre essence. La seule chose que nous pouvons faire, c'est non pas lui arracher un secret ni même une bribe de ce secret, ni davantage le penser, mais le vivre et le revivre inépuisablement, désespérément. Et en fin de compte, si parler du temps est l'exercice impuissant de notre réflexion et par suite l'acte philosophique par excellence, c'est parce que l'exercice philosophique consiste à manier ce qui n'est pas manipulable ; à cerner des objets qui ne sont pas des objets et que personne n'a jamais ni circonscrits ni soupesés ; à poser des problèmes qui ne sont même pas des problèmes. La philosophie dédaigne le problème qui est simple obstacle, grumeau, embrouillement débrouillable, difficulté assignable surgissant sur l'itinéraire de la méditation... Car si le problème n'était que cela, on pourrait toujours le résoudre, ou le tourner, ou l'éliminer ; l'acharnement aurait une matière, l'effort une résistance à vaincre... La vigilance insomniaque jointe à l'agilité acrobatique : voilà le supplice ou, comme aurait dit Fénelon, la « croix » de la philosophie...

TEMPS ET ÉTERNITÉ

Le temps, image de l'éternité

(4e siècle av. J.-C.)

PLATON
(427-347)

L'éternité n'est-elle qu'une construction imaginaire de l'humanité élaborée pour pouvoir riposter à l'irréversibilité des choses ? C'est ce que laisse entendre Mircea Eliade dans son Mythe de l'éternel retour *(Paris, Gallimard, 1969), où il montre l'usage que la mentalité mythique a fait de la répétition cyclique des choses afin de parer à l'angoisse de la mort. Toutefois, peut-on réduire ainsi celle-ci à une simple manifestation psychologique ? Manifestement non. Car, souligne Platon, l'éternité est de l'ordre de l'Être et celui-ci est ce à quoi tout emprunte son être pour pouvoir être. D'où son antériorité originaire, en particulier à l'égard du temps, dont Platon montre dans le* Timée *qu'il a été formé afin que le monde ressemble à l'éternité. C'est dire sa profondeur, qui est de manifester celle-ci et de la faire paraître à travers son incessante cessation. C'est dire aussi sa limite. Le temps, en effet, n'est pas l'éternité. Il n'en est que l'apparence. Entre lui et elle se trouve toute la distance qui sépare la copie du modèle et l'image de la chose. À prendre donc cette apparence pour l'Être, on risque, comme les prisonniers de la caverne, de devenir le jouet des apparences. L'Être n'est pas le monde ni le monde l'Être. Aussi ne suffit-il pas de regarder le monde et le temps pour découvrir l'éternité. Il faut dépasser les apparences en posant la question de l'être du monde comme du temps. En un mot, penser.*

L'écart entre le temps et l'éternité est le voile qui pèse sur la pensée et la condition humaine. Mais c'est aussi cet écart qui donne à penser et qui fait que l'on n'accède pas à l'Être malgré nous. Sans y penser.

Source : *Platon,* Timée, *37c-38d, trad. E. Chambry, Paris, Garnier-Flammarion, 1969.*

Bibliographie : *Rémi Brague,* Du temps chez Platon et Aristote, *P.U.F., 1982.*

QUAND LE PÈRE qui l'avait engendré s'aperçut que le monde qu'il avait formé à l'image des dieux éternels se mouvait et vivait, il fut ravi et, dans sa joie, il pensa à le rendre encore plus semblable à son modèle. Or, comme ce modèle est un animal éternel, il s'efforça de rendre aussi tout cet univers éternel, dans la mesure du possible. Mais cette nature éternelle de l'animal, il n'y avait pas moyen de l'adapter complètement à ce qui est engendré. Alors il songea à faire une image mobile de l'éternité et, en même temps qu'il organisait le ciel, il fit de l'éternité qui reste dans l'unité cette image éternelle qui progresse suivant le nombre, et que nous avons appelé le temps. En effet, les jours, les nuits, les mois, les années n'existaient pas avant la naissance du ciel, et c'est en construisant le ciel qu'il imagina de leur donner naissance ; ils sont tous des parties du temps, et le passé et le futur sont des espèces engendrées du temps que, dans notre ignorance, nous transportons mal à propos à la substance éternelle. Nous disons d'elle qu'elle était, qu'elle est, qu'elle sera, alors qu'*elle est* est le seul terme qui lui convienne véritablement, et que *elle était* et *elle sera* sont des expressions propres à la génération qui s'avance dans le temps ; car ce sont là des mouvements. Mais ce qui est identique et immuable ne saurait devenir ni plus vieux, ni plus jeune avec le temps, ni être jamais devenu, ni devenir actuellement, ni devenir plus tard, ni en général subir aucun des accidents que la génération a attachés aux choses qui se meuvent dans l'ordre des sens et qui sont des formes du temps qui imite l'éternité et progresse en cercle suivant le nombre.

L'éternelle transformation de toutes choses

(vers 170)

MARC-AURÈLE
(121-180)

Les stoïciens sont réputés pour leur idéal de sagesse acquiescant au monde et s'efforçant de vouloir ce qui arrive. Souvent, un tel idéal a été confondu avec une attitude de résignation passive et fataliste. En fait, ainsi que l'ont montré Victor Goldschmidt comme Gilles Deleuze, il s'agit de tout autre chose. Car on ne comprend rien à la pensée stoïcienne si on ne la relie pas à la pensée d'Héraclite, qui a été l'une de ses sources d'inspiration principales. En effet, quand on ne perd pas de vue que, pour Héraclite, le devenir qui ne se lasse pas de devenir est l'Être même, on comprend que les stoïciens aient pu en tirer deux conclusions majeures. Au niveau théorique d'abord. L'Être se dévoilant dans le devenir, tout devenir fait signe sous forme de promesse d'être dans ce qui advient, de présence dans ce qui est et de trace dans ce qui n'est plus. Donc, plus on accepte ce qui advient, plus le devenir s'éclaire comme ce qui est destiné *à l'Être et plus on peut déchiffrer l'avenir comme ce qui est destiné à l'Être, plus on réalise que l'origine n'est, en définitive, qu'une éternelle promesse d'être qui ne cesse de se tracer et de s'annoncer. Aussi est-ce à la lumière de cette signification de l'Être qu'il convient de comprendre l'éternelle transformation de toutes choses. Celle-ci est la transcription de l'Être qui ne se lasse pas d'être et dont l'égalité avec lui-même ne se traduit pas par une morne tranquillité dépourvue d'événements, mais par une éternelle destination de l'Être à lui-même peuplée d'événements annonçant cette destination sous la forme du renouveau continuel de toutes choses.*

Il suffit donc de lire dans les choses non pas la mort mais la transformation qui fait signe et qui manifeste l'Être pour que de cette lecture jaillisse l'éternité.

À un niveau pratique ensuite, il n'est dès lors pas difficile de voir que, plus on accepte ce qui advient, plus on se rapproche de l'Être, puisque l'Être n'est, en définitive, que ce qui est à lui-même son propre devenir.

On comprend donc que les stoïciens aient fait du temps un incorporel. Celui-ci n'a pas de réalité, étant donné que seul l'Être est agissant. Toutefois, qu'il n'y ait pas de méprise au sujet de l'éternité. L'Être étant le fait d'être, c'est en étant comme lui, en train d'être, qu'on y accède. Aussi l'éternité n'est-elle pas un au-delà, mais la vie même et, dans la vie, la vie annonçant celle-ci, par le déchiffrement patient de ses signes et la confiance adressée à ce qui advient.

Source: Marc-Aurèle, *Pensées pour moi-même,* trad. Mario Meunier, Paris, Garnier-Flammarion, 1964, Livre VII, p. 116-117, Livre IV, p. 74-75.

Bibliographie: Victor Goldschmidt, *le Système stoïcien et l'idée de temps,* Paris, Vrin, 2e édition, 1969; Gilles Deleuze, *Logique du sens,* Paris, Minuit, 1969.

XVIII. — CRAINT-ON la transformation? Mais sans transformation que peut-il se produire? Qu'y a-t-il de plus cher et de plus familier à la nature universelle? Toi-même, peux-tu prendre un bain chaud, si le bois ne subit aucune transformation? Peux-tu te nourrir, si les aliments ne subissent aucune transformation? Et quelle est celle des autres choses utiles qui peut s'accomplir sans transformation? Ne vois-tu donc pas que ta propre transformation est un fait pareil et pareillement nécessaire à la nature universelle?

XIX. — Par la substance du Tout, comme par un torrent, tous les corps sont emportés. Rattachés au Tout, ils collaborent avec lui, comme nos membres collaborent les uns avec les autres.

Combien de Chrysippe, combien de Socrate, combien d'Épictète le temps a déjà engloutis! Aie recours, à propos de tout homme et de toute chose, à la même réflexion.

XXIII. — La nature universelle use de la substance comme d'une cire pour modeler aujourd'hui un cheval. Puis, l'ayant refondu, elle se sert de sa matière pour un arbre, ensuite pour un homme, ensuite pour quelque autre chose. Et chacun de ces êtres n'a subsisté que très peu de temps. Or il n'y a pas plus de mal pour un coffre à être démonté, qu'il n'y en eut pour lui à être assemblé.

XXV. — Tout ce que tu vois, autant que cela ne l'est pas encore, la nature qui gouverne le Tout va le transformer. De la substance de ces choses, elle fera d'autres choses, et de la substance de celles-ci, d'autres encore, afin que le monde soit toujours nouveau.

XXXV. — Tout est éphémère, et le fait de se souvenir, et l'objet dont on se souvient.

XXXVI. — Considère sans cesse que tout ce qui naît provient d'une transformation, et habitue-toi à penser que la nature universelle n'aime rien autant que de transformer ce qui est pour en former de nouveaux êtres semblables. Tout être, en quelque sorte, est la semence de l'être qui doit sortir de lui. Mais toi, tu ne comprends sous le seul nom de semences, que celles qu'on jette en terre ou dans une matrice: c'est trop être ignorant.

XL. — Représente-toi sans cesse le monde comme un être unique, ayant une substance unique et une âme unique. Considère comment tout se rapporte à une seule faculté de sentir, à la sienne; comment tout agit par sa seule impulsion, et comment tout contribue à la cause de tout, et de quelle façon les choses sont tissées et enroulées ensemble.

XLI. — *« Tu n'es qu'une âme chétive qui soulève un cadavre »* comme disait Épictète.

XLII. — Aucun mal ne survient aux êtres en voie de transformation, comme aucun bien n'arrive à ceux qui naissent d'une transformation.

XLIII. — Le temps est comme un fleuve et un courant violent formé de toutes choses. Aussitôt, en effet, qu'une chose est en vue, elle est entraînée; une autre est-elle apportée, celle-là aussi va être emportée.

XLIV. — Tout ce qui arrive est aussi habituel et prévu que la rose au printemps et les fruits en été; il en est ainsi de la maladie, de la mort, de la calomnie, des embûches et de tout ce qui réjouit ou afflige les sots.

Raison et éternité
(1675)

BARUCH DE SPINOZA
(1632-1677)

*L'éternité prête à confusion, comme le souligne Vladimir Jankélévitch. Car on la confond avec la sempiternalité. Aussi devient-elle, sous l'effet de cette méprise, ce temps interminable qui faisait dire à Kafka qu'elle dure longtemps, surtout vers la fin. Façon de souligner que ce qui dure trop n'est pas forcément un paradis. Avec leur vision d'un monde éternellement renouvelé, héritée d'Héraclite, les stoïciens ont su faire apparaître une autre approche de l'éternité, en substituant une vision qualitative fondée sur la présence et l'attention à l'existence et non sur une accumulation quantitative d'instants. L'originalité de Spinoza réside, elle, dans le fait de montrer que l'éternité résulte non pas des choses ou des idées, mais du rapport que la pensée peut établir entre celles-ci. Car, quand la pensée est gouvernée par l'imaginaire, l'éternité s'estompe. Quand, au contraire, elle s'efforce de voir les choses sous l'angle de la raison, comme la nature de celle-ci est d'apercevoir les choses comme nécessaires et non comme contingentes, elle est conduite à entrevoir les choses comme étant douées d'*une certaine sorte d'éternité. *L'éternité résulte, autrement dit, d'une relation entre les choses et la raison. Car elle est l'acte même de conférer à celles-ci une raison. Que faut-il, en l'occurrence, entendre par là ? Principalement, le fait de ne pas leur conférer une raison qu'elles n'ont pas.*

En effet, pour Spinoza, Dieu ou la nature étant cette substance dotée d'une infinité d'attributs s'exprimant en une infinité de modes, il est, comme puissance infinie d'expression, un « flux » inlassable d'être. Aussi est-il puissance à l'état pur et exprime-t-il celle-ci à travers l'effort que fait chaque mode pour être et persévérer dans son être. Lorsque, donc, nous faisons effort pour être et que nous devenons de plus en plus expressifs en nous laissant affecter par la vie et en affectant celle-ci à notre tour, nous devenons de plus en plus puissants et nous entrevoyons, à travers ce progrès qui est source de joie, la puissance même de l'éternité qui se trouve en Dieu. Pour se laisser ainsi affecter richement par la vie, il faut être prêt à l'inattendu. Vivre donc contre toute attente et par là même ne pas se préoccuper du temps. Car l'attente qui attend en s'attendant à certaines choses ne fait en définitive que s'*attendre indéfiniment dans les choses sans jamais s'y rencontrer. Et pour cause ! Le monde n'est pas nous. Aussi n'est-il jamais ce que nous en attendons et n'existe-t-il jamais que des attentes déçues qui donnent l'impression aux hommes qu'ils sont pris entre quelque chose qui les poursuit et quelque chose qui leur échappe. Ce que souligne à l'évidence la scolie de la proposition 44 de la partie II de* l'Éthique *où Spinoza montre que, quand on a pris la fâcheuse habitude de ranger le monde autour de nous selon une certaine répétition des choses ou des personnes qui s'y succèdent, si par malheur cet ordre ainsi établi par l'habitude se trouve être dérangé, nous en concevons du dépit et, du dépit, l'idée que tout est aléatoire en ce bas monde. Si bien que l'au-delà construit par nos espérances finit par aboutir à l'ici-bas de nos désespérances, en provoquant le choc douloureux entre ce que nous croyons être le temps et ce que nous croyons être l'éternité. Quand, en revanche, on entreprend de vivre sans rien attendre, contre toute attente se produit l'inattendu d'une double découverte du monde et de nous-mêmes dont l'effet n'est pas sans rapport avec l'éternité. L'éternité véritable, cette fois-ci. Car, dès lors que l'on n'attend plus rien du temps, cessant de nous attendre en lui sans jamais parvenir à nous y rencontrer, nous n'avons plus l'occasion d'être déçus et nous ne sommes donc plus tentés d'aller chercher dans une espérance en l'au-delà un remède à l'ici-bas qui nous désespère. Vivant pour vivre dans une simple présence à notre propre vie, nous découvrons contre toute attente en nous-même un homme inattendu et, dans le monde, un monde inattendu également. Cet homme inattendu, c'est l'homme capable d'être affecté de multiples façons par le monde et de l'affecter à son tour. Ce monde inattendu, c'est le monde capable d'affecter l'homme de multiples façons et d'être à son tour affecté par lui. Sans être* le *monde, l'homme devient dès lors capable de devenir* un *monde. Un monde d'expressions et d'impressions. Et devenant* un, *le monde en face de lui cesse d'être le monde pour devenir également* un *monde sous la forme du monde de l'Un, c'est-à-dire de l'existence singulière. Si bien que, dans cette richesse d'expressions ainsi mise à jour, quelque chose vient à transparaître. Comme le dit Spinoza, les choses se mettent à posséder* une certaine sorte *d'éternité, en s'individualisant et en devenant de plus en plus expressives.*

Autrement dit, tout le problème du temps provient du moi qui s'attend éternellement au moi et qui, s'attendant ainsi éternellement à lui-même sans jamais pouvoir se rencontrer, n'en finit pas d'attendre et de trouver le temps long. Aussi cette vie qui s'écoule ainsi, sans jamais pouvoir s'écouler, donne-t-elle l'impression de flotter. L'homme qui y vit n'y éprouve jamais l'impression de l'inattendu. En revanche, il ne cesse d'être éprouvé par le hasard, puisque, ne se reconnaissant jamais dans une existence qu'il croit semblable à lui-même, il manque la vie comme on se trompe de porte. Aussi la raison nous indique-t-elle la bonne porte quand elle entreprend de désabuser toutes nos attentes. Car pour celui qui ne s'attend à rien étant ouvert à tout, la vie se met à se peupler de rencontres qui ne lui laissent pas le loisir de se morfondre sur le temps. D'une vie flottante il passe à une vie débordante, s'apercevant que l'éternité commence avec lui dès lors que le moi pense à penser en cessant de confondre le fait de penser avec celui de ne penser qu'à soi.

Source : *Spinoza,* l'Éthique, *d'après la traduction de C. Appuhn de 1906, proposition 44 de la partie II, Paris, Garnier-Flammarion, 1965, p. 118 à 120.*

Bibliographie: *Martial Guéroult,* Spinoza, *tome II,* L'âme, *Paris, Aubier, 1974; Ferdinand Alquié,* le Rationalisme de Spinoza, *Paris, P.U.F., 1981.*

Proposition XLIV

Il est de la nature de la Raison de considérer les choses non comme contingentes, mais comme nécessaires.

Démonstration

Il est de la nature de la Raison de percevoir les choses vraiment, savoir comme elles sont en elles-mêmes, c'est-à-dire non comme contingentes, mais comme nécessaires.

C.Q.F.D.

Corollaire I

Il suit de là que la seule imagination peut faire que nous considérions les choses tant relativement au passé que relativement au futur comme contingentes.

Scolie

J'expliquerai ici brièvement dans quelle condition cela a lieu. Nous avons montré ci-dessus que l'Âme imagine toujours les choses comme lui étant présentes, bien qu'elles n'existent pas, à moins qu'il ne se rencontre des causes qui excluent leur existence présente. De plus, nous avons montré que si une fois le Corps humain a été affecté simultanément par deux corps extérieurs, sitôt que l'Âme plus tard imaginera l'un des deux, il lui souviendra aussi de l'autre, c'est-à-dire qu'elle les considérera comme lui étant présents l'un et l'autre, à moins qu'il ne se rencontre des causes qui excluent leur existence présente. Nul ne doute d'ailleurs que nous n'imaginions aussi le temps, et cela parce que nous imaginons des corps se mouvant les uns plus lentement ou plus vite que les autres, ou avec une vitesse égale. Supposons maintenant un enfant qui hier une première fois aura vu le matin Pierre, à midi Paul, et le soir Siméon, et aujourd'hui de nouveau a vu Pierre le matin. Il est évident que, sitôt qu'il voit la lumière du matin, il imaginera le soleil parcourant la même partie du ciel qu'il aura vue la veille; en d'autres termes, imaginera le jour entier et Pierre avec le matin, Paul à midi et Siméon avec le soir, c'est-à-dire qu'il imaginera l'existence de Paul et de Siméon avec une relation au temps futur; au contraire, s'il voit Siméon le soir, il rapportera Paul et Pierre au temps passé, les imaginant en même temps que le passé; et cette imagination sera constante d'autant plus qu'il les aura vus plus souvent dans le même ordre. S'il arrive une fois qu'un autre soir, à la place de Siméon, il voie Jacob alors au matin suivant il imaginera en même temps que le soir tantôt Siméon, tantôt Jacob, mais non tous les deux ensemble. Car on suppose qu'il a vu, le soir, l'un des deux seulement et non les deux à la fois. Son imagination sera donc flottante, et il imaginera, en même temps que le soir futur, tantôt l'un, tantôt l'autre, c'est-à-dire considérera l'un et l'autre non comme devant être de façon certaine, mais comme des futurs contingents. Ce flottement de l'imagination sera le même si les choses imaginées sont des choses que nous considérons avec une relation au temps passé ou au présent; et, conséquemment, nous imaginerons comme contingentes les choses rapportées tant au présent temps qu'au passé et au futur.

Corollaire II

Il est de la nature de la Raison de percevoir les choses comme possédant une certaine sorte d'éternité.

Démonstration

Il est de la nature de la Raison en effet de considérer les choses comme nécessaires et non comme contingentes. Et elle perçoit cette nécessité des choses vraiment, c'est-à-dire comme elle est en elle-même. Mais cette nécessité des choses est la nécessité même de la nature éternelle de Dieu. Il est donc de la nature de la Raison de considérer les choses comme possédant cette sorte d'éternité. Ajoutez que les principes de la Raison sont des notions qui expliquent ce qui est commun à toutes choses, et n'expliquent l'essence d'aucune chose singulière; qui en conséquence doivent être conçues sans aucune relation au temps et comme possédant une certaine sorte d'éternité.

C.Q.F.D.

TEMPS ET INSTANT

Le sens du «maintenant»

(4e siècle av. J.-C.)

ARISTOTE
(384-322 av. J.-C.)

Lorsque Zénon a fait remarquer que le temps est une illusion et que seule l'éternité de l'Être est réelle, il a utilisé l'image célèbre d'Achille faisant une course avec une tortue en soulignant que jamais Achille ne pourrait rattraper celle-ci, puisqu'il lui faudrait franchir auparavant la moitié de la distance entre lui et la tortue, puis la moitié de cette moitié, et ce à l'infini. Ce paradoxe a choqué. Pourtant, du point de vue de l'Être, Zénon a raison. L'être, en effet, est parce qu'il est. Aussi est-il immobile dans la perfection de son être, sans mouvements et sans concurrence au sein de lui-même. Car, s'il en avait, cela signifierait qu'il n'est pas tout ce qu'il est. Toutefois, comme l'ont fait remarquer les critiques de Zénon, une telle approche finit par se retourner contre l'Être. Car, les êtres autour de nous sont la preuve vivante que l'on peut être et être en mouvement. Aussi est-ce une illusion de taxer le mouvement ainsi que le temps d'illusions, et Zénon qui vit dans le temps et qui marche est la réfutation vivante de sa propre théorie.

Qui croire ? Zénon, ou les critiques de Zénon ? De fait, Leibniz montrera que le problème ainsi posé est mal posé. Car, l'immobile et le mobile, l'infini et le fini ne sont pas contradictoires dès lors que l'on envisage l'identité sous l'angle de la différence. Quand, en effet, on pose un être ou une chose comme n'étant pas ce que sont les autres, de son point de vue, il exprime et enveloppe l'infini. Aussi n'est-il pas exagéré de dire que l'infini est dans le fini et, donc, que l'on peut être et être dans le temps. Un être peut en dépasser un autre sans que cela soit une illusion ni une contradiction dans l'Être, puisque ce qui est en jeu dans ce dépassement n'est pas l'Être mais un rapport que l'on a avec celui-ci ainsi qu'avec son immobilité.

Avant Leibniz, Aristote a dépassé ce paradoxe et c'est ce qui fait son originalité. En définissant, en effet, le temps comme nombre du mouvement selon l'antérieur et le postérieur, il a reconnu la réalité du temps tout en n'abandonnant pas une relation à l'Être. Comment? En pensant le temps comme succession d'instants compris non pas comme points d'une ligne, mais comme un maintenant (le présent de l'Être) se maintenant à travers une succession de maintenant. C'est en ce sens qu'il convient de comprendre sa définition du temps comme nombre du mouvement.

Le nombre renvoie non pas tant à un caractère mathématique qu'à la mesure faite par l'âme qui est présente à un mouvement qui se présente et dont la présence se traduit par un certain intervalle vis-à-vis de sa propre présence.

C'est donc par une méditation sur la présence et non sur la différence qu'Aristote est parvenu à accorder l'Être et le temps. Heidegger a vu là l'origine d'un déclin substituant au temps de la présence entendue comme don celui de la présence entendue comme volonté de maintenance réduisant le temps au présent que l'on peut tenir en main. Paul Ricœur, au contraire, souligne que le présent d'Aristote est une ouverture. Car il est présence au monde, à ce qui s'y passe et, donc, à une récitation de celui-ci.

Source: Aristote, *Physique*, d'après la traduction d'Henri Carteron de 1926, Livre IV, 218b-219b, Paris, Les Belles-Lettres, 1973, p. 149 à 151.

Bibliographie: Pierre Aubenque, *le Problème de l'être chez Aristote*, Paris, P.U.F., 3e édition, 1972; A. Mansion, *Introduction à la physique d'Aristote*, Louvain, 1945; Rémi Brague, *Du temps chez Platon et Aristote*, Paris, P.U.F., 1982; Paul Ricœur, *Temps et récit*, tome 3, *Le temps raconté*, Paris, Seuil, 1985.

Le temps n'est pas sans le mouvement

MAINTENANT LE TEMPS n'existe pourtant pas sans le changement; en effet, quand nous ne subissons pas de changements dans notre pensée, ou que nous ne les apercevons pas, il ne nous semble pas qu'il se soit passé du temps; c'est la même impression qu'ont à leur réveil les gens qui, d'après la fable, ont dormi à Sardes auprès des héros: ils relient, en effet, l'instant d'avant à celui d'après et en font un seul, effaçant l'intervalle parce qu'il est vide de sensation. Si donc l'instant n'était pas différent mais identique et unique, il n'y aurait pas de temps; de même, quand sa variation échappe, il ne semble pas qu'il y ait un temps intermédiaire. Ainsi, puisque, s'il nous arrive de ne pas penser qu'il s'écoule du temps, c'est quand nous ne déterminons aucun changement et que l'âme paraît durer dans un état unique et indivisible, puisque au contraire, c'est en sentant et déterminant que nous disons qu'il s'est passé du temps, on voit qu'il n'y a pas de temps sans mouvement ni changement. Il est donc clair que le temps n'est ni le mouvement, ni sans le mouvement.

L'essence du temps. Élément du mouvement

Mais, puisque nous cherchons l'essence du temps, il faut saisir, en partant de cette première analyse, quel élément du mouvement est le temps. En effet, c'est en percevant le mouvement que nous percevons le temps: car si, quand nous sommes dans l'ombre et ne ressentons rien par l'intermédiaire du corps, un mouvement se produit dans l'âme, aussitôt alors il semble que simultanément un certain temps se soit passé; et, inversement quand un certain temps paraît s'être passé, simultanément aussi un certain mouvement paraît s'être produit. Par suite, le temps est mouvement ou quelque chose du mouvement; comme il n'est pas le mouvement, il est donc quelque chose du mouvement.

L'antérieur et le postérieur

Or, puisque le mû est mû d'un point de départ à un point d'arrivée et que toute grandeur est continue, le mouvement obéit à la grandeur; car c'est par la continuité de la grandeur que le mouvement est continu; et, par le mouvement, le temps; en effet, le temps paraît toujours s'être écoulé proportionnellement au mouvement. Or, l'antérieur et le postérieur sont originairement dans le lieu. Et cela selon la position, bien entendu; mais si la relation de l'antérieur au postérieur est dans la grandeur, nécessairement elle sera aussi dans le mouvement, par analogie avec la grandeur. Mais elle est aussi dans le temps puisque le temps et le mouvement obéissent toujours l'un à l'autre. D'autre part l'antérieur-postérieur, [pour l'un et l'autre], est dans le mouvement, et, quant au sujet, le mouvement même; mais, quant à l'essence, il est différent et n'est pas le mouvement. Maintenant, et c'est notre question actuelle, nous connaissons le temps quand nous avons déterminé le mouvement en utilisant, pour cette détermination, l'antérieur-postérieur; et nous disons que du temps s'est passé, quand nous prenons sensation de l'antérieur-postérieur dans le mouvement.

Le nombre

Cette détermination suppose qu'on prend ces termes l'un distinct de l'autre, avec un intervalle différent d'eux; quand, en effet, nous distinguons par l'intelligence les extrémités et le milieu, et que l'âme déclare qu'il y a deux instants, l'antérieur, d'une part, le postérieur, d'autre part, alors nous disons que c'est là un temps; car ce qui est déterminé par l'instant paraît être temps; et nous accepterons cela comme acquis.

Définition du temps

Quand donc nous sentons l'instant comme unique au lieu de le sentir, ou bien comme antérieur et postérieur dans le mouvement, ou bien encore comme identique, mais comme fin de l'antérieur et commencement du postérieur, il semble qu'aucun temps ne s'est passé parce qu'aucun mouvement ne s'est produit. Quand au contraire nous percevons l'antérieur et le postérieur, alors nous disons qu'il y a temps; voici en effet ce qu'est le temps: le nombre du mouvement selon l'antérieur-postérieur.

Éclaircissement de la définition

Le temps n'est donc pas mouvement mais n'est qu'en tant que le mouvement comporte un nombre. La preuve, c'est que le nombre nous permet de distinguer le plus et le moins, et le temps, le plus et le moins de mouvement; le temps est donc une espèce de nombre. Mais nombre s'entend de deux façons: il y a, en effet, le nombre comme nombré et nombrable, et le nombre comme moyen de nombrer. Or, le temps, c'est le nombré, non le moyen de nombrer. Or le moyen de nombrer et la chose nombrée sont distincts.

L'instant et le temps

Et de même que le mouvement est toujours autre, de même le temps. Le temps pris tout d'une pièce en entier est le même; car l'instant est le même dans son sujet, mais dans son essence il est autre. Et si l'instant mesure le temps, c'est en tant qu'antérieur et postérieur.

1. Identique et différent

L'instant est identique et différent

Or l'instant est, en un sens, le même, en un sens non; en tant qu'il varie d'un moment à l'autre, il est différent: telle est l'essence de l'instant, nous l'avons vu tout à l'heure; quant à son sujet, il est le même. En effet, comme on l'a dit, le mouvement obéit à la grandeur, et le temps au mouvement; et semblablement, au point obéit le transporté, qui nous permet de connaître le mouvement et l'antérieur et le postérieur dans le mouvement. Or le transporté est le même comme sujet (c'est ou un point ou une pierre ou une autre chose de ce genre), mais autre par la définition; ainsi les sophistes considèrent Coriscus au lycée comme différent de Coriscus sur l'agora; et cela parce qu'il est tantôt ici et tantôt là. Or, au transporté correspond l'instant, comme le temps au mouvement, car le transporté nous permet de connaître l'antérieur-postérieur dans le mouvement; or, en tant que l'antérieur-postérieur est numérable, on a l'instant; de sorte que, dans le domaine du temps, l'instant comme sujet est le même (car il est l'antérieur-postérieur du mouvement) mais il est différent quant à l'essence; car c'est en tant que l'antérieur-postérieur est numérable qu'on a l'instant.

L'instant mesure le temps

Et ce sont là les éléments les plus connaissables; car le mouvement est connu par le mû et le transport par le transporté; en effet, le transporté est un être individuel, le mouvement, non. En un sens, donc, l'instant est toujours le même, et, en un autre, il n'est pas le même, et en effet c'est le cas du transporté.

L'on voit de même que, sans le temps, pas d'instant, sans l'instant pas de temps; de même, en effet, que le transporté et le transport coexistent, ainsi coexistent le nombre du transporté et celui du transport. Le temps, en effet, est le nombre du transport et l'instant, de même que le transporté, est comme l'unité du nombre.

L'instant divise et continue le temps

Le temps est aussi continu par l'instant et est divisé selon l'instant: car, ici aussi, il y a correspondance avec ce qui se passe entre le transport et le transporté. En effet, le mouvement et le transport sont un par l'unité du transporté, et s'il y a variation, c'est non quant au sujet (ce qui serait une rupture de l'unité du mouvement), mais quant à l'essence. De là vient, en effet, la détermination du mouvement comme antérieur et postérieur. Et cette propriété correspond aussi en quelque manière à celle du point: car le point rend la longueur continue et la détermine; il est, en effet, le commencement d'une partie et la fin d'une autre. Toutefois quand on prend ainsi comme double l'élément unique, un arrêt est inévitable, le même point étant fin et commencement. Mais l'instant, par le mouvement continuel du transporté, est toujours différent, de sorte que le temps est nombre, non dans l'hypothèse où l'on se servirait du même point comme commencement et fin, mais plutôt si l'on considère les extrémités d'une ligne, cette ligne étant la même et ne formant pas de parties en acte; et cela, d'abord, pour la raison qu'on a dite (on prendrait le point pour double, de sorte qu'un arrêt se produirait). Et l'on voit en outre que l'instant n'est pas plus partie du temps que l'élément du mouvement ne l'est du mouvement ou les points de la ligne; mais ce sont deux lignes qui sont parties d'une ligne.

Instant et continuité
(1637-1641)

RENÉ DESCARTES
(1596-1650)

D'un certain point de vue, on peut dire que la conception cartésienne de l'instant renvoie à la philosophie entière de celui-ci. Descartes, en effet, s'est insurgé contre la continuité. Pourquoi ? Parce que celle-ci est synonyme de mémoire et que qui dit mémoire dit tradition et derrière la tradition répétition asservissante d'une doctrine qui pense à notre place.

Dès le début des Méditations métaphysiques, *la mémoire est récusée à travers le projet clairement avoué de ne partir que de la conscience et de sa faculté d'évidence, pour construire la vérité du savoir. Avec la découverte de l'indubitabilité du* Cogito *elle trouve sa première concrétisation, puisque Descartes oppose la vérité immédiate et instantanée de la présence à soi de la conscience à la médiation de la tradition historique. Avec la découverte de l'existence de Dieu, elle trouve sa seconde concrétisation puisque, Dieu étant omnipotent et libre, il prouve sa puissance en créant le monde d'une façon parfaite dès le départ et il manifeste sa liberté en reconduisant ce choix d'instant en instant. D'où la conservation du monde dont le principe d'inertie est l'expression achevée au niveau de la matière. D'où la continuité de la conscience dont la présence à elle-même à travers le temps est l'expression achevée au niveau de l'esprit.*

Autrement dit, chez Descartes, la conception de l'instant est incompréhensible si on ne la réfère pas à la liberté. Loin d'être la projection d'une conception analytique et mathématique pratiquée sur la durée afin de la décomposer pour l'expliquer mécaniquement, elle est l'effet d'une volonté de rattacher le temps physique à une métaphysique, en montrant comment la «machine» du monde dépend d'un acte de liberté. Aussi faut-il considérer l'instant cartésien non pas comme un point mathématique, mais comme un point métaphysique. Le point de la présence. Présence à soi de la conscience. Présence à soi de Dieu. Présence de la conscience à Dieu. Présence de Dieu à la conscience.

Loin d'être la négation de toute continuité, l'instant est la continuité même, puisqu'il est l'effet d'une présence originaire renouvelant sans cesse la possibilité de toute présence. Aussi n'a-t-il rien de fuyant, contrairement à la mémoire qui, en vivant dans le souvenir, crée une absence au monde d'où se propage une fuite. Descartes a pensé le temps par l'instant, car il a pensé l'Être comme présence ne se lassant pas d'être et de faire présent de cet Être. Aussi l'instant est-il la porte ouverte sur la continuité de l'être.

Sources: *René Descartes*, Méditations métaphysiques, *Méditation III, Paris, P.U.F., p. 74-75 ;* Discours de la méthode, *5ᵉ partie, Paris, Garnier, 1963, p. 617-618.*

Bibliographie: *Martial Guéroult*, Descartes selon l'ordre des raisons, *tome I, Paris, Aubier, 1968, p. 272 à 285 ; Jean Wahl*, l'Idée d'instant dans la philosophie de Descartes, *Paris, Alcan, 1920.*

Méditations métaphysiques

Et encore que je puisse supposer que peut-être j'ai toujours été comme je suis maintenant, je ne saurais pas pour cela éviter la force de ce raisonnement, et ne laisse pas de connaître qu'il est nécessaire que Dieu soit l'auteur de mon existence. Car tout le temps de ma vie peut être divisé en une infinité de parties, chacune desquelles ne dépend en aucune façon des autres; et ainsi, de ce qu'un peu auparavant j'ai été, il ne s'ensuit pas que je doive maintenant être, si ce n'est qu'en ce moment quelque cause me produise et me crée, pour ainsi dire derechef, c'est-à-dire me conserve.

En effet, c'est une chose bien claire et bien évidente à tous ceux qui considéreront avec attention la nature du temps, qu'une substance, pour être conservée dans tous les moments qu'elle dure, a besoin du même pouvoir et de la même action qui serait nécessaire pour la produire et la créer tout de nouveau, si elle n'était point encore. En sorte que la lumière naturelle nous fait voir clairement, que la conservation et la création ne diffèrent qu'au regard de notre façon de penser, et non point en effet. Il faut donc seulement ici que je m'interroge moi-même, pour savoir si je possède quelque pouvoir et quelque vertu qui soit capable de faire en sorte que moi, qui suis maintenant, sois encore à l'avenir: car, puisque je ne suis rien qu'une chose qui pense (ou du moins puisqu'il ne s'agit encore jusques ici précisément que de cette partie-là de moi-même), si une telle puissance résidait en moi, certes je devrais à tout le moins le penser et en avoir connaissance; mais je n'en ressens aucune dans moi, et par là je connais évidemment que je dépends de quelque être différent de moi.

Discours de la méthode

Toutefois, je ne voulais pas inférer, de toutes ces choses, que ce monde ait été créé en la façon que je proposais; car il est bien plus vraisemblable que, dès le commencement, Dieu l'a rendu tel qu'il devait être. Mais il est certain, et c'est une opinion communément reçue entre les théologiens, que l'action, par laquelle maintenant il le conserve, est toute la même que celle par laquelle il l'a créé; de façon qu'encore qu'il ne lui aurait point donné, au commencement, d'autre forme que celle du chaos, pourvu qu'ayant établi les lois de la nature, il lui prêtât son concours, pour agir ainsi qu'elle a de coutume, on peut croire, sans faire tort au miracle de la création, que par cela seul toutes les choses qui sont purement matérielles auraient pu, avec le temps, s'y rendre telles que nous les voyons à présent. Et leur nature est bien plus aisée à concevoir, lorsqu'on les voit naître peu à peu en cette sorte, que lorsqu'on ne les considère que toutes faites.

L'homme est chez lui dans l'instant
(1932)

GASTON BACHELARD
(1884-1932)

L'instant n'a cessé de faire l'objet de critiques de la part des philosophes. Théoriquement, cette critique s'est toujours confondue avec celle de l'opinion, cette vérité de l'instant capable de tourner sa veste à tout bout de champ et, donc, de se contredire et de tricher sans cesse. Elle s'est aussi alimentée à l'argumentation bergsonienne faisant remarquer que le temps n'est pas un alignement de points, car ce serait alors une somme de vides, mais une durée, c'est-à-dire un effort de vie s'imaginant tout en se mémorisant. Pratiquement, cette critique s'est fondée sur le refus de toute morale de l'instant, comme celle de l'hédoniste. Morale jugée superficielle, légère, autrement dit morale sans morale, oublieuse au possible, distraite, en un mot: dépourvue de pensée.

Bachelard tranche avec cette condamnation pour deux raisons qui sont autant théoriques que pratiques, elles aussi. Théoriquement, la notion de continuité lui paraît être un obstacle épistémologique. Au niveau de la matière, d'abord, elle n'existe pas. Non seulement la matière est énergie, comme l'a montré Einstein, mais cette énergie est discontinue. Elle se produit par émission de paquets (les quanta), *qui témoignent d'une démultiplication interne de la matière. Qui plus est, l'esprit humain n'a pu parvenir à une telle découverte que grâce à une rupture. À ce niveau, en effet, il est impossible d'observer la matière. Seule la description mathématique parvient à rendre compte de ce qui se passe. Or, passer ainsi du concret à l'abstrait implique de rompre avec l'empirisme spontané de l'esprit qui rêve d'intimité avec les choses et qui s'entoure d'habitudes. Par ailleurs, pratiquement, l'homme se perd dans la durée qui est dure en sa durée. Comme si le réel ne se constituait que de dureté! Suivant en cela Gaston Roupnel, l'auteur d'une* Histoire de la campagne française, *Bachelard souligne qu'il ne se trouve, au contraire, que dans le présent. Car, seul celui-ci en sa présence à lui-même dit l'Être comme le don de l'Être. Aussi l'instant n'est-il pas un néant, mais un éclat où se réfléchit la brillance du don de la vie, dont la générosité est de faire foisonner ce don en offrant ainsi à l'existence mille occasions d'exister.*

Source: Gaston Bachelard, *l'Intuition de l'instant*, Paris, Éditions Gonthier, 1966, p. 13 à 15, 40 à 41.

Bibliographie: Gaston Bachelard, *la Dialectique de la durée*, Paris, P.U.F., 1950.

L'IDÉE MÉTAPHYSIQUE décisive du livre de M. Roupnel est celle-ci: *Le temps n'a qu'une réalité, celle de l'Instant.* Autrement dit, le temps est une réalité resserrée sur l'instant et suspendue entre deux néants. Le temps pourra sans doute renaître, mais il lui faudra d'abord mourir. Il ne pourra pas transporter son être d'un instant sur un autre pour en faire une durée. L'instant c'est déjà la solitude... C'est la solitude dans sa valeur métaphysique la plus dépouillée. Mais une solitude d'un ordre plus sentimental confirme le tragique isolement de l'instant: par une sorte de violence créatrice, le temps limité à l'instant nous isole non seulement des autres mais de nous-mêmes, puisqu'il rompt avec notre passé le plus cher.

Dès le seuil de sa méditation — et la méditation du temps est la tâche préliminaire à toute métaphysique — voilà donc le philosophe devant l'affirmation que le temps se présente comme l'instant solitaire, comme la conscience d'une solitude. Nous verrons, par la suite, comment se reformeront le fantôme du passé ou l'illusion de l'avenir; mais, avant tout, pour bien comprendre l'œuvre que nous expliquons, il faut se pénétrer de la totale égalité de l'instant présent et du réel. Ce qui est réel, comment échapperait-il à la marque de l'instant présent; mais réciproquement comment l'instant présent manquerait-il à s'empreindre sur le réel? Si mon être ne prend conscience de soi que dans l'instant présent, comment ne pas voir que l'instant présent est le seul domaine où la réalité s'éprouve? Dussions-nous par la suite éliminer notre être, il faut en effet partir de nous-mêmes pour prouver l'être. Prenons donc d'abord notre pensée et nous allons la sentir sans cesse s'effacer avec l'instant qui passe, sans souvenir pour ce qui vient de nous quitter, sans espoir non plus, puisque sans conscience, pour ce que l'instant qui vient nous livrera. «C'est du présent, et uniquement du présent que nous avons conscience, nous dit M. Roupnel. L'instant qui vient de nous échapper est la même mort immense à qui appartiennent les mondes abolis et les firmaments éteints. Et le même inconnu redoutable contient, dans les mêmes ténèbres de l'avenir, aussi bien l'instant qui s'approche de nous que les Mondes et les Cieux qui s'ignorent encore.» Et M. Roupnel ajoute un argument que nous allons contredire dans la seule intention d'accentuer encore sa pensée: «Il n'y a pas de degrés dans cette mort qui est aussi bien l'avenir que le passé.» Pour renforcer l'isolement de l'instant nous irions jusqu'à dire qu'il y a des degrés dans la mort et que ce qui est plus mort que la mort c'est ce qui vient de disparaître... En effet, la méditation de l'instant nous convainc que l'oubli est d'autant plus net qu'il détruit un passé plus proche, de même que l'incertitude est d'autant plus émouvante qu'on la place dans l'axe de la pensée qui va venir, dans le rêve qu'on sollicite mais qu'on sent déjà trompeur. Du passé plus lointain, par l'effet d'une permanence toute formelle que nous aurons à étudier, un fantôme un peu cohérent et solide pourra peut-être revenir et revivre mais l'instant qui vient de sonner, nous ne pouvons le garder avec son individualité, comme un être complet. Il faut la mémoire de beaucoup d'instants pour faire un souvenir complet. De même le deuil le plus cruel, c'est la conscience de l'avenir trahi et quand survient l'instant déchirant où un être cher ferme les yeux, immédiatement on sent avec quelle nouveauté hostile l'instant suivant «assaille» notre cœur.

Ce caractère dramatique de l'instant est peut-être susceptible d'en faire pressentir la réalité. Ce que nous voudrions souligner c'est que dans une telle rupture de l'être, l'idée du discontinu s'impose sans conteste. On objectera peut-être que ces instants dramatiques séparent deux durées plus monotones. Mais nous appelons monotone et régulière toute évolution que nous n'examinons pas avec une attention passionnée. Si notre cœur était assez large pour aimer la vie dans son détail, nous verrions que tous les instants sont à la fois des donateurs et des spoliateurs et qu'une nouveauté jeune ou tragique, toujours soudaine, ne cesse d'illustrer la discontinuité essentielle du Temps.

Qu'est-ce donc qui donne au temps son apparence de continuité? C'est le fait que nous pouvons, semble-t-il, en imposant une coupure *où nous voulons,* désigner un phénomène qui illustre l'instant arbitrairement désigné. Nous serions sûrs ainsi que notre acte de connaissance est livré à une pleine liberté d'examen. Autrement dit, nous prétendons placer nos actes de liberté sur une ligne continue *puisqu'à n'importe quel moment nous pouvons expérimenter l'efficacité de nos actes.* Nous sommes sûrs de tout cela, mais nous ne sommes sûrs que de cela.

Nous allons exprimer la même pensée dans un langage un peu différent qui doit d'ailleurs sembler à première vue synonyme de la première expression. Nous dirons ainsi : *toutes les fois que nous voulons, nous pouvons expérimenter l'efficacité de nos actes.*

Voici maintenant une objection. Est-ce que la première manière de nous exprimer ne suppose pas tacitement la continuité de notre être, et n'est-ce pas cette continuité supposée comme allant de soi que nous transportons au compte de la durée ? Mais quelle garantie avons-nous donc de la continuité attribuée ainsi à nous-mêmes ? Il suffirait que le rythme de notre être décousu corresponde à *un* rythme du Cosmos pour que notre examen réussisse à chaque coup, ou plus simplement, pour prouver l'arbitraire de notre coupure, il suffirait que notre *occasion* d'action intime corresponde à une occasion de l'univers, bref qu'une coïncidence s'affirme sur un point de l'espace-temps-conscience. Dès lors, et c'est là notre argument majeur, *toutes les fois* nous paraît donc, dans la thèse du temps discontinu, l'exact synonyme du mot *toujours* pris dans la thèse du temps continu. Si l'on veut bien nous permettre cette traduction, c'est tout le langage du continu qui nous est rendu par l'usage de cette clef.

La vie met d'ailleurs à notre disposition une richesse si prodigieuse d'instants que, vis-à-vis du compte que nous en prenons, elle paraît bien indéfinie. Nous nous apercevons que nous pourrions dépenser beaucoup plus, d'où la croyance que nous pourrions dépenser sans compter. C'est là que réside notre impression de continuité intime.

TEMPS ET MULTIPLICITÉ

La forme a priori de la sensibilité
(1781)

EMMANUEL KANT
(1724-1804)

Ainsi que l'a montré Alexandre Koyré, en passant d'un monde clos à un univers infini, la science classique a défait le cosmos grec et avec lui le temps clos du temps cyclique, pour s'ouvrir à un autre temps, le temps infini qualifié par Newton de sensorium Dei. *Un tel temps s'est accompagné de l'idée que les mêmes lois s'appliquaient partout et tout le temps. Aussi a-t-il fait l'objet des critiques de savants du* XX*e siècle comme Einstein, qui montreront qu'il n'en est rien. Kant n'a-t-il fait dans la* Critique de la raison pure *que retranscrire un tel temps ? Il est vrai que l'on peut interpréter la définition qu'il en donne et qui fait de lui « une forme* a priori *de la sensibilité interne » en ce sens, puisque qu'est-ce que sentir* a priori *si ce n'est sentir que l'on sent et, dans le fait de sentir ainsi, éprouver un écoulement en soi faisant réaliser que nous existons dans un grand écoulement universel ? Toutefois, ce serait manquer la révolution kantienne que de limiter celle-ci au rôle de faire-valoir de la révolution newtonienne. Car, en mettant en relation le temps et la sensibilité, Kant opère deux innovations majeures. Celle, d'abord, de faire du temps quelque chose de sensible. Dire, en effet, que le temps est une forme de la sensibilité, c'est dire qu'il n'est pas une chose, mais une manière d'être de celles-ci qui réside dans le fait pour les choses d'avoir affaire à quelque chose qui les empêche d'être des choses. Aussi*

Paul Ricœur a-t-il eu raison de dire que Kant avait ouvert le temps à la dimension de l'événement. Par ailleurs, en reliant le temps et la sensibilité, Kant a fait de la sensibilité quelque chose de temporel. Il a fait de la subjectivité non pas quelque chose de subjectif, mais une manière d'être de la subjectivité ayant affaire à quelque chose l'empêchant d'être simplement subjective. Quelque chose, là encore, de l'ordre de l'événement. Kant, autrement dit, a découvert dans le temps quelque chose qui empêche les choses d'être simplement subjectives ou objectives. Qu'est-ce ? Le fait que du point de vue de la nature quelque chose vient s'imaginer et s'inventer en elle, que l'on ne peut découvrir qu'en progressant toujours. Le fait également que, du point de vue du sujet, quelque chose vient s'imaginer en lui, qu'il ne peut découvrir qu'en imaginant. Donc, ainsi que l'ont vu Heidegger et Cassirer, Kant a entrevu à travers le temps l'idée d'une fantastique transcendantale. *Il a débouché sur l'idée d'une théorie générale de l'imagination dans les choses comme dans la pensée. Aussi sa réflexion dépasse-t-elle largement le cadre newtonien, pour annoncer, comme le dit Michel Serres, l'éternel retour de Nietzsche, c'est-à-dire la figure d'un monde qui a eu une création, mais dont la création ne finit jamais.*

Source: Emmanuel Kant, *Critique de la raison pure*, d'après la traduction de Jules Barny, 1906, Paris, Garnier-Flammarion, 1964, p. 89 à 92.

Bibliographie: Alexandre Koyré, *Du monde clos à l'univers infini*, Paris, Gallimard, 1976; Martin Heidegger, *Kant et le problème de la métaphysique*, Paris, Gallimard, 1953; Christian Jambet, *la Logique des Orientaux*, Paris, Seuil, 1983; Michel Serres, *la Distribution*, Paris, Minuit, 1977, p. 115 à 125.

Du temps

§ 4. — Exposition métaphysique du concept du temps

1. Le temps n'est pas un concept empirique ou qui dérive d'une expérience quelconque. En effet, la simultanéité ou la succession ne tomberaient pas elles-mêmes sous la perception, si la représentation du temps ne lui servait *a priori* de fondement. Ce n'est que sous cette supposition que nous pouvons nous représenter une chose comme existant en même temps qu'une autre (comme simultanée) ou dans un autre temps (comme la précédent ou lui succédant).

2. Le temps est une représentation nécessaire qui sert de fondement à toutes les intuitions. On ne saurait supprimer le temps lui-même par rapport aux phénomènes en général, quoique l'on puisse bien retrancher les phénomènes du temps [par la pensée]. Le temps est donc donné *a priori*. Sans lui, toute réalité des phénomènes est impossible. On peut les supprimer tous, mais lui-même (comme condition générale de leur possibilité) ne peut être supprimé.

3. Sur cette nécessité *a priori* se fonde aussi la possibilité de principes apodictiques concernant les rapports du temps, ou d'axiomes du temps en général [comme ceux-ci]: le temps n'a qu'une dimension; des temps différents ne sont pas simultanés, mais successifs (tandis que des espaces différents ne sont pas successifs, mais simultanés). Ces principes ne peuvent pas être tirés de l'expérience, car celle-ci ne saurait donner ni rigoureuse universalité, ni certitude apodictique. Il faudrait se borner à dire: voilà ce qu'enseigne

l'observation commune, et non: voilà ce qui doit être. Ces principes ont donc la valeur de règles qui rendent l'expérience possible en général; ils nous instruisent avant l'expérience, et non par elle.

4. Le temps n'est pas un concept discursif, ou, comme on dit, général, mais une forme pure de l'intuition sensible. Les temps différents ne sont que des parties d'un même temps. Or, une représentation qui ne peut être donnée que par un seul objet est une intuition. Aussi cette proposition, que des temps différents ne peuvent exister simultanément, ne saurait-elle dériver d'un concept général. Elle est synthétique, et ne peut être uniquement tirée de concepts. Elle est donc immédiatement contenue dans l'intuition et dans la représentation du temps.

5. L'infinité du temps ne signifie rien autre chose, sinon que toute grandeur déterminée du temps n'est possible que circonscrite par un temps unique qui lui sert de fondement. Il faut donc que la représentation originaire de temps soit donnée comme illimitée. Or, quand les parties mêmes et toutes les grandeurs d'une chose ne peuvent être représentées et déterminées qu'au moyen d'une limitation, alors la représentation entière ne peut être donnée par les concepts (car ceux-ci ne contiennent que des représentations partielles), mais il y a nécessairement une intuition immédiate qui leur sert de fondement.

§ 6. — Conséquences tirées de ce qui précède

A. — Le temps n'est pas quelque chose qui existe en soi ou qui soit inhérent aux choses comme une détermination objective, et qui, par conséquent, subsiste quand on fait abstraction de toutes les conditions subjectives de leur intuition. Dans le premier cas, il faudrait qu'il fût quelque chose qui existât réellement sans objet réel; dans le second, étant une détermination ou un ordre inhérent aux choses mêmes, il ne pourrait être donné avant les objets comme leur condition, ni être, *a priori,* connu ou perçu intuitivement par des propositions synthétiques. Rien n'est plus facile, au contraire, si le temps n'est que la condition subjective de toutes les intuitions que nous pouvons avoir. Alors, en effet, cette forme de l'intuition interne peut être représentée antérieurement aux objets, et par conséquent *a priori.*

B. — Le temps n'est autre chose que la forme du sens interne, c'est-à-dire de l'intuition de nous-mêmes et de notre état intérieur. En effet, il ne peut être une détermination des phénomènes extérieurs: il n'appartient ni à une figure, ni à une position, etc.; mais il détermine le rapport des représentations dans notre état intérieur. Et, précisément parce que cette intuition intérieure ne fournit aucune figure, nous cherchons à réparer ce défaut par l'analogie; nous représentons la suite du temps par une ligne qui s'étend à l'infini et dont les diverses parties constituent une série qui n'a qu'une dimension, et nous concluons des propriétés de cette ligne à celles du temps, avec cette seule exception que les parties de la première sont simultanées, tandis que celles du second sont toujours successives. On voit aussi par là que la représentation du temps lui-même est une intuition, puisque toutes ses relations peuvent être exprimées par une intuition extérieure.

C. — Le temps est la condition formelle *a priori* de tous les phénomènes en général. L'espace, comme forme pure de toute intuition externe, ne sert de condition *a priori* qu'aux phénomènes extérieurs. Au contraire, comme toutes les représentations, qu'elles aient ou non pour objets des choses extérieures, appartiennent toujours par elles-mêmes, en tant que déterminations de l'esprit, à un état intérieur, et que cet état intérieur, toujours soumis à la condition formelle de l'intuition interne, rentre ainsi dans le temps, le temps est une condition *a priori* de tous les phénomènes en général, la condition immédiate des phénomènes intérieurs (de notre âme), et, par là même, la condition médiate des phénomènes extérieurs. Si je puis dire *a priori* que tous les phénomènes sont dans l'espace, et qu'ils sont déterminés *a priori* suivant les relations de l'espace, je puis dire d'une manière tout à fait générale du principe du sens interne, que tous les phénomènes en général, c'est-à-dire tous les objets des sens, sont dans le temps et qu'ils sont nécessairement soumis aux relations du temps.

L'éternel retour
(1887)

FRIEDRICH NIETZSCHE
(1844-1900)

En faisant du temps la forme a priori *de la sensibilité, Kant a fait apparaître que, pour qu'il y ait sensibilité, il fallait que quelque chose dans le « sentir » se succède à lui-même, afin que, du fait de sentir ce que l'on sent, puisse jaillir une intuition. Autrement dit, il a fait de cette différence qu'est le sentir relativement à l'in-différence, le produit d'une répétition. D'où vient, toutefois, une telle répétition ? Comment est-elle possible ? Qu'est-ce qui peut donner ainsi à quelque chose l'idée de se répéter ? Kant n'a pas spéculé là-dessus et s'est contenté de dire qu'il s'agissait là d'un a priori. Kierkegaard a été obsédé par cette interrogation. Heidegger a tenté d'éclairer ce mystère de la répétition par la présence de l'Être à lui-même débouchant sur une re-présentation dans la forme de la sensibilité. La réponse de Nietzsche à ce mystère de la répétition est d'une rare audace. Pour lui, en effet, la répétition renvoie à la figure de l'éternel retour qui ne signifie pas la répétition du même, mais la différence que produit tout phénomène de redoublement. Car, le redoublement a un double sens. D'une chose qui est en colère, on dit qu'elle redouble de colère, pour bien marquer par là sa fureur. Mais d'une chose qui est vivante et créatrice, on dit aussi qu'elle redouble de vie, pour bien marquer qu'elle est créatrice et vivante. Le redoublement est donc une violence et un chaos, mais il suffit que ce chaos et que cette violence persistent en eux-mêmes pour que dans ce redoublement quelque chose de vivant et de créateur jaillisse. Aussi est-ce en ne se lassant pas d'être et de vivre d'une façon frisant la folie que l'on évite la folie d'une vie sans vie et que l'on accède à la création.*

Autrement dit, Nietzsche a fait du temps comme de la sensibilité une folie s'ordonnant elle-même, en reprochant à Platon, à Kant et à la philosophie en général d'avoir entrevu cette vérité sans oser la dire et la vivre. Il a tenté de montrer que c'est le refus de la folie du temps et de la passion qui rend fou et, surtout, méchant et cruel. Il a payé lui-même de sa raison cette découverte et on la lui a fait payer en le rejetant ou en se servant de sa philosophie pour justifier la violence. Toutefois, aujourd'hui, le langage de la science rejoint curieusement celui de Nietzsche, lorsque par exemple Ilya Prigojine se demande si ce n'est pas un phénomène de surfusion *qui est à l'origine de l'univers, qui serait né, selon lui, « de l'*amplification *d'une fluctuation déchirant l'espace-temps de Minkowski »* (Entre le temps et l'éternité, *Fayard, 1988, p. 162.) De même Edgar Morin résume bien cette convergence entre la science contemporaine et Nietzsche, lorsqu'il écrit dans la* méthode I *(Seuil, 1977, p. 58) : « C'est dans la fureur du feu que se sont allumées les étoiles et que* *s'y forgent les atomes. L'image du feu éructant, grondant, destructeur, créateur est bien celle du chaos originel d'où surgit le logos.»*

Source: *Friedrich Nietzsche,* la Volonté de puissance, *d'après la traduction d'Henri Albert de 1903, Paris, Livre de poche, 1991, p. 319 et 433.*
Bibliographie: *Gilles Deleuze,* Nietzsche et la philosophie, *Paris, P.U.F., 1962.*

Imprimer au devenir le caractère de l'être — c'est là *la volonté de puissance la plus haute. Double falsification,* l'une ayant son origine dans les sens, l'autre dans l'esprit, pour conserver un monde de l'être, de la durée, de l'équivalence.

Que tout revienne sans cesse, c'est l'extrême rapprochement d'un monde du devenir avec un monde de l'être. Sommet de la méditation.

C'est des valeurs attribuées à l'être que viennent la condamnation et le mécontentement dans le devenir: après que fut inventé un tel monde de l'être.

Les métamorphoses de l'être (corps, Dieu, idées, lois naturelles, formules, etc.) — «l'être» considéré comme apparence; renversement des valeurs: l'apparence était ce qui *prêtait de la valeur.* — La connaissance en soi est impossible dans le devenir; comment la connaissance est-elle donc possible? En tant qu'erreur au sujet de soi-même, en tant que volonté de puissance, en tant que volonté d'illusion. — Le devenir considéré comme invention, comme vouloir, comme négation de soi, comme victoire sur soi-même: non point un sujet, mais une action, une évaluation créatrice, point de «causes» ni d'«effets». — L'art considéré comme volonté de surmonter le devenir, comme «éternisation», mais à vue courte, selon la perspective: répétant en quelque sorte en petit la tendance de l'ensemble.

Tout ce qui montre de la vie doit être considéré comme une formule réduite pour la tendance générale: dès lors, nouvelle fixation de l'idée de «vie» comme volonté de puissance.

Au lieu de «cause» et d'«effet», la lutte des éléments du devenir les uns avec les autres, souvent avec l'absolution de l'adversaire; il n'y a pas de nombre constant dans le devenir.

Et savez-vous ce qu'est pour moi «le monde»? Faut-il que je vous le montre au miroir? Ce monde est un monstre de force sans commencement et sans fin, une quantité de force d'airain qui ne devient ni plus grande ni plus petite, qui ne consomme pas, mais utilise seulement, immuable dans son ensemble, une maison sans dépenses ni pertes, mais aussi sans revenus et sans accroissement, entourée du «néant» comme d'une frontière. Ce monde n'est pas quelque chose de vague et qui se gaspille, rien qui soit d'une étendue infinie, mais, étant une force déterminée, il est inséré dans un espace déterminé et non point dans un espace qui serait vide quelque part. Force partout, il est jeu des forces et onde des forces, à la fois un et multiple, s'accumulant ici tandis qu'il se réduit là-bas, une mer de forces agitées dont il est la propre tempête, se transformant éternellement dans un éternel va et vient, avec d'énormes années de retour, avec un flot perpétuel de ses formes, du plus simple au plus compliqué, allant du plus calme, du plus rigide et du plus froid au plus ardent, au plus sauvage, au plus contradictoire, pour revenir ensuite de la multiplicité au plus simple, du jeu des contradictions aux joies de l'harmonie, s'affirmant lui-même, même dans cette uniformité qui demeure la même au cours des années, se bénissant lui-même parce qu'il est ce qui doit éternellement revenir, étant un devenir qui ne connaît point de satiété, point de dégoût, point de fatigue —: ce monde, qui est le monde tel que je le conçois, ce monde *dionysien* de l'éternelle création de soi-même, de l'éternelle destruction de soi-même, ce monde mystérieux des voluptés doubles, mon «par-delà le bien et le mal» sans but, si ce n'est un but qui réside dans le bonheur du cercle, sans volonté, si ce n'est pas un cercle qui possède la bonne volonté de suivre sa vieille voie, toujours autour de lui-même et rien qu'autour de lui-même : ce monde, tel que je le conçois, — qui donc a l'esprit assez lucide pour le contempler sans désirer être aveugle ? Qui est assez fort pour présenter son âme à ce miroir ? Son propre miroir au miroir de Dionysos ? Sa propre solution à l'énigme de Dionysos ? Et celui qui serait capable de cela ne faudrait-il pas qu'il fît *davantage* encore ? Se promettre *lui-même* à l'« anneau des anneaux » ? Avec le vœu du propre *retour* de soi-même ? Avec l'anneau de l'éternelle bénédiction de soi-même, de l'éternelle affirmation de soi-même ? Avec la volonté de vouloir toujours et encore une fois ? De vouloir en arrière, de vouloir toutes choses qui ont jamais été ? De vouloir en avant, de vouloir toutes choses qui seront jamais ? Savez-vous maintenant ce qu'est pour moi le monde ? Et ce que je veux lorsque je veux ce monde ?

La durée
(1889)

HENRI BERGSON
(1859-1941)

En pensant le temps comme éternel retour, Nietzsche a éclairé bien des choses sur celui-ci comme sur la conscience, qui demeuraient obscures. Toutefois, il a aussi mis en place une vision tragique du temps dont on peut se demander si elle est aussi temporelle que cela. N'est-ce pas en effet passer d'un a priori à un autre que de passer du temps comme forme a priori de la sensibilité au chaos originel ? D'autant que si l'on doit à Nietzsche d'avoir su montrer que la répétition et le redoublement pouvaient engendrer de la vie, de la sensibilité et de la différence face à l'in-différence originelle de la matière, il n'en reste pas moins que ce n'est pas toujours le cas. La répétition est aussi écrasement du temps. Comme l'a vu Freud, elle renvoie à la mort et on ne s'explique pas comment de la différence peut jaillir d'elle. Aussi le problème majeur est-il de savoir comment de la différence peut exister malgré la tendance des choses et des êtres à la répétition. N'est-ce pas là le fait de quelque chose de plus profond que la répétition ? N'y a-t-il pas quelque chose de plus originel que le chaos et la folie à la base du temps ?

Tel est, semble-t-il, le problème que s'est posé Bergson. Aussi Gilles Deleuze a-t-il raison de dire que la vision affirmative et positive de celui-ci est une méthode afin de penser le temps sans placer à sa base un quelconque a priori, que ce soit celui de la forme a priori de la sensibilité ou de l'éternel retour. Car c'est en ce sens qu'il faut interpréter la durée. Beaucoup critiquée, mais peu comprise, celle-ci est une différence qui, à force de se différencier à l'infini, finit par se conserver. Elle est un insaisissable qui, à force de ne pas se saisir, finit par créer de la stabilité. Aussi est-elle la possibilité de penser le temps autrement que par le recours à ces formes pré-ordonnées que sont le transcendantal ou le chaos.

Ce qui fait donc l'originalité de Bergson, c'est de faire de l'insaisissable une méthode pour penser et mettre à distance les pensées du temps, qui tentent de déduire celui-ci et qui, en le déduisant, l'enferment et créent du tragique. Car le problème que le temps pose ne vient pas de son existence, mais de quelque chose qui refuse de le voir exister et qui, pour cela, le spatialise, comme le montre le texte proposé ici.

On comprend mieux dès lors le lien qui unit Bergson et Proust. En effet, celui-ci, comme Bergson, a eu la claire vision qu'il y avait un obscur refus du temps dans les hommes, qui conduisait ceux-ci à perdre leur temps et à se perdre dans le temps en étant stériles. Toutefois, il suffisait qu'un jour ils fassent l'expérience d'une différence se différenciant à l'infini pour que, découvrant que quelque chose dure dans la vie, ils s'aperçoivent que rien n'est jamais perdu et qu'il y a dans l'intérieur de la vie une vie bien plus profonde que celle qui perd son temps parce qu'elle croit celui-ci perdu.

Source : Henri Bergson, *les Données immédiates de la conscience*, Paris, P.U.F., 1976, p. 170 à 172.

Bibliographie : Gilles Deleuze, *le Bergsonisme*, Paris, P.U.F., 1966; *Proust et les signes*, Paris, P.U.F., 1964.

QU'EST-CE QUE LA DURÉE au-dedans de nous ? Une multiplicité qualitative, sans ressemblance avec le nombre; un développement organique qui n'est pourtant pas une quantité croissante; une hétérogénéité pure au sein de laquelle il n'y a pas de qualités distinctes. Bref, les moments de la durée interne ne sont pas extérieurs les uns aux autres.

Qu'existe-t-il, de la durée, en dehors de nous? Le présent seulement, ou, si l'on aime mieux, la simultanéité. Sans doute les choses extérieures changent, mais leurs moments ne se succèdent que pour une conscience qui se les remémore. Nous observons en dehors de nous, à un moment donné, un ensemble de positions simultanées: des simultanéités antérieures il ne reste rien. Mettre la durée dans l'espace, c'est, par une contradiction véritable, placer la succession au sein même de la simultanéité. Il ne faut donc pas dire que les choses extérieures durent, mais plutôt qu'il y a en elles quelque inexprimable raison en vertu de laquelle nous ne saurions les considérer à des moments successifs de notre durée sans constater qu'elles ont changé. D'ailleurs ce changement n'implique pas succession, à moins qu'on ne prenne le mot dans une acception nouvelle; sur ce point, nous avons constaté l'accord de la science et du sens commun.

Ainsi, dans la conscience, nous trouvons des états qui se succèdent sans se distinguer; et, dans l'espace, des simultanéités qui, sans se succéder, se distinguent, en ce sens que l'une n'est plus quand l'autre paraît. — En dehors de nous, extériorité réciproque sans succession; au dedans, succession sans extériorité réciproque.

Ici encore un compromis intervient. Ces simultanéités qui constituent le monde extérieur, et qui, bien que distinctes les unes des autres, se succèdent pour nous seulement, nous leur accordons de se succéder en elles-mêmes. De là l'idée de faire durer les choses comme nous durons, et de mettre le temps dans l'espace. Mais si notre conscience introduit ainsi la succession dans les choses extérieures, inversement ces choses elles-mêmes extériorisent les uns par rapport aux autres les moments successifs de notre durée interne. Les simultanéités de phénomènes physiques absolument distinctes en ce sens que l'une a cessé d'être quand l'autre se produit, découpent en parcelles, distinctes aussi, extérieures les unes aux autres, une vie interne où succession impliquerait pénétration mutuelle: tel, le balancier de l'horloge morcelle en fragments distincts et déploie pour ainsi dire en longueur la tension dynamique et indivisée du ressort. Ainsi se forme, par un véritable phénomène d'endosmose, l'idée mixte d'un temps mesurable, qui est espace en tant qu'homogénéité et durée en tant que succession, c'est-à-dire, au fond, l'idée contradictoire de la succession dans la simultanéité.

Ces deux éléments, étendue et durée, la science les dissocie quand elle entreprend l'étude approfondie des choses extérieures. Nous croyons avoir prouvé qu'elle ne retient de la durée que la simultanéité, et du mouvement lui-même que la position du mobile, c'est-à-dire l'immobilité. La dissociation s'opère ici très nettement, et au profit de l'espace.

Il faudra donc l'opérer encore, mais au profit de la durée, quand on étudiera les phénomènes internes; non pas les phénomènes internes à l'état achevé, sans doute, ni après que l'intelligence discursive, pour s'en rendre compte, les a séparés et déroulés dans un milieu homogène, mais les phénomènes internes en voie de formation, et en tant que constituant, par leur pénétration mutuelle, le développement continu d'une personne libre. La durée, ainsi rendue à sa pureté originelle, apparaîtra comme une multiplicité toute qualitative, une hétérogénéité absolue d'éléments qui viennent se fondre les uns dans les autres.

TEMPS ET PRÉSENCE

Présence de l'âme au temps
(401)

SAINT AUGUSTIN
(354-430)

Le temps fait disparaître les choses et les êtres, mais il les fait aussi apparaître. Aussi y a-t-il en lui quelque chose qui s'annonce à travers ce qui disparaît. Quelque chose comme de l'Être toujours à venir, qui a donné et qui donne encore l'occasion d'espérer et surtout de vivre. Cette approche de l'Être a structuré toute la problématique chrétienne de l'espérance et conféré au temps un sens messianique. Au point, d'ailleurs, de l'identifier au Christ. Car, l'Être se dévoilant dans l'attente de l'Être, c'est en attendant comme le temps attend qu'il y a accès au divin, mais c'est aussi en s'incarnant dans l'attente du temps que le divin manifeste son caractère de divin.

Cette approche du temps a été d'autant plus confortée en elle-même que, comme l'a aperçu saint Augustin, il faut qu'il y ait une présence dans le temps capable de recueillir en lui ce qui passe en demeurant et ce qui demeure en passant, pour que celui-ci puisse se présenter à nous. Autrement dit, c'est parce que nous avons une âme capable d'être présente au temps que celui-ci peut se présenter à nous.

Cette âme qui est présence en nous capable d'être présente au temps, saint Augustin l'a pensée comme présent originaire fait par Dieu à l'homme. Un donné au sens de don, un héritage donc, permettant à l'homme d'accueillir le donné, c'est-à-dire la vie, à travers ce donné qu'est la vie quotidienne. Aussi a-t-il fait remarquer que l'on est d'autant plus fondé à vivre dans l'espérance que, de fait, celle-ci est déjà réalisée en nous. Car, de l'âme au temps et du temps à l'âme règne une continuité. C'est parce que l'on a une âme que l'on a des raisons d'attendre et c'est en attendant qu'on découvre qu'on a une âme.

Donc, à l'occasion du temps, saint Augustin a fait apparaître que la structure de celui-ci renvoyait à une présence à ce qui s'y annonce. Aussi l'attente chez lui n'a-t-elle pas le sens de cette espérance vaine décrite par Spinoza, mais celui d'un mode de présence à ce qui est. C'est à ce titre, selon Husserl, qu'il est l'un des penseurs majeurs du temps. Mais c'est aussi à ce titre qu'il fait question. Car le risque qu'il y a de ramener le temps à l'âme peut être d'effacer le temps, en en faisant quelque chose de toujours déjà connu, ainsi que l'a fait remarquer Paul Ricœur dans Temps et récit.

Source : *Saint Augustin,* les Confessions, *trad. J. Trabucco, Livre XI, chap. XI, XVIII, XX, Paris, Garnier-Flammarion, 1964, p. 264, 268-269.*
Bibliographie : *Paul Ricœur,* Temps et récit, *Paris, Seuil, 1985.*

QU'EST-CE DONC QUE LE TEMPS ? Si personne ne me le demande, je le sais ; mais si on me le demande et que je veuille l'expliquer, je ne le sais plus. Pourtant, je le déclare hardiment, je sais que si rien ne passait, il n'y aurait pas de temps passé ; que si rien n'arrivait, il n'y aurait pas de temps à venir ; que si rien n'était, il n'y aurait pas de temps présent.

Comment donc, ces deux temps, le passé et l'avenir, sont-ils, puisque le passé n'est plus et que l'avenir n'est pas encore ? Quant au présent, s'il était toujours présent, s'il n'allait pas rejoindre le passé, il ne serait pas du temps, il serait l'éternité. Donc, si le présent, pour être du temps, doit rejoindre le passé, comment pouvons-nous déclarer qu'il est aussi, lui qui ne peut être qu'en cessant d'être ? Si bien que ce qui nous autorise à affirmer que le temps est, c'est qu'il tend à n'être plus.

Permettez-moi, Seigneur, d'étendre davantage mes recherches, ô vous qui êtes mon espérance, faites que mon effort ne soit point troublé.

Si le futur et le passé existent, je veux savoir où ils sont. Si je n'en suis pas encore capable, je sais du moins que, où qu'ils soient, ils n'y sont ni en tant que futur, ni en tant que passé, mais en tant que présents. Car si le futur y est en tant que futur, il n'y est pas encore ; si le passé y *est* en tant que passé, il n'y *est* plus. Où donc qu'ils soient, quels qu'ils soient, ils ne *sont* qu'en tant que présents. Lorsque nous faisons du passé des récits véritables, ce qui vient de notre mémoire, ce ne sont pas les choses elles-mêmes, qui ont cessé d'être, mais des termes conçus à partir des images des choses, lesquelles en traversant nos sens ont gravé dans notre esprit des sortes d'empreintes. Mon enfance, par exemple, qui n'est plus est dans un passé disparu lui aussi ; mais lorsque je l'évoque et la raconte, c'est dans le présent que je vois son image, car cette image est encore dans ma mémoire.

La prédiction de l'avenir se fait-elle selon le même mécanisme ? Les événements qui ne *sont* pas encore, sont-ils représentés à l'avance dans notre esprit par des images déjà existantes ? J'avoue, mon Dieu, que je l'ignore. Mais ce que je sais, c'est que d'habitude nous préméditons nos actions futures, que cette préméditation appartient au présent, tandis que l'action préméditée n'*est* pas encore, étant future. Lorsque nous l'aurons entreprise, et que nous nous serons mis à réaliser ce que nous avions prémédité, alors l'action existera, puisqu'elle sera à ce moment non plus future, mais présente.

De quelque façon que se produise ce mystérieux pressentiment de l'avenir, on ne peut voir que ce qui *est*. Or ce qui *est* déjà n'est pas futur, mais présent. Lorsqu'on déclare voir l'avenir, ce que l'on voit, ce ne sont pas les événements eux-mêmes, qui ne *sont* pas encore, autrement dit qui sont futurs, ce sont leurs causes ou peut-être les signes qui les annoncent et qui les uns et les autres existent déjà : ils ne sont pas futurs, mais déjà présents aux voyants et c'est grâce à eux que l'avenir est conçu par l'esprit et prédit. Ces conceptions existent déjà, et ceux qui prédisent l'avenir les voient présentes en eux-mêmes.

Je voudrais faire appel à l'éloquence d'un exemple pris entre une foule d'autres. Je regarde l'aurore, j'annonce le proche lever du soleil. Ce que j'ai sous les yeux est présent, ce que j'annonce est futur: non point le soleil qui est déjà, mais son lever qui n'est pas encore. Pourtant si je n'avais pas une image mentale de ce lever même, comme à cet instant où j'en parle, il me serait impossible de le prédire. Mais cette aurore que j'aperçois dans le ciel n'est pas le lever du soleil, bien qu'elle le précède; pas davantage ne l'est l'image que je porte dans mon esprit: seulement toutes les deux sont présentes, je les vois et ainsi je puis dire d'avance ce qui va se passer. L'avenir n'*est* donc pas encore; s'il n'est pas encore, il n'*est* pas et s'il n'*est* pas il ne peut absolument pas se voir, mais on peut le prédire d'après les signes présents qui *sont* déjà et qui se voient.

Ce qui m'apparaît maintenant avec la clarté de l'évidence, c'est que ni l'avenir, ni le passé n'existent. Ce n'est pas user de termes propres que de dire: «Il y a trois temps, le passé, le présent et l'avenir.» Peut-être dirait-on plus justement: «Il y a trois temps: le présent du passé, le présent du présent, le présent du futur.» Car ces trois sortes de temps existent dans notre esprit et je ne les vois pas ailleurs. Le présent du passé, c'est la mémoire; le présent du présent, c'est l'intuition directe; le présent de l'avenir, c'est l'attente. Si l'on me permet de m'exprimer ainsi, je vois et j'avoue qu'il y a trois temps, oui, il y en a trois.

Le temps phénoménologique
(1913)

EDMUND HUSSERL
(1859-1938)

Si saint Augustin a mis le doigt, le premier, sur l'importance de la présence à propos du temps, il n'a pas, selon Husserl, exploré d'un point de vue philosophique toute la richesse de cette notion. D'autant que l'interprétation religieuse de la présence comme présence d'une personne à travers la personne de Dieu n'est pas sans risque, à commencer par celui de psychologiser celle-ci et de confondre ainsi un sentiment émanant du moi avec la réalité du temps. Aussi Husserl s'est-il proposé de revenir sur cette notion de présence, en mettant entre parenthèses toute approche religieuse comme toute approche psychologique par une méthode dite de réduction, consistant à analyser phénoménologiquement le vécu de la présence pour lui-même. Une telle analyse l'a conduit à apercevoir que le temps est à la source de la présence du moi à lui-même, puisque c'est en ne se lassant pas de se vivre comme flux de vécus que celui-ci s'éprouve comme moi. Cela l'a conduit par là même à intégrer dans cette présence à soi le passé (l'antérieur) comme l'avenir (le postérieur), puisque le moi ne demeure présent à lui-même qu'en re-présentant ce qui s'est passé et qu'en se présentant à l'avance à ce qui se présente afin d'être présent.

Si l'analyse husserlienne est originale, c'est qu'elle bouleverse la succession passé-présent-futur dans laquelle nous avons tendance à enfermer le temps, en manquant ainsi le présent pour faire apparaître une autre structure du temps. Une structure dans laquelle passé, présent et futur sont des horizons de sens situés devant nous et non des choses situées derrière nous ou à côté. Faire donc l'expérience du temps, ce n'est pas subir une succession, c'est en sortir afin d'inaugurer, face au sens du temps, le temps du sens.

Source : *Edmund Husserl,* Idées directrices pour une phénoménologie, I, *trad. Paul Ricœur, § 82, Paris, Gallimard, 1950, p. 277 à 279.*

Bibliographie : *Gérard Granel,* le Sens du temps et de la perception chez Husserl, *Paris, Gallimard, 1968.*

LA PROPRIÉTÉ EIDÉTIQUE qu'exprime le terme général de temporalité appliqué aux vécus en général, ne désigne pas seulement un caractère que possède de façon générale chaque vécu pris séparément, mais *une forme nécessaire qui lie des vécus à des vécus.* Tout vécu réel (nous formons cette évidence en nous fondant sur la claire intuition d'une réalité vécue) est nécessairement un vécu qui dure ; et avec cette durée il s'ordonne à un continuum sans fin de durées — à un continuum *rempli* (erfüllten). Il a nécessairement un horizon temporel rempli et qui se déploie sans fin de tous côtés. Autrement dit il appartient à un *unique « flux du vécu »* qui s'écoule sans fin. Chaque vécu, par exemple un vécu de joie, de même qu'il peut commencer, peut finir et ainsi délimiter sa durée. Mais le flux du vécu ne peut commencer ni finir. Chaque vécu en tant qu'être temporel est le vécu de son moi pur. Ce qui implique nécessairement que le moi ait la possibilité (possibilité non point seulement logique et vide, nous le savons) de diriger sur ce vécu son regard de pur moi et de le saisir comme existant réellement, ou comme durant dans le temps phénoménologique.

Ce n'est pas tout. Chaque maintenant qui affecte un vécu, même s'il est la phase inaugurale d'un vécu nouvellement apparu, a nécessairement son *horizon d'antériorité.* Or ce ne peut être par principe une antériorité vide, une forme vide sans contenu, dénuée de tout sens. Elle a nécessairement la signification d'un maintenant passé, qui comprend sous cette forme quelque chose qui est passé, un *vécu* passé. Tout vécu nouvellement commençant est nécessairement précédé dans le temps par des vécus ; le passé du vécu est continuellement rempli. Chaque maintenant qui affecte un vécu a aussi son *horizon* nécessaire de *postériorité ;* lui non plus n'est pas un horizon vide ; chaque maintenant qui affecte un vécu, même s'il est la phase terminale par laquelle s'achève la durée d'un vécu, se mue nécessairement en un nouveau maintenant et celui-ci est nécessairement un vécu rempli.

À quoi on peut encore ajouter : à la conscience du maintenant se joint nécessairement celle du justement passé, qui est elle-même à son tour un maintenant. *Un vécu ne peut cesser sans que l'on ait la conscience qu'il cesse et qu'il a cessé* : cette conscience est un nouveau maintenant rempli. Le flux du vécu est une unité infinie, et la *forme du flux* est une forme qui *embrasse nécessairement tous les vécus d'un moi pur* — cette forme enveloppant elle-même une diversité de systèmes de formes.

Nous réservons pour les travaux ultérieurs déjà annoncés le soin de développer ces vues avec plus de détails et d'en élucider les conséquences métaphysiques considérables.

La particularité générale des vécus dont on vient de traiter, en considérant ceux-ci comme des données possibles de la perception réflexive (immanente), est à son tour un élément constitutif (Bestandstück) à l'intérieur d'une propriété encore plus vaste qui s'exprime dans la *loi éidétique* suivante : chaque vécu non seulement peut être considéré du point de vue de la *succession* (Folge) temporelle au sein d'un enchaînement de vécus essentiellement fermé sur soi-même mais peut être encore envisagé du point de vue de la *simultanéité.* Cela signifie que chaque maintenant qui affecte un vécu a un horizon de vécus qui ont précisément aussi la forme d'originarité du « maintenant » ; ces vécus en tant que tels forment *l'horizon d'originarité* (Originaritätshorizont) *du moi pur,* son *maintenant*-de-conscience, total et originaire.

C'est en tant qu'unité que cet horizon entre dans le mode du passé. Chaque avant, en tant qu'il est un maintenant modifié, implique par rapport à chaque vécu saisi par le regard et dont il est l'avant, un horizon sans fin qui embrasse tout ce qui appartient au même maintenant modifié ; bref c'est l'horizon formé par tous les vécus qui « ont existé simultanément ». Les descriptions antérieures doivent donc être complétées par une nouvelle dimension ; c'est seulement par cette addition que nous obtenons le champ *total* du temps phénoménologique qui appartient au moi pur ; ce champ, le moi peut le parcourir à partir de l'un quelconque de « ses » vécus selon les *trois* dimensions de l'avant, de l'après, du simultané ; nous dirons encore que nous obtenons le *flux total* des unités temporelles de vécu, flux *unitaire* (einheitlich) *par essence* et strictement « clos » sur lui-même.

Nous pouvons tenir pour des corrélats nécessaires ces deux notions : d'une part un *unique* moi pur, d'autre part un *unique* flux du vécu, rempli selon ses trois dimensions, essentiellement solidaire de lui-même (zusammenhängender) dans cette plénitude, se suscitant lui-même (sich fordernder) à travers sa continuité de contenu.

Le temps est Esprit
(1828)

FRIEDRICH HEGEL
(1770-1831)

Le temps ne peut se donner à nous que par la conscience qui lui est présente. Toutefois, pour qu'une telle conscience du temps puisse avoir lieu, encore faut-il que celle-ci ait l'idée de devenir présente au temps. Cette idée, pour Hegel, c'est l'Esprit qui, sous la forme de l'histoire, vient éveiller la conscience. On comprend donc que Hegel ait pu écrire que le temps est Esprit, « Zeit ist Geist ! » Infini redoublement de l'Être qui, en ne se lassant pas d'être, crée de la vie et de l'ordre pour dépasser ceux-ci par un acte apparemment négatif de mort et de désordre afin de renouveler sous une autre forme cette vie et cet ordre, il y a, toutefois, au sujet du temps un problème d'interprétation qui se pose. Qu'a voulu dire, en effet, Hegel en définissant le temps ainsi ? A-t-il voulu dire que le temps est cet Esprit qui ne se lasse pas d'être lui-même en se servant du temps et de son incessant passage, comme instrument de sa propre identité ? Ou a-t-il voulu dire que l'Esprit est du temps qui ne cesse d'enrichir le temps même, en faisant jaillir continuellement de l'ordre à partir du désordre ? La première interprétation a été retenue par les adversaires de Hegel, qui se sont fondés sur certains textes de celui-ci pour critiquer chez lui cette vision de l'histoire faisant de celle-ci un jeu de l'esprit avec lui-même. Jeu vide, selon eux. Jeu violent également puisque, au bout du compte, à faire du temps l'instrument de l'esprit, on aboutit à faire de l'instrumentation la seule vérité de l'histoire et, donc, à conforter son rôle.

La seconde interprétation a été retenue par ses partisans qui, eux, ont vu dans le temps le redoublement d'une réflexivité ordonnant peu à peu celui-ci selon des formes de vie de plus en plus libres. En effet, Hegel ne compare-t-il pas la philosophie, quand elle est réalisée, à ce « délire bachique dont aucun des membres n'est ivre » ? Ce qui tendrait à confirmer la thèse d'une expansion de la liberté dans le temps à partir d'une passion se réfléchissant en redoublant en elle-même, et non celle d'une instrumentation de l'histoire par un Esprit se servant de celle-ci pour son propre jeu.

Quoi qu'en disent ses adversaires, le fait qu'il ait pensé la pensée comme cercle de cercles ouvre sur une expansion de la réflexion dans l'histoire et fait pencher vers la seconde interprétation.

Source : *Friedrich Hegel,* la Raison dans l'histoire, *trad. de Kostas Papaioannou, Paris, Plon, 1965, p. 181-182 et 210, 212.*

Bibliographie : *Gwendolyne Jarczyk,* Système et liberté dans la logique de Hegel, *Paris, Aubier, 1980 ; Martin Heidegger,* Être et temps, *§ 82, Paris, Gallimard, 1986.*

Le progrès

Il est conforme au concept de l'Esprit que l'évolution de l'histoire se produise dans le temps. Le temps contient la détermination du négatif. Pour nous il est quelque chose de positif, un fait positif; mais il peut aussi signifier le contraire. Cette relation avec le néant est le temps, et cette relation est telle que nous pouvons non seulement la penser, mais aussi la saisir par l'intuition sensible. Le temps est cette matérialité sensible *(das Sinnliche)* totalement abstraite. Quand le néant ne fait pas irruption dans quelque chose, nous disons qu'elle dure. Si nous comparons les modifications de l'Esprit et de la nature, nous voyons que, dans celle-ci, l'être singulier est soumis au changement tandis que les espèces demeurent immobiles. Ainsi la planète abandonne telle ou telle place, mais sa trajectoire est fixe. Il en est ainsi des espèces animales. Le changement est un mouvement circulaire, une répétition du même. Tout est constitué par des cycles, et c'est à l'intérieur de ces cycles, parmi les individus, que le changement a lieu. Dans la nature, la vie, qui sort de la mort, est elle-même à son tour une vie singulière, et si nous considérons l'espèce comme ce qu'il y a de substantiel dans ce changement, alors le déclin de l'individu est une rechute de l'espèce dans la singularité. La conservation de l'espèce n'est que la répétition uniforme du même mode d'existence. Il en est autrement avec les formes spirituelles. Ici, le changement ne s'opère pas à la surface mais dans le concept. C'est le concept lui-même qui est rectifié. Dans la nature, l'espèce ne fait aucun progrès, mais dans l'Esprit, chaque changement est un progrès. Certes, la série des formes naturelles détermine une progression graduelle depuis la lumière jusqu'à l'homme, si bien que chaque degré est une transformation du degré précédent, un principe supérieur issu du dépassement et du déclin du degré précédent. Mais, dans la nature, les moments de ce processus se séparent et tous les échelons singuliers coexistent l'un à côté de l'autre; la transition n'apparaît qu'aux yeux de l'esprit pensant qui comprend cette connexion. La nature ne se comprend pas elle-même, et c'est pourquoi la négativité de ses formations n'existe pas pour elle. En revanche dans la sphère spirituelle, il devient manifeste que les formations supérieures ont été produites par l'élaboration des formations antérieures, inférieures. C'est pour cela que ces dernières ont cessé d'exister. Ce qui se manifeste dans le monde de l'Esprit est que chaque forme est la transfiguration de la forme précédente: c'est pourquoi l'apparition des formes spirituelles se fait dans le temps. L'histoire universelle est donc en général l'explicitation de l'Esprit dans le temps de même que l'Idée s'explicite dans l'espace comme nature.

Dans la perspective de la perfectibilité, cette marche graduelle paraît être un progrès à l'infini, une progression qui reste éternellement éloignée du but. D'ailleurs, s'il est vrai que, dans la progression vers le nouveau principe, le contenu du principe précédent est saisi d'une manière plus universelle, il n'en est pas moins certain que la forme nouvelle est toujours une forme déterminée. En tout cas, le domaine de l'histoire est celui de la réalité dans laquelle l'Universel doit chaque fois se présenter d'une manière déterminée. Aucune forme limitée ne peut s'assurer contre la pensée, le Concept. S'il y avait quelque chose que le Concept serait incapable d'assimiler et de dissoudre, alors il faudrait y voir la plus haute scission, le plus grand malheur. Mais la seule chose de ce genre ne peut être que la pensée elle-même telle qu'elle se saisit elle-même. Car seule la pensée est ce qui est en soi illimité, et toute la réalité est déterminée en elle. Ainsi disparaît la scission et la pensée se satisfait en elle-même. C'est ici que réside la fin ultime du monde. La Raison connaît le Vrai, l'Être en soi et pour soi qui ignore toute limitation. Le concept de l'Esprit est retour à soi, sa transformation en son propre objet; ainsi le progrès n'est pas une progression indéterminée à l'infini, mais il existe un but: le retour à soi. Il existe ainsi un certain mouvement circulaire: l'Esprit se cherche lui-même.

Le but de l'Esprit est de se donner la conscience de l'Absolu, de faire en sorte que cette conscience soit donnée comme l'unique et seule vérité: tout doit être ordonné et est effectivement ordonné conformément à cette conscience et c'est celle-ci qui gouverne l'histoire universelle. Reconnaître cela dans les faits signifie honorer Dieu ou glorifier la vérité. C'est là la fin ultime absolue; et la vérité est la puissance qui produit elle-même la glorification de la vérité. Dans l'honneur rendu à Dieu l'Esprit individuel reçoit également sa part, non pas en tant qu'Esprit particulier, mais par la connaissance du fait que son action en honneur de Dieu est l'action absolue. Ici, il se trouve dans la vérité et se rapporte à l'Absolu: il demeure donc auprès de soi. Ici, disparaît également l'opposition qu'éprouve l'esprit limité qui ne voit dans son être que sa seule limitation et la surmonte par la pensée. Et la mort naturelle perd, elle aussi, son pouvoir.

TEMPS ET MORT

Il faut s'entraîner à mourir
(vers 57)

SÉNÈQUE
(4 av. J.-C. - 65 apr. J.-C.)

« Exerce-toi à mourir », écrit Sénèque. « La philosophie doit être une méditation sur la vie et non pas sur la mort », écrit Spinoza. Qui des deux a raison ? Est-il morbide de songer à la mort ? Ou superficiel de ne pas le faire ? En fait, telle quelle, la question est mal posée. Car ces deux méditations sont inséparables.

*En effet, lorsque Spinoza dit à la proposition 67 de la partie IV de l'*Éthique *que l'homme libre ne pense à rien moins qu'à la mort, c'est pour souligner deux choses. D'abord, que la pensée du néant est un néant de pensée qui cherche à se faire passer* *pour une pensée puisque, comme le dit Épicure, quand nous sommes là, la mort n'y est pas et que, quand elle est là, nous n'y sommes plus. Quand donc on pense à la mort, ce n'est pas à la mort que l'on pense. On pense à autre chose au sens littéral de cette expression. On n'est pas présent à ce qui est. On est absent. Distrait. Mort à la vie du fait d'une mort à toute présence pensante à celle-ci. Aussi est-ce le regret du présent que nous ne savons pas vivre qui apparaît dans la crainte envers le futur. Nous vivons dans la pensée de la mort le fait que nous ne vivons pas et Spinoza a raison de déceler là la marque de notre impuissance. D'autant que la crainte est mauvaise conseillère, comme on le sait. Et c'est là le deuxième point que Spinoza souligne. La peur, en effet, conduit à agir contre et agir contre conduit toujours à agir par haine, en voyant des adversaires partout et en générant, de ce fait, un climat de violence et finalement de mort autour de soi. Autrement dit, la pensée de la mort conduit à faire exister la mort. Car, à force d'être cette pensée impuissante d'une vie que l'on ne vit pas et qui va traînant dans l'existence en se plaignant de celle-ci, elle finit par déboucher de cette servitude sur une tyrannie, puisque, de la pensée d'une vie que l'on ne vit pas à la pratique d'une vie qui ne vit pas et qui empêche la vie de vivre, il y a un pas que les pensées maussades n'hésitent pas à franchir, afin d'étancher par là leur soif de vengeance. Spinoza a donc raison. La mort ne saurait être un objet de pensée pour la philosophie. Car, pensée de toute cette pensée que nous ne voulons pas penser et vie de toute cette vie que nous ne voulons pas vivre, elle est l'image de notre fuite devant la vie qui rend la vie fuyante. Aussi faut-il s'en délivrer. Comment? En pensant à la mort justement, nous dit Sénèque.*

Quand, en effet, la fuite vis-à-vis de la vie crée la fuite même de la vie, il n'y a qu'une seule façon de pouvoir faire retour à la vie, c'est de fuir comme on imagine que les choses fuient. Car, s'imaginer ainsi fuyant et mourant, c'est opérer un changement de point de vue en regardant l'imaginaire du point de vue de la pensée et non plus la pensée du point de vue de l'imaginaire, puisque penser à imaginer, ce n'est déjà plus imaginer, c'est être présent à la pensée et, en étant présent à la pensée, découvrir dans cette présence quelque chose qui ne meurt pas alors même que l'on fait régner la mort partout autour de soi comme en soi.

*Hegel disait que la pensée de la mort est la pensée la plus profonde qui soit et que la maintenir est ce qu'il y a de plus difficile. On comprend pourquoi. En se plaçant sur le terrain de l'imaginaire comme elle le fait, elle est la seule façon de retourner celui-ci et de faire jaillir pour la première fois une pensée. Seule une pensée de la mort permet de guérir de l'obsession de la mort en offrant par l'effort d'une imagination volontaire de celle-ci une présence de la pensée à elle-même faisant entrevoir l'Être à travers cette présence. On comprend donc que Sénèque ait incarné la figure du sage. Son geste philosophique, qui est bien autre chose qu'un vague discours sur la vanité des choses, s'apparente au geste même de la psychanalyse, où l'on voit le sujet de l'analyse guérir de ses fantasmes en parlant de ceux-ci. Puisqu'il suffit de dire l'imaginaire pour découvrir, dans la présence du dire à lui-même, quelque chose qui n'a rien d'imaginaire. En cela, comme Marc-Aurèle, Sénèque est le digne héritier d'Héraclite, puisque sa façon de piéger l'imaginaire morbide par une pensée de la mort est, sur le plan de la pensée, un acte comparable au fait de rencontrer l'Être dans le devenir qui ne se lasse pas de devenir. Une telle méditation n'est pas également sans rapport avec la réflexion d'Heidegger sur la mort. Puisque celui-ci a vu, comme Héraclite, bien autre chose dans le devenir qu'une course au néant. Ce que rend bien la notion d'*être-vers-la-mort*, selon l'heureuse traduction de François Fédier. Aller vers la mort, ce n'est pas, en effet, aller* *à la mort. C'est aller en direction de la mort et donc penser celle-ci dans l'horizon de la direction, c'est-à-dire du sens, et non de la fin, c'est-à-dire du non-sens. Ce que donne à penser Héraclite lorsqu'il fait du devenir le signe prometteur de l'Être. Ce que donne à penser Sénèque également, lorsqu'il fait de la pensée de la mort le moyen de guérir ceux qui ont* la maladie de la vie.

Par conséquent, Sénèque disant qu'il faut penser à la mort ne dit pas autre chose que Spinoza disant qu'il faut penser à la vie. Car, pour penser, il faut affirmer la vie de la pensée et donc affirmer la vie contre toutes ces fausses pensées de la vie que sont les pensées de la mort. Mais, pour affirmer la vie contre les fausses pensées de la vie que sont les pensées de la mort, encore faut-il penser la mort.

Source : *Sénèque,* Lettres à Lucilius, *Lettre 26, Livre III, trad. Henri Noblot, Paris, Les Belles Lucilius. Lettres, 1945, p. 114 à 118.*

Bibliographie : *Geneviève Rodis-Lewis,* la Morale stoïcienne, *Paris, P.U.F., 1970.*

1 — JE TE DISAIS NAGUÈRE que j'étais en vue de la vieillesse ; j'ai maintenant peur d'avoir laissé la vieillesse derrière moi. Ce n'est déjà plus le terme qui convient à mon âge, du moins à mon être physique, puisque, à vrai dire, le mot vieillesse désigne une phase de ralentissement, non d'épuisement. Compte-moi donc parmi les décrépits, touchant à leur terme. **2** — Je me rends grâces pourtant auprès de toi : je ne sens pas en mon âme l'injure des ans, quoique mon corps la sente ; il n'y a que mes vices et ce qui servait mes vices qui aient vieilli. L'âme est en sa verdeur et s'éjouit de n'avoir pas avec le corps grand commerce. Elle a déposé une bonne part de son faix. Tout allègre, elle débat avec moi la question de la vieillesse ; elle déclare que c'est son moment floral. Il faut l'en croire et la laisser jouir du bien qui est le sien.

3 — Elle m'invite à méditer, à distinguer, dans cet état de paix, dans cette modestie des mœurs, ce que je dois à la sagesse, ce que je dois à l'âge, à trier minutieusement ce que je ne peux pas et ce que je ne veux pas faire, mais pour regarder comme équivalant à ne vouloir pas, le fait de ne pouvoir plus, Dieu merci ! tant de choses ; car y a-t-il motif de plainte, dommage subi, si ce qui devait finir est épuisé ? **4** — « Le pire des dommages, dis-tu, c'est de diminuer, de s'en aller, c'est, pour employer le vrai mot, de se fondre. Nous ne succombons pas à un coup subit : nous sommes grignotés ; chaque jour nous soustrait quelque chose de nos forces. » Est-il meilleure façon de finir que de s'écouler par dissolution naturelle vers son terme marqué ? Non qu'il y ait rien d'un mal à sortir d'un coup et soudainement de la vie, mais c'est une allure commode d'en être retiré par étapes.

Pour moi, comme si l'épreuve approchait et que le jour, qui doit porter sentence sur toutes mes années, fût venu, je m'examine et m'interpelle de la sorte : **5** — « Jusqu'ici, tout ce que nous avons traduit en actes ou en mots est sans valeur : gages de l'âme légers, trompeurs et enveloppés d'enjolivements multiples. Sur le progrès moral que j'aurai pu faire, j'en croirai la mort. Je me prépare donc sans défaillance à ce jour où, subterfuges et faux-semblants rejetés, je me ferai juge de moi-même et connaîtrai si j'ai la vertu sur les lèvres ou dans le cœur, s'il n'y a eu que feinte et comédie dans ces paroles de révolte que j'ai lancées contre la fortune. **6** — Rejette l'opinion des hommes, toujours incertaine et partagée entre le pour et le contre ; rejette ces travaux poursuivis durant toute une existence. La mort va prononcer sur toi. Je le répète : les disputes philosophiques, les conversations érudites, les collections de mots tirés des maximes des sages, un docte langage ne démontrent pas la force de l'âme : les plus lâches savent parler en héros. Si tu as ou non perdu ta peine, on le verra quand tu perdras la vie. J'accepte la condition, je ne redoute pas le jugement. » **7** — Ce que je me dis, prends-le comme si je le disais à toi-même. Tu es plus jeune. Qu'importe ? La mort ne compte pas les années. Tu ne sais où elle t'attend : attends-la donc en tout lieu.

8 — Je voulais finir et ma main se préparait au point final; mais il faut payer le tribut et verser quelque chose pour que cette lettre puisse faire sa route. Suppose que je ne dise pas où j'ai l'intention d'emprunter : tu sais bien à quelle caisse je puise. Attends-moi un petit bout de temps, et le paiement se fera sur mes fonds. Dans l'intervalle, Épicure prêtera. Il déclare :

« Exerce-toi à mourir » ;

ou, si la pensée est de la sorte plus facile à transplanter chez nous :

9 — « Il est beau d'apprendre à mourir ».

Tu juges superflu peut-être d'apprendre ce qui n'est applicable qu'une fois. Mais c'est précisément pour cela que s'exercer est nécessaire : il faut étudier sans cesse ce que, faute d'expérience, on n'est pas certain de bien savoir. **10** — « Exerce-toi à mourir. » C'est me dire : exerce-toi à être libre. Qui sait mourir ne sait plus être esclave : il s'établit au-dessus, du moins en dehors de tout despotisme. Que lui font le cachot, les gardes, les verrous ? Il a toujours porte libre. Une seule chaîne nous tient à l'attache : l'amour de la vie. Sans rejeter bien loin cette passion, il convient de tellement la réduire que, si la circonstance un jour l'exige, rien ne nous retienne, rien ne nous empêche d'être prêts à faire sur l'heure ce que tôt ou tard il faudra faire.

Philosopher, c'est apprendre à mourir
(1580)

MICHEL DE MONTAIGNE
(1533-1592)

Dans le Phédon, *Socrate a enseigné que philosopher, c'était apprendre à mourir. Le corps était, selon lui, le siège des passions et des désirs et ces désirs nous entraînant à la violence et à la guerre pour parvenir à assouvir leur soif, c'était se libérer de la violence et de la guerre que de se libérer du corps. Aussi ne fallait-il pas craindre la mort. Car, celle-ci a quelque chose de philosophique, la séparation du corps et de l'âme procédant d'elle étant analogue à la séparation entre le corps et l'âme dans la science.*

Autrement dit, Socrate a inversé les rapports du vivre et du mourir en enseignant que, comme vivre à une certaine vie, c'est mourir, ce n'est pas mourir mais vivre que de mourir à une vie qui fait mourir.

La perspective de Montaigne est différente. Car, elle se fonde sur l'extrême relativité des choses. La vie ne cessant de passer, il est illusoire de vouloir s'attacher à quoi que ce soit. En effet, cet attachement ne peut aboutir qu'à un échec et engendrer une frustration. Aussi convient-il, si l'on veut pouvoir vivre heureux, d'apprendre à mourir et donc de se détacher de toutes choses.

L'éthique de Montaigne, on le voit, est une éthique du plaisir, dont le but n'est pas de se délivrer du corps pour s'affranchir des passions, mais, au contraire, de se détacher de tout attachement pour mieux vivre son plaisir et, dans une certaine mesure, son corps. L'économie de la mort est abordée dans la perspective d'une économie de la vie, qui s'en sert comme d'un instrument pour son compte.

Un tel thème est humaniste et renvoie à l'économie de l'homme tout court. Mais, au-delà, il participe d'une éthique du temps selon laquelle, en passant avec ce qui passe, on finit par demeurer et non passer, puisque l'Être est devenir. Une telle éthique de nomade, de voyageur et de passant dans la vie n'est-elle pas la sagesse même ? Il y a beaucoup d'humour à triompher de l'obstacle de la mort en l'épousant. D'où un certain stoïcisme de Montaigne, mais surtout la pertinence de son propos. Car l'attitude qui consiste à faire de la mort la pensée même au point de mettre celle-ci au service de la vie illustre la puissance de la réflexion, qui transmute tout ce qu'elle touche en vie. Spinoza et Hegel n'ont pas dit autre chose. Vivre, c'est décliner vers la mort, mais il suffit de penser la vie qui décline ainsi, pour que, déjà, celle-ci décline un peu moins.

Source: Montaigne, *Essais,* Bibliothèque de la Pléiade, Paris, Gallimard, 1962, Livre I, chap. XX, p. 90-91, 93-94.

Bibliographie: Hugo Friedrich, *Montaigne,* Paris, Gallimard, 1968; Jean Starobinski, *Montaigne en mouvement,* Paris, Gallimard, 1982; Marcel Conche, *Montaigne et la philosophie,* Paris, Éditions de Mégare, 1987.

COMME NOSTRE NAISSANCE nous apporta la naissance de toutes choses, aussi fera la mort de toutes choses, nostre mort. Parquoy c'est pareille folie de pleurer de ce que d'icy à cent ans nous ne vivrons pas, que de pleurer de ce que nous ne vivions pas il y a cent ans. La mort est origine d'une autre vie. Ainsi pleurasmes-nous; ainsi nous cousta-il d'entrer en cette-cy; ainsi nous despouillasmes-nous de nostre ancien voile, en y entrant.

Rien ne peut estre grief, qui n'est qu'une fois. Est-ce raison de craindre si long temps chose de si brief temps? Le long temps vivre et le peu de temps vivre est rendu tout un par la mort. Car le long et le court n'est point aux choses qui ne sont plus. Aristote dit qu'il y a des petites bestes sur la riviere de Hypanis, qui ne vivent qu'un jour. Celle qui meurt à huict heures du matin, elle meurt en jeunesse; celle qui meurt à cinq heures du soir, meurt en sa décrepitude. Qui de nous ne se moque de voir mettre en consideration d'heur ou de malheur ce moment de durée? Le plus et le moins en la nostre, si nous la comparons à l'eternité, ou encore à la durée des montagnes, des rivieres, des estoilles, des arbres, et mesmes d'aucuns animaux n'est pas moins ridicule.

Mais nature nous y force. «Sortez, dit-elle, de ce monde, comme vous y estes entrez. Le mesme passage que vous fites de la mort à la vie, sans passion et sans frayeur, refaites le de la vie à la mort. Vostre mort est une des pieces de l'ordre de l'univers; c'est une piece de la vie du monde,

inter se mortales mutua vivunt
Et quasi cursores vitai lampada tradunt[1].

Changeray-je pas pour vous cette belle contexture des choses? C'est la condition de

1. Les mortels qui se sont transmis la vie entre eux
Sont pareils aux coureurs se passant un flambeau.
Lucrèce, *De la nature,* 76-77.

vostre creation, c'est une partie de vous que la mort; vous vous fuyez vous mesmes. Cettuy vostre estre, que vous joüyssez, est egalement party à la mort et à la vie. Le premier jour de vostre naissance vous achemine à mourir comme à vivre,

(a) *Prima, quæ vitam dedit, hora carpsit,*
(b) *Nascentes morimur, finisque ab origine pendet*[1].

Tout ce que vous vivez, vous le desrobez à la vie; c'est à ses despens. Le continuel ouvrage de vostre vie, c'est bastir la mort. Vous estes en la mort pendant que vous estes en vie. Car vous estes après la mort quand vous n'estes plus en vie.

Ou si vous aymez mieux ainsi, vous estes mort après la vie; mais pendant la vie vous estes mourant, et la mort touche bien plus rudement le mourant que le mort, et plus vivement et essentiellement.

Si vous avez faict vostre proufit de la vie, vous en estes repeu, allez vous en satisfaict,

Cur non ut plenus vitæ conviva recedis?[2]

Si vous n'en avez sçeu user, si elle vous estoit inutile, que vous chault-il de l'avoir perduë, à quoy faire la voulez-vous encores?

Cur amplius addere quaeris
Rursum quod pereat male, et ingratum occidat omne?[3]

La vie n'est de soy ny bien ny mal: c'est la place du bien et du mal selon que vous la leur faictes.

La mort est moins à craindre que rien, s'il y avoit quelque chose de moins,

multo mortem minus ad nos esse putandum
Si minus esse potest quam quod nihil esse videmus[4].

Elle ne vous concerne ny mort ny vif: vif, parce que vous estes; mort, parce que vous n'estes plus.

Nul ne meurt avant son heure. Ce que vous laissez de temps n'estoit non plus vostre que celuy qui s'est passé avant vostre naissance; et ne vous touche non plus,

Respice enim quam nil ad nos ante acta vetustas
Temporis æterni fuerit[5].

Où que vostre vie finisse, elle y est toute. *(c)* L'utilité du vivre n'est pas en l'espace, elle est en l'usage: tel a vescu long temps, qui a peu vescu; attendez vous y pendant que vous y estes. Il gist en vostre volonté, non au nombre des ans, que vous ayez assez vescu.

Pensiez vous jamais n'arriver là, où vous alliez sans cesse? *(c)* Encore n'y a il chemin qui n'aye son issuë.

Et si la compagnie vous peut soulager, le monde ne va-il pas mesme train que vous allez?

omnia te vita perfuncta sequentur[6].

---

1. a La première heure entame, en la donnant, la vie.
   Sénèque, *Hercule furieux*, III, 874.
   b En naissant, nous mourons: la fin tient du principe.
   Manlius, *Astronomiques*, IV, 16.
2. Que ne sors-tu de vivre en convive assouvi? Lucrèce, *De la nature*, III, 998.
3. Pourquoi donc cherches-tu à prolonger un temps? / Que tu perdras toujours et finiras sans fruits.
   Lucrèce, *De la nature*, II, 941-942.
4. Montaigne traduit ces vers de Lucrèce avant de les citer. *De la nature*, III, 926-927.
5. Considère en effet qu'ils ne sont rien pour nous / Ces moments abolis d'avant l'éternité.
   Lucrèce, *De la nature*, III, 972-973.
6. Toute ta vie achevée en ta mort te suivra.
   Lucrèce, *De la nature*, III, 968.

Tout ne branle-il pas vostre branle? Y a-il chose qui ne vieillisse quant et vous? Mille hommes, mille animaux et mille autres creatures meurent en ce mesme instant que vous mourez:

Nam nox nulla diem, neque noctem aurora sequuta est,
Quæ non audierit mistos vagitibus ægris
Ploratus, mortis comites et funeris atri[1].

A quoy faire y reculez-vous, si vous ne pouvez tirer arriere. Vous en avez assez veu, qui se sont bien trouvez de mourir, eschevant par là des grandes miseres. Mais quelqu'un qui s'en soit mal trouvé, en avez-vous veu? Si est-ce grande simplesse de condamner chose que vous n'avez esprouvée ny par vous, ny par autre. Pours quoy te pleins-tu de moy et de la destinée? te faisons-nous tort? Est ce à toy de nous gouverner, ou à nous toy? Encore que ton aage ne soit pas achevé, ta vie l'est. Un petit homme est homme entier, comme un grand.

Ny les hommes, ny leurs vies ne se mesurent à l'aune. Chiron refusa l'immortalité, informé des conditions d'icelle par le Dieu mesme du temps et de la durée, Saturne, son pere. Imaginez de vray combien seroit une vie perdurable, moins supportable à l'homme et plus penible, que n'est la vie que je luy ay donnée. Si vous n'aviez la mort, vous me maudiriez sans cesse de vous en avoir privé. J'y ay à escient meslé quelque peu d'amertume pour vous empescher, voyant la commodité de son usage, de l'embrasser trop avidement et indiscretement. Pour vous loger en cette moderation, ny de fuir la vie, ny de refuir à la mort, que je demande de vous, j'ay temperé l'une et l'autre entre la douceur et l'aigreur.

J'apprins à Thales, le premier de voz sages, que le vivre et le mourir estoit indifferent; par où, à celuy qui luy demanda pourquoy donc il ne mouroit, il respondit très sagement: «Par ce qu'il est indifferent.»

L'eau, la terre, le feu et autres membres de ce mien bastiment ne sont non plus instrumens de ta vie qu'instrumens de ta mort. Pourquoy crains-tu ton dernier jour? il ne confere non plus à ta mort que chascun des autres. Le dernier pas ne faict pas la lassitude: il la declare. Tous les jours vont à la mort, le dernier y arrive.»

L'être-vers-la-mort
(1927)

MARTIN HEIDEGGER
(1889-1976)

En pensant la mort comme ils l'ont fait, Sénèque et Montaigne se sont placés sur un plan pratique, moral et humain. Ils ont essayé de répondre à l'urgence d'une angoisse fondamentale des hommes face à l'issue de leur existence, en ayant le génie de se servir de la pensée de la mort pour déboucher sur la pensée et se libérer ainsi de l'obsession de la mort et de son imaginaire. L'originalité de Heidegger est de changer de perspective et de penser la mort par rapport à l'Être et non plus par rapport à l'homme. Il s'agit pour lui de se demander ce que peut bien signifier celle-ci pour l'existant en général, à savoir le Dasein.

1. Car et la nuit au jour et le jour à la nuit / N'ont jamais succédé qu'on n'entende mêlés / À des vagissements le bruit des morts qu'on pleure / Et de leurs funérailles.
Lucrèce, *De la nature*, II, 578.

Généralement, en effet, on a coutume de dire que la mort est l'achèvement de la vie. Or, que signifie ce terme d'achèvement? S'agit-il d'un achèvement au sens de maturation ou d'achèvement au sens de terminaison? S'il s'agit de maturation, cette signification n'a pas grand sens. Car on peut être mûr bien avant de mourir et mourir en n'étant pas mûr. Preuve que la mort n'achève rien et que tous ceux qui lui prêtent le caractère de pouvoir réaliser quoi que ce soit se trompent. Elle ne réalise rien, ne libère rien et ne délivre rien. Elle n'est, en aucun cas, le but de la vie, ni son sens. Qu'est-elle alors, si elle n'est pas l'achèvement de la vie? Est-elle, comme on le pense, sa fin? Nullement. Car ce n'est pas parce que quelque chose est terminé que cela est mort, ni parce que cela est mort que cela est terminé. On dit de la pluie ou du pain qu'ils sont terminés, non qu'ils sont morts. Cela veut dire qu'ils ne sont plus présents pour nous ni utilisables et, donc, que la terminaison ne concerne que ce qui se présente à nous ou que nous pouvons utiliser. À ce titre, la mort nous met en face d'une façon de finir qui n'a rien à voir avec ce que nous entendons ordinairement par ce terme. Elle est autre chose que la cessation d'une présence ou d'une utilité.

De fait, avec elle se dévoile un mode d'existence radicalement nouveau. Un mode tel que son achèvement n'a rien à voir avec un mûrissement ou une disparition connus de nous et maîtrisables par nous, puisqu'il est un achèvement sans achèvement et une fin sans fin résistant à l'achèvement comme à la fin. Pour Heidegger, un tel inachèvement fondamental n'est rien d'autre que le pas-encore *qui caractérise l'existence soumise au devenir porté à son point extrême. Donc, quand on meurt, on va vers le* pas-encore *et non vers la fin. On va* vers *la mort sans jamais l'atteindre puisqu'elle est un* pas-encore. *On est vers la mort dès que l'on vit puisque la vie qui devient toujours n'est pas encore tout ce qu'elle peut être. De fait, on vit dans la mort la passion de l'Être pour l'Être qui, en ne se lassant pas d'être, n'est jamais encore tout ce qu'il peut être. Aussi la mort nous ouvre-t-elle sur le côté dramatique de l'Être dont l'être passe par un mourir. Toutefois, ce mourir n'est pas un néant puisqu'il ouvre sur la vie de l'Être, dont il est l'annonce.*

Source: *Martin Heidegger,* Être et temps, *trad. de François Vezin, § 48, Paris, Gallimard, 1986, p. 296 à 299.*

Bibliographie: *Emmanuel Levinas,* En découvrant l'existence avec Husserl et Heidegger, *Paris, Vrin, 3e édition, 1974.*

Ce qui a été mis au point jusqu'ici à propos de la mort peut se formuler en trois thèses: 1. Au Dasein appartient tant qu'il est un pas-encore qu'il sera — le constant rester en attente. 2. Parvenir-à-sa-fin, pour l'étant qui chaque fois n'est pas encore à la fin (l'abolition en fait d'être du restant en attente), présente le caractère de n'être-plus-Dasein. 3. Parvenir-à-la-fin implique un mode d'être pour lequel chaque Dasein ne peut absolument pas être représenté par un autre.

Il y a dans le Dasein une «non-entièreté» constante qui trouve sa fin dans la mort, c'est indéniable. Mais la donnée phénoménale, le fait que ce pas-encore «appartient» au Dasein aussi longtemps qu'il est, est-il possible de l'interpréter comme *restant en attente?* À quel étant nous référons-nous en parlant de rester en attente? L'expression désigne ce qui «appartient» sans doute à un étant mais qui lui manque encore. Rester en attente, quand il s'agit d'un manque à combler, se fonde sur une appartenance. Reste dû, par exemple, le reliquat de paiement d'une dette tant qu'il est encore à percevoir. Ce restant n'est pas encore disponible. L'amortissement de la «dette», au sens de la liquidation du restant, équivaut à la «rentrée», c'est-à-dire l'arrivée du reliquat par versements successifs grâce auxquels le pas-encore se garnit, pour ainsi dire, jusqu'à ce qu'ait été « réunie » la somme due. Rester en attente signifie par conséquent : n'être-pas-encore-réuni à l'ensemble dont on fait partie. Ce qui implique ontologiquement que les pièces de l'ensemble qui sont encore en souffrance soient non utilisables, alors qu'elles ont le même genre d'être que celles qui sont déjà utilisables et qui ne changent pas de genre d'être à la rentrée du reliquat. L'élément à part de l'ensemble s'annule progressivement au fur et à mesure que les pièces se réunissent à l'ensemble. *L'étant auquel il reste encore quelque chose à restituer a le genre d'être de l'utilisable*. L'ensemble, qu'il soit ou non dissocié, nous le caractérisons comme *somme*.

Mais cet élément dissocié qui relève ainsi de ce mode de l'ensemble, le manque à titre de restant, ne permet aucunement de déterminer ontologiquement le pas-encore qui, comme mort possible, appartient au Dasein. Cet étant n'a pas du tout le genre d'être d'un utilisable intérieur au monde. L'ensemble d'étant selon lequel le Dasein est « sur le parcours » en attendant qu'il ait achevé « son cours » ne se constitue pas en assemblant « continuellement », pièce à pièce, de l'étant qui est de lui-même, en quelque manière et quelque part, déjà utilisable. Le Dasein n'*est* pas un ensemble à partir du moment où son pas-encore s'est accumulé en totalité ; il est si loin de l'être qu'à ce moment précis, justement, il n'est plus. Le Dasein existe chaque fois déjà de cette manière où toujours son pas-encore *en fait partie*. Mais n'y a-t-il pas d'étant qui soit comme il est et auquel un pas-encore peut appartenir sans que cet étant doive avoir le genre d'être du Dasein ?

On peut dire par exemple : il ne reste plus que le dernier quartier à se montrer et ce sera la pleine lune. Le pas-encore se réduit tandis que disparaît l'ombre qui le recouvre. Ce qui n'empêche pas que la lune soit quand même toujours déjà tout entière là-devant. Mis à part le fait que, même pleine, la lune n'est jamais saisie tout *entière*, le pas-encore n'équivaut nullement ici à un *être* non encore réuni ensemble de ses parties composantes, mais il intéresse seulement et uniquement la *saisie* que nous en procure la perception. Par contre, le pas-encore qui fait partie du Dasein ne demeure pas que provisoirement et pour le moment inaccessible à mon expérience comme à celle des autres, il n'« est » absolument pas encore « réel ». Le problème n'intéresse pas seulement la *façon de saisir* le pas-encore qui relève du Dasein mais au contraire son *être* possible ou aussi bien son *non-être*. Il appartient au Dasein de devoir *devenir* lui-même ce qu'il n'est pas encore, c'est-à-dire de l'*être*. Pour pouvoir déterminer à l'aide de comparaison l'*être du pas-encore qui relève du Dasein*, nous devons prendre en considération l'étant au genre d'être duquel appartient le devenir.

Le fruit qui n'est pas mûr, par exemple, va à la rencontre de sa maturité. Tandis qu'il mûrit, ce qu'il n'est pas encore ne lui est cependant pas du tout surajouté à titre de pièce qui n'est pas-encore-là-devant. Il gagne de lui-même en maturation et c'est cette transformation interne qui caractérise son être comme fruit. Tout ce qu'on pourrait imaginer pouvoir y être apporté de l'extérieur ne saurait jamais éliminer la non-maturité du fruit, si cet étant ne venait pas *de lui-même* à maturité. Le pas-encore de la non-maturité n'indique pas quelque chose d'autre qui attend dehors et qui pourrait de manière indifférente au fruit être là-devant à même lui et lui être ainsi rattaché. Il a en vue le fruit lui-même dans son genre d'être spécifique. La somme encore incomplète est, en tant qu'utilisable, « indifférente » au reliquat non utilisable qui lui manque. En toute rigueur elle ne peut y être ni non indifférente ni indifférente. Le fruit en train de mûrir est non seulement non-indifférent à la non-maturité en tant qu'elle serait quelque chose d'autre que lui-même, mais au contraire en mûrissant il *est* la non-maturité. Le pas-encore est déjà compris dans son être à lui et cela nullement à titre de détermination quelconque mais comme élément constitutif. De façon analogue, le Dasein est également, tout le temps qu'il est, *chaque fois déjà son pas-encore*.

Ce qui constitue dans le cas du Dasein la « non-entièreté », la constante avance sur soi, ce n'est ni un restant d'un ensemble formant une somme, ni non plus un n'être-pas-encore-devenu-accessible, mais au contraire un pas-encore que chaque fois un Dasein, étant donné l'étant qu'il est, a à être. Pourtant la comparaison avec la non-maturité du fruit, en dépit d'une certaine concordance, offre d'essentielles différences. Les prendre en considération, c'est reconnaître ce qu'il y avait de vague quand nous parlions de fin et de finir.

Bien que le mûrissement, l'être spécifique du fruit, concorde formellement comme genre d'être du pas-encore (de la non-maturité) avec le Dasein en ce que celui-ci, comme celui-là, *est* chaque fois son pas-encore en un sens encore à définir, cela n'entraîne pas pour autant que la maturité comme « fin » et la mort comme « fin » se recouvrent aussi du point de vue de la structure ontologique de fin. Avec la maturité se *parachève* le fruit. Mais la mort à laquelle parvient le Dasein est-elle donc un achèvement en ce sens ? Sans doute le Dasein a-t-il, avec sa mort, « achevé » sa « carrière ». A-t-il par là nécessairement épuisé aussi ses possibilités spécifiques ? Ne lui sont-elles pas plutôt précisément ôtées ? Même « inachevé » le Dasein finit. D'un autre côté, le Dasein a si peu besoin de sa mort pour atteindre la maturité qu'il peut l'avoir déjà dépassée bien avant sa fin. La plupart du temps il finit ou en état d'inachèvement ou, au contraire, dans un état d'usure confinant à la décrépitude.

Finir ne signifie pas nécessairement s'achever. La question se fait plus pressante, *en quel sens la mort doit-elle donc être conçue comme fin du Dasein ?*

Finir signifie d'abord *cesser* et cela de nouveau en un sens ontologique diversifié. La pluie cesse. Elle n'est plus là-devant. Le chemin cesse. Ici finir n'entraîne pas la disparition du chemin mais cette cessation détermine au contraire le chemin comme le chemin là-devant que voici. Finir comme cesser peut en conséquence signifier : passer dans le non-être-là-devant ou encore n'être justement là-devant qu'avec la fin. Ce dernier finir peut, à son tour, soit déterminer un étant là-devant qui n'est *pas terminé* — un chemin en cours de construction s'interrompt — soit constituer le « stade terminal » d'un étant là-devant — avec le dernier coup de pinceau le tableau est terminé.

Mais finir au sens de se terminer n'implique pas l'achèvement. Bien au contraire, ce qui demande à être achevé, doit atteindre son possible stade terminal. L'achèvement est un mode qui dépend du « stade terminal ». Celui-ci n'est lui-même possible que comme détermination d'un étant là-devant ou d'un utilisable.

Même finir au sens de disparaître peut encore se modifier en fonction du genre d'être de l'étant. La pluie est finie veut dire qu'elle a disparu. Le pain est fini veut dire qu'il est consommé, qu'il n'est plus disponible comme utilisable.

Aucun de ces modes de finir ne convient pour caractériser la mort comme fin du Dasein. Si le trépas était entendu comme être-à-la-fin au sens d'une fin du genre dont nous discutons, alors le Dasein serait par là-même posé comme étant là-devant ou comme utilisable. Dans la mort le Dasein n'est ni achevé ni simplement disparu, pas plus qu'il n'est terminé ou entièrement disponible comme utilisable.

De même que le Dasein *est* constamment déjà son pas-encore pendant tout le temps qu'il est, de même il *est* aussi déjà toujours sa fin. Le finir auquel on pense dans le cas de la mort ne signifie pas pour le Dasein être-à-la-fin, mais au contraire un *être vers la fin* de cet étant. La mort est une manière d'être que le Dasein assume sitôt qu'il est. « Sitôt qu'un homme vient à la vie, il est tout de suite assez vieux pour mourir. »

VI

LE LANGAGE

La langue est la pire et la meilleure des choses, disait Ésope. Et comment ne pas lui donner raison ? Rien n'est pire, d'un certain côté, que la parole qui parle pour parler. Pour rien dire et, à force d'être ainsi bavarde, pour dire tout ce qui lui passe par la tête, s'écouter parler, ne rien écouter et finalement prononcer le mot de trop, qui est bête, déplacé ou blessant. Toutefois, rien n'est meilleur non plus que la parole qui parle pour parler, au sens fort de ce terme, c'est-à-dire pour la parole. La parole que l'on adresse à autrui, la parole que l'on donne pour sceller la confiance ou celle que l'on célèbre dans un poème. Car une telle parole nous sauve de tous les mots de trop qui font violence au langage et qui font violence tout court. Il ne faut donc pas trop vite condamner le langage, ni trop vite d'ailleurs non plus lui tresser des couronnes. Bavard impénitent comme il peut l'être parfois, il nous ramène au pathos *de l'existence et à sa passion. Il est l'illustration même d'une vie qui ne se maîtrise pas et qui ne retient rien d'elle-même, car elle ne sait pas tenir sa langue. Mais, adéquat comme il peut l'être parfois dans le mot juste, il nous fait accéder au* Logos *de la vie et à sa raison. Il est alors le signe d'une existence éclairante et éclairée, parce que, advenue à elle-même, elle sait se faire l'écho de cette vie même, en prononçant des mots qui ne sont pas que des mots.*

Autrement dit, tiraillé entre le pathos et le Logos, le langage n'est pas un, mais double. Aussi n'est-il pas là où on croit le trouver. En effet, ce n'est pas en parlant que l'on est forcément dans le langage. Au contraire ! Le bavardage tourne au bruit à force de parler, comme il le fait, à propos de tous les bruits qui courent. Et ce bruit est assourdissant. Ce n'est pas non plus en se taisant que l'on est forcément dans le silence. Au contraire, là encore ! La parole qui a le poids de la parole incite au recueillement, dont Heidegger disait qu'il est le sens originaire du terme de Logos. Et un tel recueillement fait taire tous les bavardages, mieux que n'importe quel silence.

De fait, nous parlons trop parce que nous ne parlons pas assez, et nous ne parlons pas assez parce que notre langage n'a pas la liberté que donne, dans le langage, l'Être même dans le langage et, par-là, l'Être tout court. Aussi convient-il, si l'on veut pouvoir faire taire le bavard que l'on a en soi, non pas de ne plus parler, mais de se mettre enfin à le faire parler.

À cet égard, découvrir le langage, c'est apercevoir qu'il est au cœur même de la vie. En effet, la vie veut la vie, comme l'ont dit Nietzsche, Schopenhauer et, avant eux, Spinoza. Et cette vie qui veut vivre ne cesse de s'exprimer par toutes sortes de modes. Aussi n'est-elle pas muette, mais parlante et expressive. Et E. Cassirer a eu raison de voir dans cette expression de la vie la source de tout langage et, en particulier, du nôtre. Car celui-ci a beau se distinguer de l'expressivité de la nature, il en procède. La vie qui veut se reproduire, disent les généticiens, le fait par la transmission d'un code. L'animal et l'homme possèdent eux aussi un code qui leur permet de se reproduire et de vivre. Il existe un code amoureux dans les parades nuptiales qui possède ses signes, comme il existe des cris de code pour signaler le danger. Ainsi que l'a vu Rousseau, avant même de parler, nous parlons. Et ce, grâce à nos émotions. L'enfant sait témoigner de son plaisir par le rire, de sa douleur par les larmes et de son anxiété par le cri. Tout au long de la vie, c'est l'expression qui permet la communication, en étant cette infracommunication qui vient infirmer ou confirmer la communication. Car c'est par l'attitude générale de l'autre avec qui l'on communique que l'on voit si celui-ci dit ce qu'il a l'air de dire ou bien si, au contraire, il masque quelque chose. Une personne est parlante de par sa vie. Et c'est parce qu'elle est ainsi parlante, que tout ce qu'elle dit parle. Car il ne suffit pas de dire, pour que cela dise. Il faut aussi que cela parle. Aussi faut-il y mettre les gestes, l'émotion et le cœur. Tout ce qui fait que, par une parole, on a soudain l'impression que c'est une vie qui se dévoile derrière le langage et non qui se masque derrière lui. À ce stade, l'expression est le langage de la vie qui parle à la vie et qui se parle elle-même. Aussi comprend-on qu'elle résume cette dernière. Une attitude, une allure générale, une expression du visage résument tout. Si bien que, face aux situations limites de l'existence où la vie même apparaît dans toute sa désolation ou tout son sublime, seule l'expression est à même de traduire l'innommable ou l'ineffable.

Toutefois, cette expression a un revers. Car le langage codé de la vie est pauvre, outre le fait qu'il est redondant et toujours, de ce fait, contraignant. Ce n'est pas par hasard que l'on parle à son sujet de chaînes. Qui plus est, ainsi que l'a vu Hegel, si l'émotion crée le langage, elle le tue également. Un sentir qui ne fait que sentir sans sentir ce qu'il sent, ni sans le faire sentir, est au bout du compte un sentir qui ne sent rien. Car un sentiment qui ne s'élucide pas dans le langage et qui ne cherche pas à se communiquer, n'est pas un sentiment, mais un rien de sentiment. Un sentiment qui étouffe en lui-même à force de vouloir exploser.

Par ailleurs, l'expression qui ne fait qu'être une expression finit par ne faire que se donner une contenance pour masquer son absence de contenu, au point de faire éclater celle-ci, tant l'expression qui en fait trop est grotesque avant d'apparaître inexpressive. Enfin, si l'expression caractérise la vie, elle caractérise aussi la passion de celle-ci. Le délirant a, en effet, un désir qui lui parle tellement qu'il n'entend plus que lui. Au point d'entendre des voix qui viennent de partout et de nulle part et qui renvoient à un monde où tout parle dans un immense brouhaha. D'où son délire et ces délires que sont, dans une moindre mesure, le bavardage qui tourne à la logorrhée et à la superstition. Qui ne fait que vivre au rythme de la vie qui s'exprime en lui, finit par s'entendre ou vouloir s'entendre partout à force de n'écouter que lui. Aussi Spinoza a-t-il eu raison de souligner la passion de soi-même que cache la passion pour les signes. D'autant qu'elle a des conséquences politiques redoutables. Car, qui cherche partout des signes qui le confortent en lui-même rencontre toujours des démagogues comme les sophistes critiqués par Socrate, qui se font un plaisir de dire ce que les gens ont envie d'entendre, en profitant largement de l'effet de contentement que cela produit.

De fait, si l'expression est le point de départ du langage, elle n'en est pas l'aboutissement. Et c'est en passant du parlant au parlé, grâce à un processus de symbolisation, que celle-ci se conserve et que l'homme s'humanise vraiment. En articulant, en effet, l'expressivité de l'émotion grâce à des enchaînements de sons débouchant sur des enchaînements de sens, celui-ci permet à l'expression de savoir ce qu'elle exprime et donc de s'exprimer véritablement. Comme il se donne le moyen, par ces enchaînements, d'enchaîner les passions qui sont en lui mais aussi la pression des codes naturels qui s'expriment à travers elles. D'où la valeur thérapeutique du processus de symbolisation effectué par le langage, comme l'ont souligné de nombreux psychanalystes, moralistes ou philosophes. Car, face à un délirant, il arrive qu'en lui parlant et en faisant en sorte qu'il parle, un effet de distance se crée, la parole du délire n'étant déjà plus le délire et produisant une maîtrise du désir. Pour le bavard aussi. Parler avec lui est salutaire. Car parler à quelqu'un obligeant à devoir écouter, le bavardage est forcé de se faire moins bavard s'il veut pouvoir bavarder. Enfin, pour se défaire du sophiste, Socrate ne s'y prendra pas autrement. Il le prendra à son propre jeu, en parlant avec lui et en faisant apparaître, au cours du dialogue, qu'il parle pour ne rien dire. Ce qui aura pour effet de le dégriser comme de dégriser l'auditoire. Car il en va du sophisme comme du jeu de mots. Celui-ci tire toute sa force d'être un jeu avec le langage véhiculant le langage du jeu et débouchant sur le jeu des désirs. Toutefois, dès lors qu'on lui demande de se répéter, il est déjà moins drôle. Et il cesse complètement de l'être quand on lui demande de s'expliquer.

C'est donc sur le parlé et non sur le parlant que se fonde la culture. Et dans la culture, c'est en insistant sur celui-ci que s'est fondée la culture occidentale. Aussi s'est-elle imposée comme une culture non pas du code, mais de la voix. La voix de la Raison invitant à maîtriser ce que l'on dit comme ce que l'on est. Toutefois, une telle culture n'est pas, elle non plus, sans revers.

En effet, si le parlant devient vide ou délirant à force de ne pas déboucher sur du parlé, le parlé devient également vide ou délirant, à force d'étouffer toute dimension parlante. Comme le dénote bien le langage, faire parler, c'est articuler les choses. Mais c'est aussi arracher un aveu par la force en contraignant quelqu'un à tout dire par l'entremise d'un interrogatoire. Lorsqu'on a affaire au langage, cette façon de faire parler aboutit à un refus de tout ce que l'on ne peut pas maîtriser, comme les effets polysémiques du langage d'où jaillit toute une vie du langage dans le langage, qui est reconnaissable à son écriture ainsi qu'à son style. S'installe alors le discours de la tautologie. Discours lisse qui se regarde lui-même, qui prétend tout dire et ne rien laisser dans l'ombre et qui, curieusement, ne dit rien. Discours terrifiant qui avale tout sur le ton d'une logique purement administrative sans que l'on sache jamais d'où il parle. Discours incritiquable, puisque censé être le porte-parole de la raison, comment oserait-on, sans se ridiculiser, critiquer un tel discours ?

Lorsqu'on a affaire aux hommes, ce langage est celui de l'inquisiteur, qui a l'art de faire parler, de mettre à la question afin de faire régner l'ordre. Un ordre qu'il commande par la voix. Aussi y a-t-il un aspect pathologique de la voix que psychanalystes, moralistes et philosophes ont analysé. C'est celui du discours du maître, qui a tendance à se situer du point de vue de Dieu pour regarder les choses et à ne plus exister en tant que sujet dans son propre discours. D'où l'impression délirante, parce que inhumaine, qu'un tel discours dépourvu de toute parole laisse traîner derrière lui. D'où l'impression de bavardage qui en émane puisque, en disant tout, au fond il ne dit rien.

Donc, passer du parlant au parlé ne suffit pas pour qu'il y ait langage. Car si on attend d'entendre dans le parlant ce qui se dit, on attend aussi d'entendre dans le parlé quelque chose de parlant. Qu'est-ce ? C'est non point le parlant du code, mais le parlant de la parole. Cette parole qui, adressée à autrui, surmonte l'indifférence et la solitude. Cette parole qui, donnée à l'autre pour sceller une confiance, fonde la relation interindividuelle comme la relation sociale. Cette parole qui, célébrée pour elle-même dans la poésie, ouvre l'horizon de la liberté à travers la liberté du langage. On est, autrement dit, dans le langage quand, en donnant celui-ci et en se donnant à lui, on donne et on se donne au don à travers lui. Il est donc vrai de dire que le langage est l'autre de la violence. Mais, il convient d'en comprendre les raisons profondes. Celles-ci ne sont pas simplement psychologiques, sociologiques ou anthropologiques. Elles vont au-delà. Il y a en effet, dans le langage, quelque chose qui manifestement cherche à faire exister un autre monde dans ce monde sous la forme du don. Autrement dit, un monde véritable auquel nous participons à chaque fois que nous faisons une vraie expérience avec les mots. Car il est vrai, comme l'a dit Rimbaud, que « nous ne sommes pas au monde ». Nous n'y sommes pas à chaque fois que règne le bavard qui ne cherche qu'à écouter partout son propre désir. Nous n'y sommes pas non plus à chaque fois que sévit le discours du maître. De fait, nous ne sommes jamais au monde quand nous ne sommes pas présents au langage. Dès lors, en revanche, que nous nous donnons à lui et, à travers lui, au don, un monde véritable apparaît. Dans celui-ci, le langage y est tel qu'il donne à entendre quelque chose. En l'occurrence, le don. Et, à travers lui, une histoire qui essaie de s'écrire. Celle du don justement, qui commence avec le nom qui fait exister chaque chose ou chaque être individuellement. Aussi Jacques Derrida a-t-il raison de dire que le fond du langage est écriture et que celle-ci s'accomplit dans le don, qui fait tout le donné du langage. Comme Guillaume d'Ockham et Wittgenstein ont eu raison de critiquer les abstractions qui égarent l'esprit et le détournent de ce qui s'écrit dans le langage.

S'agissant des hommes, quand nous sommes au monde — au monde du langage, cela s'entend — eux-aussi se mettent à faire entendre quelque chose. Quelque chose de l'ordre du don, à travers la parole adressée à autrui ou à travers la parole donnée tout court. À travers leurs gestes et leurs actes jalonnant le temps, quelque chose tente manifestement de s'écrire, donnant ainsi raison à Mallarmé qui disait que « tout est fait au monde pour aboutir à un livre ». Aussi comprend-on que l'histoire puisse donner à penser. Car, ainsi que l'a vu Paul Ricœur, celle-ci est pour une part symbolique. Il y a plus en elle que la simple histoire. Il y a une histoire au sens de récit, qui tente de s'y réciter et que les récits recueillent. Cette histoire, c'est celle du Logos du don cherchant à se frayer un chemin à travers le pathos de la violence. Donc, le poète qui s'adonne au langage n'est pas ivre, comme l'a dit Socrate à un moment de son enseignement, avant de se tourner lui-même à nouveau vers la poésie, dans sa geôle, les jours précédant son exécution. Il participe de la philosophie. Mais cela, seul le philosophe peut le dire. Car l'acte philosophique qui consiste à penser pour penser se confond avec l'acte poétique qui consiste à se donner au don à travers le langage. Encore faut-il pour cela penser à se donner pour qu'un tel don existe. Et donc penser.

LANGAGE ET CRITIQUE DES SIGNES

Critique de la rhétorique et de l'écriture
(IVe siècle av. J.-C.)

PLATON
(427-347 av. J.-C.)

Platon a critiqué le langage. Il a critiqué le langage quotidien, mais aussi la rhétorique, la poésie et l'écriture. Et ce, afin de substituer à ce langage, ainsi qu'à un certain nombre d'usages pratiqués à son égard, un autre langage. En l'occurrence, celui de la pensée. Car la pensée est, selon lui, le véritable langage. Pourquoi? Parce que pour penser, la pensée n'a besoin que d'elle-même et que c'est ainsi, en étant seule avec elle-même, qu'en étant la pensée même, elle accède à l'Être dont la caractéristique est d'être l'Être même. Le langage, en revanche, n'est pas l'Être parce que, constitué de signes dont le propre est d'être des intermédiaires, il n'est lui-même qu'un grand intermédiaire entre les hommes et le monde, de façon à constituer une approche humaine des choses. Il est le produit d'une pensée qui a besoin d'un intermédiaire pour penser parce qu'elle n'ose pas le faire par elle-même. Aussi place-t-il ceux qui s'appuient sur lui afin de pouvoir penser, dans la position des prisonniers de la caverne qui voient le monde non pas tel qu'il est, mais tel qu'on le leur donne à voir à travers des images fabriquées. On comprend donc que, sur la base de telles analyses, Platon ait critiqué la rhétorique, la poésie et l'écriture. Car toutes ne font que multiplier le défaut intrinsèque du langage. Ainsi, la rhétorique. En parlant pour parler, la parole pour elle-même qu'elle déploie ne fait pas déboucher sur l'être même de la pensée, mais sur son apparence. Car jouer avec les mots permet de se jouer de tout le monde sans que personne ne s'en aperçoive, puisque l'on joue. Autrement dit, la rhétorique masque, derrière une apparence d'être dans le discours, le fait qu'elle est l'outil du jeu, voire de la violence. De même, dans la poésie, la célébration de la parole pour elle-même ne fait pas déboucher sur l'Être. Car le langage qui use ainsi infiniment de lui-même pour lui-même devient l'outil de l'outil. Purement formel à force de n'avoir affaire qu'à lui-même, il ne se maintient en lui-même que par une pure virtuosité technique. L'écriture, enfin, elle non plus, n'est pas la pensée même. Car lire une pensée écrite par un autre, ça n'est pas penser par soi, comme le fait l'âme dans la solitude du dialogue avec elle-même. Aussi l'écriture laisse-t-elle planer l'illusion que, en répétant, on pense.

Platon a donc critiqué le langage, parce qu'il s'est fait l'avocat d'une sobriété de la pensée, en lui assignant pour vocation de penser par elle-même sans recourir à l'appui des mots. Aussi comprend-on que Socrate ait été éveillé à la philosophie par une voix. La voix de l'oracle. Car cette voix n'est pas l'effet d'une intrusion incongrue du mythe dans le discours. Ni même une façon ironique de la part de Socrate de dire que c'est le mythe qui a voulu la philosophie. Cette voix qu'a entendue Socrate est celle de l'idéal de la pensée, qui aspire à être la pensée même et qui, pour cela, entreprend de questionner la sagesse ainsi que le langage.

Source: *Platon,* Apologie de Socrate, *20 d, 22 b, trad. Chambry, Paris, Garnier-Flammarion, 1965, p. 31, 32;* Gorgias, *456 b-457 c, 464 a-466 a, trad. Chambry, Paris,*

Garnier-Flammarion, 1967, p. 182, p. 193-194 ; Phèdre, *274 d-276 a, trad. Chambry, Paris, Garnier-Flammarion, 1964, p. 165-166 ;* République, *Livre VII, 512 a-517 b, trad. Chambry, Paris, Garnier-Flammarion, 1964, p. 273 à 276.*

Bibliographie : *Jacques Derrida, « la pharmacie de Platon » dans* la Dissémination, *Paris, Seuil, 1972, p. 71 à 197.*

Apologie de Socrate

[...] MAINTENANT, Athéniens, n'allez pas murmurer, même si vous trouvez que je parle de moi trop avantageusement. Car le propos que je vais redire n'est pas de moi ; mais celui auquel il faut le rapporter mérite votre confiance. Pour témoigner de ma sagesse, je produirai le dieu de Delphes, qui vous dira si j'en ai une et ce qu'elle est. Vous connaissez sans doute Khairéphon. C'était mon camarade d'enfance et un ami du peuple, qui partagea votre récent exil et revint avec vous. Vous savez aussi quel homme c'était que Khairéphon et combien il était ardent dans tout ce qu'il entreprenait. Or, un jour qu'il était allé à Delphes, il osa poser à l'oracle la question que voici — je vous en prie encore une fois, juges, n'allez pas vous récrier — il demanda, dis-je, s'il y avait au monde un homme plus sage que moi. Or la pythie lui répondit qu'il n'y en avait aucun. Et cette réponse, son frère qui est ici, l'attestera devant vous, puisque Khairéphon est mort.

VI. Considérez maintenant pourquoi je vous en parle. C'est que j'ai à vous expliquer l'origine de la calomnie dont je suis victime. Lorsque j'eus appris cette réponse de l'oracle, je me mis à réfléchir en moi-même : « Que veut dire le dieu et quel sens recèlent ses paroles ? Car moi, j'ai conscience de n'être sage ni peu ni prou. Que veut-il donc dire, quand il affirme que je suis le plus sage ? car il ne ment certainement pas ; cela ne lui est pas permis. » Pendant longtemps, je me demandai quelle était son idée ; enfin je me décidai, quoique à grand peine, à m'en éclaircir de la manière suivante.

Après les hommes d'État, j'allai trouver les poètes, auteurs de tragédies, auteurs de dithyrambes et autres, comptant bien que cette fois j'allais prendre sur le fait l'infériorité de ma sagesse à l'égard de la leur. Je pris donc avec moi ceux de leurs ouvrages qu'ils me paraissaient avoir le plus travaillés et je leur demandai ce qu'ils voulaient dire, afin de m'instruire en même temps auprès d'eux. Or j'ai honte, Athéniens, de vous dire la vérité. Il le faut pourtant. Eh bien, tous ceux qui étaient là présents, ou peu s'en faut, auraient mieux parlé de leurs poèmes qu'eux-mêmes qui les avaient faits. Je reconnus donc bien vite que les poètes aussi ne sont point guidés dans leurs créations par la science, mais par une sorte d'instinct et par une inspiration divine, de même que les devins et les prophètes, qui, eux aussi, disent beaucoup de belles choses mais sans se rendre compte de ce qu'ils disent. Les poètes me parurent être à peu près dans le même cas. Et je m'aperçus en même temps qu'à cause de leur talent poétique, ils se croyaient sur tout le reste les plus sages des hommes, ce qu'ils n'étaient pas du tout.

Gorgias

J'AI SOUVENT ACCOMPAGNÉ mon frère et d'autres médecins chez quelqu'un de leurs malades qui refusait de boire une potion ou de se laisser amputer ou cautériser par le médecin. Or tandis que celui-ci n'arrivait pas à les persuader, je l'ai fait, moi, sans autre art que la rhétorique. Qu'un orateur et un médecin se rendent dans la ville que tu voudras, s'il faut discuter dans l'assemblée du peuple ou dans quelque autre réunion pour décider lequel des deux doit être élu comme médecin, j'affirme que le médecin ne comptera pour rien et que l'orateur sera préféré, s'il le veut. Et quel que soit l'artisan avec lequel il sera en concurrence, l'orateur se fera choisir préférablement à tout autre; car il n'est pas de sujet sur lequel l'homme habile à parler ne parle devant la foule d'une manière plus persuasive que n'importe quel artisan. Telle est la puissance et la nature de la rhétorique.

Toutefois, Socrate, il faut user de la rhétorique comme de tous les autres arts de combat. Ceux-ci en effet ne doivent pas s'employer contre tout le monde indifféremment, et parce qu'on a appris le pugilat, le pancrace, l'escrime avec des armes véritables, de manière à s'assurer la supériorité sur ses amis et ses ennemis, ce n'est pas une raison pour battre ses amis, les transpercer et les tuer. Ce n'est pas une raison non plus, par Zeus, parce qu'un homme qui a fréquenté la palestre et qui est devenu robuste et habile à boxer aura ensuite frappé son père et sa mère ou tout autre parent ou ami, ce n'est pas, dis-je, une raison pour prendre en aversion et chasser de la cité les pédotribes et ceux qui montrent à combattre avec des armes: car si ces maîtres ont transmis leur art à leurs élèves, c'est pour en user avec justice contre les ennemis et les malfaiteurs, c'est pour se défendre, et non pour attaquer. Mais il arrive que les élèves, prenant le contrepied, se servent de leur force et de leur art contre la justice. Ce ne sont donc pas les maîtres qui sont méchants et ce n'est point l'art non plus qui est responsable de ces écarts et qui est méchant, c'est, à mon avis, ceux qui en abusent.

On doit porter le même jugement de la rhétorique. Sans doute l'orateur est capable de parler contre tous et sur toute chose de manière à persuader la foule mieux que personne, sur presque tous les sujets qu'il veut; mais il n'est pas plus autorisé pour cela à dépouiller de leur réputation les médecins ni les autres artisans, sous prétexte qu'il pourrait le faire; au contraire, on doit user de la rhétorique avec justice, comme de tout autre genre de combat. Mais si quelqu'un qui s'est formé à l'art oratoire, abuse ensuite de sa puissance et de son art pour faire le mal, ce n'est pas le maître, à mon avis, qu'il faut haïr et chasser des villes; car c'est en vue d'un bon usage qu'il a transmis son savoir à son élève, mais celui-ci en fait un usage tout opposé. C'est donc celui qui en use mal qui mérite la réprobation, l'exil et la mort, mais non le maître.

Socrate — Voyons maintenant si j'arriverai à t'expliquer plus clairement ce que je veux dire. Je dis que, comme il y a deux substances, il y a deux arts. L'un se rapporte à l'âme: je l'appelle politique. Pour l'autre, qui se rapporte au corps, je ne peux pas lui trouver tout de suite un nom unique; mais dans la culture du corps, qui forme un seul tout, je distingue deux parties, la gymnastique et la médecine. De même dans la politique je distingue la législation qui correspond à la gymnastique et la justice qui correspond à la médecine. Comme les arts de ces deux groupes se rapportent au même objet, ils ont naturellement des rapports entre eux, la médecine avec la gymnastique, la justice avec la législation, mais ils ont aussi des différences.

Il y a donc les quatre arts que j'ai dits, qui veillent au plus grand bien, les uns du corps, les autres de l'âme. Or la flatterie, qui s'en est aperçue, non point par une connaissance raisonnée, mais par conjecture, s'est divisée elle-même en quatre, puis, se glissant sous chacun des arts, elle se fait passer pour celui sous lequel elle s'est glissée. Elle n'a nul souci du bien et elle ne cesse d'attirer la folie par l'appât du plaisir; elle la trompe et obtient de la sorte une grande considération. C'est ainsi que la cuisine s'est glissée sous la médecine et feint de connaître les aliments les plus salutaires au corps, si bien que, si le cuisinier et le médecin devaient disputer devant des enfants ou devant des hommes aussi peu raisonnables que les enfants, à qui connaît le mieux, du médecin ou du cuisinier, les aliments sains et les mauvais, le médecin n'aurait qu'à mourir de faim. Voilà donc ce que j'appelle flatterie et je soutiens qu'une telle pratique est laide, Polos, car c'est à toi que s'adresse mon affirmation, parce que cette pratique vise à l'agréable et néglige le bien. J'ajoute que ce n'est pas un art, mais une routine, parce qu'elle ne peut expliquer la véritable nature des choses dont elle s'occupe ni dire la cause de chacune. Pour moi, je ne donne pas le nom d'art à une chose dépourvue de raison. Si tu me contestes ce point, je suis prêt à soutenir la discussion.

XX. — Ainsi donc, je le répète, la flatterie culinaire s'est recelée sous la médecine, et de même, sous la gymnastique, la toilette, chose malfaisante, décevante, basse, indigne d'un homme libre, qui emploie pour séduire les formes, les couleurs, le poli, les vêtements et qui fait qu'en recherchant une beauté étrangère, on néglige la beauté naturelle que donne la gymnastique. Pour être bref, je te dirai dans le langage des géomètres (peut-être alors me comprendras-tu mieux) que ce que la toilette est à la gymnastique, la cuisine l'est à la médecine, ou plutôt que ce que la toilette est à la gymnastique, la sophistique l'est à la législation, et que ce que la cuisine est à la médecine, la rhétorique l'est à la justice. Telles sont, je le répète, les différences naturelles de ces choses; mais comme elles sont voisines, sophistes et orateurs se confondent pêle-mêle sur le même terrain, autour des mêmes sujets, et ne savent pas eux-mêmes quel est au vrai leur emploi, et les autres hommes ne le savent pas davantage. De fait, si l'âme ne commandait pas au corps et qu'il se gouvernât lui-même, et si l'âme n'examinait pas elle-même et ne distinguait pas la cuisine et la médecine, et que le corps seul en jugeât en les appréciant sur les plaisirs qui lui en reviendraient, on verrait souvent le chaos dont parle Anaxagore, mon cher Polos (car c'est là une chose que tu connais): «toutes les choses seraient confondues pêle-mêle», et l'on ne distinguerait pas celles qui regardent la médecine, la santé et la cuisine. Tu as donc entendu ce que je crois qu'est la rhétorique; elle correspond pour l'âme à ce qu'est la cuisine pour le corps.

Phèdre

J'ai donc ouï dire qu'il y avait près de Naucratis en Égypte un des anciens dieux de ce pays à qui les Égyptiens ont dédié l'oiseau qu'ils appellent ibis; ce démon porte le nom de Theuth; c'est lui qui inventa la numération et le calcul, la géométrie et l'astronomie, le trictrac et les dés et enfin l'écriture. Thamous régnait alors sur toute la contrée, dans la grande ville de la haute Égypte que les Grecs nomment Thèbes l'égyptienne, comme ils appellent Ammon le dieu-roi Thamous. Theuth vint trouver le roi; il lui montra les arts qu'il avait inventés et lui dit qu'il fallait les répandre parmi les Égyptiens. Le roi demanda à quel usage chacun pouvait servir; le dieu le lui expliqua et selon qu'il lui paraissait avoir tort ou raison, le roi le blâmait ou le louait. On dit que Thamous fit à Theuth beaucoup d'observations pour ou contre chaque art. Il serait trop long de les relever. Mais quand on en vint à l'écriture: «L'enseignement de l'écriture, ô roi, dit Theuth, accroîtra la science et la mémoire des Égyptiens; car j'ai trouvé là le remède de l'oubli et de l'ignorance.» Le roi répondit: «Ingénieur Theuth, tel est capable de créer les arts, tel autre de juger dans quelle mesure ils porteront tort ou profit à ceux qui doivent les mettre en usage: c'est ainsi que toi, père de l'écriture, tu lui attribues bénévolement une efficacité contraire à celle dont elle est capable ; car elle produira l'oubli dans les âmes en leur faisant négliger la mémoire : confiants dans l'écriture, c'est du dehors, par des caractères étrangers, et non plus du dedans, du fond d'eux-mêmes qu'ils chercheront à susciter leurs souvenirs ; tu as trouvé le moyen, non pas de retenir, mais de renouveler le souvenir, et ce que tu vas procurer à tes disciples, c'est la présomption qu'ils ont la science, non la science elle-même ; car, quand ils auront beaucoup lu sans apprendre, ils se croiront très savants, et ils ne seront le plus souvent que des ignorants de commerce incommode, parce qu'ils se croiront savants sans l'être.

République

Livre VII

L'allégorie de la caverne

Maintenant, repris-je, représente-toi de la façon que voici l'état de notre nature relativement à l'instruction et à l'ignorance. Figure-toi des hommes dans une demeure souterraine, en forme de caverne, ayant sur toute sa largeur une entrée ouverte à la lumière ; ces hommes sont là depuis leur enfance, les jambes et le cou enchaînés, de sorte qu'ils ne peuvent bouger ni voir ailleurs que devant eux, la chaîne les empêchant de tourner la tête ; la lumière leur vient d'un feu allumé sur une hauteur, au loin derrière eux ; entre le feu et les prisonniers passe une route élevée : imagine que le long de cette route est construit un petit mur, pareil aux cloisons que les montreurs de marionnettes dressent devant eux, et au-dessus desquelles ils font voir leurs merveilles.

Je vois cela, dit-il.

Figure-toi maintenant le long de ce petit mur des hommes portant des objets de toute sorte, qui dépassent le mur, et des statuettes d'hommes et d'animaux, en pierre, en bois, et en toute espèce de matière ; naturellement, parmi ces porteurs, les uns parlent et les autres se taisent.

Voilà, s'écria-t-il, un étrange tableau et d'étranges prisonniers.

Ils nous ressemblent, répondis-je ; et d'abord, penses-tu que dans une telle situation ils aient jamais vu autre chose d'eux-mêmes et de leurs voisins que les ombres projetées par le feu sur la paroi de la caverne qui leur fait face ?

Et comment ? observa-t-il, s'ils sont forcés de rester la tête immobile durant toute leur vie ?

Et pour les objets qui défilent, n'en est-il pas de même ?

Sans contredit.

Si donc ils pouvaient s'entretenir ensemble ne penses-tu pas qu'ils prendraient pour des objets réels les ombres qu'ils verraient ?

Il y a nécessité.

Et si la paroi au fond de la prison avait un écho, chaque fois que l'un des porteurs parlerait, croiraient-ils entendre autre chose que l'ombre qui passerait devant eux ?

Non, par Zeus, dit-il.

Assurément, repris-je, de tels hommes n'attribueront de réalité qu'aux ombres des objets fabriqués.

C'est de toute nécessité.

Considère maintenant ce qui leur arrivera naturellement si on les délivre de leurs chaînes et qu'on les guérisse de leur ignorance. Qu'on détache l'un de ces prisonniers, qu'on le force à se dresser immédiatement, à tourner le cou, à marcher, à lever les yeux vers la lumière: en faisant tous ces mouvements il souffrira, et l'éblouissement l'empêchera de distinguer ces objets dont tout à l'heure il voyait les ombres. Que crois-tu donc qu'il répondra si quelqu'un lui vient dire qu'il n'a vu jusqu'alors que de vains fantômes, mais qu'à présent, plus près de la réalité et tourné vers des objets plus réels, il voit plus juste? si, enfin, en lui montrant chacune des choses qui passent, on l'oblige, à force de questions, à dire ce que c'est? Ne penses-tu pas qu'il sera embarrassé, et que les ombres qu'il voyait tout à l'heure lui paraîtront plus vraies que les objets qu'on lui montre maintenant?

Beaucoup plus vraies, reconnut-il.

Et si on le force à regarder la lumière elle-même, ses yeux n'en seront-ils pas blessés? n'en fuira-t-il pas la vue pour retourner aux choses qu'il peut regarder, et ne croira-t-il pas que ces dernières sont réellement plus distinctes que celles qu'on lui montre?

Assurément.

Et si, repris-je, on l'arrache de sa caverne par force, qu'on lui fasse gravir la montée rude et escarpée, et qu'on ne le lâche pas avant de l'avoir traîné jusqu'à la lumière du soleil, ne souffrira-t-il pas vivement, et ne se plaindra-t-il pas de ces violences? Et lorsqu'il sera parvenu à la lumière, pourra-t-il, les yeux tout éblouis par son éclat, distinguer une seule des choses que maintenant nous appelons vraies?

Il ne le pourra pas, répondit-il; du moins dès l'abord.

Il aura, je pense, besoin d'habitude pour voir les objets de la région supérieure. D'abord ce seront les ombres qu'il distinguera le plus facilement, puis les images des hommes et des autres objets qui se reflètent dans les eaux, ensuite les objets eux-mêmes. Après cela, il pourra, affrontant la clarté des astres et de la lune, contempler plus facilement pendant la nuit les corps célestes et le ciel lui-même, que pendant le jour le soleil et sa lumière.

Sans doute.

À la fin, j'imagine, ce sera le soleil — non ses vaines images réfléchies dans les eaux ou en quelque autre endroit — mais le soleil lui-même à sa vraie place, qu'il pourra voir et contempler tel qu'il est.

Nécessairement, dit-il.

Après cela il en viendra à conclure au sujet du soleil, que c'est lui qui fait les saisons et les années, qui gouverne tout dans le monde visible, et qui, d'une certaine manière, est la cause de tout ce qu'il voyait avec ses compagnons dans la caverne.

Évidemment, c'est à cette conclusion qu'il arrivera.

Or donc, se souvenant de sa première demeure, de la sagesse qu'on y professe, et de ceux qui y furent ses compagnons de captivité, ne crois-tu pas qu'il se réjouira du changement et plaindra ces derniers?

Si, certes.

Et s'ils se décernaient entre eux honneurs et louanges, s'ils avaient des récompenses pour celui qui saisissait de l'œil le plus vif le passage des ombres, qui se rappelait le mieux celles qui avaient coutume de venir les premières ou les dernières, ou de marcher ensemble, et qui par là était le plus habile à deviner leur apparition, penses-tu que notre homme fût jaloux de ces distinctions, et qu'il portât envie à ceux qui, parmi les prisonniers, sont honorés et puissants? Ou bien, comme le héros d'Homère, ne préférera-t-il pas mille fois n'être qu'un valet de charrue, au service d'un pauvre laboureur et souffrir tout au monde plutôt que de revenir à ses anciennes illusions et de vivre comme il vivait?

Je suis de ton avis, dit-il; il préférera tout souffrir plutôt que de vivre de cette façon-là.

Imagine encore que cet homme redescende dans la caverne et aille s'asseoir à son ancienne place: n'aura-t-il pas les yeux aveuglés par les ténèbres en venant brusquement du plein soleil?

Assurément si, dit-il.

Et s'il lui faut entrer de nouveau en compétition, pour juger ces ombres, avec les prisonniers qui n'ont point quitté leurs chaînes, dans le moment où sa vue est encore confuse et avant que ses yeux se soient remis (or l'accoutumance à l'obscurité demandera un temps assez long), n'apprêtera-t-il pas à rire à ses dépens, et ne diront-ils pas qu'étant allé là-haut il en est revenu avec la vue ruinée, de sorte que ce n'est même pas la peine d'essayer d'y monter? Et si quelqu'un tente de les délier et de les conduire en haut, et qu'ils le puissent tenir en leurs mains et tuer, ne le tueront-ils pas?

Sans aucun doute, répondit-il.

Maintenant, mon cher Glaucon, repris-je, il faut appliquer point par point cette image à ce que nous avons dit plus haut, comparer le monde que nous découvre la vue au séjour de la prison, et la lumière du feu qui l'éclaire à la puissance du soleil. Quant à la montée dans la région supérieure et à la contemplation de ses objets, si tu la considères comme l'ascension de l'âme vers le lieu intelligible, tu ne te tromperas pas sur ma pensée, puisque aussi bien tu désires la connaître. Dieu sait si elle est vraie. Pour moi, telle est mon opinion: dans le monde intelligible l'idée du bien est perçue la dernière et avec peine, mais on ne la peut percevoir sans conclure qu'elle est la cause de tout ce qu'il y a de droit et de beau en toutes choses; qu'elle a, dans le monde visible, engendré la lumière et le souverain de la lumière; que, dans le monde intelligible, c'est elle-même qui est souveraine et dispense la vérité et l'intelligence; et qu'il faut la voir pour se conduire avec sagesse dans la vie privée et dans la vie publique.

La parole ne convient qu'à l'homme
(1646)

RENÉ DESCARTES
(1596-1650)

Le XVIIe siècle a opéré une critique des signes. Celle-ci, toutefois, n'est pas du même type que celle élaborée par Platon. Comme l'a en effet souligné Michel Foucault, dans les Mots et les choses *(Paris, Gallimard, 1966), elle s'enracine dans une critique de la ressemblance et de l'analogie, telle que cette dernière avait été pratiquée au XVIe siècle, où la nature était entrevue comme le reflet du Verbe divin parlant à travers toutes choses, en faisant scintiller ses signes de proche en proche. En lieu et place d'un monde où tout parle au point de parler confusément, une mise à distance de la nature s'opère, afin de s'affranchir de toute dérive interprétative. D'où l'usage de la machine, qui est l'analogie permettant de se délivrer de toutes les analogies, étant donné qu'avec elle on se contente de constater des fonctionnements, sans préjuger de leurs causes en leur prêtant un caractère divin ou humain. Ce faisant, la nature comme le corps deviennent des objets de découverte et non plus de contemplation, puisque ses fonctionnements appellent une étude que les signes n'autorisaient pas. Qui plus est, parce qu'il pense le mécanisme, Descartes s'aperçoit que tout n'est pas mécanique puisqu'il ne suffit pas que le langage fonctionne pour qu'il puisse fonctionner. Il faut autre chose de non mécanique qui fait qu'il parle, à savoir la pensée dont le propre est d'être un « vouloir dire » qui seul permet au langage de « vouloir dire quelque chose ».*

Source : *René Descartes, Lettre au marquis de Newcastle du 23 novembre 1646,* Œuvres philosophiques, *édition F. Alquié, Garnier-Flammarion, Paris, 1973, p. 693 à 695.*

Bibliographie : *Ferdinand Alquié,* la Découverte métaphysique de l'homme chez Descartes, *Paris, P.U.F., 1950 ; Pierre Guénancia,* Descartes, *Paris, Bordas, 1986.*

ENFIN IL N'Y A AUCUNE DE NOS ACTIONS EXTÉRIEURES, qui puisse assurer ceux qui les examinent, que notre corps n'est pas seulement une machine qui se remue de soi-même, mais qu'il y a aussi en lui une âme qui a des pensées, excepté les paroles, ou autres signes faits à propos des sujets qui se présentent, sans se rapporter à aucune passion. Je dis les paroles ou autres signes, parce que les muets se servent de signes en même façon que nous de la voix ; et que ces signes soient à propos, pour exclure le parler des perroquets, sans exclure celui des fous, qui ne laisse pas d'être à propos des sujets qui se présentent, bien qu'il ne suive pas la raison ; et j'ajoute que ces paroles ou signes ne se doivent rapporter à aucune passion, pour exclure non seulement les cris de joie ou de tristesse, et semblables, mais aussi tout ce qui peut être enseigné par artifice aux animaux ; car si on apprend à une pie à dire bonjour à sa maîtresse, lorsqu'elle la voit arriver, ce ne peut être qu'en faisant que la prolation de cette parole devienne le mouvement de quelqu'une de ses passions ; à savoir, ce sera un mouvement de l'espérance qu'elle a de manger, si l'on a toujours accoutumé de lui donner quelque friandise, lorsqu'elle l'a dit ; et ainsi toutes les choses qu'on fait faire aux chiens, aux chevaux et aux singes, ne sont que des mouvements de leur crainte, de leur espérance, ou de leur joie, en sorte qu'ils les peuvent faire sans aucune pensée. Or il est, ce me semble, fort remarquable que la parole, étant ainsi définie, ne convient qu'à l'homme seul. Car, bien que Montaigne et Charron aient dit qu'il y a plus de différence d'homme à homme, que d'homme à bête, il ne s'est toutefois jamais trouvé aucune bête si parfaite, qu'elle ait usé de quelque signe, pour faire entendre à d'autres animaux quelque chose qui n'eût point de rapport à ses passions ; et il n'y a point d'homme si imparfait, qu'il n'en use ; en sorte que ceux qui sont sourds et muets, inventent des signes particuliers, par lesquels ils expriment leurs pensées. Ce qui me semble un très fort argument pour prouver que ce qui fait que les bêtes ne parlent point comme nous, est qu'elles n'ont aucune pensée, et non point que les organes leur manquent. Et on ne peut dire qu'elles parlent entre elles, mais que nous ne les entendons pas ; car, comme les chiens et quelques autres animaux nous expriment leurs passions, ils nous exprimeraient aussi bien leurs pensées, s'ils en avaient.

Pour ce qui est de l'entendement ou de la pensée que Montaigne et quelques autres attribuent aux bêtes, je ne puis être de leur avis. Ce n'est pas que je m'arrête à ce qu'on dit, que les hommes ont un empire absolu sur tous les autres animaux ; car j'avoue qu'il y en a de plus forts que nous, et crois qu'il y en peut aussi avoir qui aient des ruses naturelles, capables de tromper les hommes les plus fins. Mais je considère qu'ils ne nous imitent ou surpassent, qu'en celles de nos actions qui ne sont point conduites par notre pensée ; car il arrive souvent que nous marchons et que nous mangeons, sans penser en aucune façon à ce que nous faisons; et c'est tellement sans user de notre raison que nous repoussons les choses qui nous nuisent, et parons les coups que l'on nous porte, qu'encore que nous voulussions expressément ne point mettre nos mains devant notre tête, lorsqu'il arrive que nous tombons, nous ne pourrions nous en empêcher. Je crois aussi que nous mangerions, comme les bêtes, sans l'avoir appris, si nous n'avions aucune pensée; et l'on dit que ceux qui marchent en dormant, passent quelquefois des rivières à nage, où ils se noieraient étant éveillés. Pour les mouvements de nos passions, bien qu'ils soient accompagnés en nous de pensée, à cause que nous avons la faculté de penser, il est néanmoins très évident qu'ils ne dépendent pas d'elle, parce qu'ils se font souvent malgré nous, et que, par conséquent, ils peuvent être dans les bêtes, et même plus violents qu'ils ne sont dans les hommes, sans qu'on puisse, pour cela, conclure qu'elles aient des pensées.

Connaissance directe et connaissance par traces
(1675)

NICOLAS DE MALEBRANCHE
(1638-1715)

En élaborant une critique des signes, le XVII*e siècle a très paradoxalement contribué à une étude et à un approfondissement à leur sujet, ainsi que le montre la réflexion de Malebranche. En effet, pour qu'il n'y ait pas de confusion entre l'homme et le monde, Descartes a, on le sait, distingué la substance pensante de la substance étendue. De plus, en montrant que l'âme est plus facile à connaître que le corps, il a assuré le pouvoir de la réflexion face au monde sans pour autant verser dans un spiritualisme décernant une supériorité à celle-ci sur la matière. Désireux d'accorder le cartésianisme avec la théologie, Malebranche s'est saisi de cette approche cartésienne pour indiquer qu'on ne conçoit pas simplement la matière, infiniment modelable, grâce à l'âme qui est capable de concevoir la notion d'infini, mais grâce à Dieu, d'où nous vient une telle idée en lui puisqu'il est infini. Toutefois, une fois établi que nous voyons tout en Dieu, comment comprendre que cette vision en lui s'accorde avec ce que nous voyons? Comment ce qui est au-delà de toute image peut-il être compatible avec le monde des images? Malebranche va répondre à cette question par une doctrine tout à fait originale de l'imagination et de la trace. Celle-ci, en effet, possède un double sens. Elle renvoie d'une part à l'impression que laisse derrière elle une chose ou un être qui passe. Elle renvoie, par ailleurs, au dessin qui permet de préfigurer quelque chose qui va être. Aussi la trace est-elle à la jointure de l'image et de ce qui dépasse l'image, en étant cette impression qui rappelle mais aussi ce dessin qui préfigure. D'où son double aspect. Celui d'être un intermédiaire gênant la connaissance sans intermédiaire qu'est la vision en Dieu. D'autant qu'elle laisse des traces dans la mémoire qui viennent s'interposer avec cette vision. Celui d'être aussi une manifestation de l'âme cherchant à imposer sa volonté à travers l'existence. Malebranche a donc reconnu l'existence d'une imagination passive et d'une imagination active. Aussi a-t-il pu relier la vision des images à la vision en Dieu sans confondre ou diviser celles-ci, en montrant comment l'imagination voit les choses dans l'âme et comment l'âme voit les choses en Dieu.*

Le résultat paradoxal de cette élégante démonstration n'a pas tant été de faire triompher la théologie que de conférer une valeur positive à l'imagination, en dédoublant le statut épistémologique du signe. Considéré jusque-là comme un intermédiaire gênant, celui-ci va acquérir un sens nouveau grâce au double sens de la notion de trace, libérant ainsi tout un horizon de recherche sur l'archéologie des conditions de la connaissance, dont la pensée empiriste saura tirer les fruits.

Source: *Nicolas de Malebranche,* Recherche de la vérité, *Livre III, chap. VII, 1 et 2, Paris, Vrin, 1965, p. 254 et 255 ; idem, p. 107 à 109.*

Bibliographie: *Ferdinand Alquié,* le Cartésianisme de Malebranche, *Paris, Vrin, 1974 ; Martial Guéroult,* Malebranche, *3 vol., Paris, Aubier, 1955-1959.*

Afin d'abréger et d'éclaircir le sentiment que je viens d'établir touchant la manière dont l'esprit aperçoit tous les différents objets de ses connaissances, il est nécessaire que je distingue en lui quatre manières de connaître.

La première est de connaître les choses par elles-mêmes;

La seconde, de les connaître par leurs idées, c'est-à-dire, comme je l'entends ici, par quelque chose qui soit différent d'elles;

La troisième, de les connaître par *conscience,* ou par sentiment intérieur;

La quatrième, de les connaître par conjecture.

On connaît les choses par elles-mêmes et sans idées, lorsqu'elles sont intelligibles par elles-mêmes, c'est-à-dire lorsqu'elles peuvent agir sur l'esprit, et par là se découvrir à lui. Car l'entendement est une faculté de l'âme purement passive, et l'activité ne se trouve que dans la volonté. Ses désirs mêmes ne sont point les causes véritables des idées, elles ne sont que les causes occasionnelles ou naturelles de leur présence, en conséquence des lois générales de l'union de notre âme avec la raison universelle, ainsi que je l'expliquerai ailleurs. On connaît les choses par leurs idées lorsqu'elles ne sont point intelligibles par elles-mêmes, soit parce qu'elles sont corporelles, soit parce qu'elles ne peuvent affecter l'esprit ou se découvrir à lui. On connaît par conscience toutes les choses qui ne sont point distinguées de soi. Enfin on connaît par conjecture les choses qui sont différentes de soi, et de celles que l'on connaît en elles-mêmes et par des idées, comme lorsqu'on pense que certaines choses sont semblables à quelques autres que l'on connaît.

Il n'y a que Dieu que l'on connaisse par lui-même; car encore qu'il y ait d'autres êtres spirituels que lui et qui semblent être intelligibles par leur nature, il n'y a que lui seul qui puisse agir dans l'esprit et se découvrir à lui. Il n'y a que Dieu que nous voyions d'une vue immédiate et directe; il n'y a que lui qui puisse éclairer l'esprit par sa propre substance. Enfin, dans cette vie, ce n'est que par l'union que nous avons avec lui que nous sommes capables de connaître ce que nous connaissons, ainsi que nous l'avons expliqué dans le chapitre précédent; car c'est notre seul maître qui préside à notre esprit, selon saint Augustin, sans l'entremise d'aucune créature.

On ne peut concevoir que quelque chose de créé puisse représenter l'infini, que l'être sans restriction, l'être immense, l'être universel puisse être aperçu par une idée, c'est-à-dire par un être particulier, par un être différent de l'être universel et infini; mais, pour les êtres particuliers, il n'est pas difficile de concevoir qu'ils puissent être représentés par l'être infini qui les renferme dans sa substance très efficace et par conséquent très intelligible. Ainsi il est nécessaire de dire que l'on connaît Dieu par lui-même quoique la connaissance que l'on en a en cette vie soit très imparfaite; et que l'on connaît les choses corporelles par leurs idées, c'est-à-dire en Dieu, puisqu'il n'y a que Dieu qui renferme le monde intelligible, où se trouvent les idées de toutes choses.

Mais encore que l'on puisse voir toutes choses en Dieu, il ne s'ensuit pas qu'on les y voie toutes : on ne voit en Dieu que les choses dont on a des idées, et il y a des choses que l'on voit sans idées.

Toutes les choses qui sont en ce monde, dont nous ayons quelque connaissance, sont des corps ou des esprits : propriétés de corps, propriétés d'esprits. On ne peut douter que l'on ne voie les corps avec leurs propriétés par leurs idées, parce que n'étant pas intelligibles par eux-mêmes, nous ne les pouvons voir que dans l'être qui les renferme d'une manière intelligible. Ainsi c'est en Dieu et par leurs idées que nous voyons les corps avec leurs propriétés, et c'est pour cela que la connaissance que nous en avons est très parfaite : je veux dire que l'idée que nous avons de l'étendue suffit pour nous faire connaître toutes les propriétés dont l'étendue est capable, et que nous ne pouvons désirer d'avoir une idée plus distincte et plus féconde de l'étendue, des figures et des mouvements que celle que Dieu nous en donne.

Comme les idées des choses qui sont en Dieu renferment toutes leurs propriétés, qui en voit les idées en peut voir successivement toutes les propriétés ; car, lorsqu'on voit les choses comme elles sont en Dieu, on les voit toujours d'une manière très parfaite, et elle serait infiniment parfaite si l'esprit qui les y voit était infini. Ce qui manque à la connaissance que nous avons de l'étendue, des figures et des mouvements n'est point un défaut de l'idée qui la représente, mais de notre esprit qui la considère.

On peut conclure de ce que nous venons de dire qu'encore que nous connaissions plus distinctement l'existence de notre âme que l'existence de notre corps et de ceux qui nous environnent, cependant nous n'avons pas une connaissance si parfaite de la nature de l'âme que de la nature des corps, et cela peut servir à accorder les différents sentiments de ceux qui disent qu'il n'y a rien qu'on connaisse mieux que l'âme, et de ceux qui assurent qu'il n'y a rien qu'ils connaissent moins.

De tous les objets de notre connaissance, il ne nous reste plus que les âmes des autres hommes et que les pures intelligences, et il est manifeste que nous ne les connaissons que par conjecture. Nous ne les connaissons présentement ni en elles-mêmes ni par leurs idées ; et comme elles sont différentes de nous, il n'est pas possible que nous les connaissions par conscience. Nous conjecturons que les âmes des autres hommes sont de même espèce que la nôtre. Ce que nous sentons en nous-mêmes, nous prétendons qu'ils le sentent ; et même, lorsque ces sentiments n'ont point de rapport au corps, nous sommes assurés que nous ne nous trompons point, parce que nous voyons en Dieu certaines idées et certaines lois immuables selon lesquelles nous savons avec certitude que Dieu agit également dans tous les esprits.

Dès que l'âme reçoit quelques nouvelles idées, il s'imprime dans le cerveau de nouvelles traces ; et dès que les objets produisent de nouvelles traces, l'âme reçoit de nouvelles idées. Ce n'est pas qu'elle considère ces traces, puisqu'elle n'en a aucune connaissance ; ni que ces traces renferment ces idées, puisqu'elles n'y ont aucun rapport ; ni enfin qu'elle reçoive ses idées de ces traces, car, comme nous l'expliquerons ailleurs, il n'est pas concevable que l'esprit reçoive quelque chose du corps et qu'il devienne plus éclairé qu'il n'est en se tournant vers lui...

Il y a trois causes fort considérables de la liaison des idées avec les traces. La première et la plus générale, c'est l'*identité du temps*. Car il suffit souvent que nous ayons eu certaines pensées dans le temps qu'il y avait dans notre cerveau quelques nouvelles traces, afin que ces traces ne puissent plus se produire sans que nous ayons de nouveau ces mêmes pensées. Si l'idée de Dieu s'est présentée à mon esprit dans le même temps que mon cerveau a été frappé de la vue de ces trois caractères *Iah* ou du son de ce même mot, il suffira que les traces que ces caractères ou leur son auront produites se réveillent, afin que je pense à Dieu, et je ne pourrai penser à Dieu qu'il ne se produise dans mon cerveau quelques traces confuses des caractères ou des sons qui auront accompagné les pensées que j'aurai eues de Dieu; car, le cerveau n'étant jamais sans traces, il a toujours celles qui ont quelque rapport à ce que nous pensons, quoique souvent ces traces soient fort imparfaites et fort confuses.

La seconde cause de la liaison des idées avec les traces, et qui suppose toujours la première, c'est la volonté des hommes. Cette volonté est nécessaire, afin que cette liaison des idées avec les traces soit réglée et accommodée à l'usage. Car si les hommes n'avaient pas naturellement de l'inclination à convenir entre eux pour attacher leurs idées à des signes sensibles, non seulement cette liaison des idées serait entièrement inutile pour la société, mais elle serait encore fort déréglée et fort imparfaite.

Premièrement, parce que les idées ne se lient fortement avec les traces que lorsque les esprits étant agités, ils rendent ces traces profondes et durables. De sorte que les esprits n'étant agités que par les passions, si les hommes n'en avaient aucune pour communiquer leurs sentiments et pour entrer dans ceux des autres, il est évident que la liaison exacte de leurs idées à certaines traces serait bien faible; puisqu'ils ne s'assujettissent à ces liaisons exactes et régulières que pour se communiquer leurs pensées.

Secondement, la répétition de la rencontre des mêmes idées avec les mêmes traces étant nécessaire pour former une liaison qui se puisse conserver longtemps, puisqu'une première rencontre, si elle n'est accompagnée d'un mouvement violent d'esprits animaux, ne peut faire de fortes liaisons, il est clair que si les hommes ne voulaient pas convenir, ce serait le plus grand hasard du monde s'il arrivait de ces rencontres des mêmes idées et des mêmes traces. Ainsi la volonté des hommes est nécessaire pour régler la liaison des mêmes idées avec les mêmes traces, quoique cette volonté de convenir ne soit pas tant un effet de leur choix et de leur raison qu'une impression de l'auteur de la nature qui nous a tous faits les uns pour les autres, et avec une inclination très forte à nous unir par l'esprit autant que nous le sommes par le corps.

La troisième cause de la liaison des idées avec les traces, c'est la nature ou la volonté constante et immuable du Créateur. Il y a, par exemple, une liaison naturelle, et qui ne dépend point de notre volonté, entre les traces que produisent un arbre ou une montagne que nous voyons, et les idées d'arbres ou de montagnes; entre les traces que produisent dans notre cerveau le cri d'un homme, ou d'un animal qui souffre, et que nous entendons se plaindre, l'air du visage d'un homme qui nous menace ou qui nous craint, et les idées de douleur, de force, de faiblesse, et même entre les sentiments de compassion, de crainte et de courage qui se produisent en nous.

Ces liaisons naturelles sont les plus fortes de toutes; elles sont semblables généralement dans tous les hommes, et elles sont absolument nécessaires à la conservation de la vie. C'est pourquoi elles ne dépendent point de notre volonté; car si la liaison des idées avec les sons et certains caractères est faible et fort différente dans différents pays, c'est qu'elle dépend de la volonté faible et changeante des hommes; et la raison pour laquelle elle en dépend, c'est parce que cette liaison n'est point absolument nécessaire pour vivre, mais seulement pour vivre comme des hommes qui doivent former entre eux une société raisonnable.

Il faut bien remarquer ici que la liaison des idées qui nous représentent des choses spirituelles distinguées de nous, avec les traces de notre cerveau, n'est point naturelle et ne le peut être ; et par conséquent qu'elle est ou qu'elle peut être différente dans tous les hommes, puisqu'elle n'a point d'autre cause que leur volonté et l'identité du temps dont j'ai parlé auparavant. Au contraire, la liaison des idées de toutes les choses matérielles avec certaines traces particulières est naturelle ; et par conséquent il y a certaines traces qui réveillent la même idée dans tous les hommes. On ne peut douter, par exemple, que tous les hommes n'aient l'idée d'un carré à la vue d'un carré, parce que cette liaison est naturelle ; mais on peut douter qu'ils aient tous l'idée d'un carré lorsqu'ils entendent prononcer ce mot *carré*, parce que cette liaison est entièrement volontaire. Il faut penser la même chose de toutes les traces qui sont liées avec les idées des choses spirituelles. (*R.d.V.*, II, I, 5.)

La vérité est signe d'elle-même
(vers 1662)

BARUCH DE SPINOZA
(1632-1677)

En opérant une critique des signes, le XVIIe siècle a critiqué la superstition qui est une véritable maladie des signes. Le modèle de cette critique se trouve dans le Traité théologico-politique *de Spinoza, écrit en 1670, où celui-ci a dénoncé à travers la connaissance par signes ce besoin de tout ramener au religieux, qui se traduit sur le plan de la pensée par de l'obscurantisme intellectuel et sur le plan politique par une domination tyrannique de la religion. Aussi comprend-on qu'il ait pu dire que la vérité est signe d'elle-même* (index sui). *Quand on a affaire à la vérité, celle-ci se reconnaît aux effets qu'elle produit et non aux prétendus signes qui la précèdent et qui, outre qu'ils sont sans effets, surplombent celle-ci d'un point de vue qui forcément n'est pas vrai puisqu'il est extérieur à la vérité. À ce titre, rien ne peut rendre compte du vrai à part le vrai lui-même. Cela admis, toutefois, s'il n'existe pas de signe de la vérité, il existe une vérité de la connaissance par signes. Car, c'est en entendant parler de la vérité par ouï-dire que l'on est malgré tout en chemin pour découvrir qu'elle parle d'elle-même, étant donné qu'il existe toujours un moment dans le ouï-dire où l'on ne fait pas que passivement écouter. On parle aussi activement. Ce qui est déjà un commencement de pensée par soi.*

Source : *Spinoza,* Traité de la réforme de l'entendement, *d'après la traduction de C. Appuhn de 1906, Paris, Garnier-Flammarion, 1964, p. 187, 188, 189 à 192.*
Bibliographie : *Alain,* Spinoza, *Paris, Gallimard, 1986.*

1). IL Y A UNE PERCEPTION acquise par ouï-dire ou par quelque signe choisi arbitrairement.
2). Il y a une perception acquise par une expérience vague, c'est-à-dire qui n'est pas déterminée par l'entendement. On la nomme vague uniquement parce qu'elle arrive au hasard et qu'il n'y en a aucune autre pour la contredire, et donc elle reste en nous inébranlée.
3). Il y a la perception où l'on conclut l'essence de la chose d'une autre chose, mais non pas adéquatement. C'est le cas soit lorsque nous inférons d'un effet la cause, soit lorsque nous tirons une conclusion d'un certain universel toujours accompagné d'une certaine propriété.

4). Enfin, il y a une perception où la chose est perçue par sa seule essence ou par la connaissance de sa cause prochaine.
23. — Pour mieux faire comprendre tout cela, je prendrai un exemple unique; le voici: soit trois nombres, on en cherche un quatrième qui soit au troisième comme le second est au premier. Les marchands diront le plus souvent qu'ils savent ce qu'il faut faire pour trouver le quatrième, sans doute parce qu'ils n'ont pas encore oublié le procédé que, tout simple et sans aucune démonstration, ils ont appris de leurs maîtres. D'autres, se fondant sur l'expérience d'exemples simples, en ont fait un principe universel; surtout là où le quatrième nombre est évident de lui-même, comme dans cet exemple: 2, 4, 3, 6, ils font l'expérience que le second multiplié par le troisième et divisé ensuite par le premier donne le quotient 6. Et comme ils voient qu'on obtient le même nombre qu'ils savaient être le proportionnel sans cette opération, ils concluent qu'elle est toujours bonne pour trouver le quatrième nombre proportionnel.
24. — Mais les mathématiciens connaissent par la démonstration d'Euclide (prop. 19 du livre VII) les nombres qui sont proportionnels entre eux; à savoir, qu'en vertu de la nature de la proportion et de sa propriété, le produit du premier et du quatrième est égal au produit du second et du troisième. Et cependant, ils ne voient pas la propriété adéquate des nombres proposés et, s'ils la voient, ce n'est pas en vertu de cette proposition, mais intuitivement et sans faire d'opération.
30. — Nous savons maintenant quelle connaissance nous est nécessaire, il nous faut donc traiter de la voie et de la méthode qui nous mèneront à une telle connaissance des choses qu'il importe de connaître. Pour cela, remarquons d'abord qu'il ne sera pas ici question d'une recherche à l'infini; je veux dire que, pour découvrir la meilleure des recherches du vrai, il n'est pas besoin d'une autre méthode pour rechercher la première, et pour trouver la seconde, nul besoin d'une troisième, et ainsi à l'infini: car, de cette façon, on ne pourrait jamais parvenir à la connaissance du vrai ni même à aucune connaissance. Il en est ici comme d'instruments matériels pour lesquels le présent raisonnement est valable. Car, pour forger, il faut un marteau, et pour avoir un marteau, il faut le fabriquer. Ce pourquoi on a besoin d'un autre marteau et d'autres outils, et pour les posséder, il faut encore d'autres instruments, et ainsi indéfiniment. Et par ce raisonnement il serait vain d'essayer de prouver que les hommes n'ont aucun moyen de forger. — 31. — Mais, au début, les hommes, avec des instruments naturels, réussirent certains objets très faciles, bien qu'avec difficulté et imparfaitement, et ceux-ci fabriqués, ils confectionnèrent d'autres objets plus difficiles avec moins de travail et plus de perfection, et ainsi, graduellement des travaux les plus simples aux outils, des outils à d'autres travaux et d'autres outils, ils arrivèrent à exécuter de nombreux et très difficiles ouvrages et sans beaucoup de travail. De la même façon, l'entendement, par sa propre force innée, se forge des outils intellectuels grâce auxquels il acquiert d'autres forces pour d'autres œuvres intellectuelles, et grâce à ces œuvres, d'autres outils, c'est-à-dire le pouvoir de chercher plus avant. Ainsi, avance-t-il degré par degré jusqu'au faîte de la sagesse. — 32. — Il est facile de voir que c'est là le procédé de l'entendement, pourvu que l'on comprenne ce qu'est la Méthode de recherche du vrai et ce que sont les seuls instruments innés dont il a besoin pour en confectionner d'autres qui le conduisent plus avant. Pour le démontrer, je procède comme suit.
33. — L'idée vraie (car nous avons une idée vraie) est quelque chose de distinct de son objet. En effet, le cercle est une chose, l'idée du cercle en est une autre. Car l'idée du cercle n'est pas quelque chose qui a une périphérie, un centre, comme le cercle, et l'idée du corps n'est pas le corps lui-même: et comme elle est différente de son objet, elle sera aussi, par

elle-même, quelque chose d'intelligible : c'est-à-dire que l'idée, en tant qu'essence formelle de l'objet, peut être l'objet d'une autre essence objective et, à son tour, cette autre essence objective considérée en soi sera également quelque chose de réel et d'intelligible, et ainsi à l'infini. — 34. — Exemple : Pierre est quelque chose de réel, or l'idée vraie de Pierre est l'essence objective de Pierre, et en soi, elle est quelque chose de réel et tout à fait différent de Pierre. Mais si l'idée de Pierre est quelque chose de réel, et qui a son essence particulière, elle sera aussi quelque chose d'intelligible, c'est-à-dire l'objet d'une autre idée ; idée qui aura en elle objectivement tout ce que l'idée de Pierre a formellement, et à son tour l'idée de l'idée de Pierre a aussi son essence qui peut, elle aussi, être l'objet d'une autre idée, et ainsi indéfiniment. Chacun peut en faire l'expérience quand il voit qu'il sait ce qu'est Pierre et aussi qu'il sait qu'il le sait et encore qu'il sait savoir qu'il le sait, etc. D'où il est clair que, pour comprendre l'essence de Pierre, il n'est pas nécessaire de comprendre l'idée de Pierre elle-même, et encore bien moins l'idée de l'idée de Pierre. Ce qui revient à dire que, pour savoir, il n'est nul besoin que je sache que je sais et encore bien moins que je sache que je sais que je sais, pas plus que pour comprendre l'essence du triangle, il n'est besoin de comprendre le cercle. Mais pour ces idées, c'est le contraire : pour savoir que je sais, il faut d'abord et nécessairement que je sache. — 35. — D'où il est évident que la certitude n'est rien d'autre que l'essence objective elle-même ; c'est-à-dire que la façon dont nous sentons l'essence formelle est la certitude même. D'où il est de nouveau évident que, pour avoir la certitude du vrai, il n'est besoin d'aucun signe que la possession de l'idée vraie : car, comme nous l'avons montré, il n'est pas besoin, pour que je sache, de savoir que je sais. D'où ressort encore évidemment que personne, sauf celui qui possède l'idée adéquate ou l'essence objective de quelque chose, ne peut savoir ce qu'est la suprême certitude ; ce qui est évident puisque la certitude et l'essence objective ne font qu'un. — 36. — Puisque donc la vérité ne requiert aucun signe, mais qu'il suffit de posséder les essences objectives des choses ou, si l'on préfère, les idées, pour supprimer tout doute, il s'ensuit que la méthode qui veut qu'on cherche le signe de la vérité postérieurement à l'acquisition des idées, n'est pas la vraie ; la vraie méthode, au contraire, est la voie par laquelle la vérité elle-même ou les essences objectives des choses, ou les idées (tout cela signifie la même chose), sont recherchées dans l'ordre qui convient.

Corps et signe
(1927)

ALAIN
(1868-1951)

Comme tous les penseurs rationalistes et cartésiens, Alain a critiqué les signes. Aussi a-t-il montré qu'il y a en eux toute une dimension imaginaire qui plonge ses racines dans les déformations que les passions et l'angoisse font subir à l'existence, en s'attendant à tel ou tel événement. Toutefois, si ceux-ci n'expriment que des projections anthropomorphiques lorsqu'ils sont le fait d'une obéissance de l'esprit au corps et à ses expressions, ils deviennent porteurs de sens, lorsque le corps se soumet à une règle dictée par l'esprit. Car ils deviennent alors l'expression de celui-ci qui s'annonce par leur entremise. Ainsi, dans la danse, le corps qui évolue selon une règle pensée au départ ne cesse de conférer une liberté aux signes en étant le signe de cette règle. Celui-ci n'est donc pas négatif parce qu'il est signe. En revanche, il le devient lorsque, privé de tout rapport à la pensée, il est cette confusion issue d'une expression du corps qui se prend pour la réalité des choses.

Source: *Alain,* les Idées et les âges, *Bibliothèque de la Pléiade, Paris, Gallimard, 1960, p. 234, 236.*
Bibliographie: *G. Pascal,* Pour connaître la pensée d'Alain, *Paris, Bordas, 1957.*

Le paradoxe de l'imagination est en ceci que l'imaginaire n'est rien et ne paraît jamais. Le regard droit a fait mourir tous les dieux. L'imaginaire, dès qu'on y regarde, se résout en deux éléments dont l'un est le monde, qui est ce qu'il est, fidèle et pur, feuilles, nuages, ou bruit du vent; l'autre est seulement du corps humain, frémissant, agité, précipité et retenu; c'est l'orage de l'émotion, qui donne à la simple chose un visage tragique et qui fait que l'on croit voir dans la chose perçue autre chose que ce que l'on voit. Il ne s'agit pas ici d'expliquer le doute, la réflexion, l'enquête, en un mot la conscience et la pensée; mais toujours est-il que l'on voit bien quelle condition manque, dans les effets du langage seulement biologique, pour que la réflexion se prenne à quelque chose. Ce qui est exprimé, qui est anticipation, n'est rien.

[...] Nous comprenons, d'après cela même, que l'imagination de l'homme touché par le signe ne trouve jamais la chose signifiée, mais seulement la chose perçue. Ainsi le langage biologique ne nous fait point penser, mais seulement agir.

[...] Dans la danse, au contraire, l'imagination trouve le seul objet qui lui donne existence, et qui est le mouvement du corps humain. Non point fuyant et divers, non point éparpillé, mais au contraire recueilli, réglé, mis en forme, ce qui règle l'émotion; mais, bien mieux, figuré aux yeux comme il est sensible à notre toucher intime, et retentissant encore aux oreilles par le seul bruit des pieds sur la terre. Ici l'imaginaire paraît; l'imaginaire est objet. La chose exprimée est en même temps perçue. Le signe est le signe du signe, et aussi longtemps qu'on veut, semblable à lui-même en ce miroir de la danse; aussi souvent répété qu'on le veut. L'anticipation, cette folle, est disciplinée et vérifiée par cette attente que le rythme éveille et aussitôt satisfait. Ce bonheur de société ne s'use point. Si l'on regarde des danseurs, on découvre avec étonnement que leur mouvement se plie à la règle et ne cherche rien d'autre, assez content de cette conversation sans ambiguïté aucune, par l'exact emboîtement de ce qui est exprimé et de ce qui est compris, par un accord qu'on se risque à perdre, dans l'assurance de le retrouver aussitôt. Une masse dansante étonne par la cohésion, par la prudence, par le sérieux, par l'attention, on ose dire par la pensée. La puissance de tous les arts, sans exception, est sans doute qu'ils donnent l'être à l'imaginaire. Mais il est vraisemblable aussi que la danse est le plus ancien des arts, et le premier des langages.

LANGAGE ET SENSIBILITÉ

Langage et perception
(1710)

GEORGE BERKELEY
(1685-1753)

*En distinguant la substance pensante et la substance étendue afin qu'il n'y ait pas de confusion entre celles-ci, Descartes a conféré une indépendance à cette dernière, au point d'ouvrir la voie, selon certains, au matérialisme. Aussi un penseur comme Berkeley a-t-il pensé pouvoir parer à ce danger en posant que toute matière est matière pour une pensée et non indépendamment de celle-ci. D'où ce que l'on a appelé son immatérialisme, l'*être *de la matière résidant dans la* perception (esse est percipi). *Toutefois, en réduisant ainsi la matière à la perception, il a en même temps ouvert le domaine du langage. Car, pour expliquer que nous percevons la matière, Berkeley montrera que celle-ci est un ensemble de signes par lesquels Dieu parle aux hommes. Bergson s'inspirera de ces réflexions dans* Matière et mémoire *pour penser la matière qu'il comparera à un flux d'images. Devant l'impossibilité de saisir la structure de la matière autrement que par le biais d'un algorithme, certains savants empruntent à leur tour la définition berkeleyenne de la matière comme flux de signes.*

Source: *George Berkeley,* Principes de la connaissance humaine, *trad. Dominique Berlioz, Paris, Garnier-Flammarion, 1991, p. 40 à 42, 105 à 106.*

Bibliographie: *G. Brykman,* Berkeley, philosophie et apologétique, *2 vol., Paris, Vrin, 1984.*

3. QUE NI NOS PENSÉES, ni nos passions, ni les idées formées par l'imagination n'existent hors de l'esprit, c'est ce que tout le monde accordera. Et il semble non moins évident que les diverses sensations ou idées imprimées sur le sens, de quelque manière qu'elles soient mélangées et combinées ensemble (c'est-à-dire quels que soient les objets qu'elles composent) ne peuvent pas exister autrement que dans un esprit qui les perçoit. Je pense qu'une connaissance intuitive de cela peut être obtenue par quiconque prête attention à ce qu'on entend par le mot *exister* quand il s'applique aux choses sensibles. La table sur laquelle j'écris, je dis qu'elle existe: c'est-à-dire je la vois, je la sens; et si j'étais hors de mon cabinet je dirais qu'elle existe, entendant par là que si j'étais dans mon cabinet, je pourrais la percevoir ou que quelque autre intelligence la perçoit effectivement. Il y avait une odeur, c'est-à-dire, elle était sentie; il y avait un son, c'est-à-dire, il était entendu; une couleur ou une figure, elle était perçue par la vue ou le toucher. C'est tout ce que je peux comprendre par ces expressions et autres semblables. Car, quant à ce qu'on dit de l'existence absolue de choses non pensantes, sans aucune relation avec le fait qu'elles sont perçues, cela semble parfaitement inintelligible. Leur *esse* est *percipi*, et il n'est pas possible qu'elles aient quelque existence en dehors des esprits ou choses pensantes qui les perçoivent.

4. Certes, c'est une opinion étrangement prédominante chez les hommes que les maisons, les montagnes, les rivières, en un mot tous les objets sensibles, ont une existence naturelle

ou réelle, distincte du fait qu'ils sont perçus par l'entendement. Mais aussi grande soit l'assurance qu'on a de ce principe, aussi large soit l'assentiment qu'il puisse rencontrer dans le monde, quiconque aura le courage de le mettre en question pourra percevoir, si je ne me trompe, qu'il implique une contradiction manifeste. Que sont, en effet, les objets mentionnés ci-dessus sinon les choses que nous percevons par le sens ? et que percevons-nous hormis nos propres idées ou sensations ? ne répugne-t-il pas clairement que l'une d'entre elles ou quelqu'une de leurs combinaisons, puissent exister non perçues ?

5. Si nous examinons complètement cette thèse nous trouverons peut-être qu'elle dépend au fond de la doctrine des *idées abstraites*. Car peut-il y avoir un effort d'abstraction plus subtil que de distinguer l'existence des objets sensibles d'avec le fait qu'ils sont perçus, de manière à les concevoir existants non perçus ? La lumière et les couleurs, la chaleur et le froid, l'étendue et les figures, en un mot les choses que nous voyons et sentons, que sont-elles sinon autant de sensations, notions, idées ou impressions sur le sens ? et est-il possible de séparer, même en pensée, l'une d'elle d'avec la perception ? Pour ma part, je pourrais tout aussi facilement séparer une chose d'avec elle-même. Je peux, certes, séparer dans mes pensées, ou concevoir à part l'une de l'autre des choses que, peut-être, je n'ai jamais perçues par le sens ainsi séparées. Ainsi, j'imagine le tronc d'un corps humain sans les membres ou je conçois l'odeur d'une rose sans penser à la rose elle-même. Jusque-là, je ne nierai pas que je ne puisse abstraire, si l'on peut, à proprement parler, appeler *abstraction* une opération qui se borne seulement à concevoir séparément des objets tels qu'il soit possible qu'ils existent réellement séparés ou soient effectivement perçus disjoints. Mais mon pouvoir de concevoir ou d'imaginer ne s'étend pas au-delà de la possibilité de l'existence réelle ou de la perception. En conséquence, comme il m'est impossible de voir ou de sentir quelque chose sans la sensation effective de cette chose, il m'est de même impossible de concevoir dans mes pensées une chose sensible ou un objet distinct de la sensation ou perception que j'en ai.

6. Il y a des vérités si proches de l'esprit et si obvies qu'un homme n'a qu'à ouvrir les yeux pour les voir. Dans leur nombre je compte cette importante vérité : que tout le chœur des cieux et tout le contenu de la terre, en un mot tous les corps qui composent l'ordre puissant du monde, ne subsistent pas hors d'un esprit, que leur être est d'être perçu ou connu.

La connexion des idées n'implique pas la relation de *cause* à *effet*, mais seulement celle d'une marque ou d'un *signe* à la chose *signifiée*. Le feu que je vois n'est pas la cause de la douleur dont je souffre quand je m'en approche mais la marque qui me prévient de cette douleur. De même, le bruit que j'entends n'est pas l'effet de tel ou tel mouvement ou choc des corps environnants, il en est le signe. Deuxièmement, la raison pour laquelle les idées sont organisées en machines, c'est-à-dire en combinaisons artificielles et régulières, est la même que celle qui fait qu'on combine les lettres en mots. Pour qu'on puisse faire signifier à un petit nombre d'idées originelles un grand nombre d'effets et d'actions, il est nécessaire qu'elles soient combinées ensemble de manière variée. Et, afin que leur usage soit permanent et universel, les combinaisons doivent se faire selon une *règle* et suivant un *savant dispositif*. Une abondante information nous est ainsi transmise concernant ce que nous pouvons attendre de telles ou telles actions, et sur les méthodes convenables à employer pour provoquer telles et telles idées. C'est là, en réalité, tout ce que je conçois qu'on entend distinctement, quand on dit que, en discernant la figure, la texture et le mécanisme des parties internes des corps, qu'ils soient naturels ou artificiels, nous pouvons parvenir à la connaissance des divers usages et propriétés qui en dépendent, de la nature de la chose.

66. Il est évident par là, que les choses, qui sous la notion de cause coopérant ou concourant

à la production des effets, sont tout à fait inexplicables et nous conduisent dans de grandes absurdités, peuvent, quand on les considère seulement comme des marques ou des signes destinés à notre information, s'expliquer très naturellement et se voir assigner un usage clair et approprié. Rechercher et s'efforcer de comprendre les signes institués par l'Auteur de la Nature c'est ce à quoi devrait s'employer le philosophe de la Nature et non à faire semblant d'expliquer les choses par les causes corporelles, doctrine qui semble avoir beaucoup trop éloigné l'esprit des hommes du principe actif, de l'intelligence suprême et sage *« en qui nous vivons, nous nous mouvons et nous avons notre être »*.

Langage et émotions
(1781)

JEAN-JACQUES ROUSSEAU
(1712-1778)

Ainsi que l'a souligné E. Cassirer, l'avènement des pensées de la sensibilité a été un moment essentiel de la philosophie du langage. Car si l'on doit à l'idéalisme d'avoir montré qu'il faut, pour mettre en forme le langage, passer par ces formes que sont les idées, dont le terme eidos *indique bien l'appartenance au monde des formes puisqu'il signifie primitivement* forme, *on doit à la pensée de la sensibilité d'avoir indiqué que ces formes ont une genèse concrète dans l'individu grâce à l'expressivité des passions produisant des signes, un langage et par là même les cadres de la réflexion. L'originalité de Rousseau dans ce cadre réside dans le fait d'avoir mis en évidence le lien reliant les émotions au langage. Au point, d'ailleurs, dans la suite de l'*Essai sur l'origine des langues, *dont ce texte est extrait, de faire de la musique le langage originaire des hommes.*

Source : *Jean-Jacques Rousseau,* Essai sur l'origine des langues, *Paris, Bibliothèque du Graphe, 1969, p. 505.*
Bibliographie : *Jacques Derrida,* Nature, culture, écriture, *dans* De la grammatologie, *Paris, Minuit, 1967, p. 145 à 379.*

Que la première invention de la parole ne vient pas des besoins, mais des passions

Il est donc à croire que les besoins dictèrent les premiers gestes, et que les passions arrachèrent les premières voix. En suivant avec ces distinctions la trace des faits, peut-être faudrait-il raisonner sur l'origine des langues tout autrement qu'on n'a fait jusqu'ici. Le génie des langues orientales, les plus anciennes qui nous soient connues, dément absolument la marche didactique qu'on imagine dans leur composition. Ces langues n'ont rien de méthodique et de raisonné ; elles sont vives et figurées. On nous fait du langage des premiers hommes des langues de géomètres, et nous voyons que ce furent des langues de poëtes.

Cela dut être. On ne commença pas par raisonner, mais par sentir. On prétend que les hommes inventèrent la parole pour exprimer leurs besoins ; cette opinion me paraît insoutenable. L'effet naturel des premiers besoins fut d'écarter les hommes et non de les rapprocher. Il le fallait ainsi pour que l'espèce vînt à s'étendre, et que la terre se peuplât promptement; sans quoi le genre humain se fût entassé dans un coin du monde, et tout le reste fût demeuré désert.

De cela seul il suit avec évidence que l'origine des langues n'est point due aux premiers besoins des hommes; il serait absurde que de la cause qui les écarte vînt le moyen qui les unit. D'où peut donc venir cette origine? Des besoins moraux, des passions. Toutes les passions rapprochent les hommes que la nécessité de chercher à vivre force à se fuir. Ce n'est ni la faim, ni la soif, mais l'amour, la haine, la pitié, la colère, qui leur ont arraché les premières voix. Les fruits ne se dérobent point à nos mains, on peut s'en nourrir sans parler; on poursuit en silence la proie dont on veut se repaître: mais pour émouvoir un jeune cœur, pour repousser un agresseur injuste, la nature dicte des accens, des cris, des plaintes. Voilà les plus anciens mots inventés, et voilà pourquoi les premières langues furent chantantes et passionnées avant d'être simples et méthodiques. Tout ceci n'est pas vrai sans distinction; mais j'y reviendrai ci-après.

DU SIGNE AU SYMBOLE

Langage et articulation
(1835)

WILHELM VON HUMBOLDT
(1767-1835)

Si le langage revêt une importance particulière en philosophie, c'est qu'avec lui une révolution s'opère en conférant de l'esprit à l'extériorisation, et donc à tout ce qui relève du sensible. D'où l'ouverture de tout le champ de la vie concrète à la pensée. Wilhelm von Humboldt, qui fut le fondateur de l'université de Berlin, a découvert la dérivation des langues européennes à partir du sanskrit, grâce à une étude de linguistique comparative des différents systèmes phonologiques propres à ces langues. C'est dire si l'accent mis sur le cadre matériel de la pensée a pu avoir des conséquences fécondes. Aussi comprend-on que Humboldt ait pu écrire dans son Introduction à l'œuvre sur le Kavi: *«La langue est une des brèches par où s'engouffre et où demeure sans cesse en alerte le dynamisme spirituel de l'humanité.»*

Source: *Wilhelm von Humboldt,* Introduction à l'œuvre sur le Kavi, *trad. Pierre Caussat, Paris, Seuil, 1974, p. 205 à 206.*

Bibliographie: *Ernst Cassirer,* la Philosophie des formes symboliques, *t. I,* Le langage, *Paris, Minuit, 1972.*

C'EST SOUS L'IMPULSION INSTANTE DE L'ÂME que l'homme impose le son articulé, essence et fondement de toute parole, à ses organes corporels; et il suffirait pour que l'animal en fît autant qu'il fût animé de la même impulsion. Dès ses constituants les plus primitifs et les plus irréductibles, la langue est si complètement et si exclusivement enracinée dans la nature spirituelle de l'homme que, sitôt à l'œuvre, celle-ci réalise la condition suffisante et nécessaire pour convertir le son animal en son articulé. Car c'est l'intention et l'aptitude à signifier — entendue moins dans l'absolu que, d'abord, dans leur incarnation déterminée, définie par la transposition représentative d'un contenu de pensée — qui constituent à elles seules le son articulé. Il est vain de faire appel à un autre caractère pour le distinguer du cri animal, d'un côté, et du timbre musical, de l'autre. Ce n'est pas sa conformation effective mais son mode de production qui peut, seul, être l'objet d'une analyse descriptive; et une telle restriction, loin d'impliquer une quelconque déficience de notre part, ne fait que souligner les propriétés les plus naturelles du son articulé, puisqu'il n'est rien d'autre que le résultat délibéré des opérations de l'âme et qu'il contient juste autant d'éléments corporels que la perception extérieure en réclame.

Cet élément corporel, l'élément phonétique reçu par l'ouïe, peut même en être dans une certaine mesure disjoint, ce qui rend l'articulation plus saillante encore. Les sourds-muets nous fournissent ici un bon exemple. Toute réception leur est interdite du côté de l'ouïe; mais ils acquièrent la compréhension des paroles qu'on profère devant eux en suivant le mouvement des organes vocaux de celui qui parle et en faisant appel à l'écriture, dont l'articulation constitue la vocation essentielle. Ils parlent d'ailleurs eux-mêmes à condition qu'il y ait quelqu'un pour guider le mouvement de leurs organes vocaux. Une telle possibilité n'a d'autre fondement que la faculté articulatoire dont ils sont eux aussi pourvus et qui leur permet, par la connexion existant entre leur pensée et leurs organes vocaux, de remonter, chez autrui, à partir d'un des termes, le mouvement des organes, jusqu'au second, la pensée. Le timbre que nous percevons par l'ouïe leur est communiqué par la position et le mouvement des organes, renforcés ensuite par l'écriture; la vue, ainsi que les efforts intenses suscités par la parole intérieure, leur donnent accès à l'articulation indépendamment de la rumeur sonore qui la porte. Ils sont ainsi l'expérience vivante d'un remarquable découpage du son articulé. Puisqu'ils apprennent l'alphabet, qu'ils savent lire, écrire et proférer la parole pour leur propre compte, il s'agit d'une véritable compréhension de la langue bien plus que d'une simple capacité de reconnaître des représentations associées aux signes ou aux images. S'ils parviennent à s'exprimer, ils le doivent non seulement à la raison qu'ils partagent avec les autres hommes, mais tout spécialement aussi à l'aptitude du langage, c'est-à-dire à la connivence étroite qui s'établit entre leur pensée et leurs organes vocaux ainsi qu'à l'exigence de coopération de l'une avec les autres, ces deux potentialités impliquant par essence la nature humaine, même si elle est partiellement mutilée. La différence entre eux et nous provient de ce que leurs organes vocaux, au lieu d'avoir pour modèle l'exemple d'un phonétisme à l'articulation bien en place, doivent faire le détour d'un apprentissage artificiel et contre nature. Mais ils sont la preuve vivante des liens profonds et étroits que l'écriture entretient avec le langage, même en l'absence du rôle médiateur de l'ouïe.

Avec l'articulation, on a affaire à l'emprise que l'esprit exerce sur les organes vocaux, et qui les contraint à domestiquer l'élément phonétique de façon à le rendre ployable et réceptif à la forme de cette action de l'esprit. Cette forme a, avec l'articulation, un médiateur commun en ce que l'une et l'autre découpent leur domaine en éléments fondamentaux dont la combinaison a la propriété de former des ensembles tels qu'ils sont animés par la tendance à devenir éléments de nouveaux ensembles. La pensée, quant à elle, introduit l'exigence d'une convergence du multiple vers l'unité. D'où il suit que les attributs nécessaires du son articulé sont l'unité nettement découpée, et l'institution d'un type bien déterminé de rapports avec d'autres sons articulés comme avec tous les sons articulés concevables. La rigoureuse pertinence de l'élément phonétique par rapport à tous les bruits marginaux qui peuvent le perturber, si elle est la condition indispensable à la netteté de sa perception et à l'euphonie rythmique, découle tout aussi immédiatement de l'intention expresse d'en faire un constituant du discours. Sa netteté est fonction du dynamisme immanent à la parole, de son pouvoir de repousser la confusion indistincte du cri animal, pour mettre en pleine lumière les impulsions et les intentions proprement humaines. L'intégration en un système, tel que chaque élément articulatoire contient un trait qui fait voisinage ou opposition avec tous les autres, est immanente au mode opératoire qui les produit. Chaque élément phonétique singulier est formé en relation avec l'ensemble qu'instituent les autres éléments dont le concours est nécessaire pour permettre le libre épanouissement du discours. Sans qu'on puisse déceler ici les modalités effectives, chaque peuple produit des sons articulés en un nombre et selon des relations mutuelles qu'exige son système linguistique propre. Les premières démarcations essentielles mettent en cause la diversité des organes phonateurs et, dans ces organes, les différents points d'application retenus pour opérer l'articulation. Celle-ci récupère, par la suite, des propriétés accessoires qui peuvent s'appliquer indifféremment à chaque élément phonétique, sans égard à la diversité des organes, telles que l'aspiration, la stridence, la nasalité, etc. Tout cela n'est pas sans menacer la pertinence phonétique, d'où, pour le sens immanent à la langue, un surcroît de vigilance et de rigueur dont il apporte la preuve en instituant le contrôle alphabétique; celui-ci impose à la prononciation une réalisation phonétique opérant par intégration continue, et cependant pure de tout mélange pour l'oreille la plus subtile. Ces propriétés accessoires doivent, en se fondant avec le trait articulatoire qui les sous-tend, produire une modulation spécifique du son fondamental, d'où est absolument bannie toute autre variante irrégulière.

Nature du symbole
(vers 1827)

FRIEDRICH HEGEL
(1770-1831)

Le symbole, écrit Hegel, est cet excès de sens qui ne peut s'exprimer que par des images. Aussi dépasse-t-il toutes les oppositions concernant le langage entre l'expression parlante et la signification parlée. S'agissant en effet de la signification, celle-ci cesse d'être avec lui l'opposé de l'expression. Au contraire! Parce que le symbole est un excès de sens, il appelle des images, et donc le plan de l'expressivité pour se déployer. Inversement, l'expression parlante ne se manifeste jamais mieux que dans un excès de sens dépassant l'expression même, étant donné que le parlant dépasse le simple sens unique. L'image symbolique, autrement dit, est le point de rencontre entre le parlant et le parlé. C'est en elle que le parlant se fait parlé et le parlé, parlant, donnant ainsi au langage toute sa dimension.

Source: *Hegel,* Esthétique, l'Art symbolique, *trad. S. Jankélévitch, Paris, Aubier, 1964, p. 14 et 16.*

Bibliographie: *E. Cassirer,* la Philosophie des formes symboliques, *t. I,* Le langage, *Paris, Minuit, 1972.*

Le symbole est avant tout un *signe*. Mais dans la simple présentation, le rapport qui
1. existe entre le sens et son expression est un rapport purement arbitraire. Cette expression, cette image ou cette chose sensible représente si peu elle-même qu'elle éveille plutôt en nous l'idée d'un contenu qui lui est tout à fait étranger, avec lequel elle n'a, à proprement parler, rien de commun. C'est ainsi, par exemple, que, dans les langues, les sons sont les signes de représentations, sentiments, etc. Mais la grande majorité des sons d'une langue n'est rattachée aux représentations qu'ils expriment que d'une façon tout à fait accidentelle, même si l'on pouvait prouver, en suivant le développement historique d'une langue, que, primitivement, les rapports entre les sons et ce qu'ils expriment n'étaient pas les mêmes qu'aujourd'hui; et la différence entre les langues consiste justement en ce que la même représentation est exprimée par des sons différents. Un autre exemple de ces signes nous est fourni par les couleurs, employées dans les cocardes, les drapeaux, etc., pour montrer à quelle nation appartient un individu, un navire, etc. En elle-même, une pareille couleur ne possède aucune qualité qui lui serait commune avec ce qu'elle signifie, c'est-à-dire avec la notion qu'elle est censée représenter.
2. Il en est autrement d'un signe destiné à servir de *symbole*. Le lion, par exemple, est considéré comme le symbole du courage, le renard comme celui de la ruse, le cercle comme celui de l'éternité, le triangle comme celui de la Trinité. Or, le lion et le renard possèdent bien les qualités, les propriétés dont ils doivent exprimer le sens. De même, le cercle ne présente pas l'aspect inachevé ou arbitrairement limité d'une ligne droite ou d'une autre ligne qui ne revient pas sur elle-même ou encore d'un intervalle de temps; et un triangle a un nombre de côtés et d'angles égal à celui qu'évoque en nous l'idée de Dieu, lorsqu'on compte les déterminations que la religion attribue à Dieu.

La fonction symbolique
(1923)

ERNST CASSIRER
(1874-1945)

Ernst Cassirer est un philosophe néo-kantien qui a développé toute une philosophie de la culture en pensant celle-ci sur la base d'une théorie de l'imagination productrice, héritée des travaux de Kant dans la Critique de la raison pure *sur l'imagination transcendantale. Le propre d'une telle démarche est d'avoir une vision ouverte, l'Être étant une multiplicité de relations pour lequel il convient d'imaginer des systèmes de relations capables de rendre compte de ce qui s'invente ainsi dans le dynamisme de l'Être. Aussi la pensée se réalise-t-elle lorsqu'elle aboutit au langage et à la forme. La pensée, dira Cassirer à plusieurs reprises, pense en se construisant dans le langage et en construisant un langage. Car, quand l'Être est ainsi ouvert et multiple, la pensée de l'Être n'est pas séparable de l'invention de la langue qui permet de le symboliser. Cassirer n'a jamais pensé que l'on pouvait réduire l'Être à une seule langue. Aussi a-t-il montré qu'il y avait trois procédures symboliques spécifiques capables de le traduire. Toutefois, c'est en approfondissant la diversité des symbolisations possibles de l'Être dans la langue, le mythe et la science, qu'il a conçu l'unité de l'esprit humain par la dimension symbolique.*

Source : *Ernst Cassirer,* la Philosophie des formes symboliques, *t. I,* Le langage, *trad. J. Lacoste, O. Hansen-Love, Paris, Minuit, 1972, p. 26 à 30.*
Bibliographie : Ernst Cassirer de Marbourg à New York, *collectif sous la direction de Jean Seidengart, Paris, Cerf, 1990.*

A CETTE FIN nous nous reportons d'abord au concept de « symbole », tel que Heinrich Hertz en formule l'exigence et tel qu'il le définit au nom des sciences physiques. Ce que le physicien cherche dans les phénomènes, c'est la représentation de leur enchaînement nécessaire. Or il ne peut acquérir cette représentation autrement qu'en laissant non seulement derrière lui le monde immédiat des impressions sensibles, mais, apparemment, en se détournant complètement de lui. Les concepts opératoires d'espace et de temps, de masse et de force, de point matériel et d'énergie, d'atome ou d'éther sont de libres « simulacres » que la connaissance construit afin de se rendre maîtresse du monde de l'expérience sensible et de l'embrasser en le soumettant à l'ordre d'une légalité, des simulacres cependant auxquels rien ne correspond immédiatement dans les données sensibles mêmes. Mais, bien qu'aucune correspondance de cet ordre n'ait lieu — ou peut-être précisément parce qu'elle n'a pas lieu —, le système conceptuel de la physique est un monde entièrement clos sur lui-même. Chaque concept singulier, chaque « simulacre » et chaque signe particulier ressemblent au mot articulé d'une langue qui a une signification et un sens, qui est organisée selon des règles rigoureuses. Déjà à l'aurore de la physique moderne, chez Galilée, on trouve la comparaison suivant laquelle le « livre de la nature » est rédigé en langage mathématique et n'est lisible que comme un code mathématique chiffré. Et, depuis, l'ensemble du développement des sciences exactes de la nature montre comment, de fait, chaque progrès de la problématique et des moyens conceptuels est allé de pair avec un affinement croissant de son système de signes. On n'est parvenu à définir de manière rigoureuse les concepts fondamentaux de la mécanique galiléenne que lorsque l'algorithme du calcul différentiel permit de déterminer le lieu de logicité universelle de ces concepts et qu'on eut créé pour eux un signe mathématique à validité universelle. Et, à partir de là, à partir des problèmes qui se rapportent à la découverte de l'analyse infinitésimale, Leibniz put aussitôt déterminer avec la plus grande rigueur le problème général qui est contenu dans la fonction de symbolisation, il put élever son projet de « caractéristique » universelle jusqu'à un degré de signification véritablement philosophique. La logique des choses, c'est-à-dire des contenus conceptuels fondamentaux et des relations fondamentales sur lesquels repose l'élaboration d'une science ne peut être séparée (d'après la conception qu'il expose et qu'il défend) de la logique des signes. Car le signe n'est pas l'enveloppe qu'un pur hasard attribuerait à la pensée, mais son organe nécessaire et essentiel. Il ne sert pas seulement aux fins de la communication d'un contenu de pensée qui serait donné une fois achevé ; il est un instrument au moyen duquel ce contenu lui-même prend forme en s'extériorisant et au moyen duquel seulement il acquiert la plénitude de son sens. La détermination conceptuelle d'un contenu va de pair avec sa fixation dans un signe caractéristique. Ainsi toute pensée véritablement rigoureuse et exacte ne trouve de soutien que dans la symbolique et la sémiotique sur lesquelles elle s'appuie. Toute « loi » de la nature prend pour notre pensée la forme d'une « formule » universelle, mais toute formule ne se laisse représenter que par un enchaînement de symboles universels et spécifiques. Sans ces symboles universels, comme ceux que l'arithmétique et l'algèbre fournissent, aucune relation particulière de la physique, aucune loi particulière de la nature ne serait exprimable. Ce fait manifeste clairement le principe fondamental de la connaissance en général qui veut que l'universel ne se laisse intuitionner que dans le particulier, et que le particulier ne se laisse jamais penser que dans la perspective de l'universel.

Mais ce rapport de réciprocité ne se limite pas seulement à la science, et traverse aussi de part en part toutes les autres formes fondamentales de création spirituelle. Chacune d'entre elles ne peut valider la manière de saisir et de donner forme qui lui est propre qu'en créant en quelque sorte pour elle un certain substrat sensible. Ce substrat est ici tellement essentiel qu'il semble parfois enfermer tout le contenu de signification, le «sens» propre de ces formes. Il semble que le langage dans son entier puisse être défini et pensé comme un système de signes phonétiques; le monde de l'art et celui du mythe semblent s'épuiser dans le monde des figures particulières que chacun pose devant nous et qu'on atteint par les sens. Nous est ainsi donné, de fait, un milieu universel dans lequel toutes les créations de l'esprit, aussi différentes qu'elles soient, se rencontrent. Le contenu constitutif de l'esprit ne se dévoile que par son extériorisation; la forme idéelle ne peut être connue que par et dans l'ensemble des signes sensibles qu'elle utilise pour s'exprimer. Si l'on pouvait parvenir à une vue systématique des différentes directions de ce mode de l'expression, et à déceler ses traits typiques et communs, ainsi que les gradations particulières et les différences internes de ceux-ci, on accomplirait alors pour l'ensemble de la création spirituelle l'idéal de la «caractéristique universelle» tel que Leibniz l'a formulé pour la connaissance. Nous serions alors en possession d'une espèce de grammaire de la fonction symbolique en tant que telle, qui embrasserait et déterminerait d'une façon générale l'ensemble des expressions et des idiomes particuliers tels que nous les rencontrons dans le langage et dans l'art, dans le mythe et dans la religion.

L'idée d'une telle grammaire implique un élargissement de la doctrine historique et traditionnelle de l'idéalisme. Cette doctrine a depuis toujours cherché à opposer au *mundus sensibilis* un autre cosmos, le *mundus intelligibilis*, et à tracer avec précision les frontières entre ces deux mondes. Mais, pour l'essentiel, la frontière était telle que le monde de l'Intelligible était caractérisé par le moment de la pure action et le monde du Sensible par celui de la passion. Là régnait la libre spontanéité de l'être spirituel, ici la contrainte et la passivité du sensible. Toutefois, pour cette «caractéristique universelle» dont le problème et la tâche viennent d'être définis dans leurs grands traits, cette opposition n'est plus indépassable et exclusive. Car entre le sensible et le spirituel se noue ici une nouvelle forme de relation réciproque et de corrélation. Il semble qu'un pont soit jeté sur le dualisme métaphysique de ces deux sphères, dans la mesure où l'on peut montrer que la fonction pure du spirituel lui-même doit chercher dans le sensible son accomplissement concret, et qu'elle ne peut finalement le trouver qu'en lui. Il faut faire avec rigueur la différence entre ce qui, dans la sphère du sensible, est simplement «réaction» et ce qui est «action», entre ce qui est du domaine de l'«impression» et ce qui est du domaine de l'«expression». Le sensualisme dogmatique ne pêche pas seulement en ce qu'il sous-estime la signification et la fécondité des facteurs purement intellectuels, mais aussi en ce que, tout en proclamant que la sensibilité est proprement la force fondamentale de l'esprit, il ne la saisit pas dans toute la portée de son concept et dans la totalité de ses productions. D'elle aussi il ne donne qu'une image insuffisante et tronquée dans la mesure où il la limite uniquement au monde des «impressions», aux données immédiates de la simple sensation. S'y trouve méconnue l'existence d'une activité du sensible lui-même et, pour parler avec Goethe, d'« une imagination sensible exacte », qui se révèle efficace dans les domaines les plus divers de la création spirituelle. Dans tous ces domaines, de fait, le véhicule du développement qui leur est immanent se trouve dans la constitution d'un monde libre qui leur est propre, un monde de l'image à côté et au-dessus du monde de la perception : un monde qui, de par sa nature immédiate, garde encore toutes les couleurs du sensible, mais qui représente une sensibilité déjà informée et ainsi maîtrisée par l'esprit. Il ne s'agit pas ici d'une matière sensible simplement donnée et déjà trouvée, mais d'un système des multiplicités sensibles qui doivent leur forme à une activité librement créatrice.

On voit ainsi dans le procès de formation du langage comment le chaos des impressions immédiates ne s'éclaircit et ne s'articule pour nous que parce que nous le « nommons » et le pénétrons ainsi par la fonction de la pensée linguistique et de l'expression linguistique. Dans ce monde nouveau des signes linguistiques, le monde des impressions lui-même accède à un nouvel état, parce qu'à une articulation spirituelle nouvelle. Lorsqu'on distingue et sépare certains moments dans le contenu, et qu'on les fixe grâce au son articulé, on ne se contente pas de désigner en eux une certaine qualité intellectuelle : on leur confère au contraire cette qualité par laquelle ils sont alors élevés au-dessus de la simple immédiateté des qualités dites sensibles. Le langage devient ainsi un des moyens fondamentaux de l'esprit, grâce auquel s'accomplit le progrès qui nous fait passer du monde des simples sensations à celui de l'intuition et de la représentation. Il porte déjà en germe ce travail intellectuel qui s'extériorise par la suite lors de la construction du concept comme concept scientifique, comme unité logiquement déterminée d'une forme. C'est ici l'origine de cette fonction universelle de division et de liaison qui trouve son plus haut degré d'expression consciente dans les analyses et les synthèses de la pensée scientifique. Et, à côté de ce monde des signes linguistiques et conceptuels, sans commune mesure avec lui tout en lui étant apparenté par son origine spirituelle, se tient ce monde de figures que créent le mythe ou l'art. Car l'imagination mythique elle aussi, quelque fort que soit son enracinement dans le sensible, excède malgré tout la pure passivité du sensible. À les mesurer aux normes empiriques habituelles, telles que l'expérience sensible nous les propose, ses productions doivent apparaître quasiment « irréelles », mais c'est précisément dans cette irréalité que s'affirment la spontanéité et la liberté intérieure de la fonction mythique. Et cette liberté n'est aucunement synonyme d'un arbitraire dénué de toute loi. Le monde du mythe n'est pas le simple produit de l'humeur ou du hasard ; il a au contraire ses propres lois fondamentales de formation qui sont à l'œuvre dans toutes ses manifestations particulières. Dans le domaine de l'intuition artistique, il devient alors tout à fait clair que toute saisie, dans le sensible, d'une forme esthétique n'est rendue possible que parce que nous produisons, dans l'imaginaire, les éléments fondamentaux de la forme. Toute compréhension des figures spatiales est donc finalement liée à cette activité interne qui les produit et à la légalité de cette production. Il se manifeste donc à tout moment que l'activité spirituelle la plus noble et la plus pure que la conscience connaisse est conditionnée et médiatisée par certains modes de l'activité sensible. Ici aussi la vie propre et essentielle de l'idée pure ne se livre jamais à nous que dans l'éclat chatoyant des phénomènes. Nous ne pouvons saisir le système des multiples extériorisations de l'esprit qu'en retrouvant les diverses directions de son pouvoir originaire de créer des images. C'est dans ce pouvoir que nous apercevons, réflexivement, l'essence de l'esprit; car celui-ci ne peut se présenter à nous que dans son activité de mise en forme du matériau sensible.

LE LANGAGE ET SES LIMITES

Le singulier contre l'universel
(1323)

GUILLAUME D'OCKHAM
(1285-1349)

Le Moyen Âge a été traversé par la querelle qui a opposé les nominalistes aux réalistes. Derrière l'idée qu'il n'existe aucun universel en dehors de l'esprit mais seulement des singularités, les nominalistes se sont opposés au projet d'une métaphysique ramenant tous les individus au genre commun de l'être, afin de se hisser par là à cet Être de tous les êtres qu'est Dieu. Car ils ont vu là quelque chose qui n'est ni rigoureux d'un point de vue de la science, ni rigoureux d'un point de vue théologique. En effet, Dieu étant irréductible et son Nom relevant d'un mystère transcendant, seule la théologie négative est en mesure de l'approcher. Aussi n'y a-t-il pas de commune mesure entre son être et l'être des individus. Penser par là même que l'on puisse passer directement de l'être de ces derniers à celui de Dieu est un acte illégitime, que la logique se doit de rectifier en rappelant l'écart qui sépare les mots des choses. D'où l'impossibilité de ramener tous les individus à un être commun, sinon de façon purement intellectuelle. Autrement dit, le nominalisme a conféré une singularité aux individus afin de respecter la transcendance de Dieu en évitant toute confusion de ce dernier avec ceux-ci par le biais de la notion d'être. Il a, par sa démarche, critiqué toute volonté de maîtrise rationnelle de Dieu et, par là même, toute volonté de maîtrise tout court, en opposant à l'univers anonyme de l'Être, où tout en définitive porte le même nom, un autre monde. Le monde riche des singularités qui épellent le mystère de Dieu à travers la multiplicité irréductible dont il fait preuve.

Source: *Guillaume d'Ockham,* Somme de logique, *trad. de Joël Biard, Mauvezin, T.E.R., 1988, chap. 15, p. 51 à 55.*
Bibliographie: *Pierre Alfiéri,* Guillaume d'Ockham, le singulier, *Paris, Minuit, 1989.*

On peut prouver de manière évidente qu'aucun universel n'est une substance existant en dehors de l'âme.

En premier lieu, aucun universel n'est une substance singulière, numériquement une. Si l'on posait que tel fût le cas, il s'ensuivrait en effet que Socrate serait un universel parce qu'il n'y a pas de raison pour qu'un universel soit une substance singulière plutôt qu'une autre. Aucune substance singulière n'est donc un universel, mais toute substance est numériquement une et singulière parce que toute substance est ou bien une seule chose et non plusieurs, ou bien plusieurs choses. Si elle est une chose et non plusieurs, elle est numériquement une, car c'est bien cela que tout le monde entend par numériquement un. Mais si une substance consiste en plusieurs choses, ou bien ce sont plusieurs choses singulières, ou bien plusieurs choses universelles. Dans le premier cas, il s'ensuivrait qu'une substance serait plusieurs substances singulières et par conséquent, pour la même raison, il y aurait une substance qui serait plusieurs hommes; alors, bien que l'universel soit distinct d'un seul particulier, il ne serait cependant pas distinct des particuliers. Mais si une substance consistait en plusieurs choses universelles, je prendrais l'une de ces choses universelles et je demanderais si elle consiste elle-même en plusieurs choses ou bien si elle est une et non plusieurs. Dans la seconde hypothèse, il s'ensuit qu'elle est singulière; dans la première, je demande à nouveau si elle consiste en plusieurs choses singulières ou bien en plusieurs choses universelles. Ainsi, ou bien s'engage un procès à l'infini, ou bien il est établi qu'aucune substance n'est universelle qui ne soit en même temps singulière. Il en résulte qu'aucune substance n'est universelle.

De même, si un universel était une seule substance, existant dans les substances singulières mais distincte de ces dernières, il s'ensuivrait qu'il pourrait être sans elle puisqu'en vertu de la puissance divine, toute chose qui est par nature antérieure à une autre peut exister sans elle; mais le conséquent est absurde.

De même, si cette opinion était vraie, aucun individu ne pourrait être créé si un autre individu préexistait, car il ne recevrait pas tout son être à partir de rien, l'universel qui est en lui existant d'abord en un autre. Pour la même raison, Dieu ne pourrait annihiler un seul individu de cette substance sans détruire tous les autres parce que s'il détruisait un individu, il détruirait tout ce qui concerne l'essence de cet individu, et par conséquent il détruirait cet universel qui est en lui et dans les autres; les autres par conséquent ne subsisteraient pas, parce qu'ils ne pourraient pas subsister sans cet universel qui est posé comme partie d'eux-mêmes.

De même, un tel universel ne pourrait être tenu pour totalement extrinsèque à l'essence de l'individu; il appartiendrait donc à l'essence de l'individu et par conséquent l'individu serait composé d'universels; ainsi, l'individu ne serait pas plus singulier qu'universel.

De même, il s'ensuivrait que quelque chose appartenant à l'essence du Christ serait misérable et damné. Car cette nature commune, existant réellement dans le Christ et dans quelqu'un de damné puisqu'elle serait aussi en Judas, serait elle-même damnée. Or cela est absurde.

À partir de ce qui vient d'être cité et de nombreuses autres autorités, on peut conclure qu'aucun universel n'est une substance, quelle que soit la manière dont on le considère. Ce n'est pas sa prise en considération par l'intellect qui fait que quelque chose est ou non une substance, bien que la signification du terme fasse que l'on puisse ou non prédiquer de lui (mais non pour ce qu'il est) le nom « substance ». Si, dans la proposition « le chien est un animal », le terme « chien » tient lieu d'un animal aboyant, la proposition est vraie, s'il tient lieu d'une constellation céleste, la proposition est fausse. Mais que la même chose, selon une manière de la considérer soit une substance et selon une autre ne soit pas une substance, c'est impossible.

C'est pourquoi il faut tout simplement admettre qu'aucun universel n'est une substance, de quelque manière qu'on le considère. Mais n'importe quel universel est une intention de l'âme qui, selon une opinion probable, ne diffère pas de l'acte d'intellection. On dit ainsi que l'intellection par laquelle je comprends l'homme est un signe naturel signifiant les hommes, à la manière dont le gémissement est un signe naturel de la maladie, de la tristesse ou de la douleur; et c'est ce signe qui peut tenir la place des hommes dans une proposition mentale, tout comme le son vocal peut tenir lieu de choses dans des propositions vocales.

Qu'en effet l'universel soit une intention de l'âme, Avicenne l'exprime suffisamment dans le Livre V de la *Métaphysique*: «Je dis donc que l'universel se dit de trois façons. On appelle en effet universel ce qui est prédiqué en acte de plusieurs choses, comme «homme», et l'on appelle universel l'intention qu'il est possible de prédiquer de plusieurs choses.» Et il poursuit: «On appelle aussi universel l'intention dont rien n'empêche de penser qu'elle puisse être prédiquée de plusieurs choses.»

Langage et silence
(1922)

LUDWIG WITTGENSTEIN
(1889-1951)

Il y a une violence du silence. Il y a aussi une vertu de celui-ci. Car le silence peut être l'expression de la violence et de l'indifférence, comme il peut être celle de la vertu qui agit en silence. Sans faire de bruit. Avec une discrétion qui est la vertu même dans la vertu. C'est en ce sens qu'il faut comprendre le célèbre silence de Wittgenstein à la fin du Tractatus logico-philosophicus. *D'une façon très kantienne, en effet, celui-ci a entrepris comme projet philosophique d'user des ressources de la raison afin de délimiter dans le champ de la réflexion le domaine des énoncés légitimement recevables. Cela l'a conduit dans sa première philosophie à distinguer clairement ce qui peut être dit de ce qui peut être montré, ce qui peut être dit relevant d'une description de la logique du monde et ce qui peut être montré relevant de l'éthique. Contrairement aux apparences, cette distinction sépare la logique de l'éthique, parce qu'elle est fidèle à une même exigence. En montrant que la logique n'est pas une éthique, elle montre que jamais la théorie ne saurait tenir lieu de pratique, étant donné que, pour cette dernière, il convient d'opérer un choix qui relève d'un acte de volonté qui n'est pas nécessaire dans la théorie. En montrant, à l'inverse, que l'éthique n'a que faire d'être démontrée par un discours, elle montre que jamais le discours éthique ne saurait la remplacer, sauf à se transformer en leurre masquant l'engagement éthique que l'on n'ose pas accomplir. Il y a, autrement dit, une éthique du discours dans le fait de distinguer logique et éthique, comme le fait Wittgenstein. Celle qui consiste à taire tout ce qui se paye de mots afin de laisser parler le monde par sa logique comme l'action par sa vertu. En montrant ainsi que toute parole digne de ce nom tait quelque chose de l'ordre de la confusion et que le silence convient à l'action vertueuse, Wittgenstein a montré que l'existence humaine n'acquiert une cohérence dans le langage qu'en articulant la parole et le silence. Certes, dans sa seconde philosophie, il privilégiera l'analyse des jeux de langage afin de mettre à distance les discours qui prétendent se faire l'image du monde. Toutefois, cette transformation n'infirmera pas une critique du langage dont l'inspiration éthique demeure un fil conducteur.*

Source : *Ludwig Wittgenstein*, Tractatus logico-philosophicus, *Paris, Gallimard, 1961, p. 52-53, 102 à 107.*

Bibliographie : *Jacques Bouveresse*, Wittgenstein, la rime et la raison, science, éthique et esthétique, *Paris, Minuit, 1973.*

4.113 — La philosophie limite le domaine discutable des sciences de la nature.

4.114 — Elle doit délimiter le concevable, et, de la sorte, l'inconcevable.

Elle doit limiter de l'intérieur l'inconcevable par le concevable.

4.115 — Elle signifiera l'indicible, en représentant clairement le dicible.

4.116 — Tout ce qui peut être en somme pensé, peut être clairement pensé. Tout ce qui se laisse exprimer, se laisse clairement exprimer.

4.12 — La proposition peut représenter la réalité totale, mais elle ne peut représenter ce qu'il faut qu'elle ait en commun avec la réalité pour pouvoir la représenter — la forme logique.

Pour pouvoir représenter la forme logique il faudrait que nous puissions nous situer avec la proposition en dehors de la logique, c'est-à-dire en dehors du monde.

4.121 — La proposition ne peut représenter la forme logique, celle-ci se reflète dans la proposition.

Ce qui se reflète dans le langage, le langage ne peut le représenter.

Ce qui s'exprime *soi-même* dans le langage, *nous-mêmes* ne pouvons l'exprimer par le langage.

La proposition *montre* la forme logique de la réalité. Elle l'exhibe.

4.1211 — Ainsi une proposition « fa » montre que dans son sens l'objet *a* intervient, deux propositions « fa » et « ga » montrent qu'en toutes deux il est question du même objet.

Quand deux propositions se contredisent, leur structure le révèle ; de même quand l'une procède de l'autre, etc...

4.1212 — Ce qui *peut* être montré *ne peut pas* être dit.

6.373 — Le monde est indépendant de ma volonté.

6.374 — Même si tout ce que nous désirons se produisait, ce ne serait cependant là, pour ainsi dire, qu'une grâce du destin, car il n'est point de connexion *logique* entre la volonté et le monde qui le garantisse, et quant à la connexion physique admise nous ne pourrions pas la vouloir nous-mêmes de nouveau.

6.375 — De même qu'il n'y a qu'une nécessité *logique*, il n'y a aussi qu'une impossibilité *logique*.

6.3751 — Que, par exemple, deux couleurs se trouvent à la fois en un point du champ de vision, est impossible et notamment logiquement impossible, car cela est exclu par la structure logique de la couleur.

Considérons la manière dont cette contradiction se représente en physique : à peu près de même qu'une particule ne peut avoir dans le même temps deux sortes de rapidité, c'est-à-dire qu'elle ne saurait se trouver dans le même temps à deux endroits ; c'est-à-dire que les particules à différents endroits dans le même temps ne sauraient être identiques.

(Il est clair que le produit logique de deux propositions élémentaires ne peut être ni une tautologie ni une contradiction. L'affirmation qu'un point du champ de vision a dans le même temps deux couleurs différentes, est une contradiction.)

6.4 — Toutes les propositions sont d'égale valeur.

6.41 — Le sens du monde doit se trouver en dehors du monde. Dans le monde toutes choses sont comme elles sont et se produisent comme elles se produisent : il n'y a pas *en lui* de valeur — et s'il y en avait une, elle n'aurait pas de valeur.

S'il existe une valeur qui ait de la valeur, il faut qu'elle soit hors de tout événement et de tout être-tel. *(So-sein.)* Car tout événement et être-tel ne sont qu'accidentels.

Ce qui les rend non-accidentels ne peut se trouver dans le monde, car autrement cela aussi serait accidentel.

Il faut que cela réside hors du monde.

6.42 — C'est pourquoi il ne peut pas non plus y avoir de propositions éthiques.

Des propositions ne sauraient exprimer quelque chose de plus élevé.

6.421 — Il est clair que l'éthique ne se peut exprimer.

L'éthique est transcendantale.

(L'éthique et l'esthétique sont un.)

6.422 — La première pensée qui vient à l'esprit lors de l'institution d'une loi éthique de la forme de : « Tu dois... » est celle-ci : et qu'arriverait-il si je ne le faisais point ? Il est cependant clair que l'éthique n'a rien à voir avec la punition ou la récompense au sens ordinaire. Ainsi la question relative aux *conséquences* d'un acte doit être sans intérêt. Tout au moins ces conséquences ne sauraient-elles être des événements. Car il faut bien qu'il y ait quelque chose de vrai dans cette interrogation. Il doit y avoir sans doute une sorte de récompense éthique et de punition éthique, mais celles-ci doivent résider dans l'acte même.

(Et il est clair aussi que la récompense doit être quelque chose d'agréable, la punition quelque chose de désagréable.)

6.423 — On ne peut parler de la volonté en tant que sujet de l'éthique.

Et la volonté en tant que phénomène n'intéresse que la psychologie.

6.43 — Si c'est la bonne ou la mauvaise volonté qui change le monde, elle ne peut que changer les limites du monde, non point les faits ; non point ce qui peut être exprimé par le langage.

En un mot, le monde doit par là-même devenir absolument un autre monde. Il doit pour ainsi dire diminuer ou augmenter en tant que totalité.

Le monde de l'homme heureux est un autre monde que celui du malheureux.

6.431 — De même qu'à la mort le monde ne change pas, mais cesse.

6.4311 — La mort n'est pas un événement de la vie. La mort ne peut être vécue.

Si l'on entend par éternité, non pas une durée temporelle infinie, mais l'intemporalité, alors celui-là vit éternellement qui vit dans le présent.

Notre vie est tout autant sans fin que notre champ de vision est sans limite.

6.4312 — L'immortalité temporelle de l'âme humaine, c'est-à-dire son éternelle survie aussi après la mort, n'est garantie d'aucune manière ; mais encore cette supposition n'est pas du tout ce que l'on a toujours voulu atteindre par elle. Est-ce qu'une énigme se trouve résolue du fait que je survive éternellement ? Est-ce que cette vie éternelle n'est pas alors aussi énigmatique que la vie présente ?

La solution de l'énigme de la vie dans l'espace et le temps se trouve *hors* de l'espace et du temps.

(En effet, ce ne sont pas des problèmes des sciences de la nature que nous avons à résoudre.)

6.432 — *Comment* est le monde, voilà qui est absolument indifférent pour ce qui est plus élevé. Dieu ne se révèle pas *dans* le monde.

6.4321 — Les faits n'appartiennent tous qu'au problème, non à sa solution.

6.44 — Ce qui est mystique, ce n'est pas *comment* est le monde, mais le *fait* qu'il est.

6.45 — Contempler le monde sub specie aeterni, c'est le contempler en tant que totalité — mais totalité limitée.

Le sentiment du monde en tant que totalité limitée constitue l'élément mystique.

6.5 — Une réponse qui ne peut être exprimée suppose une question qui elle non plus ne peut être exprimée.

L'énigme n'existe pas.

Si une question se peut absolument poser, elle *peut* aussi trouver sa réponse.

6.51 — Le scepticisme *n'est pas* réfutable, mais est évidemment dépourvu de sens s'il s'avise de douter là où il ne peut être posé de question.

Car le doute ne peut exister que là où il y a une question; une question que là où il y a une réponse, et celle-ci que là où quelque chose *peut* être *dit*.

6.52 — Nous sentons que même si toutes les *possibles* questions scientifiques ont trouvé leur réponse, nos problèmes de vie n'ont pas même été effleurés. Assurément il ne subsiste plus alors de question; et cela même constitue la réponse.

6.521 — La solution du problème de la vie se remarque à la disparition de ce problème.

(N'est-ce pas là la raison pour laquelle des hommes pour qui le sens de la vie est devenu clair au terme d'un doute prolongé n'ont pu dire ensuite en quoi consistait ce sens?)

6.522 — Il y a assurément de l'inexprimable. Celui-ci se *montre*, il est l'élément mystique.

6.53 — La juste méthode de philosophie serait en somme la suivante: ne rien dire sinon ce qui se peut dire, donc les propositions des sciences de la nature — donc quelque chose qui n'a rien à voir avec la philosophie — et puis à chaque fois qu'un autre voudrait dire quelque chose de métaphysique, lui démontrer qu'il n'a pas donné de signification à certains signes dans ses propositions. Cette méthode ne serait pas satisfaisante pour l'autre — il n'aurait pas le sentiment que nous lui enseignons de la philosophie — mais *elle* serait la seule rigoureusement juste.

6.54 — Mes propositions sont élucidantes à partir de ce fait que celui qui me comprend les reconnaît à la fin pour des non-sens, si, passant par elles, — sur elles — par-dessus elles, il est monté pour en sortir.

Il faut qu'il surmonte ces propositions; alors il acquiert une juste vision du monde.

7. — Ce dont on ne peut parler, il faut le taire.

Écriture et philosophie
(1967)

JACQUES DERRIDA
(né en 1930)

Comment la raison occidentale a-t-elle pu engendrer de la violence? Cette question qui n'a cessé d'interroger Heidegger, et qui nous interroge, Jacques Derrida se l'est posée en y répondant non pas par une critique de la technique comme Heidegger, mais par une critique du logocentrisme. *Selon lui, en effet, si la raison occidentale a pu déboucher sur la violence, c'est parce que, dès sa fondation par la pensée grecque, elle a été pensée comme* voix du maître, *c'est-à-dire présence à soi d'une volonté présente à toutes choses et rendant tout présent à elle en supprimant le temps des choses et en empêchant qu'elles puissent différer. À l'écriture qui est un langage s'inscrivant dans la matérialité de l'existence par un acte qui lui échappe et qui s'ouvre sur le temps, s'est substituée une parole idéale et atemporelle. Aussi se délivre-t-on de la violence quand la pensée entreprend de se faire en se faisant, comme l'écriture qui découvre dans le risque assumé d'une absence à tout mirage de présence, la parole de l'inouï, qui fait entrevoir la source vive de la pensée.*

Source: *Jacques Derrida*, la Voix et le phénomène, *Paris, P.U.F., 1967, p. 115;* l'Écriture et la différence, *Paris, Seuil, 1979, p. 17 et 22.*
Bibliographie: *Vincent Descombes*, le Même et l'autre, *Paris, Minuit, 1979.*

La voix et le phénomène

À L'INTÉRIEUR de la métaphysique de la présence, de la philosophie comme savoir de la présence de l'objet, comme être-auprès-de-soi du savoir dans la conscience, nous croyons tout simplement au savoir absolu comme *clôture* sinon comme fin de l'histoire. Nous y croyons littéralement. Et *qu'une telle clôture a eu lieu.* L'histoire de l'être comme présence, comme présence à soi dans le savoir absolu, comme conscience (de) soi dans l'infinité de la parousie, cette histoire est close. L'histoire de la présence est close, car « histoire » n'a jamais voulu dire que cela: présentation *(Gegenwärtigung)* de l'être, production et recueillement de l'étant dans la présence, comme savoir et maîtrise. Puisque la présence pleine a *vocation* d'infinité comme présence absolue à soi-même dans la conscience, l'accomplissement du savoir absolu est la fin de l'infini qui ne peut être que l'unité du concept, du logos et de la conscience dans une voix sans différance. *L'histoire de la métaphysique est le vouloir-s'entendre-parler absolu.* Cette histoire est close quand cet absolu infini s'apparaît comme sa propre mort. *Une voix sans différance, une voix sans écriture est à la fois absolument vive et absolument morte.*

Pour ce qui « commence » alors, « au-delà » du savoir absolu, des pensées *inouïes* sont réclamées qui se cherchent à travers la mémoire des vieux signes. Tant que la différance reste un concept dont on se demande s'il doit être pensé à partir de la présence ou avant elle, elle reste un de ces vieux signes; et il nous dit qu'il faut continuer indéfiniment à interroger la présence dans la clôture du savoir. Il faut l'entendre ainsi et autrement. Autrement, c'est-à-dire dans l'ouverture d'une question inouïe n'ouvrant ni sur un savoir ni sur un non-savoir comme savoir à venir. Dans l'ouverture de cette question, *nous ne savons plus*. Ce qui ne veut pas dire que nous ne savons rien, mais que nous sommes au-delà du savoir absolu (et de son système éthique, esthétique ou religieux) vers ce à partir de quoi sa clôture s'annonce et se décide. Une telle question sera légitimement entendue comme *ne voulant rien dire*, comme n'appartenant plus au système du vouloir-dire.

L'écriture et la différence

Pour ressaisir au plus proche l'opération de l'imagination créatrice, il faut donc se tourner vers l'invisible dedans de la liberté poétique. Il faut se séparer pour rejoindre en sa nuit l'origine aveugle de l'œuvre. Cette expérience de conversion qui instaure l'acte littéraire (écriture ou lecture) est d'une telle sorte que les mots mêmes de séparation et d'exil, désignant toujours une rupture et un cheminement à *l'intérieur* du monde, ne peuvent la manifester directement mais seulement l'indiquer par une métaphore dont la généalogie mériterait à elle seule le tout de la réflexion. Car il s'agit ici d'une sortie hors du monde, vers un lieu qui n'est ni un *non-lieu* ni un *autre* monde, ni une utopie ni un alibi. Création d'« un univers qui s'ajoute à l'univers », suivant un mot de Focillon que cite Rousset, et qui ne dit donc que l'excès sur le tout, ce rien essentiel à partir duquel tout peut apparaître et se produire dans le langage, et dont la voix de M. Blanchot nous rappelle avec l'*insistance* de la profondeur qu'il est la possibilité même de l'écriture et d'une *inspiration* littéraire en général. Seule l'*absence pure* — non pas l'absence de ceci ou de cela — mais l'absence de tout où s'annonce toute présence — peut *inspirer*, autrement dit *travailler*, puis faire travailler. Le livre pur est naturellement tourné vers l'orient de cette absence qui est, par-delà ou en deçà de la génialité de toute richesse, son contenu propre et premier. Le livre pur, le livre lui-même, doit être, par ce qui en lui est le plus irremplaçable, ce « livre sur rien » dont rêvait Flaubert. Rêve en négatif, en gris, origine du Livre total qui hanta d'autres imaginations. Cette vacance comme situation de la littérature, c'est ce que la critique doit reconnaître comme la spécificité de son objet, *autour de laquelle* on parle toujours. Son objet propre, puisque le rien n'est pas objet, c'est plutôt la façon dont ce rien *lui-même* se détermine en se perdant.

Écrire, ce n'est pas seulement savoir que le Livre n'existe pas et qu'à jamais il y a *des* livres où (se) brise, avant même d'avoir été un, le sens d'un monde impensé par un sujet absolu; que le non-écrit et le non-lu ne peuvent être repris au sans-fond par la négativité serviable de quelque dialectique et que, accablés par le « trop d'écrits! », c'est l'absence du Livre que nous déplorons ainsi.

Écrire, ce n'est pas seulement savoir que par l'écriture, par la pointe du style, il n'est pas nécessaire que le meilleur passe, comme le pensait Leibniz de la création divine, ni que ce passage soit de *volonté*, ni que le consigné *exprime* infiniment l'univers, lui ressemble et le rassemble toujours. C'est aussi ne pouvoir faire précéder absolument l'écrire par son sens: faire descendre ainsi le sens mais élever du même coup l'inscription. Fraternité à jamais de l'optimisme théologique et du pessimisme: rien n'est plus rassurant, mais rien plus désespérant, rien ne détruit nos livres autant que le Livre leibnizien. De quoi vivraient *les* livres, que seraient-ils s'ils n'étaient pas seuls, si seuls, mondes infinis et séparés? Écrire, c'est savoir que ce qui n'est pas encore produit dans la lettre n'a pas d'autre demeure, ne nous attend pas comme *prescription* dans quelque τόπος οὐράνιος ou quelque entendement divin. Le sens doit attendre d'être dit ou écrit pour s'habiter lui-même et devenir ce qu'à différer de soi il est: le sens. C'est ce que Husserl nous apprend à penser dans *l'Origine de la géométrie*. L'acte littéraire retrouve ainsi à sa source son vrai pouvoir. Dans un fragment du livre qu'il projetait de consacrer à *l'Origine de la vérité*, Merleau-Ponty écrivait: « La communication en littérature n'est pas simple appel de l'écrivain à des significations qui feraient partie d'un *a priori* de l'esprit humain: bien plutôt elle les y suscite par entraînement ou par une sorte d'action oblique. Chez l'écrivain la pensée ne dirige pas le langage du dehors : l'écrivain est lui-même comme un nouvel idiome qui se construit... ». « Mes paroles me surprennent moi-même et m'enseignent ma pensée », disait-il ailleurs.

Philosophie et symbole
(1950-1960)

PAUL RICŒUR
(né en 1913)

La raison pense le sens. Les mythes traduisent l'excès de sens qui traverse l'existence de par tout ce qui nous dépasse en elle, à commencer par son origine. Refuser a priori le mythe n'est pas une attitude philosophique, mais un préjugé contre celui-ci. Prétendre, toutefois, en déduire une philosophie, n'est pas philosopher. Car le mythe est un mythe et non une philosophie. Aussi ne peut-on penser le mythe qu'en faisant de celui-ci non pas une pensée, mais un symbole de celle-ci, c'est-à-dire un moyen prospectif d'interroger l'Être d'où jaillit la pensée. Car, rappelle Paul Ricœur, la pensée dépend d'une donation originaire d'être qui dépasse la pensée, comme le montre le mythe. Cependant, c'est en pensant qu'on le réalise. Aussi le mythe peut-il venir guérir la pensée de ses illusions de maîtrise en venant lui désigner cette partie d'elle-même qui lui échappe, grâce à une herméneutique des symboles, donnant à penser la donation même de l'Être.

Source : *Paul Ricœur,* Philosophie de la volonté, finitude et culpabilité, la symbolique du mal, *Paris, Aubier, 1968, p. 323-324, 330 à 332.*

La réflexion pure ne fait appel à aucun mythe, aucun symbole ; en ce sens elle est un exercice direct de la rationalité ; mais pour elle la compréhension du mal est scellée ; la réflexion est pure, mais elle laisse hors de soi la réalité quotidienne, pour autant que le quotidien de l'homme c'est « l'esclavage des passions ». Par contre cette énigme de la liberté serve, la conscience religieuse l'avoue ; mais c'est au prix d'une rupture méthodologique dans la continuité de la réflexion ; non seulement la confession des péchés fait appel à une autre qualité d'expérience, mais elle a recours à un autre langage dont nous avons montré qu'il était de part en part symbolique. Est-il possible, après cette rupture, de renouer avec la réflexion pure, de l'enrichir de tout l'acquis de la connaissance symbolique du mal ?

La question est difficile, car il s'agit de s'avancer entre deux écueils : il n'est pas possible, d'une part, de *juxtaposer* simplement la réflexion et la confession ; il n'est plus possible en effet d'interrompre le discours philosophique, à la façon de Platon, par des récits fantastiques et de dire : ici finit le discours, là commence le mythe ; Lachelier a raison : la philosophie doit tout comprendre, même la religion ; la philosophie, en effet, ne peut s'arrêter en route ; elle a fait, en commençant, le serment de la cohérence ; elle doit tenir jusqu'au bout sa promesse. Mais il n'est pas non plus possible d'obtenir une transcription philosophique directe du symbolisme religieux du mal, sous peine de revenir à une interprétation allégorisante des symboles et des mythes ; nous l'avons assez dit : le symbole ne recèle aucun enseignement dissimulé qu'il suffirait de démasquer et qui rendrait caduc le vêtement de l'image. Entre ces deux impasses nous allons explorer une troisième voie : celle d'une interprétation créatrice de sens, à la fois fidèle à l'impulsion, à la *donation* de sens du symbole, et fidèle au serment du philosophe qui est de comprendre. C'est cette voie que désigne à notre patience et à notre rigueur l'aphorisme proposé en exergue à cette conclusion : « Le symbole donne à penser ».

[...] Je parie que je comprendrai mieux l'homme et le lien entre l'être de l'homme et l'être de tous les étants si je suis l'*indication* de la pensée symbolique. Ce pari devient alors la tâche de *vérifier* mon pari et de le saturer en quelque sorte d'intelligibilité ; en retour cette tâche transforme mon pari : en pariant *sur* la signification du monde symbolique, je parie en même temps *que* mon pari me sera rendu en puissance de réflexion dans l'élément du discours cohérent.

Alors s'ouvre devant moi le champ de l'herméneutique proprement philosophique : ce n'est plus une interprétation allégorisante qui prétend retrouver une philosophie déguisée sous le vêtement imaginatif du mythe ; c'est une philosophie à partir des symboles qui tâche de promouvoir, de former le sens, par une interprétation créatrice. J'oserai au moins provisoirement appeler cette tâche une « déduction transcendantale » du symbole. La déduction transcendantale, au sens kantien, consiste à justifier un concept en montrant qu'il rend possible la constitution d'un domaine d'objectivité. Or si je me sers des symboles de la déviation, de l'errance, de la captivité, comme d'un détecteur de réalité, si je déchiffre l'homme à partir des symboles mythiques du chaos, du mélange et de la chute, bref si j'élabore, sous la conduite d'une mythique de l'existence mauvaise, une empirique de la liberté serve, alors je puis dire qu'en retour j'aurai « déduit » — au sens transcendantal du mot — le symbolisme du mal humain. En effet, le symbole, employé comme détecteur et déchiffreur de la réalité humaine, aura été vérifié par son pouvoir de susciter, d'éclairer, d'ordonner cette région de l'expérience humaine, cette région de l'aveu, qu'on aurait tôt fait de réduire à l'erreur, à l'habitude, à l'émotion, à la passivité, bref à l'une ou l'autre des dimensions de finitude qui n'ont pas besoin des symboles pour être ouvertes et découvertes.

Mais l'expression de déduction transcendantale du symbole n'est pas absolument satisfaisante : elle oriente vers l'idée que la justification du symbole par son pouvoir révélateur constitue une simple augmentation de la *conscience de soi*, une simple extension de la circonscription réflexive, alors qu'une philosophie instruite par les symboles a pour tâche une transformation qualitative de la conscience réflexive. Tout symbole en effet est finalement une hiérophanie, une manifestation du lien entre l'homme et le sacré. Or en traitant le symbole comme un simple révélateur de la conscience de soi, nous l'amputons de sa fonction ontologique ; nous feignons de croire que le « connais-toi » est purement réflexif, alors qu'il est d'abord un appel par lequel chacun est invité à se mieux situer dans l'être, en termes grecs, à « être sage ». [...]

C'est donc comme index de la situation de l'homme au cœur de l'être dans lequel il se meut, existe et veut, que le symbole nous parle. Dès lors la tâche du philosophe guidé par le symbole sera de rompre l'enceinte enchantée de la conscience de soi, de briser le privilège de la réflexion. Le symbole donne à penser que le *Cogito* est à l'intérieur de l'être et non l'inverse... L'être qui se pose lui-même dans le *Cogito* doit encore découvrir que l'acte même par lequel il s'arrache à la totalité ne cesse de participer à l'être qui l'interpelle en chaque symbole.

VII

LA CONNAISSANCE SCIENTIFIQUE

La science caractérise la culture qui est la nôtre. Ainsi que l'a montré Max Weber, nous lui devons d'avoir désenchanté le monde. À la culture mythico-religieuse dans laquelle les hommes se laissent comprendre par *l'Être, au cours d'une fusion émotionnelle destinée à rentrer dans sa présence, elle a substitué la raison qui est, ainsi que l'a dit Auguste Comte, cette faculté de mise en rapport des choses permettant de dégager les relations constantes qui règlent celles-ci, et donc de* comprendre *le monde.*

Ce renversement complet du rapport de l'homme au monde a eu et a encore un triple effet. En premier lieu, il a libéré les hommes de la servitude. Car se laisser comprendre par, *c'est se laisser aller à la présence des choses et des êtres en vivant sous leur emprise, sans aucune distance, ni aucun recul, dans un état de complète fascination. Il a, par ailleurs, libéré le monde d'une tyrannie. Car la fascination est toujours à double sens. Dans tout fasciné, il y a un fascinateur, dont la ruse consiste à se laisser fasciner pour séduire ce qui le séduit, en lui renvoyant l'image fascinante de lui-même. Aussi la fascination passive est-elle moins passive qu'elle n'en a l'air, ainsi que l'a indiqué James Frazer dans* le Rameau d'or *(Robert Laffont, 1983). En se laissant faire, elle ne fait pas rien. Elle séduit, elle aussi, et produit une tentation, en jouant sur la présence de ce qui lui fait face, pour imposer sa présence. D'où le caractère technique et dominateur de la magie dans la relation au monde, selon Frazer. D'où le caractère libérateur de la rationalité. Car, et c'est là son troisième apport, en luttant contre la fascination, celle-ci n'a pas simplement lutté contre la domination magique du monde. Elle a lutté et lutte encore contre une violence exercée vis-à-vis de l'Être. Car, ainsi que l'ont vu Hegel comme Heidegger, la science s'inscrit dans une pensée de l'Être. Bien qu'elle soit apparemment dépourvue de philosophie, elle procède en fait entièrement d'une décision philosophique et véhicule celle-ci avec elle. Comme, par exemple, le fait de rompre avec l'irrationnel comme avec une relation magique aux choses. Aussi le respect de l'Être ne se trouve-t-il pas là où on croit. En effet, la passivité qui se laisse comprendre par celui-ci n'est pas un effacement qui laisse advenir son altérité, mais une passion d'être l'Être même cherchant à le comprendre en soi, en se laissant comprendre par lui. En revanche, l'action de la raison qui s'efforce d'exorciser la fascination de la présence en réduisant celle-ci à une présence à soi présente au présent de ce qui est, n'est pas une passion. C'est, comme l'a compris Goya, une sagesse qui, en chassant l'irrationnel, contribue à pacifier le monde.*

On comprend donc que la raison ait triomphé et qu'elle soit devenue le fondement de la culture. En désenchantant le monde, elle a redonné au sujet humain sa dignité, puisqu'elle l'a délivré des phénomènes de fascination le condamnant à l'état de servitude. Elle a redonné au monde la sienne, puisqu'elle l'a libéré de l'emprise magique s'exerçant sur lui. Elle a surtout fait advenir, tout simplement la dignité même de penser. Car l'Être résidant désormais dans la raison, la raison de l'Être est devenue d'être pour la raison, sans autre raison que la raison elle-même vivant généreusement. De sorte que le progrès de la raison est devenu la confirmation même de l'Être.

Certes, cet idéal de la raison s'est accompagné de l'apparition de ce que le penseur ésotérique René Guénon a appelé « le règne de la quantité », qu'il déplorait. Mais faut-il le déplorer? N'est-ce pas Hegel qui a raison dans sa Logique *d'avoir situé celle-ci au-dessus de la qualité?*

La quantité a été, en effet, la conséquence du fait de vouloir vivre l'Être avec mesure et non avec passion. En mesurant donc celui-ci. D'où la pédagogie philosophique délivrée par les mathématiques dont la fonction originaire a été de régler l'esprit avant de régler les relations qui gouvernent les choses. Pédagogie clairement perçue par Platon et Descartes, et qui perdure encore. Pédagogie qui ne s'applique pas, d'ailleurs, qu'à l'esprit, mais aussi à la nature. Car c'est en mesurant celle-ci par son entremise que l'on est parvenu à extirper la magie des choses, comme le résume le déterminisme pour qui il n'y a ni fatalité, ni hasard, ni saut dans la nature.

La raison devenant la mesure de l'Être, il n'est donc pas étonnant que ce dernier ait pris la figure de l'esprit, cette raison de la raison. Sous la forme de la liberté, celui-ci est devenu le fondement de celle-ci, si bien que le progrès de la science s'est développé conjointement à une émancipation de la liberté. À la question « Pourquoi la science? », il a été répondu « Pour la liberté ». La raison scientifique s'est trouvée légitimée par les progrès de la liberté auxquels elle pouvait donner naissance, plaçant dès lors son fondement devant elle, dans l'avenir qu'elle ouvrait, et non dans le passé. Toutefois, en inaugurant une ère de liberté et de progrès, elle a engendré une crise, ainsi que l'a montré Husserl. Car le fait de placer l'Être dans la raison a bouleversé tant le sens de la raison que celui de l'Être.

S'agissant de la raison, le fait de lui conférer le caractère de l'Être ne l'a pas rendue rationnelle. Au contraire! La raison devenant une raison d'être, on s'est mis à attendre d'elle tout ce que l'on attendait de Dieu ou de l'Être. Résultat, elle est devenue un nouveau mythe, charriant avec lui la volonté de se délivrer de tous les mythes comme de tous les maux de l'humanité. À l'emprise magique de l'Être s'est alors substituée l'emprise magique de la science. Emprise d'autant plus fascinante que celle-ci s'avérait justifiée par l'avènement d'une efficacité inégalée jusqu'alors. Dans le même temps, la raison devenant l'Être, tout ce qui n'est pas rationnel a été considéré comme relevant du non-être, c'est-à-dire tout ce qui est du domaine sensible comme du niveau de l'expérience de la présence à la vie, mais aussi tout ce qui est de l'ordre de la présence de la vie à elle-même dans sa diversité, et enfin la pensée elle-même, puisque toute la soif d'être qui pousse à s'interroger a été considérée comme relevant de l'irrationnel. Autrement dit, sous l'effet d'une confusion entre l'Être et la raison, s'est mise en place une pratique de la rationalité cherchant simultanément à étendre son emprise tout en rejetant ce qui n'est pas elle. Aussi s'est-on heurté et se heurte-t-on encore à une critique de la science. Critique stérile pour une part, avec le rêve de revenir à des pratiques mythico-religieuses dont on espère que, en réenchantant le monde, elles conjureront l'emprise négative du règne de la quantité. Critique féconde, d'autre part, avec l'effort pour penser la rationalité de l'intérieur même de celle-ci.

Une telle critique a pris trois formes. Une forme logique, en premier lieu, s'efforçant de rendre à la raison sa rationalité en la débarrassant de toutes les tentations de se prendre pour l'Être, comme de devenir la mesure de toutes choses (Carnap, Frege, Wittgenstein, Russell). Une forme empirique, en second lieu, cherchant à rendre aux choses toute leur singularité, en creusant l'écart qui sépare l'homme et le monde, au lieu de vouloir artificiellement le combler (Popper). Enfin, une forme épistémologique travaillant à redonner à la philosophie son rôle de pensée pensante par-delà ces pensées non pensantes que sont les formes mythico-religieuses pour qui l'Être tient lieu de science, ou comme le scientisme, pour qui la science tient lieu d'Être. Il y a, en effet, s'agissant de la science, le faux problème d'être pour ou contre elle. Il y a, en revanche, la vraie question d'être avec ou sans elle. Être avec elle, en l'occurrence, c'est apercevoir qu'il en va d'elle, comme il en va du monde, du sujet pensant et de la philosophie. Elle se fait en se faisant. N'étant ni toute faite ni défaite, elle est un chemin, c'est-à-dire une méthode comme l'a montré Descartes. Aussi Bachelard a-t-il eu raison de dire que la science a des leçons à nous donner. Car, en cherchant à comprendre comme elle le fait, c'est en définitive notre propre chemin qu'elle nous aide à comprendre.

ORDRE ET MESURE DE LA SCIENCE

La division de la ligne

(IVe siècle av. J.-C.)

PLATON
(427-347 av. J.-C.)

À la fin du livre VI de la République, *juste avant d'exposer le mythe de la caverne, Platon décrit l'échelle de la connaissance qui conduit des apparences à la raison, en passant par la croyance et les mathématiques. Dans cette élévation progressive qui va du paraître à l'être, les mathématiques jouent un rôle charnière. Marquant une rupture entre le visible et l'invisible, elles sont à la raison ce que les apparences sont à l'opinion. C'est par leur entremise, en effet, que l'esprit est en mesure d'accéder à l'idéal en réalisant que toute chose emprunte au monde des idées et des formes, une forme pour être. Toutefois, bien qu'en rapport avec les idées, elles ne sont pas les idées mêmes. Car si l'outil mathématique permet de décrire le monde des formes, il n'explique pas pourquoi ce dernier existe. Cette explication, seul l'accès au stade de la raison, qui est aussi celui de l'Être, peut la donner. Car c'est seulement au stade du Bien et de l'en-soi, quand on est pour être en pensant pour penser comme le fait la raison dans son inlassable dialogue avec elle-même, qu'on peut le comprendre. Platon a assigné aux mathématiques un rôle de pédagogie vis-à-vis de la pensée. C'est ce qui explique l'absence d'une application de celles-ci à la nature. Mais c'est ce qui fonde aussi chez lui une sagesse de la raison, qui est le passage obligé vers toute relation à l'Être, même si elle tient de lui tout ce qui la rend possible en tant que raison.*

Source : *Platon,* la République, *Livre VI, 510-511 e, trad. de Chambry, Paris, Garnier-Flammarion, 1964, p. 267 à 269.*

Bibliographie : *L. Robin*, les Rapports de l'être et de la connaissance d'après Platon, *Paris, 1957.*

PRENDS DONC UNE LIGNE COUPÉE en deux segments inégaux, l'un représentant le genre visible, l'autre le genre intelligible, et coupe de nouveau chaque segment suivant la même proportion ; tu auras alors, en classant les divisions obtenues d'après leur degré relatif de clarté ou d'obscurité, dans le monde visible, un premier segment, celui des images — j'appelle images d'abord les ombres, ensuite les reflets que l'on voit dans les eaux, ou à la surface des corps opaques, polis et brillants, et toutes les représentations semblables ; tu me comprends ?

Mais oui.

Pose maintenant que le second segment correspond aux objets que ces images représentent, j'entends les animaux qui nous entourent, les plantes, et tous les ouvrages de l'art.

Je le pose.

Consens-tu aussi à dire, demandai-je, que, sous le rapport de la vérité et de son contraire, la division a été faite de telle sorte que l'image est à l'objet qu'elle reproduit comme l'opinion est à la science ?

J'y consens fort bien.

Examine à présent comment il faut diviser le monde intelligible.

Comment ?

De telle sorte que pour atteindre l'une de ses parties l'âme soit obligée de se servir, comme d'autant d'images, des originaux du monde visible, procédant, à partir d'hypothèses, non pas vers un principe, mais vers une conclusion ; tandis que pour atteindre l'autre — qui aboutit à un principe anhypothétique — elle devra, partant d'une hypothèse, et sans le secours des images utilisées dans le premier cas, conduire sa recherche à l'aide des seules idées prises en elles-mêmes.

Je ne comprends pas tout à fait ce que tu dis.

Eh bien ! reprenons-le ; tu le comprendras sans doute plus aisément après avoir entendu ce que je vais dire. Tu sais, j'imagine, que ceux qui s'appliquent à la géométrie, à l'arithmétique ou aux sciences de ce genre, supposent le pair et l'impair, les figures, trois sortes d'angles et d'autres choses de la même famille, pour chaque recherche différente ; qu'ayant supposé ces choses comme s'ils les connaissaient, ils ne daignent en donner raison ni à eux-mêmes ni aux autres, estimant qu'elles sont claires pour tous ; qu'enfin, partant de là, ils déduisent ce qui s'ensuit et finissent par atteindre, de manière conséquente, l'objet que visait leur enquête.

Je sais parfaitement cela, dit-il.

Tu sais donc qu'ils se servent de figures visibles et raisonnent sur elles en pensant, non pas à ces figures mêmes, mais aux originaux qu'elles reproduisent ; leurs raisonnements portent sur le carré en soi et la diagonale en soi, non sur la diagonale qu'ils tracent, et ainsi du reste ; des choses qu'ils modèlent ou dessinent, et qui ont leurs ombres et leurs reflets dans les eaux, ils se servent comme d'autant d'images pour chercher à voir ces choses en soi qu'on ne voit autrement que par la pensée.

C'est vrai.

Je disais en conséquence que les objets de ce genre sont du domaine intelligible, mais que, pour arriver à les connaître, l'âme est obligée d'avoir recours à des hypothèses : qu'elle ne procède pas alors vers un principe — puisqu'elle ne peut remonter au-delà de ses hypothèses —, mais emploie comme autant d'images les originaux du monde visible, qui ont leurs copies dans la section inférieure, et qui, par rapport à ces copies, sont regardés et estimés comme clairs et distincts.

Je comprends que ce que tu dis s'applique à la géométrie et aux arts de la même famille.

Comprends maintenant que j'entends par deuxième division du monde intelligible celle que la raison même atteint par la puissance de la dialectique, en faisant des hypothèses qu'elle ne regarde pas comme des principes, mais réellement comme des hypothèses, c'est-à-dire des points de départ et des tremplins pour s'élever jusqu'au principe universel qui ne suppose plus de condition; une fois ce principe saisi, elle s'attache à toutes les conséquences qui en dépendent, et descend ainsi jusqu'à la conclusion sans avoir recours à aucune donnée sensible, mais aux seules idées, par quoi elle procède, et à quoi elle aboutit.

Je te comprends un peu, mais point suffisamment — car il me semble que tu traites un sujet fort difficile; tu veux distinguer sans doute, comme plus claire, la connaissance de l'être et de l'intelligible que l'on acquiert par la science dialectique de celle qu'on acquiert par ce que nous appelons les arts, auxquels des hypothèses servent de principes; il est vrai que ceux qui s'appliquent aux arts sont obligés de faire usage du raisonnement et non des sens: pourtant, comme dans leurs enquêtes ils ne remontent pas vers un principe, mais partent d'hypothèses, tu ne crois pas qu'ils aient l'intelligence des objets étudiés, encore qu'ils l'eussent avec un principe; or tu appelles connaissance discursive, et non intelligence, celle des gens versés dans la géométrie et les arts semblables, entendant par là que cette connaissance est intermédiaire entre l'opinion et l'intelligence.

Tu m'as très suffisamment compris, dis-je. Applique maintenant à ces quatre divisions les quatre opérations de l'âme: l'intelligence à la plus haute, la connaissance discursive à la seconde, à la troisième la foi, à la dernière l'imagination; et range-les en ordre en leur attribuant plus ou moins d'évidence, selon que leurs objets participent plus ou moins à la vérité.

Je comprends, dit-il; je suis d'accord avec toi et j'adopte l'ordre que tu proposes.

Les règles de la méthode

(1637)

RENÉ DESCARTES

(1596-1650)

Lorsque Descartes a vu chanceler le monde hérité de la scolastique, la question s'est posée de savoir comment faire une science sans retomber dans les erreurs de celui-ci. Les règles de la méthode ont été écrites dans le but de répondre à cette double exigence. Ont-elles toutefois, par excès de méthode, conduit à préjuger de la science et à enfermer celle-ci? C'est une erreur que de le penser. Car il est illusoire de croire que la science puisse partir de rien et que tout ce qu'elle présuppose relève du préjugé. Si elle veut un tant soit peu être, il importe qu'elle se présuppose elle-même et qu'elle présuppose donc la conscience qui la pense. Quand elle ne le fait pas, ce refus vis-à-vis d'elle-même n'est rien d'autre qu'un refus d'elle-même qui renvoie au refus même de la science. Aussi Descartes en faisant de l'évidence la première règle de la méthode, se donne-t-il le présupposé de l'esprit qui lui permet d'éviter les préjugés contre la science. Par ailleurs, en adoptant, comme il le fait dans la suite des règles de la méthode, une démarche de composition et de recomposition vis-à-vis des objets de la nature ou des difficultés qui se présentent à l'esprit, il procède, certes, de façon mécaniste. Mais il s'agit là encore d'une précaution féconde. Car, en l'absence de la connaissance des causes des choses et sans vouloir préjuger de celles-ci, présupposer leur mécanisme est la seule façon de pouvoir remonter des effets aux causes. Les règles de la méthode doivent être donc prises pour ce qu'elles sont : une façon économique de penser visant à se donner un minimum de présupposés afin d'éviter un maximum de préjugés.

Source : *Descartes,* Discours de la méthode, *2e partie, édition F. Alquié, Paris, Garnier-Flammarion, 1963, p. 585 à 588.*

Bibliographie : *Jean Laporte,* le Rationalisme de Descartes, *P.U.F., 1945, rééd. Paris, P.U.F., 1988.*

J'avais un peu étudié, étant plus jeune, entre les parties de la philosophie, à la logique, et entre les mathématiques, à l'analyse des géomètres et à l'algèbre, trois arts ou sciences qui semblaient devoir contribuer quelque chose à mon dessein. Mais, en les examinant, je pris garde que, pour la logique, ses syllogismes et la plupart de ses autres instructions servent plutôt à expliquer à autrui les choses qu'on sait ou même, comme l'art de Lulle, à parler, sans jugement, de celles qu'on ignore, qu'à les apprendre. Et bien qu'elle contienne, en effet, beaucoup de préceptes très vrais et très bons, il y en a toutefois tant d'autres, mêlés parmi, qui sont ou nuisibles ou superflus, qu'il est presque aussi malaisé de les en séparer, que de tirer une Diane ou une Minerve hors d'un bloc de marbre qui n'est point encore ébauché. Puis, pour l'analyse des anciens et l'algèbre des modernes, outre qu'elles ne s'étendent qu'à des matières fort abstraites, et qui ne semblent d'aucun usage, la première est toujours si astreinte à la considération des figures, qu'elle ne peut exercer l'entendement sans fatiguer beaucoup l'imagination; et on s'est tellement assujetti, en la dernière, à certaines règles et à certains chiffres, qu'on en a fait un art confus et obscur, qui embarrasse l'esprit, au lieu d'une science qui le cultive. Ce qui fut cause que je pensai qu'il fallait chercher quelque autre méthode, qui, comprenant les avantages de ces trois, fût exempte de leurs défauts. Et comme la multitude des lois fournit souvent des excuses aux vices, en sorte qu'un État est bien mieux réglé lorsque, n'en ayant que fort peu, elles y sont fort étroitement observées; ainsi, au lieu de ce grand nombre de préceptes dont la logique est composée, je crus que j'aurais assez des quatre suivants, pourvu que je prisse une ferme et constante résolution de ne manquer pas une seule fois à les observer.

Le premier était de ne recevoir jamais aucune chose pour vraie, que je ne la connusse évidemment être telle : c'est-à-dire, d'éviter soigneusement la précipitation et la prévention; et de ne comprendre rien de plus en mes jugements, que ce qui se présenterait si clairement et si distinctement à mon esprit, que je n'eusse aucune occasion de le mettre en doute.

Le second, de diviser chacune des difficultés que j'examinerais, en autant de parcelles qu'il se pourrait, et qu'il serait requis pour les mieux résoudre.

Le troisième, de conduire par ordre mes pensées, en commençant par les objets les plus simples et les plus aisés à connaître, pour monter peu à peu, comme par degrés, jusques à la connaissance des plus composés; et supposant même de l'ordre entre ceux qui ne se précèdent point naturellement les uns les autres.

Et le dernier, de faire partout des dénombrements si entiers, et des revues si générales, que je fusse assuré de ne rien omettre.

Ces longues chaînes de raisons, toutes simples et faciles, dont les géomètres ont coutume de se servir, pour parvenir à leurs plus difficiles démonstrations, m'avaient donné occasion de m'imaginer que toutes les choses, qui peuvent tomber sous la connaissance des hommes, s'entre-suivent en même façon et que, pourvu seulement qu'on s'abstienne d'en recevoir aucune pour vraie qui ne le soit, et qu'on garde toujours l'ordre qu'il faut pour les déduire les unes des autres, il n'y en peut avoir de si éloignées auxquelles enfin on ne parvienne, ni de si cachées qu'on ne découvre. Et je ne fus pas beaucoup en peine de chercher par lesquelles il était besoin de commencer: car je savais déjà que c'était par les plus simples et les plus aisées à connaître; et considérant qu'entre tous ceux qui ont ci-devant recherché la vérité dans les sciences, il n'y a eu que les seuls mathématiciens qui ont pu trouver quelques démonstrations, c'est-à-dire quelques raisons certaines et évidentes, je ne doutais point que ce ne fût par les mêmes qu'ils ont examinées; bien que je n'en espérasse aucune autre utilité, sinon qu'elles accoutumeraient mon esprit à se repaître de vérités, et ne se contenter point de fausses raisons.

Science et liberté
(1795)

NICOLAS DE CONDORCET
(1743-1794)

Les Lumières ont identifié l'Être et la raison et cette identification a été à la source d'un enthousiasme pour la science, en qui elles ont vu le moyen d'émanciper l'humanité en l'affranchissant de la misère, de la tyrannie et de l'ignorance. Le texte de Condorcet en est l'illustration. Il porte avec lui le souffle de la Révolution française. Plus profondément, il s'enracine dans une longue tradition rationaliste, qui n'a ramené la métaphysique à la physique que par souci de lutter contre une passion de l'Être réduisant l'humanité à l'état de servitude. Cette dimension éthique de la raison a conduit à un paradoxe de celle-ci qui demeure encore le nôtre aujourd'hui, à savoir celui d'une science qui prétend pouvoir se passer de philosophie, car elle se pense de fait implicitement comme étant la philosophie même.

Source: *Condorcet,* Esquisse d'un tableau historique des progrès de l'esprit humain, *Paris, Garnier-Flammarion, 1988, p. 267-268.*

Bibliographie: *Yvon Belaval,* Présentation de l'esquisse..., *Paris, Vrin, 1970.*

TOUTES LES ERREURS EN POLITIQUE, en morale, ont pour base des erreurs philosophiques, qui elles-mêmes sont liées à des erreurs physiques. Il n'existe, ni un système religieux ni une extravagance surnaturelle, qui ne soient fondés sur l'ignorance des lois de la nature. Les inventeurs, les défenseurs de ces absurdités, ne pouvaient prévoir le perfectionnement successif de l'esprit humain. Persuadés que les hommes savaient de leur temps tout ce qu'ils pouvaient jamais savoir, et croiraient toujours ce qu'ils croyaient alors, ils appuyaient avec confiance leurs rêveries sur les opinions générales de leur pays et de leur siècle.

Les progrès des connaissances physiques sont même d'autant plus funestes à ces erreurs que souvent ils les détruisent sans paraître les attaquer, et en répandant sur ceux qui s'obstinent à les défendre le ridicule avilissant de l'ignorance.

En même temps l'habitude de raisonner juste sur les objets de ces sciences, les idées précises que donnent leurs méthodes, les moyens de reconnaître ou de prouver une vérité doivent conduire naturellement à comparer le sentiment qui nous force d'adhérer à des opinions fondées sur ces motifs réels de crédibilité, et celui qui nous attache à nos préjugés d'habitude, ou qui nous force de céder à l'autorité: et cette comparaison suffit pour apprendre à se défier de ces dernières opinions, pour faire sentir qu'on ne les croit réellement pas, lors même qu'on se vante de les croire, qu'on les professe avec la plus pure sincérité. Or ce secret une fois découvert rend leur destruction prompte et certaine.

Enfin cette marche des sciences physiques que les passions et l'intérêt ne viennent pas troubler, où l'on ne croit pas que la naissance, la profession, les places donnent le droit de juger ce qu'on n'est pas en état d'entendre; cette marche plus sûre ne pouvait être observée sans que les hommes éclairés cherchassent dans les autres sciences à s'en rapprocher sans cesse; elle leur offrait à chaque pas le modèle qu'ils devaient suivre, d'après lequel ils pouvaient juger de leurs propres efforts, reconnaître les fausses routes où ils auraient pu s'engager, se préserver du pyrrhonisme comme de la crédulité, et d'une aveugle défiance, d'une soumission trop entière même à l'autorité des lumières et de la renommée.

La loi des trois états
(1830-1844)

AUGUSTE COMTE
(1798-1857)

En conférant de l'être à la raison, le XVIIIe siècle s'est placé dans une situation délicate. Car comment expliquer qu'il puisse y avoir d'autres types de discours que la science, comme par exemple la religion ou la métaphysique, si la raison est l'Être? N'y a-t-il pas là une anomalie dans l'Être et un déficit dans la raison? Pour tenter d'assurer celle-ci en expliquant l'existence de ce qui n'est pas elle, le XIXe siècle a eu recours à l'histoire et, en définitive, par-delà celle-ci, au cheminement même de la vie dans le temps à travers l'enfance, l'adolescence et la maturité. Ce faisant, la religion et la métaphysique, tant décriées au XVIIIe siècle comme étant irrationnelles, sont devenues du non-encore-rationnel, témoignant de la raison même par leur manque de raison. La célèbre loi des trois états d'Auguste Comte témoigne de cet effort pour parvenir à réconcilier la raison avec l'Être. Toutefois, en développant une grandiose vision de l'histoire, elle a créé le problème qui demeure encore le nôtre aujourd'hui. Car si le refus de la raison débouche sur l'irrationnel, comment penser celle-ci, quand on s'aperçoit qu'une raison qui explique tout cesse d'être rationnelle?

Source: *Auguste Comte,* Cours de philosophie positive, *1re leçon, Paris, Hermann, 1975, p. 21 et 22;* Discours sur l'esprit positif, *Paris, Plon, 1963, p. 50 à 53.*

Bibliographie: *Pierre Macherey,* Comte, la philosophie et la science, *Paris, P.U.F., 1989.*

Cours de philosophie positive, première leçon

POUR EXPLIQUER CONVENABLEMENT la véritable nature et le caractère propre de la philosophie positive, il est indispensable de jeter d'abord un coup d'œil général sur la marche progressive de l'esprit humain, envisagée dans son ensemble : car une conception quelconque ne peut être bien connue que par son histoire.

En étudiant ainsi le développement total de l'intelligence humaine dans ses diverses sphères d'activité, depuis son premier essort le plus simple jusqu'à nos jours, je crois avoir découvert une grande loi fondamentale, à laquelle il est assujetti par une nécessité invariable, et qui me semble pouvoir être solidement établie, soit sur les preuves rationnelles fournies par la connaissance de notre organisation, soit sur les vérifications historiques résultant d'un examen attentif du passé. Cette loi consiste en ce que chacune de nos conceptions principales, chaque branche de nos connaissances, passe successivement par trois états théoriques différents : l'état théologique, ou fictif ; l'état métaphysique, ou abstrait ; l'état scientifique, ou positif. En d'autres termes, l'esprit humain, par sa nature, emploie successivement dans chacune de ses recherches trois méthodes de philosopher, dont le caractère est essentiellement différent et même radicalement opposé : d'abord la méthode théologique, ensuite la méthode métaphysique et enfin la méthode positive. De là, trois sortes de philosophie, ou de systèmes généraux de conceptions sur l'ensemble des phénomènes, qui s'excluent mutuellement : la première est le point de départ nécessaire de l'intelligence humaine ; la troisième, son état fixe et définitif ; la seconde est uniquement destinée à servir de transition.

Dans l'état théologique, l'esprit humain, dirigeant essentiellement ses recherches vers la nature intime des êtres, les causes premières et finales de tous les effets qui le frappent, en un mot, vers les connaissances absolues, se représente les phénomènes comme produits par l'action directe et continue d'agents surnaturels plus ou moins nombreux, dont l'intervention arbitraire explique toutes les anomalies apparentes de l'univers.

Dans l'état métaphysique, qui n'est au fond qu'une simple modification générale du premier, les agents surnaturels sont remplacés par des forces abstraites, véritables entités (abstractions personnifiées) inhérentes aux divers êtres du monde, et conçues comme capables d'engendrer par elles-mêmes tous les phénomènes observés, dont l'explication consiste alors à assigner pour chacun l'entité correspondante.

Enfin, dans l'état positif, l'esprit humain, reconnaissant l'impossibilité d'obtenir des notions absolues, renonce à chercher l'origine et la destination de l'univers, et à connaître les causes intimes des phénomènes, pour s'attacher uniquement à découvrir, par l'usage bien combiné du raisonnement et de l'observation, leurs lois effectives, c'est-à-dire leurs relations invariables de succession et de similitude. L'explication des faits, réduite alors à ses termes réels, n'est plus désormais que la liaison établie entre les divers phénomènes particuliers et quelques faits généraux dont les progrès de la science tendent de plus en plus à diminuer le nombre.

Discours sur l'esprit positif

QUOIQUE LES NÉCESSITÉS purement mentales soient sans doute les moins énergiques de toutes celles inhérentes à notre nature, leur existence directe et permanente est néanmoins incontestable chez toutes les intelligences : elles y constituent la première stimulation indispensable à nos divers efforts philosophiques, trop souvent attribués surtout aux impulsions pratiques, qui les développent beaucoup, il est vrai, mais ne pourraient les faire naître. Ces exigences intellectuelles, relatives, comme toutes les autres, à l'exercice régulier des fonctions correspondantes, réclament toujours une heureuse combinaison de stabilité et d'activité, d'où résultent les besoins simultanés d'*ordre* et de progrès, ou de liaison et d'extension. Pendant la longue enfance de l'Humanité, les conceptions théologico-métaphysiques pouvaient seules, suivant nos explications antérieures, satisfaire provisoirement à cette double condition fondamentale, quoique d'une manière extrêmement imparfaite. Mais quand la raison humaine est enfin assez mûrie pour renoncer franchement aux recherches inaccessibles et circonscrire sagement son activité dans le domaine vraiment appréciable à nos facultés, la philosophie positive lui procure certainement une satisfaction beaucoup plus complète, à tous égards, aussi bien que plus réelle, de ces deux besoins élémentaires. Telle est, évidemment, en effet sous ce nouvel aspect, la destination directe des lois qu'elle découvre sur les divers phénomènes, et de la prévision rationnelle qui en est inséparable. Envers chaque ordre d'événements, ces lois doivent, à cet égard, être distinguées en deux sortes, selon qu'elles lient par similitude ceux qui coexistent, ou par filiation, ceux qui se succèdent. Cette indispensable distinction correspond essentiellement, pour le monde extérieur, à celle qu'il nous offre toujours spontanément entre les deux états corrélatifs d'existence et de mouvement; d'où résulte, dans toute science réelle, une indifférence fondamentale entre l'appréciation *statique* et l'appréciation *dynamique* d'un sujet quelconque. Les deux genres de relations contribuent également à expliquer les phénomènes, et conduisent pareillement à les prévoir, quoique les lois d'harmonie semblent d'abord destinées surtout à l'explication et les lois de succession à la prévision. Soit qu'il s'agisse, en effet, d'expliquer ou de prévoir, tout se réduit toujours à lier: toute liaison réelle, d'ailleurs statique ou dynamique, découverte entre deux phénomènes quelconques, permet à la fois de les expliquer et de les prévoir l'un après l'autre; car la prévision scientifique convient évidemment au présent, et même au passé, aussi bien qu'à l'avenir, consistant sans cesse à connaître un fait indépendamment de son exploration directe, en vertu de ses relations avec d'autres déjà donnés. Ainsi, par exemple, l'assimilation démontrée entre la gravitation céleste et la pesanteur terrestre a conduit, d'après les variations prononcées de la première, à prévoir de faibles variations de la seconde, que l'observation immédiate ne pouvait suffisamment dévoiler, quoiqu'elle les ait ensuite confirmées; de même, en sens inverse, la correspondance, anciennement observée, entre la période élémentaire des marées et le jour lunaire, s'est trouvée expliquée aussitôt qu'on a reconnu l'élévation des eaux en chaque point comme résultant du passage de la lune au méridien local. Tous nos vrais besoins logiques convergent donc essentiellement vers cette commune destination: consolider, autant que possible, par nos spéculations systématiques, l'unité spontanée de notre entendement, en constituant la continuité et l'homogénéité de nos diverses conceptions, de manière à satisfaire également aux exigences simultanées de l'ordre et du progrès, en nous faisant retrouver la constance au milieu de la variété. Or, il est évident que, sous cet aspect fondamental, la philosophie positive comporte nécessairement, chez les esprits bien préparés, une aptitude très supérieure à celle qu'a pu jamais offrir la philosophie théologico-métaphysique. En considérant même celle-ci aux temps de son plus grand ascendant, à la fois mental et social, c'est-à-dire, à l'état polythéique, l'unité intellectuelle s'y trouvait certainement constituée d'une manière beaucoup moins complète et moins stable que ne le permettra prochainement l'universelle prépondérance de l'esprit positif, quand il sera enfin étendu habituellement aux plus éminentes spéculations. Alors, en effet, régnera partout, sous divers modes, et à différents degrés, cette admirable constitution logique, dont les plus simples études peuvent seules nous donner aujourd'hui une juste idée, où la liaison et l'extension, chacune pleinement garantie, se trouvent, en outre, spontanément solidaires. Ce grand résultat philosophique n'exige d'ailleurs d'autre condition nécessaire que l'obligation permanente de restreindre toutes nos spéculations aux recherches vraiment accessibles, en considérant ces relations réelles, soit de similitude, soit de succession, comme ne pouvant elles-mêmes constituer pour nous que de simples faits généraux, qu'il faut toujours tendre à réduire au moindre nombre possible, sans que le mystère de leur production puisse jamais être aucunement pénétré, conformément au caractère fondamental de l'esprit positif. Mais cette constance effective des liaisons naturelles nous est seule vraiment appréciable, elle seule aussi suffit pleinement à nos véritables besoins, soit de contemplation, soit de direction.

Raison et autodestruction

(1935-1936)

EDMUND HUSSERL
(1859-1938)

La science est née, nous dit Husserl, du fait que les hommes se sont interrogés à un moment de leur histoire sur le monde, en posant à son sujet des questions qui le dépassait, comme par exemple celle de son origine. C'est parce qu'ils se sont questionnés philosophiquement à son égard qu'ils se sont intéressés à lui en tant que tel. Or, avec le développement du positivisme remettant en cause toute pertinence de la philosophie au nom de la rigueur scientifique, la culture européenne a sapé les bases mêmes de la science en détruisant celles de la philosophie. Aussi importe-t-il de repenser celles-ci en se délivrant du positivisme qui réduit la science à n'être plus qu'une science des faits, tout en érigeant en philosophie le scepticisme contre la philosophie. C'est ce que va mener à bien Husserl tout au long de la Krisis, *dont le début commence par le constat du caractère autodestructeur de la raison, ainsi qu'en témoigne le texte qui suit.*

Source: *Edmund Husserl,* la Crise des sciences européennes et la phénoménologie transcendantale, *trad. de Gérard Granel, Paris, Gallimard, 1976, p. 17-18.*
Bibliographie: *Jacques Derrida,* Origine de la géométrie, *Introduction, Paris, P.U.F., 1974.*

C'EST *l'idéal déterminé d'une philosophie universelle* et de la méthode qu'elle comporte qui constitue le commencement et pour ainsi dire la *fondation originelle de la modernité philosophique*, comme de toutes les lignes de développement qu'elle connaîtra. Mais au lieu que cet idéal ait pu se réaliser effectivement en déployant ses effets, ce qu'il éprouve est au contraire une dissolution interne. Celle-ci à son tour motive, par opposition aux diverses tentatives de perpétuation et d'affermissement de cet idéal par simple renouvellement, des refontes révolutionnaires, elles-mêmes plus ou moins radicales. C'est ainsi que *le problème de l'idéal authentique* d'une philosophie universelle et de sa méthode authentique devint la tendance la plus intime de tous les mouvements philosophiques historiques. Mais cela signifie qu'en fin de compte toutes les sciences modernes entrèrent dans une crise d'une nature particulière, ressentie comme toujours plus énigmatique, concernant le sens de leur fondement en tant qu'elles sont des rameaux de la philosophie — sens qu'elles continuaient à porter en elles-mêmes. C'est là une crise qui n'entame pas ce qui est scientifique au sens artisanal du terme dans les réussites théorétiques et pratiques, et qui pourtant ébranle de fond en comble le sens de vérité de la science dans son ensemble. Dans ce processus il ne s'agit pas simplement des intérêts d'une forme spéciale de la culture parmi d'autres, nommée « science » ou « philosophie », et qui ne serait qu'un élément dans l'humanité européenne. Car la fondation originelle de la nouvelle philosophie est, d'après ce que nous venons de dire, la fondation originelle de l'humanité européenne moderne, précisément en tant qu'humanité qui, par opposition à l'humanité antérieure, à l'humanité médiévale et antique, veut se renouveler radicalement par sa nouvelle philosophie, et par elle seule. C'est pourquoi la crise de la philosophie a la signification d'une crise de toutes les sciences modernes en tant que membres de l'universalité philosophique : c'est, d'abord de façon latente, puis de plus en plus manifestement, une crise de l'humanité européenne elle-même quant à ce qui donne globalement sens à sa vie culturelle, à l'ensemble de son « existence ».

Le scepticisme à l'égard de la possibilité de la métaphysique, l'effondrement de la foi en une philosophie universelle qui servirait de guide à l'homme nouveau, cela signifie très exactement l'effondrement de la foi en la « raison », comprise dans l'opposition établie par les Anciens entre Épistèmè et Doxa. C'est elle, la raison, qui donne sens de façon ultime à tout ce qui prétend être, à toutes « choses », « valeurs », « buts », en ce qu'elle les rapporte normativement à ce qui, depuis les débuts de la philosophie, est désigné par le terme « Vérité » — vérité en soi — et corrélativement par le terme « Étant » — όντως 'όν. Du même coup tombe également la foi en une raison « absolue », d'où le monde tire son sens, la foi en un sens de l'histoire, en un sens de l'humanité, en sa liberté entendue comme la capacité de l'homme à pourvoir d'un sens rationnel son existence individuelle et collective.

SCIENCE ET LOGIQUE

Le syllogisme

(IVe siècle av. J.-C.)

ARISTOTE

(384-322 av. J.-C.).

Si Platon a assigné aux mathématiques le rôle de hisser les hommes hors du sensible en mesurant ainsi leurs passions tout en mesurant l'Être, il leur a conféré une portée métaphysique risquée. Car ne risquent-elles pas de supplanter l'Être en devenant le mode d'accès privilégié à celui-ci ? Ne risquent-elles pas également de quantifier celui-ci tout en s'efforçant d'en être l'image ? C'est en apercevant tous ces dangers qu'Aristote va entreprendre de mesurer cette mesure que sont les mathématiques, en revenant vers la logique ainsi que l'expérience. Sa théorie du syllogisme exprime clairement son souci d'accéder à l'Être sans intermédiaire mathématique, puisque le syllogisme parfait consiste à tirer des prémisses mêmes du syllogisme la nécessité de sa conclusion, sans sortir donc de l'être de ces dernières. Appliquée au domaine de l'expérience, cette attitude analytique sur le plan logique va se traduire par un recours à l'observation, s'efforçant de déduire les propriétés de ce qui est. Aussi y a-t-il dans la démarche aristotélicienne recourant à l'analyse comme à l'observation afin d'être au plus près de l'Être, une attitude critique à l'égard de l'idéalisme, qui est déjà très moderne.

Source : *Aristote,* Métaphysique, *Livre A, 9, trad. J. Tricot, Paris, Vrin, 1991, p. 53-54 ;* les Seconds Analytiques, *I, 2, trad. J. Tricot, Paris, Vrin, 1970, p. 7 à 9 ;* les Premiers Analytiques, *I, 1, trad. J. Tricot, Paris, Vrin, 1971, p. 1 à 5.*

Bibliographie : *J.M. Le Blond,* Logique et méthode chez Aristote, *Paris, Vrin, 1973.*

Métaphysique

D'UNE FAÇON GÉNÉRALE, lorsque la Sagesse a pour objet la recherche de la cause des phénomènes, c'est précisément ce que nous laissons de côté (car nous ne disons rien de la cause d'où vient le principe du changement), et, dans la pensée d'expliquer la substance des êtres sensibles, nous posons l'existence d'autres espèces de substances. Mais quant à expliquer comment ces dernières sont les substances des précédentes, nous nous contentons de paroles creuses : car *participer*, comme nous l'avons dit plus haut, ne signifie rien. — En ce qui concerne maintenant cette cause, qui, nous le voyons, est le principe des sciences, en vue de laquelle toute intelligence et toute nature agit, cette cause que nous disons être l'un des principes, les Idées n'ont aucune attache avec elle. Mais les Mathématiques sont devenues, pour les modernes, toute la Philosophie, quoiqu'ils disent qu'on ne devrait les cultiver qu'en vue du reste [...].

Premiers et seconds analytiques

NOUS ESTIMONS POSSÉDER la science d'une chose d'une manière absolue, et non pas, à la façon des Sophistes, d'une manière purement accidentelle, quand nous croyons que nous connaissons la cause par laquelle la chose est, que nous savons que cette cause est celle de la chose, et qu'en outre il n'est pas possible que la chose soit autre qu'elle n'est. Il est évident que telle est la nature de la connaissance scientifique ; ce qui le montre, c'est l'attitude aussi bien de ceux qui ne savent pas que de ceux qui savent : les premiers croient se comporter comme nous venons de l'indiquer, et ceux qui savent se comportent aussi en réalité de cette même façon. Il en résulte que l'objet de la science au sens propre est quelque chose qui ne peut pas être autre qu'il n'est.

La question de savoir s'il existe encore un autre mode de connaissance sera examinée plus tard. Mais ce que nous appelons ici *savoir* c'est connaître par le moyen de la démonstration. Par *démonstration* j'entends le syllogisme scientifique, et j'appelle *scientifique* un syllogisme dont la possession même constitue pour nous la science. — Si donc la connaissance scientifique consiste bien en ce que nous avons posé, il est nécessaire aussi que la science démonstrative parte de prémisses qui soient vraies, premières, immédiates, plus connues que la conclusion, antérieures à elle, et dont elles sont les causes. C'est à ces conditions, en effet, que les principes de ce qui est démontré seront aussi appropriés à la conclusion. Un syllogisme peut assurément exister sans ces conditions, mais il ne sera pas une démonstration, car il ne sera pas productif de science. Les prémisses doivent être vraies, car on ne peut pas connaître ce qui n'est pas, par exemple la commensurabilité de la diagonale. Elles doivent être premières et indémontrables, car autrement on ne pourrait les connaître faute d'en avoir la démonstration, puisque la science des choses qui sont démontrables, s'il ne s'agit pas d'une science accidentelle, n'est pas autre chose que d'en posséder la démonstration. Elles doivent être les causes de la conclusion, être plus connues qu'elle et antérieures à elle : causes, puisque nous n'avons la science d'une chose qu'au moment où nous en avons connu la cause ; antérieures, puisqu'elles sont des causes ; antérieures aussi au point de vue de la connaissance, cette préconnaissance ne consistant pas seulement à comprendre de la seconde façon que nous avons indiquée, mais encore à savoir que la chose est.

La prémisse est le discours qui affirme ou qui nie quelque chose de quelque chose, et ce discours est soit universel, soit particulier, soit indéfini. J'appelle *universelle,* l'attribution ou la non-attribution à un sujet pris universellement ; *particulière,* l'attribution ou la non-attribution à un sujet pris particulièrement ou non universellement ; *indéfinie,* l'attribution ou la non-attribution faite sans indication d'universalité ou de particularité : par exemple, *les contraires rentrent dans la même science* ou *le plaisir n'est pas le bien.*

La prémisse démonstrative diffère de la prémisse dialectique en ce que, dans la prémisse démonstrative, on prend l'une des deux parties de la contradiction (car démontrer, ce n'est pas demander, c'est poser), tandis que, dans la prémisse dialectique, on demande à l'adversaire de choisir entre les deux parties de la contradiction. Mais il n'y aura aucune différence en ce qui concerne la production même du syllogisme dans l'un et l'autre cas : en effet, qu'on démontre ou qu'on interroge, on construit le syllogisme en posant que quelque chose appartient ou n'appartient pas à une autre chose. Il en résulte qu'une prémisse syllogistique prise en général sera l'affirmation ou la négation de quelque chose au sujet de quelque chose, de la façon que nous venons de dire ; elle est démonstrative si elle est vraie et obtenue au moyen des principes posés primitivement, tandis que, dans la prémisse dialectique, celui qui interroge demande à l'adversaire de choisir l'une des deux parties d'une contradiction, mais dès qu'il syllogise il pose une assertion portant sur l'apparence et le probable, ainsi que nous l'avons expliqué dans les *Topiques.* — La nature de la prémisse, et la différence entre les prémisses syllogistique, démonstrative et dialectique seront déterminées dans la suite avec plus de précision, mais, pour notre usage présent, contentons-nous des définitions que nous venons de donner.

J'appelle terme ce en quoi se résout la prémisse, savoir le prédicat et le sujet dont il est affirmé, soit que l'être s'y ajoute, soit que le non-être en soit séparé.

Le *syllogisme* est un discours dans lequel, certaines choses étant posées, quelque chose d'autre que ces données en résulte nécessairement par le seul fait de ces données. *Par le seul fait de ces données :* je veux dire que c'est par elles que la conséquence est obtenue ; à son tour, l'expression *c'est par elles que la conséquence est obtenue* signifie qu'aucun terme étranger n'est en sus requis pour produire la conséquence nécessaire.

J'appelle syllogisme *parfait* celui qui n'a besoin de rien autre chose que ce qui est posé dans les prémisses, pour que la nécessité de la conclusion soit évidente ; et syllogisme *imparfait,* celui qui a besoin d'une ou de plusieurs choses, lesquelles, il est vrai, résultent nécessairement des termes posés, mais ne sont pas explicitement énoncées dans les prémisses.

Dire qu'un terme est contenu dans la totalité d'un autre terme, ou dire qu'un terme est attribué à un autre terme pris universellement, c'est la même chose. Et nous disons qu'un terme est *affirmé universellement* quand on ne peut trouver dans le sujet aucune partie dont on ne puisse affirmer l'autre terme; pour l'expression *n'être attribué à aucun*, l'explication est la même.

La logique transcendantale
(1781)

EMMANUEL KANT
(1724-1834)

Si Aristote a opéré une critique des mathématiques afin de penser davantage l'Être en tant qu'Être grâce à la seule pensée, sa démarche n'en a pas moins présupposé qu'il était possible d'accéder au Logos de l'Être et de parler en quelque sorte sa langue. Ce qu'il a fait au demeurant en déduisant les catégories de l'Être par une analyse de celui-ci. Or, comme le demandera Kant, le peut-on? N'y a-t-il pas entre l'Être et l'homme un fossé tel que ce dernier n'est pas en mesure de parler de *lui, mais simplement* sur *lui? Kant s'est d'autant plus posé cette question que Leibniz, en faisant des mathématiques une théorie générale des relations et en formalisant celle-ci, est parvenu à fondre ensemble logique et mathématique, si bien qu'il lui est devenu possible de mathématiser complètement l'Être en faisant de l'analyse un calcul (cf. L. Couturat,* la Logique de Leibniz, *O.L.M.S., chap. 7 et 8). La distinction entre jugement synthétique et jugement analytique ainsi que le repli des mathématiques sur des jugements synthétiques doivent être interprétés dans ce contexte. En effet, en rappelant qu'il faut procéder synthétiquement pour parvenir à l'addition, Kant n'a fait que rappeler que les mathématiques ne sont pas déduites de l'Être, mais de la succession qui est donnée par cette forme a priori de la sensibilité qu'est le temps. D'où, par voie de conséquence, sa réforme de la logique qui est une logique du jugement et non une logique de l'Être. D'où également le congé donné aux mathématiques de la part de la philosophie, celle-ci pensant par concepts et non par construction de concepts, de par son incapacité à pouvoir produire l'Être.*

Source: *Kant,* Critique de la raison pure, *d'après la traduction de J. Barni de 1909, Paris, Garnier-Flammarion, 1987, p. 65 et 67, 129 et 130, 553 et 554.*
Bibliographie: *P. Lachièze-Rey,* l'Idéalisme kantien, *Paris, Vrin, 1950.*

DANS TOUS LES JUGEMENTS où est pensé le rapport d'un sujet à un prédicat (je ne parle ici que des jugements affirmatifs; il sera facile d'appliquer ensuite aux jugements négatifs ce que j'aurai établi), ce rapport est possible de deux manières. Ou bien le prédicat B appartient au sujet A comme quelque chose déjà contenu (implicitement) dans ce concept A; ou bien B, quoique lié à ce concept A, est entièrement en dehors de lui. Dans le premier cas je nomme le jugement analytique; je l'appelle synthétique dans le second. Les jugements (affirmatifs) analytiques sont donc ceux dans lesquels l'union du prédicat avec le sujet est pensée par identité; ceux où cette union est pensée sans identité sont des jugements synthétiques. On pourrait aussi nommer les premiers des jugements déclaratifs [ou explicatifs], et les seconds, des jugements extensifs. Les premiers, en effet, n'ajoutent rien par le prédicat au concept du sujet, mais ne font que le décomposer par l'analyse en ses divers éléments déjà conçus avec lui (quoique d'une manière confuse); les seconds, au contraire, ajoutent au concept du sujet un prédicat qui n'y était pas pensé et qu'aucune analyse n'aurait pu en faire sortir. Par exemple quand je dis: Tous les corps sont étendus, c'est là un jugement analytique. Car je n'ai pas besoin de sortir du concept que je lie au mot corps pour trouver l'étendue unie avec lui; il me suffit de le décomposer, c'est-à-dire de prendre conscience des éléments divers que je pense toujours en lui, pour y trouver ce prédicat. C'est donc un jugement analytique. Au contraire, quand je dis: Tous les corps sont pesants, le prédicat est quelque chose de tout à fait différent de ce que je pense dans le simple concept d'un corps en général. L'adjonction de ce prédicat donne donc un jugement analytique.

On est tenté de croire que cette proposition 7 + 5 = 12 est une proposition purement analytique qui résulte, suivant le principe de contradiction, du concept de la somme de 7 et de 5. Mais, quand on y regarde de plus près, on constate que le concept de la somme de 7 et de 5 ne contient rien de plus que la réunion de deux nombres en un seul, et qu'elle ne nous fait nullement concevoir quel est ce nombre unique qui contient ensemble les deux autres. Le concept de douze n'est point du tout pensé par cela seul que je pense cette réunion de cinq et de sept, et j'aurais beau analyser mon concept d'une telle somme possible, je n'y trouverais pas le nombre douze. Il faut que je dépasse ces concepts, en ayant recours à l'intuition qui correspond à l'un des deux, par exemple à celle des cinq doigts de la main, ou (comme [l'enseigne] *Segner* en son arithmétique), à celle de cinq points, et que j'ajoute ainsi peu à peu au concept de sept les cinq unités données dans l'intuition. En effet, je prends d'abord le nombre 7 et, en me servant pour le concept de 5 des doigts de ma main comme d'intuition, j'ajoute peu à peu au nombre 7, à l'aide de cette image, les unités que j'avais d'abord réunies pour former le nombre 5, et j'en vois résulter le nombre 12. Dans le concept d'une somme = 7 + 5, j'ai bien reconnu que 7 *devait* être ajouté à 5, mais non pas que cette somme était égale à 12. La proposition arithmétique est donc toujours synthétique. C'est ce que l'on verra plus clairement encore en prenant des nombres quelque peu plus grands; il devient alors évident que, de quelque manière que nous tournions et retournions nos concepts, nous ne saurions jamais trouver la somme sans recourir à l'intuition et par la seule analyse de ces concepts.

L'entendement a été défini plus haut de manière purement négative: une faculté de connaître non sensible. Or nous ne pouvons avoir aucune intuition en dehors de la sensibilité. L'entendement n'est donc pas une faculté d'intuition. Mais, l'intuition mise à part, il n'y a pas d'autre moyen de connaître que les concepts. La connaissance de tout entendement, du moins de l'entendement humain, est donc une connaissance par concepts, non intuitive, mais discursive. Toutes les intuitions, en tant que sensibles, reposent sur des affections, mais les concepts supposent des fonctions. J'entends par fonction l'unité de l'acte qui consiste à réunir diverses représentations sous une représentation commune. Les concepts reposent donc sur la spontanéité de la pensée, de même que les intuitions sensibles sur la réceptivité des impressions. L'entendement ne peut faire de ces concepts d'autre usage que de juger par leur moyen. Or comme, excepté l'intuition, aucune représentation ne se rapporte immédiatement à l'objet, un concept ne se rapporte jamais immédiatement à un objet, mais à quelque autre représentation de cet objet (qu'elle soit une intuition, ou déjà un concept). Le jugement est donc la connaissance médiate d'un objet, par conséquent la représentation d'une représentation de cet objet. Dans tout jugement il y a un concept qui en embrasse une pluralité d'autres et qui, parmi eux, comprend aussi une représentation donnée, laquelle enfin se rapporte immédiatement à l'objet. Ainsi, dans ce jugement: *tous les corps sont divisibles,* le concept du divisible se rapporte à divers autres concepts; mais, entre eux, il se rapporte particulièrement à celui de corps, lequel, à son tour, se rapporte à certains phénomènes qui se présentent en nous. Ainsi ces objets sont médiatement représentés par le concept de la divisibilité. Tous les jugements sont donc des fonctions [qui consistent à ramener] nos représentations à l'unité, en substituant à une représentation immédiate une représentation plus élevée qui contient la première avec beaucoup d'autres, et qui sert à la connaissance de l'objet, de sorte que beaucoup de connaissances possibles se trouvent réunies en une seule. Comme nous pouvons ramener tous les actes de l'entendement à des jugements, l'*entendement* en général peut être représenté comme *une faculté de juger*. En effet, d'après ce qui a été dit précédemment, il est une faculté de penser. Or penser, c'est connaître par concepts, et les concepts, comme prédicats de jugements possibles, se rapportent à quelque représentation d'un objet encore indéterminé. Ainsi le concept du corps signifie quelque chose, par exemple un métal, qui peut être connu par ce concept. Il n'est donc un concept qu'à la condition de contenir d'autres représentations au moyen desquelles il peut se rapporter à des objets. Il est donc le prédicat d'un jugement possible, de celui-ci par exemple: tout métal est un corps. On trouvera donc toutes les fonctions de l'entendement, si l'on parvient à déterminer d'une manière complète les fonctions de l'unité dans les jugements.

Si l'on fait abstraction de tout contenu d'un jugement en général et que l'on n'y envisage que la simple forme de l'entendement, on trouve que la fonction de la pensée dans le jugement peut être ramenée à quatre titres, dont chacun contient trois moments. Ils sont parfaitement représentés dans le tableau suivant:

1
Quantité des jugements.
Universels.
Particuliers.
Singuliers.

2
Qualité.
Affirmatifs.
Négatifs.
Indéfinis.

3
Relation.
Catégoriques.
Hypothétiques.
Disjonctifs.

4
Modalités.
Problématiques.
Assertoriques.
Apodictiques.

Il y a donc deux usages de la raison. Le premier usage de la raison est l'usage par concepts, puisque nous n'y pouvons rien faire de plus que de ramener sous des concepts des phénomènes, considérés dans leur contenu réel, qui ne peuvent être déterminés qu'empiriquement, c'est-à-dire *a posteriori* (mais conformément à des concepts comme à des règles d'une synthèse empirique). Le second usage est par construction de concepts, puisque ces concepts, se rapportant déjà à une intuition *a priori*, peuvent être pour cette raison même donnés dans l'intuition pure d'une manière déterminée *a priori* et indépendemment de tout *datum* empirique. Examiner tout ce qui est (une chose dans l'espace ou dans le temps), pour savoir si et jusqu'à quel point cette chose est ou n'est pas un *quantum*, si par conséquent une existence ou un défaut d'existence y doit être représenté, jusqu'à quel point ce quelque chose (qui remplit l'espace ou le temps) est un premier substratum ou une simple détermination, si son existence a un rapport à quelque autre chose comme à sa cause ou à son effet, si enfin elle est isolée ou si elle est unie à d'autres choses quant à son existence par le lien d'une dépendance réciproque; examiner, en un mot, la possibilité de cette existence, sa réalité et sa nécessité ou leurs contraires, tout cela appartient à cette *connaissance rationnelle* par concepts qui est appelée *philosophique*. Mais déterminer *a priori* dans l'espace une intuition (une figure), diviser le temps (la durée), ou simplement connaître ce que présente d'universel la synthèse d'une seule et même chose dans le temps et dans l'espace, et, comme résultat, la quantité d'une intuition en général (le nombre), c'est là une *opération rationnelle* qui se fait par la construction des concepts et qui s'appelle *mathématique*.

Connaissance a priori et connaissance intuitive
(1912)

BERTRAND RUSSELL
(1872-1970)

Bien que Kant ait critiqué Aristote en faisant remarquer la distance qui sépare le sujet pensant de l'Être et qui condamne le sujet à ne pouvoir formuler que des jugements sur *l'Être en fondant ceux-ci sur les capacités de jugements a priori d'une subjectivité transcendantale, il a fait de la conscience la mesure de toutes les mesures. Si bien qu'il a généré un nouveau type de problèmes. Celui de savoir non pas si l'on peut mesurer l'Être, mais si la conscience peut se mesurer elle-même. Kant l'a pensé en conférant à la conscience des capacités a priori de jugement. Bertrand Russell a pensé le contraire. Comme le montrent les textes qui suivent, c'est le donné de l'expérience ainsi que la connaissance intuitive qui sont à la base de la rationalité. Non seulement toute mesure de l'Être échappe à l'homme, mais aussi toute mesure a priori de sa propre conscience. Sa connaissance se fonde irréductiblement sur du donné. La phénoménologie d'Husserl et d'Heidegger est parvenue aux mêmes conclusions. À la différence près toutefois qu'elle a procédé à une interprétation philosophique de ce donné, Husserl en le ramenant à la conscience transcendantale et Heidegger en le ramenant à l'Être. Cette interprétation demeure une des questions majeures de la pensée contemporaine. Car si une interprétation purement empirique du donné originaire de la connaissance fait courir le risque d'un retour au positivisme, une interprétation métaphysique risque de ramener avec elle la tentation de vouloir mesurer l'Être.*

Source: *Bertrand Russell,* Problèmes de philosophie, *trad. de S. Guillemin, Paris, Payot, 1980, p. 123 et 124, 127 et 128.*

Bibliographie: *D. Vernant,* la Philosophie mathématique de B. Russell, *Paris, Vrin, 1992.*

DANS LE CAS SPÉCIAL de «deux et deux font quatre», même si nous interprétons cela comme signifiant «toute réunion d'unités formée de deux fois deux unités est une réunion de quatre unités», il est évident que nous sommes en mesure de *comprendre* une telle proposition, c'est-à-dire que nous pouvons saisir ce qui y est affirmé, pourvu que nous sachions ce qu'on entend par réunion, par «deux» et par «quatre». Il est tout à fait inutile de connaître toutes les réunions de deux, ou paires, qui existent dans le monde; si c'était nécessaire, nous ne pourrions évidemment jamais comprendre la proposition, parce que les paires sont en nombre infini et qu'elles ne peuvent donc pas toutes nous être connues. Ainsi, notre proposition générale *sous-entend* d'autres propositions concernant des paires particulières et nous sommes en mesure de la comprendre *pourvu que nous ayons connaissance de l'existence de ces paires particulières,* mais elle n'affirme ni ne sous-entend en rien qu'il existe de telles paires particulières et ainsi elle est insuffisante pour affirmer quoi que ce soit touchant une paire particulière réelle. La proposition concerne une réunion de deux unités, soit une paire *quelconque* qui est un universel et non pas telle ou telle paire précise.

L'énoncé «deux et deux font quatre» n'a donc trait exclusivement qu'à des universaux et peut par suite être saisi par quiconque a connaissance des universaux concernés, et quiconque peut discerner le rapport existant entre eux, rapport que l'énoncé affirme. Il nous faut admettre comme un fait découvert en réfléchissant sur les données de notre connaissance, que nous possédons le pouvoir d'appréhender parfois certains rapports existant entre les universaux et que, par conséquent, nous pouvons avoir parfois connaissance de certaines propositions *a priori,* d'ordre général, telles que celles concernant l'arithmétique et la logique. Ce qui nous a paru mystérieux, lorsque nous avons étudié les possibilités de cette connaissance *a priori,* c'est qu'elle semblait anticiper et diriger l'expérience. Nous pouvons maintenant juger que nous étions dans l'erreur à ce sujet. *Aucun* fait se rapportant à quoi que ce soit qui puisse être connu par l'expérience, ne peut être saisi indépendamment de l'expérience. Nous savons *a priori* que deux choses ajoutées à deux autres font en tout quatre choses, mais nous ne savons pas *a priori* que si Dupont et Durand sont deux et que Mercier et Portier sont deux, alors Dupont, Durand, Mercier et Portier ensemble sont quatre. La raison en est que cette proposition ne peut être saisie en aucune façon, sauf si nous savons qu'il existe des gens tels que Dupont, Durand, Mercier et Portier, et cela, nous ne pouvons en avoir connaissance que par l'expérience. Ainsi, même si notre proposition générale est *a priori,* toutes ses applications à des particuliers réels impliquent l'expérience, et en conséquence, elles contiennent un élément empirique. De cette façon, ce qui semblait mystérieux dans notre connaissance *a priori* était, on le voit, fondé sur une erreur.

Nous pouvons maintenant passer en revue les sources de notre connaissance telles qu'elles nous sont apparues au cours de notre étude. Il nous faut premièrement distinguer la connaissance des objets et la connaissance des vérités. Chacune de ces connaissances peut être ou immédiate (directe) ou par description. Notre connaissance *directe* est de deux sortes selon que les objets sont des particuliers ou des universaux. Parmi les particuliers, nous avons connaissance de nos sensations et (probablement) de nous-mêmes. Parmi les universaux, il ne semble pas y avoir de règle qui décide de ce que nous pouvons connaître par connaissance directe, mais il est clair que parmi les choses connaissables directement se trouvent des qualités sensibles, des rapports concernant l'espace et le temps ou la similitude et certains universaux abstraits se rattachant à la logique. Notre connaissance par description suppose toujours à la fois une connaissance directe de quelque chose et une connaissance des vérités. Notre connaissance immédiate (ou directe) des vérités peut être appelée connaissance *intuitive*, et des vérités ainsi saisies peuvent s'appeler vérités évidentes par elles-mêmes. Parmi celles-ci sont comprises celles qui énoncent simplement les données des sens et aussi certains principes abstraits du domaine de la logique et de l'arithmétique, également (bien que ce soit moins certain) quelques propositions concernant l'éthique. Notre connaissance «dérivée» des vérités nous est fournie par tout ce que nous pouvons déduire de vérités évidentes en elles-mêmes au moyen des principes de la déduction, principes également évidents par eux-mêmes.

Si l'exposé que nous avons fait est exact, toute notre connaissance des vérités dépend de notre savoir intuitif.

SCIENCE ET EXPÉRIENCE

La table rase
(1690)

JOHN LOCKE
(1632-1704)

Ainsi que l'a montré Bertrand Russell, les premiers éléments de la connaissance font appel à un donné intuitif reçu dans l'expérience. Toutefois, comment comprendre, à partir de celui-ci, la formation des idées? Au XVII*e siècle, John Locke s'est efforcé de répondre à cette question, en élaborant une théorie telle que Leibniz jugera nécessaire de lui consacrer ses* Nouveaux Essais sur l'entendement humain *(1704), afin de lui répondre. Pour ne pas être inféodé à quoi que ce soit, à commencer par une tradition, il a, comme Descartes, entrepris sa démarche de connaissance par un acte de table rase qui est demeuré célèbre. Toutefois, alors que le doute cartésien a débouché sur la conscience, celle-ci est apparue aux yeux de Locke comme préjugeant encore trop du caractère idéal de la connaissance, pour rendre compte adéquatement de celle-ci. Aussi a-t-il entrepris de dépasser celle-ci afin de mettre en place une genèse des idées à partir des sensations. Ce faisant, par un tel geste, il a mis l'accent sur la singularité cachée de celles-ci, restituant ainsi au sensible la part qui lui revient au sein de la connaissance.*

Source: *John Locke,* Essai philosophique concernant l'entendement humain, *II, 1, § 1 à 5, rééd. de la 5e édition de la traduction Coste par E. Naert, Paris, Vrin, 1972, p. 60 à 62.*
Bibliographie: *Yves Michaud,* Locke, *Paris, Bordas, 1988.*

§ 2. SUPPOSONS DONC qu'au commencement l'âme est ce qu'on appelle *une table rase*, vide de tous caractères, sans aucune idée, quelle qu'elle soit. Comment vient-elle à recevoir des idées? Par quel moyen en acquiert-elle cette prodigieuse quantité que l'imagination de l'homme, toujours agissante et sans bornes, lui présente avec une variété presque infinie? D'où puise-t-elle tous ces matériaux qui sont comme le fond de tous ses raisonnements et de toutes ses connaissances? À cela je réponds en un mot, de l'expérience: c'est là le fondement de toutes nos connaissances, et c'est de là qu'elles tirent leur première origine. Les observations que nous faisons sur les objets extérieurs et sensibles, ou sur les opérations intérieures de notre âme, que nous apercevons et sur lesquelles nous réfléchissons nous-mêmes, fournissent à notre esprit les matériaux de toutes ses pensées. Ce sont là les deux sources d'où découlent toutes les idées que nous avons, ou que nous pouvons avoir naturellement.

§ 3. Et premièrement nos sens étant frappés par certains objets extérieurs font entrer dans notre âme plusieurs perceptions distinctes des choses, selon les diverses manières dont ces objets agissent sur nos sens. C'est ainsi que nous acquérons les idées que nous avons du blanc, du jaune, du chaud, du froid, du dur, du mou, du doux, de l'amer et de tout ce que nous appelons qualités sensibles. Nos sens, dis-je, font entrer toutes ces idées dans notre âme, par où j'entends qu'ils font passer des objets extérieurs dans l'âme, ce qui y produit ces sortes de perceptions. Et comme cette grande source de la plupart des idées que nous avons dépend entièrement de nos sens et se communique par leur moyen à l'entendement, je l'appelle SENSATION.

§ 4. L'autre source d'où l'entendement vient à recevoir des idées, c'est la perception des opérations de notre âme sur les idées qu'elle a reçues par les sens: opérations qui devenant l'objet des réflexions de l'âme produisent dans l'entendement une autre espèce d'idées, que les objets extérieurs n'auraient pu lui fournir: telles sont les idées de ce qu'on appelle apercevoir, penser, douter, croire, raisonner, connaître, vouloir et toutes les différentes actions de notre âme de l'existence desquelles étant pleinement convaincus, parce que nous les trouvons en nous-mêmes, nous recevons par leur moyen des idées aussi distinctes que celles que les corps produisent en nous lorsqu'ils viennent à frapper nos sens. C'est là une source d'idées que chaque homme a toujours en lui-même et quoique cette faculté ne soit pas un sens, parce qu'elle n'a rien à faire avec les objets extérieurs, elle en approche beaucoup et le nom de sens intérieur ne lui conviendrait pas mal. Mais comme j'appelle l'autre source de nos idées sensation, je nommerai celle-ci RÉFLEXION, parce que l'âme ne reçoit par son moyen que les idées qu'elle acquiert en réfléchissant sur ses propres opérations. C'est pourquoi je vous prie de remarquer que, dans la suite de ce discours, j'entends par RÉFLEXION la connaissance que l'âme prend de ses différentes opérations, par où l'entendement vient à s'en former des idées. Ce sont là, à mon avis, les seuls principes d'où toutes nos idées tirent leur origine; savoir, les choses extérieures et matérielles qui sont les objets de la SENSATION, et les opérations de notre esprit qui sont les objets de la RÉFLEXION. J'emploie ici le mot d'opération dans un sens étendu, non seulement pour signifier les actions de l'âme concernant ses idées, mais encore certaines passions qui sont produites quelquefois par ces idées, comme le plaisir ou la douleur que cause quelque pensée que ce soit.

§ 5. L'entendement ne me paraît avoir absolument aucune idée qui ne lui vienne de l'une de ces deux sources. Les objets extérieurs fournissent à l'esprit les idées des qualités sensibles, c'est-à-dire toutes ces différentes perceptions que ces qualités produisent en nous, et l'esprit fournit à l'entendement les idées de ses propres opérations.

Expérience et causalité

(1740)

DAVID HUME
(1711-1776)

Si Locke a redonné une place à la sensation au sein de la connaissance, Hume a redonné la sienne à la nature, en rappelant le fossé qui se creuse entre l'homme et celle-ci. Une chose en effet est d'avoir l'habitude de voir se succéder certaines choses selon un certain ordre avec une certaine constance, une autre est d'en inférer qu'il existe une causalité dans les choses. Car, n'étant pas à même de comprendre la nature puisque c'est elle qui nous comprend, il ne nous est pas possible de conclure qu'il existe en elle des relations constantes et stables. Du point de vue qui est le nôtre, la prudence requiert que l'on ne se mette pas à la place de celle-ci et que l'on se contente simplement d'occuper la nôtre. Aussi comprend-on que Hume ait entrepris une psychologie de la connaissance afin de prémunir celle-ci contre des effets psychologiques se prenant pour de la connaissance. En humanisant la connaissance, il a renaturalisé la nature. D'où l'originalité de l'empirisme qui, loin de conduire au scepticisme, ménage avec sa théorie de la causalité la possibilité de réapprendre à situer la nature dans son altérité comme dans sa singularité.

Source: *David Hume,* Traité de la nature humaine, *trad. A. Leroy, Paris, Aubier, 1973, t. I, p. 161 à 163.*
Bibliographie: *A. Leroy,* David Hume, *Paris, P.U.F., 1953.*

Il n'y a pas d'objet qui implique l'existence d'un autre objet, si nous considérons ces objets en eux-mêmes et si nous ne regardons pas au delà des idées que nous nous en faisons. Une telle inférence équivaudrait à une connaissance et impliquerait la contradiction absolue et l'impossibilité de concevoir quoi que ce soit de différent. Mais, puisque toutes les idées distinctes sont séparables, évidemment il ne peut y avoir d'impossibilité de ce genre. Quand nous passons d'une impression présente à l'idée d'un objet, nous aurions pu sans doute séparer l'idée de l'impression, nous aurions pu lui substituer une autre idée.

C'est donc par *expérience* seulement que nous pouvons inférer l'existence d'un objet de celle d'un autre. Voici la nature de cette expérience. Nous nous souvenons d'avoir eu des exemples fréquents de l'existence d'objets d'une espèce donnée; et nous nous souvenons aussi que des objets d'une autre espèce les ont toujours accompagnés et ont toujours apparu dans un ordre régulier de contiguïté et de succession par rapport à eux. Ainsi nous nous souvenons d'avoir vu un objet de cette espèce que nous appelons *flamme* et d'avoir senti une sensation de cette espèce que nous nommons *chaleur*. Nous rappelons également à l'esprit leur constante conjonction dans tous les cas passés. Sans autre cérémonie, nous appelons l'une *cause* et l'autre *effet*, et inférons l'existence de l'une de l'existence de l'autre. Dans tous les cas d'où nous apprenons la conjonction de causes et d'effets particuliers, les causes et les effets ont été également perçus par les sens et nous nous en souvenons; mais, dans tous les cas où nous raisonnons sur eux, nous percevons ou nous nous rappelons seulement les uns et c'est en conformité de notre expérience passée que les autres sont donnés.

Ainsi, chemin faisant, nous avons découvert, sans le vouloir, une nouvelle relation entre la cause et l'effet, alors que nous ne nous y attendions pas le moins du monde et que nous nous employions à fond sur un autre sujet. Cette relation, c'est leur *conjonction constante.* Contiguïté et succession ne suffisent pas à nous faire affirmer que deux objets sont cause et effet, sauf si nous percevons que ces deux relations se retrouvent dans plusieurs cas. Nous pouvons voir maintenant l'avantage qu'il y a à abandonner l'inspection directe de cette relation pour découvrir la nature de cette *connexion nécessaire* qui en constitue une partie aussi essentielle. Nous pouvons espérer arriver à la fin par ce procédé au but proposé; pourtant, à dire vrai, cette relation nouvellement découverte de conjonction constante ne semble ne nous avancer que très peu dans notre voie. Car elle n'implique rien de plus que ceci : des objets analogues ont toujours été placés dans des rapports analogues de contiguïté et de succession; et il semble évident, du moins à première vue, que, par ce moyen, nous ne puissions découvrir aucune idée nouvelle et que nous puissions seulement multiplier le nombre des objets de notre esprit, mais non en accroître la variété. On peut penser que ce que nous n'apprenons pas d'un seul objet, nous ne pouvons pas l'apprendre de cent, s'ils sont de même espèce et se ressemblent parfaitement en tout point. De même que nos sens nous montrent dans un cas unique deux corps, deux mouvements ou deux qualités dans des rapports déterminés de succession et de contiguïté, de même notre mémoire nous présente uniquement une multitude de cas où nous trouvons toujours des corps, mouvements et qualités semblables dans des rapports semblables. La simple répétition d'une impression passée, même à l'infini, n'engendrera jamais une nouvelle idée originale, comme celle de connexion nécessaire; le nombre des impressions n'a, dans ce cas, pas plus d'effet que si nous nous en tenions à une seule. Toutefois, malgré la rigueur et l'évidence apparentes de ce raisonnement, comme ce serait de la sottise de désespérer trop tôt, nous suivrons le fil de notre discussion; puisque nous avons trouvé qu'une fois découverte la constante conjonction de certains objets, nous tirons toujours une inférence d'un objet à l'autre, nous examinerons maintenant la nature de cette inférence et de la transition de l'impression à l'idée. Peut-être apparaîtra-t-il à la fin que la connexion nécessaire dépend de l'inférence, au lieu que ce soit l'inférence qui dépende de la connexion nécessaire.

Hasard et science
(1851)

AUGUSTIN COURNOT
(1801-1877)

Au dire de nombreux penseurs, Hume a été iconoclaste en posant que rien ne nous permettait d'inférer des relations constantes dans la nature, puisque rien ne nous autorisait à nous situer selon son point de vue. Pour Cournot, au contraire, celui-ci n'est pas allé assez loin. Car si nous ne pouvons pas nous mettre à la place de la nature pour inférer qu'il existe en elle des relations constantes, nous ne pouvons pas non plus nous mettre à sa place pour dire que le hasard n'existe pas. Une telle idée est d'ailleurs d'autant plus plausible que tout témoigne en elle d'un aspect non mécanique de son déroulement. Toutefois, si le hasard peut être pensé, encore faut-il ne pas conclure qu'il existe comme chose. Ce qui serait se placer du point de vue de la nature. De fait, quand il apparaît, il renvoie à la multiplicité d'une série de causes qui se développent de façon indépendante. Loin d'être un défaut de causalité, il est plutôt une complication de celle-ci qui renvoie à un « excès » qu'elle ne peut maîtriser. Excès qui, en définitive, est le revers de l'existence même du monde.

Source : *Augustin Cournot,* Essai sur les fondements de nos connaissances et sur les caractères de la critique philosophique, *Paris, Vrin, 1975.*

Bibliographie : Études pour le centenaire de la mort d'Augustin Cournot, *Paris, Vrin, 1978.*

Dans le langage rigoureux qui convient aux vérités abstraites et absolues des mathématiques et de la métaphysique, une chose est possible ou elle ne l'est pas : il n'y a pas de degrés de possibilité ou d'impossibilité. Mais, dans l'ordre des faits physiques et des réalités qui tombent sous les sens, lorsque des événements contraires peuvent arriver et arrivent effectivement, selon les combinaisons fortuites de certaines causes variables et indépendantes d'une épreuve à l'autre, avec d'autres causes ou conditions constantes qui régissent solidairement l'ensemble des épreuves, il est naturel de regarder chaque événement comme ayant une disposition d'autant plus grande à se produire, ou comme étant d'autant plus possible, de fait ou physiquement, qu'il se reproduit plus souvent dans un grand nombre d'épreuves. La probabilité mathématique devient alors la mesure de la *possibilité physique,* et l'une de ces expressions peut être prise pour l'autre. L'avantage de celle-ci, c'est d'indiquer nettement l'existence d'un rapport qui ne tient pas à notre manière de juger et d'apprécier, variable d'un individu à l'autre, mais qui subsiste entre les choses mêmes : rapport que la nature maintient et que l'observation manifeste lorsque les épreuves se répètent assez pour compenser les uns par les autres tous les effets dus à des causes fortuites et irrégulières, et pour mettre au contraire en évidence la part d'influence, si petite qu'elle soit, des causes régulières et constantes, comme cela arrive sans cesse dans l'ordre des phénomènes naturels et des faits sociaux.

Il n'est donc pas exact de dire, avec Hume, que « le hasard n'est que l'ignorance où nous sommes des véritables causes », ou, avec Laplace, que « la probabilité est relative en partie à nos connaissances, en partie à notre ignorance » : de sorte que, pour une intelligence supérieure qui saurait démêler toutes les causes et en suivre tous les effets, la science des probabilités mathématiques s'évanouirait, faute d'objet. Sans doute le mot de *hasard* n'indique pas une cause substantielle, mais une idée : cette idée est celle de la combinaison entre plusieurs systèmes de causes ou de faits qui se développent chacun dans sa série propre, indépendamment les uns des autres. Une intelligence supérieure à l'homme ne différerait de l'homme à cet égard qu'en ce qu'elle se tromperait moins souvent que lui, ou même si l'on veut, ne se tromperait jamais dans l'usage de cette donnée de la raison. Elle ne serait pas exposée à regarder comme indépendantes des séries qui s'influencent réellement, ou, par contre, à se figurer des liens de solidarité entre des causes réellement indépendantes. Elle ferait avec une plus grande sûreté, ou même avec une exactitude rigoureuse, la part qui revient au hasard dans le développement successif des phénomènes. Elle serait capable d'assigner *a priori* les résultats du concours de causes indépendantes dans des cas où nous sommes obligés de recourir à l'expérience, à cause de l'imperfection de nos théories et de nos instruments scientifiques. Par exemple, étant donné un dé de forme déterminée, autre que le cube, ou dont la densité n'est pas uniforme, lequel doit être projeté un grand nombre de fois par des forces impulsives dont l'intensité, la direction et le point d'application sont déterminés à chaque coup par des causes indépendantes de celles qui agissent aux coups suivants, elle saurait (ce que nous ne savons pas) quel doit être à très peu près le rapport entre le nombre des coups qui amèneront une face déterminée et le nombre total des coups; et cette science aurait pour elle un objet certain, soit qu'elle connût les forces qui agissent et qu'elle en pût calculer les effets pour chaque coup particulier, soit que cette connaissance et ce calcul surpassassent encore sa portée. En un mot, elle pousserait plus loin que nous et appliquerait mieux la théorie de ces rapports mathématiques, tous liés à la notion du hasard, et qui deviennent, dans l'ordre des phénomènes, autant de lois de la nature, susceptibles à ce titre d'être constatées par l'expérience ou l'observation statistiques.

Il est vrai de dire en ce sens (comme on l'a répété si souvent) que le hasard gouverne le monde, ou plutôt qu'il a une part, et une part notable, dans le gouvernement du monde; ce qui ne répugne nullement à l'idée qu'on doit se faire d'une direction suprême et providentielle: soit que la direction providentielle soit présumée ne porter que sur les résultats moyens et généraux que les lois mêmes du hasard ont pour résultat d'assurer, soit que l'intelligence suprême dispose des détails et des faits particuliers pour les coordonner à des vues qui surpassent nos sciences et nos théories.

Que si nous restons dans l'ordre des causes secondaires et des faits observables, le seul auquel la science puisse atteindre, la théorie mathématique du hasard (dont les développements ne seraient pas à leur place ici) nous apparaît comme l'application la plus vaste de la science des nombres, et celle qui justifie le mieux l'adage: *Mundum regunt numeri*. En effet, quoi qu'en aient pensé certains philosophes, rien ne nous autorise à croire qu'on puisse rendre raison de tous les phénomènes avec les notions d'étendue, de temps, de mouvement, en un mot, avec les seules notions des grandeurs continues sur lesquelles portent les mesures et les calculs du géomètre. Les actes des êtres vivants, intelligents et moraux ne s'expliquent nullement, dans l'état de nos connaissances, et il y a de bonnes raisons de croire qu'ils ne s'expliqueront jamais par la mécanique et la géométrie. Ils ne tombent donc point, par le côté géométrique ou mécanique, dans le domaine des nombres, mais ils s'y retrouvent placés, en tant que les notions de combinaison et de chance, de cause et de hasard, sont supérieures, dans l'ordre des abstractions, à la géométrie et à la mécanique, et s'appliquent aux phénomènes de la nature vivante comme à ceux que produisent les forces qui sollicitent la matière inorganique; aux actes réfléchis des êtres libres, comme aux déterminations fatales de l'appétit et de l'instinct.

Théorie et falsifiabilité

(1974)

KARL POPPER

(né en 1902)

En optant pour l'empirisme afin de se prémunir contre toute tentation de spéculation sur l'Être ainsi que contre toute idéalisation de la pensée, la connaissance scientifique a choisi la voie de l'induction, c'est-à-dire la voie des faits et d'une généralisation à partir de ceux-ci, faite sous le contrôle de l'expérience. Toutefois, si une telle démarche a eu pour avantage de préserver la réflexion scientifique de spéculations gratuites, elle a eu aussi et a encore deux inconvénients. Comment, en effet, parvient-on au fait pertinent autrement que par le hasard ? Comment, par ailleurs, généralise-t-on à partir d'un fait sans extrapolation ? Il a fallu se rendre à cette évidence : on part toujours d'une théorie pour aller vers une autre théorie en recourant à un raisonnement théorique consistant, comme le montre Popper, à éprouver une théorie en tentant de la falsifier par une confrontation avec les faits. On ne va pas, autrement dit, de l'expérience à la théorie, en étant vierge au départ vis-à-vis des faits et en découvrant tout d'un coup miraculeusement dans ceux-ci une règle généralisable. Ce qui est, comme le souligne Popper, une démarche dépourvue de toute rigueur déductive et donc de toute rigueur scientifique. On ne quitte en réalité jamais le champ de la théorie en pratiquant sur celle-ci des expériences. Ce que traduit la notion de falsifiabilité, qui n'est rien moins qu'une réhabilitation de la théorie comme conjecture, et, par cette réhabilitation, une reconstruction de la rigueur déductive de la démarche scientifique. Puisque, en allant de la théorie à la théorie par l'intermédiaire d'une épreuve des théories, en définitive on ne pratique jamais de sauts. Ce qui est la règle même de la démarche scientifique. Par ailleurs, en posant comme principe qu'une théorie qui n'est pas fausse n'est pas vraie puisqu'elle ne s'applique à rien, la démarche popperienne se prémunit contre toute extrapolation. En cherchant à devenir fausse, elle renonce de fait à la tentation de l'universalité, qui pousse toujours à des généralisations imaginaires.

Source : *Karl Popper,* la Quête inachevée, *trad. de Renée Bouveresse, Paris, Calmann-Lévy, 1981, p. 77-78, 106-107.*

Bibliographie : *R. Bouveresse,* la Philosophie de Karl Popper, *Paris, Vrin, 1978.*

VOICI LA CONJECTURE qui, bien que peut-être fausse, a eu, néanmoins, une importance considérable pour mes idées postérieures.

Compte tenu de l'héritage des Grecs, et du développement (et de la canonisation) des modes d'église à l'époque d'Ambroise et de Grégoire Ier, rien n'aurait véritablement incité à inventer la polyphonie si les musiciens religieux avaient eu la même liberté, mettons, que les créateurs de chansons traditionnelles. Ma conjecture était que la canonisation des mélodies religieuses et les *limitations dogmatiques* qui les entouraient avaient produit le *cantus firmus* contre lequel le contrepoint a pu se développer. Le *cantus firmus* une fois établi a fourni le cadre, l'ordre, la régularité qui ont rendu possible la liberté d'inventer sans chaos.

Dans quelques musiques non européennes nous trouvons que les mélodies *établies* engendrent des variations *mélodiques :* je considérai ceci comme un développement similaire. Mais, selon cette conjecture, la combinaison d'une tradition de mélodies chantées en parallèle, avec la sécurité d'un *cantus firmus* qui n'est pas troublé, même par un « contremouvement », nous a ouvert tout un nouveau monde ordonné, un nouvel univers.

Après que les possibilités de cet univers eurent été explorées dans une certaine mesure (par des essais audacieux et par l'élimination d'erreurs) on pouvait se passer des mélodies authentiques originales, acceptées par l'Église. On pouvait inventer de nouvelles mélodies pour remplacer le *cantus firmus* originel ; quelques-unes deviendraient traditionnelles pendant un certain temps, tandis que d'autres seraient employées dans une seule composition musicale : par exemple, comme sujet d'une fugue.

Selon cette conjecture historique, qui est peut-être insoutenable, la canonisation des mélodies grégoriennes, un acte de dogmatisme, a fourni le cadre nécessaire ou plutôt l'échafaudage nécessaire pour que nous construisions un nouveau monde. Je l'ai aussi formulé en ces termes : le dogme nous fournit le cadre des coordonnées nécessaires à l'exploration de l'ordre de ce nouveau monde inconnu (lui-même quelque peu chaotique, peut-être), et nous permet de créer de l'ordre là où il faisait défaut. Ainsi la création musicale et la création scientifique sembleraient avoir ceci en commun : l'emploi du dogme, ou du mythe, comme une voie artificielle par laquelle nous pénétrons l'inconnu, explorant le monde, créant des régularités ou des règles et recherchant, en même temps, les régularités existantes. Une fois que nous avons trouvé, ou érigé, quelques points de repère, nous procédons en mettant à l'épreuve de nouvelles manières de mettre de l'ordre dans le monde, de nouvelles coordonnées, de nouvelles méthodes d'exploration et de création, de nouvelles façons de construire un monde nouveau, inimaginables dans l'Antiquité, si ce n'est dans le mythe de la musique des sphères.

Ce ne fut qu'après mon doctorat que je tirai mes conclusions, et que mes idées antérieures s'ordonnèrent. Je compris pourquoi la théorie erronée de la science qui avait dominé depuis Bacon — d'après laquelle les sciences naturelles seraient des sciences *inductives*, et l'induction la démarche consistant à établir ou justifier les théories par des observations ou des expériences *répétées* — était si profondément ancrée. La raison en était que les scientifiques devaient *démarquer* leurs activités de la pseudo-science aussi bien que de la théologie et de la métaphysique, et qu'ils avaient emprunté à Bacon la méthode inductive comme leur critère de démarcation. (D'un autre côté, ils étaient soucieux de justifier leurs théories en faisant appel à des sources de la connaissance qui seraient aussi dignes de foi que les sources de la religion.) Mais je possédais depuis de nombreuses années un meilleur critère de démarcation : la réfutabilité ou la falsifiabilité.

Ainsi, il m'était possible de rejeter l'induction sans que la démarcation me pose de problème. Et je pouvais appliquer mes résultats concernant la méthode d'essai et d'erreur de façon à remplacer toute la méthodologie inductive par une méthodologie déductive. La falsification ou réfutation des théories par la falsification ou réfutation de leurs conséquences déductives était bien clairement une inférence déductive *(modus tollens)*. Cette idée impliquait que *les théories scientifiques, si elles ne sont pas falsifiées, restent toujours des hypothèses ou des conjectures.*

Ainsi se clarifiait tout le problème de la méthode scientifique, et avec lui le problème du progrès scientifique. Le progrès consistait en un cheminement vers des théories qui nous en disent de plus en plus — des théories de plus en plus riches de contenu. Mais plus une théorie en dit, plus elle exclut ou interdit, et plus nombreuses sont les occasions de la falsifier. Ainsi une théorie plus riche de contenu est une théorie qui peut être plus sévèrement « testée ». Cette considération conduisit à une conception selon laquelle le progrès scientifique s'avérait ne pas consister en une accumulation d'observations mais en un rejet des théories moins satisfaisantes et leur remplacement par des meilleures, en particulier par des théories plus riches de contenu. Ainsi y avait-il une compétition entre les théories — une espèce de lutte darwinienne pour la survie.

Cette manière de considérer la connaissance me donna la possibilité de reformuler *le problème de l'induction* de Hume. Dans cette reformulation objective, le problème de l'induction ne concerne plus nos croyances — ou la rationalité de nos croyances — mais la relation logique entre des énoncés singuliers (des descriptions de faits singuliers « observables ») et des théories universelles.

Sous cette forme, le problème de l'induction devient soluble : il n'y a pas d'induction, parce que les théories universelles ne sont pas déductibles d'énoncés singuliers. Mais on peut les réfuter par des énoncés singuliers, du fait qu'elles peuvent se heurter à des descriptions de faits observables.

De plus, on peut parler de théories « meilleures » ou « pires » dans un sens objectif, même avant que nos théories ne soient éprouvées : les meilleures théories sont celles qui ont le plus riche contenu, et le plus grand pouvoir explicatif (ces deux critères étant relatifs aux problèmes que nous essayons de résoudre). Ce sont aussi, démontrai-je, les théories les mieux testables ; et — si elles résistent aux tests — celles qui sont les mieux testées.

Cette solution au problème de l'induction donna naissance à une nouvelle théorie de la méthode de la science, à une analyse de la « méthode critique », la méthode de l'essai et de l'erreur : celle qui propose des hypothèses audacieuses, qui les expose à la critique la plus sévère, pour déceler l'erreur.

Du point de vue de cette méthodologie, nous commençons notre étude avec *des problèmes*. Nous nous trouvons toujours situés dans une certaine situation de problème ; et nous choisissons un problème que nous espérons être aptes à résoudre. La solution, toujours une suggestion, consiste en une théorie, une hypothèse, une conjecture. Les diverses théories en conflit sont comparées et soumises à l'examen critique pour déceler leurs défauts ; et les résultats, toujours changeants, jamais concluants, de ces examens critiques constituent ce qu'on peut appeler « la science du jour ».

Ainsi, *il n'y a pas d'induction :* nous n'argumentons jamais des faits aux théories, si ce n'est par le truchement de la réfutation ou de la « falsification ». Cette vue de la science peut être définie comme sélective, ou darwinienne. Par contraste, les théories de la méthode qui affirment que nous procédons par induction ou qui insistent sur la *vérification* plutôt que sur la *falsification* sont typiquement lamarckiennes : elles mettent l'accent sur l'*instruction* plutôt que sur la *sélection* par l'environnement.

SCIENCE ET PHILOSOPHIE

La philosophie du non
(1940)

GASTON BACHELARD
(1884-1962)

Comme Popper, Bachelard s'est opposé à l'empirisme en dénonçant le caractère d'obstacle épistémologique de celui-ci, l'image empêchant de penser et de conceptualiser, en créant une illusion de réalité. En apercevant que la pensée scientifique se constitue contre celui-ci, il a, ce faisant, fait apparaître que celle-ci se construit contre *en général. Et ce, parce que jamais faite, toujours à faire, c'est en défaisant ce qui est tout fait qu'elle se fait. Il a également fait apparaître que non seulement la pensée scientifique, mais l'histoire de la science se construisait* contre, *parce que celle-ci ne cesse de se défaire par des ruptures, qui sont autant de révolutions, de tout ce qui tend à la figer dans des formes toutes faites. En dégageant ainsi cette dynamique de la science, Bachelard a tenté de dépasser l'opposition entre science et philosophie. Car, selon lui, la pensée créatrice n'a pas de frontières. Quand elle pense, elle pense partout et avec tout. Elle pense en philosophie comme dans le domaine scientifique.*

Source : *Gaston Bachelard*, le Nouvel esprit scientifique, *Paris, Vrin, 1972, p. 14 ;* la Philosophie du non, *Paris, P.U.F., 1940, p. 11 à 17.*

Bibliographie : *F. Dagognet*, Bachelard, sa vie, son œuvre avec un exposé de sa philosophie, *Paris, P.U.F., 1965.*

Le nouvel esprit scientifique

On connaît *contre* une connaissance antérieure, en détruisant des connaissances mal faites, en surmontant ce qui, dans l'esprit même, fait obstacle à la spiritualisation.

L'idée de partir de zéro pour fonder et accroître son bien ne peut venir que dans des cultures de simple juxtaposition où un fait connu est immédiatement une richesse. Mais devant le mystère du réel, l'âme ne peut se faire, par décret, ingénue. Il est alors impossible de faire d'un seul coup table rase des connaissances usuelles. Face au réel, ce qu'on croit savoir clairement offusque ce qu'on devrait savoir. Quand il se présente à la culture scientifique, l'esprit n'est jamais jeune. Il est même très vieux, car il a l'âge de ses préjugés. Accéder à la science, c'est spirituellement rajeunir, c'est accepter une mutation brusque qui doit contredire un passé.

La science, dans son besoin d'achèvement comme dans son principe, s'oppose absolument à l'opinion. S'il lui arrive, sur un point particulier, de légitimer l'opinion, c'est pour d'autres raisons que celles qui fondent l'opinion ; de sorte que l'opinion a, en droit, toujours tort. L'opinion *pense* mal ; elle ne *pense* pas : elle *traduit* des besoins en connaissances. En désignant les objets par leur utilité, elle s'interdit de les connaître. On ne peut rien fonder sur l'opinion : il faut d'abord la détruire. Elle est le premier obstacle à surmonter. Il ne suffirait pas, par exemple, de la rectifier sur des points particuliers, en maintenant, comme une sorte de morale provisoire, une connaissance vulgaire provisoire. L'esprit scientifique nous interdit d'avoir une opinion sur des questions que nous ne comprenons pas, sur des questions que nous ne savons pas formuler clairement. Avant tout, il faut savoir poser des problèmes. Et quoi qu'on dise, dans la vie scientifique, les problèmes ne se posent pas d'eux-mêmes. C'est précisément ce *sens du problème* qui donne la marque du véritable esprit scientifique. Pour un esprit scientifique, toute connaissance est une réponse à une question. S'il n'y a pas eu de question, il ne peut y avoir connaissance scientifique. Rien ne va de soi. Rien n'est donné. Tout est construit.

La philosophie du non

Comment alors ne pas voir qu'une philosophie qui veut être vraiment adaptée à la pensée scientifique en évolution constante doit envisager la réaction des connaissances scientifiques sur la structure spirituelle ? Et c'est ainsi que dès le début de nos réflexions sur le rôle d'une philosophie des sciences nous nous heurtons à un problème qui nous paraît aussi mal posé par les savants que par les philosophes. C'est le problème de la structure et de l'évolution de l'esprit. Là encore, même opposition: le savant croit partir d'un esprit sans structure, sans connaissances; le philosophe pose le plus souvent un esprit constitué, pourvu de toutes les catégories indispensables pour comprendre le réel.

Pour le savant, la connaissance sort de l'ignorance comme la lumière sort des ténèbres. Le savant ne voit pas que l'ignorance est un tissu d'erreurs positives, tenaces, solidaires. Il ne se rend pas compte que les ténèbres spirituelles ont une structure et que, dans ces conditions, toute expérience objective correcte doit toujours déterminer la correction d'une erreur subjective. Mais on ne détruit pas les erreurs une à une facilement. Elles sont coordonnées. L'esprit scientifique ne peut se constituer qu'en détruisant l'esprit non scientifique. Trop souvent le savant se confie à une pédagogie fractionnée alors que l'esprit scientifique devrait viser à une réforme subjective totale. Tout réel progrès dans la pensée scientifique nécessite une conversion. Les progrès de la pensée scientifique contemporaine ont déterminé des transformations dans les principes mêmes de la connaissance.

Pour le philosophe qui, par métier, trouve en soi des vérités premières, l'objet pris en bloc n'a pas de peine à confirmer des principes généraux. Aussi les perturbations, les fluctuations, les variations ne troublent guère le philosophe. Ou bien il les néglige comme des détails inutiles, ou bien il les amasse pour se convaincre de l'irrationalité fondamentale du donné. Dans les deux cas, le philosophe est préparé à développer, à propos de la science, une philosophie claire, rapide, facile, mais qui reste une philosophie de philosophe. Alors, une seule vérité suffit à sortir du doute, de l'ignorance, de l'irrationalisme; elle suffit à illuminer une âme. Son évidence se réfléchit en des reflets sans fin. Cette évidence est une lumière unique: elle n'a pas d'espèces, pas de variétés. L'esprit vit une seule évidence. Il n'essaie pas de se créer d'autres évidences. L'identité de l'esprit dans le *je pense* est si claire que la science de cette conscience claire est immédiatement la conscience d'une science, la certitude de fonder une philosophie du savoir. La conscience de l'identité de l'esprit dans ses diverses connaissances apporte, à elle seule, la garantie d'une méthode permanente, fondamentale, définitive. Devant un tel succès, comment poserait-on la nécessité de modifier l'esprit et d'aller à la recherche de connaissances nouvelles? Pour le philosophe, les méthodologies, si diverses, si mobiles dans les différentes sciences, relèvent quand même d'une méthode initiale, d'une méthode générale qui doit informer tout le savoir, qui doit traiter de la même manière tous les objets. Aussi une thèse comme la nôtre qui pose la connaissance comme une évolution de l'esprit, qui accepte des variations touchant l'unité et la pérennité du *je pense* doit troubler le philosophe.

Et pourtant, c'est à une telle conclusion qu'il nous faudra arriver si nous voulons définir la philosophie de la connaissance scientifique comme une *philosophie ouverte*, comme la conscience d'un esprit qui se fonde en travaillant sur l'inconnu, en cherchant dans le réel ce qui contredit des connaissances antérieures. Avant tout, il faut prendre conscience du fait que l'expérience nouvelle dit *non* à l'expérience ancienne, sans cela, de toute évidence, il ne s'agit pas d'une expérience nouvelle. Mais ce non n'est jamais définitif pour un esprit qui sait dialectiser ses principes, constituer en soi-même des nouvelles espèces d'évidence, enrichir son corps d'explication sans donner aucun privilège à ce qui serait un corps d'explication naturel propre à tout expliquer.

Comme le domaine de la philosophie des sciences est difficile, nous voudrions demander des concessions à tout le monde.

Aux philosophes, nous réclamerons le droit de nous servir d'éléments philosophiques détachés des systèmes où ils ont pris naissance. La force philosophique d'un système est quelquefois concentrée dans une fonction particulière. Pourquoi hésiter à proposer cette fonction particulière à la pensée scientifique qui a tant besoin de principes d'information philosophique ? Y a-t-il un sacrilège, par exemple, à prendre un appareil épistémologique aussi merveilleux que la *catégorie* kantienne et à en démontrer l'intérêt pour l'organisation de la pensée scientifique ? Si un éclectisme des fins brouille indûment tous les systèmes, il semble qu'un éclectisme des moyens soit admissible pour une philosophie des sciences qui veut faire face à toutes les tâches de la pensée scientifique, qui veut rendre compte des difficultés types de théorie, qui veut mesurer la portée de leurs applications, qui veut, avant tout, souligner les procédés très variés de la découverte, fussent-ils les plus risqués. Nous demanderons aussi aux philosophes de rompre avec l'ambition de trouver un seul point de vue et un point de vue fixe pour juger l'ensemble d'une science aussi vaste et aussi changeante que la Physique. Nous aboutirons alors pour caractériser la philosophie des sciences à un pluralisme philosophique seul capable d'informer les éléments si divers de l'expérience et de la théorie, si éloignés d'être tous au même degré de maturité philosophique. Nous définirons la philosophie des sciences comme une philosophie dispersée, comme *une philosophie distribuée*. Inversement la pensée scientifique nous apparaîtra comme une méthode de dispersion bien ordonnée, comme une méthode d'analyse très fine, pour les divers philosophèmes trop massivement groupés dans les systèmes philosophiques.

Aux savants, nous réclamerons le droit de détourner un instant la science de son travail positif, de sa volonté d'objectivité pour découvrir ce qui reste de subjectif dans les méthodes les plus sévères. Nous commencerons en posant aux savants des questions d'apparence psychologique et peu à peu nous leur prouverons que toute psychologie est solidaire de postulats métaphysiques. L'esprit peut changer de métaphysique ; il ne peut se passer de métaphysique. Nous demanderons donc aux savants : comment pensez-vous, quels sont vos tâtonnements, vos essais, vos erreurs ? Sous quelle impulsion changez-vous d'avis ? Pourquoi restez-vous si succincts quand vous parlez des conditions psychologiques d'une *nouvelle* recherche ? Donnez-nous surtout vos idées vagues, vos contradictions, vos idées fixes, vos convictions sans preuve. On fait de vous des réalistes. Est-il bien sûr que cette philosophie massive, sans articulations, sans dualité, sans hiérarchie, corresponde à la variété de vos pensées, à la liberté de vos hypothèses ? Dites-nous ce que vous pensez, non pas en *sortant* du laboratoire, mais aux heures où vous quittez la vie commune pour *entrer* dans la vie scientifique. Donnez-nous, non pas votre empirisme du soir, mais votre vigoureux rationalisme du matin, l'*a priori* de votre rêverie mathématique, la fougue de vos projets, vos intuitions inavouées. Si nous pouvions ainsi étendre notre enquête psychologique, il nous semble presque évident que l'esprit scientifique apparaîtrait lui aussi dans une véritable dispersion psychologique et par conséquent dans une véritable dispersion philosophique, puisque toute racine philosophique prend naissance dans une pensée. Les différents problèmes de la pensée scientifique devraient donc recevoir différents coefficients philosophiques. En particulier, le bilan du réalisme et du rationalisme ne serait pas le même pour toutes les notions. C'est donc, à notre avis, au niveau de chaque notion que se poseraient les tâches précises de la philosophie des sciences. Chaque hypothèse, chaque problème, chaque expérience, chaque équation réclameraient sa philosophie. On devrait fonder une philosophie du détail épistémologique, une philosophie scientifique *différentielle* qui ferait pendant à la philosophie *intégrale* des philosophes. C'est cette philosophie différentielle qui serait chargée de mesurer le devenir d'une pensée. En gros, le devenir d'une pensée scientifique correspondrait à une normalisation, à la transformation de la forme réaliste en forme rationaliste. Cette transformation n'est jamais totale. Toutes les notions ne sont pas au même moment de leurs transformations métaphysiques. En méditant philosophiquement sur chaque notion, on verrait aussi plus clairement le caractère polémique de la définition retenue, tout ce que cette définition distingue, retranche, refuse. Les conditions dialectiques d'une définition scientifique différente de la définition usuelle apparaîtraient alors plus nettement et l'on comprendrait dans le détail des notions, ce que nous appellerons la philosophie du non.

Le temps de l'histoire des sciences
(1968)

GEORGES CANGUILHEM
(né en 1904)

Si Bachelard a su mettre en évidence le caractère philosophique de l'histoire des sciences, cette histoire ne doit pas prêter à confusion. Comme le souligne Georges Canguilhem, il ne s'agit pas d'étudier la chronologie de la science, mais la façon dont la vérité se constitue en elle. Aussi y a-t-il un temps propre de cette histoire. Le temps de la vérité et de la pensée aux prises avec elle-même. Le temps d'une exigence en train de se construire et de se réaliser. Comme dans la nature, les faits de l'histoire ne parlent pas par eux-mêmes. Ils se mettent à exister et à devenir significatifs à partir du moment où une théorie vient les éclairer. Aussi convient-il d'appliquer à l'histoire de la science la méthode même que celle-ci applique à l'égard de la nature.

Source : *Georges Canguilhem,* Études d'histoire et de philosophie des sciences, *Paris, Vrin, 1968, p. 19-20.*
Bibliographie : Georges Canguilhem, *Actes du congrès sur la pensée de Georges Canguilhem, Paris, Albin Michel, 1993.*

UNE HISTOIRE DES RÉSULTATS DU SAVOIR peut n'être qu'un enregistrement chronologique. L'histoire des sciences concerne une activité axiologique, la recherche de la vérité. C'est au niveau des questions, des méthodes, des concepts que l'activité scientifique apparaît comme telle. C'est pourquoi le temps de l'histoire des sciences ne saurait être un filet latéral du cours général du temps. L'histoire chronologique des instruments ou des résultats peut être découpée selon les périodes de l'histoire générale. Le temps civil dans lequel on inscrit la biographie des savants est le même pour tous. Le temps de l'avènement de la vérité scientifique, le temps de la véri-fication, a une liquidité ou une viscosité différentes pour des disciplines différentes aux mêmes périodes de l'histoire générale. La classification périodique des éléments par Mendéléev a précipité la marche de la chimie et a bousculé la physique atomique, cependant que d'autres sciences conservaient une allure compassée. Ainsi l'histoire des sciences, histoire du rapport progressif de l'intelligence à la vérité, sécrète elle-même son temps, et elle le fait différemment selon le moment du progrès à partir duquel elle se donne pour tâche de raviver, dans les discours théoriques antérieurs, ce que le langage du jour permet encore de comprendre. Une invention scientifique promeut certains discours incompris au moment où ils furent tenus, tel celui de Grégor

Mendel, annule d'autres discours dont les auteurs pensaient pourtant devoir faire école. Le sens des ruptures et des filiations historiques ne peut pas venir à l'historien des sciences d'ailleurs que de son contact avec la science fraîche. Le contact est établi par l'épistémologie, à la condition qu'elle soit vigilante, comme l'a enseigné Gaston Bachelard. Ainsi comprise, l'histoire des sciences ne peut être que précaire, appelée à sa rectification. Pour le mathématicien moderne, la relation de succession entre la méthode d'exhaustion d'Archimède et le calcul infinitésimal n'est pas ce qu'elle était pour Montucla, le premier grand historien des mathématiques. C'est qu'il n'y a pas de définition des mathématiques possible avant les mathématiques, c'est-à-dire avant la succession encore en cours des inventions et des décisions qui constituent les mathématiques. «Les mathématiques sont un devenir», a dit Jean Cavaillès. Dans ces conditions, l'historien des mathématiques ne peut tenir que du mathématicien d'aujourd'hui la définition provisoire de ce qui est mathématique. De ce fait, bien des travaux intéressant autrefois les mathématiques perdent leur intérêt mathématique, deviennent, au regard d'une nouvelle rigueur, des applications triviales.

La notion d'épistémê

(1969)

MICHEL FOUCAULT

(1926-1984)

*En montrant qu'il ne convenait pas d'avoir une approche empirique mais théorique de l'histoire des sciences, en dégageant un temps spécifique de cette histoire, Georges Canguilhem a ouvert la voie à des recherches fécondes. Il a invité à voir derrière le fait scientifique les raisons de son apparition, en ne perdant pas de vue que celui-ci ne surgit ni de façon isolée ni de façon abstraite. C'est en tout cas ainsi que Michel Foucault l'analyse. Selon lui, en effet, la science plonge ses racines dans un réseau complexe de relations et de pratiques historiques qui la rendent possible. Ce réseau, c'est ce que tente de circonscrire la notion d'*épistémê*. Véritable structure sous-jacente du discours scientifique, il est l'indice d'un réseau de relations invisibles derrière les relations visibles de l'histoire, appelant pour y accéder un véritable travail de la pensée. Si bien que l'histoire des sciences requiert en définitive un véritable travail scientifique, faisant d'elle une science à part entière.*

Source : *Michel Foucault,* l'Archéologie du savoir, *Paris, Gallimard, 1969, p. 250-251.*
Bibliographie : *H. Dreyfus et P. Rabinow,* Michel Foucault, un parcours philosophique, *Paris, Gallimard, 1984.*

L'ANALYSE DES FORMATIONS DISCURSIVES, des positivités et du savoir dans leurs rapports avec les figures épistémologiques et les sciences, c'est ce qu'on a appelé, pour la distinguer des autres formes possibles d'histoire des sciences, l'analyse de l'*épistémê*. On soupçonnera peut-être cette épistémè d'être quelque chose comme une vision du monde, une tranche d'histoire commune à toutes les connaissances, et qui imposerait à chacune les mêmes normes et les mêmes postulats, un stade général de la raison, une certaine structure de pensée à laquelle ne sauraient échapper les hommes d'une époque, — grande législation écrite une fois pour toutes par une main anonyme. Par *épistémè*, on entend, en fait, l'ensemble des relations pouvant unir, à une époque donnée, les pratiques discursives qui donnent lieu à des figures épistémologiques, à des sciences, éventuellement à des systèmes formalisés ; le mode selon lequel, dans chacune de ces formations discursives, se situent et s'opèrent les passages à l'épistémologisation, à la scientificité, à la formalisation ; la répartition de ces seuils, qui peuvent entrer en coïncidence, être subordonnés les uns aux autres, ou être décalés dans le temps ; les rapports latéraux qui peuvent exister entre des figures épistémologiques ou des sciences dans la mesure où elles relèvent de pratiques discursives voisines mais distinctes. L'épistémè, ce n'est pas une forme de connaissance ou un type de rationalité qui, traversant les sciences les plus diverses, manifesterait l'unité souveraine d'un sujet, d'un esprit ou d'une époque ; c'est l'ensemble des relations qu'on peut découvrir, pour une époque donnée, entre les sciences quand on les analyse au niveau des régularités discursives.

La description de l'épistémè présente donc plusieurs caractères essentiels : elle ouvre un champ inépuisable et ne peut jamais être close ; elle n'a pas pour fin de reconstituer le système de postulats auquel obéissent toutes les connaissances d'une époque, mais de parcourir un champ indéfini de relations. De plus l'épistémè n'est pas une figure immobile qui, apparue un jour, serait appelée à s'effacer tout aussi brusquement : elle est un ensemble indéfiniment mobile de scansions, de décalages, de coïncidences qui s'établissent et se défont. En outre l'épistémè, comme ensemble de rapports entre des sciences, des figures épistémologiques, des positivités et des pratiques discursives, permet de saisir le jeu des contraintes et des limitations qui, à un moment donné, s'imposent au discours : mais cette limitation, ce n'est pas celle, négative, qui oppose à la connaissance l'ignorance, au raisonnement l'imagination, à l'expérience armée la fidélité aux apparences, et la rêverie aux inférences et aux déductions ; l'épistémè, ce n'est pas ce qu'on peut savoir à une époque, compte tenu des insuffisances techniques, des habitudes mentales, ou des bornes posées par la tradition ; c'est ce qui, dans la positivité des pratiques discursives, rend possible l'existence des figures épistémologiques et des sciences. Enfin, on voit que l'analyse de l'épistémè n'est pas une manière de reprendre la question critique (« quelque chose comme une science étant donné, quel en est le droit ou la légitimité ? ») ; c'est une interrogation qui n'accueille le donné de la science qu'afin de se demander ce qu'est pour cette science le fait d'être donnée. Dans l'énigme du discours scientifique, ce qu'elle met en jeu, ce n'est pas son droit à être une science, c'est le fait qu'il existe. Et le point par où elle se sépare de toutes les philosophies de la connaissance, c'est qu'elle ne rapporte pas ce fait à l'instance d'une donation originaire qui fonderait, dans un sujet transcendantal, le fait et le droit, mais aux processus d'une pratique historique.

Pour une logo-analyse

(1968)

MICHEL SERRES

(né en 1930)

En faisant apparaître la notion de structure au sein de l'historicité de la science, Michel Foucault a étendu la notion de raison. Car, comme le souligne Michel Serres, l'idée d'un ordre sous-jacent dans les choses comme dans l'histoire conduit à envisager comme étant du domaine de la raison bien des choses qui ne semblaient pas en faire partie. Ainsi les mythes. Définis primitivement comme le contraire de la science, il apparaît, grâce à la notion de structure, que ceux-ci ne sont pas l'autre de la raison, mais un certain ordre dans l'ordre d'une raison plus vaste que nous ne connaissons pas encore. Aussi convient-il de changer tous nos modes de pensée et d'apercevoir que la raison n'est pas apparue contre le mythe, mais avec lui, au sein d'un ordre dionysiaque multipliant les ordres pour être. Tout du moins, c'est une hypothèse que l'on peut formuler et qui a pour elle l'avantage de pousser à penser la production de la raison sans limiter a priori celle-ci. Ce qui revient à dire que si certaines choses se définissent comme son autre, elle ne se pense pas comme l'autre de quoi que ce soit. D'où sa sagesse. D'où également sa liberté.

Source: *Michel Serres,* Hermès I. La Communication, *Paris, Minuit, 1968, p. 35.*

PAR L'ANALYSE STRUCTURALE, on découvre que la raison gît au plus profond de formations qui ne paraissent pas immédiatement engendrées par elle. C'est en ce sens que j'ai proposé le terme de *Loganalyse:* mettre en évidence une rigueur structurale dans un amoncellement culturel, désigner des schémas accessibles à la pure raison et sous-jacents à ces mythologies qui étaient naguère le sous-jacent du culturel, là sont les premiers objectifs loganalytiques. De même que la méthode symbolique avait engendré la psychanalyse, le formalisme critique engendre une loganalyse: celle-ci se propose de chercher des schémas rationnels (structuraux) qu'elle suppose exister sous les ensembles mythiques qui, eux-mêmes, supportaient, en lui fournissant des archétypes, l'analyse symbolique. Le classicisme faisait confiance à une raison régionale, la nouvelle critique a l'idée d'une *raison généralisée* qui absorbe le domaine du sens, dans le style ici défini.

Et, plus qu'une méthode, il y a là une promesse, la promesse d'une réconciliation étonnante que l'histoire des idées semble trouver alors qu'elle ne la cherchait pas. Il y a d'abord la puissance d'unitarisme de cette pensée dans un monde du pluralisme infinitaire et de la complexité régionale. Mais ce n'est pas assez: il y a surtout ce subtil rattrapage de la raison abstraite dans un ensemble où elle est largement dépassée depuis tantôt un siècle; largement, c'est-à-dire en extension. La raison retrouve dans le profond ce qu'elle avait perdu dans l'extensif.

Notre temps réconcilierait alors la vérité et le sens. Et donnerait cet espoir, insensé naguère, de comprendre d'un coup le miracle grec des mathématiques et la floraison délirante de leur mythologie. Donner aux figures de cet autre monde dionysiaque des significations épaisses, compactes et obscures où se projettent l'âme humaine, son affectivité, son destin, est juste: il s'agit bien là de la réalité et de la destination de l'homme, de son heur et de ses malheurs, pris universellement. Mais, outre qu'elles sont des symboles de l'histoire, ne seraient-elles pas dans leur ultime surcharge, dans leur dernière détermination, des modèles signifiants de structures transparentes, de l'ordre de la connaissance, de l'intellect et de la science ? Il ne nous paraît pas insensé d'avoir le projet d'examiner ce qu'il y a de paradigme dans un symbole mythique, ce qu'il y a de schéma dans une parabole, c'est-à-dire d'envisager une nouvelle interprétation de l'amoncellement culturel selon l'ordre pur du connaître. Cela n'est pas insensé si l'on tient compte de la hauteur formelle des nouvelles méthodes et de la souplesse compliquée des nouveaux outils critiques. Alors, la leçon double du bachelardisme trouverait sa vérité duale et le miracle hellénique une nouvelle unité. La méthode loganalytique du nouveau classicisme désigne une filiation neuve entre l'abstrait indéterminé et la prolifération des contenus significatifs de la culture humaine.

VIII

LA POLITIQUE

La politique fait rêver. Elle fait frémir aussi. Elle fait frémir quand elle est le fait de l'ambition des individus qui, par soif de pouvoir, passent par-dessus l'intérêt général et sont prêts à utiliser tous les coups afin de parvenir à leurs fins. Elle fait frémir également quand elle est le fait de la logique implacable des États qui, par soif de se conserver ou de s'accroître, n'hésitent pas à broyer les hommes et à faire d'eux-mêmes ce Léviathan décrit par la Bible, ce monstre plus froid que tous les monstres froids, qui écrase tout sur son passage, à commencer par ses plus belles fleurs, comme Socrate. Elle fait frémir d'une façon générale quand, du fait de l'ambition des individus et de la logique implacable des États, elle devient le théâtre d'une barbarie organisée, d'une barbarie « à visage humain », déshumanisant l'humanité au point d'acculer celle-ci à ce que Hannah Arendt a appelé la désolation. *Toutefois, elle fait rêver quand elle est l'appel à la liberté de certains individus dont la soif d'être les amène à réveiller la conscience collective pour mettre à bas les régimes qui les oppriment et bâtir une cité digne des hommes. Elle fait rêver quand elle a le visage de ces États protégeant la civilisation et les individus, comme sous le règne de Périclès à Athènes au ve s. av. J.-C., lorsque se côtoyaient Protagoras, Phidias et Sophocle. Enfin, elle fait rêver d'une façon générale, lorsqu'elle est ce lieu où l'humanité peut avoir lieu, parce que l'homme a droit de cité. Alors, elle mérite pleinement son nom d'être l'art de gouverner la cité, la cité étant, comme le rappelle Aristote, un rassemblement des foyers, c'est-à-dire une demeure où les hommes font effort pour demeurer. Donc pour être.*

Autrement dit, touchant au néant, mais aussi à l'Être, la politique déroute. Et lorsqu'on la voit, comme elle le fait parfois, déshumaniser l'homme, on est tenté de la fuir. Toutefois, il ne faut pas oublier que c'est par elle que celui-ci s'humanise également. Cause de toutes sortes de maux, elle est cependant leur remède. Aussi n'est-ce pas tant son excès que son défaut qui est la raison de ce qu'elle fait subir. La politique fait du mal, parce que nous ne sommes pas encore advenus au politique. Donc, s'il y a une tâche urgente, ce n'est pas de nous en détourner, mais au contraire de nous y atteler. Et, pour cela, entreprendre de la penser.

Ainsi que l'ont montré Spinoza, Schopenhauer et Nietzsche, la vie veut la vie. Aussi cherche-t-elle à s'imposer et passe-t-elle de l'état de simple potentialité à l'état d'actualité grâce à un acte de domination d'elle-même. D'où le caractère positif, ici, des notions de force et de pouvoir. D'abord parce que, très concrètement, une telle domination permet d'exploiter ses capacités et donc de créer des richesses. Ensuite, parce qu'une telle maîtrise confère un savoir-faire technique permettant d'exploiter d'autres capacités contenues dans la vie, d'où résultent d'autres richesses et d'autres savoirs. Enfin, parce que le pouvoir crée par le fait de pouvoir une confiance dans le fait que l'on puisse et, par là même, un sentiment de puissance créateur de plaisir et source également, par son côté communicatif, d'une certaine séduction. Autrement dit, comme l'a vu Michel Foucault, le pouvoir nous fait toucher au fondement même de la vie. Car c'est par lui que, ayant accès à sa maîtrise, il devient possible de libérer son économie sous la forme d'un flux de richesses, de savoirs, d'informations, d'échanges, de confiance et de plaisir. À cet égard, force est de constater que Platon et Marx ont eu raison de rappeler que le fond de la politique n'est pas politique, mais économique. Toutefois, si celle-ci est la base de la cité, elle n'en est pas le sommet. Aussi est-ce une erreur de vouloir réduire le politique à l'économique. D'autant que la sphère économique est redoutable. Si le pouvoir fait accéder à la vie et à l'Être en déployant toute leur richesse, il n'est pas neutre. Qui parvient, en effet, à démultiplier les capacités de la vie grâce à un pouvoir qu'il exerce, a tendance, par cette maîtrise de l'Être que celui-ci lui confère, à vouloir le pouvoir pour le pouvoir. Par là même, il a tendance à vouloir multiplier ce pouvoir lui-même en mettant la richesse au service du pouvoir et, avec elle, le savoir-faire comme le plaisir et la séduction que confère la puissance. De sorte qu'une inversion se produit. L'Être se met à servir le pouvoir au lieu que ce soit le pouvoir qui se mette au service de l'Être et de la vie. D'où des conséquences ravageuses. Car un tel pouvoir pour le pouvoir finit par vouloir tout posséder et s'achever dans une tyrannie généralisée. Qui plus est, étant sans pouvoir parce que ne se maîtrisant plus et ne pouvant le faire en l'absence de l'Être dont il occupe désormais la place, il finit par doubler cette tyrannie d'un esclavage et d'une impuissance vis-à-vis de lui-même. Si bien que la tyrannie et l'esclavage se confondant, une spirale infernale se crée. La tyrannie engendrant une impuissance, celle-ci est amenée fatalement à rêver de pouvoir et de tyrannie pour se venger de son impuissance. D'où, dans l'histoire, l'apparition de tyrans ne cessant de faire régner l'échec autour d'eux afin de masquer leur échec vis-à-vis d'eux-mêmes. D'où également l'ivresse de guerre incompréhensible et le besoin de massacres de peuples humiliés et frustrés, suivant les tyrans qui les asservissent parce que se reconnaissant en eux. D'où la perversion de l'économie de la vie par la vie de l'économie vivant pour le pouvoir et la richesse, avec au bout du chemin non pas la démocratie et les échanges, mais l'âge de fer, selon l'expression de Platon, c'est-à-dire la démocratisation de la tyrannie.

On comprend dans ces conditions que Machiavel, Hobbes et Hegel aient pu trouver quelque vertu à la force. Car, quand la tyrannie se généralise pour déboucher sur la terreur, seule la violence de l'État permet de se délivrer de l'état de violence. Ainsi dans l'histoire, comme l'a montré Machiavel, c'est parce qu'ont existé certaines personnalités hors du commun comme Moïse ou Cyrus, capables par leur force et leur courage de tenir en respect les ambitions assoiffées de pouvoir, que le rayonnement noir des tyrans a pu être refoulé. De même, comme l'a fait apparaître Hobbes, c'est parce qu'il y a eu et qu'il y a encore des États ayant le monopole de la violence, qu'il a été possible de déployer une force suffisamment terrifiante et dissuasive pour tenir en respect certains peuples assoiffés de guerre ou de tyrannie. D'une façon générale, ainsi que l'a fait observer Hegel, c'est parce qu'il y a eu apparition de l'État qu'il a pu y avoir un réel développement de la civilisation et de l'économie. Comme son nom l'indique, en effet, l'État renvoie à l'Être qui sait demeurer dans le même état. Machine il est, dit-on. D'abord comme machine de guerre servant à arrêter ce qui ne sait pas s'arrêter. Ensuite, comme machine tout court servant à ce que la cité puisse demeurer en état et continuer de fonctionner grâce à un certain nombre d'institutions. Aussi a-t-on eu raison de le désigner sous la forme d'un corps. Car il permet en définitive de fixer l'identité des sociétés à travers l'espace et le temps, comme le corps permet de fixer celle des individus.

Toutefois, ainsi que l'a fait observer Spinoza, la force ni même l'État ne sauraient être le dernier mot de la politique. Car, quand c'est le cas, elle aboutit au contraire du but poursuivi. Au lieu de renforcer la cohésion de la cité, elle la divise et l'affaiblit. À un niveau individuel d'abord, en effet, un homme peut inspirer de la terreur en usant de violence, et obtenir grâce à cela beaucoup de choses. Mais il y a une chose qu'il n'obtiendra jamais en agissant ainsi, c'est le respect. Aussi la terreur est-elle un échec, puisqu'elle ne parvient pas à se faire respecter. Cela est encore plus vrai des États et des autorités. Le tyran peut se faire craindre par la force dont il dispose. Il peut contraindre. Mais, comme l'a montré Rousseau, il faut bien qu'il sache que, en refusant tout droit à ceux qu'il contraint, il s'expose à la violence. Car, n'ayant aucun droit, ceux qu'il contraint n'ont aucun devoir ni aucune obligation envers lui. Aussi ne faut-il pas s'étonner de les voir tôt ou tard se révolter et le renverser. D'autant que, à force de se faire des ennemis, on finit par être seul et par ne plus pouvoir compter sur quiconque pour pouvoir se défendre, quand on y est contraint. La force, autrement dit, n'est pas la force d'une cité, mais son point faible. Car quand la politique s'y réduit, elle finit par conduire à une cité qui, ne se faisant respecter par personne, bascule dans l'isolement et est à la merci de la violence. Aussi faut-il, pour que la politique ait un sens qu'elle fasse entendre autre chose que le langage de la force. Cette autre chose, c'est, en l'occurrence, le langage, auquel on accède non pas par le pouvoir de la richesse ou de la force, mais par la puissance.

Le pouvoir, disions-nous, est une capacité d'être qui, en se maîtrisant et en maîtrisant ce qui ne se maîtrise pas, dégage de la richesse et de l'ordre. Il convient cependant d'aller plus loin. Car un pouvoir, quand il en demeure à ce stade, est sans pouvoir durable. De fait, il a vraiment du pouvoir quand il est puissance et non plus pouvoir. Ce qu'il fait quand, se maîtrisant et se canalisant pour se démultiplier, il devient une force qui, par réflexion en elle-même, devient grosse d'elle-même. Autrement dit, le vrai pouvoir est réflexion et non richesse ou ordre. Un tel pouvoir est vrai car il n'a pas besoin de pouvoirs comme la richesse ou la force pour avoir du pouvoir. Lorsque la puissance apparaît, elle est telle qu'elle parle d'elle-même et qu'elle en impose, tant on sent qu'elle est grosse de quelque chose avec quoi on ne peut pas rivaliser. Aussi est-elle dissuasive et parvient-elle à faire échec à la violence sans violence. À un niveau individuel, cette puissance s'appelle rayonnement. C'est elle qui, sous la forme de grandes figures, a contribué à faire les États et contribue encore à les maintenir. Car c'est elle qui fonde la véritable autorité de ceux-ci, en montrant par la vie même de la réflexion, que la véritable autorité se passe de toute autorité, tant elle fait autorité. De même, à un niveau collectif, celle-ci s'appelle aussi rayonnement. Car c'est le rayonnement d'une culture qui fait toute la richesse et toute la force d'un État. C'est lui qui est la meilleure arme pour se protéger tant à l'extérieur qu'à l'intérieur. Car, s'agissant de l'extérieur, la force du talent, c'est qu'il n'y a que le talent qui peut rivaliser avec lui. La violence ne peut rien contre lui. Quant à la richesse , elle ne peut pas l'obtenir par l'argent. S'agissant de l'intérieur, dès qu'on laisse parler les talents des individus, ceux-ci n'ont plus aucune envie de se révolter contre le pouvoir. D'une façon générale, la puissance et le rayonnement sont les clefs de la politique, car il n'y a en définitive qu'une politique. C'est celle qui donne autorité aux talents des hommes et dont le talent fait autorité. Aussi comprend-on que la politique soit désignée comme un art. Elle est un art non pas parce qu'elle n'est pas capable d'être une science, mais parce que sa science réside tout entière dans l'art même, c'est-à-dire le talent qui fait autorité. Comme l'a vu Platon, il ne peut donc y avoir qu'une politique, c'est celle de l'éducation. Car seule l'éducation est capable de nous apprendre que la politique ne réside ni dans l'économie et la création de richesses ni même dans la politique et la création d'ordre, mais dans l'art d'éduquer les talents d'où jaillissent la création des richesses comme la formation de l'ordre. De même, il ne peut y avoir qu'un régime, comme l'a montré Spinoza, c'est la démocratie. Qu'il n'y ait pas de confusion. La démocratie dont parle Spinoza est une démocratie qualitative et non quantitative. Jamais il n'est question chez Spinoza de fonder la vérité du politique sur le nombre. En revanche, celle-ci se fonde sur le développement de toutes les capacités contenues dans la société. Car cette démocratie n'est pas le fait qu'il n'y ait plus ni dieu ni maître, mais que chaque homme devienne un seigneur et un dieu. Elle seule est en mesure, en considérant que chaque homme est un talent, d'assurer l'économie comme la politique en elles-mêmes, en mettant à leur disposition, grâce à sa politique des talents, le talent et l'autorité dont elles ont besoin pour être. Certes, les conflits que nous trouvons présentement dans l'économie et la politique font que nous n'en sommes pas encore là. Nous ne sommes pas encore advenus au politique et à la démocratie. Et ce, parce que nous avons tendance à rechercher l'Être et la sagesse dans l'économie et la politique, où ils ne se trouvent pas. D'où cette richesse sans richesse d'une sagesse économique qui croit pouvoir obtenir la sagesse et l'Être par l'économie et la richesse. D'où cette autorité sans autorité de la politique qui croit pouvoir obtenir la sagesse et l'Être par le pouvoir. Aussi faut-il faire de la philosophie, la politique étant en définitive fondamentalement un problème philosophique. Car la sagesse et l'Être n'étant pas une politique ni la politique une sagesse, la politique n'est politique et sage qu'en n'étant que politique. Ce que seule la pensée est en mesure de lui apprendre. Si la politique a pour tâche de placer la cité dans l'homme, la philosophie a, elle, pour tâche d'être le langage de l'homme dans la cité, en rappelant que celle-ci est faite pour l'homme et que celui-ci doit avoir droit de cité en elle.

Les textes qui suivent traduisent cette exigence. On se demandera pour cela, dans un premier temps avec Aristote, Marx, Engels, mais aussi Platon, Hegel et Tocqueville, comment la maîtrise des forces de la nature a pu déchaîner les égoïsmes et constituer la violence en question. On apercevra ensuite, avec Machiavel et Hobbes, comment le politique s'est efforcé d'y répondre par l'État. Ce dernier donnant naissance à d'autres formes de violence, on verra comment la pensée politique s'est efforcée de réformer l'État par a) la religion, b) l'utopie et l'humanisme, c) la raison. On verra enfin pourquoi les exigences de la raison qui sont au cœur de la philosophie sont également au cœur de la raison politique.

Le pouvoir est partout
(1976)

MICHEL FOUCAULT
(1926-1984)

Nous avons tendance à identifier le pouvoir à l'État, sans apercevoir que celui-ci déborde celui-là. Car le pouvoir est une capacité capable d'elle-même. Dès qu'il y a ainsi une capacité réfléchie en elle-même, une différence se crée par cet effet de maîtrise, qui engendre des rapports nouveaux et, au sein de ces rapports, du fait de cette différence, des rapports de force. D'où l'épreuve du pouvoir pour tout ce qui tente de parvenir à ce que Spinoza appelait la puissance, c'est-à-dire à la capacité à être, tellement capable d'elle-même qu'elle s'impose d'elle-même en faisant autorité, sans avoir besoin de faire preuve de violence. Sans aborder la question de la puissance, Michel Foucault, en invitant à élargir le concept de pouvoir, nous donne à penser sa nature problématique. En ripostant à la violence comme à l'inertie, le pouvoir crée des effets de violence et d'inertie. Preuve que même si le pouvoir est en route vers la puissance, celle-ci demeure voilée.

Source : *Michel Foucault,* la Volonté de savoir, *Paris, Gallimard, 1976.*
Bibliographie : *Gilles Deleuze,* Foucault, *Paris, Minuit, 1986.*

PAR POUVOIR, il me semble qu'il faut comprendre d'abord la multiplicité des rapports de force qui sont immanents au domaine où ils s'exercent, et sont constitutifs de leur organisation ; le jeu qui par voie de luttes et d'affrontements incessants les transforme, les renforce, les inverse ; les appuis que ces rapports de force trouvent les uns dans les autres, de manière à former chaîne ou système, ou, au contraire, les décalages, les contradictions qui les isolent les uns des autres ; les stratégies enfin dans lesquelles ils prennent effet, et dont le dessin général ou la cristallisation institutionnelle prennent corps dans les appareils étatiques, dans la formulation de la loi, dans les hégémonies sociales. La condition de possibilité du pouvoir, en tout cas le point de vue qui permet de rendre intelligible son exercice, jusqu'en ses effets les plus « périphériques », et qui permet aussi d'utiliser ses mécanismes comme grille d'intelligibilité du champ social, il ne faut pas la chercher dans l'existence première d'un point central, dans un foyer unique de souveraineté d'où rayonneraient des formes dérivées et descendantes ; c'est le socle mouvant des rapports de force qui induisent sans cesse, par leur inégalité, des états de pouvoir, mais toujours locaux et instables. Omniprésence du pouvoir : non point parce qu'il aurait le privilège de tout regrouper sous son invincible unité, mais parce qu'il se produit à chaque instant, en tout point, ou plutôt dans toute relation d'un point à un autre. Le pouvoir est partout ; ce n'est pas qu'il englobe tout, c'est qu'il vient de partout. Et « le » pouvoir dans ce qu'il a de permanent, de répétitif, d'inerte, d'auto-reproducteur, n'est que l'effet d'ensemble, qui se dessine à partir de toutes ces mobilités, l'enchaînement qui prend appui sur chacune d'elles et cherche en retour à les fixer. Il faut sans doute être nominaliste : le pouvoir, ce n'est pas une institution, et ce n'est pas une structure, ce n'est pas une certaine puissance dont certains seraient dotés : c'est le nom qu'on prête à une situation stratégique complexe dans une société donnée.

POLITIQUE ET ÉCONOMIE

L'homme est un animal politique

ARISTOTE
(384-322 av. J.-C.)

Dans une définition célèbre, Aristote a fait de l'homme un animal politique. Et ce, parce qu'il est dans la nature de l'homme, selon lui, de vivre en famille et de chercher à s'associer avec d'autres familles afin de mieux vivre. Cette définition de la politique doit être prise à un niveau qui n'est pas simplement celui de la nature mais de l'Être. Car la famille comme la maison sont ce par quoi l'homme apprend à demeurer dans le monde et à l'habiter. Comme la cité est ce par quoi il apprend à démultiplier cette habitation grâce au rassemblement de plusieurs foyers. Heidegger a fait remarquer que Logos *signifiait recueillement et rassemblement. Le texte d'Aristote qui suit évoque le langage. L'homme qui est un animal politique est aussi un animal doué de langage. Rassemblé dans la cité, il est aussi rassemblé dans le langage, la cité étant le lieu du langage et le langage étant le lieu de la cité. Aussi la politique est-elle ce dans quoi l'homme a lieu par la cité et le langage.*

Source : *Aristote,* les Politiques, *trad. Pierre Pellegrin, I, 2, 1252b, 1253a, Paris, Garnier-Flammarion, 1990, p. 90 à 93.*
Bibliographie : *Éric Weil,* l'Anthropologie d'Aristote, *dans* Essais et conférences, *Paris, Plon, 1970.*

Naturalité et antériorité de la cité

Et la communauté achevée formée de plusieurs villages est une cité dès lors qu'elle a atteint le niveau de l'autarcie pour ainsi dire complète ; s'étant donc constituée pour permettre de vivre, elle permet, une fois qu'elle existe, de mener une vie heureuse. Voilà pourquoi toute cité est naturelle : c'est parce que les communautés antérieures dont elle procède le sont aussi. Car elle est leur fin, et la nature est fin : ce que chaque chose, en effet, est une fois que sa genèse est complètement achevée, c'est cela que nous disons être la nature de cette chose, par exemple la nature d'un homme, d'un cheval, d'une famille. De plus le ce en vue de quoi, c'est-à-dire la fin, c'est le meilleur, et l'autarcie est à la fois une fin et quelque chose d'excellent.

Il est manifeste, à partir de cela, que la cité fait partie des choses naturelles, et que l'homme est par nature un animal politique, et que celui qui est hors cité, naturellement bien sûr et non par le hasard des circonstances, est soit un être dégradé soit un être surhumain, et il est comme celui qui est injurié en ces termes par Homère :

« sans lignage, sans loi, sans foyer ».

Car un tel homme est du même coup naturellement passionné de guerre, étant comme un pion isolé au jeu de trictrac. C'est pourquoi il est évident que l'homme est un animal politique plus que n'importe quelle abeille et que n'importe quel animal grégaire. Car, comme nous le disons, la nature ne fait rien en vain; or seul parmi les animaux l'homme a un langage.

Certes, la voix est le signe du douloureux et de l'agréable, aussi la rencontre-t-on chez les animaux; leur nature, en effet, est parvenue jusqu'au point d'éprouver la sensation du douloureux et de l'agréable et de se les signifier mutuellement. Mais le langage existe en vue de manifester l'avantageux et le nuisible, et par suite aussi le juste et l'injuste. Il n'y a en effet qu'une chose qui soit propre aux hommes par rapport aux autres animaux: le fait que seuls ils aient la perception du bien, du mal, du juste, de l'injuste et des autres notions de ce genre. Or avoir de telles notions en commun c'est ce qui fait une famille et une cité.

De plus une cité est par nature antérieure à une famille et à chacun de nous. Le tout, en effet, est nécessairement antérieur à la partie, car le corps entier une fois détruit, il n'y a plus ni pied ni main, sinon par homonymie, comme quand on parle d'une main de pierre, car c'est après la mort qu'une main sera telle, mais toutes les choses se définissent par leur fonction et leur vertu, de sorte que quand elles ne les ont plus il ne faut pas dire qu'elles sont les mêmes, mais qu'elles n'ont que le même nom. Que donc la cité soit par nature antérieure à chacun de ses membres, c'est clair. S'il est vrai, en effet, que chacun pris séparément n'est pas autosuffisant, il sera dans la même situation que les autres parties vis-à-vis du tout, alors que celui qui n'est pas capable d'appartenir à une communauté ou qui n'en a pas besoin parce qu'il se suffit à lui-même n'est en rien une partie d'une cité, si bien que c'est soit une bête soit un dieu. C'est donc par nature qu'il y a chez tous les hommes la tendance vers une communauté de ce genre, mais le premier qui l'établit n'en fut pas moins cause des plus grands biens. De même, en effet, qu'un homme accompli est le meilleur des animaux, de même aussi quand il a rompu avec loi et justice est-il le pire de tous. Car la plus terrible des injustices c'est celle qui a des armes. Or l'homme naît pourvu d'armes en vue d'acquérir prudence et vertu, dont il peut se servir à des fins absolument inverses. C'est pourquoi il est le plus impie et le plus féroce quand il est sans vertu et il est le pire des animaux dans ses dérèglements sexuels et gloutons. Or la vertu de justice est politique, car la justice introduit un ordre dans la communauté politique, et la justice démarque le juste de l'injuste.

Le fétichisme de la marchandise
(1867)

KARL MARX
(1818-1883)

Si la maîtrise des énergies de la nature par la technique est créatrice de richesses, cette exploitation n'est pas sans conséquences. D'abord parce que la maîtrise de la nature engendre des phénomènes d'asservissement. Ensuite parce que l'échange économique lui-même n'est pas sans violence. En rendant équivalentes des marchandises qui ne le sont pas, il crée un effet d'illusion magique. Cet effet d'illusion est, selon Marx, à la source de la fascination que l'argent peut exercer puisque, à titre d'équivalent général des marchandises, il peut rendre tout équivalent et donc manipuler à sa guise les échanges. Au-delà de cette fascination pour l'argent, le fétichisme de la marchandise permet de mieux comprendre pourquoi le pouvoir fascine. Si l'argent a, en effet, quelque chose de magique qui crée des phénomènes de pouvoir, le pouvoir, à l'inverse, attire l'argent. Si la création de richesses économiques n'engendrait pas des effets de magie et de pouvoir, il n'y aurait pas besoin de politique. Or, ce n'est pas le cas, comme le montre ce texte de Marx. D'où la nécessité d'une critique de l'économie et, par là même, d'une politique.

Source: *Karl Marx*, le Capital, *Livre I, t. I, d'après la traduction de Joseph Roy de 1872, Paris, Éditions sociales, 1975, p. 84-85.*

Bibliographie: *J. d'Hondt*, la Logique de Marx, *Paris, P.U.F., 1980.*

L'ACTIVITÉ DE L'HOMME transforme les matières fournies par la nature de façon à les rendre utiles. La forme du bois, par exemple, est changée, si l'on en fait une table. Néanmoins, la table reste bois, une chose ordinaire et qui tombe sous les sens. Mais dès qu'elle se présente comme marchandise, c'est une tout autre affaire. À la fois saisissable et insaisissable, il ne lui suffit pas de poser ses pieds sur le sol; elle se dresse, pour ainsi dire, sur sa tête de bois en face des autres marchandises et se livre à des caprices plus bizarres que si elle se mettait à danser.

Le caractère mystique de la marchandise ne provient donc pas de sa valeur d'usage. Il ne provient pas davantage des caractères qui déterminent la valeur. D'abord, en effet, si variés que puissent être les travaux utiles ou les activités productives, c'est une vérité physiologique qu'ils sont avant tout des fonctions de l'organisme humain, et que toute fonction pareille, quels que soient son contenu et sa forme, est essentiellement une dépense du cerveau, des nerfs, des muscles, des organes, des sens, etc., de l'homme. En second lieu, pour ce qui sert à déterminer la quantité de la valeur, c'est-à-dire la durée de cette dépense ou la quantité de travail, on ne saurait nier que cette quantité de travail se distingue visiblement de sa qualité. Dans tous les états sociaux le temps qu'il faut pour produire les moyens de consommation a dû intéresser l'homme, quoique inégalement, suivant les divers degrés de la civilisation. Enfin dès que les hommes travaillent d'une manière quelconque les uns pour les autres, leur travail acquiert aussi une forme sociale.

D'où provient donc le caractère énigmatique du produit du travail, dès qu'il revêt la forme d'une marchandise? Évidemment de cette forme elle-même.

Le caractère d'égalité des travaux humains acquiert la forme de valeur des produits du travail; la mesure des travaux individuels par leur durée acquiert la forme de la grandeur de valeur des produits du travail; enfin les rapports des producteurs, dans lesquels s'affirment les caractères sociaux de leurs travaux, acquièrent la forme d'un rapport social des produits du travail. Voilà pourquoi ces produits se convertissent en marchandises, c'est-à-dire en choses qui tombent et ne tombent pas sous les sens, ou choses sociales. C'est ainsi que l'impression lumineuse d'un objet sur le nerf optique ne se présente pas comme une excitation subjective du nerf lui-même, mais comme la forme sensible de quelque chose qui existe en dehors de l'œil. Il faut ajouter que dans l'acte de la vision la lumière est réellement projetée d'un objet extérieur sur un autre objet, l'œil; c'est un rapport physique entre des choses physiques. Mais la forme valeur et le rapport de valeur des produits du travail n'ont absolument rien à faire avec leur nature physique. C'est seulement un rapport social déterminé des hommes entre eux qui revêt ici pour eux la forme fantastique d'un rapport des choses entre elles. Pour trouver une analogie à ce phénomène, il faut la chercher dans la région nuageuse du monde religieux. Là les produits du cerveau humain ont l'aspect d'êtres indépendants, doués de corps particuliers, en communication avec les hommes et entre eux. Il en est de même des produits de la main de l'homme dans le monde marchand. C'est ce qu'on peut nommer le fétichisme attaché aux produits du travail, dès qu'ils se présentent comme des marchandises, fétichisme inséparable de ce mode de production.

Esclavage et économie
(1878)

FRIEDRICH ENGELS
(1820-1895)

Si Marx, dans le texte précédent, a montré qu'il y avait une mystification à la base de l'échange marchand, il a aussi montré dans d'autres textes que celle-ci n'était pas fortuite et qu'elle était l'effet d'un mécanisme d'exploitation dans le travail lui-même. Dans ce texte issu de l'Anti-Dühring, *Engels prolonge les analyses de Marx, en montrant que c'est cette exploitation qui, sous la forme de l'esclavage, est à la base de la civilisation. Bien évidemment, il convient de lire ce texte dans la perspective d'un constat et non d'une justification. Comme Marx, en effet, Engels a soutenu que nous n'étions pas encore dans l'histoire. Aussi, dans une histoire qui n'est pas l'histoire, le mode de production économique est-il violent et passe-t-il par l'esclavage.*

Source: *Friedrich Engels,* le Rôle de la violence dans l'histoire, *trad. E. Bottigelli, Paris, Éditions sociales, 1970, p. 34-35.*
Bibliographie: *Lucien Sève,* Une introduction à la philosophie marxiste, *Paris, Éditions sociales, 1980.*

LA DIVISION NATURELLE DU TRAVAIL à l'intérieur de la famille agricole a permis, à un certain niveau de bien-être, d'introduire une ou plusieurs forces de travail étrangères. Ce fut particulièrement le cas dans des pays où la vieille propriété en commun du sol s'était déjà désagrégée ou bien, du moins, la vieille culture en commun avait cédé le pas à la culture individuelle des lots de terrain par des familles respectives. La production était développée au point que la force de travail humaine pouvait maintenant produire plus qu'il n'était nécessaire à son entretien simple; les moyens d'entretenir davantage de forces de travail existaient; ceux de les occuper, également: la force de travail prit une *valeur*. Mais la communauté à laquelle on appartenait et l'association dont elle faisait partie ne fournissaient pas de forces de travail disponibles, excédentaires. En revanche, la guerre en fournissait, et la guerre était aussi vieille que l'existence simultanée de plusieurs groupes de communautés juxtaposés. Jusque-là, on n'avait su que faire des prisonniers de guerre, on les avait donc tout simplement abattus; à une date plus reculée encore, on les avait mangés. Mais, au niveau de l'«état économique» maintenant atteint, ils prenaient une valeur; on leur laissa donc la vie et on se servit de leur travail. C'est ainsi que la violence, au lieu de dominer la situation économique, a été au contraire enrôlée de force dans le service de la situation économique. L'*esclavage* était inventé. Il devint bientôt la forme dominante de la production chez tous les peuples dont le développement dépassait la vieille communauté, mais aussi, en fin de compte, une des causes principales de leur décadence. Ce fut seulement l'esclavage qui rendit possible sur une assez grande échelle la division du travail entre agriculture et industrie et par suite, l'apogée du monde antique, l'hellénisme. Sans esclavage, pas d'État grec, pas d'art et science grecs; sans esclavage, pas d'Empire romain. Or, sans la base de l'hellénisme et de l'Empire romain, pas non plus d'Europe moderne. Nous ne devrions jamais oublier que toute notre évolution économique, politique et intellectuelle a pour condition préalable une situation dans laquelle l'esclavage était tout aussi nécessaire que généralement admis. Dans ce sens, nous avons le droit de dire: sans esclavage antique, pas de socialisme moderne.

Il ne coûte pas grand-chose de partir en guerre avec des formules générales contre l'esclavage et autres choses semblables, et de déverser sur une telle infamie un courroux moral supérieur. Malheureusement, on n'énonce par là rien d'autre que ce que tout le monde sait, à savoir que ces institutions antiques ne correspondent plus à nos conditions actuelles et aux sentiments que déterminent en nous ces conditions. Mais cela ne nous apprend rien sur la façon dont ces institutions sont nées, sur les causes pour lesquelles elles ont subsisté et sur le rôle qu'elles ont joué dans l'histoire. Et si nous nous penchons sur ce problème, nous sommes obligés de dire, si contradictoire et si hérétique que cela paraisse, que l'introduction de l'esclavage dans les circonstances d'alors était un grand progrès. C'est un fait établi que l'humanité a commencé par l'animal, et qu'elle a donc eu besoin de moyens barbares, presque animaux, pour se dépêtrer de la barbarie. Les anciennes communautés, là où elles ont subsisté, constituent depuis des millénaires la base de la forme d'État la plus grossière, le despotisme oriental, des Indes jusqu'en Russie. Ce n'est que là où elles se sont dissoutes que les peuples ont progressé sur eux-mêmes, et leur premier progrès économique a consisté dans l'accroissement et le développement de la production au moyen du travail servile.

VIOLENCE ET POLITIQUE

L'âme tyrannique

PLATON
(427-347 av. J.-C.)

La philosophie politique s'est posée en s'opposant à la violence. Chaque philosophe, en se situant par rapport à celle-ci, a tenté d'en comprendre les raisons. Platon a ainsi montré que toute violence procédait de l'âme sans raison qui se soumet aux désirs du corps. Il a par là même profondément mis en évidence que tout tyran est en définitive un esclave qui fait régner l'échec autour de lui, parce que lui-même est en échec. Cette analyse apparaît avec clarté dans le deuxième extrait de la République *que nous avons choisi de reproduire ici, où, notons-le au passage, il annonce Freud, en indiquant que l'âme tyrannique est incapable de refouler le parricide et l'inceste.*

Le premier extrait, qui relate l'épisode de l'anneau de Gygès, illustre la thèse que Platon n'a cessé de combattre en démontrant son inanité, à savoir celle du caractère naturel et profitable de l'injustice. Enfin, dans le troisième extrait, Platon montre comment remédier à la tyrannie par l'éducation. En effet, selon lui, les hommes sortent de la tyrannie non pas quand ils se maîtrisent, mais quand ils font usage de leur raison. Car la raison est rapport à soi, ce que n'est pas la domination de soi, qui fait de l'homme un tyran ou un esclave de lui-même.

Source : *Platon,* la République, *Livre II, 359 a-361 c, Livre IX, 573 e-575 d, Livre IV, 431 a-431 e, trad. Émile Chambry, Paris, Garnier-Flammarion, 1964, p. 109-110, 336-337, 182-183.*

Bibliographie : *P. Lachièze-Rey,* les Idées morales, sociales et politiques de Platon, *Paris, 1938.*

GYGÈS LE LYDIEN était berger au service du roi qui gouvernait alors la Lydie. Un jour, au cours d'un violent orage accompagné d'un séisme, le sol se fendit et il se forma une ouverture béante près de l'endroit où il faisait paître son troupeau. Plein d'étonnement, il y descendit, et, entre autres merveilles que la fable énumère, il vit un cheval d'airain creux, percé de petites portes ; s'étant penché vers l'intérieur, il y aperçut un cadavre de taille plus grande, semblait-il, que celle d'un homme, et qui avait à la main un anneau d'or, dont il s'empara ; puis il partit sans prendre autre chose. Or, à l'assemblée habituelle des bergers qui se tenait chaque mois pour informer le roi de l'état de ses troupeaux, il se rendit portant au doigt cet anneau. Ayant pris place au milieu des autres, il tourna par hasard le chaton de la bague vers l'intérieur de sa main ; aussitôt il devint invisible à ses voisins, qui parlèrent de lui comme s'il était parti. Étonné, il mania de nouveau la bague en tâtonnant, tourna le chaton en dehors et, ce faisant, redevint visible. S'étant rendu compte de cela, il répéta l'expérience pour voir si l'anneau avait bien ce pouvoir ; le même prodige se reproduisit : en tournant le chaton en dedans il devenait invisible, en dehors visible. Dès qu'il fut sûr de son fait, il fit en sorte d'être au nombre des messagers qui se rendaient auprès du roi. Arrivé au palais, il séduisit la reine, complota avec elle la mort du roi, le tua, et obtint ainsi le pouvoir. Si donc il existait deux anneaux de cette sorte, et que le juste reçût l'un, l'injuste l'autre, aucun, pense-t-on, ne serait de nature assez adamantine pour persévérer dans la justice et pour avoir le courage de ne pas toucher au bien d'autrui, alors qu'il pourrait prendre sans crainte ce qu'il voudrait sur l'agora, s'introduire dans les maisons pour s'unir à qui lui plairait, tuer les uns, briser les fers des autres et faire tout à son gré, devenu l'égal d'un dieu parmi les hommes. En agissant ainsi, rien ne le distinguerait du méchant : ils tendraient tous les deux vers le même but. Et l'on citerait cela comme une grande preuve que personne n'est juste volontairement, mais par contrainte, la justice n'étant pas un bien individuel, puisque celui qui se croit capable de commettre l'injustice la commet. Tout homme, en effet, pense que l'injustice est individuellement plus profitable que la justice, et le pense avec raison d'après le partisan de cette doctrine. Car si quelqu'un recevait cette licence dont j'ai parlé, et ne consentait jamais à commettre l'injustice, ni à toucher au bien d'autrui, il paraîtrait le plus malheureux des hommes, et le plus insensé, à ceux qui auraient connaissance de sa conduite ; se trouvant mutuellement en présence ils le loueraient, mais pour se tromper les uns les autres, et à cause de leur crainte d'être eux-mêmes victimes de l'injustice. Voilà ce que j'avais à dire sur ce point.

Ainsi donc, merveilleux ami, rien ne manque à un homme pour être tyrannique, quand la nature, ses pratiques, ou les deux ensemble, l'ont fait ivrogne, amoureux et fou.

Non, rien vraiment.

Voilà, ce semble, comment se forme l'homme tyrannique ; mais comment vit-il ?

Je te répondrai comme on fait en plaisantant : c'est toi qui me le diras.

Je vais donc te le dire. J'imagine que désormais ce ne sont que fêtes, festins, courtisanes et réjouissances de toutes sortes chez celui qui a laissé le tyran Éros s'installer dans son âme et en gouverner tous les mouvements.

Nécessairement.

Or, de nombreux et terribles désirs, dont les exigences seront multiples, ne pousseront-ils pas, chaque jour et chaque nuit, à côté de cette passion ?

Si, ils pousseront nombreux.

Donc, les revenus, s'il y en a, seront vite dépensés.

Comment non ?

Et après cela viendront les emprunts et les prélèvements sur le capital.

Certes.

Et quand il ne restera plus rien, n'est-il pas inévitable que la foule ardente des désirs, qui nichent dans l'âme de cet homme, se mette à pousser des cris, et que lui-même, piqué par ces désirs, et surtout par l'amour, que les autres escortent comme un chef, soit pris de transports furieux, et cherche quelque proie dont il puisse s'emparer par fraude ou par violence ?

Certainement, dit-il.

Ainsi, ce sera pour lui une nécessité de piller de tous côtés, ou d'endurer de grandes souffrances et de grandes peines.

Oui, une nécessité.

Et comme les nouvelles passions survenues dans son âme l'ont emporté sur les anciennes et les ont dépouillées, de même ne prétendra-t-il pas, lui qui est plus jeune, l'emporter sur son père et sa mère, les dépouiller, quand il aura dissipé sa part, et s'attribuer les biens paternels ?

Sans contredit.

Et si ses parents ne lui cèdent point, n'essaiera-t-il pas d'abord de les voler et de les tromper ?

Certainement.

Mais s'il n'y réussit point, il leur arrachera leurs biens de force.

Je le crois, dit-il.

Maintenant, admirable ami, si le vieux père et la vieille mère résistent et soutiennent la lutte, prendra-t-il garde et s'abstiendra-t-il de commettre quelque action tyrannique ?

Je ne suis pas du tout rassuré pour les parents de cet homme.

Mais par Zeus ! Adimante, pour une courtisane aimée d'hier et qui n'est pour lui qu'un caprice, s'oubliera-t-il à l'égard de cette amie ancienne et nécessaire qu'est sa mère, ou pour un jeune homme en sa fleur qu'il chérit depuis la veille, et qui n'est aussi pour lui qu'un caprice, à l'égard de son père dont la jeunesse est passée, mais qui est le plus nécessaire et le plus ancien de ses amis ? s'oubliera-t-il, dis, à leur égard au point de les frapper et de les asservir à ces créatures, s'il introduit celles-ci dans sa maison ?

Oui, par Zeus ! répondit-il.

C'est apparemment un très grand bonheur, m'écriai-je, que d'avoir donné le jour à un fils de caractère tyrannique !

Oui, un très grand !

Mais quoi ! lorsqu'il aura épuisé les biens de ses père et mère, et que les passions se seront rassemblées en essaim nombreux dans son âme, n'en viendra-t-il pas à toucher à la muraille de quelque maison ou au manteau de quelque voyageur attardé dans la nuit, puis à faire place nette dans les temples ? Et en toutes ces conjonctures les vieilles opinions, tenues pour justes, qu'il avait depuis l'enfance sur l'honnête et le malhonnête, céderont le pas aux opinions nouvellement affranchies qui servent d'escorte à l'amour, et triompheront avec lui ; auparavant ces dernières ne se donnaient libre cours qu'en rêve, pendant le sommeil, car il était alors soumis aux lois et à son père et la démocratie régnait dans son âme ; mais maintenant, tyrannisé par l'amour, il sera sans cesse à l'état de veille l'homme qu'il devenait quelquefois en songe ; il ne s'abstiendra d'aucun meurtre, d'aucune nourriture défendue, d'aucun forfait. Éros, qui vit en lui tyranniquement dans un désordre et un dérèglement complets, parce qu'il est le seul maître, poussera le malheureux dont il occupe l'âme, comme un tyran la cité, à tout oser pour le nourrir, lui et la cohue des désirs qui l'entourent : ceux qui sont venus du dehors par les mauvaises compagnies, et ceux qui, nés à l'intérieur, de dispositions pareilles aux siennes, ont rompu leurs liens et se sont affranchis. N'est-ce pas la vie que mène un tel homme ?

La tempérance est en quelque sorte un ordre, une maîtrise qui s'exerce sur certains plaisirs et certaines passions, comme l'indique — d'une façon que je n'entends pas trop — l'expression commune « maître de soi-même », et quelques autres semblables qui sont, pour ainsi dire, des traces de cette vertu, n'est-ce pas ?

Très certainement.

Or l'expression « maître de soi-même » n'est-elle pas ridicule ? Celui qui est maître de lui-même est aussi, je suppose, esclave de lui-même, et celui qui est esclave, maître ; car en tous ces cas c'est la même personne qui est désignée.

Sans doute.

Mais cette expression me paraît vouloir dire qu'il y a dans l'âme humaine deux parties : l'une supérieure en qualité et l'autre inférieure ; quand la supérieure par nature commande à l'inférieure, on dit que l'homme est maître de lui-même — c'est un éloge assurément ; mais quand, par le fait d'une mauvaise éducation ou de quelque mauvaise fréquentation la partie supérieure, qui est plus petite, se trouve dominée par la masse des éléments qui composent l'inférieure, on blâme cette domination comme honteuse, et l'on dit de l'homme dans un pareil état qu'il est esclave de lui-même et déréglé.

Cette explication me paraît juste, dit-il.

Jette donc les yeux, repris-je, sur notre jeune cité ; tu y trouveras l'une de ces conditions réalisée, et tu diras que c'est avec raison qu'elle est appelée maîtresse d'elle-même, si tout ce dont la partie supérieure commande à l'inférieure doit être appelé tempérant et maître de soi-même.

J'y jette les yeux et je vois que tu dis vrai.

Certes, on y trouverait aussi, en grand nombre et de toutes sortes, passions, plaisirs et peines, surtout chez les enfants, les femmes, les serviteurs et la foule des hommes de peu qu'on appelle libres.

Certainement.

Mais pour les sentiments simples et modérés que le raisonnement dirige et qu'accompagnent l'intelligence et la droite opinion, tu ne les rencontreras que chez de rares personnes, celles, douées d'une excellente nature, qu'a formées une excellente éducation.

Terreur et État
(1806)

FRIEDRICH HEGEL
(1770-1831)

Hegel n'a cessé d'être vu comme l'apologiste de l'État ainsi que comme le responsable du totalitarisme. S'il est vrai qu'il a dit que l'État est « l'idée divine sur la terre », il ne faut pas perdre de vue qu'il n'a jamais pensé que l'État apporterait la liberté absolue sur terre, comme l'ont pensé certains révolutionnaires. Au contraire! À travers sa critique de la Révolution française, il n'a cessé de prévenir à l'avance qu'un tel État ne pouvait aboutir qu'à la terreur. En revanche, il a toujours pensé que l'État était le seul rempart contre la terreur, car il a vu dans celui-ci non pas un pouvoir, mais l'intelligence en acte de l'humanité décidant de s'auto-organiser et d'advenir à elle-même, en fournissant à la conscience collective une possibilité de mémoire et d'intelligence infiniment supérieure à celle dont peuvent disposer la famille et la société civile. Aussi Hegel est-il plutôt à ranger du côté des penseurs libéraux donnant du temps au temps afin que les hommes adviennent à eux-mêmes.

Source: *Friedrich Hegel,* Phénoménologie de l'esprit, *trad. J. Hippolyte, Paris, Aubier, 1947, t. II, p. 133 à 136;* Leçons sur la philosophie de l'histoire, *trad. J. Gibelin, Paris, Vrin, 1945 et 1987, p. 41.*

Bibliographie: *Éric Weil,* Hegel et l'État, *4e éd., Paris, Vrin, 1974; Jean-Claude Pinson,* Hegel, le droit et le libéralisme, *Paris, P.U.F., 1989.*

Phénoménologie de l'esprit

La liberté universelle ne peut produire ni une œuvre positive ni une opération positive; il ne lui reste que l'*opération négative;* elle est seulement la *furie* de la destruction.

Mais l'effectivité suprême et la plus opposée à la liberté universelle, ou mieux l'unique objet qui devienne encore pour elle, c'est la liberté et la singularité de la conscience de soi effective elle-même. Cette universalité en effet, qui ne se laisse pas conduire à la réalité de l'articulation organique et se fixe pour but de se maintenir dans sa continuité indivise, se distingue en même temps à l'intérieur de soi-même, parce qu'elle est mouvement ou conscience en général; et en vertu de sa propre abstraction elle se sépare en extrêmes non moins abstraits: elle se divise dans l'universalité simple, inflexible, froide, et dans la discrète, absolue, dure rigidité de la ponctualité égoïstique de la conscience de soi effective. Maintenant qu'elle en a fini avec la destruction de l'organisation réelle, et subsiste seulement pour soi, c'est là son unique objet — un objet qui n'a plus aucun autre contenu, possession ou être-là, aucune autre extension extérieure; mais cet objet est seulement le savoir de soi, comme Soi singulier absolument pur et libre. Ce en quoi cet objet peut être saisi n'est que son être-là *abstrait* en général. — La relation donc de ces deux termes, puisqu'ils sont chacun pour soi indivisiblement et absolument et ainsi ne peuvent se concéder aucune partie constituant l'intermédiaire qui les unirait, est la pure négation, tout à fait *sans médiation*, et précisément la négation du singulier, comme l'*entité de l'être* dans l'universel. L'unique œuvre et opération de la liberté universelle est donc la *mort*, et, plus exactement, *une mort* qui n'a aucune portée intérieure, qui n'accomplit rien, car ce qui est nié c'est le point vide de contenu, le point du Soi absolument libre. C'est ainsi la mort la plus froide et la plus plate, sans plus de signification que de trancher une tête de chou ou d'engloutir une gorgée d'eau.

C'est dans la platitude de cette syllabe sans expression que réside la sagesse du gouvernement, l'entendement de la volonté universelle, son accomplissement. Le gouvernement n'est lui-même rien d'autre que le point qui se fixe ou l'individualité de la volonté universelle. Le gouvernement, une décision et une exécution qui procèdent d'un point, veut et exécute en même temps un ordre et une action déterminés. Il exclut donc d'une part les autres individus de son opération, et d'autre part il se constitue lui-même comme tel qu'il soit une volonté déterminée, et de ce fait soit opposé à la volonté universelle. Le gouvernement ne peut donc pas se présenter autrement que comme une *faction*. Ce qu'on nomme gouvernement, c'est seulement la faction *victorieuse*, et justement dans le fait d'être faction se trouve immédiatement la nécessité de son déclin.

Leçons sur la philosophie de l'histoire

La volonté subjective, la passion, est ce qui agit, réalise; l'idée c'est l'intérieur; l'État, c'est la vie existante, vraiment morale *(sittlich)* car il est l'unité du vouloir général, essentiel ainsi que du vouloir subjectif; et cela constitue la moralité concrète *(Sittlichkeit)*. L'individu qui vit dans cette unité a une vie morale, une valeur consistant uniquement dans cette substantialité. Antigone dit chez Sophocle: les ordres divins ne sont ni d'hier ni d'aujourd'hui, non, ils vivent à l'infini, et nul ne saurait dire d'où ils vinrent. Les lois de la moralité concrète ne sont pas contingentes, mais le rationnel même. Que le substantiel compte, dans l'action véritable des hommes, dans leur pensée, qu'il s'y rencontre et se conserve lui-même, telle est la fin de l'État. C'est l'intérêt absolu de la raison que ce tout moral existe; et ici se trouvent le droit et le mérite des héros qui ont fondé des États quelle qu'ait été l'imperfection de ces derniers. Dans l'histoire universelle il ne peut être question que de peuples qui forment un État. Car il faut savoir qu'un État est la réalisation de la liberté, c'est-à-dire du but final absolu, qu'il existe pour lui-même: il faut de plus savoir que toute la valeur qu'a l'homme, toute réalité spirituelle, il ne l'a que grâce à l'État. Car sa réalité spirituelle consiste en ceci que son être, le rationnel, soit objectif pour lui qui sait qu'il ait pour lui une existence objective, immédiate, ainsi seulement l'homme est conscience, ainsi seulement il est dans les mœurs, dans la vie légale et morale de l'État. Car le vrai, c'est l'unité de la volonté générale et de la volonté subjective et, dans l'État, le général se trouve dans les lois, dans des déterminations générales et rationnelles. L'État est l'idée divine telle qu'elle existe sur terre. Il est donc l'objet défini plus précisément, de l'histoire universelle en général, où la liberté acquiert son objectivité et vit dans la jouissance de cette objectivité. Car la loi est l'objectivité de l'esprit et la volonté en sa vérité; seule la volonté qui obéit à la loi, est libre; car elle obéit à elle-même, se trouve en elle-même et libre. L'État, la patrie constituant une communauté d'existence et la volonté subjective de l'homme se soumettant aux lois, l'opposition de liberté et de nécessité s'efface. Le rationnel, en tant que le substantiel, est nécessaire et nous sommes libres si nous le reconnaissons comme loi et si nous lui obéissons comme à la substance de notre être propre : alors les volontés objective et subjective sont réconciliées et forment la même totalité sereine.

La tyrannie douce
(1835-1840)

ALEXIS DE TOCQUEVILLE
(1805-1859)

Selon Raymond Aron, Tocqueville a été le premier sociologue, car il a été le premier à percevoir les sociétés comme des organismes vivants évoluant au cours de l'histoire. Pour lui, en l'occurrence, l'évolution majeure qui caractérise les sociétés est celle qui les fait passer de la liberté aristocratique à l'égalité démocratique. D'où le risque de voir advenir une nouvelle forme de tyrannie, non plus fondée sur la violence mais sur la faiblesse. Car si la liberté aristocratique veut la grandeur non sans mépriser souvent les individus pour y parvenir, l'égalité démocratique, quant à elle, veut la sécurité, au risque de perdre toute dignité en aspirant, comme elle le fait, à vouloir être prise en charge et « assistée », dirait-on aujourd'hui. Les visages de la tyrannie sont donc divers. Il y a la tyrannie des autocrates, mais il y a aussi celle des foules. Qui plus est, il y a des tyrannies molles, qui ne font pas forcément couler de sang.

Source : *Alexis de Tocqueville,* De la démocratie en Amérique, *Paris, Garnier-Flammarion, 1981, t. II, 4e partie, chap. VI, p. 385-386.*
Bibliographie : *Raymond Aron,* les Étapes de la pensée sociologique, *Paris, Gallimard, 1979.*

LORSQUE JE SONGE aux petites passions des hommes de nos jours, à la mollesse de leurs mœurs, à l'étendue de leurs lumières, à la pureté de leur religion, à la douceur de leur morale, à leurs habitudes laborieuses et rangées, à la retenue qu'ils conservent presque tous dans le vice comme dans la vertu, je ne crains pas qu'ils rencontrent dans leurs chefs des tyrans, mais plutôt des tuteurs.

Je pense donc que l'espèce d'oppression dont les peuples démocratiques sont menacés ne ressemblera à rien de ce qui l'a précédée dans le monde ; nos contemporains ne sauraient en trouver l'image dans leurs souvenirs. Je cherche en vain moi-même une expression qui reproduise exactement l'idée que je m'en forme et la renferme ; les anciens mots de despotisme et de tyrannie ne conviennent point. La chose est nouvelle, il faut donc tâcher de la définir, puisque je ne peux la nommer.

Je veux imaginer sous quels traits nouveaux le despotisme pourrait se produire dans le monde : je vois une foule innombrable d'hommes semblables et égaux qui tournent sans repos sur eux-mêmes pour se procurer de petits et vulgaires plaisirs, dont ils emplissent leur âme. Chacun d'eux, retiré à l'écart, est comme étranger à la destinée de tous les autres : ses enfants et ses amis particuliers forment pour lui toute l'espèce humaine ; quant au demeurant de ses concitoyens, il est à côté d'eux, mais il ne les voit pas ; il les touche et ne les sent point; il n'existe qu'en lui-même et pour lui seul, et, s'il lui reste encore une famille, on peut dire du moins qu'il n'a plus de patrie.

Au-dessus de ceux-là s'élève un pouvoir immense et tutélaire, qui se charge seul d'assurer leur jouissance et de veiller sur leur sort. Il est absolu, détaillé, régulier, prévoyant et doux. Il ressemblerait à la puissance paternelle si, comme elle, il avait pour objet de préparer les hommes à l'âge viril; mais il ne cherche, au contraire, qu'à les fixer irrévocablement dans l'enfance; il aime que les citoyens se réjouissent, pourvu qu'ils ne songent qu'à se réjouir. Il travaille volontiers à leur bonheur; mais il veut en être l'unique agent et le seul arbitre; il pourvoit à leur sécurité, prévoit et assure leurs besoins, facilite leurs plaisirs, conduit leurs principales affaires, dirige leur industrie, règle leurs successions, divise leurs héritages; que ne peut-il leur ôter entièrement le trouble de penser et la peine de vivre?

C'est ainsi que tous les jours il rend moins utile et plus rare l'emploi du libre arbitre; qu'il renferme l'action de la volonté dans un plus petit espace, et dérobe peu à peu chaque citoyen jusqu'à l'usage de lui-même. L'égalité a préparé les hommes à toutes ces choses: elle les a disposés à les souffrir et souvent même à les regarder comme un bienfait.

Après avoir pris ainsi tour à tour dans ses puissantes mains chaque individu, et l'avoir pétri à sa guise, le souverain étend ses bras sur la société tout entière; il en couvre la surface d'un réseau de petites règles compliquées, minutieuses et uniformes, à travers lesquelles les esprits les plus originaux et les âmes les plus vigoureuses ne sauraient se faire jour pour dépasser la foule; il ne brise pas les volontés, mais il les amollit, les plie et les dirige; il force rarement d'agir, mais il s'oppose sans cesse à ce qu'on agisse; il ne détruit point, il empêche de naître; il ne tyrannise point, il gêne, il comprime, il énerve, il éteint, il hébète, et il réduit enfin chaque nation à n'être plus qu'un troupeau d'animaux timides et industrieux, dont le gouvernement est le berger.

LA VERTU DU POUVOIR

Nécessité d'endiguer la fortune
(1532)

NICOLAS MACHIAVEL
(1469-1527)

Machiavel est l'inventeur de la politique moderne au sens où, en se demandant comment conserver le pouvoir le plus longtemps possible quand on est prince, il a cherché à comprendre les mécanismes internes de celui-ci, en l'étudiant pour lui-même. Sa réflexion l'a conduit à tenir compte de la nature des choses et des circonstances. D'où son pragmatisme et son réalisme vis-à-vis des rapports de force qui s'y déploient. D'où aussi son sens de la virtù, *ce mélange de force, de courage et de grandeur, qui fait la vertu du véritable homme politique. Car là où on a affaire à des rapports de force, il convient d'être fort. Ce qui ne veut pas dire forcément cruel. Machiavel, en effet, s'est fait une philosophie dure de la politique afin de parer à des temps qui étaient durs et pour préparer l'avènement de la prospérité et de la concorde, seuls éléments durables, selon lui, de la vie politique de la cité.*

Source: *Nicolas Machiavel,* le Prince, *chap. XXV, d'après la traduction de Gohory de 1571, Paris, Gallimard, 1980, p. 138 à 141.*

Bibliographie: *Léo Strauss,* Pensées sur Machiavel, *Paris, Payot, 1982; Michel-Pierre Edmond,* Philosophie politique, *Paris, Masson, 1972.*

Ce que peut la fortune dans les choses humaines et comment lui tenir tête

Quantum fortuna in rebus humanis possit,
et quomodo illi sit occurendum.

Je sais bien que certains ont pensé et pensent que les affaires de ce monde sont de telle sorte gouvernées par Dieu et par la fortune, que les hommes avec toute leur sagesse ne les peuvent redresser, et n'y trouvent même aucun remède; ainsi ils pourraient estimer qu'il est vain de suer sang et eau à les maîtriser, au lieu de se laisser gouverner par le sort. Cette opinion a repris crédit en notre temps à cause des grandes révolutions qu'on a vues et voit tous les jours, et qui dépassent toute conjecture des hommes. Si bien qu'en y pensant quelquefois moi-même, je me suis laissé aller, en partie, à cette opinion. Néanmoins, notre libre arbitre ne pouvant disparaître, j'estime qu'il peut être vrai que la fortune est maîtresse de la moitié de nos œuvres, mais que *etiam* elle nous en laisse gouverner à peu près l'autre moitié. Je compare la fortune à l'une de ces rivières torrentueuses qui, dans leur colère, noient à l'entour les plaines, détruisent les arbres et maisons, dérobent d'un côté de la terre pour la porter ailleurs; chacun fuit devant elles, tout le monde cède à leur fureur, sans y pouvoir mettre rempart aucun. Malgré cela, les hommes, quand le temps est paisible, ne laissent pas d'avoir la liberté d'y pourvoir par digues et par levées, de sorte que, si elles croissent une autre fois, ou elles se dégorgeront dans un canal, ou leur fureur n'aura point si grande licence et ne sera pas si ruineuse. Ainsi en est-il de la fortune, qui montre sa puissance aux endroits où il n'y a point de force dressée pour lui résister, et qui porte ses assauts au lieu où elle sait bien qu'il n'y a point de digues ni de levées pour lui tenir tête. Et si vous considérez bien l'Italie, qui est le siège de ces révolutions et le pays qui leur a donné le branle, vous la verrez être une vraie campagne sans levées ni digues; or si elle était protégée de convenable *virtù,* comme est l'Allemagne, la France et l'Espagne, ou cette crue n'aurait pas fait si grandes révolutions, ou bien ne serait pas du tout advenue. Voilà qui suffit pour ce qui est de tenir tête à la fortune *in universali.*

Mais, pour entrer plus particulièrement en la matière, je dis qu'on voit aujourd'hui un prince prospérer et demain s'écrouler, sans qu'on l'ait aperçu changer ou de nature ou de quelque qualité que ce soit: ce qui, je crois, procède premièrement des raisons que nous avons ci-dessus amplement déduites, c'est à savoir qu'un prince qui s'appuie totalement sur la fortune s'écroule quand celle-ci change. Je pense aussi que celui-là est heureux qui sait bien s'accommoder de son temps, et malheureux celui qui est en désaccord avec lui. Car on voit les hommes, dans les choses qui les conduisent au but que chacun vise (c'est-à-dire les honneurs et la richesse), s'y porter par divers moyens: l'un avec prudence, l'autre avec fureur; l'un par violence, l'autre par habileté; celui-ci par patience, celui-là par son contraire; et par toutes ces manières on peut parvenir au but. On voit aussi de deux hommes prudents, l'un parvenir, l'autre ne parvenir point à son dessein; on voit encore deux hommes dont l'un usera de prudence, l'autre d'audace, prospérer également, encore que leurs manières de faire soient différentes: ce qui ne provient d'autre chose que de la nature des temps, qui se prête ou non à leur façon de faire. De là vient ce que j'ai dit plus haut, que deux qui procèdent diversement obtiennent un même effet, et que dans le cas de deux autres, procédant pareillement, l'un atteindra son but, l'autre non. De la même cause dépend le caractère changeant du succès; si quelqu'un se gouverne par circonspection et patience et si le temps et les affaires tournent, de telle sorte que sa manière soit bonne, il réussira; mais si la saison change, il sera détruit parce que lui, il ne change pas sa façon de faire. Et il ne se trouve personne qui soit assez sage pour s'accommoder à cela, soit parce qu'il ne peut se détourner de là où le naturel le pousse, soit *etiam* parce qu'ayant toujours prospéré à cheminer par un moyen, il ne se peut mettre en tête qu'il faille en changer. Ainsi, l'homme circonspect, quand il est temps d'user d'audace, en est incapable, et c'est la cause de sa ruine; et si son naturel changeait avec le vent et les affaires, sa fortune ne changerait point.

Je conclus donc que, la fortune étant changeante, et les hommes demeurant entiers en leurs façons, ils sont heureux tant que les deux s'accordent et sitôt qu'ils se contrarient malheureux. Je crois aussi qu'il vaut mieux être hardi que prudent, car la fortune est femme, et il est nécessaire, pour la tenir soumise, de la battre et de la maltraiter. Et l'on voit communément qu'elle se laisse plutôt vaincre de ceux-là, que des autres qui procèdent froidement. Ce pourquoi elle est toujours amie des jeunes gens comme une femme qu'elle est, parce qu'ils sont moins respectueux, plus violents et plus audacieux à la commander.

De l'état de nature à l'État
(1651)

THOMAS HOBBES
(1588-1679)

Si Machiavel a été l'inventeur de la politique moderne, c'est à Hobbes que l'on doit d'avoir tenté d'en faire la science. En partant, en effet, du principe que l'homme cherche fondamentalement à se conserver, il en a déduit une logique de cette conservation. Lorsque la conservation de soi est livrée à elle-même, comme c'est le cas dans l'état de nature, elle se transforme en égoïsme généralisé qui pousse les hommes à la guerre. D'où une conversion rationnelle de ceux-ci à l'État. Car si la conservation d'eux-mêmes les pousse à l'égoïsme, elle les pousse aussi à préférer la vie à la mort. Donc à préférer rentrer en société, déléguer leur droit à la violence à un Souverain plutôt que de continuer à courir le risque de mourir à tout instant dans l'état de guerre. Toute la conception hobbienne de l'État est donc commandée par le spectre de la guerre, que seul, selon lui, un État qui a le monopole de la violence est en mesure d'arrêter.

Source: *Thomas Hobbes,* le Léviathan, *trad. F. Tricaud, chap. XIII et chap. XVII, Paris, Sirey, 1971, p. 124-125, 174, 176 à 178.*

Bibliographie: *Lucien Jaume,* Hobbes et l'État représentatif moderne, *Paris, P.U.F., 1986; Pierre Guénancia,* Descartes et l'ordre politique, *Paris, P.U.F., 1983.*

Il apparaît clairement par là qu'aussi longtemps que les hommes vivent sans un pouvoir commun qui les tienne tous en respect, ils sont dans cette condition qui se nomme guerre, et cette guerre est guerre de chacun contre chacun. Car la GUERRE ne consiste pas seulement dans la bataille et dans des combats effectifs; mais dans un espace de temps où la volonté de s'affronter en des batailles est suffisamment avérée: on doit par conséquent tenir compte, relativement à la nature de la guerre, de la notion de durée, comme on en tient compte, relativement à la nature du temps qu'il fait. De même en effet que la nature du mauvais temps ne réside pas dans une ou deux averses, mais dans une tendance qui va dans ce sens, pendant un grand nombre de jours consécutifs, de même la nature de la guerre ne consiste pas dans un combat effectif, mais dans une disposition avérée, allant dans ce sens, aussi longtemps qu'il n'y a pas d'assurance du contraire. Tout autre temps se nomme PAIX.

C'est pourquoi toutes les conséquences d'un temps de guerre où chacun est l'ennemi de chacun, se retrouvent aussi en un temps où les hommes vivent sans autre sécurité que celle dont les munissent leur propre force ou leur propre ingéniosité. Dans un tel état, il n'y a pas de place pour une activité industrieuse, parce que le fruit n'en est pas assuré: et conséquemment il ne s'y trouve ni agriculture, ni navigation, ni usage des richesses qui peuvent être importées par mer; pas de constructions commodes; pas d'appareils capables de mouvoir et d'enlever les choses qui pour ce faire exigent beaucoup de force; pas de connaissances de la face de la terre; pas de computation du temps; pas d'arts; pas de lettres; pas de société; et ce qui est le pire de tout, la crainte et le risque continuels d'une mort violente; la vie de l'homme est alors solitaire, besogneuse, pénible, quasi animale, et brève. [...]

La cause finale, le but, le dessein, que poursuivirent les hommes, eux qui par nature aiment la liberté et l'empire exercé sur autrui, lorsqu'ils se sont imposé ces restrictions au sein desquelles on les voit vivre dans les Républiques, c'est le souci de pourvoir à leur propre préservation et de vivre plus heureusement par ce moyen: autrement dit, de s'arracher à ce misérable état de guerre qui est, je l'ai montré, la conséquence nécessaire des passions naturelles des hommes, quand il n'existe pas de pouvoir visible pour les tenir en respect, et de les lier, par la crainte des châtiments, tant à l'exécution de leurs conventions qu'à l'observation des lois de nature qui ont été exposées aux chapitres XIV et XV.

D'elles-mêmes en effet, en l'absence d'un pouvoir qui les fasse observer par l'effroi qu'il inspire, les lois de nature (comme la *justice*, l'*équité*, la *modération*, la *pitié*, et d'une façon générale, *faire aux autres ce que nous voudrions qu'on nous fît*) sont contraires à nos passions naturelles, qui nous portent à la partialité, à l'orgueil, à la vengeance, et aux autres conduites de ce genre. Et les conventions, sans le glaive, ne sont que des paroles, dénuées de la force d'assurer aux gens la moindre sécurité.

Il est vrai que certains animaux comme les abeilles et les fourmis vivent en société les uns avec les autres, et sont pour ce motif rangés par Aristote au nombre des animaux politiques; et pourtant ils n'ont pas d'autre direction que leurs jugements et appétits particuliers; ils n'ont pas la parole, qui leur permettrait de se déclarer l'un à l'autre ce qu'ils jugent profitable à l'intérêt commun. C'est pourquoi il se peut bien que quelqu'un désire savoir pourquoi l'humanité est incapable d'en faire autant. À cette question je réponds:

premièrement, que les hommes sont dans une continuelle rivalité au sujet de l'honneur et de la dignité, ce qui n'est pas le cas de ces animaux; et qu'en conséquence, chez les

hommes, l'envie et la haine, puis enfin la guerre prennent naissance sur ce fondement, alors qu'il n'en va pas de même chez les animaux;
deuxièmement, que chez ces créatures, le bien commun ne diffère pas du bien privé; portées par nature vers leur bien privé, elles servent du même coup l'intérêt commun; mais l'homme, dont la joie consiste à se comparer aux autres, ne peut vraiment savourer que ce qui est au-dessus du sort commun;
troisièmement, que ces créatures, n'ayant pas comme l'homme l'usage de la raison, ne voient pas ou ne pensent pas voir de fautes dans l'administration de leurs affaires communes: alors que parmi les hommes, nombreux sont ceux qui se jugent plus sages que tous les autres, et plus aptes à gouverner la chose publique; s'efforçant de réformer et d'innover, celui-ci d'une manière, celui-là d'une autre, et conduisant ainsi la chose publique vers le déchirement et la guerre civile;
quatrièmement, que ces créatures, encore qu'elles aient quelque usage de la voix pour se faire connaître l'une à l'autre leurs désirs et leurs autres affections, manquent néanmoins de cet art des mots par lequel certains savent présenter aux autres ce qui est bon sous les apparences du mal et ce qui est mauvais sous les apparences du bien, et augmenter ou diminuer la grandeur apparente du bien et du mal, rendant les hommes insatisfaits, et troublant leur paix à leur gré;
cinquièmement, que les créatures dénuées de raison ne peuvent distinguer entre un *tort* et un *dommage*: c'est pourquoi, aussi longtemps que leurs aises sont sauvegardées, elles ne se sentent pas offensées par leurs compagnes; tandis que l'homme est le plus enclin à créer du désordre lorsqu'il jouit le plus de ses aises: car c'est alors qu'il aime à montrer sa sagesse, et à censurer les actions de ceux qui gouvernent la République;
enfin, l'accord de ces créatures est naturel, alors que celui des hommes, venant seulement des conventions, est artificiel: aussi n'est-il pas étonnant qu'il faille quelque chose d'autre, en sus de la convention, pour rendre leur accord constant et durable; cette autre chose est un pouvoir commun qui les tienne en respect et dirige leurs actions en vue de l'avantage commun.

La seule façon d'ériger un tel pouvoir commun, apte à défendre les gens de l'attaque des étrangers, et des torts qu'ils pourraient se faire les uns aux autres, et ainsi à les protéger de telle sorte que par leur industrie et par les productions de la terre, ils puissent se nourrir et vivre satisfaits, c'est de confier tout leur pouvoir et toute leur force à un seul homme, ou à une seule assemblée, qui puisse réduire toutes leurs volontés, par la règle de la majorité, en une seule volonté. Cela revient à dire: désigner un homme, ou une assemblée, pour assumer leur personnalité; et que chacun s'avoue et se reconnaisse comme l'auteur de tout ce qu'aura fait ou fait faire, quant aux choses qui concernent la paix et la sécurité commune, celui qui a ainsi assumé leur personnalité, que chacun par conséquent soumette sa volonté et son jugement à la volonté et au jugement de cet homme ou de cette assemblée. Cela va plus loin que le consensus, ou concorde: il s'agit d'une unité réelle de tous en une seule et même personne, unité réalisée par une convention de chacun avec chacun passée de telle sorte que c'est comme si chacun disait à chacun: *j'autorise cet homme ou cette assemblée, et je lui abandonne mon droit de me gouverner moi-même, à cette condition que tu lui abandonnes ton droit et que tu autorises toutes ses actions de la même manière*. Cela fait, la multitude ainsi unie en une seule personne est appelée une RÉPUBLIQUE, en latin CIVITAS. Telle est la génération de ce grand LÉVIATHAN, ou plutôt pour en parler avec plus de révérence, de ce *dieu mortel*, auquel nous devons, sous le *Dieu immortel*, notre paix et notre protection. Car en vertu de cette autorité qu'il a reçue de chaque individu de la

République, l'emploi lui est conféré d'un tel pouvoir et d'une telle force, que l'effroi qu'ils inspirent lui permet de modeler les volontés de tous, en vue de la paix à l'intérieur et de l'aide mutuelle contre les ennemis de l'extérieur. En lui réside l'essence de la République, qui se définit: *une personne unique telle qu'une grande multitude d'hommes se sont faits, chacun d'entre eux, par des conventions mutuelles qu'ils ont passées l'un avec l'autre, l'auteur de ses actions afin qu'elle use de la force et des ressources de tous, comme elle le jugera expédient, en vue de leur paix et de leur commune défense.* [...]

POLITIQUE ET RELIGION

Les deux cités
(412-427)

SAINT AUGUSTIN
(354-430)

Si l'État permet de tenir en respect la violence et la guerre, force est de constater qu'il est aussi parfois et même souvent source de violence et de guerres. Aussi très vite s'est posé le problème de savoir comment le réformer, afin qu'il puisse assurer la sécurité sans sortir de son rôle. Dans la tradition chrétienne, la politique a été inspirée par la phrase du Christ disant qu'il faut rendre à César ce qui est à César. Autrement dit, « jouer le jeu » par charité en étant dans ce monde sans être du monde, tout en préparant le monde à venir. D'où une subtile duplicité consistant dans le fait de ne pas abattre l'État, de ne pas le glorifier non plus, mais d'y agir de l'intérieur en développant la paix. Ce dédoublement est explicite dans les deux textes qui suivent, où saint Augustin oppose la charité qui « joue le jeu » à l'amour de soi qui se prend au jeu. Comme l'a montré Ernst Kantorowicz, il a été à la base de toute la problématique médiévale du pouvoir sous la forme du double corps du roi.

Source: *Saint Augustin,* la Cité de Dieu, *trad. G. Combès, Livre XIV, chap. XXVIII, Livre XIX, chap. XVII, Paris, Desclée de Brouwer, 1960, p. 456-457, p. 127-129.*

Bibliographie: *G. Combès,* la Doctrine politique de saint Augustin, *Paris, 1927; Ernst Kantorowicz,* les Deux Corps du roi, *Paris, Gallimard, 1989.*

Les deux cités: traits distinctifs

XXVIII. DEUX AMOURS ont donc fait deux cités: l'amour de soi jusqu'au mépris de Dieu, la cité terrestre; l'amour de Dieu jusqu'au mépris de soi, la Cité céleste.

L'une se glorifie en elle-même, l'autre dans le Seigneur. L'une demande sa gloire aux hommes; pour l'autre, Dieu témoin de sa conscience est sa plus grande gloire. L'une dans sa gloire dresse la tête ; l'autre dit à son Dieu : *Tu es ma gloire et tu élèves ma tête*. L'une dans ses chefs ou dans les nations qu'elle subjugue, est dominée par la passion de dominer ; dans l'autre, on se rend mutuellement service par charité, les chefs en dirigeant, les sujets en obéissant. L'une, en ses maîtres, aime sa propre force ; l'autre dit à son Dieu : *Je t'aimerai, Seigneur, toi ma force*.

Aussi, dans l'une, les sages vivant selon l'homme ont recherché les biens du corps ou de l'âme ou des deux ; et ceux qui ont pu connaître Dieu *ne l'ont pas glorifié comme Dieu ni ne lui ont rendu grâce, mais se sont égarés dans leurs vains raisonnements et leur cœur insensé s'est obscurci ; s'étant flattés d'être sages* (c'est-à-dire s'exaltant dans leur sagesse sous l'empire de l'orgueil), *ils sont devenus fous : ils ont substitué à la gloire du Dieu incorruptible des images représentant l'homme corruptible, des oiseaux, des quadrupèdes et des serpents* (car à l'adoration de telles idoles, ils ont conduit les peuples ou les y ont suivis) ; *et ils ont décerné le culte et le service à la créature plutôt qu'au Créateur qui est béni dans les siècles*.

Dans l'autre au contraire, il n'y a qu'une sagesse, la piété qui rend au vrai Dieu le culte qui lui est dû, et qui attend pour récompense en la société des saints, hommes et anges, *que Dieu soit tout en tous*.

Paix des deux cités.
Concorde possible pour les biens temporels

XVII. La famille des hommes qui ne vivent pas de la foi recherche la paix terrestre dans les biens et les avantages de cette vie temporelle ; mais la famille des hommes qui vivent de la foi attend les biens éternels promis pour la vie future et use comme une étrangère des biens terrestres et temporels, non pour se laisser prendre par eux jusqu'à en être détournée du Dieu vers qui elle tend, mais pour s'appuyer sur eux et rendre plus supportable, loin de l'aggraver, le poids du corps corruptible qui appesantit l'âme. Voilà pourquoi l'usage des biens indispensables à cette vie mortelle est commun à ces deux groupes d'hommes et de familles ; mais la fin de cet usage est propre à chacun et fort différente. Ainsi la cité de la terre, qui ne vit pas de la foi, aspire elle aussi à la paix terrestre et elle fait consister la concorde de ses citoyens dans le commandement et l'obéissance en ceci : qu'il règne parmi eux une certaine entente des volontés humaines au sujet des affaires qui sont en rapport avec la vie mortelle.

Or, la cité céleste, ou plutôt cette partie qui est en exil dans ce monde périssable où elle vit de la foi, use elle aussi par nécessité de cette paix, jusqu'à ce que passe la mortalité où une telle paix est nécessaire. Par suite, au sein de la cité terrestre, où elle passe le temps de son exil, captive pour ainsi dire, mais déjà pourvue de la promesse de rédemption avec, comme en gage, le don spirituel, elle n'hésite pas à obéir aux lois de la cité terrestre qui en assurent la bonne administration, en tout ce que requiert la subsistance de la vie mortelle. De la sorte, puisque cette mortalité leur est commune, pour tout ce qui la concerne, la concorde est maintenue entre les deux cités.

La pensée de derrière la tête
(1670)

BLAISE PASCAL
(1623-1662)

Pascal a été un grand lecteur de saint Augustin. Aussi l'essentiel de sa politique se trouve être conforme à la pensée de ce dernier. En la radicalisant, toutefois. Car, la religion suscitant des dévots avides de pouvoir temporel, il lui a fallu en conclure qu'une politique chrétienne se devait non seulement de ne pas être du pouvoir de ce monde, mais de la religion d'un tel monde. D'où un surcroît de distance à observer. Distance qui l'a conduit, comme l'a vu Lucien Goldmann dans le Dieu caché, *Gallimard, 1959 au seuil de la dialectique, celle-ci étant ce dialogue ouvert de la pensée avec elle-même s'accordant avec l'existence. Lorsque Pascal nous invite, en effet, à obéir à la loi parce que c'est la loi, cette obéissance gratuite n'est pas l'obéissance du dévot qui est platement conformiste, ni l'ironie du libertin anticonformiste qui joue habilement le jeu par dérision. Il s'agit là d'un acte de charité qui, en jouant le jeu dans un monde où il y a trop de jeu, vise à introduire, par le biais de la loi un peu d'obéissance et donc d'ordre. Contemporaine de la politique de Baltasar Gracián*[1]*, la politique de Pascal est un art d'être là dans un monde qui n'est pas encore advenu à lui-même, afin d'aider à ce qu'il advienne.*

Source: *Blaise Pascal,* Pensées, *Éditions Lafuma, Pensées 103, 90 et 60, Paris, Le Seuil, 1962, p. 75, 72 et 64.*

Bibliographie: *Gérard Ferreyrolles,* Pascal et la raison du politique, *Paris, P.U.F., 1984; Lucien Goldmann,* le Dieu caché, *Paris, Gallimard, 1959; Baltasar Gracián,* l'Homme de cour, *Paris, G. Lebovici, 1987.*

Justice, force

IL EST JUSTE que ce qui est juste soit suivi; il est nécessaire que ce qui est le plus fort soit suivi.

La justice sans la force est impuissante, la force sans la justice est tyrannique.

La justice sans force est contredite, parce qu'il y a toujours des méchants. La force sans la justice est accusée. Il faut donc mettre ensemble la justice et la force, et pour cela faire que ce qui est juste soit fort ou que ce qui est fort soit juste.

La justice est sujette à dispute. La force est très reconnaissable et sans dispute. Aussi on n'a pu donner la force à la justice, parce que la force a contredit la justice et a dit qu'elle était injuste, et a dit que c'était elle qui était juste.

Et ainsi ne pouvant faire que ce qui est juste fût fort on a fait que ce qui est fort fût juste. [...]

Le monde juge bien des choses, car il est dans l'ignorance naturelle qui est le vrai siège de l'homme. Les sciences ont deux extrémités qui se touchent, la première est la pure ignorance

1. Par politique de Baltasar Gracián, on entend sa politique du courtisan telle qu'il la développe dans *l'Homme de cour*. La fonction du courtisan est élevée au niveau d'un art, voire d'une spiritualité, par ce que l'auteur appelle « la discrétion ».

naturelle où se trouvent tous les hommes en naissant, l'autre extrémité est celle où arrivent les grandes âmes qui ayant parcouru tout ce que les hommes peuvent savoir trouvent qu'ils ne savent rien et se rencontrent en cette même ignorance d'où ils étaient partis, mais c'est une ignorance savante qui se connaît. Ceux d'entre deux qui sont sortis de l'ignorance naturelle et n'ont pu arriver à l'autre, ont quelque teinture de cette science suffisante, et font les entendus. Ceux-là troublent le monde et jugent mal de tout.

Le peuple et les habiles composent le train du monde; ceux-là le méprisent et sont méprisés. Ils jugent mal de toutes choses, et le monde en juge bien. [...]

Il y a sans doute des lois naturelles, mais cette belle raison corrompue a tout corrompu.

De cette confusion arrive que l'un dit que l'essence de la justice est l'autorité du législateur, l'autre la commodité du souverain, l'autre la coutume présente, et c'est le plus sûr. Rien suivant la seule raison n'est juste de soi, tout branle avec le temps. La coutume (est) toute l'équité, par cette seule raison qu'elle est reçue. C'est le fondement mystique de son autorité. Qui la ramènera à son principe l'anéantit. Rien n'est si fautif que ces lois qui redressent les fautes. Qui leur obéit parce qu'elles sont justes, obéit à la justice qu'il imagine, mais non pas à l'essence de la loi. Elle est toute ramassée en soi. Elle est loi et rien davantage. Qui voudra en examiner le motif le trouvera si faible et si léger que s'il n'est accoutumé à contempler les prodiges de l'imagination humaine, il admirera qu'un siècle lui ait tant acquis de pompe et de révérence. L'art de fronder, bouleverser les états est d'ébranler les coutumes établies en sondant jusque dans leur source pour marquer leur défaut d'autorité et de justice. Il faut, dit-on, recourir aux lois fondamentales et primitives de l'état qu'une coutume injuste a abolies. C'est un jeu sûr pour tout perdre; rien ne sera juste à cette balance. Cependant le peuple prête aisément l'oreille à ces discours, ils secouent le joug dès qu'ils le reconnaissent, et les grands en profitent à sa ruine, et à celle de ces curieux examinateurs des coutumes reçues. C'est pourquoi le plus sage des législateurs disait que pour le bien des hommes, il faut souvent les piper, et un autre bon politique, *Cum veritatem qua liberetur ignoret, expedit quod fallatur*. Il ne faut pas qu'il sente la vérité de l'usurpation, elle a été introduite autrefois sans raison, elle est devenue raisonnable. Il faut la faire regarder comme authentique, éternelle et en cacher le commencement, si on ne veut qu'elle ne prenne bientôt fin. [...]

POLITIQUE ET UTOPIE

La vertu du bonheur
(1516)

THOMAS MORE
(1478-1535)

Pour réformer l'État de l'intérieur et lutter contre la tentation de la violence, le christianisme s'est efforcé de penser une spiritualité politique œuvrant à la paix par un art charitable d'être là et de participer au monde. Aussi cette humanisation du monde par la paix n'a-t-elle pas eu de mal à s'associer à l'humanisme lorsque celui-ci est apparu. L'Utopie *de Thomas More en est l'illustration. À travers la défense du bonheur, celle-ci vise à montrer que l'humanisation de l'homme dans le bonheur n'est pas incompatible avec sa spiritualisation, qui invite à préférer l'amour à la guerre. D'où le caractère finalement peu utopique de l'utopie, qui est ce lieu introuvable et de nulle part, non pas parce qu'il est irréel, mais parce qu'il n'est pas encore réel. Au-delà de cet aspect théologique du bonheur, il existe une vertu politique de celui-ci. Bien souvent, en effet, les politiques autoritaires se fondent sur une image noire de l'homme qu'elles traitent en ennemi, débouchant ainsi sur un état de guerre permanent. Oser le bonheur, c'est rompre avec un tel état et protéger la société contre une guerre à l'intérieur d'elle-même entre l'État et les gouvernés.*

Source: *Thomas More,* l'Utopie, *d'après la traduction de Victor Stouvenel, Paris, Éditions sociales, 1966, p. 156-157.*
Bibliographie: *Jean Servier,* Histoire de l'utopie, *Paris, Gallimard, 1967.*

La nature, qui nous inspire la charité pour nos frères, ne nous commande pas d'être cruels et sans pitié pour nous-mêmes.

Voilà ce qui fait affirmer aux Utopiens qu'une vie honnêtement agréable, c'est-à-dire que la volupté est la fin de toutes nos actions; que telle est la volonté de la nature, et qu'obéir à cette volonté, c'est être vertueux.

La nature, disent-ils encore, invite tous les hommes à s'entraider mutuellement, et à partager en commun le joyeux festin de la vie. Ce précepte est juste et raisonnable, il n'y a pas d'individu tellement placé au-dessus du genre humain que la Providence ne doive prendre soin que de lui seul. La nature a donné la même forme à tous; elle les réchauffe tous de la même chaleur, elle les embrasse tous du même amour; ce qu'elle réprouve, c'est qu'on augmente son bien-être en aggravant le malheur d'autrui.

C'est pourquoi les Utopiens pensent qu'il faut observer non seulement les conventions privées entre simples citoyens, mais encore les lois publiques qui règlent la répartition des commodités de la vie, en d'autres termes, qui distribuent la matière du plaisir, quand ces lois ont été promulguées justement par un bon prince, ou sanctionnées par le commun consentement d'un peuple, qui n'était ni opprimé par la tyrannie ni circonvenu par l'artifice.

Chercher le bonheur sans violer les lois, est sagesse; travailler au bien général, est religion; fouler aux pieds la félicité d'autrui en courant après la sienne, est une action injuste.

Au contraire, se priver de quelque jouissance, pour en faire part aux autres, c'est le signe d'un cœur noble et humain, qui, du reste, retrouve bien au-delà du plaisir dont il a fait le sacrifice. D'abord, cette bonne œuvre est récompensée par la réciprocité des services; ensuite, le témoignage de la conscience, le souvenir et la reconnaissance de ceux qu'on a obligés causent à l'âme plus de volupté que n'aurait pu en donner au corps l'objet dont on s'est privé. Enfin, l'homme qui a foi aux vérités religieuses doit être fermement persuadé que Dieu récompense la privation volontaire d'un plaisir éphémère et léger, par des joies ineffables et éternelles.

Ainsi, en dernière analyse, les Utopiens ramènent toutes nos actions et même toutes nos vertus au plaisir, comme à notre fin.

Ils appellent *volupté* tout état ou tout mouvement de l'âme et du corps, dans lesquels l'homme éprouve une délectation naturelle. Ce n'est pas sans raison qu'ils ajoutent le mot *naturelle*, car ce n'est pas seulement la sensualité, c'est aussi la raison qui nous attire vers les choses naturellement délectables; et par là il faut entendre les biens que l'on peut rechercher sans injustice, les jouissances qui ne privent pas d'une jouissance plus vive, et qui ne traînent à leur suite aucun mal.

La force de la liberté

(1574)

ÉTIENNE DE LA BOÉTIE
(1530-1563)

Le propre de l'humanisme n'est pas simplement d'avoir humanisé des notions théologiques comme celles de la paix de Dieu, afin de déboucher sur un sens du bonheur. Il a également humanisé la notion de péché originel. Témoin ce texte célèbre d'Étienne de La Boétie, où celui-ci transpose sur l'homme la responsabilité des tyrannies qui l'oppriment. Contrairement aux apparences, ce texte, qui parle un langage dur et accuse, est un texte sur la liberté, comme le péché originel d'ailleurs, dans l'ordre qui est le sien. Car, ainsi que l'a montré Rousseau, si l'homme est responsable de sa chute politique et a les gouvernements qu'il mérite, cela veut dire qu'il n'y a pas de fatalité et qu'il peut devenir responsable de leur reconstruction. Aussi ce texte témoigne-t-il de l'invention du sujet politique moderne qui, en assumant la responsabilité de sa servitude, naît à lui-même comme responsable de sa liberté.

Source: *Étienne de La Boétie,* Discours sur la servitude volontaire, *Paris, Éditions sociales, 1971, p. 48-49.*

Bibliographie: *Pierre Clastres et Claude Lefort,* La Boétie et la question du politique, *dans* Le discours sur la servitude volontaire, *Paris, Payot, 1978.*

PAUVRES GENS et misérables, peuples insensés, nations opiniâtres en votre mal, et aveugles en votre bien, vous vous laissez emporter devant vous le plus beau et le plus clair de votre revenu, piller vos champs, voler vos maisons, et les dépouiller des meubles anciens et paternels! vous vivez de sorte, que vous ne pouvez dire, que rien n'est à vous.

Et semblerait, que meshui ce vous serait grand heur de tenir à moitié vos biens, vos familles et vos vies; et tout ce dégât, ce malheur, cette ruine vous vient, non pas des ennemis, mais bien certes de l'ennemi, et de celui que vous faites si grand qu'il est, pour lequel vous allez si courageusement à la guerre, pour la grandeur duquel vous ne refusez point de présenter à la mort vos personnes. Celui qui vous maîtrise tant, n'a que deux yeux, n'a que deux mains, n'a qu'un corps, et n'a autre chose que ce qu'a le moindre homme du grand nombre infini de vos villes; sinon qu'il a plus que vous tous c'est l'avantage que vous lui faites, pour vous détruire. D'où il a pris tant d'yeux, dont vous épie-t-il, si vous ne les lui donnez? Comment a-t-il tant de mains pour vous frapper, s'il ne les prend de vous? Les pieds dont il foule vos cités, d'où les a-t-il, s'ils ne sont les vôtres? Comment a-t-il aucun pouvoir sur vous, que par vous autres mêmes? Comment vous oserait-il courir sus, s'il n'avait intelligence avec vous? que pourrait-il faire, si vous n'étiez receleurs du larron qui vous pille? complices du meurtrier qui vous tue et traîtres de vous-mêmes? Vous semez vos fruits, afin qu'il en fasse le dégât. Vous meublez et remplissez vos maisons pour fournir à ses voleries, vous nourrissez vos filles, afin qu'il ait de quoi saoûler sa luxure; vous nourrissez vos enfants, afin qu'il les mène pour le mieux qu'il leur fasse, en ses guerres; qu'il les mène à la boucherie; qu'il les fasse les ministres de ses convoitises et les exécuteurs de ses vengeances, vous rompez à la peine vos personnes, afin qu'il se puisse mignarder en ses délices, et se vautrer dans les sales et vilains plaisirs. Vous vous affaiblissez, afin de le faire plus fort et roide, à vous tenir plus courte la bride; et de tant d'indignités, que les bêtes mêmes, ou ne sentiraient point, ou n'endureraient point, vous pouvez vous en délivrer, si vous essayez, non pas de vous en délivrer, mais seulement de le vouloir faire. Soyez résolus de ne servir plus, et vous voilà libres. Je ne veux pas que vous le poussiez ou le branliez, mais seulement ne le soutenez plus, et vous le verrez comme un grand Colosse, à qui on a dérobé la base, de son poids même fondre en bas, et se rompre.

RAISON ET POLITIQUE

Le gouvernement de la Providence
(45 av. J.-C.)

CICÉRON
(106-43 av. J.-C.)

Si la politique est l'effort pour tenter de fonder une vie collective rationnelle, cette vie rationnelle n'a pas émergé sans heurts. Ainsi que le souligne Ernst Cassirer dans le Mythe de l'État *(Gallimard, 1993), celle-ci s'est frayé un chemin en luttant dès l'Antiquité contre le mythe, grâce principalement à l'idée faisant du monde un* cosmos *organisé par une intelligence. Cette idée d'un principe rationnel gouvernant toutes choses a conduit à dresser une analogie entre la cité et le cosmos, la cité étant la projection — au niveau d'un microcosme — de la structure de cité présente dans le macrocosme de la nature. Avec la pensée des stoïciens, il y a eu plus qu'une analogie puisque la nature entière va être identifiée à un gouvernement. En politisant ainsi la nature pour asseoir la présence de la raison, ceux-ci ont naturalisé la politique. Dès lors, la politique s'est mise à acquérir une dignité, comme chaque citoyen en a acquis une également. D'où l'émergence d'un droit naturel ouvrant sur un universalisme. Les stoïciens ont été à la base d'une rationalisation de la politique conduisant à donner à chaque homme un droit, tout comme la nature confère une raison à chaque chose. Aussi ont-ils été les grands inspirateurs de la pensée juridique romaine. Leur influence est réapparue au XVIIe siècle, lorsqu'il s'est agi pour la politique moderne de se donner des bases rationnelles.*

Source : *Cicéron,* Des biens et des maux (De finibus), *trad. Émile Brehier, Livre III, chap. XX, Paris, Bibliothèque de la Pléiade, Gallimard, 1962, p. 286-287.*

C'EST LA NATURE qui nous pousse à vouloir rendre service au plus grand nombre possible, particulièrement en instruisant les autres et en leur transmettant les règles de la sagesse. Aussi n'est-il pas facile de trouver un homme qui ne transmette à autrui les connaissances qu'il a lui-même acquises ; et nous sommes portés non seulement à apprendre, mais à enseigner. Comme la nature a donné aux taureaux de lutter contre les lions de toutes leurs forces et de tout leur élan pour défendre leurs veaux, elle pousse également les hommes valeureux et capables d'agir, comme furent, dit-on, Hercule et Liber, à sauver le genre humain. Quand nous appelons Jupiter très bon et très grand, ou encore Sauveur, Hospitalier, Résistant, nous voulons dire que le salut des hommes est en sa garde ; or il n'est pas logique, quand nous nous méprisons et nous abandonnons les uns les autres, d'exiger que les dieux immortels aient pour nous des sentiments d'amour et d'affection. Donc, de même que nous nous servons de nos membres avant d'avoir appris pour quel usage nous les possédons, de même c'est la nature qui nous a liés et associés en vue d'une communauté politique : s'il n'en était pas ainsi, il n'y aurait place ni pour la justice ni pour l'honnêteté. S'ils pensent qu'il y a des liens de droit entre les hommes, ils ne croient qu'il y en ait entre les hommes et les bêtes. Chrysippe dit parfaitement que tous les êtres existent en vue des hommes et des dieux et ceux-ci en vue de la communauté et de la société qu'ils forment entre eux, si bien que, sans injustice, les hommes peuvent se servir des bêtes dans leur propre intérêt ; et, dit-il encore, puisque la nature humaine est telle qu'il y a entre chaque homme et le genre humain une sorte de droit civil, le juste est celui qui observe ce droit, l'injuste celui qui le transgresse. Mais de même que, au théâtre, on peut dire justement, bien qu'il appartienne à tous, que la place qu'un spectateur a occupée est bien à lui, ainsi, dans la cité ou le monde qui est commun à tous, le droit ne s'oppose pas à ce que chaque chose appartienne en propre à chacun. Puisque nous voyons que l'homme est né pour la protection et le salut de ses semblables, il est conforme à cette nature que le sage veuille s'occuper des affaires publiques et administrer. [...]

La séparation des pouvoirs

(1748)

CHARLES-LOUIS DE MONTESQUIEU

(1689-1755)

Le XVIIe siècle a vu ressurgir l'idée stoïcienne selon laquelle la raison gouverne non seulement la nature, mais la société. Avec la naissance de la politique moderne grâce notamment à Hobbes, cette idée a débouché sur une étude rationnelle de la genèse de l'État. Au XVIIIe siècle, l'originalité de Montesquieu est d'avoir encore amplifié cette étude, en entreprenant de connaître les lois qui, dérivant de la nature des choses, gouvernent la politique. De cette entreprise a résulté la mise en relation de la vie politique avec la nature humaine, mais aussi avec la nature tout court. Mais pas seulement. L'étude rationnelle de la politique s'est accompagnée d'une politique de la raison, cherchant à lutter contre le despotisme. Cette politique a abouti au principe de la séparation des pouvoirs réformant le pouvoir de l'intérieur en l'autolimitant. Ce principe établissant que le pouvoir peut se corriger lui-même sans l'intervention d'une morale ou d'une religion est devenu l'un des fondements des démocraties modernes. Ses adversaires lui ont toujours reproché son caractère abstrait et formel.

Source : *Montesquieu,* De l'esprit des lois, *Livre I, chap. I, Livre XI, chap. VI, Paris, Garnier, 1973, t. I, p. 7 et 8, 168 à 170.*

Bibliographie : *Louis Althusser,* Montesquieu, la politique et l'histoire, *Paris, P.U.F., 1959 ; S. Goyard-Fabre,* la Philosophie du droit chez Montesquieu, *Klincksieck, 1979.*

LES LOIS, dans la signification la plus étendue, sont les rapports nécessaires qui dérivent de la nature des choses ; et, dans ce sens, tous les êtres ont leurs lois ; la divinité a ses lois, le monde matériel a ses lois, les intelligences supérieures à l'homme ont leurs lois, les bêtes ont leurs lois, l'homme a ses lois.

Ceux qui ont dit qu'*une fatalité aveugle a produit tous les effets que nous voyons dans le monde*, ont dit une grande absurdité : car quelle plus grande absurdité qu'une fatalité aveugle qui aurait produit des êtres intelligents ?

Il y a donc une raison primitive ; et les lois sont les rapports qui se trouvent entre elle et les différents êtres, et les rapports de ces divers êtres entre eux.

Dieu a du rapport avec l'univers, comme créateur et comme conservateur : les lois selon lesquelles il a créé sont celles selon lesquelles il conserve. Il agit selon ces règles, parce qu'il les connaît ; il les connaît parce qu'il les a faites ; il les a faites, parce qu'elles ont du rapport avec sa sagesse et sa puissance.

Comme nous voyons que le monde, formé par le mouvement de la matière, et privé d'intelligence, subsiste toujours, il faut que ses mouvements aient des lois invariables ; et, si l'on pouvait imaginer un autre monde que celui-ci, il aurait des règles constantes, ou il serait détruit.

Ainsi la création, qui paraît être un acte arbitraire, suppose des règles aussi invariables que la fatalité des athées. Il serait absurde de dire que le créateur, sans ces règles, pourrait gouverner le monde, puisque le monde ne subsisterait pas sans elles.

Ces règles sont un rapport constamment établi. Entre un corps mû et un autre corps mû, c'est suivant les rapports de la masse et de la vitesse que tous les mouvements sont reçus, augmentés, diminués, perdus; chaque diversité est *uniformité*, chaque changement est *constance*.

Les êtres particuliers intelligents peuvent avoir des lois qu'ils ont faites; mais ils en ont aussi qu'ils n'ont pas faites. Avant qu'il y eût des êtres intelligents, ils étaient possibles; ils avaient donc des rapports possibles, et par conséquent des lois possibles. Avant qu'il y eût des lois faites, il y avait des rapports de justice possibles. Dire qu'il n'y a rien de juste ni d'injuste que ce qu'ordonnent ou défendent les lois positives, c'est dire qu'avant qu'on eût tracé de cercle, tous les rayons n'étaient pas égaux. [...]

Il y a dans chaque État trois sortes de pouvoirs: la puissance législative, la puissance exécutrice des choses qui dépendent du droit des gens, et la puissance exécutrice de celles qui dépendent du droit civil.

Par la première, le prince ou le magistrat fait des lois pour un temps ou pour toujours, et corrige ou abroge celles qui sont faites. Par la seconde, il fait la paix ou la guerre, envoie ou reçoit des ambassades, établit la sûreté, prévient les invasions. Par la troisième, il punit les crimes, ou juge les différends des particuliers. On appellera cette dernière la puissance de juger, et l'autre simplement la puissance exécutrice de l'État.

La liberté politique dans un citoyen est cette tranquillité d'esprit qui provient de l'opinion que chacun a de sa sûreté; et pour qu'on ait cette liberté, il faut que le gouvernement soit tel qu'un citoyen ne puisse pas craindre un autre citoyen.

Lorsque dans la même personne ou dans le même corps de magistrature, la puissance législative est réunie à la puissance exécutrice, il n'y a point de liberté; parce qu'on peut craindre que le même monarque ou le même sénat ne fasse des lois tyranniques pour les exécuter tyranniquement.

Il n'y a point encore de liberté si la puissance de juger n'est pas séparée de la puissance législative et de l'exécutrice. Si elle était jointe à la puissance législative, le pouvoir sur la vie et la liberté des citoyens serait arbitraire: car le juge serait législateur. Si elle était jointe à la puissance exécutrice, le juge pourrait avoir la force d'un oppresseur.

Tout serait perdu si le même homme, ou le même corps des principaux, ou des nobles, ou du peuple, exerçaient ces trois pouvoirs: celui de faire des lois, celui d'exécuter les résolutions publiques, et celui de juger les crimes ou les différends des particuliers.

Dans la plupart des royaumes de l'Europe, le gouvernement est modéré, parce que le prince, qui a les deux premiers pouvoirs, laisse à ses sujets l'exercice du troisième. Chez les Turcs, où ces trois pouvoirs sont réunis sur la tête du sultan, il règne un affreux despotisme.

Dans les républiques d'Italie, où ces trois pouvoirs sont réunis, la liberté se trouve moins que dans nos monarchies. Aussi le gouvernement a-t-il besoin, pour se maintenir, de moyens aussi violents que le gouvernement des Turcs; témoin les inquisiteurs d'État, et le tronc où tout délateur peut, à tous les moments, jeter avec un billet son accusation. [...]

La volonté générale
(1762)

JEAN-JACQUES ROUSSEAU
(1712-1778)

Si le principe de la séparation des pouvoirs permet de lutter contre l'absolutisme en limitant le pouvoir de l'intérieur, il n'est malgré tout qu'un premier pas. Car, en définitive, dans l'ordre des choses humaines, cette lutte est affaire de volonté et, qui plus est, de volonté générale. Si l'on veut pouvoir se délivrer de l'absolutisme, encore faut-il le vouloir. Encore aussi faut-il que tous le veuillent. C'est donc dans la volonté de tous que réside le meilleur rempart contre la violence politique. Toutefois, la volonté de tous n'aliène-t-elle pas la volonté individuelle en étant, somme toute, une abstraction où personne ne peut se reconnaître ? N'est-ce pas dans la volonté individuelle que l'on trouve la liberté ? Rousseau répond à ces deux objections en montrant que la volonté individuelle de faire ce que l'on veut n'est pas la liberté et que la volonté générale n'est pas une aliénation. S'agissant de la volonté individuelle, celle-ci n'a de sens que dans le cadre de la raison. Pour être libre, encore faut-il être et donc faire ce qu'il faut pour être en n'agissant pas contre soi. Encore faut-il aussi maîtriser sa liberté. À cet égard, la volonté individuelle qui croit être libre en revendiquant un droit à l'esclavage ou à l'arbitraire n'est pas libre, puisqu'elle agit contre elle-même ou qu'elle ne maîtrise plus ce qu'elle fait. Pour être libre, il faut qu'il y ait échange. Qu'en donnant on reçoive, et qu'en recevant on donne. Au niveau de l'être collectif, cet échange ne peut avoir lieu que par le pacte social de soumission à la volonté générale. Car la volonté de tous étant une volonté unanime, en se donnant à tous, on ne donne pas sans recevoir puisque l'on se donne à soi à travers la volonté générale. On ne reçoit pas non plus sans donner puisque, pour se donner à soi, il faut se donner à tous. Autrement dit, s'agissant de l'être collectif, la formule de la volonté générale est l'expression la plus rationnelle qui soit de la liberté. Toutefois, cette formule rousseauiste a été critiquée et l'est encore. On lui a reproché son caractère inappliquable. On lui a reproché aussi non pas d'être trop idéale, mais d'être dangereuse, l'unanimité n'étant pas toujours signe de bon sens et interdisant toute souplesse. Néanmoins Hegel, dans ses paragraphes consacrés à l'État, a rendu grâce à Rousseau d'avoir fait de la volonté le fondement de la politique, en s'inspirant des thèses contractualistes. Car il est un fait que, pour qu'il y ait une vie politique, encore faut-il la vouloir. C'est cette volonté que les démocraties contemporaines s'efforcent de faire exister à travers une règle qui est celle de la majorité et non de l'unanimité.

Source : *Jean-Jacques Rousseau,* Du contrat social, *Paris, Garnier-Flammarion, 1966, p. 45 à 46, 50 à 52.*

Bibliographie : *R. Derathé,* J.-J. Rousseau et la science politique de son temps, *Paris, Vrin, 4e éd., 1988.*

Du droit du plus fort

LE PLUS FORT n'est jamais assez fort pour être toujours le maître, s'il ne transforme sa force en droit et l'obéissance en devoir. De là le droit du plus fort; droit pris ironiquement en apparence, et réellement établi en principe: Mais ne nous expliquera-t-on jamais ce mot? La force est une puissance physique; je ne vois point quelle moralité peut résulter de ses effets. Céder à la force est un acte de nécessité, non de volonté; c'est tout au plus un acte de prudence. En quel sens pourra-ce être un devoir?

Supposons un moment ce prétendu droit. Je dis qu'il n'en résulte qu'un galimatias inexplicable. Car sitôt que c'est la force qui fait le droit, l'effet change avec la cause; toute force qui surmonte la première succède à son droit. Sitôt qu'on peut désobéir impunément on le peut légitimement, et puisque le plus fort a toujours raison, il ne s'agit que de faire en sorte qu'on soit le plus fort. Or qu'est-ce qu'un droit qui périt quand la force cesse? S'il faut obéir par force on n'a pas besoin d'obéir par devoir, et si l'on n'est plus forcé d'obéir on n'y est plus obligé. On voit donc que ce mot de droit n'ajoute rien à la force; il ne signifie ici rien du tout.

Obéissez aux puissances. Si cela veut dire, cédez à la force, le précepte est bon, mais superflu, je réponds qu'il ne sera jamais violé. Toute puissance vient de Dieu, je l'avoue; mais toute maladie en vient aussi. Est-ce à dire qu'il soit défendu d'appeler le médecin? Qu'un brigand me surprenne au coin d'un bois: non seulement il faut par force donner la bourse, mais quand je pourrais la soustraire suis-je en conscience obligé de la donner? car enfin le pistolet qu'il tient est aussi une puissance.

Convenons donc que force ne fait pas droit, et qu'on n'est obligé d'obéir qu'aux puissances légitimes. Ainsi ma question primitive revient toujours.

De l'esclavage

PUISQUE AUCUN HOMME n'a une autorité naturelle sur son semblable, et puisque la force ne produit aucun droit, restent donc les conventions pour base de toute autorité légitime parmi les hommes.

Si un particulier, dit Grotius, peut aliéner sa liberté et se rendre esclave d'un maître, pourquoi tout un peuple ne pourrait-il pas aliéner la sienne et se rendre sujet d'un roi? Il y a là bien des mots équivoques qui auraient besoin d'explication, mais tenons-nous-en à celui d'*aliéner*. Aliéner c'est donner ou vendre. Or un homme qui se fait esclave d'un autre ne se donne pas, il se vend, tout au moins pour sa subsistance: mais un peuple pour quoi se vend-il? Bien loin qu'un roi fournisse à ses sujets leur subsistance il ne tire la sienne que d'eux, et selon Rabelais un roi ne vit pas de peu. Les sujets donnent donc leur personne à condition qu'on prendra aussi leur bien? Je ne vois pas ce qu'il leur reste à conserver.

Dire qu'un homme se donne gratuitement, c'est dire une chose absurde et inconcevable; un tel acte est illégitime et nul, par cela seul que celui qui le fait n'est pas dans son bon sens. Dire la même chose de tout un peuple, c'est supposer un peuple de fous: la folie ne fait pas droit.

Renoncer à sa liberté c'est renoncer à sa qualité d'homme, aux droits de l'humanité, même à ses devoirs. Il n'y a nul dédommagement possible pour quiconque renonce à tout. Une telle renonciation est incompatible avec la nature de l'homme, et c'est ôter toute moralité à ses actions que d'ôter toute liberté à sa volonté. Enfin c'est une convention vaine et contradictoire de stipuler d'une part une autorité absolue et de l'autre une obéissance sans bornes. N'est-il pas clair qu'on n'est engagé à rien envers celui dont on a droit de tout exiger, et cette seule condition, sans équivalent, sans échange n'entraîne-t-elle pas la nullité de l'acte? Car quel droit mon esclave aurait-il contre moi, puisque tout ce qu'il a m'appartient, et que son droit étant le mien, ce droit de moi contre moi-même est un mot qui n'a aucun sens?

Du pacte social

Je suppose les hommes parvenus à ce point où les obstacles qui nuisent à leur conservation dans l'état de nature l'emportent par leur résistance sur les forces que chaque individu peut employer pour se maintenir dans cet état. Alors cet état primitif ne peut plus subsister, et le genre humain périrait s'il ne changeait sa manière d'être.

Or comme les hommes ne peuvent engendrer de nouvelles forces, mais seulement unir et diriger celles qui existent, ils n'ont plus d'autre moyen pour se conserver que de former par agrégation une somme de forces qui puisse l'emporter sur la résistance, de les mettre en jeu par un seul mobile et de les faire agir de concert.

Cette somme de forces ne peut naître que du concours de plusieurs: mais la force et la liberté de chaque homme étant les premiers instruments de sa conservation, comment les engagera-t-il sans se nuire, et sans négliger les soins qu'il se doit? Cette difficulté ramenée à mon sujet peut s'énoncer en ces termes:
«Trouver une forme d'association qui défende et protège de toute la force commune la personne et les biens de chaque associé, et par laquelle chacun s'unissant à tous n'obéisse pourtant qu'à lui-même et reste aussi libre qu'auparavant.» Tel est le problème fondamental dont le contrat social donne la solution.

Les clauses de ce contrat sont tellement déterminées par la nature de l'acte que la moindre modification les rendrait vaines et de nul effet; en sorte que, bien qu'elles n'aient peut-être jamais été formellement énoncées, elles sont partout les mêmes, partout tacitement admises et reconnues; jusqu'à ce que, le pacte social étant violé, chacun rentre alors dans ses premiers droits et reprenne sa liberté naturelle, en perdant la liberté conventionnelle pour laquelle il y renonça.

Ces clauses bien entendues se réduisent toutes à une seule, savoir l'aliénation totale de chaque associé avec tous ses droits à toute la communauté. Car, premièrement, chacun se donnant tout entier, la condition est égale pour tous, et la condition étant égale pour tous, nul n'a intérêt de la rendre onéreuse aux autres.

De plus, l'aliénation se faisant sans réserve, l'union est aussi parfaite qu'elle ne peut l'être et nul associé n'a plus rien à réclamer: car s'il restait quelques droits aux particuliers, comme il n'y aurait aucun supérieur commun qui pût prononcer entre eux et le public, chacun étant en quelque point son propre juge prétendrait bientôt l'être en tous, l'état de nature subsisterait et l'association deviendrait nécessairement tyrannique ou vaine.

Enfin chacun se donnant à tous ne se donne à personne, et comme il n'y a pas un associé sur lequel on n'acquière le même droit qu'on lui cède sur soi, on gagne l'équivalent de tout ce qu'on perd, et plus de force pour conserver ce qu'on a.

Si donc on écarte du pacte social ce qui n'est pas de son essence, on trouvera qu'il se réduit aux termes suivants: *Chacun de nous met en commun sa personne et toute sa puissance sous la suprême direction de la volonté générale ; et nous recevons en corps chaque membre comme partie indivisible du tout.*

À l'instant, au lieu de la personne particulière de chaque contractant, cet acte d'association produit un corps moral et collectif composé d'autant de membres que l'assemblée a de voix, lequel reçoit de ce même acte son unité, son *moi* commun, sa vie et sa volonté. Cette personne publique qui se forme ainsi par l'union de toutes les autres prenait autrefois le nom de *Cité*, et prend maintenant celui de *République* ou de *corps politique*, lequel est appelé par ses membres *État* quand il est passif, *Souverain* quand il est actif, *Puissance* en le comparant à ses semblables. À l'égard des associés ils prennent collectivement le nom de *Peuple*, et s'appellent en particulier *citoyens* comme participants à l'autorité souveraine, et *sujets* comme soumis aux lois de l'État. Mais ces termes se confondent souvent et se prennent l'un pour l'autre ; il suffit de les savoir distinguer quand ils sont employés dans toute leur précision.

POLITIQUE ET PHILOSOPHIE

Puissance et politique

(1670)

BARUCH DE SPINOZA
(1632-1677)

« La puissance, disait Rivarol, est la force organisée, l'union de l'organe et de la force. L'univers est plein de forces qui ne cherchent qu'un organe pour devenir puissances. Les vents, les eaux sont des forces ; appliquées à un moulin ou à une pompe qui sont leurs organes, ils deviennent puissances. » (cité par Julien Freund, Qu'est-ce que la politique? *Seuil, p. 117). Cette phrase de Rivarol, Spinoza l'a formulée avant lui, en insérant la politique dans une réflexion plus générale sur la puissance d'agir et de penser des hommes. Ceux-ci ont en effet des capacités qui n'attendent que de devenir capables d'elles-mêmes. Ce qui implique non seulement une maîtrise, mais une maîtrise de cette maîtrise. Car si la discipline, le pouvoir et, d'une façon générale, la politique sont nécessaires pour canaliser les forces dont les hommes disposent, c'est en définitive la vie qui donne sens à la politique et non l'inverse. Aussi le pouvoir n'est-il qu'une étape vers la puissance qui n'est rien moins que l'avènement de l'humanité à elle-même. Ce que réalise la démocratie, en opposant l'état où l'homme est un loup pour l'homme, à celui où il devient un dieu pour son semblable.*

Source : *Spinoza,* Traité théologico-politique, *d'après la traduction de Charles Appuhn de 1906, chap. XVI, Paris, Garnier-Flammarion, 1965, p. 262-263, 266-267.*

Bibliographie : *Alexandre Matheron,* Individu et communauté chez Spinoza, *Paris, Minuit, 1969.*

LE DROIT NATUREL de chaque homme se définit donc non par la saine Raison, mais par le désir et la puissance. Tous en effet ne sont pas déterminés naturellement à se comporter suivant les règles et lois de la Raison; tous au contraire naissent ignorants de toutes choses et, avant qu'ils puissent connaître la vraie règle de vie et acquérir l'état de vertu, la plus grande partie de leur vie s'écoule, même s'ils ont été bien élevés; et ils n'en sont pas moins tenus de vivre en attendant et de se conserver autant qu'il est en eux, c'est-à-dire par la seule impulsion de l'Appétit, puisque la Nature ne leur a donné rien d'autre et leur a dénié la puissance actuelle de vivre suivant la droite raison; ils ne sont donc pas plus tenus de vivre suivant les lois d'une âme saine que le chat suivant les lois de la nature du lion. Tout ce donc qu'un individu considéré comme soumis au seul empire de la Nature juge lui être utile, que ce soit sous la conduite de la droite Raison ou par la violence de ses Passions, il lui est loisible de l'appéter en vertu d'un Droit de Nature souverain et de s'en saisir par quelle voie que ce soit, par la force, par la ruse, par les prières, enfin par le moyen qui lui paraîtra le plus facile; conséquemment aussi de tenir pour ennemi celui qui veut l'empêcher de se satisfaire.

Il suit de là que le Droit et l'Institution de la Nature, sous lesquels tous naissent et vivent la plus grande partie de leur existence, ne prohibe rien sinon ce que personne ne désire et ne peut; ni les conflits, ni les haines, ni la colère, ni l'aversion, quel qu'en soit l'objet, qu'inspire l'Appétit. Rien de surprenant à cela, car la Nature ne se limite pas aux lois de la Raison humaine dont l'unique objet est l'utilité véritable et la conservation des hommes; elle en comprend une infinité d'autres qui se rapportent à l'ordre éternel de la Nature entière dont l'homme est une petite partie; et par la seule nécessité de cet ordre tous les êtres individuels sont déterminés à exister et à se comporter d'une certaine manière. Toutes les fois donc qu'une chose nous paraît ridicule, absurde ou mauvaise dans la Nature, cela vient de ce que nous connaissons les choses en partie seulement et ignorons pour une grande part l'ordre et la cohésion de la Nature entière et voulons que tout soit dirigé au profit de notre Raison; alors que ce que la Raison prononce être mauvais n'est pas mauvais au regard de l'ordre et des lois de toute la Nature, mais seulement au regard des lois de notre nature seule.

Voici maintenant la condition suivant laquelle une société peut se former sans que le Droit Naturel y contredise le moins du monde, et tout pacte être observé avec la plus grande fidélité; il faut que l'individu transfère à la société toute la puissance qui lui appartient, de façon qu'elle soit seule à avoir sur toutes choses un droit souverain de Nature, c'est-à-dire une souveraineté de commandement à laquelle chacun sera tenu d'obéir, soit librement, soit par crainte du dernier supplice. Le droit d'une société de cette sorte est appelé Démocratie et la Démocratie se définit ainsi: l'union des hommes en un tout qui a un droit souverain collectif sur tout ce qui est en son pouvoir. De là cette conséquence que le souverain n'est tenu par aucune loi et que tous lui doivent obéissance pour tout; car tous ont dû, par un pacte tacite ou exprès, lui transférer toute la puissance qu'ils avaient de se maintenir, c'est-à-dire tout leur droit naturel. Si, en effet, ils avaient voulu conserver pour eux-mêmes quelque chose de ce droit, ils devaient en même temps se mettre en mesure de le défendre avec sûreté; comme ils ne l'ont pas fait, et ne pouvaient le faire, sans qu'il y eût division et par suite destruction du commandement, par là même ils se sont soumis à la volonté, quelle qu'elle fût, du pouvoir souverain. Nous y étant ainsi soumis, tant parce que la nécessité (comme nous l'avons montré) nous y contraignait que par la persuasion de la Raison elle-même, à moins que nous ne voulions être des ennemis du Pouvoir établi et agir contre la Raison qui nous persuade de maintenir cet établissement de toutes nos forces, nous sommes tenus d'exécuter absolument tout ce qu'enjoint le souverain, alors même que ses commandements seraient les plus absurdes du monde; la Raison nous ordonne de le faire, parce que c'est choisir de deux maux le moindre. Ajoutons que l'individu pouvait affronter aisément le danger de se soumettre absolument au commandement et à la décision d'un autre; nous l'avons montré en effet, ce droit de commander tout ce qu'ils veulent n'appartient aux souverains qu'autant qu'ils ont réellement un pouvoir souverain; ce pouvoir perdu, ils perdent en même temps le droit de tout commander et ce droit revient à celui ou à ceux qui peuvent l'acquérir et le conserver. Pour cette raison, il est extrêmement rare que les souverains commandent des choses très absurdes; il leur importe au plus haut point, en effet, par prévoyance et pour garder le pouvoir, de veiller au bien commun et de tout diriger selon l'injonction de la Raison: personne, comme le dit Sénèque, n'a longtemps conservé un pouvoir de violence.

Individu et État
(1956)

ÉRIC WEIL
(1904-1977)

La politique n'est pas une fin en soi, au sens où elle n'est qu'un organe pour permettre à l'humanité de devenir capable d'elle-même. Encore faut-il toutefois faire de la politique un organe pour parvenir à ce point. Et donc faire de la politique. Max Stirner, le grand théoricien de l'anarchisme, n'avait pas tort de faire de l'individu la fin de la politique. Car c'est l'homme qui lui confère un sens et non l'inverse. Comme le montre cependant Éric Weil, seul un individu raisonnable peut dire cela, c'est-à-dire un individu capable de lui-même. Aussi le plus court chemin d'un individu à lui-même passe-t-il par l'État. D'autant que, outre le fait d'être la médiation de l'identité humaine au niveau collectif, il fait gagner du temps en tenant à distance la violence, dont la manifestation se solde toujours par un retard de l'entrée dans la maîtrise de soi donnant accès à la capacité de soi.

Source: *Éric Weil,* Philosophie politique, *4e édition, Paris, Vrin, 1984, p. 254-255.*
Bibliographie: *Gilbert Kirscher,* la Philosophie d'Éric Weil, *Paris, P.U.F., 1989.*

L'INDIVIDU, répétons-le, est, en ce sens, au-dessus de l'État et de son individualité historique. Mais seul l'individu raisonnable l'est, non l'individu naturel et passionné. L'État a raison contre la passion qui ne vise pas la raison, qui, individuelle, n'est que le refus de la rationalité et de la raison —, n'importe quel État, encore le plus injuste, le plus déraisonnable, parce que l'État moderne est, pour le moins, la présence agissante de la rationalité et ne peut pas ne pas l'être, quand bien même lui ou son maître tyrannique le voudraient. Les passions, les désirs empiriques, les penchants de l'individu en tant que tel n'ont pas raison contre la forme de la loi. Il est vrai que le contenu de cette forme peut être mauvais et que les désirs des membres de la société et des citoyens en tant que tels (non les désirs des individus tels qu'ils se conçoivent en dehors de la société et de l'État et opposés à ceux-ci) peuvent avoir raison et l'emporter contre tel État. Mais une pareille victoire n'est que la défaite d'une violence régnante sous les coups d'une raison qui ne se comprend pas, elle ne fait que montrer que tel État donné ne méritait pas de durer dans sa forme historique; et, toute l'histoire est là pour le prouver, elle est aussi, et rapidement, la défaite de ce qu'il y avait d'arbitraire en l'inconscience de cette raison victorieuse, qui trouve un nouveau maître plus violent et plus oppressif dans la passion qu'elle a déchaînée, jusqu'à ce que, à la fin, la force de l'entendement et de la raison apparaisse à la lumière du jour historique comme ce qui a dirigé la lutte aveugle vers cette issue — ou, pour le dire d'une façon qui ne sera pas soupçonnée d'être *mythique* (reproche qu'on adresse volontiers à toute expression concise): jusqu'à ce que les nécessités techniques du travail et de l'administration s'imposent de nouveau grâce à la peur que tous auront prise de la violence de tous, jusqu'à ce que, plus tard, le vide senti (et s'exprimant dans la violence) d'une existence limitée à une lutte contre la nature *sans fin* ait remis en honneur ce que nous avons appelé, comme on l'a toujours appelé, la morale raisonnable et la vertu.

L'individu raisonnable est au-dessus de l'État: cela signifie donc que le long et douloureux détour par la violence et la passion (passion agissante et passion de celui qui souffre) peut maintenant être évité, à condition que l'homme pense le monde et se pense dans le monde, que les imperfections de l'État historique et de tous les États historiques soient comprises dans la compréhension du concept de l'État. Ce n'est pas en voulant abolir l'État — dessein insensé —, c'est en le menant à sa perfection que l'homme se réalisera comme être raisonnable dans la communauté d'une morale qui, se pensant, se veut raisonnable dès à présent.

Politique et désolation
(1951)

HANNAH ARENDT
(1906-1975)

Le xxe siècle a connu à travers l'hitlérisme et le stalinisme les deux plus effroyables tragédies que l'humanité ait traversées au cours de son histoire. Au nom d'un « nouvel homme », des millions d'hommes ont été massacrés, avec, pour beaucoup d'entre eux, comme seul motif la mise en accusation de leur appartenance à une classe sociale ou à un peuple et, donc, de leur naissance. Pour Hannah Arendt, cette logique de terreur a été mise en place par un processus idéologique visant à substituer à la solitude créatrice de l'homme, dont le dialogue avec lui-même débouche sur le dialogue avec autrui, la désolation destructrice des masses ne dialoguant avec rien et privant par là même les hommes d'eux-mêmes comme de tout partage entre eux. Face à la mise en place d'une vision purement administrative du monde réduisant l'humanité à une masse et la pensée à une logique impersonnelle, la seule arme réside en l'homme lui-même. Car chaque naissance porte avec elle la possibilité de faire surgir un homme qui, en dialoguant avec lui-même dans une solitude créatrice, fasse vivre ce dialogue comme partage d'amitié parmi les autres hommes, brisant ainsi la désolation d'une humanité privée d'elle-même.

Source: *Hannah Arendt,* le Système totalitaire, *trad. J. L. Bourget, R. Davreu et P. Levy, Paris, Seuil, 1972, p. 227 à 232.*

Bibliographie: *André Enegren,* la Pensée politique d'Hannah Arendt, *Paris, P.U.F., 1984 ; numéro spécial de la revue* Esprit *consacré à Hannah Arendt, juin 1985.*

La désolation, fonds commun de la terreur, essence du régime totalitaire, et, pour l'idéologie et la logique, préparation des bourreaux et des victimes, est étroitement liée au déracinement et à l'inutilité dont ont été frappées les masses modernes depuis le commencement de la révolution industrielle et qui sont devenus critiques avec la montée de l'impérialisme à la fin du siècle dernier et la débâcle des institutions politiques et des traditions sociales à notre époque. Être déraciné, cela veut dire n'avoir pas de place dans le monde, reconnue et garantie par les autres; être inutile, cela veut dire n'avoir aucune appartenance au monde. Le déracinement peut être la condition préliminaire de la superfluité, de même que l'isolement peut (mais ne doit pas) être la condition préliminaire de la désolation. Prise en elle-même, abstraction faite de ses causes historiques récentes et de son nouveau rôle dans la politique, la désolation va à l'encontre des exigences fondamentales de la condition humaine et constitue en même temps l'une des expériences essentielles de chaque vie humaine. Même l'expérience du donné matériel et sensible dépend de mon être-en-rapport avec d'autres hommes, de notre sens commun qui règle et régit tous les autres sens et sans lequel chacun de nous serait enfermé dans la particularité de ses propres données sensibles, en elles-mêmes incertaines et trompeuses. C'est seulement parce que nous possédons un sens commun, parce que ce n'est pas un, mais plusieurs hommes qui habitent la terre, que nous pouvons nous fier à l'immédiateté de notre expérience sensible. Pourtant, il nous suffit de nous rappeler qu'un jour viendra où nous devrons quitter ce monde commun, qui continuera après nous comme avant, et à la continuité duquel nous sommes inutiles, pour prendre conscience de notre désolation, pour faire l'expérience d'être abandonnés par tout et par tous.

La désolation n'est pas la solitude. Celle-ci requiert que l'on soit seul, alors que celle-là n'apparaît jamais mieux qu'en compagnie. Hormis quelques remarques éparses — généralement présentées de manière paradoxale comme le mot de Caton (rapporté par Cicéron *De Republica* I, 17): *numquam minus solum esse, quam cum solus esset*, «il n'était jamais moins seul que lorsqu'il était seul», ou plutôt «il ne se sentait jamais moins seul que lorsqu'il était dans la solitude» — il semble qu'Épictète, l'esclave affranchi, philosophe d'origine grecque, fut le premier à distinguer entre désolation et solitude. Sa découverte était, en un sens, accidentelle, sa préoccupation majeure n'étant ni la solitude, ni la désolation, mais l'être seul *(monos)* au sens d'une absolue indépendance. Comme Épictète le fait observer (*Dissertationes*, Livre 3, ch. 13) l'homme désolé *(eremos)* se trouve entouré d'autres hommes avec lesquels il ne peut établir de contact, ou à l'hostilité desquels il est exposé. Le solitaire au contraire est seul et peut par conséquent «être ensemble avec lui-même», puisque les hommes possèdent cette faculté de «se parler à eux-mêmes». Dans la solitude je suis, en d'autres termes, «parmi moi-même», en compagnie de moi-même, et donc deux-en-un, tandis que dans la désolation je suis en vérité un seul, abandonné de tous les autres. Toute pensée, à proprement parler, s'élabore dans la solitude, est un dialogue entre moi et moi-même, mais ce dialogue de deux-en-un ne perd pas le contact avec le monde de mes semblables: ceux-ci sont en effet représentés dans le moi avec lequel je mène le dialogue de la pensée. Le problème de la solitude est que ce deux-en-un a besoin des autres pour recouvrer son unité: l'unité d'un individu immuable dont l'identité ne peut jamais être confondue avec celle de quelqu'un d'autre. Pour être confirmé dans mon identité, je dépends entièrement des autres; et c'est la grande grâce salutaire de l'amitié pour les hommes solitaires qu'elle fait à nouveau d'eux un «tout», qu'elle les sauve du dialogue de la pensée où l'on demeure toujours ambigu, qu'elle restaure l'identité qui les fait parler avec la voix unique d'une personne irremplaçable.

La solitude peut devenir désolation; cela se produit lorsque, tout à moi-même, mon propre moi m'abandonne. Les hommes solitaires ont toujours été en danger de tomber dans la désolation, quand ils ne trouvent plus la grâce rédemptrice de l'amitié pour les sauver de la dualité, de l'ambiguïté et du doute. Historiquement, on dirait que ce danger ne devint suffisamment grand pour être remarqué par les autres hommes et relevé par l'histoire qu'au XIXe siècle. Il se montra clairement lorsque les philosophes, pour qui la solitude est à elle seule un mode de vie et une condition de travail, ne se contentèrent plus du fait que la «philosophie soit seulement pour le petit nombre» et commencèrent à soutenir que personne ne les «comprend». Caractéristique à cet égard est l'anecdote que l'on rapporte à propos de Hegel sur son lit de mort et que l'on aurait difficilement pu raconter à propos d'aucun autre grand philosophe avant lui: «Il n'y en a qu'un qui m'ait compris; et lui aussi a mal compris.» Réciproquement il y a toujours la chance qu'un homme désolé se trouve lui-même et commence le dialogue pensant de la solitude. C'est ce qui, semble-t-il, est arrivé à Nietzsche à Sils Maria quand il conçut Zarathoustra. En deux poèmes («Sils Maria» et «Aushohen Bergen») il parle de l'espérance vide et de l'attente languissante de l'homme désolé jusqu'à ce que soudain «*um Mittag war's, da wurde Eins zu Zwei... Nun feiren wir, vereinten Siegs gewiss, das Ferest der Feste: Freund Zarathustra Kam, der Gast der Gaste!*» («Midi fut, là Un devient Deux... Certain de la victoire unie nous célébrons la fête des fêtes; l'ami Zarathoustra vint, l'hôte des hôtes.»)

Ce qui rend la désolation si intolérable c'est la perte du moi, qui, s'il peut prendre réalité dans la solitude, ne peut toutefois être confirmé dans son identité que par la présence confiante et digne de foi de mes égaux. Dans cette situation, l'homme perd la foi qu'il a en lui-même comme partenaire de ses pensées et cette élémentaire confiance dans le monde, nécessaire à toute expérience. Le moi et le monde, la faculté de penser et d'éprouver sont perdus en même temps.

La seule faculté de l'esprit humain qui n'ait besoin ni du moi, ni d'autrui, ni du monde pour fonctionner sûrement, et qui soit aussi indépendante de la pensée que de l'expérience, est l'aptitude au raisonnement logique dont la prémisse est l'évident par soi. Les règles élémentaires de l'évidence incontestable, le truisme que deux et deux font quatre, ne peuvent devenir fausses même dans l'état de désolation absolue. C'est la seule «vérité» à laquelle les êtres humains peuvent se raccrocher avec certitude, une fois qu'ils ont perdu la mutuelle garantie, le sens commun dont les hommes ont besoin pour éprouver, pour vivre et pour connaître leur chemin dans le monde commun. Mais, cette «vérité» est vide, ou plutôt elle n'est aucunement la vérité car elle ne révèle rien. (Définir comme certains logiciens modernes le font la cohérence comme vérité revient à nier l'existence de la vérité.) Dans l'état de désolation, l'évident par soi n'est donc plus un simple moyen de l'intelligence: il commence à être productif, à développer ses propres directions de «pensée». Que des processus de pensée caractérisés par la stricte évidence interne de la logique, à laquelle il n'y a en apparence pas d'échappatoire, aient quelque rapport avec la désolation c'est ce que remarqua un jour Luther (dont les expériences en matière de solitude et de désolation furent probablement sans égal, au point qu'il eut un jour l'audace de dire qu'«il devait exister un Dieu parce qu'il fallait à l'homme un être auquel il pût se fier») dans une remarque peu connue sur la parole de la Bible: «il n'est pas bon que l'homme soit seul»; un homme seul, dit Luther, «déduit toujours une chose d'une autre et pense tout dans la perspective du pire». Le fameux extrémisme des mouvements totalitaires, loin de participer du vrai radicalisme consiste assurément à «tout penser dans la perspective du pire», à suivre ce processus de la déduction qui aboutit toujours aux pires conclusions.

Ce qui, dans le monde non totalitaire, prépare les hommes à la domination totalitaire, c'est le fait que la désolation, qui jadis constituait une expérience limite, subie dans certaines conditions sociales marginales, telles que la vieillesse, est devenue l'expérience quotidienne des masses toujours croissantes de notre siècle. L'impitoyable processus où le totalitarisme engage les masses et les organise, ressemble à une fuite suicidaire loin de cette réalité. «Le raisonnement froid comme la glace» et la «tentacule puissante» de la dialectique «qui nous prend comme en un étau» apparaissent comme un dernier soutien en un monde où personne n'est digne de foi et où l'on ne peut compter sur rien. C'est la contrainte intime, dont le seul contenu est le strict refus des contradictions, qui semble confirmer une identité d'homme en dehors de toute relation à autrui. C'est elle qui l'ajuste au cercle de fer de la terreur même quand il est seul dans un isolement où la domination totalitaire s'efforce de ne jamais le laisser, sauf dans cette situation extrême qu'est l'isolement du cachot. En détruisant tout espace entre les hommes, en les écrasant les uns contre les autres, elle anéantit jusqu'à la productivité potentielle de l'isolement; en enseignant et en glorifiant le raisonnement logique de la désolation — cette désolation où l'homme sait qu'il se perdra définitivement si jamais il laisse tomber la première prémisse d'où tout le processus est parti — elle efface jusqu'à la chance la plus mince que la désolation se transforme en solitude et la logique en pensée. Si l'on compare cette pratique à celle de la tyrannie, on dirait qu'un moyen a été découvert de mettre le désert lui-même en mouvement, de déchaîner une tempête de sable qui pourrait couvrir de part en part la terre habitée.

Nos conditions d'existence aujourd'hui dans le domaine de la politique sont assurément menacées par ces tempêtes de sable dévastatrices. Le danger n'est pas qu'elles puissent instituer un monde permanent. La domination totalitaire, comme la tyrannie, porte les germes de sa propre destruction. De même que la peur et l'impuissance qui l'engendrent sont des principes anti-politiques qui précipitent les hommes dans une situation contraire à toute action politique, de même la désolation et la déduction logico-idéologique du pire qu'elle engendre, représentent une situation anti-sociale et recèlent un principe qui détruit toute communauté humaine. Néanmoins la désolation organisée est bien plus dangereuse que l'impuissance inorganisée de tous ceux qui subissent la volonté tyrannique et arbitraire d'un seul homme. Son danger, nous le connaissons: elle menace de dévaster le monde — un monde qui partout semble avoir touché une fin — avant qu'un nouveau commencement, naissant de cette fin, n'ait eu le temps de s'imposer.

Hormis ces considérations — qui comme prédictions sont peu utiles et moins encore consolantes — il reste que la crise de notre temps et son expérience centrale ont suscité l'apparition d'un type de régime entièrement nouveau. Celui-ci constitue un danger toujours présent et ne promet que trop d'être désormais notre partage, comme tous les autres types de régime qui apparurent à différents moments de l'histoire sur la base d'expériences fondamentales différentes ont été le partage de l'humanité en dépit de défaites temporaires — les monarchies, et les républiques, les tyrannies, les dictatures et le despotisme.

Mais demeure aussi cette vérité que chaque fin dans l'histoire contient nécessairement un nouveau commencement; ce commencement est la seule promesse, le seul «message» que la fin puisse jamais donner. Le commencement, avant de devenir un événement historique, est la suprême capacité de l'homme; politiquement, il est identique à la liberté de l'homme. *Initium ut esset homo creatus est* — «pour qu'il y eût un commencement, l'homme fut créé», dit saint Augustin. Ce commencement est garanti par chaque nouvelle naissance; il est, en vérité, chaque homme.

IX

L'ART

Le terme d'art est utilisé pour qualifier la création. Il est aussi utilisé pour qualifier l'artifice. Généralement, le terme « artificiel » désigne le caractère inauthentique d'un être ou d'une chose, celui-ci résidant dans le fait de ne pas avoir une identité propre, mais une identité d'emprunt obtenue par imitation. D'où un certain nombre de critiques adressées à l'artifice. En premier lieu, celle de reproduire et de copier, au lieu de produire et d'inventer. Celle aussi d'installer un climat de confusion entre les originaux et les doubles du fait de ressemblances souvent troublantes entre eux. Celle encore de pouvoir tromper, manipuler et finalement exercer une domination par cette confusion. Enfin, celle d'ouvrir la porte à la folie, en installant, comme dans l'hallucination, un univers d'images dépourvues de toute référence.

À l'opposé, le terme de création renvoie généralement au caractère parfaitement original d'un être ou d'une chose, celui-ci résidant dans le fait d'avoir une identité qui n'appartient qu'à lui. D'où la valeur attribuée à l'art. En premier lieu, celle de produire de l'inédit, au lieu de répéter. Celle aussi de fonder l'ordre même des distinctions en élaborant des œuvres originales ayant fonction de modèle de par leurs différences. Celle encore de pouvoir éviter, grâce à cette distinction, que l'on trompe, que l'on manipule et que l'on domine, la création ne s'improvisant pas. Enfin, celle d'empêcher que la réalité humaine ne délire en tournant sur elle-même en vase clos, grâce à des œuvres donnant à voir et à entendre de l'inouï et du nouveau.

On se trompe, donc, quand on réduit l'art à une création, comme on se trompe quand on le réduit à un artifice. Celui-ci n'est pas une création ex nihilo. *Qui plus est, il n'agit jamais de façon pure. Il tire ses matériaux du réel, en les détournant. De plus, il est un joueur invétéré qui adore se jouer de tout en manipulant et en travestissant les identités. Enfin, c'est un marginal qui vit parfois dans un monde halluciné.*

Toutefois, de même que c'est avec les grands pécheurs que l'on fait les grands saints, c'est avec de l'impur que l'art fabrique sa pureté. Car s'il y a plus d'artifice en lui qu'on ne le croit, il y a aussi plus d'art dans l'artifice qu'on ne l'imagine.

En effet, l'artifice qui consiste à imiter ou à détourner une identité est un vol. Mais c'est un vol ô combien généreux ! Car dans un monde où on ne sait plus voir les choses ni les êtres parce que tout est intéressé, c'est en détournant ceux-ci et en les imitant qu'on les donne à voir à nouveau gratuitement pour eux-mêmes. De même, le jeu sur les identités engendre assurément de la confusion. Mais que d'ordre salutaire en définitive au bout de celle-ci ! Quand on a une mentalité de propriétaire vis-à-vis de la vie, seule la transmutation de l'existence en théâtre est à même de pouvoir faire réaliser que la vie ne nous appartient pas, mais que nous lui appartenons. Enfin, la vie artistique peut parfois provoquer des hallucinations. Mais quelle puissance de réalité dans ces dernières! En effet, quand une vie trop utilitaire ne sait plus goûter l'existence pour elle-même, seule l'image pour elle-même que donne l'art permet de recréer la présence manquante.

Autrement dit, l'art n'est ni pure création ni pur artifice, car il est métamorphose de l'artifice en art. Tout son art réside là! Tout son génie consiste à partir de l'artifice pour aboutir à quelque chose qui n'a rien d'artificiel, grâce à un redoublement d'artifices. Aussi la véritable question n'est-elle pas de penser l'art en opposant celui-ci à l'artifice, mais bien plutôt de penser ce dernier en essayant de voir comment il peut devenir de l'art et pourquoi il échoue à y parvenir. Car c'est paradoxalement l'absence d'artifice qui rend l'art inauthentique et non sa présence.

S'agissant précisément de l'authenticité, il convient de ne pas se tromper à son égard. Celle-ci ne se trouve pas là où on a l'habitude de la placer. On la situe généralement dans la nature. Or, c'est là une erreur. Car, à bien des égards, rien n'est plus artificiel que celle-ci.

En effet, la vie qui cesse de se cultiver finit vite par n'être plus qu'une forme de mort masquée derrière une apparence de vie. Si bien qu'elle aboutit à être l'artifice même en trompant tout le monde sur son compte. S'agissant de la vie sociale, qui plus est, une telle vie sans manière finit par devenir une vie sans gêne, confondant égoïsme et spontanéité ainsi que grossièreté et authenticité.

De fait, ainsi que l'a montré Michel Henry dans la Barbarie *(Grasset, 1987), la vie qui est vivante ne cesse de se cultiver. En elle, tout son être réside dans cette manière d'être qui consiste à tout faire et à tout inventer pour pouvoir vivre. Si bien que l'art, loin d'être à l'extérieur de celle-ci, habite au contraire son centre.*

Schopenhauer a donc eu raison de dire que l'art est la floraison de la vie. Car la vie qui joue ainsi à être elle-même en se dédoublant à l'infini pour pouvoir redoubler de vie est théâtre, musique, chant, danse et poème. Elle ne cesse de se mettre en scène, de s'interpréter, de se composer, de se chanter, de se danser et de se réciter. Tout en elle est une sorte de mime indéfiniment rejoué afin de pouvoir demeurer en elle-même. Si bien que c'est par un tel jeu qu'elle parvient à ne pas se réduire à une apparence. C'est à une générosité ludique qu'elle doit de pouvoir échapper à une aliénation parodique.

Force est dès lors de le constater, une telle vertu dote l'art d'un caractère fondateur. Présent au cœur de la vie, celui-ci est présent au cœur de la pensée. Ainsi que l'a montré Ernst Cassirer dans sa Philosophie des formes symboliques *(Minuit, 1972), toute conscience étant représentation, toute conscience implique que soient à nouveau présentées les choses, et donc que celles-ci soient mimées afin que l'esprit puisse leur être présent. C'est grâce à un tel mime que l'esprit exécute, comme l'acteur interprète son jeu et que le sensible en vient à pouvoir paraître dans l'intelligible. Aussi peut-on parler d'un art de la pensée, dans la façon dont celle-ci fait «paraître» le sensible sur la scène de l'intelligible. C'est, selon Heidegger, ce que Kant a aperçu, sans vouloir en tirer toutes les conséquences, lorsqu'il a dévolu à l'imagination, «cet art caché dans les profondeurs», le rôle de passerelle du sensible à l'intelligible.*

C'est parce que l'esprit est capable de simuler le monde sur la scène de la pensée par un redoublement de celui-ci que le monde en vient à pouvoir être pensé. Et par là même que l'Être en vient à pouvoir être pensé lui aussi. D'où le pouvoir immense de l'imagination et, à travers elle, de l'art.

On comprend dès lors que les romantiques aient développé une métaphysique de l'art et que l'islam chiite ait centré toute une partie de sa théologie autour du thème de l'imagination créatrice. D'autant que l'art n'est pas simplement au cœur de la vie de la pensée. Il est aussi au cœur de la vie pratique.

Très justement, en effet, on parle d'art à propos d'éducation. On apprend à vivre en société en façonnant son être par des manières d'être qui consistent à « travailler » tout ce que l'on fait, au lieu de vivre de façon relâchée. C'est l'art qui civilise et qui humanise les sociétés, en apprenant aux hommes à paraître en celles-ci grâce à un art de vivre les incitant à bien se tenir en toutes choses. Cette tenue, qui consiste à avoir le geste et la manière en tout, a pour sens de faire oublier la nature afin de lui substituer la culture. Mieux, afin de faire comme si la culture avait toujours existé. D'où l'importance de l'art dans l'espace social, puisque c'est à lui que revient en définitive d'éduquer la société à elle-même, en mimant l'origine culturelle de celle-ci afin de mieux l'installer comme nature.

Toutefois, si la vie qui se cultive permet de sauver l'Être du néant, l'Être qui n'est plus qu'une manière d'être finit par déboucher sur une autre forme de néant. En effet, la vie qui ne vit plus que pour des manières finit par n'être plus qu'une forme de mort à l'Être se masquant derrière les manières. Aussi aboutit-elle à n'être plus qu'une manière figée, voire grossière, d'avoir des manières. S'agissant de la vie sociale, une telle vie finit par confondre conformisme et culture, en attendant que la culture lui offre les moyens de paraître et que les apparences tiennent lieu de culture.

De fait, s'il n'y a pas d'Être sans manière d'être, il n'y a pas de manière d'être sans cet Être qu'est la générosité. Car pour cultiver sa vie comme la vie, encore faut-il être généreux de soi-même et se donner à cet acte de culture par un don de tout son être. Un tel acte de générosité est d'ailleurs tellement important que, quand il vient à manquer, la culture perd tout son sens. Il n'est pas question en effet de le contester, nous avons besoin d'une culture pour pouvoir avoir un art, une pensée ainsi qu'une vie sociale. Pourtant, ni l'art, ni la pensée, ni la vie sociale ne peuvent se réduire à cette dernière.

Lorsque Marcel Duchamp a pris un casier à bouteilles pour le retourner, le poser sur une cheminée et le baptiser « sculpture », il a dévoilé là l'essence de l'œuvre d'art, qui est de détourner les objets de la vie quotidienne afin d'inaugurer une liberté à partir de ceux-ci. Ainsi que l'a vu Kant, c'est cette liberté que nous aimons dans l'œuvre d'art. Car c'est elle qui rend l'œuvre parlante en faisant surgir un don à travers ce que l'on voit, ce que l'on entend et ce que l'on sent. L'art, autrement dit, donne à voir, à entendre et à sentir, comme l'a souligné Jean-François Lyotard[1]*. Mais s'il peut ainsi donner, c'est parce qu'il agit sur le fond d'un don originaire grâce auquel il peut donner. Quand un tel don faisant irruption dans un monde de violence n'existe pas, l'art ne devient plus qu'un ornement ou une fuite.*

Une telle chose est si vraie que cela vaut pour la vie de l'esprit. Ce n'est pas un hasard en effet si, s'agissant de celui-ci, on qualifie son génie par la notion de don. L'intelligence ne commence pas avec l'intelligence, mais avec la générosité. Car la générosité qui aime la vie sait avoir toutes les manières et, par là même, toutes les intelligences qui font le génie de l'intelligence, mais aussi la capacité de rendre le réel « génial » en faisant vivre celui-ci, non pas comme un simple donné, mais comme un don bruissant à travers le donné.

De même, s'agissant de la vie sociale, les manières ne suffisent pas. Quand on n'y sent pas affleurer un peu de générosité et de don, celles-ci deviennent vite hypocrites à nos yeux et maniérées. De fait, ce que l'on attend d'elles, c'est qu'elles aient cette manière d'avoir des manières qui est d'être sans manières, parce que l'on est. Quand une telle manière

1. Cf. *Discours, Figure*, Paris, Klincksieck, 1974.

vient à apparaître, elle crée à travers un moment d'attention un véritable moment de grâce. Alors, par un tel don, fugitivement, quelque chose de l'abandon et de la déréliction du monde si déchiré par la violence ou par l'inertie vient à être conjuré.

L'art, autrement dit, est paradoxal. Car il s'accomplit en donnant naissance à quelque chose qui n'est plus de l'ordre de l'art ni de la manière. Ce quelque chose est de l'ordre d'une générosité et d'une liberté dont l'art s'efforce d'être le témoin, en menant ce combat déchirant qui consiste à la fois à rentrer dans la culture, mais aussi à en sortir afin d'éviter que, en réduisant l'art à un « phénomène culturel », on ne réduise par là même sa générosité et sa liberté à un tel phénomène.

Un tel paradoxe est visible dans le rapport que l'art entretient avec l'imitation de la Nature. En effet, il est vrai qu'en apparence cet idéal a correspondu au désir d'inscrire l'art dans l'ordre du vraisemblable, du raisonnable et de la réconciliation harmonieuse avec ce qui est. Toutefois, imiter la Nature, c'est déjà se situer à l'extérieur de celle-ci sur le plan de la culture. Qui plus est, c'est se situer sur le plan de la culture afin de parler d'autre chose que de celle-ci. Enfin, force est de constater que cette Nature dont nous parle l'imitation n'est pas la Nature, mais une Nature virginale et utopique d'avant et d'au-delà de la Nature, exprimant avant tout l'attente d'une culture d'avant et d'au-delà de la culture. Autrement dit, à travers l'imitation de la Nature, l'art avant tout rêve à l'art. Certes, ce désir est ce qui lui confère une part de folie et de transgression, en voulant tout ramener à lui-même et en faisant feu de tout bois pour cela. Toutefois, ne l'oublions pas, c'est en ravissant ainsi toutes choses qu'il ravit, comme c'est par cet excès narcissique en lui-même qu'il parvient à nous donner cette chose aussi rare qu'unique qu'est la liberté dans la nature comme dans la culture.

Les textes qui suivent se sont efforcés de retranscrire cette dynamique de l'art en montrant comment celui-ci se lie à l'imitation de la Nature pour se poser (cf. Platon, Aristote, Hegel, Alain), comment de là il conquiert son autonomie (cf. Kant, Cassirer, Adorno), comment plusieurs voies s'offrent dès lors à son exploration : celle de l'invisible (J.L. Marion, M. Henry) ; celle de l'imagination (Plotin, Ibn'Arabi, H. Corbin) ; celle du sensible (Schopenhauer, Nietzsche, Bergson). D'où la valeur philosophique de l'art soulignée par Schelling et Heidegger.

ART ET IMITATION DE LA NATURE

Les deux beautés

(IVe siècle av. J.-C.)

PLATON

(427-347 av. J.-C.)

Platon a fait du beau ce qui ne cesse de faire penser. Aussi a-t-il distingué deux types de beauté : la beauté sensible et la beauté intelligible. Il a vu dans la beauté sensible un piège. Car, pour que la beauté ait un sens, encore faut-il que le sens précède celle-ci afin de lui frayer une voie. Or, quand le sensible règne, le sensible faisant le sens, plus aucun sens n'est en mesure de venir éclairer la beauté, n'importe quelle forme de sensible pouvant faire sens, pourvu que cela soit sensible. Aussi ne faut-il pas mésinterpréter Platon. Celui-ci n'a pas soumis le sensible à l'intelligible par haine du sensible, mais pour sauver celui-ci. L'échelle de la beauté dans le Banquet *en est l'illustration. Plus le sens s'accroît, plus l'ivresse de beauté s'accroît. Preuve que la pensée, loin d'annuler la passion, lui permet au contraire de s'épanouir. La postérité de Platon ne s'y trompera pas d'ailleurs. Elle a vu dans l'idéal platonicien non pas une fuite dans un monde désincarné, mais au contraire le moteur de la passion. D'où l'importance du platonisme dans la culture courtoise (cf. Denis de Rougemont,* l'Amour et l'Occident, *Plon, 1970) comme dans l'humanisme de la Renaissance.*

Sources: *Platon,* République, *Livre X, 597d-598c, trad. Chambry, Paris, Garnier-Flammarion, 1964, p. 361-362;* le Banquet, *210b-212b, trad. Chambry, Paris, Les Belles Lettres, 1964, p. 71-73.*

Bibliographie: *Jean-Pierre Vernant,* Naissance d'images, *dans* Religions, histoires, raisons, *Paris, Maspero, 1979.*

VEUX-TU MAINTENANT QUE, nous appuyant sur ces exemples, nous recherchions ce que peut être l'imitateur?

Si tu veux, dit-il.

Ainsi, il y a trois sortes de lits; l'une qui existe dans la nature des choses, et dont nous pouvons dire, je pense, que Dieu est l'auteur — autrement qui serait-ce?...

Personne d'autre, à mon avis.

Une seconde est celle du menuisier.

Oui.

Et une troisième, celle du peintre, n'est-ce pas?

Soit.

Ainsi, peintre, menuisier, Dieu, ils sont trois qui président à la façon de ces trois espèces de lits.

Oui, trois.

Et Dieu, soit qu'il n'ait pas voulu agir autrement, soit que quelque nécessité l'ait obligé à ne faire qu'un lit dans la nature, a fait celui-là seul qui est réellement le lit; mais deux lits de ce genre, ou plusieurs, Dieu ne les a jamais produits et ne les produira point.

Pourquoi donc? demanda-t-il.

Parce que s'il en faisait seulement deux, il s'en manifesterait un troisième dont ces deux-là reproduiraient la Forme, et c'est ce lit qui serait le lit réel, non les deux autres.

Tu as raison.

Dieu sachant cela, je pense, et voulant être réellement le créateur d'un lit réel, et non le fabricant particulier d'un lit particulier, a créé ce lit unique par nature.

Il le semble.

Veux-tu donc que nous donnions à Dieu le nom de créateur naturel de cet objet, ou quelque autre nom semblable?

Ce sera juste, dit-il, puisqu'il a créé la nature de cet objet et de toutes les autres choses.

Et le menuisier? Nous l'appellerons l'ouvrier du lit, n'est-ce pas?

Oui.

Et le peintre, le nommerons-nous l'ouvrier et le créateur de cet objet?

Nullement.

Qu'est-il donc, dis-moi, par rapport au lit?

Il me semble que le nom qui lui conviendrait le mieux est celui d'imitateur de ce dont les deux autres sont les ouvriers.

Soit. Tu appelles donc imitateur l'auteur d'une production éloignée de la nature de trois degrés.

Parfaitement, dit-il.

Donc, le faiseur de tragédies, s'il est un imitateur, sera par nature éloigné de trois degrés du roi et de la vérité, comme, aussi, tous les autres imitateurs.

Il y a chance.

Nous voilà donc d'accord sur l'imitateur. Mais, à propos du peintre, réponds encore à ceci: essaie-t-il, d'après toi, d'imiter chacune des choses mêmes qui sont dans la nature ou bien les ouvrages des artisans?

Les ouvrages des artisans, répondit-il.

Tels qu'ils sont, ou tels qu'ils paraissent; fais encore cette distinction.

Que veux-tu dire?

Ceci: un lit, que tu le regardes de biais, de face, ou de toute autre manière, est-il différent de lui-même, ou, sans différer, paraît-il différent? et en est-il de même des autres choses?

Oui, dit-il, l'objet paraît différent mais ne diffère en rien.

Maintenant, considère ce point; lequel de ces deux buts se propose la peinture relativement à chaque objet: est-ce de représenter ce qui est tel qu'il est, ou ce qui paraît, tel qu'il paraît? Est-elle l'imitation de l'apparence ou de la réalité?

De l'apparence.

L'imitation est donc loin du vrai, et si elle façonne tous les objets, c'est, semble-t-il, parce qu'elle ne touche qu'à une petite partie de chacun, laquelle n'est d'ailleurs qu'une ombre. Le peintre, dirons-nous par exemple, nous représentera un cordonnier, un charpentier ou tout autre artisan sans avoir aucune connaissance de leur métier; et cependant, s'il est bon peintre, ayant représenté un charpentier et le montrant de loin, il trompera les enfants et les hommes privés de raison, parce qu'il aura donné à sa peinture l'apparence d'un charpentier véritable.

XXVIII. — On peut se flatter peut-être de t'initier, toi aussi, Socrate, à ces mystères de l'amour; mais pour le dernier degré, la contemplation, qui en est le but, pour qui suit la bonne voie, je ne sais si ta capacité va jusque-là. Je vais néanmoins, dit-elle, continuer, sans ménager mon zèle; essaye de me suivre, si tu peux. Quiconque veut, dit-elle, aller à ce but par la vraie voie, doit commencer dans sa jeunesse par rechercher les beaux corps. Tout d'abord, s'il est bien dirigé, il doit n'aimer qu'un seul corps et là enfanter de beaux discours. Puis il observera que la beauté d'un corps quelconque est sœur de la beauté d'un autre; en effet, s'il convient de rechercher la beauté de la forme, il faudrait être bien maladroit pour ne point voir que la beauté de tous les corps est une et identique. Quand il s'est convaincu de cette vérité, il doit se faire l'amant de tous les beaux corps, et relâcher cet amour violent d'un seul, comme une chose de peu de prix, qui ne mérite que dédain. Il faut ensuite qu'il considère la beauté des âmes comme plus précieuse que celle des corps, en sorte qu'une belle âme, même dans un corps médiocrement attrayant, lui suffise pour attirer son amour et ses soins, lui faire enfanter de beaux discours et en chercher qui puissent rendre la jeunesse meilleure. Par là il est amené à regarder la beauté qui est dans les actions et dans les lois, à voir que celle-ci est pareille à elle-même dans tous les cas, et conséquemment à regarder la beauté du corps comme peu de chose. Des actions des hommes, il passera aux sciences et il en reconnaîtra aussi la beauté; ainsi arrivé à une vue plus étendue de la beauté, il ne s'attachera plus à la beauté d'un seul objet et il cessera d'aimer, avec les sentiments étroits et mesquins d'un esclave, un enfant, un homme, une action. Tourné désormais vers l'Océan de la beauté et contemplant ses multiples aspects, il enfantera sans relâche de beaux et magnifiques discours et les pensées jailliront en abondance de son amour de la sagesse, jusqu'à ce qu'enfin son esprit fortifié et agrandi aperçoive une science unique, qui est celle du beau dont je vais parler. Tâche, dit-elle, de me prêter la plus grande attention dont tu es capable.

XXIX. — Celui qu'on aura guidé jusqu'ici sur le chemin de l'amour, après avoir contemplé les belles choses dans une gradation régulière, arrivant au terme suprême, verra soudain une beauté d'une nature merveilleuse, celle-là même, Socrate, qui était le but de tous ses travaux antérieurs, beauté éternelle, qui ne connaît ni la naissance ni la mort, qui ne souffre ni accroissement ni diminution, beauté qui n'est point belle par un côté, laide par un autre, belle en un temps, laide en un autre, belle sous un rapport, laide sous un autre, belle en tel lieu, laide en tel autre, belle pour ceux-ci, laide pour ceux-là; beauté qui ne se présentera pas à ses yeux comme un visage, ni comme des mains, ni comme une forme corporelle, ni comme un raisonnement, ni comme une science, ni comme une chose qui existe en autrui, par exemple dans un animal, dans la terre, dans le ciel ou dans telle autre chose; beauté qui, au contraire, existe en elle-même et par elle-même, simple et éternelle, de laquelle participent toutes les autres belles choses, de telle manière que leur naissance ou leur mort ne lui apporte ni augmentation, ni amoindrissement, ni altération d'aucune sorte. Quand on s'est élevé des choses sensibles par un amour bien entendu des jeunes gens jusqu'à cette beauté et qu'on commence à l'apercevoir, on est bien prêt de toucher au but; car la vraie voie de l'amour, qu'on s'y engage de soi-même ou qu'on s'y laisse conduire, c'est de partir des beautés sensibles et de monter sans cesse vers cette beauté surnaturelle en passant comme par échelons d'un beau corps à deux, de deux à tous, puis des beaux corps aux belles actions, puis des belles actions aux belles sciences, pour aboutir des sciences à cette science qui n'est autre chose que la science de la beauté absolue et pour connaître enfin le beau tel qu'il est en soi.

Si la vie vaut jamais la peine d'être vécue, cher Socrate, dit l'étrangère de Mantinée, c'est à ce moment où l'homme contemple la beauté en soi. Si tu la vois jamais, que te sembleront auprès d'elle l'or, la parure, les beaux enfants et les jeunes gens dont la vue te trouble aujourd'hui, toi et bien d'autres, à ce point que, pour voir vos bien-aimés et vivre avec eux sans les quitter, si c'était possible, vous consentiriez à vous priver de boire et de manger, sans autre désir que de les regarder et de rester à leurs côtés. Songe donc, ajouta-t-elle, quel bonheur ce serait pour un homme s'il pouvait voir le beau lui-même, simple, pur, sans mélange, et contempler, au lieu d'une beauté chargée de chairs, de couleurs et de cent autres superfluités périssables, la beauté divine elle-même sous sa forme unique. Penses-tu que ce soit une vie banale que celle d'un homme qui, élevant ses regards là-haut, contemple la beauté avec l'organe approprié et vit dans son commerce? Ne crois-tu pas, ajouta-t-elle, qu'en voyant ainsi le beau avec l'organe par lequel il est visible, il sera le seul qui puisse engendrer, non des fantômes de vertu, puisqu'il ne s'attache pas à un fantôme, mais des vertus véritables, puisqu'il saisit la vérité? Or c'est à celui qui enfante et nourrit la vertu véritable qu'il appartient d'être chéri des dieux et, si jamais homme devient immortel, de le devenir lui aussi.

Voilà, Phèdre et vous tous qui m'écoutez, ce que m'a dit Diotime. Elle m'a persuadé et, à mon tour, j'essaye de persuader aux autres que, pour acquérir un tel bien, la nature humaine trouverait difficilement un meilleur auxiliaire que l'Amour. Voilà pourquoi je proclame que tout homme doit honorer l'Amour, pourquoi je l'honore moi-même et m'adonne particulièrement à son culte; pourquoi je le recommande aux autres, pourquoi maintenant, comme toujours, je loue la puissance et la virilité de l'amour, autant que j'en suis capable.

L'homme est un animal qui mime

(IVe siècle av. J.-C.)

ARISTOTE

(384-322 av. J.-C.)

Platon a clairement mis en évidence que la beauté était liée à la forme modelant le sensible et donnant à penser à travers celui-ci. Toutefois, en situant ainsi la beauté sur un plan intelligible, il en a fait quelque chose d'idéal ne conduisant pas à se réconcilier avec ce qui est, ni à avoir une attitude raisonnable. C'est la raison pour laquelle Aristote va corriger le platonisme. De Platon, il gardera l'idée que le beau est de l'ordre du modèle qui donne forme aux choses. Cependant, au lieu de situer ce modèle dans l'idéal, il le situera dans la nature, c'est-à-dire ce qui est, *opérant ainsi une réconciliation harmonieuse avec ce qui existe, tout en développant une attitude raisonnable chez les hommes. Cette approche harmonieuse de l'art visant à établir une continuité apaisée et apaisante entre l'homme et le monde, tout en permettant à la sensibilité de ce dernier de s'exprimer, a servi de base à toute l'esthétique classique. Au-delà de cette dernière, elle est une des constantes de l'art, dont on attend quelque part « luxe, calme et volupté », pour reprendre les termes de Baudelaire. Toutefois, cet idéal sera contesté par les modernes, qui lui reprocheront son conformisme comme le fait que l'art ne saurait, sans se mentir à lui-même, se réconcilier avec une réalité encore traversée par la violence.*

Source: *Aristote,* Poétique, *chap. IV, trad. R. Dupont-Roc et J. Lallot, Paris, Le Seuil, 1980, p. 43 à 45.*

Bibliographie: *Paul Ricœur,* la Métaphore vive, *Paris, Le Seuil, 1975.*

L'ART POÉTIQUE dans son ensemble paraît devoir sa naissance à deux causes, toutes deux naturelles.

1. Dès l'enfance les hommes ont, inscrites dans leur nature, à la fois une tendance à représenter — et l'homme se différencie des autres animaux parce qu'il est particulièrement enclin à représenter et qu'il a recours à la représentation dans ses premiers apprentissages — et une tendance à trouver du plaisir aux représentations. Nous en avons une preuve dans l'expérience pratique: nous avons plaisir à regarder les images les plus soignées des choses dont la vue nous est pénible dans la réalité, par exemple les formes d'animaux parfaitement ignobles ou de cadavres; la raison en est qu'apprendre est un plaisir non seulement pour les philosophes, mais également pour les autres hommes (mais ce qu'il y a de commun

entre eux sur ce point se limite à peu de chose); en effet si l'on aime à voir des images, c'est qu'en les regardant on apprend à connaître et on conclut ce qu'est chaque chose comme lorsqu'on dit: celui-là, c'est lui. Car si on n'a pas vu auparavant, ce n'est pas la représentation qui procurera le plaisir, mais il viendra du fini dans l'exécution, de la couleur ou d'une autre cause de ce genre.
2. Puisque nous avons une tendance naturelle à la représentation, et aussi à la mélodie et au rythme (car il est évident que les mètres font partie des rythmes), ceux qui au départ avaient les meilleures dispositions naturelles firent peu à peu des progrès et donnèrent naissance à la poésie à partir de leurs improvisations. Puis la poésie se divisa suivant le caractère propre de chacun: les auteurs graves représentaient des actions de qualité accomplies par des hommes de qualité, les auteurs plus légers celles d'hommes bas, en composant d'abord des blâmes, comme les autres composaient des hymnes et des éloges.

Imitation de la Nature et illusion
(1820-1829)

FRIEDRICH HEGEL
(1770-1831)

L'imitation en art s'apparente à ce que Vladimir Jankélévitch a appelé un organe-obstacle. *D'un côté, c'est en imitant que l'on parvient à s'ouvrir au monde des formes et en modelant celles-ci que l'on finit par exécuter soi-même des œuvres ayant valeur de modèle. D'un autre côté, toutefois, l'imitation fait courir un risque de conformisme détruisant toute imagination et toute invention. De plus, comme le montre ici Hegel, elle peut conduire non pas à l'être de ce qui est, mais au triomphe de l'illusion et, à travers lui, d'une forme de jeu avec toutes choses. Ce qui n'est pas critiquable, au demeurant, quand cela demeure un jeu. Ce qui peut le devenir, cependant, quand ce jeu bascule dans une forme de dérision nihiliste. D'où les critiques de Hegel à l'égard de celle-ci. Critiques qui s'inscrivent plus largement dans une critique de l'art lui-même, à qui il contestera, contre les romantiques, le pouvoir de faire accéder à l'absolu. Du fait de la représentation précisément, qui, en donnant à voir, à entendre, à sentir et à vivre, contente certes le désir, mais renonce à penser.*

Source: *Hegel,* Introduction à l'esthétique, *trad. S. Jankélévitch, Paris, Aubier, 1964, p. 44 à 48.*
Bibliographie: *B. Teyssèdre,* l'Esthétique de Hegel, *Paris, Aubier, 1958.*

L'imitation de la nature

Nous n'avons parlé jusqu'ici que des conceptions générales de l'art. Ce dont nous allons nous occuper à présent, ce sont les déterminations en rapport avec le contenu de l'art. Sur ce point encore, nous avons à tenir compte de plusieurs conceptions différentes.

D'après l'une d'elles, l'art doit se borner à l'*imitation de la nature,* de la nature en général, intérieure aussi bien qu'extérieure. C'est un vieux précepte que l'art doit imiter la nature; on le trouve déjà chez Aristote. Quand la réflexion n'en était encore qu'à ses débuts, on pouvait bien se contenter d'une idée pareille; elle contient toujours quelque chose qui se justifie par de bonnes raisons et qui se révélera à nous comme un des moments de l'idée ayant, dans son développement, sa place comme tant d'autres moments.

D'après cette conception, le but essentiel de l'art consisterait dans l'imitation, autrement dit dans la reproduction habile d'objets tels qu'ils existent dans la nature, et la nécessité d'une pareille reproduction faite en conformité avec la nature serait une source de plaisirs. Cette définition assigne à l'art un but purement formel, celui de refaire une seconde fois, avec les moyens dont l'homme dispose, ce qui existe dans le monde extérieur, et tel qu'il y existe. Mais cette répétition peut apparaître comme une occupation oiseuse et superflue, car quel besoin avons-nous de revoir dans des tableaux ou sur la scène des animaux, des paysages ou des événements humains que nous connaissons déjà pour les avoir vus ou pour les voir dans nos jardins, dans nos intérieurs ou, dans certains cas, pour en avoir entendu parler par des personnes de nos connaissances? On peut même dire que ces efforts inutiles se réduisent à un jeu présomptueux dont les résultats restent toujours inférieurs à ce que nous offre la nature. C'est que l'art, limité dans ses moyens d'expression, ne peut produire que des illusions unilatérales, offrir l'apparence de la réalité à un seul de nos sens; et, en fait, lorsqu'il ne va pas au-delà de la simple imitation, il est incapable de nous donner l'impression d'une réalité vivante ou d'une vie réelle: tout ce qu'il peut nous offrir, c'est une caricature de la vie.

Quel but l'homme poursuit-il en imitant la nature? Celui de s'éprouver lui-même, de montrer son habileté et de se réjouir d'avoir fabriqué quelque chose ayant une apparence naturelle. La question de savoir si et comment son produit pourra être conservé et transmis à des époques à venir ou être porté à la connaissance d'autres peuples et d'autres pays, ne l'intéresse pas. Il se réjouit avant tout d'avoir créé un artifice, d'avoir démontré son habileté et de s'être rendu compte de ce dont il était capable; il se réjouit de son œuvre, il se réjouit de son travail par lesquels il a imité Dieu, dispensateur de bonheur et démiurge. Mais cette joie et cette admiration de soi-même ne tardent pas à tourner en ennui et mécontentement, et cela d'autant plus vite et plus facilement que l'imitation reproduit plus fidèlement le modèle naturel. Il y a des portraits dont on a dit assez spirituellement qu'ils sont ressemblants jusqu'à la nausée. D'une façon générale, la joie que procure une imitation réussie ne peut être qu'une joie très relative, car dans l'imitation de la nature le contenu, la matière sont des données qu'on n'a que la peine d'utiliser. L'homme devrait éprouver une joie plus grande en produisant quelque chose qui soit bien de lui, quelque chose qui lui soit particulier et dont il puisse dire qu'il est sien. Tout outil technique, un navire par exemple ou, plus particulièrement, un instrument scientifique doit lui procurer plus de joie, parce que c'est sa propre œuvre, et non une imitation. Le plus mauvais outil technique a plus de valeur à ses yeux; il peut être fier d'avoir inventé le marteau, le clou, parce que ce sont des inventions originales, et non imitées. L'homme montre mieux son habileté dans des productions surgissant de l'esprit qu'en imitant la nature. Il peut toutefois entrer en lutte avec la nature. C'est à cela qu'on pense quand on dit que les productions de la nature sont supérieures à celles de l'esprit. On dit en effet que ce sont des œuvres divines. Mais Dieu est Esprit, et se laisse mieux reconnaître dans l'Esprit que dans la Nature. En entrant en rivalité avec la Nature, on se livre à un artifice sans valeur. Un homme s'étant vanté de pouvoir lancer des lentilles à travers un petit orifice, Alexandre, devant lequel il exécuta son tour de force, lui fit offrir quelques boisseaux de lentilles; et avec raison, car cet homme avait acquis une adresse non seulement inutile, mais dépourvue de toute signification. On peut en dire autant de toute adresse dont on fait preuve dans l'imitation de la nature. C'est ainsi que Zeuxis peignait des raisins qui avaient une apparence tellement naturelle que des pigeons s'y trompaient et venaient les picorer, et Praxeas peignit un rideau qui trompa un homme, le peintre lui-même. On connaît plus d'une de ces histoires d'illusions créées par l'art. On parle, dans ces cas, d'un triomphe de l'art. Blumenbach raconte l'histoire d'un vieux camarade de chambrée de Linné, qui s'appelait Büttner. Il dépensait tout son argent en livres et se procura un jour les *Insektenbelustigungen* de Rösel, avec gravures sur cuivre coloriées, les plus belles qu'il eût jamais vues (il se constitua des collections analogues sur les grenouilles). Comme l'exemplaire que possédait Büttner n'était pas relié, il ne fut pas mal surpris en trouvant un jour un singe en train de ronger une feuille où était peint un hanneton. La satisfaction qu'il éprouva à la vue de cette scène du singe trompé par une image le consola de la perte de la gravure. En présence de ces exemples, et d'autres du même genre, on devrait du moins comprendre qu'au lieu de louer des œuvres d'art, parce qu'elles ont réussi à tromper des pigeons et des singes, on devrait plutôt blâmer ceux qui croient exalter la valeur d'une œuvre d'art en faisant ressortir ces banales curiosités et en voyant dans celles-ci l'expression la plus élevée de l'art. On peut dire d'une façon générale qu'en voulant rivaliser avec la nature par l'imitation, l'art restera toujours au-dessous de la nature et pourra être comparé à un ver faisant des efforts pour égaler un éléphant. Il y a des hommes qui savent imiter les trilles du rossignol, et Kant a dit à ce propos que, dès que nous nous apercevons que c'est un homme qui chante ainsi, et non un rossignol, nous trouvons ce chant insipide. Nous y voyons un simple artifice, non une libre production de la nature ou une œuvre d'art. Le chant du rossignol nous réjouit naturellement, parce que nous entendons un animal, dans son inconscience naturelle, émettre des sons qui ressemblent à l'expression de sentiments humains. Ce qui nous réjouit donc ici, c'est l'imitation de l'humain par la nature.

En prétendant que l'imitation constitue le but de l'art, que l'art consiste par conséquent dans une fidèle imitation de ce qui existe déjà, on met en somme le souvenir à la base de la production artistique. C'est priver l'art de sa liberté, de son pouvoir d'exprimer le beau. L'homme peut certes avoir intérêt à produire des apparences comme la nature produit ses formes. Mais il ne peut s'agir que d'un intérêt purement subjectif, l'homme voulant montrer son adresse et son habileté, sans se soucier de la valeur objective de ce qu'il a l'intention de produire. Or, un produit tire sa valeur de son contenu, dans la mesure où celui-ci participe de l'esprit. Tant qu'il imite, l'homme ne dépasse pas les limites du naturel, alors que le contenu doit être de nature spirituelle.

La nature est le maître des maîtres
(1920)

ALAIN
(1868-1951)

L'esthétique de l'imitation de la nature a fait l'objet de jugements contradictoires. Si les classiques ont vu en elle un moyen d'accéder à l'harmonie, les modernes ont critiqué son conformisme. L'originalité du texte d'Alain réside dans le fait de contourner toutes ces critiques. En effet, selon lui, la matière est le maître de l'artiste par la résistance qu'elle lui oppose et le travail qu'elle l'invite à produire. Aussi la nature n'a-t-elle rien de conformiste, quand elle se définit ainsi par cette dernière. Tout comme le sensible n'a rien de passionnel, quand il revêt lui aussi cette forme. De fait, si l'art donne matière à penser, c'est qu'il est avant tout matière, parce qu'il rend sensible une idée plutôt qu'il n'idéalise le sensible; parce qu'aussi, en rendant ainsi sensible une idée, il révèle les ressources cachées de la matière et du sensible, lesquelles, comme le dira Bachelard, viennent se rêver à travers les œuvres d'art. Si bien que, si la matière est le médium de l'art, l'inverse est vrai. L'art devient le médium de la matière à force de se laisser éduquer par elle.

Source: *Alain,* Système des beaux-arts, *Livre I, chap. VII,* Bibliothèque de la Pléiade, *Paris, Gallimard, 1958, p. 237 à 240.*

Bibliographie: *O. Reboul,* l'Homme et les passions d'après Alain, *Paris, P.U.F., 1968.*

De la matière

PUISQU'IL EST ÉVIDENT que l'inspiration ne forme rien sans matière, il faut donc à l'artiste, à l'origine des arts et toujours, quelque premier objet ou quelque première contrainte de fait, sur quoi il exerce d'abord sa perception, comme l'emplacement et les pierres pour l'architecte, un bloc de marbre pour le sculpteur, un cri pour le musicien, une thèse pour l'orateur, une idée pour l'écrivain, pour tous des coutumes acceptées d'abord. Par quoi se trouve défini l'artiste, tout à fait autrement que d'après la fantaisie. Car tout artiste est percevant et actif, artisan toujours en cela. Plutôt attentif à l'objet qu'à ses propres passions; on dirait presque passionné contre les passions, j'entends impatient surtout à l'égard de la rêverie oisive; ce trait est commun aux artistes, et les fait passer pour difficiles. Au reste tant d'œuvres essayées naïvement d'après l'idée ou image que l'on croit s'en faire, et manquées à cause de cela expliquent que l'on juge trop souvent de l'artiste puissant, qui ne parle guère, d'après l'artiste ambitieux et égaré, qui parle au contraire beaucoup. Mais si l'on revient aux principes jusqu'ici exposés, on se détournera de penser que quelque objet beau soit jamais créé hors de l'action. Ainsi la méditation de l'artiste serait plutôt observation que rêverie, et encore mieux observation de ce qu'il a fait comme source et règle de ce qu'il va faire. Bref, la loi suprême de l'invention humaine est que l'on n'invente qu'en travaillant. Artisan d'abord. Dès que l'inflexible ordre matériel nous donne appui, alors la liberté se montre; mais dès que nous voulons suivre la fantaisie, entendez l'ordre des affections du corps humain, l'esclavage nous tient, et nos inventions sont alors mécaniques dans la forme, souvent niaises et plus rarement émouvantes, mais sans rien de bon ni de beau. Dès qu'un homme se livre à l'inspiration, j'entends à sa propre nature, je ne vois que la résistance de la matière qui puisse le préserver de l'improvisation creuse et de l'instabilité d'esprit. Par cette trace de nos actions, ineffaçable, nous apprenons la prudence; mais par ce témoin fidèle de la moindre esquisse, nous apprenons la confiance aussi.

Dans l'imagination errante tout est promesse, par des émotions sans mesure; aussi il se peut bien que le sculpteur sans expérience souhaite quelque matière plastique qui change aussi vite que ses propres inspirations. Mais quand il souhaiterait seulement quelque aide du diable, par laquelle le marbre serait taillé aussitôt selon le désir, il se tromperait encore sur sa véritable puissance. Si le pouvoir d'exécuter n'allait pas beaucoup plus loin que le pouvoir de penser ou de rêver, il n'y aurait point d'artistes. Chacun sait qu'il y a des effets de nature, formes de pierres, troncs noueux, nœuds de bois, taches ou fissures, qui présentent par moments ou sous un certain angle d'étranges figures, mais instables. Sans doute un des mouvements les plus naturels de l'artiste est d'ajouter alors un peu à la nature et de finir cette ébauche; c'est donner à un fantôme la forme d'un objet. Et c'est ce que peuvent remarquer ceux qui sculptent des cannes; ils cherchent dans les formes de la racine quelque tête d'animal à peine ébauchée; mais celui qui est habile marche ici prudemment; chaque parcelle de bois enlevée détermine un peu plus la forme et conduit à un nouvel essai. Ainsi l'artiste observateur décide par l'action inspirée, afin de percevoir quelque chose. En sorte que son modèle c'est d'abord l'objet et ensuite l'œuvre.

J'avoue que l'ambition, toujours riche de projets, nie continuellement une telle idée, d'après laquelle le désir de plaire ou d'étonner écarte toujours l'artiste de son vrai chemin. Il est pourtant vrai que tout projet détermine la matière industriellement, c'est-à-dire sans aucun égard; au contraire la pensée esthétique se détourne toujours de l'ordre humain qui blâme et loue, et qui est de toute manière la fin de l'industrie; mais, se tenant plus près de la chose, l'artiste l'interroge et la détermine, comme s'il demandait secours à la nature contre ses propres idées, toujours inconsistantes. Et c'est ainsi qu'il faut comprendre la maxime, constamment pratiquée, mais toujours mal comprise, que la nature est le maître des maîtres. Comprenons qu'un événement réel est pour le romancier comme ces blocs de marbre que Michel-Ange allait souvent voir, et qui étaient matière, appui et premier modèle. D'autres fois le premier objet c'est le meuble non encore sculpté, mais qui offre déjà sa forme propre, et des parties de bois tendres ou dures. Pour l'architecte naïf, qui est inimitable comme on voit par les cathédrales et les vieilles maisons, le premier objet c'est l'œuvre utile qu'il veut faire d'abord; et, en suivant cette idée, on se trouve tout près de l'ornement, comme on verra. Pour les œuvres qui naissent et meurent sans arrêt comme la déclamation, la danse et la musique, le premier objet est le premier mouvement qui s'orne de ce qui le suit, mais qui annonce aussi ce qui suivra le mieux, en sorte que les artistes dans ces genres-là sont peut-être moins libres que les autres, quoique, pour la musique, le contraire paraisse évident. Au reste il y a plus d'un genre de contrainte ici, et l'instrument y fait beaucoup, comme le violon au musicien, le ciseau au sculpteur, le crayon au dessinateur, la toile au peintre. Il n'est point d'apprenti qui n'ait observé que toute œuvre dépend beaucoup de ces humbles conditions; mais en quel sens elle en dépend, c'est ce qu'on n'aperçoit pas aisément; car la facilité favorise l'artisan et nuit à l'artiste; et, le métier et l'inspiration allant toujours ensemble, il n'est pas facile de les distinguer. Toutefois il est connu, dans le monde des artistes, qu'une certaine facilité est sans remède.

Il reste à dire maintenant en quoi l'artiste diffère de l'artisan. Toutes les fois que l'idée précède et règle l'exécution, c'est industrie. Et encore est-il vrai que l'œuvre souvent, même dans l'industrie, redresse l'idée en ce sens que l'artisan trouve mieux qu'il n'avait pensé dès qu'il essaye; en cela il est artiste, mais par éclairs. Toujours est-il que la représentation d'une idée dans une chose, je dis même d'une idée bien définie comme le dessin d'une maison, est une œuvre mécanique seulement, en ce sens qu'une machine bien réglée d'abord ferait l'œuvre à mille exemplaires. Pensons maintenant au travail du peintre de portrait; il est clair qu'il ne peut avoir le projet de toutes les couleurs qu'il emploiera à l'œuvre qu'il commence; l'idée lui vient à mesure qu'il fait; il serait même plus rigoureux de dire que l'idée lui vient ensuite, comme au spectateur, et qu'il est spectateur aussi de son œuvre en train de naître. Et c'est là le propre de l'artiste. Il faut que le génie ait la grâce de nature, et s'étonne lui-même. Un beau vers n'est pas d'abord en projet, et ensuite fait; mais il se montre beau au poète; et la belle statue se montre belle au sculpteur, à mesure qu'il la fait; et le portrait naît sous le pinceau. La musique est ici le meilleur témoin, parce qu'il n'y a pas alors de différence entre imaginer et faire; si je pense, il faut que je chante. Ce qui n'exclut pas assurément qu'on forme l'idée de chanter pour la mémoire d'un héros ou pour l'hyménée, pour célébrer les bois, les moissons ou la mer; mais cette idée est commune au médiocre musicien et au vrai musicien, comme la fable de don Juan est commune à Molière et à d'autres, comme Ésope est le modèle de tant de fabulistes, comme un modèle à peindre est modèle. Le génie ne se connaît que dans l'œuvre peinte, écrite ou chantée. Ainsi la règle du beau n'apparaît que dans l'œuvre, et y reste prise, en sorte qu'elle ne peut servir jamais, d'aucune manière, à faire une autre œuvre.

Il fallait proposer ici d'abord cette idée, par elle-même assez cachée. Le lecteur décidera dans la suite si elle est vérifiée en chacun des arts. Toutefois une remarque s'offre d'elle-même à l'esprit, et qui peut nous aider à assurer nos premiers pas. L'art où la résistance de la chose se fait le plus fortement sentir, c'est l'architecture. Or ce n'est point le dernier venu ni l'élève; c'est le maître de presque tous et leur père. Au contraire l'art le plus libre, qui est la prose, est aussi le plus jeune, le plus tâtonnant, le plus trompeur de tous, surtout quand il exprime des sentiments, matière trop flexible. Il ne manque pourtant pas d'artistes qui maudiraient bien le marbre, et d'autres qui maudiraient le dictionnaire et la grammaire, comme si c'étaient de pauvres moyens pour les grandes choses qu'ils veulent représenter. C'est là l'erreur propre de l'imagination, et c'est ainsi que le romancier imagine l'artiste; mais le vrai artiste ne se meut pas longtemps dans ce genre de déclamation; il aime plutôt le métier et lui dit merci. Heureux qui orne une pierre dure.

ART ET AUTONOMIE DE L'ART

Du beau et du sublime
(1790)

EMMANUEL KANT
(1724-1804)

Dans sa philosophie, Platon a fondu ensemble le beau, le bon et le vrai, parce que, pensait-il, le vrai ne peut être ni immoral ni laid, le bon ni laid ni mensonger, le beau ni mensonger ni immoral. Toutefois, s'il demeure vrai qu'il existe un lien entre le vrai, le bon et le beau, il n'en demeure pas moins que bien des choses les séparent. En effet, on ne demande pas à la science de plaire ou de dicter une morale, mais d'être science et de ne pas se laisser aller à des attitudes esthétiques ou à des jugements moraux. Tout comme on ne demande pas à la morale d'être une science ou de plaire, mais d'être morale et de ne pas se laisser aller à dicter une science ou vouloir plaire à tout bout de champ. Il en va de même avec l'esthétique. On ne lui demande pas d'être une science ou une morale, mais d'être belle ou sublime et de ne pas se laisser aller à déduire un savoir ou à régir les mœurs. De même qu'en morale Kant n'a pas prétendu faire une nouvelle morale, mais purifier celle-ci de tout ce qui embarrasse son sens, en esthétique il n'a pas prétendu énoncer ce que l'art devait être, mais éviter les confusions à son sujet. En l'occurrence, comme l'a montré Cassirer, il s'est fait une idée libre de l'art, comme il s'est fait une idée libre de la morale. Par cette conception, il a profondément influencé tout l'idéalisme allemand qui a vu dans cette liberté assignée à la sensibilité et à l'imagination une ouverture révolutionnaire sur la liberté du sensible en général. Au-delà de cette ouverture, le fait que le kantisme ait souligné que l'art n'est pas moral mais symbole de la morale a ouvert le champ à toute une philosophie du symbole que l'on trouve chez K. Jaspers, H. Gadamer, P. Ricœur, mais aussi H. Corbin.

Source : *Emmanuel Kant,* Critique de la faculté de juger, *trad. A. Philonenko, Paris, Vrin, 1986.*

Bibliographie : *Gérard Lebrun,* la Patience du concept, *Paris, Armand Colin, 1970, p. 56, 61, 69, 97, 98.*

§ 7. Comparaison du beau avec l'agréable et le bon d'après le caractère précédent

Lorsqu'il s'agit de ce qui est agréable, chacun consent à ce que son jugement, qu'il fonde sur un sentiment personnel et en fonction duquel il affirme d'un objet qu'il lui plaît, soit restreint à sa seule personne. Aussi bien disant : « Le vin des Canaries est agréable », il admettra volontiers qu'un autre corrige l'expression et lui rappelle qu'il doit dire : cela *m'est* agréable. Il en est ainsi non seulement pour le goût de la langue, du palais et du gosier, mais aussi pour tout ce qui peut être agréable aux yeux et aux oreilles de chacun. La couleur violette sera douce et aimable pour celui-ci, morte et éteinte pour celui-là. Celui-ci aime le son des instruments à vent, celui-là aime les instruments à corde. Ce serait folie que de discuter ‹ streiten › à ce propos, afin de réputer erroné le jugement d'autrui, qui diffère du nôtre, comme s'il lui était logiquement opposé ; le principe : « *À chacun son goût* » (s'agissant des sens) est un principe valable pour ce qui est agréable.

Il en va tout autrement du beau. Il serait (tout juste à l'inverse) ridicule que quelqu'un, s'imaginant avoir du goût, songe en faire la preuve en ‹ déclarant › : cet objet (l'édifice que nous voyons, le vêtement que porte celui-ci, le concert que nous entendons, le poème que l'on soumet à notre appréciation) est beau *pour moi*. Car il ne doit pas appeler beau, ce qui ne plaît qu'à lui ‹ wenn es bloss ihm gefällt ›. Beaucoup de choses peuvent avoir pour lui du charme et de l'agrément ; personne ne s'en soucie ; toutefois lorsqu'il dit qu'une chose est belle, il attribue aux autres la même satisfaction ; il ne juge pas seulement pour lui, mais pour autrui et parle alors de la beauté comme si elle était une propriété des choses ‹ Dinge ›. C'est pourquoi il dit : *la chose* ‹ Sache › est belle et dans son jugement ‹ exprimant › sa satisfaction, *il exige* l'adhésion des autres, ‹ loin › de compter sur leur adhésion, parce qu'il a constaté maintes fois que leur jugement s'accordait avec le sien. Il les blâme s'ils jugent autrement et leur dénie un goût, qu'ils devraient cependant posséder d'après ses exigences ; et ainsi on ne peut dire : « À chacun son goût ». Cela reviendrait à dire : le goût n'existe pas, il n'existe pas de jugement esthétique qui pourrait légitimement prétendre à l'assentiment de tous.

§ 9. Examen de la question de savoir si dans le jugement de goût le sentiment de plaisir précède la considération de l'objet ou si c'est l'inverse

[...] C'est donc la communicabilité universelle de l'état d'esprit ‹Gemütszustand› dans la représentation donnée qui, en tant que condition subjective du jugement de goût, doit être au fondement de celui-ci ‹zum Grunde liegen› et avoir comme conséquence le plaisir relatif à l'objet. Mais rien ne peut être communiqué universellement, si ce n'est la connaissance. C'est en effet dans cette mesure seulement que la représentation est objective et comprend un moment universel auquel la faculté de représentation chez tous est contrainte de s'accorder. Si le principe déterminant du jugement, concernant cette communicabilité universelle de la représentation, doit être pensé comme seulement subjectif, c'est-à-dire sans un concept de l'objet, ce ne peut être alors que l'état d'esprit qui se présente dans le rapport réciproque des facultés représentatives ‹Vorstellungskräfte›, pour autant qu'elles mettent une représentation donnée en relation avec la connaissance en général.

Les facultés de connaissance mises en jeu par cette représentation sont en ce cas appelées à jouer librement, puisqu'aucun concept déterminé ne les limite à une règle particulière de connaissance. Ainsi l'état d'esprit dans cette représentation doit être celui ‹qui comprend› le sentiment du libre jeu des facultés représentatives dans une représentation donnée en vue d'une connaissance en général. *Or l'imagination* dont procède la composition du divers de l'intuition et *l'entendement* ‹constituant› l'unité du concept, qui unifie les représentations, sont requis pour que d'une représentation qui donne un objet, une connaissance s'ensuive. Cet état d'un *libre jeu* des facultés de connaissance dans une représentation, par laquelle un objet est donné, doit pouvoir se communiquer universellement; en effet la connaissance comme détermination de l'objet, avec laquelle doivent s'accorder des représentations données (dans quelque sujet que ce soit) est le seul mode de représentation qui possède une valeur pour tous.

L'universelle communicabilité subjective du mode de représentation dans un jugement de goût, devant se produire sans présupposer un concept déterminé, ne peut être autre chose que l'état d'esprit dans le libre jeu de l'imagination et de l'entendement (pour autant qu'ils s'accordent entre eux comme cela est requis pour une connaissance en général). Nous avons alors conscience que ce rapport subjectif, qui convient à la connaissance en général, doit être aussi valable pour chacun, et par conséquent universellement communicable, que l'est toute connaissance déterminée, qui d'ailleurs repose sur ce rapport ‹qui est› sa condition subjective.

Cet acte de juger ‹Beurtheilung› simplement subjectif (esthétique) de l'objet, ou de la représentation par laquelle il est donné, précède le plaisir concernant l'objet et est le fondement du plaisir venant de l'harmonie des facultés de connaissance; or c'est seulement sur cette universalité des conditions subjectives du jugement porté sur les objets que se fonde cette valeur subjective universelle de la satisfaction que nous attachons à la représentation de l'objet que nous disons beau. [...]

DÉFINITION DU BEAU DÉDUITE DU SECOND MOMENT

Est *beau* ce qui plaît universellement sans concept.

§ 15. Le jugement de goût est entièrement indépendant du concept de perfection

La finalité objective est ou bien finalité externe: *l'utilité,* ou bien finalité interne: *la perfection* ‹Vollkommenheit› de l'objet. On peut voir suffisamment d'après les deux moments précédents que la satisfaction, qui résulte d'un objet et en fonction de laquelle nous le disons beau, ne peut reposer sur la représentation de son utilité: s'il en était ainsi ce ne serait pas une satisfaction immédiate, ce qui est l'essentielle condition du jugement sur la beauté. Toutefois une finalité objective interne, c'est-à-dire la perfection, se rapproche déjà davantage du prédicat de la beauté; aussi des philosophes célèbres l'ont considérée identique à la beauté, en ajoutant toutefois: *si elle est pensée confusément.* Il est de la plus haute importance de décider, dans une critique du goût, si la beauté peut effectivement se résoudre dans le concept de la perfection.

Afin de porter un jugement sur la finalité objective, nous avons toujours besoin du concept d'une fin et — si cette finalité ne doit pas être une finalité externe (utilité), mais bien une finalité interne — du concept d'une fin interne, qui contienne le principe de la possibilité interne de l'objet. Puisque la fin, en général, est ce dont le *concept* peut être regardé comme le principe de la possibilité de l'objet lui-même, il s'ensuit que pour se représenter la finalité objective d'une chose, le *concept de ce que cette chose doit être* devra être préalablement possédé; l'accord de la diversité dans la chose suivant le concept (qui donne la règle de la liaison de ce divers en celle-ci) est *la perfection qualitative de la chose,* et la perfection *quantitative,* comme intégralité ‹Vollständigkeit› de chaque chose en son genre en est tout à fait différente et n'est qu'un simple concept de quantité (celui de la totalité). *Ce que la chose doit être* est déjà à l'avance pensé comme déterminé d'après ce concept et la question est seulement de savoir si la chose comprend *tout* ce qui est exigible à ce point de vue. Le moment formel dans la représentation d'une chose, c'est-à-dire l'accord de la diversité suivant une unité (sans que soit déterminé ce que celle-ci doit être) ne nous fait par lui-même connaître absolument aucune finalité objective. En effet puisqu'il est fait abstraction de cette unité comme *fin* (ce que la chose doit être), il ne subsiste en l'esprit du sujet intuitionnant rien d'autre que la finalité subjective des représentations. Celle-ci désigne bien une certaine finalité de l'état représentatif dans le sujet et en cet état une aisance du sujet à saisir ‹auffassen› une forme donnée dans l'imagination, mais non la perfection d'un objet quelconque, qui n'est pas en ce cas pensé par le concept d'une fin.

§ 27. De la qualité de la satisfaction dans le jugement du sublime

Le sentiment de l'impuissance de notre faculté ‹Vermögen› à atteindre une Idée, *qui pour nous est loi,* est RESPECT. Or l'Idée de la compréhension de tout phénomène, susceptible de nous être donné dans l'intuition d'un tout, est une Idée qui nous est imposée par une loi de la raison, qui ne connaît aucune autre mesure déterminée, valable pour tous et immuable que le tout absolu ‹das Absolut-Ganze›. Notre imagination, même en sa suprême tension ‹Anstrengung›, pour parvenir à la compréhension d'un objet donné dans un tout de l'intuition (par conséquent à la présentation d'une Idée de la raison), comme il est exigé d'elle, prouve ses bornes et son impuissance, mais en même temps aussi sa destination ‹qui est› la réalisation ‹Bewirkung› de son accord avec cette Idée comme avec une loi. Ainsi le sentiment du sublime dans la nature est le respect pour notre propre destination, que par une certaine subreption (substitution du respect pour l'objet au respect pour l'Idée de l'humanité en nous comme sujets) nous témoignons à l'objet, qui nous rend pour ainsi dire intuitionnable ‹anschaulich› la supériorité de la destination rationnelle de notre faculté de connaître sur le pouvoir le plus grand de la sensibilité.

Le sentiment du sublime est ainsi un sentiment de peine, suscité par l'insuffisance de l'imagination dans l'évaluation esthétique de la grandeur pour l'évaluation par la raison; et en même temps il se trouve en ceci une joie, éveillée justement par l'accord entre les Idées rationnelles et ce jugement sur l'insuffisance de la plus puissante faculté sensible, dans la mesure même où c'est pour nous une loi que l'effort de tendre vers ces Idées. C'est, en effet, pour nous une loi (de la raison) et qui est propre à notre destination que d'estimer tout ce que la nature comme objet des sens contient pour nous de grand, comme petit en comparaison avec les Idées de la raison; et ce qui suscite en nous le sentiment de cette destination supra-sensible, s'accorde avec cette loi. Or l'effort le plus grand de l'imagination dans la présentation de l'unité, qui sera celle de l'évaluation de la grandeur, est une relation *à l'absolument-grand* ‹Absolut-Grosses›, c'est donc aussi une relation à la loi de la raison de n'admettre que celui-ci comme suprême mesure des grandeurs. Ainsi la perception interne de l'insuffisance de toute mesure sensible au point de vue de l'évaluation de la grandeur par la raison, est un accord avec les lois de celle-ci et une peine, qui, éveillant en nous le sentiment de notre destination supra-sensible, selon laquelle il est final de trouver toute mesure de la sensibilité insuffisante pour les Idées de la raison, est par conséquent aussi plaisir.

L'esprit se sent *mis en mouvement* ‹bewegt› dans la représentation du sublime dans la nature; en revanche dans le jugement esthétique sur le beau dans la nature, il est dans une *calme* contemplation. Ce mouvement (en son début particulièrement) peut être comparé à un ébranlement, c'est-à-dire à la rapide succession de la répulsion et de l'attraction par un même objet. Le transcendant ‹Ueberschwengliche› est pour l'imagination (qui s'y trouve poussée dans l'appréhension de l'intuition), en quelque sorte un abîme en lequel elle a peur ‹fürchtet› de se perdre elle-même; mais il est conforme à la loi et non transcendant pour l'Idée rationnelle du supra-sensible que de produire un tel effort de l'imagination; et c'est là ce qui, alors, est attirant dans l'exacte mesure où il avait été repoussant pour la simple sensibilité. En ceci le jugement lui-même ne demeure toujours qu'esthétique, car il représente seulement, sans posséder à son fondement un concept déterminé d'un objet, le jeu subjectif des forces de l'esprit (imagination et raison) comme harmonieux même de par leur contraste. Ainsi tout de même que imagination et *entendement* par leur union dans le jugement sur le beau produisaient une finalité subjective, de même ici imagination et raison la produisent par leur conflit: c'est-à-dire le sentiment que nous possédons une *raison* pure, indépendante, ou une faculté d'évaluation des grandeurs, dont l'éminence ne saurait être rendue sensible par rien, hormis la déficience de la faculté même, qui est sans limites, dans la présentation des grandeurs (des objets sensibles).

Du sublime dynamique de la nature

§ 28. La nature comme force

La force ‹Macht› est un pouvoir supérieur à de grands obstacles. La force est dite *puissance* ‹Gewalt›, lorsqu'elle l'emporte sur la résistance même de ce qui possède aussi une force. La nature dans le jugement esthétique, considérée comme une force, qui n'a pas de puissance sur nous, est *sublime-dynamiquement.*

Lorsque la nature doit être considérée comme sublime par nous en un sens dynamique, elle doit être représentée comme suscitant la peur ‹Furcht› (bien que tout objet engendrant la peur ne soit pas inversement trouvé sublime dans notre jugement esthétique). En effet, dans le jugement esthétique (sans concept) la supériorité sur l'obstacle ne peut être appréciée qu'en raison de la grandeur de la résistance. Or ce à quoi nous nous efforçons de résister est un mal, et lorsque nous ne trouvons pas notre force égale à celui-ci, il s'agit d'un objet qui fait peur. Ainsi pour la faculté de juger esthétique réfléchissante la nature ne peut posséder une valeur ‹gelten› comme force, être sublime dynamiquement, que dans la mesure où elle est considérée comme objet de peur.

Or on peut considérer un objet comme *susceptible de faire peur*, sans avoir peur *devant* lui, si nous le jugeons justement en telle manière, que nous ne fassions que *penser* le cas, en lequel nous voudrions lui opposer quelque résistance, alors que toute résistance serait tout à fait vaine. Ainsi l'homme vertueux craint Dieu, sans éprouver devant Lui la peur, parce qu'il pense que vouloir résister à Dieu et à ses commandements n'est nullement un cas dont il puisse se soucier. Mais à chaque cas semblable, qu'il ne pense pas comme étant en soi impossible, il Le reconnaît source de peur.

Celui qui prend peur ne saurait pas plus porter un jugement sur le sublime de la nature que celui, qui est dominé par l'inclination et l'appétit, ne peut porter un jugement sur le beau. Il fuit la vue d'un objet, qui lui inspire de la crainte; et il est impossible de trouver de la satisfaction dans une terreur sérieuse. L'agrément qui naît de la cessation d'une situation pénible ‹Beschwerde› est un sentiment de joie. Mais en raison précisément de la délivrance d'un danger, il s'agit d'une humeur joyeuse avec la résolution de ne plus jamais s'exposer à celui-ci; bien plus: loin d'en rechercher l'occasion, on ne prend pas plaisir à repenser à cette sensation ‹Empfindung›.

Des rochers se détachant audacieusement et comme une menace sur un ciel ‹où› d'orageux nuages s'assemblent et s'avancent dans les éclairs et les coups de tonnerre, des volcans en toute leur puissance dévastatrice, les ouragans que suit la désolation, l'immense océan dans sa fureur, les chutes d'un fleuve puissant, etc., ce sont là choses qui réduisent notre pouvoir de résister à quelque chose de dérisoire en comparaison de la force qui leur appartient. Mais, si nous nous trouvons en sécurité, le spectacle est d'autant plus attrayant qu'il est plus propre à susciter la peur; et nous nommons volontiers ces objets sublimes, parce qu'ils élèvent les forces de l'âme au-dessus de l'habituelle moyenne et nous font découvrir en nous un pouvoir de résistance d'un tout autre genre, qui nous donne le courage de nous mesurer avec l'apparente toute-puissance de la nature.

En effet de même que nous avons trouvé notre limite propre en ce qui est incommensurable dans la nature et dans l'incapacité de notre faculté à saisir ‹nehmen› une mesure proportionnée à l'évaluation esthétique de la grandeur de son *domaine,* et cependant aussi en même temps découvert en notre raison ‹Vernunftvermögen› une autre mesure non sensible, qui comprend sous elle comme unité cette infinité, par rapport à laquelle tout en la nature est petit, si bien que nous avons découvert en notre esprit une supériorité sur la nature même en son immensité — tout de même sa force irrésistible nous fait connaître, en tant qu'êtres de la nature ‹Naturwesen› notre faiblesse physique, mais en même temps elle dévoile une faculté, qui nous permet de nous considérer comme indépendants par rapport à elle, et une supériorité sur la nature, sur laquelle se fonde une conservation de soi-même toute différente de celle qui est attaquée par la nature qui nous est extérieure et qui peut être mise en péril, de telle sorte que l'humanité en notre personne n'est pas abaissée, même si l'homme devait succomber devant cette puissance. En ce sens la nature n'est pas considérée comme sublime dans notre jugement esthétique dans la mesure où elle engendre la peur, mais parce qu'elle constitue un appel ‹aufruft› à la force qui est en nous (mais qui n'est pas nature), force qui nous permet de regarder tout ce dont nous nous soucions (les biens, la santé et la vie) comme de petites choses et par conséquent de ne pas voir en celle de la nature (à laquelle nous sommes certes soumis en toutes ces choses) en ce qui nous concerne nous et notre personnalité une puissance devant laquelle nous devrions nous incliner, lorsqu'il s'agit de nos principes suprêmes et de leur maintien ou de leur abandon. La nature est donc dite en ceci sublime, uniquement parce qu'elle élève l'imagination à la présentation de ces situations, en lesquelles l'esprit peut se rendre sensible ce qui est proprement sublime en sa destination et supérieur même à la nature.

L'art est une intensification du réel
(1944)

ERNST CASSIRER

(1874-1945)

En conférant une autonomie à la science, à la morale et à l'esthétique, Kant a développé une philosophie de la culture visant à montrer qu'il y avait plusieurs façons de cultiver la réalité. Il a, ce faisant, développé une nouvelle conception de l'unité de l'esprit humain sur le mode de la différence, en faisant apparaître que la culture, qui différencie les diverses facultés humaines, est aussi ce qui les unit. Ernst Cassirer, qui se situe dans l'héritage de Kant, a repris son projet de penser la philosophie comme pensée de la culture. Cela l'a amené à distinguer le mythe, l'art, le langage et la science. Ainsi, l'art et la science sont séparés par un fossé, la science cherchant à abstraire le réel pour pouvoir le connaître, alors que l'art recherche au contraire à le rendre de plus en plus sensible afin de faire vivre une sensibilité collective. Toutefois, bien qu'ils soient opposés, art et science sont unis, car tous deux explorent un réel qui n'est ni purement abstrait ni purement concret, parce qu'il est avant tout toujours à découvrir, toujours à explorer, toujours à imaginer. D'où la vérité singulière de l'art qui est de nous aider à déchiffrer le réel par l'intensification qu'il en donne.

Source: *Ernst Cassirer,* Essai sur l'homme, *trad. N. Massa, Paris, Minuit, 1975, p. 204-205.*

Bibliographie: *Sous la direction de J. Seidengart,* De Marbourg à New York, *Paris, Cerf, 1990.*

Comme toutes les autres formes symboliques, l'art n'est pas la simple reproduction d'une réalité donnée, toute faite. C'est l'une des voies qui mènent à une vision objective des choses et de la vie humaine. Ce n'est pas une imitation mais une découverte de la réalité. Cependant, la nature que nous découvrons à travers l'art n'est pas celle dont parle le savant. Langage et science sont les deux modes principaux qui nous permettent d'établir et de déterminer nos concepts du monde extérieur. Nous devons classer les perceptions des sens et les subsumer sous des notions générales et des règles universelles afin de leur donner une signification objective. Une telle classification est le résultat d'un effort constant vers la simplification. L'œuvre d'art suppose, de la même façon, un tel acte de condensation et de concentration. Quand Aristote voulut définir ce qui distingue réellement la poésie de l'histoire, il insista sur la méthode. Un drame, affirme-t-il, présente une action unique *(mia praxis)* formant en elle-même un tout complet, ayant toute l'unité organique d'une créature vivante; l'historien, lui, doit considérer, non une seule action, mais une seule période, et tous les événements qui sont arrivés à un seul homme ou à plusieurs durant cette période, aussi indépendants qu'aient pu être ces événements.

On peut, à cet égard, caractériser la beauté aussi bien que la vérité par la même formule classique, et dire qu'elles sont «une unité dans la diversité». Mais l'accent n'est pas mis, dans les deux cas, sur le même aspect. Le langage et la science sont des abréviations du réel; l'art est une intensification du réel. Langage et science se fondent sur un seul et même procès d'abstraction; on peut décrire l'art comme un procès continu de concrétisation. La description scientifique d'un objet donné part d'un grand nombre d'observations qui ne forment, à première vue, qu'un agglomérat inconsistant de faits séparés. Mais, plus nous progressons, plus ces phénomènes particuliers tendent à prendre une forme déterminée et à constituer un tout systématique. Ce que la science recherche, ce sont les caractères essentiels d'un objet donné à partir desquels pourront être déduites toutes ses qualités particulières. Si un chimiste connaît le nombre atomique d'un élément, il possède une indication lui permettant de connaître avec précision sa structure et sa constitution. De ce nombre, il peut déduire toutes les propriétés caractéristiques de l'élément. Mais l'art ne connaît pas ce genre de simplification conceptuelle et de généralisation déductive. Il ne recherche pas les qualités ou les causes des choses, mais nous donne l'intuition des formes. Il ne s'agit nullement, cependant, de la simple répétition de quelque chose déjà existant. C'est une véritable, une authentique découverte.

Art et révolte
(1970)

THEODOR ADORNO
(1903-1969)

Le classicisme a voulu faire de l'art un instrument d'harmonie et de réconciliation. Or, une telle approche se heurte à une double limite. L'art, en effet, n'est pas paisible en son origine. Il constitue son sens face à la laideur et à l'informe en imposant une forme à cet informe. D'où l'impression d'apaisement qu'il procure. Par ailleurs, il perd son sens quand il devient de l'art pour l'art. Car, vivant quand il s'efforce de contester la violence du monde, il cesse de l'être quand il se réconcilie avec lui ou quand il se replie sur lui-même en devenant sa propre finalité. Le texte d'Adorno s'efforce de montrer la situation de l'art face à la violence, et également son ambiguïté face à celle-ci. Il illustre le double intérêt de l'école de Francfort dont Adorno a été la figure marquante avec Max Horkheimer, en ce qui concerne la critique sociale et l'utopie.

Source: *Theodor W. Adorno,* Théorie esthétique, *trad. Marc Jimenez et Éliane Kaufholz, Paris, Klincksieck, 1989, p. 75-76, 301-302.*

Bibliographie: *M. Jay,* l'Imagination dialectique, *Paris, Payot, 1977.*

On peut admettre que le beau a pris naissance dans le laid plutôt que l'inverse. Mais si l'on mettait à l'index le concept de beau, comme le font de nombreux psychologues pour le concept d'âme et de nombreux sociologues pour le concept de société, ce serait la résignation de l'esthétique. La définition de l'esthétique comme théorie du beau est peu fructueuse, car le caractère formel du concept de beauté passe à côté du contenu intégral de la sphère esthétique. Si l'esthétique n'était rien d'autre qu'un catalogue systématique de tout ce qu'on appelle beau, nous n'aurions aucune idée de la vie au sein du concept même de beau. Dans ce que vise la réflexion esthétique, le concept de beau ne représente qu'un moment. L'idée de beauté évoque quelque chose d'essentiel en art sans cependant l'exprimer de façon immédiate. Si, sous des formes diverses, nous ne disions pas des artefacts qu'ils sont beaux, l'intérêt qu'on leur porte serait incompréhensible et aveugle; personne, artiste ou amateur, n'aurait de raison de renoncer au domaine des fins pratiques, celles de la conservation de soi et du principe de plaisir, abandon que l'art exige par sa constitution. Hegel fige la dialectique esthétique en employant la définition statique du beau comme apparition sensible de l'idée. On ne peut pas plus définir le beau que renoncer au concept de beau; situation qui est rigoureusement antinomique. Sans catégorie, l'esthétique serait sans contour, description — dans le sens d'un relativisme historique — de ce qui fut çà et là considéré comme beau dans diverses sociétés ou divers styles. L'unité de traits caractéristiques qui en résulterait se changerait inévitablement en parodie et éclaterait devant n'importe quel exemple concret. La funeste généralité du concept de beau n'est cependant pas contingente. Le passage au primat de la forme, codifié par le beau, se réduit déjà au formalisme, à la conformité de l'objet esthétique avec les déterminations subjectives les plus générales, dont souffre ensuite le concept de beau. Il n'y a pas à opposer au beau formel une nature matérielle. Le principe doit être compris comme un devenu, dans sa dynamique et donc selon son contenu. L'image du beau, en tant qu'image de l'un et du distinct, apparaît déjà avec l'émancipation de la peur devant la totalité écrasante et le caractère indifférencié de la nature. Cette terreur devant la nature est sauvée par le beau qui l'intègre en vertu de son imperméabilité vis-à-vis de l'existant immédiat et en établissant une zone d'inaccessible; les œuvres deviennent belles en vertu de leur opposition à l'existence pure et simple. De ce à quoi il s'appliquait, l'esprit — dans son élaboration de formes esthétiques — ne laissa passer que ce qui lui ressemble, ce qu'il comprenait ou ce qu'il espérait se faire semblable. Ce processus était un processus de formalisation; c'est pourquoi la beauté fut, d'après sa tendance historique, quelque chose de formel. [...]

La beauté elle-même exprime l'effrayant comme la contrainte qui émane de la forme. La notion d'éblouissant exprime cette expérience. L'irrésistibilité du beau, sublimation du sexe, atteint les œuvres d'art les plus hautes et est exercée par leur pureté, par leur distance vis-à-vis de la matérialité et de l'effet qu'elle suscite. Cette contrainte devient un contenu. Ce qui assujettit l'expression, le caractère formel de la beauté, avec toute l'ambivalence du triomphe, se transforme en expression dans laquelle l'aspect menaçant de la domination de la nature s'allie au désir de ce qui est maîtrisé et qui s'enflamme au contact de cette domination. Mais c'est l'expression de la souffrance provoquée par l'asservissement et de son point de fuite: la mort. L'affinité de toute beauté avec la mort a sa place dans l'idée de la forme pure que l'art impose à la diversité du vivant qui s'éteint en lui. [...]

Un art entièrement non idéologique n'est sans doute pas possible. Il ne suffit pas, en tout cas, d'en faire purement et simplement une antithèse de la réalité empirique. À juste titre, Sartre a souligné que le principe de l'art pour l'art — qui prévaut en France, depuis Baudelaire, tout comme prévaut en Allemagne l'idéal esthétique de l'art comme contrainte sociale institutionnalisée — fut reçu par la bourgeoisie comme moyen commode de neutraliser l'art, tout comme, en Allemagne, on a intégré l'art à l'ordre en tant qu'allié costumé du contrôle social. Ce qui est idéologie dans le principe de l'art pour l'art se situe, non pas dans l'antithèse énergique à la réalité empirique, mais dans l'abstraction et la facilité de cette antithèse. S'il est exclu que l'idée de beauté érigée par ce principe — en tout cas dans l'évolution post-baudelairienne — soit caractérisée par un formalisme classique, elle ampute cependant tout contenu qui ne se plie pas déjà à un canon dogmatique du beau, en-deçà de la loi formelle, c'est-à-dire précisément de façon anti-artistique. C'est dans cet esprit que George, dans une lettre à Hofmannsthal, critique le fait que celui-ci, dans une remarque à propos de la *Mort du Titien,* fasse mourir le peintre de la peste. Le concept de beauté de l'art pour l'art devient à la fois étrangement vide et prisonnier du sujet, une organisation de type *Jugendstil* telle qu'elle se trahit par les formules à la Ibsen du genre «pampres dans les cheveux» ou «mourir en beauté». La beauté, impuissante à se définir elle-même, qui n'acquiert sa définition que par son contraire et est, pour ainsi dire, une racine aérienne, s'empêtre dans le sort échu à tout ornement inventé. Cette idée de beau est limitée, parce qu'elle s'oppose en une antithèse immédiate à la société rejetée comme laide, au lieu — comme le font Baudelaire et Rimbaud — d'extraire cette antithèse du contenu — l'imagerie de Paris chez Baudelaire — et de la mettre à l'épreuve: c'est seulement ainsi que la distance deviendrait l'emprise de la négation déterminée. C'est justement l'autarcie de la beauté néo-romantique et symboliste, sa prudence vis-à-vis de ces aspects sociaux par lesquels seuls la forme deviendrait une forme, qui l'ont rendue aussi rapidement consommable. Elle trompe sur le monde des marchandises parce qu'elle le met entre parenthèses; elle est ainsi qualifiée comme marchandise. Sa forme latente de marchandise a, intraesthétiquement, condamné les œuvres de l'art pour l'art à ce kitsch dont on sourit aujourd'hui. Dans l'art de Rimbaud, il y aurait à montrer que l'antithèse abrupte vis-à-vis de la société et de la complaisance, l'extase rilkéenne sur le parfum d'un coffre ancien et les chansons de cabaret se côtoyent. La complaisance finit par triompher et il fut impossible de sauver le principe de l'art pour l'art. C'est pourquoi, même sur le plan social, la situation de l'art est aujourd'hui aporétique. S'il cède de son autonomie, il se livre au mécanisme de la société existante; s'il reste strictement pour soi, il ne se laisse pas moins intégrer comme domaine inoffensif parmi d'autres. Dans cette aporie apparaît la totalité de la société qui engloutit tout ce qui se passe. Le fait que les œuvres refusent la communication est une condition nécessaire, mais nullement suffisante, de leur essence non idéologique. Le critère central c'est la force de l'expression dont la tension permet aux œuvres de parler en un geste muet. L'expression dévoile en elles des stigmates de la société; l'expression est le ferment social de leur forme autonome. Le principal témoin en serait le tableau de Picasso *Guernica* qui, par une rigoureuse incompatibilité avec le réalisme prescrit, acquiert précisément, grâce à une construction inhumaine, cette expression qui accuse son caractère de protestation sociale en excluant l'ambiguïté qui s'attache à toute approche contemplative. Les zones socialement critiques sont celles qui font mal; celles où leur expression fait apparaître, en sa détermination historique, la contre-vérité de la situation sociale. C'est contre cela que réagit la colère. [...]

DE LA PHILOSOPHIE À LA PHILOCALIE

Signification de l'icône
(1977)

JEAN-LUC MARION
(né en 1946)

En 752-753, puis entre 813 et 843, l'Orient chrétien a connu deux querelles extrêmement graves à propos de la question de l'icône. Contre l'accusation adressée à celle-ci d'être une forme d'idolâtrie, des hommes comme Jean Damascène se sont efforcés de montrer que puisque Dieu s'était incarné, il avait eu une image et donc que son image n'était point idolâtre. Plus en profondeur, comme le montre Jean-Luc Marion, cette approche sensible du divin renvoie à la cohérence dialectique de l'invisible qui est tellement invisible qu'il est au-delà de l'invisible lui-même. La visibilité dont témoigne l'icône renvoie, autrement dit, à l'invisible. D'où l'étonnant pouvoir du visible et du sensible qui est de pouvoir figurer l'invisible lui-même. Une telle faculté du visible est l'une des explorations possibles que laisse entrevoir l'autonomie conférée au sensible par Kant comme par la postérité postkantienne.

Source : *Jean-Luc Marion,* l'Idole et la distance, *Paris, Grasset, 1977, p. 25-26.*
Bibliographie : *Jean-Luc Marion,* la Croisée du visible, *Paris, La Différence, 1991.*

CONSIDÉRANT LE DIVIN comme «une proie à s'approprier» (Paul, *Philippiens*, II, 6), l'idole manque la distance qui identifie et authentifie le divin comme tel — comme ce qui ne nous appartient pas, mais nous advient. À l'idole, par contre-position, répond l'icône. De quoi l'icône offre-t-elle le visage? «Icône du Dieu invisible» (*Colossiens*, I, 15), dit du Christ saint Paul. Figure, non d'un Dieu qui, en cette figure, perdrait son invisibilité pour nous devenir familier jusqu'à la familiarité, mais d'un Père qui rayonne d'autant plus d'une définitive et irréductible transcendance qu'il la donne sans réserve à voir dans la figure de son Fils. La profondeur du visage visible du Fils livre au regard l'invisibilité du Père comme telle. L'icône ne manifeste ni le visage humain, ni la nature divine que nul ne saurait envisager, mais, disaient les théologiens de l'icône, le rapport de l'une à l'autre dans l'hypostase, la personne. L'icône recèle et décèle ce sur quoi elle repose: l'écart en elle du divin et de son visage. Visibilité de l'invisible, visibilité où l'invisible se donne à voir comme tel, l'icône renforce l'une par l'autre. L'écart qui les rassemble dans leur irréductibilité même constitue, à la fin, le fonds de l'icône. La *distance*, qu'il ne s'agit surtout plus d'abolir, mais de reconnaître, devient le motif de la vision, au double sens d'un motif: une motivation, et un thème figuratif. À la topologie du miroir, où l'idole nous renvoyait l'image authentique, mais close, de *notre* expérience du divin, succède la typique du prisme: une multiplicité de couleurs décompose, ou plutôt orchestre ce qu'un prisme démultiplie selon notre pouvoir de voir — la lumière dite blanche, qui ne l'est pas, puisqu'elle demeure invisible au moment même où elle rend toutes choses visibles. Remarquons que, dans l'art de l'icône, les couleurs codifiées (or, rouge, bleu, jaune, etc.) ne «ressemblent» à aucune «chose» supposée intrinsèquement colorée ainsi; leur pertinence s'affirme dans un champ purement sémiotique (en l'occurrence liturgique), où elles énoncent l'éternité, la divinité, la gloire, l'humanité, etc. Les couleurs ne valent aucunement comme indices de choses visibles qu'il faudrait donner à voir parce qu'elles le sont déjà (re-produire). Elles font signe, depuis le visible, à l'invisible irréductible, qu'il s'agit de produire, de faire avancer dans le visible en tant même qu'invisible. L'icône manifeste, en propre, la distance nuptiale qui marie, sans les confondre, le visible et l'invisible, c'est-à-dire, ici, le divin et l'humain. Cette distance, l'idole s'efforce de l'abolir par la disponibilité du dieu mis à demeure dans la fixité d'un visage. Cette distance, l'icône la préserve et la souligne dans l'invisible profondeur d'une figure indépassable et ouverte. Au point de vue du désir, et donc de l'objet idolâtrique, à l'obscène d'un dieu dont on espère et craint à la fois l'insistance, qui se fait un peu trop pressante, et qu'ainsi l'on peut mener à sa guise, l'icône substitue une manière de théophanie négative: la figure ne demeure authentiquement indépassable (norme, auto-référence) qu'en ce qu'elle s'ouvre en profondeur sur une invisibilité dont elle n'abolit pas, mais révèle, la distance.

L'art et la vie
(1987)

MICHEL HENRY
(né en 1922)

À côté de l'icône, l'Orient chrétien a défendu le thème de la beauté. Car il a vu en celle-ci l'expression même de l'infini divin. L'homme réalisant cette infinité divine quand il se laisse comprendre par elle, lorsqu'il a affaire à une expérience esthétique, où, là aussi, il s'agit de «se laisser comprendre par», il est quelque part sur la voie du divin. D'où le faste de l'art byzantin visant à créer une atmosphère «prenante» afin que l'on se sente «pris et compris par». Dans le texte qui suit, Michel Henry montre que cette approche théologique s'applique à la vie. Être vivant, c'est être compris par le mystère de celle-ci, dont on procède. Aussi est-ce par la voie passive de la sensibilité que l'on débouche sur l'Être et la vie, et non en refusant toute sensibilité, comme l'a pensé et comme le pense encore le rationalisme. Autrement dit, il y a un logos *du* pathos *que l'on découvre lorsque, se laissant aller à la célébration de l'existence dans un transport de beauté, on découvre le lien intime qui relie la procession des choses à la procession de l'Être par l'entremise du cérémonial esthétique. On comprend donc que l'Orient ait pu trouver une voie de sagesse dans l'amour de la beauté, qu'il a désigné sous le nom de* philocalie, kalos *en grec voulant dire «beau».*

Source: *Michel Henry,* la Barbarie, *Paris, Grasset, 1987, p. 44, 47, 54 à 57.*

À MI-CHEMIN entre Athènes et Éleusis, sur l'antique route sacrée, se dresse le monastère de Daphni. C'est sur l'emplacement d'un ancien sanctuaire d'Apollon qu'une église de type basilical fut édifiée au ve siècle afin d'attirer au christianisme les pèlerins qui se rendaient aux dernières célébrations des cultes orphiques. [...]

À l'unité esthétique de chacune des peintures qui ornent ses voûtes et ses nefs s'ajoute, dans le cas du monastère de Daphni, une unité supérieure qui ne saurait être méconnue. Les tesselles — les petits cubes de verre et les pierres taillées — servent à figurer et à représenter le contenu de cette composition esthétique qu'est en réalité la «mosaïque» — mais que représentent-elles alors, quel est ce contenu qu'on ne qualifie pas suffisamment en affirmant son irréalité? À Daphni, comme dans bien des édifices contemporains ou analogues, il s'agit d'un ensemble de scènes religieuses dont on dit à leur propos aussi qu'elles «représentent» la vie du Christ ainsi que les aventures des personnages qui, de quelque façon, ont pris part à cette vie. Ainsi se découvre à nous l'unité supérieure dont nous parlons: toutes les représentations disposées sur les parois de l'église intérieure aussi bien que de l'esonarthex représentent la même chose et, pour le dire tout de suite, cette essence originelle de la vie qui produit toute culture et dont les différentes formes de culture, en particulier l'art, ne sont que le développement. Cette représentation de la vie c'est, en l'occurrence, celle du Christ Pantocrator dont l'image gigantesque trône au sommet de la grande coupole et, parce que la vie est ici comprise en son Fond ultime comme la Source et le Principe naturant dont procède tout ce qui est vivant, c'est très exactement la procession des formes naturées de la vie (de la vie qui ne s'engendre pas elle-même mais qui s'éprouve elle-même dans sa passivité radicale à l'égard du Fond qui l'engendre et ne cesse de l'engendrer) qui est figurée sur les murs de Daphni. Ainsi s'ordonnent autour de l'Archi-Icône du centre et à partir d'elle comme autant de manifestations ou d'émanations de sa Puissance, et reposant secrètement en elle, les personnages de l'histoire sacrée, la Mère, les archanges, les prophètes, les martyrs, les saints, les ascètes, tandis que les événements liés à la vie de chacun et donnant lieu à autant de cycles sont rapportés à des niveaux et selon des échelles qui sont chaque fois fonction de leur importance respective — c'est-à-dire du degré de leur proximité ou de leur éloignement vis-à-vis du Principe.

Le monastère byzantin offre ainsi l'exemple saisissant d'une composition esthétique tout à fait remarquable dont la loi de construction, c'est-à-dire la disposition plastique des éléments, est comme le reflet d'une sorte de composition métaphysique qui assigne à toute chose sa place selon le degré de sa participation ontologique à l'Un. C'est ce principe métaphysique ou mystique de la composition esthétique qui confère à l'art byzantin sa force formidable et qui fait que, mis en présence d'autres types de composition, par exemple le type grec qui recherchait les lois d'une construction spatiale de l'être des choses, de leur évocation selon les modalités de la profondeur, de la perspective, etc., il ne pouvait que les écraser, réduisant leur prétention à des arrangements locaux. Si les diverses « renaissances » qui jalonnent l'histoire de l'art byzantin n'ont pas connu le plein épanouissement de la dernière d'entre elles, à savoir la Renaissance italienne, ce n'est pas faute d'un savoir-faire ou de connaissances théoriques suffisantes (ainsi qu'on peut l'apercevoir chez le peintre de Sopocani dont les personnages ont la stature monumentale de ceux de Piero et de Michel-Ange, à laquelle s'ajoute chez lui une force spirituelle qui se perdra ensuite), c'est parce que la structure processionnelle de la constitution interne de l'être l'emportait toujours sur sa simple représentation intuitive et spatiale. La conception de cette structure processionnelle qui fait de l'édifice religieux le microcosme de la réalité métaphysique et lui confère une unité proprement spirituelle, trouve son redoublement esthétique dans l'ensemble des représentations murales qui, indépendamment de leur unité esthétique propre, apparaissent encore comme les diverses parties d'une seule et unique composition monumentale. L'émotion de celui, croyant ou non, qui pénètre dans le sanctuaire, se confond avec la perception de ce continuum plastique qui lui offre l'image mystérieuse de ce qu'il est sans le savoir.

Et ce sont en effet des représentations de la vie, les représentations de ses propriétés ontologiques essentielles, que nous voyons sur les murs de Daphni. Sur ces propriétés, sur ce qu'est la vie dans son être le plus intime, *dans son auto-affection,* il convient sans doute d'en dire ici un peu plus. En tant qu'elle s'affecte elle-même, se sent et s'éprouve elle-même, la vie est foncièrement passive vis-à-vis de son être propre, elle le souffre et le supporte comme ce qu'elle n'a ni voulu ni posé, mais qui lui advient et ne cesse de lui advenir comme le non-voulu et le non-posé par soi, et pourtant comme cela même qu'elle est, qu'elle éprouve constamment comme soi-même. Pour autant que la vie se trouve être par essence ce qui se souffre et se supporte soi-même dans un pâtir plus fort que sa liberté, elle n'est pas seulement pathos, la passion de soi-même, celle-ci se trouve encore déterminée comme souffrance, étant le se souffrir primitif en lequel consiste toute subjectivité saisie en sa possibilité radicale comme la vie même — la vie phénoménologique absolue que nous sommes. Dans la souffrance de son souffrir comme se souffrir soi-même et se supporter soi-même, et en tant que ce se souffrir et ce se supporter soi-même sont un s'éprouver soi-même et ainsi un parvenir en soi, un s'emparer de soi, un s'accroître de soi-même et un jouir de soi, il advient donc encore ceci que, en son auto-sentir et en son auto-subir, la souffrance de la subjectivité est identiquement sa jouissance, la plongée dans son être propre, son union et sa communion avec lui en la transparence de son affectivité.

La vie en son auto-affection — dans l'auto-sentir et l'auto-subir — est par essence affectivité, mais l'affectivité n'est ni un état ni une tonalité définie et fixe. Elle est l'historial de l'Absolu, la manière infiniment diverse et variée dont il vient à soi, s'éprouve et s'étreint lui-même dans cette étreinte de soi qui est l'essence de la vie. Celle-ci s'accomplissant comme le pathos de cette étreinte, il lui appartient de revêtir a priori et nécessairement les formes ontologiques fondamentales de la Souffrance et de la Joie, non pas comme des tonalités factices et hasardeuses se succédant au gré d'une histoire événementielle, mais comme les conditions incontournables de sa possibilité la plus intérieure et ainsi de la vie elle-même. Voilà pourquoi Souffrance et Joie ne sont jamais séparées, l'une est la condition de l'autre, le se souffrir soi-même fournissant sa matière phénoménologique au jouir de soi, se produisant comme la chair dont la Joie est faite, laquelle de son côté n'est que l'effectuation phénoménologique de ce souffrir et son accomplissement dans le pathos de l'Être, l'épreuve enfin que celui-ci fait de soi dans la certitude et l'ivresse de soi-même. La manière dont il souffre et dont sa souffrance se change en la Joie, de telle façon que, en un tel changement, chaque terme subsiste comme la condition phénoménologique de l'autre et comme sa propre substance, la manière dont s'historialise l'absolu et en lui chacune des tonalités ontologiques fondamentales qui constituent son être, dont chacune passe dans l'autre et s'inverse en elle, la Souffrance dans la Joie et le Désespoir dans la Béatitude — ce jeu de l'Absolu avec lui-même est l'être réel et véritable de chacun de nous, il est le propre de chaque monade et s'accomplit chaque fois comme l'une d'elles, et cela pour autant que, comme auto-affection de l'Absolu, la subjectivité de la vie s'historialise et s'essencifie chaque fois dans l'Ipséité d'un Individu et sous la forme de celui-ci.

Que nous soyons cela, non pas des individus empiriques, quelques fragments de l'univers objectif liés à lui selon des connexions multiples, voués au même destin aveugle, aussi inintelligibles que lui, mais tout au contraire des vivants ayant le sentiment d'eux-mêmes et ainsi, chacun pour soi, la lente mutation du désir souffrant en l'accomplissemnt sans partage où l'Être se donne à sentir à lui-même dans la simple joie de son Exister, c'est ce qui est écrit sur les parois du monastère byzantin et que chacun pouvait y lire avant qu'elles soient maculées. Mais, dira-t-on, si l'épreuve de cette venue en soi selon ces modalités pathétiques a pour demeure l'abîme d'une subjectivité qui ignore l'ek-stase du monde et ne se produit jamais en lui, si la vie n'a pas de visage, comment pourrait-on bien l'apercevoir sur les mosaïques de Daphni ? Au vrai, que voyons-nous sur celles-ci ? Non pas la Souffrance mais une déposition, non pas la Joie mais une annonciation, non pas le devenir intérieur de la Souffrance dans la Joie, la transformation du Désespoir en l'œuvre du salut, mais une crucifixion et une résurrection. Non point l'humilité — l'humilité de la vie qui ne s'est pas créée elle-même et dont l'auto-affection est le pathos de son incréation —mais le lavement des pieds. Nous ne voyons pas la vie sur les mosaïques de Daphni parce que l'objectivité est pour la vie le plus grand ennemi. Mais nous voyons des figures de la vie. L'art est l'ensemble des figures de sa propre essence et des propriétés fondamentales de cette essence que la vie s'est proposée à elle-même, en tout temps et en tout lieu, partout où elle était vivante. C'est, au-delà des tesselles colorées et de la question de leur datation rigoureuse, cette essence de la vie comme seule et ultime signification des représentations figurées sur les murs de Daphni comme des productions de l'art de toutes les époques que l'esthétique scientifique méconnaît totalement et c'est cette méconnaissance qui ouvre la voie à son œuvre de mort. [...]

ART ET IMAGINATION

Sagesse et beauté
(IIIe siècle)

PLOTIN
(205-270)

Si la métaphysique est une forme d'étonnement face à l'Être, comme le montre sa question fondamentale « Pourquoi y a-t-il de l'étant et pas plutôt rien ? », l'un des problèmes qui se sont posés à elle a été de savoir quel était le lien de l'Être avec l'étant. La philosophie de Plotin apparaît comme étant une réponse à cette question. En partant de la forme, en effet, et par là même de la beauté, celui-ci a tenté de montrer comment, à partir de la forme sensible, on pouvait remonter peu à peu vers l'intelligible. Comment à l'inverse, à partir de la forme intelligible, on pouvait redescendre vers les formes sensibles. D'où l'importance dans sa philosophie des thèmes de la beauté comme de l'Un. Inspirée de Platon, la méditation plotinienne achève le mouvement de pensée de l'Antiquité en une synthèse grandiose. Elle influencera profondément la mystique chrétienne ainsi que la philosophie arabe, qui reprendra, en l'adaptant, sa vision de l'Un faisant émaner des formes de l'intelligible au sensible, en permettant ainsi l'unification de ces deux champs.

Source : *Plotin,* Ennéades, *trad. Émile Bréhier, 1, Ennéade, 1, 6 ; 2, Ennéade, Ennéade, 5, 8, Paris, Les Belles Lettres.*
Bibliographie : *Émile Bréhier,* la Philosophie de Plotin, *Paris, Vrin, 1982 ; Jean Trouillard,* la Procession plotinienne, *Paris, PUF, 1955.*

2. REPRENONS DONC, et disons d'abord ce qu'est la beauté dans les corps. C'est une qualité qui devient sensible dès la première impression ; l'âme prononce sur elle avec intelligence ; elle la reconnaît, elle l'accueille et, en quelque manière, s'y ajuste. Mais quand elle reçoit l'impression de la laideur, elle s'agite ; elle la refuse ; elle la repousse comme une chose discordante et qui lui est étrangère. Nous affirmons donc que l'âme, étant ce qu'elle est, et toute proche de l'essence réelle, qui lui est supérieure, se complaît dans le spectacle des êtres de même genre qu'elle ou des traces de ces êtres ; toute étonnée de les voir, elle les rapporte à elle ; elle se souvient d'elle-même et de ce qui lui appartient. Quelle ressemblance y a-t-il donc entre les beautés de là-bas et celles d'ici ? S'il y a ressemblance, qu'elles soient semblables en effet. Mais comment sont-elles les unes et les autres, des beautés ? C'est, disons-nous, parce qu'elles participent à une idée. Car toute chose privée de forme est destinée à recevoir une forme et une idée reste laide et étrangère à la raison divine, tant qu'elle n'a part ni à une raison ni à une forme ; et c'est là l'absolue laideur. Est laid aussi tout ce qui n'est pas dominé par une forme et par une raison, parce que la matière n'a pas admis complètement l'information par l'idée. Donc l'idée s'approche, et elle ordonne, en les combinant, les parties multiples dont un être est fait ; elle les réduit à un tout convergent, et crée l'unité en les accordant entre elles, parce qu'elle-même est une, et parce que l'être informé par elle doit être un autant qu'une chose composée de plusieurs parties peut l'être. La beauté siège donc en cet être, lorsqu'il est ramené à l'unité,

et elle se donne à toutes ses parties et à l'ensemble. Mais lorsqu'elle survient en un être un et homogène, elle donne la même beauté à l'ensemble; c'est comme si une puissance naturelle, procédant comme l'art, donnait la beauté, dans le premier cas, à une maison tout entière avec ses parties, dans le second cas, à une seule pierre. Ainsi la beauté du corps dérive de sa participation à une raison venue des dieux.

3. Il y a donc dans la nature une raison, qui est le modèle de la beauté qui est dans les corps; mais il y a dans l'âme une raison plus belle encore, d'où vient celle qui est dans la nature. Elle se montre le plus distinctement dans l'âme sage où elle progresse en beauté; elle orne l'âme, elle l'illumine, venue elle-même d'une lumière supérieure, qui est la beauté première; étant dans l'âme, elle lui fait comprendre ce qu'est la raison qui est avant elle-même, celle qui ne vient plus dans les choses, celle qui n'est pas en autre chose mais en elle-même. Ce n'est pas, à vrai dire, une raison, c'est le créateur de la raison première, de la beauté qui est dans l'âme comme en une matière; c'est l'Intelligence, l'Intelligence éternelle, non point l'intelligence qui ne pense que quelquefois: c'est qu'elle n'a pas à acquérir la pensée. Quelle image pourrait-on s'en faire, puisque toute image semble tirée d'une chose inférieure? Mais il faut que son image soit tirée d'elle-même, et qu'on ne la saisisse point par image: ainsi l'on prend un morceau comme échantillon de l'or en général, et si celui que l'on a pris a des impuretés, on le nettoie, montrant ainsi par le fait ou disant formellement que l'or, ce n'est pas tout ce morceau, et que ce morceau, c'est seulement un corps qui a du volume. De même ici partons de l'intelligence qui est en nous, après l'avoir purifiée, ou, si l'on veut, partons des dieux et de l'intelligence telle qu'elle est en eux. Augustes et beaux sont tous les dieux, et leur beauté est immense: mais qui fait donc qu'ils sont ainsi? C'est l'intelligence, et c'est, en eux, cette intelligence plus active que la nôtre qui se rend visible: ce n'est pas la beauté de leur corps (car, lorsqu'ils ont des corps, ce n'est pas par eux qu'ils ont la divinité), c'est par l'intelligence qu'ils sont des dieux. Certes, les dieux sont beaux; c'est qu'ils ne sont pas tantôt sages tantôt privés de sagesse; toujours ils sont sages, dans l'impassibilité, le repos, la pureté de leur intelligence; ils savent tout; ils connaissent non pas les choses humaines, mais «tout ce qui les concerne», et tout ce que contemple une intelligence. Les dieux qui sont au ciel, tout à loisir, contemplent éternellement et comme de loin les choses qui sont dans le ciel intelligible, parce qu'ils dépassent, de la tête, la voûte céleste: mais ceux qui sont dans la région intelligible, ceux qui ont en elle leur résidence, habitent en un ciel intelligible qui est tout; car, là-bas, tout est ciel; la terre est ciel, ainsi que la mer, les animaux, les plantes et les hommes; tout est céleste dans le ciel de là-bas. Les dieux qui sont en lui ne méprisent pas plus les hommes qu'aucune des choses qui sont là-bas; c'est qu'elles sont là-bas; et c'est la contrée et la région intelligible tout entière qu'ils parcourent, dans un repos éternel.

4. Là-bas, *la vie est facile;* la vérité est leur mère et leur nourrice, leur substance et leur aliment; ils voient tout, *non pas les choses sujettes à génération,* mais les choses qui possèdent l'être, et eux-mêmes parmi elles; tout est transparent; rien d'obscur ni de résistant; tous sont clairs pour tous, jusque dans leur intimité; c'est la lumière pour la lumière. Chacun a tout en lui, et voit tout en chaque autre: tout est partout, tout est tout, chacun est tout; la splendeur est sans borne; chacun est grand, puisque le petit même y est grand; le soleil y est tous les astres, et chaque astre y est le soleil et tous les astres. Chacun a un caractère saillant, bien que tout apparaisse en lui. Le mouvement y est mouvement pur; car il a un moteur qui ne le trouble pas en son progrès, puisque ce moteur n'est pas distinct de lui; le repos n'y est pas dérangé par le mouvement, parce qu'il ne se mélange à rien d'instable; le beau y est purement beau, parce qu'il n'est pas contenu en ce qui n'est pas beau. Ce n'est pas sur un sol étranger que chacun avance: l'endroit où il est, c'est cela même qu'il est; l'endroit d'où il vient ne le quitte pas quand il progresse vers les hauteurs; et il n'est pas vrai que autre il est lui-même, autre la région qu'il habite: car son sujet, c'est l'Intelligence et il est lui-même intelligence. Imaginez que notre ciel visible, qui est lumineux, fasse naître toute cette lumière qui vient de lui: seulement, ici, de chaque partie différente vient une lumière différente, et chacune est seulement une partie: là-bas, c'est du tout que vient éternellement chaque chose, et en même temps chaque chose est aussi le tout; on l'imagine bien comme une partie, mais un regard perçant y voit le tout; comme si l'on avait une vue pareille à celle de Lyncée qui, dit-on, voyait même ce qu'il y a à l'intérieur de la terre; car cette fable nous suggère l'idée des yeux tels qu'ils sont là-bas. Il n'y a là-bas, dans la contemplation, ni fatigue ni satiété, qui forceraient au repos; car il n'y avait point de vide à combler, de manière qu'on fût satisfait d'être arrivé à bonne fin, en le remplissant; l'on n'y voit pas un être distinct d'un autre, et le premier, mal satisfait de ce qui appartient au second; de plus il n'y a là-bas que des êtres sans usure. L'insatiabilité y vient de ce que la satisfaction ne fait pas mépriser celui à qui on la doit: contemplant, on contemple toujours davantage; se voyant soi-même infini, ainsi que ses objets, on suit ainsi sa propre nature. D'ailleurs la vie n'est une fatigue pour personne, lorsqu'elle est vie pure; pourquoi celui qui vit de la meilleure des vies se fatiguerait-il? Cette vie, c'est la sagesse, une sagesse qui ne s'acquiert pas par la réflexion, parce que toujours elle est là tout entière, sans une défaillance, qui seule exigerait la recherche réfléchie: elle est la sagesse première, qui ne vient pas d'une autre; c'est l'être même qui est la sagesse; il n'y a pas d'abord l'être tout seul, et ensuite l'être sage. Aussi nulle sagesse n'est supérieure: la science en soi siège ici à côté de l'Intelligence, avec qui elle se révèle; comme on dit symboliquement, Diké est parèdre de Zeus. Toutes les choses que l'on voit là-bas sont comme des statues qui peuvent se voir elles-mêmes, spectacles pour des êtres bienheureux.

«Sache que tu es imagination»
(1229)

MUHYI-D-DIN IBN'ARABI
(1165-1240)

Pendant bien longtemps l'imagination a été considérée comme la folle du logis. Et elle l'est quand elle exprime les fantasmes d'un sujet qui ramène tout à lui, ainsi que l'ont montré Spinoza et Freud. Toutefois, il existe un autre sens de celle-ci, que la philosophie chiite iranienne a mis en évidence. En effet, lorsque l'esprit vit activement la forme par l'imagination, il finit par dépasser la scission sujet-objet de la subjectivité fantasmatique pour déboucher sur le monde des formes. Ce monde est celui de l'activité créatrice primordiale modelant le réel par des formes. Aussi faut-il entendre par imagination non pas un imaginaire débridé, mais la faculté que les hommes peuvent avoir de s'identifier avec la création tout entière, dès lors qu'ils entreprennent de se modeler et de s'in-former activement. Le texte d'Ibn'Arabi est l'illustration de cette puissance active de l'imagination, qui a inspiré toute la mystique soufi. *Par-delà celle-ci, il témoigne d'un mode d'accès inattendu à l'Être par l'imagination.*

Source : *Muhyi-d-din Ibn'Arabi,* la Sagesse des prophètes, *trad. Titus Burckhardt, Paris, Albin Michel, 1974, p. 117.*

Bibliographie : *Henri Corbin,* l'Imagination créatrice dans le soufisme d'Ibn'Arabi, *Paris, Flammarion, 7e édition, 1975 ; Claude Addas,* Ibn'Arabi, La quête du soufre rouge, *Paris, Gallimard, 1989.*

OR, comme la Réalité est telle que nous l'affirmions, sache que tu es imagination et que tout ce que tu perçois, et que tu désignes comme « non-moi » est imagination ; car toute l'existence est imagination en imagination [c'est-à-dire une imagination « subjective » ou microcosmique dans une imagination « objective », collective ou macrocosmique] ; tandis que l'Être véritable est Dieu seul et exclusivement, sous le rapport de Son Essence *(dhât)* et de Sa détermination essentielle *('ayn),* non pas sous le rapport de Ses noms, car Ses noms ont une double signification : d'une part ils comportent une signification unique, à savoir la détermination essentielle de Dieu, qui est le « nommé », et d'autre part leurs significations font que chaque Nom se distingue des autres, Le Pardonnant de L'Apparent, L'Apparent de L'Intérieur, et ainsi de suite ; or, quel est donc le rapport d'un Nom à l'autre ? car tu auras compris que chaque Nom est la détermination essentielle de chaque autre ; en tant qu'un Nom est la détermination essentielle de l'autre, il est Dieu, et en tant qu'il en diffère, il est le Dieu « imaginaire », ainsi que nous l'avons exposé. Exalté soit Celui qui n'est démontré que par Lui-même et qui ne subsiste que par Sa propre essence immuable ! Il n'y a dans l'existence que ce que désigne l'Unité ; et il n'y a dans l'imagination que ce que désigne la multiplicité. Donc, qui se tient à la multiplicité, est dans le monde, avec les Noms divins et avec les noms du monde ; et qui se tient à l'Unité, est avec Dieu sous le rapport de Son Essence « indépendante des mondes ».

Le monde imaginal
(1964)

HENRI CORBIN
(1903-1978)

En développant une théorie de l'imagination active (ta'wil), *Ibn'Arabi a débouché sur l'idée d'un monde des formes entre Dieu et le monde, in-formant le monde. Henri Corbin, le grand historien et philosophe de l'islam et en particulier de l'islam chiite iranien, a repris ce thème pour l'appliquer à l'histoire. C'est la forme qui fait jaillir le monde. C'est l'âme qui modèle l'histoire, celle-ci n'étant qu'une grande âme cherchant à se modeler à travers les événements. D'où la possibilité d'accéder par l'histoire à cette âme. Car celle-ci étant, au double sens du terme,* histoire *au sens de série d'événements et* histoire *au sens de récit, voire de fabulation, derrière toute série d'événements il y a une imagination à l'œuvre. Dès lors, pour peu que l'on entreprenne de reconstruire sur le mode du récit une série d'événements, on devient en mesure de déboucher sur le monde imaginal, ce monde qui, chez Platon et les romantiques, a pris la forme de l'âme du monde. Cette perspective ouvre, à la littérature comme à l'histoire, des horizons immenses qu'ont pressentis certains romanciers comme certains poètes.*

Source : *Henri Corbin,* Face de Dieu, face de l'homme, *Paris, Flammarion, 1983, p. 41 à 43.*
Bibliographie : *Christian Jambet,* la Logique des Orientaux, *Paris, Seuil, 1983.*

Il y a un terme en arabe, le mot *ḥikâyat,* dont l'ambiguïté apparente connote à la fois le sens de récit, relation, *histoire* et celui d'imitation (μίμησις), comme pour nous signifier que l'art (ou le style) du narrateur, de l'historien, est en son fond celui du mime. L'ambiguïté du terme s'annonce, non sans humour, lorsqu'il est employé pour désigner une figure de grammaire, où l'on reprend dans la réponse un mot dont s'est servi l'interlocuteur en le mettant au même cas grammatical, même si c'est au prix d'un solécisme. Pour transposer l'exemple dans une langue plus communément accessible que l'arabe, supposons que quelqu'un me dise en latin : *Puto eos esse Romanos,* et que, pour lui répondre, je lui dise non pas : *Non sunt Romani,* mais : *Non sunt Romanos.* Pour « imiter » la forme initiale chez l'interlocuteur, la conserver en passant de la donnée à la réponse, il faut consentir à cette tournure insolite qui suspend la loi grammaticale. C'est cela une *ḥikâyat.*

Et c'est cela justement qui donne toute sa portée à la notion même de *ḥikâyat.* On dira, par exemple, que le processionnal des pèlerins autour du temple de la *Ka'ba,* à La Mekke, est une *ḥikâyat* du processionnal des Anges « dans le ciel » autour du Temple céleste. Une *ḥikâyat :* donc une imitation (une *mimêsis*), une répétition, une *histoire,* certes, mais une histoire qui est essentiellement image ou symbole. Et c'est cette qualité symbolique de l'histoire qui imprime, comme telle, une tournure insolite à la trame banale des événements extérieurs ; ces derniers ressortissent désormais à une exigence supérieure, de même que, dans l'exemple précité, la *ḥikâyat* suspendait la loi grammaticale courante. Dès lors, l'on ne peut manquer de s'interroger sur le « sens » de cette histoire, et en général sur le « sens de toute histoire » pour une culture traditionnelle, nommément, pour ce qui nous occupe ici, dans le cas de la gnose islamique. Ce sens, ce ne peut être que la vérité spirituelle (la *ḥaqîqat*) de cette histoire, et cette vérité spirituelle ne peut être entrevue que si l'on se place dans une perspective toute différente de celle qui est familière à notre mythologie moderne du « sens de l'histoire ». Et c'est pourquoi ce terme de *ḥikâyat* me semble introduire au mieux une certaine manière d'envisager le thème qui nous est proposé cette année, à savoir « le drame humain dans le monde des idées ». Parce qu'il réfère toute l'histoire à un autre univers, ce terme nous conduit en effet à élargir d'emblée la référence proposée, en disant : « dans le Monde spirituel », c'est-à-dire dans le monde à la fois réel et invisible, qui n'est pas un monde d'abstractions et de lois générales, technocratiques, mais un monde spirituel concret, qui est le lieu des « événements dans le Ciel ».

Nous avons l'habitude, depuis que Hegel a instauré la phénoménologie de la conscience historique, de mettre en contraste Nature et Histoire, celle-ci, l'Histoire, constituant en propre le monde de l'homme. Or, pour le type de vision du monde que nous avons à envisager ici, et qui groupe tout ce qui s'apparente de près ou de loin au néoplatonisme, l'opposite de la Nature n'est nullement l'Histoire, pour la raison que l'Histoire, tout comme la Nature, rentre, elle aussi, dans la *physis :* elle est la proie de la succession irréversible du temps chronologique, du temps homogène mesurant les révolutions des astres ; ses « événements » sont soumis aux lois d'un espace qui les disperse au loin les uns des autres, les rend *absents* les uns aux autres. Globalement, l'opposite de la Nature et de l'Histoire est à chercher à la verticale, dans un monde dont le niveau domine le niveau commun et à la Nature et à l'Histoire. C'est le Monde spirituel, présentant lui-même une structure diversifiée et hiérarchisée de façon très complexe.

Le monde naturel aussi bien que le monde historique de l'homme terrestre sont, l'un et l'autre, la *ḥikâyat*, la *mimêsis* frappée, hélas ! d'un inévitable solécisme, c'est-à-dire l'*histoire* qui est une *imitation* du monde de l'Âme. Nature et Histoire sont, l'une et l'autre, l'enveloppe apparente, extérieure, l'exotérique *(ẓâhir)* de ce monde spirituel qui est le caché, le vrai réel *(ḥaqîqat)*, l'ésotérique *(bâṭin)* ; c'est en celui-ci que l'on découvre l'histoire vraie, par une démarche qui en arabe s'appelle *ta'wîl*, l'herméneutique spirituelle, opération qui consiste étymologiquement à « reconduire » chaque chose, chaque événement, à sa vérité, à son archétype *(aṣl)*, en désoccultant le caché et en occultant l'apparence. Il est clair que le sens de la prophétologie, par exemple, n'est pas dans les simples données matérielles de la biographie extérieure des prophètes et des Imâms du shî'isme, mais dans leur sens spirituel, c'est-à-dire dans les événements qui s'accomplissent par eux, invisiblement, dans le monde de l'Esprit. Ces événements ont extérieurement un cadre naturel, des paysages humains. Aussi la Nature est-elle un *Liber mundi* dont il faut, par le *ta'wîl*, déchiffrer le sens caché, de même que, par le *ta'wîl*, se dévoile le sens spirituel du *Liber revelatus*, le sens vrai du Livre « descendu du Ciel » et partant le secret des prophètes, c'est-à-dire celui de la *hiérohistoire*.

ART ET SENS

L'art est la floraison de la vie
(1819)

ARTHUR SCHOPENHAUER
(1788-1860)

En faisant de l'art un idéal et en le mettant au service des idées, la pensée a inscrit celui-ci dans le sens. Ce qui n'est pas sans conséquences. Car, à trop vouloir que l'art ait un sens, on finit par passer à côté de celui qu'il possède et qui est avant tout, comme l'a vu Cassirer, d'intensifier le réel et de donner à découvrir le sensible. « On ne fait pas de la poésie avec des idées, mais avec des mots », disait un jour Mallarmé à Degas. La poésie a du sens quand, paradoxalement, elle n'en a pas, parce qu'elle a tous les sens que lui offre le fait d'être une liberté, dans le langage, du langage lui-même. Schopenhauer traduit bien ce sens de l'art. En lui donnant pour signification d'être le reflet apaisant de la vie, il en fait un rapport de la vie avec elle-même qui lui confère une valeur propre. La modernité a, semble-t-il, repris cette approche de l'art. Il y a en elle un refus d'assigner un sens à celui-ci. Non par nihilisme, mais par volonté qu'il puisse avoir tous les sens et surtout quelque chose de vital, comme ce rapport de la vie avec elle-même, décrit par Schopenhauer.

Source : *Arthur Schopenhauer,* le Monde comme volonté et comme représentation, *trad. Richard Roos, Paris, PUF, 1946, p. 341-342.*

Bibliographie : *Alexis Philonenko,* Schopenhauer. Une philosophie de la tragédie, *Paris, Vrin, 1980.*

N'OUBLIONS PAS QUE, selon notre système, le monde tout entier n'est que l'objectivation, le miroir de la volonté, qu'*il accompagne celle-ci pour l'amener à se connaître soi-même, pour lui donner,* comme nous le verrons, *une possibilité de salut;* n'oublions pas non plus que, d'autre part, le monde considéré comme représentation, quand on le contemple isolé, quand on s'affranchit soi-même de la volonté, quand on abandonne sa conscience tout entière à la représentation, devient *la consolation et le seul côté innocent de la vie.* Alors nécessairement, *nous en arrivons à considérer l'art comme l'épanouissement suprême et achevé de tout ce qui existe,* puisque par essence il nous procure la même chose que ce que nous montre le monde visible, mais plus condensé, plus achevé, avec choix et réflexion, et que par suite nous pouvons l'appeler *la floraison de la vie, dans toute l'acception du mot...*

Le plaisir esthétique, la consolation par l'art, l'*enthousiasme artistique qui efface les peines de la vie,* ce privilège spécial du génie qui le dédommage des douleurs dont il souffre davantage à mesure que sa conscience est plus distincte, qui le fortifie contre la solitude accablante à laquelle il est condamné au sein d'une multiplicité hétérogène, — tout cela vient de ce que, comme nous le montrerons plus loin, d'une part, «l'essence» de la vie, la volonté, *l'existence elle-même est une douleur constante, tantôt lamentable et tantôt terrible;* et de ce que, d'autre part, tout cela, envisagé dans la représentation pure ou dans les œuvres d'art, est affranchi de toute douleur et présente un imposant spectacle. Ce côté purement connaissable du monde, sa reproduction par l'art sous une forme quelconque, est la matière sur laquelle travaille l'artiste. Il est captivé par la contemplation de la volonté dans son objectivation; *il s'arrête* devant ce spectacle, *ne se lassant pas de l'admirer* et de le reproduire, mais, pendant ce temps, c'est lui-même qui fait les frais de la représentation; en d'autres termes, il est lui-même cette volonté qui s'objective et qui reste seule avec son éternelle douleur. Cette connaissance pure, profonde et vraie de la nature du monde devient elle-même le but de l'artiste de génie: il ne va pas plus loin. Aussi ne devient-elle pas, comme il arrive pour le saint, parvenu à la résignation, et que nous considérerons dans le livre suivant, un «calmant» de la volonté; elle ne l'affranchit pas définitivement de la vie, elle ne l'en délivre que pour quelques instants bien courts: *ce n'est pas encore la voie qui mène hors de la vie.* Elle n'est qu'une consolation provisoire pendant la vie, jusqu'à ce qu'enfin, sentant sa force augmentée et, d'autre part, lassé de ce jeu, il en vienne aux choses sérieuses. La *Sainte Cécile* de Raphaël peut être prise comme *symbole de ce changement.*

Apollon et Dionysos
(1872)

FRIEDRICH NIETZSCHE
(1844-1900)

Si Schopenhauer a mis en évidence les liens unissant l'art avec la vie, il n'en a pas moins pensé que celle-ci étant une source de souffrances dont il fallait se délivrer, l'art ne pouvait être tout au plus qu'un baume passager. D'où une certaine dépréciation de sa part de la vie comme de l'art, contre laquelle Nietzsche réagira. Ce dernier fera remarquer que si la vie est souffrance, la raison en vient de ce que l'on ne vit pas assez et non pas de ce que l'on vit trop. C'est le ressentiment contre l'existence qui crée le mal de la vie en créant le mal de vivre. Certes, il y a une souffrance de la vie, mais, acceptée et assumée sans échappatoire, l'existence contient en elle des forces insoupçonnées de création. C'est ce que montre en tout cas l'exemple de Dionysos. À travers sa mort et sa renaissance, il est la figure de la vérité de l'existence, qui libère sa richesse dès lors qu'on ose vivre pour rien sinon pour vivre, généreusement et libéralement.

Source : *Friedrich Nietzsche,* la Naissance de la tragédie, *trad. Cornélius Heim, Paris, Gonthier, Médiations, p. 17 à 22.*

Bibliographie : *Jean Granier,* le Problème de la vérité dans la philosophie de Nietzsche, *Paris, Seuil, 1966.*

NOUS AURONS FAIT UN GRAND PAS en esthétique lorsque nous serons parvenus non seulement à la conviction intellectuelle mais à la certitude intime que l'évolution de l'art est liée au dualisme de l'esprit *apollinien* et de l'esprit *dionysiaque,* de même que la génération dépend de la dualité des sexes, dont la lutte perpétuelle n'est coupée que d'éphémères réconciliations. Nous empruntons ces termes aux Grecs, lesquels ont déposé, pour qui les comprend, la profonde et secrète doctrine de leur vision esthétique non pas dans des concepts mais dans les figures précises de leurs dieux. À travers leurs deux divinités de l'art, Apollon et Dionysos, nous comprenons que, dans le monde grec, il existe une violente opposition, non seulement sous le rapport de l'origine mais aussi sous celui de la fin, entre l'art du sculpteur, art apollinien, et l'art non sculptural de la musique, qui appartient à Dionysos. Ces deux inspirations si différentes suivent un chemin parallèle ; le plus souvent en conflit ouvert, elles se provoquent mutuellement à des productions toujours plus vigoureuses pour y perpétuer le conflit de leur opposition (que le terme commun d'art ne recouvre qu'en apparence), jusqu'à ce qu'enfin, par un miracle métaphysique de la « volonté » hellène, ils apparaissent unis et engendrent dans cette conjonction l'œuvre d'art à la fois dionysiaque et apollinienne : la tragédie attique.

Pour mieux comprendre cet antagonisme, imaginons-le d'abord sous la forme des deux mondes esthétiques distincts du *rêve* et de l'*ivresse,* qui offrent, sous l'angle des phénomènes physiologiques, un écart analogue à l'opposition de l'apollinien et du dionysiaque. C'est dans un rêve que, selon Lucrèce, les figures sublimes des dieux se présentèrent pour la première fois à l'âme des hommes, c'est en rêve que le grand sculpteur a vu les statures prodigieuses des êtres surhumains, et si l'on avait interrogé un poète grec sur le secret de la création poétique, lui aussi, sans doute, aurait parlé du rêve, et dans sa réponse nous aurait répondu à peu près comme le Hans Sachs des *Maîtres chanteurs :*

Oui, tel est, mon ami, l'ouvrage du poète :
De son rêve il se fait le scribe et l'interprète.
C'est parce que, rêvant, il a vu sa chimère
Que l'homme la connaît, la chérit et l'espère.
Et toute poésie oncques n'eut d'autre lai
Qu'interpréter cela, ce rêve qui est vrai.

La belle apparence des mondes du rêve, que tout homme sait créer en artiste accompli, est le fondement de tous les arts plastiques, comme aussi, nous allons le voir, d'une large moitié de la poésie. Nous éprouvons une jouissance à comprendre directement les formes ; toutes nous parlent ; nous n'y trouvons rien d'indifférent ni de superflu. Pourtant, même quand cette réalité de rêve atteint sa perfection, nous éprouvons le sentiment confus qu'elle est *apparence.* Telle est du moins mon expérience, expérience courante, voire normale, comme le confirment maints témoignages et maintes déclarations de poètes. Un esprit philosophique a même le pressentiment que, sous la réalité où nous vivons, il en existe une autre, cachée, et donc que notre réalité aussi est une apparence. Schopenhauer n'hésite pas à désigner cette faculté de voir quelquefois dans les êtres et les choses autant de fantômes et de mirages, comme la marque propre de l'esprit philosophique. Or, l'homme doué de sens artistique se comporte à l'égard de la réalité du rêve comme le philosophe à l'égard de la réalité de l'existence. Il se plaît à la considérer, et à la considérer exactement: ces images lui servent à interpréter la vie, à travers ces événements il se prépare à la vie. Il n'éprouve pas seulement la vérité des images agréables et radieuses; les images graves, troubles, tristes ou sombres, les obstacles subits, les ironies du hasard, les attentes anxieuses, bref toute la «divine comédie» de l'existence, avec son Enfer, se déroule sous ses yeux, non pas comme un jeu d'ombres — car il participe à ces scènes — mais pas non plus sans que s'y mêle une fugace impression d'*apparence.* Plus d'un, peut-être, parmi mes lecteurs, se souviendra de s'être dit, dans les périls et les terreurs du rêve, pour s'encourager à les soutenir: «C'est un rêve; continuons à rêver». On m'a même parlé de gens capables de poursuivre pendant trois nuits consécutives ou davantage la trame d'un seul et même rêve. De tels faits montrent clairement que notre être le plus intime, ce fonds qui nous est commun à tous, se prête au rêve comme à un profond plaisir et à une heureuse nécessité.

Cette heureuse nécessité du rêve, les Grecs l'ont en quelque sorte exprimée dans leur Apollon: Apollon, dieu des énergies qui façonnent, est en même temps le dieu des prophéties. Son nom signifie *Lumineux,* et il règne aussi sur la belle lumière du monde intérieur de l'imagination. La vérité supérieure, la perfection qui transparaissent dans ce monde et qui s'opposent à la réalité du jour dont nous n'avons jamais qu'une compréhension fragmentaire, notre profonde confiance dans l'action secourable et salutaire du sommeil et du rêve constituent l'homologue symbolique du don de prophétie et des arts en général qui rendent la vie possible et digne d'être vécue. Mais cette frontière délicate, que le rêve ne doit pas franchir sous peine de tomber dans la pathologie — auquel cas l'apparence nous leurrerait comme une réalité grossière — cette frontière aussi est inséparable de l'image d'Apollon. Elle appartient à son esprit de mesure, à son éloignement des impulsions brutales, à sa sagesse sereine de dieu sculpteur. L'œil d'Apollon doit être «solaire» comme, par son origine, le dieu lui-même; fût-il courroucé ou malveillant, Apollon ne se départit pas de la belle apparence qui constitue l'attribut de sa divinité. Ainsi pourrait-on dire de lui, en un sens détourné, ce que Schopenhauer déclare des hommes abusés par le voile de Maïa (*Le monde comme Volonté et comme Représentation,* I): «Comme sur une mer déchaînée, soulevant à l'infini ses vagues hurlantes, le marinier se confie à sa frêle embarcation, ainsi, dans une mer de tourments, l'homme, sans perdre sa tranquillité, se repose sur le principe d'individuation». En Apollon cette confiance inébranlée dans le principe d'individuation, la sérénité de celui qui en reste prisonnier trouvent leur expression suprême. Apollon pourrait servir de symbole divin à ce principe, dieu dont le geste et le regard dispensent tout le bonheur, toute la sagesse de l'*apparence,* en la couronnant de beauté.

Dans le même passage, Schopenhauer nous décrit le frisson d'*effroi* qui saisit l'homme lorsqu'il s'aperçoit soudain que les phénomènes l'égarent et que le principe de causalité semble mis en défaut. Si nous ajoutons à cet effroi le délicieux ravissement que l'éclatement du principe d'individuation fait monter du tréfonds de l'homme, ou plutôt de la nature, nous entreverrons l'essence du *dionysiaque,* que l'idée d'*ivresse* traduit le plus adéquatement pour nous. Que ce soit sous l'empire du breuvage narcotique dont parlent les hymnes de tous les peuples primitifs, ou à l'approche du printemps qui émeut la nature entière d'un prodigieux frémissement de joie, on voit s'éveiller ces mouvements dionysiens qui, s'intensifiant, abolissent la subjectivité de l'individu jusqu'à ce qu'il s'oublie complètement. Le Moyen Âge allemand a connu lui aussi ces rassemblements sans cesse grossis d'hommes saisis par la puissance dionysienne, ces foules allant de lieu en lieu, en chantant et en dansant. Dans ces danseurs de la Saint-Jean ou de la Saint-Guy, nous reconnaissons les chœurs bachiques des Grecs, et, derrière eux, leur préhistoire, en Asie Mineure, à Babylone, aux orgies des Sacées. Il est des gens qui, faute d'expérience ou par sottise, se détournent de tels phénomènes avec des ricanements ou des mines apitoyées et, forts de leur propre santé, les taxent de « maladies populaires ». Ces malheureux ne soupçonnent pas l'aspect cadavéreux et fantomatique que prend leur « santé » quand, rougeoyant de vie, le cortège dionysien passe à côté d'eux.

Sous le charme de Dionysos c'est peu de dire que la fraternité renaît : la nature, devenue étrangère, hostile, ou réduite à la servitude, célèbre sa réconciliation avec l'homme, son fils prodigue. La terre bénévole dispense ses dons, et les bêtes féroces des monts et des déserts s'approchent paisiblement. Transformons en tableau le triomphal *Hymne à la Joie* de Beethoven, et n'hésitons pas à voir, avec le poète, des multitudes se prosternant dans la poussière : nous saisirons ainsi en pensée le pouvoir de Dionysos. Maintenant l'esclave est homme libre ; maintenant on voit céder toutes les rigides et meurtrissantes barrières que la nécessité, l'arbitraire, la « mode insolente » ont établies entre les hommes. Maintenant, dans l'évangile de l'harmonie universelle, chacun se sent non seulement uni, réconcilié, confondu avec son prochain, mais *un* avec lui, comme si le voile de Maïa se déchirait et que ses lambeaux seuls flottassent autour du mystère de l'unité primitive. C'est par des chants et des danses que l'homme se manifeste comme membre d'une collectivité qui le dépasse. Il a désappris de marcher et de parler ; il est sur le point de s'envoler dans les airs en dansant. Ses gestes montrent qu'il est ensorcelé. Maintenant les bêtes parlent, la terre donne du lait et du miel, et en l'homme aussi quelque chose de surnaturel s'exprime. Il se sent dieu ; porté au-dessus de lui-même, il foule le sol, extasié, comme dans son rêve il a vu faire aux dieux. L'homme n'est plus artiste, il est devenu œuvre d'art : ce qui dans la nature est créateur d'art se révèle ici dans les frissons de l'ivresse pour la profonde délectation de l'être originel. Ici se pétrit l'argile la plus noble, se sculpte le marbre le plus précieux : l'homme lui-même, et aux coups de ciseaux du démiurge dionysien répond l'appel des mystères d'Éleusis : « Vous vous écroulez, millions d'êtres ? O monde, pressens-tu ton Créateur ? »

Des sens à la création
(1900)

HENRI BERGSON
(1859-1941)

On a l'habitude de situer l'œuvre d'art ainsi que son sens dans l'objet d'art. Bergson, dans le texte qui suit, opère un retournement complet de perspective. Pour lui, en effet, non seulement le sens de l'art se trouve dans le sujet qui lui fait face, mais, qui plus est, ce sens réside dans le fait de révéler les sens mêmes de ce dernier. Ainsi, ce ne sont pas l'ouïe ou la vision qui sont faites pour la musique ou la peinture, mais la musique et la peinture qui sont faites pour l'ouïe ou la vision. À travers les œuvres d'art, autrement dit, c'est la vie sous la forme des sens qui vient à se manifester. Et ce d'autant plus que, dans une existence soumise à l'impératif de l'utilité et de l'efficacité technique, ceux-ci ne savent plus sentir. Car pour voir, il faut pouvoir voir gratuitement. Ce que la vie quotidienne ne sait pas faire et que l'art, en revanche, nous apprend.

Source : *Henri Bergson,* le Rire, *Paris, P.U.F., 1981, p. 115 à 117.*
Bibliographie : *Vladimir Jankélévitch,* Henri Bergson, *Paris, P.U.F., 1959.*

Quel est l'objet de l'art ? Si la réalité venait frapper directement nos sens et notre conscience, si nous pouvions entrer en communication immédiate avec les choses et avec nous-mêmes, je crois bien que l'art serait inutile, ou plutôt que nous serions tous artistes, car notre âme vibrerait alors continuellement à l'unisson de la nature. Nos yeux, aidés de notre mémoire, découperaient dans l'espace et fixeraient dans le temps des tableaux inimitables. Notre regard saisirait au passage, sculptés dans le marbre vivant du corps humain, des fragments de statue aussi beaux que ceux de la statuaire antique. Nous entendrions chanter au fond de nos âmes, comme une musique quelquefois gaie, plus souvent plaintive, toujours originale, la mélodie ininterrompue de notre vie intérieure. Tout cela est autour de nous, tout cela est en nous, et pourtant rien de tout cela n'est perçu par nous distinctement. Entre la nature et nous, que dis-je ? entre nous et notre propre conscience, un voile s'interpose, voile épais pour le commun des hommes, voile léger, presque transparent, pour l'artiste et le poète. Quelle fée a tissé ce voile ? Fut-ce par malice ou par amitié ? Il fallait vivre, et la vie exige que nous appréhendions les choses dans le rapport qu'elles ont à nos besoins. Vivre consiste à agir. Vivre, c'est n'accepter des objets que l'impression *utile* pour y répondre par des réactions appropriées : les autres impressions doivent s'obscurcir ou ne nous arriver que confusément.

Pour tout dire, nous ne voyons pas les choses mêmes ; nous nous bornons, le plus souvent, à lire des étiquettes collées sur elles. Cette tendance, issue du besoin, s'est encore accentuée sous l'influence du langage. Car les mots (à l'exception des noms propres) désignent des genres. Le mot, qui ne note de la chose que sa fonction la plus commune et son aspect banal, s'insinue entre elle et nous, et en masquerait la forme à nos yeux si cette forme ne se dissimulait déjà derrière les besoins qui ont créé le mot lui-même. Et ce ne sont pas seulement les objets extérieurs, ce sont aussi nos propres états d'âme qui se dérobent à nous dans ce qu'ils ont d'intime, de personnel, d'originalement vécu. Quand nous éprouvons de l'amour ou de la haine, quand nous nous sentons joyeux ou tristes, est-ce bien notre sentiment lui-même qui arrive à notre conscience avec les mille nuances fugitives et les mille résonances profondes qui en font quelque chose d'absolument nôtre ? Nous serions alors tous romanciers, tous poètes, tous musiciens. Mais le plus souvent, nous n'apercevons de notre état d'âme que son déploiement extérieur. Nous ne saisissons de nos sentiments que leur aspect impersonnel, celui que le langage a pu noter une fois pour toutes. — Ainsi, qu'il soit peinture, sculpture, poésie ou musique, l'art n'a d'autre objet que d'écarter les symboles pratiquement utiles, les généralités conventionnellement et socialement acceptées, enfin tout ce qui nous masque la réalité, pour nous mettre face à face avec la réalité même. C'est d'un malentendu sur ce point qu'est né le débat entre le réalisme et l'idéalisme dans l'art. L'art n'est sûrement qu'une vision plus directe de la réalité. Mais cette pureté de perception implique une rupture avec la convention utile, un désintéressement inné et spécialement localisé du sens ou de la conscience, enfin une certaine immatérialité de vie, qui est ce qu'on a toujours appelé de l'idéalisme. De sorte qu'on pourrait dire, sans jouer aucunement sur le sens des mots, que le réalisme est dans l'œuvre quand l'idéalisme est dans l'âme, et que c'est à force d'idéalité seulement qu'on reprend contact avec la réalité.

ART ET PHILOSOPHIE

La synthèse de la nature et de la liberté
(1800)

FRIEDRICH SCHELLING
(1775-1854)

Hegel, dans son système, a situé l'art juste avant la religion et la philosophie. Car, dira-t-il, si l'art est la présentation de l'absolu, il n'en est que la présentation. En lui, l'esprit n'est pas encore parvenu auprès de lui-même, comme c'est le cas dans la pensée pleinement consciente d'elle-même, qui n'a pas besoin de recourir à un quelconque support. En posant ainsi la philosophie comme pleine présence à soi-même, il a mis en évidence le problème essentiel de son sens, qui est l'accès à cette pleine présence. Car si la philosophie ne permet pas d'arriver à une telle présence, elle n'est rien. Toutefois, est-ce par la conscience qu'on y arrive? Cette question n'a cessé d'être débattue par sa postérité et l'est encore. Tant il est vrai que s'il ne peut y avoir de présence sans conscience, celle-ci peut être un obstacle à la présence, comme le montreront par des voies distinctes Freud ou Heidegger. Le texte de Schelling fait de l'art l'accomplissement de la philosophie. Il faut comprendre cette démarche comme étant non pas le résultat d'une forme d'enthousiasme, mais d'une forme de méditation sur la présence. Quand, en effet, l'Être est création, c'est par la création que l'on s'inscrit dans l'Être.

Source: *Friedrich Schelling,* Système de l'idéalisme transcendantal, *trad. S. Jankélévitch, Paris, Aubier, 1946, p. 168-170.*

Bibliographie: *Xavier Tilliette,* Schelling, une philosophie en devenir, *Paris, Vrin, 1970.*

§ 2. — Nature de l'œuvre d'art

a) L'œuvre d'art représente pour nous l'identité du conscient et de l'inconscient. Mais l'opposition de ces deux activités est une opposition *infinie* et elle est supprimée sans la moindre intervention de la liberté. Ce qui caractérise donc avant tout l'œuvre d'art, c'est une *infinitude inconsciente* (synthèse de la nature et de la liberté). En plus de ce que l'artiste met dans son œuvre avec une intention évidente, il semble y représenter une infinitude qu'aucune intelligence humaine n'est capable de développer. Pour nous faire comprendre au moyen d'un exemple, nous citerons la mythologie grecque qui contient incontestablement des significations et des symboles infinis pour toutes les idées nées chez un tel peuple et d'une façon telle qu'il est impossible de considérer comme intentionnelles toutes les inventions, ainsi que l'harmonie avec laquelle tout cela se trouve fondu en un ensemble unique. Il en est de même de toute œuvre d'art véritable, étant donné que chacune, comme si elle impliquait une infinité d'intentions, se prête à d'infinies interprétations, sans qu'on puisse dire si cette infinitude est l'œuvre de l'artiste lui-même ou réside seulement dans l'œuvre. Par contre, dans les œuvres qui ne sont qu'un simulacre de l'art, l'intention et la règle se trouvent à la surface et elles paraissent tellement formées et limitées qu'elles ne sont pas autre chose que l'empreinte fidèle de l'activité consciente de l'artiste et, par conséquent, un simple objet pour la réflexion, et non pour l'intuition qui aime à se plonger dans ce qu'elle contemple et ne peut se reposer que dans l'infini.

b) Toute création artistique naissant du sentiment d'une contradiction infinie, c'est ce sentiment-là qui accompagne la réalisation de l'art et qui doit être en même temps un sentiment de satisfaction et se communiquer comme tel à l'œuvre. L'expression extérieure de l'œuvre d'art est donc celle du repos et de la calme grandeur, alors même qu'elle exprime la tension extrême de la douleur ou de la joie.

c) Toute création artistique naît d'une séparation infinie des deux activités, séparation qui existe dans toute création libre. Mais comme ces deux activités doivent être représentées dans l'œuvre comme étant unies, on se trouve en présence d'un Infini représenté d'une façon finie. Mais l'Infini représenté est Beauté. C'est donc la Beauté qui constitue la principale caractéristique de toute œuvre, celle qui comprend les deux précédentes. Bien qu'il existe des œuvres d'art sublimes et que, sous certains rapports, il y ait opposition entre le Beau et le Sublime (une scène de la nature, par exemple, pouvant être belle, sans être sublime, et inversement), cette opposition n'existe que par rapport à l'objet, mais non dans l'intuition du sujet, la différence entre l'œuvre belle et l'œuvre sublime reposant seulement sur le fait que là où il y a beauté, la contradiction infinie se trouve réduite dans l'objet même, tandis que dans le sublime, la contradiction, au lieu d'être supprimée dans l'objet lui-même, est portée à une hauteur où elle subit une réduction involontaire dans l'intuition, avec le même effet que lorsque la réduction s'effectue dans l'objet. Il est également facile de montrer que le Sublime repose sur la même contradiction que la Beauté, étant donné que chaque fois qu'on dit d'un objet qu'il est sublime, l'activité inconsciente accueille une grandeur que l'inconsciente est incapable d'accueillir, ce qui déclenche, à l'intérieur du moi, une lutte qui ne peut finir que dans une intuition esthétique, réalisant entre les deux activités une harmonie inattendue, sauf que l'intuition qui, cette fois, n'est pas celle de l'artiste, mais celle du sujet qui contemple, est tout à fait involontaire; le Sublime (à la différence du romanesque qui crée, lui aussi, dans l'imagination une contradiction, mais trop peu importante pour qu'il vaille la peine de la réduire) mettant en mouvement toutes les forces de l'âme pour résorber la contradiction qui est une menace pour toute l'existence intellectuelle.

Art et technique
(1954)

MARTIN HEIDEGGER
(1889-1976)

Par l'un de ses sens étymologiques, art signifie technique. Ce sens n'est pas neutre. Il rappelle à travers la mémoire de la langue, selon Heidegger, ce qui fut à l'origine, et ce qui le demeure encore d'ailleurs. Art et technique sont en effet liés. Cela provient de leur rapport à l'Être. L'Être s'exprimant par sa manière d'être qui est d'être, la manière est inscrite dans l'Être comme ce qui est au plus proche de celui-ci. Aussi avec elle, la techne *s'inscrit-elle dans l'Être comme le plus proche également, ce dont elle témoigne à travers l'art et les révélations dont il est la source. Toutefois, la manière qui fait être l'Être possède un pouvoir énorme sur celui-ci, puisqu'elle a le pouvoir de le faire être. En devenant aussi manière pour la manière, elle peut le faire oublier. D'où le côté risqué de la* techne. *Ce double sens est explicité par Heidegger dans le texte suivant qui n'est nullement une condamnation de la technique au nom de l'art, mais une invitation à penser celle-ci en se mettant à nouveau à l'écoute de la technique comme de l'art, afin de voir en eux ce qui s'annonce sous forme de risque comme de chance offerte. Bien comprise, la* techne *de l'art est ce qui nous situe au plus proche de l'Être. L'art comme la technique sont* la *question de la philosophie. Car celle-ci comme tout le reste a perdu* la manière. *Et il importe qu'elle la retrouve.*

Source: *Martin Heidegger,* Essais et conférences. La question de la technique, *trad. André Préau, Paris, Gallimard, 1978, p. 45 à 48.*

Bibliographie: *Jean Beaufret,* Entretiens avec Heidegger, *Paris, Minuit, 4 tomes, 1973-1985.*

SI NOUS CONSIDÉRONS ENFIN que l'*esse* de l'essence se produit *(sich ereignet)* dans «ce qui accorde» et qui, préservant l'homme, le main-tient dans la part qu'il prend au dévoilement, alors il nous apparaît que l'essence de la technique est ambiguë en un sens élevé. Une telle ambiguïté nous dirige vers le secret de tout dévoilement, c'est-à-dire de la vérité.

D'un côté l'Arraisonnement pro-voque à entrer dans le mouvement furieux du commettre, qui bouche toute vue sur la production du dévoilement et met ainsi radicalement en péril notre rapport à l'essence de la vérité.

D'un autre côté l'Arraisonnement a lieu dans «ce qui accorde» et qui détermine l'homme à persister (dans son rôle): être — encore inexpérimenté, mais plus expert peut-être à l'avenir — celui qui est main-tenu à veiller sur l'essence de la vérité. Ainsi apparaît l'aube de ce qui sauve.

L'irrésistibilité du commettre et la retenue de ce qui sauve passent l'une devant l'autre comme, dans le cours des astres, la trajectoire de deux étoiles. Seulement leur évitement réciproque est le côté secret de leur proximité.

Si nous regardons bien l'essence ambiguë de la technique, alors nous apercevons la constellation, le mouvement stellaire du secret.

La question de la technique est la question de la constellation dans laquelle le dévoilement et l'occultation, dans laquelle l'être même de la vérité se produisent.

Mais à quoi nous sert-il d'observer la constellation de la vérité? Nous regardons le danger et dans ce regard nous percevons la croissance de ce qui sauve.

Ainsi nous ne sommes pas encore sauvés. Mais quelque chose nous demande de rester en arrêt, surpris, dans la lumière croissante de ce qui sauve. Comment est-ce possible? C'est possible ici, maintenant et dans la souplesse de ce qui est petit, de telle façon que nous protégions ce qui sauve, pendant sa croissance. Ceci implique que nous ne perdions jamais de vue l'extrême danger.

L'être de la technique menace le dévoilement, il menace de la possibilité que tout dévoilement se limite au commettre et que tout se présente seulement dans la non-occultation du fonds. L'action humaine ne peut jamais remédier immédiatement à ce danger. Les réalisations humaines ne peuvent jamais, à elles seules, écarter le danger. Néanmoins, la méditation humaine peut considérer que ce qui sauve doit toujours être d'une essence supérieure, mais en même temps apparentée, à celle de l'être menacé.

Peut-être alors un dévoilement qui serait accordé de plus près des origines pourrait-il, pour la première fois, faire apparaître ce qui sauve, au milieu de ce danger qui se cache dans l'âge technique plutôt qu'il ne s'y montre?

Autrefois la technique n'était pas seule à porter le nom de τέχνη. Autrefois τέχνη désignait aussi ce dévoilement qui pro-duit la vérité dans l'éclat de ce qui paraît.

Autrefois τέχνη désignait aussi la pro-duction du vrai dans le beau. La ποίησις des beaux-arts s'appelait aussi τέχνη.

Au début des destinées de l'Occident, les arts montèrent en Grèce au niveau le plus élevé du dévoilement qui leur était accordé. Ils firent resplendir la présence des dieux, le dialogue des destinées divine et humaine. Et l'art ne s'appelait pas autrement que τέχνη. Il était un dévoilement unique et multiple. Il était pieux, c'est-à-dire «en pointe», πρόμος: docile à la puissance et à la conservation de la vérité.

Les arts ne tiraient point leur origine du (sentiment) artistique. Les œuvres d'art n'étaient point l'objet d'une jouissance esthétique. L'art n'était point un secteur de la production culturelle.

Qu'était l'art? Peut-être seulement pour de courts moments, mais de hauts moments (de l'histoire)? Pourquoi portait-il l'humble nom de τέχνη? Parce qu'il était un dévoilement pro-ducteur et qu'ainsi il faisait partie de la ποίησις. Le nom de ποίησις fut finalement donné, comme son nom propre, à ce dévoilement qui pénètre et régit tout l'art du beau: la poésie, la chose poétique.

Le même poète dont nous avons entendu la parole:

Mais là où est le danger, là aussi
Croît ce qui sauve.

nous dit:

... l'homme habite en poète sur cette terre.

La poésie place le vrai dans le rayonnement de ce que Platon dans le *Phèdre* appelle τὸ ἐκφανέστατον, ce qui resplendit de la façon la plus pure. La poésie pénètre tout art, tout acte par lequel l'être essentiel *(das Wesende)* est dévoilé dans le Beau.

Les beaux-arts devraient-ils être appelés (à prendre part) au dévoilement poétique? Le dévoilement devrait-il les réclamer d'une façon plus initiale, afin qu'ainsi pour leur part ils protègent spécialement la croissance de ce qui sauve, qu'ils réveillent, qu'ils fondent à nouveau le regard dirigé vers « ce qui accorde » et la confiance en ce dernier ?

Cette haute possibilité de son essence est-elle accordée à l'art au milieu de l'extrême danger ? Personne ne peut le dire. Mais nous pouvons nous étonner. De quoi ? De l'autre possibilité : que partout s'installe la frénésie de la technique, jusqu'au jour où, à travers toutes les choses techniques, l'essence de la technique déploiera son être dans l'avènement de la vérité.

L'essence de la technique n'est rien de technique : c'est pourquoi la réflexion essentielle sur la technique et l'explication décisive avec elle doivent avoir lieu dans un domaine qui, d'une part, soit apparenté à l'essence de la technique et qui, d'autre part, n'en soit pas moins foncièrement différent d'elle.

L'art est un tel domaine. À vrai dire, il l'est seulement lorsque la méditation de l'artiste, de son côté, ne se ferme pas à cette constellation de la vérité que nos *questions* visent.

Questionnant ainsi, nous témoignons de la situation critique où, à force de technique, nous ne percevons pas encore l'être essentiel de la technique, où à force d'esthétique nous ne préservons plus l'être essentiel de l'art. Toutefois, plus nous questionnons en considérant l'essence de la technique et plus l'essence de l'art devient mystérieuse.

Plus nous nous approchons du danger, et plus clairement les chemins menant vers « ce qui sauve » commencent à s'éclairer. Plus aussi nous interrogeons. Car l'interrogation est la piété de la pensée.

X

LA MORALE

Dans le récit de la Genèse, *il est dit qu'à l'origine Dieu a placé l'arbre de la connaissance du bien et du mal au centre du jardin d'Éden, à côté de l'arbre de vie, en enjoignant à l'homme de ne pas y toucher. La suite du récit est connue. L'homme, ayant enfreint l'ordre divin, a chuté et fait chuter l'humanité avec lui.*

Une interprétation d'inspiration kantienne de ce récit y voit une défense de la moralité. L'homme, du fait de ses penchants naturels, est spontanément conduit à suivre ses inclinations en vivant avec facilité et relâchement. Par là même, il est enclin à trouver toutes sortes de bonnes raisons pour justifier sa paresse. La facilité et la bonne conscience aidant, on aboutit au triomphe de l'égoïsme ainsi qu'au règne de la loi de la jungle où sévit la raison du plus fort.

Pour éviter cet état, il convient donc, comme l'a vu Karl Jaspers, que l'homme apprenne à maîtriser ses penchants. C'est là le sens de la morale. *Celle-ci consiste à mettre les hommes en face de leurs devoirs en leur rappelant qu'on ne peut pas faire n'importe quoi. Il convient aussi que l'homme apprenne à ne pas tricher avec lui-même en se donnant bonne conscience. C'est là le sens de l'*éthique. *Celle-ci consiste à établir un rapport de vérité avec soi-même. Il convient enfin que l'homme fasse un choix fondamental face à la violence, au mépris de l'autre et au mal. C'est là la portée* métaphysique *de la morale. Celle-ci consiste dans une décision de vie. De là vient l'ordre divin de ne pas toucher à l'arbre de la connaissance du bien et du mal, qui, en substance, interdit de faire* sa *morale afin de justifier complaisamment une vie égoïste et facile. Par là même, il invite l'homme à respecter ses devoirs, à se donner une ligne de conduite et à avoir une exigence à l'égard de la vie, afin que celle-ci n'aille pas à sa perte.*

Il existe, toutefois, une autre interprétation d'inspiration spinoziste qui voit dans le récit de la Genèse *une critique de la morale. Selon celle-ci, l'homme, frappé d'impuissance et de faiblesse, ne vit pas pour lui-même de façon positive, mais à l'extérieur de lui-même et en se définissant « contre ». Ce faisant, il est enclin à forger l'idée abstraite d'un bien en soi luttant contre un mal en soi afin de justifier le fait d'être contre. L'impuissance et l'abstraction aidant, on aboutit au règne de la tristesse où sévissent un obscur besoin de régler des comptes, une obsession du mal et un sourd besoin de se venger des hommes comme de la vie.*

Pour éviter cet état, il s'agit d'apprendre à vivre conformément à sa nécessité interne, de cesser de se référer aux idéaux abstraits et manichéens véhiculés par les notions transcendantes du bien et du mal, et de cultiver la joie en toutes choses et non la tristesse. De là découle une fois encore l'ordre divin de ne pas toucher à l'arbre de la connaissance du bien et du mal, qui, en substance, invite l'homme à ne pas avoir une vision conflictuelle de l'existence en utilisant pour cela les catégories du bien et du mal, mais à faire exister joyeusement ce qu'il est.

Il y a, autrement dit, une opposition profonde au sein de la morale entre ce que l'on pourrait appeler une morale de la morale et une morale du refus de la morale. Ainsi que l'a souligné Nicolas Berdiaev[1]*, cette opposition est la marque même du tragique. Car celui-ci jaillit non pas du conflit entre la valeur et le refus de toute valeur, mais de deux valeurs dignes de considération. Toutefois, selon Berdiaev, le tragique n'est pas le signe du néant mais de l'Être. En effet, là où il y a opposition irréductible, il y a de l'irréductible et donc de la liberté qui se cherche à travers cette opposition.*

S'agissant de la morale, en l'occurrence, le conflit que l'on trouve en elle, entre ce qui la défend et ce qui la critique, n'est pas le signe de sa vanité, mais celui de sa vie comme d'une morale authentique qui se cherche en elle. Car la défense de la morale a raison de souligner que la vie n'est pas si vivante qu'on le suppose et que l'exigence morale qui vient la sous-tendre n'est pas si contraignante qu'on l'imagine. Toutefois, la critique de la morale a raison de souligner, de son côté, que la morale n'est pas toujours aussi morale que cela et que son refus n'est pas toujours aussi immoral qu'on le suppose.

De fait, la vie qui vit le fait en se devant à elle-même. En elle il n'y a pas le devoir ou *la vie, mais le devoir* et *la vie. Car c'est en étant le devoir même qu'elle est la vie même et en étant la vie même qu'elle est le devoir même.*

Certes, ce point de conformité de la vie avec elle-même, dans lequel l'Être vient à coïncider avec le devoir-être pour engendrer un état de perfection, est rare, voire unique. Toutefois, bien que rare, il est au cœur de la vie comme de la morale à travers lesquelles il s'annonce. Quelque chose de l'ordre de la perfection se cherche dans la morale comme dans la vie, qu'il convient d'aider à se parfaire en rendant la vie plus vivante et la morale plus morale. Aussi importe-t-il de penser la morale comme la vie. Car c'est de leur échec à être pleinement elles-mêmes et non de leur être que viennent les apparences qu'elles laissent parfois planer.

Ainsi, la vie livrée à elle-même n'est pas la vie. Quand elle n'est pas exigeante vis-à-vis d'elle-même, elle se dissout. Faute de redoubler en elle-même pour s'accrocher à elle-même, elle finit par être faible et pauvre. Un processus de mort s'engage alors. Car qui dit faiblesse dit faiblesse envers la faiblesse, c'est-à-dire indulgence, complaisance et lâcheté, mais, aussi et surtout, méchanceté, haine et bassesse. Comme l'a en effet montré Nietzsche, la faiblesse qui pardonne tout à la faiblesse ne pardonne rien à la force, dont la seule présence dénonce sa coupable faiblesse. Aussi cherche-t-elle à lui faire honte tout en faisant l'apologie d'une douceur haineuse, bavardant sur l'amour et la non-violence dans le seul but de la discréditer insidieusement.

On comprend donc dans ces conditions que bon nombre de penseurs — des stoïciens à Nietzsche, en passant par Descartes et Kant — aient alloué une valeur fondatrice à la volonté. En effet, la vie qui honore la vie veut la vie. Aussi refuse-t-elle le relâchement en faisant effort pour redoubler de vie en elle-même.

On désigne généralement cet effort sous le nom de fibre morale. *On entend par là le caractère «accrocheur» de la vie. Un tel caractère est le tréfonds des individus comme des sociétés. C'est à lui que l'on doit la force d'âme qui, par son courage et sa ténacité, a permis et permet encore de faire triompher les forces de vie face aux pulsions de mort qui parcourent l'histoire humaine. C'est à lui que l'on doit également le côté positif de ce que*

1. Nicolas Berdiaev, *De la destination de l'homme*, Paris, L'Âge d'homme, 1979.

l'on appelle habituellement la mauvaise conscience. *Souvent accusée d'être morbide, celle-ci est en réalité l'effet de la vie. Car c'est grâce à elle que nous pensons et que nous progressons. Comme l'a fait remarquer Vladimir Jankélévitch, sans le scrupule de la mauvaise conscience qui sent bien en son for intérieur qu'elle n'a pas donné le tout d'elle-même pour vivre, nous ne serions rien. Nous vivrions dans le relâchement et le cynisme. C'est elle qui nous sauve de la médiocrité comme de la brutalité. D'où le caractère métaphysique de la morale.*

Par-delà en effet la fibre morale et la mauvaise conscience, il y a une force qui guide les hommes en les appelant au sursaut de la dignité et de la liberté par l'entremise de ce que Karl Jaspers appelle les valeurs. Cette force est l'essence de la vie qui veut la vie, et qui, parce qu'elle veut ainsi la vie, veut les hommes ainsi que leur progrès dans la vie, en secouant les sociétés comme les âmes afin de les réveiller de leur torpeur et de leurs complaisances. C'est à elle que l'on doit la philosophie. Car c'est elle qui, sous la forme du daïmon, *comme chez Socrate, fait se redresser l'esprit en lui murmurant à l'oreille : « Lève-toi et marche ! »*

Il y a une forme de la morale qui est d'être la vie de la vie en témoignant en celle-ci de l'exigence de cette dernière pour elle-même. Encore faut-il, toutefois, que la morale ne soit pas livrée à elle-même. Quand c'est le cas, un processus destructeur s'engage là aussi.

Platon, à propos de la maîtrise vis-à-vis du relâchement, a fait remarquer combien celle-ci pouvait être ambiguë. Qui veut se maîtriser risque en effet de se diviser en devenant pour lui-même son propre tyran comme son propre esclave. Aussi importe-t-il de maîtriser cette maîtrise par la tempérance qui est mesure en tout.

Qui plus est, comme l'ont montré Adorno, Horkheimer et Lacan[1], *la maîtrise est d'autant plus ambiguë qu'elle nourrit d'étranges liens avec la perversion. Le héros sadien en est l'illustration. Dans sa débauche, ce qui le hante n'est pas de laisser errer sa sexualité tous azimuts, mais d'éprouver son pouvoir de domination en confectionnant des scénarios érotiques et en les faisant se réaliser. La jouissance du pervers est de dominer le réel d'une façon souveraine par l'entremise de la perversion. Aussi rêve-t-elle de maîtrise absolue et trouve-t-elle un avant-goût de celle-ci dans tout ce qui lui ressemble. Il n'est donc pas étonnant que le vertueux soit souvent hypocrite comme Tartuffe. La maîtrise de soi ayant un arrière-goût érotique, la vertu n'est point innocente. Ainsi que l'a fait remarquer Guy Lardreau*[2]*, il y a une passion de se vouloir sans passions. D'où l'ambiguïté de la mauvaise conscience.*

Celle-ci, en effet, participe de la vie quand elle est ce scrupule qui veut faire progresser les choses. Encore faut-il, comme l'a montré Vladimir Jankélévitch, qu'il n'y ait pas une bonne conscience de la mauvaise conscience qui éprouve du plaisir à se savoir morale. Car, la complaisance s'installant au cœur de la morale, elle finit par détruire celle-ci de l'intérieur. Au lieu d'être la marque d'une exigence face au relâchement, elle finit par n'être plus que le relâchement masqué derrière la morale. À ce stade, il n'est pas rare de voir surgir le moralisme, qui est cette débauche de morale autosatisfaite faisant la morale. La vraie morale ne prêche pas, dit-on souvent. Elle montre l'exemple au lieu de vouloir en démontrer aux autres par l'intermédiaire de la morale. Mais le moralisme qui prêche n'est pas moral. Dans sa passion de vouloir faire la leçon aux autres, il ne vaut guère

1. Max Horkheimer, Theodor W. Adorno, *la Dialectique de la raison*, traduction Éliane Kaufholz, Paris, Gallimard, 1976. Jacques Lacan, *Écrits II*, *Kant avec Sade*, Paris, Seuil, 1971.
2. Guy Lardreau, *Discours philosophique et discours spirituel*, Paris, Seuil, 1985.

mieux que ce qu'il condamne. Quand il n'est pas pire, du fait de sa bonne conscience dans la mauvaise conscience. D'où l'ambiguïté de toutes les politiques morales.

Avides de réformer le monde afin de le purifier, celles-ci finissent toutes par dégénérer tôt ou tard en dictatures et en terreurs institutionnalisées. La morale ne s'impose pas de l'extérieur par la contrainte politique, mais jaillit de l'intérieur par l'engagement responsable. Quand on veut faire une politique de la morale, on aboutit donc forcément à une morale qui n'est pas bien morale comme à une politique qui n'est pas bien politique. La morale comme la politique étant des efforts de la vie sur elle-même, quand on est dans l'effort sur soi, forcément on est et *moral* et *politique. L'inverse n'est pas vrai. Quand on se veut moral ou politique sans effort, on n'est ni l'un ni l'autre. Et les discours n'y feront rien. On aura beau parler réforme de la morale par la politique ou l'inverse, on ne fera que bavarder pour se masquer le fait que l'on ne fait rien.*

La simple morale ne suffit donc pas à la morale. Pour que celle-ci advienne, il faut plus que de la morale. Il faut un surcroît de morale. Une morale dans la morale laissant entendre la voix d'une générosité afin de lutter contre l'égoïsme toujours prêt à faire jaillir ses complaisances envers lui-même, dont on sait désormais combien elles sont rusées. Cette générosité, en l'occurrence, c'est celle que seul l'amour peut faire exister. Car seul celui-ci est en mesure de pouvoir retenir non seulement le relâchement mais la retenue de la maîtrise en vivant comme il le fait, généreusement, dans le débordement sobre d'une vie se devant à elle-même. La générosité éthique se trouve encore dans l'innocence, qui est l'aboutissement véritable de la mauvaise conscience. Car, ainsi que l'a montré Vladimir Jankélévitch, celle-ci n'est vraiment accomplie que lorsque, non contente d'avoir des scrupules, elle sait aussi donner mauvaise conscience à la mauvaise conscience. Ce que seule l'innocence peut faire. Celle-ci étant cette conscience morale qui ne sait point qu'elle est morale et qui, ne le sachant pas, fait exister la morale même dans un moment de grâce, en vivant comme elle fait, dédiée à la vie. Enfin, cette générosité éthique est celle de la joie, dont Spinoza rappelle qu'elle est la morale même. Car seule la joie sait être cette morale qui est morale tout en ne faisant pas la morale, par le geste qui est le sien de faire vivre ce qu'elle est et ce qui vit.

Amour, innocence, joie — la morale, autrement dit, est la vie même redécouverte par la réflexion, cette vie de la vie sans laquelle celle-ci serait déserte. Car la vie se dévoile en se réfléchissant. C'est la deuxième fois, dit Vladimir Jankélévitch, qui révèle la première fois. Donc, plus il y a ces deuxièmes fois qu'offre la réflexion à la vie, plus il y a une naissance de la vie à elle-même laissant l'impression à ceux qui la vivent que l'existence sort d'un tombeau en triomphant de la mort comme une glorieuse résurrection. « Je sors du tombeau, écrit Leonid Andreïev, et maintenant le soleil, l'air et la joie me font tourner la tête. Ah ! la vie est belle pour les ressuscités[1]. »

La vie vivante est une vie qui renaît sans cesse à elle-même. La vie veut la conscience d'elle-même et donc la conscience qui la pense. Elle aurait pu, certes, se passer d'une telle conscience. Mais aurait-elle été la vie ?

Toutes nos peines, toutes nos angoisses et toutes nos chutes ne sont donc pas vaines. Elles sont la marque d'une vie aimante qui veut nos efforts parce qu'elle nous veut, d'un secret et immense amour. Aussi faut-il entreprendre de vivre et, pour cela, « travaillons donc à bien penser : voilà le principe de la morale », comme le dit Pascal. Car une vie

1. Cité par Vladimir Jankélévitch, *la Mauvaise Conscience*, Paris, Aubier, 1966, p. 218.

existe qui n'attend que notre réflexion pour pouvoir se réfléchir et dispenser ainsi sa richesse dans la ferveur.
Les textes suivants ont été choisis pour essayer de rendre compte de la dynamique de l'action morale en route vers la joie et l'innocence en partant de la vertu (Épictète, Kant et Fichte), puis en analysant le bonheur (Épicure, Spinoza, Schopenhauer et Nietzsche), avant d'aborder la générosité (Aristote, Descartes, Éric Weil). Il s'achève pour finir avec une réflexion sur la liberté (Jaspers, Levinas, Jankélévitch, Étienne Borne et Hubert Grenier).

MORALE ET VERTU

Faire ce qui dépend de nous

(vers 100)

ÉPICTÈTE
(50-125)

Le récit d'Œdipe rapporte que celui-ci a fui lorsque Thyrésias lui a révélé quel serait son destin et que, fuyant comme il l'a fait, il s'est précipité dans les bras de celui-ci. En ne voulant pas savoir, il a donné naissance à l'inconscience qui est à la base de toute fatalité. On comprend dès lors que la pensée stoïcienne recommandant d'acquiescer à ce qui est soit non seulement une pensée sage mais une pensée libre. Quand la fatalité en effet surgit du refus d'accepter ce qui est, c'est paradoxalement le fait de vouloir ce qui est qui délivre de la fatalité. D'autant que, la nature étant parcourue par la tension dynamique de la volonté des dieux, c'est en fait se diviniser que de vivre dans l'acceptation de ce qui est. La pensée des stoïciens n'a jamais donné naissance à un fatalisme, pas plus qu'à une maîtrise figée de soi, mais plutôt à une délivrance des effets imaginaires qui font que les âmes oscillent entre la servitude et la tyrannie. Aussi Hegel en a-t-il fait la figure résolutive de la dialectique maître-esclave, en précisant que c'est à elle que nous devions les notions de culture comme d'intériorité de par l'effort sur elle-même qui la caractérise.

Source: *Épictète,* Manuel, *trad. Mario Meunier, Paris, Garnier-Flammarion, 1964, p. 207 à 212.*
Bibliographie: *G. Rodis-Lewis,* la Morale stoïcienne, *Paris, P.U.F., 1970; Gilles Deleuze,* Logique du sens, *Paris, Minuit, 1967.*

I

1. — Il y a des choses qui dépendent de nous; il y en a d'autres qui n'en dépendent pas. Ce qui dépend de nous, ce sont nos jugements, nos tendances, nos désirs, nos aversions: en un mot, toutes les œuvres qui nous appartiennent. Ce qui ne dépend pas de nous, c'est notre corps, c'est la richesse, la célébrité, le pouvoir; en un mot, toutes les œuvres qui ne nous appartiennent pas.

2. — Les choses qui dépendent de nous sont par nature libres, sans empêchement, sans entraves; celles qui n'en dépendent pas, inconsistantes, serviles, capables d'être empêchées, étrangères.

3. — Souviens-toi donc que si tu crois libre ce qui par nature est servile, et propre à toi ce qui t'est étranger, tu seras entravé, affligé, troublé, et tu t'en prendras aux Dieux et aux hommes. Mais, si tu crois tien cela seul qui est tien, et étranger ce qui t'est en effet étranger, nul ne pourra jamais te contraindre, nul ne t'entravera; tu ne t'en prendras à personne, tu n'accuseras personne, tu ne feras rien malgré toi; nul ne te nuira; tu n'auras pas d'ennemi, car tu ne souffriras rien de nuisible.

4. — Toi donc qui aspires à de si grands biens, souviens-toi qu'il ne faut pas médiocrement te démener pour les atteindre, mais qu'il faut absolument en répudier certains, et en ajourner d'autres pour l'instant. Mais si, entre ces biens, tu veux encore et richesse et pouvoir, peut-être n'obtiendras-tu pas ces derniers biens, du fait que tu aspires également aux premiers. Mais il est, en tout cas, absolument certain que tu n'obtiendras pas les seuls biens d'où proviennent liberté et bonheur.

5. — Ainsi donc, à toute idée pénible, prends soin de dire: «Tu es idée, et tu n'es pas du tout ce que tu représentes.» Puis, examine-la, et juge-la selon les règles dont tu disposes, surtout d'après cette première qui te fait reconnaître si cette idée se rapporte aux choses qui dépendent de nous, ou à celles qui n'en dépendent pas. Et, si elle se rapporte à celles qui ne dépendent point de nous, sois prêt à dire: «Cela ne me concerne pas.»

II

1. — Souviens-toi que le vœu du désir est d'obtenir ce dont il a désir, que le vœu de l'aversion est de ne pas tomber sur l'objet de son aversion. Or, celui qui n'obtient pas ce qu'il désire est infortuné, et celui qui tombe sur l'objet qu'il a en aversion est malheureux. Si donc tu n'as en aversion, dans ce qui dépend de toi, que ce qui est contraire à la nature, tu ne tomberas sur aucun objet d'aversion. Mais si tu as de l'aversion pour la maladie, la mort ou la pauvreté, tu seras malheureux.

2. — Retire donc ton aversion de tout ce qui ne dépend point de nous, et reporte-la, dans ce qui dépend de nous, sur tout ce qui est contraire à la nature. Quant au désir, supprime-le absolument pour l'instant. Car si tu désires quelqu'une des choses qui ne dépendent pas de nous, nécessairement tu seras malheureux. Et quant aux choses qui dépendent de nous et qu'il est beau de désirer, il n'en est aucune qui soit encore à ta portée. Borne-toi seulement à tendre vers les choses et à t'en éloigner, mais légèrement, avec réserve et modération.

III

À propos de tout objet d'agrément, d'utilité ou d'affection, souviens-toi de te demander ce qu'il est, à commencer par les plus insignifiants. Si tu aimes une marmite, dis-toi : « C'est une marmite que j'aime. » Car, si elle vient à se casser, tu n'en seras pas troublé. Si tu embrasses ton enfant ou ta femme, dis-toi que c'est un être humain que tu embrasses ; car, s'il meurt, tu n'en seras pas troublé.

IV

Lorsque tu dois entreprendre quelque chose, rappelle-toi ce qu'est la chose dont il s'agit. Si tu vas te baigner, représente-toi ce qui arrive au bain, les gens qui vous éclaboussent, qui vous bousculent, qui vous injurient, qui vous volent. Ainsi, tu seras plus sûr de toi en allant te baigner, si tu te dis aussitôt : « Je veux me baigner, mais je veux encore maintenir ma volonté dans un état conforme à la nature. » Et qu'il en soit ainsi pour toutes tes actions. De cette manière, s'il te survient au bain quelque traverse, tu auras aussitôt présent à l'esprit : « Mais je ne voulais pas me baigner seulement, je voulais encore maintenir ma volonté dans un état conforme à la nature. Je ne la maintiendrais pas, si je m'irritais contre ce qui arrive. »

V

Ce qui trouble les hommes, ce ne sont pas les choses, mais les jugements qu'ils portent sur ces choses. Ainsi, la mort n'est rien de redoutable, puisque, même à Socrate, elle n'a point paru telle. Mais le jugement que nous portons sur la mort en la déclarant redoutable, c'est là ce qui est redoutable. Lorsque donc nous sommes traversés, troublés, chagrinés, ne nous en prenons jamais à un autre, mais à nous-mêmes, c'est-à-dire à nos jugements propres. Accuser les autres de ses malheurs est le fait d'un ignorant ; s'en prendre à soi-même est d'un homme qui commence à s'instruire ; n'en accuser ni un autre ni soi-même est d'un homme parfaitement instruit.

VI

Ne t'enorgueillis d'aucun avantage qui te soit étranger. Si un cheval se vantait en disant : « Je suis beau », ce serait supportable. Mais toi, lorsque tu dis en te vantant : « J'ai un beau cheval », sache que tu t'enorgueillis d'un avantage qui est à ton cheval. Qu'est-ce donc qui est à toi ? L'usage des idées. Lorsque donc tu fais usage des idées conformément à la nature, dès ce moment enorgueillis-toi, car alors tu t'enorgueillis d'un bien qui est à toi.

VII

Comme au cours d'une traversée, si le navire a fait relâche et si tu vas puiser de l'eau, tu peux en route, accessoirement, ramasser un coquillage ou un oignon. Mais il faut que ta pensée soit toujours tendue vers le navire et que ton visage sans cesse y soit tourné, de peur que par hasard le pilote ne t'appelle. Et, s'il t'appelle, il faut tout laisser là, afin que tu ne sois point attaché et jeté comme un mouton. Il en est de même aussi dans la vie. Si, en effet, au lieu d'un coquillage ou d'un oignon, une femme ou un enfant te sont donnés, rien ne s'y oppose. Mais si le pilote t'appelle, cours au navire, laisse tout et ne te détourne pas. Si toutefois tu es vieux, ne t'écarte pas beaucoup du navire, de peur de risquer de manquer à l'appel.

VIII

Ne demande pas que ce qui arrive arrive comme tu veux. Mais veuille que les choses arrivent comme elles arrivent, et tu seras heureux.

IX

La maladie est une entrave pour le corps, mais non pour la volonté, si elle ne le veut. La claudication est une entrave pour les jambes, mais non pour la volonté. Dis-toi de même à chaque accident, et tu trouveras que c'est une entrave pour quelque autre chose, mais non pour toi.

X

À chaque accident qui te survient, souviens-toi, en te repliant sur toi-même, de te demander quelle force tu possèdes pour en tirer usage. Si tu vois un bel homme ou une belle femme, tu trouveras une force contre leur séduction, la tempérance. S'il se présente une fatigue, tu trouveras l'endurance; contre une injure, tu trouveras la patience. Et, si tu prends cette habitude, les idées ne t'emporteront pas.

XI

Ne dis jamais de quoi que ce soit: «Je l'ai perdu.» Mais: «Je l'ai rendu.» Ton enfant est mort, il est rendu. Ta femme est morte, elle est rendue. Mon bien m'a été ravi. Eh bien! il est aussi rendu. «Mais le ravisseur est un scélérat.» Que t'importe par qui celui qui te l'avait donné te l'ait réclamé? Tant qu'il te le laisse, jouis-en comme d'un bien étranger, comme les passants d'une hôtellerie.

XII

1. — Si tu veux progresser, rejette de telles réflexions: «Si je néglige mes biens, je n'aurai plus de quoi vivre. Si je ne châtie point mon esclave, il deviendra pervers.» Or, il vaut mieux mourir de faim, exempt de peine et de crainte, que de vivre dans l'abondance avec le trouble dans l'âme. Il vaut mieux aussi que ton esclave soit méchant, que toi malheureux.

2. — Commence donc par les petites choses. On laisse couler ton huile, on vole ton vin? Dis-toi: «C'est à ce prix que se vend l'impassibilité; à ce prix, le calme.» Rien n'arrive gratis. Lorsque tu appelles ton esclave, pense qu'il peut ne pas avoir entendu, et que, s'il a entendu, il peut ne rien faire de ce que tu veux; mais dis-toi aussi qu'il n'est pas dans un si bel état qu'il dépende de lui de te troubler.

XIII

Si tu veux progresser, résigne-toi, quant aux choses extérieures, à passer pour un insensé et un sot. Ne tiens pas à paraître savoir; et, si tu parais être quelqu'un à quelques-uns, défie-toi de toi-même. Sache, en effet, qu'il n'est pas facile de garder sa volonté dans un état conforme à la nature et de se soucier des choses du dehors. Mais il est de toute nécessité qu'en s'occupant de l'un on doive négliger l'autre.

XVII

Souviens-toi que tu es comme un acteur dans le rôle que l'auteur dramatique a voulu te donner: court, s'il est court; long, s'il est long. S'il veut que tu joues un rôle de mendiant, joue-le encore convenablement. Fais de même pour un rôle de boiteux, de magistrat, de simple particulier. Il dépend de toi, en effet, de bien jouer le personnage qui t'est donné; mais le choisir appartient à un autre.

L'impératif catégorique
(1785)

EMMANUEL KANT
(1724-1804)

On peut sans exagération dire que Kant a opéré une révolution en philosophie en introduisant en celle-ci le concept de liberté. Dans l'ordre du savoir, elle s'est traduite par une conception ouverte de la nature comme de la science, résumée par la fameuse formule: «Nous ne connaissons de la Nature que ce que nous y avons mis.» Dans l'ordre de l'esthétique, elle a été exprimée par une conception du beau fondée sur son pouvoir de communication et sa libre signification: «Le beau est un universel sans concept.» Dans l'ordre de la morale, cette révolution a pris la forme d'un renversement soumettant les notions de Dieu comme de l'immortalité de l'âme à l'intériorité et non l'inverse. Loin de faire dépendre en effet la morale de la religion, Kant a fait dépendre la religion de la morale, afin de dégager la responsabilité humaine de toute emprise extérieure et dogmatique. Les textes présentés ici sont le reflet de ce changement. La morale y est décrite comme un pur rapport de la volonté avec elle-même, qui trouve à s'exprimer dans le devoir effectué par devoir. Dans l'universalité de la maxime commandant l'action. Dans l'humanité prise comme fin en soi.

Source : *Emmanuel Kant,* Fondements de la métaphysique des mœurs, *trad. Victor Delbos, Paris, Delagrave, 1967, p. 99 à 103, p. 135 à 141, 148-149, 160-161.*

Bibliographie : *Ferdinand Alquié,* la Morale de Kant, *Paris, C.D.U.; Victor Delbos,* la Philosophie pratique de Kant, *Paris, P.U.F., 1965.*

UNE ACTION ACCOMPLIE par devoir tire sa valeur morale *non pas du but* qui doit être atteint par elle, mais de la maxime d'après laquelle elle est décidée; elle ne dépend donc pas de la réalité de l'objet de l'action, mais uniquement du *principe du vouloir* d'après lequel l'action est produite sans égard à aucun des objets de la faculté de désirer. Que les buts que nous pouvons avoir dans nos actions, que les effets qui en résultent, considérés comme fins et mobiles de la volonté, ne puissent communiquer à ces actions aucune valeur absolue, aucune valeur morale, cela est évident par ce qui précède. Où donc peut résider cette valeur, si elle ne doit pas se trouver dans la volonté considérée dans le rapport qu'elle a avec les effets attendus de ces actions? Elle ne peut être nulle part ailleurs *que dans le principe de la volonté,* abstraction faite des fins qui peuvent être réalisées par une telle action; en effet, la volonté placée juste au milieu entre son principe *a priori,* qui est formel, et son mobile *a posteriori,* qui est matériel, est comme à la bifurcation de deux routes; et puisqu'il faut pourtant qu'elle soit déterminée par quelque chose, elle devra être déterminée par le principe formel du vouloir en général, du moment qu'une action a lieu par devoir; car alors tout principe matériel lui est enlevé.

Quant à la troisième proposition, conséquence des deux précédentes, je l'exprimerais ainsi : *le devoir est la nécessité d'accomplir une action par respect pour la loi.* Pour l'objet conçu comme effet de l'action que je me propose, je peux bien sans doute avoir de l'*inclination,* mais *jamais du respect,* précisément parce que c'est simplement un effet, et non l'activité d'une volonté. De même je ne peux avoir de respect pour une inclination en général, qu'elle soit mienne ou d'un autre; je peux tout au plus l'approuver dans le premier cas, dans le second cas aller parfois jusqu'à l'aimer, c'est-à-dire la considérer comme favorable à mon intérêt propre. Il n'y a que ce qui est lié à ma volonté uniquement comme principe et jamais comme effet, ce qui ne sert pas à mon inclination, mais qui la domine, ce qui du moins empêche entièrement qu'on en tienne compte dans la décision, par suite la simple loi pour elle-même, qui puisse être un objet de respect et par conséquent être un commandement. Or, si une action accomplie par devoir doit exclure complètement l'influence de l'inclination et avec elle tout objet de la volonté, il ne reste rien pour la volonté qui puisse la déterminer, si ce n'est objectivement la *loi,* et subjectivement un *pur respect* pour cette loi pratique, par suite la maxime d'obéir à cette loi, même au préjudice de toutes mes inclinations.

Ainsi la valeur morale de l'action ne réside pas dans l'effet qu'on en attend, ni non plus dans quelque principe de l'action qui a besoin d'emprunter son mobile à cet effet attendu. Car tous ces effets (contentement de son état, et même contribution au bonheur d'autrui) pourraient être aussi bien produits par d'autres causes; il n'était donc pas besoin pour cela de la volonté d'un être raisonnable. Et cependant, c'est dans cette volonté seule que le souverain bien, le bien inconditionné, peut se rencontrer. C'est pourquoi *se représenter la loi* en elle-même, *ce qui à coup sûr n'a lieu que dans un être raisonnable*, et faire de cette représentation, non de l'effet attendu, le principe déterminant de la volonté, cela seul peut constituer ce bien si excellent que nous qualifions de moral, présent déjà dans la personne même qui agit selon cette idée, mais qu'il n'y a pas lieu d'attendre seulement de l'effet de son action.

Mais quelle peut donc bien être cette loi dont la représentation, sans même avoir égard à l'effet qu'on en attend, doit déterminer la volonté pour que celle-ci puisse être appelée bonne absolument et sans restriction? Puisque j'ai dépossédé la volonté de toutes les impulsions qui pourraient être suscitées en elle par l'idée des résultats dus à l'observation de quelque loi, il ne reste plus que la conformité universelle des actions à la loi en général, qui doit seule lui servir de principe; en d'autres termes, je dois toujours me conduire de telle sorte *que je puisse aussi vouloir que ma maxime devienne une loi universelle*. Ici donc c'est la simple conformité à la loi en général (sans prendre pour base quelque loi déterminée pour certaines actions qui sert de principe à la volonté, et qui doit même lui servir de principe, si le devoir n'est pas une illusion vaine et un concept chimérique. Avec ce qui vient d'être dit, la raison commune des hommes, dans l'exercice de son jugement pratique, est en parfait accord, et le principe qui a été exposé, elle l'a toujours devant les yeux. [...]

Quand je conçois un impératif hypothétique en général, je ne sais pas d'avance ce qu'il contiendra, jusqu'à ce que la condition me soit donnée. Mais si c'est un impératif *catégorique* que je conçois, je sais aussitôt ce qu'il contient. Car, puisque l'impératif ne contient en dehors de la loi que la nécessité, pour la maxime, de se conformer à cette loi, et que la loi ne contient aucune condition à laquelle elle soit astreinte, il ne reste rien que l'universalité d'une loi en général, à laquelle la maxime de l'action doit être conforme, et c'est seulement cette conformité que l'impératif nous représente proprement comme nécessaire.

Il n'y a donc qu'un impératif catégorique, et c'est celui-ci: *Agis uniquement d'après la maxime qui fait que tu peux vouloir en même temps qu'elle devienne une loi universelle.*

Or, si de ce seul impératif tous les impératifs du devoir peuvent être dérivés comme de leur principe, quoique nous laissions non résolue la question de savoir si ce qu'on appelle le devoir n'est pas en somme un concept vide, nous pourrons cependant tout au moins montrer ce que nous entendons par là et ce que ce concept veut dire.

Puisque l'universalité de la loi d'après laquelle des effets se produisent constitue ce qu'on appelle proprement *nature* dans le sens le plus général (quant à la forme), c'est-à-dire l'existence des objets en tant qu'elle est déterminée selon des lois universelles, l'impératif universel du devoir pourrait encore être énoncé en ces termes: *Agis comme si la maxime de ton action devait être érigée par ta volonté en* LOI UNIVERSELLE DE LA NATURE.

Nous allons maintenant énumérer quelques devoirs, d'après la division ordinaire des devoirs en devoirs envers nous-mêmes et devoirs envers les autres hommes, en devoirs parfaits et en devoirs imparfaits.

I. Un homme, à la suite d'une série de maux qui ont fini par le réduire au désespoir, ressent du dégoût pour la vie, tout en restant assez maître de sa raison pour pouvoir se demander à lui-même si ce ne serait pas une violation du devoir envers soi que d'attenter à ses jours. Ce qu'il cherche alors, c'est si la maxime de son action peut bien devenir une loi universelle de la nature. Mais voici sa maxime: par amour de moi-même, je pose en principe d'abréger ma vie, si en la prolongeant j'ai plus de maux à en craindre que de satisfactions à en espérer. La question est donc seulement de savoir si ce principe de l'amour de soi peut devenir une loi universelle de la nature. Mais alors on voit bientôt qu'une nature dont ce serait la loi de détruire la vie même, juste par le sentiment dont la fonction spéciale est de pousser au développement de la vie, serait en contradiction avec elle-même, et ainsi ne subsisterait pas comme nature; que cette maxime ne peut donc en aucune façon occuper la place d'une loi universelle de la nature, et qu'elle est en conséquence contraire au principe suprême de tout devoir.

2. Un autre se voit poussé par le besoin à emprunter de l'argent. Il sait bien qu'il ne pourra pas le rendre, mais il voit bien aussi qu'on ne lui prêtera rien s'il ne s'engage ferme à s'acquitter à une époque déterminée. Il a envie de faire cette promesse; mais il a aussi assez de conscience pour se demander: n'est-il pas défendu, n'est-il pas contraire au devoir de se tirer d'affaire par un tel moyen? Supposé qu'il prenne cependant ce parti; la maxime de son action signifierait ceci: quand je crois être à court d'argent, j'en emprunte, et je promets de rendre, bien que je sache que je n'en ferai jamais rien. Or il est fort possible que ce principe de l'amour de soi ou de l'utilité personnelle se concilie avec tout mon bien-être à venir; mais pour l'instant la question est de savoir s'il est juste. Je convertis donc l'exigence de l'amour de soi en une loi universelle, et j'institue la question suivante: qu'arriverait-il si ma maxime devenait une loi universelle? Or je vois là aussitôt qu'elle ne pourrait jamais valoir comme loi universelle de la nature et s'accorder avec elle-même, mais qu'elle devrait nécessairement se contredire. Car admettre comme une loi universelle que tout homme qui croit être dans le besoin puisse promettre ce qui lui vient à l'idée, avec l'intention de ne pas tenir sa promesse, ce serait même rendre impossible le fait de promettre avec le but qu'on peut se proposer par là, étant donné que personne ne croirait à ce qu'on lui promet, et que tout le monde rirait de pareilles démonstrations, comme de vaines feintes.

3. Un troisième trouve en lui un talent qui, grâce à quelque culture, pourrait faire de lui un homme utile à bien des égards. Mais il se voit dans une situation aisée, et il aime mieux se laisser aller au plaisir que s'efforcer d'étendre et de perfectionner ses heureuses dispositions naturelles. Cependant il se demande encore si sa maxime, de négliger ses dons naturels, qui en elle-même s'accorde avec son penchant à la jouissance, s'accorde aussi bien avec ce que l'on appelle le devoir. Or il voit bien que sans doute une nature selon cette loi universelle pourrait toujours encore subsister, alors même que l'homme (comme l'insulaire de la mer du Sud) laisserait rouiller son talent et ne songerait qu'à tourner sa vie vers l'oisiveté, le plaisir, la propagation de l'espèce, en un mot, vers la jouissance; mais il ne peut absolument pas VOULOIR que cela devienne une loi universelle de la nature, ou que cela soit implanté comme tel en nous par un instinct naturel. Car, en tant qu'être raisonnable, il veut nécessairement que toutes les facultés soient développées en lui parce qu'elles lui sont utiles et qu'elles lui sont données pour toutes sortes de fins possibles.

Enfin un *quatrième*, à qui tout va bien, voyant d'autres hommes (à qui il pourrait bien porter secours) aux prises avec de grandes difficultés, raisonne ainsi: Que m'importe? Que chacun soit aussi heureux qu'il plaît au Ciel ou que lui-même peut l'être de son fait; je ne lui déroberai pas la moindre part de ce qu'il a, je ne lui porterai pas même envie; seulement je ne me sens pas le goût de contribuer en quoi que ce soit à son bien-être ou d'aller l'assister dans le besoin! Or, si cette manière de voir devenait une loi universelle de la nature, l'espèce humaine pourrait sans doute fort bien subsister, et assurément dans de meilleures conditions que lorsque chacun a sans cesse à la bouche les mots de sympathie et de bienveillance, et même met de l'empressement à pratiquer ces vertus à l'occasion, mais en revanche trompe dès qu'il le peut, trafique du droit des hommes ou y porte atteinte à d'autres égards. Mais, bien qu'il soit parfaitement possible qu'une loi universelle de la nature conforme à cette maxime subsiste, il est cependant impossible de VOULOIR qu'un tel principe vaille universellement comme loi de la nature. Car une volonté qui prendrait ce parti se contredirait elle-même; il peut en effet survenir malgré tout bien des cas où cet homme ait besoin de l'amour et de la sympathie des autres, et où il serait privé lui-même de tout espoir d'obtenir l'assistance qu'il désire par cette loi de la nature issue de sa volonté propre. [...]

Or je dis: l'homme, et en général tout être raisonnable, *existe* comme fin en soi, et *non pas simplement comme moyen* dont telle ou telle volonté puisse user à son gré; dans toutes ses actions, aussi bien dans celles qui le concernent lui-même que dans celles qui concernent d'autres êtres raisonnables, il doit toujours être considéré *en même temps comme fin.* Tous les objets des inclinations n'ont qu'une valeur conditionnelle; car, si les inclinations et les besoins qui en dérivent n'existaient pas, leur objet serait sans valeur. Mais les inclinations mêmes, comme sources du besoin, ont si peu une valeur absolue qui leur donne le droit d'être désirées pour elles-mêmes, que, bien plutôt, en être pleinement affranchi doit être le souhait universel de tout être raisonnable. Ainsi la valeur de tous les objets *à acquérir* par notre action est toujours conditionnelle. Les êtres dont l'existence dépend, à vrai dire, non pas de notre volonté, mais de la nature, n'ont cependant, quand ce sont des êtres dépourvus de raison, qu'une valeur relative, celle de *moyens,* et voilà pourquoi on les nomme des *choses;* au contraire, les êtres raisonnables sont appelés des *personnes,* parce que leur nature les désigne déjà comme des fins en soi, c'est-à-dire comme quelque chose qui ne peut pas être employé simplement comme moyen, quelque chose qui par suite limite d'autant toute faculté d'agir comme bon nous semble (et qui est un objet de respect). Ce ne sont donc pas là des fins simplement subjectives, dont l'existence, comme effet de notre action, a une valeur *pour nous:* ce sont des *fins objectives,* c'est-à-dire des choses dont l'existence est une fin en soi-même, et même une fin telle qu'elle ne peut être remplacée par aucune autre, au service de laquelle les fins objectives devraient se mettre, *simplement* comme moyens. Sans cela, en effet, on ne pourrait trouver jamais rien qui eût une *valeur absolue.* Mais si toute valeur était conditionnelle, et par suite contingente, il serait complètement impossible de trouver pour la raison un principe pratique suprême.

Si donc il doit y avoir un principe pratique suprême, et au regard de la volonté humaine un impératif catégorique, il faut qu'il soit tel que, par la représentation de ce qui, étant *une fin en soi,* est nécessairement une fin pour tout homme, il constitue un principe *objectif* de la volonté, que par conséquent il puisse servir de loi pratique universelle. Voici le fondement de ce principe: *la nature raisonnable existe comme fin en soi.* L'homme se représente nécessairement ainsi sa propre existence; c'est donc en ce sens un principe *subjectif* d'actions humaines. Mais tout autre être raisonnable se présente également ainsi son existence, en conséquence du même principe rationnel qui vaut aussi pour moi; c'est donc en même temps un principe *objectif* dont doivent pouvoir être déduites, comme d'un principe pratique suprême, toutes les lois de la volonté. L'impératif pratique sera donc celui-ci: *Agis de telle sorte que tu traites l'humanité aussi bien dans ta personne que dans la personne de tout autre toujours en même temps comme une fin, et jamais simplement comme un moyen.* [...]

Dans le règne des fins tout a un PRIX ou une DIGNITÉ. Ce qui a un prix peut être aussi bien remplacé par quelque chose d'autre, à titre d'*équivalent;* au contraire, ce qui est supérieur à tout prix, ce qui par suite n'admet pas d'équivalent, c'est ce qui a une dignité.

Ce qui rapporte aux inclinations et aux besoins généraux de l'homme, cela a un *prix marchand;* ce qui, même sans supposer de besoin, correspond à un certain goût, c'est-à-dire à la satisfaction que nous procure un simple jeu sans but de nos facultés mentales, cela a un *prix de sentiment;* mais ce qui constitue la condition qui seule peut faire que quelque chose est une fin en soi, cela n'a pas seulement une valeur relative, c'est-à-dire un prix, mais une valeur intrinsèque, c'est-à-dire une *dignité.*

Or la moralité est la condition qui seule peut faire qu'un être raisonnable est une fin en soi; car il n'est possible que par elle d'être un membre législateur dans le règne des fins. La moralité, ainsi que l'humanité, en tant qu'elle est capable de moralité, c'est donc là ce qui seul a de la dignité. L'habileté et l'application dans le travail ont un prix marchand; l'esprit, la vivacité d'imagination, l'humour, ont un prix de sentiment; par contre, la fidélité à ses promesses, la bienveillance par principe (non la bienveillance d'instinct), ont une valeur intrinsèque. Ni la nature ni l'art ne contiennent rien qui puisse être mis à la place de ces qualités, si elles viennent à manquer; car leur valeur consiste, non dans les effets qui en résultent, non dans l'avantage et le profit qu'elles constituent, mais dans les intentions, c'est-à-dire dans les maximes de la volonté qui sont prêtes à se traduire ainsi en actions, alors même que l'issue ne leur serait pas favorable. Ces actions n'ont pas besoin non plus d'être recommandées par quelque disposition subjective ou quelque goût qui nous les ferait considérer avec une faveur et une satisfaction immédiates; elles n'ont besoin d'aucun penchant ou sentiment qui nous pousse immédiatement vers elles; elles présentent la volonté qui les accomplit comme l'objet d'un respect immédiat; il n'y a que la raison qui soit requise, pour les *imposer* à la volonté, sans chercher à les obtenir d'elle par *insinuation,* ce qui au surplus dans des devoirs serait contradictoire. C'est cette estimation qui fait reconnaître la valeur d'une telle disposition d'esprit comme une dignité, et elle la met à part infiniment au-dessus de tout prix; on ne peut d'aucune manière la mettre en balance, ni la faire entrer en comparaison avec n'importe quel prix, sans porter atteinte en quelque sorte à sa sainteté. [...]

Raison pratique et raison
(1800-1802)

JOHANN GOTTLIEB FICHTE
(1762-1814)

Si Kant a opéré une révolution en philosophie en y introduisant le concept de liberté, Fichte a radicalisé cette révolution dans sa pensée en entreprenant de réaliser un véritable système de la liberté. Selon lui, en effet, la philosophie a toujours été victime de son caractère théorique qui l'a conduite au scepticisme en formulant mal les problèmes. Ainsi, s'agissant de la liberté, la pensée théorique est toujours tombée dans des contradictions inextricables en se demandant si tout est déterminé ou si, au contraire, le libre arbitre existe. Car, proclamer la seule vérité du déterminisme, c'est nier le moi dans la nature qui est une réalité irréductible comme en témoigne chaque conscience pensante. Toutefois, *ne proclamer que la vérité du moi, c'est oublier que celui-ci ne fait sens que par rapport à ce qui n'est pas lui. D'où l'intérêt d'envisager les choses pratiquement et non théoriquement. Car, dès lors que l'on se situe sur un plan pratique, les contradictions sont levées, puisque le moi pratique ne se déploie qu'en conjuguant déterminisme et liberté dans l'*autodétermination *qui le caractérise. Libre, il l'est puisqu'il s'autodétermine. Toutefois, sa liberté n'est pas arbitraire. C'est celle de s'autodéterminer. D'où la puissance résolutive de la pratique à laquelle Fichte a conféré une valeur fondatrice qui lui vaudra l'accusation d'athéisme.*

Sources: *Johann Gottlieb Fichte,* la Destination de l'homme, *trad. Molitor, section troisième, «Croyance», Paris, Plon, 1942, p. 207 à 211 ;* le Fondement de notre croyance en une divine providence, *dans* Écrits de philosophie première. Doctrine de la science 1801-1802, *trad. Philonenko, Paris, Vrin, 1987, p. 204.*

Bibliographie: *B. Bourgeois,* l'Idéalisme de Fichte, *Paris, P.U.F., 1968; A. Philonenko,* la Liberté humaine dans la philosophie de Fichte, *Paris, Vrin, 1966.*

La destination de l'homme

En un mot, il n'existe point pour moi de simple être pur sans liaison avec moi et dont j'aie l'intuition rien que pour l'intuition. Tout ce qui existe n'existe pour moi que parce qu'il se rapporte à moi. Mais il n'y a partout qu'un seul rapport possible avec moi; tout le reste est subordonné à ce rapport: c'est ma destination d'agir moralement. Mon monde, c'est l'objet et la sphère de mes devoirs, et absolument rien d'autre; il n'existe pas pour moi d'autre monde, ni d'autres propriétés de mon monde; mon entendement et tout entendement fini sont insuffisants à concevoir un autre monde. C'est uniquement par ce rapport que tout ce qui est pour moi m'impose son existence et sa réalité, et c'est uniquement par ce rapport que je le conçois. Et pour toute autre existence, l'organe me fait entièrement défaut.

À la question: Existe-t-il réellement un monde tel que je me le représente? je ne puis faire de réponse définitive et absolument certaine. Tout ce que je puis dire est ceci: J'ai certainement et vraiment des devoirs déterminés qui m'apparaissent comme des devoirs envers et dans de tels objets; et ces devoirs déterminés, je ne puis me les représenter ni m'en acquitter que dans un monde tel que je me le représente. Bien plus, même celui — si toutefois il pouvait y avoir quelqu'un de ce genre — qui n'aurait jamais pensé à sa propre destination morale ou qui, s'il y avait pensé en général, n'aurait jamais eu la moindre intention de la remplir un jour quelconque dans un avenir plus ou moins éloigné, même celui-là se trouve en face d'un monde sensible, et sa croyance à la réalité de ce monde lui vient uniquement de la notion qu'il a d'un monde moral. S'il n'admet pas ce monde moral en vertu de l'idée de ses devoirs, il l'admet du moins par la revendication de ses droits. Ce qu'il ne s'impose peut-être jamais à lui-même, il l'exige certainement des autres: qu'ils le traitent avec sang-froid et réflexion, suivant la fin qui est la sienne, non point comme une chose dénuée de raison, mais comme un être libre et indépendant. Mais, pour que les autres puissent lui donner satisfaction, il se voit, il est vrai, contraint de les concevoir eux aussi comme des êtres réfléchis, libres et indépendants, nullement soumis à de simples forces naturelles. Que si même, dans l'utilisation et la jouissance des objets qui l'entourent, il n'a jamais d'autre but que d'en jouir, il revendique du moins cette jouissance comme un droit que personne ne peut lui contester.

C'est donc par une notion morale qu'il embrasse le monde sensible dénué de raison. Exiger ainsi que l'on respecte notre condition d'être raisonnable, notre indépendance, notre conservation, personne ne peut y renoncer, s'il a conscience de lui-même. Et dans son âme, cette exigence s'accompagne du moins de sérieux, de renonciation au doute, de croyance à la réalité, quand elle ne se rattache pas à la reconnaissance d'une loi morale intérieure. — Celui qui nie sa propre destination morale et ton existence à toi et l'existence d'un monde matériel autrement que pour se rendre compte, par manière de jeu, de ce que peut la spéculation, attaque-le pour de bon; fais-lui application de ses propres principes, agis comme s'il n'existait pas ou qu'il fût une masse inerte; il ne tardera pas à trouver la plaisanterie mauvaise et s'indignera sérieusement, te reprochera gravement de le traiter de la sorte, prétendra que tu n'en as ni le droit, ni la permission; il reconnaîtra donc en fait que tu peux évidemment agir sur lui, qu'*il* est et que tu es, et qu'il existe un moyen de ton action sur lui et que tu as du moins des devoirs envers lui.

Ce n'est donc pas l'action de prétendues choses situées hors de nous, mais qui n'existent pour nous et pour lesquelles nous n'existons qu'autant que nous les savons déjà; ce n'est pas non plus une libre formation créée par notre imagination ou notre pensée, et dont les productions apparaîtraient réellement comme de telles productions, comme des images vides; ce n'est pas cela, c'est la croyance nécessaire en notre liberté et en notre force, en notre action réelle, en des lois déterminées de l'activité humaine, qui donne son fondement à toute conscience d'une réalité existant hors de nous; et cette conscience n'est elle-même qu'une croyance, puisqu'elle est fondée sur une croyance dont elle est une conséquence nécessaire. Nous sommes forcés d'admettre que nous agissons en général et que nous devons agir d'une certaine façon; nous sommes forcés d'admettre une certaine sphère où nous agissons; cette sphère, c'est le monde existant réellement et effectivement tel que nous le rencontrons. Et réciproquement, ce monde n'est absolument rien d'autre que cette sphère et ne s'étend en aucune façon au delà de cette sphère. C'est de ce besoin d'agir que procède la conscience du monde réel; et ce n'est pas le besoin d'agir qui procède de la conscience du monde réel. C'est le besoin d'agir qui existe le premier, et la conscience du monde réel n'en est qu'un dérivé. Nous n'agissons pas parce que nous connaissons; nous connaissons au contraire parce que nous sommes destinés à agir. La raison pratique est la racine de toute raison. Les lois qui régissent les actes des êtres raisonnables sont d'une certitude *immédiate ;* leur monde n'est certain que *parce que ces lois sont certaines*. Nous ne pouvons renoncer à ces lois sans que le monde et nous-même soyons plongés dans le néant absolu; c'est uniquement par notre moralité que nous sortons de ce néant et que nous nous maintenons au-dessus de ce néant.

Le fondement de notre croyance en une divine Providence

Qu'on observe ensuite le déroulement de la pensée. On ne déduit pas la réalité de la possibilité, mais le contraire. On ne dit pas: je dois, car je peux; mais je peux, car je dois. Le fait que je doive et ce que je dois, voilà qui est tout à fait premier, ce qui est le plus immédiat. Ceci ne demande aucune autre explication, aucune justification, aucune autorisation; c'est connu de soi et vrai par soi; cela n'est fondé et déterminé par aucune vérité; au contraire toute autre vérité sera bien plutôt déterminée par rapport à celle-ci. — On a très souvent ignoré cette manière de penser. Celui qui dit: «Il me faut d'abord savoir si je peux, avant de pouvoir juger si je dois», celui-là soit supprime le primat de la loi morale et par là même la loi morale elle-même s'il juge ainsi dans le domaine pratique, soit il méconnaît totalement la démarche originelle de la raison s'il juge ainsi sur le plan de la spéculation.

«Je dois simplement m'imposer le but de la moralité, sa réalisation est possible, elle est possible à travers moi» signifie, après une simple analyse: «Chacune des actions que je dois accomplir, et les états intérieurs qui les conditionnent, sont des moyens de réaliser le but qui m'est proposé». Toute mon existence, l'existence de tous les êtres moraux, le monde sensible, en tant que scène de notre communauté, entretiennent maintenant des rapports avec la moralité et un ordre tout nouveau fait son apparition, un ordre dont le monde sensible avec toutes ses lois immanentes n'est que la base immobile. Ce monde va tranquillement son train, selon ses lois éternelles, pour fournir un domaine de la liberté; mais il n'a pas la moindre influence sur la moralité et l'immoralité, pas la moindre puissance sur l'être libre. Ce dernier plane, autonome et indépendant, au-dessus de toute nature. Le but de la raison ne peut devenir réel que par l'action de l'être libre; mais la réalisation du but de la raison peut être atteinte grâce à une loi supérieure. Il est possible de faire le bien, et chaque situation est prévue en fonction de cette loi supérieure et y tend; l'action morale, si l'on se conforme à cette disposition de la ‹Providence› réussit à coup sûr et l'action immorale échoue à coup sûr. Le monde entier a pris à nos yeux un aspect complètement différent.

Cette transformation apparaîtra plus clairement encore si nous nous élevons au point de vue transcendantal. «Le monde n'est rien d'autre que la vision de notre propre activité intérieure devenue sensible selon les lois compréhensibles de la raison, activité qui consiste en une pure intelligence s'exerçant à l'intérieur des limites incompréhensibles dans lesquelles nous sommes enfermés», dit la théorie transcendantale; et l'homme ne doit pas être blâmé s'il est pris de frayeur en sentant ainsi s'enfoncer complètement le sol sous ses pieds. En effet, ces limites sont incompréhensibles considérées sous l'angle de leur origine. «Mais que t'importe?» dit la philosophie pratique, «ce qu'elles *signifient* est ce qu'il y a de plus limpide et de plus certain au monde; elles sont la place qui t'est assignée dans l'ordre moral des choses. Ce que tu perçois grâce à elles a une réalité, la seule réalité qui te concerne et qui existe pour toi; c'est l'interprétation continue du commandement moral, l'expression vivante de *ce que* tu dois, puisque tu dois; voici ce qui est véritablement réel dans les choses, voici la vraie matière première de tout phénomène.» L'obligation avec laquelle la foi en la réalité du monde s'impose à nous est une obligation morale — la seule qui soit possible pour l'être libre. Personne ne peut, sans s'anéantir, renoncer à un tel point à sa détermination morale qu'elle ne le garde même plus à l'intérieur de ces limites en vue du plus grand ennoblissement dans l'avenir. — Ainsi, on peut fort bien appeler *révélation* le principe de cette croyance en un monde sensible, si on le considère comme le résultat d'un ordre moral du monde. Et le contenu de cette révélation, c'est notre devoir.

MORALE ET BONHEUR

Comme un dieu parmi les hommes
(IIIe siècle av. J.-C.)

ÉPICURE
(341-270 av. J.-C.)

Il peut paraître étrange de voir associé le plaisir à la vertu. Généralement, celui-ci a plutôt été considéré comme une passion par ce que Nietzsche a appelé « la morale ascétique ». Or, il n'y a là rien d'étonnant. Car, s'il est vrai qu'il existe une certaine ivresse de l'existence qui relève des passions, il n'en demeure pas moins que l'absence de bonheur rend méchant, envieux et finalement violent. Kant, pourtant peu suspect de complaisance envers les plaisirs de la vie, nous l'a lui-même rappelé : c'est un devoir que de se rendre heureux. Avant lui, la morale antique a fait de ce même devoir l'un des piliers de sa sagesse. Comme le montre Épicure, le bonheur est une vertu. Car il délivre l'âme de la douleur comme du trouble qui l'empêchent d'être elle-même comme la nature, ce modèle d'autosuffisance auquel le sage doit s'efforcer de se conformer. Ce faisant, le plaisir est le meilleur garant contre la passion exagérée du plaisir. Car tout plaisir veut la mesure et non l'excès qui s'achève en douleur et en trouble. Aussi est-il le meilleur guide qui soit en enseignant la sobriété, première étape nécessaire sur le chemin conduisant à l'harmonie libératrice de l'homme avec lui-même, qui fait de celui-ci « un dieu parmi les hommes ».

Source : *Épicure,* Lettres, *d'après la traduction d'Hamelin, Paris, Nathan, 1982, p. 76 à 80.*

Bibliographie : *G. Rodis-Lewis,* Épicure et son école, *Paris, P.U.F., 1976.*

Lettre à Ménécée

QUAND ON EST JEUNE, il ne faut pas remettre à philosopher, et quand on est vieux il ne faut pas se lasser de philosopher. Car jamais il n'est trop tôt ou trop tard pour travailler à la santé de l'âme. Or celui qui dit que l'heure de philosopher n'est pas encore arrivée ou est passée pour lui, ressemble à un homme qui dirait que l'heure d'être heureux n'est pas encore venue pour lui ou qu'elle n'est plus. Le jeune homme et le vieillard doivent donc philosopher l'un et l'autre, celui-ci pour rajeunir au contact du bien, en se remémorant les jours agréables du passé ; celui-là afin d'être, quoique jeune, tranquille comme un ancien en face de l'avenir. Par conséquent il faut méditer sur les causes que peuvent produire le bonheur puisque, lorsqu'il est à nous, nous avons tout, et que, quand il nous manque, nous faisons tout pour l'avoir.

Attache-toi donc aux enseignements que je n'ai cessé de te donner et que je vais te répéter ; mets-les en pratique et médite-les, convaincu que ce sont là les principes nécessaires pour bien vivre. Commence par te persuader qu'un dieu est un vivant immortel et bienheureux, te conformant en cela à la notion commune qui en est tracée en nous. N'attribue jamais à un dieu rien qui soit en opposition avec l'immortalité ni en désaccord avec la béatitude ; mais regarde-le toujours comme possédant tout ce que tu trouveras capable d'assurer son immortalité et sa béatitude. Car les dieux existent, attendu que la connaissance qu'on en a est évidente.

Mais, quant à leur nature, ils ne sont pas tels que la foule le croit. Et celui-là n'est pas impie qui nie les dieux de la foule, c'est celui qui attribue aux dieux ce que leur prêtent les opinions de la foule. Car les affirmations de la foule sur les dieux ne sont pas des prénotions, mais bien des présomptions fausses. Et ces présomptions fausses font que les dieux sont censés être pour les méchants la source des plus grands maux comme, d'autre part, pour les bons la source des plus grands biens. Mais la multitude incapable de se déprendre de ce qui est chez elle et à ses yeux le propre de la vertu n'accepte que des dieux conformes à cet idéal et regarde comme absurde tout ce qui s'en écarte.

Prends l'habitude de penser que la mort n'est rien pour nous. Car tout bien et tout mal résident dans la sensation : or la mort est privation de toute sensibilité. Par conséquent, la connaissance de cette vérité que la mort n'est rien pour nous, nous rend capables de jouir de cette vie mortelle, non pas en y ajoutant la perspective d'une durée infinie, mais en nous enlevant le désir de l'immortalité. Car il ne reste plus rien à redouter dans la vie, pour qui a vraiment compris que hors de la vie, il n'y a rien de redoutable. On prononce donc de vaines paroles quand on soutient que la mort est à craindre non parce qu'elle sera douloureuse étant réalisée, mais parce qu'il est douloureux de l'attendre. Ce serait en effet une crainte vaine et sans objet que celle qui serait produite par l'attente d'une chose qui ne cause aucun trouble par sa présence.

Ainsi celui de tous les maux qui nous donne le plus d'horreur, la mort, n'est rien pour nous, puisque, tant que nous existons nous-mêmes, la mort n'est pas, et que, quand la mort existe, nous ne sommes plus. Donc la mort n'existe ni pour les vivants ni pour les morts, puisqu'elle n'a rien à faire avec les premiers, et que les seconds ne sont plus. Mais la multitude tantôt fuit la mort comme le pire des maux, tantôt l'appelle comme le terme des maux de la vie. Le sage, au contraire, ne fait pas fi de la vie et il n'a pas peur non plus de ne plus vivre : car la vie ne lui est pas à charge, et il n'estime pas non plus qu'il y ait le moindre mal à ne plus vivre. De même que ce n'est pas toujours la nourriture la plus abondante que nous préférons, mais parfois la plus agréable, pareillement ce n'est pas toujours la plus longue durée que l'on veut recueillir, mais la plus agréable. Quant à ceux qui conseillent aux jeunes gens de bien vivre et aux vieillards de bien finir, leur conseil est dépourvu de sens, non seulement parce que la vie a du bon même pour le vieillard, mais parce que le soin de bien vivre et celui de bien mourir ne font qu'un. On fait pis encore quand on dit qu'il est bien de ne pas naître, ou, « une fois né, de franchir au plus vite les portes de l'Hadès ». Car si l'homme qui tient ce langage est convaincu, comment ne sort-il pas de la vie ? C'est là en effet une chose qui est toujours à sa portée, s'il veut la mort d'une volonté ferme. Que si cet homme plaisante, il montre de la légèreté en un sujet qui n'en comporte pas. Rappelle-toi que l'avenir n'est ni à nous ni pourtant tout à fait hors de nos prises, de telle sorte que nous ne devons ni compter sur lui comme s'il devait sûrement arriver, ni nous interdire toute espérance, comme s'il était sûr qu'il dût ne pas être.

Il faut se rendre compte que parmi nos désirs les uns sont naturels, les autres vains, et que, parmi les désirs naturels, les uns sont nécessaires et les autres naturels seulement. Parmi les désirs nécessaires, les uns sont nécessaires pour le bonheur, les autres pour la tranquillité du corps, les autres pour la vie même. Et en effet une théorie non erronée des désirs doit rapporter tout choix et toute aversion à la santé du corps et à l'ataraxie de l'âme, puisque c'est la perfection même de la vie heureuse. Car nous faisons tout afin d'éviter la douleur physique et le trouble de l'âme. Lorsqu'une fois nous y avons réussi, toute l'agitation de l'âme tombe, l'être vivant n'ayant plus à s'acheminer vers quelque chose qui lui manque, ni à chercher autre chose pour parfaire le bien-être de l'âme et celui du corps. Nous n'avons en effet besoin du plaisir que quand, par suite de son absence, nous éprouvons de la douleur; et quand nous n'éprouvons pas de douleur nous n'avons plus besoin du plaisir. C'est pourquoi nous disons que le plaisir est le commencement et la fin de la vie heureuse. En effet, d'une part, le plaisir est reconnu par nous comme le bien primitif et conforme à notre nature, et c'est de lui que nous partons pour déterminer ce qu'il faut choisir et ce qu'il faut éviter; d'autre part, c'est toujours à lui que nous aboutissons, puisque ce sont nos affections qui nous servent de règle pour mesurer et apprécier tout bien quelconque, si complexe qu'il soit. Mais, précisément parce que le plaisir est le bien primitif et conforme à notre nature, nous ne recherchons pas tout plaisir, et il y a des cas où nous passons par-dessus beaucoup de plaisirs, savoir lorsqu'ils doivent avoir pour suite des peines qui les surpassent; et, d'autre part, il y a des douleurs que nous estimons valoir mieux que des plaisirs, savoir lorsque après avoir longtemps supporté les douleurs, il doit résulter de là pour nous un plaisir qui les surpasse. Tout plaisir, pris en lui-même et dans sa nature propre, est donc un bien, et cependant tout plaisir n'est pas à rechercher, pareillement, toute douleur est un mal, et pourtant toute douleur ne doit pas être évitée. En tout cas, chaque plaisir et chaque douleur doivent être appréciés par une comparaison des avantages et des inconvénients à attendre. Car le plaisir est toujours le bien, et la douleur le mal, seulement il y a des cas où nous traitons le bien comme un mal, et le mal, à son tour, comme un bien. C'est un grand bien à notre avis que de se suffire à soi-même, non pas qu'il faille toujours vivre de peu, mais afin que si l'abondance nous manque, nous sachions nous contenter du peu que nous aurons, bien persuadés que ceux-là jouissent le plus vivement de l'opulence qui ont le moins besoin d'elle, et que tout ce qui est naturel est aisé à se procurer. En effet, des mets simples donnent un plaisir égal à celui d'un régime somptueux si toute la douleur causée par le besoin est supprimée, et, d'autre part, du pain d'orge et de l'eau procurent le plus vif plaisir à celui qui les porte à sa bouche après avoir senti la privation. L'habitude d'une nourriture simple et non celle d'une nourriture luxueuse convient donc pour donner la pleine santé, pour laisser à l'homme toute liberté de se consacrer aux devoirs nécessaires de la vie, pour nous disposer à mieux goûter les repas luxueux, lorsque nous les faisons après des intervalles de vie frugale, enfin pour nous mettre en état de ne pas craindre la mauvaise fortune. Quand donc nous disons que le plaisir est le but de la vie, nous ne parlons pas des plaisirs de l'homme déréglé, ni de ceux qui consistent dans les jouissances matérielles, ainsi que l'écrivent des gens qui ignorent notre doctrine, ou qui la combattent et la prennent dans un mauvais sens. Le plaisir dont nous parlons est celui qui consiste, pour le corps, à ne pas souffrir et, pour l'âme, à être sans trouble. Car ce n'est pas une suite ininterrompue de jours passés à boire et à manger, ce n'est pas la jouissance des jeunes garçons et des femmes, ce n'est pas la saveur des poissons et des autres mets que porte une table somptueuse, ce n'est pas tout cela qui engendre la vie heureuse; mais c'est le raisonnement vigilant, capable de trouver en toute circonstance les motifs de ce qu'il faut choisir et de ce qu'il faut éviter, et de rejeter les vaines opinions d'où provient le plus grand trouble des âmes. Or, le principe de tout cela et par conséquent le plus grand des biens, c'est la prudence. Il faut donc la mettre au-dessus de la philosophie même, puisqu'elle est faite pour être la source de toutes les vertus, en nous enseignant qu'il n'y a pas moyen de vivre agréablement si l'on ne vit avec prudence, honnêteté et justice, et qu'il est impossible de vivre avec prudence, honnêteté et justice si l'on ne vit agréablement. Les vertus, en effet, ne sont que des suites naturelles et nécessaires de la vie agréable et, à son tour, la vie agréable ne saurait se réaliser en elle-même et à part des vertus. Et maintenant y a-t-il quelqu'un que tu mettes au-dessus du sage? Il s'est fait sur les dieux des opinions pieuses; il est constamment sans crainte en face de la mort; il a su comprendre quel est le but de la nature; il s'est rendu compte que ce souverain bien est facile à atteindre et à réaliser dans son intégrité, qu'en revanche le mal le plus extrême est étroitement limité quant à la durée ou quant à l'intensité; il se moque du destin, dont certains font le maître absolu des choses; et certes mieux vaudrait s'incliner devant toutes les opinions mythiques sur les dieux que de se faire les esclaves du destin des physiciens, car la mythologie nous promet que les dieux se laisseront fléchir par les honneurs qui leur seront rendus, tandis que le destin, dans son cours nécessaire, est inflexible; il n'admet pas, avec la foule, que la fortune soit une divinité — car un dieu ne fait jamais d'actes sans règles — ni qu'elle soit une cause inefficace: il ne croit pas, en effet, que la fortune distribue aux hommes le bien et le mal, suffisant ainsi à faire leur bonheur et leur malheur, il croit seulement qu'elle leur fournit l'occasion et les éléments de grands biens et de grands maux — enfin, il pense qu'il vaut mieux échouer par mauvaise fortune, après avoir bien raisonné, que réussir par heureuse fortune, après avoir mal raisonné — ce qui peut nous arriver de plus heureux dans nos actions étant d'obtenir le succès par le concours de la fortune lorsque nous avons agi en vertu de jugements sains.

Médite donc tous ces enseignements et tous ceux qui s'y rattachent; médite-les jour et nuit, à part toi et aussi en commun avec ton semblable. Si tu le fais, jamais tu n'éprouveras le moindre trouble en songe ou éveillé, et tu vivras comme un dieu parmi les hommes. Car un homme qui vit au milieu de biens impérissables ne ressemble en rien à un être mortel.

Le sage n'est pas triste
(1675)

BARUCH DE SPINOZA
(1632-1677)

Le propre de la violence et de la haine est d'être toujours «contre» et de développer une vision conflictuelle de la vie, dans laquelle l'allié est traité comme étant bon en soi et l'adversaire comme étant mauvais en soi. Aussi Spinoza s'est-il efforcé de montrer que l'on s'affranchit de la violence et des passions non pas en étant «contre» elles, mais en entreprenant d'être «pour», c'est-à-dire de vivre conformément à soi en faisant vivre ce que l'on est, au lieu de se référer toujours à un danger extérieur pour se poser contre lui. Car les passions commencent dans la passivité qui consiste à ne rien faire vivre de soi-même. La démarche de Spinoza aboutit à une critique radicale des notions de bien et de mal, non pas pour tout relativiser d'une façon indifférente ou cynique, mais parce que ce couple conflictuel fait le jeu du conflit. Avant lui, la patristique avait déjà montré que le mal, qui est une expression du néant, ne pouvait pas avoir d'être. Et, qui plus est, que le bien n'a pas de contraire, celui-ci étant autre chose qu'un simple «non-mal». En suivant une démarche rationnelle, Spinoza est parvenu à des conclusions similaires. Contre l'ascétisme morbide, il fait valoir l'épanouissement d'un dépouillement; dépouillement délivrant les hommes de ce qui les appauvrit dans leur être.

Source : *Spinoza,* Éthique, *d'après la traduction de C. Appuhn, 1906, Paris, Garnier-Flammarion, 1964, p. 285-286, 340-341.*
Bibliographie : *Gilles Deleuze,* Spinoza et le problème de l'expression, *Paris, Minuit, 1969.*

Partie IV

Proposition LXVII

Un homme libre ne pense à aucune chose moins qu'à la mort, et sa sagesse est une méditation non de la mort mais de la vie.

Démonstration

Un homme libre, c'est-à-dire qui vit suivant le seul commandement de la Raison, n'est pas dirigé par la crainte de la mort (*Prop.* 63), mais désire ce qui est bon directement *(Coroll. de la même Prop.),* c'est-à-dire *(Prop.* 24*)* désire agir, vivre, conserver son être suivant le principe de la recherche de l'utile propre ; par suite, il ne pense à aucune chose moins qu'à la mort, et sa sagesse est une méditation de la vie.

C.Q.F.D.

Proposition LXVIII

Si les hommes naissaient libres, ils ne formeraient aucun concept de chose bonne ou mauvaise aussi longtemps qu'ils seraient libres.

Démonstration

J'ai dit que celui-là est libre qui est conduit par la seule Raison ; qui donc naît libre et le demeure, n'a que des idées adéquates ; par suite, il n'a aucun concept de chose mauvaise (*Coroll. de la Prop.* 64) et conséquemment aussi (bien et mal étant corrélatifs) de chose bonne.

C.Q.F.D.

Scolie

Que l'hypothèse de cette Proposition est fausse et ne peut se concevoir qu'autant qu'on considère la nature humaine seule, ou plutôt Dieu non en tant qu'il est infini mais en tant seulement qu'il est la cause pour quoi l'homme existe, cela est évident par la Proposition 4. C'est là, avec d'autres vérités par nous déjà démontrées, ce que Moïse paraît avoir voulu signifier dans cette histoire du premier homme. Il n'y conçoit en effet d'autre puissance de Dieu que celle qui lui sert à créer l'homme, c'est-à-dire une puissance pourvoyant uniquement à l'utilité de l'homme ; et, suivant cette conception, il raconte que Dieu a interdit à l'homme libre de manger [le fruit] de l'arbre de la connaissance du bien et du mal et que, sitôt qu'il en mangerait, il devait craindre la mort plutôt que désirer vivre ;

puis qu'ayant trouvé la femme, qui s'accordait pleinement avec sa nature, l'homme connut n'y avoir rien dans la Nature qui pût lui être plus utile; mais qu'ayant cru les bêtes semblables à lui, il a commencé tout aussitôt d'imiter leurs affections *(voir Prop.* 27, *p. III)* et de perdre sa liberté; liberté recouvrée plus tard par les Patriarches sous la conduite de l'Esprit du Christ, c'est-à-dire de l'idée de Dieu, de laquelle seule dépend que l'homme soit libre et qu'il désire pour les autres hommes le bien qu'il désire pour lui-même, comme nous l'avons démontré plus haut (*Prop.* 37).

Partie V

Proposition XLII

La Béatitude n'est pas le prix de la vertu, mais la vertu elle-même; et cet épanouissement n'est pas obtenu par la réduction de nos appétits sensuels, mais c'est au contraire cet épanouissement qui rend possible la réduction de nos appétits sensuels.

Démonstration

La Béatitude consiste dans l'amour envers Dieu *(Prop.* 36 *avec son Scolie),* et cet Amour naît lui-même du troisième genre de connaissance (*Coroll. de la Prop.* 32); ainsi cet Amour doit être rapporté à l'Âme en tant qu'elle est active, et par suite *(Déf.* 8, *p. IV)* il est la vertu même. En outre, plus l'Âme s'épanouit en cet Amour divin ou cette Béatitude, plus elle est connaissante (*Prop.* 32), c'est-à-dire plus grand est son pouvoir sur les affections et moins elle pâtit des affections qui sont mauvaises; par suite donc de ce que l'Âme s'épanouit en Amour divin ou Béatitude, elle a le pouvoir de réduire les appétits sensuels. Et, puisque la puissance de l'homme pour réduire les affections consiste dans l'entendement seul, nul n'obtient cet épanouissement de la Béatitude par la réduction de ses appétits sensuels, mais au contraire le pouvoir de les réduire naît de la Béatitude elle-même.

Scolie

J'ai achevé ici ce que je voulais établir concernant la puissance de l'Âme sur ses affections et la liberté de l'Âme. Il apparaît par là combien vaut le Sage et combien il l'emporte en pouvoir sur l'ignorant conduit par le seul appétit sensuel. L'ignorant, outre qu'il est de beaucoup de manières ballotté par les causes extérieures et ne possède jamais le vrai contentement intérieur, est dans une inconscience presque complète de lui-même, de Dieu et des choses et, sitôt qu'il cesse de pâtir, il cesse aussi d'être. Le Sage au contraire, considéré en cette qualité, ne connaît guère le trouble intérieur, mais ayant, par une certaine nécessité éternelle conscience de lui-même, de Dieu et des choses, ne cesse jamais d'être et possède le vrai contentement. Si la voie que j'ai montré qui y conduit, paraît être extrêmement ardue, encore y peut-on entrer. Et cela certes doit être ardu qui est trouvé si rarement. Comment serait-il possible, si le salut était sous la main et si l'on y pouvait parvenir sans grand-peine, qu'il fût négligé par presque tous? Mais tout ce qui est beau est difficile autant que rare.

Il faut nier le vouloir-vivre

(1819)

ARTHUR SCHOPENHAUER
(1788-1860)

Schopenhauer est réputé pour son pessimisme. Aussi peut-il paraître singulier de le voir figurer parmi les penseurs s'exprimant à propos du bonheur. Pourtant, cela l'est moins qu'il ne semble. Car toute sa pensée pose la question du bonheur. Constatant, en effet, comme le bouddhisme, que l'homme qui s'identifie à son moi se fait souffrir en voulant retenir une existence qui lui échappe, il a trouvé la réponse à la question de la souffrance dans une délivrance à l'égard du moi et une identification à la volonté de la nature. Cette morale de la délivrance s'inscrit dans une longue tradition qui commence avec Platon et que l'on trouve exprimée dans les grandes mystiques tant occidentales qu'orientales. Nietzsche nous a habitués à voir en Schopenhauer un auteur nihiliste poursuivant une morale inspirée par la haine de la vie. Toutefois, son message est moins nihiliste qu'il n'y paraît. Car, ainsi que l'a enseigné une longue tradition de sagesse, si une certaine manière de vivre de façon égocentrée et possessive nous fait mourir, la délivrance vis-à-vis du moi redonne la vie, en essayant d'être, pour quelques instants de grâce, la vie même. Signe qu'il y a dans la vie une vie que nous ne connaissons pas encore et que nous découvrons en réalisant que la vie devient nôtre quand elle n'est pas simplement notre vie.

Source: *Arthur Schopenhauer,* le Monde comme volonté et comme représentation, *trad. A. Burdeau, § 54, Paris, P.U.F., 1966, p. 350 à 353, 359 à 361.*

Bibliographie: *Alexis Philonenko,* Schopenhauer. Une philosophie de la tragédie, *Paris, Vrin, 1980.*

La volonté, la volonté sans intelligence (en soi, elle n'est point autre), désir aveugle, irrésistible, telle que nous la voyons se montrer encore dans le monde brut, dans la nature végétale, et dans leurs lois, aussi bien que dans la partie végétative de notre propre corps, cette volonté, dis-je, grâce au monde représenté, qui vient s'offrir à elle et qui se développe pour la servir, arrive à savoir qu'elle veut, à savoir ce qu'est ce qu'elle veut; c'est ce monde même, c'est la vie, telle justement qu'elle se réalise là. Voilà pourquoi nous avons appelé ce monde visible le miroir de la volonté, le produit objectif de la volonté. Et comme ce que la volonté veut, c'est toujours la vie, c'est-à-dire la pure manifestation de cette volonté, dans les conditions convenables pour être représentée, ainsi c'est faire un pléonasme que de dire: «la volonté de vivre», et non pas simplement «la volonté», car c'est tout un.

Donc, la volonté étant la chose même en soi, le fond intime, l'essentiel de l'univers, tandis que la vie, le monde visible, le phénomène, n'est que le miroir de la volonté, la vie doit être comme la compagne inséparable de la volonté: l'ombre ne suit pas plus nécessairement le corps; et partout où il y a de la volonté, il y aura de la vie, un monde enfin. Aussi vouloir vivre, c'est aussi être sûr de vivre, et tant que la volonté de vivre nous anime, nous n'avons pas à nous inquiéter pour notre existence, même à l'heure de la mort. Sans doute l'individu, sous nos yeux, naît et passe, mais l'individu n'est qu'apparence; s'il existe, c'est uniquement aux yeux de cet intellect qui a pour toute lumière le principe de raison suffisante, le *principium individuationis;* en ce sens, oui, il reçoit la vie à titre de pur don, qui le fait sortir du néant, et pour lui la mort c'est la perte de ce don, c'est la rechute dans le néant. Mais il s'agit de considérer la vie en philosophe, de la voir dans son Idée; alors nous verrons que ni la volonté, la chose en soi, qui se trouve sous tous les phénomènes, ni le sujet connaissant, le spectateur des phénomènes, n'ont rien à voir dans ces accidents de la naissance et de la mort. Naissance, mort, ces mots n'ont de sens que par rapport à l'apparence visible revêtue par la volonté, par rapport à la vie; son essence, à elle volonté, c'est de se produire dans des individus, qui, étant des phénomènes passagers, soumis dans leur forme à la loi du temps, naissent et meurent; mais alors même ils sont les phénomènes de ce qui, en soi, ignore le temps mais qui n'a pas d'autre moyen de donner à son essence intime une existence objective. Naissance et mort, deux accidents qui au même titre appartiennent à la vie; elles se font équilibre; elles sont mutuellement la condition l'une de l'autre, ou, si l'on préfère cette image, elles sont les pôles de ce phénomène, la vie, pris comme ensemble. La plus sage des mythologies, celle des Hindous, a bien su rendre cette vérité: Brama, le moins noble et le moins haut des dieux de la Trimourti, représentant la génération, la naissance, et Vichnou la conservation, c'est au dieu qui symbolise la destruction, la mort, à Schiwa, qu'elle a donné, avec le collier de têtes de mort, comme attribut, le lingam, symbole de la génération. Ici la génération apparaît comme le complément de la mort; ce qui doit nous faire entendre que ces deux termes sont par essence corrélatifs, ayant pour fonction de se neutraliser mutuellement et de s'annuler. — C'est dans cette même pensée que les Grecs et les Romains ornaient leurs sarcophages de ces précieuses sculptures où nous voyons encore représentés des fêtes, des danses, des festins, des chasses, des combats de bêtes, des bacchanales, mille tableaux enfin où éclate dans toute sa force l'amour de la vie; et parfois, ce n'est pas assez de ces images joyeuses, il faut des groupes même licencieux, jusqu'à des accouplements entre chèvres et satyres. De toutes ces images le but évident était de détourner nos yeux de la mort du défunt dont on célébrait le deuil, et de nous inciter avec insistance à considérer la vie immortelle de la nature; ainsi, sans arriver jusqu'à une notion abstraite de cette vérité, pourtant on faisait entendre aux hommes que la nature entière était la manifestation de la volonté de vivre et son accomplissement. Cette manifestation a pour forme le temps, l'espace et la causalité, puis et par conséquent l'individuation, d'où sort pour l'individu la nécessité de naître et de mourir, sans que d'ailleurs cette nécessité atteigne en rien la volonté même de vivre; au regard de cette volonté, l'individu n'est qu'une de ses manifestations, un exemplaire, un échantillon; quand un individu meurt, la nature dans son ensemble n'en est pas plus malade; la volonté non plus. Ce n'est pas lui, en somme, c'est l'espèce seule qui intéresse la nature; c'est sur elle, sur sa conservation, que la nature veille avec tant de sollicitude, à si grands frais, gaspillant sans compter les germes, allumant partout le désir de la reproduction. Quant à l'individu, pour elle il ne compte pas, il ne peut pas compter: n'a-t-elle pas devant elle cette triple infinité, le temps, l'espace, le nombre des individus possibles? Aussi elle n'hésite point à laisser disparaître l'individu; ce ne sont pas seulement les mille périls de la vie courante, les accidents les plus minimes, qui le menacent de mort: il y est voué dès l'origine, et la nature l'y conduit elle-même, dès qu'il a servi à la conservation de l'espèce. Tout naïvement, elle nous déclare ainsi la grande vérité: que les Idées seules, non les individus, ont une réalité propre, étant seules une véritable réalisation objective de la volonté. Or l'homme, c'est la nature, la nature arrivée au plus haut degré de la conscience de soi-même; si donc la nature n'est que l'aspect objectif de la volonté de vivre, l'homme, une fois bien établi dans cette conviction, peut à bon droit se trouver tout consolé de sa mort et de celle de ses amis; il n'a qu'à jeter un coup d'œil sur l'immortelle nature; cette nature, au fond , c'est lui. Voilà donc ce que veulent dire et Schiwa avec son lingam, et les tombeaux antiques avec leurs images de la vie dans toute son ardeur; ils crient au spectateur qui se plaint: *Natura non contristatur.* [La nature ignore l'affliction.]

Doute-t-on encore que la génération et la mort ne doivent être à nos yeux qu'un accident de la vie, accident propre à cette manifestation de la volonté, à elle seulement? Voici une nouvelle preuve: c'est que l'une et l'autre sont simplement le mouvement même dont la vie est toute faite, mais élevé à une puissance supérieure. Qu'est-ce en fin de compte que la vie? Un flux perpétuel de la matière, à travers une forme qui demeure invariable; de même l'individu passe, et l'espèce ne passe pas. Or, entre l'alimentation ordinaire et la génération, d'une part, les pertes ordinaires de substance et la mort de l'autre, il n'y a qu'une différence de degré. Quant au premier de ces deux points, on en trouve l'exemple le plus simple du monde et le plus clair chez la plante. La plante n'est que la répétition prolongée d'un seul et même acte, le groupement des fibres élémentaires en feuilles et en brindilles; c'est un rassemblement régulier de plantes semblables entre elles, qui se supportent mutuellement, et dont tout le désir est de se reproduire sans fin. Enfin ce désir arrive au comble de la satisfaction, quand, à travers tous les degrés des métamorphoses, elle parvient à la floraison, à la fructification; là est le résumé de toute son existence, de tous ses efforts; et ce qui, dans ce résultat, était l'objet de son aspiration, son but unique, c'est de réaliser par milliers et non plus un à un ces produits qu'elle cherche: des individus pareils à elle. Entre son travail pour créer le fruit, et le fruit même, il y a le même rapport qu'entre le livre manuscrit et l'imprimerie. Visiblement il en est de même pour les bêtes. La nutrition n'est qu'une génération continue, la génération qu'une nutrition élevée à une puissance supérieure, et le plaisir qui l'accompagne une exaltation du bien-être que cause la vie. D'autre part, les excrétions, les pertes de substance qui se font par la respiration et autrement, ne sont qu'un diminutif de la mort, corrélatif de la génération. Eh bien, si nous savons nous contenter de conserver notre forme sans porter le deuil de la matière que nous abandonnons, nous devons en faire autant quand la mort vient nous imposer un abandon plus étendu, total même, mais tout semblable à celui que nous subissons chaque jour, à chaque heure, par la simple excrétion. Devant l'un nous sommes indifférents; pourquoi reculer d'horreur devant l'autre? De cette hauteur-là, nous ne trouvons pas l'absurdité moindre, de souhaiter la perpétuité de notre existence individuelle, alors qu'elle doit être continuée par d'autres individus, que de souhaiter conserver la matière de notre corps, au lieu de la laisser remplacer insensiblement par d'autres; il ne nous paraît pas moins fou d'aller embaumer les cadavres qu'il ne le serait de conserver précieusement les résidus quotidiens du corps. Et si l'on parle de la conscience, qui est individuelle, liée à un corps particulier, eh bien n'est-elle pas chaque jour, par le sommeil, totalement interrompue? Du sommeil profond à la mort, outre que le passage se fait parfois tout insensiblement, ainsi dans les cas de congélation, la différence, tant que le sommeil dure, est absolument nulle; elle ne se marque qu'au regard de l'avenir, par la possibilité du réveil. La mort, c'est un sommeil, où l'individualité s'oublie; tout le reste de l'être aura son réveil, ou plutôt il n'a pas cessé d'être éveillé. [...]

À vrai dire, nous avons fait voir et mis en lumière cette vérité, que si l'individu, l'apparence que revêt la volonté, commence selon le temps et selon le temps finit, la volonté elle-même et comme chose en soi n'a rien à voir là-dedans, non plus que le corrélatif nécessaire de tout objet, le sujet qui connaît et qui jamais n'est connu; qu'enfin la volonté de vivre a toujours à sa disposition la vie; mais cette thèse n'est pas à mettre à côté des théories touchant la persistance de l'individu. Car, quand il s'agit de la volonté prise comme chose en soi, et aussi du pur sujet de toute connaissance, de cet œil éternellement ouvert sur l'univers, il peut aussi peu être question de stabilité que de disparition; toutes ces déterminations n'ont de valeur que par rapport au temps; or volonté et sujet sont hors du temps. Donc l'individu, n'étant qu'une manifestation particulière de la volonté, éclairée par le sujet connaissant, ne peut trouver dans notre théorie de quoi sustenter ni exciter son désir égoïste de subsister un temps infini, non plus qu'il ne le pourrait trouver dans ce fait, qu'après sa mort le reste du monde extérieur se maintiendra; au reste, ce sont là deux expressions pour une idée; la seconde seulement est relative à l'objet, et par suite au temps. En effet, c'est comme phénomène que le particulier est périssable; comme chose en soi, il est au contraire hors du temps, donc il n'a pas de fin. Seulement c'est aussi comme phénomène, et à nul autre titre, qu'il se distingue des autres choses de l'univers; car comme réalité en soi, il est la même volonté qui se manifeste en tout, et la mort n'a qu'à dissiper le mirage qui faisait paraître sa conscience comme séparée du reste; voilà en quoi consiste la persistance. Sa supériorité à l'égard de la mort, ne lui appartenant qu'en sa qualité de chose en soi, n'est pas plus intéressante pour sa partie phénoménale que la persistance du reste de l'univers. De là cette autre conséquence; sans doute le sentiment intérieur, tout confus, de cette vérité même que nous venons de tirer au clair, empêche, comme nous l'avons dit, que la pensée de la mort n'empoisonne la vie de tout être raisonnable, car ce sentiment est le principe de cette énergie qui anime et redresse tout ce qui a vie et le rend aussi gai que si la mort n'était point; cela dure du moins tant qu'il a devant les yeux la vie même, et qu'il marche vers elle; néanmoins, cela n'empêche pas que la mort, la mort réelle frappant les individus, ou la mort simplement imaginée, venant s'offrir à lui et frapper sa vue, il ne soit saisi de cette horreur spéciale qu'elle inspire, et ne cherche pas tous les moyens de s'y soustraire. En effet, si, d'une part, tant qu'il fixait sa pensée sur la vie en elle-même et sur cela seul, cette vie ne devait le frapper par ce qu'elle a d'immuable, de même, la mort venant à s'offrir à sa vue, il lui faut bien la reconnaître pour ce qu'elle est: la fin temporelle de toute réalité de l'ordre des phénomènes. Ce que nous redoutons dans la mort, ce n'est pas la douleur; d'abord, il est trop clair que le domaine de la douleur est en deçà de la mort; ensuite souvent c'est pour fuir la douleur qu'on se réfugie dans la mort; le cas n'est pas plus rare que le contraire, celui où l'homme supporte les plus atroces souffrances, alors que la mort est là, sous sa main, rapide et facile; et justement il souffre pour l'éloigner, ne fût-ce que d'un moment. Ainsi donc nous savons bien distinguer la mort et la souffrance; ce sont deux maux différents; ce qui dans la mort nous effraie, c'est qu'en somme elle est la disparition de l'individu, car elle ne nous trompe pas, elle se donne pour ce qu'elle est; et c'est qu'aussi l'individu, étant la volonté même de vivre, manifestée en un cas particulier, tout ce qu'il est doit se raidir contre la mort. — Pourtant, si le sentiment nous livre ainsi sans défense à la peur, la raison, elle, a droit d'intervenir; elle peut triompher en bien des points de ces impressions fâcheuses, nous élever jusqu'à un état d'esprit du haut duquel nous ne voyons plus l'individu, mais seulement l'ensemble des choses. Aussi une philosophie, dès qu'elle arrive au point où nous voilà parvenus dans nos spéculations, sans même aller plus loin, est déjà en mesure de vaincre les terreurs qu'inspire la mort, du moins dans la mesure où, chez le philosophe dont il s'agit, la réflexion a prise sur le sentiment spontané. Soit un homme qui aurait comme incorporé à son caractère les vérités déjà exposées jusqu'ici, et qui pourtant n'aurait été conduit ni par son expérience personnelle, ni par des réflexions suffisamment profondes, jusqu'à reconnaître que la perpétuité des souffrances est l'essence même de la vie; qui au contraire se plairait à vivre, qui dans la vie trouverait tout à souhait; qui, de sens rassis, consentirait à voir durer sa vie, telle qu'il l'a vue se dérouler, sans terme, ou à la voir se répéter toujours; un homme chez qui le goût de la vie serait assez fort pour lui faire trouver le marché bon, pour en payer les jouissances au prix de tant de fatigues et de peines dont elle est inséparable; cet homme serait «comme bâti à chaux et à sable sur cette terre aux fondations solides et faite pour durer» (Goethe); il n'aurait rien à craindre; protégé par cette vérité dont nous le munissons comme d'une cuirasse, il regarderait en face, avec indifférence, voler vers lui la mort portée sur les ailes du temps; à ses yeux pure apparence, fantôme vain, impuissant, bon à effrayer les faibles, mais sans pouvoir sur qui a conscience d'être cette même volonté dont l'univers est la manifestation ou le reflet, et sur qui sait par quel lien indissoluble appartiennent à cette volonté et la vie et le présent, seule forme convenable à sa manifestation; celui-là ne peut rien craindre de je ne sais quel passé ou quel avenir indéfini, dont il ne serait pas; il n'y voit qu'une pure fantasmagorie, un voile de Maya, et il a aussi peu à craindre de la mort, que le soleil a à craindre de la nuit. — C'est à cette hauteur que dans le *Bhagavad-Gîtâ*, Krishna élève son disciple novice encore, Ardjouna; le jeune héros, en face des armées prêtes au combat, pris d'une tristesse qui fait penser à celle de Xerxès, sent le cœur lui manquer et va quitter la lutte, pour sauver de la mort tant de milliers d'hommes; alors Krishna l'amène à cet état de l'esprit; dès lors ces milliers de morts ne le retiennent plus; il donne le signal de la bataille. — C'est là l'idée même qui anime le Prométhée de Goethe, ainsi dans ce passage:

Voici mon séjour; ici je forme des hommes
À mon image,
Une race semblable à moi:
Je les forme pour la souffrance, pour les larmes,
Pour la joie et pour le plaisir,
Et ils ne te respecteront pas,
Comme moi! [...]

La grande affirmation de la vie
(1885-1887)

FRIEDRICH NIETZSCHE
(1844-1900)

La morale de Nietzsche est une morale qui s'efforce d'aller par delà le bien et le mal. *Non pas afin de tout se permettre et de pouvoir donner libre cours à la violence — ce qui est une façon d'être encore dans le bien et le mal en étant dans le mal — mais afin de renouer avec l'innocence. Celle-ci, en l'occurrence, n'est pas une figure de la naïveté mais de la pensée. Car, libre redoublement de la vie en elle-même, elle est pure réflexion créatrice de cette même vie. Lorsque Nietzsche fait l'éloge de la barbarie au nom de l'innocence comme c'est le cas dans l'un des textes présentés ici, il s'agit avant tout pour lui de faire le procès de ce qui, dans la culture, ne sait plus cultiver l'innocence, au point de la rejeter à l'extérieur d'elle-même, alors qu'elle en est la source. Quand, par ailleurs, il fait le procès de la morale, il ne s'agit nullement pour lui de se débarrasser des valeurs, mais de les accomplir en passant par la « mauvaise conscience », afin de donner mauvaise conscience à cette mauvaise conscience en osant être libre et sans scrupules, c'est-à-dire sans ce scrupule morbide qui empêche de vivre et de penser.*

Source : *Friedrich Nietzsche,* la Généalogie de la morale, *trad. C. Heim, I. Hildebrand, J. Gratien, Paris, Gallimard, 1971, p. 234 à 237, 1re dissertation § 10 et 11 ;* Ainsi parlait Zarathoustra, *trad. Maurice Retz, Paris, Gallimard, 1947, p. 35 à 37.*

Bibliographie : *Gilles Deleuze,* Nietzsche et la philosophie, *Paris, P.U.F., 1962 ; Karl Jaspers,* Nietzsche, *Paris, Gallimard, 1986.*

La généalogie de la morale

§ **10** [...] L'homme noble est plein de confiance et de franchise envers lui-même (γενναῖος, «noble de naissance» souligne la nuance de «franchise» et peut-être celle de «naïveté»), l'homme du ressentiment n'est ni franc, ni naïf, ni honnête et sincère envers lui-même. Son âme *louche ;* son esprit aime les repaires, les détours et les portes dérobées, tout ce qui est dissimulé de nature le touche comme *son* monde à lui, *sa* sécurité, *son* réconfort ; quant à se taire, à ne pas oublier, à patienter, à se faire momentanément petit, à s'humilier, il s'y entend à merveille. Une telle race d'hommes du ressentiment finira nécessairement par être plus *circonspecte* que n'importe quelle race noble, elle honorera la circonspection dans une tout autre mesure : à savoir comme une condition d'existence de premier ordre, tandis que chez l'homme noble la prudence aurait plutôt le sens d'un luxe, d'un raffinement : elle est bien moins essentielle que le bon fonctionnement des instincts régulateurs *inconscients* ou même qu'un certain manque de prudence, qui peut s'exprimer dans la témérité en face du danger ou de l'ennemi, ou bien dans ces enthousiasmes soudains de la rage, de l'amour, du respect, de la gratitude et de la vengeance qui ont de tout temps distingué les âmes nobles. Car même le ressentiment, quand il se rencontre chez l'homme noble, se manifeste et s'épuise en une réaction instantanée si bien qu'il *n'empoisonne* pas : de plus, en d'innombrables circonstances où il serait inévitable chez les hommes faibles et impuissants, il n'apparaît même pas. Ne pouvoir prendre longtemps au sérieux ni ses ennemis, ni ses échecs, ni même ses propres *méfaits* — voilà le signe des natures fortes et accomplies auxquelles une surabondance de force plastique permet de se régénérer, de guérir et même d'oublier (dans le monde moderne, Mirabeau en est un bon exemple, lui qui n'avait pas la mémoire des insultes et des infamies dirigées contre lui, et qui ne pouvait pardonner, pour la simple raison qu'il — oubliait). Un tel homme se débarrasse d'un seul coup de beaucoup de vermine qui chez d'autres s'incrusterait ; le véritable «*amour* de ses ennemis» n'est possible qu'ici, à supposer qu'il le soit sur terre. Combien profond est le respect que porte à ses ennemis l'homme noble ! — et un tel respect est déjà un pont vers l'amour... L'homme noble exige que son ennemi lui soit comme une distinction, il ne supporte pas d'autre ennemi que celui chez qui il n'y a rien à mépriser et *beaucoup* à vénérer ! Que l'on se représente au contraire «l'ennemi» tel que le conçoit l'homme du ressentiment, et nous tenons là son exploit à lui, sa création : il a conçu «l'ennemi méchant», *«le méchant»* comme principe, à partir duquel il imagine par imitation et comme antithèse un «bon» — lui-même !...

§ 11. Tout se passe donc à l'inverse de ce que nous voyons chez l'homme aristocratique, lequel conçoit d'abord et spontanément, c'est-à-dire à partir de lui-même, le principe de « bon » pour se faire seulement ensuite une idée de « mauvais » ! Quelle différence entre ce « mauvais » d'origine aristocratique et ce « méchant » brassé dans la cuve d'une haine inassouvie — le premier une création seconde, un accessoire, une couleur complémentaire, le second, au contraire, l'original, le commencement, l'*acte* véritable dans la conception d'une morale des esclaves : combien différents sont ces deux mots, « mauvais » et « méchant », opposés tous deux apparemment au même concept de « bon ». Mais ce *n'est pas* le même concept de « bon » : que l'on se demande plutôt *qui* est le véritable « méchant » au sens de la morale du ressentiment. En toute rigueur il faut répondre : c'est précisément le « bon » de l'autre morale, précisément l'homme aristocratique, le puissant, le maître, présenté sous d'autres couleurs, réinterprété et déformé par le regard fielleux du ressentiment. À ce propos il est une chose que nous ne voulons surtout pas cacher : qui n'a connu ces « bons » que comme ennemis n'a rien connu d'autre que de *méchants ennemis* et ces mêmes hommes qui, *inter pares,* sont tenus si sévèrement par les mœurs, par le respect, l'usage, la gratitude et plus encore par la surveillance mutuelle et la jalousie, ces hommes si inventifs en égards, en maîtrise de soi, en délicatesse, en fidélité, en fierté et en amitié dans leurs rapports entre eux — ne valent guère mieux, à l'extérieur, là où commence le monde étranger, *les* étrangers, que des bêtes fauves déchaînées. Là ils jouissent de l'affranchissement de toute contrainte sociale, ils se libèrent comme dans une jungle de la tension qui résulte de leur long emprisonnement, de leur séquestration dans la paix de la communauté, ils *retournent* à l'innocence du fauve, comme des monstres triomphants venus peut-être d'une suite abominable de meurtres, d'incendies, de viols et de tortures, l'âme sereine et exubérante, comme s'il ne s'était agi que d'une farce d'étudiant, convaincus qu'ils ont fourni une fois de plus aux poètes, et pour longtemps, une matière à chanter et à célébrer. Au fond de toutes ces races aristocratiques, il y a, à ne pas s'y tromper, le fauve, la superbe *brute blonde* avide de proie et de victoire ; de temps en temps ce fond caché a besoin de se libérer, il faut que le fauve sorte, qu'il retourne à son pays sauvage — dans ce besoin tous se valent : aristocrates romains, arabes, germaniques ou japonais, héros homériques ou vikings scandinaves. Ce sont les races aristocratiques qui ont laissé partout où ils sont passés le concept de « barbare » ; même à l'apogée de leur culture, ils en sont encore conscients et même fiers (par exemple quand Périclès dit aux Athéniens dans sa célèbre oraison funèbre : « notre audace s'est ouvert des chemins vers toutes les terres et toutes les mers, s'érigeant partout des monuments impérissables en bien *et en mal* »). [...]

S'il est vrai — en tout cas, on y croit aujourd'hui comme à une « vérité » — que le *sens de toute culture* est d'extraire de l'homme-fauve un animal apprivoisé et civilisé, un *animal domestique* en somme, il faudra alors sans aucun doute considérer comme les véritables *instruments de la culture* tous ces instincts de réaction et de ressentiment qui ont fini par humilier et dominer les races aristocratiques tout aussi bien que leurs idéaux ; ce qui ne voudrait pas encore dire que les *porteurs* de ces instincts eux-mêmes représentent aussi la culture. Le contraire ne me semble pas seulement vraisemblable — non ! c'est aujourd'hui l'*évidence !* Ces porteurs des instincts d'abaissement et de vengeance, ces descendants de tous les esclaves d'Europe et d'ailleurs, en particulier des populations pré-aryennes — ils représentent le *recul* de l'humanité. Ces « instruments de la culture » sont la honte de l'homme, ils font douter de la « culture » et constituent un argument contre elle. On a peut-être parfaitement raison de ne pas cesser de craindre la brute blonde qui est au fond de toutes les races aristocratiques et de rester sur ses gardes : qui, cependant, ne préférerait pas mille fois trembler de peur s'il peut admirer en même temps, plutôt que *ne pas* avoir peur et en même temps ne plus pouvoir échapper au spectacle écœurant qu'offrent les mal venus, les diminués, les étiolés, les intoxiqués? Et n'est-ce pas là cependant *notre* funeste destin? D'où vient aujourd'hui *notre* aversion pour «l'homme»? — car cela ne fait pas de doute, l'homme est pour nous une cause de *souffrance.* — *Ce n'est pas* de la crainte; c'est plutôt que nous n'avons plus rien à craindre de l'homme; que la vermine «homme» grouille au premier plan; que l'«homme apprivoisé», irrémédiablement médiocre et désolant a appris à se considérer comme but et fin, comme sens de l'histoire, comme «homme supérieur»; — et qu'il a, de plus, un certain droit de se croire tout cela, pour autant qu'il se croit extérieur au grouillement des mal venus, des malades, des épuisés qui commencent à infester l'Europe, et donc qu'il se prend pour quelqu'un de relativement réussi, encore capable de vivre, encore capable de dire oui à la vie —. [...]

Ainsi parlait Zarathoustra

Des trois métamorphoses

«Je vais vous énoncer trois métamorphoses de l'esprit: comment l'esprit devient chameau, comment le chameau devient lion, et comment enfin le lion devient enfant.

Il est maint fardeau pesant pour l'esprit, pour l'esprit fort et patient que le respect anime: sa vigueur réclame les fardeaux les plus lourds.

Qu'y a-t-il de pesant? ainsi interroge l'esprit courageux; et il s'agenouille comme le chameau et veut qu'on le charge bien.

Quel est le fardeau le plus lourd, ô héros? — ainsi interroge l'esprit courageux — afin que je le prenne sur moi et que ma force se réjouisse.

N'est-ce pas ceci: s'humilier pour faire mal à son orgueil? Faire luire sa folie pour tourner en dérision sa sagesse?

Ou est-ce cela: abandonner notre cause, au moment où elle célèbre sa victoire? Monter sur de hautes montagnes pour tenter le tentateur?

Ou est-ce cela: se nourrir des glands et de l'herbe de la connaissance, et souffrir la faim dans son âme, pour l'amour de la vérité?

Ou est-ce cela: être malade et renvoyer les consolateurs, se lier d'amitié avec des sourds qui n'entendent jamais ce que tu veux?

Ou est-ce cela: descendre dans l'eau trouble si c'est l'eau de la vérité, ne repousser ni les froides grenouilles ni les crapauds fiévreux?

Ou est-ce cela: aimer qui nous méprise et tendre la main au fantôme lorsqu'il veut nous effrayer?

L'esprit courageux assume tous ces fardeaux pesants: tel le chameau qui, sitôt chargé, se hâte vers le désert, ainsi se hâte-t-il vers son désert.

Mais au fond du désert le plus désolé s'accomplit la seconde métamorphose: ici l'esprit devient lion, il veut conquérir la liberté et être le maître de son propre désert.

Il cherche ici son dernier maître: il veut être l'ennemi de ce maître, et de son dernier dieu; pour la victoire il veut lutter avec le grand dragon.

Quel est le grand dragon que l'esprit ne veut plus appeler ni dieu ni maître? «Tu dois», s'appelle le grand dragon. Mais l'esprit du lion dit: «Je veux.»

«Tu dois» le guette au bord du chemin, étincelant d'or sous sa carapace aux mille écailles, et sur chaque écaille brille en lettres dorées: «Tu dois!»

Des valeurs maintes fois séculaires brillent sur ces écailles et ainsi parle le plus puissant de tous les dragons: «La valeur de toutes choses brille sur moi.»

Toute valeur a déjà été créée, et toutes les valeurs créées sont en moi. En vérité, il ne doit plus y avoir de «Je veux»! Ainsi parle le dragon.

Mes frères, pourquoi est-il besoin du lion de l'esprit? N'avons-nous pas assez de la bête robuste qui renonce et qui se soumet?

Créer des valeurs nouvelles, — le lion même ne le peut pas encore: mais se rendre libre pour des créations nouvelles, — c'est là ce que peut la puissance du lion.

Se libérer, opposer un «non» sacré même au devoir: telle, mes frères, est la tâche qui incombe au lion.

Conquérir le droit de créer des valeurs nouvelles, — c'est la plus terrible conquête pour un esprit patient et respectueux. En vérité, c'est pour lui un rapt et le fait d'une bête de proie.

Il aimait jadis le «Tu dois» comme son bien le plus sacré: à présent il lui faut trouver l'illusion et l'arbitraire, même dans le plus sacré, afin d'assurer sa liberté aux dépens de son amour: il faut un lion pour un tel rapt.

Mais dites-moi, mes frères, que peut faire l'enfant que le lion n'ait pu faire? Pourquoi faut-il que le lion féroce devienne enfant?

L'enfant est innocence et oubli, un nouveau commencement et un jeu, une roue qui roule sur elle-même, un premier mouvement, un «oui» sacré. Oui, pour le jeu de la création, mes frères, il est besoin d'un «oui» sacré. C'est sa volonté que l'esprit veut à présent, c'est son propre monde que veut gagner celui qui est perdu au monde.

Je vous ai nommé trois métamorphoses de l'esprit: comment l'esprit devient chameau, comment l'esprit devient lion, et comment, enfin, le lion devient enfant.»

MORALE ET GÉNÉROSITÉ

L'amitié

(vers 320 av. J.-C.)

ARISTOTE
(384-322)

Ainsi que l'a montré Kant, la morale a toujours été traversée par le conflit opposant la vertu au bonheur, la vertu voyant dans le plaisir un relâchement et le bonheur voyant dans la vertu une contrainte, voire une violence. Toutefois, les mêmes moralistes qui ont su voir les limites de la vertu comme du bonheur ont fait également remarquer qu'il existe un contentement de l'action vertueuse comme une vertu du bonheur. Preuve, comme dira Pascal, qu'un peu de morale nous éloigne de la morale, mais que beaucoup nous y ramène. Aussi à la vertu comme au bonheur convient-il d'ajouter un troisième terme, à savoir la générosité. Si en effet nos vertus manquent à être heureuses et nos bonheurs à être vertueux, c'est qu'ils ne sont pas assez généreux et qu'il leur manque ce redoublement en eux-mêmes qui s'appelle réflexion et pensée. La morale n'est pas dans un au-delà de l'existence qu'il conviendrait d'aller rechercher en niant cette dernière. Mais la morale est bien dans l'existence, qu'il convient d'approfondir en la faisant passer de la puissance à l'acte, ainsi que nous invite à le faire Aristote. Notre devoir n'est ni d'être au-delà de ce qui est, ni d'être en nous contentant d'être, mais d'être une vie se devant à elle-même en un effort de perfection. Quand c'est le cas, de cette amitié passée avec notre vie jaillit l'amitié tout court comme vie naturelle de la vie, qui fait vivre cette dernière ainsi que la pensée, puisque, ne l'oublions pas, la philosophie qui est amie (philia) *de la sagesse a pour vocation d'avoir la sagesse de l'amitié.*

Source : *Aristote,* Éthique à Nicomaque, *Livre II, chap. I, Livre VIII, chap. I, trad. J. Voilquin, Paris, Garnier-Flammarion, pp. 45-46, 207 à 208.*
Bibliographie : *J. Moreau,* Aristote et son école, *Paris, P.U.F., 1985 ; R.-A. Gauthier,* la Morale d'Aristote, *Paris, Presses universitaires de France, 1962.*

La vertu apparaît sous un double aspect, l'un intellectuel, l'autre moral; la vertu intellectuelle provient en majeure partie de l'instruction, dont elle a besoin pour se manifester et se développer; aussi exige-t-elle de la pratique et du temps, tandis que la vertu morale est fille des bonnes habitudes; de là vient que, par un léger changement, du terme mœurs sort le terme moral.
2. Cette constatation montre clairement qu'aucune des vertus morales ne naît naturellement en nous; en effet, rien ne peut modifier l'habitude donnée par la nature; par exemple, la pierre qu'entraîne la pesanteur ne peut contracter l'habitude contraire, même si, un nombre incalculable de fois, on la jette en l'air; le feu monte et ne saurait descendre; et il en va de même pour tous les corps, qui ne peuvent modifier leur habitude originelle. **3.** Ce n'est donc ni par un effet de la nature, ni contrairement à la nature que les vertus naissent en nous; nous sommes naturellement prédisposés à les acquérir, à condition de les perfectionner par l'habitude. **4.** De plus, pour tout ce qui nous est donné par la nature, nous n'obtenons d'elle que des dispositions, des possibilités; c'est à nous ensuite à les faire passer à l'acte. Cela est visible en ce qui concerne les sens; car ce n'est pas par de fréquentes sensations de la vue et de l'ouïe que nous avons acquis ces deux sens; bien au contraire, nous les possédions déjà et nous les avons employés; ce n'est pas l'usage qui nous les a donnés. Quant aux vertus, nous les acquérons d'abord par l'exercice, comme il arrive également dans les arts et les métiers. Ce que nous devons exécuter après une étude préalable, nous l'apprenons par la pratique; par exemple, c'est en bâtissant que l'on devient architecte, en jouant de la cithare que l'on devient citharède. De même, c'est à force de pratiquer la justice, la tempérance et le courage que nous devenons justes, tempérants et courageux. **5.** La preuve en est ce qui se passe ordinairement dans les cités; les législateurs, en les habituant, forment les citoyens à la vertu. Et c'est bien là l'intention de tout législateur. Tous ceux qui ne s'y prennent pas ainsi manquent leur but, attendu que c'est par là seulement qu'une cité diffère d'une autre cité, et une bonne cité d'une mauvaise. **6.** En outre, les mêmes causes expliquent encore la naissance et l'altération de toute vertu, comme de toute technique. C'est par la

pratique de la cithare que se forment les bons et les mauvais musiciens. Il en va de même pour les architectes et les autres spécialistes. À force de bien ou de mal construire, l'on devient bon ou mauvais architecte. **7.** S'il n'en était pas ainsi, on n'aurait pas le moins du monde besoin des leçons d'un maître et l'on serait de naissance bon ou mauvais spécialiste. Il en va donc de même des vertus. C'est par nos manières d'observer les contrats avec nos semblables que nous devenons, les uns justes, les autres injustes. À force d'affronter les situations dangereuses et de nous habituer à la crainte et à l'audace, nous devenons courageux ou pusillanimes. Il n'en va pas autrement en ce qui concerne le désir et la colère; les uns arrivent à la tempérance et à la douceur, les autres à l'intempérance et à l'irascibilité, parce que la manière de se comporter des uns et des autres est différente. Et, en un mot, des activités semblables créent des dispositions correspondantes. **8.** Aussi faut-il exercer nos activités d'une manière déterminée; car les différences de conduite engendrent des habitudes différentes. La façon dont on est élevé dès l'enfance n'a pas, dans ces conditions, une mince importance. Que dis-je? Cette importance est extrême, elle est tout à fait essentielle.

Ceci fait, il nous reste à traiter de l'amitié. L'amitié est une vertu, ou tout au moins, elle s'accompagne de vertu. De plus, elle est absolument indispensable à la vie: sans amis, nul ne voudrait vivre, même en étant comblé de tous les autres biens. Les riches eux-mêmes, ceux qui possèdent les charges et le pouvoir suprême, ont, semble-t-il, tout particulièrement besoin d'amis. À quoi leur servirait d'être ainsi comblés de biens, si on les privait de la faculté de faire le bien qui s'exerce à l'égard des amis, et qui est alors particulièrement louable? Comment aussi, sans amis, surveiller et garder tant de biens? Plus ils sont nombreux, plus leur possession est incertaine. **2.** Dans la pauvreté et les autres infortunes, on pense généralement que les amis constituent le seul refuge. Aux jeunes gens l'amitié prête son concours pour leur éviter des fautes; aux vieillards elle vient en aide pour les soins que demande leur état et elle supplée à l'incapacité d'agir à laquelle les condamne leur faiblesse; quant aux hommes dans la force de l'âge, elle les stimule aux belles actions. Le poète parle de «deux êtres qui marchent unis». Et effectivement on est ainsi plus fort pour penser et pour agir. **3.** L'amitié est, semble-t-il, un sentiment inné dans le cœur du créateur à l'égard de sa créature et dans celui de la créature à l'égard du créateur. Il existe, non seulement chez les hommes, mais encore chez les oiseaux et chez la plupart des êtres vivants, dans les individus d'une même espèce les uns à l'égard des autres, et principalement entre les hommes. De là les éloges que nous décernons à ceux qu'on appelle des «philanthropes». On peut constater, même au cours de voyages, quelle familiarité et quelle amitié l'homme nourrit à l'égard de l'homme. **4.** L'amitié semble encore être le lien des cités et attirer le soin des législateurs, plus même que la justice. La concorde, qui ressemble en quelque mesure à l'amitié, paraît être l'objet de leur principale sollicitude, tandis qu'ils cherchent à bannir tout particulièrement la discorde, ennemie de l'amitié. D'ailleurs, si les citoyens pratiquaient entre eux l'amitié, ils n'auraient nullement besoin de la justice; mais, même en les supposant justes, ils auraient encore besoin de l'amitié; et la justice, à son point de perfection, paraît tenir de la nature de l'amitié. **5.** L'amitié est nécessaire. Que dis-je? Elle est admirable; nous ne ménageons pas nos éloges à ceux qui en ont le culte et le grand nombre d'amis constitue un des avantages les plus honorables — quelques-uns même sont d'avis que c'est tout un d'être honnête homme et ami sûr. **6.** Les discussions que suscite l'amitié sont nombreuses: les uns la fondent sur une sorte de ressemblance et disent que se ressembler, c'est s'aimer. De là les proverbes: le semblable est attiré par le semblable; le geai avec le geai, et autres manières de dire. D'autres, par contre, déclarent que tous ceux qui ont quelque ressemblance se comportent les uns avec les autres en véritables potiers. Et, à ce sujet, ils remontent plus haut et cherchent une explication tirée de la nature extérieure. Euripide avance que: «La terre desséchée désire la pluie et le ciel majestueux, rempli de pluie, est possédé du désir de se répandre sur la terre.» Pour Héraclite, l'utile naît du contraire, la plus belle harmonie naît du contraire, et tout provient de la Discorde. En opposition avec les précédents, d'autres, et particulièrement Empédocle, affirment que le semblable tend à s'unir au semblable. **7.** Parmi ces difficultés, laissons de côté celles qui ont trait à la nature extérieure; ce n'est pas l'objet de notre présente étude. Examinons celles qui se rapportent à la nature de l' homme et qui concernent les mœurs et les passions. Demandons-nous, par exemple, si l'amitié existe chez tous les hommes? S'il est impossible que des gens pervers éprouvent de l'amitié? Si l'amitié existe sous une forme ou sous plusieurs? Ceux qui n'admettent qu'une seule espèce d'amitié, sous prétexte qu'elle est susceptible de degrés, ont recours à un indice peu probant: il existe des choses spécifiquement différentes, comme nous l'avons dit plus haut, qui présentent des degrés différents.

L'estime
(1637-1649)

RENÉ DESCARTES
(1596-1650)

Descartes est à bien des égards à l'opposé d'Aristote, dont il a cherché à se dégager en voulant se délivrer de la scolastique. Toutefois, ils ont en commun un même rapport à la générosité, ainsi que l'a vu Éric Weil, par l'éthique même de leur pensée. En cherchant en effet à faire table rase de toute tradition, afin de ne recevoir pour vrai que ce que l'on peut évidemment connaître être tel, il s'est appuyé uniquement sur lui-même. Mais il ne faut voir là aucun repli égoïste. Car, la charité bien ordonnée commençant par soi-même, il y a une générosité dans le fait de ne s'occuper que de soi, qui consiste à ne pas laisser cette charge à d'autres en se servant d'eux à cet effet. De plus, c'est en s'estimant soi-même que, découvrant l'esprit dont on est capable, on en vient à découvrir l'esprit dont tout homme est capable. Tant il est vrai que c'est ne pas s'estimer vraiment que de n'estimer que soi.

Soucieux de vouloir construire une morale véritablement raisonnable, Descartes ne s'est donné dans le Discours de la méthode *qu'une morale provisoire, ménageant principalement l'indépendance de la pensée. Toutefois, cette morale est tout entière généreuse. Car la pensée libre libère les autres et ne peut être, ce faisant, que généreuse.*

Source: *René Descartes,* Discours de la méthode, *3e partie, Paris, Éditions Alquié, 1972, Garnier, vol. I, p. 591 à 597;* les Passions de l'âme, *Paris, Éditions Alquié, 1973, vol. III, p. 1064-1065.*

Bibliographie: *Geneviève Rodis-Lewis,* la Morale de Descartes, *Paris, P.U.F., 1957; Pierre Guénancia,* Descartes et l'ordre politique, *Paris, P.U.F., 1983.*

Discours de la méthode

Comme ce n'est pas assez, avant de commencer à rebâtir le logis où on demeure, que de l'abattre et de faire provision de matériaux et d'architectes, ou s'exercer soi-même à l'architecture, et outre cela d'en avoir soigneusement tracé le dessin, mais qu'il faut aussi s'être pourvu de quelque autre où on puisse être logé commodément pendant le temps qu'on y travaillera; ainsi, afin que je ne demeurasse point irrésolu en mes actions, pendant que la raison m'obligerait de l'être en mes jugements, et que je ne laissasse pas de vivre dès lors le plus heureusement que je pourrais, je me formai une morale par provision, qui ne consistait qu'en trois ou quatre maximes dont je veux bien vous faire part.

La première était d'obéir aux lois et aux coutumes de mon pays, retenant constamment la religion en laquelle Dieu m'a fait grâce d'être instruit dès mon enfance, et me gouvernant en toute autre chose suivant les opinions les plus modérées et les plus éloignées de l'excès, qui fussent communément reçues en pratique par les mieux sensés de ceux avec lesquels j'aurais à vivre. Car, commençant dès lors à ne compter pour rien les miennes propres, à cause que je les voulais remettre toutes à l'examen, j'étais assuré de ne pouvoir mieux que de suivre celles des mieux sensés. Et encore qu'il y en ait peut-être d'aussi bien sensés parmi les Perses ou les Chinois que parmi nous, il me semblait que le plus utile était de me régler selon ceux avec lesquels j'aurais à vivre; et que, pour savoir quelles étaient véritablement leurs opinions, je devais plutôt prendre garde à ce qu'ils pratiquaient qu'à ce qu'ils disaient; non seulement à cause qu'en la corruption de nos mœurs il y a peu de gens qui veuillent dire tout ce qu'ils croient, mais aussi à cause que plusieurs l'ignorent eux-mêmes; car l'action de la pensée par laquelle on connaît qu'on la croit, elles sont souvent l'une sans l'autre. Et, entre plusieurs opinions également reçues, je ne choisissais que les plus modérées, tant à cause que ce sont toujours les plus commodes pour la pratique, et vraisemblablement les meilleures, tout excès ayant coutume d'être mauvais; comme aussi afin de me détourner moins du vrai chemin, en cas que je faillisse, que si, ayant choisi l'un des extrêmes, c'eût été l'autre qu'il eût fallu suivre. Et, particulièrement, je mettais entre les excès toutes les promesses par lesquelles on retranche quelque chose de sa liberté. Non que je désapprouvasse les lois qui, pour remédier à l'inconstance des esprits faibles, permettent, lorsqu'on a quelque bon dessein, ou même pour la sûreté du commerce, quelque dessein qui n'est qu'indifférent, qu'on fasse des vœux ou des contrats qui obligent à y persévérer; mais à cause que je ne voyais au monde aucune chose qui demeurât toujours en même état, et que, pour mon particulier, je me promettais de perfectionner de plus en plus mes jugements, et non point de les rendre pires, j'eusse pensé commettre une grande faute contre le bon sens, si, pour ce que j'approuvais alors quelque chose, je me fusse obligé de la prendre pour bonne encore après, lorsqu'elle aurait peut-être cessé de l'être, ou que j'aurais cessé de l'estimer telle.

Ma seconde maxime était d'être le plus ferme et le plus résolu en mes actions que je pourrais, et de ne suivre pas moins constamment les opinions les plus douteuses, lorsque je m'y serais une fois déterminé, que si elles eussent été très assurées. Imitant en ceci les voyageurs qui, se trouvant égarés en quelque forêt, ne doivent pas errer en tournoyant tantôt d'un côté, tantôt d'un autre, ni encore moins s'arrêter en une place, mais marcher toujours le plus droit qu'ils peuvent vers un même côté, et ne le changer point pour de faibles raisons, encore que ce n'ait peut-être été au commencement que le hasard seul qui les ait déterminés à le choisir; car, par ce moyen, s'ils ne vont justement où ils désirent, ils arriveront au moins à la fin quelque part où vraisemblablement ils seront mieux que dans le milieu d'une forêt. Et ainsi, les actions de la vie ne souffrant souvent aucun délai, c'est une vérité très certaine que, lorsqu'il n'est pas en notre pouvoir de discerner les plus vraies opinions, nous devons suivre les plus probables, et même qu'encore que nous ne remarquions point davantage de probabilité aux unes qu'aux autres, nous devons néanmoins nous déterminer à quelques-unes et les considérer après, non plus comme douteuses en tant qu'elles se rapportent à la pratique, mais comme très vraies et très certaines, à cause que la raison qui nous y a fait déterminer se trouve telle. Et ceci fut capable dès lors de me délivrer de tous les repentirs et les remords qui ont coutume d'agiter les consciences de ces esprits faibles et chancelants, qui se laissent aller inconstamment à pratiquer comme bonnes les choses qu'ils jugent après être mauvaises.

Ma troisième maxime était de tâcher toujours plutôt à me vaincre que la fortune, et à changer mes désirs que l'ordre du monde; et généralement de m'accoutumer à croire qu'il n'y a rien qui soit entièrement en notre pouvoir que nos pensées, en sorte qu'après que nous avons fait notre mieux touchant les choses qui nous sont extérieures, tout ce qui manque de nous réussir est au regard de nous absolument impossible. Et ceci seul me semblait être suffisant pour m'empêcher de rien désirer à l'avenir que je n'acquisse, et ainsi pour me rendre content: car notre volonté ne se portant naturellement à désirer que les choses que notre entendement lui représente en quelque façon comme possibles, il est certain que si nous considérons tous les biens qui sont hors de nous comme également éloignés de notre pouvoir, nous n'aurons pas plus de regret de manquer de ceux qui semblent être dus à notre naissance, lorsque nous en serons privés sans notre faute, que nous avons de ne posséder pas les royaumes de la Chine ou du Mexique; et que faisant, comme on dit, de nécessité vertu, nous ne désirerons pas davantage d'être sains étant malades, ou d'être libres étant en prison, que nous faisons maintenant d'avoir des corps d'une matière aussi peu corruptible que les diamants, ou des ailes pour voler comme les oiseaux. Mais j'avoue qu'il est besoin d'un long exercice et d'une méditation souvent réitérée pour s'accoutumer à regarder de ce biais toutes les choses; et je crois que c'est principalement en ceci que consistait le secret de ces philosophes, qui ont pu autrefois se soustraire à l'empire de la fortune, et, malgré les douleurs et la pauvreté, disputer de la félicité avec leurs dieux. Car, s'occupant sans cesse à considérer les bornes qui leur étaient prescrites par la nature, ils se persuadaient si parfaitement que rien n'était en leur pouvoir que leurs pensées, que cela seul était suffisant pour les empêcher d'avoir aucune affection pour d'autres choses; et ils disposaient d'elles si absolument, qu'ils avaient en cela quelque raison de s'estimer plus riches et plus puissants, et plus libres, et plus heureux qu'aucun des autres hommes, qui, n'ayant point cette philosophie, tant favorisés de la nature et de la fortune qu'ils puissent être, ne disposent jamais ainsi de tout ce qu'ils veulent.

Enfin, pour conclusion de cette morale, je m'avisai de faire une revue sur les diverses occupations qu'ont les hommes en cette vie, pour tâcher à faire choix de la meilleure; et, sans que je veuille rien dire de celles des autres, je pensai que je ne pouvais mieux que de continuer en celle-là même où je me trouvais, c'est-à-dire que d'employer toute ma vie à cultiver ma raison, et m'avancer autant que je pourrais en la connaissance de la vérité, suivant la méthode que je m'étais prescrite.

Les Passions de l'âme

Art. 149. De l'estime et du mépris

APRÈS AVOIR EXPLIQUÉ les six passions primitives, qui sont comme les genres dont toutes les autres sont des espèces, je remarquerai ici succinctement ce qu'il y a de particulier en chacune de ces autres, et je retiendrai le même ordre suivant lequel je les ai ci-dessus dénombrées. Les deux premières sont l'estime et le mépris; car, bien que ces noms ne signifient ordinairement que les opinions qu'on a sans passion de la valeur de chaque chose, toutefois, à cause que, de ces opinions, il naît souvent des passions auxquelles on n'a point donné de noms particuliers, il me semble que ceux-ci leur peuvent être attribués. Et l'estime, en tant qu'elle est une passion, est une inclination qu'a l'âme à se représenter la valeur de la chose estimée, laquelle inclination est causée par un mouvement particulier des esprits tellement conduits dans le cerveau qu'ils y fortifient les impressions qui servent à ce sujet. Comme, au contraire, la passion du mépris est une inclination qu'a l'âme à considérer la bassesse ou petitesse de ce qu'elle méprise, causée par le mouvement des esprits qui fortifient l'idée de cette petitesse.

Art. 150. Que ces deux passions ne sont que des espèces d'admiration

Ainsi ces deux passions ne sont que des espèces d'admiration; car lorsque nous n'admirons point la grandeur ni la petitesse d'un objet, nous n'en faisons ni plus ni moins d'état que la raison nous dicte que nous en devons faire, de façon que nous l'estimons ou le méprisons alors sans passion. Et, bien que souvent l'estime soit excitée en nous par l'amour, et le mépris par la haine, cela n'est pas universel et ne vient que de ce qu'on est plus ou moins enclin à considérer la grandeur ou la petitesse d'un objet, à raison de ce qu'on a plus ou moins d'affection pour lui.

Art. 151. Qu'on peut s'estimer ou mépriser soi-même

Or, ces deux passions se peuvent généralement rapporter à toutes sortes d'objets; mais elles sont principalement remarquables quand nous les rapportons à nous-mêmes, c'est-à-dire quand c'est notre propre mérite que nous estimons ou méprisons. Et le mouvement des esprits qui les cause est alors si manifeste qu'il change même la mine, les gestes, la démarche et généralement toutes les actions de ceux qui conçoivent une meilleure ou une plus mauvaise opinion d'eux-mêmes qu'à l'ordinaire.

Art. 152. Pour quelle cause on peut s'estimer

Et parce que l'une des principales parties de la sagesse est de savoir en quelle façon et pour quelle cause chacun se doit estimer ou mépriser, je tâcherai ici d'en dire mon opinion. Je ne remarque en nous qu'une seule chose qui nous puisse donner juste raison de nous estimer, à savoir l'usage de notre libre arbitre, et l'empire que nous avons sur nos volontés. Car il n'y a que les seules actions qui dépendent de ce libre arbitre pour lesquelles nous puissions avec raison être loués ou blâmés, et il nous rend en quelque façon semblables à

Dieu en nous faisant maîtres de nous-mêmes, pourvu que nous ne perdions point par lâcheté les droits qu'il nous donne.

Art. 153. En quoi consiste la générosité

Ainsi je crois que la vraie générosité, qui fait qu'un homme s'estime au plus haut point qu'il se peut légitimement estimer, consiste seulement partie en ce qu'il connaît qu'il n'y a rien qui véritablement lui appartienne que cette libre disposition de ses volontés, ni pourquoi il doive être loué ou blâmé sinon pour ce qu'il en use bien ou mal, et partie en ce qu'il sent en soi-même une ferme et constante résolution d'en bien user, c'est-à-dire de ne manquer jamais de volonté pour entreprendre et exécuter toutes les choses qu'il jugera être les meilleures. Ce qui est suivre parfaitement la vertu.

Art. 154. Qu'elle empêche qu'on ne méprise les autres

Ceux qui ont cette connaissance et ce sentiment d'eux-mêmes se persuadent facilement que chacun des autres hommes les peut aussi avoir de soi, parce qu'il n'y a rien en cela qui dépende d'autrui. C'est pourquoi ils ne méprisent jamais personne; et, bien qu'ils voient souvent que les autres commettent des fautes qui font paraître leur faiblesse, ils sont toutefois plus enclins à les excuser qu'à les blâmer, et à croire que c'est plutôt par manque de connaissance que par manque de bonne volonté qu'ils les commettent. Et, comme ils ne pensent point être de beaucoup inférieurs à ceux qui ont plus de bien ou d'honneurs, ou même qui ont plus d'esprit, plus de savoir, plus de beauté, ou généralement qui les surpassent en quelques autres perfections, aussi ne s'estiment-ils point beaucoup au-dessus de ceux qu'ils surpassent, à cause que toutes ces choses leur semblent être fort peu considérables, à comparaison de la bonne volonté, pour laquelle seule ils s'estiment, et laquelle ils supposent aussi être ou du moins pouvoir être en chacun des autres hommes.

Générosité du devoir

(1961)

ÉRIC WEIL

(1904-1977)

La morale, souligne Éric Weil, suppose que l'on ait les vertus, mais aussi la vertu dans les vertus, qui consiste à ne pas s'enorgueillir des vertus que l'on possède, mais à se situer au-delà d'elles. Quand c'est le cas, une telle vertu rend toujours heureux. Car, en redoublant de vertu comme elle le fait, elle redouble de vie et, en redoublant ainsi de vie, elle réconcilie l'individu avec la vie. D'où l'impression de bonheur que procure toujours le devoir accompli. En sa générosité de vie née d'une exigence à l'égard de lui-même, l'homme vertueux est toujours heureux. Aussi la générosité est-elle en définitive la vertu même et confère-t-elle à la morale le pouvoir de proclamer contre toute attente — sans que cela soit un vain mot — que seul le bonheur rend vertueux.

Source: *Éric Weil,* Philosophie morale, *Paris, Vrin, 3e édition, 1981, p. 198-199.*
Bibliographie: *Gilbert Kirscher,* la Philosophie d'Éric Weil, *Paris, P.U.F., 1989.*

Seul l'homme heureux est vertueux. La thèse ne paraîtra surprenante qu'à celui qui méconnaît le but de toute morale de l'individu, morale pour l'individu développée par l'individu même, ou qui oublie qu'elle ne fait que répéter la plus courante des thèses traditionnelles, celle qui veut que seule la vertu rende heureux, tandis que la conversion d'une proposition de ce type constitue une des opérations les plus simples de la logique. Si, néanmoins, la formule surprend, c'est que l'ambiguïté des termes de vertu et de bonheur produit les apparences d'un paradoxe, voire, d'une contradiction: qui ignore que l'homme vertueux peut être pauvre et malade, que l'homme riche et puissant, dans l'abondance de tous les biens, peut être méchant? Confusion entre satisfaction et bonheur, on vient de le voir, entre vertu-qualité et vertu-bonheur. Mais encore qu'on l'évite, on sera tenté de dire que, tout au plus, le bonheur constitue la *causa cognoscendi* de la vertu, et que celle-ci restera toujours la *causa essendi* de celui-là. En un certain sens, une telle remarque se justifie: on ne peut être heureux qu'à condition d'être vertueux (le malheur des hommes seulement satisfaits est d'une observation trop courante pour que, après toutes les analyses des sociologues, des éducateurs et des psychiatres, on doive insister). Mais *vertu,* dans ce contexte, désigne les vertus dites morales. En d'autres termes, philosophiquement plus corrects, on n'est donc pas heureux sans avoir accompli, sans accomplir son devoir et ses devoirs. Cependant, la condition du bonheur n'est ni bonheur ni même cause de bonheur, pas plus que la morale n'est la vie morale, bien que celle-ci n'existe pas sans celle-là (fût-elle, au lieu de pensée personnelle, pensée incarnée dans les institutions et les mœurs de la communauté): l'homme peut obéir à la loi et aux lois et, sa vie durant, ressentir cette obéissance comme un joug, une servitude, noble, certes, mais pénible au plus haut degré. Le bonheur ne naîtra que là où la fidélité à la loi et à la morale n'est plus obéissance, où l'individu désire faire ce qu'il veut (en tant qu'être raisonnable) et à quoi il serait tenu s'il ne le désirait pas. Le but de toute vie morale n'est atteint que par l'homme réconcilié avec lui-même, être passionné et être raisonnable: seul l'homme heureux est vertueux, et il ne l'est pas parce que la vertu produirait le bonheur en lui comme quelque chose d'autre qu'elle-même (nous ne parlons pas du point de vue de la biographie, où les vertus morales précèdent le bonheur, comme la jeunesse précède l'âge adulte): le bonheur est la vertu, la vertu est le bonheur de l'être raisonnable en son existence finie et conditionnée.

C'est donc une vue à la fois juste et profonde qui, d'Aristote à Descartes, voit la vertu principale en ce qu'elle appelle la magnanimité (ou la générosité). C'est elle qui parfait, c'est en elle que se parfait la vie de l'homme moral. Elle n'est pas une vertu, elle est, à proprement parler, la vertu. Certes, l'expression est dangereuse: la conception de la vertu qui est celle du moralisme domine le sentiment de l'époque à tel point qu'il est difficile de s'en affranchir. Or, cet usage révèle un pessimisme, curieux du point de vue de la morale, naturel quand il s'agit d'observation, qui considère déjà comme remarquable l'individu qui fait ce qu'il est tenu de faire et qui évite ce qu'en conscience il ne peut pas vouloir faire. La vertu n'existe pas en l'absence des vertus; l'inverse — on est tenté d'ajouter: hélas! — n'est nullement vrai: l'homme du devoir accompli peut être malheureux, et non dans ce sens, banal, que sa «vertu» ne lui apporterait pas nécessairement toutes les satisfactions de son monde, celles auxquelles tout homme de ce monde a droit, mais dans cet autre, qu'il n'est pas heureux en lui-même, quand bien même, en dehors de sa bonne conscience, il posséderait tout ce que l'on peut souhaiter.

L'homme heureux n'est pas seulement au-dessus de tout ce que l'extérieur peut lui offrir ou refuser; il est encore au-dessus de ses propres «vertus». Les devoirs, il les accomplira, mais il n'en tirera aucune fierté: ce n'est pas un mérite d'être honnête, véridique, courageux, maître de ses passions et désirs, il est déshonorant de ne pas l'être. La grandeur d'âme ne consiste pas dans l'observation des devoirs, elle la présuppose comme allant de soi. Ce qui caractérise l'homme magnanime, c'est qu'il fait preuve, quelles que soient les circonstances, de la plus haute exigence envers lui-même, tout en ne retirant aucune fierté, soit de l'exigence, soit du fait qu'il vit et agit en accord avec elle. Il est, au sens du monde, au-dessus de lui-même : ce n'est pas ce qu'il fait qui l'intéresse, aussi longtemps qu'il n'a pas dérogé ; ce n'est même pas ce qu'il est, si l'on entend par là ce qu'il est au jugement des autres, les qualités qu'il possède, la place qu'il atteint dans l'estime de ses contemporains : ni les louanges ni les récriminations ne le touchent, sinon dans la mesure où elles peuvent l'éclairer sur les autres et ainsi lui indiquer ce qu'il peut et doit faire à leur égard et dans leur intérêt. Il ne tient qu'à une chose, à n'être pas en désaccord avec soi. Il ne se prend pas pour un héros ou pour un saint; il sait trop bien qu'il est un être humain, besogneux, plein de passions, de violence; il accepte le sort commun de l'humanité, et c'est à sa place d'homme, dans la nature et dans l'histoire, qu'il veut s'accomplir. Il se donnera sa forme, lui-même à lui-même, *informant* sa nature, sa sensibilité, tout ce qu'il porte en lui, ce tout dont chaque élément est, et restera toujours, à la fois possibilité du bien et tentation du mal; et il ne se donnera pas cette forme en cherchant un modèle à imiter (quoique ce soit le contact avec des modèles vécus et vivants, qu'ils soient historiques ou imaginaires, qui lui permet de se former), mais en cherchant, toujours à tâtons et toujours lucidement, un équilibre intérieur qui soit le sien et ne soit que le sien (bien que la vue de l'équilibre atteint par lui soit ce qui contribue le plus à le faire chercher par d'autres, mais pour devenir eux-mêmes, s'ils le comprennent, s'ils se comprennent). Il sait qu'il n'y arrivera pas sans accomplir ses devoirs; il sait aussi que cela ne suffit pas et que ce que la tradition appelle morale et ce qu'elle en distingue sous le titre de sens esthétique, artistique, poétique sont inséparables. Il veut réaliser, et il peut réaliser, l'humanité de l'homme, non abstraitement, mais d'une façon qui le contente dans toute la mesure où un être besogneux peut être contenté, façon qui n'est pas arbitraire, parce que sa vie est reconnue comme vie bonne par ceux qui, comme lui, cherchent, le feraient-ils avec un sentiment moins clair que lui, le respect d'eux-mêmes dans l'équilibre de tout leur être. Il n'est pas plus qu'homme, il est plus homme que ceux qui vivent dans la satisfaction de l'animal et pour la lutte des désirs arbitraires.

MORALE ET LIBERTÉ

Sagesse de l'amour
(1951)

KARL JASPERS
(1883-1969)

Il y a un conflit entre la morale et la vie. Car la vie a tendance à voir dans la morale un ordre contraignant souvent étouffant et réducteur. Tout comme la morale a tendance à voir dans la vie un élan spontané naturel, souvent inconscient et désordonné. Toutefois, la vie qui est un élan aveugle ne sachant plus ce qu'il veut n'est pas la vie, mais son refus déguisé. Tout comme la morale qui n'est que rigueur sans rigueur vis-à-vis de celle-ci n'est pas rigoureuse, mais le désordre même. De fait, la vie qui aime la vie n'est pas dispersion, mais retenue et exigence d'une vie voulant la vie de façon responsable. De son côté, la morale qui est vraiment morale est une retenue capable de se retenir afin de laisser parler la générosité. On comprend, dès lors, que l'amour soit, comme le montre Jaspers, l'accomplissement de la morale. Car si cette dernière fait vivre la vie en lui offrant les exigences qui lui manquent, l'amour est ce qui la fait vivre en lui évitant d'être exigeante avec tous, sauf avec elle-même.

Source : *Karl Jaspers,* Introduction à la philosophie, *trad. Jeanne Hersch, Paris, Plon, 1985, p. 60 à 63.*

Bibliographie : *Paul Ricœur et Mikel Dufrenne,* Karl Jaspers et la philosophie de l'existence, *Paris, Le Seuil.*

PAR LES DÉVELOPPEMENTS qui précèdent, nous avons cherché à cerner le sens de l'absolu, mais nous n'en avons pas atteint le centre. Celui-ci devient manifeste par l'opposition du bien et du mal.

Dans l'absolu un choix a été fait. Une décision a été prise, qui devient la substance d'un homme. Ayant à décider entre le bien et le mal, il a choisi ce qu'il considère comme étant le bien.

Le bien et le mal s'opposent sur trois plans :

1° On considère comme le mal l'abandon immédiat et sans frein aux penchants et aux appétits des sens, aux plaisirs et au bonheur de ce monde, à la réalité concrète comme telle ; bref, le mal, c'est une vie humaine qui reste dans le relatif, qui s'écoule comme celle des animaux, rencontrant le succès ou l'échec, dans l'agitation du changement, sans qu'aucune décision soit jamais prise.

Bonne, au contraire, est la vie qui, sans rejeter le bonheur de ce monde, le subordonne à la norme morale. Cette norme est conçue comme la loi générale d'une conduite moralement juste. Elle prend valeur d'absolu.

2° À côté de la pure et simple faiblesse qui fait que l'on cède à ses penchants, on considérera comme mal la mauvaise foi dont Kant a parlé, et qui consiste à faire le bien seulement si l'on n'encourt pas là aucun dommage, ou si du moins il ne vous en coûte pas trop cher. En termes abstraits, cela signifie que l'on donne bien son adhésion à l'absolu de l'exigence morale, mais en n'obéissant à la loi du bien que conditionnellement : seulement dans la mesure où l'on peut le faire sans gêner la satisfaction de ses besoins ou plaisirs matériels. On veut bien être bon, mais à cette condition, non absolument. Cette bonté illusoire est pour ainsi dire un luxe rendu possible par une situation favorable où l'on peut s'offrir le plaisir d'être bon.

En cas de conflit entre l'exigence morale et mes intérêts positifs, je suis peut-être prêt, sans me l'avouer, selon la grandeur des intérêts mis en jeu, à n'importe quel forfait. Pour ne pas mourir moi-même, lorsque l'ordre m'est donné de tuer, je tue. Mais la situation favorable où je me trouve et qui m'épargne tout conflit me permet d'ignorer le mal en moi.

Le bien, en revanche, ce sera de s'arracher à cette perversion du rapport conditionnel qui subordonne l'absolu aux conditions du bonheur terrestre, et de retrouver ainsi l'absolu authentique. C'est se convertir, après s'être constamment trompé soi-même par des motifs impurs, au sérieux de l'absolu.

3° On ne considère comme mal que la volonté mauvaise, c'est-à-dire la volonté de destruction comme telle, le besoin de faire souffrir, celui de la cruauté, de l'anéantissement, la volonté nihiliste de corrompre tout ce qui est et tout ce qui vaut.

Le bien, par contre, c'est l'absolu qui trouve sa réalité dans l'amour, et par là dans la volonté.

Comparons ces trois plans:

Sur le premier, la relation du bien et du mal est d'ordre moral: il s'agit de maîtriser les tendances naturelles par une volonté soumise aux lois morales. En termes kantiens, le devoir s'oppose à l'inclination.

Sur le second plan, la relation est d'ordre éthique: il s'agit de la sincérité des motifs. La pureté de l'absolu s'oppose à l'impureté qui règne dans le renversement du rapport conditionnel, grâce auquel, en fait, l'absolu se trouve subordonné au relatif.

Sur le troisième plan, la relation est d'ordre métaphysique: il s'agit de l'essence des motifs. L'amour s'oppose à la haine. L'amour tend à l'être, la haine au néant. L'amour grandit dans le rapport à la transcendance; dans la haine, le moi se réduit à un point épris de lui-même et détaché de la transcendance. L'amour exerce en silence une action constructive dans le monde, la haine déclenche avec fracas la catastrophe qui éteint l'être au sein de la réalité et qui anéantit la réalité elle-même.

Chaque fois on se trouve devant une alternative, et dans la nécessité de prendre une décision. L'homme, s'il va jusqu'à l'essentiel, ne peut vouloir que l'un ou l'autre. Il obéit à son penchant ou au devoir, il reste dans la mauvaise foi ou il rétablit la pureté de ses motifs, il vit de haine ou d'amour. Mais il peut se dérober à la décision. Au lieu de se décider, il se laisse ballotter de-ci de-là à travers la vie, il combine l'un avec l'autre, et il fait même de cette combinaison une contradiction nécessaire. Cette indécision est déjà par elle-même le mal. L'homme ne s'éveille que quand il distingue le bien et le mal. Il devient lui-même lorsqu'il exprime avec décision dans ses actes où il veut aller. Nous avons tous à nous reconquérir sans cesse sur l'indécision. Nous sommes tellement incapables de nous donner entièrement au bien que la force même des penchants qui nous emportent est indispensable pour que se maintienne à travers notre vie la clarté du devoir. Quand nous aimons vraiment, il nous est impossible de ne pas haïr, notamment ce qui menace ce que nous aimons. Nous nous égarons dans la mauvaise foi et dans l'impureté des motifs, précisément quand nous sommes certains de leur pureté.

Sur les trois plans, la décision a un caractère distinct. Moralement, l'homme croit par la pensée fonder sa décision en montrant qu'elle est juste. Éthiquement, il s'arrache à la mauvaise foi et se rétablit dans la sincérité par une résurrection de sa bonne volonté. Métaphysiquement, il prend conscience du don qu'il est à lui-même par sa faculté d'aimer. Il choisit ce qui est juste, il devient sincère dans ses motifs, sa vie s'enracine dans l'amour. C'est seulement dans l'unité de ces trois aspects que se réalise l'absolu.

Vivre par amour, cela paraît impliquer tout le reste. Un amour véritable garantit en même temps l'authenticité morale de la conduite. C'est pourquoi saint Augustin a dit: « Aime et fais ce que tu veux. » Mais il ne nous est pas possible, à nous, êtres humains, de vivre uniquement par amour, uniquement sur la hauteur de ce troisième plan, car nous glissons sans cesse dans les déviations et les confusions. Aussi ne pouvons-nous pas compter aveuglément et à tout instant sur notre amour: nous devons l'éclairer. Et c'est pourquoi, pour nous, créatures finies, la discipline de la contrainte continue à être indispensable pour maîtriser nos passions; indispensable aussi la méfiance à l'égard de nous-mêmes pour démasquer l'impureté de nos motifs. Quand nous nous sentons sûrs, c'est justement que nous sommes en train de nous égarer.

Seul l'absolu du bien peut donner son contenu substantiel au devoir pur et simple, rendre leur pureté aux motifs moraux, dissoudre la volonté d'anéantissement de la haine.

Mais l'amour, qui est le fondement même de l'absolu, est identique à la volonté d'atteindre la réalité en soi. Ce que j'aime, je veux que cela soit. Et l'être en soi, je ne peux l'entrevoir sans l'aimer.

L'éthique du visage
(1961)

EMMANUEL LEVINAS
(Né en 1906)

Ainsi que l'a dit Heidegger, la question qui a fait surgir la philosophie et qui l'éveille encore à elle-même est celle de savoir «pourquoi il y a quelque chose et non plutôt rien?». Lui-même a répondu à cette question en se tournant vers le mystère de l'Être. Pour Emmanuel Levinas, c'est le mystère de l'Autre qui est à l'origine de toute existence. Car c'est lorsque l'Autre apparaît que surgit véritablement de la différence et que toute indifférence est brisée par l'existant. L'expérience du visage en est le témoignage même. D'un monde qui n'est pas encore le monde parce que tout est chaos et violence en lui, nous disons qu'il est informe, sans visage. En revanche, d'une existence qui vit, nous disons qu'elle a un visage. Preuve que toute existence est suspendue au visage qui l'informe et qui la fait sortir du chaos comme de la violence. Faire donc de l'Éthique le fond de l'Être n'est pas un geste anthropomorphique, mais un geste de rupture avec l'imaginaire de la violence, qui ne cesse d'évoluer dans le sans-visage. La vie du visage d'Autrui, en effet, qui témoigne de l'irréductible mystère de la vie de par sa non-indifférence n'est pas simplement le visage d'un homme, mais le visage de toute vie.

Source: *Emmanuel Levinas,* Totalité et infini, *Nijhof et Lahaye, 1974, p. 172 à 176.*
Bibliographie: *Catherine Chalier,* Levinas. L'Utopie de l'humain, *Paris, Albin Michel, 1993.*

Visage et éthique

Le visage se refuse à la possession, à mes pouvoirs. Dans son épiphanie, dans l'expression, le sensible, encore saisissable se mue en résistance totale à la prise. Cette mutation ne se peut que par l'ouverture d'une dimension nouvelle. En effet, la résistance à la prise ne se produit pas comme une résistance insurmontable comme dureté du rocher contre lequel l'effort de la main se brise, comme éloignement d'une étoile dans l'immensité de l'espace. L'expression que le visage introduit dans le monde ne défie pas la faiblesse de mes pouvoirs, mais mon pouvoir de pouvoir. Le visage, encore chose parmi les choses, perce la forme qui cependant le délimite. Ce qui veut dire concrètement: le visage me parle et par là m'invite à une relation sans commune mesure avec un pouvoir qui s'exerce, fût-il jouissance ou connaissance.

Et cependant cette nouvelle dimension s'ouvre dans l'apparence sensible du visage. L'ouverture permanente des contours de sa forme dans l'expression emprisonne dans une caricature cette ouverture qui fait éclater la forme. Le visage à la limite de la sainteté et de la caricature s'offre donc encore dans un sens à des pouvoirs. Dans un sens seulement: la profondeur qui s'ouvre dans cette sensibilité modifie la nature même du pouvoir qui ne peut dès lors plus prendre, mais peut tuer. Le meurtre vise encore une donnée sensible et cependant il se trouve devant une donnée dont l'être ne saurait pas se *suspendre* par une appropriation. Il se trouve devant une donnée absolument non neutralisable. La «négation» effectuée par l'appropriation et l'usage restait toujours partielle. La prise qui conteste l'indépendance de la chose la conserve «pour moi». Ni la destruction des choses, ni la chasse, ni l'extermination de vivants — ne visent le visage qui n'est pas du monde. Elles relèvent encore du travail, ont une finalité et répondent à un besoin. Le meurtre seul prétend à la négation totale. La négation du travail et de l'usage, comme la négation de la représentation — effectuent une prise ou une compréhension, reposent sur l'affirmation ou la visent, peuvent. Tuer n'est pas dominer mais anéantir, renoncer absolument à la compréhension. Le meurtre exerce un pouvoir sur ce qui échappe au pouvoir. Encore pouvoir, car le visage s'exprime dans le sensible; mais déjà impuissance, parce que le visage déchire le sensible. L'altérité qui s'exprime dans le visage fournit l'unique «matière» possible à la négation totale. Je ne peux vouloir tuer qu'un étant absolument indépendant, celui qui dépasse infiniment mes pouvoirs et qui par là ne s'y oppose pas, mais paralyse le pouvoir même de pouvoir. Autrui est le seul être que je peux vouloir tuer.

Mais en quoi cette disproportion entre l'infini et mes pouvoirs diffère-t-elle de celle qui sépare un obstacle très grand d'une force qui s'applique à lui? Il serait inutile d'insister sur la banalité du meurtre qui révèle la résistance quasi nulle de l'obstacle. Cet incident le plus banal de l'histoire humaine correspond à une possibilité exceptionnelle — puisqu'elle prétend à la négation totale d'un être. Elle ne concerne pas la force que cet être peut posséder en tant que partie du monde. Autrui qui peut souverainement me dire *non*. s'offre à la pointe de l'épée ou à la balle du revolver et toute la dureté inébranlable de son «pour soi» avec ce *non* intransigeant qu'il oppose, s'efface du fait que l'épée ou la balle a touché les ventricules ou les oreillettes de son cœur. Dans la contexture du monde il n'est quasi rien. Mais il peut m'opposer une lutte, c'est-à-dire opposer à la force qui le frappe non pas une force de résistance, mais *l'imprévisibilité* même de sa réaction. Il m'oppose ainsi non pas une force plus grande — une énergie évaluable et se présentant par conséquent comme si elle faisait partie d'un tout — mais la transcendance même de son être par rapport à ce tout; non pas un superlatif quelconque de puissance, mais précisément l'infini de sa transcendance. Cet infini, plus fort que le meurtre, nous résiste déjà dans son visage, est son visage, est l'*expression* originelle, est le premier mot: «tu ne commettras pas de meurtre». L'infini paralyse le pouvoir par sa résistance infinie au meurtre, qui, dure et insurmontable, luit dans le visage d'autrui, dans la nudité totale de ses yeux, sans défense, dans la nudité de l'ouverture absolue du Transcendant. Il y a là une relation non pas avec une résistance très grande, mais avec quelque chose d'absolument *Autre*: la résistance de ce qui n'a pas de résistance — la résistance éthique. L'épiphanie du visage suscite cette possibilité de mesurer l'infini de la tentation du meurtre, non pas seulement comme une tentation de destruction totale, mais comme impossibilité — purement éthique — de cette tentation et tentative. Si la résistance au meurtre n'était pas éthique mais réelle, nous en aurions une *perception* avec tout ce qui dans la perception, retourne en subjectif. Nous resterions dans l'idéalisme d'une *conscience* de la lutte et non pas en relation avec Autrui, relation qui peut se muer en lutte, mais déjà déborde la conscience de la lutte. L'épiphanie du visage est éthique. La lutte dont ce visage peut menacer *présuppose* la transcendance de l'expression. Le visage menace de lutte comme d'une éventualité, sans que cette menace épuise l'épiphanie de l'infini, sans qu'elle en formule le premier mot. La guerre suppose la paix, la présence préalable et non allergique d'Autrui; elle ne marque pas le premier événement de la rencontre.

L'impossibilité de tuer n'a pas une signification simplement négative et formelle; la relation avec l'infini ou l'idée de l'infini en nous, la conditionne positivement. L'infini se présente comme visage dans la résistance éthique qui paralyse mes pouvoirs et se lève dure et absolue du fond des yeux sans défense dans sa nudité et sa misère. La compréhension de cette misère et de cette faim instaure la proximité même de l'Autre. Mais c'est ainsi que l'épiphanie de l'infini est expression et discours. L'essence originelle de l'expression et du discours ne réside pas dans l'information qu'ils fourniraient sur un monde intérieur et caché. Dans l'expression un être se présente lui-même. L'être qui se manifeste assiste à sa propre manifestation et par conséquent en appelle à moi. Cette assistance n'est pas le *neutre* d'une image, mais une sollicitation qui me concerne de sa misère et de sa Hauteur. Parler à moi c'est surmonter à tout moment, ce qu'il y a de nécessairement plastique dans la manifestation. Se manifester comme visage, c'est *s'imposer* par-delà la forme, manifestée et purement phénoménale, se présenter d'une façon, irréductible à la manifestation, comme la droiture même du face à face, sans intermédiaire d'aucune image dans sa nudité, c'est-à-dire dans sa misère et dans sa faim. Dans le *Désir* se confondent les mouvements qui vont vers la Hauteur et l'Humilité d'Autrui.

L'expression ne rayonne pas comme une splendeur qui se répand à l'insu de l'être rayonnant, ce qui est peut-être la définition de la beauté. Se manifester en assistant à sa manifestation revient à invoquer l'interlocuteur et à s'exposer à sa réponse et à sa question. L'expression ne s'impose ni comme une représentation vraie, ni comme un acte. L'être offert dans la représentation vraie demeure possibilité d'apparence. Le monde qui m'envahit quand je m'engage en lui ne peut rien contre la « libre pensée » qui suspend cet engagement ou même le refuse intérieurement, capable de vivre cachée. L'être qui s'exprime s'impose, mais précisément en en appelant à moi de sa misère et de sa nudité — de sa faim — sans que je puisse être sourd à son appel. De sorte que, dans l'expression, l'être qui s'impose ne limite pas mais promeut ma liberté, en suscitant ma bonté. L'ordre de la responsabilité où la gravité de l'être inéluctable glace tout rire, est aussi l'ordre où la liberté est inéluctablement invoquée de sorte que le poids irrémissible de l'être fait surgir ma liberté. L'inéluctable n'a plus l'inhumanité du fatal, mais le sérieux sévère de la bonté.

Ce lien entre l'expression et la responsabilité — cette condition ou cette essence éthique du langage — cette fonction du langage antérieure à tout dévoilement de l'être et à sa splendeur froide permettent de soustraire le langage à sa sujétion à l'égard d'une pensée préexistante et dont il n'aurait que la servile fonction de traduire au dehors ou d'universaliser les mouvements intérieurs. La présentation du visage n'est pas vraie, car le vrai se réfère au non-vrai, son éternel contemporain et rencontre inéluctablement le sourire et le silence du sceptique. La présentation de l'être dans le visage ne laisse pas de place logique à sa contradictoire. Aussi, au discours qu'ouvre l'épiphanie comme visage, je ne peux me dérober par le silence comme Thrasymaque irrité s'y essaie, dans le premier livre de la République (sans d'ailleurs y réussir). « Laisser des hommes sans nourriture — est une faute qu'aucune circonstance n'atténue; à elle ne s'applique pas la distinction du volontaire et de l'involontaire» dit Rabbi Yochanan. Devant la faim des hommes la responsabilité ne se mesure qu'«objectivement». Elle est irrécusable. Le visage ouvre le discours originel dont le premier mot est obligation qu'aucune «intériorité» ne permet d'éviter. Discours qui oblige à entrer dans le discours, commencement du discours que le rationalisme appelle de ses vœux, «force» qui convainc même «les gens qui ne veulent pas entendre» et fonde ainsi la vraie universalité de la raison.

Au dévoilement de l'être en général, comme base de la connaissance et comme sens de l'être, préexiste la relation avec l'étant qui s'exprime; au plan de l'ontologie, le plan éthique.

Éthique de l'innocence
(1978)

VLADIMIR JANKÉLÉVITCH
(1903-1985)

La conscience morale est un paradoxe. Sans conscience, en effet, la morale n'existe guère. C'est par l'acte responsable de vouloir savoir ce que l'on fait, en maîtrisant ainsi sa vie, que l'on devient moral. Toutefois, de même qu'un sage qui se sait sage l'est déjà moins, un vertueux qui se sait vertueux n'est plus dans la vertu. Il appartient à l'orgueil. De fait, pour être moral, il faut ne pas savoir qu'on l'est. Ce qui est désespérant, convient Vladimir Jankélévitch. Ce qui, cependant, approfondit encore la morale en lui ouvrant d'autres perspectives. Celles, en l'occurrence paradoxales, de l'innocence, qui est cette vie pleine vivant en ne se sachant pas vivre. Socrate est allé la chercher dans l'ironie vis-à-vis de lui-même, proclamant que la seule chose qu'il savait, c'est qu'il ne savait rien. Pascal, dans cette pensée de derrière rappelant que la vraie morale se moque de la morale. Kierkegaard, dans l'humour. Nietzsche, dans la joie tragique d'un grand oui adressé à l'existence. Pour indiquer qu'il faut, pour que la morale demeure morale, quelque chose de plus que celle-ci, qu'il importe de découvrir, et que l'on découvre parfois, dans certains moments de l'existence qui sont des moments de grâce.

Source: *Vladimir Jankélévitch,* Quelque part dans l'inachevé, *Paris, Gallimard, 1987, p. 84-85.*

C'EST AU MOMENT D'APPLIQUER l'exigence de sincérité à ma vie comme une règle rigoureuse que je mesure la profondeur machiavélique et retorse de ma mauvaise foi: je n'étais sincère qu'à condition de ne pas prétendre l'être; à condition de ne pas le savoir; à condition de ne pas m'établir à l'enseigne de la sincérité: de la sincérité je suis tombé dans le sincérisme professionnel, de la pureté dans le purisme, voire même dans le puritanisme. C'est dire que la pureté existe seulement dans les distractions brévissimes de l'innocence et les fractures instantanées de la conscience, elle renaît quand je cesse d'y penser, comme Anima recommence à chanter quand Animus ne la regarde plus; un instant d'inattention lui permet de refleurir, mais les longues heures de la sécheresse et de la conscience trop consciente détruisent à nouveau sa fraîcheur. L'existence morale laisse l'homme dans un état de parfaite nudité; sa liberté est désarmée, vulnérable et ne peut bénéficier d'aucune aide extérieure, d'aucune prolongation. Il est interdit de vivre de ses rentes, ou sur son propre patrimoine; interdit de ronronner, ou seulement de profiter du mouvement acquis. Le don des dieux, comme le « baiser de la fée » dont parle Stravinski à propos de Tchaïkovski, ne fleurit que par et dans l'innocence; il suffit d'un souffle, d'une très légère réflexion de conscience, pour que tout soit saccagé, perdu à jamais ! Le sourire figé n'est plus qu'une affreuse grimace. Écoutez cette merveilleuse musique... Le pianiste qui l'interprète a sans doute du génie; mais surtout ne le dites pas, même à voix basse. Surtout, qu'il n'en sache rien. La conscience qu'il prendrait de son propre génie aurait vite fait de détruire ce don infiniment fragile, infiniment précieux, et de transformer le génie en butor. Une seule indiscrétion, et il est déjà trop tard; la rumeur enthousiaste et flatteuse est parvenue jusqu'aux oreilles géniales du génie, le miroir lui a renvoyé sa propre image, la complaisance l'a capturé dans ses filets; le grandissime pianiste sait maintenant ce qu'on dit de lui. Ce n'est plus un pianiste, c'est un pitre, un polichinelle déguisé en pianiste : ses ralentis, ses rubatos, ses jeux de bras sont devenus intolérables... Et pourtant, la reconnaissance n'implique-t-elle pas l'officialisation de notre moi et la permission d'en prendre conscience ? N'ai-je pas une conscience pour prendre conscience, c'est-à-dire, après tout, pour me servir de ce pouvoir réflexif que l'innocence laisse en chômage ? Or cette conscience qui atteste la supériorité de l'homme est aussi ce qui me détériore et me fait devenir à tout instant le comédien de moi-même. Cette contradiction est-elle une dérision ou une tragédie ? Car ce qui est ici en question, ce n'est ni un péché, fût-il originel, ni le résultat d'une négligence évitable ou d'une étourderie; la détérioration de l'innocence par abus de conscience est une contradiction constitutionnelle, car elle est impliquée intrinsèquement dans l'exercice même de cette conscience sans laquelle l'homme ne serait pas un homme. [...]

Éthique de la passion
(1958)

ÉTIENNE BORNE
(1907-1993)

La sagesse se veut sans passions, au sens où la passion est cette passivité destructrice qui, par servitude vis-à-vis des penchants, finit par engendrer les tyrannies qui ensanglantent l'histoire. Toutefois, parce que la sagesse se veut sans passions, est-elle sans cette passion qui consiste à être sans passions. Car la maîtrise froide et glacée de celui qui ne s'enthousiasme pour rien n'est pas une sagesse, mais un refus d'aimer qui engendre le néant. Comme le montre Étienne Borne en s'inspirant des trois stades de la vie chez Kierkegaard, quand un tel rapport au néant survient, il se traduit par le cynisme de l'esthète que rien n'affecte parce qu'il glisse sur tout, le calcul de l'avare qui n'a pas de passions parce qu'il calcule tout, et la violence du fanatique qui est pur lui aussi de tout affect puisqu'il va au bout de son projet de conquête. Aussi y a-t-il une noblesse du pathos comme une éthique de la passion, qui résident dans le fait de savoir se laisser émouvoir. Quand la violence et le mal passent par l'absence de passion, seule la passion est en mesure de nous délivrer de la violence comme du mal. Ce qui n'annule pas la sagesse, mais la requiert au contraire, puisque c'est en redoublant de vie et de réflexion que l'on parvient à découvrir l'éthique secrète de la passion.

Source: *Étienne Borne,* le Problème du mal, *Paris, P.U.F., 1973, p. 112 à 118.*

Le salut par la passion

L'immoralité sans passion

TOUTE CONDUITE HUMAINE comporte, secrète ou déclarée, une philosophie du mal et de Dieu qui lui donne consistance et figure. Le devoir c'est-à-dire l'obligation de réaliser la valeur, traduit en logique d'action la structure et le mouvement de l'argument ontologique, ce qui suffit à prouver que le fondement de l'éthique est dans l'idée de Dieu et sa présence à la conscience. L'immoralité exprimera alors une interruption ou une perversion de la dialectique qui, à travers l'expérience du mal, va refusant et cherchant Dieu.

Le devoir, inséparable d'une attitude polémique contre le mal, c'est-à-dire de débat et de combat avec le monde et les hommes, trouve sa vérité philosophique et concrète dans la passion. Rien ne trahit plus le cœur humain que la réduction de la vie morale à une lutte de la raison contre les passions en vue de la possession d'une sagesse paisible. Ôtée la passion, il ne resterait de l'homme qu'une plate caricature, une ombre sur un mur. L'immoralité lorsqu'elle va jusqu'au bout d'elle-même poursuit la même dégradation: le propre du vice est d'être sans passion, comme un rituel et une mécanique. L'Enfer est le désert de la passion et il faudrait le dire de glace et non de feu. L'homme entre en immoralité lorsqu'il organise la fuite devant la passion, comme l'avouent si elles sont correctement interrogées les trois figures essentielles du mal humain, le dilettantisme, l'avarice, le fanatisme. Les décrire serait la tâche d'une phénoménologie morale; on se contentera de les analyser brièvement comme autant de philosophies en action.

Le dilettantisme est un don juanisme du cœur, des sens et de l'esprit. Rendez-vous élégant de tous les humanismes et de toutes les cultures, produit précieux des civilisations décadentes par excès de richesses, le dilettantisme est monstrueusement intelligent, il excelle à montrer la relativité et le mélange indéfinis du bien et du mal dans les intentions et les actions humaines, il se garde de la partialité et de l'engagement comme d'une grossière faute de goût, il se réclame des apparences successives et contradictoires de la nature et de l'histoire. Le dilettante pratique une technique d'évanouissement du mal qui fait du monde un beau mensonge. Parce qu'il refuse la passion, l'accès à l'existence lui est interdit. Parce qu'il a peur de prendre le mal au sérieux dans l'angoisse, toute réalité et la sienne propre deviennent de purs possibles sans substance. Le dilettante ne vit pas, il a l'air de vivre.

L'avarice, en dépit d'un lieu commun tenace, n'est pas une passion. Ne pas vouloir dépendre, s'enfermer dans un système de sécurité, chercher une expérience de parfaite suffisance à soi, c'est l'avarice même et le contraire de la passion qui est l'épreuve continue d'une vulnérabilité à autrui. L'avare vrai est Gobseck et non pas Harpagon, ce timide, inconséquent et comique apprenti. L'avare intégral entasse l'argent pour ne rien devoir à personne et pour avoir entre ses mains l'infaillible solution de tous les problèmes, pour constamment se retirer et dominer sans le faste puéril du pouvoir visible, bref pour tenir toujours efficacement le mal à distance. L'argent n'est qu'un moyen d'y parvenir, plus vivement symbolique, parmi beaucoup d'autres. Le pharisaïsme, ce respect littéral de la loi, qui demande austérité et vertu réelles, est une technique sûre de préservation du péché et par conséquent une forme d'avarice et une même carence de passion. L'avare est toujours ce prudent, ce vertueux qui a la morale avec lui et qui a su se séparer du mal. Incapable de reconnaissance, il se perd dans une ingratitude de dimensions métaphysiques, parce qu'il n'a pas voulu s'engager dans la passion qui dissout les sécurités et dans le risque s'ouvre à l'espérance.

Le dilettante et l'avare étaient des êtres de solitude, des hommes psychologiques; le fanatique est un être de communauté, un homme foncièrement sociologique. Le dilettantisme était une esthétique universelle, l'avarice un absolu de morale, le fanatisme est une religion politique qui entend résoudre dans l'histoire le problème du mal par des techniques d'écrasement et d'extirpation radicale. Il professe une doctrine de salut par la nation, la classe ou le parti. Le fanatique est aussi bien esclave terroriste que maître despotique : c'est le même esprit de tyrannie, le même manichéisme qui ne supporte pas le partage des valeurs, le dialogue des expériences et qui a besoin pour se rassurer sur le bien et le vrai d'une unification des consciences, impériale, charnelle, violente. Familier des procès d'hérésie, le fanatique poursuit à la fois le déshonneur, la réfutation et la mort de l'adversaire. Sa cruauté est le fruit d'une haine sans passion qui s'exerce légalement, mécaniquement, rituellement. Le fanatique réduit ses victimes à une condition anonyme, substitue à leur visage concret la définition abstraite de l'hérétique et du traître. Il résout le problème du mal par la destruction des méchants, comme on vient à bout d'une invasion de microbes et d'un vol de sauterelles. Mais dépersonnalisant l'esprit, perpétuant la guerre par sa mythologie de la dernière des guerres avant la victoire totale, il paraît parfois se confondre avec l'esprit du mal.

Dilettantisme, avarice et fanatisme ne cessent d'ajouter au mensonge, à l'ingratitude, à la haine; ils sont le mal parce que dès le départ ils ont refusé cette participation au mal dans l'angoisse qui est la seule voie vers la libération; chacun d'eux est un système cohérent et fort de liquidation du mal, une solution intégrale du problème — et vécus ils aboutissent à une exaspération du mal. Il manque aux moralismes comme aux immoralismes de connaître que la passion est la substance de la vie; ou plutôt ils n'en ont que trop conscience, tant sont savantes et habiles les précautions qu'ils prennent pour ne se point brûler à cette flamme.

La passion sera alors pour la conscience morale critère d'authenticité. L'âme du devoir est ce prophétisme qui, depuis les temps de l'ancien Israël, se manifeste par la dénonciation des tyrannies et des servitudes, la protestation contre l'iniquité de la mort, la guerre aux idoles, c'est-à-dire au partage de Dieu en valeurs ennemies. Le dilettantisme oubliait, en moquant l'esprit de sérieux, que la colère et l'indignation sont les premiers sentiments moraux. La conscience morale ne sera fidèle à sa propre essence que si elle ne renie pas ses origines. En ce premier sens et comme par enracinement, le devoir est déjà passion, ou dilettantisme vaincu.

De plus la philosophie du devoir est un « tu dois, donc tu peux », formule d'exigence et d'espérance et dans laquelle Kant a vu, admirablement, le nœud de l'éthique et du métaphysique, sans toutefois y lire la vérité à hauteur d'homme de l'argument ontologique. Pensé sans la foi de la négation seconde, le « tu dois donc tu peux » joint l'ironique au tragique, car l'homme ne peut manifestement ôter par ses seules forces le mal qui est en lui et dans le monde: les mieux inspirés doivent toujours composer, tenter par une ruse humiliante et dangereuse de diviser le mal avec lui-même, pour s'attendre à être vaincu dans un ultime combat si la mort est le dernier mot de l'aventure humaine. Le devoir irrécusablement demande l'impossible, car la fin du mal serait une transfiguration de la nature et de l'histoire qui en ferait le royaume de Dieu. La tentation survient alors de substituer au «tu dois, donc tu peux», le «tu peux, donc tu dois» des morales avares qui définissent le devoir à la mesure du pouvoir humain, qui recommandent le salut par la loi et les œuvres et prêchent une spiritualité de maîtrise et de contentement de soi. Devoirs littéraux, naufrage du devoir. Le devoir vrai est dans la disjonction du pouvoir et du vouloir au sein de l'esprit tendu dans une volonté de l'impossible, passion qui brûle les sécheresses de l'avarice et qui par l'exigence s'ouvre à l'espérance.

En troisième lieu, négation active du mal, le devoir, selon la loi de tout combat désire ardemment avoir raison de l'adversaire; ici le fanatisme guette puisque le devoir est animé par une dure intolérance contre les repentirs de compensation et les réparations symboliques qui couvrent le mal sans l'ôter; il irait s'il recourbait et interrompait son élan jusqu'à la haine de la haine et à la croisade contre les méchants. Ce serait encore tromper et tuer la passion. Le devoir s'il participe à l'angoisse du mal désire d'un même désir véhément abolir le mal et restaurer dans l'intégrité de l'esprit les auteurs et les victimes du mal. À cette seule condition rien n'est perdu et le mal est vraiment vaincu. Le devoir est une volonté de salut qui reste aussi indéterminée dans son objet que rigoureuse dans sa visée ou si l'on veut son intentionnalité. En d'autres termes la conscience morale qui entend se maintenir au niveau de sa propre essence se connaît lorsqu'elle se sait conscience religieuse. Le devoir n'abolit le fanatisme qu'en s'éprouvant une dernière fois comme passion et passion de sauver. En ce sens, Kant a raison: le Christ est le devoir fait homme.

Sagesse de la pensée
(1973)

HUBERT GRENIER
(né en 1929)

La vie sans raison, qui ne sait pas ce qu'elle vit, n'est pas la vie mais une absence de la vie à elle-même qui ne nous délivre que des apparences. Aussi y a-t-il une vie de la raison qui nous délivre des apparences, dans lesquelles la paresse ou la passion aiment à se complaire en peuplant nos vies de ces fantômes que sont les idées pauvres comme les idées ivres ou folles reflétant nos absences à nous-mêmes comme à la vie. Toutefois, la raison qui raisonne sans plus se raisonner est une autre forme d'absence de la vie à elle-même nous délivrant d'autres apparences, sous la forme d'une raison trop sûre de son savoir. Aussi la raison requiert-elle cette raison de la raison qu'est la raison d'être que médite la philosophie. Infiniment pensante, celle-ci n'a pas d'autre but que de nous remettre en face de l'infini que nous ne pensons plus, comme de la générosité de pensée que nous oublions d'avoir, afin de nous rappeler que notre science se grandit en les servant et s'appauvrit en les niant. Tout ce que l'on fait a du sens quand cela est fait par une générosité de pensée qui ouvre sur une pensée de la générosité. En n'étant pas simplement raison mais redoublement de la raison en elle-même, c'est à une telle vie généreuse qu'invite la raison philosophique. Le texte d'Hubert Grenier nous le rappelle en reprenant pour ce faire la démarche de Spinoza. Texte de philosophe, c'est aussi un texte de pédagogue, qui témoigne de la vie de la pensée chez ceux qui ont fait profession de l'enseigner et qui s'efforcent avec une patience généreuse de faire jaillir un enseignement de nos partages comme un partage de leur enseignement.

Source: *Hubert Grenier,* la Connaissance philosophique, *Paris, Masson, 1973.*

Connaître scientifiquement, c'est ne pas être ce que l'on connaît. Extérieure, la connaissance scientifique l'est deux fois. Elle est extérieure à son objet: le mathématicien ne loge pas dans le tableau noir, la nature ne fabrique pas d'équations; et elle est extérieure à son sujet, aussi est-il normal que les sciences décrètent sa mort. La science explique tout de moi par ce qui n'est pas moi. C'est du reste à cause de cette extériorité constitutive que les vérités scientifiques peuvent se transmettre, passer telles quelles d'un esprit à l'autre, tandis que l'idée que les vérités philosophiques pourraient se véhiculer de la sorte, que tous devraient s'accorder rigoureusement sur le sens d'une philosophie, est incompatible avec la philosophie. À coup sûr ce que quelqu'un sait de façon scientifique, un théorème par exemple, il ne l'a pas appris par cœur comme du temps des Romains, il a dû le comprendre par lui-même mais quand il le comprend, il le comprend comme n'importe qui le comprend. Le sujet de la science c'est, à la limite, tous. Le sujet de la philosophie, c'est chacun. Scientifiquement, l'essentiel c'est que je *pense*. Philosophiquement, l'essentiel c'est que *je* pense. L'intuition du troisième genre de connaissance en appelle à un acte toujours original, car il n'y a pas deux hommes pour exister de la même manière et pour de la même manière expérimenter leur éternité. Les vérités de la philosophie, ou elles sont pour moi lettre morte, formules récitées, ou je suis en situation d'intimité avec elles. Voilà pourquoi le philosophe vit en elles et elles vivent en lui, c'est-à-dire qu'elles s'y approfondissent, s'y animent toujours davantage, ce qui n'a pas de sens pour une vérité scientifique. Elle aide à construire d'autres vérités, elle peut recevoir d'elles par récurrence une partie nouvelle, mais lui est inconnu le rayonnement du *logos*. Voilà pourquoi enfin l'intériorité de la connaissance philosophique supprime la dualité de la théorie et de la pratique qui sont inaptes à vaincre les autres formes du savoir.

Il y a, à la rigueur, une morale *dans* la science: l'impartialité, la patience, etc., il n'y a pas de morale *de* la science. Elle procure des moyens offerts, à toutes sortes de fins. La même science, dit Platon, distribue les remèdes et les poisons. En un sens, observait encore Platon, le médecin ne peut agir que médicalement comme le grammairien que grammaticalement. S'il commet une faute d'orthographe, ce sera sciemment. Aussi Socrate affirmait-il dans l'*Hippias mineur* que l'homme qui fait le mal à dessein l'emporte sur celui qui le fait involontairement. Chaque science confère une maîtrise dans une pratique technique, une compétence. Sous cet aspect, elle est une *exis,* une disposition permanente. Elle n'est pourtant encore qu'une *dunamis,* note Aristote, une puissance indéterminée, autorisant des actions contraires, puisque le médecin procédera tout aussi médicalement, s'il guérit un malade ou si délibérément il précipite sa perte. (Sur tous ces points on se reportera à l'ouvrage de J. Moreau, *Aristote et son école,* où l'on trouvera les principales références.) Les Grecs en inféraient que le vrai savoir, exempt de la dichotomie science-art, se signalait à l'impossibilité où il nous met d'en tirer des conséquences opposées. Il est net de toute ambiguïté. Qui sait réellement ce qu'est le bien ne peut vouloir le mal.

La philosophie ainsi entendue ne ressemble pas à ces sagesses, un peu plates, un peu engoncées, où l'on tâche de tirer les leçons d'un savoir. Elle est ce savoir tel que, l'ayant, on la pratique nécessairement et que la question de son « adaptation » ne se pose pas. Nous n'avons donc pas à nous évertuer à modeler sur lui notre vie. D'où vient que les hommes constatent amèrement avec le poète — *Éthique* IV, prop. 17. Scolie — « je vois le meilleur et je l'approuve, je fais le pire » ? De ce que le désir naissant de la connaissance vraie du bon et du mauvais peut toujours être aisément contrecarré par un autre désir capricieux, partant plus violent. Il est naturel que l'attrait provoqué par l'idée d'une satisfaction instantanée, à bout portant, soit supérieur à la volonté éclairée, tournée vers un avenir lointain. C'est l'immédiat qui engendre ce qu'il y a de plus « clair ». La connaissance du deuxième genre accroît alors la force du désir rationnel par un exercice constant, difficile quand on ne fait que l'imaginer, de plus en plus facile quand on l'exécute avec assiduité. Si je me convaincs que l'avenir est aussi nécessaire que le présent, l'idée des conséquences funestes à long terme augmentera sa vigueur, elle supplantera l'attraction naguère irrésistible. Mais de l'homme auquel la connaissance du troisième genre a fait prendre conscience de son éternelle union à l'éternel, la vie devient infiniment joyeuse. Cet homme ne lutte donc plus contre ses passions, il en triomphe. Il est d'autant plus puissant, il faudra attendre Nietzsche pour que ressuscite cette intuition, qu'il n'a pas à vouloir l'être. C'est ainsi non parce qu'il réprime ses penchants qu'il est joyeux mais c'est parce qu'il est joyeux qu'il réprime ses penchants.

La joie est densité, plénitude d'être, élargissement de mon être dans l'être. Je suis parce que j'en suis. Cela, cette unité de mon être et de l'être, la philosophie souvent l'a nommé Dieu. On peut se passer de Dieu. On ne peut pas se passer de cela. On ne peut pas se passer du divin.

Divin n'est pas l'épithète dont Dieu serait le substantif. Dieu, Spinoza nous l'a appris, n'a pas pour attributs des adjectifs. Le divin n'est pas une inhérence, c'est un rapport. Seule une vie humaine peut être une vie divine. Divine chez Platon l'imitation de la divinité. Divine chez Spinoza l'existence *sub specie æterni* différente assurément de la nature de Dieu où tout est *in æternitate*. Il serait contradictoire qu'imiter fût égaler. Sans la juste reconnaissance de l'écart la séparant du modèle, la copie ne serait plus qu'un simulacre. C'est pourquoi, sans contradiction parce qu'elle est l'analyse de notre impuissance, la philosophie peut seule nous donner la vraie théorie de nos pouvoirs. Sans impossibilité, pas de possibilité. Le possible est fils de l'impossible.

Tel est le sens, parfois mal entendu, de la troisième maxime de la morale par provision : « Changer mes désirs plutôt que l'ordre du monde. » Descartes écrit : changer mes désirs ; il n'écrit pas : supprimer mes désirs. Je voulais l'impossible ; je souhaitais qu'au gré de mes prières se transformât l'ordre universel, le déterminisme de la nature. Ah ! si hier pouvait redevenir présent, si demain pouvait déjà entrer dans aujourd'hui ! Mais que ces vœux soient exaucés et tout ne serait plus que chaos. La dure irréversibilité du temps est la condition de toute conduite ordonnée et efficace. Changer ses désirs revient donc en Descartes à ne plus vouloir enfin que ce qui est possible, « en sorte qu'après que nous avons fait notre mieux touchant les choses qui nous sont extérieures, tout ce qui manque de nous réussir est au regard de nous absolument impossible. Et ceci seul me semblait être suffisant pour m'empêcher de rien désirer à l'avenir que je n'acquisse, et ainsi pour me rendre content ». Que veut dire Descartes ? Que dans l'action non méthodique — la morale est expressément présentée comme « tirée de la méthode » — l'impossible semblait dominer, humilier le possible. Dans l'action réglée au contraire sur les lois immuables de la réalité, ce n'est plus l'impossible qui délimite le possible, c'est le possible qui juge de l'impossible ; c'est mon projet qui mesure ce qui ne lui est pas encore possible mais le lui sera plus tard. La méthode est, en effet, l'art de diviser les difficultés. Agir méthodiquement, c'est s'astreindre à ne faire ceci qu'après avoir fait cela. Impossible le chaos, le « tout ensemble ». Qui ne veut plus tout à la fois, qui consent à ne faire que son possible, celui-là fera *tout* son possible. Pour lui, de proche en proche, il n'est rien de réalisable qu'il ne finira par intégralement réaliser. Dans un retournement des rapports de l'impossible et du possible consiste bien le renversement philosophique.

Les philosophies ont toutes théorisé une vie divine qu'il ne tient qu'à nous de faire nôtre. Rien ne nous manque que de savoir que rien ne nous manque, et par exemple ce présent que rien n'use, n'abîme, que le temps n'effiloche pas, toujours intact et neuf, réceptacle de l'éternité. Se comprendre ainsi, c'est voir divinement. La science a pour fonction de nettoyer le monde du surnaturel et du merveilleux dont notre fantaisie se plaît à le recouvrir. Mais autre le merveilleux, vision d'imagination, autre le divin, regard d'entendement. Une doctrine aussi peu suspecte de tendresse avec la religion que celle d'Épicure distinguait avec soin l'un et l'autre. À ses dieux, ignorant jusqu'à notre existence, l'épicurisme n'en attribuait pas moins un rôle de modèle, de paradigme. Alors que la superstition nous déshumanise, la philosophie nous divinise. Sans ce regard divin nos conquêtes scientifiques, nos exploits techniques, nos combats politiques ne nous sauveraient pas de la médiocrité où l'on ne peut jamais attendre que « de l'honneur sans vertu, de la raison sans sagesse et du plaisir sans bonheur[1] ».

1. Rousseau, *Discours sur l'origine des inégalités*, Pléiade, Gallimard, t. III, p. 193.

BIBLIOGRAPHIE GÉNÉRALE

I. L'Être

FERDINAND ALQUIÉ, *la Nostalgie de l'Être*, Paris, P.U.F., 2e édition, 1973.

PIERRE AUBENQUE, *le Problème de l'Être chez Aristote*, Paris, P.U.F., 1972.

JEAN BEAUFRET, *Dialogue avec Heidegger* 1. *Philosophie grecque;* 2. *Philosophie moderne;* 3. *Approche de Heidegger;* 4. *le Chemin de Heidegger* (4 vol.), Paris, Minuit, 1973, 1974 et 1985.

CLAUDE BRUAIRE, *Pour la métaphysique*, Paris, Fayard, 1980.

JEAN-FRANÇOIS COURTINE, *Suarez et la question de la métaphysique, Paris*, P.U.F., 1992.

ÉTIENNE GILSON, *l'Être et l'essence*, Paris, Vrin, 2e édition, 1972.

ÉTIENNE GILSON, *les Constantes philosophiques de l'Être*, Paris, Vrin, 1983.

Herméneutique et ontologie, Hommage à Pierre Aubenque sous la direction de R. Brague et de J.F. Courtine.

KARL JASPERS, *Philosophie*, traduction Jeanne Hersch, Paris, Berlin, Springer-Verlag, 1986.

VLADIMIR JANKÉLÉVITCH, *Philosophie première*, 2e édition, Paris, 1986.

MARTIN HEIDEGGER, *Introduction à la métaphysique*, traduction Gilbert Kahn, Paris, Gallimard, 1967.

Phénoménologie et métaphysique, sous la direction de J.L. Mario et de G. Planty-Bonjour.

ERIC WEIL, *Logique de la philosophie*, 2e édition, Paris, Vrin, 1985.

II. Dieu

Qu'est-ce que Dieu? Philosophie et théologie, publications des facultés Saint-Louis, Bruxelles, 1985.

L'Être et Dieu, sous la direction de Dominique Bourg, travaux du C.E.R.I.T., Paris, Éditions du Cerf, 1986.

STANISLAS BRETON, *Du principe*, L'organisation contemporaine du pensable, Paris, B.S.R., Aubier-Le Cerf-Delachaux-Desclée, 1971.

DOMINIQUE DUBARLE, *Dieu avec l'Être*, De Parménide à Saint-Thomas, Paris, Beauchesne, 1986.

ÉTIENNE GILSON, *Histoire de la philosophie médiévale*, Paris, Payot, 3e édition 1976.

JEAN-LUC MARION, *Dieu sans l'Être*, Paris, Fayard, 1983.

JOSEPH MOREAU, *Pour ou contre l'insensé*, Paris, Vrin, 1967.

JOSEPH MOREAU, *le Dieu des philosophes*, Paris, Vrin, 1969.

HANS URS VON BALTHASAR, *la Gloire et la croix* 1. *Apparition;* 2. *Styles;* 3. *Styles;* 4. *Théologie;* 5. *Théologie;* 6. *le Domaine de la métaphysique;* 7. *le Domaine de la métaphysique;* 8. *le Domaine de la métaphysique ;* (8 vol.), traduction R. Givord, H. Bourboulon, Paris, Aubier, 1981-1985.

XAVIER TILLIETTE, *le Christ et la philosophie,* Paris, Editions du Cerf, 1990.

III. Le Sujet

FERDINAND ALQUIÉ, *la Découverte métaphysique de l'homme chez Descartes,* Paris, P.U.F., 1953.

FERDINAND ALQUIÉ, *la Conscience affective,* Paris, Vrin, 1973.

LÉON BRUNSCHVICG, *les Progrès de la conscience dans la philosophie occidentale,* 3e édition, P.U.F., 1954.

ANDRÉ COMTE-SPONVILLE, *le Mythe d'Icare,* Paris, P.U.F., 1988.

BERNARD GROETHUYSEN, *Anthropologie philosophique,* Paris, Gallimard, 1953.

BERNARD GROETHUYSEN, *Philosophie de la Révolution française,* Paris, Gallimard, 1956.

JÜRGEN HABERMAS, *le Discours philosophique de la modernité,* traduction R. Rochlitz, Paris, Gallimard, 1990.

PAUL HAZARD, *la Crise de conscience européenne,* Paris, Fayard, 1961.

MICHEL HENRY, *Généalogie de la psychanalyse,* Paris, P.U.F., 1985.

JOSEPH MOREAU, *la Conscience et l'Être,* Paris, Aubier, 1958.

PAUL RICŒUR, *Philosophie de la volonté* 1. *le Volontaire et l'involontaire,* Paris, Aubier, 1967.

PAUL RICŒUR, *De l'interprétation,* Paris, Seuil, 1965.

PAUL RICŒUR, *le Conflit des interprétations,* Paris, Seuil, 1969.

ALAIN RENAUT, *l'Ère de l'individu,* Paris, Gallimard, 1989.

IV. La Nature

ERNST CASSIRER, *la Philosophie des Lumières,* traduction Pierre Quillet, Paris, Fayard, 1966.

PHILIPPE CHOULET, *Nature et culture,* Paris, Quintette, 1990.

FRANCIS COURTÉS, *la Raison et la vie,* Paris, Vrin, 1972.

FRANÇOIS DAGOGNET, *le Vivant,* Paris, Bordas, 1988.

GEORGES GUSDORF, *Dieu, l'homme, la nature au siècle des Lumières,* Paris, Payot, 1972.

GEORGES GUSDORF, *le Savoir romantique de la nature,* Paris, Payot, 1985.

ALEXANDRE KOYRÉ, *Du monde clos à l'univers infini,* Paris, traduction Raissa Tarr, Paris, Gallimard, 1957.

ALEXANDRE KOYRÉ, *Études galiléennes,* Paris, Hermann, 1966.

ILYA PRIGOJINE et ISABELLE STENGERS, *la Nouvelle Alliance,* Paris, Gallimard, 1979.

MICHEL SERRES, *la Naissance de la physique,* Paris, 1977.

V. Le Temps

FERDINAND ALQUIÉ, *le Désir d'éternité,* Paris, P.U.F., 1943.

JACQUES ATTALI, *Histoire de temps,* Paris, Fayard, 1984.

NICOLAS GRIMALDI, *le Désir et le temps,* Paris, P.U.F., 1971.

VLADIMIR JANKÉLÉVITCH, *l'Irréversible et la nostalgie,* Paris, Flammarion, 1974.

VLADIMIR JANKÉLÉVITCH, *la Mort,* Paris, Flammarion, 1966.

VLADIMIR JANKÉLÉVITCH, *le Je-ne-sais-quoi et le Presque-rien,* Paris, vol 1. *la Ma-*

nière et l'occasion, Paris, Seuil, 1980.
ILYA PRIGOJINE et ISABELLE STENGERS, *Entre le temps et l'éternité*, Paris, Fayard, 1988.
PAUL RICŒUR, *Temps et récit*, 3 vol., Paris, Seuil, 1985.
MICHEL SERRES, *Hermès IV, la Distribution*, Paris, Minuit, 1977.
Collectif, *l'Espace et le temps aujourd'hui*, Paris, Seuil, 1981.
MARC WETZEL, *le Temps*, Paris, Quintette, 1990.

VI. Le Langage

Le Langage, Encyclopédie de la Pléiade, ouvrage collectif sous la direction d'A. Martinet, Paris, Gallimard
ÉMILE BENVENISTE, *Problèmes de linguistique générale*, Paris, Gallimard, 1966.
J.L. AUSTIN, *Quand dire c'est faire*, Paris, Le Seuil, 1970.
ERNST CASSIRER, *la Philosophie des formes symboliques*, t. 1. *le Langage*, Paris, Minuit, 1972.
NOAM CHOMSKY, *le Langage et la pensée*, Paris, Payot, 1968.
NOAM CHOMSKY, *la Linguistique cartésienne*, Paris, Seuil, 1969.
JEAN-CLAUDE PARIENTE, *le Langage et l'individuel*, Paris, Armand Colin, 1971.
GEORGES MOREL, *le Signe et le singe*, Paris, Aubier, 1985.
EDMOND ORTIGUES, *le Discours et le symbole*, Paris, Aubier, 1977.
W. QUINE, *le Mot et la chose*, Paris, Flammarion, 1977.
MICHEL FOUCAULT, *les Mots et les choses*, Paris, Gallimard, 1966.
FERDINAND de SAUSSURE, *Cours de linguistique générale*, Paris, Payot, 1974.
PAUL RICŒUR, *la Métaphore vive*, Paris, Seuil, 1975.
Essais sur le langage, collectif, Paris, Minuit, 1969.

VII. La Connaissance scientifique

Logique et connaissance scientifique, Encyclopédie de la Pléiade sous la direction de Jean Piaget, Paris, Gallimard, 1967.
LÉON BRUNSCHVICG, *les Étapes de la philosophie mathématique*, Paris, Blanchard, 1972.
GEORGES CANGUILHEM, *la Connaissance de la vie*, Paris, Vrin, 1965.
GEORGES CANGUILHEM, *Études d'histoire et de philosophie des sciences*, Paris, Vrin, 1975, 3e édition.
THOMAS KUHN, *la Structure des révolutions scientifiques*, Paris, Flammarion, 1972.
C. HEMPEL, *Éléments d'épistémologie*, Paris, Armand Colin, 1972.
JEAN PIAGET, *Introduction à l'épistémologie génétique*, Paris, P.U.F., 1950, 3 vol.
KARL POPPER, *la Logique de la découverte scientifique*, Paris, Payot, 1978.
PIERRE THUILLIER, *D'Archimède à Einstein*, Paris, Fayard, 1988.
JEAN ULLMO, *la Pensée scientifique moderne*, Paris, Flammarion, 1969.
GÉRARD POTDEVIN, *Logique et mathématique*, Paris, Quintette, 1990.
PIERRE KAHN, *Théorie et expérience*, Paris, Quintette, 1988.

VIII. La Politique

BLANDINE BARRET-KRIEGEL, *l'État et les esclaves*, Paris, Calmann-Lévy, 1979.
ERNST CASSIRER, *le Mythe de l'État*, Paris, Gallimard, 1993.

François Châtelet et Évelyne Pisier-Kouchner, *les Conceptions politiques du XXe siècle*, P.U.F., 1980.
Michel-Pierre Edmond, *Philosophie politique*, Paris, Masson, 1972.
Luc Ferry et Alain Renaut, *Philosophie politique*, 3 vol., Paris, P.U.F., 1984, 1985.
Georges Burdeau, *l'État*, Seuil, 1970.
Georges Burdeau, *la Démocratie*, Paris, Seuil, 1966.
Georges Burdeau, *la Politique au pays des merveilles*, Paris, P.U.F., 1979.
Julien Freund, *l'Essence du politique*, Paris, Sirey, 1965.
Ernst Kantorowitz, *le Double Corps du roi*, Paris, Gallimard, 1989.
Leo Strauss, *Droit naturel et histoire*, Paris, Plon, 1969.
Leo Strauss, *la Cité et l'homme*, Paris, Julliard, 1969.
Éric Weil, *Philosophie politique*, Paris, Vrin, 4e édition, 1984.

IX. L'Art

Ernst Cassirer, *la Philosophie des Lumières*, Paris, Fayard, 1966.
Ferdinand Alquié, *la Philosophie du surréalisme*, Paris, Flammarion.
Luc Ferry, *Homo Aesthéticus*, Paris, Grasset, 1990.
Étienne Gilson, *Peinture et réalité*, 2e édition, 1972.
Michel d'Hermiés, *Art et sens*, Paris, Masson, 1974.
Hegel, *Esthétique*, Paris, Flammarion, 1979.
Erwin Panofsky, *Essais d'iconologie*, Paris, Gallimard, 1967.
Erwin Panofsky, *l'Œuvre d'art et ses significations*, Paris, Gallimard, 1969.
Erwin Panofsky, *la Perspective comme forme symbolique*, Paris, Minuit, 1975.
Erwin Panofsky, *Idea*, Paris, Gallimard, 1983.
M. Ribon, *l'Art et la nature*, Paris, Hatier, 1988.
Nicolas Grimaldi, *l'Art ou la Feinte Passion*, Paris, P.U.F., 1983.

X. La Morale

Claude Bruaire, *la Morale, sagesse et salut*, Paris, Fayard, 1981.
André Comte-Sponville, *le Mythe d'Icare*, Paris, P.U.F., 1983; *Vivre*, Paris, P.U.F., 1988.
Nicolas Grimaldi, *Aliénation et liberté*, Paris, Masson, 1971.
Michel Foucault, *l'Usage des plaisirs, le Souci de soi*, Paris, Gallimard, 1984.
Vladimir Jankélévitch, *le Traité des vertus*, Paris, Flammarion, 1983.
Jean Nabert, *Éléments pour une éthique*, Paris, P.U.F., 1943.
Catherine Chalier, *Levinas, l'Utopie de l'humain*, Albin-Michel 1993.
Michel Delattre, *le Devoir*, Paris, Quintette 1991.
Renaud Barbaras, *Autrui*, Paris, Quintette, 1989.
Marx Wetzel, *les Passions*, Paris, Quintette, 1989.
P. Vignolles, *la Perversité*, Paris, Hatier, 1988.
Éric Weil, *Philosophie morale*, Paris, Vrin, 2e édition, 1981.

Aubin Imprimeur
LIGUGÉ, POITIERS

Édition 1993
Dépôt légal octobre 1993
N° de série éditeur 17630
N° d'imprimeur L 43604
Imprimé en France
(Printed in France) — 741011 — octobre 1993